ALEXANDRE LEBRETON

MKULTRA

Ritueller Missbrauch
und Gedankenkontrolle

*Instrumente der Beherrschung
der namenlose Religion*

OMNIA VERITAS

Alexandre Lebreton

MK ULTRA

Ritueller Missbrauch und Gedankenkontrolle
Instrumente der Beherrschung der namenlose Religion

MK ULTRA, Abus rituel et contrôle mental,
outils de domination de la religion sans nom, 2016

Aus dem Französischen übersetzt von Omnia Veritas Limited.

Herausgegeben von
Omnia Veritas Ltd

⊘MNIA VERITAS®

www.omnia-veritas.com

© Omnia Veritas Limited – Alexandre Lebreton - 2022

WARNUNG

Dieses Buch befasst sich mit einem besonders schmerzhaften Thema und enthält schockierende Informationen, die für jeden sehr verstörend sein können. Der mitunter sehr brutale Inhalt, insbesondere in den Zeugenaussagen, soll eine harte Realität aufzeigen, die durch ein massives gesellschaftliches Verleugnungssyndrom verdeckt wird. Einige der Inhalte können auch negative Reaktionen bei Überlebenden von rituellem Missbrauch und Gedankenkontrolle auslösen, aber auch bei allen, die Opfer von Inzest oder Missbrauch und Vernachlässigung in der Kindheit geworden sind. Daher ist Vorsicht geboten und die Lektüre sollte abgebrochen werden, wenn sie unangemessene Gefühle oder Reaktionen auslöst. Dieses Buch ist nur für erwachsene Leser bestimmt.

Dieses Buch ist rein informativ, es kann in keiner Weise eine therapeutische Behandlung ersetzen.

Es ist für Gläubige und Nichtgläubige gleichermaßen gedacht, obwohl einige Passagen mit biblischem oder eschatologischem Inhalt für den atheistischen Leser störend sein könnten. Eine relative Kenntnis der Theologie und des geistlichen Kampfes, der hier auf der Erde stattfindet, kann helfen, den Inhalt dieses Buches vollständig zu erfassen. Gläubigen Lesern wird empfohlen, sich vor einer solchen Lesung im Gebet vorzubereiten.

Alles, was verborgen ist, muss ans Licht gebracht werden,
Alles, was geheim ist, muss ans Licht kommen. Markus 4:22

VORWORT

Wenn wir uns mit pädokriminellen Fällen befassen, stoßen wir irgendwann auf Berichte über Gruppenvergewaltigungen, okkulte Rituale, geistige Sklaverei und sogar Menschenopfer, bei denen der Schrecken und das Leid der Opfer auf einen Höhepunkt gebracht werden. Eine Lösung kann darin bestehen, wegzuschauen, diese Zeugnisse abzulehnen, weil sie zu schockierend sind und unser Paradigma zu sehr stören; oder aber sie zu berücksichtigen und sie als mögliche Realität der Welt, in der wir leben, zu akzeptieren... Eine Möglichkeit, die angesichts der vielen Zeugnisse, die von denselben Praktiken berichten, allmählich zur Gewissheit wird. Von dort aus kann man sich in das Thema vertiefen und feststellen, dass es sich um eine Art *Büchse der Pandora handelt*. Ist die Unschuld der Kindheit ein Jungbrunnen für bestimmte Kreise? Ist das unbefleckte Bewusstsein der Kindheit ein unbeschriebenes Blatt, auf das sich manche Menschen das Recht einräumen, zu gravieren, was sie wollen, um ihren eigenen Interessen zu dienen? Gibt es den elitären Satanismus, auch *Pädo-Satanismus* genannt, wirklich?

Die Kanalisierung des Bewusstseins ist ein Schlüssel zur Herrschaft hier auf Erden. Gedankenkontrolle gibt es in vielen Formen, von einfach bis komplex. Lernmethoden, die das Gehirn formen, schulische und universitäre Lehrpläne, die Überzeugungen und kritisches Denken formatieren, sind eine erste Form der Formung des zukünftigen Erwachsenen, damit er mit dem aktuellen sozialen System kompatibel und nützlich ist. Journalistische" Informationen und Medienunterhaltung sind weitere Faktoren, die Ihr Bewusstsein in gewisser Weise beeinflussen werden. Der soziale Druck, sich dem so genannten „einspurigen Denken" zu unterwerfen, ist ebenfalls eine Form der Gedankenkontrolle. Die verschiedenen Nahrungsmittel und Umweltverschmutzungen verändern das Gehirn und damit auch die Denk- und Analysefähigkeit... In diesem Stadium hat die Bevölkerung noch einen halbwegs freien Willen. Jeder Mensch hat die Möglichkeit, alles zu hinterfragen, was ihm seit seiner Kindheit beigebracht wurde. Er kann sich neu informieren, indem er andere Quellen auswählt, den Fernseher abschafft, seine Ernährungsgewohnheiten ändert, sich von der materiellen Welt abwendet, um sich der geistigen Welt zuzuwenden, usw. Wir könnten auch das Subliminal oder die Psychotronik als Werkzeuge erwähnen, die das menschliche Bewusstsein beeinflussen und kontrollieren können.

Die „namenlose Religion" (die in Kapitel 2 definiert wird) liebt und braucht Roboter und Automaten. Er muss einen Planeten der Illusionen schaffen, auf dem Ihre Gedanken, Ideen und Kreativität unter seiner Kontrolle stehen. Ihre Welt ist ein ständiger Krieg, um Ihr Unterbewusstsein auf jede erdenkliche Weise zu manipulieren. Von Fehlinformationen über versteckte Symbole bis hin zu unsichtbaren technologischen Waffen - der Modus Operandi der „namenlosen Religion" ist MENTALE KONTROLLE.

Was in diesem Buch untersucht wird, ist ein Instrument der Sklaverei, bei dem der freie Wille des Opfers nicht oder kaum noch existiert. Es handelt sich um traumabedingte Gedankenkontrolle und Manipulation der psychischen Welt, ein Prozess, der in der frühen Kindheit beginnt. Gedankenkontrolle oder *Mind-Kontrol* (MK-Programmierung) kann als systematische Folter definiert werden, die die Fähigkeit des Opfers blockiert, sich der Behandlung bewusst zu werden. Durch Suggestion und Konditionierung werden Gedanken und Anweisungen in das Unterbewusstsein eingepflanzt, in der Regel in neue Identitäten (dissoziierte oder „andere" Persönlichkeiten), die durch extreme und sich wiederholende Traumata künstlich geschaffen werden und das Opfer durch einen natürlichen Schutzmechanismus des Gehirns zwingen, so zu handeln, zu fühlen, zu denken oder wahrzunehmen, wie es der Programmierer wünscht. Ziel ist es, das Opfer dazu zu bringen, Anweisungen auszuführen, ohne sich dessen bewusst zu sein. Die Installation dieser MK-Programme hängt von der Fähigkeit des Opfers ab, sich tief zu distanzieren. Sehr junge Kinder, die bereits unter schweren dissoziativen Störungen leiden, sind daher „Spitzenkandidaten" für die Programmierung.

Das Kind ist wie ein Stück Ton, das geformt werden kann. In den ersten sechs Jahren ist das Gehirn in voller Entwicklung, seine Neuronen sind entsprechend den Erfahrungen organisiert, es befindet sich im „Aufnahmemodus" und ist nicht in der Lage, die empfangenen Informationen zu kritisieren. Er speichert also die Daten und baut so die Grundlagen seines Unterbewusstseins auf, die sein Leben als Erwachsener bestimmen werden. Aus diesem Grund werden die inneren Strukturen der gespaltenen Persönlichkeitsprogrammierung in der frühen Kindheit, vor dem 6. Wir sprechen hier von einer echten *psychischen Operation*. Das Kind wird sehr schnell ermutigt, während der traumatischen Sitzungen zu dissoziieren, *durch den Spiegel zu gehen, den Regenbogen zu überqueren*, eine alternative Realität, andere Dimensionen zu erreichen. Bei einem Kind bewirken die tiefgreifend veränderten Bewusstseinszustände während eines traumatischen Erlebnisses eine Art psychische und energetische „Entriegelung".

Die *Kultur der* dissoziativen Zustände ist so alt wie die Welt und ein fester Bestandteil der Praktiken der „namenlosen Religion", die sie systematisch bei ihren Nachkommen einsetzt. Dieser psycho-spirituelle Prozess ist also eine Art Tor zu anderen Dimensionen und verschafft *der Person*, die dissoziative Zustände erlebt, *Erleuchtung*. Der direkteste Weg zu diesem veränderten Bewusstseinszustand führt über ein reines Trauma, das durch Terror und extreme Schmerzen verursacht wird und sogar bis zu Nahtoderfahrungen gehen kann, wie wir noch sehen werden. Diese Techniken werden von satanisch-luziferischen Bruderschaften systematisch als Prozess der Umkehrung der Heiligung eingesetzt: Gegeneinweihung. Sie werden als Instrumente zur Kontrolle der Gesellschaft eingesetzt. Wie der berühmte Hacker Kevin Mitnick sagt: *„Das schwache Glied in jedem Sicherheitssystem ist der menschliche Faktor*. Um ein System der globalen Vorherrschaft zu sichern, ist es daher unerlässlich, die Köpfe der Menschen *zu hacken*, die in strategischen Positionen hinter den demokratischen Fassaden stehen. Der MK ist das Zentrum der verschiedenen okkulten Organisationen auf diesem Planeten. Die Hauptachse, auf die sich dieses Kontrollinstrument stützt, ist die dissoziative Identitätsstörung, d. h. das Syndrom der multiplen Persönlichkeit, eine Folge traumatischer ritueller Initiationen, die seit der frühen Kindheit praktiziert werden.

Dieses Buch ist wie eine in tausend Teile zerlegte Erinnerung, die wie ein Puzzle zusammengesetzt wurde. In der Tat sind die Themen ritueller Missbrauch und Gedankenkontrolle schwer zu verstehen, wenn man nur Zugang zu Ausschnitten von Zeugenaussagen oder seltenen Artikeln über pädokriminelle Netzwerke, Satanismus und Gedankenkontrolle hat. Dies gilt umso mehr, als die in der französischsprachigen Welt verfügbaren Informationen immer noch sehr begrenzt sind.

Um dieses schwierige Thema zu verstehen, musste ich Teile der Anthropologie, der Psychotraumatologie, der MK-Ultra-Programme der Regierung, des generationenübergreifenden Satanismus, der *„Seelenfragmente"* schamanischer Traditionen, der Dämonologie, aber auch des gesellschaftlichen Aspekts der Sache zusammensetzen, d. h. der gesamten MK-Symbolik, die vor unseren Augen in der Populärkultur durch die Unterhaltungsindustrie verbreitet wird. Sobald all diese Teile auf kohärente Weise miteinander verbunden sind, wird ein Teil des Arkanen dieser Welt für den Laien zugänglich... das Auge des Sturms, ein wesentlicher Schlüssel zum Verständnis des pädo-satanischen Systems und allgemeiner dessen, was wir heute die *Neue Weltordnung* nennen.

Dieses Buch versucht, das *MK-Puzzle so* gut wie möglich zusammenzusetzen, und soll Ihnen helfen, einen der undurchsichtigeren Aspekte unserer Welt zu begreifen, und Sie vielleicht auch über unsere gegenwärtige Situation aufklären, sowohl materiell als auch geistig.

Der kanadische Soziologe Herbert Marshall McLuhan sagte: „Nur die kleinsten Geheimnisse brauchen Schutz. Die Großen werden durch den Unglauben der Öffentlichkeit geschützt."

Diejenigen, die nicht unter dem allgemeinen Wahnsinn leiden, werden als verrückt bezeichnet...

KAPITEL 1

MENTALE KONTROLLE:
VOM EINFACHEN ZUM KOMPLEXEN

D er interindividuelle Einfluss oder soziale Einflussnahme fasziniert und erschreckt. (...) die schrecklichen Ereignisse, die ihr zugeschrieben werden (kollektive Selbstmorde, rituelle Verbrechen...) sowie beunruhigende wissenschaftliche Studien (Arbeiten über Hypnose, experimentelle Studien über Konformismus oder Unterwerfung unter Autoritäten...) bestätigen die Existenz einer fast unwiderstehlichen Kraft, die uns dazu bringen kann, Dinge zu tun oder zu denken, die wir nicht tun wollen, eine Kraft, die uns sogar zu unserer eigenen Zerstörung führen kann. Es gibt bei der Beeinflussung die Vorstellung eines Eindringens, einer wirklichen Vergewaltigung des Gewissens, des Willens..., der in der Lage zu sein scheint, sich der Kontrolle oder dem Willen eines anderen zu unterwerfen. Nicht mehr man selbst will oder handelt, sondern der Wille eines anderen ist in einen selbst eingedrungen, und ein anderer handelt durch einen selbst (Gefühl der Besessenheit) - Stéphane Laurens, „Les dangers de la manipulation mentale".

Es gibt verschiedene Arten der Gedankenkontrolle. Es gibt die groß angelegte Massenkontrolle und die individuelle Kontrolle, die sich auf ein einzelnes Subjekt konzentriert. Er kann direkt und gewaltsam oder indirekt und gewaltlos sein (bekannt als *stiller* oder *unsichtbarer Krieg*). Bei der massenhaften Bewusstseinskontrolle behält der Einzelne seinen freien Willen, während er bei der komplexesten individuellen Bewusstseinskontrolle völlig unterdrückt wird. Durch Biologie, Neurologie und angewandte Psychologie haben die *Zauberer-Kontrolleure ein* fortgeschrittenes Wissen über den Menschen erlangt, sowohl biologisch als auch psychologisch. Dieses System kennt die Menschen besser als sie sich selbst, was bedeutet, dass es über große Macht verfügt, um die Menschen zu kontrollieren, denn der effektivste Weg, einen Menschen zu erobern, ist, seinen Verstand zu erobern. Kontrolliere den Geist eines Mannes und du kontrollierst seinen Körper. Nicht alle Männer haben die gleichen Gedanken, aber alle denken mit dem gleichen Mechanismus: dem Gehirn. Massive oder individuelle Gedankenkontrolle kann auch als harte oder weiche Gedankenkontrolle, direkt oder indirekt, aktiv oder passiv bezeichnet werden. Die militärische Form der Gehirnwäsche ist die aktive und direkte Methode, während die Fernsehform der Gehirnwäsche die passive und indirekte Methode ist, die sicherlich am effektivsten ist, weil die Opfer nicht wissen, was mit ihnen geschieht, und die Gehirnwäsche unermüdlich und freiwillig fortsetzen.

1 - BEWUSSTSEINSKONTROLLE DER MASSEN

Nicht nur die Opfer von MK-Ultra (US-amerikanisches Programm zur individuellen Gedankenkontrolle, Kapitel 3) werden programmiert, sondern die ganze Welt, die einer Form der Gedankenkontrolle unterworfen ist. Wir wurden zum Beispiel darauf programmiert zu glauben, dass unsere politischen Führer Männer von Ehre und Loyalität sind, die aufgrund ihres sozialen Status ein hohes Ansehen genießen... Während unsere derzeitigen Regierungseliten nichts anderes als korrupte, kindervergewaltigende Psychopathen und Kokainsüchtige sind, Individuen, die in den dunkelsten Okkultismus eingetaucht sind. Der Tod eines Kindes oder der Einsatz eines menschlichen Sklaven, der auf den Zustand eines Roboters reduziert wird, macht sie weder heiß noch kalt. Schockiert Sie diese bewusst affirmative und provokative Aussage? Untergräbt es Ihr Paradigma? ... Vielleicht werden Sie dieses Buch hier schließen, um Ihr Bild von der Welt, in der Sie leben, zu schützen. Das wäre eine ganz natürliche Abwehrreaktion: die instinktive Bewahrung des eigenen Paradigmas.

Das berühmte Gleichnis von der „Matrix", in die wir eingetaucht sind, könnte nicht zutreffender sein: Die Menschen sind permanent an einen Strom angeschlossen, der sie in einem sicheren und infantilisierenden Tagtraum hält. Die Funktionsweise unseres Gehirns, unseres Verstandes, unserer Emotionen und sogar unserer geistigen Welt ist den „Architekten der Kontrolle" bestens bekannt, die nur diesen oder jenen Knopf drücken müssen, um diese oder jene Reaktion auszulösen.

Ein wichtiges Prinzip der Gedankenkontrolle ist die Ablenkung. Die Ablenkung ermöglicht es dem Bewusstsein, sich auf einen oder mehrere der fünf Sinne (Sehen, Tasten, Hören, Riechen, Schmecken) zu konzentrieren, um das Unterbewusstsein parallel dazu zu programmieren. Dieser Grundsatz gilt für Zaubertricks ebenso wie für staatliche Propaganda, Marketing und Werbung. Das zweite Prinzip der Gedankenkontrolle, das mit dem ersten einhergeht, ist die Wiederholung. Die Kombination aus Ablenkung und Wiederholung ist äußerst wirksam bei der Programmierung des menschlichen Unterbewusstseins. Fernsehen, Radio, verschiedene Zirkusse (Unterhaltung und Varieté) richten sich alle an das Unterbewusstsein, die Kunst der Propaganda besteht darin, das Unterbewusstsein direkt anzusprechen. Und diese Kunst ist inzwischen zu einer echten Wissenschaft geworden, die in großem Maßstab angewandt wird. Der Mensch braucht in der Tat Unterhaltung, aber wir können heute sehen, dass das, was uns ständig im Fernsehen angeboten wird, zum Beispiel mit Reality-TV, eher eine Sabotage des Bewusstseins ist als ein unschuldiges Spiel der Belote...

Die Menschen unterwerfen sich der Gedankenkontrolle, weil sie in sie hineingeboren werden. Die Wissenschaft des Social Engineering (die Analyse und Automatisierung einer Gesellschaft), die auf Massenkontrolle abzielt, baut Manipulation, Beherrschung und Unterdrückung schrittweise auf, so dass die Menschen es niemals kommen sehen können... Es ist das berühmte Gleichnis vom Frosch im heißen Wasser. Wenn man einen Frosch in sehr heißes Wasser setzt, wird er sehr schnell reagieren und fliehen. Legt man ihn jedoch in kaltes Wasser und erhitzt es allmählich bis zum Sieden, gewöhnt sich der Frosch an die

Temperatur, er wird taub und hat nicht mehr die Kraft, wegzulaufen, er wird verbrüht. Dies ist ein gutes Beispiel für das Phänomen der Gewöhnung, das dazu führt, dass man auf eine ernste Situation nicht reagiert, und unsere moderne Gesellschaft ist in dieser „Matrix", deren Siedepunkt nicht mehr weit entfernt zu sein scheint, völlig abgestumpft...

a/ Fernsehen

„Die Dummheit der Medien ist keine Begleiterscheinung. Sie führt einen Vernichtungskrieg gegen die Kultur. Es gibt viele Schlachten zu schlagen. Aber wenn die Medienindustrie ihren Krieg gegen den Verstand gewinnt, ist alles verloren."

Pierre Jourde

Eine der Quellen, die die Massen in diese „Matrix" eintauchen lassen, befindet sich direkt in Ihrem Wohnzimmer, der Fernseher, der den Kamin als „Herzstück des Hauses" ersetzt hat... Dieses Gerät ist ein Instrument der mentalen Kontrolle ersten Ranges, vielleicht sogar das wichtigste im Hinblick auf die globale Kontrolle. Stellen Sie sich für ein paar Minuten eine Gesellschaft ohne Fernsehen vor. Natürlich würde das Bewusstsein ganz anders funktionieren, Wünsche und Bedürfnisse hätten nichts mit denen von heute zu tun. Stellen Sie sich eine Gesellschaft ohne die Infantilisierung, die Verdummung, die Polemik, die Spaltung, die Angst, die Werbekonditionierung, die Dekulturation, die Standardisierung und den Konformismus vor, die dieses Gerät ständig ausstrahlt. Stellen Sie sich die „verfügbare Gehirnzeit" vor (ein Begriff von Patrick Le Lay, CEO von TF1), die für andere familiäre, soziale, kreative, wirklich erzieherische und pädagogische Aktivitäten zur Verfügung stehen könnte, wenn man weiß, dass durchschnittlich 75% unserer Freizeit (INSEE) von Fernsehprogrammen in Anspruch genommen wird! Keinem Haushaltsgerät ist es je gelungen, so schnell und so massiv Einzug in die Wohnung zu halten. Die Familie organisiert ihre Möbel um den Fernseher herum, die Essens- und Schlafenszeiten richten sich nach dem Programm (und umgekehrt), er ist gewissermaßen zur Herrin des Hauses geworden und programmiert den Tagesablauf der Familie und die Gedanken der fleißigsten Familienmitglieder nach diesem Programm...

Wir haben es hier mit einer echten Technologie der mentalen Kontrolle zu tun, das Fernsehen hat eine starke hypnotische Wirkung. In „Vie et Santé" (1992) schreibt Liliane Lurçat: „Kinder und Erwachsene sind von Bildern und Worten fasziniert. Wenn der Zuschauer einmal vor dem Fernseher sitzt, kann er sich nicht mehr von ihm lösen. Dieses Verhalten ist bei Kindern besonders eindrucksvoll, da das Fernsehen das Einzige ist, was ein kleines Kind, das unter anderen Umständen sehr aktiv ist, ruhigstellen kann."

1997 schrieb der Philosoph Jean-Jacques Wunenberg in Télérama: „Als erster Akteur der Globalisierung der Moral führt das Fernsehen zu einem quasi-rituellen Satz einheitlicher Verhaltensweisen, unabhängig von der Umgebung und den visuellen Botschaften: Anordnung des Mobiliars, auf die Lichtquelle ausgerichtete Zuschauergruppen, Zeitpläne, die durch eine im Allgemeinen zu einer festen Zeit programmierte Sendung eingeschränkt werden, usw.[1]

Es wurden mehrere Studien über die Auswirkungen des Fernsehens auf das Gehirn durchgeführt. Die allgemeine Erkenntnis ist, dass sie die Aufmerksamkeitsspanne und das kritische Denken beeinträchtigt. Das Fernsehen erzeugt einen Zustand der Hypnose unter dem Deckmantel der Entspannung. Die beliebteste Freizeitbeschäftigung der Welt führt auch zu einer Form der Sucht, deren Kriterien wie folgt lauten: „viel *Zeit mit dem Konsum der Substanz verbringen, sie häufiger als gewünscht konsumieren, über eine Reduzierung des Konsums nachdenken oder sich wiederholt, aber erfolglos darum bemühen, den Konsum zu reduzieren, wichtige soziale, familiäre oder berufliche Aktivitäten zugunsten des Konsums aufgeben und Entzugserscheinungen zeigen, wenn der Konsum eingestellt wird.* Alle diese Kriterien gelten auch für intensive Fernsehnutzer.

1986 begannen Byron Reeves von der Stanford University, Esther Thorson von der University of Missouri und ihre Kollegen zu untersuchen, ob die formalen Merkmale von Fernsehinhalten, d. h. Schnitte, Schnitte, Zooms, Schwenks, plötzliche Geräusche usw., bei der Person eine Orientierungsreaktion auslösen und folglich ihre Aufmerksamkeit auf den Bildschirm lenken. Die Orientierungsreaktion ist die Mobilisierung der Aufmerksamkeit nach einer Veränderung in der Umgebung des Subjekts, begleitet von einer Reihe komplexer sensorischer, somatischer und autonomer Veränderungen, die darauf abzielen, das Subjekt darauf vorzubereiten, auf eine mögliche Situation zu reagieren. Bei der Untersuchung der Beeinflussung der Gehirnströme durch formale Fernsehbeiträge kamen die Forscher zu dem Schluss, dass Videomontagen in der Tat unwillkürliche Reaktionen beim Menschen auslösen können... Es ist die Form, nicht der Inhalt, die das Fernsehen einzigartig macht. Diese orientierende Reaktion kann teilweise Äußerungen erklären wie: „*Wenn ein Fernseher läuft, kann ich nicht aufhören, ihn anzusehen*" oder „*Ich fühle mich wie hypnotisiert, wenn ich fernsehe*". Die Produzenten von Bildungsprogrammen für Kinder haben festgestellt, dass diese formalen Merkmale das Lernen verbessern können, dass aber die zunehmende Anzahl von Schnitten und Aufnahmen das Gehirn schließlich überfordert. Clips und Werbespots, in denen schnelle Schnitte mit nicht zusammenhängenden Szenen verwendet werden, sollen die Aufmerksamkeit des Zuschauers mehr fesseln als Informationen vermitteln. Die Leute erinnern sich vielleicht an den Namen des Produkts oder den Markennamen, aber die Details der Werbung gehen zum einen Ohr rein und zum anderen wieder raus; oder sollten wir sagen, zum einen Auge rein und zum anderen raus. Dies ist die Folge einer überlasteten Orientierungsreaktion.[2]

1964 veröffentlichte der Philosoph Marshall McLuhan das Buch „*Understanding the Media*", in dem er erklärte, dass das Fernsehen das

---

[1] *Télérama*, 15/10/97

[2] *Fernsehsuch*" - Kubey, Csikszentmihalyi - Scientific American, 2003.

bevorzugte Werkzeug der Werbetreibenden ist, weil es in der Lage ist, das Gefühl der Äußerlichkeit mit den gesehenen Szenen zu verbinden, als wäre es eine Verlängerung des Gehirns. Dieses Phänomen wird durch ein von Marshall und seinem Sohn Eric McLuhan durchgeführtes Experiment bestätigt, das zwanzig Jahre später an der Universität von Toronto von seinem Sohn in Peter Entells Dokumentarfilm „The Tube" reproduziert wurde. Das Experiment besteht darin, zu zeigen, dass ein im Fernsehen oder im Kino gesehener Film nicht auf dieselbe Weise wahrgenommen wird. Bei diesem Experiment sehen sich zwei Gruppen von Personen denselben Film auf beiden Seiten einer aufgehängten Leinwand an, wobei die eine Gruppe das von der Leinwand reflektierte Licht empfängt (ähnlich wie im Kino), während die andere Gruppe (auf der anderen Seite der Leinwand) das Licht direkt von der Quelle empfängt (ähnlich wie beim Fernsehen). Anschließend wird jeder Teilnehmer in beiden Gruppen gebeten, einen einseitigen Kommentar zu seinen Eindrücken und zu dem, was er an der Projektion bedeutsam fand, zu schreiben. Das Experiment zeigt, dass „reflektiertes Licht" und „direktes Licht" nicht die gleichen Auswirkungen auf Körper und Geist haben. In der Gruppe des „reflektierten Lichts" (Kino) war man sich einer Sache außerhalb seiner selbst bewusst und war relativ objektiv in Bezug auf den Inhalt des Films. Im Gegensatz dazu sprachen die Menschen in der „Direktlicht"-Gruppe (Fernsehen) mehr über sich selbst, ihre Gefühle und Gedanken. Ihre Kommentare waren viel subjektiver als die der anderen Gruppe. Bei direktem Licht, wie z. B. beim Fernsehen, ist der Zuschauer nicht mehr und nicht weniger als der Bildschirm, auf den das Licht projiziert wird, und erlebt den Inhalt der Sendungen mit einer viel stärkeren emotionalen Imprägnierung, wobei das Gefühl der Äußerlichkeit der gesehenen Szenen verloren geht. Es gibt keine Distanz mehr: Sie sind die Leinwand, und die Projektion des Bildes prägt sich Ihnen ein wie ein Tattoo. Dieses direkte Licht verleiht den Fernsehbildern die Kraft, wie in einem Traum in den Geist einzudringen und den kritischen Verstand zu neutralisieren. Wie in dem vorangegangenen Experiment zur Orientierungsreaktion gezeigt wurde, ist es eher das Medium (das Werkzeug) als der Inhalt, der auf das Gehirn wirkt.

Der amerikanische Neurologe Thomas Mulholland hat mit Hilfe eines Elektroenzephalogramms (EEG) nachgewiesen, dass das Fernsehen beim Zuschauer einen Zustand tiefer Entspannung, ja sogar Schläfrigkeit hervorruft. Er fand heraus, dass das EEG Alpha-Gehirnwellen anzeigte, wenn die Testperson fernsah. Diese Gehirnwellen sind die gleichen, die man sieht, wenn der Mensch inaktiv ist: Je weniger das Gehirn arbeitet, desto mehr Alphawellen produziert es. Diese hypnotische Entspannung erklärt zu einem großen Teil die durch das Fernsehen verursachte Abhängigkeit, insbesondere nach einem Arbeitstag. Die hypnotische Entspannung ist daher ein wirksames Mittel, um Werbeinhalte und andere Propagandabotschaften zu absorbieren. Dank dieser hypnotischen Wirkung und seiner Unterhaltungsfunktion hält das Fernsehen den Bürger in einer illusorischen Ablenkung und lenkt ihn von den wirklichen Problemen ab, um ihn besser regieren zu können. Frederick Emery, einer der brillantesten Sozialwissenschaftler seiner Generation und Mitglied des

Tavistock-Instituts, sagte: *„Das Fernsehen kann als technologische Entsprechung der Hypnose betrachtet werden."*

Was Herbert Krugman über das Fernsehen sagte, ist ebenfalls sehr interessant. Krugman ist ein ehemaliger Geschäftsführer einer Werbeagentur, der als Berater für das Office of Intelligence Research im US-Außenministerium tätig war und sich mit der Infiltration des Kommunismus in die amerikanische Gesellschaft sowie mit der Gehirnwäsche während des Koreakriegs und dem Widerstand gegen Propaganda befasste. In dem Dokumentarfilm *„The Tube"* stellt Herbert Krugman fest, dass die Werbetreibenden von den Techniken der Gehirnwäsche fasziniert waren, und er sagt, dass er selbst einige erstklassige *„Gehirnwäscher"* kannte, die er dann für seine Dienste rekrutierte... Er zögert nicht, das Fernsehen mit bestimmten Techniken zu vergleichen, die vom Militär eingesetzt wurden, wie z. B. die sensorischen Entzugskammern, die auch im MK-Ultra-Projekt verwendet wurden. Ihm zufolge beruhen diese Techniken auf einer Phase der Desensibilisierung, die dem durch das Fernsehen hervorgerufenen psychischen Zustand sehr ähnlich ist. Das Fernsehbild ist in der Tat arm an sensorischen Daten, was dazu führt, dass der Zuschauer sein Körpergefühl verliert. Bei der individuellen Gehirnwäsche ist der Verlust der Sinneseindrücke, an denen die Person sich selbst erkennt, die vorbereitende Phase der Veränderung, die ihrer mentalen Welt aufgezwungen wird. Im Falle des Fernsehens versetzen die Bilder den Zuschauer in einen Wachschlaf, sein Gehirn arbeitet in Alphawellen, seine Identität löst sich auf und die „Bilderbox" versorgt ihn mit Träumen, die zu festen Zeiten für ihn programmiert sind.[3]

Das Fernsehen ist das ideale Instrument für die Anwendung des Prinzips „Spannung und Entspannung". Es ermöglicht den Aufbau von Spannung in einer kontrollierten Umgebung, wodurch das Stressniveau erhöht wird, und bietet dann eine Reihe von Möglichkeiten zum Abbau von Spannung und Stress. Solange das Opfer glaubt, dass die angebotenen Möglichkeiten die einzig möglichen Lösungen sind, auch wenn sie auf den ersten Blick inakzeptabel erscheinen, wird es sich für eine dieser inakzeptablen Möglichkeiten entscheiden. In einer solchen Situation ist der Mensch darauf konditioniert, auf die Anspannung wie ein Tier zu reagieren, das nach dem Druckablassventil sucht. Der Schlüssel zum Erfolg dieses Prozesses der mentalen Kontrolle liegt im ausgewogenen Umgang mit der Spannung und den Möglichkeiten, die Spannung abzubauen. Solange diese beiden Dinge kontrolliert werden, kann das Opfer dazu gebracht werden, mehr und mehr inakzeptable Dinge zu wählen und zu akzeptieren. Das ist Social Engineering, *Kulturpsychiatrie*, und das Fernsehen ist das wesentliche Mittel, um einerseits die Spannung in jedes Haus zu bringen und andererseits das Ventil, um diese Spannung abzubauen. Das Fernsehen liefert Bilder, die Spannung erzeugen, und serviert dann die Lösungen auf einem Teller.[4]

Das Fernsehen mit seiner Welt der Halbrealität, der Illusion und des Eskapismus, die rund um die Uhr ausgestrahlt wird, ist eine echte geistige

---

[3] *Studien greifen das Fernsehen an* - Louise Renard.

[4] *Schalten Sie Ihren Fernseher aus*, Lonnie *Wolfe*, New Federalist, S.6, 1997.

Programmkiste, deren wirklich kulturelle und erzieherische Rolle sehr zweitrangig bleibt.

Anton Szandor Lavey, der Gründer *der Kirche des Satans* und Autor der Satanischen Bibel, hat eine sehr klare Vorstellung von der Rolle des Fernsehens in unserer modernen Gesellschaft... schreibt er in seinem Buch „*The Devil's Notebook*": *Die Geburt des Fernsehens ist ein magisches Ereignis mit satanischer Bedeutung (...) Was bescheiden in Familien mit kleinen Kästen begann, hat sich allmählich zu großen Satellitenschüsseln und Antennen entwickelt, die den Horizont beherrschen und die Kreuze auf den Kirchen ersetzen. Das Fernsehen, oder der satanische Altar, hat sich seit den 1950er Jahren rasant von einem kleinen, unscharfen Bildschirm zu einem riesigen Gerät entwickelt, das ganze Wände bedeckt. Was als unschuldige Unterhaltung im Alltag von Familien begann, hat für Millionen von Menschen das wirkliche Leben ersetzt und ist zu einer großen Religion für die Massen geworden.*

Die Kleriker der Fernsehreligion sind die Künstler, die Moderatoren, vor allem diejenigen, die mit den Strahlen der Kathodenstrahlröhre die Dunkelheit verbreiten. Die Netzmoderatoren sind die Hohepriester und Hohepriesterinnen des Verbrauchermarktes. Die lokalen Moderatoren sind die Pfarrer, die aus der jüngsten lokalen Tragödie das Heu machen. Die prominenten Persönlichkeiten, ob lokal, national oder international, sind alle Teil der Hierarchie der Kirche, des Internets.

Komödien, Dramen und Sitcoms werden Tag und Nacht an sieben Tagen in der Woche ausgestrahlt, um den Lebensstil der Gemeindemitglieder zu aktivieren und aufrechtzuerhalten, der früher nur von den fanatischsten Gläubigen täglich praktiziert wurde. „Angesichts der sich verschärfenden satanischen Schichtung (mit Hilfe dieser teuflischen Maschine) besteht eine unserer Aufgaben darin, schrittweise ein System zu entwickeln, mit dem sich die Menschen perfekt an ihren TV-Lifestyle anpassen können."[5]

Interessant am Fernsehen ist auch, dass sein Herzstück, die Kathodenstrahlröhre, von einem britischen Okkultisten namens William Crookes erfunden wurde. Crookes war Mitglied des Geheimbundes *Golden Dawn* und Präsident der Psychic Research Society, und er war es, der Oliver Lodge zu seinen Forschungen über den Äther und die Geisterwelt inspirierte. Dieser Physiker erfand mehrere Geräte, deren Zweck es war, mit winzigen Elementarteilchen wie Elektronen zu interagieren. Crookes, ein Anhänger des Spiritismus, glaubte, dass Geister in der Lage seien, mit Teilchen wie Elektronen und Protonen zu interagieren und sie zu manipulieren. In seiner Autobiographie schrieb Crookes, dass es möglich sein müsse, dass Geister diese winzigen Teilchen beeinflussen könnten; um dieser Frage nachzugehen, erfand er die „*Crookes-Röhre*". Eine Vorrichtung zur Projektion von Elektronen in einem Strahl: Dies war die Geburtsstunde der Kathodenstrahlen. Crookes' Version der Kathodenstrahlröhre sollte die Grundlage für die Entwicklung des Fernsehens werden, das vierzig Jahre später von dem Schotten John Logie Baird erfunden wurde. Das Fernsehen, eine Erfindung, die schließlich die ganze Welt

---

[5] *Das Teufelsbuch* - Anton Lavey, 1992, S. 86.

unterwerfen und hypnotisieren sollte, wurde zum Teil durch die Erforschung der Geisterwelt inspiriert...

b/ Das Unterschwellige

Subliminal bedeutet *„unter der Schwelle"* des Bewusstseins, es ist eine unbewusste Wahrnehmung, die in den so genannten „unbewussten" Bereich des Gehirns eindringt. Die unterschwellige Botschaft kann formal mit einem oder mehreren Worten oder visuell mit einem Bild, einem Foto oder einem Symbol sein. Es können aber auch Schallwellen sein.

Unterschwellige Bilder sind mit bloßem Auge nicht zu erkennen, aber das Gehirn nimmt sie auf einer unterbewussten Ebene wahr und verarbeitet sie. Das Gehirn verarbeitet viele Informationen, scheint aber unterschiedliche Wahrnehmungsebenen zu haben, und einige Informationen können dann unsere Handlungen und Emotionen beeinflussen, ohne dass das kognitive Gehirn Zugang dazu hat. 1997 wies Ahmed Channouf in einem Experiment nach, dass elektrodermale Reaktionen (E.D.R.) auftreten, wenn die Versuchspersonen unterschwellig mit bekannten oder unbekannten Gesichtern konfrontiert werden (die Gesichter werden 50 Millisekunden lang präsentiert). Die elektrodermalen Reaktionen der Probanden waren länger, wenn das Gesicht bekannt war. Sie kamen zu dem Schluss, dass es physiologische Hinweise gibt, die zeigen, dass eine implizite Wahrnehmung und Erkennung stattfindet, selbst wenn sich die Versuchsperson nicht bewusst ist, diese Gesichter zu sehen.[6]

Unterschwellige Bilder können daher als Mittel zur Manipulation von Menschenmengen eingesetzt werden. Es gibt viele Fälle, in denen unterschwellige Bilder im Fernsehen ausgestrahlt werden. Im Jahr 1958 wurden unterschwellige Botschaften in den USA, England und Australien verboten. 1992 erließ Frankreich ein Dekret (Nr. 92-280), das *unterschwellige Techniken* verbietet. Darin heißt es: *„In der Werbung dürfen keine unterschwelligen Techniken verwendet werden, die darauf abzielen, das Unterbewusstsein des Betrachters durch die sehr kurze Belichtung von Bildern zu erreichen."* Trotz dieses Gesetzes und der Überwachung durch die CSA wurden mehrere Fälle beobachtet, in denen unterschwellige Bilder in Fernsehsendungen, Filmen oder Werbung eingebettet wurden. Der bekannteste Fall ereignete sich in Frankreich während eines Wahlkampfes im Jahr 1988: Das Porträt von François Mitterrand wurde während des Abspanns der Fernsehnachrichten unterschwellig in das Logo von Antenne 2 eingefügt. Dieses unterschwellige Foto wurde von September 1987 bis Mai 1988 2949 Mal gesendet. François Mitterrand wurde am 8. Mai 1988 gewählt. Die TV-Nachrichten wurden schließlich am 28. Mai 1988 auf Antrag der CNCL (Commission Nationale de la Communication et de la Liberté, Vorgängerin der CSA) diskret ersetzt. Dieser Fall wurde vor Gericht verhandelt, aber der Prozess wurde verloren, weil das Bild länger als 60 ms (Millisekunden) dauerte, was die Einstufung als unterschwellig ausschließt, da

---

[6] *Emotionen und Kognitionen* - Ahmed Channouf und Georges Rouan, 2002.

das Gesetz davon ausgeht, dass ein Bild unterschwellig ist, wenn es weniger als 50 ms dauert.

Im Jahr 2000, während einer amerikanischen Wahl, wurde zufällig ein unterschwelliges Bild in einem Werbespot für George W. Bush entdeckt. Es war eine formale unterschwellige Botschaft. Die Beleidigung „Ratten" erschien zur gleichen Zeit wie die Werbung, die sich auf den Wettbewerber Al Gore bezog.

Im Jahr 2008, ebenfalls in den Vereinigten Staaten, zeigte FOX 5 News in seinem Vorspann ein sehr unauffälliges Bild des republikanischen Kandidaten John McCain und seiner Frau. Der französische Fernsehsender M6 wurde ebenfalls zweimal verurteilt, weil er während der Sendungen „Popstars" und „Caméra café" unterschwellige Werbebilder ausstrahlte.

In der Militärzeitschrift Orienteer vom Februar 1997 führte Kommandeur Schemischew von der russischen Armee eine Liste von „Psychowaffen" auf, in der er den „25. Rahmeneffekt" anführte. Dabei handelt es sich um eine Technik, bei der jedes 25. Bild einer Filmrolle oder eines Spielfilms eine Botschaft enthält, die vom Unbewussten aufgenommen wurde. Diese Technik könnte, wenn sie erfolgreich ist, zur Eindämmung des Alkohol- und Tabakmissbrauchs eingesetzt werden, sie könnte aber auch in anderen, besorgniserregenderen Bereichen angewandt werden, wenn sie bei Fernsehzuschauern oder Betreibern von Computersystemen eingesetzt wird. Chemishev behauptet auch, dass die Japaner die Fähigkeit entwickelt haben, Stimmsequenzen mit niedrigen Frequenzen in die Musik einzufügen, Stimmen, die nur auf der Ebene des Unterbewusstseins wahrgenommen werden. Die Russen behaupten, dass sie ein ähnliches „unterschwelliges Bombardement" in Kombination mit Computerprogrammen zur Behandlung von Alkoholismus oder Rauchen einsetzen.[7]

Einige japanische Einzelhändler spielen in ihren Geschäften sogar CDs mit unterschwelligen Botschaften ab, um Ladendiebstahl zu bekämpfen. Diese CDs zur Gedankenkontrolle spielen Musik oder Naturgeräusche, sind aber mit einer Nachricht in sieben Sprachen versehen, die davor warnt, dass jeder, der beim Ladendiebstahl erwischt wird, der Polizei gemeldet wird.[8]

In den Jahren 1993 und 1994 berichteten mehrere Artikel in der amerikanischen Presse[9], dass Igor Smirnow, ein russischer Experte für nicht-tödliche Waffen, für den US-Geheimdienst und das FBI mit einer Technologie experimentierte, die in der Lage ist, unterschwellig Gedanken in die Köpfe von Personen einzuschleusen, um deren Handlungen zu kontrollieren. Das FBI erwog, Smirnovs Gerät während der Belagerung von Waco gegen David Koresh von Davids Sekte einzusetzen. Smirnov sagte: „Ich schlug vor, dass die Stimmen von Kindern und Familien, die Selbstmordgefährdete auffordern, nach Hause zu gehen, mit den Geräuschen von Polizeiautos gemischt werden könnten (das

---

[7] The mind has no intrusion software, Timothy L. Thomas, in Parameters, S. 84-92, 1998.

[8] „Mind Control Music hält Ladendiebe auf" - McGill, Peter, The Sydney Morning Herald, 04/02/1995.

[9] Defense Electronics, Juli 1993, „DOD, intel Agencies Look at Russian Mind Control Technology, Claims FBI Concidered testing on Koresh"; Newsweek, 7. Februar 1994, „Soon Phasers on Stun"; Village Voice, 8. März 1994, „Mind Control in Waco".

Gebäude war von ihnen umgeben)". Es ging auch darum, Koresh Botschaften zu schicken, um ihn glauben zu machen, er höre die Stimme Gottes direkt in seinem Kopf. Berichten zufolge verfolgte das FBI diese Option nicht mit der (offiziellen) Begründung, dass Smirnov nur eine Erfolgschance von 70% garantierte. Auch die russische Presse veröffentlichte Artikel über Igor Smirnow. Die *Pravda* schrieb am 6. März 1994: *„'Village Voice' veröffentlichte die 'skandalöse Nachricht', dass die Russen in der Lage sind, menschliches Verhalten zu kontrollieren".*[10] Zwei Wochen später veröffentlichte die *Moscow News* einen langen Artikel, in dem erläutert wurde, wie der Wissenschaftler zu medizinischen Zwecken die „Psychokorrektur" einsetzte. In die Ohren des Patienten werden „Geräusche" mit Fragen gesendet, die nicht hörbar sind, aber vom Gehirn wahrgenommen werden. Das Gehirn antwortet auf diese Fragen, und diese Antworten werden auf dem Elektroenzephalographen aufgezeichnet und per Computer analysiert, wodurch Smirnov eine sehr schnelle Psychoanalyse durchführen kann. Anschließend werden die „Geräusche" mit den therapeutischen Botschaften an das Gehirn des Patienten zurückgesendet, das sie auf einer unterbewussten Ebene integriert. Smirnov bestreitet, dass diese Technologie für andere als medizinische oder unethische Zwecke eingesetzt wird.[11]

c/ *„Gruppendruck"* oder sozialer Druck

„Die Gewohnheit ist also ein enormer Motor der Gesellschaft, ihr wertvollster konservativer Faktor. Sie allein ist es, die uns alle in den vorgeschriebenen Grenzen hält und die Kinder der Reichen vor den neidischen Aufständen der Armen bewahrt." - William James - *Die Grundsätze der Psychologie*

Das Fernsehen ist zweifellos ein Instrument der mentalen Kontrolle ersten Ranges. *Aufgrund der* Konformität und Uniformität der Massen, die sie bewirkt, ist sie ein wichtiger Vektor des so genannten *„Gruppendrucks"* oder sozialen Gruppendrucks, ein weiteres Instrument der Kontrolle, man könnte auch sagen der Selbstkontrolle oder Selbstregulierung der Menschen.

Jeder hat schon einmal die Erfahrung gemacht, am Morgen nach der Übertragung eines „wichtigen" Fußballspiels zur Arbeit zu kommen. Sie werden feststellen, dass Sie etwas an den Rand gedrängt werden, wenn Sie das Spiel nicht gesehen haben, weil Sie sich nicht an dem lebhaften Austausch zwischen den Kollegen über dieses Thema beteiligen können... Und wenn Sie nicht einmal einen Fernseher haben, werden Sie sehr schnell als „Außenseiter", als Randperson oder sogar als „Sektierer" abgestempelt. Die Fußballweltmeisterschaft nicht zu verfolgen, mag noch gesellschaftsfähig sein, aber sobald man eine vom Mainstream abweichende Meinung z. B. in Gesundheitsfragen wie Impfstoffe oder Ernährung äußert, stößt man sehr schnell

---

[10] *Die Kunst, die Menge zu kontrollieren*, Pravda, 6. März 1994.

[11] Auszug aus dem Dossier „Offensive Technologien zur politischen Kontrolle".

auf das „Einheitsdenken", das die Massen prägt und lenkt. Ein eklatantes Beispiel war 2015 die massive *„Je suis Charlie"*-Bewegung, die Personen stigmatisierte, die sich weigerten, diesen Slogan zu übernehmen. Diese Zielstrebigkeit führt dazu, dass sich der Einzelne aus Angst vor Ablehnung der Gruppe anpasst. Die Reaktionen können in der Tat sehr heftig sein, wenn sich eine Person durch die Errungenschaften, die ihre *Realität* geprägt haben, destabilisiert fühlt. Er oder sie kann dann die Rolle des Hüters des einzigen Gedankens spielen, indem er oder sie die schwarzen Schafe angreift... Der *Gruppendruck*, der je nach Land, Kultur, Religion und politischem Regime unterschiedlich stark ist, wird auf jeden von uns durch Familie, Nachbarn, Kollegen und Freunde ausgeübt... Es ist eine natürliche menschliche Funktion, dass *„die Schafe die Schafe hüten"*, das Individuum diszipliniert sich unbewusst selbst, um dem auferlegten sozialen Modell zu folgen, so dass die Menschen sich selbst einschränken und sich durch sozialen Druck selbst zensieren. Dieser Druck ermöglicht die Aufstellung von Regeln, die der gesamten Gemeinschaft zugrunde liegen und das Denken in einen klar definierten Rahmen einordnen. Dies ist ein weiterer wichtiger Faktor für die mentale Kontrolle der Massen.

Ich würde sagen, dass wir in 50 Jahren immer mehr Menschen sehen werden, die wie Androiden aussehen, wenn sich nicht viele Menschen bewusst gegen die Gedankenkontrolle wehren, die auf die Gesellschaft ausgeübt wird. Die Menschen führen dies selbst herbei, indem sie sich die Welt ansehen und sagen: Es ist zu gefährlich für mich, die Wahrheit zu sagen, tatsächlich zu sagen, was ich glaube oder auszudrücken, was ich fühle. Es ist viel einfacher, wenn ich mir eine falsche Persönlichkeit ausdenke, die mich passiv hält. So funktioniert das..." John Rappoport - State of Mind (*Infowar*)

Es ist die Angst, die dieser Selbstkontrolle der Menschen zugrunde liegt, die Angst vor Ablehnung, Ausgrenzung, Versagen und manchmal sogar Angst vor physischer Gewalt und Inhaftierung. Der soziale Druck funktioniert sehr gut, um die Menschen davon abzuhalten, über bestimmte Dinge in ihrem Umfeld zu sprechen... vor allem, wenn es um heikle Themen wie die Pädophilie im Netz geht, die für die meisten Menschen ein ungewohntes Thema ist, weil sie in den offiziellen Medien überhaupt nicht vorkommt. Sie wehren sich oft dagegen, indem sie sich dem Thema verschließen, weil es schnell an ihrem Paradigma kratzt. Manche nutzen Ironie und Spott als Ablenkung und als eine Art Selbstschutz vor dem Unvorstellbaren, um sehr schnell das Gesprächsthema zu wechseln... Leugnung ist massiv. Menschen, die sich dafür interessieren, werden irgendwie an den Rand gedrängt, der soziale Druck, der durch die Medienpropaganda (oder das Schweigen) verstärkt wird, hat sich durchgesetzt...

Sie werden bemerken, dass wir über *Fernsehprogramme* und *Schulprogramme* sprechen... Das ist alles mentale Programmierung im großen Stil, aber auf dieser Ebene nimmt sie Ihnen noch nicht den freien Willen.

Dieser soziale Gruppendruck spielt auch im Schul- und Bildungssystem eine wichtige Rolle. Im Durchschnitt 17 Jahre lang wird[12] der Einzelne die meiste Zeit in einer Klasse, einer Gruppe, arbeiten, in der ihm Programme

---

[12] OECD, Bildung auf einen Blick 2011.

vermittelt werden, die er perfekt integrieren muss, um die höheren Stufen zu erreichen. Wenn der Einzelne nicht in die Gruppe passt oder nicht in der Lage ist, sich in die Inhalte der Programme oder die Lernmethoden zu integrieren und anzupassen, wird er von dieser Maschine, die künftige Arbeitskräfte aufbaut und formt, ausgeschlossen. Die Formatierung und Indoktrination der Jugend ist offensichtlich die Grundlage für die Kontrolle einer Gesellschaft, und das Schul- und Universitätssystem spielt dabei ebenso eine Rolle wie Fernsehen, Kino und Musik. Die Grenze zwischen Bildung und Propaganda ist sehr dünn oder gar nicht vorhanden, denn Propaganda kann ohne Bildungsprogramme und Informationskontrolle nicht wirksam funktionieren. Die Formatierung der Köpfe der Kinder, Jugendlichen und jungen Erwachsenen, die die Gesellschaft von morgen aufbauen werden, ist der Boden, auf dem der einzelne Gedanke Wurzeln schlägt und zu diesem permanenten sozialen Druck führt. Es ist ein Zement, der bei einem Erwachsenen, der sich weigert, sein Wissen und sein Paradigma zu hinterfragen, nur schwer zu durchbrechen ist.

d/ Lebensmittel, Wasser und Impfstoffe

General de Gaulle sagte, die *Franzosen seien Kälber, ganz Frankreich sei ein Land der Kälber.* Hat der tägliche Verzehr von Kuhmilch irgendetwas mit unserem Zustand als Menschen zu tun, die auf den Status von „Milchkühen" reduziert sind? Eine einfache Überlegung, die vielleicht zum Schmunzeln anregt, aber wenn wir uns die Auswirkungen dessen, was wir zu uns nehmen, auf unser Gehirn ansehen, deutet dies darauf hin, dass der psychologische und emotionale Zustand einer Gesellschaft weitgehend davon abhängt, was sie morgens, mittags und abends konsumiert...

Lebensmittel haben einen großen Einfluss auf den Menschen. Sein Nervensystem, sein Verstand und seine Emotionen werden teilweise durch die Art der Nahrung beeinflusst, die er zu sich nimmt. Die Kontrolle der Massen wird durch eine ganze Reihe von Chemikalien erreicht, die über Lebensmittel, Wasser, Impfungen und die Atmosphäre in unseren Körper gelangen. Diese Chemikalien schwächen das Nervensystem und die geistigen Fähigkeiten, ganz zu schweigen von der Störung des Hormonsystems und der Schädigung des genetischen Erbes. Wir wollen hier nicht auf die (umstrittene) Frage der alternativen Ernährungsweisen eingehen, deren Anhänger die Vorteile ihrer verschiedenen Schulen anpreisen. Stattdessen werden wir uns mit den Chemikalien befassen, die auf unser Gehirn einwirken, und zwar durch das, was wir zu uns nehmen, aber auch durch das, was uns von Geburt an injiziert oder über den Kopf gesprüht wird...

In dem Dokumentarfilm „*Sweet Remedy*" (2006) stellte der Neurologe Russell Blaylock fest, dass es in der Tat eine „chemische Verdummung der Gesellschaft" gibt: *„Aufgrund dieser verschiedenen Gifte, die die Hirnfunktion in notorischer Weise beeinträchtigen, sehen wir eine Gesellschaft, die nicht nur eine Zunahme der Bevölkerung mit einem immer niedrigeren IQ, sondern auch eine Abnahme der Bevölkerung mit einem hohen IQ produziert. Mit anderen Worten: eine chemische Verblödung der Gesellschaft. So wird jeder zum*

Mittelmaß, was die Bevölkerung auf die Abhängigkeit vom Staat reduziert, weil sie intellektuell nicht mehr leistungsfähig ist. Es gibt Menschen mit dem niedrigsten IQ, die völlig abhängig sind, und es gibt eine große Zahl von Menschen, die alles glauben, was man ihnen sagt, weil sie nicht wirklich klar denken können. Dann gibt es eine Minderheit von Menschen mit hohem IQ, mit guter Hirnfunktion, die all das verstehen können, und das ist es, was sie wollen! Man kann also verstehen, warum sie darauf bestehen, Hunderte von Milliarden Dollar für Werbung auszugeben: Das Ziel ist die Verdummung der Bevölkerung. "

Beginnen wir mit Fluorid, das von *Experten* dreimal täglich in Zahnbürsten, in Lutschtabletten für Kinder und in massiver Verdünnung im Trinkwasser für alle empfohlen wird! Die Fluoridierung der Trinkwasserversorgung ist allgemein bekannt, aber viel weniger bekannt ist, dass Fluorid eine gewisse Wirkung auf das Gehirn der Bevölkerung hat. Fluorid ist ein wichtiger Unterdrücker der geistigen Funktionen. Unabhängige Studien zeigen, dass Fluorid verschiedene psychische Störungen verursacht, die Menschen dumm, gefügig und unterwürfig macht und darüber hinaus die Lebenserwartung verkürzt und die Knochenstruktur schädigt. Die erste Verwendung von Fluorid im Trinkwasser geht auf die Konzentrationslager der Nazis zurück. Das Pharmaunternehmen I.G. Farben lieferte das Fluorid. Die Nazis benutzten dieses Produkt natürlich nicht, um die Zahngesundheit ihrer Gefangenen zu verbessern, nein, diese massive Medikation der Wasserversorgung mit Fluorid diente dazu, die Gefangenen zu sterilisieren und zu betäuben, um ihre Gefügigkeit sicherzustellen. Der Chemiker Charles Perkins war einer der ersten, der in einem 1952 veröffentlichten Aufsatz die schädlichen Auswirkungen der Fluoridierung des Trinkwassers anprangerte. Er erklärt, dass wiederholte Dosen von Fluorid, selbst in winzigen Mengen, die Fähigkeit eines Menschen, sich der Herrschaft zu widersetzen, verringern, indem sie langsam einen bestimmten Teil seines Gehirns durch Narkotismus vergiften. Sie unterwirft ihn also dem Willen derer, die ihn regieren wollen... Nichts weniger! Er erklärt sogar, dass Fluorid eine *„leichte und bequeme Lobotomie"* sei und dass der wahre Grund für die Wasserfluoridierung nichts mit der Zahngesundheit von Kindern zu tun habe.[13] Das Fluoridproblem scheint in der Tat ein großes Thema zu sein, aber es ist nicht das einzige.

Das für die Bevölkerung bestimmte Trinkwasser wird während des Aufbereitungsprozesses mit verschiedenen Zusatzstoffen versetzt, neben Fluorid auch mit Aluminium, das mit schweren neurologischen Störungen wie Alzheimer in Verbindung gebracht wird. Zu diesem Thema siehe die hervorragende Untersuchung von Sophie Le Gall mit dem Titel *„Du poison dans l'eau du robinet"* (France 3, 2013), in der die Unbeweglichkeit von gewählten Vertretern und Organisationen wie der AFSSA (Agence Française de Sécurité Sanitaire et Alimentaire) angesichts des sogenannten „Trinkwassers", das in bestimmten Regionen Frankreichs in Wirklichkeit völlig vergiftet ist, deutlich wird. Dieses Aluminium finden wir auch in Impfungen, ebenso wie Quecksilber,

---

[13] *Operation Fluorid* - vivresansogm.org.

das ebenfalls ein Gift für das Nervensystem ist. Quecksilber verursacht Autismus bei Kleinkindern, obwohl sich die Pharmaindustrie bemüht, zu beweisen, dass es keinen Zusammenhang gibt, weil es um enorme finanzielle Summen geht. Einige Impfstoffe enthalten auch ein Adjuvans namens Polysorbat 80, das in der Pharmakologie verwendet wird, damit bestimmte Medikamente die Blut-Hirn-Schranke passieren können. Welche Rolle spielt eine solche Chemikalie bei der Impfung genau? Können in Impfstoffen enthaltene neurotoxische Schwermetalle wie Aluminium und Quecksilber die Blut-Hirn-Schranke überwinden?

Diese Anhäufung von Schwermetallen im Körper (durch Wasser, Impfstoffe, Zahnamalgam, Lebensmittel...) führt zur Blockierung von Enzymen, die für den Abbau von Nahrungsproteinen wie Gluten oder Kasein zuständig sind, was zu einer chronischen Vergiftung des Körpers führt. Wenn nämlich Getreide- und Milcheiweiß nicht vollständig abgebaut werden, passieren sie die Darmwand und gelangen in den Blutkreislauf. Diese „Opiatpeptide" verhalten sich im Körper wie bestimmte Morphindrogen und binden sich an die spezifischen biochemischen Rezeptoren für diese Substanzen. In ihrem Buch *„Gluten- und milchfreie Ernährung"* erklärt Marion Kaplan, dass die Peptide von Gluten (enthalten in Getreide wie Weizen, Hafer, Roggen und Gerste) und Kasein (enthalten in Kuhmilch) durch die Besetzung und Sättigung der Opiatrezeptoren zu Verhaltensstörungen führen und die Entwicklung bestimmter „Krankheiten" fördern. Diese Verhaltensstörungen, die durch den teilweisen Abbau von Gluten und Kasein verursacht werden, wurden in mehreren medizinischen Veröffentlichungen hervorgehoben, unter anderem von Professor Reichelt und dem Institut für pädiatrische Forschung der Universität Oslo. Reichelt ist ein Pionier auf der Suche nach Opioidpeptiden, die er 1981 im Urin von hyperaktiven Kindern, Autisten und Schizophrenen entdeckte. Zwischen 1986 und 1991 konnte er deutliche Verbesserungen und sogar Heilungen feststellen, nachdem er Gluten und Kasein aus der Ernährung seiner Patienten gestrichen hatte. Eine Gluten- und Kaseinvergiftung ist die Ursache für eine Vielzahl von Verhaltensstörungen, die von Hyperaktivität bis hin zu Autismus, Persönlichkeitsstörungen und Epilepsie reichen. Opioide Substanzen, die das Gehirn sättigen, haben den Effekt, soziale Bindungen zu hemmen. Gleichgültigkeit, Rückzug und Sprachlosigkeit sind die wichtigsten Folgen. Gleichzeitig stören diese schädlichen Peptide, die den Körper belasten, den Serotoninhaushalt. Manchmal ist zu viel Serotonin vorhanden, manchmal zu wenig. Dies führt zu einem Übermaß an Informationen, die über die Sinne übertragen werden, zu Schlaflosigkeit, impulsiven Reaktionen usw.[14]

Man braucht nur die Etiketten auf den Verpackungen industrieller Lebensmittel zu lesen, um festzustellen, dass Gluten und Kasein systematisch Fertiggerichten, Desserts, Soßen, Suppen usw. zugesetzt werden. Hinzu kommt die ständige Zunahme chemischer Zusatzstoffe aller Art in industriellen Lebensmitteln, die bereits denaturiert, verschmutzt und sogar genetisch verändert sind. Hinzu kommt, dass in den bereits denaturierten, verschmutzten

---

[14] *Gluten- und milchfreie Ernährung* - Marion Kaplan, 2010.

und sogar gentechnisch veränderten industriellen Lebensmitteln immer mehr chemische Zusatzstoffe aller Art enthalten sind. Es ist daher nicht verwunderlich, dass immer mehr Kinder Verhaltensstörungen entwickeln, die als Hyperaktivität, minimale Hirnfunktion oder psycho-organisches Syndrom bezeichnet werden. Diese Störungen wirken sich auf die schulischen Leistungen aus und verursachen ein gewisses Unbehagen, das zu verschiedenen Abhängigkeiten führt. Andere Zusatzstoffe wie Zitronensäure, bestimmte Konservierungsstoffe und synthetische Farbstoffe können bei empfindlichen Personen Unverträglichkeiten auslösen, die sich erheblich auf die neurologischen Systeme auswirken, die Gesten, Bewegungen und Konzentration regulieren.[15]

In Australien wurde eine Studie mit dem Titel *„The role of diet and children's behaviour"* (*Die Rolle der Ernährung und das Verhalten von Kindern*) von J. Breakey durchgeführt und 1997 im *Journal of Pediatrics & Child Health* veröffentlicht. Die Untersuchung zeigte, dass Diäten das Verhalten einiger Kinder beeinflussen können. Es wurde berichtet, dass Symptome wie Aufmerksamkeitsdefizitsyndrom, Hyperaktivitätssyndrom, Schlafprobleme und insbesondere Stimmungsschwankungen durch die Ernährung korrigiert werden können. In einer anderen australischen Studie des *Institute for Child Health Research* wurde die elektrische Aktivität der Gehirne von fünfzehn Kindern beobachtet, die an einem hyperkinetischen Syndrom mit Aufmerksamkeitsdefiziten litten, das durch bestimmte Nahrungsmittel ausgelöst wurde. Während des Verzehrs der beanstandeten Lebensmittel wurde ein signifikanter Anstieg der Beta-Gehirnaktivität in der frontotemporalen Region des Gehirns beobachtet. Diese 1997 durchgeführte Untersuchung war die erste ihrer Art und zeigte eindeutig einen Zusammenhang zwischen der elektrischen Aktivität des Gehirns und dem Verzehr bestimmter Nahrungsmittel bei Kindern mit ADHS (Aufmerksamkeitsdefizit-Hyperaktivitätsstörung). Diese wissenschaftlichen Daten bestätigen die Hypothese, dass Lebensmittel bei einigen Kindern nicht nur die klinischen Symptome beeinflussen, sondern auch die elektrische Aktivität des Gehirns verändern können.[16]

In einem Artikel mit dem Titel *„Phosphate in der Nahrung: Kinder an den Rand des Wahnsinns getrieben"* berichtet der Kinderarzt Frédérique Caudal über seine Beobachtungen. Nach zweijährigen Experimenten in seiner Praxis hat er herausgefunden, dass eine Ernährung ohne Phosphatzusätze den Zustand hyperaktiver Kinder in vier Tagen ausgleicht und somit das berüchtigte „Medikament" *Ritalin* vermeidet. Phosphate sind in praktisch allen Lebensmitteln mit Zusatzstoffen enthalten. Ihr Einsatz ist so groß, dass ihre Präsenz in den letzten 10 Jahren um 300% gestiegen ist! Unsere Industriellen werden kein Blatt vor den Mund nehmen, wenn es um neurotoxische Zusatzstoffe geht!

---

[15] „Ernährung und Verhalten von Kindern - Phosphate", Aldo Massarotti, Bromatologe und Chemiker.

[16] Uhlig T., Merken schlager A, Brandmaier R, Egger J. - Eur. J. Pediatr. Juli 1997.

Die Frage der Phosphate wurde in Deutschland bereits 1976 von Frau Hafer, einer auf den Säure-Basen-Haushalt des menschlichen Körpers spezialisierten Apothekerin, aufgeworfen. Diese Frau hatte die Verhaltensauffälligkeiten ihres Adoptivsohns beobachtet und untersucht und war zu dem Schluss gekommen, dass der Auslöser phosphatreiche Lebensmittel (Milch, Eier usw.) oder zugesetzte Phosphate (Phosphorsäure in Cola, Diphosphate in Schmelzkäse, gekochtem Schinken und Backpulver in Lecithin-Kuchen) waren. Hafers Arbeit hat im deutschsprachigen Raum eine große Wirkung erzielt.[17]

Kommen wir nun zu Natriumglutamat oder E621. Dabei handelt es sich um einen besonders bösartigen Geschmacksverstärker, der in industriellen Lebensmitteln weit verbreitet ist. Es ist in allen möglichen Zusatzstoffen wie Natriumkaseinat, Hefeextrakt oder den berühmten *„natürlichen Aromen"* enthalten... Glutamat ist ein Exzitotoxin, d. h. ein Produkt, das für das Nervensystem des Verbrauchers giftig ist. Dieser Lebensmittelzusatzstoff verursacht Stimmungsstörungen, geistige Verwirrung, Angstzustände und Verhaltensstörungen, insbesondere bei Kindern.

Im Jahr 1991 strahlte die amerikanische Fernsehsendung *60 Minutes* einen Bericht über die Gefahren von MNG aus. In diesem Dokumentarfilm erklärt Dr. John Olney, Professor für Neuropathologie und Psychiatrie, dass er davon überzeugt ist, dass Menschen, insbesondere Säuglinge und Kinder, durch diesen nervenschädigenden Zusatzstoff gefährdet sind. Es waren Dr. Olneys Forschungen, die auf die mögliche Gefahr für Säuglinge hinwiesen, die dazu führten, dass Glutamat in den 1970er Jahren aus der Babynahrung entfernt wurde. Doch heute ist Olney immer noch besorgt über die Millionen von Kindern, die diesem Stoff in ihren Lieblingsnahrungsmitteln - Fast Food und Snacks - ausgesetzt sind, die völlig unkontrolliert sind. In dem Bericht wird der Fall eines zehnjährigen Kindes, Jeremy Larrows, geschildert, bei dem eine Hyperaktivität diagnostiziert wurde, die zu seinem schulischen Misserfolg führte. Es wurde alles versucht, um ihm zu helfen, von chemischen Behandlungen bis zu speziellen Erziehungsprogrammen, aber nichts half dem Kind. Alle dachten, er hätte ein Aufmerksamkeitsdefizitsyndrom. Fünf Jahre lang war Jeremy wütend und aggressiv gegenüber seinen Mitschülern und seiner Familie, bis zu dem Punkt, an dem er unglücklich war. Er konnte sein eigenes Verhalten nicht mehr kontrollieren. Seine Familie brachte ihn zu Dr. Schwartz, der sofort anordnete, Glutamat vollständig aus seiner Ernährung zu streichen. Sehr schnell traten dramatische Veränderungen ein: Seine Hyperaktivität verschwand, seine Noten verbesserten sich dramatisch, und auch seine Beziehungen zu Freunden und Familie wurden besser. Seine Mutter erklärte gegenüber Reportern: *„Wir haben ihn fünf Jahre lang verloren, jetzt haben wir ihn wieder, und er ist ein wunderschönes, aufgewecktes Kind. Es war eine lange, harte Suche...*

---

[17] „Alimentation et comportement des enfants - Phosphate", Aldo Massarotti, Chemiker und Bromatologe.

Zur gleichen Familie der Exzitotoxine, die ebenso bösartig und weit verbreitet ist wie Natriumglutamat, gehört Aspartam (E951), ein neurotoxischer Süßstoff, der in über 6.000 Lebensmitteln enthalten ist! Dieses Nervengift hat die unglückliche Eigenschaft, Neuronen zu zerstören. 1971 gelang es Dr. John Olney, der bereits die Gefährlichkeit von Natriumglutamat nachgewiesen hatte, zu beweisen, dass Asparaginsäure (aus der Aspartam zu 40% besteht) buchstäblich Löcher in den Gehirnen junger Mäuse verursacht. Trotzdem ist Aspartam weiterhin als Lebensmittelzusatzstoff zugelassen und wird sogar in einigen pharmazeutischen Produkten verwendet. Asparaginsäure reichert sich in unserem Körper an, wirkt sich auf unser Gehirn aus und gelangt auch über die Plazenta in das Gehirn des Fötus. [18]

Trotz der Beweise für seine Giftigkeit ist er immer noch in Ihren Supermärkten zu finden... besonders an der Kasse, in hübschen kleinen Schachteln in allen Farben, die Ihre Kinder anlocken. Regelmäßig bestätigen *„Expertenmeinungen"* (wie *die Europäische Behörde für Lebensmittelsicherheit*) in den Schlagzeilen unserer Medien, dass Aspartam für uns sicher ist, und betonen sogar seinen Nutzen! Warum versucht ein solcher Informationskrieg mit großen Schlägen an „Fachwissen", die Unschädlichkeit dieser neurotoxischen Zusatzstoffe systematisch zu bestätigen? Es liegt an Ihnen, zu antworten...

e/ Social Engineering: *„Schockstrategie"*, Tavistock-Institut

Wenn es gelingt, Terror auf breiter Basis in einer Gesellschaft zu verbreiten, dann kehrt die Gesellschaft zu einer 'tabula rasa' zurück, einer leeren Tafel, einer Situation, in der sich leicht Kontrolle herstellen lässt. Kurt Lewin, deutscher Psychiater, Leiter des Tavistock-Instituts in den 1930er Jahren.

Lewin vertrat die Ansicht, dass die Bevölkerung durch die Schaffung eines kontrollierten Chaos so weit gebracht werden könnte, dass sie sich freiwillig einer stärkeren Kontrolle unterwerfen würde.

Die *„Schockstrategie"*, ein Begriff, der von Naomi Klein in ihrem Buch *„The Strategy of Shock: The Rise of Disaster Capitalism"* (2007) populär gemacht wurde, basiert auf Techniken der Gehirnwäsche, die darauf abzielen, das Gedächtnis des Subjekts zu zerstören, seine Widerstandsfähigkeit zu brechen, um ein leeres Blatt zu erhalten, auf das eine neue Persönlichkeit gedruckt werden kann. Diese Techniken können auf eine ganze Bevölkerung angewandt werden, indem eine *„tabula rasa"* (weiße Weste) geschaffen wird, d. h. das Erbe eines Landes sowie seine sozialen und wirtschaftlichen Strukturen ausgelöscht werden, um nach dem geplanten und kontrollierten Chaos eine neue Gesellschaft, eine neue Ordnung aufzubauen. Sobald die Menschen ihrer Bezugspunkte beraubt, in einen Schockzustand versetzt und infantilisiert sind, sind sie wehrlos und lassen sich leicht manipulieren und berauben. Dieser

---

[18] *Gefahr durch Lebensmittelzusatzstoffe* - Corinne Gouget, 2006.

Prozess kann im Anschluss an eine schwere wirtschaftliche oder politische Krise, eine Umweltkatastrophe oder sogar einen Angriff oder Krieg durchgeführt werden. Sie kann aber auch schrittweise und langfristig angewendet werden.

Das Tavistock-Institut ist ein Schlüsselpunkt in den Gründungsprojekten der globalen Gedankenkontrolle, des Social Engineering oder genauer gesagt des „organisierten sozialen Chaos". Dieser komplexen Organisation ist es gelungen, das Paradigma unserer modernen Gesellschaft vollständig zu verändern... Laut seiner offiziellen Website ist das *Tavistock Institute* eine 1947 in England gegründete gemeinnützige Organisation. Das Institut konzentriert sich nach eigenen Angaben auf die Anwendung der Sozialwissenschaften in einer Vielzahl von Berufsfeldern, darunter Regierung, Industrie, Wirtschaft, Gesundheit und Bildung. Die Organisation schreibt und veröffentlicht die Monatszeitschrift *„Human Relations"*. Die Kunden reichen von großen multinationalen Unternehmen bis hin zu kleinen kommunalen Gruppen, sowohl auf nationaler als auch auf internationaler Ebene. Das Tavistock-Institut ist eine der geheimnisvollsten und einflussreichsten Gruppen der letzten fünfzig Jahre, aber es ist wenig bekannt. Sie ist unabhängig, da sie sich vollständig selbst finanziert und keine staatlichen Mittel erhält; ihr Tätigkeitsbereich erstreckt sich über den akademischen und den beratenden Bereich, und ihre Forschungsbereiche umfassen Anthropologie, Wirtschaft, Behaviorismus, Politikwissenschaft, Psychoanalyse, Psychologie und Soziologie.

Dieses Institut nahm seine Tätigkeit mit der 1920 in London gegründeten *„Tavistock Clinic"* auf. Damals war es eine psychiatrische Anstalt. Es war Herbrand Arthur Russell, Herzog von Bedford und Marquess von Tavistock, der beschloss, einer Gruppe von Ärzten, zumeist Psychologen, ein Gebäude im Zentrum Londons zu überlassen, damit sie dort ihre Forschungen entwickeln konnten. Das Institut begann mit der Erforschung der traumatischen Psychose und der *„Bruchstelle"* bei Überlebenden des Ersten Weltkriegs. Die *„Sollbruchstelle"* ist der Moment, in dem die Psyche des Soldaten unter der Wirkung des Traumas zusammenbricht, eine Art psychologischer Kipppunkt angesichts des unerträglichen Stresses. Ziel dieser Untersuchung war es, die Ergebnisse dieser Studien über Kriegsüberlebende direkt auf die Zivilbevölkerung anzuwenden. Das Projekt wurde vom British Army's *Psychological Warfare Bureau unter der* Leitung des Psychiaters John Rawling Rees betreut, der später Mitbegründer der *World Federation for Mental Health* wurde. 1940 definierte Rees die Ziele dieser psychologischen Kriegsführung wie folgt: *„Seit dem letzten Weltkrieg haben wir sehr viel Arbeit geleistet, um die verschiedenen sozialen Organisationen im ganzen Land zu infiltrieren (...) Wir haben eine besonders wirksame Offensive in vielen Berufen gestartet. Die beiden einfachsten waren die Lehre und die Kirche, die beiden schwierigsten waren Recht und Medizin. Jeder, dessen Gedächtnis nur ein Dutzend Jahre zurückreicht, wird erkennen, wie wichtig der Wandel in den Köpfen der Fachleute ist (...) Wenn wir andere soziale und berufliche Aktivitäten infiltrieren wollen, müssen wir meiner Meinung nach die totalitären Regime imitieren und eine Art fünfte Kolonne aufbauen (...) Das Parlament, die Presse und andere*

Publikationen sind die sichersten Mittel, um unsere Propaganda zu verbreiten (...) Wir müssen danach streben, jede erzieherische Aktivität des nationalen Lebens zu infiltrieren.[19]

1932 wurde die Leitung des Instituts dem deutschen Psychiater Kurt Lewin übertragen, dem Gründer der *National Training Laboratories* (NTL, dem 1947 gegründeten Forschungszentrum für klinische Psychologie in Harvard), das sich auf das Studium des menschlichen Verhaltens und der Verhaltenspsychologie spezialisiert hatte. Lewin ist bekannt für seine Arbeiten über die Manipulation von Massenverhalten, d.h. Gehirnwäsche im großen Stil... Ein Großteil seiner Forschungen für Tavistock befasste sich mit der Entwicklung von Massengehirnwäsche, indem er die traumatischen Prozesse wiederholter Folter zur individuellen Bewusstseinskontrolle auf die Gesellschaft als Ganzes anwendete. Es war Lewin, der die „*tabula rasa*"-Theorie aufstellte, nach der Terror, der in großem Umfang in einer Gesellschaft ausgelöst wird, zu einer Art Benommenheit in derselben Gesellschaft führt, einer Situation, in der „*Kontrolle leicht von außen erlangt werden kann*".[20]

Für Lewin muss die Gesellschaft „infantilisiert" werden, d. h. es muss ein unreifer Geisteszustand in der Bevölkerung entwickelt werden, um sie bestmöglich zu kontrollieren. Er nannte dieses kontrollierte soziale Chaos „Fluidität". Im Jahr 1963 sagte der Leiter des Kuratoriums des Tavistock-Instituts, Eric Trist, genau dasselbe über die Kontrolle der Gesellschaft: „Die Verabreichung einer Reihe von aufeinanderfolgenden traumatischen Schocks an eine Gesellschaft hat den Effekt, sie zu destabilisieren und dauerhafte Bedingungen sozialer Turbulenzen zu schaffen...",[21] die dazu dienen werden, eine neue Gesellschaft, ein neues Gesellschaftsparadigma, eine Gelegenheit zur Gestaltung eines neuen Gesichts dieses Planeten zu schaffen. Dazu musste die „Sozialpsychiatrie" entwickelt und in großem Maßstab angewandt werden.[22]

Dr. William Sargant, ein weiterer Tavistock-Forscher, schrieb 1957 in seinem Buch Battle for the Mind: A Physiology of Conversion and Brain-Washing (Kampf um den Verstand: Eine Physiologie der Bekehrung und Gehirnwäsche): „Verschiedene Arten von Überzeugungen können eingepflanzt werden, nachdem die Funktionsweise des Gehirns durch die absichtliche Induktion von Angst, Wut oder Erregung ausreichend gestört wurde."

Die Traumatisierung zur Umprogrammierung ist die Standardmethode von Tavistock. Hier finden wir das Protokoll der individuellen mentalen Programmierung auf der Grundlage von Traumata. Es geht darum, die ursprüngliche Persönlichkeit des Subjekts durch eine Reihe von Traumata auszulöschen, um eine neue programmierte Persönlichkeit, eine neue Ordnung

[19] *Strategische Planung für die geistige Gesundheit*, Colonel John Rawlings Rees, Mental Health Vol.1, No.4, Oktober 1940, S. 103-104.

[20] *Fifty Years of the Tavistock Clinic* - Henri Victor Dicks, London, Routledge and Paul, 1970.

[21] *Gedankenkontrolle Weltkontrolle* - Jim Keith 1997, Kap. 5.

[22] „Die Psychiatrisierung der Gesellschaft - gehören Verschwörung und Psychiatrie zusammen?" - Alain Gossens, Karmapolis.com.

zu installieren... *Ordo Ab Chao, die* Ordnung wird aus dem Chaos geboren, das Motto der Freimaurerei. Oder die Elemente *„auflösen"* und dann *„koagulieren"*, das große Geheimnis der Alchemisten... Formeln, die im Bereich der mentalen Kontrolle, sowohl individuell als auch kollektiv, gut anwendbar zu sein scheinen.

Das Tavistock-Institut wurde zum Zentrum der psychiatrischen Forschung schlechthin und änderte 1947 seinen Namen in *Tavistock Institute for Human Relations*. Anschließend setzte er seine Arbeit im Bereich Strategie und psychologische Kriegsführung für das OSS und dessen Nachfolger, die CIA, fort. Diese Organisation verfügt über ein mächtiges Einflussnetz, das es ihr ermöglicht, die verschiedenen Bereiche der materialistischen Gesellschaft, in der wir leben, zu infiltrieren und zu durchdringen. *Zu* diesem Netzwerk gehören großzügige Mäzene, die es dem Institut ermöglichen, zu bestehen und effizient zu arbeiten. Tavistock steht auch in enger Verbindung mit vielen *Think Tanks* und anderen globalistischen Organisationen wie der WHO (Weltgesundheitsorganisation), der World Federation for Mental Health, der UNESCO und der Rand Corporation.[23]

Die Familie Rockefeller hat immer eine wichtige Rolle bei der Förderung von Tavistock gespielt. In seinem Buch *Mind Control, World Control* berichtet Jim Keith über die folgende Aussage eines offiziellen Tavistock-Kolumnisten: *„Die Rockefeller Foundation brauchte, bevor sie uns finanzierte, Gewissheit, nicht nur über unsere Politik ... sondern auch über die Menschen, die dort arbeiten."*

In einem Finanzierungsdokument für die Gruppe werden einige der Ziele der Tavistock-Gruppe genannt:[24]

a/ Die Erfindung der „psychiatrischen Ordnung" als medizinisch-soziale Rolle, die zur Beobachtung und Anerkennung von Problemen im Bereich der menschlichen Beziehungen und ihrer Bewältigung führt. „

b/ Die Erfindung der „Sozialpsychiatrie" als politische Wissenschaft, die zur Vorbeugung von Problemen großen Ausmaßes beitragen soll.

c/ Die Einrichtung einer ganzen Reihe von militärischen Institutionen, die die empfohlenen Maßnahmen konkret umsetzen werden.

d/ Die Erfindung neuer Arten von therapeutischen Gemeinschaften.

e/ Die Erfindung der „kulturellen Psychiatrie".

Das Tavistock-Institut war das erste seiner Art, und seither wurden weltweit Hunderte ähnlicher Zentren wie das *ISR*, das *Cornell ILR*, das *Hudson Institute*, die *National Training Laboratories, Walden Research*, das *Stanford Research Institute* und viele andere nach dem Tavistock-Modell gegründet. Zehn große Institutionen stehen unter ihrer direkten Kontrolle, mit vierhundert Tochtergesellschaften und nicht weniger als dreitausend verschiedenen Gruppen und *Think Tanks*, die sich auf Verhaltensorganisation, Politikwissenschaft, Psychoanalyse, Psychologie und Soziologie spezialisiert haben. Laut John Coleman, Autor von *„Conspirator's Hierarchy: the Story of The Committee of*

---

[23] *Die Hierarchie der Verschwörer* - Dr. John Coleman.

[24] *Mind Control World Control* - Jim Keith 1997, S.45.

300", verfügt Tavistock über eine regelrechte *„unsichtbare Armee"* von Akteuren in den Gerichten, der Polizei, den Universitäten, den Medien usw. Tavistock wählt die Künstler aus, mit denen es arbeiten will. Tavistock wählt die Künstler aus, die wir sehen, bildet aus und führt in die Gesellschaft die Experten ein, denen wir zuhören, und die Politiker, die wir wählen...

Tavistock soll weltweit führende Politiker für den Einsatz in strategischen Positionen rund um den Globus ausgebildet haben. Dies war der Fall bei Henry Kissinger, einem deutschen Flüchtling und ehemaligen Schüler von John R. Reese, der zu den wichtigsten Führungspersönlichkeiten gehört, die das Tavistock-Programm durchlaufen haben. Aufgrund seiner Ausbildung stieg Kissinger schnell in hohe Positionen politischer und strategischer Macht auf und ist auch heute noch ein Mann mit großem Einfluss. Ein weiteres Beispiel ist Jimmy Carter. In den 1970er Jahren wurde der künftige Präsident der Vereinigten Staaten verdächtigt, ein *„Zombie mit Clockwork Orange-Gehirnwäsche"* zu sein. Im Juli 1976 veröffentlichte Lyndon Larouches Zeitung *New Solidarity International Press Service* (Nr. 27) einen Artikel mit dem Titel *„Wurde Jimmy Carter einer Gehirnwäsche unterzogen? Vieles deutet darauf hin, dass Carters „Tavistock'sches" Lächeln und seine Pseudo-Religion das direkte Ergebnis eines Verhaltensmodifikationsprogramms sind, das von seinem „engen Freund", dem Psychiater Peter Bourne, und seiner Schwester Ruth Carter Stapleton durchgeführt wurde... Carter hat eine Vorgeschichte psychischer Instabilität, die ihn sehr anfällig dafür macht, bei einer Präsidentschaftswahl auf vollständige Unterwerfung programmiert zu werden 1966, kurz nach seiner Wahlniederlage in Georgia, verfiel Carter in eine Depression und sagte: „Das Leben hat keinen Sinn... jeder kleine Misserfolg ist für mich eine unüberwindbare Katastrophe".* Dies ist kein Beweis für eine geistige Programmierung, aber Carter stand unter der Kontrolle von Dr. Peter Bourne, einem Psychiater aus Tavistock. Bourne begleitete ihn während seines gesamten politischen Aufstiegs bis hin zu seiner Tätigkeit als Wahlkampfleiter bei den Präsidentschaftswahlen. Bourne sah in Carter die Möglichkeit, einen *mandschurischen Kandidaten* zu schaffen (der Begriff, der in MK-Ultra für einen Attentäter verwendet wird, der sich seiner Programmierung nicht bewusst ist). Laut Bournes Vater, einem Major der britischen Armee, der regelmäßig Gorilla- und Pavianstudien am Yerkes-Forschungszentrum durchführte, war sein Sohn *„immer daran interessiert, wie man einen Präsidenten aus soziologischer und verhaltensbezogener Sicht wählen kann. In Carters Team ist er derjenige, der eine echte wissenschaftliche Präsidentschaftskampagne führt.*

Tavistock steht auch hinter einigen groß angelegten sozialen Bewegungen. Nehmen wir das Beispiel der „Gegenkultur" der 1960er Jahre, wo das Tavistock-Netzwerk die Verbreitung und den Konsum von Drogen, insbesondere von LSD, eindeutig steuerte. Die Unzufriedenheit der Jugend und die Proteste waren ein offenes Tor, um bestimmte Ideologien mit Drogen zu infundieren. Diese soziale Destabilisierung sollte als Schlupfloch für die Erprobung neuer Kontrollmethoden dienen, wie z. B. Riesenpartys, bei denen LSD in großem Umfang verabreicht werden sollte. So wurden junge Versuchskaninchen zu Agenten der neuen Kultur, die auch als *New Age* bekannt ist (das spirituelle Projekt luziferischer Okkultisten wie Alice Bailey und Helena Blavatsky). Eines der ersten dieser riesigen Festivals fand 1967 statt, das *Monterey Pop International* in Kalifornien, mit über 100.000 Teilnehmern. Ein dreitägiges Konzert, das zum Vorbild für Massenfestivals wie Woodstock werden sollte, das zwei Jahre später mit voller Komplizenschaft des FBI organisiert wurde. "Das Woodstock-Festival war eine gigantische Open-Air-Bewusstseinskontrolloperation auf der Grundlage von LSD. Das *Time* Magazine bezeichnete das Woodstock-Treffen als „*Wassermann-Festival*" und bezog sich damit auf das Ende des Fische-Zeitalters und den Beginn des Wassermann-Zeitalters: das *Neue Zeitalter* oder die Neue Ordnung (mehr dazu später), die nach der sozialen Destabilisierung der 1960er Jahre entstehen sollte.

Die enorme Medienpräsenz der Beatles in den Vereinigten Staaten (eine Gruppe, auf die wir in Kapitel 9 zurückkommen werden) wurde ebenfalls im Rahmen dieses groß angelegten sozialen Experiments organisiert. Es handelte sich nicht um eine spontane Revolte der Jugend gegen das Gesellschaftssystem, sondern die großen „Rockmusik"-Bands dieser Zeit dienten unter anderem dazu, ein neues Vokabular und neue Ausdrücke einzuführen, um eine neue Kultur zu schaffen. Drogen, Sex, Rock'n'Roll, landesweite Proteste... die neue und die alte Welt prallten frontal aufeinander, und all diese Hippies hatten keine Ahnung, dass dies Teil eines sozialen Plans war, der hinter prestigeträchtigen philanthropischen Stiftungen, Unternehmen und Forschungszentren beschlossen und organisiert wurde, die unter anderem von der Rockefeller Foundation abhängig waren. Diese Meisterpuppenspieler der Finanzwelt und der Politik nutzten die Popkultur, um die gesellschaftliche Entwicklung zu manipulieren.

In diesem Zusammenhang ist auch die Rap-Musik zu nennen, die in den Vereinigten Staaten und später auch in Europa zur Etablierung einer liberalen Ideologie beigetragen hat. Die 'Tavistock'-Technik war die gleiche wie bei den Hippie-Bewegungen, d.h. *Cointelpro* (*Counter Intelligence Program*) Operationen, die aus einer direkten Infiltration der ursprünglichen Bewegung bestanden, um sie zu destabilisieren, zu verzerren, um sie zu diskreditieren oder um sie für bestimmte Ziele umzuleiten, wie es zum Beispiel bei den 'Black Panther' (amerikanische revolutionäre politische Bewegung) der Fall war. Rapper und Hippies sind zwei Bewegungen, die scheinbar völlig gegensätzlich sind... und doch ist es interessant, dass die *Zulu Nation* (die Vorzeigeorganisation des Rap) 1974 das Motto „*Peace, Unity, Love and Having Fun*" gewählt hat. Dies ist die gleiche Formel, die die Hippie-Bewegung zehn Jahre zuvor verwendet hatte: „*Frieden und Liebe!* Dies ist eine libertäre Philosophie, die besagt: „*Make love not war*". Eine Doktrin, die darin besteht, die Revolution durch die Sublimierung der Vergnügungen, durch die Entschuldigung der Drogen und des Sex zu machen, nicht mehr und nicht weniger. Heute können wir feststellen, dass der industrielle Rap, der Millionen von Dollars einbringt, weiterhin einen verschärften und dekadenten Materialismus in einer immer virulenteren Weise propagiert, wobei die Produktionen ständig in den großen Mediennetzen verbreitet werden. Dieser Prozess des Social Engineering, der in den 1950er Jahren begann, hat nicht aufgehört, und wir sehen jetzt die Folgen. John Coleman (Autor und ehemaliger MI6-Spion) schrieb: „*Der moralische, geistige, rassische, wirtschaftliche, kulturelle und intellektuelle Bankrott, in dem wir uns heute befinden, ist kein gesellschaftliches Phänomen, das zufällig entstanden ist. Vielmehr ist sie das Ergebnis eines sorgfältig organisierten Tavistock-Programms.* "[25]

Diese Social-Engineering-Programme, die sich vor allem an junge Menschen richten, werden heute fortgesetzt, indem hypersexualisierte und weltweit umschwärmte „Stars" wie Lady Gaga, Beyoncé, Miley Cirus usw. in den Vordergrund gerückt werden - die Liste ist lang. Stars, deren Songtexte und Verhalten auf der Bühne immer abweichender, um nicht zu sagen, völlig gestört werden. Wir werden in Kapitel 9 über die Unterhaltungsindustrie auf diesen Punkt zurückkommen.

Auch für das Social Engineering ist das Kino ein wesentliches Instrument, ebenso wie das Fernsehen und die Musik, die in einer Schleife über Radiowellen und spezialisierte TV-Kanäle ausgestrahlt werden. Kino, Fernsehen und Musik haben eine „entfremdende" Wirkung, indem sie uns entpersonalisieren. Unser äußeres und inneres Erscheinungsbild neigt dazu, ein Spiegelbild oder eine Kopie der Modelle von Stars, Schauspielern, Idolen und anderen *Sexsymbolen zu* sein... Diese „Lebens"-Szenarien, denen wir ständig ausgesetzt sind, von Hollywood-Filmen bis hin zum täglichen „Reality-TV", süchtig machenden Fernsehserien und Musikvideos, haben einen erheblichen Einfluss auf unser Aussehen, unseren Stil, unsere Gedanken, unsere Einstellungen, unser Verhalten, ja sogar auf unsere Emotionen und Gefühle. Die Allmacht des Bildes zielt darauf ab, uns in einem Zustand der Infantilisierung zu halten und somit gefügiger und manipulierbarer zu machen.

Es gibt auch viel zu sagen über bestimmte Videospiele, die extrem gewalttätig oder von Okkultismus durchdrungen sind. Bei einigen Produktionen handelt es sich um echte alternative Welten, die im Gegensatz zu einem Film, der ein oder zwei Stunden dauert, hier Dutzende von Stunden dauern können, in denen der Spieler ein Akteur in seiner eigenen Programmierung ist, so dass die Wirkung auf das Unterbewusstsein zehnmal größer ist.

Es ist viel einfacher, eine Gesellschaft durch mentale Kontrolle zu führen als durch physischen Zwang, und es gibt keinen Mangel an Methoden zur Programmierung der Massen. Die Grundlage für die Kontrolle der Bevölkerung besteht darin, sie über die Grundlagen des Systems, in dem sie lebt, in Unkenntnis zu halten, sie zu verwirren, zu desorganisieren und ständig abzulenken.

Professor Noam Chomsky, ein amerikanischer Linguist und Philosoph, hat einige Strategien zur Manipulation der Massen beschrieben:

- Die Strategie der Ablenkung

Sie besteht darin, die Aufmerksamkeit der Öffentlichkeit durch eine ständige Flut von Ablenkungen und trivialen Informationen von wichtigen

---

[25] *The Tavistock Institute Of Human Relations: Shaping the Moral, Spiritual, Cultural, Political and Economic Decline of the United States of America* - John Coleman, 2006, S.14.

Themen abzulenken. Diese Strategie verhindert, dass sich die Masse für die wesentlichen Informationen in den Bereichen Wissenschaft, Wirtschaft, Psychologie, Neurobiologie usw. interessiert. Die Entführung der geistigen Aktivitäten wird auch durch minderwertige Lehrpläne und Lernmethoden erreicht, die kritisches Denken und Kreativität sabotieren. Die Schulen sorgen dafür, dass junge Menschen nichts über echte Mathematik, echte Gesetze, echte Geschichte usw. erfahren. Die Medien hingegen halten die Öffentlichkeit sorgfältig von den wirklichen sozialen Problemen fern.

- Die Strategie des Brandstifters oder „Problem-Reaktion-Lösung".

Es geht darum, Probleme zu schaffen, um Lösungen anzubieten. Zunächst wird eine Situation geschaffen, die eine bestimmte Reaktion in der Öffentlichkeit hervorrufen soll, so dass die Öffentlichkeit selbst die Maßnahmen fordert, die Sie von ihr verlangen. Zum Beispiel das Zulassen von Gewalt, das Organisieren von blutigen Angriffen und Überfällen, um die Öffentlichkeit dazu zu bringen, Freiheitsmord und Sicherheitsgesetze zu fordern. Die Organisation einer Wirtschaftskrise, um die Menschen dazu zu bringen, den Abbau von sozialen Rechten und öffentlichen Dienstleistungen als notwendiges Übel zu akzeptieren, ist eine solche Maßnahme.

- Die Strategie des Gefälles und des Aufschubs

Sie besteht darin, Menschen dazu zu bringen, eine Maßnahme, ein Gesetz oder inakzeptable sozioökonomische Bedingungen zu akzeptieren. Dazu reicht es aus, sie über einen Zeitraum von etwa zehn Jahren schrittweise in einer „degradierten" Form anzuwenden. Die Strategie des Aufschubs besteht darin, die Öffentlichkeit dazu zu bringen, eine unpopuläre, *„schmerzhafte, aber notwendige"* Entscheidung zu akzeptieren, indem man ihre Zustimmung zu ihrer künftigen Anwendung erhält. Die Massen neigen immer zu der naiven Hoffnung, dass *„morgen alles besser wird"* und dass die erforderlichen Opfer vermieden werden können. So hat die Öffentlichkeit Zeit, sich an den Gedanken des Wandels zu gewöhnen und ihn resigniert zu akzeptieren, wenn es soweit ist.

- Die Strategie der Infantilisierung

Sie besteht darin, die Zuhörer anzusprechen, als wären sie kleine Kinder. Die meisten Werbespots, die sich an die breite Öffentlichkeit richten, insbesondere die Radiowerbung, verwenden einen besonders infantilisierenden, ja schwächenden Diskurs, Argumente, Charaktere und Ton, als ob der Zuschauer ein Kleinkind oder eine geistig behinderte Person wäre. Je mehr man versucht, die Öffentlichkeit zu täuschen, desto mehr benutzt man einen infantilisierenden Ton. Die Propaganda der „Subkultur" oder der „krassen Ignoranz", die das Publikum dazu ermutigt, in Mittelmäßigkeit zu schwelgen und es „cool" zu finden, vulgär, dumm und ungebildet zu sein, ist besonders in Reality-TV-

Sendungen präsent, die sich an eine sehr beeinflussbare Jugend richten. Diese Fernsehproduktionen wirken wie ein Programm auf Menschen, die bereits entwurzelt sind und keine wirklichen geistigen Bezugspunkte haben, die es ihnen erlauben würden, das zu hinterfragen, was sie jeden Tag sehen und integrieren.

Damit dies funktioniert, ist natürlich die Kontrolle über einen Großteil der Medien erforderlich. Die mentale Programmierung von Personen in Schlüssel-/Strategiepositionen ist für das ordnungsgemäße Funktionieren und die Sicherheit des Systems notwendig, niedrige Millionenbeträge sind keine Option. Die unsichtbare Kriegsführung mit ihren lautlosen Waffen feuert keine Raketen ab, sie macht keinen Lärm, aber sie verursacht zweifellos physische und psychische Schäden. Die Öffentlichkeit insgesamt wird kaum glauben, dass sie einer solchen Waffe ausgesetzt sein könnte, sie wird instinktiv spüren, dass etwas nicht stimmt, aber sie wird nicht in der Lage sein, dieses Gefühl auf kohärente und rationale Weise auszudrücken. Daher wird der Hilferuf und die kollektive Organisation einer Verteidigung gegen eine solche unsichtbare Waffe sehr schwierig.

- Elektro-magnetische Wellen / Psychotronik

Alle unsere Handlungen, Gedanken und körperlichen Empfindungen werden von der Bioelektrizität angetrieben, die von unseren Neuronen erzeugt und durch komplexe neuronale Schaltkreise in unserem Schädel übertragen wird. Eine externe elektromagnetische Welle kann daher diese Bioelektrizität des Gehirns stören.

Psychotronische Gedankenkontrolle kann sowohl auf große Bevölkerungsgruppen als auch auf eine einzelne Person angewendet werden. Die Entwicklung von elektromagnetischen Antipersonenwaffen begann Mitte der 1940er Jahre, vielleicht sogar noch früher. Der früheste bekannte Hinweis findet sich im American Strategic Bombing Survey (Pacific Survey, Military Analysis Division, Band 63), in dem die japanische Forschung zur Entwicklung eines *„Todesstrahls"* erwähnt wird. Die Entwicklung dieser Technologien steht im Zusammenhang mit der Forschung zur Bewusstseinskontrolle und Verhaltensmodifikation, die zu Beginn des Kalten Krieges von den amerikanischen und sowjetischen Militärs und Geheimdiensten durchgeführt wurde. Ziel war es, technische Mittel zu entwickeln, die in der Lage sind, das Bewusstsein und das Verhalten von Einzelpersonen oder Gruppen von Einzelpersonen zu manipulieren, zu verändern oder zu kontrollieren. Da diese Versuchsprogramme von militärischem Interesse waren, wurden sie sowohl in den Vereinigten Staaten als auch in der UdSSR sehr schnell vom Verteidigungsministerium erfasst.

Die *„Verhaltensforschung"* befasst sich mit den Bereichen Bioelektrizität, Elektro- oder Radiostimulation des Gehirns, elektronische Gedächtniszerstörung, aber auch mit Psychochirurgie, Hypnose, Parapsychologie, Telepathie, Telekinese, Subliminalität, *Remote Viewing*, Bestrahlung, Mikrowellen, Ultraschall usw.

1940 erhielt der Wissenschaftler Walter Hess den Nobelpreis, weil er mit Hilfe von Elektroden im Hypothalamus das Verhalten von Katzen beeinflussen konnte (und sie plötzlich wild werden ließ). Bereits in den frühen 1950er Jahren hatte Dr. Lilly die Körperfunktionen kartiert, die mit den verschiedenen Bereichen des Gehirns zusammenhängen. Mit Hilfe von Elektroden konnte er Nervenzentren aktivieren, die mit Furcht, Angst, Wut oder sexuellen Funktionen zu tun haben. Seine Forschung wurde an Affen durchgeführt. In den 1950er und 1960er Jahren bewies Dr. Jose Delgado, dass das menschliche Verhalten und das Nervensystem vollständig durch elektrische Signale gesteuert werden können, die über winzige Elektroden an das Gehirn übertragen werden.[26]

Die Beeinflussung des menschlichen Gehirns aus der Ferne mit elektromagnetischer Energie war offensichtlich der nächste Schritt auf diesem Forschungsgebiet. Damals hieß es in einem CIA-Dokument: *„Die Durchführbarkeit der Fernsteuerung der Aktivitäten verschiedener Tierarten wurde nachgewiesen (...) Für die Anwendung einiger dieser Techniken auf den Menschen werden spezifische Forschungen und Bewertungen durchgeführt."*[27]

Bereits 1959 wurde in einem CIA-Dokument (das Harlan Girard, Vorsitzender der *Internationalen Kommission für elektromagnetische Angriffswaffen,* durch eine Anfrage nach dem Freedom of Information Act erhielt), Teilprojekt 119 des MK-Ultra-Programms, vorgeschlagen, „eine kritische Überprüfung der Literatur und der wissenschaftlichen Entwicklungen im Zusammenhang mit der Aufzeichnung, Analyse und Interpretation von Biosignalen vorzunehmen.), MK-Ultra Teilprojekt 119, hat sich bereits zum Ziel gesetzt, *„einen kritischen Überblick über die Literatur und die wissenschaftlichen Entwicklungen im Zusammenhang mit der Aufzeichnung, Analyse und Interpretation von bioelektrischen Signalen des menschlichen Körpers und der Aktivierung des menschlichen Verhaltens aus der Ferne zu erstellen (...) Techniken zur Aktivierung des menschlichen Körpers durch elektronische Fernsteuerung. Es wurden bereits Fortschritte erzielt, und die Liste der Labors, Forscher und Ressourcen für die Bioelektronik-Studie wird derzeit erstellt."*

1985 traf die Journalistin Kathleen McAuliffe José Delgado in seinem Labor in Spanien, wo er mit elektromagnetischer Hirnstimulation experimentierte. In einem Artikel für die Zeitschrift *OMNI* schrieb sie, José Delgado habe ihr gezeigt, wie er einen Affen in Schlaf versetzen oder hyperaktiv machen könne oder wie er nervöse Fische mit entsprechend modulierter Mikrowellenstrahlung beruhigen könne.[28]

Delgados Arbeit war von grundlegender Bedeutung für die Psychotronik. Seine Experimente an Menschen und Tieren bewiesen, dass die elektronische Stimulation bestimmter Hirnregionen intensive Emotionen wie Wut, Lust oder Müdigkeit auslösen kann. In seiner Arbeit mit dem Titel *„Intrazerebrale*

---

[26] *Physische Kontrolle des Geistes, Auf dem Weg zu einer psychozivilisierten Gesellschaft* - Jose M.R. Delgado, 1969.

[27] *Die Suche nach dem Mandschurenkandidaten* - John Marks, 1979.

[28] *The Mind Fields* - Kathleen McAuliffe, Zeitschrift OMNI, Februar 1985.

Stimulation und Beobachtung der Tracings bei Patienten" stellte Delgado fest, dass *„die Radiostimulation verschiedener Punkte der Amygdala und des Hippocampus bei seinen vier Patienten verschiedene Wirkungen hervorrief, darunter angenehme Empfindungen, Hochgefühl, tiefe Konzentration, intensive Entspannung (eine wesentliche Vorstufe der tiefen Hypnose), farbige Visionen (Halluzinationen) usw."*[29]

Bereits 1966 stellte Delgado fest: „Meine Forschungen bestätigen die unangenehme Schlussfolgerung, dass Bewegungen, Emotionen und Verhalten durch elektrische Kräfte gesteuert werden können und dass der Mensch wie ein Roboter durch Drücken von Knöpfen kontrolliert werden kann. 1974 sprach Delgado vor dem US-Kongress und erklärte, dass „wir ein psychochirurgisches Programm zur Kontrolle unserer Gesellschaft brauchen. Das Ziel ist die physische Kontrolle des Geistes. Der größte[30] Teil von Delgados Arbeit über die Beeinflussung der Wahrnehmung und des Verhaltens aus der Ferne durch elektromagnetische Wellen ist geheim und der Öffentlichkeit nicht zugänglich geblieben.

Offensive Behaviour Control - USSR" ist ein Bericht der US-Armee (1972), der 500 Studien über sowjetische Experimente mit elektronischer Gedankenkontrolle, genauer gesagt über den Einsatz von *elektromagnetischen Hochfrequenzschwingungen,* enthält. Das russische Programm für gerichtete Energiewaffen konzentrierte sich auf Einzelpersonen, nicht auf Gruppen. Einige sowjetische Dissidenten wurden mit Anti-Personen-Mikrowellenwaffen angegriffen, aber auch mit bewusstseinsverändernden Techniken, die auf die *völlige Unterwerfung des individuellen Willens unter eine äußere Macht* abzielten.

Im März 1967 wurde in Prag *eine Koordinierungsgruppe für psychotronische Forschung unter dem* Vorsitz von Professor Jaroslav Stuchlik gegründet. Im Jahr 1970 wurde diese Gruppe zur Sektion Psychotronische Forschung der Tschechoslowakischen Wissenschaftlich-Technischen Gesellschaft unter der Leitung von Dr. Zdenek Rejdak. Dr. Rejdak war es, der im Juni 1973 in Prag das erste russische Symposium über psychotronische Forschung organisierte, woraufhin eine *Internationale Vereinigung für psychotronische Forschung* gegründet wurde, deren zweiter Kongress im Juli 1975 in Monte Carlo stattfand.

Das Programm des Prager Symposiums umfasste die folgenden fünf Themen
- Löschung des Unterbewusstseins
- Entwicklung von ESP (außersinnliche Wahrnehmung)
- Induktion paranormaler Effekte in Träumen
- Das mechanische Äquivalent der neuro-psychischen Energie

[29] *Thought Control and the US Government* - Martin Cannon, LOBSTER 23 - Aus einer Analyse des Journalisten G. Guyatt, die auf dem Symposium des Internationalen Komitees vom Roten Kreuz über *„The Medical Profession and the Effects of Weapons"* vorgestellt wurde.

[30] José Delgado, 24. Februar 1974, Abschrift in der Ausgabe der *„Proceedings of the Sessions of the American Congress",* Nr. 26, Vol. 118.

- Psychische Hygiene".

Im Jahr 2001 schlug der US-Kongressabgeordnete Dennis J. Kucinich im Repräsentantenhaus ein Gesetz zur Erhaltung des Weltraums vor (*Space Preservation Act - 107th Congress 1st Session H.R. 2977 - A Bill*). In Abschnitt 7 des Gesetzentwurfs wurden Technologien, die auf das menschliche Gehirn zugreifen, die Gesundheit verändern oder töten, definiert als *„land-, see- oder weltraumgestützte Systeme, die Strahlung, elektromagnetische, psychotronische, Schall-, Laser- oder andere Energien gegen Zielpersonen oder -bevölkerungen zum Zweck der Informationskriegsführung, Stimmungskontrolle oder Gedankenkontrolle dieser Personen oder Bevölkerungen einsetzen".*

Die in der Liste von Kucinichs Gesetzentwurf erwähnte *Psychotronik* wird in einem Buch der russischen Wissenschaftler Vladimir Tsygankov und Vladimir Lopatin (*„Psychotronic Weapons and the Security of Russia"*) als eine Waffe beschrieben, die „Torsionsfeld'-Strahlung (Skalarwellen) verwendet.

Es gibt internationale Menschenrechtsabkommen, die die nichteinvernehmliche Manipulation von Menschen verbieten. Auf Initiative von US-Senator John Glenn wurde im Januar 1997 im Kongress eine Diskussion über die Risiken der Bestrahlung der Zivilbevölkerung eröffnet (*Human Reasearch Protection Act).* Gepulste Mikrowellen sind heute in unserer Umwelt in großem Umfang vorhanden. Nur wenige Menschen hinterfragen die Funktionsweise dieser Technologie und sind sich nicht unbedingt der Auswirkungen und vor allem des Kontroll- und Manipulationspotenzials bewusst, das durch den systematischen Aufbau eines globalen „Kommunikations"-Netzes entsteht.

Die Nervenimpulse im Gehirn werden durch elektrische Signale weitergeleitet, die chemische Veränderungen im Gehirn auslösen. Das menschliche Gehirn arbeitet innerhalb eines relativ schmalen Bandes von dominanten Frequenzen, die die Art der Aktivität im Gehirn angeben. Es gibt vier Hauptgruppen von Gehirnwellenfrequenzen, die mit den meisten geistigen Aktivitäten verbunden sind. Die erste Gruppe umfasst die Beta-Wellen (13-35 Hertz), die einem normalen Wachzustand entsprechen. Alles, was über dieser Frequenz liegt, wird mit Stress assoziiert, also mit Erregungszuständen, die unser Denken beeinträchtigen und unsere Argumentationsfähigkeit schwächen können. Die zweite Gruppe von Frequenzen umfasst die Alphawellen (von 7 bis 13 Hertz), die einem Entspannungszustand entsprechen, der es uns ermöglicht, uns geistig zu konzentrieren; diese Wellen erleichtern das Lernen. Die dritte Gruppe, die Theta-Wellen (von 4 bis 7 Hertz), entsprechen der geistigen Vorstellungskraft (Phantasie und Tagträume), dem Zugang zum Gedächtnis und der inneren geistigen Konzentration. Die letzte Gruppe umfasst die Deltawellen (0,5 bis 3 Hertz), bei denen es sich um sehr langsame Wellen handelt, die dem Tiefschlaf entsprechen. Im Allgemeinen ist die Frequenz der Gehirnwellen am niedrigsten, wenn sich die Person in einem Zustand tiefer Entspannung befindet, und am höchsten, wenn sie sehr aktiv oder aufgeregt ist.[31]

---

[31] *Mega Brain, New Tools and Techniques for Brain Growth and Mind Expansion* - Michael Hutchinson, 1986.

Jedes Signal außerhalb des Gehirns mit identischen elektromagnetischen Signalen kann daher die Gehirnwellen stören, indem es ihr Frequenzband beeinflusst. Mit anderen Worten, ein externes Signal kann dem Gehirn eines Menschen seinen eigenen Rhythmus aufzwingen: Die normalen Frequenzen werden dann künstlich verändert, und die Gehirnwellen passen sich dem neuen Frequenzband an, was eine Veränderung der Gehirnchemie auslöst und somit Gedanken, Gefühle und den körperlichen Zustand verändert. Da die meisten menschlichen Gehirnaktivitäten in einem Frequenzbereich zwischen 1 und 100 Hertz stattfinden und elektromagnetische Wellen dieser Art von Frequenzen Wellenlängen von Hunderten oder gar Tausenden von Kilometern haben, so dass sie das menschliche Gehirn nicht erreichen können, begannen die Wissenschaftler mit gepulsten Mikrowellen zu experimentieren. Dies ist die Art von Mikrowelle, die in Mobiltelefonen verwendet wird. Es gibt gepulste Mikrowellenfrequenzen, die tief genug in das Gehirngewebe eindringen, um neuronale Aktivitäten auszulösen.

Dr. Ross Adey, einer der Pioniere auf dem Gebiet der Bewusstseinskontrolle durch elektromagnetische Wellen, hat nachgewiesen, dass Verhalten und emotionale Zustände aus der Ferne beeinflusst werden können, indem man die Versuchsperson in ein elektromagnetisches Feld setzt. Adey und seine Kollegen haben gezeigt, dass unterschiedlich modulierte Mikrowellen eine Art von Gehirnaktivität in verschiedenen Bereichen des Gehirns hervorrufen können. Bei der Arbeit mit Katzen fanden sie heraus, dass die Häufigkeit bestimmter Gehirnwellen, die bei konditioniertem Verhalten auftreten, selektiv erhöht werden kann. Dies wird erreicht, indem die Form der Mikrowellen mit rhythmischen Amplitudenschwankungen verändert wird, die den Frequenzen des EEG (Elektroenzephalogramm) entsprechen. Eine Modulation von 3 Hertz verringerte beispielsweise die Anzahl der Alphawellen um 10 Hertz in einem Bereich des Tiergehirns und erhöhte die Beta-Wellen um 14 Hertz in einem anderen.[32] Indem er eine Frequenz zur Stimulierung des Gehirns einstellte und die Amplitudenmodulation nutzte, um die Wellenform einer gewünschten EEG-Frequenz nachzubilden, konnte Adey seinen Probanden eine Theta-Wellenrate von 4,5 cps (Zyklen pro Sekunde) aufzwingen.[33]

Von 1965 bis 1970 führte die *Defense Advanced Projects Research Agency (DARPA)* mit 70-80% militärischer Finanzierung die Operation *Pandora* durch, um die gesundheitlichen und psychologischen Auswirkungen von Mikrowellen geringer Intensität zu untersuchen. Im Rahmen dieses Projekts wurden Studien durchgeführt, die gezeigt haben, wie man Herzinfarkte, undichte Stellen in der Blut-Hirn-Schranke und auditive Halluzinationen verursachen kann. Trotz der Versuche, das Projekt *Pandora* zu verheimlichen, enthüllten FOIA-Akten ein Memo von Richard Cesaro, dem damaligen Direktor der

---

[32] *Effects of Modulated Very High Frequency Fields on Specific Brain Rhythms in Cats*, Brain Research, Vol 58, 1973.

[33] Auszug aus einer Analyse des Journalisten David G. Guyatt, die auf dem Symposium des Internationalen Komitees vom Roten Kreuz zum Thema „*The Medical Profession and the Effects of Weapons*" vorgestellt wurde.

DARPA, in dem bestätigt wurde, dass das ursprüngliche Ziel des Programms darin bestand, *„herauszufinden, ob ein präzise gesteuertes Mikrowellensignal den Verstand kontrollieren kann".* Cesaro ermutigte zu solchen Studien, *„um potenzielle Waffenanwendungen zu entwickeln".* Obwohl sich viele der Projekte um die Verwendung von Betäubungsmitteln und Halluzinogenen drehten, zeigten die Projekte *Artichoke, Pandora* und *Chatter* deutlich, dass „psycho-elektronische" Geräte höchste Priorität hatten. Ab 1963 konzentrierte sich die Forschung im Bereich der Verhaltenskontrolle daher auf die Elektronik.

Im September 1977 sagte der Leiter des *MK-Ultra-Projekts*, Dr. Sydney Gottlieb, vor dem US-Senat aus. Als Senator Richard Schweicker ihn nach MK-Ultra-Unterprojekten fragte, die mit Hypnose oder genauer gesagt mit radio-hypnotischer intrazerebraler Kontrolle (einer Kombination aus Wellenübertragung und Hypnose) in Verbindung stehen könnten, antwortete Gottlieb dem Senator: *„Es gab ein großes Interesse an den Effekten, die bei Personen beobachtet wurden, die sich in einem Wellenfeld befanden, und es ist wahrscheinlich, dass in den unzähligen Unterprojekten jemand versucht hat, zu überprüfen, ob es möglich ist, eine Person zu hypnotisieren, während sie sich in einem Wellenstrahl befindet."*[34]

1974 führte J. F. Schapitz eine Studie durch, um zu zeigen, dass „die von einem Hypnotiseur gesprochenen Worte durch modulierte elektromagnetische Energie direkt in die unterbewussten Teile des menschlichen Gehirns übertragen werden können, d. h. ohne dass ein technisches Gerät zum Empfang verwendet wird, ohne dass die Botschaften transkodiert werden müssen und ohne dass die Person, die einem solchen Einfluss ausgesetzt ist, in der Lage ist, die Eingabe der Informationen bewusst zu steuern. Diese Studie wurde im Rahmen des Informationsfreiheitsgesetzes offengelegt,[35] aber die Ergebnisse von Schapitz, die vom Pentagon finanziert wurden, wurden nie veröffentlicht.

1986 veröffentlichte die US-Luftwaffe *„Low Intensity Conflict and Modern Technology".* Das Dokument enthält ein Kapitel mit dem Titel *„The Electromagnetic Spectrum in Low Intensity Conflict"* (Das elektromagnetische Spektrum in Konflikten niedriger Intensität), das von Captain Paul Tyler verfasst wurde. Tyler war von 1970 bis 1977 Direktor des *Projekts für elektromagnetische Strahlung* der US-Marine. Zu Beginn dieses Kapitels zitiert Tyler aus einem Bericht der Luftwaffe aus dem Jahr 1982 mit dem Titel: *„Final Report on Biotechnology Research Requirements for Aeronautical Structures for the Year 2000",* in dem es heißt: *100 Milliampere durch den Herzmuskel können zum Herzstillstand und zum Tod führen... Ein Strahlungssystem kann in einem großen Bereich Schwindel oder Tod verursachen. Die Wirksamkeit dieses Geräts hängt von der Form der Welle, der Feldstärke, der Amplitude des Impulses, der Wiederholung der Funkfrequenz und der Frequenz des Trägergeräts ab."*

---

[34] Gedankenkontrolle, Weltkontrolle - Jim Keith, 1997.

[35] *Body Electric: Electromagnetism and the Foundation of Life* - Robert Becker, William Morrow and comp. New York, 1985.

Auf weniger intensive Weise könnte der Einsatz von Mikrowellen angepasst werden, um einfach menschliche Emotionen und Verhaltensweisen zu beeinflussen. Tyler schreibt weiter: „Aufgrund der *vielen beteiligten Parameter und der Spezifität der einzelnen Parameter kann jeder einzelne für eine bestimmte Wirkung maßgeschneidert werden. Diese Art von Flexibilität bietet dem Benutzer eine breite Palette von Optionen. Dies eröffnet die Möglichkeit, auf konventionelle oder unkonventionelle Kriegsführung angemessen zu reagieren.*"

Auf den Einwand, dass der Frequenzbereich, in dem das menschliche Nervensystem arbeitet, zu eng ist, um eine so breite Auswahl an Reaktionen zu ermöglichen, schreibt Tyler: „Es *gibt unbestätigte Berichte, dass eine Änderung von 0,01 Hertz einen Unterschied machen kann.* Die Frequenzen, die in öffentlichen wissenschaftlichen Experimenten verwendet werden, haben jedoch[36] nicht diesen Präzisionsgrad. Tyler erwähnt hier militärische Forschung, die, wenn sie nicht unbestätigt ist, unter das Verteidigungsgeheimnis fällt.

1960 versuchten Dr. Joseph Sharp und Dr. Allen Frey, gesprochene Worte direkt in den auditorischen Kortex zu übertragen, indem sie gepulste Mikrowellen verwendeten, die den Schallschwingungen ähneln, die ein Sprecher aussenden kann. Aus dieser Forschung ging *der „Frey-Effekt" hervor*, der allgemein als „*Mikrowellen-Hörsystem*" bekannt ist. Bereits 1962 war es mit dem Gerät von Frey möglich, durch geeignete Modulation Töne sowohl bei Gehörlosen als auch bei Menschen ohne Hörprobleme zu erzeugen, unabhängig davon, ob sie einige Zentimeter oder mehrere tausend Kilometer vom Sender entfernt waren. In den frühen 1970er Jahren baute Sharp, der am militärischen *Pandora-Projekt* arbeitete, die Studien seines Kollegen Frey zur direkten Schallübertragung ins Gehirn aus. In seinen Experimenten am Walter Reed Military Institute fand er einen Weg, nicht nur Töne im Gehirn zu reproduzieren und zu übertragen, sondern auch vollständig verständliche Worte. Diese Experimente, die unter dem Schutz des Verteidigungsministeriums standen, wurden schließlich 1975 in einem Artikel von Don R. veröffentlicht. Justesen mit dem Titel „*Mikrowellen und Verhalten*".[37]

Im Juli 1968 meldete das US-Patentamt das Patent Nr. 3.393.279 für eine Erfindung von Patrick Flanagan an, die als „*Gerät zur Stimulierung des Nervensystems*" beschrieben wurde und nichts anderes als das „*Neurophone*" war: ein Gerät, das Töne aus der Ferne direkt an das Gehirn übertragen konnte, mit natürlicher Klangqualität und ohne die Notwendigkeit eines Gehirnimplantats. Die Erfindung schien so unglaublich, dass das Patentamt sie erst sechs Jahre später patentierte, weil es sie für nicht seriös hielt. Kaum war das Patent eingereicht, stufte die *Defense Intelligence Agency* die Erfindung als

---

[36] Low Intensity Conflict and Modern Technology, Hrsg. Oberstleutnant. J. Dean, USAF, Air University Press, Center for Aerospace Doctrine, Research and Education, Maxwell Air Force Base, Alabama, Juni 1986 - Kapitel: The Electromagnetic Spectrum in Low-Intensity Conflict, Capt Paul E. Tyler.

[37] „*Mikrowellen und Verhalten*" - Don R. Justesen, American Psychologist, März 1975, S. 391.

„Nationale Sicherheit" ein. Flanagan wurde von der weiteren Forschung ausgeschlossen.

Nach Angaben der Abteilung für psychische Korrektur der Moskauer Medizinischen Akademie beinhaltet die akustische Psychokorrektur die Übertragung spezifischer Befehle über weiße Rauschbänder in das menschliche Unterbewusstsein, ohne andere geistige Funktionen zu stören. Diese Abteilung der Moskauer Medizinischen Akademie hat die potenzielle Gefahr dieser Technologie klar erkannt. Russische Experten, darunter George Kotov, ein ehemaliger KGB-General, der in einer hohen ministeriellen Position diente, legten einen Bericht vor, der eine Liste von Software und Hardware enthielt, die mit dem psychischen Korrekturprogramm in Verbindung stehen und für die bescheidene Summe von 80.000 Dollar geliefert werden könnten. General Kotov: *„Wenn es erst einmal möglich geworden ist, den psychologischen Inhalt von Menschen gegen ihren Willen und mit materiellen Mitteln zu erforschen und zu korrigieren, können sich die Ergebnisse unserer Kontrolle entziehen und auf bösartige und unmenschliche Weise zur Manipulation der kollektiven Psyche verwendet werden."*

Einige russische Autoren stellen fest, dass die Weltöffentlichkeit nicht bereit ist, sich mit den Problemen auseinanderzusetzen, die durch die Möglichkeit des direkten Zugangs zur menschlichen Psyche entstehen. Daher haben diese russischen Autoren ein bilaterales Zentrum für diese psycho-elektronischen Technologien vorgeschlagen, über das die USA und Russland diese neuen Technologien überwachen und einschränken könnten. Dr. Igor Smirnov, ein russischer Experte für nicht-tödliche Waffen, wurde 1993 in die Vereinigten Staaten zu einer Reihe von Treffen eingeladen, die sich mit dem Thema Psychoelektronik befassten. An den Treffen nahmen Vertreter der CIA, der DIA, des FBI und der DARPA sowie Zivilisten teil, darunter Vertreter des National Institute of Mental Health und der biomedizinischen Forschung. Wie bereits erwähnt, ist Igor Smirnov der Erfinder einer Technologie, die in der Lage ist, Gedanken unterschwellig in die Köpfe von Menschen einzupflanzen. Eine Firma namens *Psychotechnologies Incorporated (Psi-Tech)* mit Sitz in Richmond, Virginia, hat mit den Russen eine Vereinbarung über die gemeinsame Nutzung und Entwicklung dieser Technologie für den Einsatz in Amerika getroffen. Dr. Smirnov starb 2005 an einem Herzinfarkt, und sein Patent befindet sich nun ausschließlich im Besitz von *Psi-Tech*. Man beachte, dass *Psi-Tech* unter anderem von Colonel John B. Alexander, NASA-General Michael Aquino (Mitglied der Church of Satan und Gründer des Temple of Set) und Lieutenant Colonel Albert Stubblebine kontrolliert wird...

Das freigegebene Dokument, das die Fähigkeiten psycho-elektronischer Waffen vielleicht am besten beschreibt, ist der Artikel von US Colonel Timothy L. Thomas mit dem Titel *The Mind Has No Anti-Intrusion Software* (1998), aus dem die folgenden Auszüge stammen:

Ein völlig neues Waffenarsenal auf der Grundlage von Geräten, die unterschwellige Botschaften projizieren oder die psychologischen und datenverarbeitenden Fähigkeiten verändern, könnte eingesetzt werden, um Personen handlungsunfähig zu machen. Diese Waffen zielen darauf ab, die

Psyche zu kontrollieren oder zu verändern oder die verschiedenen Sinnes- und Datenanalysesysteme des menschlichen Körpers anzugreifen. In beiden Fällen geht es darum, die Signale, die den Körper normalerweise im Gleichgewicht halten, zu verfälschen oder zu zerstören (...) Der Körper kann nicht nur getäuscht, manipuliert oder falsch informiert werden, sondern er kann auch gelähmt oder sogar zerstört werden - wie jedes andere Datenverarbeitungssystem. Die 'Daten', die der Körper aus externen Quellen empfängt - wie elektromagnetische, Wirbel- oder akustische Energiewellen - oder die er durch seine eigenen chemischen oder elektrischen Reize erzeugt, können genauso manipuliert oder verändert werden wie die Daten (Informationen) in jedem elektronischen System (...) Zu den Spielregeln (der Informationskriegsführung) gehören der Schutz und der Zugang zu den Signalen, Wellen und Impulsen, die die datenverarbeitenden Elemente von Systemen, Computern und Menschen beeinflussen können (...). Dr. Janet Morris, Mitautorin von *The Warrior's Edge*, besuchte 1991 mehrmals das Moskauer Institut für Psychokorrektur. Sie wurde mit einer Technologie vertraut gemacht, die es Forschern ermöglicht, die menschliche Psyche elektronisch zu analysieren, um sie zu beeinflussen. Sie geben unterschwellige Befehle mit Hilfe von Schlüsselwörtern ein, die über „weißes Rauschen" oder Musik übertragen werden. Durch die Verwendung von Infraschall, einer sehr niedrigen Frequenzübertragung, wird die psychokorrigierende akustische Botschaft durch Knochenleitung übertragen."[38]

1996 verkündete der wissenschaftliche Beirat der US-Luftwaffe in einem öffentlichen Dokument: „In der ersten Hälfte des 21. Jahrhunderts wird es eine Explosion des Wissens im Bereich der Neurowissenschaften geben. Wir werden ein klares Verständnis davon bekommen, wie das menschliche Gehirn funktioniert, wie es die verschiedenen Funktionen des Körpers steuert und wie es manipuliert werden kann (sowohl positiv als auch negativ). Man kann sich die Entwicklung einer Quelle elektromagnetischer Energie vorstellen, die gepulst und konzentriert werden könnte, um auf den menschlichen Körper einzuwirken, und zwar so, dass sie willkürliche Muskelbewegungen hemmt, Emotionen (und damit Handlungen) kontrolliert, Schlaf induziert, Suggestionen überträgt, das Kurz- und Langzeitgedächtnis stört usw. Dies wird die Entwicklung neuer Fähigkeiten ermöglichen, die in bewaffneten Konflikten, bei Terroranschlägen oder Geiselnahmen sowie in Ausbildungssituationen eingesetzt werden können."[39]

Luc Maempey von der Groupe de Recherche et d'Information sur la Paix et la Sécurité *(GRIP) sagte über die* Psychoelektronik: *„Die Fülle der verfügbaren Veröffentlichungen, die Artikel in der Fachpresse, die Websites der verschiedenen Institutionen des Verteidigungsministeriums könnten die Illusion erwecken, dass die Transparenz perfekt ist, dass die Informationen vollständig*

---

[38] *Der Verstand hat keine Anti-Intrusion-Software* - Oberstleutnant Timothy L. Thomas, Analyst im Büro für ausländische militärische Angelegenheiten, Fort Leavenworth, Kansas, 1998.

[39] USAF Scientific Advisory Board, New World Vistas Air and Space Power for the 21st Century, Ergänzungsband, 1996, S.89.

und objektiv sind. Dies ist jedoch nicht der Fall. Die nicht klassifizierten Informationen sind nach wie vor sehr oberflächlich und betreffen nur bestimmte politische Aspekte, Doktrinen oder grundlegende technische Informationen, während der Großteil der Programme für nicht-tödliche Waffen nach wie vor unter die Geheimhaltung der „schwarzen Programme" fällt, die von großen Haushaltsmitteln profitieren, die sich jeglicher Kontrolle entziehen (...) Die Täuschungen und Verschleierungen, die vom Verteidigungsministerium und seinen Auftragnehmern eingesetzt werden, um die wahre Natur bestimmter Programme zu verbergen, haben ein solches Ausmaß angenommen, dass sie manchmal der Kontrolle der Militärbehörden selbst entgehen. "[40]

Was in diesem Unterkapitel vorgestellt wird, ist in Archiven im Internet zu finden, insbesondere in einem französischsprachigen Dossier mit dem Titel „*Les Technologies Offensives de Contrôle Politique*". Angesichts der exponentiellen Entwicklung der Technologie ist es unnötig zu sagen, dass Forschungen im Bereich der Psychoelektronik, die aus den 70er, 80er oder sogar 90er Jahren stammen, heute überholt sind... Außerdem ist jede freigegebene Technologie oder Information, die vom Militär stammt, mindestens fünfzig Jahre alt, und die akademische Forschung, vor allem in Europa, hinkt den militärischen Fortschritten mindestens eine oder zwei Generationen hinterher. Bereits 1952 verfolgte das *Moonstruck-Projekt* der CIA das Ziel, Menschen elektronische Geräte einzupflanzen, um sie aus der Ferne verfolgen zu können... Ein Programm, das heute freigegeben ist. Welches sind die Technologien und Ziele der Programme, die derzeit im Jahr 2016 laufen? Der Mangel an Informationen und das Fehlen einer öffentlichen Debatte über dieses ernste Thema ist einerseits sehr gefährlich, weil eine Reihe von Staaten solche Waffen entwickelt haben und noch entwickeln. Andererseits lässt sie einen beeindruckenden Spielraum für den Einsatz dieser Technologie, die von Privatpersonen genutzt werden kann, und einer ihrer Vorzüge ist gerade ihre Diskretion...

Im Dezember 2012 drehte Jesse Ventura einen Dokumentarfilm über das Thema elektromagnetische Waffen und künstlich erzeugte „*Stimmen im Kopf*". Der Dokumentarfilm mit dem Titel „*Brain Invaders*" lässt viele Opfer zu Wort kommen, aber auch Menschen, die eng mit der Gedankenkontrollforschung verbunden sind. Am Ende seiner Ermittlungen trifft Jesse Ventura Dr. Robert Duncan, einen Wissenschaftler, der für die CIA gearbeitet hat. Duncan gibt zu, dass er an der Entwicklung von Systemen beteiligt war, die es der Regierung ermöglichten, „*in die Köpfe der Menschen einzudringen*". Es handelt sich um eine Kombination verschiedener Technologien, um ein Werkzeug zu schaffen, das Ideen und Stimmen in die Köpfe der Amerikaner einspeisen kann, das er „*Voice of God*" nennt. Hier ist eine Abschrift des Gesprächs:

- **Jesse Ventura**: Was ist die negative Seite dessen, was Sie getan haben?
- **Robert Duncan**: Ich habe mit einigen meiner Arbeiten die dunkle Seite gestärkt.

---

[40] *Nicht-tödliche Waffen, das neue Wettrüsten.* Groupe de Recherche et d'Information sur la Paix et la Sécurité - Luc Maempey, 1999.

- **JV**: Was meinen Sie damit?

- **RD**: Technologie ist neutral, sie kann sowohl für das Gute als auch für das Böse eingesetzt werden. Ich habe an Projekten für die CIA, das Verteidigungsministerium und das Justizministerium gearbeitet.

- **JV**: Als Sie in diesen Programmen für die CIA und die Regierung gearbeitet haben, was genau haben Sie da gemacht? Und wo haben Sie gearbeitet?

- **RD**: Dies ist eine vertrauliche Information, ich kann Ihnen nichts darüber sagen.

- **JV**: Ging es um „Stimmen im Kopf" und dergleichen?

- **RD**: Ja

- **JV**: Wir haben Leute getroffen, die sagen, dass sie Stimmen in ihrem Kopf hören und in Faradayschen Käfigen schlafen müssen. Sie tun verrückte Dinge, aber wenn sie mit uns sprechen, klingen sie völlig normal, sie klingen so gesund wie du und ich. Sind sie wirklich verrückt? Oder ist es die Regierung, die ihnen etwas antut?

- **RD**: Die Regierung tut ihnen das an. Sie heißt „Voice of God".

- **JV**: Sie wissen also, dass die Waffen, an denen Sie gearbeitet haben, jetzt gegen Zivilisten eingesetzt werden?

- **RD**: Auf jeden Fall. Man darf nicht vergessen, dass die CIA eine lange Geschichte von Experimenten an der Zivilbevölkerung hat, LSD usw.

- **JV**: Natürlich. Wir hören vom MK-Ultra-Programm in den 60er und 70er Jahren und uns wird gesagt, dass es aufgehört hat, stimmt das?

- **RD**: Das ist nicht wahr! Das Programm wurde unter neuem Namen und mit einem neuen Budget fortgesetzt. Dies ist die ultimative Waffe.

- **JV**: Erkennen Sie heute, dass es Menschen, Bürger dieses Landes gibt, die durch diese Technologie belästigt werden?

- **RD**: Es ist schlimmer als belästigt zu werden, das ist ein mildes Wort... Sie werden wirklich gequält.

- **JV**: Wie kommen sie in Ihren Kopf? Ich habe von diesen GWEN-Türmen gehört, die in der Vergangenheit aktiv waren und von denen behauptet wird, dass sie jetzt nutzlos sind.

- **RD**: Mit diesem Werkzeug sind sie in der Lage, auf einfache Weise Botschaften über das Land in die Köpfe der Menschen zu übertragen oder ihnen starke Schmerzen zuzufügen. Dies ist Teil der Strategie für die Weltherrschaft, die Kontrolle der Bevölkerung vom Bewusstsein bis zum Unterbewusstsein.

- **JV**: Wer sind die Kontrolleure? Ist es der Präsident? Die Federal Reserve?

- **RD**: Nein.

- **JV**: Diese Leute sind also tatsächlich auf irgendeiner Ebene in unserer Regierung, sie treffen Entscheidungen, ohne offiziell gewählt zu sein.

- **RD**: Das ist genau das Richtige.

- **JV**: Das macht es schwieriger, weil sie nicht von ihrem Posten entfernt werden können.

- **RD**: Sie können nicht entfernt werden, und sie sind auch schwer zu finden. Sie verstecken sich in den dunklen Nischen der Regierung.

- **JV**: Sie haben für diese Leute gearbeitet, Sie haben ihnen geholfen, diese Technologie zu entwickeln.

- **RD**: Ich war naiv, ich wusste nicht, wie diese Technologien zusammengefügt werden würden, um die ultimative Waffe zu schaffen.

- **JV**: Du arbeitest nicht mehr für sie?

- **RD**: Nein...

- **JV**: Sie sehen mir direkt in die Augen und sagen mir, dass Sie nichts mehr mit dieser Forschung zu tun haben und dass Sie hier sind, um sie zu denunzieren...

- **RD**: Ganz genau...

- **JV**: Haben Sie Angst um Ihr Leben?

- **RD**: Nein.

- **JV**: Warum?

- **RD**: Ich habe keine Angst vor dem Tod (...)

In seinem Buch *Project: Soul Catcher - Secrets of Cyber and Cybernetic Warfare Revealed (Projekt: Seelenfänger - Geheimnisse der kybernetischen und kybernetischen Kriegsführung enthüllt)* macht Dr. Robert Duncan deutlich, dass zwischen der Militärtechnologie und der zivilen Hardware in diesem Bereich ein Abstand von 60 Jahren besteht. Er schreibt: *„Der Verstand hat keine Firewalls und keine Antivirensoftware, was die Öffentlichkeit sehr anfällig für diese Art von psychotronischen Angriffen macht. Bei einem direkten Eindringen in den Verstand erfolgt die Manipulation mit synthetischer Telepathie, einer Biokommunikationstechnologie. Töne und Stimmen können an ein Ziel gepulst werden. Aufgrund religiöser Überzeugungen wird „die Stimme Gottes" (so der Name dieser Technologie) für diejenigen, die noch nie von dieser Technologie gehört haben, zur Realität. Andere werden glauben, dass es sich um Außerirdische handelt, denn auch hier handelt es sich um eine Technologie, die zu fortschrittlich zu sein scheint, um von dieser Erde zu stammen...*

1994 begannen in Alaska die ersten Tests der weltweit leistungsstärksten Radaranlage, des HAARP-Systems. Diese Geräte haben die Eigenschaft, die Ionosphäre zu erwärmen und damit eine Höhenänderung zu bewirken. Durch die Manipulation dieser Schicht unserer Atmosphäre ist es möglich, elektromagnetische Wellen in ein bestimmtes Gebiet des Planeten zu senden. Die Anwendungen dieser Technologie reichen vom Klimawandel über Erdbeben bis hin zur Beeinflussung der drahtlosen Kommunikation. Offiziell ist das HAARP-System für die wissenschaftliche Forschung bestimmt, aber es ist sehr wahrscheinlich, dass es für militärische Zwecke entwickelt wurde. Was hat die Manipulation der Ionosphäre mit der mentalen und verhaltensmäßigen Manipulation von Menschen zu tun? Nick Begich und Jeane Manning, die Autoren des Buches „Angels Don't Play This HAARP", die sich seit mehr als sieben Jahren mit diesem Gerät befassen, berichten, dass John Heckscher, der Direktor des HAARP-Programms, in einem Interview sagte, dass die in diesem System verwendeten Frequenzen und Energien einstellbar sind und bei einigen Anwendungen im Bereich von 1 bis 20 Hertz gepulst werden. Die Frequenzbänder sind schmal und die Energieniveaus sind niedrig, aber sie unterscheiden sich von den Impulsen der Erde. [41]Heckscher geht noch weiter ins Detail, wenn er sagt: *„Die ELF- und ULF-Wellen, die durch die Wechselwirkung von HAARP mit dem polaren Elektroprojekt erzeugt werden, haben im Vergleich zum Umgebungslärm so niedrige Leistungspegel, dass sehr empfindliche integrierende Empfänger benötigt werden, um sie aufzuzeichnen.* [42]Der wichtigste Punkt sind die kontrollierten kohärenten Signale, die, wie bereits erwähnt, nur ein Fünfzigstel des Energieniveaus der natürlichen Felder der Erde haben, aber dennoch tiefgreifende Auswirkungen auf die Gehirnaktivität haben können. Das HAARP-System erzeugt ein riesiges, kohärentes und einstellbares elektromagnetisches Feld, das mit dem EMF (elektromagnetisches Feld) von José Delgado verglichen werden könnte, mit dem Unterschied, dass sich das von HAARP nicht auf einen einzigen Raum erstreckt. Sie hat das Potenzial, ein Gebiet von der Größe eines großen westlichen Staates oder sogar einer Hemisphäre zu bedecken. Patrick Flanagan, der Erfinder des Neurophone, sagte über die Technologie: *„Das HAARP-Projekt könnte nicht nur der größte 'Ionosphärenstrahler' der Welt sein, sondern auch das kolossalste Instrument zur Steuerung des Gehirns, das je erdacht wurde.* "[43]

Werfen wir abschließend noch einen Blick auf die Mobiltelefonie und ihre gesellschaftliche Flutwelle, die mit der des Fernsehens vergleichbar ist... In Frankreich ist die Zahl der verschickten Textnachrichten von 1,5 Milliarden im Jahr 2000 auf über 100 Milliarden im Jahr 2010 gestiegen (Zahlen der Fédération Française des Télécoms). Noch nie hat sich eine Technologie so schnell durchgesetzt; Telekommunikationssatelliten und Relaisantennen haben die Gebiete in einer invasiven und systematischen Weise überzogen. Städtische Gebiete sind mit Relaisantennen überlastet, die sich manchmal in anarchischer Weise vermehren, ohne dass die Anwohner ein Mitspracherecht haben. Dieses Telekommunikationsmittel kombiniert Radar-, Funk- und Telefontechnologien und arbeitet mit gepulsten Mikrowellen im Niederfrequenzbereich. Mit dem Kauf von Telefonen und Abonnements finanzieren wir die Installation eines gigantischen Netzes von gepulsten Mikrowellensendern und -empfängern, das jeden Quadratzentimeter des Landes abdeckt. Aufgrund der Art der Wellen, die es verwendet, hat dieses Telekommunikationsnetz ein großes Potenzial, die Gehirnströme der Menschen zu beeinflussen.

Ein Mobiltelefon sendet ständig Mikrowellen aus, auch wenn es ausgeschaltet ist (um die nächstgelegene Basisstation zu orten). Die meisten Menschen verlassen ihr Telefon nie und schlafen sogar ein paar Zentimeter davon entfernt (Suchtproblem). Dr. Richard Gautier, der Autor des Buches *„Votre GSM, votre santé: On vous ment - 100 pages pour rétablir la vérité"*, hat nicht weniger als zweiunddreißig Experimente aufgelistet, die zwischen 1995 und 2003 veröffentlicht wurden und die eine bemerkenswerte Veränderung des

---

[41] John Heckscher, HAARP-Programmleiter, interviewt von Jeane Manning am 21.02.1995.

[42] Schreiben von John Heckscher an Herrn Arthur Grey, Kabinettssekretär, US-Handelsministerium, Verwaltung für nationale Telekommunikation und Information und zuständig für die Zuweisung von Funkfrequenzen - 08.11.1994.

[43] „Engel spielen nicht mit HAARP" - Jeane Manning und Dr. Nick Begich.

EEG (Elektroenzephalogramm) von Menschen zeigen, die für einen kurzen Zeitraum (von einigen Minuten bis zu einer Nacht) gepulsten Niederfrequenz-Mikrowellen ausgesetzt waren. Dies bestätigt einmal mehr alle Forschungen, die seit mehr als fünfzig Jahren auf diesem Gebiet durchgeführt wurden. Dr. Richard Gautier: *„Derzeit läuft ein Langzeitexperiment in planetarischem Maßstab, bei dem wir alle Versuchskaninchen sind. "*[44]

Mobiltelefonie oder die Kunst, eine stille Waffe in die Tasche eines jeden Bürgers zu stecken? Eines ist sicher: Wir haben nur sehr wenig Erfahrung mit dieser Technologie und dennoch erfordert sie ganz besondere Aufmerksamkeit, sowohl was ihre Auswirkungen auf unsere Zellen als auch auf unsere Gehirnströme betrifft. Die französischen Gesundheitsbehörden schweigen jedoch beharrlich zu diesem Thema. Anders ist die Situation in Russland, wo die *Nationale Kommission für den Schutz vor nichtionisierender Strahlung* eine Liste mit Empfehlungen zum Mobilfunk erstellt hat:

- Kinder unter 16 Jahren sollten keine Handys benutzen.

- Schwangere Frauen sollten keine Handys benutzen.

- Neurologische Störungen wie Neurasthenie, Psychopathie, Psychostenie sowie alle Neurosen mit asthenischen, zwanghaften oder hysterischen Störungen, die die geistige und körperliche Aktivität einschränken, Gedächtnisverlust(e), Schlafstörungen, Epilepsie und epileptisches Syndrom, Prädisposition für Epilepsie

- Die Anrufe sollten auf maximal drei Minuten begrenzt sein, und nach jedem Anruf sollte der Nutzer fünfzehn Minuten warten, bevor er einen weiteren Anruf tätigt. Die Verwendung von Headsets und Freisprechanlagen wird dringend empfohlen.

- Hersteller und Händler von Mobiltelefonen sollten in den technischen Spezifikationen folgende Informationen angeben: alle oben genannten Empfehlungen für den Gebrauch, alle relevanten gesundheitlichen und epidemiologischen Daten über Mobiltelefone sowie die mit dem Telefon verbundenen Strahlungswerte und den Namen des Messlabors. [45]

2 - INDIVIDUELLE GEDANKENKONTROLLE

Gehirnwäsche ist eine „Indoktrination, die so intensiv und gründlich ist, dass sie eine radikale Veränderung der psychologischen Charaktere und Überzeugungen bewirkt. " - Webster's New World Dictionary

Individuelle Gedankenkontrolle ist eine gängige Praxis in politischen, militärischen, kriminellen, mafiösen und sektenartigen Kreisen. Gedankenkontrolle kann aber auch in Unternehmen oder in der Familie

---

[44] Annie Lobé - NEXUS Nr. 30, Januar/Februar 2005.

[45] *Mobiltelefone: Wie Sie sich schützen können* - Annie Lobé, 2006.

vorkommen, wenn ein narzisstischer Perverser einen Mitarbeiter, einen Ehepartner oder ein Kind belästigt und manipuliert.

Einige Gruppen haben sich schon immer auf Zwangsverhörtechniken, so genannte „strong-arm"-Verfahren, sowie auf verschiedene Methoden der Gehirnwäsche gestützt, um das Opfer zur Unterwerfung zu zwingen, Informationen zu erhalten oder es zu indoktrinieren. Diese aufdringlichen und gewalttätigen Techniken werden heute von einigen politischen und militärischen Organisationen, von Geheimdiensten und von der kriminellen Welt (Pornographie, Prostitutionsnetze, Menschen-, Waffen- und Drogenhandel) eingesetzt. Die Gehirnwäsche ist ein Indoktrinationsverfahren, das während des Koreakriegs (1950-1953) bei einigen amerikanischen Gefangenen angewandt wurde. Im Jahr 1951 berichtete der Journalist Edward Hunter unter dem Begriff *„Gedankenreform"* über diese Methoden. Eine Technik, die von den Kommunisten nach ihrer Machtübernahme in China 1949 entwickelt und angewendet wurde. Die chinesischen Kommunisten versuchten auch, einige ihrer eigenen Bürger auf die gleiche Weise wie Kriegsgefangene zu manipulieren, um ihren Glauben und ihre Überzeugungen zu ändern. Das Ziel bestand darin, sie dazu zu bringen, eine „Wahrheit" zu akzeptieren und zu integrieren, die zuvor abgelehnt und als falsch angesehen wurde. Diese Methoden beruhen auf Nahrungsentzug, Schlafentzug, Isolation und Einsperrung der Opfer auf engem Raum über einen langen Zeitraum hinweg. Das physisch und psychisch völlig geschwächte Opfer glaubt, dass es tatsächlich sterben oder wahnsinnig werden wird. Das Ergebnis ist, dass ihre politischen, religiösen und sozialen Überzeugungen mit denen der Folterer übereinstimmen, die ihr Leben in der Hand haben. Jede Gruppe, die Menschen unterwerfen und beherrschen will, nutzt diese Methoden der *„Gedankenreform".* Einschüchterung, Drohungen, soziale Isolation, geistige Indoktrination, Folter, Entzug von Grundbedürfnissen wie Schlaf oder Nahrung usw. sind die Techniken, die zur Unterwerfung von Menschen eingesetzt werden. Einschüchterung, Drohungen, soziale Isolation, geistige Indoktrination, Folter, Entzug von Grundbedürfnissen wie Schlaf oder Nahrung usw. sind die Techniken, die zur Unterwerfung und Indoktrination eines Menschen eingesetzt werden.

Die Subjektkonditionierung ist ein wichtiger Schritt in der individuellen Gedankenkontrolle. Iwan Pawlow und Frederic Skinner (Vater des radikalen Behaviorismus) sind die Wegbereiter auf diesem Gebiet. Pawlow ist für seine Arbeit mit Hunden bekannt; bei seinen Experimenten gab er zunächst ein Signal mit einer Glocke, um die Aufmerksamkeit des Hundes zu wecken (der konditionierte Reiz), und fünf Sekunden später gab er ihm Futter (der unkonditionierte Reiz). Nach einer Weile löste der bloße Klang der Glocke einen konditionierten Reflex beim Hund aus, der anfing zu speicheln, ohne dass ein Futter vor ihm lag. Diese Art der konditionierten Reaktion wird als *Pawlowscher Reflex bezeichnet.* Pawlow beschreibt zwei Arten von Reflexen: angeborene Reflexe, die von Geburt an vorhanden sind, und konditionierte Reflexe, die durch Lernen erworben werden.

Weniger bekannt ist, dass Iwan Pawlow die Auswirkungen von extremem Stress auf die Konditionierung von Hunden untersucht hat. Dazu verwendete er Elektroschocks.[46] Diese Form der extremen Konditionierung ist die Grundlage der Gedankenkontrolle, bei der die Angst und der Schmerz des Opfers genutzt werden, um Codes und Signale zu programmieren, die automatische Reaktionen auslösen.

Während der Überschwemmung 1924 in Leningrad überflutete das Wasser Pawlows Laboratorium, und die Hunde standen fast unter Wasser, schwammen nur mit dem Kopf aus dem Wasser und waren völlig verängstigt. Viele von ihnen verloren daraufhin ihre bisherige Konditionierung. Pavlov berichtete, dass die Hunde eine Art zerebrale Dissoziation durchlaufen hatten und sich in einem hypnotischen Zustand befanden, der einigen menschlichen „Geisteskrankheiten" ähnelte. Daraus leitete Pavlov ab, dass im Falle eines schweren Traumas *„das Gehirn zumindest vorübergehend alle konditionierten Verhaltensweisen, die ihm zuvor eingepflanzt wurden, auslöschen kann."*[47]

Nach mehreren Monaten ließ Pawlow, der die meisten Hunde neu konditioniert hatte, absichtlich Wasser in das Labor laufen, um zu sehen, wie sie reagierten. Die Hunde gerieten daraufhin in Panik und wurden erneut traumatisiert, so dass sie die soeben „umprogrammierte" Konditionierung wieder verloren. Pawlows Arbeit und Beobachtungen an Hunden können mit den Aussagen von Überlebenden von *Tabula-Rasa-Methoden* zur Bewusstseinskontrolle verglichen werden, bei denen alles zuvor Gelernte verloren geht, wie eine gelöschte Schiefertafel, und bei denen ein konditionierender Auslöser/Reiz den traumatisierten Zustand wieder aktivieren kann.[48]

Eine Methode zur effektiven Unterwerfung und Manipulation einer Person ist die Anwendung *der drei Ds* oder *DDDs,* die für *„Debility, Dependency,* Dread" stehen. Die Psychiater Farber, Harlow und Jolyon West haben dieses Protokoll in ihrem Buch *„Brainwashing, conditioning and DDD"* beschrieben. Nach Ansicht dieser Psychiater muss das Opfer geschwächt, abhängig und verängstigt werden, um es zu brechen, damit es beherrscht werden kann...

Sie werden feststellen, dass dieses Protokoll der individuellen Bewusstseinskontrolle „DDD" heute in großem Umfang in Social-Engineering-Programmen angewendet wird, die darauf abzielen, die Gesellschaft zu konditionieren. Wer könnte heute leugnen, dass unsere moderne Welt uns nicht infantilisiert, uns ständig schwächt, uns von allem und jedem abhängig macht, indem sie uns ein Höchstmaß an Autonomie nimmt und uns ständig Angst einjagt?

---

[46] Konditionierte Reflexe und Psychiatrie, Band 2 der Vorlesungen über konditionierte Reflexe - Ivan Pavlov, 1941.

[47] Kampf um den Verstand: Eine Physiologie der Bekehrung und Gehirnwäsche - William Sargant, 1957.

[48] *Ritueller Missbrauch und Gedankenkontrolle: Die Manipulation von Bindungsbedürfnissen* - Ellen P. Lacter, 2011.

Es gibt auch die „PDH"-Methode, die für *Pain, Drug and Hypnosis (Schmerz, Drogen und Hypnose)* steht, d. h. die Verwendung von Schmerz, Drogen und Hypnose, um eine Person zu bändigen und zu programmieren. Eine *PDH-Kombination*, die wir im Monarch-Typ der Gedankenkontrolle finden (entwickelt in Kapitel 7).

In dem Buch (Bericht) für die CIA mit dem Titel „Communist Control Technics" (1956) schrieben die Psychiater Laurence Hinkle und Harold Wolff: „Der Mensch, mit dem der Vernehmungsbeamte zu tun hat, kann als ein absichtlich geschaffener Patient betrachtet werden. Der Vernehmungsbeamte verfügt über alle Vorteile und Möglichkeiten, die ein Therapeut im Umgang mit einem Patienten, der dringend Hilfe benötigt, nutzen kann."

Es geht darum, Chaos zu schaffen, um Ordnung zu schaffen. Einen „*Patienten*" absichtlich zu schaffen, bedeutet also, ein gesundes Subjekt zu schwächen und zu terrorisieren, um ihm als „*Therapeut*" zu „*helfen*". Diese beunruhigende Übereinstimmung zwischen Zwangsverhören und Psychotherapie zeigt die austauschbare Rolle, die Psychiater und Folterer einnehmen können und umgekehrt. Die psychiatrische Wissenschaft ist die Keimzelle der Gedankenkontrolle.

Die folgende Liste enthält verschiedene Formen der Gedankenkontrolle, die auf eine Person angewendet werden können. Sie kombiniert Gehirnwäsche-Methoden, die von Kriegsgefangenen berichtet wurden, mit Methoden, die in destruktiven Sekten und Regierungsprogrammen wie MK-Ultra eingesetzt werden. Sie reicht von „einfacher" mentaler Manipulation des Opfers, das sich dessen bewusst ist und sich daran erinnert, bis hin zu den komplexesten Formen, bei denen das Opfer keine Erinnerung an das Trauma und kein Bewusstsein für seine mentale Programmierung hat. Die „Formel" der Gehirnwäsche ist immer dieselbe: die Zerstörung und Auslöschung der Identität und ihre Ersetzung durch ein neues „Programm". Jede dieser Techniken kann für sich allein angewendet werden, aber in der Regel werden sie in einer Art „Tod" und „Wiedergeburt" kombiniert. Durch die Analyse dieser spezifischen Techniken der individuellen Gedankenkontrolle ist es möglich, Machtstrategien zu erkennen, die in einem größeren Rahmen und auf eine globalere und diffusere Weise angewandt werden.

- Der Einzelne findet sich allein in einer Gruppe oder Gemeinschaft wieder, die sich weiterhin zu bestimmten Überzeugungen und Doktrinen bekennt, während er gleichzeitig allmählich von seiner Familie und seinen Aktivitäten außerhalb isoliert wird.

- Die Schrumpfung der Welt. Das Opfer wird aller persönlichen Gegenstände beraubt, da diese sein früheres Leben symbolisieren und eine Quelle der moralischen Stärke sein können. Ziel ist es, das Opfer von dem abzuschneiden, was es mit der Welt und den anderen verbindet, um seine Fähigkeit zum Widerstand und zum Durchhalten zu sabotieren. Das Gefühl dieser Trennung soll mit allen Mitteln verstärkt werden, so dass das Opfer zu der Überzeugung gelangt, dass es von jeder Beziehung, die ihm helfen könnte, abgeschnitten ist. Außerdem wird um das Opfer herum eine Scheinwelt in Miniaturformat geschaffen, um an der Psyche des Opfers zu arbeiten. Es geht darum, die Welt des Verhörs an die Stelle der Außenwelt zu setzen, die Außenwelt wird dann ausgelöscht und an die Standards einer Mikrowelt, einer geschlossenen Sitzung zwischen vier Wänden, angeglichen. In dieser von den Peinigern errichteten Welt im Kleinen wird das Opfer schnell von ihrer Allmacht überzeugt.

- Destrukturierung der Identität. Dem Opfer wird gesagt, dass sie ist, was sie nicht ist, und dass sie nicht ist, was sie wirklich ist. Dies geschieht, damit sie die Orientierung verlieren und ihre eigene Identität in Frage stellen. Das Opfer ist gezwungen, Überzeugungen in Frage zu stellen, die es zuvor nie in Frage gestellt hatte. Ihre Gewissheiten sind erschüttert.

- Desorientierung und Verwirrung. Das Ziel ist es, die natürlichen Erwartungen und konditionierten Reaktionen der Person zu stören. Der Einzelne ist an eine logische Welt gewöhnt, eine Welt, die Sinn ergibt und natürlich vorhersehbar ist, und er wird sich daran klammern, um seine Identität und seine Fähigkeit zum Widerstand zu bewahren. Die Destabilisierung beginnt mit der systematischen Störung der zeitlichen Bezugspunkte: verstellte Uhren, die mal vorwärts, mal rückwärts gehen, unregelmäßige Zeitpläne und Nächte mit variabler Geometrie. Die Folterknechte werden zu Meistern von Raum und Zeit, sie stören die natürlichen Rhythmen, um das Subjekt in einen Zustand völliger Desorientierung zu versetzen. Neben der Strategie der zeitlichen Desorientierung wird das Opfer in seinen logischen und semantischen Bezugspunkten durch eine Lawine von absurden und inkohärenten Fragen, widersprüchlichen und weit hergeholten Behauptungen, einem dem Gesagten völlig unangemessenen Tonfall usw. angegriffen. Zu dieser Orientierungslosigkeit gehört auch die Sättigung seiner Interpretationsfähigkeit. Angesichts der Lawine von Unsinn, mit der er überschwemmt wird, verliert sich der Einzelne in einer Art Spirale von ebenso eitlen wie unendlichen Deutungshypothesen... bis hin zum Wahnsinn. Das Opfer versuchen zu lassen, etwas zu verstehen, wo es nichts zu verstehen gibt, gehört zu diesen sadistischen Methoden.

- Schuldgefühle. Wiederholte Anschuldigungen gegen das Opfer, um es mit Schuldgefühlen zu belasten. Der Einzelne wird das Gefühl bekommen, dass er etwas Falsches getan hat, und wird überzeugt sein, dass er schuldig ist und die Strafe daher verdient hat. Der Täter kann das Opfer auch dazu zwingen, eine Straftat zu begehen, um sich selbst schuldig zu machen und damit schuldig zu werden. Das Verhalten des Opfers wird durch den Einsatz von Belohnungen und Bestrafungen sowie durch andere Konditionierungsprozesse geprägt.

- Selbstausbeutung. Das Individuum wird gegen sich selbst aufgebracht, bis es schließlich zum Verursacher seiner eigenen Niederlage wird. Es geht darum, das Subjekt gegen sich selbst zu wenden, indem man es der Außenwelt und der anderen beraubt, indem man seine Subjektivität radikalisiert, um es für seine eigenen Qualen verantwortlich zu machen. Dann kann die Frage gestellt werden: „Aber warum tust du dir das an? „. Schuldgefühle und Selbstvorwürfe gehen Hand in Hand.

- Verrat und Selbstverrat. Das Opfer wird gezwungen, seine Freunde, Kollegen, Entourage und Familie zu denunzieren. Dies verstärkt das Gefühl von

Schuld und Scham, aber auch das Gefühl, das eigene Leben zu verraten. Dem Opfer wird suggeriert, dass sich niemand in der Familie oder in der Gemeinschaft dafür interessiert, was aus ihr geworden ist.

- Freiwillige Einreichung. Das Opfer unterwirft sich dem Peiniger freiwillig und erhält dafür eine Entschädigung, die aus materiellen Gütern, Drogen, Sex, aber auch „Zuneigung" und „Freiheit" bestehen kann. Das Opfer kann sich seinen Herrn oder seine Herrin aussuchen.

- Unterwerfung durch Terror. Der Folterer verschafft sich eine Form von Respekt, indem er das Opfer terrorisiert, und zwar auch dann, wenn das Opfer seine eigenen Überzeugungen und seine Persönlichkeit beibehält.

- Die Sollbruchstelle. Die kombinierten Auswirkungen von Schuld und Scham führen dazu, dass sich das Opfer von sich selbst entfremdet fühlt. Sie beginnt, den Wahnsinn und die totale Vernichtung zu fürchten. Das Opfer ist auch Gewalt, Erniedrigung und öffentlicher Demütigung ausgesetzt, um sein Selbstwertgefühl zu zerstören. Darüber hinaus macht es die bewusste Unvorhersehbarkeit des Verhaltens der Täter unmöglich, ihre Erwartungen und Gedanken zu erkennen, was das Gefühl des Opfers, keine Kontrolle zu haben, noch verstärkt.

- Gehirnwäsche durch Entzug von Grundbedürfnissen wie Schlaf, Nahrung, Wasser usw., kombiniert mit sozialer Isolation. verbunden mit sozialer Isolation.

- Verbinden Sie Befehle mit Schmerzen. Weisungen und Befehle werden gleichzeitig mit der Folter erteilt. Damit soll die Person davon überzeugt werden, dass die Gewalttätigkeit wieder auftreten wird, wenn die Befehle und Anweisungen nicht befolgt werden. Die Anweisungen: *„Du wirst es vergessen"*, *„Sprich nicht darüber"* usw. werden verbalisiert und in das Gedächtnis des Einzelnen eingeprägt. Die Aufforderungen: „Du wirst es vergessen", „Sprich nicht darüber" usw. werden verbalisiert und der Psyche eingeprägt, während der Schmerz in das Nervensystem injiziert wird. Es geht darum, eine sich wiederholende physische und psychische Folter aufrechtzuerhalten, um diese Befehle tief im Opfer zu verankern, und zwar durch die (in der Regel unbewusste) Überzeugung, dass es äußerst schmerzhafte Konsequenzen haben wird, wenn es jemals gegen die Anweisungen verstößt. Das erneute Erleben dieser ursprünglichen Torturen geht häufig mit somatischen Erscheinungen einher, wie leichten Blutergüssen oder Schwellungen der ursprünglichen Verletzungen.

- Gnade. Die unvermeidliche Vernichtung wird durch die unerwartete Gnade der Henker plötzlich rückgängig gemacht. Ein kurzes Innehalten in den Verhören, ein kurzer Moment der Beschwichtigung, in dem das Opfer wie ein respektables menschliches Wesen behandelt wird. Plötzlich ist die Vernichtung nicht mehr das einzig mögliche Ergebnis. Diese plötzliche psychologische Dekompression führt dazu, dass ein Mensch in einer solchen Situation weich wird und sich in das Lager der Täter begibt. Der Einzelne wird dann geradezu dankbar für den laufenden „Reform"-Prozess und muss sich an seiner eigenen Indoktrination beteiligen, indem er zum Beispiel Anweisungen schreibt oder Aktivitäten organisiert.

- Stockholm-Syndrom. Intensive Stresssituationen führen allmählich zu Abhängigkeit und einer gewissen Loyalität des Opfers gegenüber dem Aggressor. Der Begriff *„Stockholm-Syndrom"* geht zurück auf eine Geiselnahme in einer Bank in Stockholm, Schweden, im August 1973. Ein 32-jähriger Gefängnisausbrecher namens Jan-Erik Olsson nahm vier Bankangestellte fünfeinhalb Tage lang als Geiseln. Einige Tage nach ihrer Freilassung, obwohl die Gefangenen diese Reaktion nicht erklären konnten, sagten sie aus, dass sie eine seltsame Nähe zu ihrem Entführer gezeigt hatten, sich mit ihm zu identifizieren suchten und sogar Angst vor der Polizei bekamen. In einigen Fällen haben die Opfer sogar im Namen des Geiselnehmers ausgesagt oder Gelder für seine rechtliche Verteidigung gesammelt.

- Geständnis. Das Opfer erklärt sich schließlich bereit, „Geständnisse" abzulegen, um sich von der erdrückenden Schuld zu befreien, die ihm auferlegt wird. Das Bekenntnis, das „Bekenntnis", auch wenn es nichts zu bekennen gibt, wird für den Einzelnen zu einem unwiderstehlichen Akt, um den Schrecken der geistigen Verwirrung, der Schuld und des Identitätsverlusts zu beenden.

- Harmonie. Wenn die Rehabilitierung des Opfers weit fortgeschritten ist, wenn seine emotionalen Bedürfnisse aufgrund seines guten Verhaltens befriedigt wurden, kann das Opfer wieder ein gewisses Beziehungsleben in einer Gruppe aufnehmen, es darf an gemeinsamen Aktivitäten teilnehmen. Das bringt Erleichterung, der Druck wird abgebaut und die Entfremdung kann verschwinden, um Platz für eine bessere Beziehung zur Umwelt zu schaffen. Das Bedürfnis nach menschlichen Beziehungen führt dazu, dass sich das Opfer den Tätern annähert.

- Wiedergeburt und Umerziehung. In diesem neuen „harmonischen" Geisteszustand ist das Opfer bereit, alles zu verurteilen und abzulehnen, was es in der Vergangenheit gewesen ist. Durch die Beichte muss sie alle Aspekte ihres vergangenen Lebens verurteilen und sie als eine lange Reihe von Schandtaten betrachten, um etwas auf einer neuen Grundlage wieder aufzubauen. Es ist eine Form der Wiedergeburt.

- Spirituelle Indoktrination. Das psychisch schwache oder süchtige Opfer wird einem charismatischen Führer unterstellt, der behauptet, mit einer Art Gott verbunden zu sein. Er behauptet, für eine spirituelle Mission auserwählt worden zu sein, und wird zu einem Kompass für das verwirrte Opfer.

- Geistige Verschmutzung. Dabei handelt es sich um Hexereirituale, die darauf abzielen, traumatisierten und dissoziierten Opfern böse Wesenheiten „anzuhängen" (siehe Kapitel 5). Diese Wesenheiten belästigen und beteiligen sich an der Gedankenkontrolle. Pakte, Zaubersprüche, Flüche, Bündnisse usw. werden eingesetzt, um den Geist des Opfers zu verunreinigen und untauglich zu machen. Pakte, Zaubersprüche, Flüche, Bündnisse usw. werden eingesetzt, um das Opfer zu verunreinigen und es böse und ungesund, physisch oder psychisch krank, sozial isoliert, abgewertet und versklavt zu machen.

- Psychisches Fahren. Eine Methode, bei der aufgezeichnete Nachrichten stundenlang in einer Endlosschleife abgespielt werden, während sich das Opfer in einem veränderten Bewusstseinszustand befindet, der durch Elektroschocks, sensorischen Entzug, Nahrungs-, Wasser-, Schlaf- und

Sauerstoffentzug, Gefangenschaft und andere Foltermethoden hervorgerufen wird.

- **Hypnose und Trance**: Ein Trancezustand ist ein hypnotischer, dissoziativer Zustand, in dem Gedächtnis und Wahrnehmungen verändert sind. Dissoziation ist eine Trennung, eine Spaltung zwischen psychischen/mentalen Elementen, die normalerweise vereint sind und miteinander kommunizieren (dieses Thema wird in Kapitel 5 behandelt). Die Auswirkungen eines Trancezustands können durch bestimmte Bedingungen hervorgerufen werden, wie z. B.: geistige oder körperliche Erschöpfung, Terror, wiederholtes Singen, Rituale oder Drogen. Die Anfälligkeit für Trance oder Dissoziation ist von Mensch zu Mensch unterschiedlich. Die Forschung hat gezeigt, dass Menschen mit hoher hypnotischer Suggestibilität offenbar eine genetische Veranlagung haben, aber auch Traumata, insbesondere sexueller Missbrauch in der Kindheit, prädisponieren zu hoher hypnotischer Suggestibilität. Einige Trancezustände scheinen selbst herbeigeführt zu sein und dienen als Abwehrmechanismus gegen massive Schmerzen und eine gewalttätige Umgebung. In einigen Fällen können die selbst herbeigeführte Trance und die Dissoziation von schwerem Missbrauch zur Entstehung einer multiplen Persönlichkeit führen. Die Trance kann auch von einer anderen Person, einem Hypnotiseur, herbeigeführt werden. Der Hypnotiseur kann der Person nach der Hypnose vorschlagen, bestimmte Handlungen auszuführen oder bestimmte Emotionen oder körperliche Empfindungen als Folge der hypnotischen Trance zu erleben. Diese Handlungen oder Emotionen werden in der Regel durch bestimmte diskrete „Codes" ausgelöst, die der Versuchsperson diktiert wurden, während sie sich in Trance befand. Die Bewusstseinskontrolle, unter der viele Opfer von rituellem Missbrauch leiden, ist zum Teil darauf zurückzuführen, dass sie wiederholt in Trance versetzt wurden und eine komplexe Reihe von posthypnotischen Suggestionen erhalten haben. Aber auch Hypnose und Trance spielen eine wichtige Rolle bei der Behandlung von Opfern rituellen Missbrauchs. Der Einsatz von Trance in einem therapeutischen Kontext ermöglicht es dem Opfer oft, Erinnerungen wiederzuerlangen, die vom Bewusstsein abgekoppelt sind. Dieser Prozess ist ein sehr wichtiger Aspekt der Genesung von Opfern rituellen Missbrauchs.[49]

- **Perverse Manipulation der psychischen** Welt des Opfers (in diesem Fall meist ein Kind). Dazu gehört unter anderem, dem Kind jede Vorstellung von Verlangen und innerem Verlangen zu nehmen. Das Kind muss sich in allen Bereichen seines Lebens, auch in der inneren Welt, systematisch an den Erwachsenen um Erlaubnis wenden. Dadurch werden alle sicheren Orte zerstört, die sich das Kind innerlich geschaffen hat, um den erlebten Schrecken zu entkommen. Es entsteht das Gefühl, dass es keinen wirklichen Ort (innerlich oder äußerlich) gibt, an dem er sicher sein kann, und dass seine Peiniger allgegenwärtig sind und alles wissen, was er denkt. In dieser Phase wird ein

---

[49] Bericht der Task Force für rituellen Missbrauch, Los Angeles County Commission for Women, 1989.

internes System mit einer gespaltenen Persönlichkeit aufgebaut, mit dem die Sekte ihn sein ganzes Leben lang manipulieren und kontrollieren wird.[50]

- Trauma-informierte Gedankenkontrolle. Es handelt sich um ein Protokoll, das auf dem Phänomen der Dissoziation oder der „Fragmentierung" der Persönlichkeit als Reaktion auf extreme und wiederholte Traumata beruht. Die Persönlichkeit eines Menschen kann in mehrere verschiedene Identitäten aufgespalten werden, die wiederum den Körper übernehmen können. Eine „Amnesie-Mauer" isoliert jede andere Persönlichkeit und verhindert, dass das Opfer von den Aktivitäten seiner anderen Persönlichkeit erfährt. Diese Methode der Gedankenkontrolle, die als *Monarch-Programmierung* bezeichnet wird, wird durch den Monarch-Schmetterling symbolisiert, der unter anderem die (traurige) Wiedergeburt des Raupen-Opfers in einen Sklaven-Schmetterling darstellt, wobei die Puppe den Prozess der „Reformation" oder „Programmierung" repräsentiert.[51]

In einem Artikel mit dem Titel „*Behind the Democratic* Facades: *Mind-Control and the Satanic Cult of National Security" (Hinter den demokratischen* Fassaden: *Bewusstseinskontrolle und der satanische Kult der nationalen Sicherheit)* unterteilt Dr. Hans Ulrish Gresch diesen auf Traumata basierenden Prozess der Bewusstseinskontrolle in drei Phasen:[52]

Phase 1: Vorbereitung des Geistes und des Nervensystems des Opfers auf die Programmierung. Das Opfer wird in einen Zustand extremer Verletzlichkeit, Orientierungslosigkeit und Angst versetzt und ist dann extremen physischen und psychischen Belastungen ausgesetzt. Der Selbsterhaltungssinn des Opfers ist bedroht, seine Identität wird geschwächt oder zerstört, und es fällt in den emotionalen und kognitiven Zustand eines Kindes zurück, sein Geist ist dissoziiert.

Phase 2: Programmierung des Opfers als Roboter oder Computer mit neuen Einstellungen, Verhaltensmustern und Bezugsrahmen, in denen diese Einstellungen und Verhaltensweisen einen Sinn ergeben. Es werden mindestens zwei Persönlichkeiten geschaffen:

- Eine Roboterpersönlichkeit, die in bewusstem Kontakt mit den Steuergeräten steht und programmiert wird.
- Eine neue künstliche Persönlichkeit, die sich nicht bewusst ist, dass sie programmiert wurde, und die auch nichts von der Existenz der Roboterpersönlichkeit weiß.

Die Roboterpersönlichkeit ist eine Art Automat, während die künstliche Persönlichkeit sich als Mensch definiert. Der Roboter wird mit wiederholter Indoktrination und verschiedenen Mitteln der Konditionierung (Bestrafungen und Belohnungen) programmiert. Der Roboter wird als „Sklave" bezeichnet. Der

---

[50] The Manipulated Mind: Brainwashing, Conditioning, and Indoctrination", Denise Winn, 2002.

[51] Die Beziehung zwischen Mind-Control-Programmierung und rituellem Missbrauch" - Ellen P. Zeichen.

[52] Kubark, das geheime Handbuch der CIA für Gedankenkontrolle und psychologische Folter - www.editions-zones.fr.

Slave ist die Schnittstelle zwischen dem Controller und der/den künstlichen Persönlichkeit(en).

Phase 3: Selektive Löschung des Gedächtnisses des Opfers. Dabei handelt es sich nicht um Gedächtnislöschung im Sinne von Zerstörung, sondern vielmehr um die Unterdrückung der Fähigkeit des Opfers, sich an bestimmte Erfahrungen zu erinnern. Diese Amnesie betrifft alle Erfahrungen, die direkt oder indirekt mit dem Prozess der Gedankenkontrolle verbunden sind, sowie alle biografischen Elemente, die nicht in die Logik der künstlichen Persönlichkeit passen, die in Wirklichkeit die vordere Persönlichkeit ist.

Das übergeordnete Ziel dieses Prozesses ist es, das Opfer so zu programmieren, dass es völlig machtlos wird; die Kontrolleure werden dann allmächtig, sie sind wie „Götter".[53]

Diese Art von komplexer Gedankenkontrolle wird in den nächsten Kapiteln erforscht werden.

---

[53] „Hinter den demokratischen Fassaden: Mind-Control und der satanische Kult der nationalen Sicherheit" - Hans Ulrich Gresch, *Phoenix Journal* 155, 1995.

KAPITEL 2

Die Wurzeln des traumatischen rituellen Missbrauchs und der Gedankenkontrolle

„Die Methoden der religiösen Initiation sind den modernen politischen Techniken der Gehirnwäsche und Gedankenkontrolle oft so ähnlich, dass das eine ein Licht auf die Mechanismen des anderen wirft. " - William Sargant

„Wenn wir uns die historische und anthropologische Literatur ansehen, finden wir Inhalte im Zusammenhang mit Religionen, Kulten und brüderlichen Organisationen, die sich offenbar auf traumatische Rituale beziehen, um veränderte Bewusstseinszustände zu erzeugen. Diese Bewusstseinszustände wurden manchmal als etwas Heiliges angesehen, etwa als magischer Katalysator für tiefgreifende Visionen oder Besessenheit durch Götter. In anderen Fällen wurden diese Methoden eingesetzt, um eine Art mächtige psychologische Kontrolle zu etablieren, und zwar auf eine unterirdische und geheime Art und Weise, die den Fachleuten der Psychiatrie unbekannt ist. Kultischer und ritueller Missbrauch" - James Randall Noblitt & Pamela Perskin Noblitt

„Die Bewusstseinskontrolltechniken dieser Gruppen (nach Angaben von Polizeibeamten und Überlebenden, die als glaubwürdig eingestuft werden) wurden als eine Verbindung zwischen angewandter Wissenschaft und Schamanismus anerkannt. Das Okkulte als Ausdruck des Religiösen gibt es seit Tausenden von Jahren. Erst in den letzten 150 Jahren hat die Wissenschaft offensiv nach Wahrheiten über die psychologischen Manipulationen gesucht, die mit diesen okkulten Glaubenssystemen verbunden sind. Das Random House Dictionary beschreibt Okkultismus als „die Anwendung von Pseudowissenschaft, die behauptet, Wissen über übernatürliche Vermittler zu haben, die sich dem normalen Wissen entziehen. Dies soll uns noch einmal daran erinnern, dass „geheime Informationen" gleich „Macht" sind. „Amerika inmitten der Transformation" - Cathy O'Brien & Mark Phillips

1- Einleitung

Wir werden in Kapitel 4 näher auf den satanischen rituellen Missbrauch eingehen, aber die folgende Definition soll zum besseren Verständnis des Inhalts dieses Kapitels beitragen: *„Schwerer und systematischer Missbrauch eines oder mehrerer Kinder,*

Jugendlicher oder Erwachsener, in der Regel durch mehrere Täter beiderlei Geschlechts, über einen Zeitraum von mehreren Jahren. Ritueller Missbrauch wird mit einem Glaubenssystem in Verbindung gebracht, das die Anbetung Satans beinhaltet und sexuellen, physischen, psychologischen, emotionalen und spirituellen Missbrauch, in der Regel von kleinen Kindern, beinhaltet, oft in Zeremonien, die Rituale, Symbole und andere „magische" Praktiken beinhalten. Hauptziel ist die Indoktrination und Gedankenkontrolle, die durch Dissoziation, Drogen, Hypnose, Folter, Demütigung usw. erreicht wird. Im Falle des generationenübergreifenden Satanismus finden die meisten dieser Dinge „zu Hause" statt, bei Familienmitgliedern."[54]

Ritueller Missbrauch und Bewusstseinskontrolltechniken, die auf Trauma und Persönlichkeitsspaltung beruhen, werden von vielen Organisationen auf der ganzen Welt eingesetzt und gehen auf Babylon, das alte Ägypten und die Mysterienreligionen zurück. Kulte mit Offenbarungen und Ritualen, deren Kenntnis und Ausübung auf eine kleine Zahl von Eingeweihten beschränkt ist, werden als „Mysterienreligionen" bezeichnet. Das *ägyptische Totenbuch ist* eine der frühesten Schriften, die sich auf den Einsatz des Okkulten zur geistigen Manipulation beziehen. Folter, Drogen, Magie, Hypnose und Dämonologie wurden eingesetzt, um den Einzelnen in einen tiefen Zustand der Dissoziation und mentalen Kontrolle zu versetzen. Die Dämonologie ist ein Zweig der Theologie, der sich mit Dämonen beschäftigt, so wie die Angelologie mit Engeln. Bei diesen Initiationsriten handelt es sich um die alten Mysterien des „Todes" und der „Wiedergeburt" oder „Auferstehung", ein geheimes und heiliges Verfahren, das mächtige Bewusstseinsveränderungen mit sich bringt. Diese Kulte waren vor allem im Mittelmeerraum verbreitet, z. B. die babylonischen Zeremonien von *Inanna* und *Tammuz,* die ägyptischen Mysterien von *Isis* und *Osiris,* der *orphische* Kult, der *Bacchuskult,* die Mysterien von *Eleusis, Mithras,* die *korybantischen* Rituale oder die Mysterien von *Attis* und *Adonis.* Die Rituale der Mysterien fanden über einen sehr langen Zeitraum hinweg ohne Unterbrechung statt, die Enthüllung der Initiationsgeheimnisse dieser Kulte wurde mit dem Tod bestraft.

Éliphas Lévi (französischer Geistlicher und Okkultist, geboren als Alphonse-Louis Constant) beschreibt bestimmte Initiationsrituale, die den Zugang zu den Mysterien ermöglichen, wie folgt: *„Die großen Prüfungen von Memphis und Eleusis dienten der Ausbildung von Königen und Priestern, indem die Wissenschaft mutigen und starken Männern anvertraut wurde. Um zu diesen Prüfungen zugelassen zu werden, musste man sich mit Leib und Seele dem Priestertum verschreiben und sein Leben aufgeben. Dann stieg man in dunkle unterirdische Gänge hinab, wo man abwechselnd brennende Lagerfeuer, tiefe und reißende Wasserströme und über Abgründe geworfene bewegliche Brücken überqueren musste, ohne dass eine in der Hand gehaltene Lampe erloschen und entkommen konnte. Wer zögerte oder sich fürchtete, sollte das Licht nie wieder sehen; wer unerschrocken alle Hindernisse überwand, wurde in den Kreis der*

---

[54] „Ritueller Missbrauch: Eine länderübergreifende europäische Perspektive" - Thorsten Becker & Joan Coleman, ISSD Konferenz „The Spectrum of Dissociation", Manchester, 09/05/1999.

Mystiker aufgenommen, das heißt, er wurde in die kleinen Mysterien eingeweiht. Aber seine Treue und sein Schweigen mussten noch erprobt werden, und erst nach einigen Jahren wurde er Epiker, ein Titel, der dem des Adepten entspricht (...) Nicht in den Büchern der Philosophen, sondern in der religiösen Symbolik der Alten muss man die Spuren der Wissenschaft suchen und ihre Geheimnisse finden (...) Alle wahren Eingeweihten haben den unermesslichen Nutzen von Arbeit und Schmerz erkannt. Der Schmerz", sagte ein deutscher Dichter, „ist der Hund des unbekannten Hirten, der die Herde der Menschen führt. Leiden lernen, sterben lernen, das ist die Gymnastik der Ewigkeit, es ist das unsterbliche Noviziat."[55]

Initiationsrituale des traumatischen Typs dienen der Transzendierung des Bewusstseins. In ihrem Buch „*A Course of Severe and Arduous Trials*" erklärt Lynn Brunet, dass *die Prüfungen der alten Mysterienkulte dazu dienten, veränderte Bewusstseinszustände zu erzeugen, eine mystische Erfahrung mit einem Zustand der Ekstase und der Vereinigung mit dem Göttlichen. Zu den Methoden gehörten die Ausnutzung von Schmerz, Angst, Demütigung und Erschöpfung. Diese Techniken scheinen in Kriegerkulturen entstanden zu sein, wo ein Krieger, der extremer Gewalt und der Angst vor dem bevorstehenden Tod ausgesetzt war, diesen Zustand der Glückseligkeit mit einem Gefühl der Unsterblichkeit erleben konnte (...) Diese Beziehung zwischen dem Gefühl des Schreckens und der Empfindung einer „erhabenen" Erfahrung wurde zu einem der Hauptthemen der philosophischen Aufklärung (...) Immanuel Kant und Edmund Burke waren zwei Freimaurer, die sich mit diesem Thema befassten. Kant erklärte, dass die Erfahrung des Erhabenen, die durch das Gefühl des Überwältigtseins vom Schrecken hervorgerufen wird, eine Situation ist, in der das Individuum nicht mehr begreifen kann, was geschieht. In ähnlicher Weise stellte Burke fest, dass Terror die Fähigkeit besitzt, Reaktionen hervorzurufen, die das Individuum in einen bestimmten Zustand versetzen, „jenen Zustand des Geistes, in dem alles aufgehoben ist", und somit „die Wirkung des Erhabenen auf seiner höchsten Ebene" (...) „die Dinge erschreckend zu machen".Bei der druidischen Initiation werden die Kandidaten in Höhlen eingesperrt, müssen durch lange Tunnel kriechen oder werden mehrere Tage lang in Truhen oder Särgen eingeschlossen, um dann „wiedergeboren" zu werden. Diese Einweihungspraktiken waren als 'mystisches Feuer' bekannt, und das Ergebnis dieser Qualen wurde manchmal als 'Lichtglut' ausgedrückt (...) Wie Ross Nichols bemerkt, tauchten oder kochten die druidischen Magier 'das Kind in das mystische Feuer', ein Euphemismus, der bedeutet, dass das Kind in vorchristlicher Zeit manchmal diesen Einweihungsprüfungen unterzogen wurde."[56]*

Edmund Burke sprach 1756 vom „Erhabenen" wie folgt: „Was auch immer das Gefühl von Schmerz oder Gefahr im Geist hervorrufen mag, es erzeugt die stärkste Emotion, die der menschliche Geist zu empfinden vermag.

---

[55] *Die Geschichte der Magie* - Eliphas Levi, 1999, S.122.

[56] *Ein Parcours von schweren und mühsamen Prüfungen: Bacon, Beckett und Spurious* - Lynn Brunet, 2009, S. 6, 7, 11.

Wenn Gefahr und Schmerz zu intensiv werden, werden sie zu einem absoluten Schrecken und können daher a priori keine Freude bereiten, doch im Nachhinein stellen wir fest, dass solche Dinge reizvoll sind."[57]
Immanuel Kant beschrieb das „Erhabene" als die Begegnung zwischen dem „Ich" und dem, was das Potenzial hat, es vollständig zu vernichten, d. h. das Trauma, das den Willen auslöschen und die Persönlichkeit zerlegen kann. Glenn Gray beschreibt beispielsweise die veränderten Bewusstseinszustände von Soldaten auf dem Schlachtfeld: „In Todesgefahr geraten viele Soldaten in einen benommenen Zustand, in dem die Klarheit des Geistes völlig verschwunden ist. In diesem Zustand können sie in der Hitze der kollektiven Ekstase gefangen sein, bis zu dem Punkt, an dem sie den Tod vergessen, weil sie ihre Individualität verlieren, oder sie können wie die Zellen eines militärischen Organismus funktionieren und alles tun, was von ihnen erwartet wird, während sie zu Automaten werden."[58]
Dieser veränderte Bewusstseinszustand angesichts extremer Schrecken und/oder Schmerzen, der im 18. Jahrhundert als das „Erhabene" bezeichnet wurde, dieser „Lichtschein" oder die „Erleuchtung", ist das, was heute als Dissoziation bekannt ist, ein wesentlicher Punkt, auf den wir im Laufe des Buches zurückkommen werden. Dissoziation ist das Fundament, auf dem die MK-Monarch-Sklavenprogrammierung aufbaut.
In seinem Buch „Religion: An Anthropological View" beschreibt Anthony Wallace einen „rituellen Lernprozess", der im Wesentlichen mit dem „Gesetz der Dissoziation" arbeitet, wie er es nennt. Er schreibt, dass diese Praktiken zur Herbeiführung eines ekstatischen spirituellen Zustands durch direkte und grobe Manipulation der menschlichen physiologischen Funktionen in allen (alten und primitiven) religiösen Systemen zu finden sind. Wallace teilt diese Manipulationen in vier große Kategorien ein:
- 1) Drogen
- 2) Sinnesentzug und Abtötung des Fleisches durch Schmerz
- 3) Schlafentzug führt zu Müdigkeit
- 4) Entzug von Nahrung, Wasser oder Sauerstoff
In seinem 1966 erschienenen Buch beschreibt Wallace indirekt auf anthropologischer Grundlage die Ursprünge des rituellen Missbrauchs und der Bewusstseinskontrolle durch Satanisten. Er beschreibt, wie der Neophyt in einen Zustand versetzt wird, in dem er radikal von all seinem bisherigen Wissen losgelöst ist, um neue Informationen zu erhalten. In der Tat wird die kognitive und emotionale Umstrukturierung (Programmierung) in diesen dissoziativen Zuständen, in denen die Suggestibilität der Person erhöht ist, erleichtert. Wallace schreibt: „Die Wirksamkeit dieser Verfahren zur Herbeiführung physiologischer Veränderungen wurde sogar in nicht-religiösem Rahmen nachgewiesen, einschließlich klinischer Experimente zu den Auswirkungen sensorischer Deprivation und verschiedener „Gehirnwäsche"- oder „Gedankenreform"-

---

[57] Eine philosophische Untersuchung über den Ursprung der Ideen des Erhabenen und Schönen - Edmund Burke, 1998, S. 37-38.

[58] Die Warriors: Reflections on Men in Battle - Jesse Glenn Gray, 1998, S.102.

Techniken... Dazu gehört das MK-Ultra-Programm, das im nächsten Kapitel behandelt wird.

Anthony Wallace spricht von einem *„ekstatischen spirituellen Zustand"*, der durch bestimmte Rituale hervorgerufen wird, einer Ekstase, die durch einen tiefen dissoziativen Zustand verursacht wird. Das Wort „Ekstase" stammt aus dem Griechischen und bedeutet „den Körper verlassen". Diese dissoziative „Erleuchtung" während eines Traumas wird von einigen tatsächlich als ekstatisch angesehen, d.h. als ein Bewusstseinszustand, in dem Vergangenheit, Gegenwart und Zukunft transzendiert und vereinigt werden. Einige extreme traumatische Rituale gehen so weit, dass sie eine so genannte NTE *(Near Death Experience)* hervorrufen, eine Nahtod-Erfahrung, bei der unsere Raum-Zeit transzendiert wird... Vergewaltigungsopfer berichten oft von diesem Phänomen der extremen Dissoziation, bei dem sie das Gefühl haben, ihren physischen Körper während der Tragödie zu verlassen.

In dem Buch *„Le monde grec antique"* schreibt die Historikerin und Archäologin Marie-Claire Amouretti: „Die Mysterien von Eleusis bringen dem Eingeweihten eine Kommunikation mit den großen Erdgöttinnen Demeter und Korah und mit ihrem Parèdre Pluto. Höchstwahrscheinlich erhält man auch ein Viaticum für das Jenseits. Die Einweihung erfolgt in drei Stufen: die kleinen Mysterien von Agrai im Frühjahr, die großen Mysterien im September-Oktober, wobei die letzte Stufe erst im zweiten Jahr erreicht wird; vom 13. bis 20. Boedromion finden die Vorbereitungen statt, vom 20. bis 23. die Einweihung. Die vorbereitenden Zeremonien sind uns einigermaßen bekannt: Prozession, Opfer, Verzehr von Produkten der Erde, Manipulation von möglicherweise sexuellen Objekten, mystisches Drama, das an Hierogamie erinnert (Anm. d. Red.: sexuelle Verbindung zwischen dem Göttlichen und dem Menschlichen). Aber die Verpflichtung zur Geheimhaltung wurde so gut eingehalten, dass wir die letzte Phase oder „Epikopie" nicht kennen: Sie scheint eine Art kontemplative Ekstase hervorgerufen zu haben. Der Eingeweihte trat in eine persönliche Beziehung mit der Gottheit ein; er erhielt das Versprechen der Glückseligkeit. Im Phaedrus spricht Platon von der „höchsten Glückseligkeit", die der Myste (der Eingeweihte) erreicht. Wir haben den Eindruck, dass diese Zeremonien den Teilnehmer dazu gebracht haben, die Angst vor dem Tod durch die Überzeugung zu überwinden, in eine Kette des Lebens integriert zu sein, so wie der Weizen stirbt und durch den Samen wiedergeboren wird."[59]

In der A.M.O.R.C.-Publikation 'Rosicrucian Digest' lesen wir (Rosicrucian Digest) lesen wir: „Der Weg zur Erkenntnis ist ein esoterischer Weg, im Gegensatz zum exoterischen, der Religion der Hingabe. Diese Erkenntnis, die das Ziel der wahren Philosophie ist, hat einen doppelten Zweck. Zum einen geht es um die Vermittlung von Techniken und Praktiken zur Überwindung menschlicher Begrenzungen, wie z. B. des Traumas des Todes. Zweitens geht es um das Studium der kosmischen Ordnung und die Arbeit

---

[59] *Le monde grec antique* - Marie-Claire Amouretti & Françoise Ruzé, 1978, S.108.

innerhalb dieser Ordnung. Wenn diese beiden Aspekte zusammentreffen, entsteht eine Form von Hermetik."[60]

Die alten Griechen wussten sehr wohl um die Auswirkungen von tiefgreifendem physiologischem Stress auf die Wahrnehmung der Welt durch den Einzelnen. Die griechischen Priester der Antike verwendeten traumatische Rituale, um bestimmte Patienten zu „heilen". Die Person wurde auf diesen Ritus durch Fasten, Lustration (eine Wasserreinigungszeremonie) und Schlafentzug vorbereitet. Die Person wurde dann in den Untergrund gebracht und in völliger Dunkelheit allein gelassen. Die berauschenden Gase, die in dieser Höhle ausgeatmet wurden, oder vielleicht auch der Sauerstoffmangel, wirkten sich bald auf den Menschen aus und verursachten schreckliche Träume und Visionen. Dann würde sie gerade noch rechtzeitig gerettet und aus der Höhle zurück ans Licht und an die Luft gebracht werden. Diese Art von Tortur verursachte ein echtes Trauma, das den Patienten heilen sollte. Der Psychiater William Sargant zögert nicht, den Begriff *„Gehirnwäsche"* zu verwenden, um die Rituale des Orakels *von Trophonios zu* beschreiben, bei denen die Versuchspersonen sensorische Deprivation, visuelle und auditive Verwirrungstechniken sowie die Einnahme von Psychopharmaka erfahren. So wie wir heute zum Psychiater gehen, wenn wir einen Rat oder eine Behandlung brauchen, konsultierten die alten Griechen zu demselben Zweck Orakel. Bevor man das Orakel aufsuchen konnte, musste man Schlafentzug, wiederholtes Singen, die Einnahme von Drogen und schließlich den Gang in tiefe, dunkle Höhlen auf sich nehmen. Dieser lange und anstrengende Kampf, der mehrere Tage dauern konnte, versetzte sie in einen Zustand extremer physiologischer Belastung. Als das Orakel dann bestimmte Dinge offenbarte, konnte die Person dank dieses veränderten Bewusstseinszustandes, der ihr eine andere Sicht der Welt vermittelte, die Bedeutung verstehen. Die gleiche Art der Initiation finden wir bei den Indianern, mit Schlaf- und Nahrungsentzug, Isolation und extremen Bedingungen, die darauf abzielen, einen veränderten Bewusstseinszustand zu erreichen, der zu Visionen und Offenbarungen in Verbindung mit der Geisterwelt führt. Der *Eleusinische* Mysterienkult verwendete in seinen Ritualen einen heiligen Trank namens *Kykeon, der* Mutterkorn aus Roggen enthielt und dem heutigen LSD (einem starken Halluzinogen) sehr ähnlich war. In den *Orationen XII* schreibt Dion Chrysostomos über Initiationsriten unter Verwendung von Psychopharmaka: *„Es ist, als ob eine Hand über dem Menschen, ob Grieche oder Barbar, stünde, der in ein Heiligtum von außergewöhnlicher Schönheit und Erhabenheit initiiert wird. Er wird viele mystische Visionen haben und er wird viele mystische Stimmen hören. Dunkelheit und Licht werden ihm abwechselnd erscheinen, und Tausende von anderen Dingen werden ihm widerfahren."*[61]

An diesen Initiationsprozessen ist auch die Hypnose beteiligt. Der mehr als dreitausend Jahre alte Papyrus von *Ebers* ist eine der ältesten medizinischen Abhandlungen, in der die Anwendung hypnotischer Verfahren durch ägyptische

---

[60] *Rosicrucian Digest* - Band 89, Nr. 1, 2011, S. 5.

[61] Source for the Study of Greek Religion - David Rice, John Stambaugh, 1979, S.144.

Wahrsager klar beschrieben wird. Im Isis-Tempel haben Ägyptologen zahlreiche Gravuren gefunden, die Figuren mit offensichtlichen Merkmalen einer hypnotischen Trance darstellen. Die Hierophanten (Priester) der alten ägyptischen Mysterienschulen praktizierten eine sehr fortgeschrittene Form der Hypnose, bei der der Eingeweihte in eine tiefe Trance versetzt wurde, die das auslösen konnte, was wir heute als *Nahtoderfahrung* bezeichnen. (Wie wir später in diesem Buch sehen werden, praktizieren einige moderne luziferische Gruppen traumatische Rituale, die „Auferstehung" genannt werden und das Opfer in eine Nahtoderfahrung stürzen) Heute erkennen einige Hypnotiseure an, dass sie viel dem antiken griechischen Priester *Asklepiades zu* verdanken haben, der die Hypnose als eine Form der verhaltensmodifizierenden Medizin praktizierte. Sie nannten diese Hypnosetechniken „Traumheilung". Ein griechischer Stich aus dem Jahr 928 v. Chr. zeigt, wie Chiron seinen Schüler Aesculapius in eine hypnotische Trance versetzt. Die Orakel von *Delphi* nutzten u. a. Hypnose, Drogen und das Einatmen von Dämpfen, um tiefe Bewusstseinsveränderungen zu erreichen.

Magie, Psychopharmaka und Dämonologie werden seit jeher in religiösen Ritualen kombiniert. Drogen, aber auch tiefe Traumata können die natürliche Barriere, die den Menschen normalerweise vor dämonischen Geistern schützt, aufheben, sie gelten als mächtige Werkzeuge zur Interaktion mit anderen Dimensionen.

Das MK-Ultra-Projekt hat auf dem Gebiet der Gehirnwäsche nichts erfunden, außer dass es einen wissenschaftlichen Rahmen geschaffen hat, in dem menschliche Versuchskaninchen für politische und militärische Zwecke eingesetzt werden. Die Initiationszeremonien der Mysterienreligionen beinhalteten Übergangsriten, die man als ausgeklügelte Bewusstseinskontrollprogramme bezeichnen könnte. Diese Bewusstseinskontrollprotokolle gibt es auch heute noch, ein Verfahren zur Herbeiführung eines tiefgreifenden veränderten Bewusstseinszustandes, um ein neues Paradigma zu implantieren. Mit all diesen Dingen wurde immer wieder experimentiert und sie wurden perfektioniert, um die Gedankenkontrolle über ein Individuum zu erlangen, das dann zu einem Automaten, einem Golem, wird. Ordnung durch Chaos... Wiedergeburt durch symbolischen Tod. Diese Trance- und Dissoziationszustände des Geistes, die bei traumatischen Ritualen entstehen, gehen auf die gesamte Menschheit zurück. Man findet sie überall auf der Welt, vor allem im haitianischen Voodoo, im afrikanischen Juju, aber auch im Schamanismus Nord- und Südamerikas, Asiens, Polynesiens und in Europa in der druidischen Kultur. Wenn ein extremes Trauma die Gehirnchemie verändert, verändert sich die Wahrnehmung der Realität, und die alten Okkultisten glaubten, dass die Reaktion des Opfers mystisch oder magisch sei. Heute nennen wir dies Dissoziation, und der biochemische Mechanismus wird von Traumaspezialisten allmählich gut verstanden, aber der energetische und spirituelle Mechanismus ist viel weniger bekannt... zumindest in säkularen Kreisen. Das Heidentum und der Satanismus haben diesen psycho-spirituellen Prozess, der als „Dissoziation der Persönlichkeit" bezeichnet wird, schon immer genutzt, um Zugang zu anderen Dimensionen des Seins zu erhalten, aber er wird auch als Instrument zur mentalen Kontrolle und Versklavung eingesetzt. Für Dr. James Randall Noblitt begann die traumabasierte Gedankenprogrammierung, als Männer herausfanden, dass zufällige Traumata und bestimmte traumatische Rituale veränderte Bewusstseinszustände hervorrufen und sogar Persönlichkeiten erschaffen können, die sich völlig von der ursprünglichen Persönlichkeit des Einzelnen unterscheiden. In seinem Buch „Blutgeheimnis" bezeichnet der nigerianische Schamane Isaiah Oke diese dissoziierten Alter-Persönlichkeiten als *Iko-Awo*, Persönlichkeiten, die als Sklaven der Medizinmänner dienen.

Dieses Wissen über die Funktionen des Gehirns, die darin bestehen, bei traumatischen Erlebnissen die Dissoziation der Persönlichkeit, die Verdunkelung der Erinnerungen und die Öffnung zu anderen Welten zu bewirken, kann in bestimmten mythologischen Geschichten, bestimmten Ritualen oder Symbolen verschlüsselt worden sein, die für den Laien völlig hermetisch sind. Auf diese Weise konnte dieses Initiationswissen die Zeitalter durchqueren. Diese Geheimnisse des menschlichen Verstandes wurden und werden auch heute noch von bestimmten Geheimgesellschaften sehr intensiv studiert. Dieses okkulte Wissen ermöglicht den Zugang zu übersinnlichen Kräften und der Welt der Geister. Die Dissoziation der Psyche kann daher als eine Art *Erleuchtung* betrachtet werden, vor allem aber ermöglicht sie die Beherrschung der Techniken der mentalen Kontrolle über andere und damit die Erlangung einer gewissen Macht. Schwarze Magie in Verbindung mit einer auf Traumata basierenden mentalen Programmierung ist ein Initiationswissen, das inzwischen zu einem mächtigen Instrument der politischen und sozialen Kontrolle geworden ist.

2 - „RELIGION OHNE NAMEN"

Das Erbe der alten babylonischen, sumerisch-akkadischen Mysterienreligion mit ihren Blutopfern und der Versklavung von Menschen ist über Generationen hinweg weitergegeben worden. Jay Parker, ein Überlebender von satanischem rituellem Missbrauch, enthüllte, dass seine Großeltern, Nachkommen luziferischer Blutlinien, ihm einst über die Freiheitsstatue erzählten, sie sei in Wirklichkeit Semiramis, die Königin von Babylon, die Frau von Nimrod. Nimrod war der Erbauer des Turms von Babel, der erste Mensch, der eine Weltregierung mit einer universellen Religion im Gegensatz zu Gott errichtete. Nimrod scheint ein offensichtliches Vorbild für die Eliten der internationalen Freimaurerei zu sein. In *der Geschichte der Freimaurerei*, die von der *Masonic History Company* veröffentlicht wurde, heißt es, dass Nimrod als „Großmaurer" geehrt wurde und dass sein Versuch, eine „Neue Weltordnung" zu errichten, ihm die Auszeichnung „Erster Großmeister" einbrachte. *Der Freimaurer Albert Mackey hat geschrieben, dass „die Legende Nimrod die Gründung der Freimaurer als organisierte Körperschaft zuschreibt und er der erste war, der ihnen eine Verfassung oder Gesetze für eine Regierung gab. Der Legende nach wurde die Freimaurerei in Babylon gegründet, von wo aus sie in die ganze Welt verbreitet wurde.* "[62]

Die Tradition des rituellen Missbrauchs zur Erschaffung von Sklaven soll aus einer alten Doktrin stammen, der alten babylonischen Tradition der Dämonenanbetung, der Verehrung gefallener Engel, die wir „die namenlose Religion" nennen werden. In diesen alten Religionen wurden die bösen Götter gefürchtet und mussten ständig besänftigt werden. Der Polytheismus der Mesopotamier, Sumerer, Assyrer, Perser und Babylonier war vollständig mit dämonischen Wesenheiten verbunden. Der Dämonismus ist die Dynamik hinter der Magie und den spirituellen Kräften dieser primitiven und alten Religionen. Die vielen kanaanäischen, ägyptischen, griechischen und römischen Götter sind von der gleichen Art wie die babylonischen Götter. Alle Praktiken der Magie, das Streben nach Unsterblichkeit, Tier- und Menschenopfer usw. gehen auf diese alten Dämonenkulte zurück. In *Mackey's Revised Encyclopedia of Freemasonry* informiert uns Albert Mackey: *„Nach Warburton erhält jeder heidnische Gott, abgesehen von dem, was öffentlich und offen in Erscheinung tritt, einen geheimen Kult, zu dem niemand zugelassen wird, außer denen, die durch vorbereitende Zeremonien, die eine Einweihung darstellen, ausgewählt wurden. Dieser Geheimkult wurde Mysterien genannt.* "[63]

Heute haben diese Kulte ihre Altäre nicht mehr auf öffentlichen Plätzen, und für Uneingeweihte existieren sie nur noch in Geschichtsbüchern, und selbst dann... Aber sind sie völlig verschwunden? Sind Dämonenanbetung, Blutopferrituale und traumatische Initiationspraktiken, die tiefe dissoziative Zustände hervorrufen, eine alte Geschichte?

Noch heute gibt es einen Kult, der diese Tradition fortführt, wie eine „namenlose Religion", die die *Mysterien* von Generation zu Generation weitergibt. Warum eine „Religion ohne Namen"? Weil sie offiziell nicht existiert. Dieser Kult, oder besser gesagt, diese Doktrin, ist nicht für das gemeine Volk unserer Zeit bestimmt. Man könnte sie ebenso gut als „Religion der tausend Gesichter" bezeichnen, denn ihre vielfältigen Formen sind nichts anderes als Manifestationen eines Grundstammes, der sich den menschlichen Zeiten und Zivilisationen anpasst. Es ist eine Anspannung, die sich je nach den Umständen, die sich ihr bieten, auf die eine oder andere Weise äußert und die sich den materiellen Gefahren anpasst, aber in dem, was sie auf der geistigen Ebene anstrebt, eins bleibt. Es handelt sich um eine Geheimlehre, eine *transhistorische Gnosis*, die keinen genauen Namen hat, aber dennoch unsere moderne Gesellschaft seit Jahrhunderten durch Infiltration geprägt hat. Sie hinterlässt ihre Spuren durch eine Symbolik, die die Eingeweihten gerne in der profanen Welt zur Schau stellen, aber auch durch einen Einfluss, der zu einer immer ausgeprägteren Dekadenz der Sitten führt. Es handelt sich um eine Subkultur, die nach und nach entsteht und versucht, das Profane zu imprägnieren, um eine weltweit hegemoniale Kultur zu werden. Diese „namenlose Religion" ist in eine

---

[62] The History of Freemasonry: Its Legendary Origins „ - Albert Gallatin Mackey, 2008, Kap. 19.

[63] *Mackey's Revised Encyclopedia of Freemasonry* - Albert Mackey, The Masonic History Company, 1946, Vol.2, S.689.

Vielzahl von Sekten und Gruppen aufgeteilt, die auf den ersten Blick nicht die gleichen Interessen haben, aber alle haben gemeinsam, dass sie mehr oder weniger eifrig an der Errichtung einer Weltregierung, einer *Neuen Weltordnung*, der Wiege des Antichristen arbeiten. Die „namenlose Religion" ist die Verehrung Luzifers und teilt sich in mehrere Zweige auf: Kabbalisten, Martinisten, Rosenkreuzer, Theosophen, Luziferianer, Gnostiker und Neo-Gnostiker usw. (wobei sich all diese Schulen gegenseitig überschneiden). (Ihre wahren Anhänger (d.h. diejenigen, die sich der wirklichen Probleme, die sie verteidigen, und des Krieges, der hier auf der Erde geführt wird, bewusst sind) stammen von generationenübergreifenden luziferischen Familien ab oder sind in den hohen Logen der pyramidal strukturierten Geheimgesellschaften eingeweiht und korrumpiert. Alle arbeiten daran, die Herrschaft ihres Fürsten, des gefallenen Engels Luzifer, des „zivilisierenden" Gottes, zu errichten, während der Gott der Bibel für sie ein „zerstörerischer" Gott ist, der gestürzt werden muss. Eine ihrer Methoden ist die Infiltration und Unterwanderung von Religionen, Regierungen und wichtigen Organisationen, um geduldig und methodisch ihre luziferische Doktrin einzubringen. Dies geht einher mit einer enormen Diskretion, die durch das Prinzip der „*Massa Duma*", dem Gesetz des Schweigens, gewährleistet wird, und zwar durch die dissoziativen Zustände, in denen viele Anhänger „versinken". Das Ziel ist die Zerstörung der sozialen Ordnung (Nation, Familie, Religion...) und die Umkehrung von Moral und traditionellen Werten, um eine neue Ordnung durch Zerstörung durchzusetzen: *Ordo ab Chao*, Ordnung durch Chaos. In unseren modernen Gesellschaften können wir die Ergebnisse dieser zerstörerischen Doktrin der „Erlösung durch Sünde" oder der „Heiligkeit durch das Böse" sehen. Es ist eine besonders ungesunde Philosophie, die auf eine systematische Umkehrung der moralischen Werte abzielt, bei der das Böse zum Guten und das Gute zum Bösen wird. In seinem Buch „*The Militant Messiah*" definiert Arthur Mandel diesen Begriff der „Erlösung durch die Sünde" folgendermaßen: „*Es ist nichts anderes als die alte paulinisch-gnostische Idee der felix culpa, der heiligen Sünde des Weges zu Gott durch die Sünde, der perverse Wunsch, das Böse mit dem Bösen zu bekämpfen, die Sünde durch Sünde loszuwerden.*"[64]

Diese Geißel scheint ihre Wurzeln in alten babylonischen Praktiken und Mysterienkulten zu haben. Eine vom Frankismus und Sabbataoismus wiederbelebte Lehre, eine satanische Entartung des Judentums und der Kabbala, die von den falschen Messiassen Sabbataï Tsevi (17. Jahrhundert) und Jacob Frank (18. Jahrhundert) begründet wurde. Der *Sabbatao-Frankismus* kann als ein enger Vorfahre der bayerischen *Illuminaten*, des Zionismus, des Kommunismus und des Faschismus angesehen werden. Streng genommen gibt es keinen frankistischen oder sabbatistischen Kult, denn es handelt sich um eine Doktrin und eine Philosophie, die durch die Unterwanderung von Religionen, aber auch durch die Freimaurerei und andere Geheimgesellschaften, die hinter

---

[64] *The Militant Messiah or Flight from the Ghetto: A History of Jacob Frank and the Frankist Movement* - Arthur Mandel, 1989, S.57.

den Kulissen von Regierungen und hinter demokratischen Fassaden arbeiten, verbreitet wird.

In seinem Buch Jacob Frank, the False Messiah (Jacob Frank, der falsche Messias) schreibt Charles Novak: „Während das Judentum Jungfräulichkeit, Treue und Liebe predigt, predigen Sabbatai und seine Nachfolger wie Jacob Frank Sex von klein auf für Mädchen, sexuelle Orgien für junge Burschen und Frauentausch am Schabbat. Das geht so weit, dass einige frankistische Kinder ihren leiblichen Vater nicht kennen. Jakob und seine Anhänger wurden im Januar 1756 in der Stadt Landskron inmitten eines orgiastischen Schabbats ertappt und auf Antrag der Rabbiner wegen Orgien aus der Stadt verwiesen. Eine Frau stand nackt in der Mitte, während die männlichen Anhänger das jüdische Schabbatgebet sangen: Lekhu doidi likrass kalo (Gebet, das jeden Freitagabend gesungen wird, um den Beginn des Schabbats zu feiern). Eingeführt von Rabbi Alkabets im 16. Jahrhundert). Dann stürzten sie sich auf sie und verwandelten das Ritual in eine kollektive Orgie. Die fränkischen Sexualriten bestanden später aus Gesängen und ekstatischen Tänzen, bei denen sich Männer und Frauen mischten. Frank kniete sich hin, befestigte zwei brennende Kerzen an einer Holzbank, schlug einen Nagel dazwischen und schwenkte das Kreuz in alle Richtungen und rief dabei: Forsa damus para vert, seibuml grandi asserverti (Jüdisch-Spanisch), Gib uns die Kraft, dich zu sehen, das große Glück, dir zu dienen. Dann wurde das Licht ausgeschaltet, die Männer und Frauen zogen sich aus und die kollektive Orgie begann, wobei die Nacktheit an Adam und Eva vor dem Sündenfall erinnerte. Frank hat jedoch nicht teilgenommen. Er blieb in der Mitte, in mystischer Kontemplation (...) Die Frankisten waren für ihre manchmal gewalttätigen kollektiven Sexualorgien bekannt. Durch diese nihilistischen Verhaltensweisen, bei denen die 9. zu einem Fest der Freude wurde, wurden die Frauen ausgetauscht, und sie wollten alle Dogmen zerstören: „Damit der wahre gute Gott erscheint", wie sie selbst sagten. „ [65]

Hier finden wir die heiligen Orgien, die in den als „Mysterien" bekannten antiken Religionen praktiziert wurden, wie der Kult des Dionysos (Bacchus bei den Römern), ein phallischer Kult, der mit der Fruchtbarkeit verbunden ist, ebenso wie der Shiva-Kult in Indien oder der Osiris-Kult im alten Ägypten mit seinen Obelisken, die den Phallus symbolisieren.

Diese „namenlose Religion", luziferisch und elitär, hat ihre Wurzeln in den alten Mysterienreligionen von Babylon und Ägypten, aber auch im keltischen Druidentum. Sie hat das, was sie für das Beste" jeder dieser Traditionen hält, ihre grundlegenden Praktiken, in ihre Doktrin aufgenommen. Gottheiten wie „El", „Isis", „Osiris" oder „Baal" erhalten auch heute noch einen geheimen Kult.

Diese „Religion" verfügt über ein fast unauffindbares Herrschaftsinstrument, nämlich die traumabasierte Gedankenkontrolle. Die herrschende Elite der Welt wendet diese Bewusstseinswissenschaft der Traumatisierung und Dissoziation militärisch an. Dieses Phänomen der

---

[65] *Jacob Franck, der falsche Messias: Kabbala-Abweichung oder Verschwörungstheorie* - Charles Novak, 2012, S.50-62.

Persönlichkeitsspaltung wurde von antiken und vorindustriellen Kulturen entdeckt, ist aber heute ein okkultes Wissen, das von einer luziferischen Elite genutzt wird, um nicht nur ihre eigenen Mitglieder, ihre eigenen Nachkommen zu kontrollieren, sondern vor allem, um die gesamte Menschheit zu beherrschen und eine absolute Herrschaft zu errichten. In einer Aussage, die im April 1999 ins Internet gestellt wurde, sagte Kim Campbell (Philippe-Eugène de Rothschild), eines der vielen ehebrecherischen Kinder von Édouard Philippe de Rothschild: *„Wenn ich CNN sehe, kann ich nicht glauben, wie viele bekannte Gesichter in der Politik, der Kunst, der Finanzwelt, der Mode und der Wirtschaft im Mittelpunkt stehen. Ich bin mit diesen Menschen aufgewachsen. Ich traf sie bei Ritualen und in den Korridoren der Macht. Finanziers, Künstler, gekrönte Häupter und sogar Staatsoberhäupter, sie alle sind Menschen mit distanzierten Persönlichkeiten, die heute daran arbeiten, die Menschheit in eine Neue Weltordnung zu führen, in der der Mensch den höchsten Platz einnimmt und Gott nur eine zweitrangige Abstraktion ist. All diese Menschen hatten wie ich einen satanischen rituellen Missbrauch erlebt, der ihre Persönlichkeiten dissoziiert hatte."*

Was sind diese Einweihungen? Was sind diese alten Mysterien? Enthält ihre Symbolik einweihende Schlüssel, die die Jahrhunderte überdauern? Durch welche modernen Organisationen werden diese Geheimnisse von Generation zu Generation weitergegeben?

3 - VON DEN ALTEN MYSTERIENKULTEN ZU MODERNEN GEHEIMBÜNDEN

Die Frage der Verwicklung freimaurerischer Bruderschaften in rituellen Missbrauch, Bewusstseinskontrolle und ungesunde okkulte Praktiken ist seit langem Gegenstand von Diskussionen. Einige Freimaurer schreiben, dass der Freimaurerorden auf einem Stammbaum beruht, der nicht nur die Rituale der Kathedralenbauer enthält, sondern auch Initiationsriten, die aus verschiedenen alten Kulten wie den Mysterienreligionen mit traumatischen Ritualen stammen. Andere Freimaurer behaupten, dass es eine schwarze Freimaurerei gibt, die die so genannte *„reine und authentische"* Freimaurerei entehrt. Regelmäßig wird der Vorwurf erhoben, Freimaurer seien in den sexuellen Missbrauch von Minderjährigen verwickelt, und es wird der Begriff *„freimaurerischer ritueller Missbrauch"* verwendet. Hier sind einige Bücher, die über Zeugenaussagen berichten, die Mitglieder der Freimaurerei anklagen: *„Die Bruderschaft: Die geheime Welt der Freimaurer"* von Stephen Knight - *„Larsons neues Buch über den Kult"* von Bob Larson - *„Die tödliche Täuschung"* von Shaw & McKenney - *„Inside the brotherhood: Weitere Geheimnisse der Freimaurer"* von Martin Short - *„Ritueller Missbrauch, was er ist, warum er geschieht, wie man helfen kann"* von Margaret Smith - *„Terror, Trauma und das Auge im Dreieck"* von Lynn Brunet. Leider gibt es nur wenige oder gar keine Quellen in französischer Sprache.

In ihrem Buch über rituellen Missbrauch erhebt die Überlebende Margaret Smith Anschuldigungen gegen die Freimaurerei. Sie war das Opfer einer Gruppe von Menschen, die sich manchmal über die Dummheit derer lustig machten, die sie als *„Satanisten"* bezeichneten. Ihrer Meinung nach sind sie Luziferianer und sehen *Satan* als einen jüdisch-christlichen Mythos oder eine bloße Metapher. Einige Überlebende berichten auch, dass sie ermutigt wurden, christliche Messen zu besuchen, um einen Teil ihrer Persönlichkeit auf der „hellen Seite" zu entwickeln, während ein anderer Teil von ihnen sich ungesunden und traumatischen Praktiken unterzieht und daran teilnimmt. Dies ist die gnostische Theologie, in der das Konzept von *„Licht"* und *„Dunkelheit"* etwas Wesentliches ist.[66] Ist dies einer der Gründe, warum unsere *freimaurerischen* Eliten mächtige philanthropische Stiftungen gegründet haben? Diese Vorstellung von *„Licht und Dunkelheit"* wird häufig von Überlebenden von rituellem Missbrauch und Gedankenkontrolle verwendet, um ihre eigene innere Welt zu beschreiben. Oft wird eine verzerrte christliche Lehre als Hintergrund benutzt, um das Kind zu manipulieren. Margaret Smith und viele andere Überlebende haben von einer gewissen gnostischen Philosophie bei den Misshandlungen gesprochen, die sie erlebt haben, und sie haben auch von der Anwesenheit von Freimaurern während dieser Misshandlungen, von freimaurerischen Insignien oder freimaurerähnlichen Zeremonien berichtet. Damit soll nicht die gesamte Freimaurerei beschuldigt werden, sadistische und gewalttätige Rituale zu begehen; es ist wahrscheinlich, dass einige Freimaurer ohne die Zustimmung der Mehrheit der Logenmitglieder handeln. Es gibt jedoch einige Dinge in der Freimaurerei, die fragwürdig sein könnten: Das Symbol des *„Order of the Eastern Star"* (einer freimaurerischen Frauenorganisation) beispielsweise ist ein umgekehrtes Pentagramm, ein Symbol, das im Allgemeinen für Baphomet oder den Satanismus im Allgemeinen steht.[67]

Im Jahr 2011, während einer Konferenz bei den jährlichen Treffen der Gruppe S.M.A.R.T. (*Stop Mind Control and Ritual Abuse Today*) sagte Kristin Constance aus, dass sie Opfer von rituellem Missbrauch und Gedankenkontrolle durch ihre Großeltern, die Gründer und Mitglieder einer Loge des *Order of the Eastern Star* in Australien war. Sie berichtet, dass das freimaurerische Emblem des *Eastern Star* als Medium für ihre mentale Programmierung verwendet wurde. (Ihre Aussage ist in dem Kapitel über die Monarch-Programmierung vollständig wiedergegeben)

Neil Brick, Überlebender rituellen Missbrauchs und Gründer der S.M.A.R.T.-Gruppe, sagte: „Ich glaube, dass die Freimaurerei eine der größten Organisationen ist, die für satanischen rituellen Missbrauch in der Welt verantwortlich sind. Die Verbindung geht bis hinauf zur Regierung (auf Bundes-

---

[66] *Der Manichäismus, ein alter mesopotamischer Gnostizismus*, Journal of Ancient Near Eastern Religions, Vol. 5 - Mehmet-Ali Atac.

[67] *Kultischer und ritueller Missbrauch* - James Randall Noblitt & Pamela Perskin Noblitt, 2014.

und Kommunalebene) sowie zu einigen der wirtschaftlichen Institutionen des Landes... Ich wurde in die Freimaurerei hineingeboren."[68]

Der Soziologe Stephen Kent, der abweichende religiöse Kulte, insbesondere Scientology, untersucht hat, ist vielen Menschen begegnet, die ausgesagt haben, unter rituellem Missbrauch im Stil der Freimaurer gelitten zu haben, darunter auch Kinder von Freimaurern: *„Von Beginn meiner Forschungen an meldeten sich Menschen mit Zeugenaussagen, von denen einige mit freimaurerischem Missbrauch in Verbindung gebracht wurden. Einige behaupteten, ihr Vater sei Freimaurer gewesen und der Missbrauch stehe in Zusammenhang mit einer Loge und deren Mitgliedern. Manchmal scheint der Missbrauch innerhalb der Freimaurerlogen selbst stattgefunden zu haben, aber ich kann es nicht mit Sicherheit sagen. Dieses Auftauchen der Freimaurerei in einer ganzen Reihe von Zeugenaussagen hat mich wirklich verblüfft."*[69]

Die Kanadierin Lynn Moss-Sharman, Überlebende und Gründerin der Zeitung *The Stone Angels* und Sprecherin von ACHES-MC Canada (*Advocacy Committee for Human Experimentation Survivors & Mind-Control*), erklärte 1998 in einem Interview mit Wayne Morris, dass die Freimaurerei ein gemeinsamer Nenner in den Berichten über rituellen Missbrauch und Gedankenkontrolle ist. *„...Es gab Gespräche darüber bei den Treffen, die Angst galt dieser freimaurerischen Verbindung. Ich habe einige kleine Anzeigen in der Globe and Mail zu diesem Thema und zu bevorstehenden Konferenzen geschaltet. Diese wenigen Worte über die Verbindung zur Freimaurerei führten zu Anrufen und Briefen von Opfern aus ganz Kanada. Menschen, die sich als Überlebende des rituellen Missbrauchs durch Freimaurer bezeichneten und immer noch in Angst leben. Sie waren immer Töchter von Freimaurern des Schottischen Ritus oder Töchter der Shriners (Freimaurer-Zweig). Aus ganz Kanada begannen diese Menschen über ihre Erinnerungen an Experimente zur Gedankenkontrolle zu berichten. Dies begann sich im November 1994 zu manifestieren.*[70]

In *ihrem* 2007 veröffentlichten Buch *Terror, Trauma und das Auge im Dreieck: Die freimaurerische Präsenz in der zeitgenössischen Kunst und Kultur* enthüllt Lynn Brunet, dass ihr Vater, ein Freimaurer und Rosenkreuzer, sie als Kind sexuell missbrauchte. Er gestand auch die Existenz bestimmter Freimaurer-Gruppierungen ein, die traumatischen rituellen Missbrauch von Kindern praktizieren. Hier sind einige Auszüge aus seiner Aussage: *Als die Jahre vergingen, erinnerte ich mich an den sexuellen Missbrauch meines Vaters als Kind (...) Ich entdeckte auch, dass sexueller Missbrauch und Inzest die Familiengeschichte über mindestens drei Generationen durchzogen (...).(...) Von außen betrachtet sah meine Familie normal aus, aber das angehäufte Gewicht dieser Familiengeschichte, voller Traumata und Spannungen, war eine schwere Last, die jede Generation zu tragen hatte (...) In den letzten Jahren, als die Rätsel*

---

[68] *Überlebender freimaurerischer Ritualmissbrauch* - Neil Brick, Zeitschrift Beyond Survival. 07/1996.

[69] *„Interview mit Dr. Stephen Kent"*, Wayne Morris, CKLN-FM - Mind Control Series Teil 13.

[70] *Interview mit Lynn Moss Sharman*, Wayne Morris, CKLN-FM - Mind Control Series Teil 16.

meiner eigenen Erfahrung gelöst wurden, versuchte ich, mit ihnen über das zu sprechen, woran ich mich erinnerte. Zu meinem Glück war meine Mutter in der Lage, sich an die Nacht zu erinnern, in der mein Vater mich im Alter von vier Jahren vergewaltigte, und so die Aussagen ihrer Tochter zu bestätigen. Der rituelle Missbrauch war jedoch für sie nicht nachvollziehbar, was in vielerlei Hinsicht verständlich ist. Mitte 2004 begann bei meinem Vater die Alzheimer-Krankheit. In der Anfangsphase der Störung, in einem veränderten Bewusstseinszustand, begann er mir von den dunklen Seiten seines Engagements bei den Freimaurern zu erzählen. Er gestand mir, dass er von der Existenz bestimmter Gruppen wusste, die freimaurerische Rituale in gewalttätigen Zusammenhängen zur Initiation von Kindern einsetzten. Er sagte mir: „Es gibt viele dieser Gruppen, es gibt viele Leute, die davon wissen, aber sie sprechen nicht darüber, weil es ihnen peinlich ist. Er führte abwechselnd zusammenhängende Gespräche mit mir, in denen er mir von seinen Beziehungen zu anderen Männern in diesen Gruppen erzählte. Manchmal schaffte er es abends, aus dem Heim herauszukommen, und kletterte dann wie ein Soldat auf die Bäume, um, wie er glaubte, die Aktivitäten der Sekte zu beobachten, um „die Kinder aus der Sekte herauszuholen". Diese „strategische Mission" dauerte vierzehn Tage, bis er glaubte, jedes der Kinder gefunden zu haben. Danach schien er mit dem Erreichten sehr zufrieden zu sein, und alle Anzeichen seiner inneren Unruhe ließen nach (...) Die Erinnerungen an unregelmäßige freimaurerische Aktivitäten waren eindeutig einem Teil seiner Psyche zuzuschreiben, der normalerweise dem Bewusstsein nicht zugänglich ist und sich möglicherweise mit seinen damaligen Kriegserlebnissen verflochten hat. Es ist möglich, dass ich meinen Vater durch das Ansprechen dieses Themas in einen inneren Konflikt gestürzt habe, da sein Gedächtnisverlust kurz nach meiner Konfrontation mit ihm eingesetzt hatte. Seine kurze Zeit der Ehrlichkeit mir gegenüber hat jedoch zweifellos zu einem gegenseitigen Heilungsprozess beigetragen. Dieses Geständnis in Verbindung mit dem Wissen über den Freimaurerorden, das ich mir aneignen konnte, lenkte meine Aufmerksamkeit weg von der Wut auf den Mann selbst. Jetzt verstehe ich die Prinzipien dieser uralten „magischen" Praktiken, die die Psyche dieser Männer in zwei Hälften teilen: auf der einen Seite engagierte Bürger und Männer, auf der anderen Seite die kindischsten, absurdesten und grausamsten menschlichen Kreaturen." [71]

In Frankreich hat Maude Julien in ihrem 2014 erschienenen Buch „Derrière la grille" ein beunruhigendes Zeugnis abgelegt. Ihr Vater, ein wohlhabender Unternehmer, der in die Freimaurerei eingeweiht war, unterzog sie einer extremen Konditionierung mit dem Ziel, sie zu einer „Göttin" zu machen, aber vor allem zu einem Roboter, der ihm aufs Wort gehorcht. Maude Julien litt fünfzehn Jahre lang unter völliger sozialer Isolation, sie wurde in eine geistige Zwangsjacke gesteckt (genau wie ihre Mutter), um sie zu einem „überlegenen Wesen", einer „Auserwählten" zu machen. Die extremen und traumatischen körperlichen und geistigen Übungen waren unvorstellbar. Maude Julien sagte: *„Dieses Buch ist ein Handbuch des stillen Ungehorsams. Ich wollte*

---

[71] „Terror, Trauma und das Auge im Dreieck" - Lynn Brunet, 2007, S.236-240.

zeigen, wie der Griff angebracht wird. Es ist ein perfektes Verbrechen, bei dem sich das Opfer so sehr schämt, dass es sich nicht äußert. Heute geht es mir privat und beruflich gut, meine Töchter sind erwachsen. Ich wollte meine Geschichte schreiben. Für ihn zählt nur seine Gedankenwelt. Die anderen sind Instrumente oder Hindernisse. Er hat mich und meine Mutter in diese geistige Zwangsjacke gesteckt. Der Oger zeigt dir, dass er Liebe ist, mit einem großen A. Alles, was er tut, ist zu Ihrem eigenen Besten. Er richtet ein zeitlich begrenztes Leben ein, in dem er die Fernbedienung hält. Dann flößt er Angst ein. Die Außenwelt ist die Gefahr."[72]

In einem Fernsehinterview[73] mit Thierry Ardisson erzählte Maude Julien, dass sie eine traumatische Amnesie wegen der Narben an ihren Oberschenkeln und auf ihrer Brust hatte. Sie weiß nicht, was die Ursache ist, und die Ärzte sagen, dass es sich nicht um Unfälle handelt. In diesem Interview sagt Maude Julien: *„Das Ziel meines Vaters war es in der Tat, mich zu einem 'Überwesen' zu machen, er hatte eine sehr wichtige Mission für mich. Und dafür musste ich körperlich und geistig trainieren, damit der Geist stärker ist als die Materie (...)*

- **Thierry Ardisson:** Und dann gibt es noch den Keller, da ist es ziemlich brutal, das heißt, er weckt dich mitten in der Nacht auf und setzt dich auf einen Stuhl in einem Keller.

- **Maude Julien:** Immer an Ort und Stelle bleiben. Aber der Zweck dieser großen Mission, der er mich widmete, war, dass ich in der Lage sein sollte, mich zwischen den Universen zu bewegen, um zu lernen, mit den Toten zu kommunizieren (...)

- **T.A.:** Es gibt auch den Elektrizitätstest, der ist erstaunlich. Sie werden aufgefordert, einen elektrischen Draht zu halten und zehn Minuten lang Schocks zu ertragen.

- **M.J.:** Wenn es zu Entladungen kommt, darf man nicht reagieren (...)

- **T.A:** (...) um acht Uhr gehst du, um deinen Vater zu wecken, und dort musst du seinen Nachttopf halten, während er uriniert (...) das Beunruhigendste sind diese Narben an den Oberschenkeln und auf der Brust, deren Ursprung du nicht kennst. Sind das Initiationsriten, was meinen Sie?

- **M.J.:** Für die Ärzte steht fest, dass sie nicht von medizinischem Fachpersonal durchgeführt wurden, was die Unfalltheorie ausschließt (...) und ich fürchte, ich werde es nie erfahren.

Sind es die okkulten Lehren der Freimaurerlogen, die solche Projekte inspirieren, um *„höhere Wesen"* zu schaffen, die versklavt und traumatisiert werden, um zu Medien zu werden, die mit anderen Dimensionen verbunden sind? Wie wir später in diesem Buch sehen werden, verursacht ein extremes Trauma tiefe dissoziative Zustände, die das Kind spirituell *„entriegeln"* und die Verbindung zu anderen Dimensionen ermöglichen. Gibt es *freimaurerische*

---

[72] „Mon père m'a séquestrée pendant 15 ans: le récit terrifiant de Maude", Julien Balboni, www.dhnet.be, 2014.

[73] Von ihrem Vater gefoltert, um aus ihr ein höheres Wesen zu machen" - „Salut les terriens", 10/2014.

rituelle Missbräuche, die darauf abzielen, das Kind zu initiieren, d.h. eine *„Erleuchtung"* im Kind während der Dissoziation zu erzeugen?

Doch kehren wir nun zu den Mysterienkulten zurück, die mit dem Gnostizismus verbunden sind, der Gnosis, der in der Literatur eine wichtige Rolle in der Geschichte des Satanismus und des rituellen Missbrauchs zugeschrieben wird. Die Gnostiker wurden wegen der abweichenden Praktiken, denen sie in ihren „Mysterien" frönten, manchmal auch als *Borboriten* oder *Wüstlinge bezeichnet.* Laut Kurt Rudoph, dem Autor von *Gnosis: The Nature and History of Gnosticism*, gehört zum Geheimnis einiger Gnostiker ein ritueller Handschlag, der dem freimaurerischen Handschlag ähnelt, ein spezifischer Handschlag, auf den einige Überlebende von rituellem Missbrauch oft mit einer Bewusstseinsveränderung reagieren, ohne zu wissen, warum dies mit ihnen geschieht. Diese Reaktionen können bedeuten, dass eine mentale Programmierung stattgefunden hat und dass ein bestimmter Händedruck als Auslöser wirkt, der den Bewusstseinszustand der Person verändert. Wir werden in Kapitel 7 über die Bewusstseinskontrolle *durch Monarchen* noch ausführlicher darauf zurückkommen.

In dem gnostischen Text mit dem Titel *„Evangelium des Philippus"* heißt es, dass *„Gott ein Menschenfresser ist. Aus diesem Grund werden ihm die Menschen (geopfert).* Mehrere Quellen berichten, dass einige gnostische Gruppen Zeremonien mit Kannibalismus und sexuellen Orgien abhielten. Aus ihrer Beschreibung geht hervor, dass einige dieser Zeremonien eindeutig in die Kategorie der schwarzen Messen und des satanischen rituellen Missbrauchs fallen. Die schockierendste der berichteten gnostischen Praktiken ist sicherlich die des Epiphanius. Ein Mönch soll Zeuge der orgiastischen Rituale einer gnostischen Gruppe namens *Phibioniten* (oder Barbotier) gewesen sein. Bischof Epiphanius von Salamis schrieb in seinem *Panarion (Adversus Haereses: Gegen die Häresien)*, dass die ophitische Sekte der Phibioniten die Abtreibung praktizierte und dass der zerstückelte Fötus, bestrichen mit Honig und Gewürzen, von der Gruppe als eine Art Eucharistie verzehrt wurde. Diese orgiastischen Zeremonien stehen im Zusammenhang mit der Auffassung der Phibioniten vom Kosmos und der Frage, wie sie sich von ihm befreien können. Diese „Sitten" erfüllen nicht nur die Forderungen der Archonten (Dämonen), sondern entsprechen auch der Notwendigkeit, den in die Welt eingepflanzten göttlichen Samen zu sammeln, der derzeit im männlichen Samen und in der weiblichen Menstruation verteilt ist. In seinem Buch *„Die Gnostiker"* stellt Jacques Lacarriere fest, dass die Verletzung der Sexualmoral und andere blasphemische Gräuel die eindeutige „luziferische" Überzeugung der Praktizierenden belegen. Einige Gnostiker assoziieren Luzifer mit Promotheus, dem Titanen der griechischen Mythologie.[74]

Der Satanist Aleister Crowley praktizierte mit seinen Anhängern eine „thelemische" Version der Schwarzen Messe, die er *„Gnostische Messe"* nannte. Die Freimaurerei zeigt in der Mitte des Zirkels und des Quadrats ein „G", ein Buchstabe, der auf ihre Hauptquelle verweist: Gnosis. In seiner Rede zur

---

[74] *Cult and Ritual Abuse* - James Randall Noblitt & Pamela Perskin Noblitt, 2014. p.132.

Aufnahme in den schottischen Ritterstand erklärte Adam Weishaupt (Gründer der „Erleuchteten von Bayern"): *„Die Erleuchteten allein sind im Besitz der Geheimnisse des wahren Freimaurers. Selbst für die Erleuchteten bleibt ein großer Teil seiner Geheimnisse unentdeckt. Der neue Ritter muss seine Forschungen darauf ausrichten. Er wird besonders gewarnt, dass er durch das Studium der alten Gnostiker und Manichäer in der Lage sein wird, große Entdeckungen über die wahre Freimaurerei zu machen."* [75]

In seinem Buch „Sohn der Witwe" analysiert Professor Jean Claude Lozac'hmeur die Verbindungen zwischen der zeitgenössischen gnostischen Freimaurertradition und der Mythologie. Er kommt zu dem Schluss, dass der Mythos vom „Witwensohn", der den Freimaurern so am Herzen liegt, ein echtes Gleichnis enthält, das auf verschleierte Weise eine geheime Tradition überliefert, mit der ursprünglich ein Initiationskult verbunden war. Seiner Meinung nach offenbart diese symbolische Geschichte, sobald sie entschlüsselt ist, eine dualistische Religion, die einen „bösen Gott", den Urheber der Sintflut, einem „guten Gott" vom Typ Prometheus (Luzifer) gegenüberstellt. *Mit anderen Worten: Die Religion des Witwensohns basiert auf demselben traditionellen Hintergrund wie die Bibel, mit dem grundlegenden Unterschied, dass die Werte umgekehrt sind und der jüdisch-christliche Gott als eifersüchtiger und rücksichtsloser Tyrann erscheint."* [76]

Der „gute Gott" der verschiedenen Gnostiker wäre also Luzifer in seiner schönsten Gestalt, der die Eingeweihten mit dem Licht der Erkenntnis *erleuchtet...* Ein „zivilisierender Gott", der den Menschen in den Mittelpunkt aller Dinge stellt. In seinen Forschungen über die okkulten Ursprünge der Freimaurerei kommt Jean Claude Lozac'hmeur zu folgendem Schluss: *„In allen Zivilisationen hat es eine primitive Religion gegeben, die der biblischen Tradition diametral entgegengesetzt ist und deren Spuren sich in Mythologien und Folklore wiederfinden lassen. In diesem Mysterienkult, der der „Urtradition" der modernen Gnostiker entspricht, wurde Satan als „Zivilisationsgott des Lichts" dargestellt.* [77]

In dem Buch „Le monde grec antique" schreibt Marie-Claire Amouretti über den Bacchus-Kult bei den Mysterien: „Dionysos erscheint als der befreiende Gott. Der Mythos macht ihn zum Exilanten, verbindet ihn mit dem Nahen Osten und lässt ihn triumphierend auf griechischen Boden zurückkehren, begleitet von einer Prozession von Satyrn und Mänaden, Musikern und Tänzern. Dionysos, der Gott des Weines und der ungezügelten Lust, bietet sich seinen Anhängern in Form eines mächtigen Tieres an, das sie häuten und roh essen, um sich seine Kraft anzueignen. Vor allem Frauen nehmen an diesem Kult teil. Der gesamte bürgerliche und familiäre Rahmen bricht bei diesen Festen zusammen, die Euripides in den „Bakchen" auf außergewöhnliche Weise heraufbeschwört: körperliche oder geistige Trunkenheit, Freude, das zerzauste Volk in der Einöde,

---

[75] *Erinnerungen* - Barruel, Bd. 111, S. 107.

[76] *Sohn der Witwe* - Jean-Claude Lozac'hmeur, 2002, S.136.

[77] „Les Origines Occultistes de la Franc-Maçonnerie" - Jean Claude Lozac'hmeur, 2015, S.42.

Gesang und Tanz, sexuelle Freiheit und weibliche Herrschaft, all dies ist Ausdruck eines tiefen Bedürfnisses, sich aus einem bürgerlichen, moralischen und familiären System zu befreien, das mit großer Starrheit organisiert wird. Ein notwendiges, aber gefährliches Ventil."[78]

All dies steht in klarem Zusammenhang mit dem, was wir heute in unserer Konsumgesellschaft erleben, in der der Mensch dank des befreienden Gottes der *„Brüder des Lichts"* im Mittelpunkt von allem steht. Ungezügelte „Konsumenten" ohne jegliche Spiritualität, deren Moral von Jahr zu Jahr sinkt, was das Ergebnis des globalen luziferischen Plans ist, der sich genau auf diese transhistorische Gnosis stützt, deren Ziel es ist, die Herrschaft des *„zivilisierenden und befreienden Gottes"* herbeizuführen.

Laut dem römischen Historiker Titus Livius, dem Autor von *„Rom und das Mittelmeer"*, entdeckten die Römer, die den Bacchus-Mysterienkult untersuchten, dass dessen Rituale sexuelle Übertretungen und Blutopfer beinhalteten. Eine der Prophetinnen der Sekte hatte mit ihren Anhängern einen riesigen Betrug organisiert, der zu mehreren Morden führte, dem „Bacchanalischen Skandal", der in der Geschichte gut dokumentiert ist. Dieser Kult ließ nur junge Leute unter zwanzig zu seinen Initiationszeremonien zu, die während der Orgien fügsamer waren... *Als ihr Sohn genesen war, musste sie ihn in die bacchantischen Riten einweihen (...) Dann erzählte ihm seine Herrin Hispala, dass sie als Sklavin dieses Heiligtum als Untergebene ihrer Herrin betreten hatte, dass sie aber, als sie frei war, nie in der Nähe gewesen sei. Sie wusste, dass es sich um eine Werkstatt für alle Arten von Verderbnis handelte, und es war bekannt, dass hier seit zwei Jahren niemand über zwanzig eingeweiht worden war. Sie brachten ihn an einen Ort, an dem Rufe, Gesänge, Musik mit Zimbeln und Trommeln ertönten, so dass die Stimme des Eingeweihten nicht zu hören war, während schändliche Praktiken mit Gewalt an ihm verübt wurden..."*[79]

In seinem Buch *„Les Divinités Génatrices"* berichtet Jacques-Antoine Dulaure (damals Freimaurer der *Osiris-Loge in Sèvres*), dass der Mysterienkult des Bacchus seinen Ursprung in Ägypten hatte und mit dem Phalluskult (der Anbetung des Penis) verbunden war. Dulaure schreibt in seinem Buch: *„Herodot und Diodorus von Sizilien stimmen darin überein, dass der Bacchuskult von einem Mann namens Melampus in Griechenland eingeführt wurde, der von den Ägyptern in einer Vielzahl von Zeremonien unterwiesen wurde. Melampus, der Sohn des Amythaon, hatte, wie Herodot berichtet, ein großes Wissen über die heilige Zeremonie des Phallus. Er war es nämlich, der die Griechen im Namen des Bacchus und in den Zeremonien seines Kultes unterwies und der bei ihnen die Prozession des Phallus einführte. Es ist wahr, dass er ihnen die Tiefen dieser Geheimnisse nicht enthüllte; aber die Weisen, die nach ihm kamen, gaben eine ausführlichere Erklärung. Melampus sei es gewesen, der die Prozession des*

---

[78] *Le monde grec antique* - Marie Claire Amouretti & Françoise Ruzé, 1978, S.107.

[79] „Livius, Geschichte Roms", „Quelle für das Studium der griechischen Religion" - David Rice, John Stambaugh, 1979 S. 149.

Phallus zu Ehren des Bacchus ins Leben gerufen habe, und er habe die Griechen in den Zeremonien unterwiesen, die sie noch heute praktizieren. "[80]

Auch der Freimaurer Dulaure schreibt über diesen Phalluskult, dem er ein ganzes Buch gewidmet hat: „Eine besondere und wenig bekannte Sekte, die Sekte der Baptisten, feierte in Athen, Korinth, auf der Insel Chio, in Thrakien und anderswo die nächtlichen Mysterien des Cotitto, einer Art Volksvenus. Die Eingeweihten, die sich allen Ausschweifungen hingaben, benutzten Phallusse in besonderer Weise: Sie waren aus Glas und dienten als Trinkgefäße. Wer in diesem Symbol der Fortpflanzung nur den Charakter des Libertinismus sieht, muss sich wundern, dass es fester Bestandteil der Ceres geweihten Zeremonien war, einer durch ihre Reinheit so empfohlenen Gottheit, die den Beinamen Heilige Jungfrau trug; dass es in den Mysterien dieser Göttin in Eleusis auftauchte, die Mysterien schlechthin genannt wurden, zu denen sich alle Männer des Altertums, die sich durch ihre Talente und Tugenden auszeichneten, mit der Initiation ehrten (...)) Tertullian berichtet, dass der Phallus in Eleusis zu den geheimnisvollen Gegenständen gehörte. Kein anderer Schriftsteller des Altertums hatte diese Besonderheit bekannt gemacht, kein Eingeweihter hatte vor ihm dieses Geheimnis gelüftet: „Alles, was in diesen Mysterien das Heiligste ist", sagt er, „das, was so sorgfältig verborgen ist, das, was man erst sehr spät erfahren darf, das, was die Diener des Kultes, Epoptes genannt, so sehnlichst wünschen, ist das Simulakrum des männlichen Gliedes.[81]

Hier einige Auszüge aus dem Buch „*Shiva und Dionysos*" (Alain Daniélou - 1979) über die Ähnlichkeiten zwischen den Einweihungen der antiken Religionen und denen der modernen Geheimgesellschaften, die die Vergöttlichung des Menschen zum Ziel haben: *Bestimmte rituelle Techniken ermöglichen es uns, auf die im Menschen vorhandenen latenten Energien einzuwirken und ihn so zu transformieren und ihn zum Träger der Übertragung bestimmter Kräfte zu machen, ihn auf eine höhere Ebene in der Hierarchie der Wesen zu erheben, ihn zu einer Art Halbgott oder Übermensch zu machen, der der unsichtbaren Welt der Geister näher steht. Dies ist die Rolle der Initiierung. Dieser Prozess der Umwandlung des Menschen ist lang und schwierig, weshalb die Einweihung nur schrittweise erfolgen kann. Der pashu (Tiermensch) wird zuerst ein sâdhaka (Lehrling), dann ein vîra (Held) oder Adept, d.h. ein Wesen, das die Erscheinungen der materiellen Welt beherrschen und über sie hinausgehen kann. Der nächste Grad ist der des Siddaha (Verwirklichter), der bei den Tantrikas auch Kaula (Mitglied der Gruppe) genannt wird, ein Wort, das dem Titel „Gefährte" bei der freimaurerischen Einweihung entspricht, wo es auch den Rang eines Lehrlings gibt. Der kaula hat den 'Zustand der Wahrheit' erreicht. Erst dann verschwinden die Schranken zwischen dem Menschlichen und dem Göttlichen und der Adept kann als divya (vergöttlicht) gelten. In der Sprache der griechisch-römischen Mysterien wurde der Adept, der Eingeweihte, als „Held" bezeichnet. Die höheren Abschlüsse wurden wahrscheinlich geheim*

---

[80] *Les Divinités génératrices ou du culte du phallus chez les anciens et les modernes* - Jacques-Antoine Dulaure, 1805, S.106-107.

[81] Ebd., S.117-118.

gehalten. Dieser Wandel betrifft den ganzen Menschen. (...) Nur ein Eingeweihter kann Kräfte an einen neuen Eingeweihten übertragen. Dies ist eine wesentliche Voraussetzung für die Gültigkeit der einleitenden Übertragung. Aus diesem Grund kann eine unterbrochene Tradition nicht wieder aufgenommen werden. Die Einweihung ist die tatsächliche Übertragung einer Shakti, einer Kraft, die die Form der Erleuchtung annimmt. Die Kontinuität der Übertragung von einem Eingeweihten zum anderen wird mit der Übertragung einer Flamme verglichen, die eine andere entzündet. Eingeweihte bilden Gruppen von Männern, die sich von den anderen unterscheiden. Diese Gruppen werden im Tantrismus kula (Familien) genannt, daher auch der Name kaula (Familienmitglieder oder „Gefährten"), der ihren Anhängern gegeben wird. Die Kula entspricht der dionysischen Thiasis. (...) Das rituelle Bad ging bei den Eleusianischen Mysterien der Phase voraus, die als die geheimnisvollste der Einweihungen galt. Laut Plutarch ging ihr eine zehntägige Abstinenz vom Geschlechtsverkehr voraus. Die gleiche Regel wird in Indien angewandt. (...) „Der Novize wird dann in den Initiationsbereich geführt, der sorgfältig auf dem Boden markiert ist. Der westliche Eingang ist der beste für Schüler aller Kasten, aber besonders für die der königlichen Kaste, der Kshatriyas... Der Novize muss dreimal um das phallische Bild herumgehen und, je nach seinen Möglichkeiten, Gott eine Handvoll Blumen, gemischt mit Gold, oder nur Gold, wenn Blumen fehlen, anbieten, während er die Hymne an Rudra (Rudrâdhyaya) rezitiert. Dann wird er über Shiva meditieren, indem er nur das Pranava, die Silbe AUM, wiederholt. (Linga Purâna, II, Kap. 21, 40-42). Ähnlich ist es beim dionysischen Ritus: „Der Eingeweihte hat seinen Kopf verschleiert und wird vom Amtsträger geführt... Ein Korb, gefüllt mit Früchten und symbolischen Gegenständen, darunter einer in Form eines Phallus, wird auf den Kopf des Eingeweihten gestellt. (H. Jeanmaire, Dionysus, S.459) (...) „Die Augenbinde, die den Schüler geblendet hat, wird dann entfernt und das Yantra wird ihm gezeigt...." (Linga Purana, II, Kap.21, 45)."

In der Freimaurerei gibt es dasselbe Protokoll, wenn dem Lehrling die Augen verbunden werden müssen, um die Initiation zu erhalten.

Einige aktuelle Zeugnisse scheinen zu bestätigen, dass der Dionysos-/Bacchus-Kult und generell alle diese luziferischen Kulte auch heute noch im Westen praktiziert werden. Das Buch *„Ritual Abuse and Mind Control: The Manipulation of Attachment Needs"* enthält das Zeugnis eines Überlebenden von satanischem rituellem Missbrauch und Gedankenkontrolle. Die Frau wurde in eine Familie hineingeboren, die diese Rituale angeblich von Generation zu Generation praktiziert. Hier ein Auszug aus ihrer Aussage: *„Der erste Kindermord, an den ich mich bewusst erinnern kann, war, als ich vier oder fünf Jahre alt war. Meine Mutter wurde von X geschwängert (...) Wir wurden in ein großes Herrenhaus gebracht, es war im Sommer anlässlich eines wichtigen Datums (...) Am Freitagabend gab es ein Ritual, gefolgt von einer Orgie, an der viele Leute in Kostümen teilnahmen und in diesem riesigen Salon 'Possen' machten. Bacchus war einer der Götter, die sie verehrten. Am nächsten Tag gingen wir auf eine große Wiese, es waren hundert Leute da, es war ein großes Ritual. Meine Mutter lag auf dem Boden, sie lag in den Wehen, während X sang*

(...) Das Kind wurde geboren, es war ein kleines Mädchen. Dann steckte er mir ein Messer in die linke Hand und erzählte mir bestimmte Dinge über das Kind. Dann legte er seine Hand auf meine und wir richteten das Messer auf die Brust des Babys und töteten es. Er entfernte das Herz, alle jubelten und tobten, dann wurde das Kind zerstückelt und verzehrt. "[82]

In seinem Buch The Occult Conspiracy: Secret Societies, Their Influence and Power in World History (Die okkulte Verschwörung: Geheimgesellschaften, ihr Einfluss und ihre Macht in der Weltgeschichte) schreibt Michael Howard über die Mysterienkulte der Antike: „Die Mysterienkulte führen Einweihungszeremonien durch, die arkane Symbolik und Dramatik enthalten, um dem Eingeweihten die spirituellen Realitäten zu offenbaren, die sich hinter der Illusion der materiellen Welt verbergen. Während der Einweihung wird der Neophyt in Trance versetzt und erlebt auf einer Reise in die „andere Welt" den Kontakt mit den Göttern. Die Eingeweihten durchlaufen einen symbolischen Tod und werden mit einer vollkommenen Seele wiedergeboren."

Was Howard hier berichtet, ist interessant, weil es die Ähnlichkeiten zwischen den alten Mysterienkulten, dem Schamanismus, den Besessenheitskulten und der Hexerei aufzeigt... Aber was er beschreibt, zeigt auch eine Ähnlichkeit mit zeitgenössischen freimaurerischen Geheimgesellschaften, d.h. symbolischer Tod für die Wiedergeburt zu einem neuen Leben. Eine Symbolik, die wir auch bei den Christen mit der Wiedergeburt in Jesus Christus durch das Sakrament der Taufe finden: *„Wer also mit Christus verbunden ist, ist eine neue Kreatur: das Alte ist vergangen; siehe, das Neue ist schon da"* (2. Korinther 5,17). Jesus Christus kam auf die Erde, um alle heidnischen Religionen zu reformieren, die Blutopfer zu Ehren der gefallenen Engel praktizierten. Die Bluttaufe wurde durch die Taufe mit Wasser und dem Heiligen Geist ersetzt, und das Blutopfer wurde dauerhaft durch sein eigenes Opfer ersetzt.

Benjamin Walker, der Autor von *The Woman's Encyclopedia of Myths and Secrets*, beschreibt eine Initiationszeremonie des Mithraskults, der ebenfalls zu den Mysterienreligionen gehörte, wie folgt: *„Zuerst gibt es einige Tage der Enthaltsamkeit von Nahrung und Sex, dann eine Waschzeremonie, nach der dem Kandidaten die Hände auf dem Rücken gefesselt werden und er auf den Boden gelegt wird, als wäre er tot. Nach bestimmten feierlichen Riten wird seine rechte Hand vom Hierophanten ergriffen und er wird wieder zum Leben erweckt. Dann kommt die Bluttaufe. Der Eingeweihte findet sich nackt in einer mit einem Gitter bedeckten Grube wieder, über diesem Gitter wird ein Tier geopfert, so dass das Blut über den Kandidaten fließt. Ganz gleich, um welches Tier es sich handelt, es symbolisiert immer den Stier des Mithras. Der christliche Dichter Prudentius beschrieb dieses Ritual in seiner persönlichen Erinnerung: „Durch das Gitter fließt in die Grube die rote Flüssigkeit, die der Neophyt auf seinen Körper, auf seinen Kopf, auf seine Wangen, auf seine Lippen und auf seine Nasenlöcher bekommt. Er tropft sich die Flüssigkeit über Augen und Mund, um seine Zunge*

---

[82] *Ritueller Missbrauch und Gedankenkontrolle: Die Manipulation von Bindungsbedürfnissen* - Orit Badouk Epstein, Joseph Schwartz, Rachel Wingfield Schwartz, 2011, S.149.

mit Blut zu tränken und so viel wie möglich zu schlucken. Symbolisch ist der Eingeweihte von den Toten auferstanden und durch das belebende Blut des Stiers gereinigt worden. Er gilt nun als „wiedergeboren in die Ewigkeit". Er wird als Bruder in die Gemeinschaft der Eingeweihten aufgenommen und darf nun am sakramentalen Mahl aus Brot und Wasser teilnehmen, womit er seinen Status als Auserwählter festigt."

Die Überlebende „Svali", eine Ex-Illuminatin, die selbst in einen luziferischen Kult hineingeboren wurde, berichtet in ihrer Zeugenaussage, dass die Gruppe, der sie angehörte, ähnliche Praktiken wie die alten babylonischen Mysterienreligionen mit Bluttaufe praktiziert: *„Sie (die Kinder) nehmen an Ritualen teil, bei denen die Erwachsenen Gewänder tragen, und sie müssen sich unter anderem vor der Schutzgottheit ihres Kults niederwerfen. Moloch, Aschtaroth, Baal, Enokkim sind Dämonen, die häufig verehrt werden. Das Kind kann Zeuge eines echten oder inszenierten Opfers werden, das als Opfergabe für diese Gottheiten dient. Tieropfer sind üblich. Das Kind wird gezwungen, an den Opfern teilzunehmen und muss die Bluttaufe durchlaufen. Er muss das Herz oder andere Organe des geopferten Tieres entnehmen und essen (...) Sie führen Initiationsrituale mit Kindern oder mit älteren Anhängern durch, der Eingeweihte wird gefesselt und ein Tier wird über ihm verblutet. "*[83]

In einem Dokument, das die Anhörungen und Protokolle im Fall Dutroux in Belgien [84]enthält, wird von Blutopfern bei Ritualen berichtet, die manchmal mit einer Art Bluttaufe einhergehen. Es handelt sich dabei um Aussagen und Beschwerden, und es wurde keine ordnungsgemäße Untersuchung durchgeführt, um festzustellen, ob diese Aussagen der Wahrheit entsprechen. All diese Fälle werden systematisch vertuscht... Warum ist das so? Hier sind einige Auszüge:

X1 hat auf Befehl von B zwei Kaninchen und eine Zwergziege getötet. Die Orgie fand in der Garage statt. Teilnehmer mit speziellen Kostümen: Leder, Umhänge, Masken... C. muss das Herz des geopferten Kaninchens essen. An Ringe gefesselte Kinder in der Garage. Das Blut der Ziege wird auf C. gegossen." (PV 118.452, 10/12/96, Vernehmung der Zeugin X1 (Regina Louf), Seite 542)

In Absatz 29 (W.s Tagebuch) wird eine Familie erwähnt, die Menschenopfer durchführt, darunter auch ihre eigene Tochter (...) Sie wurde in ein Haus gebracht, in dem es draußen einen großen Pool gibt. Es gibt viele Männer und Frauen. Sie zwingen sie, im Auto zu trinken. Im Garten gibt es ein großes Feuer. Es gibt noch drei andere Mädchen (...) Während eines Spiels in diesem Haus wurde sie mit heißem Blut übergossen (PV 117.753, 754 und 118.904, Anhörung von W., Seite 749)

Im April 1987 besuchte er eine schwarze Messe in einem vornehmen Vorort von Gent. Satanistische Messe. Die Tiere wurden geopfert, ausgeweidet und dann getötet. Das Blut der Tiere wurde von den Teilnehmern getrunken (...) T4 konnte nicht an der gesamten Zeremonie teilnehmen. Beschreibung der Villa. Luxuriöse Fahrzeuge (...) J. und E. berichteten, dass Parlamentarier und andere

---

[83] *Wie der Kult die Menschen programmiert* - Svali.

[84] „Belgien: Zusammenfassung des Dutroux X-Dossiers", 2005 - Wikileaks.org.

Persönlichkeiten anwesend waren. Beschwörungen in einer unbekannten Sprache. Priester und Priesterinnen nackt unter ihren Mänteln. Alle in Mantel und Maske. Das Leiden der geopferten Tiere ist das Mittel, um Macht und Stärke zu erlangen. (PV 118.220, 04/12/96, Information T4, Seite 125)

Er kennt satanische Kirchen in Hasselt, Brüssel, Gent, Knokke, Lüttich, Charleroi und Mozet (...) Die Opfer reichen von Tier- bis Menschenopfern. Den Opfern folgen Orgien (...) Manchmal wird die Frau geopfert und ihr Blut für die Riten verwendet. (PV 100.693, 06/01/97, Anhörung von L. P., Seite 126)

W. soll mit anderen Minderjährigen an „schwarzen Messen" teilgenommen haben. Sie spricht von gebrandmarkten Minderjährigen und von Menschenopfern. Sie spricht auch von zubereitetem Menschenfleisch, das die Mädchen essen mussten. Während dieser Partys wurden die Mädchen von den Teilnehmern vergewaltigt. (PV 116.780 21/11/96, Anhörung von W., Seite 746)

Er nahm 1985 an mehreren satanistischen Sitzungen in der Nähe von Charleroi teil. Bei einer Gelegenheit wurde den Zuschauern das Blut eines 12-jährigen Mädchens angeboten. Er war bei der Ermordung nicht anwesend (...) Vor Ort wurde er unter Drogen gesetzt, bevor er in einen Raum gebracht wurde, in dem Personen mit Masken und schwarzen Gewändern saßen. Die Teilnehmer haben Blut getrunken. Da lag ein nacktes Mädchen auf einem Altar, sie war tot. (PV 250 und 466, 08/01/97 und 16/01/97, Anhörung von T.J., Seite 260)

Als sie 14 Jahre alt war, fuhr sie zum ersten Mal mit Vs beigem Jaguar zum Schloss. (...) während der Vollmonde (...) Sie schreibt: Im Kreis um das Feuer - es gibt Kerzen - alle stehen, außer dem Baby und dem Schaf - das Baby schreit (...) Sie beschreibt die Tötung des Babys und die Vermischung seines Blutes mit dem des Schafes. Dann werden das Baby und das Schaf verbrannt, und alle machen „Liebe miteinander". Das Herz des Babys ist herausgerissen. (PV 150.035, 30/01/97, Anhörung von N. W., Seite 756)

Im Jahr 2000 strahlte France 3 eine Reportage mit dem Titel „Vergewaltigung von Kindern, das Ende des Schweigens? „. Der Dokumentarfilm enthält das Zeugnis eines kleinen Mädchens, das Opfer von satanischem rituellem Missbrauch war. Sie beschreibt eine Kultszene in oder bei Paris: „Dann gingen wir in ein Labyrinth hinunter, wo es kalt und dunkel war und wie ein Keller aussah. Hier gab es eine Umkleidekabine, in der wir uns die weiß-rote Kleidung anziehen konnten. Dann gingen wir hierher (Anm. d. Red.: zeigt seine Zeichnung), es gab einen Raum, in dem sie die Kinder vergewaltigten, es war ein großer Raum, wie eine große Höhle in Form einer Kathedrale oder eines Kinderbettes, und es waren viele, viele Menschen hier. Es gab auch eine sehr, sehr große Statue eines afrikanischen oder schwarzen Gottes, und wenn er knurrte, warfen die Leute Geld in große Körbe, die herumgereicht wurden. Um diese Statue herum befand sich Asche, und in der Asche steckten Kinderköpfe auf Spießen."

Werden im Alten Testament nicht wiederholt Kinderopfer beschrieben? Rituale, bei denen Kinder zu Ehren des Dämons Moloch dem Feuer geopfert wurden (siehe Ende dieses Kapitels). Diese Praktiken der Opferkulte scheinen nicht mit der modernen Welt aufgehört zu haben... In verschiedenen Formen sind die Mysterien wie dunkle Begräbnisse, die einen mystischen Tod und eine

Auferstehung in Form einer heroischen oder göttlichen Figur feiern. In seinem Buch „Antichrist Osiris" erklärt Chris Relitz, dass diese rituelle Einweihung der Mysterien verschiedene Formen annehmen kann, die in einer Wiederholung des Lebens, des Todes und der Auferstehung einer Gottheit bestehen. In diesen Einweihungszeremonien wurde geheimes Wissen verschlüsselt und konnte so über die Jahrhunderte weitergegeben werden. Erstens muss der Initiationskandidat symbolisch sterben, indem er die Geschichte eines Gottes nachspielt. Dann folgt die Suche und Entdeckung seines Körpers und schließlich die „Auferstehung", bei der der Eingeweihte ein Geheimnis erhält, das er bewahren muss. Ein Geheimnis, das auf den ersten Blick unbedeutend erscheint, aber der Priester weiß genau, dass diese Information von großer Bedeutung ist. Was dem Eingeweihten soeben anvertraut wurde, ist in der Tat „das Geheimnis aller Geheimnisse", es handelt sich um eine verschlüsselte und in Symbolik gehüllte Information, die der Eingeweihte normalerweise nicht direkt verstehen kann. Das Einzige, was sie tun können, ist, diese okkulte Symbolik weiterhin blindlings und auf ewig an andere Einweihungskandidaten weiterzugeben.[85]

1928 erklärte der Gründer der Revue Internationale des Sociétés Secrètes (R.I.S.S.), Mgr. Jouin, in der ersten Ausgabe des „Occultist Supplement" der R.I.S.S.: „Ja, das große Geheimnis des Okkultismus ist da: das heißt, nicht in der sensationellen Entdeckung eines noch unveröffentlichten Geständnisses oder einer Anschuldigung, sondern in der Offensichtlichkeit der Wahrheit. Ja, das große Geheimnis des Okkultismus ist da: das heißt, nicht in der sensationellen Entdeckung eines Geständnisses oder einer noch unveröffentlichten Anschuldigung, sondern in der offensichtlichen und gelassenen Schlussfolgerung einer Art vergleichender Grammatik der Symbolik aller Sekten. Denn die Adepten, die dazu verurteilt sind, ihre „Wahrheit" unter undurchdringlichen Schleiern zu verbergen, haben sich zweifellos zu jeder Zeit kategorische Formeln verboten, da das, was sie lehren, dem Verstand und den Herzen der Menschen so zuwider wäre...(...) Aber es ist leicht zu erkennen, dass eine feste Interpretation dieser Symbole seit jeher unter den Menschen gebräuchlich ist, dass eine traditionelle Kabbala, die lange Zeit mündlich, dann schriftlich festgehalten wurde, sich von jeher parallel zum Kanon der Heiligen Schrift entwickelt hat und schließlich in einer Reihe von Werken zu finden ist, die auf den ersten Blick unverständlich oder widersprüchlich sind, deren wahre Bedeutung sich aber mit dem Schlüssel der Symbolik rekonstruieren lässt."

Christian Lagrave, Autor des Buches „Les Dangers de la Gnose Contemporaine", erklärte während einer Konferenz: „Wie konnten diese gnostischen Irrtümer seit der Antike weitergegeben werden und bestehen bleiben? Mehrere Übertragungsarten sind möglich und können miteinander kombiniert werden. In erster Linie handelt es sich um das heimliche Fortbestehen dieser Lehren in religiösen Sekten oder Geheimgesellschaften, mit einer „esoterischen" Übermittlung (die einer kleinen Zahl von Eingeweihten vorbehalten ist), die auf okkulte Weise erfolgt, d. h. diese perversen Lehren werden nie vollständig und ausdrücklich offenbart, sondern sind unter Symbolen

---

[85] *Antichrist Osiris: Die Geschichte der luziferischen Verschwörung* - Chris Relitz, 2012.

und Mythen verborgen, die den Eingeweihten nach und nach dazu bringen, sie selbst zu entdecken. Diese Taktik der progressiven Einweihung wurde bereits in den antiken und mittelalterlichen manichäischen Sekten angewandt. Sie wird auch heute noch in modernen okkultistischen Kulten praktiziert, insbesondere in der Freimaurerei. Ziel dieser Taktik ist es, die neuen Eingeweihten schrittweise an Lehren heranzuführen, die sie abschrecken würden, wenn sie ihnen auf einmal offenbart würden."

Alle diese Sekten, die als Mysterienschulen oder Mysterienreligionen bezeichnet wurden, dienten also der Vermittlung eines bestimmten esoterischen und okkulten Wissens. Nur Aristokraten konnten solchen Gruppen beitreten, um die Einweihung in die „berühmten" Mysterien zu erhalten. Diese Eingeweihten wurden mit einer methodischen Kombination von Lehren und Indoktrinationen ausgebildet. Schlafentzug, ritualisierte Folter, Drogen und manchmal auch Dämonologie wurden eingesetzt, um den Verstand der „Schüler" zu programmieren. Diese Aristokraten, die in die Mysterien eingeweiht und durch Rituale mit bestimmten dämonischen Wesenheiten verbunden waren (die ihnen materiellen Beistand gewähren konnten), fühlten sich somit der übrigen Bevölkerung überlegen. So entstand nach und nach eine Art aristokratische Kaste, die ein Gefühl der geistigen Überlegenheit entwickelte, das sich in „Erleuchtung" ausdrückte. Das heißt, Zugang zu einem Wissen, das der Mehrheit der profanen Menschen verborgen ist. Eine Reihe von Autoren hat die starke Ähnlichkeit zwischen diesen antiken Mysterienkulten und den modernen brüderlichen Organisationen und Geheimgesellschaften, die später in Europa auftauchten, klar erkannt. Jean-Marie R. Lance, Mitglied des A.M.O.R.C. (Rosenkreuzer), erklärte in einer kanadischen Fernsehdokumentation: „Die Geschichte des Ordens geht in ihrem traditionellen Aspekt auf das alte Ägypten zurück, und wir können sogar bis 1500 Jahre vor Christus zurückgehen, zum Beispiel zu Echnaton, der mit diesen Schulen der Mysterien verbunden war, mit diesen „Häusern des Lebens", die Orte waren, an denen Männer und Frauen gemeinsam die Mysterien des Lebens studieren konnten."[86]

Einige Autoren behaupten, die Freimaurerei sei einerseits in der Tradition der Kathedralenbauer und andererseits nach dem Vorbild jener alten Mysterienschulen entstanden, in denen ungesunde und traumatische Initiationsrituale praktiziert wurden. In diesen traumatischen Ritualen ist der Terror, den der Kandidat erfährt, der zentrale Punkt des Initiationsprozesses, seine Verletzlichkeit in dieser Erfahrung markiert die Macht der Gruppe über den Einzelnen: „Wir hätten dich töten können, aber wir haben es nicht getan". Nachdem der Eingeweihte diesen Prozess durchlaufen hat, wird er von der Gruppe/dem Kult unterstützt und geschützt, vorausgesetzt, er respektiert die strengen Anforderungen der Geheimhaltung. Dieses Prinzip der Initiation durch Trauma ist allen luziferischen oder satanistischen Bruderschaftsstrukturen gemeinsam, wo die Initiation in der frühen Kindheit der beste Weg ist, um einen loyalen, treuen Erwachsenen zu erhalten, der das Gesetz des Schweigens perfekt respektiert und die obskure Tradition fortführt. Rituale, die perverse und

---

[86] „Das geheime Zeichen: Orden der Rosenkreuzer" - Historia, 03/2012.

unmoralische Handlungen, einschließlich abscheulicher Pädokriminalität, beinhalten, bieten auch ein Mittel zur Erpressung derjenigen, die daran teilgenommen haben. So können *„brüderliche"* Bande entstehen, die umso stärker sind, wenn ein Menschenopfer, ein rituelles Verbrechen, in einer Gruppe begangen wird und Kameras die Szene filmen, um sie zu verewigen. Die Adepten, die sich in diese süchtig machende Gewalt stürzen, fühlen sich durch ein Geheimnis miteinander verbunden, das nach außen hin nicht preisgegeben werden darf; es ist ein ungesunder Kitt, der die Mitglieder zusammenhält und ihnen ein Gefühl der Überlegenheit über die menschliche Masse gibt.

Ein relativ bekanntes Beispiel für einen Geheimbund, der satanische Rituale praktizierte, sind die *Brethren of St Francis of Wycombe*, besser bekannt als *„The Hell Fire Club"*. Diese Gruppe wurde im Mai 1746 von Francis Dashwood im Londoner *Gasthaus „George and Vulture"* gegründet. Francis Dashwood war ein enger Freund von König Georg III. und wurde später britischer Finanzminister. Dieser *„Club" befand* sich im Untergrund eines kirchenähnlichen Gebäudes mit einer Reihe von Tunneln, Sälen und Höhlen, die von den Mitgliedern (den „Brüdern") für ihre okkulten Aktivitäten genutzt wurden, die darin bestanden, mit Prostituierten Unzucht zu treiben, Bacchus und Venus zu verehren und Satan Opfer zu bringen. Obwohl er nicht direkt Mitglied war, nahm Benjamin Franklin gelegentlich an den Treffen des *Hell Fire Club* teil. Franklin war selbst Freimaurer, Großmeister der St. John's Lodge in Philadelphia und Großmeister der Neun-Schwestern-Loge in Paris. Er war auch ein Großmeister der Rosenkreuzer.

Im Februar 1998 entdeckte ein Arbeiter auf einer Baustelle die Gebeine von sechs Kindern und vier Erwachsenen. Es handelte sich um die Restaurierung eines Londoner Hauses in der Craven Street 36, in dem Benjamin Franklin, der Vater der amerikanischen Verfassung, lebte. Die Leichen wurden auf die Zeit datiert, in der Franklin das Haus bewohnte, d. h. von 1757 bis 1762 und von 1764 bis 1775. Die Entdeckung der Knochen wurde sogar in der britischen Presse bekannt gegeben, vor allem in der *Sunday Times*. Evangeline Hunter-Jones, Parlamentsabgeordnete und Vorsitzende der *Freunde des Benjamin-Franklin-Hauses*, berichtete, dass *„die verbrannten Knochen tief vergraben wurden, wahrscheinlich um sie zu verbergen, und es gibt allen Grund zu der Annahme, dass noch einige davon vorhanden sind.* Um Benjamin Franklin zu entlasten, wurde schnell vorgebracht, dass sein Freund Dr. Hewson das Haus während seiner Abwesenheit genutzt haben könnte, um für seine Studenten Sektionen an menschlichen Leichen durchzuführen.[87]

Albert Mackey ist ein berühmter Freimaurer (derjenige, der Albert Pike vereinnahmt hat), der die philosophischen Wurzeln der Freimaurerei bis in biblische Zeiten zurückverfolgt hat. Mackey schlussfolgerte, dass die *„reine"* Form, die von den Israeliten (Noachiten) praktiziert wurde, einen Glauben an einen Gott und die Unsterblichkeit der Seele beinhaltete. Er argumentiert, dass es sich bei seiner *„parasitären"* Form um die von den Heiden praktizierten Initiationsriten und insbesondere um die dionysischen Praktiken der Tyrer

---

[87] „Der Satanist und Freimaurer Benjamin Franklin" - Laurent Glauzy, 2014.

handelte. Heidnische Praktiken, die, wie er sagt, *„schwere und schwierige Prüfungen ... eine lange und schmerzhafte Initiation ... mit einer Reihe von Initiationsgraden"* beinhalten. Nach Mackey verschmolzen diese beiden Formen der Freimaurerei beim Bau des salomonischen Tempels zu einem Prototyp der modernen (freimaurerischen) Institution. Mackey identifiziert also eine korrumpierte Form der Freimaurerei in Verbindung mit einer reinen Form, die auf ihre Ursprünge zurückgeht. Er argumentiert, dass diese geheime Institution dadurch sowohl eine helle als auch eine dunkle Seite hat. Er definiert diese dunkle Seite, diese „parasitäre" Form der Freimaurerei, als eine Art schwarze Freimaurerei mit erschreckenden und traumatischen Einweihungspraktiken, die sich der symbolischen Darstellung des mythischen Abstiegs in den Hades, das Grab oder die Hölle, bedient, um dann wieder ans Tageslicht zu kommen: die initiatorische Wiedergeburt.[88]

Mackey enthüllt, dass es zwei Seiten der Freimaurerei gibt, von denen die eine nichts von der Existenz der anderen weiß, was man mit *„die Guten kennen die Bösen nicht, aber die Bösen kennen die Guten"* übersetzen kann.

Der freimaurerische Autor Manly P. Hall, den das Journal of the Scottish Rite als *„den größten Philosophen der Freimaurerei"* ehrt, hat die beiden unterschiedlichen Aspekte der freimaurerischen Organisation klar beschrieben: *„Die Freimaurerei ist eine Bruderschaft, die in einer anderen Bruderschaft verborgen ist: eine sichtbare Organisation, hinter der sich eine unsichtbare Bruderschaft der Auserwählten verbirgt... Es ist notwendig, die Existenz dieser beiden getrennten und doch voneinander abhängigen Orden festzustellen, von denen der eine sichtbar, der andere unsichtbar ist. Die sichtbare Organisation ist eine großartige Kameradschaft von „freien und gleichen Männern", die sich ethischen, erzieherischen, brüderlichen, patriotischen und humanitären Projekten widmen. Die unsichtbare Organisation ist eine geheime, höchst erhabene Bruderschaft, majestätisch in Würde und Größe, deren Mitglieder sich dem Dienst an einem geheimnisvollen „arcanum arcandrum", d.h. einem verborgenen Geheimnis, verschrieben haben."[89]*

Um diese Beschreibung von Hall zu vervollständigen, hier ist, was Albert Pike in „Moral und Dogma" sagt: „Wie alle Religionen, alle Mysterien, Hermetik und Alchemie, offenbart die Freimaurerei ihre Geheimnisse niemandem außer den Adepten, den Weisen und den Auserwählten. Sie bedient sich falscher Erklärungen, um ihre Symbole zu interpretieren, um diejenigen in die Irre zu führen, die es verdienen, in die Irre geführt zu werden, um die Wahrheit, die sie das Licht nennt, vor ihnen zu verbergen und sie so von ihr fernzuhalten (...) Die Freimaurerei verbirgt eifersüchtig ihre Geheimnisse und führt ihre vorgeblichen Interpreten absichtlich in die Irre."[90]

In ihrem Buch *„The Externalisation of the Hierarchy"* schreibt die berühmte *New-Age-Okkultistin* Alice Bailey über diesen völlig okkulten

---

[88] *Die Symbolik der Freimaurerei: Illustration und Erklärung ihrer Wissenschaft und Philosophie, ihrer Legenden, Mythen und Symbole* - Mackey, Albert G, 1955.

[89] *Vorlesungen über antike Philosophie*, Manly P. Hall, S. 433.

[90] *„Moral und Dogmen"*, Band 1, Albert Pike, S. 104.

Randbereich der Freimaurerei: *„Die Freimaurerbewegung ist die Hüterin des Gesetzes. Es ist das Haus der Mysterien und der Sitz der Einweihung. Es enthält in seiner Symbolik das Ritual der Gottheit und bewahrt in seinem bildlichen Werk den Weg des Heils. Die Methoden der Gottheit werden in ihren Tempeln demonstriert. Unter dem Blick dieses Auges, dem nichts entgeht, kann die Welt voranschreiten. Die Freimaurerei ist eine weitaus okkultere Organisation, als man sich vorstellen kann. Es ist dazu bestimmt, die Ausbildungsschule für die fortgeschrittensten zukünftigen Okkultisten zu sein (...) Diese Mysterien werden, wenn sie wiederhergestellt sind, alle Glaubensrichtungen vereinen.* "[91]

Alice Bailey erzählt uns von Luzifer (*das Auge, dem nichts entgeht*) und dem Aufbau einer neuen Weltordnung (*die Mysterien, die alle Glaubensrichtungen vereinen werden*).

Es gibt eine Reihe von freimaurerischen Quellen über die Verbindung zwischen den Mysterienreligionen und der heutigen Freimaurerei. Einige Brüder haben dies in mehreren Veröffentlichungen offen zugegeben. Das Freimaurerbuch *„The Master Mason"* beschreibt deutlich die Verbindung zwischen den Mysterienkulten des Altertums und der modernen Freimaurerei: *„Die Idee hinter der Hiram-Legende ist so alt wie das religiöse Denken der Menschen. Die gleichen Elemente gab es auch in der Geschichte des Osiris, den die Ägypter in ihren Tempeln verehrten, ebenso wie die alten Perser mit ihrem Gott Mithras. In Syrien enthalten die dionysischen Mysterien mit der Geschichte von Dionysius und Bacchus, einem Gott, der starb und wieder auferstand, sehr ähnliche Elemente. Es gibt auch die Geschichte von Tammuz, die genauso alt ist wie alle anderen. All dies bezieht sich auf die alten Mysterien. Sie werden von Geheimgesellschaften wie der unseren mit allegorischen Zeremonien gefeiert, bei denen die Eingeweihten in diesen alten Gesellschaften von einem Grad zum anderen aufsteigen. Lesen Sie diese alten Geschichten und staunen Sie, wie viele Menschen die gleiche große Wahrheit auf die gleiche Weise erhalten haben.* "[92]

Das Buch *der Freimaurer* lädt daher die Leser ein, die Geschichten der alten Mysterienreligionen zu lesen, um zu sehen, wie sie die gleiche *„große Wahrheit"* wie die Freimaurerei lehren. In dem Buch *„Eine Brücke zum Licht"* spricht der Freimaurer des 32. Grades Rex R. Hutchens auch über die *„großen Wahrheiten"* der Mysterien. So beschreibt er den 23. Grad des schottischen Ritus: *„Hier beginnen wir die symbolische Einweihung in die Mysterien, die von den Alten praktiziert wurden und durch die die Freimaurerei die großen Wahrheiten erhalten hat.* "[93]

In seinem Buch Symbolism of Freemasonry or Mystic Masonry schreibt der Freimaurer des 32. Grades J.D. Buck, dass „die Freimaurerei den alten

---

[91] *The Externalization of the Hierarchy* - Alice Bailey, 1974, S. 511-573.

[92] *Der Freimaurermeister*, S.9-10 - Großloge F. & A. M. von Indiana, Ausschuss für freimaurerische Bildung.

[93] *Eine Brücke zum Licht* - Rex R. Hutchens, 1988, S.194.

Mysterien mit ihren Symbolen und Allegorien nachempfunden ist, was aufgrund der starken Ähnlichkeiten mehr als zufällig ist."[94]

Henry C. Clausen, ein Freimaurer 33. Grades, schrieb in seinem Buch „Your Amazing Mystic Powers": „Die Freimaurerei steht an der Schwelle zu einem neuen Tag. Wegen der Unzulänglichkeit der modernen Theologie, der Unmöglichkeit des Materialismus und der Sterilität der akademischen Philosophie wenden sich die Menschen den ewigen Wahrheiten zu, die im Geheimnis der alten Mysterien verewigt sind."[95]

Der Freimaurer S.R. Parchment erklärte in seinem Buch Ancient Operative Masonry: „Die Hierophanten der universellen Wissenschaft und der erhabenen Philosophie lehren die großen Mysterien Ägyptens, Indiens, Persiens und anderer alter Nationen. Sie enthüllen die Geheimnisse der subtilen Kräfte der Natur für würdige und qualifizierte Kandidaten. Diese Anhänger werden auch in der Lehre der Universellen Bruderschaft unterwiesen und schließlich in das Bewusstsein des „Ich bin, der ich bin" eingeweiht. Diese Ideale sind die Wahrzeichen, Symbole und Traditionen der Alten Operativen Freimaurerei, mehr nicht."[96]

1896 schrieb Albert Mackey in der Geschichte der Freimaurerei über die Mysterienreligionen: „Es ist bekannt, dass es in den Mysterien wie in der Freimaurerei feierliche Geheimhaltungspflichten mit Strafen für die Verletzung des Eides gibt (...) Ich habe die Analogien zwischen den alten Mysterien und der modernen Freimaurerei nachgezeichnet: 1/ Die Vorbereitung, die in den Mysterien „Lustration" genannt wird, ist die erste Stufe der Mysterien und ist auch die Arbeit, die im Grad des Freimaurerlehrlings zu tun ist (der seinen Stein „polieren" oder aufrauhen muss). 2/ Einweihung (...) 3/ Vollkommenheit (...) Die Freimaurerei ist die ungebrochene Kontinuität der alten Mysterien, die Nachfolge dessen, was durch die Einweihungen des Mithras übermittelt wurde."

In der Tat sind die Analogien zwischen dem Mysterienkult des Mithras und der heutigen Freimaurerei zahlreich und unbestreitbar. In seinem Buch *„Sohn der Witwe"* führt Jean-Claude Lozac'hmeur mehrere dieser Ähnlichkeiten an. Zunächst einmal war der Mysteriensaal des Mithras unterirdisch und verfügte über eine Krypta, deren Decke mit Sternen geschmückt werden konnte, die das Universum symbolisierten, genau wie die Decke der Freimaurertempel. Die beiden Kulte haben den gleichen Grundriss: Auf jeder Seite des Saals befanden sich der Länge nach Bänke, zwischen denen vier kleine Säulen für den mithraischen Tempel und drei Säulen für den freimaurerischen Tempel standen. Die beiden Säulen Jakin und Boaz der modernen Logen entsprechen den beiden Säulen, die die Flachreliefs des Mithras einrahmen. Nicht zuletzt gibt es in beiden Kulten eine Einweihung, der Prüfungen vorausgehen, und mehrere Einweihungsgrade. Das Einweihungsritual des ersten Freimaurergrades ist fast identisch mit den Darstellungen der Einweihung in den

---

[94] *Symbolismus der Freimaurerei oder mystische Freimaurerei* - J.D. Bruck, 1925.

[95] *Your Amazing Mystic Powers* - Henry C. Clausen, 1985, S. xvii.

[96] *Ancient Operative Masonry and The Mysteries of Antiquity* - S.R. Pergament, 1996, S.11.

Mithraismus. In beiden Fällen werden die Augen des Kandidaten durch eine Augenbinde verschleiert, die von einer Figur hinter ihm gehalten wird, und in beiden Fällen überreicht ihm der Zeremonienmeister ein Schwert. Bei der Mithras-Einweihung ist der Kandidat nackt und sitzt mit auf dem Rücken gefesselten Händen, während bei der freimaurerischen Einweihung der Kandidat einen Arm und ein Bein nackt hat und mit freien Händen steht. Es ist mehr als wahrscheinlich, dass es sich um denselben Kult handelt, der die Jahrhunderte überlebt hat. Wie wir oben gesehen haben, praktizierte der Mysterienkult des Mithras tatsächliche Blutopfer, um den Eingeweihten in einer Form der Auferstehung und Reinigung durch das Blut des Stiers zu taufen.

Albert Pike selbst gab zu, dass die Freimaurerei ein Überbleibsel der antediluvianischen Religion sei, d.h. der Religion der Mysterien, der babylonischen Religion: *„Die Legende von den Granit-, Messing- oder Bronzesäulen, die die Sintflut überlebt haben, soll die Mysterien symbolisieren, von denen die Freimaurerei die legitime Nachfolge ist."*[97]

Albert Mackey stellt in „The History of Freemasonry" fest, dass „die traditionelle Geschichte der Freimaurerei vor der Sintflut beginnt. Es gab ein System der religiösen Unterweisung, das wegen seiner Ähnlichkeit mit der Freimaurerei auf der legendären und symbolischen Ebene von einigen Autoren als „antediluvianische Freimaurerei" bezeichnet wurde."[98]

Jules Boucher, ebenfalls Freimaurer, stellt in seinem Buch „La Symbolique Maçonnique" fest: „Die heutige Freimaurerei ist kein Überbleibsel der Mysterien des Altertums, sondern eine Fortführung dieser Mysterien."[99]

Angesichts all dieser Zitate ist es daher legitim, die Frage zu stellen: Vermittelt die moderne Freimaurerei ähnliche Einweihungen und Kenntnisse wie die, die vor der Sintflut, also zur Zeit Nimrods und Babylons, gelehrt wurden? Hat dieses geheime freimaurerische Wissen eine rein luziferische, d.h. auf Heidentum und Satanismus basierende Lehre beibehalten, die u.a. verdorbene Sexualpraktiken und Blutopfer (Sexualmagie und Dämonologie) beinhaltet? Opfern sie immer noch den *Stier* des Mithras? Praktizieren sie immer noch die Bluttaufe? Handelt es sich dabei um die *„Parasitenfreimaurerei"*, die schwarze Freimaurerei mit traumatischen Initiationsritualen, von der Albert Mackey spricht? Sind Traumata, die zu veränderten Bewusstseinszuständen, Blutopfern und pädokrimineller Sexualmagie führen, Initiationsschlüssel, die einige moderne Geheimgesellschaften nutzen, um Verbindungen zu bestimmten Wesenheiten herzustellen und so Macht und Stärke zu erlangen?

Die Behauptung vieler Freimaurer, sie stammten von den schändlichsten Mysterien des Altertums ab, beweist, dass die Freimaurerei durch ihre Lehren und Praktiken zur Wiederherstellung des antiken Heidentums in seiner größten Perversion neigt. Sind die modernen Geheimgesellschaften des freimaurerischen Typs die direkten Nachfahren der alten Mysterienreligionen und

---

[97] *Moral und Dogma*, Stufe 8 - Albert Pike.

[98] *The History of Freemasonry: Its Legendary Origins*, Pt.1 Prehistoric Masonry - Albert Gallatin Mackey, 2008, S.61.

[99] *La Symbolique Maçonnique* - Jules Boucher, 1985, S. 253.

Fruchtbarkeitskulte? Kulte, die Götter wie Baal, Moloch oder Dionysos (Bacchus) verehrten und zu deren Ritualen Opfer gehörten. Auch die Gruppensexualität war ein wesentliches Element dieser heidnischen Kulte, wobei der solare Phalluskult heute durch die Obelisken repräsentiert wird, die zu Ehren des „königlichen Freimaurergeheimnisses" auf unseren großen öffentlichen Plätzen stehen...

Der Autor von *Who Was Hiram Abiff*, J.S.M. Ward, berichtet, dass Menschenopferrituale in den Mysterienkulten der *Astarte*, des *Tammuz* und des *Adonis* praktiziert wurden, er schreibt: *„ Wir haben reichlich Beweise dafür, dass zu einer Zeit regelmäßig Menschenopfer an Astarte geopfert wurden ... Die üblichste Methode schien das Feuer zu sein, das Opfer wurde getötet, bevor es auf einen Scheiterhaufen gelegt wurde. Diese besondere Form des Opfers wurde mit Melcarth oder Moloch in Verbindung gebracht. Melcarth war Baal, der Gott der Fruchtbarkeit* (siehe am Ende dieses Kapitels 'Opferrituale im Alten Testament') *(...) Aus diesen archaischen Anfängen entwickelten sich die großen Mysterienriten und die Freimaurerei selbst, in denen den Menschen die Lehre von der Auferstehung der Seele und dem Leben nach dem Grab vermittelt wird. Alle diese primitiven Rituale sind mit dem Fruchtbarkeitskult verbunden. "*[100]

In seinem Buch *The Golden Bough* schreibt Sir James Frazer, dass Fruchtbarkeitskulte eine universelle primitive Religion darstellen, in der regelmäßig Menschenopfer dargebracht wurden. Im Jahr 1921 machte Margaret Murray mit der Veröffentlichung ihres Buches *The Witch Cult in Western Europe* das Wissen über diese Geheimreligionen populär. Murray stellt fest, dass die *„Hexenjäger"* des 16 und 17 Jahrhunderts einen echten Göttinnenkult entdeckt und aufgedeckt haben, der mit *der „Alten Religion"* verbunden war, d. h. mit hierarchisch organisierten Kulten, die sich nach einem bestimmten Kalender versammelten. Diese Zeremonien werden als *Sabbate bezeichnet*. Die orgiastischen Rituale des *Sabbats, zu denen* auch Blutopfer gehören können, sind Kulte, die mit der Fruchtbarkeit zusammenhängen.[101]

Für den indischen Historiker Narendra nath Bhattacharyya gibt es eine Art archaisches matriarchalisches Substrat, auf dem alle Religionen Indiens und des Nahen Ostens beruhen, von denen die meisten mit einer Form von Sexualmagie verbunden sind. Bhattacharyya weist auch darauf hin, dass die antiken Muttergöttinnenkulte von Isis, Astarte usw. in einem *„primitiven sexuellen Ritus* verwurzelt sind, *der auf der magischen Verbindung zwischen der Fruchtbarkeit der Natur und der menschlichen Fruchtbarkeit beruht. "*[102]

Hier einige Auszüge aus dem Buch *„Die antike griechische Welt",* die die rituellen Praktiken der antiken Religionen, insbesondere der Fruchtbarkeitskulte, veranschaulichen: *„Sofort ordnen sie um den großen Altar herum das prächtige Hekatom (eine große Anzahl von Tieren, die geopfert werden sollen) für den Gott an (...), erheben die Arme und beten laut: Du, dessen*

---

[100] „Wer war Hiram Abiff? - J.S.M.Ward, 1925, S.50-34-195.

[101] The Oxford Handbook of New Religious Movements - James R. Lewis, 2008.

[102] Magia Sexualis: Sex, Magie und Befreiung in der modernen westlichen Esoterik - Hugh B. Urban, 2006, S.22.

Bogen aus Silber ist, höre auf meine Worte... So betet er, und Phoebus Apollo hört sein Gebet. Das Gebet wird unterbrochen, die Gerstenkörner werden geworfen, die Köpfe der Opfer werden zum Himmel erhoben, die Kehlen werden aufgeschlitzt, die Haut wird entfernt, die Schenkel werden abgetrennt, sie werden in einer doppelten Schicht mit Fett bedeckt; Stücke rohen Fleisches werden auf sie gelegt (...) Opferung von verzehrbaren Gütern, gemeinsame Mahlzeit mit dem, was übrig bleibt. Alles findet unter freiem Himmel um einen einfachen Altar statt (...) Das Tieropfer bleibt der charakteristischste Ritus. Das Blut des Tieres ist in den Himmel gerichtet, und die Innereien werden trotz der ernsten Lage (die Griechen werden von der Pest bedroht) mit Freude gegessen. Der chthonische Kult wird über einer Grube praktiziert, wo das Blut direkt in die Erde fließt; das Fleisch wird vollständig als Holocaust verbrannt (...) Wir stellen fest, dass beide Rituale je nach den Umständen für denselben Gott verwendet werden können. Die chthonischen Riten sind an die höllischen Gottheiten gerichtet, begleiten bestimmte Sühneopfer, oft Eide, Opfer an das Meer und die Flüsse, an tote Helden (...) Einfache Opfergaben der Volkskulte, oft magischer Natur, kleine Tonstatuetten, die ersten Früchte der Ernte, Haare (...)) Die Tochter der Demeter, Kore-Persephone, die Jungfrau des Getreides, steigt im Sommer nach dem Dreschen des Getreides hinab, um sich ihrem höllischen Gemahl Pluto anzuschließen - oder Ploutos, d.h. der Reiche, reich an den in den Boden gegrabenen Silos oder an den halbvergrabenen Krügen, die mit der neuen Ernte gefüllt sind. Im Oktober kehrt sie zu ihrer Mutter zurück, um die Aussaat und die Wiederaufnahme der Vegetation zu erleben. Diese Rückkehr wird durch das Fest der Thesmophoria markiert (...) es ist den verheirateten Frauen vorbehalten, die allein Trägerinnen der Fruchtbarkeit sind. Zu diesem Zeitpunkt werden die verfaulten Schweine aus den Gruben geholt, in die sie als Opfer für Eubouleus geworfen worden waren, und ihre Überreste, vermischt mit Getreidesamen, sorgen für die Fruchtbarkeit des Bodens (...) Dies ist nur ein Beispiel für die zahllosen Zeremonien, die die Fruchtbarkeit des Bodens sicherstellen sollen (...) Einige Heiligtümer verdanken ihren Ruf auch ihrer Orakelfunktion. Es wird zugegeben, dass es viele Zeichen gibt, mit denen sich die Götter an die Menschen wenden (...) der Flug der Vögel, die Eingeweide der geopferten Opfer (...) Das berühmteste ist zweifellos das Orakel von Delphi, das Apollon von dem Land geerbt hat, das ihm dort vorausgegangen war. Die Konsultation der Pythia ist das beliebteste Verfahren. Nach Abschluss der vorbereitenden Formalitäten (Reinigung, Weihe des „Pelanos", Opferung eines Opfers an Apollo, eines weiteren an Athene) und nachdem man sich vergewissert hat, dass der Gott zuhört, wird der Berater in den hinteren Teil des Tempels, das „Adyton", geführt, wo sich die Pythia befindet, die auf dem Dreibein installiert ist, das die Orakelgrube bedeckt."[103]

Im Dictionnary of Satanism schreibt Wade Baskin über Fruchtbarkeitskulte: „In der klassischen Mythologie ist Dionysos der Gott des Weins und der Fruchtbarkeit. Sein Kult verbreitete sich bis nach Thrakien, und vor allem Frauen waren in diese orgiastischen Rituale eingebunden. In ihrem

---

[103] *Le monde grec antique* - Marie Claire Amourreti & Françoise Ruzé, 1978, Kap.8.

ekstatischen Rausch verließen die Mänaden ihre Häuser, zogen über die Felder und Hügel und tanzten, während sie ihre brennenden Fackeln drehten. In ihrer Leidenschaft fingen und zerrissen sie Tiere, manchmal sogar Kinder, und verzehrten ihr Fleisch, um auf diese Weise die Gemeinschaft mit der Gottheit zu erlangen (...) In einigen heidnischen Religionen gab es Einweihungen durch geheime Rituale, die der Öffentlichkeit nicht mitgeteilt wurden. Das geheime Wissen, das der Eingeweihte erhielt, verschaffte ihm Vorteile in seinem gegenwärtigen Leben und in seinem Leben nach dem Tod... Die dionysischen Mysterien waren an vielen Orten präsent. Die orgiastischen Zeremonien erforderten das Trinken des heiligen Weins, das Essen des rohen Fleisches des geopferten Tieres und das Trinken seines Blutes. Das ultimative Ziel eines solchen Kultes war es, Unsterblichkeit zu erlangen."

Walter Leslie Wilmshurst hat in seinem Buch „The Meaning of Masonry" (Der Sinn der Freimaurerei) festgestellt, dass die Freimaurerei in der Tat von den alten Mysterien abstammt, bei denen das Erreichen der Unsterblichkeit, d. h. das „Gott-Werden", im Mittelpunkt steht. Dieses Streben nach Unsterblichkeit ist eine Konstante in allen luziferischen Kulten, in allen heidnischen Lehren: „Diese Vorstellung, die die Entwicklung des Menschen zu einem 'Übermenschen' betrifft, war immer das Ziel der alten Mysterien. Das eigentliche Ziel der modernen Freimaurerei sind nicht die sozialen oder karitativen Werke, die vorgeschlagen werden, sondern die Beschleunigung der geistigen Entwicklung derjenigen, die danach streben, ihre menschliche Natur zu vervollkommnen, um sich in eine Art Gott zu verwandeln. Diese Sache ist eine präzise Wissenschaft, eine königliche Kunst, die jeder von uns in die Praxis umsetzen kann. Wer sich dieser Kunst zu einem anderen Zweck anschließt als dem, diese Wissenschaft zu studieren und zu praktizieren, missversteht ihre wahre Bedeutung, die in der bewussten Verwirklichung unserer göttlichen Möglichkeiten besteht."[104]

In seinem Buch „Die verlorenen Schlüssel der Freimaurerei" sagt der Luziferianer Manly Palmer Hall: „Wenn ein Freimaurer erfährt, dass die Bedeutung des Kriegers auf der Tafel in Wirklichkeit einen Dynamo darstellt, der lebendige Kraft ausstrahlt, dann entdeckt er das Geheimnis seines edlen Berufs. Die sprudelnden Energien Luzifers sind in seinen Händen. Bevor er beginnen kann, voranzukommen und aufzusteigen, muss er beweisen, dass er in der Lage ist, diese Energien richtig zu nutzen (...) Der Mensch ist ein Gott im Werden, und wie in den mystischen Mythen Ägyptens mit der Töpferscheibe muss er geformt werden."[105]

Wilmshurst schreibt in „Die freimaurerische Einweihung": „Nur wenige Freimaurer wissen, was wahre Einweihung bedeutet... Wahre Einweihung besteht aus einer Erweiterung des Bewusstseins vom menschlichen zum göttlichen Zustand... Der Mensch hat dieses Ding in sich, das ihn befähigt, sich von der sterblichen, tierischen Stufe zur unsterblichen, übermenschlichen, göttlichen Stufe zu entwickeln... Kann dieser Prozess der menschlichen

---

[104] *Die Bedeutung der Freimaurerei* - Walter Leslie Wilmshurst, 1922, S.47.

[105] *Die verlorenen Schlüssel zur Freimaurerei* - Manly P. Hall, 1976, S.48.

Evolution beschleunigt werden? Um den tierischen Menschen in ein erleuchtetes göttliches Wesen zu verwandeln? Auf diese Fragen antworten die Alten Mysterien: „Ja, die menschliche Evolution kann bei Eingeweihten beschleunigt werden.“[106]

Was sind diese okkulten Praktiken, die die spirituelle Entwicklung des Menschen beschleunigen und ihn dazu bringen, ein göttliches Wesen und sogar ein Gott zu werden? Diese Mysterien bleiben den Eingeweihten der Hohen Logen und der Hinteren Logen oder vielmehr des *Arcanum Arcandrum, der* oben von Manly P. Hall beschriebenen Unsichtbaren Bruderschaft, vorbehalten. Einige scheinen jedoch das Schweigegelübde gebrochen zu haben, wie Bill Schnoebelen, der diese freimaurerische *„Königliche Kunst“* oder das *„Königliche Geheimnis“* als Schlüssel zur Unsterblichkeit bezeichnet. Es wäre eine Öffnung hin zu anderen alternativen Universen, in denen sich das Individuum wie ein Gott entwickelt... Wilmshurst spricht von einer echten Beschleunigung der Evolution, ohne jedoch Einzelheiten über die Praktiken zu verraten, die den Zugang dazu ermöglichen. Laut Schnoebelen würde diese königliche Kunst operative Sexualmagie, *transjugothische* Magie, einsetzen, um den Zugang zu bestimmten Dimensionen zu ermöglichen. Einige Autoren behaupten, dass die Anwendung von Sexualmagie ein Mittel sein kann, um viel schneller als jede Meditationstechnik Zugang zum Unterbewusstsein zu erhalten. Dissoziative Trancezustände ermöglichen es auch, andere Dimensionen des Seins zu erreichen und *eine* Art *Erleuchtung zu erlangen.* Der satanische rituelle Missbrauch, der sowohl mit Trauma als auch mit Sexualität verbunden ist, verbindet somit Dissoziation (tiefe veränderte Bewusstseinszustände) und Sexualmagie. Zwei mächtige Katalysatoren für den Zugang zu anderen Dimensionen und zur Erlangung von „Macht“. Die Therapeutin Patricia Baird Clarke spricht von „lebenden Opfern“, die buchstäblich als „Batterien“ dienen: *„Ein hilfloses Baby oder Kind wird auserwählt, das lebende Opfer für Satan zu sein. Das Kind wird dann zahlreichen schmerzhaften und furchterregenden Ritualen unterzogen, bei denen die Dämonen dazu aufgerufen werden, von dem Kind Besitz zu ergreifen und es zu einem 'Reservoir' oder einer Batterie für die Speicherung satanischer Kräfte zu machen, die von den Sektenmitgliedern nach Belieben eingesetzt werden können (...) Die häufigste Art und Weise, wie auf diese Kräfte zugegriffen wird, ist die sexuelle Perversion des Kindes.* Wir werden später in diesem Kapitel auf die Sexualmagie zurückkommen...

In *„Die freimaurerische Einweihung“* beschreibt Wilmshurst sehr gut, wie veränderte Bewusstseinszustände, tiefe dissoziative Zustände, ein wesentlicher Punkt in der freimaurerischen Einweihung sind: *„Bestimmte dissoziative Zustände treten selbst bei den ausgeglichensten und gesündesten Personen natürlich auf (...) eine vollständige 'Ekstase', ein Zustand, in dem sich das Bewusstsein dann vom Ego und dem physischen Körper trennt. Erscheinungen und sogar Handlungen aus der Ferne sind wohlbekannte Tatsachen. Solche Phänomene lassen sich durch die Existenz eines Vehikels erklären, das subtiler ist als der grobstoffliche Körper, und das Bewusstsein*

---

[106] *Freimaurerische Initiation* - Walter Leslie Wilmshurst, 1992, S.27.

kann vorübergehend von einem zum anderen übergehen. Diese beiden Körper sind in der Lage, in völliger Unabhängigkeit zusammenzuarbeiten (...) Ein Meister ist jemand, der jene Unfähigkeiten überwunden hat, denen der durchschnittliche unterentwickelte Mensch unterworfen ist. Er hat volles Wissen und Kontrolle über alle seine Teile, ob sein physischer Körper wach ist oder schläft, er hält einen kontinuierlichen Bewusstseinszustand aufrecht. Er ist in der Lage, sich von den weltlichen Angelegenheiten zu lösen und sie durch andere, überphysische zu ersetzen. Er kann sich von seinem physischen Körper entfernen, er kann sich über das Weltliche hinaus auf höhere Ebenen der kosmischen Skala bewegen... Die Einweihung findet immer dann statt, wenn sich der physische Körper in einem Trance- oder Schlafzustand befindet und wenn das Bewusstsein, das vorübergehend freigesetzt wird, auf eine höhere Ebene übertragen wird."[107]

In diesem Auszug beschreibt Wilmshurst eindeutig einen dissoziativen Zustand mit Dekoration, einen „astralen Ausgang". Er beschreibt in seinem Buch auch die „Silberschnur", die den physischen Körper mit dem Astralkörper während dieser Ausgänge verbindet (mehr dazu in Kapitel 6). Um diese tiefen veränderten Bewusstseinszustände und Astralausgänge auszulösen, ist das Trauma eine der radikalsten und leider auch wirksamsten Techniken. Wie weit kann ein Eingeweihter gehen, um das *Licht* zu empfangen ... oder um es jemand anderem zu geben? Um zum Beispiel ein Kind einzuweihen? Ist das Erlernen des Leidens und das Erlernen, andere leiden zu lassen, eine der dunkleren Initiationen? Kann die durch das Leiden hervorgerufene Dissoziation ein Mittel sein, um zur „*Erleuchtung"* zu gelangen, *die* in bestimmten Kreisen so sehr angestrebt wird?

In einer Freimaurerzeitschrift aus dem Jahr 1929 mit dem Titel „*Freemasonry Universal (Vol. 5)"* wird ein Teil des Initiationsritus für den Lehrlingsrang beschrieben, in dem der Elektroschock erwähnt wird. Das hört sich recht harmlos an, aber es sollte beachtet werden, dass Elektroschocks eine der effektivsten Methoden sind, um mentale Dissoziation und einen Zustand der Zeitlosigkeit zu erzeugen. Überlebende von rituellem Missbrauch und Bewusstseinskontrolle berichten häufig, dass Sklaven mit Elektroschocks in dissoziative Zustände gequält werden. Hier die Beschreibung des freimaurerischen Rituals: „*Bestimmte Kräfte werden während der Zeremonie durch den Körper des Kandidaten geschickt, insbesondere zu dem Zeitpunkt, wenn er zum Freimaurerlehrling ernannt und aufgenommen wird. Bestimmte Teile der Hütte waren stark magnetisch aufgeladen, damit der Kandidat möglichst viel von dieser Kraft aufnehmen konnte. Bei dieser merkwürdigen Einweihungsmethode geht es zunächst darum, die verschiedenen Körperteile, die während der Zeremonie benutzt werden, diesem Einfluss auszusetzen. Im alten Ägypten wurde mit Hilfe eines Stabes oder Schwertes, mit dem der Kandidat an bestimmten Stellen berührt wurde, ein schwacher elektrischer Strom durch ihn geschickt. Unter anderem aus diesem Grund wird der Kandidat*

---

[107] *Freimaurerische Einweihung* - Walter Leslie Wilmshurst, 1992, S. 84-86.

während dieser ersten Initiation von allen Metallen befreit, da diese den Stromfluss leicht stören können. "

Der *Verehrungswürdigste Meister (V.W.M.)* muss ein hervorragender Okkultist sein, denn er ist es, der den Kandidaten bei der Einweihung „auflädt". Wie es in der *Freimaurerei Universal* heißt: „*Der V.M.T. gibt das Licht, das reine weiße Licht der Wahrheit und der Erleuchtung.* Illumination", auch Kundalini, die Schlangenkraft, auch elektromagnetische Kraft, auch sexuelle Energie usw. genannt.[108]

Lynn Brunets oben erwähntes Buch „*Terror, Trauma und das Auge im Dreieck"* *ist* *eine* Untersuchung über den Einfluss freimaurerischer Initiationspraktiken auf die zeitgenössische Kunstproduktion. Brunet argumentiert, dass die Riten und Konzepte der freimaurerischen Tradition symbolisch den Prozess und die Auswirkungen des Traumas auf das Funktionieren der menschlichen Psyche beinhalten. Hier ein Auszug: „*Diese menschliche Fähigkeit, Schrecken und intensiven emotionalen oder körperlichen Schmerzen durch Verleugnung und Dissoziation zu entkommen, könnte von der Freimaurerei ausgenutzt worden sein, um mystische Erfahrungen zu machen. Durch die Beeinträchtigung der Gehirnprozesse durch ein physisches oder psychisches Trauma (Schock, Terror, Hypnose) kann der Geist eine Störung des Zeitgefühls und ein Gefühl der Zeitlosigkeit erfahren. Wie William James in Exploring the World of the Celts darlegt, können solche Erfahrungen ein Gefühl von absolutem Mut, Unbesiegbarkeit und Unsterblichkeit hervorrufen. Das Gefühl der Unbesiegbarkeit, das dadurch entsteht, wird in Kriegerkulturen eindeutig genutzt. Prudence Jones und Nigel Pennick stellen in ihrem Buch „A History of Pagan Europe" fest, dass die Freimaurerei mit den alten Praktiken des Druidentums, der Kriegskultur, der Opfer und der Magie verbunden ist. "*[109]

Hier ist eine Illustration dieser Vorstellungen von Zeitlosigkeit, Unbesiegbarkeit und Unsterblichkeit, die durch dissoziative Zustände verursacht werden. In der skandinavischen Tradition ist der *Berserker* ein Krieger, der in einem Trancezustand kämpft, der durch seinen Tiergeist (ein Bär, ein Wolf oder ein Wildschwein) hervorgerufen wird. Dieser Tiergeist verleiht ihm Superkräfte, er gerät in einen Zustand der Unbesiegbarkeit und wird zu unglaublichen Leistungen fähig. Im Englischen bedeutet der Begriff *„to go berserk"* umgangssprachlich „durchdrehen" oder „die Kontrolle über sich selbst verlieren". Diese Krieger Odins waren in Bruderschaften zusammengeschlossen, in denen jeder Anwärter eine Einweihungsprüfung bestehen musste, z. B. das rituelle Töten eines Bären und das anschließende Trinken seines Blutes, damit die Kraft des Tieres in ihn einfließen konnte. Der Krieger wurde daraufhin zum *Berserker* und erhielt zusätzlich zu seiner Wut die Gabe der Metamorphose, die es ihm ermöglicht, die Wahrnehmung der anderen zu verändern, indem er in Tiergestalt erscheint. Während ihrer Wutanfälle ließen die *Berseker* ihren menschlichen Verstand verblassen und überließen die

---

[108] *Okkulte Theokratie* - Edith Queenborough, 1933.

[109] „Terror, Trauma und das Auge im Dreieck: die freimaurerische Präsenz in der zeitgenössischen Kunst und Kultur" - Lynn Brunet, 2007, S.75.

Kontrolle dem tierischen Verstand. Alle jungen Krieger mussten ein wichtiges Ritual mit dem Hexenmeister ihrer Bruderschaft durchlaufen: das Ritual des Erwachens. Dieses Ritual war die Quelle ihres *heiligen Zorns*... entweder sie überlebten oder sie starben. In der *Ynglinga Saga* werden diese Krieger wie folgt beschrieben: „*Seine (Odins) Männer zogen ungepanzert aus, wütend wie Hunde oder Wölfe, bissig in ihre Schilde, stark wie Bären oder Stiere, und töteten Menschen mit einem Schlag, aber sie wurden nicht von Eisen oder Feuer gestochen. Sie wurden Berserker genannt.*" (Wikipedia)

Hier haben wir ein gutes Beispiel dafür, was ein tiefer Zustand veränderten Bewusstseins ist, ein dissoziativer Trancezustand, in dem der Krieger jenen *absoluten* Mut erlangt, der ein Gefühl der physischen Unbesiegbarkeit und Unsterblichkeit hervorruft. Den menschlichen Verstand verblassen zu lassen und dem tierischen Verstand die Kontrolle zu überlassen, kann bedeuten, dass es sich um eine Spaltung der Persönlichkeit des Kriegers handelt, eine tiefe dissoziative Störung, die zur Erschaffung einer tierischen Persönlichkeit führt, in diesem Fall eines Bären oder Wolfs. Dies ist das, was man heute als Dissoziative Identitätsstörung bezeichnet, bei der eine der anderen Persönlichkeiten wirklich glaubt, ein Tier zu sein (siehe Kapitel 5). Der Aspekt der Bruderschaft, der Initiationsrituale mit einem Hexenpriester beinhaltet, verstärkt die Möglichkeit einer traumabasierten Programmierung, wenn man dem *Ritual des Erwachens* Glauben schenkt, aus dem der Kandidat möglicherweise nicht lebend herauskommt! ... wenn er überlebte, dann mit einem *heiligen Zorn*, d.h. mit einer durch die Traumata gespaltenen Persönlichkeit. Der Krieger wurde mit einer anderen Persönlichkeit zurückgelassen, die durch die während des Rituals erlittenen Traumata „wütend" wurde. Der dissoziative Prozess ist ein Schlüssel zur Initiation, der in verschiedenen Kulturen zu finden ist. Es ist wahrscheinlich, dass Dissoziation und Persönlichkeitsspaltung immer noch ein wichtiger Punkt in den Initiationsprotokollen moderner Geheimgesellschaften sind.

In seinem Werk „*Metamorphosen*" scheint der Schriftsteller Apuleius seine eigene Einweihung in die Mysterien von Isis und Osiris zu beschreiben, in die er während seines Aufenthalts in Griechenland eingeweiht worden sein soll: „*Der Hohepriester entlässt dann die Profanen, lässt mich mit einem Gewand aus ungebleichtem Leinen bekleiden und führt mich bei der Hand in den tiefsten Teil des Heiligtums. Zweifellos, mein Freund und Leser, wird Ihre Neugierde geweckt, was gesagt und was danach getan wurde. Ich würde es sagen, wenn ich es sagen dürfte; ihr würdet es lernen, wenn ihr es lernen dürftet. Aber es wäre ein Verbrechen in gleichem Maße für die selbstbewussten Ohren und für den verräterischen Mund. Wenn es aber ein religiöses Gefühl ist, das Sie beseelt, dann hätte ich Skrupel, Sie zu quälen. Hört und glaubt, denn was ich sage, ist wahr. Ich habe die Pforten des Todes berührt; mein Fuß hat auf der Schwelle der Proserpina geruht. Bei meiner Rückkehr habe ich die Elemente durchquert. In der Tiefe der Nacht sah ich die Sonne scheinen. Götter der Hölle, Götter des Empyreums, alle wurden von mir von Angesicht zu Angesicht gesehen und aus nächster Nähe angebetet. Das ist es, was ich Ihnen zu sagen habe, und Sie werden nicht mehr erleuchtet sein.*[110]

Wir finden hier also drei wesentliche Bestandteile von Geheimbünden freimaurerischer Art: Tod und Auferstehung, die Prüfung durch die Elemente und schließlich die Erleuchtung. Es ist möglich, dass es sich um ein traumatisches Ritual handelt, bei dem der Initiationskandidat eine Erfahrung an der Grenze zum Tod macht (*Ich habe die Pforten des Todes berührt*) und dabei in einen tiefen Zustand der Dissoziation gerät, *der* sein Bewusstsein *erhellt* (*Ich sah die Sonne scheinen*), so wie die Indianer beim „Sonnentanz" in eine dissoziative Trance fallen. Ein „Tanz", der nicht mehr und nicht weniger ist als ein traumatisches Ritual, das darauf abzielt, den Eingeweihten in veränderte Bewusstseinszustände zu versetzen (wir werden weiter unten auf diesen indianischen „Sonnentanz" zurückkommen).

Das alte Ägypten scheint der Treffpunkt zwischen der dunklen Seite der modernen Geheimgesellschaften und dem Satanismus zu sein, den Wurzeln des Phalluskults. Die Arbeit von David L. Carricos Werk mit dem Titel „*Die ägyptisch-freimaurerisch-satanische Verbindung*" gibt uns einige Einblicke in diese Frage.

Der amerikanische Satanist Michael Aquino, der wiederholt des rituellen Missbrauchs und der Gedankenkontrolle von Kindern beschuldigt wurde (ohne dass es zu einer Verurteilung kam), gründete 1975 den *Temple of Set*, einen bekannten okkulten satanischen Orden in den Vereinigten Staaten. *Set* ist der ägyptische Name für Satan, Albert Churchward schreibt: „*Dieser Sut oder Set war ursprünglich ein Gott der Ägypter, aber er war auch der Gott des Südpols oder der südlichen Hemisphäre, was durch die Denkmäler sowie durch das Ritual reichlich bewiesen und bestätigt wird. Set oder Sut ist laut Plutarch der ägyptische Name für Typhon, den Satan des christlichen Kultes.*"[111]

In seinem Buch „*Antichrist Osiris*" schreibt Chris Relitz, dass laut Plutarch, dem griechischen Historiker des alten Roms, die Witwe des Osiris die Mysterienreligion gegründet hat. Während sich die Mysterienreligionen vom alten Babylon aus über die ganze Welt verbreiteten, traten sie an verschiedenen Orten in Erscheinung, indem sie nur die Namen der Götter änderten und einige Variationen in den Ritualen vornahmen. In Ägypten scheinen sich die Mysterien auf der höchsten Stufe entwickelt zu haben. Der Freimaurer des 33. Grades Manly Palmer Hall schrieb in seinem Buch „*Freimaurerei der alten Ägypter*": „*Es ist heute allgemein anerkannt, dass die Ägypter von allen alten Völkern am besten in den okkulten Wissenschaften der Natur ausgebildet waren. Die weisesten Philosophen anderer Völker besuchen Ägypten, um von den Priestern von Theben, Memphis und Hermopolis in die heiligen Mysterien eingeweiht zu werden.*"[112]

---

[110] *La Symbolique Maçonnique* - Jules Boucher, 1985, S. 253-254.

[111] *The Arcana of Freemasonry: A History of Masonic Symbolism* - Albert Churchward, 2008, S.55.

[112] *Die Freimaurerei der alten Ägypter* - Manly P. Hall, 1965, S.7.

Es ist unbestreitbar, dass der ägyptische Mysterienkult eine tiefe Verbindung zur modernen Freimaurerei hat. In seinem Buch *Freemasonry its Hidden Meaning* schreibt George H. Steinmetz: *„Unabhängig vom Ursprung der modernen Loge oder des Namens 'Freimaurer' können wir, nachdem wir die Symbolik der modernen Anpassungen entfernt haben, in der Freimaurerei die Umrisse der Lehren der alten Mysterien Ägyptens erkennen."*[113]

Manly P. Hall schrieb in „The Lost Keys of Freemasonry": „Frühe Freimaurer-Historiker wie Albert Mackey, Robert Freke Gould und Albert Pike hatten ein gemeinsames Ziel, nämlich eine endgültige Übereinstimmung zwischen der Hiram-Legende der Freimaurerei und dem Osiris-Mythos, der in den Initiationsritualen der Ägypter dargelegt wurde, herzustellen."[114]

In seinem Buch *„Les Origines Égyptiennes des Usages et Symboles Maçonniques"* stellt der Freimaurerhistoriker Jean Mallinger zweifelsfrei fest, dass der Anwärter auf den Meistertitel symbolisch Horus darstellt: *Unser Bruder Goblet d'Alviella hat uns in seiner Studie über die Ursprünge des Meistergrades gezeigt, dass der Eingeweihte in Wirklichkeit durch den jungen Horus symbolisiert wurde, den Sohn der Witwe, seiner göttlichen Mutter Isis, deren Ehemann Osiris von Set (oder Typhon) ermordet worden war."*[115]

Dies wird im offiziellen „Interpretativen Katechismus des Meistergrades" bestätigt: Auf die Frage „Wer ist die Witwe, von der die Freimaurer sagen, dass sie ihre Söhne sind?" muss der Postulant antworten: „Es ist Isis, die Personifikation der Natur, die universelle Mutter, die Witwe des Osiris, der unsichtbare Gott, der die Intelligenzen erleuchtet."

Es handelt sich also um einen Kult der „Muttergöttin" im Gegensatz zu Gottvater (der, wie wir oben gesehen haben, in dieser luziferischen Doktrin als „böser Gott" betrachtet wird). Die Muttergöttin ist mit der Fruchtbarkeit verbunden, ein Glaube, der sich systematisch in den Mysterienreligionen findet, die rituellen Gruppensex mit Blutopfern als Teil eines Fruchtbarkeitskults praktizierten. Laut Sir James George Frazer gehörten zu den ägyptischen Riten auch Menschenopfer. In seinem Buch *„The Golden Bough"* schreibt Frazer: *„Was die alten Ägypter betrifft, so können wir von Manetho (ägyptischer Historiker und Priester) sagen, dass sie rothaarige Männer zu opfern und zu verbrennen pflegten und dann ihre Asche verstreuten (...) diese barbarischen Opfer wurden von den Königen am Grab des Osiris dargebracht. Wir können davon ausgehen, dass die Opfer Osiris selbst darstellten, der jedes Jahr durch diese Opfer getötet, zerstückelt und verbrannt wurde, um das Wachstum der Samen in der Erde zu beschleunigen (...) Die rote Farbe der armen Opfer ist signifikant. In Ägypten mussten die Ochsen, die geopfert wurden, ebenfalls rothaarig sein; ein einziges schwarzes oder weißes Haar am Tier disqualifizierte es für die Opferung."*[116]

---

[113] *Die Freimaurerei in ihrer verborgenen Bedeutung* - Georges H. Steinmetz, 1976, S. 46.

[114] *The Lost Keys of Freemasonry* - Manly P. Hall, Macoy Publishing & Masonic Supply Co, S. 101.

[115] *Les Origines Égyptiennes des Usages et Symboles Maçonniques* - Jean Mallinger, 1978, S.47.

[116] *Der goldene Zweig* - George Frazer, 1922, S.439.

Enthalten die altägyptischen Mysterienkulte, auf die die moderne Freimaurerei so stolz zu sein scheint, traumatische Rituale mit Orgien und Blutopfern zu Ehren der „Göttin"? Sind all diese Lehren im Zusammenhang mit dem Fruchtbarkeitskult in unseren „modernen" Gesellschaften noch relevant? Werden all diesen Göttern und Göttinnen heute noch von bestimmten Sekten Opfergaben dargebracht? Ist die Zeit der Pharaonen nicht längst Geschichte? Die zahlreichen Obelisken (der Phalluskult), die auf den großen Plätzen unserer modernen Hauptstädte entstanden sind, deuten vielleicht darauf hin, dass dies nicht der Fall ist... So wie gewisse Revolutionäre und Denker der „Aufklärung", für die Isis die Göttin von Paris (Parisis) war. Pharaonen und moderne Templer scheinen nicht völlig verschwunden zu sein...

Wenden wir uns nun dem *ägyptischen Totenbuch* zu. Es handelt sich um eine Reihe von Schriften (Papyri), die in ägyptischen Gräbern entdeckt wurden. Die alten Ägypter schrieben das *Buch der Toten* dem Gott Thoth zu, der als mythischer Autor der magischen Formeln in diesem heiligen Buch gilt. Das *ägyptische Totenbuch* aus dem Jahr 1500 v. Chr. beschreibt deutlich die Praxis magischer und traumatischer Rituale. In seinem Buch *„The Soul in Egyptian Metaphysics and The Book of the Dead"* vergleicht Manly P. Hall dieses altägyptische heilige Buch mit transzendentaler Magie: *„Das Totenbuch hat einen modernen Titel erhalten, der leider nicht wirklich seiner ägyptischen literarischen Bedeutung entspricht. Der Grund für diesen Titel liegt auf der Hand, aber der Eindruck, den er vermittelt, ist seltsam unzureichend. Der Text ist in der Tat von einem Geist der transzendentalen Magie beherrscht."*[117]

In The Lost Keys of Freemasonry schreibt Manly P. Hall außerdem, dass „wenn die Identifizierung des Osiris-Mythos mit dem Hiram-Mythos akzeptiert wird, dann ist das 'Totenbuch' der Schlüssel zur freimaurerischen Symbolik, der eine verborgene Schönheit hinter den Ritualen, eine ungeahnte Pracht in den Symbolen und eine göttliche Absicht offenbart, die den gesamten freimaurerischen Prozess aktiviert."[118]

Wie Sie sehen werden, enthält *das ägyptische Totenbuch* blutige Lehren und (symbolische?) Praktiken, die mit einigen Beweisen für modernen rituellen Missbrauch durch Satanisten verglichen werden können. Das heilige Buch beschreibt in einigen Passagen die Interaktion zwischen der Seele der Toten und den Göttern (Dämonen). Eine Symbolik voller *„Glanz"*, so der luziferische Okkultist Manly P. Hall... Die Götter, die nichts anderes als gefallene Engel sind, werden als *„Blutfresser"*, *„Darmfresser"* und *„Knochenbrecher"* beschrieben. In dem Buch ist einige Male von einer *„Folterkammer"* die Rede, ein Begriff, der für Überlebende von traumabedingter Gedankenkontrolle sicherlich Bände sprechen wird. Hier sind einige Auszüge aus einer Übersetzung: *„Hier ist also dieser große Gott des Schlachtens, mächtig vor Schrecken, er wäscht sich in deinem Blut, er badet in deinem Blut. Er hat die Herzen der Götter genommen, er hat das Rote gegessen, er hat das Grüne verschlungen, ihre Reize (Magie) sind in seinem Bauch, er hat das Wissen aller Götter verschlungen."* / *„Unas*

---

[117] *Die Seele in der ägyptischen Metaphysik und im Buch der Toten* - Manly P. Hall, 1965, S. 15.

[118] *The Lost Keys of Freemasonry* - Manly P. Hall, Macoy Publishing & Masonic Supply Co, S. 106.

(der König) verschlingt die Menschen und lebt über den Göttern, der, der die Skalps schneidet" / *„Unas wog seine Worte mit dem verborgenen Gott, der keinen Namen hat, am Tag des Zerreißens des Neugeborenen"* / *„der die Körper der Toten verschlingt und ihre Herzen verschlingt, aber er bleibt unsichtbar."* [119]

Die Priester der ägyptischen Mysterienkulte praktizierten die Theurgie, eine so genannte höhere Magie, die darauf abzielte, direkt mit den Göttern zu kommunizieren. Porphyr (neuplatonischer Philosoph) berichtet, dass der griechisch-römische Philosoph Plotin sich einmal bereit erklärte, einer theurgischen Sitzung beizuwohnen: *„Ein ägyptischer Priester, der nach Rom kam und Plotin von einem Freund vorgestellt wurde, hatte den Wunsch, ihm seine Kräfte zu demonstrieren, und bot an, eine spürbare Manifestation des Leitgeistes von Plotin zu beschwören. Plotin akzeptierte bereitwillig, und die Beschwörung fand im Isistempel statt, dem einzigen reinen Ort, den er, wie es heißt, in Rom finden konnte. Auf den Ruf hin erschien eine Gottheit, die nicht zur Klasse der Daimonen gehörte, und der Ägypter rief aus: „Du bist besonders begünstigt, denn der leitende Daimon in dir ist nicht von niederem Rang, sondern ein Gott."* [120]

Das Wort „Daimon" stammt aus dem Griechischen und bedeutet „Dämon" oder „übernatürliches Wesen", das manchmal als „persönlicher Geist", „Schutzgeist", „vertrauter" Dämon oder als Vermittler zwischen Göttern und Sterblichen interpretiert werden kann. In diesem MK-Buch wird das Wort „Dämon" oder „dämonisch" regelmäßig verwendet, um luziferische Wesenheiten zu beschreiben, d. h. gefallene Engel, die den Menschen mit allen Mitteln zu *Fall* bringen wollen, mit der erklärten Absicht, ihn in den Status eines Gottes zu *erheben.* Dies ist die Umkehrung, die derzeit in unserer Welt stattfindet, und sie ist das Hauptanliegen unserer Eliten: der geistige Fall, der die materielle Anbetung hervorruft, um zur Anbetung des Menschen zu führen, der schließlich den Fürsten dieser Welt, Luzifer, anbetet, den „zivilisierenden" Gott, der Licht, Wissen und Emanzipation von einem sogenannten „bösen" Gott bringt: dies ist die transhistorische Gnosis, die von Prof. Jean Claude Lozac'hmeur beschrieben wird.

Die Verwendung von Magie und traumatischen Ritualen, um mit Dämonen in Kontakt zu treten, d.h. luziferische Rebellion, um eine Anleitung zu erhalten, den Menschen zu einem Gott zu machen, ist eines der wichtigsten Vorrechte der luziferischen Sekten freimaurerischer Prägung. Der Freimaurer Oswald Wirth nennt diese Wesenheiten aus einer anderen Dimension die *konstruktiven Intelligenzen der Welt* oder die *Meister,* die den hohen Eingeweihten (den *Unbekannten Oberen*), die mit den *hohen Sphären des Jenseits* verbunden sind, ihre Weisungen übermitteln... [121]Ein ganzes Programm,

---

[119] *Das ägyptische Totenbuch (Der Papyrus von Ani)* Transliteration und Übersetzung des ägyptischen Textes - E.A. Wallis Budge, 1967.

[120] *Die Griechen und das Irrationale* - E.R. Dodds, 1977, S.286.

[121] *Die Freimaurerei für ihre Anhänger verständlich gemacht Band III* - Oswald Wirth, 1986, S.219-130

Kapitel 6, wird sich mit dieser entscheidenden Frage der Verbindung zu anderen Dimensionen beschäftigen.

Nach Charles Webster Leadbeater gibt es eine *„Schwarze Freimaurerei"*, die sich zwischen dem 19. und 30. Grad des Schottischen Ritus dem Studium des Bösen widmet, wobei der 30. In seinem Buch *The Ancient Mystic Rites (Die alten mystischen Riten)* definiert Leadbeater diese Schwarze Freimaurerei wie folgt: *„Nur wenige der ägyptischen Brüder scheinen über den Grad des Rosenkreuzers hinausgegangen zu sein, sie sind diejenigen, die mehr wissen müssen als die herrliche Offenbarung der Liebe Gottes, die sie in dem erhalten haben, was wir den achtzehnten Grad nennen. Aber für diejenigen, die das Gefühl haben, dass es noch viel über das Wesen Gottes zu lernen gibt, und die sich danach sehnen, die Bedeutung des Bösen und des Leidens und seine Beziehung zum göttlichen Plan zu verstehen, gibt es den Prototyp einer Schwarzen Freimaurerei, deren Lehre zwischen dem 19. und 30. Dieser Teil der Mysterien war besonders daran interessiert, das Karma in seinen verschiedenen Aspekten zu bearbeiten (...) So ist die erste Stufe der höheren Unterweisung, die des Rosenkreuzes oder der Roten Freimaurerei, der Erkenntnis des Guten gewidmet, während die zweite Stufe, die des Kadosh oder der Schwarzen Freimaurerei, der Erkenntnis des Bösen gewidmet ist."* [122]

Zugegeben, für einen Laien bleibt das alles hermetisch, aber man fragt sich doch...

In seinem Buch *„La Conjuration Antichrétienne"* erklärt Mgr. Henri Delassus, dass bestimmte Teile der Kadosch-Ritter Eblis (Iblis) verehren, was im Osten der Name des Teufels, des Sheitan, ist. In seiner *Enzyklopädie der Freimaurerei* erklärt Albert Mackey, dass die Kadosch-Lehre für die Verfolgung der Tempelritter steht. Er schreibt, dass *„die modernen Kadosch-Ritter die alten Tempelritter sind und dass der Erbauer des Salomonischen Tempels jetzt durch Jacques de Molay, den gemarterten Großmeister der Templer, ersetzt wird."* [123]

Es sei darauf hingewiesen, dass der Orden der Templer, auf den sich diese schwarze Freimaurerei mit der Kadosch-Lehre bezieht, satanische Rituale praktizierte. Eliphas Levi schrieb in seinem Buch *„Geschichte der Magie"*: *„Die Templer hatten zwei Lehren, eine verborgene und den Meistern vorbehaltene, nämlich die des Johannismus, und eine öffentliche, nämlich die römisch-katholische Doktrin. Die johanneische Lehre der Anhänger war die Kabbala der Gnostiker, die bald in einen mystischen Pantheismus ausartete, der bis zur Abgötterei der Natur und zum Hass auf alles geoffenbarte Dogma getrieben wurde. Um Erfolg zu haben und Anhänger zu gewinnen, hegten sie das Bedauern über die gefallenen Kulte und die Hoffnung auf die neuen Kulte, indem sie Gewissensfreiheit und eine neue Orthodoxie für alle versprachen, die die Synthese aller verfolgten Glaubensrichtungen sein würde. So erkannten sie die pantheistische Symbolik der großen Meister der schwarzen Magie, und um sich vom Gehorsam gegenüber der Religion zu lösen, die sie von vornherein*

---

[122] *The Ancient Mystic Rites* - C.L. Leadbeater, The Theosophical Publishing House, Wheaton, III, S. 41-42.

[123] *Mackey's Revised Encyclopedia of Freemasonry* - Albert G. Mackey, 1946, S. 514.

verurteilt hatte, huldigten sie dem monströsen Götzen Baphomet, so wie die abtrünnigen Stämme früher die goldenen Kälber von Dan und Bethel verehrt hatten. Kürzlich entdeckte Denkmäler und wertvolle Dokumente aus dem dreizehnten Jahrhundert sind ein mehr als ausreichender Beweis für all das, was wir gerade gesagt haben. Weitere Beweise sind in den Annalen und unter den Symbolen der okkulten Freimaurerei verborgen. "[124]

In seinem Buch „The Occult Conspiracy" (Die okkulte Verschwörung) listet Michael Howard die Anklagen auf, die gegen die Tempelritter erhoben wurden, als sie 1307 verhaftet wurden: Den Tempelrittern wurde vorgeworfen, die Lehren des christlichen Glaubens zu leugnen, während geheimer Initiationsrituale auf das Kruzifix zu spucken und zu urinieren, einen Schädel oder den Kopf des Baphomet zu verehren, sich mit dem Blut oder Fett ungetaufter Babys zu salben, den Teufel in Form einer schwarzen Katze zu verehren und Akte der Sodomie und Zoophilie zu begehen (...).) Kandidaten, die in den Orden eintraten, mussten ihren Initiator auch auf den Mund, den Nabel, den Penis und die Basis der Wirbelsäule küssen. Diese Küsse wurden von den Kritikern des Ordens als Beweis für ihre perversen sexuellen Aktivitäten angesehen, aber in der okkulten Tradition sind der Nabel, die Geschlechtsorgane und das Perineum die physischen Orte der psychischen Zentren des menschlichen Körpers, die im Osten als Chakras bekannt sind."[125]

Diese Anschuldigungen werden auch von Helen Nicholson in ihrem Buch „The Knights Templar: A New History" erhoben. Die britische Historikerin Nesta H. Webster schreibt: „Sind die Geständnisse der Tempelritter das Ergebnis reiner Einbildung, die sich Männer unter dem Zwang der Folter ausgedacht haben könnten? Es ist schwer zu glauben, dass die Berichte über die Einweihungszeremonie eine reine Erfindung sein könnten, denn sie wurden von Männern in verschiedenen Ländern detailliert wiedergegeben, und alle Berichte waren ähnlich, nur die Formulierungen waren unterschiedlich. Hätte man sie dazu gebracht, eine Geschichte zu erfinden, hätten sich die Zeugnisse gegenseitig widersprochen (...) Aber nein, jeder scheint die gleiche Zeremonie mehr oder weniger vollständig beschrieben zu haben."[126]

Der Autor Donald Michael Kraig erklärt, dass die Tempelritter ihre sexuellen Rituale aus den Lehren der Sufis in der arabischen Welt entwickelten, die wiederum aus der indischen tantrischen Tradition stammten, Lehren, die später bei den mittelalterlichen Alchemisten und schließlich bei modernen okkultistischen Magiern zu finden waren. Auf die Sexualmagie werden wir später noch zurückkommen.

Die schwarze Freimaurerei übt also Rache an den Verfolgern der Tempelritter: der katholischen Kirche. In *„The Ancient Mystic Rites" (Die alten mystischen Riten)* schreibt Leadbeater: *„Die Tradition der Rache gegen den abscheulichen König, den Papst und den Verräter ist durch die Jahrhunderte*

---

[124] *Geschichte der Magie* - Éliphas Lévy, 1930, Buch IV, Kapitel VI.

[125] *Die okkulte Verschwörung* - Michael Howard, 1989, S.36-37.

[126] *„Secret Societies and Subversive Movements"* - Nesta H. Webster, Christian Book Club of America, S.57.

hindurch überliefert worden und steht in enger Verbindung mit der ägyptischen Tradition, die unserer schwarzen Freimaurerei entspricht und in dem gipfelt, was wir heute den 30. "[127]

Die schwarze Freimaurerei mit den Kadosch-Rittern, den modernen Tempelrittern, arbeitete also eifrig an der Zerstörung des Königreichs Frankreich und seiner Kirche. Der okkulte Kampf der Freimaurerei gegen den König und die katholische Kirche wird in dem hervorragenden Buch von Bischof Henri Delassus mit dem Titel „Die antichristliche Beschwörung" ausführlich erläutert. Der Freimaurer, der zum Ritter Kadosch gemacht wird, ist also entschieden antikatholisch, und „Rache" ist ein zentraler Punkt in diesem freimaurerischen Initiationsgrad. *Wenn der Kadosch-Ritter seinen Eid abgelegt hat, wird ihm der Dolch in die Hand gegeben und ein Kruzifix zu seinen Füßen gelegt, dann sagt der „Größte" zu ihm: „Zerschlage dieses Bild des Aberglaubens, zerbrich es. Wenn er dies nicht tut, um niemanden in die Irre zu führen, applaudieren sie und der „Größte" spricht ihn auf seine Frömmigkeit an. Er wird empfangen, ohne die großen Geheimnisse zu enthüllen. Wenn er aber das Kruzifix zerschlägt, muss er sich dem Altar nähern, auf dem sich drei Darstellungen befinden, drei Leichen, wenn man sie bekommen kann. Blasen voller Blut befinden sich an der Stelle, an der er angeschrien wird, zuzuschlagen. Er führt den Befehl aus, das Blut fließt auf ihn zurück, und er nimmt die abgetrennten Köpfe bei den Haaren und ruft: „Nekam, die Rache ist vollbracht! Dann spricht der Erhabene zu ihm so: Durch eure Beständigkeit und Treue habt ihr euch das Recht verdient, die Geheimnisse der wahren Freimaurer zu erfahren. Diese drei Männer, die Sie gerade getroffen haben, sind der Aberglaube, der König und der Papst. Diese drei Idole des Volkes sind in den Augen der Weisen nur Tyrannen. Im Namen des Aberglaubens begehen der König und der Papst alle erdenklichen Verbrechen.* "[128]

Eliphas Levi schrieb, dass die Freimaurerei nicht nur entweiht wurde, sondern sogar als Schleier und Vorwand für die Komplotte der Anarchie diente, und zwar durch den okkulten Einfluss der Rächer von Jacques de Molay und der Fortsetzer des schismatischen Werks des Tempels (...) Die Anarchisten haben das Lineal, das Quadrat und den Hammer genommen und Freiheit, Gleichheit, Brüderlichkeit darauf geschrieben. Das heißt, Freiheit für Begehrlichkeit, Gleichheit für Niedertracht und Brüderlichkeit für Zerstörung."[129]

Es ist wichtig klarzustellen, dass die internationalen Hochfreimaurerlogen, ob sie nun „schwarz" oder so genannt „rein" oder „authentisch" sind, alle übereinstimmen und dieselbe Sprache sprechen, wenn es um die Zerstörung der katholischen Kirche geht. Es handelt sich also um eine okkulte, antichristliche Kraft.

Es ist interessant, dass Eliphas Levi in seinem Buch „The History of Magic" die Einführung der ägyptischen Freimaurerei auf dem Alten Kontinent

---

[127] *"The Ancient Mystic Rites"* - C.W. Leadbeater, The Theosophical Publishing House, Wheaton, III, S.167.

[128] *Conservateur belge, t.* XIX. p. 358, 259 - Eckert, la *Franc-maçonnerie*, 1.1, p. 333.

[129] *Geschichte der Magie* - Eliphas Levi, 1913, Buch V, Kap. VII.

dem Grafen Cagliostro zuschreibt. Er ist in der Tat der Begründer des *Misraïm* oder *ägyptischen* Ritus, der sich vor allem mit esoterischer Forschung befasst. Cagliostro spielte auch eine wesentliche Rolle bei der Verbreitung der kabbalistischen Freimaurerei. Eliphas Levi warf Cagliostro vor, den Orden entehrt zu haben, und behauptet in seinem Buch, Cagliostro habe schwarze Magie für den Isiskult eingesetzt, indem er junge Mädchen hypnotisierte, um sie zu Priesterinnen zu machen: *„Cagliostro war der Agent der Templer, und so schrieb er in einem Rundschreiben an alle Freimaurer in London, dass die Zeit gekommen sei, sich an die Arbeit zu machen, um den Tempel des Herrn wieder aufzubauen. Wie die Templer widmete sich Cagliostro den Praktiken der schwarzen Magie und praktizierte die verhängnisvolle Wissenschaft der Beschwörungen; er prophezeite die Vergangenheit und die Gegenwart, sagte die Zukunft voraus, führte wundersame Heilungen durch und behauptete auch, Gold herzustellen. Er hatte in die Freimaurerei einen neuen Ritus eingeführt, den er den ägyptischen Ritus nannte, und er versuchte, den geheimnisvollen Isis-Kult wieder aufleben zu lassen. Er selbst, mit bandagiertem Kopf und frisiert wie eine thebanische Sphinx, leitete die nächtlichen Feierlichkeiten in Wohnungen voller Hieroglyphen und Fackeln. Er hatte als Priesterinnen junge Mädchen, die er Tauben nannte und die er bis zur Ekstase erhob, um sie mit Hilfe der Hydromantie Orakel sprechen zu lassen (...) Dieser Adept ist jedoch nicht ohne Bedeutung in der Geschichte der Magie; sein Siegel ist so wichtig wie das Salomons und bezeugt seine Einweihung in die höchsten Geheimnisse der Wissenschaft. Dieses Siegel, erklärt durch die kabbalistischen Buchstaben der Namen Acharat und Althotas, drückt die Hauptcharaktere des großen Arkanen und des großen Werkes aus (...) Der Name von Althotas, Cagliostros Meister, setzt sich aus dem Namen Thoth und den Silben al und as zusammen, die kabbalistisch gelesen Sala bedeuten, also Bote, Gesandter; der ganze Name bedeutet also Thoth, der Messias der Ägypter, und das war in der Tat derjenige, den Cagliostro vor allem als seinen Meister erkannte.“*[130]

Laut Fritz Springmeier, einem amerikanischen Autor und Dozenten für Monarch-Gedankenkontrolle, bestand eines der Geheimnisse dieser Mysterienreligionen, insbesondere des ägyptischen Mysterienkults der Isis, in der Fähigkeit, durch Drogen, Folter und Hypnose multiple Persönlichkeiten in einem Menschen zu erzeugen. Ihm zufolge werden heute in freimaurerischen Hochgraden und anderen schwarzen Logen bewusstseinskontrollierte Sexsklaven eingesetzt. Eine abgetrennte andere Persönlichkeit kann bei bestimmten Ritualen als Priesterin dienen. Diese MK-Sklaven werden Trancezuständen, dämonischen Besessenheiten und allen möglichen perversen Ritualen unterzogen, die auf Sexualmagie basieren. Dieses Initiationswissen hat sich mit dem Untergang des alten Ägyptens nicht aufgelöst: Die okkulte Welt hat nie aufgehört, Sklaven durch einen auf Traumata basierenden Prozess der psychischen Dissoziation zu spalten und zu programmieren. Dieses Wissen wurde der modernen Welt durch geheime Initiationsgesellschaften übermittelt, die die Büchse der Pandora hüten...

---

[130] Ibid, Buch VI, Kapitel II.

In ihrem Buch *Terror, Trauma und das Auge im Dreieck* schreibt Lynn Brunet, dass der Mythos von Osiris und Isis, der im schottischen Freimaurerritual eine sehr wichtige Rolle spielt, durchaus eine metaphorische Veranschaulichung des Prozesses von Trauma und Persönlichkeitsspaltung sein kann. Brunet zieht Parallelen zwischen Mythen, Ritualen, freimaurerischer Symbolik und der Psychologie des Traumas, d.h. den Funktionen des Gehirns, die mit Einweihungspraktiken in Verbindung gebracht werden können, die auf die Schaffung einer mystischen Erfahrung abzielen. Der menschliche Körper kann als eine äußere symbolische Darstellung des Kosmos mit einer inneren mystischen Realität und Physiologie betrachtet werden, die eine Struktur für sein Verständnis bietet. Lynn Brunet deckt etwas Komplexes auf, das in diesem Stadium des Buches vielleicht noch nicht ganz verständlich ist, weshalb der Auszug im Anhang 1 unter dem Titel: *Trauma und Dissoziation in der freimaurerischen Mythologie zu finden ist.*

4 - SEXUALMAGIE UND GEHEIMBÜNDE

Der Okkultist Pierre Manoury, Autor einer *praktischen Abhandlung über Sexualmagie*, definiert diese „Disziplin" wie folgt:

Die magische Sexualität kann daher nach drei Hauptkriterien kategorisiert werden.

1) Enthaltsamkeit, Entbehrungen, Einweichungen und Keuschheit. Dies geschieht in einem mystischen Kontext, in einem symbolischen Prozess oder in Verbindung mit hohen geistigen Hierarchien.

2) Durch eine Verschärfung der lustpotenzierenden Energien, die bei Riten und Zeremonien der sogenannten praktischen Magie angewandt werden, wobei die Erotisierung in diesem Fall nur zerebral ist. Dies ist das am weitesten verbreitete Prinzip in den meisten zeremoniellen Magien und den grundlegenden Ritualen der hohen Zauberei.

3) Schließlich in den Magien und Zaubereien, die unter dem Oberbegriff der Sexualmagie zusammengefasst werden, wo auf die Verstärkung und Potenzierung des Verlangens und der Energien eine Freisetzung im rituellen Kontext selbst folgt, und zwar nach ganz besonderen Modalitäten... Die Anwendungen in diesen spezifischen Fällen sind von einer gewaltigen Wirksamkeit auf materieller, physischer und psychischer Ebene (...)

Die Sexualmagie kann daher als Grundlage für rituelle Praktiken betrachtet werden, die auf einem sehr hohen Niveau von geschulten (und verantwortungsbewussten) Menschen angewandt werden und eines der großen Machtinstrumente, wenn nicht sogar das mächtigste, darstellen (...) Die Sexualmagie ist daher eine Praxis, die im Wesentlichen auf der Nutzung von Lebensenergie beruht, die domestiziert, gefiltert, eingefangen, angesammelt, entwickelt, potenziert und dann im Rahmen des Rituals kanalisiert werden muss.[131]

Rote Magie (Blutmagie) und Sexualmagie sind die beiden mächtigsten Magien, weil sie die menschliche Lebenskraft nutzen, um den Ausübenden zu stärken. Aus diesem Grund werden sie in der Regel kombiniert. Die Sexualmagie ist vom östlichen Tantrismus inspiriert und zielt darauf ab, die „Kundalini" und das immense sexuelle Energiepotenzial zu beherrschen. Im Tantrismus wird Kundalini mit „Shakti" identifiziert, der Schlangengöttin, die sich im menschlichen Körper an der Basis des Kreuzbeins befindet und von der angenommen wird, dass sie sich während eines Kundalini-Aufstiegs entlang der Wirbelsäule erhebt, um das Gehirn zu erreichen und alle energetischen Zentren (Chakras) mit ihrer Kraft zu durchfluten. In The Voudon Gnostic Workbook schreibt Michael Bertiaux über den Tantrismus: „Das Geheimnis der Brahmanen liegt in den Grundlagen der physischen tantrischen Magie. Dieses Geheimnis ist die Wurzel des organischen Hinduismus und befindet sich in den tiefsten Ebenen des Hindu-Gehirns, wo es sich in seltsamen genetischen Mutationen manifestiert, die auf das direkte Eingreifen der Muttergöttin selbst zurückzuführen sind. Dieses Geheimnis manifestiert seine Kraft (Shakti) durch einen bestimmten Bewusstseinszustand, eine Ebene des Ultra-Bewusstseins."[132]

Seit den ersten Begegnungen mit den indischen Religionen im 18. und 19. Jahrhundert sind die Menschen im Westen von der Tantra-Tradition sowohl fasziniert als auch abgestoßen worden; eine ganz besondere Form der religiösen Praxis, die auf die bewusste Verwendung unreiner Substanzen und transgressive Rituale zurückzuführen ist. Die Tantras sind esoterische Werke zur Verehrung der Göttin, die sich mit Yoga, Kosmologie, Alchemie, Magie und Opfern befassen. Der Tantrismus verdichtet all diese tausend Jahre alten Disziplinen zum Zweck der erotisch-magischen und spirituellen Verwirklichung. Lange Zeit war sie für westliche Schriftsteller sowohl abstoßend als auch verlockend. Heute, vor allem durch den wachsenden Einfluss des „New Age", wird der Tantrismus als eine einfache Methode zur Befreiung von Körper und Geist angesehen, als eine Form der „spirituellen Sexualität", bei der sexuelle Lust zu einer religiösen Erfahrung wird. Sie wird als eine Möglichkeit gesehen, die so genannte „repressive" westliche Moral in Bezug auf Sexualität zu überwinden. Der Tantrismus ist inzwischen zu einer sehr lukrativen Modeerscheinung für einige Gurus geworden, doch nur wenige westliche Anhänger der New-Age-Philosophie wissen, was einige der Rituale des authentischen Tantra beinhalten.

Krsnananda Aagamavagisa ist einer der größten Autoren des Tantrismus, der im 6. Jahrhundert in Bengalen lebte. In seinen Werken beschreibt er esoterische rituelle Praktiken, bei denen organische Substanzen wie Blut, Sperma und Menstruationsflüssigkeiten verwendet werden. Krsnananda beschreibt auch tantrische Rituale einschließlich Tieropfer, die in Bengalen noch heute praktiziert werden. Blutopfer stehen im Zusammenhang mit den Veden und den rituellen Praktiken der Brahmanen, doch im Tantrismus überschreiten

---

[131] Traité pratique de Magie Sexuelle - Pierre Manoury, 1989, Kap.1.

[132] The Voudon Gnostic Workbook: Expanded Edition - Michael Bertiaux, 2007, S.308.

und verletzen die Opfer absichtlich die in der vedischen Tradition vorgegebenen Richtlinien. Die Veden empfehlen beispielsweise, das Tier mit so wenig Gewalt und Leiden wie möglich zu opfern, während bei tantrischen Opfern das Tier auf sehr blutige Weise enthauptet wird, wobei sich das Ritual auf das Blut und den enthaupteten Kopf konzentriert, die der Göttin dargebracht werden. Es scheint, dass tantrische Opfer eine kalkulierte Umkehrung der alten vedischen Texte beinhalten: das unreine Tier ersetzt das reine Tier, eine blutige Enthauptung ersetzt eine gewaltlose Strangulierung, die Göttin nimmt den Platz des männlichen Gottes ein (hier finden wir wieder diese Vorstellung von Göttin gegen Gott).[133]

Der heilige Text des *Kalachakra-Tantra*, das „Rad der Zeit", enthält eine Abhandlung über Alchemie und Dämonologie. In Strophe 125 heißt es: *„Der Verzehr von Fäkalien und Urin, Sperma und Menstruationsblut, vermischt mit Menschenfleisch, verlängert das Leben. Dies sind die fünf Zutaten in der Zusammensetzung der Nektarpillen (...) Der Verzehr der fünf Fleischsorten, zusammen mit Honig und Ghee, setzt allen Beschwerden ein Ende.* Im selben Text heißt es in Strophe 154, dass die Verehrung subtiler Wesenheiten „höchstes Glück bringt": *„Schlangen, Dämonen, Planeten, die die Menschen beeinflussen, böse Nâga, die sich an menschlichem Blut erfreuen, der Kobold Kushma, die Schutzgottheiten der Orte, Vampire, Geister, die Epilepsie verursachen, und Garuda können höchstes Glück bringen, wenn sie in einem Mandala verehrt werden."*

Die alten tantrischen Praktiken wurden von westlichen Okkultisten des 20. Jahrhunderts aufgegriffen, wie z. B. Aleister Crowley, der eine führende Rolle bei der Einführung des Tantra in den Westen spielte, mit all der Übertretung und der „Macht durch Unreinheit" (oder Erlösung durch Sünde), die damit verbunden ist. Crowley lernte den Tantrismus während seiner Reise nach Indien und Sri Lanka im Jahr 1902 kennen, aber er kombinierte diese tantrische Praxis mit verschiedenen anderen Techniken der Sexualmagie.

Der Tantrismus mit seiner phänomenalen Energie kann umgeleitet und mit mächtiger schwarzer Magie kombiniert werden, die bereits in vedischer Zeit auf Risiko und Gefahr für die Eingeweihten praktiziert wurde. Sexualmagie ist nicht etwas Harmloses, das einfach nur ein ausgeklügeltes „*Kamasutra*" ist. Die Arkana dieser okkulten Praktiken kann die ehrgeizigsten Eingeweihten dazu verleiten, Abscheulichkeiten zu begehen, so dass die Suche nach Macht und psychischen Kräften sie in wahre perverse Monster verwandeln kann... Lilian Silburn schrieb in seinem Buch „Kundalini: *The Energy of the* Depths": *„Die mysteriöse Energie, die durch Kundalini Yoga entfesselt wird, manifestiert sich mit Gewalt und kann nicht manipuliert werden, ohne gewisse Risiken einzugehen. Einige Abweichungen werden als „dämonisch" bezeichnet, weil sie zu Depressionen und Wahnsinn führen... Die Erweckung der Kundalini kann katastrophale Folgen haben."*[134]

---

[133] *Die Macht des Unreinen: Übertretung, Gewalt und Geheimhaltung im bengalischen Sakta-Tantra und in der modernen westlichen Magie* - Hugh B. Urban, 2003.

[134] *Kundalini: The Energy of the Depths* - Lilian Silburn, 1988, Einleitung.

Im Jahr 1922 erlebte Krishnamurti einen Kundalini-Schub, den er als „spirituelles Erwachen" bezeichnete und der sein Leben veränderte. Hier ist ein Auszug aus Darrel Irvings Buch *Serpent of Fire, a Modern View of Kundalini*, der uns zeigt, dass diese Kundalini Türen zu anderen Dimensionen öffnet und den Kontakt mit dämonischen Wesenheiten ermöglicht: *„Krishnamurti begann zu zittern und zu beben und klagte über starke Kopfschmerzen. Er hatte große Schmerzen, schien halb bewusstlos zu sein und außerkörperliche Erfahrungen zu machen... An diesem Punkt übernahm das Wesen, das Krishnamurti „das Elementare" nannte, die Kontrolle und tat, was es wollte... „Ich werfe mich hin, stöhne, klage und flüstere seltsame Dinge, genau wie ein Besessener. Ich stehe auf und denke, dass mich jemand ruft, aber ich breche sofort auf dem Boden zusammen. Ich sehe ständig seltsame Gesichter und Lichter.... Ich habe einen heftigen Schmerz im Kopf und im Nacken... Ich werde Hellseherin, wenn das vorbei ist, oder vielleicht werde ich verrückt!!! „... Die Krishnamurti-Persönlichkeit trat in den Hintergrund und es war die Entität, die die Funktionen des Körpers übernahm... Es gab die Wahrnehmung dieser unsichtbaren Präsenz, die an seinem Körper arbeitete, ihn öffnete und ihn für die große spirituelle Mission vorbereitete... Der Prozess setzte sich Jahr für Jahr fort... „ Krishnamurti sagte sogar, dass er innerlich verwundet war, weil „sie" ihn innerlich verbrannt hatten.* "[135]

In seinem Buch *„Theories of the Chakras, Bridge to Higher Consciousness"* berichtet der Japaner Hiroshi Motoyama Ähnliches während eines Kundalini-Aufstiegs: *„Ich höre ein Summen wie von Bienen... und ich sehe eine Art Feuerball, der kurz vor der Explosion steht... mein Körper schwebt... mein ganzer Körper steht in Flammen und ich habe starke Kopfschmerzen. Ich blieb zwei oder drei Tage lang in einem fiebrigen Zustand. Ich hatte das Gefühl, als würde mein Kopf explodieren... Während dieser Erfahrung begegnete ich einem schrecklichen dämonischen Wesen. Es war eine erschreckende und unbeschreibliche Erfahrung.* "[136]

Die Kundalini wird symbolisch durch eine Schlange dargestellt, die durch die verschiedenen *Chakren* die Wirbelsäule hinauf und um sie herum klettert. In seinem Buch *„The Secret Teachings of All Ages"* schreibt der Freimaurer Manly P. Hall, dass der Baum im Garten Eden dieses Feuer darstellen würde. Hall schreibt, dass der Baum im Garten Eden dieses Kundalini-Feuer repräsentieren soll und dass das Wissen um die Verwendung dieses heiligen Feuers das Geschenk der großen Schlange, die Versuchung der verbotenen Frucht, gewesen sein soll: *„Es gibt genügend Ähnlichkeit zwischen dem freimaurerischen CHiram und der Kundalini der Hindu-Mystik, um die Hypothese zu rechtfertigen, dass der CHiram auch als Symbol für das Feuer des Geistes betrachtet werden kann, das sich durch die sechste Kammer der Wirbelsäule bewegt. Die genaue Wissenschaft der menschlichen Regeneration ist der verlorene Schlüssel der Freimaurerei, denn wenn das Feuer des Geistes durch die dreiunddreißig Grade oder Segmente der Wirbelsäule emporgehoben wird*

---

[135] *Serpent of Fire, a Modern View of Kundalini* - Darrel Irving, 1995, S.27-32.

[136] *Theories of the Chakras, Bridge to Higher Consciousness* - Hiroshi Motoyama, 2003, S.240-250.

und in die Kuppelkammer des menschlichen Schädels eintritt, gelangt es schließlich in die Hypophyse (Isis), wo es Ra (die Zirbeldrüse) anruft und den Heiligen Namen verlangt. Operative Freimaurerei im vollen Sinne des Wortes bedeutet den Prozess, durch den das Auge des Horus geöffnet wird (...) Im menschlichen Gehirn gibt es eine winzige Drüse, die Zirbeldrüse (...) Die Zirbeldrüse ist der heilige Kiefernzapfen im Menschen. Das eine Auge, das ohne CHiram (das Feuer des Geistes) nicht geöffnet werden kann und durch die heiligen Punkte, die Sieben Kirchen Asiens (die Chakras) genannt werden, vergrößert wird. "[137]

In der griechischen Mythologie wurden die Verehrer des Dionysos oft mit einem Stab dargestellt, auf dessen Spitze sich ein Kiefernzapfen befand. Dies stellt die Energie der Kundalini dar, die sich die Wirbelsäule (den Stab) hinauf zur Zirbeldrüse am sechsten *Chakra* bewegt, hier symbolisiert durch den Pinienzapfen. In der Tat finden wir die Vorstellungen und Praktiken des Tantrismus im Dionysismus wieder, schreibt Marcel Détienne in seinem Buch *„Dionysos zum Tode verurteilt"*: *„Die Überwindung des Opfers, die die Orphiker und die Pythagoräer von oben betreiben, vollzieht der Dionysismus von unten... Die Anhänger des Dionysos... sind versklavt und benehmen sich wie wilde Bestien. Der Dionysismus bietet einen Ausweg aus dem menschlichen Dasein, indem er sich von unten, von der Seite der Tiere, in die Bestialität flüchtet, während der Orphismus denselben Ausweg von der Seite der Götter bietet.* In der dionysischen Welt werden Praktiken, die denen des Tantrismus entsprechen, *„Orgiasmen"* genannt. Der Orgasmus besteht aus Gruppenzeremonien, in denen Blutopfer, ekstatische Tänze und erotische Riten stattfinden. Dionysos präsentiert sich als Gott der Natur und als Gott der orgiastischen Praktiken, so wie Shiva in Indien oder Osiris in Ägypten. Der Orgasmus zielt auf die Dekonditionierung des Wesens ab, das für einen Moment zu seiner tiefsten und verdrängtesten Natur zurückkehrt. Diese Rückkehr zu den bestialischen Instinkten ist ein wichtiger Aspekt der tantrischen Methode.

Sexualmagie und die Erfahrung der Kundalini sind Teil der Lehren einiger westlicher Geheimgesellschaften. Es handelt sich um eine Einweihung, die Mitgliedern vorbehalten ist, die bereits über gute Kenntnisse des Okkulten verfügen. Wie rituelle Opfer verschafft die satanische Sexualmagie Kräfte, „spirituelle Macht" und materielle Gunst. Andererseits bringen völlige Enthaltsamkeit und die Umwandlung der sexuellen Energie ein intensives Glück, das viel stabiler ist als das der tantrischen Sexualpraktiken.

Ein Artikel mit dem Titel *„Sex and the Occult"* in der Zeitschrift der *Dark Lily* Society bezieht sich auf die Verwendung von Sex als *Mittel für den Zugang zum Unterbewusstsein. Der Autor dieses Artikels stellt fest, dass die Teilnehmer durch ein sexuelles Ritual sehr viel schneller Zugang zu ihrem eigenen Unterbewusstsein erhalten als durch andere Techniken, wie z. B. durch langes Meditieren.* Mit einer solchen Methode *„kann die Arbeit von mehreren Wochen in wenigen Tagen oder Stunden erledigt werden. Könnte die*

---

[137] *The Secret Teachings of All Ages, An Encyclopedic Outline of Masonic, Hermetic, Qabbalistic and Rosicrucian Philosophy* - Manly P. Hall, 1988, S.273.

Sexualmagie die „Königliche Kunst" (der Freimaurer) sein, von der Wilmshurst, ein Freimaurer, spricht? Eine Praxis, die die spirituelle Evolution beschleunigen würde, um den Status eines Gottes zu erreichen?

Die tantrischen Lehren sagen uns, dass eine fleischliche und sexuelle Beziehung ein Austausch von Energie und Karma ist. Das bedeutet, dass der Einzelne durch die psychischen Störungen oder das „schlechte Karma" des Partners verunreinigt werden kann oder im Gegenteil tief inspiriert werden kann, wenn der Partner ein geistig sehr reines Wesen ist. In tantrischen Praktiken wird das Sexualorgan einer sehr jungen Frau verehrt. Im *Mahamudra Tilaka Tantra* heißt es: *„Junge Mädchen über zwanzig Jahre haben keine okkulte Kraft.* Wird die Reinheit und Unschuld der Kindheit in satanischen sexmagischen Praktiken gesucht? Wahrscheinlich ja, genau wie bei einem Blutopfer geht es darum, diese Reserve an Energie und Reinheit zu erschöpfen. Das gilt umso mehr, wenn sich das Kind in einem tiefen Zustand dissoziativer Trance befindet, der es mit anderen Dimensionen verbindet. Sie wird als Machtinstrument eingesetzt. Das Kind ist die fleischgewordene Reinheit, die Unschuld von Gottes Schöpfung, seine Verunreinigung und seine Opferung das ultimative Opfer für Satan. Aus diesem Grund finden wir beim rituellen Missbrauch durch Satanisten systematisch sexuelle Perversionen und Blutopfer. Das Blut des Kindes ist von großer Reinheit, und in der Pubertät geht das reinste Prinzip des Kindes in den Samen über. Dies ist die Grundlage der Sexualmagie und ihrer Entgleisungen.

In seiner Abhandlung über Sexualmagie beschreibt Pierre Manoury den Ablauf eines Rituals, bei dem die Frau mehrere sexuelle Begegnungen mit mehreren Männern gleichzeitig hat, um eine „energetische Aufladung" der Frau zu bewirken. Dazu schrieb er: *„Diese etwas schäbigen Beschreibungen sind keineswegs eine Aufforderung zur Ausschweifung, sondern sehr diskrete Praktiken, die auf tausendjährige Traditionen zurückgehen. Es sei darauf hingewiesen, dass es sich dabei um rituelle Praktiken der Energiemanipulation in verschiedenen Traditionen handelt. Von bestimmten sehr geschlossenen westlichen Gesellschaften bis zu den Sabbaten der hohen Zauberei, von griechischen Bacchanalen bis zu Priapées, über orgiastische Shiva-Rituale usw. (...) sind bestimmte Zweige der Magie ziemlich elitär, und Sexualmagie ist einer davon."*[138]

In seinem Buch „*Memory of Blood: Counter-Initiation*" berichtet Alexandre de Dànann, dass in der assyrisch-babylonischen Tradition die Priesterinnen die Aufgabe hatten, während des „*coitus sacer*" (heilige Kopulation) mit den Eingeweihten der Mysterien durch spezifische Techniken der Sexualmagie die von der Macht der chaldäischen Priesterkaste ausgehenden Befehle durchzusetzen. Dies sollte die Ereignisse vorbereiten, die von demjenigen gewünscht wurden, den diese Kaste „*Gerechtigkeit oder erste Tugend*" nannte und der kein anderer als Luzifer war.

Einer der „Väter" der westlichen Sexualmagie ist Paschal Beverly Randolph. Ihm zufolge ist „*die wahre sexuelle Macht die Macht Gottes*", *die* sowohl als mystische Erfahrung als auch für magische Praktiken genutzt werden

---

[138] *Traité pratique de Magie Sexuelle* - Pierre Manoury, 1989, Kap.6.

kann, um Geld, die Rückkehr eines geliebten Menschen oder andere Zwecke zu erlangen. Randolphs Lehren über Sexualmagie waren in vielen Geheimgesellschaften und anderen esoterischen Bruderschaften in Europa weit verbreitet, insbesondere im *Ordo Templi Orientis* (O.T.O.). Randolph war nicht nur ein Medium, sondern hatte auch einen religiösen Orden gegründet, der sich der *spirituellen Erneuerung der Menschheit* widmete, die Bruderschaft von Eulis, die offiziell 1874 gegründet wurde. Randolph behauptete, seine neue Sekte habe ihre Wurzeln in den Eleusinischen Mysterien, einer der vielen alten griechischen Religionen. Randolph war auch mit der Tradition der Rosenkreuzer verbunden, aber er behauptete, dass die Bruderschaft von Eulis viel mehr mit den Mysterien verbunden sei als der Orden der Rosenkreuzer, der nur ein Tor zum Heiligtum von Eulis sei. Die tiefsten Geheimnisse von Eulis drehen sich weitgehend um die Rituale der Sexualmagie, die mit dem Fruchtbarkeitskult der alten Mysterienreligionen verbunden sind.[139]

Diese verschiedenen antiken Sekten scheinen die Vorstellung von der Fruchtbarkeit der Mutter Erde mit der menschlichen Fruchtbarkeit vermischt zu haben und badeten in rituellen Orgien und Blutopfern, die an einen bestimmten Kalender gebunden waren, um Götter und Göttinnen zu ehren und ihnen Opfergaben zu bringen. Der rituelle Missbrauch, die Blutopfer und die Sexualmagie, die heute noch stattfinden, gehen auf diese alten babylonischen Praktiken zurück: Es ist die „Religion ohne Namen", die Anbetung der Dämonen.

Sarane Alexandrian, die Autorin von „*La Magie Sexuelle: Bréviaire des sortilèges amoureux*", berichtet in ihrem Buch, dass es die Initiationsorganisationen, also die Geheimgesellschaften, sind, die es sich zur Aufgabe gemacht haben, den Eingeweihten Sexualmagie beizubringen. Karl Kellner und Theodor Reuss, zwei hochgradige Freimaurer, sind die beiden Begründer des *Ordo Templi Orientis*, der laut Alexandrian eine echte Schule der Sexualmagie ist. 1912 veröffentlichte der O.T.O. in der Zeitschrift *Oriflamme*: „*Unser Orden hat das große Geheimnis der Tempelritter wiederentdeckt, das der Schlüssel ist, der die gesamte freimaurerische und hermetische Mystik öffnet, nämlich die Lehre der Sexualmagie. Diese Lehre erklärt ausnahmslos alle Geheimnisse der Natur, die gesamte Symbolik der Freimaurerei und alle Vorgänge in der Religion.*"[140]

Der Freimaurer Karl Kellner behauptet, von einem arabischen Fakir und zwei indischen Yogis eingeweiht worden zu sein, durch die er „*die Geheimnisse des Yoga und die Philosophie des linken Weges, die er 'Sexualmagie' nennt*",[141] erhalten habe. Kellner war der Kopf einer kleinen Gruppe, die sich das „*Innere Dreieck*" nannte und tantrische Rituale praktizierte, um ein Elixier aus männlichen und weiblichen Flüssigkeiten herzustellen...

---

[139] *Magia Sexualis: Sexualmagie und Befreiung in der modernen westlichen Esoterik* - Hugh B. Urban, 2006, S.65.

[140] *Moderne Ritualmagie: Der Aufstieg des westlichen Okkultismus* - Francis King, 1989.

[141] *Die Magie von Aleister Crowley* - John Symonds, 1958.

Der Satanist Aleister Crowley schuf eine gnostische Messe (ein sexuelles Ritual), eine Zeremonie, in der Sperma und Menstruation die heilige Hostie symbolisieren. Ein Ritual, das zu einer zentralen Praxis des *Ordo Templi Orientis* wurde. Alexandrian erklärt, dass der O.T.O. 12 Initiationsgrade umfasst und dass man erst ab dem achten Grad beginnen kann, sich der Sexualmagie zu nähern... beginnend mit der initiatorischen Masturbation. Der siebte Grad konzentriert sich auf die Anbetung des Phallus unter dem Symbol des Baphomet. Der neunte Grad lehrt die Sexualmagie selbst, d.h. wie man den sexuellen Akt vollzieht, um Kräfte zu erlangen. Dieser Grad gilt als die königliche und priesterliche Kunst und befähigt die Adepten zum Großen Erotischen Werk. Auf diese Weise wird der Eingeweihte dem Profanen überlegen. In seinem Buch *„Stealing from Heaven: the rise of modern western magic"* (Diebstahl vom Himmel: der Aufstieg der modernen westlichen Magie) erklärt Nevill Drury auch, dass der O.T.O. sexuelle Rituale unter Verwendung von Blut, Exkrementen und Sperma (rot, schwarz und weiß, die Farben des alchemistischen Großen Werks) praktiziert. Das Buch *„Geheimnisse der deutschen Sexualmagier"* beschreibt die drei Einweihungsgrade der Sexualmagie, die von Aleister Crowley gelehrt und von Mitgliedern des O.T.O. praktiziert werden:

VIII°= Lehre von magischen selbstsexuellen Praktiken (Masturbation).

IX°= Lehre von heterosexuellen magischen Praktiken, Interaktion zwischen Sperma und Menstruationsblut oder weiblichen Sekreten.

XI°= Lehre von homosexuellen magischen Praktiken, Isolierung des Anus (*per vas nefandum*), Sodomie, Umgang mit Exkrementen.

Wir stellen fest, dass die Lehren über Sexualmagie, die an letzter Stelle stehen, diejenigen sind, die sich auf den Mastdarm beziehen. In seinem Buch *„Shiva und Dionysos: Die Religion der Natur und des Eros"* schreibt Alain Daniélou: *„Es gibt ein ganzes Ritual, das mit der analen Penetration durch die enge Tür, die sich zum Labyrinth (beim Menschen der Darm) öffnet, verbunden ist. Im tantrischen Yoga befindet sich das Zentrum von Ganesha, dem Torwächter, in der Region des Rektums. Das männliche Organ kann, wenn es direkt in den Bereich der gewundenen Energie (Kundalini) eindringt, deren brutale Erweckung ermöglichen und Zustände der Erleuchtung und plötzliche Wahrnehmung von Realitäten einer transzendenten Ordnung herbeiführen. Aus diesem Grund kann dieser Akt eine wichtige Rolle bei der Initiierung spielen. Dies erklärt einen männlichen Initiationsritus, der bei primitiven Völkern weit verbreitet ist, über den westliche Beobachter jedoch nur selten berichten, bei dem erwachsene männliche Eingeweihte mit Novizen Sex im Anus haben (...) Dieser Akt ist im Übrigen Teil der Anschuldigungen, die von ihren Gegnern gegen dionysische Organisationen und gegen bestimmte Initiationsgruppen in der christlichen und islamischen Welt erhoben werden."*

Die australische Psychologin Reina Michaelson, die 1996 für ihre Arbeit zur Prävention von sexuellem Missbrauch von Minderjährigen ausgezeichnet wurde, behauptet, dass bei einigen O.T.O.-Ritualen Kinder buchstäblich massakriert werden. Die O.T.O. verklagte Michaelson wegen dieser Anschuldigungen und gewann den Prozess. Die Psychologin hatte ihren Quellen zufolge erklärt, dass es sich bei diesem Geheimbund um einen *Pädophilenring* handelt, dessen Mitglieder zum Teil traumabedingte Gedankenkontrolle sowie rituellen Missbrauch mit Sexualmagie praktizieren. Sie erklärte auch, dass *diese satanische Sekte sehr viel Macht hat, weil sie von sehr mächtigen und einflussreichen Familien geleitet wird, und* deutete an, dass hochrangige Politiker und andere Fernsehpersönlichkeiten Teil eines hochrangigen pädophilen Netzwerks sind, das von den Behörden gedeckt wird. Im Jahr 2008 wurde ein Ehepaar zu einer Gefängnisstrafe verurteilt, weil es sich weigerte, seine Behauptungen zurückzuziehen, dass die O.T.O. ein echter Pädophilenring sei. Vivienne Legg und Dyson Devine mussten sich öffentlich entschuldigen, um nach sieben Wochen aus dem Gefängnis entlassen zu werden. [142]Diese mehrfachen Leugnungen und systematischen rechtlichen Angriffe der O.T.O. dienen dazu, die Ermittler zu destabilisieren und Verwirrung über das Wesen und die Praktiken der Sekte zu stiften. Unter der geschwollenen Oberfläche bleibt die okkulte Hierarchie intakt und funktioniert einwandfrei.

Frater U∴D∴, der Autor des Buches *„Geheimnisse der deutschen Sexualmagier"*, behauptet, dass Okkultisten durch sexuelle Rituale veränderte Bewusstseinszustände anstreben, um das zu erlangen, was sie *„magische Kräfte"* nennen. Er zitiert zum Beispiel eine Erfahrung, die er als *„gnostische Trance"* bezeichnet. Der Autor ermutigt seine Leser, Rituale zu praktizieren, die zur Überwindung sexueller Tabus führen, und besteht darauf, dass *„wir durch die Anwendung bizarrer und ungewöhnlicher Praktiken Zugang zu veränderten Bewusstseinszuständen erhalten, die den Schlüssel zu magischen Kräften darstellen. Mit* solchen Aussagen lassen sich die Berichte über rituellen Missbrauch erklären, dessen Perversität unbegreiflich ist, bis hin zum Menschenopfer.

Die gewalttätigen und manchmal mörderischen Rituale und die extremen sexuellen Ausschweifungen dieser Kulte sind mit Vorstellungen von Überschreitung, Exzessen aller Art und Verstößen gegen die gesellschaftliche Moral verbunden. Sie werden als das ultimative Mittel zur Überwindung des menschlichen Zustands und der sozialen Ordnung angesehen, um eine Art menschlicher Transzendenz zu erreichen, insbesondere wenn sie von veränderten Bewusstseinszuständen aufgrund von Drogen und dissoziativen Zuständen begleitet werden: *Die dionysische Ekstase bedeutet vor allem die Überwindung des menschlichen Zustands, die Entdeckung einer totalen Befreiung, die Erlangung einer Freiheit und Spontaneität, die dem Menschen normalerweise unzugänglich sind... Zu diesen Freiheiten kommt noch die Befreiung von Verboten, von den Regeln und Konventionen der Ethik und der sozialen Ordnung hinzu."[143]*

„Tu, was du willst, das ist das ganze Gesetz", „Es gibt kein anderes Gesetz als Tu, was du willst". (Aleister Crowley)

---

[142] *Australien: Wie der Fall eines Pädophilen- und Satanistenrings vertuscht wird* - Donde Vamos, 19/10/2013.

[143] *Eine Geschichte der religiösen Ideen*, Bd. 1 - Mircea Eliade, 1978, S. 365.

Die Thule-Gesellschaft oder der Thule-Orden war ein deutscher Geheimbund, der die nationalsozialistische Mystik und Ideologie weitgehend inspirierte. In seinem Buch *„Speer des Schicksals"* erklärt Trevor Ravenscroft (ehemaliger britischer Militäroffizier und Journalist), dass Thule-Mitglieder, die schwarze Magie praktizierten, hinter Hitlers Aufstieg zur Macht vor dem Zweiten Weltkrieg standen. Ravenscroft zufolge *ging es* den Mitgliedern der Sekte als Satanisten *„in einzigartiger Weise darum, ihr Bewusstsein durch die Ausübung von Ritualen zu erhöhen, die sie mit den bösen, nicht-menschlichen Intelligenzen des Universums in Verbindung bringen, aber auch in die Lage versetzen, ein Mittel zur Kommunikation mit diesen Intelligenzen zu erlangen. Einer der wichtigsten Anhänger dieses Kreises war Dietrich Eckart. Die* Thule-Mitglieder praktizierten auch eine Form der Sexualmagie, die von den Lehren des Satanisten Aleister Crowley abgeleitet war und die Dietrich Eckart nutzte, um Adolf Hitler einzuweihen.

Hitler trat 1919 dem Thule-Orden bei. Sein Mentor Dietrich Eckart scheute bis 1923 keine Mühe, Hitler zu einem besonders gläubigen Anhänger des Okkultismus und der schwarzen Magie zu machen. Eckart hatte von seinem *„Geistführer" die* Botschaft erhalten, dass er das Privileg haben würde, *den „Anti-Christ"* auszubilden. Von Beginn ihrer Beziehung an glaubte Eckart, dass Hitler dieser Avatar sei, und deshalb ließ er keine Lehre, kein Ritual, keine Perversion unangetastet, um Hitler für seine zukünftige Rolle spirituell zu schulen. Auf der Grundlage seiner Studien über die Kräfte, die durch perverse okkulte Praktiken erzeugt werden, entwickelte Eckart ein Ritual, das er anwandte, als er die Chakrazentren Adolf Hitlers öffnete, um ihm die Vision und die Mittel zur Kommunikation mit den „Mächten" zu geben. Nach Abschluss seiner Einführungsschulung fühlte sich Hitler als *„ Wiedergeborener"* mit einer *„überpersönlichen"* Kraft, die er für die Ausführung des ihm erteilten Auftrags benötigen würde. Hitler benutzte den christlichen Begriff „Wiedergeburt", um seine Initiation zu beschreiben. Interessant ist in diesem Zusammenhang, dass die Journalistin Barbara Walters George W. Bush während eines Fernsehinterviews im Präsidentschaftswahlkampf 1988 eine Frage stellte, die ihn verblüffte. Der künftige Präsident hielt einen Moment inne, sah verwirrt aus und antwortete nach einigen Sekunden: *„Wenn Sie mit Christ die Wiedergeburt meinen, dann ja, ich bin ein Christ.* Dies ist die Antwort, die man von einem Okkultisten erwarten würde, für den die Einweihungsrituale, an denen er teilgenommen hat, ihn zu einem *„Wiedergeborenen"* machen. Dies ist der symbolische Prozess von „Tod und Wiedergeburt", der bei rituellem Missbrauch und Gedankenkontrolle angewandt wird. Der Geheimbund *Skull and Bones,* durch den Bush Sr. und Jr. (und viele andere) gegangen sind, praktiziert Rituale, die mit denen des Thule-Ordens identisch sind, in den Hitler eingeweiht wurde, nämlich schwarzmagische Praktiken. Ron Rosenbaum schrieb in einem Artikel für die Zeitschrift *Esquire* über die *Skull & Bones: „Der (rituelle) Tod des Eingeweihten muss so furchterregend sein, dass er die Verwendung menschlicher Skelette und psychologischer Rituale erfordert (...) sexuelle Perversion ist Teil dieser psychologischen Rituale (...) nackt in einem Sarg muss der Eingeweihte bei der Einweihung auch seine dunkelsten und tiefsten sexuellen*

Geheimnisse erzählen. Wir werden auf diese Frage der *„initiatorischen Auferstehung"* in Kapitel 4 näher eingehen.[144]

Diese schwarzmagische Einweihung, die über Adolf Hitler hinausging, kombinierte sexuelle Perversion und *Erleuchtung* durch tiefgreifende Bewusstseinsveränderungen, d. h. eine Mischung aus Sexualmagie und traumabedingter Dissoziation. Diese Rituale beinhalteten höchst perverse und sadistische Praktiken: Sodomie, Orgien, Tieropfer, Auspeitschungen usw. Ravenscroft berichtet, dass Hitler während dieser traumatischen Rituale schwer gefoltert wurde, einschließlich eines *„magischen, sadistischen und monströsen Rituals"*, nach dem er impotent wurde. Diese Impotenz hatte nichts mit der physischen Kastration zu tun, sondern hatte einen tiefen psychologischen Ursprung aufgrund des extremen Sadismus und Masochismus der Rituale. Hitlers Beziehung zu Eva Braun war von der gleichen Art. Trevor Ravenscroft schrieb auch über Hitler: *„Sexuelle Perversion war ein zentrales Thema in seinem Leben. Eine monströse sexuelle Perversion, die den Kern seiner Existenz ausmachte und die Quelle seiner medialen und hellseherischen Kräfte war.* In seinem Buch *„Hitler - A study in Tyranny"* schreibt Alan Bullock: *„Seine Fähigkeit, eine Menschenmenge zu verzaubern, ist mit der okkulten Kunst afrikanischer Medizinmänner oder asiatischer Schamanen verwandt; andere haben sie mit der medialen Sensibilität oder dem Magnetismus eines Hypnotiseurs verglichen."*

Diese schwarzmagischen und sexmagischen Rituale öffnen Türen zur Geisterwelt, die den Eingeweihten Macht und übersinnliche Fähigkeiten verleihen. Im Jahr 1921, im Alter von 33 Jahren, war Hitler von einer Hierarchie dämonischer Geister völlig besessen und endlich bereit, die Führung der nationalsozialistischen Partei zu übernehmen. Niemand kann die Ungeheuerlichkeit von Hitlers Plänen verstehen, ohne die satanische Perversion zu kennen, in die er sich lange vor seiner Machtübernahme gestürzt hatte. Hitler erhielt echten Schutz durch einen übernatürlichen Auftrag, um seine Mission auszuführen. In seinem Buch *„Hitler, Médium de Satan"* berichtet Jean Prieur, dass der zukünftige Führer während des Ersten Weltkriegs mehrmals von „dunklen Mächten" gerettet wurde: *„Eine Stimme spricht jedoch mit gedämpfter Stimme zu ihm und befiehlt ihm, sich so weit wie möglich vom Schützengraben zu entfernen; so geht er weiter wie ein Schlafwandler. Plötzlich zwang ihn eine Explosion aus Eisen und Feuer zu Boden. Die Explosion war ganz in der Nähe (...) Als es still war, eilte er zurück in den Graben und erkannte nichts mehr. Anstelle des Unterstandes der Truppe war es ein riesiger Trichter, der mit menschlichen Überresten übersät war. Alle seine Kameraden waren getötet worden. Von diesem Tag an war er von seinem göttlichen Auftrag überzeugt. Zum fünften Mal griff die Vorsehung zu seinen Gunsten ein ... Im Sommer 1915 wurde er erneut unter außergewöhnlichen Umständen gerettet, von denen er Jahre später einem englischen Journalisten, Ward Price, berichtete: „Ich aß mit einigen Kameraden im Schützengraben zu Abend, als ich eine Stimme spürte, die zu mir sagte: „Steh auf und geh da rüber! Die Stimme war so scharf, so*

---

[144] "The Last Secrets of Skull and Bones" - Ron Rosenbaum, *Esquire Magazine*, 1977.

eindringlich, dass ich mechanisch gehorchte, als wäre es ein militärischer Befehl. Ich bin sofort aufgestanden und zwanzig Meter weit gelaufen, mit meinem Abendessen in der Lunchbox. Dann setzte ich mich hin, um meine Mahlzeit fortzusetzen; mein Geist hatte sich beruhigt. Kaum hatte ich dies getan, kamen ein Blitz und ein ohrenbetäubender Knall aus dem Graben, den ich gerade verlassen hatte. Eine verirrte Granate war über der Gruppe eingeschlagen und hatte alle getötet."[145]

Während des Ersten Weltkriegs schien Hitler bereits einen ernsthaften Hintergrund an okkultem und heidnischem Wissen zu haben. Jean Prieur berichtet in seinem Buch: *„Es war im Herbst 1915, als er dieses merkwürdige und beunruhigende Gedicht schrieb, in dem man viel mehr als eine literarische Übung sehen sollte:*

In bitteren Nächten gehe ich oft
Auf der stillen Lichtung an Wotans Eiche
Um sich mit den dunklen Mächten zu vereinen...
Mit seiner Zauberformel
Der Mond zeichnet die Runenbuchstaben nach,
Und all jene, die tagsüber voller Frechheit sind
Werden durch die Zauberformel klein gemacht [146]

In diesem Gedicht bezieht sich Hitler auf *„Wotan"*, auch *„Wodan"* genannt, *der* Odin, dem nordischen Totengott, dem Gott des Sieges und des Wissens entspricht. Die Skandinavier nannten ihn Odin und die Germanen Wotan. Adolf Hitler war ein absoluter Anhänger dieses alten nordischen Heidentums. Aus diesem Grund haben die Nazis das *Ahnenerbe* gegründet (oder vielleicht übernommen), eine Gesellschaft zur Erforschung und Lehre des esoterischen Ahnenerbes.

Auch Hitler entging mehreren Anschlägen auf außergewöhnliche Weise, so 1936 bei den Olympischen Spielen in Berlin, aber auch 1937 und 1939. Als sich einige Menschen in seinem Umfeld darüber wunderten, dass keine Maßnahmen zu seiner Sicherheit getroffen wurden, antwortete Hitler: *„Man muss an die Vorsehung glauben, man muss auf die innere Stimme hören und an sein Schicksal glauben. Ich glaube fest daran, dass das Schicksal mich zum Wohle des deutschen Volkes auserwählt hat.* Zu Eva Braun sagte er einmal: *„Die Vorsehung schützt mich, und wir brauchen unsere Feinde nicht mehr zu fürchten.* Ravenscroft berichtet, dass Hitler in einem Presseinterview sagte: *„Ich gehe wie ein Schlafwandler, der von der Vorsehung getrieben wird.* Von welcher Vorsehung spricht er? Sicherlich die „luziferische Vorsehung", d.h. die dämonische Besessenheit, auf die er in jahrelangen Einweihungen vorbereitet worden war...

Aleister Crowley war ein selbsternanntes „Biest 666". Sein Biograph John Symonds sagte: „Sex war für Crowley zum Mittel geworden, um Gott zu erreichen... Er vollzog den sexuellen Akt nicht aus emotionaler Freude oder zu Zeugungszwecken, sondern um seine psychische Kraft zu erneuern. Er glaubte,

---

[145] *Hitler-Medium des Satans* - Jean Prieur, 2002, S. 41-38.

[146] Ebd. S.38.

dass er damit den Gott Pan anbetete. In seinem Tagebuch Rex de Arte Regia beschreibt Crowley seine Praktiken der „Königlichen Kunst" (Sexualmagie) und erklärt, dass er sich während der Rituale etwas wünscht, in der Regel einen Geldsegen, und dass er am Ende immer seinen Wunsch erfüllt bekommt.

Der Ex-Okkultist William 'Bill' Schnoebelen hat mehrere öffentliche Enthüllungen über die Rituale der luziferischen Hochfreimaurerei gemacht. Schnoebelen war Mitglied der Church of Satan, 9 Jahre lang Freimaurer, eingeweiht im 32. Grad des Schottischen Ritus, im 90. Grad des Memphis-Misraim-Ritus und im 9. Grad des O.T.O. Er erreichte auch den 9. Im Jahr 1984 kehrte er dem Okkultismus vollständig den Rücken und wurde Christ. Hier ein Auszug aus einem Vortrag, in dem er feststellt, dass *die* freimaurerische *„Königliche Kunst"* mit der Ausübung von Sexualmagie an Kindern verbunden ist: *„Diese Rituale enthalten einen zutiefst unheimlichen Aspekt, den ich jedoch ansprechen muss. Ich entschuldige mich im Voraus, denn es ist etwas vulgär. Aber wir müssen über das „königliche Geheimnis" der Freimaurerei sprechen und darüber, wie es in dieser spirituellen hierarchischen Pyramide funktioniert (...) 1904 hatte Crowley Kontakt mit einem außerirdischen Wesen (Dämon) namens Iwas. Dieses Wesen diktierte ihm während der medialen Trance seiner Frau ein Buch: das Buch des Gesetzes. In diesem Buch heißt es, dass Gott von seinem Thron gestürzt ist und dass ein neuer, siegreicher Kindgott kommen wird, um seinen Platz einzunehmen. Infolgedessen erklärte Crowley das Ende des Christentums und das Aufkommen des „Crowlianismus". In der Tat war er ein Genie, er konnte mit geschlossenen Augen Schach spielen. Er war ein erfolgreicher Dichter, Maler und Schriftsteller. Er war so voll mit freimaurerischen Titeln, dass er fünf Seiten eines Buches hätte füllen können. Dieser Mann war einer der angesehensten Freimaurer der Welt, aber er war auch der gefährlichste Mann des 20. Jahrhunderts. In Anlehnung an das Buch des Gesetzes begann er, Rituale durchzuführen, um diesen Kind-Gott zurückzubringen. Zu diesem Zweck gründete er die von ihm so genannte Sekte „Faszinierendes Kind" und enthüllte dabei das königliche Geheimnis der Freimaurerei. Nach der Veröffentlichung seines Buches kam ein Mann zu ihm. Bei diesem Mann handelte es sich um Theodore Reuss, einen deutschen Okkultisten und Anführer des O.T.O. (Order of the Temple of the East), dem Orden der östlichen Tempelritter... Dieser Mann sagte Crowley dann, dass er das größte Geheimnis in der Geschichte des Okkultismus gelüftet habe. Daraufhin antwortete Crowley, dass er nicht verstehe, wovon er spreche. Reuss weihte ihn deshalb in den 9. Grad des O.T.O. ein und enthüllte ihm das Geheimnis. Das Geheimnis ist, dass einem als Freimaurer die Unsterblichkeit versprochen wird. Wenn Sie zu einer freimaurerischen Beerdigung gehen, werden Sie eine Predigt über Unsterblichkeit hören. Sie werden Versprechungen hören, dass sie nach ihrem Tod in die großen, höheren himmlischen Hütten für die Ewigkeit gehen werden. Wie erlangen sie diese Unsterblichkeit? Sie glauben nicht an Jesus. Der Name Jesus darf nicht einmal in den blauen Logen der Freimaurerei genannt werden (...) Woher kommt also dieses Versprechen der Unsterblichkeit? Das Geheimnis, das Crowley indirekt, wahrscheinlich durch dämonisches Eingreifen, entdeckt hat, ist, dass diese Unsterblichkeit durch* *wirksame Sexualmagie zugänglich ist. Diese Art von Sexualmagie, von der wir hier sprechen, ist leider die Vergewaltigung eines kleinen Kindes. Crowley lehrte, dass man durch die sexuelle Vampirisierung von kleinen Kindern ewig leben kann (...) Ich entschuldige mich dafür, es ist so schrecklich... Aber die Freimaurer tun das. Nicht alle! Bitte haben Sie Verständnis. Aber es ist ein so großes Problem, dass ich mich verpflichtet fühle, Ihnen davon zu berichten. Das ist der Grund, warum die Freimaurer glauben, sie könnten Unsterblichkeit erlangen. Jedes Mal, wenn sie ein Kind schänden, stehlen sie ihm ein Stück seiner Jugend. (...) Dann glauben sie, dass sie Zugang zu alternativen Universen haben, in denen sie zu Göttern werden (...) Crowley enthüllt das Geheimnis der Symbolik des „Allsehenden Auges" in einem seiner Bücher, dem Buch Toth, das ein sehr fortgeschrittenes Handbuch ist. Dies ist das Auge Luzifers, aber ob Sie es glauben oder nicht, dieses Symbol entspricht auch einem Organ, das wir zärtlich Rektum nennen. Was ironisch ist, wenn man weiß, dass es auch Luzifer repräsentiert. Dies bezieht sich auf die okkulte und archäometrische Doktrin der Freimaurerei, die behauptet, dass man durch Sodomie, insbesondere mit kleinen Jungen, Zugang zu alternativen Dimensionen der Realität erhält, und zwar durch so genannte „Taifuntunnel" (Wirbel). Sie glauben, dass sie durch sexuelle Perversion Zugang zu diesen Tunneln erhalten können, und der Zweck dieser Art von Magie ist es, das eigene Universum zu finden und der Gott dieses Universums zu werden. Satan verrät diese Menschen, indem er sie zum Bösen verführt. Wichtig ist jedoch nicht, ob sie funktioniert oder nicht, sondern dass diese Menschen tatsächlich daran glauben (...) Diese Form der Magie ist die 'transjuggotische' Magie. Das bedeutet, dass es sich um eine Magie handelt, die jenseits des plutonischen Raums wirkt, einem Planeten, von dem sie glauben, dass er außerhalb der Reichweite der Sonne und damit außerhalb der Reichweite der Strahlen des jüdisch-christlichen Gottes liegt. Sie glauben, dass es jenseits des Pluto Wesenheiten gibt, die weitaus mächtiger, gefährlicher und tödlicher sind als Gott oder der Teufel. Das ist es, was diese Menschen zu erreichen versuchen. Verstehen Sie mich richtig! Ich kann es nicht oft genug sagen: Ein oder zwei Freimaurer von hundert praktizieren solche Dinge... Aber das ist mehr als genug! Und das ist ein ernstes Problem!"* [147]

Bill Schnoebelen zufolge ist die an Kindern praktizierte Sexualmagie ein Schlüssel zum Zugang zu anderen Dimensionen und zur Erlangung von Macht. Ein Kind, das bei satanischem rituellem Missbrauch gefoltert und vergewaltigt wurde, befindet sich in einem Zustand der Dissoziation, d.h. es wird zu einem offenen Tor zu anderen Dimensionen (siehe Kapitel 6 über den Zusammenhang zwischen Trauma, Dissoziation und Zugang zu anderen Dimensionen). Könnte die Ausübung von Sexualmagie an einem Kind in einem dissoziativen Trancezustand eine *Quelle der Verjüngung* sein? Wäre das Kind in einem solchen Zustand der Dissoziation eine Art Brücke, ein Medium, das als Vermittler zwischen der irdischen und der geistigen Welt fungiert? Leider stellt sich diese Frage, weil alles darauf hindeutet, dass es sich um eine Büchse der Pandora handelt, in der die Gedankenkontrolle ein wesentlicher Bestandteil ist.

---

[147] „Exposing the illuminati from within" - The Prophecy Club.

In seinem Buch *Do What You Will: A History of Anti-Morality* schreibt Geoffrey Ashe, dass Crowley *„hypnotische Kräfte"* besaß, die er häufig einsetzte, um Frauen zu verführen, aber er schreibt auch, dass er *„wie drei oder vier verschiedene Männer"* war.[148] Crowley selbst beschrieb seine veränderten Bewusstseinszustände, in denen er anderen imaginären, dissoziativen oder spirituellen Wesenheiten begegnete. Hatte Crowley selbst eine multiple Persönlichkeit, eine durch ein Kindheitstrauma gespaltene Persönlichkeit? Hatte er eine dissoziative Identitätsstörung? In seinem Buch *Magick in Theory and Practice (Magie in Theorie und Praxis)* befürwortet Crowley die Selbstbestrafung durch Einritzen mit einer Rasierklinge. Therapeuten, die mit Überlebenden von rituellem Missbrauch arbeiten, berichten, dass Selbstverletzungen durch Einritzen das häufigste Merkmal von Patienten mit schweren dissoziativen Störungen sind. Crowley trat 1898 dem *Hermetischen Orden der Goldenen Morgenröte* bei, aus dem er 1900 endgültig ausgeschlossen wurde. Im Jahr 1901 wurde die Goldene Morgenröte von einem Skandal erschüttert, als Theo Horos (Frank Jackson) und seine Frau beschuldigt wurden, ein sechzehnjähriges Mädchen vergewaltigt zu haben. Damals kam der Richter zu dem Schluss, dass das Paar die Rituale der Goldenen Morgenröte zur sexuellen Ausbeutung von Minderjährigen genutzt hatte. Laut Richard Kaczynski, dem Autor von *Of Heresy And Secrecy: Evidence of Golden Dawn Teachings On Mystic Sexuality*, sollen sexualmagische Praktiken in diesem Geheimbund gang und gäbe sein. Es ist wahrscheinlich, dass Sexualmagie eine gemeinsame Lehre in all diesen verschiedenen luziferischen Logen ist.

Die Goldene Morgenröte soll nach der Entdeckung geheimnisvoller germanischer Dokumente entstanden sein. Es handelte sich um verschlüsselte Manuskripte, die von einem der Gründungsmitglieder des Ordens, Dr. William Wyn Westcott, einem Freimaurer, entziffert und transkribiert wurden. In der Folge wurde der Verdacht geäußert, dass es sich bei den Dokumenten um Fälschungen handelte, und um die Angelegenheit zu klären, übergab der Autor von *The Magicians of the Golden Dawn*, Ellic Howe, Westcotts Übersetzungen an einen Graphologie-Experten. Der Sachverständige kam zu dem Schluss, dass Westcott aufgrund seiner unterschiedlichen und sehr ausgeprägten Handschrift wahrscheinlich an einer multiplen Persönlichkeitsstörung (dissoziative Identitätsstörung) leidet. In seinem Buch *What You Should Know About The Golden Dawn (Was Sie über die Goldene Morgenröte wissen sollten)* stellt Gerald Suster, ein Anwalt der Goldenen Morgenröte, das Argument der multiplen Persönlichkeitsstörung in Frage, indem er darauf hinweist, dass ein anderes prominentes Mitglied des Ordens, Israel Regardie, ebenfalls einen variierenden Schreibstil hatte und dass bei ihm nie eine multiple Persönlichkeit oder eine psychiatrische Störung diagnostiziert worden war... Eine Interpretation dieser Schreibvariationen wäre, dass diese Männer beide an dissoziativen Störungen leiden, die durch traumatische rituelle Erfahrungen verursacht wurden. Es handelt sich jedoch um eine genaue Diagnose, die nur selten gestellt

---

[148] „Do What You Will: A History of Anti-Morality „ - Geoffrey Ashe, 1974, S.235.

wird, da nur wenige psychiatrische Fachkräfte darin geschult sind, diese Arten von Persönlichkeitsstörungen zu erkennen.[149]

Ein weiterer Geheimbund mit einer freimaurerähnlichen Doktrin und Struktur ist die F.S., *Fraternitas Saturni* oder Bruderschaft des Saturn. In seinem Buch *Fire & Ice: Magical Teaching of Germany's Greatest Secret Occult Order (Feuer und Eis: Magische Lehre des größten geheimen okkulten Ordens Deutschlands)* bezeichnet Eldred Flowers die F.S. als eine *„befreundete luziferische Organisation".* Wie der O.T.O. und viele freimaurerische Werke misst auch der F.S. gnostischen Konzepten und Begriffen große Bedeutung bei. In diesem Buch bezieht sich Eldred Flower häufig auf die *„Saturnische Gnosis"* und bestimmte sexuelle Rituale. Es sei darauf hingewiesen, dass Linda Blood in ihrem Buch *„The New Satanists"* berichtet, dass Eldred Flowers, für den die FS eine *„befreundete luziferische Organisation"* ist, Michael Aquino als Leiter des Temple of Set unterstützt hat. Linda Blood weiß, wovon sie spricht, denn sie war die Geliebte von Aquino und Mitglied dieser Sekte.[150]

5 - OPFERUNGEN, HEXEREI, SCHAMANISMUS UND MULTIPLE PERSÖNLICHKEITEN

Archäologische Beweise zeigen, dass die Moches, Inkas, Mayas und Azteken allesamt gewalttätige und blutige Rituale praktizierten. Bei näherer Betrachtung stellt sich heraus, dass auch in Europa Menschenopfer praktiziert wurden. In einem Artikel mit dem Titel *„Vessels of Death: Sacred Cauldrons in Archaeology and Myth"* (*Gefäße des Todes: Heilige Kessel in Archäologie und Mythos*)[151] bezieht sich Miranda Green auf Menschenopfer, die vom germanischen Volk der Kimbern praktiziert und vom griechischen Geographen Strabo berichtet wurden. In dem Artikel wird beschrieben, dass die Zeremonie von „heiligen Frauen" durchgeführt wurde, von denen eine die Kehle eines Kriegsgefangenen aufschlitzte und sein Blut in einem großen Bronzekessel auffing. Dann wurde sein Körper geöffnet, um seine Eingeweide und Organe zu Wahrsagezwecken zu untersuchen. Menschenopfer sind ein gemeinsames Erbe der menschlichen Geschichte, eine Praxis, die mit der Anbetung dämonischer und luziferischer Götter verbunden ist. Historisch gesehen gehörten zu den frühen heidnischen Riten sowohl Tier- als auch Menschenopfer. Menschenopfer und Kannibalismus scheinen einen gewissen Platz in den Ritualen der Vorfahren und sogar der Gegenwart gehabt zu haben. In *„Kingship and Sacrifice: Ritual and Society in Ancient Hawaii"* (*Königtum und Opfer: Ritual und Gesellschaft im alten Hawaii*) berichtet Valerio Valeri über die Existenz ritueller Menschenopfer, die von Priestern bis 1819 praktiziert wurden, bevor sie verboten wurden. Valeri erklärt, dass Menschenopfer auch bei Hexereiritualen

---

[149] *Cult & Ritual Abuse* - James Randal Noblitt & Pamela Perskin Noblitt, 2014, S.141.

[150] Ebd. S.142.

[151] *Die Zeitschrift für Antiquitätenhändler 78*, 1998.

verwendet wurden. Der alte haitianische Voodoo-Kult praktizierte die Opferung der „*hornlosen Ziege*", ein Euphemismus für Menschenopfer.[152] Genauso wie der Begriff „*langes Schwein*" bei den Kannibalen in Polynesien Menschenfleisch bezeichnet. Kannibalismus wurde auch mit bestimmten schamanischen Praktiken in Verbindung gebracht. Ein kannibalistisches Ritual ist wahrscheinlich eine traumatische Erfahrung sowohl für das Opfer vor dem Tod als auch für diejenigen, die an dem Ritual teilnehmen und es überleben. Im „*Dictionary of Folklore, Mythology and Legend (Funk & Wagnalls)*" schreibt R.D. Jamison: „*Die Cambridge Expedition zur Torres Strait berichtete, dass Zauberer das Fleisch von Leichen aßen oder es nach rituellen Praktiken mit ihrer Nahrung vermischten. Dies führt dazu, dass sie gewalttätig werden und aus Wut einen Mord begehen. Wir wissen wenig über die Vorgänge, die schamanische Trance auslösen, außer dass Kannibalismus den Konsumenten in einen unmenschlichen oder übermenschlichen Zustand versetzt.*"

In einem Artikel mit dem Titel „*Sacrifices of raw, cooked and burnt humans*" (*Opferungen von rohen, gekochten und verbrannten Menschen*)[153] stellt Terje Oestigaard fest, dass Menschenopfer eine gängige Praxis sind, die den Göttern als Opfergabe dienen. Diese Opfergabe kann roh begraben, als Mahlzeit für die Götter gekocht oder eingeäschert werden, um direkt in den Himmel aufzusteigen. Die Einäscherung ist eine Transformation und ein Medium, durch das eine gewisse Umwandlung der Opfergabe stattfindet. Tier- oder Menschenopfer können als Gemeinschaft zwischen Menschen und Göttern durch eine Mahlzeit angesehen werden und waren oft der zentrale Ritus des Heidentums, da sie es ermöglichten, „*den Tisch der Götter zu teilen*", aber sie dienten auch als kathartischer Akt.

Der römische Kaiser Julian war für seine Vorliebe für Opferhandlungen bekannt, die von seinen Zeitgenossen, sowohl den Gläubigen als auch den Gegnern, allgemein verurteilt wurden. Es wurde beschrieben, dass er seine „Amulette und Talismane" nie verließ und sein Leben zwischen der Sorge um den Staat und der Hingabe an die Altäre aufteilte. Libanios verleiht ihm den Ruhmestitel, in zehn Jahren mehr Tieropfer gebracht zu haben als alle Griechen zusammen. Kaiser Julian brachte Blutopfer im Tempel des Zeus sowie im Tempel der Tyche (Glück) oder der Demeter (Fruchtbarkeit) dar.[154]

In der „*Geschichte der Kriege*" bezeichnet der Geschichtsschreiber Prokopius das Menschenopfer als das „edelste", vorzugsweise den ersten im Krieg gefangenen Menschen. Der Kriegsgott Mars sollte mit den grausamsten und blutigsten Ritualen besänftigt werden, indem Gefangene zu Tode gebracht wurden. Für diese alten Völker war das Vergießen von Blut ein Mittel zur Besänftigung des Kriegsfürsten.

In einem Bericht über eine Reise unter den Wolga-Bulgaren (Wikingern) erzählt Ibn Fadlan, wie verschiedene Tiere geopfert wurden, während die

---

[152] *Voodoo* - Jacques d'Argent, 1970.

[153] *Norwegische archäologische Zeitschrift*, Band 33, Nr. 1, 2000.

[154] *Den Tisch der Götter teilen: Der Kaiser Julian und die Opfer* - Nicolas Belayche.

Männer des Clans eine Sklavin vergewaltigten, bevor sie getötet und von ihrem Herrn auf ein Boot gesetzt wurde. Das Boot wurde dann in Brand gesteckt, um das menschliche Opfer in Rauch aufzulösen.[155]

Das rituelle Töten scheint eine gängige Praxis der Zauberer der *Cebuano-Kultur auf den* Philippinen zu sein. In dem Buch *„Cebuano Sorcery: Malign Magic in the Philippines"* schreibt Richard Lieban: *„Um zu denjenigen zu gehören, die 'Hilo' praktizieren können, heißt es, dass ein Mann zuerst ein Mitglied seiner eigenen Familie töten muss, und dann muss er jedes Jahr ein oder mehrere Opfer fordern. Ein solcher Zauberer erklärte, dass die Verpflichtung zum Töten jedes Jahr zunimmt. Je länger der Zauberer seine Magie praktiziert, desto häufiger muss er töten. Alle Informanten sind sich einig, dass der Zauberer, wenn er solche Verpflichtungen eingeht, wenn er die Morde nicht nach dem Kalender begeht, selbst zum Opfer wird und von seinen eigenen Zauberwerkzeugen getroffen wird, die sich gegen ihn wenden werden. Wie ein Zauberer sagt: „Wenn er nicht tötet, wird er schwer krank, und er wird nicht gesund, bis er tot ist. Wenn er nicht tötet, wird er sterben."*[156]

In einem seiner Vorträge zum Thema *„New Age"* berichtet Pater Jean Luc Lafitte, was er in Gabun erlebt hat: *„Ich habe mehrere Exerzitien im Busch gehalten (...) Jede Nacht hörten wir die Melodien dieser Zauberer, die an den Anhängern ihrer Religion arbeiteten. Mir wurde gesagt, dass sie zum Tanzen gebracht wurden, aber dass der Guru, der Zauberer, bevor er sie zum Tanzen brachte, dafür sorgte, dass alle seine Anhänger ein Getränk namens Iboga tranken. Dabei handelt es sich um ein Halluzinogen, das er zu Pulver zermahlte und die Anhänger dazu brachte, es zu trinken, damit sie die ganze Nacht zum Klang der Trommel tanzten. Nach einer Weile fielen alle diese Menschen in Trance (...) Sobald sie in Trance waren, gelang es dem Hexendoktor, ihre Persönlichkeit vollständig zu entleeren, so dass man, um in diesem System der falschen Religion voranzukommen, etwas tun musste, was der Guru von einem verlangte. Die erste Initiation bestand darin, ein Tier zu töten, also musste man am Anfang zum Beispiel den Hals eines Huhns durchschneiden. Der zweite Schritt war das Töten eines Feindes und der dritte Schritt das Töten eines Familienmitglieds. Der vierte Schritt war, sich selbst zu töten..."* Hier finden wir drei Dinge, die den Berichten über modernen rituellen Missbrauch gemeinsam sind: Drogen, Trancezustände und Blutopfer. Westliche Überlebende berichten, dass sie zunächst gezwungen wurden, ein Tier und dann manchmal einen Menschen, meist ein Baby, zu töten. Die von Abbé Lafitte beschriebene vierte Stufe, die darin besteht, sich selbst zu töten, könnte der Selbstmordprogrammierung von Opfern der Gedankenkontrolle (MK) entsprechen, aber der Abbé gibt nicht an, in welchem Rahmen oder auf welche Weise diese vierte Stufe in der von ihm beschriebenen Tradition ausgelöst werden kann.

Traumatische Initiationsrituale sind in vielen Traditionen, die Hexerei und Geisterverehrung praktizieren, ein gemeinsamer Faktor. In seinem Buch

---

[155] *The Risalah of Ibn Fadlan: An Annotated Translation with Introduction* - Mc Keithen, 1979.

[156] „Cebuano Sorcery: Malign Magic in the Philippines" - Richard Lieban, 1967, S.23.

„La Conjuration antichrétienne" schreibt Mgr. Henri Delassus: *„Satan hat an allen Orten der Erde Tempel und Altäre errichten lassen, und er hat sich in ihnen auf gottlose und abergläubische Weise verehren lassen. Wie oft hat sich das auserwählte Volk selbst von ihm hinreißen lassen und sogar seine Kinder dem „Moloch" geopfert!* (...) *Die Missionare des zwölften Jahrhunderts staunten nicht schlecht, als sie aus dem damals noch etwas skeptischen Frankreich kommend in Ostindien landeten und sich inmitten der seltsamsten diabolischen Erscheinungen wiederfanden. Sowohl Reisende als auch Missionare erleben heute dieselben Wunderkräfte. Herr Paul Verdun hat ein Buch veröffentlicht: „Der Teufel in den Missionen"* (...) *Erscheinungen und Besessenheit sind unter ihnen häufig, bekannt und von allen akzeptiert. In all diesen Ländern gibt es Zauberer. Um einer zu werden, muss man sich grausamen Prüfungen unterziehen, die weit über die schmerzhaftesten Praktiken der christlichen Abtötung hinausgehen. Bei den meisten dieser Einweihungen zeigt eine Manifestation des Teufels, dass er den Kandidaten als sein Eigentum annimmt, ihn zu einem Besessenen macht oder ihn mitnimmt. „* [157]

In Papua-Neuguinea sind traumatische Rituale, die den Eingeweihten Angst einjagen sollen, ein fester Bestandteil der lokalen Kulte. In seinem Buch *„Ritual and Knowledge Among the Baktaman of New Guinea"* beschreibt Frederik Barth, wie ein *Baktaman-Novize*, der sich so sehr vor dem Initiationsprozess fürchtete, buchstäblich darauf kotete. In dem Buch *Rituals of Manhood: Male Initiation in Papua New Guniea* berichtet Gilbert Herdt, dass die Novizen bei der *Bimin-Kuskusmin-Initiation* völlig verängstigt sind von der Zeremonie, bei der ihr Septum durchstochen und ihr Unterarm verbrannt wird. Dies verursacht ein schweres Trauma, und der Autor berichtet, dass bei mehreren Personen, die diese Initiation durchlaufen haben, Anzeichen eines tiefen psychologischen Schocks beobachtet wurden. In seiner Analyse der Orokaiva-Initiation der Papuas *in* dem Buch *Exchange in the Social Structure of the Orokaiva* schreibt Erik Schwimmer, dass eine der Funktionen dieser Riten darin besteht, *„absoluten und dauerhaften Schrecken im Kandidaten"* zu erzeugen. Alle Ethnographen, die sich mit den Orokaiva befasst haben, betonen den besonders erschreckenden Charakter der *Embahi-Zeremonie*. Mehrere Autoren haben berichtet, dass bei den jungen Initiationskandidaten bewusst eine regelrechte Panik ausgelöst wird, aber sie beschreiben auch die Angst der Eltern, die das Leiden der Kinder miterleben. In *„The Concept of the Person and the Ritual Sytem; An Orokaiva View"* schreibt André Iteanu sogar, dass immer die Gefahr besteht, dass das Kind die Prüfungen der Initiation nicht überlebt. In seinem Buch *„Prey into Hunter: The Politics of Religious Experience"* analysiert Maurice Bloch die *Embahi-Zeremonie* mit ihrem sakralen und transzendentalen Charakter. Nach Bloch besteht die wichtigste Wirkung dieser Zeremonie darin, dass der Eingeweihte symbolisch getötet wird, oder genauer gesagt, dass seine Vitalität neutralisiert wird und er zu einem rein transzendentalen (dissoziierten?) Wesen wird. Nach dieser Einweihung wird das Kind heilig, es geht also darum, seine Vitalität zu erobern und sie unter eine

---

[157] *„La Conjuration antichrétienne"* - Mgr Henri Delassus, 2008 (Saint-Remi), S.259.

gewisse Kontrolle zu bringen. Zu diesem Zweck wird das Kind symbolisch getötet, um es zu verwandeln, um seine Person zu transzendieren, damit es selbst zum Mörder und nicht mehr zum Opfer wird.[158]

Hier haben wir eine Beschreibung, die auf den *„modernen"* satanischen rituellen Missbrauch und die damit einhergehende Gedankenkontrolle passen könnte. Dabei handelt es sich um traumatische Initiationsrituale, die darauf abzielen, das Kind durch tiefe dissoziative Zustände und die Wiedergeburt als „Monarch"-Kind zu sakralisieren; es wird zum *Mörder* und nicht zum *Opfer*, zu einem vollwertigen Mitglied des luziferischen/satanischen Kults.

Cult and Ritual Abuse: Narratives, Evidence and Healing Approaches von James Randall Noblitt und Pamela Perskin Noblitt befasst sich mit dem anthropologischen Aspekt des rituellen Missbrauchs und der Gedankenkontrolle durch dissoziative Identitätsstörungen (multiple Persönlichkeitsstörung). Das Buch berichtet über zahlreiche Quellen, die traumatische Rituale betreffen, bei denen die Grenze zwischen Dissoziation und dämonischer Besessenheit sehr unscharf bleibt. Hier sind einige der Quellen, über die sie in ihrem Buch berichten...

Das Buch von Isaiah Oke *„Blutgeheimnisse: Die wahre Geschichte von Dämonenanbetung und Ritualmord"* befasst sich eindeutig mit dem Thema des rituellen Missbrauchs in Westafrika. Isaiah Oke ist der Enkel und Nachfolger eines bedeutenden *Babalorisha*, eines Juju-Hochpriesters. In seinem Buch erzählt er von *der Ausbildung*, die er als Nachfolger seines Großvaters erhielt. Oke beschreibt die traumatischen Zeremonien, die er während seiner Ausbildung zum Hohepriester durchlief. Er beschreibt auch die Qualen, die er anderen zufügen musste, Zeremonien, die mit Folter und sogar Mord verbunden waren, wie die Zeremonie der *„200 Schnitte"*, bei der er einen Mann zu Tode bringen musste. Er berichtet von scheinbar klassischen Dissoziationserfahrungen, wenn er von Gedächtnisverlust und Besessenheit durch die Geister der Dorfvorfahren spricht. Oke schreibt in seinem Buch: *„Unsere Rituale dienen dazu, die schrecklichsten unserer Götter zu besänftigen. Diese Götter sind so furchterregend, dass unsere Rituale ebenso furchterregend sein müssen. Wir glauben, dass es nichts Besseres als Blut gibt, um die grimmigen Geister der Juju zu besänftigen."*[159]

Oke vergleicht das afrikanische Juju mit dem amerikanischen Satanismus. Er erklärt, dass dieser Kult in Westafrika offen praktiziert und sogar kommerziell für Touristen ausgebeutet wird, dass es aber noch eine andere Fassade gibt, die so geheimnisvoll ist, dass manche sagen, es gäbe noch eine andere, der Außenwelt unbekannte Religion innerhalb von Juju: *„Es gibt noch einen weiteren Opferort, den wir das 'Grab' nennen, normalerweise im Wald, weit weg von neugierigen Augen und Ohren. In der Regel ist es eine einfache, gut getarnte Hütte, die wir Igbo-Awo (das Geheimnis des Waldes) nennen. Was*

---

[158] *Rites of Terror, Metaphor and Memory in Melanesian Initiation Cults* - Harvey Whitehouse, The Journal of the Royal Anthropological Institute, Vol. 2, No. 4, 1996.

[159] *Blood Secrets: The True Story of Demon Worship and Ceremonial Murder* - Isaiah Oke, 1989, S.19.

in der „Gruft" praktiziert wird, sind keine harmlosen Zeremonien, sondern makabre Blutrituale."[160]

In seinem Buch *Ritual: Power, Healing and Community* bestätigt Malidoma Somé die Aussagen von Isaiah Oke über die afrikanische Religion Juju. Ursprünglich aus Westafrika stammend, studierte Somé an der Sorbonne und der Brandeis University in den USA. Er beschreibt Rituale, bei denen Menschen mit verschiedenen Stimmen sprechen und unterschiedliche Persönlichkeiten zeigen. Er erklärt, dass der Priester, der die Rituale durchführt, in der Lage ist, auf den Geist der Anwesenden einzuwirken, so dass sie sich nicht mehr an die Ereignisse erinnern können, die stattgefunden haben. Er berichtet vom Beispiel eines Stammesangehörigen, der Fremden die Geheimnisse des Kultes offenbaren wollte. Bevor er dazu in der Lage war, erlitt er Berichten zufolge einen psychotischen Zusammenbruch und beging Selbstmord. Diese Zeugnisse können mit den Berichten von Überlebenden satanischer ritueller Misshandlungen im Westen verglichen werden. Einige berichten, dass sie das Gefühl haben, ihr Geist sei blockiert oder „abgeschaltet", wenn sie versuchen, sich an die Einzelheiten ihres Missbrauchs zu erinnern. Sie sagen auch, dass sie besonders selbstzerstörerisch oder sogar selbstmordgefährdet sind, wenn sie mit jemandem über Dinge sprechen wollen oder gerade gesprochen haben, die eigentlich geheim bleiben sollten. Im Westen wird dieses Einrichten des inneren Geheimnisses durch die so genannte MK-Monarch-Programmierung durchgeführt. Dies ist eine Form der extremen Konditionierung, die durch ein tiefes Trauma programmierte Reaktionen erzeugt und manipuliert. (Siehe Kapitel 7)

Der britische Psychiater William Sargant (der für das MK-Ultra-Projekt arbeitete) erklärte in seinem Buch *„The Mind Possessed: A Physiology of Possession, Mysticism and Faith Healing"* (*Der besessene Geist: Eine Physiologie der Besessenheit, des Mystizismus und der Glaubensheilung*), dass Dissoziation, Amnesie, Persönlichkeitsveränderung sowie mentale Programmierung ein wesentlicher Bestandteil des *Orisha-Kults* waren.

Orisha ist der *Yoruba-Begriff* für die Götter oder die Darstellung des Geistes Gottes. Es handelt sich um eine afrikanisch-amerikanische Tradition, die ihren Ursprung in Afrika hat. Der Begriff wird in der *Juju-Kultur* verwendet, aber auch in der *Santeria-Kultur*, die von der *Yoruba-Kultur* abgeleitet ist. William Sargant zitiert in seinem Buch den Schriftsteller Pierre „Fatumbi" Verger, der in diese *Orisha-Rituale* eingeweiht worden sein soll: *„Pierre Verger wurde selbst Priester des Orisha-Kults. Er konnte mir nicht viel über die geheimen Zeremonien erzählen, die im Kloster stattfanden, aber er war in der Lage zu enthüllen, dass es sich um einen schweren Gehirnwäscheprozess handelte, bei dem die gewöhnliche Persönlichkeit des Adepten durch eine neue Persönlichkeit ersetzt wird. Der Eingeweihte darf sich nie daran erinnern, wer er war, wie er aussah und wie er sich mit seiner alten Persönlichkeit verhielt. Wenn der Eingeweihte das Kloster verlässt, erhält er durch ein spezielles Verfahren seine alte Persönlichkeit zurück, aber er behält nur sehr wenige*

---

[160] Ebd., S. 19.

Erinnerungen an die Ereignisse im Kloster. Wenn die Adepten ins Nonnenkloster zurückkehren, erlangen sie durch denselben umgekehrten hypnotischen Prozess ihre hingebungsvolle Persönlichkeit zurück, die wieder in ihrer gewöhnlichen Persönlichkeit verschwindet, wenn sie in die weltliche Welt zurückkehren. "[161]

Hier haben wir ein Beispiel für Gedankenkontrolle auf der Grundlage von Persönlichkeitsspaltung mit durch Amnesie-Wände getrennten Erinnerungen (siehe Kapitel 5). William Sargant hat auch festgestellt, dass *„manche Menschen in der Lage sind, sich selbst oder andere in einen Zustand der Trance und Dissoziation zu versetzen, der durch starken und sich wiederholenden emotionalen Stress hervorgerufen wird, bis zu dem Punkt, an dem er zu einem konditionierenden System der Gehirnaktivität werden kann (...) Wenn die Trance von einem Zustand mentaler Dissoziation begleitet wird, kann die Person in ihrem Denken und ihrem anschließenden Verhalten tief beeinflusst werden.* Sargant verweist hier eindeutig auf den Prozess der Bewusstseinskontrolle mittels dissoziativer Zustände.

Der Autor Fritz Springmeier beschrieb haitianische Voodoo-Zeremonien mit Trance- und Dissoziationsphänomenen. Springmeier zieht Parallelen zwischen diesen Voodoo-Ritualen und der MK-Monarch-Programmierung: *„Die ersten Berichte über haitianisches Voodoo wurden 1884 von Spencer St John verfasst. Seine Schriften beschreiben die in dieser Religion praktizierten Blutrituale und den Kannibalismus (...) Blutopfer werden oft mit Dämonen in Verbindung gebracht, und die besessene Person trinkt das Blut des geopferten Tieres. Edelsteine, Kräuter, Trance und dissoziative Zustände werden verwendet, um Geister anzuziehen. Während der MK-Monarch-Sklave traumatisch bedingte dissoziative Zustände durchläuft, werden die dissoziativen Zustände von Voodoo-Praktizierenden rituell herbeigeführt. Bei Voodoo-Ritualen wird gesungen, getrommelt, manchmal geklatscht und wild getanzt, um dissoziative Zustände hervorzurufen. In den afro-karibischen oder südamerikanischen Religionen wurden mehrere Faktoren identifiziert, die diese veränderten Bewusstseinszustände hervorrufen. Zunächst wird zu einem schnellen und ruckartigen Rhythmus getanzt. Zweitens folgen dissoziierte Zustände häufig auf eine Phase des Nahrungsentzugs, und auch Hyperventilation wird eingesetzt, um diese besonderen Bewusstseinszustände zu erreichen. Der Beginn der dämonischen Besessenheit ist gekennzeichnet durch eine kurze Phase der Muskelhemmung mit einem Zusammenbruch (...) Während der Trance werden die Gliedmaßen des Körpers sowie der Kopf geschüttelt, die Person wird so dissoziiert, dass sie Glut mit der Hand aufheben kann. Die besessene Person kann bewusst, halbbewusst oder unbewusst sein, was mit ihr geschieht (...) Voodoo-Rituale, die dissoziative Zustände hervorrufen, werden in der Regel von Amnesie begleitet. Während dieser Zeit der Amnesie hat sich die Person so verhalten, als wäre sie ein Geist (ein Gott). Was hier beschrieben wurde, ist eher ein ritualbedingter dissoziativer Zustand als ein traumainduzierter dissoziativer Zustand. Die MK-Monarch-Programmierung*

---

[161] *The Mind Possessed: A Physiology of Possession, Mysticism and Faith Healing* - William Sargant, 1974, S.149.

zielt darauf ab, beides zu kombinieren: Ritual und Trauma, um einen tief dissoziierten Zustand zu erzeugen und zu verstärken. Aus diesem Grund ist es schwierig, den religiösen Faktor von der MK-Monarch-Programmierung zu trennen. "[162]

Wenden wir uns nun dem Schamanismus zu, einem Thema, das bei der Untersuchung veränderter Bewusstseinszustände und der Interaktion mit anderen Dimensionen nicht außer Acht gelassen werden darf. Schamanen sind so genannte *„Medizinmänner"* oder „Medizinmänner". Dabei handelt es sich um ein primitives Medizinsystem, das auf die frühesten Zeiten zurückgeht, eine Disziplin, die die Kommunikation mit den Geistern und die Ausübung von Übungen zur Erlangung bestimmter „spiritueller Kräfte" verbindet. Er wird manchmal als *„schamanischer Krieger"* bezeichnet, eine Person, die in der Lage ist, in Ritualen tiefe Trancezustände zu erreichen, in der Regel mit Hilfe einer Trommel, von Gesängen und zeremoniellen Tänzen. Manchmal setzt er Schlafentzug und/oder Drogen ein, um diese Zustände der tiefen Dissoziation zu erleichtern. Wenn der Schamane in Trance ist, betritt er die *Geisterwelt*, eine Dimension, die parallel zu unserer eigenen ist, aber für den Schamanen genauso real. Diese Reisen bringen ihm Visionen, die es ihm ermöglichen, z. B. gesundheitliche Probleme zu diagnostizieren, aber er muss sich vielleicht auch mit anderen Problemen seiner Gemeinschaft befassen. Bei seiner spirituellen Arbeit wird der Schamane von Wesenheiten unterstützt, die manchmal als *„Schutzgeist"* oder *„Leitgeist"* bezeichnet werden.

Einige Schamanen beschränken sich nicht auf *„wohlwollende"* spirituelle Aktivitäten und wenden bei Bedarf auch Zauberei im Zusammenhang mit den dunklen Kräften an. Francis Huxley unterscheidet *in* seinem Buch *„The Way of the Sacred"* klar zwischen schwarzem und weißem Schamanismus. Harry B. Wright macht in seinem Buch *„Witness to Witchcraft"* (Zeuge der Hexerei) eine ähnliche Beobachtung bei den indianischen Zauberern des Amazonas, mit den wohlwollenden *Curanderos* und den bösartigen *Feiteceros.* Interessant ist auch, dass Nevil Drury in seinem Buch *„The Shaman and the Magician: Journeys Between the Worlds" (Der Schamane und der Magier: Reisen zwischen den Welten)* über Ähnlichkeiten zwischen traditionellen schamanischen Praktiken und einigen der modernen magischen Rituale berichtet, die in bestimmten freimaurerischen, okkulten Logen praktiziert werden. Als Beispiel führt er den hermetischen Orden der Goldenen *Morgenröte* an. Es ist klar, dass die psycho-spirituelle Funktion, die als psychische Dissoziation bezeichnet wird, ein wesentlicher Punkt im luziferischen Okkultismus ist.

Hier muss geklärt werden, was mit *„weißer Magie"* und *„schwarzer Magie"* bzw. mit *„wohlwollenden"* und *„böswilligen"* Zauberern gemeint ist. Anton LaVey, der Gründer der Kirche des Satans, sagt Folgendes über Magie:

LaVey macht keinen Unterschied zwischen weißer und schwarzer Magie und sagt, dass die weiße Wicca-Hexerei und die New-Agers die Mächte der

---

[162] *The Illuminati Formula Used to Create an Undetectable Total Mind Controlled Slave* - Fritz Springmeier & Cisco Wheeler, 1996.

Finsternis anrufen, um sie in ihren heuchlerischen Wünschen zu unterstützen. LaVey sagte: „Alle Magie kommt aus dem Reich des Teufels, egal wie man sie verkleidet. Der Glaube, dass „schwarze" Magie nur zur Zerstörung und „weiße" zur Heilung eingesetzt wird, ist falsch. Satanische Magie wird verwendet, um die Macht der Gerechtigkeit zu beschwören, sie kann verwendet werden, um Ihnen oder jemand anderem zu helfen, sie kann aber auch verwendet werden, um jemandem zu schaden."[163]

Es gibt keinen Unterschied zwischen weißer und schwarzer Magie, außer in der glückseligen Heuchelei und Selbsttäuschung der 'weißen Magier' (...) Niemand auf dieser Erde hat jemals Okkultismus, Metaphysik, Yoga oder irgendetwas anderes des sogenannten 'weißen Lichts' studiert, ohne Befriedigung des Egos und mit dem Ziel, persönliche Macht zu erlangen."[164]

Pierre Manoury schreibt auch, dass es keine „weiße Magie" oder „schwarze Magie" gibt: „Einen Spezialisten erkennt man oft daran, dass er leicht lächelt, wenn er das Wort 'weiße Magie' erwähnt. Der Grund ist ganz einfach: Weiße Magie gibt es nicht! (...) Was auch immer für diese Gutmenschen und die hirnlose Herde, die ihnen als Publikum dient, gilt: Weiße Magie gibt es nicht und hat es nie gegeben. Der Begriff Weißmagier wird in der Literatur häufig verwendet, um einen Adepten zu bezeichnen, der nur nützliche Operationen durchführt, im Gegensatz zum Schwarzmagier, der ein Bündnis mit den Mächten der Finsternis eingeht. Aber das ist Literatur, keine Initiation! In Wirklichkeit gibt es nur eine Art von Magie, die sich in mehrere Spezialgebiete unterteilt. Die Vorstellung von weißer oder schwarzer Magie ist rein manichäisch, vereinfachend und primär."[165]

Eine wichtige Frage in Bezug auf den Schamanismus ist, ob diese Praktiken mit traumatischem rituellem Missbrauch verbunden sind. Wie erhalten die Schamanen diese Kommunikation mit den „Geistern"? Die Hypothese, dass es sich bei diesen „Geistern" in einigen Fällen um dissoziierte Persönlichkeiten des Schamanen handelt, kann nicht ausgeschlossen werden, und es ist möglich, dass diese Persönlichkeitsspaltung durch Rituale hervorgerufen wird. Einige Rituale sind nicht traumatisch, andere sind traumatisch und beinhalten Traumata, die dazu dienen, heftige und aufdringliche andere Identitäten zu erzeugen, die leicht mit dämonischen Wesenheiten verwechselt werden können.

In seinem Buch „*Der Weg des Schamanen*" beschreibt Michael Harner die Initiationsreise eines Schamanen, geht aber nicht näher auf die Art und Weise ein, wie die so genannten „*führenden*" oder „*hütenden*" spirituellen Wesenheiten Teil der inneren psychischen Welt des schamanischen Initianden werden. Nach Harner muss *der Schutzgeist in Folge* einer schweren Krankheit zum Schamanen kommen oder man muss ihm bewusst auf einer „*Visionssuche*"

---

[163] *Dinner with the Devil: Ein Abend mit dem Hohepriester der Kirche Satans* - Bob Johnson, High Times Magazine, 1994.

[164] *Die Wiederverzauberung des Westens Band 2: Alternative Spiritualitäten, Sakralisierung, Populärkultur und Okkultismus* - Christopher Partridge, 2006, S.229.

[165] *Cours de haute magie de sorcellerie pratique et de voyance*, Band 2 - Pierre Manoury, 1989, Kap. 1.

begegnen. Harner verwendet in seinem Buch Begriffe wie *„andere Identität"*, *„Alter Ego"* oder *„anderes Selbst"* in Bezug auf den Schutzgeist des Schamanen. In *Primitive Magic: The Psychic Powers of Shamans and Sorcerers (Primitive Magie: Die übersinnlichen Kräfte der Schamanen und Zauberer)* zitiert Ernesto De Martino einen ethnografischen Bericht von Martin Gusinde, der die Interaktion des Schamanen mit den Geistern mit den Begriffen *„duale Persönlichkeit"*, *„zweite Persönlichkeit"* und *„mittlere Persönlichkeit"* beschreibt. De Martino zitiert auch einen Text eines anderen Schamanisten, Schirokogoroff, für den die Trommel dazu bestimmt ist, *„die Dämpfung des Wachbewusstseins zu erzeugen"* und *„die Spaltung (das Kommen des 'Geistes') zu begünstigen (...).Während der Ekstase ist der Grad der Spaltung der Persönlichkeit und der Ausschaltung bewusster Elemente variabel, aber in jedem Fall gibt es Grenzen in beide Richtungen, d.h. der Zustand des Schamanen darf nicht in eine Krise der unkontrollierten Hysterie übergehen, und andererseits darf die Ekstase nicht aufhören: Denn weder die Krise der unkontrollierten Hysterie noch die Unterdrückung der Ekstase erlauben die regelmäßige Aktivität der zweiten Persönlichkeit und die anschließende Autonomie des intuitiven Denkens"*. De Martino greift dann die Geschichte von Aua auf, der seine Krankheit *„als Einladung, Schamane zu werden, als Berufung* interpretiert (...) Nach verschiedenen Störungen findet er schließlich ein psychisches Gleichgewicht, und *„anstelle der drohenden Auflösung der einheitlichen Präsenz bildet er nun eine doppelte Existenz (...), aber eine Existenz, die, obwohl doppelt, unter der Kontrolle einer einzigen einheitlichen Präsenz steht, die aus diesem außergewöhnlichen psychischen Abenteuer siegreich hervorgeht"*.[166]

Alle hier verwendeten Begriffe können veränderten Persönlichkeiten entsprechen, die auf eine Spaltung der Persönlichkeit des Schamanen zurückzuführen sind. Es kann sich um eine kontrollierte und beherrschte Dissoziation der Identität handeln, gewissermaßen eine schamanische Bewältigung der dissoziativen Identitätsstörung (siehe Kapitel 5). Der Schamane würde also einen erlebten Zustand in einen beherrschten Zustand umwandeln, eine passive Dissoziation in eine aktive Dissoziation. Der Schamane ist vor allem ein kranker Mensch, dem die Heilung gelungen ist, ein Heiler, der sich selbst geheilt hat. In *dramatischen und schmerzhaften Kämpfen mit bösen Geistern liefern sich die Schamanen einen erbitterten Kampf mit den physischen und psychischen Kräften, die sie während ihrer Krankheit erfahren haben."*[167]

In ihrem Buch 'How about Demons? Besessenheit und Exorzismus in der modernen Welt" schreibt Felicitas Goodman: „Der Yanomamo-Schamane Hekura ist nicht mehr dieselbe Person wie zuvor. Sein Gesichtsausdruck ist völlig anders, er bewegt sich ganz anders als sonst... Sogar seine Stimme ist nicht

---

[166] „Anthropologische Annäherung an die Dissoziation und ihre Auslöser" - Georges Lapassade, 2004.

[167] *„Animismus und Schamanismus für alle"* - Igor Chamanovitch, 2010, S.106.

wiederzuerkennen. Selten wird sich ein solcher Praktiker an das erinnern, was danach geschah."[168]

Handelt es sich um eine echte Besessenheit oder um eine tiefe Dissoziation mit gespaltener Persönlichkeit und dissoziativer Amnesie? Vielleicht ist es auch eine Mischung aus beidem... Wir werden dieses besonders interessante Thema in Kapitel 6 über die Verbindung zwischen Trauma, Dissoziation und Verbindung zu anderen Dimensionen entwickeln.

Ein Element, das eine Verbindung zwischen schamanischer „Besessenheit" und dissoziativer Identitätsstörung (multiple Persönlichkeit) herstellen könnte, ist die Tatsache, dass diese „Besessenheit" des Schamanen manchmal nur teilweise ist. Der Schamane geht in Trance, aber die Entität übernimmt nicht unbedingt die Kontrolle über den Körper. Diese Erfahrung wird oft als eine „innere Reise" beschrieben, bei der der Schamane versucht, mit den Geistern zu kommunizieren. Diese Art der psychischen Funktion kann mit der DSM-5-Kategorie der dissoziativen Störungen und der dissoziativen Trance in Verbindung gebracht werden.

Michael Harner fügt hinzu, dass eine Person manchmal einen „Schutzgeist" auf „unfreiwillige Weise" erhalten kann, aber er sagt nicht, auf welche Weise. Handelt es sich um ein unfallbedingtes Trauma? Später im Buch erklärt Harner, dass der Stamm der *Jivaro* seinen Neugeborenen üblicherweise eine halluzinogene Droge verabreicht, deren Zweck es ist, das Kind bei einem Prozess zur Erlangung eines Schutzgeistes zu begleiten... Nach einer kurzen Erwähnung dieser Praxis, das Neugeborene zu betäuben, weist er darauf hin, dass es noch andere unfreiwillige Wege gibt, auf denen das Kind einen „Schutzgeist" erhalten kann, ohne jedoch ins Detail zu gehen.

In seinem Buch *The Occult: A History (Der Okkultismus: Eine Geschichte)* argumentiert Colin Wilson, dass Traumata Teil der schamanischen Ausbildung einiger Stämme sind. Er schreibt: „*Der Schamane selbst hat seine Priesterschaft durch die schrecklichsten Rituale und Einweihungen durch Schmerz vollendet.*"[169]

Dushan Gersi, der Autor von „*Face in the* Smoke: *An* Eyewitness Experience of Voodoo, Chamanism, Psychic Healing and Other Amazing Human Powers*" schrieb: „*Um ein Schamane zu werden, bedarf es jahrelanger, schmerzhafter Initiationen. Ich habe gehört, dass viele Neophyten aufgrund der Härte der Einweihung sterben. Der Neophyt erträgt die schlimmsten physischen und psychischen Qualen bis hin zum Wahnsinn.*"[170]

In einem Artikel mit dem Titel „The Role of Fear in Traditional and Contemporary Shamanism" schreibt Michael York: „Die Verwendung schamanischer Techniken als schnell zugängliches Werkzeug zur Entwicklung des menschlichen Potenzials steht im Widerspruch zum traditionellen

---

[168] „Was ist mit Dämonen? Besessenheit und Exorzismus in der modernen Welt" - Felicitas D. Goodman, 1988, S.12.

[169] *Der Okkultismus: Eine Geschichte* - Colin Wilson, 1971, S.147.

[170] *Face in the Smoke: An Eyewitness Experience of Voodoo, Chamanism, Psychic Healing and Other Amazing Human Powers* - Dushan Gersi, 1991, S.45.

Stammesschamanismus, in dem sich der Einzelne nur sehr selten aus freien Stücken dafür entscheidet, Schamane zu werden. In einem indigenen Kontext durchläuft der Einzelne eine lange und mühsame Ausbildung zum Schamanen, die in der Regel auf ein tiefgreifendes, unerwünschtes Trauma zurückgeht.[171]

Mircéa Eliade beschreibt ein Initiationsritual eines australischen „Medizinmannes" folgendermaßen: „Die dritte Methode schließlich beinhaltet ein langes Ritual an einem verlassenen Ort, an dem der Kandidat in aller Stille leiden muss; die Operation wird von zwei alten Medizinmännern durchgeführt: Diese reiben den Körper mit Bergkristallen ein, um die Haut zu schälen, drücken Kristalle auf die Kopfhaut, bohren ein Loch unter den Nagel der rechten Hand und machen einen Schnitt auf der Zunge (...) Nach dieser Initiation wird der Kandidat einer speziellen Diät mit unzähligen Tabus unterworfen."[172]

In seinem Buch „L'Héritage Makhuwa au Mozambique" schreibt Pierre Macaire über schamanische Einweihungen: Die Einweihungen finden an abgelegenen Orten statt, in Hütten, wo der Neophyt Leiden ausgesetzt ist, die denen eines Ungeheuers ähneln, das verschlingt und verdaut (zerstückelt, das Fleisch von den Knochen und die Augen aus den Höhlen reißt) (...) Der Tod des Neophyten bedeutet dann eine Regression in den embryonalen Zustand, eine Regression, die nicht rein psychologischer, sondern grundsätzlich kosmologischer Natur ist."[173]

Vielleicht ist dieses Ungeheuer, das verschlingt und verdaut, mit dem großen Gott des Schlachtens aus dem ägyptischen Totenbuch zu vergleichen, einem Fleischfresser und Knochenbrecher, der mächtig ist und in Blut schwimmt. Eine morbide Symbolik, die möglicherweise mit den Initiationsritualen von Tod und Auferstehung zusammenhängt.

Mircéa Eliade berichtet, dass schamanische Einweihungen manchmal mit traumatischen Ritualen verbunden sind, nach denen der Eingeweihte mit einer solchen Amnesie ins Dorf zurückkehrt, dass sogar die grundlegenden Gesten des täglichen Lebens neu erlernt werden müssen... und er erhält dann einen neuen Namen... Wir finden hier das Prinzip der *tabula rasa* nach einem radikalen Trauma, eine leere Tafel, auf der eine neue Identität neu geschrieben werden kann. Dies ist die Grundlage der MK-Monarch Art der mentalen Programmierung. Genauso wie der traditionelle Schamane während seiner Einweihung eine Verbindung zur Geisterwelt entwickelt, wird der satanische/traumatische rituelle Missbrauch, den das Kind durchmacht, einen spirituellen Riss und eine Spaltung in seiner Persönlichkeit hervorrufen, die es zu einem *Eingeweihten* macht. Er wird dann zu einem Medium, das die Kluft zwischen unserer Welt und der Geisterwelt überbrückt, ein unverzichtbares Element, um Projekte aus anderen Sphären zu verkörpern und zu verwirklichen...

---

[171] *Die Rolle der Angst im traditionellen und zeitgenössischen Schamanismus* - Michael York, Bath Spa University College, 2012.

[172] *Schamanismus und die archaischen Techniken der Ekstase* - Mircéa Eliade, 1951, S.54.

[173] *„Animismus und Schamanismus für alle"* - Igor Chamanovich, 2010, S.104.

Jean Eisenhower, eine Überlebende der Gedankenkontrolle, beschrieb eine Methode, die von einem Stamm angewandt wurde, um einen Schamanen auszubilden, indem absichtlich ein Trauma bei einem kleinen Kind herbeigeführt wurde. Das Kind wird für einige Jahre von seinem Stamm getrennt, indem es in einem Käfig in geringer Entfernung vom Dorf eingesperrt wird. Mit dem Kind wird nicht gesprochen und es wird nicht betreut, außer für die Grundversorgung. Das Kind kann den Stamm hören, aber nicht mit den Mitgliedern interagieren und wird sich daher psychologisch abspalten und sein Bewusstsein der *Größe des Kosmos,* den anderen Dimensionen des Seins, zuwenden. Diese anderen Dimensionen werden von Wesenheiten bewohnt, die mit dem Kind interagieren und zu denen es enge Beziehungen aufbauen wird. Schließlich nimmt ihn der Stamm ehrenvoll und freundlich wieder in das Dorf auf, aber der junge Schamane wird nie wieder so sein wie die anderen. Für den Rest seines Lebens wird er geistige Arbeit für seinen Stamm leisten.[174]

Der Film *A Man Called Horse* (1970) schildert traumatische schamanische Praktiken, die auf realen Ereignissen beruhen. Der Film erzählt die Geschichte eines weißen Mannes, der von einem Sioux-Stamm gefangen gehalten wird. Sobald das *Bleichgesicht* seine Jagdfähigkeiten unter Beweis gestellt und sich den Respekt des Stammes verdient hat, darf es an einem Initiationsritual mit Stammesfolter teilnehmen. Die Zeremonie besteht darin, dass er mit Haken, die in seinen Brustmuskeln stecken, in die Luft gehängt wird. Während der Folterung verfällt der Mann in eine Trance, die das Ergebnis körperlicher Leiden zu sein scheint. Sein veränderter Bewusstseinszustand lässt ihn spektakuläre Visionen sehen. Nach Angaben nordamerikanischer Indianerexperten wurden solche Rituale in der Vergangenheit praktiziert und werden auch heute noch von einigen Stämmen praktiziert. Weiße Männer bezeichnen dieses Ritual manchmal als *Sonnentanz,* aber der indianische Begriff für diese Zeremonie ist besser mit „ *Tanz zum Sonnenblick"* zu übersetzen. Der Autor des Buches „ *Lame Deer Seeker of Visions: The life of a Sioux Medicine Man",* John Lame Deer, beschreibt die Zeremonie folgendermaßen: „ *Der Tanz ist nicht mehr so gewalttätig wie früher, aber er erfordert immer noch eine große Anstrengung von einem Mann. Auch heute noch kann ein Mensch aus Mangel an Nahrung oder Wasser in Ohnmacht fallen. Er kann so durstig sein, wenn er in seine Adlerknochenpfeife bläst, dass seine Kehle so rissig wird wie ein trockenes Flussbett. Eine Zeit lang wird er sein Augenlicht verlieren, wenn er in die Sonne starrt, und seine Augen werden nur noch glühende Spiralen und helle Lichter sehen. Wenn die Krallen des Adlers* (Anm. d. Red.: Haken am Ende eines Seils) *in seine Brust eindringen, kann der Schmerz in seinem Fleisch so stark werden, dass er sie irgendwann überhaupt nicht mehr spürt* (Anm. d. Red.: dissoziierter Zustand). *Zu diesem Zeitpunkt, als die Sonne in seinem Kopf brennt, er keine Kraft mehr hat und seine Beine verkrümmt sind, fällt er in Trance und die Visionen treten auf. Visionen von seiner Verwandlung in einen Medizinmann, Visionen von der Zukunft (...) Wenn wir auf dem Hügel fasten oder uns beim Sonnentanz das Fleisch zerreißen, erleben wir die plötzliche Erleuchtung durch*

---

[174] Schamanismus, Bewusstseinskontrolle, Christus, „Aliens" und ich - Jean Eisenhower, 2014.

den Großen Geist. Diese Erleuchtung, diese Einsicht, ist nicht leicht zu erlangen, und wir wollen nicht, dass Engel oder Heilige sie uns aus zweiter Hand bringen.[175] Die amerikanischen Behörden verboten den Sonnentanz und andere Stammesriten im Jahr 1881. Die Praxis wurde jedoch bis 1934 im Untergrund fortgesetzt, als das Verbot durch *den Indian Reorganization Act* aufgehoben wurde.

Auch hier zeigt sich, dass Rituale, die extremes physisches und psychisches Leid mit sich bringen, zu tiefen dissoziativen Zuständen führen, die das Tor zu einer Form der spirituellen *Erleuchtung* öffnen... In dem Buch „*Kahuna Magic*" weist Brad Steiger darauf hin, dass die Beschneidung bei den Hawaiianern als eine Art Blutritual praktiziert wurde. Ohne Betäubung ist die Beschneidung ein äußerst schmerzhaftes rituelles Erlebnis, das mit Sicherheit eine tiefgreifende Veränderung des Bewusstseins bewirkt - um den unerträglichen Schmerzen zu entgehen, begibt sich der Säugling dann in einen tiefen dissoziativen Zustand... Was sind die künftigen Folgen?

M.D. Lemonick, der Autor eines *Time-Artikels* mit dem Titel *The Secret of Maya*, berichtet, dass in der Maya-Kultur (in Mexiko und Guatemala) tiefe veränderte Bewusstseinszustände eine religiöse Bedeutung für die Gemeinschaft hatten. Lemonick schreibt, dass *makabre Aderlass-Rituale jedes größere politische oder religiöse Ereignis in der alten Maya-Kultur begleiteten ... Der intensive Schmerz solcher Rituale rief Visionen hervor, die es den Eingeweihten ermöglichten, mit den Ahnen und mythologischen Wesen zu kommunizieren.* "[176]

Dr. James Randall Noblitt stellt die Hypothese auf, dass wiederholte Traumaerfahrungen für die Entstehung dissoziierter Identitäten notwendig sind. Einige Blutrituale, die Opfer und Kannibalismus beinhalten, führen jedoch wahrscheinlich zu einer mentalen Integration des Bildes des Opfers oder der Entität (Gott oder Göttin), die das Opfer symbolisiert, und erleichtern so die Schaffung distanzierter Identitäten oder anderer Persönlichkeiten bei den Kultisten.

Mit der Entdeckung der tiefen Dissoziationszustände, die durch traumatische Rituale hervorgerufen werden, begründeten einige Schamanen eine neue spirituelle Tradition: Hexerei und schwarze Magie. Eine solche traumatische und teuflische Praxis hat offensichtliche Nachteile (Gewalt, Schmerzen und die völlige Abkehr von jeglicher Moral), aber andererseits ist diese Hexerei in der Lage, mächtige und dauerhafte Erfahrungen von Besessenheit und Dissoziation hervorzurufen, die Verbindungen zu dämonischen Wesenheiten schaffen, die über verschiedene Kräfte verfügen.

In vielen vorindustriellen Kulturen gab es den Wunsch nach einer unmittelbaren Präsenz der Götter in der Gemeinschaft. So etwas war möglich, wenn ein Gott von einem Menschen Besitz ergriff. Von allen Methoden, die Götter anzurufen, war die Anwendung traumatischer Techniken die wirksamste, um Besessenheit zu erzeugen und so die unmittelbare Gegenwart eines Gottes

---

[175] *Lame Deer Seeker of Visions: The life of a Sioux Medicine Man* - John Lame Deer, 1972, S.189-197.

[176] *Archäologie: Die Geheimnisse der Maya* - Michael D. Lemonick, 09/08/1993.

oder einer Gottheit zu erlangen. In den meisten Kulturen mussten traumatische Rituale geheim gehalten werden, wobei Persönlichkeitsspaltung und traumatische Amnesie wirksam waren, so dass das Opfer die Einzelheiten der Zeremonie nicht preisgeben konnte. Bei dissoziativen Patienten hat sich gezeigt, dass ein allmähliches Verschwinden der Dissoziation die Rückkehr traumatischer Erinnerungen erleichtert.

Durch wiederholte Beobachtung haben böswillige Zauberer herausgefunden, dass sie bestimmte „Wesenheiten" erschaffen können, die ihnen dienen. Isiah Oke nennt dieses Wesen den *Iko-Awo* oder *Sklavengeist*. Der Sklavengeist ist wahrscheinlich eine dissoziierte andere Persönlichkeit, die während eines traumatischen Rituals im Opfer entsteht. Der *Iko-Awo wird* angewiesen, alles zu tun, was der Zauberer befiehlt, auch Selbstmord zu begehen. Das Opfer hat eine Amnesie bezüglich des traumatischen Rituals und ist sich der bösen Programmierung, die während des Initiationsrituals stattfand, nicht bewusst. Der „Sklavenverstand" ist also ein dissoziierter mentaler Zustand, vergleichbar mit einer anderen Identität bei einer Person mit einer multiplen Persönlichkeit. Der Geistersklave wird vom Zauberer während eines traumatischen Rituals, meist in der Kindheit, erschaffen. Das Opfer wird sich des Missbrauchs und der Existenz dieser Programmierung nicht mehr bewusst sein. Dieser Prozess findet sich in gleicher Weise bei einigen Patienten mit dissoziativer Identitätsstörung. In der Regel haben sie eine Amnesie bezüglich des Missbrauchs, der ihre Dissoziation und ihre andere Persönlichkeit verursacht hat.

Schwarze Magie, die mit Gedankenkontrolle zu tun hat, funktioniert wahrscheinlich folgendermaßen. Wenn ein Zauber ausgesprochen, ein Fluch ausgesprochen oder ein Auslösesignal gegeben wird, wird der „Sklavengeist" aufgerufen, aufzutauchen und den Körper des Opfers zu übernehmen. Dieser „Sklavengeist" wird vom Zauberer darauf programmiert, bestimmte Aufgaben zu erfüllen. Die Befehle können ein einfaches Signal sein, auf das das Opfer in einem traumatischen Ritual vorbereitet wurde, um auf die Aufforderung des Zauberers zu reagieren. Wenn der Hexendoktor mehrere Personen desselben Stammes wirksam programmiert hat, wird seine Gemeinschaft ihn sehr fürchten und respektieren, vor allem, wenn er seine „magischen Kräfte" öffentlich demonstriert hat. Zauberer, die selbst dissoziierte Persönlichkeiten haben (die von Uneingeweihten mit Göttern oder Gottheiten verglichen werden), werden wahrscheinlich als noch „mächtiger" angesehen. Solche Praktiken werden in den Familien von Zauberern und Okkultisten heimlich von Generation zu Generation weitergegeben. Es ist wichtig zu wissen, dass Hexerei in vielen Kulturen als vererbbar gilt. In den Vereinigten Staaten ist das Problem des rituellen Missbrauchs häufig generationenübergreifend, und ein weiteres beunruhigendes Merkmal der Hexerei in vielen Kulturen ist der Inzest.[177]

Wenden wir uns nun den Alchemisten und Kabbalisten zu. Die Alchemisten sind bekannt für ihre Forschungen über den „Stein der Weisen", der Blei in Gold verwandeln soll. Manche interpretieren dies als Metapher für

---

[177] *„Cult and Ritual Abuse"* - James Randall Noblitt & Pamela Perskin Noblitt, 2014, S.116-117.

den Prozess, den der Einzelne durchläuft, um sich in ein spirituell höheres Wesen zu verwandeln. Nach Robert Ziegler wird das Leiden in der Alchemie als ein Prozess der *„Reinigung der grundlegenden Natur des Menschen gesehen, um sie zu transformieren.* Die Prüfungen und Leiden des Lebens ermöglichen es dem Menschen, sich weiterzuentwickeln. Es handelt sich dabei um mehr oder weniger schwierige Gefahren, die im Laufe des Lebens auftreten, manchmal um schmerzhafte Erfahrungen, die den Menschen formen und es ihm somit ermöglichen, sie zu überwinden und sich weiterzuentwickeln. Dieser Gedanke der Transzendenz durch Leiden und Schmerz wird jedoch in viel grundlegenderer Weise durch traumatische Initiationsrituale angewandt und verkörpert, die unmittelbares körperliches Leid verursachen. Leiden, das einen neurologischen Prozess der Transzendenz auslöst: die Dissoziation, eine Funktion, die es dem *Eingeweihten* ermöglicht, die während der Rituale absichtlich hervorgerufenen physischen und psychischen Schmerzen zu überwinden. Dieser dissoziative Prozess ermöglicht auch den Zugang zu einer anderen Realität. All dies ist in der freimaurerischen Formel *„Ordo ab Chao"* (Ordnung durch Chaos) zusammengefasst, einer Formel, die eng mit der Alchemie verbunden ist.

Die Suche der Alchemisten nach dem Lebenselixier und dem Jungbrunnen könnte für den Wunsch stehen, den Beschränkungen der Sterblichkeit durch Magie zu entkommen. Der berüchtigte Gilles de Rais wurde 1440 wegen der Ermordung von 140 Kindern vor Gericht gestellt und verurteilt. Der Mann mit dem Spitznamen „Blaubart" suchte den Stein der Weisen im Blut von Kindern, mit denen er wie ein Alchemist arbeitete... Ein isolierter Verrückter? Leider ist das Kind eine Quelle der Jugend für die schlimmsten Okkultisten von gestern und heute...

Die Alchemisten interessieren sich auch für die Erschaffung des Homunkulus, einer Nachbildung eines künstlich geschaffenen Menschen, ähnlich wie der Golem der Kabbalisten. In seinem Buch *The Sorcerer Handbook* erklärt Wade Baskin, dass ein Golem eine Art Homunkulus ist. In der kabbalistischen Tradition und der jüdischen Mystik ist der Golem ein humanoider Automat, ein Zombie ohne Seele oder Bewusstsein, der von einem Magier, einem Zauberer, erschaffen wurde. Es ist möglich, dass der Homunkulus der Alchemisten und der Golem der Kabbalisten tatsächlich auf dissoziierte Persönlichkeitszustände verweisen, die durch traumatische Rituale erzeugt werden können. In *„Der Golem und die ekstatische Mystik"* schrieb Bettina Knapp, dass Golems in der phänomenalen oder experimentellen Welt von Okkultisten entstehen, wenn diese sich in einem veränderten Bewusstseinszustand befinden. In der jüdischen Mystik sind Golems seelenlose Körper, und es kann argumentiert werden, dass dieser Bruchteil einer *magischen* Persönlichkeit zu einer Zeit, als traumatische Rituale und dissoziative Trance schließlich eine andere Identität schufen, als leere Hülle ohne Seele betrachtet werden konnte, da er ausschließlich durch Magie geschaffen wurde. Für den Zauberer existierte diese andere Persönlichkeit nicht als reale Person, sondern war einfach ein Golem. Er könnte also missbraucht und als seelenloser Roboter eingesetzt werden, der als Sklave dient.

1932 komponierte Joseph Achron eine Suite für Orchester mit dem Titel „The Golem". Der erste Teil des Werks stellt den Golem vor, während der letzte Teil, der das genaue Spiegelbild des ersten Teils ist, den Zerfall, die Auflösung des Golems darstellt. Fritz Springmeier behauptet, dass Gedankenkontrolltechniken musikalische Sequenzen verwenden, um die tiefsten anderen Persönlichkeiten in einer programmierten Person hervorzubringen. Die Umkehrung dieser musikalischen Sequenz löst den Altar, den Golem, wieder in den Tiefen der Psyche des Opfers auf. Wir finden hier das, was William Sargant mit dem *Orisha-Kult* beschrieben hat, bei dem die verschiedenen Persönlichkeiten der Adepten nach bestimmten okkulten Prozessen kommen und gehen, deren Funktionsweise nur den hohen Eingeweihten bekannt ist.

In seinem Buch Kabbalah beschreibt Gershom Scholem die kabbalistische Lehre mit einigen ihrer magischen Praktiken. Verschiedene Ideen und Praktiken, die mit dem Konzept des Golems zusammenhängen, finden sich auch in der Praxis der Kabbala wieder, und zwar durch die Kombination der Merkmale des Sefer Yezirah mit einer Reihe von magischen Traditionen. Der operative Teil der Kabbala, der die Erschaffung des Golems betrifft, verwendet Trance, Magie und Visualisierungen. Scholem schreibt: „In diesem Kreis wird das Sefer Yezirah fast immer in der Art von Saadja und Schabbatai Donnolo interpretiert, mit der zusätzlichen Tendenz, dieses Buch als Leitfaden für Mystiker und Magiepraktiker zu sehen. Das Studium und das Verständnis dieses Buches gilt als erfolgreich, wenn der Mystiker die Vision des Golems erlangt, die mit einem spezifischen Ritual mit einem bemerkenswerten ekstatischen Ergebnis verbunden ist (Anmerkung der Redaktion: veränderter Bewusstseinszustand)."

Jüdische Zauberer benutzten die geheimen kabbalistischen Namen Gottes, um nach genauen Anweisungen einen Golem zu erschaffen. Nach seiner Erschaffung muss der Golem wiederum die Kombination der hebräischen Buchstaben in umgekehrter Reihenfolge aufsagen. Außerdem muss auf der Stirn des Golems das „*Siegel des Heiligen Namens*" zusammen mit dem Wort „*emet(h)*" („Wahrheit" auf Hebräisch und einer der Namen Gottes) eingraviert sein. Um den Golem zu stoppen und aufzulösen, wird in einem bestimmten Stadium der erste Buchstabe (Aleph) der Inschrift auf seiner Stirn ausradiert, wodurch das Wort „*met(h)*" *entsteht*, das „Tod" bedeutet. Fritz Springemeier argumentiert, dass diese Art der okkulten Programmierung heute dazu verwendet wird, die tieferen Persönlichkeiten der MK-Sklaven zu manipulieren.

Es ist möglich, dass die Alchemisten selbst wussten, wie man andere Persönlichkeiten schafft. Durch das Experimentieren mit dissoziierten Persönlichkeiten könnten sie ein weiteres ihrer Ziele erreichen, nämlich die Entdeckung des „spirituellen Goldes", d. h. der ewigen Jugend, des Gefühls der Jugend auch im hohen Alter. So etwas kann passieren, wenn eine andere Kinderpersönlichkeit die Kontrolle über die Person übernimmt. Eine weitere Möglichkeit, die Illusion der Unsterblichkeit zu erzeugen, ist die Erschaffung einer anderen Persönlichkeit, deren Identität von Generation zu Generation weitergegeben wird. Einige Überlebende von rituellem Missbrauch haben ausgesagt, dass ihre Familien eine Art „Ahnenkult" praktizieren. Sie glauben, dass sie Unsterblichkeit erlangen können, indem sie ihre Identität in ein anderes Individuum einfügen, das nach ihnen weiterleben wird, und diese Identität oder Persönlichkeit wird sukzessive an künftige Generationen weitergegeben werden. Nehmen die verdammten Seelen der Vorfahren dann Besitz von ihren Nachkommen, deren Persönlichkeiten aufgespalten sind und daher als Medium fungieren können?

Die Wissenschaftler des 20. Jahrhunderts, die an Bewusstseinskontrollprojekten wie MK-Ultra arbeiteten, haben nichts erfunden, sondern lediglich psycho-spirituelle Prozesse aufgegriffen, die schon vor langer Zeit von Medizinmännern, Schamanen und Okkultisten entdeckt worden waren.

Der Psychiater William Sargant, der am MK-Ultra-Programm beteiligt war, sagte, dass „die Methoden religiöser Einweihungen den modernen politischen Techniken der Gehirnwäsche und Gedankenkontrolle oft so ähnlich sind, dass das eine Licht auf die Mechanismen des anderen wirft. In seinem Buch Battle for the Mind schrieb er: „Es ist eine Sache, den Verstand eines Menschen durch extremen Stress zu zermürben ... eine ganz andere ist es, neue Ideen dazu zu bringen, in seinem Verstand Wurzeln zu schlagen. Das ist es, was MK-Programmierer ausmacht...

Dieses staatliche und wissenschaftliche Interesse an Trancezuständen, Dissoziation und übersinnlichen Kräften ist durch den Wunsch nach absoluter Kontrolle über das Individuum und, noch globaler, über die gesamte Gesellschaft und die ganze Welt motiviert; im Gegensatz zu Schamanen und anderen Stammeshexern, die keine Pläne zur globalen Eroberung haben und deren Praktiken nur ihre eigene Gemeinschaft berühren oder beeinflussen.

Die Hexendoktoren haben den Vorteil dieser Geisteswissenschaft erkannt, um programmierte, amnesische und loyale Personen zu manipulieren. Die MK-Ultra-Mentalprogrammierung ist eine perverse Abweichung von der uralten Praxis der Ausbildung eines Schamanen. Durch sensorische Isolation, Folter, Drogen, Hypnose, Elektroschocks und sexuelles Trauma wird das Subjekt sowohl amnesisch als auch völlig versklavt. Er oder sie kann für die eine oder andere Funktion programmiert werden; Funktionen, in denen seine oder ihre physischen und intellektuellen Fähigkeiten weit über dem Durchschnitt liegen werden. Während dieses traumatischen Prozesses kann er oder sie auch paranormale psychische Fähigkeiten wie Medialität und Remote Viewing entwickelt haben (siehe Kapitel 6).

Erst in jüngster Zeit wurde die Gedankenkontrolle modernisiert und zu einer eigenständigen Wissenschaft. Tausende von menschlichen Versuchskaninchen wurden und werden noch immer solchen Experimenten unterzogen. Es ist eine echte Wissenschaft, eine psychische und spirituelle Operation, die viel Schaden anrichtet.

4 - OPFERRITUALE IM ALTEN TESTAMENT

Die Bibel berichtet uns, dass Opferrituale in den heidnischen Völkern des Alten Testaments üblich waren. In der Bibel wird diese Art von Ritual „durch *das Feuer gehen"* genannt (Jeremia 32:35, Levitikus 18:21, 2 Könige 23:10). Dieses Ritual, Kinder dem Feuer zu opfern, wird von Moses zitiert, als er die Liste der Gesetze gegen sexuelle Verbrechen verkündet: *„Du sollst keinen deiner Nachkommen dem Moloch ins Feuer geben"* (Levitikus 18:21).

Moloch ist ein dämonisches Wesen in Form eines gehörnten Tieres, eines Götzen in Gestalt eines Stiers oder einer riesigen Ziege. Die Bibel hat diese Kinderopferrituale nicht umsonst in die Liste der Sexualverbrechen aufgenommen. Der moderne satanische rituelle Missbrauch von Kinderopfern beinhaltet auch Vergewaltigungen und Sexorgien. Hier sind einige Bibelstellen, die sich auf Kinderopfer als Opfergaben für Dämonen beziehen:

> Wer von den Israeliten oder von den Einwanderern, die sich in Israel aufhalten, einen seiner Nachkommen an Moloch ausliefert, soll mit dem Tod bestraft werden. (Levitikus 20:2).
> Das sollst du dem Herrn, deinem Gott, nicht antun; denn sie haben ihren Göttern, die dem Herrn verhasst sind, allerlei Böses angetan und ihre Söhne und Töchter im Feuer verbrannt, um ihre Götter zu ehren. (Deuteronomium 12:31)

> Die von Avva machten Nibhaz und Tartak; die von Sepharvaim verbrannten ihre Söhne mit Feuer zu Ehren von Adrammelech und Anammelech, den Göttern von Sepharvaim. (2 Könige 17:31)

> Sie mischten sich unter die
> Völker und lernten (ihre Werke nachzuahmen),
> Sie verehrten ihre Götzen,
> Das war eine Falle für sie,
> Sie opferten ihre Söhne und Töchter den Dämonen,
> Sie haben unschuldiges Blut vergossen,
> Das Blut ihrer Söhne und Töchter,
> Dass sie den Götzen von Kanaan opferten,
> Und das Land wurde durch Mord entweiht,
> Sie haben sich durch ihr Handeln prostituiert.
> (Psalm 106:35-39)

> Über wen lachen Sie?
> Wem gegenüber machen Sie Ihren Mund weit auf und strecken Ihre Zunge heraus?
> Seid ihr Kinder nicht in Aufruhr?
> Ein Pöbel voller Unwahrheiten,
> Brennen in der Nähe der Terebinthen,
> Unter jedem grünen Baum,
> Aufschlitzen der Kehlen von Kindern in den Schluchten,
> Unter Rissen in den Felsen?
> (Jesaja 57:4-5)

Sie bauten Höhen in Topheth,
Im Ben-Hinnom-Tal,
Um ihre Söhne und Töchter im Feuer zu verbrennen:
Was ich nicht bestellt hatte,
Daran hatte ich nicht gedacht.
(Jeremia 7:31)

Denn sie haben mich im Stich gelassen,
Sie haben diesen Ort bis zur Unkenntlichkeit verändert,
Dort opferten sie anderen Göttern Weihrauch,
Was weder sie noch ihre Väter noch die Könige von Juda wussten,
Und sie füllten diesen Ort mit dem Blut der Unschuldigen,
Sie bauten hohe Stätten für Baal,
Sie verbrannten ihre Söhne im Feuer für Baal:
Was ich nicht bestellt hatte,
Was ich nicht erwähnt hatte,
Daran hatte ich nicht gedacht.
(Jeremia 19,4-5)

Ihr habt eure Söhne und Töchter, die ihr mir geboren habt, genommen und sie geopfert, damit sie von ihnen verschlungen werden! War es nicht genug der Huren?
Du hast meine Söhne geschlachtet und sie weggegeben und sie zu ihrer Ehre durchs Feuer gehen lassen.
(Hesekiel 16:20-21)

Ich habe sie mit ihren Gaben verunreinigt, als sie alle ihre Ältesten durch das Feuer gehen ließen; darum wollte ich sie in die Verwüstung stürzen und sie erkennen lassen, dass ich der Herr bin.
(Hesekiel 20:26)

Der Herr sagte zu mir:
Sohn eines Mannes,
Werden Sie Oholah und Oholiba beurteilen?
Beschreiben Sie ihnen ihre Schrecken,
Denn sie haben Ehebruch begangen,
Und es klebt Blut an ihren Händen:
Sie haben mit ihren Götzen Ehebruch begangen;
Und ihre Söhne, die sie mir geboren hatten,
Sie haben sie für sie durchs Feuer geschickt,
So dass sie verschlungen werden.
Das haben sie mit mir gemacht:
Sie haben mein Heiligtum noch am selben Tag geschändet,
und haben meine Sabbate entweiht.
Sie opferten ihre Söhne für ihre Götzen,
Sie gingen noch am selben Tag zu meinem Heiligtum,

Sie zu entweihen.
Das haben sie in der Mitte meines Hauses gemacht.
(Hesekiel 23:36-39)

Du hasst das Gute
Und Sie lieben das Böse,
Man zieht die Haut und das Fleisch von den Knochen ab.
Sie verschlingen das Fleisch meines Volkes,
Reißt ihm die Haut ab
Und sie brechen ihm die Knochen.
Und sie setzen die Teile
Wie (was gekocht wird) in einem Topf,
Wie Fleisch in einem Topf.
Dann werden sie zum Herrn schreien,
Aber er wird ihnen nicht antworten;
Zu dieser Zeit wird er sein Gesicht vor ihnen verbergen,
Weil sie böse Taten begangen haben.
(Micha 3:2-4)

Du hast den Teufel zum Vater und willst deinem Vater gehorchen. Er war von Anfang an ein Mörder und stand nicht in der Wahrheit, denn die Wahrheit ist nicht in ihm. Wenn er eine Lüge spricht, stammen seine Worte von ihm selbst, denn er ist ein Lügner und der Vater der Lüge. (Johannes 8:44)

KAPITEL 3

DAS MK-ULTRA-PROGRAMM

Mk-Ultra wurde mit vielen Teilprojekten konzipiert, um den perfekten Soldaten, den perfekten Spion zu entwickeln. Mir wurde gesagt, dass sie unserer nationalen Sicherheit mehr dienen, als es ein Soldat oder Diplomat je könnte... Niemand sagte mir, dass sie für Drogenhandel und Prostitution eingesetzt werden. Niemand hat mir gesagt, dass sie als Brutstätte für den Nachwuchs von Scheichs und Staatsoberhäuptern genutzt werden. Niemand hat mir gesagt, dass wir sie für Geldwäschetransaktionen benutzen. Mark Philipps - *Mind-Control Out of Control* Konferenz, 31. Oktober 1996.

1 - KURZE GESCHICHTE

Während des „Kalten Krieges" umfasste das Wettrüsten die Forschung an Kriegsmaterial, aber auch an Bewusstseinskontrolle und Verhaltensmodifikation. Ziel war es, das Bewusstsein und das Verhalten der Zielpersonen oder -gruppen zu manipulieren, zu verändern und zu kontrollieren. Nach dem Krieg betrachteten sowohl die USA als auch die UdSSR diesen Forschungsbereich als von offensichtlichem militärischem Interesse, und die Entwicklung dieser „nicht-tödlichen Waffen" (einschließlich psycho-elektronischer Waffen) wurde im Stillen und unter strenger Geheimhaltung in militärischen und geheimdienstlichen Versuchsprogrammen der USA und der Sowjetunion durchgeführt.

Die Vorreiter der wissenschaftlichen Experimente zur Gedankenkontrolle waren die Nazis. Im Nationalsozialismus gibt es den Begriff der „ideologischen Kriegsführung", um den von ihnen besetzten Ländern ihre Ideologie aufzuzwingen. Die Amerikaner übernahmen diese Doktrin und nannten sie „psychologische Kriegsführung". Psychologische Kriegsführung ist „*der Einsatz von Propaganda oder anderen Techniken der Gedankenkontrolle, um das Denken zu beeinflussen oder zu verwirren oder um die Moral zu untergraben*" (*Webster's New World Dictionary*). Dieser psychologische Kampf der Nachkriegszeit zielte darauf ab, das Bewusstsein der Bevölkerung zu verändern, und zwar von der individuellen bis zur globalen Ebene. Das ist das, was wir in Kapitel 1 mit Social Engineering/Psychiatrie gesehen haben.

Die Wurzeln des MK-Ultra-Programms gehen auf Nazideutschland zurück. Adolf Hitler hatte in der Tat eine gewisse satanische „Kultur" in nordeuropäischen Familien entdeckt, die von generationenübergreifendem Inzest geprägt waren. Familien, die ihre Kinder systematisch rituell misshandelten und dabei physisch und psychisch folterten. Die Nazis wussten, dass die Opfer eines solchen Missbrauchs in der Kindheit bestimmte dissoziative Züge entwickelten, die sie für die „roboterhafte" Gedankenkontrolle völlig anfällig machten. So experimentierten die Nazis während des Zweiten Weltkriegs im Rahmen ihrer Forschungen zur Geistes- und Verhaltenskontrolle mit Drogen, Hypnose, Trauma und verschiedenen Chemikalien an KZ-Häftlingen. Nach dem Krieg wurden im Rahmen der Operation *Paperclip* (die 1973 öffentlich gemacht wurde) zahlreiche Nazi-Wissenschaftler, darunter auch Psychiater, heimlich auf den amerikanischen Kontinent gebracht und in den militärischen, akademischen und privaten Sektor eingeschleust, wo sie für alle Arten wissenschaftlicher Forschung eingesetzt wurden, darunter auch für die Psychiatrie und Regierungsprojekte zur mentalen Programmierung. Den Amerikanern war klar, dass ihr Feind, die Sowjetunion, diese Wissenschaftler nutzen würde, wenn sie sie nicht nach Hause holten. Generalmajor Hugh Knerr, stellvertretender Befehlshaber der US-Luftwaffe in Europa, schrieb: *„Die Entdeckung und Besetzung deutscher wissenschaftlicher und industrieller Einrichtungen hat gezeigt, dass wir in vielen Bereichen der Forschung einen alarmierenden Rückstand aufweisen. Wenn wir nicht die Gelegenheit ergreifen, die Geräte und die Köpfe, die sie entwickelt haben, so schnell wie möglich wieder in Betrieb zu nehmen, werden wir mehrere Jahre im Rückstand sein, bevor wir ein Niveau erreichen, das bereits ausgenutzt wird. "[178]*

Im August 1945 genehmigte Präsident Truman das Projekt *Paperclip*, mit dem die besten Wissenschaftler Hitlers in die Vereinigten Staaten überführt werden sollten. Im November 1945 trafen die ersten Nazi-Wissenschaftler auf amerikanischem Boden ein. Seit Anfang der 1950er Jahre führten die CIA und die amerikanische Armee ihre eigenen Gedankenkontrollprogramme durch, die unter den Codenamen *Chatter, Bluebird, Artichoke, MK-Often, MK-Ultra* und später *MK-Search, MK-Naomi, MK-Delta, Monarch...*

1977 veröffentlichte die New York Times eine CIA-Direktive über die Ziele des 1951 gestarteten Projekts Artischocke: „Jede Methode zu entwickeln, mit der wir Informationen von einer Person gegen ihren Willen und ohne ihr Wissen erhalten können (...) Können wir die Kontrolle über ein Individuum so weit erlangen, dass es unsere Ziele gegen seinen Willen und sogar gegen die grundlegenden Naturgesetze wie die Selbsterhaltung erfüllt?"[179]

Im Anschluss an die Operation Paperclip wurde das MK-Ultra-Projekt unter der Leitung von Sydney Gottlieb am 13. April 1953 vom damaligen CIA-Direktor Allan Dulles gestartet. Mit einem anfänglichen Budget von 300.000 Dollar, d.h. 6% des jährlichen Forschungsbudgets der CIA, war es ein großes Studienprogramm. In den nächsten zehn Jahren gaben die US-Steuerzahler mehr als 25 Millionen Dollar für das geheime MK-Ultra-Programm aus.[180] In dieser

---

[178] „Projekt Paperclip: Die dunkle Seite des Mondes" - Andrew Walker, BBC News.

[179] „Private Institutionen in CIA-Bemühungen zur Verhaltenskontrolle eingesetzt" - New York Times, 02/081977.

[180] *A Question of Torture: CIA interrogation, From the Cold War to the War on Terror* - Alfred W. McCoy, 2006.

Zeit wurden zahlreiche Unterprojekte zur Kontrolle des menschlichen Geistes in Angriff genommen. Wie bei Project Bluebird und Artichoke war die Existenz von MK-Ultra nur wenigen bekannt, und selbst der US-Kongress war über diese Art von Forschung völlig im Unklaren. Das MK-Ultra-Programm wurde in 80 Einrichtungen durchgeführt, darunter renommierte Universitäten und Krankenhäuser, aber auch Justizvollzugsanstalten. Beispiele sind Princeton, Harvard, Yale, Columbia, Stanford, Baylor, Georgetown University Hospital, Boston Psychopathic Hospital, Mt Sinai Hospital...

Viele Wissenschaftler waren an dieser Forschung beteiligt, darunter James Hamilton, Louis Jolyon West, William Sargant, Ewen Cameron, Leonard Rubenstein, John Gittinger, Robert Heath, William Sweat, Harold Wolff, Lawrence Hinkle, Carl Pfeiffer, Harold Abramson, Martin Orme, Jose Delgado und viele andere... Die vier CIA-Direktoren, die während der Tätigkeit des MK-Ultra- und MK-Search-Programms aufeinander folgten, waren Allen W. Dulles, John A. McCone, William F. Raborn und Richard Helms.

Diese Gedankenkontrollforschung wurde Anfang der 1970er Jahre offiziell eingestellt. Der größte Teil der Akten wurde 1973 auf Anweisung von Richard Helms freiwillig vernichtet, der sein Vorgehen 1975 wie folgt begründete: *„Es gab in diesem Programm Beziehungen zu ausländischen Wissenschaftlern, die für solche Dinge empfänglich waren, und als das Projekt endete, dachten wir, wenn wir die Akten loswerden, würde das all diejenigen, die uns geholfen hatten, vor peinlichen Schikanen bewahren...*[181]

Richard Helms gab nicht nur zu, dass er die Akten vernichtet hatte, sondern auch, dass ausländische Wissenschaftler Studien zur Bewusstseinskontrolle durchführten, ohne zu ahnen, dass sie vertraglich an dem MK-Ultra-Programm beteiligt waren. Helms war entschlossen, sie zu schützen und ihre Identität geheim zu halten, sicherlich wegen der unmoralischen Natur dieser psychiatrischen Experimente.

Dennoch sind einige Dokumente erhalten geblieben, und durch Zeugenaussagen im US-Senat wurden die Techniken, die an Hunderten, wenn nicht Tausenden von Menschen ohne Einwilligung angewandt wurden, öffentlich gemacht. Die „Bewusstseinskontrolle" wurde durch Drogen, Elektroschocks, Reizüberflutung oder sensorische Deprivation, Hypnose, Ultraschall, Bestrahlung, psychochirurgische Eingriffe (einschließlich Implantate) und verschiedene extreme Traumata herbeigeführt, die darauf abzielten, bei den Opfern Dissoziation und eine regelrechte *Tabula rasa* zu schaffen. Mit dieser Art von MK-Programm wurden drei Ziele verfolgt:

1/ Sehr schnelle Einleitung der Hypnose bei einer unfreiwilligen Person

2/ Schaffung einer dauerhaften Amnesie

3/ Funktionale posthypnotische Suggestionen nachhaltig umsetzen

Eines der Ziele dieser Forschung war es, *mandschurische Kandidaten* zu schaffen. Es handelt sich um eine Person, die einer Gehirnwäsche unterzogen und darauf programmiert wurde, mit Amnesie zu töten, sobald die Operation

---

[181] „Beratender Ausschuss für Strahlenexperimente am Menschen: Zwischenbericht" - Kirchenausschuss, Buch I.

abgeschlossen ist. Dr. Colin Ross, ein kanadischer Psychiater und ehemaliger Präsident der *Internationalen Gesellschaft für das Studium der Dissoziation*, schrieb in seinem Buch „*Bluebird*"[182]:

Das Hauptziel der Bewusstseinskontrollprogramme des Kalten Krieges bestand darin, absichtlich dissoziative Störungen zu erzeugen, einschließlich der multiplen Persönlichkeitsstörung. Der Manchurian Candidate ist keine Fiktion, sondern eine Erfindung. Sie wurde in den 1950er Jahren von der CIA im Rahmen der Operationen Bluebird und Artischocke entwickelt (...) Um diese „Superspionage"-Experimente zu verstehen, muss man sie in ihren sozialen und historischen Kontext einordnen. Dies war eine Zeit, in der Experimente zur Bewusstseinskontrolle allgegenwärtig und systematisch waren. Es handelte sich nicht um ein paar vereinzelte 'verrückte Wissenschaftler', sondern um die Leiter psychiatrischer Einrichtungen und großer medizinischer Schulen (...) Nach meiner Definition ist der Mandschurische Kandidat eine Person mit einer experimentell erzeugten dissoziativen Identitätsstörung, die die folgenden vier Kriterien erfüllt:

1/ Sie wird absichtlich geschaffen.

2/ Ihm wird eine neue Identität eingepflanzt.

3/ Es werden amnestische Barrieren geschaffen.

4/ Es wird in realen oder simulierten Einsätzen verwendet. „

Ein freigegebenes CIA-Dokument mit dem Titel „*Hypnotic Experimentation and Reasearch, 10 February 1954*" *(Hypnotische Experimente und Forschung, 10. Februar 1954)* beschreibt eine Simulation im Zusammenhang mit der Forschung an Mandschu-Kandidaten. Das Experiment beweist, dass es möglich ist, eine Person zu einem unauffindbaren Attentäter zu programmieren, der sich seiner Handlungen nicht bewusst ist:

„Fräulein X ist angewiesen worden (sie hat zuvor ihre Angst vor Schusswaffen zum Ausdruck gebracht), alle ihr zur Verfügung stehenden Mittel einzusetzen, um Fräulein Y (die in einem tiefen hypnotischen Schlaf gehalten wird) zu wecken. Gelingt ihr dies nicht, kann sie die in der Nähe befindliche Pistole nehmen und sie auf Miss Y abfeuern. Sie wurde darauf programmiert, so wütend zu sein, dass sie nicht zögern würde, Y zu töten, weil er sie nicht geweckt hat. Frau X befolgte die Anweisungen buchstabengetreu und schoss (mit ungeladener Waffe) auf Y, um dann selbst in einen tiefen Schlaf zu fallen. Nach einigen entsprechenden Vorschlägen wurden beide geweckt. Frau X leugnete völlig, was gerade passiert war (d. h. sie hatte eine Amnesie)." (CIA Mori ID 190691, 2/10/54)

Diese Arbeit über die Kontrolle des menschlichen Geistes und Verhaltens führte auch zur Erstellung eines vertraulichen Dokuments über Gedankenkontrolle und psychologische Folter mit dem Codenamen „*Kubark*". Er wurde 1963 geschrieben und 1997 veröffentlicht, als Journalisten der *Baltimore Sun* im Namen der Informationsfreiheit die Freigabe des Dokuments

---

[182] *Bluebird: Die bewusste Schaffung der multiplen Persönlichkeit durch Psychiater* - Colin A. Ross, 2000, Kap. 4

erwirkten. Das 128-seitige Dokument wurde als Vernehmungshandbuch für die Spionageabwehr präsentiert.

Menschen, die an psychischen Krankheiten leiden, eignen sich gut für diese Experimente, da sie oft entrechtet sind und es leicht ist, sie im Nachhinein zu diskreditieren, indem man ihre Aussagen auf ihre Krankheit zurückführt. Karen Wetmore ist ein solches Opfer des MK-Ultra-Programms und Autorin des Buches „*Surviving Evil: CIA Mind-Control Experiments in Vermont*".

Als Teenager wurde sie Anfang der 1970er Jahre wegen „Schizophrenie" in eine psychiatrische Klinik in Vermont eingewiesen. Ein langer Aufenthalt, an den sie nur bruchstückhafte Erinnerungen hat. Erst im Erwachsenenalter wurde bei ihr eine dissoziative Identitätsstörung diagnostiziert, eine Persönlichkeitsstörung, die höchstwahrscheinlich durch ihre Gedankenkontrollexperimente verstärkt wurde.

1995 riet ihr ein Psychologe, ihre Krankenakte einzusehen, um herauszufinden, was genau in der psychiatrischen Klinik geschehen war. Sie entdeckte, dass sie einer sehr seltsamen Behandlung unterzogen worden war, die sie als „*psychologische Vergewaltigung*" bezeichnete. Als sie die Ärzte, die sie behandelten, untersuchte, entdeckte sie einen Dr. Robert W. Hyde, der regelmäßig in ihrer Akte erwähnt wurde. Bei weiteren Nachforschungen stellte sie fest, dass dieser Arzt mit Sydney Gottlieb, einem der Leiter des MK-Ultra-Programms, in Verbindung stand. Laut dem Psychiater Colin Ross, der die Akte von Karen Wetmore untersuchte, könnte sie ausgewählt worden sein, weil sie aufgrund wiederholten sexuellen Missbrauchs in ihrer Kindheit bereits an einer dissoziativen Störung litt. Laut Ross interessierten sich die MK-Ultra-Wissenschaftler für Reaktionen auf programmierte Stimuli, z. B. Schlüsselwörter, Codes, um einen Auslöser zu erzeugen. Eine Person mit dissoziativer Identitätsstörung hat bereits mehrere Persönlichkeiten, so dass es einfacher ist, sie zu einem Killer zu machen, der Befehle ohne Diskussion ausführt, als dies bei einer nicht-fraktionellen Person der Fall ist. Beim Studium der Akte von Karen Wetmore entdeckte Ross, dass die Ärzte ihr Pentylentetrazol verabreicht hatten, ein Medikament, das von den Sowjets für Verhöre und Gehirnwäsche verwendet wurde. Darüber hinaus geht aus ihren medizinischen Unterlagen hervor, dass sie Dutzende von aufeinander folgenden Elektroschockbehandlungen in einer einzigen Sitzung erhielt. Mehrere Psychiater haben nachgewiesen, dass Elektroschocks zu Amnesie führen können. Dr. Ross ist der Ansicht, dass es keine Rechtfertigung für eine solche Behandlung von Karen Wetmore gab, dass die CIA-Ärzte sie mit Elektroschocks behandelten, um ihr Gedächtnis zu löschen, und dass es sehr wahrscheinlich ist, dass sie einem Gedankenkontrollprogramm unterzogen wurde. Er kam zu diesem Schluss, indem er sich die Behandlung ansah, der sie unterzogen worden war, d.h. die Art der Medikamente, die ihr verabreicht worden waren, die systematischen und wiederholten Elektroschocks, aber auch die Diagnosen, die von den Ärzten gestellt wurden, die sie damals betreuten.

Ein internes CIA-Dokument[183] aus dem Jahr 1955 listet die in MK-Programmen verwendeten Methoden auf:

- Substanzen, die zu unlogischem Denken und Impulsivität führen, bis zu dem Punkt, dass der Betroffene sich selbst öffentlich diskreditiert.
- Substanzen, die die geistige Leistungsfähigkeit und Wahrnehmung steigern.
- Materialien, die die toxische Wirkung von Alkohol verhindern oder ihr entgegenwirken.
- Stoffe, die die toxische Wirkung von Alkohol verstärken.
- Materialien, die die Anzeichen und Symptome bekannter Krankheiten auf reversible Weise hervorrufen und somit zur Simulation dieser Krankheiten verwendet werden können.
- Materialien, die die Wirksamkeit der Hypnose erhöhen.
- Substanzen, die die Fähigkeit einer Person verbessern, Entbehrungen, Folter und Zwang während eines Verhörs oder einer Gehirnwäsche zu widerstehen.
- Physikalische Materialien und Methoden, die eine Amnesie der Ereignisse vor und während ihrer Anwendung hervorrufen.
- Physische Methoden zur Erzeugung von Schock und Verwirrung über lange Zeiträume, die heimlich eingesetzt werden können.
- Stoffe, die körperliche Behinderungen verursachen, wie z. B. Lähmungen der Beine, akute Anämie, Priapismus.
- Substanzen, die eine „reine" Euphorie verursachen, ohne „Rückfall".
- Substanzen, die die Persönlichkeit so verändern, dass der Betroffene dazu neigt, von einer anderen Person abhängig zu werden.
- Materialien, die eine solche geistige Verwirrung hervorrufen, dass die Person bei einer Befragung Schwierigkeiten hat, eine erfundene Geschichte aufrechtzuerhalten.
- Substanzen, die den Ehrgeiz und die allgemeine Wirksamkeit des Probanden senken, selbst wenn sie in nicht nachweisbaren Mengen verabreicht werden.
- Stoffe, die eine Seh- oder Hörschwäche und -verzerrung verursachen, vorzugsweise ohne dauerhafte Auswirkungen.
- Eine K.O.-Pille, die heimlich in Lebensmitteln, Getränken, Zigaretten oder als Aerosol verabreicht werden kann, die sicher angewendet werden kann und ein Höchstmaß an Amnesie hervorruft, und die für bestimmte Arten von Wirkstoffen ad hoc geeignet sein kann.
- Stoffe, die heimlich über die oberen Atemwege verabreicht werden können und die in sehr geringen Mengen körperliche Aktivität unmöglich machen.

Dank dieser Experimente konnten sich die amerikanischen Geheimdienste einen allgemeinen Überblick über die verschiedenen Techniken und Technologien zur Veränderung der menschlichen Psyche und des

---

[183] Senate MK-Ultra Hearing: Appendix C - Documents Referring to subprojects, Senate Select Committee on Intelligence and Committee on Human Resources.

Verhaltens verschaffen. In der Folge wandte sich die Forschung schnell der Untersuchung der elektrischen und radioelektrischen Aktivität des Gehirns zu, um elektromagnetische Waffen, die so genannten „Psychotronic", zu entwickeln. Der Bericht der Groupe de Recherche sur la Paix et la Sécurité (GRIP) mit dem Titel *„Les armes non-létales: une nouvelle course aux armements"* (Luc Mampaey, GRIP 1999) definiert verhaltensverändernde Mittel wie folgt: *Ziel dieser Waffensysteme ist es, in die biologischen und/oder psychologischen Prozesse des menschlichen Organismus einzugreifen, indem er physikalischen, chemischen, elektromagnetischen Reizen oder „Morphing"-Techniken ausgesetzt wird, ohne die Absicht, den Tod herbeizuführen, sondern mit dem Ziel, ein bestimmtes Verhalten hervorzurufen, die geistigen Fähigkeiten zu verändern oder das Gedächtnis zu beeinflussen. "*

Die *New York Times* hat diese MK-Programme im August 1977 öffentlich gemacht. Der betreffende Artikel enthielt unter anderem den folgenden Auszug aus einem Memorandum von 1950 über die Rekrutierung von Psychiatern zur Durchführung der Experimente:*Die Ethik eines Kandidaten könnte so beschaffen sein, dass er an einigen der revolutionäreren Phasen unseres Projekts nicht teilnehmen möchte (...) 1963 führte ein Bericht des Generalinspekteurs offenbar zur Beendigung eines Programms, da er feststellte, dass die Konzepte, die mit der Manipulation menschlichen Verhaltens verbunden sind, von vielen, sowohl innerhalb als auch außerhalb der Behörde, als widerwärtig und unethisch angesehen werden. "[184]*

Es folgt ein Auszug aus dem MK-Ultra-Bericht von Generalinspektor John S. Earman: „Die Erforschung der Manipulation menschlichen Verhaltens wird von vielen medizinischen Behörden und verwandten Bereichen als beruflich unethisch angesehen, und aus diesem Grund kann der Ruf der am MK-Ultra-Programm beteiligten Fachleute gefährdet sein. Einige dieser Aktivitäten werfen Fragen der Rechtmäßigkeit und Ethik auf. Die Untersuchung der MK-Ultra-Programme zeigt, dass die Rechte und Interessen von US-Bürgern beeinträchtigt werden. Die öffentliche Bekanntgabe bestimmter Aspekte des MK-Ultra-Programms könnte in der amerikanischen Öffentlichkeit eine starke negative Reaktion hervorrufen."[185]

Senator Ted Kennedy erklärte am 3. August 1977 vor dem Geheimdienstausschuss, Unterausschuss für Gesundheit, Forschungsabteilung des Ausschusses für Humanressourcen: *„Der stellvertretende Direktor der CIA enthüllte, dass mehr als dreißig Universitäten und Institutionen an einem groß angelegten Experimentierprojekt beteiligt waren, das Drogentests an nicht freiwilligen Probanden aus allen Gesellschaftsschichten, aus dem Hoch- und Niedrigadel, aus dem In- und Ausland umfasste. Viele dieser Tests beinhalteten die Verabreichung von LSD an nicht einwilligungsfähige Personen in verschiedenen sozialen Situationen. Mindestens ein Todesfall wurde verzeichnet, nämlich der von Dr. Frank Olson. Ein Tod, der durch diese*

---

[184] „Private Institutionen werden bei CIA-Bemühungen zur Verhaltenskontrolle eingesetzt" - New York Times, 02/08/1977.

[185] *American Torture: From the Cold War to Abu Ghraib and Beyond* - Michael Otterman, 2007.

Aktivitäten verursacht wurde. Die Agentur hat selbst eingeräumt, dass diese Versuche keinen wissenschaftlichen Wert haben. Die Agenten, die die Überwachung durchführten, waren keine kompetenten Wissenschaftler. "

Dr. Frank Olson war ein Wissenschaftler, der für die *US-Armee* in einer streng geheimen Abteilung in *Fort Detrick* in Frederick, Maryland, arbeitete. Olson starb unter verdächtigen Umständen in New York (siehe den Dokumentarfilm *Project Artichoke: Secret CIA Experiments*). Seine Forschungen für das Militär sind nicht sehr bekannt, aber er arbeitete an biologischen Waffen und Bewusstseinskontrolle durch Drogenkonsum.

All diese Forschungen zur Bewusstseinskontrolle gingen viel weiter, als Senator Kennedy oben angegeben hat, ebenso wie der damalige CIA-Direktor Stanfield Turner, der MK-Ultra als reines Drogenexperimentierprogramm bezeichnete. Am 21. September 1977 sagte er vor dem Senat: *„Wir sind nicht in der Lage, Ihnen alle Fakten über diese Aktivitäten mitzuteilen, wir werden Ihnen nur sagen, was wir wissen. Die Akten, die wir untersucht haben, erzählen nur einen kleinen Teil der ganzen Geschichte. "*

Das MK-Ultra-Programm und seine Teilprojekte sind also ein echtes Puzzle, dessen Teile zerstört oder verstreut wurden. Darüber hinaus hatte die CIA ein Netz von „Tarnfirmen" wie der *Society for the Investigation of Human Ecology*, dem *Washington Geschikter Fund Medical Research* und der *Josiah Macy Jr. Foundation* aufgebaut. Diese Aufteilung in eine Vielzahl unterschiedlicher Projekte ermöglichte eine diskrete Finanzierung des MK-Ultra-Programms und damit eine Aufteilung der Projekte, aber auch der Forscher. Diese Wissenschaftler wussten oft nicht, wer ihr eigentlicher Arbeitgeber war und welche zahlreichen Forschungsprojekte in Arbeit waren, die scheinbar nichts miteinander zu tun hatten, aber einen einzigen Rahmen bildeten. All dies sind Teile eines gigantischen Puzzles, von dem nur die Sponsoren den Bauplan kennen. Die Methoden der Abschottung dieser *„schwarzen Projekte" werden nach* wie vor angewandt: Jeder Einzelne im Netz erhält nur das, was er *„wissen muss"*, d. h. er hat nur Zugang zu dem, was er wissen muss, um seine „Arbeit" zu erledigen. Sie sind sich der Globalität des Projekts/der Projekte nicht bewusst und erhalten nur die Informationen, die für ihre Arbeit auf ihrer Ebene unbedingt erforderlich sind.

1977 beantragte der freiberufliche Journalist John Marks Zugang zu allen Dokumenten des Office of Research and Development (ORD) der CIA-Direktion für Wissenschaft und Technologie (ein spezialisiertes Büro der Agentur), die *„jegliche Forschungs- oder operative Tätigkeit im Zusammenhang mit Bioelektrizität, Elektro- oder Radiostimulation des Gehirns, elektronischer Gedächtniszerstörung, stereotaktischer Chirurgie, Psychochirurgie, Hypnose, Parapsychologie, Strahlung, Mikrowellen und Ultraschall"* betreffen. Sechs Monate später wurde er darüber informiert, dass der ORD 130 Kisten bzw. etwa 39 Kubikmeter Material identifiziert hatte. John Marks hatte im Rahmen des Freedom of Information Act die Freigabe von tausend geheimen CIA-Dokumenten erwirkt. Er war es, der das erschreckende Ausmaß dieser MK-Programme öffentlich machte, indem er seine Recherchen 1979 in dem Buch *„The Search of the Manchurian Candidate"* veröffentlichte. Sein Zugang zu

CIA-Dokumenten wurde nach der Veröffentlichung seines Buches 1979 abrupt gestoppt.

Victor Marchetti, ein ehemaliger CIA-Agent, der 14 Jahre lang für die Behörde gearbeitet hat, hat in Interviews erklärt, dass die CIA entgegen ihren Propagandabehauptungen weiterhin an der Bewusstseinskontrolle forscht. Marchetti veröffentlichte zusammen mit John Marks ein Buch mit dem Titel „The CIA and the Cult of Intelligence" (1973). Vor der Veröffentlichung des Buches verklagte die CIA Marchetti, 340 Punkte aus seinem Buch zu entfernen, woraufhin der Autor Einspruch erhob und 110 Punkte zensiert wurden. Dies ist das erste Buch, das die US-Bundesregierung legal zensiert hat. Dennoch trug die Veröffentlichung dazu bei, dass 1975 im US-Kongress die erste Untersuchung des MK-Ultra-Projekts durch den Church-Ausschuss eingeleitet wurde.

1999 erhielt Carol Rutz auf einen FOIA-Antrag hin drei CD-ROMs von der CIA.

Carol Rutz ist eine Überlebende dieser MK-Programme, die im Alter von 52 Jahren endlich die konkreten Beweise für all diese Experimente erhielt. Für sie war dies schließlich eine Bestätigung und Bestätigung ihrer Memoiren über die Gedankenkontrollexperimente. Diese Akten lagen 48 Jahre lang in den Tresoren der Regierung, 18.000 Seiten freigegebener Dokumente über die Programme Bluebird, Artichoke und MK-Ultra. In einem dieser Dokumente heißt es: „Bei der Arbeit mit einzelnen Probanden wird besonderes Augenmerk auf dissoziative Zustände gelegt, die spontan mit ESP (elektronische Hirnstimulation) einhergehen können. Diese Zustände können bis zu einem gewissen Grad mit Hypnose und Drogen herbeigeführt und kontrolliert werden... Die Daten für diese Studie werden von bestimmten Personengruppen, wie Psychotikern, Kindern und Hellsehern, gewonnen... Die Forscher werden sich besonders für die dissoziativen Zustände, die „Absenkung des geistigen Niveaus", den „Verlust der Seele" und die multiple Persönlichkeit der so genannten Medien interessieren, und es wird der Versuch unternommen, eine Reihe von veränderten Bewusstseinszuständen mit Hilfe von Hypnose herbeizuführen. (CIA MORI ID 17396, S.18)[186]

Deklassierte CIA-Dokumente zeigen deutlich die Ziele dieser Gedankenkontroll-Experimente: die Schaffung von MK-Subjekten mit multiplen Persönlichkeiten und mit Amnesie-Wänden, die es ihnen erlauben, alles zu tun... Hier ist ein Auszug aus einem Dokument vom 7. Januar 1953, das beschreibt, wie zwei distanzierte Mädchen programmiert werden: Diese Probanden haben eindeutig bewiesen, dass sie von einem völlig wachen Zustand in einen tiefen hypnotischen (H) Zustand übergehen können, der durch ein Telefon, eine Frage, einen Code, ein Signal oder Worte ausgelöst wird. Diese hypnotische Kontrolle kann ohne große Schwierigkeiten übertragen werden. Bei Experimenten mit diesen Mädchen hat sich außerdem gezeigt, dass sie als unfreiwillige Boten für Geheimdienstzwecke fungieren können. (CIA Mori ID 190684, 1/7/53)

---

[186] A Nation Betrayed: The Chilling True Story of Secret Cold War Experiments Performed on Our Children and Other Innocent People - Carol Rutz, 2001.

Das Dokument mit dem Titel „SI- und H-Versuch, 25. September 1951" (SI steht für Schlafinduktion und H für Hypnose) berichtet: „X wurde angewiesen, sich nach dem Aufwachen in ein bestimmtes Zimmer zu begeben, wo sie im Büro auf einen Telefonanruf warten soll. Wenn das Telefon klingelt, wird eine Person namens „Jim" ein einfaches Gespräch mit ihr führen. Im Laufe des Gesprächs wird diese Person einen Codenamen nennen. Wenn sie diesen Codenamen hört, fällt sie in einen IS-Trancezustand, schließt aber nicht die Augen und setzt das Telefonat ganz normal fort. X wird angewiesen, nach diesem Telefonat das folgende Protokoll zu befolgen: X, die sich zu diesem Zeitpunkt in einem tiefen SI-Zustand befindet, wird in die Gegenwart eines Geräts mit einem Timer gebracht. Sie wird darüber informiert, dass es sich bei diesem Gerät um eine Brandbombe handelt (...) Nach dem Telefongespräch wird sie programmiert, diese Bombe, die sich in einer Aktentasche befindet, an sich zu nehmen und dann auf die Toilette zu gehen, wo sie eine ihr unbekannte Frau trifft, die sich mit dem Codenamen „New-York" identifiziert. X zeigt dieser Person dann, wie das Gerät funktioniert, und sagt ihr, dass es in den entsprechenden Raum gebracht und in die linke Schublade des Schreibtischs gelegt werden muss, und zwar innerhalb der 82 Sekunden, die auf dem Timer des Geräts eingestellt sind. X wird außerdem angewiesen, dem Mädchen mitzuteilen, dass sie, sobald das Gerät platziert und aktiviert ist, den Koffer holen, den Raum verlassen, sich auf die Couch im Operationssaal legen und in einen tiefen Schlaf fallen soll. X ist außerdem so programmiert, dass sie in den Operationssaal zurückkehrt und ebenfalls in einen Tiefschlaf fällt, nachdem sie dem anderen Mädchen Anweisungen gegeben hat (...) Das Experiment wurde perfekt durchgeführt, ohne dass die Mädchen irgendwelche Schwierigkeiten oder Bedenken hatten. Beide handelten angemessen, das Gerät wurde korrekt platziert und beide Mädchen kehrten in den Operationssaal zurück, um in einen tiefen Schlaf zu fallen. Während des gesamten Experiments verhielten sie sich natürlich, es gab keine Schwierigkeiten bei der Bewegung. (CIA Mori ID 190527 9/25/51)

Ein anderes internes Dokument beschreibt die Auswüchse dieser Art von Experimenten: „Am 2. Juli 1951 gegen 13.00 Uhr begann der Unterricht mit X über seine Studien zur Sexualität. X gab an, er habe immer wieder Hypnose eingesetzt, um junge Mädchen zum Sex mit ihm zu bewegen. Y, eine Musikerin, wurde unter dem Einfluss von Hypnose zum Sex mit X gezwungen. X gab an, er habe sie zunächst in eine hypnotische Trance versetzt und ihr dann suggeriert, er sei ihr Ehemann und sie wolle Sex mit ihm haben. (CIA Mori ID 140393 7/2/51)

Am 3. Oktober 1995 musste sich der damalige Präsident Bill Clinton angesichts der Häufung beunruhigender Enthüllungen über all diese Gedankenkontrollexperimente öffentlich bei seiner Nation entschuldigen: *Tausende von Regierungsexperimenten fanden in Krankenhäusern, Universitäten und auf Militärstützpunkten im ganzen Land statt... In zu vielen Fällen wurde keine formale Zustimmung eingeholt, Amerikanern wurde verheimlicht, was ihnen angetan wurde, und weit über die Versuchspersonen selbst hinaus täuschte diese Täuschung ihre Familien und die gesamte Nation.*

Diese Experimente wurden nicht aus Sicherheitsgründen, sondern aus Angst vor einem Skandal geheim gehalten und verheimlicht, und das ist abnormal. Deshalb entschuldigen sich die Vereinigten Staaten von Amerika heute im Namen einer neuen Generation amerikanischer Politiker und Bürger aufrichtig bei den Bürgern, die Opfer dieser Experimente waren, sowie bei ihren Familien und Angehörigen."[187]

Es ist klar, dass Bill Clinton gezwungen war, sich öffentlich zu entschuldigen, weil das MK-Ultra-Dossier öffentlich gemacht worden war, eine Entschuldigung von ungeheuerlicher Heuchelei, denn diese Bewusstseinskontrollprogramme haben nie wirklich aufgehört, im Gegenteil, sie haben nie aufgehört, wie ein Wettrüsten weiterzugehen.

In den Vereinigten Staaten ist das Thema Gedankenkontrolle heute unantastbar und unangreifbar, weil es unter *dem National Security Act* von 1947 begraben ist. Dieses Gesetz über die *nationale* Sicherheit ermöglicht es, jeden wirklich beunruhigenden Fall aus dem öffentlichen Register zu streichen, so dass er nicht wie jeder andere Fall in einem fairen Verfahren verhandelt werden kann. Der Fall von Cathy O'Brien (ein Opfer des MK-Monarch-Programms) zeigt deutlich, wie das *Nationale Sicherheitsgesetz trotz aller* Beweise systematisch jeden Versuch unterbindet, einen Fall von Schaden (das Wort ist schwach) im Zusammenhang mit Gedankenkontrolle vor Gericht zu bringen. (Mehr dazu in Kapitel 10)

2 - KINDER, DIE OPFER VON MK-ULTRA WURDEN: ZEUGENAUSSAGEN

Im Jahr 1995 sagten Christine DeNicola, Claudia Mullen und die Therapeutin Valerie Wolf vor einer Beratungskommission des US-Präsidenten aus. Christine DeNicola war ab ihrem vierten Lebensjahr, von 1966 bis 1976, Versuchskaninchen im MK-Ultra-Programm. Claudia Mullen wurde im Alter von 7 Jahren, von 1957 bis 1984, der Gedankenkontrolle unterworfen. Valerie Wolf erzählte dieser Kommission, dass etwa 40 Therapeuten sie kontaktiert hatten, als sie hörten, dass sie öffentlich aussagen würde, und mit ihr über einige ihrer Patienten sprechen wollten, die ebenfalls Bestrahlungs- und Gedankenkontrolltechniken unterzogen worden waren. All diese Zeugnisse weisen auf den engen Zusammenhang zwischen mentaler Programmierung und allen möglichen traumatischen Techniken hin, von Elektroschocks über sexuellen Missbrauch bis hin zu Hypnose und halluzinogenen Drogen. Es gibt fast keine Veröffentlichungen über die mentale Programmierung von Kindern, aber vier MK-Ultra-Teilprojekte waren speziell auf sie ausgerichtet. Kinder, die offiziell wegen dissoziativer Störungen behandelt wurden, aber letztendlich Opfer von Traumata wurden, die darauf abzielten, sie noch dissoziativer und fragmentierter zu machen und damit leichter programmierbar.

---

[187] „Ein von der CIA vergiftetes Dorf? Pont Saint-Esprit 1951" - France 3, 08/07/2015.

Hier finden Sie die Abschriften der Zeugenaussagen vor der Beratenden Kommission des Präsidenten, bei denen es um die absichtliche Bestrahlung von Menschen ging. Zeugenaussage, die 1995 gefilmt wurde:

- Valerie Wolf (Therapeutin):

Ich habe mir alle bisherigen Aussagen angehört und sie kommen mir sehr bekannt vor. Ich bin hier, um über die mögliche Verbindung zwischen der Strahlung, der diese Opfer ausgesetzt waren, und der mentalen Programmierung zu sprechen (...) Die Ärzte, die sie der Strahlung aussetzten und Chemikalien verabreichten, waren dieselben, die an der mentalen Programmierung forschten (...) Es ist wichtig zu verstehen, dass Techniken der Gedankenkontrolle eingesetzt wurden, um die Versuchspersonen einzuschüchtern, selbst als Erwachsene, um sie daran zu hindern, sich zu äußern und zu enthüllen, dass sie Opfer dieser von der Regierung finanzierten Forschungsprogramme waren. Ich bin seit 22 Jahren als Therapeutin tätig. Ich habe mich auf die Behandlung von Opfern dieser Programme und sogar einiger Täter und ihrer Familien spezialisiert (...) Wir sehen jetzt überall im Land ehemalige Opfer, die keinen Kontakt zueinander haben (...) viele dieser Überlebenden haben Angst, ihren Ärzten ihre Geschichte zu erzählen, weil sie fürchten, für verrückt gehalten zu werden. Viele von ihnen nannten dieselben Personen, wie z. B. Dr. Green, der von vielen beschuldigt wurde, Kinder bei Experimenten zur geistigen Programmierung gequält und vergewaltigt zu haben. Einer meiner Patienten konnte sogar herausfinden, dass sein Name Dr. L. Wilson Green war. Wir fanden heraus, dass einer der wissenschaftlichen Direktoren der chemischen und radiologischen Laboratorien der Armee diesen Namen trug. Ebenfalls enthalten sind die Namen von Dr. Sidney Gottlieb und Dr. Martin Orne, die ebenfalls an den radiologischen Forschungen beteiligt waren (...) Wir haben oft versucht, Informationen unter dem Freedom of Information Act zu erhalten, um Zugang zu den Daten über die mentale Programmierung zu bekommen. Im Allgemeinen wurden unsere Anträge abgelehnt, aber wir konnten einige Informationen erhalten, die bestätigten, was unsere Patienten uns erzählt hatten (...) Wir brauchen Zugang zu diesen Archiven, um die Rehabilitation und Behandlung der vielen Opfer zu ermöglichen, die schwere psychische und physische Störungen haben (...) Es stimmt, dass Ende der 70er Jahre eine Kommission eingesetzt wurde, um die mentale Programmierung zu untersuchen, aber sie war nicht an Experimenten an Kindern interessiert. Damals waren diese Kinder noch zu jung, um darüber zu sprechen, und an einigen wurde noch experimentiert. Die einzige Möglichkeit, dem Leiden all dieser Opfer ein Ende zu setzen, besteht darin, alles, was während der Gedankenkontrollforschung geschah, öffentlich zu machen. Bitte empfehlen Sie, dass eine Untersuchung eingeleitet wird und alle Aufzeichnungen über Gedankenkontrollversuche an Kindern veröffentlicht werden. Ich danke Ihnen.

- Christine DeNicola (Opfer):

Meine Eltern ließen sich 1966 scheiden. Mein Vater, Donald Richard Ebner, war mit der Arbeit von Dr. Green verbunden. Ich wurde diesen

Experimenten zwischen 1966 und 1976 unterzogen. Was die Bestrahlung anbelangt, so konzentrierte Dr. Green seine Experimente 1970 auf meinen Hals, meine Kehle und meine Brust und 1975 auf meine Gebärmutter. Jedes Mal wurde mir schwindelig, übel und ich musste mich übergeben. All diese Erfahrungen waren immer mit einer mentalen Programmierung verbunden. Das war in Tucson, Arizona. Dr. Green benutzte mich zwischen 1966 und 1973 hauptsächlich als Versuchskaninchen für mentale Programmierung. Sein Ziel war es, mich geistig zu kontrollieren, um mich als Spion und Attentäter auszubilden.

Meine frühesten Erinnerungen stammen aus dem Jahr 1966, als ich an die Universität von Kansas City gefahren wurde. Mein Vater flog mich dorthin, als meine Mutter gerade nicht da war. Er brachte mich an einen Ort, der wie ein Labor aussah. Ich glaube, es waren noch andere Kinder dabei. Ich wurde nackt ausgezogen und auf dem Rücken liegend an einen Tisch gefesselt. Dr. Green brachte Elektroden an meinem Körper und an meinem Kopf an. Er benutzte eine Art Projektor. Während ein roter Lichtblitz auf meine Stirn gerichtet war, sagte er mir immer wieder, dass er verschiedene Bilder in mein Gehirn implantiere. Zwischen den einzelnen Sequenzen verabreichte er mir Elektroschocks und forderte mich auf, immer tiefer in mein Gehirn, in meinen Geist einzudringen. Er wiederholte jeden Satz mehrmals und sagte mir, dass er sich tief in mein Gehirn einprägen würde und dass ich alles, was er von mir verlangte, befolgen müsse. Ich erinnere mich, dass er mir zu Beginn der Sitzung eine Spritze gab und ich mich wie betäubt fühlte. Als alles vorbei war, gab er mir noch eine Spritze. Dann erinnere ich mich, dass ich im Haus meiner Großeltern in Tucson gelandet bin. Ich war vier Jahre alt. Diese Erfahrung zeigt Ihnen, dass Dr. Green Drogen, Traumata, hypnotische Suggestionen und alle möglichen anderen Traumata einsetzte, um mein Gehirn und meine Intelligenz zu kontrollieren. Er benutzte die Strahlung, um ihre Auswirkungen auf verschiedene Teile meines Körpers zu studieren und um mich zu terrorisieren. Es war Teil seines Trauma-Werkzeugkastens, mich mental zu programmieren.

Die anderen Experimente wurden in Tucson, Arizona, irgendwo in der Wüste durchgeführt. Ich lernte, Schlösser zu öffnen, mich zu tarnen, mein fotografisches Gedächtnis zu nutzen und bestimmte digitale Techniken anzuwenden, um mein Gedächtnis zu entwickeln. Dr. Green hat mir Puppen gebastelt, die wie echte Kinder aussahen. Einmal, nachdem ich schwer traumatisiert war, habe ich eine Puppe erstochen. Aber beim nächsten Mal habe ich abgelehnt. Er kannte viele Techniken, um mich leiden zu lassen, aber je älter ich wurde, desto widerspenstiger wurde ich (...) Wegen meiner zunehmenden mangelnden Kooperationsbereitschaft gaben sie schließlich ihren Plan auf, mich zu einem Spion und Mörder zu machen. Deshalb wandte Dr. Green in den Jahren 1974 bis 1976 verschiedene Techniken an, um meine Attentäterprogrammierung zu entfernen und mir eine Selbstzerstörungs-, Selbstmord- und Todesprogrammierung zu injizieren. Aus welchem Grund? Er wollte einfach, dass ich sterbe. Mein ganzes Erwachsenenleben lang habe ich um mein Überleben gekämpft. Wenn ich noch am Leben bin, dann verdanke ich das der Gnade Gottes. Diese schrecklichen Erfahrungen haben mein Leben zutiefst beeinflusst. Meine Persönlichkeit spaltete sich in eine dissoziative Identitätsstörung auf. Das Ziel von Dr. Green war es, meine Persönlichkeit so weit wie möglich zu fragmentieren, damit er mich vollständig kontrollieren konnte. Er hat versagt! Aber ich leide seit Jahren unter ständigen körperlichen, geistigen und emotionalen Schmerzen. Ich bin seit 12 Jahren regelmäßig in Therapie. Erst vor 2,5 Jahren, als ich meinen jetzigen Therapeuten kennenlernte, der sich mit Experimenten zur mentalen Programmierung auskannte, machte ich endlich echte Fortschritte und begann zu heilen. Abschließend bitte ich Sie zu bedenken, dass die Erinnerungen, die ich erwähnt habe, nur ein kleiner Teil dessen sind, was ich zwischen 1966 und 1976 erlebt habe (...) Ich weiß, dass auch anderen Menschen geholfen werden kann, wenn man ihnen die Hilfe gibt, die sie brauchen. Bitte unterstützen Sie uns in unseren Bemühungen, dafür zu sorgen, dass diese abscheulichen Taten nie wieder geschehen. Ich danke Ihnen.

- Claudia Mullen (Opfer):

Zwischen 1957 und 1984 war ich ein Spielzeug in den Händen der Regierung. Das ultimative Ziel war es, mich mental so zu programmieren, dass ich ein perfekter Spion werde. Erreicht wurde dies durch den Einsatz von Chemikalien, Strahlung, Drogen, Hypnose, Elektroschocks, sensorischer Isolation, Schlafentzug, Gehirnwäsche sowie verbalen, körperlichen, emotionalen und sexuellen Missbrauch. Ich wurde fast 30 Jahre lang gegen meinen Willen ausgebeutet. Die einzigen Erklärungen, die mir gegeben wurden, waren, dass „der Zweck die Mittel heiligt" und dass „ich meinem Land in seinem unerbittlichen Kampf gegen den Kommunismus diente". Um mein Leben zusammenzufassen, würde ich sagen, dass sie ein siebenjähriges Mädchen, das bereits durch sexuellen Missbrauch traumatisiert war, in einer Weise leiden ließen, die jenseits aller Vorstellungskraft liegt. Das Traurige daran ist, dass ich wusste, dass ich nicht die Einzige war, die so behandelt wurde. Es gab unzählige andere Kinder, die sich in der gleichen Situation befanden. Bislang konnte uns niemand helfen.

Ich habe Ihnen bereits einen schriftlichen Bericht vorgelegt, in den ich so viele Informationen wie möglich aufgenommen habe, darunter auch Gespräche, die ich in mehreren für diese Gräueltaten zuständigen Dienststellen mitbekommen habe. Dass ich all dies so detailliert beschreiben konnte, lag an meinem fotografischen Gedächtnis, aber auch an der Arroganz der Beteiligten. Sie waren sich sicher, dass sie mein Gehirn immer kontrollieren konnten. Es fällt mir nicht leicht, an diese Gräueltaten zu erinnern, und es ist nicht sicher für meine Familie und mich. Aber ich denke, es ist das Risiko wert. Dr. Green erklärte Dr. Charles Brown einmal, dass er lieber Kinder als Versuchspersonen für seine Experimente wählte, weil es mehr Spaß mache, mit ihnen zu arbeiten, und außerdem billiger sei. Er brauchte Untertanen, die leichter zu handhaben waren als Militärs oder Regierungsbeamte. Daher entschied er sich, nur „willige Mädchen" zu verwenden. Er fügte hinzu: „Außerdem mag ich es, sie zu terrorisieren. Bei der CIA halten sie mich für einen Gott, der durch seine Experimente Untertanen erschaffen kann, die ohne zu fragen alles tun, was Sid (Dr. Sidney Gottlieb) und James (Dr. James Hamilton) sich ausdenken. „

1958 sagte man mir, dass ich mich von einer Reihe wichtiger Ärzte der Human Ecology Society „testen" lassen müsse. Ich wurde gebeten, mit ihnen zusammenzuarbeiten. Ich sollte nicht versuchen, mir ihre Gesichter anzusehen oder ihre Namen herauszufinden, da es sich um ein sehr geheimes Projekt handelte. Sie sagten mir das, um mir zu helfen, alles zu vergessen. Natürlich habe ich, wie alle Kinder in solchen Fällen, das Gegenteil getan und versucht, mir alles zu merken. Ein Mann namens John Gittinger hat mich getestet. Dr. Cameron gab mir Elektroschocks, und Dr. Green röntgte mich. Dann sagte mir Sidney Gottlieb, ich sei „bereit für das große A". Er wollte über das Programm Artischocke sprechen. Als ich nach Hause kam, konnte ich mich nur noch an die Gründe erinnern, die Dr. Robert G. Heath von der Tulane Medical School für all die Flecken an meinem Körper angegeben hatte: Blutergüsse, Einstichstellen, Verbrennungen und Schmerzen in meinen Genitalien. Ich hatte keinen Grund zu der Annahme, dass irgendetwas anderes als das, was Heath mir erklärt hatte, die Ursache dafür war. Sie hatten bereits begonnen, mein Gehirn zu kontrollieren.

Im folgenden Jahr wurde ich in ein Lager in Maryland geschickt, das Deep Creek Cabins hieß. Dort wurde mir beigebracht, wie man die sexuellen Wünsche der Männer befriedigt. Mir wurde auch beigebracht, wie man sie zwingen kann, über sich selbst zu sprechen. Es waren Richard Helms, der stellvertretende Direktor der CIA, Dr. Gottlieb, Captain George White und Morris Allan. Sie planten, so viele hochrangige Beamte und Universitätspräsidenten wie möglich zu rekrutieren, damit ihre Projekte fortgesetzt werden konnten, selbst für den Fall, dass die Mittel für mentale Programmierung und Strahlungsexperimente jemals gekürzt würden. Ich wurde benutzt, um alle möglichen ahnungslosen Männer mit einer versteckten Kamera in die Falle zu locken. Ich war erst neun Jahre alt, als ich all diesen sexuellen Demütigungen ausgesetzt wurde. Eines Tages hörte ich zufällig ein Gespräch über das ORD (Office of Research and Development). Diese Praxis wurde von Dr. Green und den Ärzten Steven Aldrich, Martin Orne und Morris Allan geleitet. Dr. Gottlieb machte eine eher zynische Bemerkung zu einem durchgesickerten Bericht über eine ziemlich große Gruppe geistig zurückgebliebener Kinder, die massiven Strahlendosen ausgesetzt worden waren. Er hatte Dr. Green gefragt, warum er so besorgt über diese zurückgebliebenen Kinder sei: „Sie sind doch sicher nicht diejenigen, die alles ausplaudern werden! Bei einer anderen Gelegenheit hörte ich Dr. Martin Orne, Leiter des Wissenschaftlichen Dienstes und später des Instituts für experimentelle Forschung, sagen, dass „um die Finanzierung ihrer Projekte aufrechtzuerhalten, ihre Experimente noch zwingendere Mittel einsetzen mussten, sogar Erpressung. Er fügte hinzu: „Wir müssen schneller vorgehen und dann die Personen loswerden, damit sie später nicht zurückkommen und uns fragen, was passiert ist. Ich könnte Ihnen noch viel mehr über diese von der Regierung finanzierten Forschungsprojekte erzählen: die Namen der Projekte und Unterprojekte, die Namen der an den Experimenten beteiligten Personen, die Orte, die Art der Tests und die verschiedenen Arten, auf die die Versuchspersonen leiden mussten (...) Mir wäre es so viel lieber, wenn alles, was wir durchgemacht haben, nur ein Traum wäre, der schnell vergessen wird. Aber zu vergessen wäre ein tragischer Fehler, es wäre auch eine Lüge.

Das waren echte Grausamkeiten, die ich und so viele andere Kinder unter dem Vorwand, unser Land zu verteidigen, erleiden mussten. Durch die Anhäufung der schädlichen Auswirkungen von Strahlung, Medikamenten, verschiedenen Chemikalien, Leiden, psychischen und physischen Traumata war ich nicht mehr in der Lage, normal zu arbeiten und sogar Kinder zu bekommen. Es ist offensichtlich, dass diese Erfahrungen in keiner Weise gerechtfertigt waren. Sie hätten von vornherein nicht zugelassen werden dürfen. Unsere einzige Möglichkeit, die schreckliche Wahrheit zu enthüllen und ans Licht zu bringen, besteht darin, alle Unterlagen, die über diese Projekte noch existieren, durch die Ernennung einer neuen präsidialen Kommission zur Untersuchung der geistigen Programmierung zu veröffentlichen. Ich glaube, dass alle Bürger unseres Landes ein Recht darauf haben, zu erfahren, wie viel davon Tatsache und wie viel Fiktion ist. Unser größter Schutz ist, dass so etwas nie wieder passiert. Abschließend kann ich Ihnen nur anbieten, was ich Ihnen heute angeboten habe: die Wahrheit. Danke, dass Sie sich die Zeit genommen haben, mir zuzuhören.

- Dr. Duncan C. Thomas (Professor an der University of Southern California, School of Medicine, Abteilung für Präventivmedizin, Los Angeles):
Darf ich Sie fragen, was Ihre Eltern bei all dem gemacht haben? Haben Sie eine Ahnung, wie Sie für diese Experimente rekrutiert wurden? Hatten Sie Eltern? Wussten Ihre Eltern, was vor sich ging?

- Christine DeNicola:
Ich kann Ihnen kurz antworten. Es war mein Vater, der mit Dr. Green zusammenarbeitete. Meine Mutter wusste nichts davon, denn meine Eltern ließen sich scheiden, als ich vier Jahre alt war (...) Was mich betrifft, so war es mein Vater, der mich für die Experimente „auslieferte". Er hat sich um mich gekümmert, als ich noch sehr jung war. Er begann schon sehr früh, mich sexuell zu missbrauchen. Er gab mich freiwillig in die Hände von Dr. Green, aber meine Mutter wusste nichts davon.

- Claudia Mullen:
Was mich betrifft, so wurde ich im Alter von zweieinhalb Jahren von einer Frau adoptiert, die mich sexuell missbrauchte. Zu dieser Zeit war sie mit dem Präsidenten der Tulane University befreundet. In einem sehr jungen Alter begann ich, die Symptome eines sexuell missbrauchten Kindes zu zeigen, einschließlich der Dissoziation meiner Persönlichkeit. Also bat sie den Präsidenten der Tulane University, ihr einen Kinderpsychiater zu empfehlen. Er empfahl Dr. Heath, der an dieser Forschung beteiligt war (MK). Ich erinnere mich sehr gut an all die Persönlichkeitstests, die er mit mir gemacht hat. Auf diese Weise wurde ich für diese Experimente rekrutiert. Mein Vater hatte keine Ahnung. Er starb, als ich noch sehr jung war. Ich weiß nicht, ob meine Mutter das wirklich wusste. Um ehrlich zu sein, glaube ich nicht, dass es ihr viel

bedeutet hat. Sie starb, als ich noch ein Teenager war. Da ich ein Waisenkind war, konnten sie mich danach leichter benutzen.[188]

In ihrem Buch „A Nation Betrayed: The Chilling True Story of Secret Cold War Experiments Performed On Our Children and other Innocent People" legt Carol Rutz Zeugnis ab:

In meiner Familie wurde die Pädophilie von Generation zu Generation weitergegeben. Ich war noch in den Windeln, als mein Vater begann, mich zu missbrauchen. Im Alter von zwei Jahren spaltete sich mein Geist, um mit dem Trauma des fortgesetzten Missbrauchs durch meinen Vater und andere Familienmitglieder fertig zu werden (...) 1952 wurde ich von meinem Großvater an die CIA 'verkauft'. In den folgenden zwölf Jahren wurde ich verschiedenen Experimenten und Schulungen unterzogen: Elektrokrampf, Drogen, Hypnose, sensorische Deprivation und andere Arten von Traumata, um meine Persönlichkeit zu konditionieren und zu spalten, damit ich bestimmte Aufgaben erfüllen kann. Jede andere Persönlichkeit wurde geschaffen, um durch einen posthypnotischen Auslöser aktiviert zu werden und etwas zu tun, das später vergessen werden sollte. Diese „Manchurian Candidate"-Programmierung war nur eine der möglichen Anwendungen des riesigen Gedankenkontrollprogramms der CIA, das mit Ihren hart verdienten Steuergeldern finanziert wurde...

Man sagte mir, ich würde für die Agentur arbeiten. In Wirklichkeit waren es Eliten der CIA und anderer Regierungsstellen, die mit einigen extrem wohlhabenden Einzelpersonen zusammenarbeiteten, die die Welt gestalten wollten und dabei im Verborgenen blieben (...)

Auch ich wurde 1956, als ich fast neun Jahre alt war, von Dr. Joseph Mengele gefoltert... Ich wurde von meinem Vater auf einer kurvenreichen Straße zu einem Flugzeughangar mitten auf dem Lande gefahren. Im Inneren hingen an Flaschenzügen Käfige mit nackten Kindern, von denen ich annahm, dass die meisten jünger waren als ich. Ich wurde in einen der Käfige gesteckt, und wie die anderen wurde mir Nahrung und Wasser vorenthalten. Mir war sehr kalt und ich rollte mich immer wieder zusammen, um meine Nacktheit zu verbergen. Jedes Mal, wenn ich versuchte zu schlafen, stieß mich jemand mit einem Elektroschocker durch die Gitterstäbe. Der Peiniger schien es zu genießen, die Kinder zu quälen. Er stand auf der Höhe der Käfige und hockte sich auf alles, was er konnte. Wenn er uns nicht gerade folterte, lag er mit Dr. Black auf dem Boden. Sie lächelten beide böse, und unsere Tränen hatten keinerlei Wirkung auf sie. Der Zweck all dieser Folterungen war es, uns auf die Programmierung vorzubereiten. Es gab ein Krankenhaus, in das jeder von uns nach der Folter, die uns „kooperativ" machte, gebracht wurde. Ich erhielt eine Ausbildung, in der ich die Meridiane des Körpers kennen lernte und erfuhr, wie ich die durch diese Meridiane fließende Energie steuern kann. Dies war eine Vorbereitung auf spätere Erfahrungen, bei denen ich meinen Verstand einsetzen musste, um aus der Ferne psychisch zu töten. In einem anderen Experiment wurde eine andere

---

[188] Übersetzung von „Parole de Vie" - Serie „Survivors of the Illuminati"

Persönlichkeit geschaffen, um sich binäre Codes zu merken. Wenn dieser andere „Robert" nicht perfekt wiederholte, was er gelernt hatte, wurde ich wieder in den Käfig gesteckt. Die traumainformierte Programmierung ist die grausamste Form der Gehirnwäsche. Sie lässt das Kind völlig distanziert und offen für mentale Programmierung. Joseph Mengele war ein Meister darin.

3 - DR. EWEN CAMERON IN KANADA

Wie Richard Helms zugab, arbeiteten mehrere ausländische Wissenschaftler für das MK-Ultra-Programm der CIA. Zu ihnen gehörte der kanadische Psychiater Ewen Cameron, der sieben Jahre lang Experimente zur Gehirnwäsche durchführte. Zwischen 1957 und 1964 führte Cameron seine Experimente am Allan Memorial Institute in Montreal, Kanada, durch. Er war auch Leiter der World *Psychiatric* Association (*WPA*). Dreißig Jahre später wurde seine Arbeit in einer kanadischen Radiosendung wie folgt beschrieben: „*Während der Behandlung werden die Patienten extremen psychiatrischen Schocks ausgesetzt. Unter dem Einfluss von Barbituraten und LSD werden die Versuchspersonen durch vorher aufgezeichnete Nachrichten, die in einer Schleife abgespielt werden, betäubt. Sie werden massiven Dosen von Elektroschocks, tagelangem Schlaf, Eisduschen usw. unterzogen. Die Elektroschocktherapie, ein damals noch nicht weit verbreitetes Behandlungsverfahren, war 20- bis 40-mal stärker als das, was normalerweise verschrieben wurde. Die Sitzungen dauerten fünf Stunden am Tag, fünf Tage die Woche, und ihr Ziel war es, das Gehirn des Patienten zu „deprogrammieren" und anschließend „neu zu programmieren". 1960 stellte die CIA die Finanzierung der geheimen Forschung am Allan Memorial Institute ein. Dr. Cameron wandte sich dann an die kanadische Regierung, die ihn bis 1963 finanzierte. Insgesamt wurden etwa fünfzig Patienten als Versuchskaninchen für diese Experimente verwendet.*"[189]

Als die Kanadier erfuhren, dass die CIA Gehirnwäsche-Experimente an ihren Bürgern durchgeführt hatte und dass ihre Regierung nicht nur davon wusste, sondern sie sogar mitfinanziert hatte, war der Schock groß. Es war die Fernsehsendung „*The Fitfh Estate*" (*CBS*), die 1984 die Affäre erstmals aufdeckte, indem sie die von Dr. Ewen Cameron in seiner Klinik in Montreal beaufsichtigten Arbeiten enthüllte: der Skandal war geboren. Die Opfer haben rechtliche Schritte gegen Dr. Cameron, aber auch gegen die CIA eingeleitet. Über diese Affäre wurde sogar ein Film gedreht: „*The Sleep Room*" von Bernard Zuckerman, 1998.

Hier ist das dreistufige Elektroschock-Protokoll von Dr. Cameron:
- Erstes Stadium: Dies ist das erste Stadium der Post-Elektroschock-Amnesie, der Betroffene verliert einen großen Teil seines Kurzzeitgedächtnisses. Der Betroffene behält das „Raum-Zeit-Bild" bei: Er

---

[189] „*Lavages de cerveaux financés par la CIA*" - Radio-Canada, Archiv, 5. Oktober 1988, Interview der Journalistin Pauline Valasse mit dem Psychiater Pierre Lalonde.

weiß, wo er sich befindet, warum er dort ist, und er erkennt bekannte Gesichter, aber es fällt ihm schwerer, sich an Namen zu erinnern.

- Zweites Stadium: Im zweiten Stadium der *elektrokonvulsiven Amnesie* verliert die Person das „Raum-Zeit-Bild", ist sich dieses Verlustes aber bewusst. Dieses Bewusstsein löst bei ihm extreme Angst und Panik aus, weil er sich erinnern will, aber nicht kann. In dieser Phase wird er wiederholt fragen: *„Wo bin ich?", „Wie bin ich hierher gekommen?", „Warum bin ich hier?*

- Drittes und letztes Stadium: In diesem Stadium wird die Versuchsperson extrem ruhig, alle vorherigen Ängste sind verschwunden. Er wird in sein Zimmer zurückgebracht, wo ein Tonbandgerät in der Nähe seines Kopfkissens stundenlang immer wieder dieselben Anweisungen wiederholt. Diese Technik wird als *psychisches Fahren* bezeichnet. In diesem Zustand waren die Opfer harn- und stuhlinkontinent.

Ewen Cameron arbeitete ebenfalls an der „radikalen Isolierung". Dabei handelte es sich um sensorische Isolationskammern, in denen die Versuchsperson für eine bestimmte Zeit eingeschlossen war. Ohne sensorische Stimuli *begann sich die Identität des Subjekts aufzulösen.* Cameron selbst brüstete sich damit, dass er an menschlichen Versuchspersonen das Äquivalent zu den *„außergewöhnlichen politischen Bekehrungen"*[190] im Osten, d. h. die Gehirnwäsche zu politischen Zwecken, experimentell reproduziert habe. 1957 wurde sein Antrag auf ein Stipendium zur Untersuchung der *„Auswirkungen der Wiederholung von verbalen Signalen auf das menschliche Verhalten"*, die, wie er sagte, *„das Individuum wie nach einem langen Verhör brechen"* könnten, von der *Gesellschaft für die Erforschung der menschlichen Ökologie* angenommen.[191] Sein Forschungsprogramm wurde dann in das MK-Ultra-Projekt integriert.[192]

In einem Artikel des Magazins *Nexus* berichtet Sid Taylor, dass Cameron nach einer „Behandlung" einer Frau wie folgt zitiert wird: *„Obwohl die Patientin sowohl eine verlängerte sensorische Isolation (35 Tage) als auch eine wiederholte Umstrukturierung durchlief und sogar 101 Tage lang „positives Fahren"* (angeblich „psychisches Fahren" mit positiven Botschaften) erhielt, *konnten wir keine positiven Ergebnisse erzielen."*[193]

Cameron beaufsichtigte auch Experimente mit elektromagnetischen Frequenzen. Menschliche Meerschweinchen wurden in einem von Leonard Rubenstein eingerichteten Radiotelemetrielabor im Keller des Instituts behandelt. In diesem Labor wurden die Patienten einer Reihe von

---

[190] Ebd.

[191] *American Torture: From the Cold War to Abu Ghraib and Beyond* - Michael Otterman, 2007.

[192] „Kubark", das geheime Handbuch der CIA zur Gedankenkontrolle und psychologischen Folter - www.editions-zones.fr.

[193] *A History of Secret CIA Mind-Control Research* - Sid Taylor, Nexus Magazine 1992.

elektromagnetischen Wellen ausgesetzt, die ihr Verhalten kontrollieren und verändern sollen.[194]

Eines der Opfer von Dr. Cameron war Linda McDonald, eine junge Mutter von fünf Kindern. In einem Moment der Schwäche und Depression riet ihr Arzt ihr, den berühmten Psychiater aufzusuchen. Nach drei Wochen kam Cameron zu dem Schluss, dass Linda an akuter Schizophrenie litt und schickte sie in den *„Schlafraum"*. Dort wurde sie für 86 Tage in einen künstlichen Schlaf versetzt, einen komatösen Zustand. Dr. Peter Roper, einer von Dr. Camerons Kollegen zu dieser Zeit, sagte: *„Das Ziel war wirklich, die Gedankenmuster und Verhaltensweisen zu löschen, die bei den Patienten fehlten, weil sie darunter litten, und sie dann durch gesunde Gewohnheiten, Gedanken und Verhaltensweisen zu ersetzen. "*

Laut ihrer Krankenhausakte wurde Linda McDonald über hundert Mal mit Elektroschocks behandelt. Tatsächlich wurde sie wegen einer so genannten postnatalen Depression in ein Krankenhaus eingeliefert, aber ihre Unterlagen zeigen eine radikale und völlig unangemessene medikamentöse Behandlung. Hier ein Auszug aus ihrem ärztlichen Bericht: *„15. Mai (1963): Etwas verwirrt 3. Juni: Kennt ihren Namen, aber mehr auch nicht 11. Juni: Kennt ihren Namen nicht.* Linda bezeugt, dass sie sehr schnell zu einem Gemüse wurde, sie hatte keine Identität, keine Erinnerungen, es war, als hätte sie nie zuvor in der Welt existiert (*tabula rasa*). Sie war wie ein Baby, das gefüttert und gewaschen werden musste.

Ein weiteres Opfer von Dr. Cameron war Robert Loguey. Als er 18 Jahre alt war, hatte er Schmerzen in einem seiner Beine und sein Arzt, der die Ursache des Problems nicht gefunden hatte, hielt es für psychosomatisch. Er schickte seinen Patienten in das Allan Memorial Institute. Wie bei Linda McDonald war auch dies ein Alptraum, eine Schocktherapie mit Drogen, darunter ein starkes Halluzinogen. Jeden zweiten Tag wurde ihm LSD injiziert, manchmal gemischt mit anderen Drogen und Psychopharmaka. Die meisten dieser Drogen waren experimentell, aber sie schienen für eine Gehirnwäsche geeignet zu sein. Während dieser durch Elektroschocks und Drogen hervorgerufenen tiefen Bewusstseinsveränderungen wurden die menschlichen Versuchskaninchen gezwungen, Audiobotschaften zu hören, die ihnen neue Gedanken einprägen sollten, deren Inhalt manchmal sehr bizarr war: Robert berichtet, dass ein unter seinem Kopfkissen platziertes Tonbandgerät immer wieder die Worte *„Du hast deine Mutter umgebracht"* (die damals noch lebte und gesund war) abspielte. Es handelte sich um sehr kurze Nachrichten von wenigen Sekunden Dauer, die in einer Schleife abgespielt wurden. Bei Robert dauerte dieser Prozess 23 Tage.

Diese Patienten wussten nie, dass ihre Behandlung Teil eines von der CIA geführten Projekts war. In der Tat war Dr. Cameron weit davon entfernt, ein isolierter „verrückter Wissenschaftler" zu sein, der beschloss, diese Techniken auf eigene Faust anzuwenden. Er verfolgte tatsächlich ein Programm von Experimenten an menschlichen Versuchskaninchen. Velma Orlikow, die Frau

---

[194] *Reise in den Wahnsinn: Die wahre Geschichte der geheimen CIA-Gedankenkontrolle und des medizinischen Missbrauchs* - Gordon Thomas, 1989.

von David Orlikow, einem kanadischen Parlamentsabgeordneten, war eines von Camerons Opfern. In den späten 1950er Jahren hatte sie sich zur Behandlung von Depressionen an das Allan Memorial Institute gewandt. Sie schätzte den berühmten Psychiater sehr, bevor sie erkannte, dass er sich überhaupt nicht um die geistige Gesundheit seiner Patienten kümmerte, sondern sie lediglich als Versuchskaninchen benutzte. Er hat nur das getan, was sein Arbeitgeber, die CIA, ihm aufgetragen hat. Also beschloss sie, mit Hilfe von acht anderen ehemaligen Opfern, diese mächtige Institution, die CIA, zu verklagen. Der Prozess zog sich über mehrere Jahre hin, und der Fall wurde für den amerikanischen Anwalt für Bürgerrechte Joseph Rauh fast zur Besessenheit. Rauh und sein junger Assistent James Turner wussten, dass sie es mit einem gewaltigen Gegner zu tun hatten, aber sie hatten auch einen Verbündeten, der den Prozess ausgleichen konnte. Sie waren in hohem Maße auf die Unterstützung der kanadischen Regierung angewiesen, die damals von Brian Mulroney geführt wurde. Anstatt ihren eigenen Bürgern zu helfen, fiel ihnen die kanadische Regierung aus Angst, zur Rechenschaft gezogen zu werden, während des gesamten Prozesses in den Rücken. Sie ging sogar so weit, ein wichtiges Beweisstück zu unterdrücken, dass sich CIA-Beamte aus der US-Botschaft bei der kanadischen Regierung entschuldigt hatten, als die MK-Ultra-Experimente öffentlich bekannt wurden. Diese Entschuldigung war sehr wichtig, denn es handelte sich um ein rechtlich zulässiges Eingeständnis vor Gericht, dass eine der beiden Parteien in diesem Fall etwas Falsches und Verwerfliches getan hatte. Dies war ein Beweis für Fahrlässigkeit und Fehlverhalten zum damaligen Zeitpunkt, und der Fall hätte zum Vorteil der Opfer schnell abgeschlossen werden können. Stattdessen zog sich der Rechtsstreit über zehn Jahre hin.

Dank einer Unterstützungskampagne und der überzeugenden Argumentation der Opfer lenkte die CIA am Vorabend des Prozesses ein. Es wurde ein Vergleich über die Summe von 750.000 Dollar geschlossen. Damals war dies die höchste Entschädigungssumme, die die CIA jemals zu zahlen hatte. Dennoch bleiben bis heute beunruhigende Fragen offen, insbesondere was die kanadische Regierung betrifft. Warum hat sie so zweideutig gehandelt, obwohl sie vielen kanadischen Bürgern geholfen hat? Die einfache Antwort ist, dass die kanadische Regierung sogar noch stärker als die Amerikaner an den Experimenten im Allan Memorial Institute beteiligt war. Dr. Camerons Experimente wurden in den 1950er Jahren mit einer halben Million Dollar vom Bundesministerium für Gesundheit und Wohlfahrt finanziert, aber dabei blieb es nicht... Nach dem Ende des CIA-Projekts im Jahr 1961 wurden mehr als 51.000 Dollar in diese Experimente gepumpt.

Als Linda McDonald herausfand, dass ihre eigene Regierung Gehirnwäsche-Experimente an ihr finanziert hatte, traf sie die schwierige Entscheidung zu klagen. Das ehemalige Opfer verfolgte die kanadische Bundesregierung vier Jahre lang, bis Ottawa schließlich 1992 widerwillig zustimmte, sie und mehrere andere Opfer mit 100.000 Dollar pro Person zu entschädigen. Im Gegenzug mussten sie zustimmen, keine rechtlichen Schritte gegen die kanadische Regierung oder das Allan Memorial Institute einzuleiten. Ottawa hat sich jedoch standhaft geweigert, jegliches Fehlverhalten in der psychiatrischen Einrichtung, der Hochburg von Dr. Ewen Cameron, anzuerkennen. Es wurde festgestellt, dass erstens die Patienten keinen irreparablen Schaden erlitten hatten und zweitens, dass sie der Behandlung zugestimmt hatten! Den Opfern zufolge hatte Dr. Cameron ihnen nie etwas über die Behandlung gesagt, der sie sich unterziehen sollten. Er gab keine einzige Erklärung oder Beschreibung dessen, was mit ihnen geschehen würde. Es handelte sich eindeutig nicht um eine medizinische Behandlung, sondern um Gehirnwäsche-Experimente mit menschlichen Versuchskaninchen. Trotzdem hat das Allan Memorial Institute in Montreal seinen internationalen Ruf als führendes Institut für die Behandlung psychischer Erkrankungen bewahrt.[195]

Die Gemeinschaft der amerikanischen Ureinwohner in Kanada war ebenfalls das Ziel von Experimenten aller Art, vor allem in den 1950er und 1960er Jahren, insbesondere in Krankenhäusern. Im Rahmen des *„Sixties Scoop"-Programms*, das offiziell 20.000 indianische Kinder betraf, wurde eine große Zahl von Kindern ihren Familien weggenommen. Sie wurden automatisch in Internatsschulen untergebracht. Diese Internate dienten der *„Erziehung"*, *„Evangelisierung"* und *„Assimilierung"* der Kinder des Landes, d. h. der kleinen Eingeborenen, der Amerindians. Diese Tausenden von Kindern wurden von ihren Familien getrennt, ohne dass jemand etwas dagegen sagen konnte. Dabei handelt es sich um eine sehr ernste Angelegenheit, die die Sterilisierung junger Frauen, medizinische Experimente an der menschlichen Psyche und die massive Verbreitung von Infektionskrankheiten zur Reduzierung der Bevölkerung umfasst. Pädokriminalität und ritueller Missbrauch sind unweigerlich zu diesem Pool von Kindern hinzugekommen, die von ihren Familien getrennt und in Internaten untergebracht wurden. Einige Zeugenaussagen deuten darauf hin, dass das MK-Ultra-Programm an vielen Amerikanern durchgeführt wurde, die offensichtlich nicht eingewilligt hatten und buchstäblich als Versuchskaninchen dienten.

An der Tochter eines kanadischen Offiziers, Sara Hunter (Pseudonym), wurden zusammen mit 25 anderen Kindern und ebenso vielen Erwachsenen Experimente durchgeführt. Ihren Angaben zufolge geschah dies zwischen 1956 und 1958 bei der Lincoln Park Air Force in Calgary, Alberta. Sie sagt, es sei ein Nazi-Arzt gewesen, der die Experimente durchgeführt habe, und sie sei die Einzige gewesen, die die zwei Jahre der Folter überlebt habe.[196]

In dem Dokumentarfilm *„Unrepentant: Kevin Annett and Canada's Genocide"* (2006) über den Völkermord an den amerikanischen Ureinwohnern in Kanada sagt Pastor Kevin Annett auf die Frage, ob er all diesen Zeugenaussagen der Ureinwohner Glauben schenkt: *„Nun, wenn Menschen, die sich nicht kennen, immer wieder dieselbe Geschichte erzählen, dann muss man, selbst wenn man skeptisch ist, diese Fakten anerkennen. Wissen Sie, es ist eine Geschichte, die weit verbreitet ist, und als die Leute anfingen, weiter zu gehen und Dinge zu berichten, die ich später wiederentdeckte und mit Dokumenten*

---

[195] „The Fifth Estate - MK-Ultra in Kanada, Dr. Ewen Cameron" - CBC, 1984.

[196] „Kanada: Das Massaker an der indianischen Bevölkerung beinhaltet die Zerstörung und Ausbeutung ihrer Kinder" - DondeVamos, 27/10/2012.

belegen konnte, konnte ich diese Dinge nicht mehr leugnen. Wissen Sie, wenn man Pastor ist, lernt man recht schnell zu erkennen, ob die Person, die vor einem steht, Blödsinn erzählt. Man kann den Schmerz in den Augen der Menschen lesen. Es ist unglaublich schmerzhaft für sie, über ihre Erfahrungen zu sprechen, sie müssen dem nichts hinzufügen (...) Dies geschah im Sommer 1998 in Vancouver. Ich habe viele Überlebende mitgebracht, die bei diesem Tribunal aussagen werden. Alles, was man sich über die Geschehnisse in den Todeslagern der Nazis vorstellen kann... Sie haben es erzählt. Eine Gruppe von Menschen von der Insel Kuper erzählte, dass sie Opfer von medizinischen Experimenten wurden, bei denen Ärzte, die Deutsch sprachen, ihnen Chemikalien injizierten, die sie töteten. "

Diese Zeugenaussagen, die besagen, dass die „Wissenschaftler", die die Experimente durchführten, Deutsch sprachen, könnten darauf hindeuten, dass es sich um Nazi-Wissenschaftler handelte, die im Rahmen der *zu Beginn des Kapitels* beschriebenen „Operation *Paperclip"* aus Deutschland nach Amerika eingeschleust wurden.

In demselben Dokumentarfilm „Unrepentant" sagt der Aborigine-Polizist George Brown von der RCMP (Royal Canadian Mount Police) über seine Kindheit: „Ich bin mir zu 100% sicher, dass wir aus irgendeinem Grund in Krankenhäusern als Versuchskaninchen benutzt wurden. Wir wurden ins Krankenhaus gebracht, ich erinnere mich, dass ich nicht zum Zahnarzt musste, und ich war nicht krank."

Ein weiteres Zeugnis stammt von Nung Klaath Gaa (Douglas Wilson), der sagt, er gehöre zum Volk der Haida Gwaii. Er sagt: „Ich habe das Dokument von Kevin Annett gelesen und es hat mir geholfen zu verstehen, warum mein Gedächtnis so schwach ist. In einigen Teilen des Papiers ist von Schockbehandlungen die Rede (...) In meinem letzten Jahr dort, im Frühjahr 1961, wurde ich von der Schule ins Charles-Camsell-Krankenhaus und vom Charles-Camsell-Krankenhaus in das psychiatrische Institut von Ponoka gebracht. Ich weiß nicht, ob ich eine oder zwei Wochen dort war, aber ich habe diese vage Erinnerung, eine Erinnerung, die wie ein Blitz zu mir zurückkam. Ich lag auf einem Tisch und hatte etwas auf dem Kopf, und es blitzte und blinkte ständig. „

Die Überlebende Lynn Moss Sharman, eine kanadische Ureinwohnerin, sagte ebenfalls über den rituellen Missbrauch und die Gedankenkontrolle aus, denen sie als Kind ausgesetzt war. Sie hat viel Arbeit geleistet, um die indianischen Opfer dieser Gräueltaten zusammenzubringen und sie der Öffentlichkeit bekannt zu machen. Wir werden auf ihr Zeugnis in Kapitel 7 zurückkommen.

4 - DR. WILLIAM SARGANT IN ENGLAND

Der britische Psychiater William Walters Sargant schrieb: „Obwohl der Mensch kein Hund ist, muss er sich in aller Bescheidenheit vor Augen führen, wie sehr seine Gehirnfunktionen denen von Hunden ähneln." oder auch: „Wir müssen den Geist erregen, bevor wir ihn verändern können. William Sargant war direkt an den Bewusstseinskontrollprogrammen der CIA beteiligt. Er wandte die gleichen Gehirnwäsche-Protokolle an wie Cameron: Elektroschocks, Tiefschlaf-Therapie, psychisches Fahren und natürlich die Verwendung aller Arten von Drogen."

Die britische Schauspielerin Celia Imrie war eines der Opfer von Dr. Sargant. Im Alter von 14 Jahren war Celia magersüchtig und musste in ein Krankenhaus eingewiesen werden, doch ihr Zustand besserte sich trotz Behandlung nicht. In ihrer Verzweiflung schickten ihre Eltern sie ins St. Thomas' Hospital in London, wo sie in die Obhut des international bekannten Psychiaters William Sargant kam.

Bis heute sagt sie, dass Sargant in ihren Albträumen immer wieder auftaucht. Mehr als 20 Jahre nach seinem Tod ist nun bekannt, dass dieser Psychiater für den MI5 und die CIA arbeitete, insbesondere im Rahmen des MK-Ultra-Programms.

In einem Artikel *der Daily* Mail aus dem Jahr 2011 mit dem Titel *„My electric shock* nightmare *at the hands of the CIA's evil doctor"* (Mein Elektroschock-Albtraum *in den Händen des bösen CIA-Doktors)* sagt Celia Imrie, dass sie sich kaum an ihre eigenen Elektroschocks erinnern kann, aber dass sie sich genau an die Elektroschocks erinnert, die die Frau im Bett neben ihr erhielt: *„Ich erinnere mich an jedes kleine Detail, sei es beim Sehen, Hören oder Riechen. Der riesige Gummistopfen, der zwischen ihren Zähnen steckte; der seltsame, fast stumme Schrei, wie ein Schmerzensseufzer; die ruckartigen Verrenkungen des gequälten Körpers; der Geruch von Haaren und verbranntem Fleisch. Ich erinnere mich auch an die berühmte „Narkosekammer"* (das Äquivalent zu Dr. Camerons „Schlafkammer"), *einen Raum, in dem Patienten mehrere Tage lang in einen drogeninduzierten Schlaf versetzt wurden, während Maschinen unter den Kopfkissen Anweisungen übermittelten. Ich kann Sargants „Narcosis Room" perfekt beschreiben, weil ich mich immer aus meinem Zimmer geschlichen habe, um durch die Bullaugen oder eine Schwingtür auf diese Frauen zu schauen, die auf dem Boden auf grauen Matratzen lagen, als wären sie tot, in einer elektro-induzierten Dämmerstille. Auf die Frage, ob ich selbst schon einmal in diesem Raum war, antworte ich mit „Nein", weil ich mich nicht erinnern kann. Aber ich habe vor kurzem festgestellt, dass die Versuchspersonen, bevor sie in die Kammer gebracht wurden, zunächst unter Drogen gesetzt wurden, und ich habe noch nie gesehen, dass jemand wach aus der Kammer zurückgekommen ist. Sie gingen schlafend hinein und kamen schlafend wieder heraus. Ich glaube, jeder, der mit der Sargant-Schlaftherapie behandelt wurde, war schon einmal in dieser Kammer. Du warst da drin völlig bewusstlos, also wurde ich vielleicht selbst dort hineingesteckt. Ich konnte es nicht wissen (...) Ich kann die Methoden der Gedankenkontrolle, die er über mich ausübte, nicht kennen, ich weiß nicht, was auf den Aufnahmen unter meinem Kopfkissen war, was sie mir sagten, was ich tun oder denken sollte...*

Vor einigen Jahren habe ich versucht, meine Krankenakte im St. Thomas' Hospital zu finden, um zu überprüfen, wie meine Behandlung war und ob ich in der Narkosekammer war. Ich wollte die genauen Anweisungen wissen, die auf dem Band aufgezeichnet waren, das unter meinem Kopfkissen lag. Ich wollte wissen, was Sargant unerbittlich in meinem jungen, unbewussten Gehirn ausgelöst hatte. Leider hat meine Suche nichts ergeben. Als William Sargant das St. Thomas's verließ, nahm er unrechtmäßig alle seine Patientenakten mit. Als er 1988 starb, waren alle Beweise und Unterlagen über seine unmenschliche Arbeit an menschlichen Versuchskaninchen vernichtet worden. Ich werde also nie die Wahrheit erfahren.

Ich erinnere mich, dass man mir massive Dosen des Antipsychotikums Largactil verabreichte. Die Wirkung dieser Droge war beeindruckend, meine Hände zitterten unkontrolliert, ich wachte auf und fand Haarbüschel auf meinem Kopfkissen. Aber das Schlimmste war, dass ich alles vervierfacht sah. Als Sargant mein Zimmer betrat, sah ich vier Männer! Es war furchtbar und erschreckend. Selbst einfache Aufgaben wie das Anheben eines Glases Wasser wurden unmöglich. Als die Dosen erhöht wurden, hörte ich eines Tages eine Krankenschwester zu ihrem Kollegen sagen, dass ich eine „gefährliche Resistenz" gegen die Medikamente zeigte. Gefährlich für wen? Ich frage mich... Soweit ich sehen konnte, sind die wirklichen Verrückten an diesem schrecklichen Ort diejenigen, die dort arbeiten, und nicht die Patienten. Sargant pflegte zu sagen, dass „jeder Hund seine Sollbruchstelle hat, nur bei den Exzentrikern dauert es länger. Ich vermute, er meinte damit meinen „gefährlichen Widerstand", dass ich einer dieser exzentrischen Hunde sei, die er nicht brechen könne."[197]

5 - DIE PROGRAMMIERUNG VON PALLE HARDRUP

Das Buch „*Antisocial or Criminal Acts and Hypnosis: A Case Study*" von Paul J. Reiter aus dem Jahr 1958 beschreibt den Fall eines dänischen Mannes, der mit MK-Ultra-Gedankenkontrolltechniken behandelt wurde. Palle Hardrup (oder Hardwick) war 31 Jahre alt, als er am 17. Juli 1954 für schuldig befunden wurde, einige Monate zuvor eine Bank überfallen und zwei Angestellte getötet zu haben. Dieser Fall beweist, dass eine Person darauf programmiert werden kann, Verbrechen zu begehen, und dann eine Amnesie bezüglich ihrer kriminellen Handlungen hat. Nach Ansicht des Psychiaters Colin Ross kann Paul Reiters Buch als eine echte Anleitung zur Schaffung eines *Mandschurenkandidaten* betrachtet werden.

Die dänischen Richter erklärten damals, Palle Hardrup habe eine multiple Persönlichkeit (mit ihren eigenen Worten) und kamen zu dem Schluss, dass diese Persönlichkeitsstörung von seinem Programmierer und Lehrmeister, einem gewissen Bjorn Nielsen, absichtlich herbeigeführt worden sei. In einem Bericht des Forensischen Rates vom 17. Februar 1954 heißt es: „*Obwohl die Symptome der Geistesstörung heute verschwunden zu sein scheinen, kann Hardrup nicht als geheilt betrachtet werden. Der tiefe Riss in seiner Persönlichkeit, der schon*

---

[197] *Mein Elektroschock-Albtraum in den Händen des bösen CIA-Doktors* - Celia Imrie, Daily Mail, 04/2011.

lange vorhanden ist, wird nur sehr langsam heilen. Die Geschworenen befanden Hardrup in allen Anklagepunkten für schuldig, aber nicht für seine Taten verantwortlich. Bjorn Nielsen, der Mann, der Palle Hardrup in einen Bankräuber mit Gedächtnisschwund verwandelte, wurde des Raubes und des Totschlags für schuldig befunden, obwohl er am Tatort nicht anwesend war. Nach Ansicht der Geschworenen plante und organisierte Nielsen die Verbrechen, indem er Hardrup anwies, sie zu begehen, und ihn auf verschiedene Weise manipulierte, unter anderem durch Hypnose. Nielsen wurde zu einer lebenslangen Haftstrafe verurteilt, während Hardrup in eine psychiatrische Anstalt eingewiesen wurde. Damals erregte der Fall in Dänemark großes Aufsehen. Für Nielsen bestand das „perfekte" Verbrechen darin, sicherzustellen, dass niemand es auf ihn zurückführen konnte, ein Verbrechen, für das unweigerlich jemand anderes die Haftstrafe verbüßen musste.

Hardrup und Nielsen waren beide Mitglieder der NSDAP, ersterer aus einem naiven Bedürfnis nach Brüderlichkeit, letzterer, Nielsen, 1940, um aus einer Besserungsanstalt herauszukommen. Nach dem deutschen Debakel im Jahr 1945 wurden beide verhaftet und zu mehrjährigen Haftstrafen verurteilt. Dort trafen sie sich zum ersten Mal im Jahr 1947. Sie wurden bald zu Kameraden und Nielsen wurde zum Anführer und sogar zum Meister, der Hardrup zu seinem Schüler und Sklaven machte, so wie ein junger Student von einer Sekte rekrutiert und indoktriniert wird. Allein, weit weg von zu Hause, idealistisch, naiv, beeinflussbar und unglücklich, ein Zustand, der ihn sehr anfällig für Gedankenkontrolle und Manipulation machte. Die beiden Männer erhalten schließlich die Erlaubnis, die gleiche Zelle zu teilen, und isolieren sich völlig von den anderen Gefangenen. Nach und nach verschließen sie sich der Praxis esoterischer Disziplinen wie Yoga, Meditation, Hypnose usw.

18 Monate lang war Hardrup ständig allein mit Nielsen in der Zelle oder arbeitete mit ihm in der Werkstatt. Nielsen begann sofort mit seinen Gedankenkontrollexperimenten, bei denen er nach seinem Instinkt arbeitete. Es gibt jedoch keine Anhaltspunkte dafür, dass er zuvor eine Ausbildung in geistiger Programmierung absolviert hat. Palle Hardrup eignete sich hervorragend für die Hypnose, und Nielsen begann daraufhin ein intensives hypnotisches Konditionierungsprogramm mit mehreren Stunden Tranceübungen pro Tag. Dies geschah in der Regel am Abend, und Hardrup ging oft zu Bett, ohne aus der Trance zu erwachen. Nielsen kombinierte die Hypnosesitzungen mit Yoga, *Kundalini-Erweckung* und Selbsthypnoseübungen. Er lehrte Hardrup Techniken zur Entleerung des Geistes, zur Transzendenz und zum Erleben veränderter Bewusstseinszustände, die inneren Frieden bringen sollten. Diese Praktiken zielten darauf ab, einen direkten Kontakt mit einer „Gottheit" herzustellen. Nielsen sagte ihm zum Beispiel, dass die Hypnose ihm helfen würde, sich seiner früheren Leben bewusst zu werden. Durch „Bewusstseinserweiterungen" sollte Hardrup in der Lage sein, mit dem „göttlichen kosmischen Prinzip" eins zu werden und so direkte Gemeinschaft mit Gott zu haben. Hardrup wurde auch angewiesen, sich von den anderen Gefangenen zu isolieren, seine Welt sollte sich nur auf Nielsen, seinen Meister, seinen Guru, konzentrieren. Die totale soziale Isolation in Verbindung mit diesen

spirituellen Übungen führte dazu, dass sich Palle Hardrup in einem ständigen Trancezustand befand, in dem er ständig dem „Göttlichen" zugewandt war.

Nach einiger Zeit machte Nielsen Hardrup mit dem Schutzgeist „X" bekannt. X war ein leitender Geist, der durch Nielsen kommunizierte, der also übersinnlich war. X erklärte Hardrup, dass sein bisheriges unglückliches Leben nur ein Test war, um ihn auf seine zukünftige Rolle vorzubereiten. X war es auch, der die Kontrolle über das Yogatraining mit Hardrup übernahm. Nach einer Weile war die Konditionierung so weit fortgeschritten, dass Hypnose nicht mehr notwendig war. Für Palle Hardrup war Nielsen die Inkarnation der Entität X, die ohne Hypnose direkt zu ihm sprach. Sobald Nielsen das Wort ergriff, ergriff X das Wort und erteilte die Anweisungen. Hardrup wurde über *Samadhi unterrichtet*, den Zustand, den Yogis erreichen, um die Bedürfnisse ihres Körpers zu überwinden. Die Entität X war da, um Hardrup zu *Samadhi* und Erleuchtung zu führen und ihm sogar verschiedene Einweihungsprüfungen zu geben. X sagte ihm auch, er habe eine göttliche politische Mission, alle Skandinavier unter einer Flagge zu vereinen. Hardrup war also völlig versklavt von einem dämonischen Wesen, dessen Absichten sehr unklar waren.

Um sich von der materiellen Welt zu lösen, begann Hardrup mit einer Reihe von hypnotischen Übungen zum Thema Geld. Zuerst musste er sich mental vorstellen, einen Geldbetrag in ihre Zelle zu bringen, um ihn einer „armen Bettlerin" zu geben; Hardrup sah dies als eine transzendente Übung in Liebe und Wohltätigkeit. Doch die Aufgaben häuften sich und wurden schlimmer. Immer noch unter dem Befehl von Entität X sollte Hardrup sich vorstellen, wie er eine Bank ausraubt und einen Mord begeht.

Jegliche Bedenken oder Ablehnung des Raubes oder der Morde wurden von X als Reaktion des physischen Körpers interpretiert, die Hardrup zurückweisen und transzendieren musste... Der virtuelle Banküberfall, in den Hardrup während der hypnotischen Trance-Sitzungen eingetaucht war, wurde in allen Einzelheiten geprobt und visualisiert, einschließlich der Ermordung der Angestellten...

Nach einer Weile begann Hardrup, die Stimme von X zu hören, die zu ihm sprach, auch wenn das Medium Nielsen nicht anwesend war: Der Schutzgeist X war nun mit Hardrup verbunden. Nach ihrer Entlassung aus dem Gefängnis ordnete und arrangierte Nielsen die Heirat von Palle Hardrup mit einer Frau namens Bente. Nielsen besiegte sie in schwarzmagischen Sitzungen und nutzte sie aus, während Hardrup als gedankengesteuerte Maschine von der Seitenlinie aus zusah. Die beiden Männer waren auf der Suche nach Geld, um eine neue politische Partei zu gründen; Hardrup sollte eine Raub- und Tötungsmaschine werden... Im August 1950 startete Nielsen erstmals seinen Roboter, der für einen Banküberfall programmiert war. Die Beute betrug 25.000 Kronen, eine Summe, die Hardrup unmittelbar nach dem Überfall an Nielsen übergab. Damals gab es keine Opfer, aber bei dem Anschlag am 21. März 1951 wurden zwei Menschen getötet. Einige Tage nach seiner Verhaftung erklärte Hardrup der Polizei, ein „Schutzgeist" (X) habe ihm befohlen, den Raubüberfall aus politischen Gründen zu begehen. Er sagte, diese Entität X habe sein Leben völlig neu ausgerichtet und sein Handeln beeinflusst, seit er ihr im Gefängnis begegnet sei. Er behauptete jedoch, dass der Schutzgeist X nicht Nielsen war und dass Nielsen nichts mit dem Fall zu tun hatte. Er sagte sogar, dass er dem Schutzgeist schon lange vor seiner ersten Begegnung mit Nielsen begegnet sei. Hardrup gestand schließlich im Dezember 1951 die hypnotische Konditionierung durch seinen Guru Nielsen. Im April 1952 wurde Hardrup von Dr. Reiter psychiatrisch untersucht, der einen 370-seitigen Bericht über seinen Fall verfasste. Dr. Reiter berichtete, dass es zu Beginn der Untersuchung nicht möglich war, Hardrup zu hypnotisieren, bis er einen „Sperrmechanismus" aufbrechen konnte. Hardrup war von Nielsen so programmiert worden, dass er sich von niemandem mehr hypnotisieren ließ. George Estabrooks nennt diesen Vorgang in seinem Buch *Hypnotism* (1943) „blocking". Sobald dieses Blockiersystem deaktiviert war, wurde Hardrup zu einer leicht hypnotisierbaren Person. Dr. Reiter stellte in seinem Bericht fest, dass Hardrup unter starkem hypnotischen Einfluss von Nielsen gestanden hatte und dass er bei der Begehung der Verbrechen unfreiwillig gehandelt hatte. Er wies nach, dass Hardrup einer somnambulen Amnesie ausgesetzt war, die durch Hypnose und posthypnotische Suggestionen ausgelöst wurde. Ein veränderter Bewusstseinszustand, in dem das kritische Denken und der freie Wille vollständig aufgehoben sind.

Im November 1952 führte Nielsen bei einem Gerichtstermin ein Gespräch mit Hardrup. Während der nächsten zwei Wochen begann Hardrup, die Stimme von Entität X wieder zu hören, während er große Angst und Aufregung zeigte. 1961 wurde Hardrup schließlich aus der Anstalt entlassen, aber nun musste er die Öffentlichkeit davon überzeugen, dass er kein programmiertes Instrument mehr war und dass sich das Drama nicht wiederholen[198] würde, wenn er Nielsen wieder begegnete.[199] Nielsen wurde wahrscheinlich in den Okkultismus und die Techniken der Gedankenkontrolle eingeführt, vielleicht während seiner Zeit in der Nazi-SS, da er wusste, dass diese sich sehr für diese Dinge interessierten.

6 - OKKULTISMUS, DAS PARANORMALE UND DIE C.I.A.

Offiziell wurden die Programme der CIA zur Verhaltenskontrolle und mentalen Programmierung von Menschen 1963 eingestellt, mit Ausnahme des Projekts MK-Search, das 1972 offiziell beendet wurde. Ähnliche geheime Programme wurden jedoch in anderer Form fortgesetzt, wobei der Schwerpunkt auf der Nutzung elektromagnetischer Strahlung zur Beeinflussung der menschlichen Psyche und des Verhaltens lag, aber auch auf dem Einsatz parapsychologischer Techniken. 1976 erhielt die parapsychologische Forschung die direkte Unterstützung des damaligen CIA-Direktors George Bush. Für die CIA ist das Wort „Parapsychologie" geheim, d. h. jedes Dokument, in dem der Begriff „*Psi*" erwähnt wird, der sich auf alle paranormalen Phänomene im

---

[198] *The CIA Doctors: Human Rights Violations by American Psychiatrists*, Collin Ross, 2011.

[199] *Les Dossiers extraordinaires* Vol.1, „L'hypnotiseur", Pierre Bellemare.

Zusammenhang mit der menschlichen Psyche bezieht, wird automatisch als streng geheim oder höher eingestuft.[200]

Einer der CIA-Psychiater, John Gittinger, sagte bei einer Anhörung im US-Senat: „Die allgemeine Vorstellung, zu der wir gelangt waren, war, dass Gehirnwäsche im Wesentlichen einen Prozess der Isolierung von Menschen beinhaltet, indem man sie jeglichem Kontakt mit der Außenwelt beraubt und sie über lange Zeiträume hinweg Stress aussetzt ... ohne dass dazu irgendwelche esoterischen Mittel erforderlich sind.[201]

Das bedeutet, dass der Bereich der Forschung im Bereich der Esoterik, des Okkulten, nicht ausgeschlossen werden soll, wenn es notwendig ist. In ihrem Streben nach absoluter Kontrolle über die Menschen haben sich die CIA und die Armee intensiv mit Esoterik und Parapsychologie befasst. Dies ist nicht verwunderlich, wenn man bedenkt, dass die Quelle ihrer Studien zur Bewusstseinskontrolle die Beobachtung von Bewusstseinsveränderungen während traumatischer Rituale, Trancezustände, dämonischer Besessenheit und übersinnlicher Kräfte ist, die in religiösen Kulten entwickelt werden. Der esoterische Aspekt der Gedankenkontrolle ist daher genauso wichtig, wenn nicht sogar wichtiger, als der rein wissenschaftliche und psychiatrische Aspekt. Okkultismus, rituelle Praktiken und schwarze Magie sind wesentliche Punkte in den MK-Monarch-Programmierungsprotokollen, weil sie mit anderen Dimensionen des Seins verbunden sind, wie wir später sehen werden...

In der *Military Review* vom Dezember 1980 schrieb Leutnant John B. Alexander von der U.S. Army einen Artikel mit dem Titel *„Das neue mentale Schlachtfeld: Beam me up, Spock! Das neue mentale Schlachtfeld"*. In diesem Artikel hebt Alexander die wachsende Bedeutung der sowjetischen und amerikanischen Forschung zu elektromagnetischen Waffen, aber auch der Forschung im Bereich der Parapsychologie hervor. Er führt Disziplinen wie außerkörperliche Reisen, *Remote Viewing*, Präkognition, außersinnliche Wahrnehmung, Telepathie, Telekinese, Bioenergiekreislauf (Flüssigkeit, Aura) usw. an. In seinem Artikel schreibt John B. Alexander: *„Das Ausmaß der parapsychologischen Forschung in den Vereinigten Staaten ist nicht gut bekannt und nicht zentral organisiert. Die US-Regierung hat Berichten zufolge einige Forschungsprojekte finanziert, die jedoch nicht veröffentlicht wurden (...) Auch der Einsatz von telepathischer Hypnose birgt ein großes Potenzial. Diese Fähigkeit könnte es ermöglichen, die Programmierung tief in die Agenten einzupflanzen, ohne dass diese sich dessen bewusst sind. Filmisch gesehen hätten wir dann einen Manchurian Candidate, der nicht einmal einen Telefonanruf benötigt*, um die Programmierung auszulösen."

Leutnant Alexander schließt seinen Artikel mit den Worten: „Die Auswirkungen, die psychotronische Waffen und andere paranormale Techniken in der Zukunft haben werden, sind zum jetzigen Zeitpunkt schwer zu bestimmen.

---

[200] *Mind Wars: The True Story of Government Research into the Military Potential of Psychic Weapons*, Ronald McRae, 1984.

[201] *Amercian Torture: From the Cold War to Abu Ghraib and Beyond* - Michael Otterman, 1977, S. 52.

Wir können davon ausgehen, dass derjenige, der den ersten großen Durchbruch in diesen Bereichen erzielt, einen erheblichen Vorteil gegenüber seinem Gegner haben wird, ähnlich wie beim Besitz von Atomwaffen. Es liegt auf der Hand, dass Fortschritte in einem der oben genannten Bereiche dem Schlachtfeld eine neue Dimension verleihen werden. Die Sowjets haben mehrere Jahre lang an diesen Techniken gearbeitet (...) Die hier präsentierten Informationen mögen von einigen als lächerlich angesehen werden, weil sie nicht in ihr Paradigma passen, manche Menschen glauben immer noch, dass die Welt flach ist (...) Dies soll die Notwendigkeit einer koordinierteren Forschung im Bereich des Paranormalen unterstreichen. Dieser Artikel wurde 1980 veröffentlicht. Wo ist die Forschung 35 Jahre später? Wissend, dass sie exponentiell ist...

Leutnant John B. Alexander arbeitete mit Colonel Michael Aquino (Gründer des *Temple of Set*) an den Monarch-Sklaven. Laut Fritz Springemeier war er einer der Militärs, die am meisten an der Ausbildung von Eliteeinheiten von *„Warrior-Monks"* beteiligt waren, die sowohl mit Kampfkunst als auch mit paranormalen psychischen Kräften kämpfen konnten. Bei den Rekruten handelte es sich offensichtlich um Personen, die ein mentales Programmierprotokoll durchlaufen hatten, das zu einer multiplen Persönlichkeit führte, einem traumatischen Prozess, der bei den Opfern besondere psychische Fähigkeiten entwickeln konnte (siehe Kapitel 6).[202]

1987 veröffentlichte die *Seattle Times* einen Artikel über Oberstleutnant Jim Channon mit dem Titel „The *New Army's* experiment with 'New *Age'* thinking". Hier ein Auszug: *„Die Armee ist daher an der New-Age-Philosophie interessiert, an der Idee, dass die Welt verändert werden kann, indem man die Denkweise der Menschen ändert, und dass der Geist über unsichtbare, aber greifbare Kräfte verfügt, die nur darauf warten, genutzt zu werden. In Ford Ord, Kalifornien und Washington DC wurden Zentren eingerichtet, um diese faszinierende Idee zu erforschen, dass die Macht des Geistes effektiver sein könnte als die Macht der Waffen, um einen Krieg zu gewinnen. Von 1980 bis 1982 wurden diese Ideen in Fort Lewis von Oberstleutnant Jim Channon getestet. Die Armee rekrutierte junge Offiziere, die sich für dieses 'neue Denken' begeisterten, um sich mit eher skeptischen Wissenschaftlern zusammenzutun (...) Im Pentagon wurde eine Denkfabrik eingerichtet, um die Frage der paranormalen psychischen Phänomene zu bewerten. Bei diesen Treffen ging es um ESP, Medialität und sogar um einen Helm, der die linke Seite (Logik) und die rechte Seite (Intuition) des Gehirns synchronisieren soll. "[203]*

Diese von Jim Channon gegründete militärische *New-Age-Eliteeinheit* trug den Namen *„First Earth Battalion"* (Erstes Erdenbataillon), in der die (zuvor gespaltenen und programmierten) MK-Personen eine Kampfsportausbildung sowie eine Einführung in Esoterik und Okkultismus erhielten. Der folgende Text ist ein Auszug aus einem Brief eines dieser Soldaten des New Age Battalions, der an Texe Marrs, einen ehemaligen Offizier der US

---

[202] *Die Illuminaten-Formel zur Erschaffung eines unauffindbaren, vollständig bewusstseinskontrollierten Sklaven* - Fritz Springmeier & Cisco Wheeler 1996

[203] *Ebd.*

Air Force, der zum protestantischen Pastor wurde, weitergeleitet wurde. Dieser Brief wurde in seinem Newsletter „*Flashpoint*" im September 1994 veröffentlicht:

Wir sind eine Gruppe von hochqualifizierten Soldaten. Wir sollen „geläuterte psychische Soldaten" sein. Wir haben alle unsere Richtlinien für „den Plan" erhalten. Wir bereiten uns auf das Entstehen einer „Neuen Ordnung" vor. Wir werden ermutigt, alle Arten von Büchern zu lesen, die sich mit New Age und dem Okkulten befassen, die verschiedenen Kampfkünste zu studieren und die Kräfte des Geistes zu üben. Auch die Kommunikation mit Geistführern (Anm. d. Red.: dämonischen Wesenheiten) wird gefördert. Uns wird beigebracht, „weise" zu werden. Mein bester Freund und ich studieren und üben täglich unsere Meditation und unsere Fähigkeiten als psychische Krieger. Ich lerne auch Ninjutsu, Tai Kwon Do und Tai Chi. Wir dürfen nicht mit Leuten aus dieser Spezialeinheit sprechen (...) Am Ende der elften Delta Force Konferenz sagte der Ausbilder: „Ich habe einen Prozess von einzigartigem und majestätischem Wert erlebt, eine Armee der Exzellenz. (...) Als unsere Fähigkeiten wuchsen, wurde uns gesagt, dass wir 'wie Götter' werden würden, dass es für einen Soldaten des Ersten Erdbataillons keine Grenzen gäbe. Wir könnten mit unserem Geist an verschiedene Orte reisen, durch Feuer gehen, Gegenstände mit der Kraft unseres Geistes bewegen oder verbiegen, in die Zukunft sehen, unser Herz anhalten (Anm. d. Red.: extremes Biofeedback, wie es von indischen Yogis praktiziert wird), usw. (...) Letztendlich dienen alle Kampfkünste nur einem einzigen wirklichen Zweck: Es gibt sechs Stufen des psychischen Soldaten, vom Anfänger bis zum höchsten, der dann ein Warrior-Minor oder ein Warrior-Master wird (...) Die militärischen Kräfte des New Age beinhalten Rituale, Gesänge, Meditationen, Gebete an die Erde und Treuegelöbnisse an den Planeten und die Menschen. Das erste Buch, das man uns zu lesen empfiehlt, ist The Aquarian Consipracy, das Standardwerk der New-Age-Bewegung...“[204]

Gordon Thomas berichtet in seinem Buch „*Secrets and Lies: A History of CIA Mind-Control*", dass Dr. Stanley Gottlieb, Direktor des *ORD* (CIA Office of Research and Development), in den späten 1960er Jahren die Operation *Often* ins Leben rief. Mit diesem Projekt sollte die Erforschung der Geheimnisse des menschlichen Bewusstseins ausgeweitet werden, indem die Welt der schwarzen Magie erforscht und laut Thomas „*die Kräfte der Dunkelheit genutzt werden, um zu zeigen, dass die weiten Bereiche des menschlichen Geistes zugänglich sind. Im Rahmen* dieser Operation über das Paranormale, die schwarze Magie und die Dämonologie soll die CIA Hellseher, Astrologen, Medien, Dämonologie-Spezialisten, aber auch Wicca-Hexendoktoren, Satanisten und andere erfahrene Kabbalisten und Okkultisten rekrutiert haben... Laut Thomas finanzierte die CIA sogar einen Lehrstuhl für Hexerei an der Universität von South Carolina.

---

[204] *New Age Menace: The Secret War Against the Followers of Christ* - David N. Balmforth, 1997, S. 76.

Operation Oft interessierte er sich sehr für die Dämonologie. Im April 1972 versuchte die CIA, diskret an den Exorzisten der katholischen Erzdiözese New York heranzukommen. Er verweigerte kategorisch die Zusammenarbeit. Die Agentur wandte sich auch an Sybil Leek, eine Hexe aus Houston, die mit Hilfe ihres zahmen Raben zauberte. Mit dem Vogel auf der Schulter gab Sybil Leek „feinen Herren" in Washington, D.C., Unterricht in schwarzer Magie und informierte sie über den Stand des Okkulten in den USA zu jener Zeit: 400 Hexereigruppen, angeführt von 5.000 eingeweihten Hexen oder Zauberern... ein florierender Markt mit Tausenden von „Wahrsagern" und einer wachsenden Anzahl von antichristlichen Produkten und Gegenständen. Satan war nicht nur lebendig, sondern blühte im ganzen Land."[205]

In „America in the midst of Transformation" schreibt Mark Phillips: „1971 veröffentlichte die New York Times einen Artikel über die Central Intelligence Agency (CIA) und okkulte Forschungen, der sich auf eine Sammlung von Dokumenten stützte, die sie von der US-Regierungsdruckerei im Rahmen des Gesetzes über Informationsfreiheit erhalten hatte. Dabei handelte es sich um einen Bericht an den Kongress, aus dem hervorging, dass die CIA an klinischen Erkenntnissen über kausale Zusammenhänge in Bezug auf die Auswirkungen religiöser Praktiken auf Nutzer schwarzer Magie und/oder die Psyche eines Beobachters interessiert war. Von besonderem Interesse für die CIA war die erhöhte Beeinflussbarkeit, die bestimmte okkulte Rituale in den Köpfen der Praktizierenden hervorrufen. Kannibalismus und Blutrituale spielten bei ihren Forschungen eine wichtige Rolle."[206]

7 - SCHLUSSFOLGERUNG

Wir befinden uns also in den 1970er Jahren, und das MK-Ultra-Programm wird offiziell eingestellt... um Platz zu schaffen für neue Gedankenkontrollprojekte, die die früheren Errungenschaften der Gedankenprogrammierung mit Okkultismus, schwarzer Magie, Dämonologie, aber auch mit schwarzer psychotronischer Technologie verbinden.

Das Projekt Monarch ist die Fortsetzung all dieser Forschungen, die am Ende des Zweiten Weltkriegs begannen. Monarch, das wohl wichtigste Programm, ist immer noch als streng geheim eingestuft und steht unter dem Deckmantel der „nationalen Sicherheit" (siehe Kapitel 10). Die Bluebird-, Artichoke- und MK-Ultra-Programme kamen schließlich nach 30, 40 oder 50 Jahren an die Öffentlichkeit... Die Mind-Control-Forschungsprojekte sind immer noch in Betrieb, sie wurden nur noch tiefer in die Nischen der Regierungsinstitutionen verlegt. Bewusstseinskontrollierte Sklaven sind eine Tatsache, man sieht sie jeden Tag auf dem Fernsehschirm...

---

[205] *Die Geheimwaffen der CIA: Folter, Manipulation und chemische Waffen* - Gordon Thomas, 2006.

[206] *America in the midst of trance-formation* - Cathy O'Brien & Mark Phillips - New Earth Publishing, 2013, S.22.

Bill Schnoebelen beschreibt das MK-Monarch-Programm wie folgt: „Wir haben guten Grund zu der Annahme, dass MK-Ultra heute noch in einer noch grausameren Form als Projekt Monarch existiert. Der Unterschied zwischen dem Projekt Monarch und dem Projekt MK-Ultra besteht darin, dass es Kindesmissbrauch mit Satanismus verbindet, wiederum unter der Schirmherrschaft der Regierung... Kinder werden nicht nur gefoltert, unter Drogen gesetzt, mit Stromschlägen belegt usw., sondern auch hypnotisiert. aber sie werden auch hypnotisiert und unterziehen sich der wissenschaftlichen Einfügung von Dämonen in ihre multiplen Persönlichkeiten, was zu einer dissoziativen Identitätsstörung (DID) führt... Auf diese Weise schaffen sie verschiedene Arten von 'Supersklaven'...“[207]

Diese „Supersklaven" können als Sexsklaven, Spione, Drogenhändler, Attentäter usw. eingesetzt werden. Die altsatanistischen/luziferischen Persönlichkeiten der Priester oder Hohepriesterinnen werden Teil der tieferen Programmierung sein. MK-Sklaven können in vielen Bereichen eingesetzt werden, z. B. in der Politik, in der Justiz, in der Wissenschaft usw. Das Ziel ist es, die besten Personen in Schlüsselpositionen zu haben, in denen die Option „schwaches Glied" nicht in Frage kommt. Sie sind auch in der Unterhaltungsindustrie und im Spitzensport zu finden. (Dies wird in Kapitel 7 näher erläutert)

Das „Monarch-Netz" entstand durch das Zusammentreffen zweier Milieus, die aufgrund ihres verborgenen und abgeschotteten Charakters, einer gemeinsamen okkulten Subkultur, aber auch aufgrund ihrer gegenseitigen Interessen perfekt zueinander passen: auf der einen Seite die Geheimdienste, das Militär und das organisierte Verbrechen und auf der anderen Seite Netzwerke, die sich aus Familien zusammensetzen, die systematischen Inzest, Kinderprostitution, Pädo-Pornografie, satanischen rituellen Missbrauch usw. betreiben. Familien, die von Generation zu Generation in diese okkulten Praktiken verstrickt sind. Abgesehen davon, dass sie eine Vorliebe für Verderbtheit, Gewalt, Okkultismus und Macht teilen, sind die traumadissoziierten Kinder in manchen Familien ideale Kandidaten für die Bewusstseinskontrollprogramme anderer... Ob Mafia, religiöse, politische oder militärische Gruppen, im Allgemeinen und international, sie alle wissen, dass Dissoziation, die Fragmentierung der Persönlichkeit, der Dreh- und Angelpunkt für Geheimhaltung und Macht ist. Die kanadische Therapeutin Alison Miller schreibt: *„Was wäre eine bessere Quelle als ein bereits dissoziiertes Kind, dessen Eltern es in einer Gruppe für rituellen Missbrauch missbraucht haben?"*

Für diese MK-Ultra- und jetzt MK-Monarch-Gedankenkontrollprogramme werden daher Kinder mit dissoziativen Identitätsstörungen gesucht, weil sie leichter zu programmieren sind als ein Kind mit einer ungebrochenen Psyche. Dies war der Fall bei Cathy O'Brien, die in ihrer frühen Kindheit wiederholt von ihrem Vater und ihren Onkeln vergewaltigt wurde und daraufhin schwere dissoziative Störungen entwickelte. Ihr Vater, der Kinderpornografie produzierte, wurde vom Geheimdienst „erwischt". Er wurde

---

[207] „Die Entlarvung der Illuminaten von innen" - The Prophecy Club, Bill Schnoebelen.

gezwungen, seine Kinder für das MK-Monarch-Projekt der Regierung zur Verfügung zu stellen, um im Gegenzug Straffreiheit und Schutz für seinen Menschenhandel zu erhalten. So beschreibt Cathy O'Brien ihre Familie in ihrer Autobiografie *„Amerika inmitten der Transformation"*:

Die Aufenthalte im Haus meines Vaters waren verheerend, aber lehrreich. Meine Mutter hatte durch ihre eigene DID tiefe psychische Wunden erlitten und war zu einer Schlaflosen geworden. Mein Vater reiste zu dieser Zeit regelmäßig nach London, Deutschland und Mexiko und nahm seine Familie mit nach Disney World in Florida und Washington D.C. Mein älterer Bruder Bill arbeitete immer noch für und mit meinem Vater, reiste jedes Jahr mit ihm zur Jagdhütte der Cheneys in Greybull, Wyoming, um zu „jagen" und befolgte die Anweisungen meines Vaters, seine Frau und seine drei Kinder durch ein Trauma unter Gedankenkontrolle zu halten. Mein Bruder Mike betrieb ein Videogeschäft, das als Fassade für einige der saftigen Pornovideos meines Vaters und meines Onkels Bob Tanis diente. Meine Schwester Kelly Jo wurde eine Schlangentänzerin, die sich in „Gymnastik" hervortat, während sie gemäß ihrer Prostitutionsprogrammierung „so gelenkig wie Gumby" wurde. Ihr Bildungshintergrund ermöglichte es ihr, in Kindertagesstätten zu arbeiten, wo sie für meinen Vater missbrauchte Kinder als potenzielle Kandidaten für „gewählte" Ämter auskundschaftete. Im Jahr 1990 schloss sie ihr Studium ab und eröffnete in Grand Haven, Michigan, eine formelle Kindertagesstätte, „The Little Apprentices", für meinen Vater. Mein Bruder Tom („Beaver") ist ein Compu-Kid (CIA-Projekt), ein programmiertes Computergenie. Mein Bruder Tim brach sich das Bein (wo sich meine Mutter Jahre zuvor das ihre gebrochen hatte), weil er die Sportprogramme meines Vaters verfolgte, die weit über die menschlichen Fähigkeiten hinausgingen. Meine jüngere Schwester Kimmy entwickelte eine hysterische Besessenheit von einem gewissen „Mr. Rogers". Rogers'". Sie hatte große Angst vor seinem riesigen „elektrischen" Puppenhaus, das nachts leuchtete und dem Weißen Haus ähnelte, und war im Alter von sieben Jahren wegen Magersucht in ärztlicher Behandlung."[208]

Monarchische Organisationen und Institutionen zur Bewusstseinskontrolle infiltrieren satanische Kulte und luziferische und inzestuöse Familien, um Zugang zu diesen Kindern zu erhalten, die bereits tief dissoziiert sind. Als Gegenleistung für den Zugang zu diesen Kindern, um Programme zu installieren, die ihren Interessen dienen, bieten diese Organisationen dem Netzwerk oder den Eltern eine großzügige Vergütung, Gefälligkeiten, die auch Schutz vor dem Gesetz, Unterstützung für ihre okkulten oder illegalen Aktivitäten und Informationen über MK-Programmiertechniken beinhalten können. In der Tat ist die traumabasierte MK-Programmierung nicht für Regierungsprojekte „reserviert", sondern eine systematische Praxis bei Kindern satanischer/luziferischer Kulte, die viel weiter zurückreicht als die Experimente der Regierung. Die verschiedenen Sekten, die traumatischen

---

[208] *America in the midst of trance-formation* - Cathy O'Brien & Mark Phillips - New Earth Publishing, 2013, S.275.

rituellen Missbrauch an ihren Nachkommen praktizieren, wenden MK-Protokolle an, je nachdem, wie viel sie über dieses Thema wissen.

KAPITEL 4

RITUELLER MISSBRAUCH

... ein gewölbter Raum in Form eines Kellers, in dem religiöse Feste gefeiert werden sollten. Die Atmosphäre erinnert an jene Riten der Zerstörung der individuellen Persönlichkeit, an jenen zweiten Zustand, in dem der Mensch zu einem leeren Gefäß wird, in das erbauliche Gefühle trunken ausgegossen werden. Beschreibung der Krypta von Schloss Wewelsburg in Deutschland. Auszug aus dem Dokumentarfilm *Schwarze Sonne* der Nazis - Die okkulten Wurzeln des Nationalsozialismus (1998)

1 - EINLEITUNG

Die von den Nazis und später von der CIA durchgeführte Mind-Control-Forschung wurde entwickelt, um den „religiösen" rituellen Missbrauch und die daraus resultierenden Persönlichkeitsstörungen zu einer echten psychiatrischen Wissenschaft zu machen. Geheime MK-Programme der Regierung und generationenübergreifender satanischer ritueller Missbrauch sind also eng miteinander verbunden. Diese Doktrin der Verdinglichung des Menschen ist satanisch, egal ob sie von einem Arzt im weißen Kittel oder einem Priester im schwarzen Gewand praktiziert wird. Einer der Zwecke des traumatischen rituellen Missbrauchs, der von diesen Sekten praktiziert wird, besteht darin, das Kind *in die* Dissoziation *zu führen.* Dieser dissoziative Prozess verursacht einen Bruch, eine Fragmentierung der Seele, die die Tür zu anderen Dimensionen öffnet, d.h. die tiefen Traumata schaffen eine *Entriegelung der* Energiekörper des Kindes, einen echten spirituellen Raub... (Dies wird in Kapitel 6 näher erläutert). Während dieser traumatischen Rituale wird das Kind „eingeweiht und geheiligt" und ist somit trotz seiner selbst mit der Geisterwelt verbunden, und diese Verbindung öffnet den Weg für dämonische Besessenheit und paranormale psychische Fähigkeiten. Als Ergebnis dieser *„initiatorischen"* Protokolle, dieser umgekehrten Heilung, findet sich das Kind gespalten und parasitiert von einer oder mehreren Entitäten, dem Riss, der das *Licht* durchlässt... Tatsache ist, dass die meisten Überlebenden von satanischem rituellem Missbrauch an einer dissoziativen Identitätsstörung leiden (früher multiple Persönlichkeitsstörung genannt). Handelt es sich um eine echte dämonische Besessenheit, eine multiple Persönlichkeit oder eine Mischung aus beidem? Wir werden darauf zurückkommen...

Pater Georges Morand, der zehn Jahre lang als Exorzistenpriester tätig war, sagte 2011 in der Sendung *„Sur les docks"* auf *France Culture* über den rituellen Missbrauch durch Satanisten:

- **Journalist**: Pater Morand, wenn Sie davon sprechen, dass ein junges Mädchen nackt am Kreuz hängt und mit Tierblut bespritzt wird... Wenn Sie davon sprechen, dass Föten aus dem Mutterleib gerissen und geopfert werden... Wovon reden Sie?

- **George Morand**: Ich spreche von Menschen, denen ich begegnet bin, denen ich geholfen und die ich jahrelang begleitet habe und die nur durch das Exorzismusgebet aus ihren Angelegenheiten herauskamen. Menschen, deren Namen ich Ihnen nennen könnte... die Opfer von extrem furchterregenden satanistischen Gruppen geworden sind, die so genannte schwarze Messen in Verbindung mit Riten der Hexerei und Magie praktizieren, mit rituellen Morden... unter dem doppelten Deckmantel, und ich wäge meine Worte ab, einerseits der Mafia, aller weltweiten Netze der niederen und hohen Prostitution, des Drogenhandels, und andererseits von Persönlichkeiten, die man als unverdächtig bezeichnen könnte und die Schlüsselpositionen in unserer Zivilisation innehaben, sei es in der Welt der Politik, aller politischen Strömungen zusammengenommen... in der Welt der Justiz, in der Welt der Wissenschaft, in der Welt der Finanzen, in der intellektuellen Welt... und ich würde sogar sagen, ach, dreimal ach, in der kirchlichen Welt."[209]

Im Jahr 2012 sagte Pater Gary Thomas, Exorzist der Diözese San Jose in den Vereinigten Staaten, in einem Vortrag an der Rutgers University: *„Ich führe manchmal den Ritus des Exorzismus für Überlebende von rituellem Missbrauch durch. Satanischer ritueller Missbrauch ist eine Realität. Es handelt sich auch um etwas unglaublich Kriminelles, Illegales und höchst Geheimnisvolles. Diese satanischen Kulte, die mit den „Illuminaten" in Verbindung gebracht werden, gibt es wirklich, und sie sind aktiv, manche schon seit Hunderten von Jahren. Sie werden Menschen töten, sie werden alle Mitglieder der Sekte sexuell missbrauchen, um sie zu kontrollieren. Manchmal wählen sie Außenstehende aus, um Menschenopfer zu bringen. Das ist alles echt. Wenn Sie sich an Ihre örtliche Polizei wenden, wird man Ihnen das nicht offen sagen können, aber die Strafverfolgungsbehörden haben regelmäßig mit dieser Art von Fällen zu tun."*

1990 gab der mormonische Bischof Elder Glenn Pace ein Memorandum heraus, in dem er die Praktiken des rituellen Missbrauchs in seiner Kirche anprangerte: *„Dieser ritualisierte Missbrauch ist der abscheulichste aller Kindesmissbräuche. Das grundlegende und vorsätzliche Ziel besteht darin, diese Kinder zu foltern und zu terrorisieren, bis sie gezwungen sind, sich systematisch und methodisch zu distanzieren. Diese Folter ist keine Folge von „Wut", sondern der Vollzug gut durchdachter und geplanter Rituale, die oft von nahen Verwandten durchgeführt werden. Der einzige Ausweg für diese Kinder besteht darin, sich zu distanzieren."*

1989 widmete die *ITV-Fernsehsendung „The Cook Report"* eine Folge dem Thema des rituellen Missbrauchs durch Satanisten. In diesem Dokumentarfilm sagte Reverend Kevin Logan: *„In meiner Funktion als Zuhörer und Berater habe ich einige schreckliche Dinge gesehen. Ich habe von wirklich*

---

[209] „Geister, seid ihr da? Zauberei und Exorzismus in Frankreich" - Sur les docks, France Culture, 12/2011.

abscheulichen Dingen gehört, die jungen Menschen widerfahren sind, von Kindern, die auf dem Altar vergewaltigt wurden, von der Initiation in den Satanismus. Kinder, die Exkremente essen und Blut trinken mussten, all diese schrecklichen Dinge, in die Satanisten verwickelt sind, und vor allem habe ich gesehen, welche Auswirkungen das alles auf diese jungen Menschen hat. [210]

In einer Umfrage unter 125 Polizeibeamten aus Chicago im Jahr 1992, die in dem Buch *What Cops Know* veröffentlicht wurde, kam die Autorin Connie Fletcher zu dem Schluss, dass *„satanische Ritualmorde existieren. Das heißt nicht, dass dies weit verbreitet ist, aber es gibt Menschen, die so etwas tun. Bei einem satanischen Mord kann der rechte Arm des Opfers hinter dem Körper gefesselt sein; der rechte Hoden kann fehlen; der Körper kann blutleer sein; das Herz kann entfernt sein; menschliche oder tierische Exkremente können in den Körperhöhlen gefunden werden. Es werden Körperteile fehlen: das Herz, die Genitalien, ein Zeigefinger, die Zunge... So viel zum Thema Vertrauen.* [211]

2 - RITUELLER MISSBRAUCH IN DER MODERNEN WELT

Es ist an der Zeit, sich mit dieser Realität zu arrangieren. Wenn man vor zwanzig Jahren über Pädophilie sprach, wurde man eingesperrt. Vor fünfzehn Jahren war es mit dem Inzest genauso. Heute ist das der Fall beim rituellen Missbrauch. Die Kinder leiden immer noch. David Poulton, ehemaliger Sergeant der australischen Bundespolizei - Preston 1990[212]

Wir haben gerade verstanden, dass Pädophilie existiert. Wir können noch nicht begreifen, dass es noch Schlimmeres als Pädophilie gibt, und dass es Menschen gibt, die sich noch mit aller Kraft und aller inneren Stärke dagegen wehren. Martine Bouillon, ehemalige stellvertretende Staatsanwältin in Bobigny.[213]

a/ Definition

Einer der frühesten Hinweise auf satanischen rituellen Missbrauch wurde 1930 in Karl Mennigers *The Human Mind*, einem Nachschlagewerk über Psychiatrie, veröffentlicht. In dem Buch wurden die Existenz schwarzer Messen,

---

[210] „Der Cook-Report: Das Werk des Teufels" - Roger Cook, ITV, 17/07/1989.

[211] *Was Polizisten wissen* - Connie Fletcher, 1992, S.90.

[212] Preston Y. - *Annie's Agony*, *Sydney Morning Herald*, 1990 / „Ritual Abuse & Torture in Australia", ASCA, April 2006.

[213] *Vergewaltigung von Kindern, das Ende des Schweigens?* - Frankreich 3, 2000.

Satanismus und Dämonenanbetung als reale Ereignisse erwähnt, die in großen Städten in Europa und den Vereinigten Staaten stattfanden.[214]

Der Begriff „*Ritueller Missbrauch*" wurde erstmals 1980 von dem kanadischen Psychiater Lawrence Pazder verwendet, der das Phänomen als „*wiederholte physische, emotionale, mentale und spirituelle Angriffe in Verbindung mit der systematischen Verwendung von Symbolen, Zeremonien und Manipulationen zu bösartigen Zwecken*" definierte."

In einer Ausgabe des Journal of Child Sexual Abuse von 1992 definierte David W. Lloyd rituellen Missbrauch wie folgt: „Vorsätzlicher körperlicher, sexueller oder psychologischer Missbrauch eines Kindes durch eine Person, die normalerweise für das Wohl des Kindes verantwortlich ist. Derartige Misshandlungen werden wiederholt und während religiöser Zeremonien praktiziert und beinhalten in der Regel Tierquälerei und Drohungen gegenüber dem Kind."[215]

Für David Finkelhor, den Autor von „Child Sexual Abuse" und „Nursery Crime", handelt es sich um Missbrauch, der im Zusammenhang mit bestimmten Symbolen oder Gruppenaktivitäten stattfindet, die eine religiöse, magische oder übernatürliche Bedeutung haben. Diese Aktivitäten, die sich über einen längeren Zeitraum wiederholen, dienen dazu, Kinder zu verängstigen und einzuschüchtern. Beim rituellen Missbrauch werden die jungen Opfer systematisch kontrolliert.

Im Vereinigten Königreich gibt es ein Dokument des Gesundheitsministeriums zum Kinderschutz mit dem Titel „*Working Together under the Children Act*". In dem Dokument ist nicht von rituellem Missbrauch die Rede, sondern von *organisiertem Missbrauch*, d. h. von Pädophilenringen. Ein Bericht, der zumindest das Verdienst hat, die Existenz dieser Netze anzuerkennen, die im Allgemeinen von politischen, juristischen und journalistischen Institutionen geleugnet werden, eine Omerta, die international zu sein scheint...

In diesem Regierungsdokument von 1991 wird er wie folgt definiert: Organisierter Missbrauch ist ein Oberbegriff für Missbrauch, an dem mehrere Täter und mehrere Kinder beteiligt sind, und umfasst im Allgemeinen verschiedene Formen des Missbrauchs (...) Dieser Begriff deckt ein breites Spektrum von Aktivitäten ab, von kleinen pädophilen oder pornografischen Ringen, die häufig, aber nicht immer zu Erwerbszwecken organisiert sind und bei denen sich die meisten Teilnehmer untereinander kennen, bis hin zu großen Netzwerken von Einzelpersonen oder Familien, die weiter verstreut sein können und bei denen sich nicht unbedingt alle Mitglieder untereinander kennen. Einige organisierte Gruppen können seltsame und rituelle Verhaltensweisen an den Tag legen, die manchmal mit bestimmten „Überzeugungen" verbunden sind. Dies

---

[214] *Kultischer und ritueller Missbrauch* - James Randall Noblitt & Pamela Perskin Noblitt, 2014.

[215] *Ritueller Kindesmissbrauch: Definition und Annahmen* - David W. Lloyd, The Journal of Child Sexual Abuse, Vol.1(3), 1992.

kann ein wirksamer Mechanismus sein, um missbrauchte Kinder davon abzuhalten, das Erlebte zu erzählen."[216]

Im Jahr 2004 wurde in dem aktualisierten Dokument nicht mehr von „bizarrem und ritualisiertem Verhalten" gesprochen, sondern hinzugefügt, dass „Missbrauchstäter gemeinsam handeln, um Kinder zu missbrauchen, manchmal isoliert oder indem sie ein institutionelles Netzwerk oder eine Autoritätsposition nutzen, um Kinder für den Missbrauch zu rekrutieren. Organisierter und mehrfacher Missbrauch findet sowohl als Teil eines Missbrauchsnetzwerks statt, das Familien oder eine Gemeinschaft einbezieht, als auch innerhalb von Einrichtungen wie Schulen oder Heimen. Ein solcher Missbrauch ist für die betroffenen Kinder zutiefst traumatisch. Die Ermittlungen sind zeitaufwändig und erfordern spezielle Fähigkeiten sowohl der Polizei als auch der Sozialarbeiter. Manche Ermittlungen sind aufgrund der Anzahl der beteiligten Orte und Personen äußerst komplex."[217]

Valerie Sinason, Kinderpsychotherapeutin und Leiterin der Clinic *for Dissociative* Studies in London, definierte 2007 in einer Vortragsreihe mit dem Titel „*Safeguarding London's Children"* rituellen und spirituellen Missbrauch: *Spiritueller Missbrauch ist die Schaffung einer Machtposition und Bindung, die zu völligem blinden Gehorsam in Gedanken, Worten und Taten gegenüber einem Kind, Jugendlichen oder Erwachsenen führt, und zwar durch die Androhung körperlicher und geistiger Bestrafung durch das Opfer selbst, seine Familie oder diejenigen, die ihm helfen wollen. Bei dieser Art von Missbrauch ist kein Platz für eine Beziehung zum Göttlichen, das Opfer darf keine andere spirituelle Beziehung haben als die, die es mit seinen Missbrauchern hat. Viele Misshandlungen erfolgen nach einem ritualisierten Protokoll mit bestimmten Daten, Uhrzeiten und Wiederholungen derselben Gesten und Handlungen. Ritueller Missbrauch bedeutet, dass Kinder gegen ihren Willen in physische, psychische, emotionale, sexuelle und spirituelle Gewalt verwickelt werden. Dies geschieht unter dem Deckmantel des religiösen, magischen oder übernatürlichen Glaubens. Völlige Unterwerfung und Gehorsam werden durch die Androhung von Gewalt gegen die Opfer, ihre Familien oder diejenigen, die ihnen helfen wollen, erreicht."[218]*

Im Jahr 2006 veröffentlichte *ASCA* (*Advocates for Survivors Child Abuse), eine* australische Anwaltsorganisation, einen Bericht mit dem Titel „*Ritual Abuse & Torture in Australia"* (Ritueller Missbrauch und Folter in Australien), dem Folgendes entnommen ist: „*Ritueller Missbrauch ist ein vielschichtiges Verbrechen, bei dem sich dysfunktionale Familien zusammenschließen, um diese Verbrechen zu organisieren und Kinder aus Profitgründen auszubeuten. Der Ausbeuter und primäre Missbraucher des rituell missbrauchten Kindes ist meist ein Elternteil. Diese Tätergruppen*

---

[216] Working Together under the Children Act 1989 - Department of Health 1991: 38 - „Beyond disbelief: The Politics and Experience of Ritual Abuse" - Sara Scott, 2001, S.2.

[217] Working Together under the Children Act 2004 S.225.

[218] *Ritueller Missbrauch und Bewusstseinskontrolle, die Manipulation von Bindungen – Kapitel Was hat sich in zwanzig Jahren geändert? -* Valerie Sinason, 2011, S.11.

bestehen in der Regel aus zwei oder drei Familien, die ein Netzwerk bilden, in dem ihre eigenen Kinder von anderen Mitgliedern des Netzwerks missbraucht werden. In seinem Buch „Trauma Organised Systems: Physical and Sexual Abuse in Families" beschreibt Arnon Bentovim diese Familien als ein „organisiertes Traumasystem", in dem ein schweres Trauma die Familienstruktur und die Interaktion zwischen ihren Mitgliedern bestimmt und prägt. Die Opfer wachsen von Kindheit an in einem Umfeld auf, in dem Gewalt, sexueller Missbrauch und extreme Traumata die Norm sind. In diesem Kontext der organisierten sexuellen Ausbeutung können die Gewalt und der Inzest, die von den Tätern an ihren eigenen Kindern begangen werden, nicht nur als sadistisches Verhalten, sondern auch als eine Art Training für diese sexuellen Ausbeutungspraktiken angesehen werden."[219]

1992 richtete die Generalstaatsanwaltschaft von Utah in den USA eine *Abteilung für rituellen Missbrauch* ein, die mit der Abteilung zur *Unterstützung der Strafverfolgung von Kindesmissbrauch* verbunden ist. Diese Spezialeinheit wurde von den Polizeibeamten Matt Jacobson und Michael King geleitet. Sie hatte die Aufgabe, Ermittlungen durchzuführen und die Polizeibeamten von Utah bei rituellen Verbrechen oder anderen illegalen Aktivitäten lokaler Sekten zu unterstützen. Nach einer einjährigen Untersuchung dieser Angelegenheit hat die Generalstaatsanwältin von Utah, Jan Graham, darum gebeten, mit jedem Gemeindeleiter, Sheriff, leitenden Polizeibeamten und Richter einzeln zusammenzutreffen, um die Schaffung einer Gerichtsbarkeit in dieser Angelegenheit zu besprechen. Innerhalb von zwei Jahren untersuchte diese Einheit mehr als 125 Fälle von rituellem Missbrauch, darunter 40 Tötungsdelikte. Gleichzeitig trafen die Ermittler mit Hunderten von Bürgern zusammen, die angaben, selbst Opfer dieser satanischen Praktiken gewesen zu sein. Diese Regierungsinitiative führte zu einem 60-seitigen Bericht mit dem Titel *„Ritual Crime in the State of Utah"*, der 1995 von den Ermittlern Jacobson und King für das Büro des Generalstaatsanwalts verfasst wurde. Der Bericht definiert rituelle Verbrechen wie folgt: *„Ritueller Missbrauch ist eine brutale Form des Missbrauchs von Kindern, Jugendlichen oder Erwachsenen, bei der körperliche, sexuelle und psychologische Gewalt mit Hilfe von Ritualen ausgeübt wird. Ritueller Missbrauch tritt selten isoliert auf, sondern wiederholt sich über einen langen Zeitraum hinweg. Es kommt zu extremen körperlichen Misshandlungen bis hin zur Folter, manchmal bis hin zum Mord. Sexueller Missbrauch ist schmerzhaft, sadistisch und demütigend. Per Definition ist ritueller Missbrauch kein impulsives Verbrechen, sondern ein böswillig geplantes Verbrechen."[220]*

Dieser Regierungsbericht sollte das Thema des satanischen rituellen Missbrauchs natürlich nicht in Misskredit bringen, und sein Inhalt ist eher objektiv. Darin heißt es zum Beispiel: *„Es gibt Beweise dafür, dass es viele Fälle*

---

[219] *Ritueller Missbrauch und Folter in Australien - Anwalt für Überlebende von Kindesmissbrauch,* 04/2006, S.12-13.

[220] *Rituelle Verbrechen im Bundesstaat Utah, Untersuchung, Analyse und Ausblick - Generalstaatsanwaltschaft Utah,* Michael R. King, Matt Jacobson, 1995, S.7.

von rituellem Missbrauch von Kindern durch Einzelpersonen oder kleine Gruppen gibt. Manchmal nutzen diese Menschen Satanismus oder eine andere Religion sowie „magische" Praktiken als Teil des Missbrauchs. Was nicht bestätigt wurde, ist die Vielzahl von Zeugenaussagen von „Überlebenden", die sagen, dass sie in Menschenopfer, sexuellen Missbrauch von kleinen Kindern, Folter oder andere Gräueltaten verwickelt waren, die von hoch organisierten Gruppen begangen wurden und alle Regierungsebenen, alle sozialen Schichten und alle Bundesstaaten des Landes betreffen. Das Fehlen einer Untersuchung und Verfolgung solcher Beschwerden bedeutet <u>nicht</u>, dass diese Berichte falsch sind. Dieser Bericht soll die Probleme im Zusammenhang mit der Untersuchung und Bewertung von Ritualverbrechen im Detail aufzeigen. Die Hilfe und Unterstützung von leitenden Polizeibeamten, Richtern, Therapeuten usw. wird sehr geschätzt (...) Zusammenfassend lässt sich sagen, dass Fälle von Ritualverbrechen wie jeder andere Fall behandelt werden sollten. Die Ermittler werden ermutigt, bei Fällen, die mit Okkultismus, religiösem Glauben oder rituellen kriminellen Handlungen zu tun haben, einen offenen Geist zu bewahren (...) Schulung und Aufklärung über die vielen Facetten ritueller Verbrechen/Missbrauch sind notwendig und sollten für alle Ebenen der Polizei von großem Wert sein. Die Polizeibeamten sollten über die grundlegenden Elemente ritueller Straftaten unterrichtet werden. Diese Ausbildung sollte die Arten von Organisationen, die an okkulten Aktivitäten beteiligt sind, ihre Ziele und die von ihren Mitgliedern verwendeten Symbole umfassen (...) Diese Ausbildung sollte Informationen über den bizarren Charakter des rituellen Missbrauchs sowie über die Probleme im Zusammenhang mit multiplen Persönlichkeitsstörungen, Amnesie und verdrängten Erinnerungen, Hypnose usw. enthalten".[221]

Trotz der detaillierten Beweise für rituellen Missbrauch von Kindern, Familien, erwachsenen Überlebenden, Polizeibeamten, Therapeuten und Verbänden, die mit den Opfern arbeiten, trotz der bemerkenswerten Übereinstimmung dieser Berichte sowohl auf nationaler als auch auf internationaler Ebene, trotz der Ähnlichkeiten und Überschneidungen zwischen den verschiedenen Fällen und Zeugenaussagen, sträubt sich die Gesellschaft als Ganzes immer noch dagegen, an die harte Realität des rituellen Missbrauchs zu glauben. Es besteht nach wie vor der Irrglaube, dass Satanismus und andere okkulte Aktivitäten isoliert und selten (wenn nicht gar gar nicht existent) sind. Dieses Problem ist nicht neu, aber die Gesellschaft beginnt erst jetzt, die Schwere und das Ausmaß dieses Phänomens zu erkennen. Wir alle müssen das lernen. Viele Fachleute haben mit Opfern von rituellem Missbrauch zu tun, verstehen aber nicht unbedingt das Ausmaß des Missbrauchs, das hinter den psychischen Problemen ihrer Patienten steckt. Das Konzept des rituellen Missbrauchs, bei dem Gruppen von Erwachsenen Kinder terrorisieren und foltern, um sie zu kontrollieren und auszubeuten, ist erschreckend und daher sehr umstritten (immer dieser Gedanke an ein zu bewahrendes Paradigma).

---

[221] Ebd., S.5, 44, 46.

Eine destruktive Sekte, die rituellen Missbrauch praktiziert, kann als ein Netzwerk, ein System oder eine geschlossene Gruppe definiert werden, deren Anhänger durch den Einsatz von Techniken der Gedankenkontrolle manipuliert und konditioniert werden. Es handelt sich um ein System, das ohne die Zustimmung der Person auferlegt wird und darauf abzielt, ihre Persönlichkeit und ihr Verhalten zu verändern. Der oder die Anführer sind allmächtig, die Ideologie der Gruppe ist totalitär und der Wille des Einzelnen ist der Gruppe völlig untergeordnet. Der destruktive Kult schafft sich seine eigenen Werte, die wenig oder gar keine Rücksicht auf Ethik und Moral nehmen. Sie befasst sich mit illegalen Aktivitäten wie der sexuellen Ausbeutung von Kindern und Erwachsenen: Prostitution und Kinderpornografie, Produktion von Snuff-Filmen, Drogen- und Waffenhandel, aber auch mit allen Arten von Machenschaften, die Geld einbringen. In dieser Art von Netzwerk halten sich alle Mitglieder gegenseitig den Mund zu, da sie alle in hochkriminelle Aktivitäten verwickelt sind.

Die meisten Opfer berichten, dass sie von mehreren Personen gleichzeitig und in Gesellschaft anderer kindlicher Opfer sexuell missbraucht und gequält wurden. In den Zeugenaussagen wird berichtet, dass Frauen bei diesen ritualisierten Übergriffen ebenso aktiv sind wie Männer. Das Wort „Ritual" bedeutet nicht unbedingt „satanisch", sondern eher protokollarisch oder methodisch sowie repetitiv. Der von Isiah Oke beschriebene Juju-Kult in Westafrika beispielsweise praktiziert rituellen Missbrauch mit veränderten Bewusstseinszuständen, aber ohne einen besonderen Glauben an Satan. Einige Gruppen gnostischer Okkultisten könnten sicherlich mit satanischen Kulten verwechselt werden, in einigen Fällen wäre es jedoch angemessener, sie als luziferisch oder neugnostisch zu bezeichnen. Es gibt viele Kulte, die Rituale beinhalten, in denen Satan neben anderen Wesenheiten angerufen wird, aber er wird nicht durchweg als der zentrale und einzige Gott des Kults angesehen. Die meisten Überlebenden in unseren westlichen Gesellschaften berichten jedoch, dass sie im Rahmen eines satanischen Kults rituell missbraucht wurden, um sie in satanische Überzeugungen und Praktiken zu indoktrinieren. Ritueller Missbrauch ist selten ein Einzelfall, sondern wiederholt sich in der Regel über einen langen Zeitraum hinweg auf systematische Weise. Die physische Gewalt ist extrem: Folter, Vergewaltigung und Mord (simuliert oder real) werden eingesetzt, um die Opfer zu traumatisieren und tiefe dissoziative Zustände zu erzeugen. Sadistischer sexueller Missbrauch zielt darauf ab, zu demütigen und Schmerzen zu verursachen. Sie zielt darauf ab, das Opfer zu dominieren, zu distanzieren und zu unterdrücken. Laut der Psychotraumatologin Muriel Salmona ist sexuelle Gewalt die schlimmste Form des psychologischen Traumas. Die WHO hat auch festgestellt, dass sexuelle Verstümmelung die traumatischste Misshandlung ist, die einem Menschen zugefügt werden kann. Diese Art der Barbarei wird daher in diesen hypergewalttätigen Sekten immer wieder angewandt. Mobbing und psychologische Gewalt sind neben der physischen Gewalt verheerend, die Indoktrination umfasst den Einsatz von Drogen, Hypnose und Techniken zur Gedankenkontrolle. Die Einschüchterung und die extreme Gewalt der Sektenmitglieder terrorisieren das Opfer zutiefst.

MK - RITUELLER MISSBRAUCH UND GEDANKENKONTROLLE

Nach den Traumata befindet es sich in einem Zustand der Dissoziation und der mentalen Kontrolle (geistige Verwirrung und sogar traumatische Amnesie), und die Kommunikation mit der Außenwelt ist daher äußerst schwierig. Wenn der Kontakt zum Netzwerk nicht unterbrochen und keine Therapie durchgeführt wird, können die Opfer sehr lange unter dieser Kontrolle leben. Es ist wichtig zu verstehen, dass ritueller Missbrauch und Gedankenkontrolle untrennbar miteinander verbunden sind; traumatische Erinnerungen sind ein Gefängnis ohne Mauern.

Diese ritualisierte Gewalt scheint drei Ziele zu verfolgen:

1- Die Rituale mancher Gruppen sind Teil eines religiösen Glaubens, in den das Opfer indoktriniert wird.

2- Rituale werden eingesetzt, um die Opfer einzuschüchtern und zum Schweigen zu bringen.

3- Die Elemente des Rituals (Teufelsanbetung, satanische Symbole, Tier- oder Menschenopfer...) erscheinen so unglaublich, dass sie die Glaubwürdigkeit der Zeugenaussagen untergraben und die Verfolgung dieser Verbrechen sehr schwierig machen. [222]

Die belgische Überlebende Regina Louf (Zeugin *X1* im Fall Dutroux) berichtete in einem Interview mit Annemie Bulté und Douglas De Coninck (den Autoren von *„Les dossiers X: Ce que la Belgique ne devait pas savoir sur l'affaire Dutroux"*, 1999), dass *„wenn sie ein neues Opfer in ihr Netzwerk aufnahmen, es äußerst wichtig war, dass sie mit niemandem über das, was ihr passiert war, sprechen konnte. Deshalb organisierten sie „Zeremonien"... Das einzige Ziel dieser Rituale war es, die Opfer völlig zu verwirren."* [223]

In ihrem Buch „Trauma and Recovery" schreibt Judith Lewis Herman: „Geheimhaltung und Schweigen sind der erste Schutz für Missbrauchstäter. Wird die Schweigepflicht gebrochen, wird der Täter die Glaubwürdigkeit des Opfers angreifen. Wenn er sie nicht ganz zum Schweigen bringen kann, wird er versuchen, dafür zu sorgen, dass niemand zuhört. Rituale tragen zu diesem Ziel der Diskreditierung bei, vor allem in einer modernen Gesellschaft, die immer materialistischer wird und die Existenz „teuflischer" religiöser Praktiken, die als „mittelalterlich" bezeichnet werden, völlig ablehnt. Die Stärke des Teufels ist es, die Menschen glauben zu machen, dass es ihn nicht gibt... Es scheint jedoch keinen Zweifel daran zu geben, dass diese „teuflischen" Praktiken existieren und in unseren so genannten „zivilisierten" und „modernen" Gesellschaften praktiziert werden, vielleicht mehr denn je...

Eine 218-seitige Dissertation mit dem Titel *„Ritueller Missbrauch: die Sichtweise von Fachkräften für sexuelle Übergriffe"* wurde 2008 an der Université du Québec en Outaouais eingereicht. Hier der Text der Präsentation dieser Arbeit: *„Ritueller Missbrauch ist nach wie vor ein wenig bekanntes Thema in den verschiedenen Interventionsbereichen. Der fehlende Konsens darüber,*

---

[222] *Bericht der Task Force für rituellen Missbrauch, Los Angeles County Commission for Women -* 15/09/1989.

[223] *Interview mit Regina Louf, Zeugin XI in Neufchateau -* Annemie Bulté und Douglas De Coninck, De Morgen, 1998.

wie ritueller Missbrauch zu konzeptualisieren ist, und die Kontroversen, die ihn umgeben, behindern seine Anerkennung. Diese qualitative Forschung verfolgt drei Ziele: Informationen über rituellen Missbrauch zu dokumentieren und zu analysieren, das Wissen und das Verständnis für diese Art von Missbrauch aus der Sicht von Fachkräften zu fördern, die Frauen unterstützt haben, die diesen Missbrauch in der frühen Kindheit erlebt haben, und einen Beitrag zur Erweiterung des Wissens über dieses Thema in der frankophonen Interventionsgemeinschaft zu leisten. Es wurden halbstrukturierte Interviews mit acht Mitarbeitern geführt, die in verschiedenen Diensten für sexuelle Übergriffe tätig sind und die angaben, mit mindestens zwei Überlebenden rituellen Missbrauchs gearbeitet zu haben. Die erzielten Ergebnisse werden in drei verschiedenen Teilen präsentiert: diejenigen, die die allgemeinen Merkmale des Konzepts des rituellen Missbrauchs beschreiben, diejenigen, die uns erlauben, etwas über die Nachwirkungen dieser Art von Missbrauch zu erfahren, und diejenigen, die sich aus den Erfahrungen der Teilnehmer bei ihren Interventionen mit Überlebenden rituellen Missbrauchs ergeben. In dieser Untersuchung werden einige der Probleme bei der Konzeptualisierung von rituellem Missbrauch erkannt, einschließlich der Verwendung des Begriffs „Sekte", um das Thema zu behandeln. Es ist zu hoffen, dass die in dieser Studie entwickelte Definition von rituellem Missbrauch als Ausgangspunkt für eine Konsultation unter Fachleuten dient, die Erfahrung in der Arbeit mit Überlebenden von rituellem Missbrauch haben, damit sie sich darauf einigen können, wie diese Art von Missbrauch zu definieren ist. Es wird auch empfohlen, die Forschung über rituellen Missbrauch zu vertiefen, insbesondere im Hinblick auf die Programmierung, eine Methode der Gedankenkontrolle, und die Dissoziation bei Überlebenden rituellen Missbrauchs. Vor allem muss mehr praktisches Interventionswissen in diesem Bereich entwickelt werden. Auch die Zusammenhänge zwischen rituellem Missbrauch und sexuellem Sadismus sowie zwischen rituellem Missbrauch und Netzwerken zur sexuellen Ausbeutung von Kindern müssen weiter erforscht werden.[224]

Im Jahr 2011 veröffentlichte die Zeitschrift „Trauma & Dissoziation" (International Society for the Study of Trauma and Dissociation) ein französischsprachiges Dossier mit dem Titel „Lignes directrices pour le traitement du trouble dissociatif de l'identité chez l'adulte". Dieses Dossier enthält ein Kapitel mit dem Titel „Abus organisés", in dem gezeigt wird, dass das Thema des rituellen Missbrauchs eng mit dem Phänomen der dissoziativen Störungen verbunden ist:

Eine beträchtliche Minderheit von Patienten mit Dissoziativer Identitätsstörung (DID) berichtet über sadistischen, ausbeuterischen und zwanghaften Missbrauch durch organisierte Gruppen. Bei dieser Form des organisierten Missbrauchs werden die Betroffenen durch eine extreme Kontrolle ihrer Umgebung in der Kindheit zum Opfer und sind häufig von mehreren Tätern

---

[224] *Ritueller Missbrauch: die Sichtweise von Fachkräften für sexuelle Übergriffe* - Jacques, Christine (2008). Dissertation. Gatineau, Université du Québec en Outaouais (UQO), Abteilung für Sozialarbeit. Datum der Einreichung: 11 Oct. 2011 - http://dpndev.uqo.ca/id/eprint/339.

betroffen. Es kann sich um die Aktivitäten von Pädophilenringen, Kinderpornographie- oder Kinderprostitutionsringen, verschiedenen „religiösen" oder sektenartigen Gruppen, Mehrgenerationen-Familiensystemen und Menschenhandels- und Prostitutionsringen handeln. Der organisierte Missbrauch umfasst häufig sexuell perverse, grausame und sadistische Handlungen und kann dazu führen, dass das Kind als Zeuge oder Teilnehmer am Missbrauch anderer Kinder gezwungen wird. Überlebende von organisiertem Missbrauch - insbesondere von anhaltendem Missbrauch - gehören zu den am stärksten traumatisierten dissoziativen Patienten. Sie neigen am meisten zur Selbstzerstörung und zu schweren Selbstmordversuchen. Sie scheinen sehr oft in sehr ambivalenten Beziehungen zu ihren Missbrauchern gefangen zu sein und weisen häufig komplexe Formen von IDD auf. Einige dieser hochgradig traumatisierten Patienten zeigen eine ausgeprägte Amnesie für einen Großteil ihres Missbrauchs, und die Geschichte des organisierten Missbrauchs kommt erst während der Behandlung ans Licht."[225]

Ritueller Missbrauch, der zu einem tiefen Trauma führt, entwickelt eine komplexe Form der posttraumatischen Belastungsstörung, die bei den Opfern zu zahlreichen Symptomen führen kann: Panikattacken, unkontrolliertes Weinen, unkontrollierbare Wut, Essstörungen, Suizidalität, Selbstverstümmelung, Hypervigilanz, somatische Symptome, Obsessionen, Angstzustände, Schlafstörungen, Albträume, Flashbacks, fotografisches Gedächtnis, Süchte: Alkohol, Drogen, Sex, Überreaktion auf geringfügigen Stress, Gewalt- oder Fluchtreaktionen, extreme Stimmungsschwankungen, risikofreudiges Verhalten, Scham und Schuldgefühle, Entmenschlichung, übermäßige Beschäftigung mit dem Täter, Zuschreibung der totalen Macht an den Täter, Idealisierung des Täters, Dankbarkeit gegenüber dem Täter, Glaube an eine besondere oder übernatürliche Beziehung zum Täter, Akzeptanz der Überzeugungen und Behauptungen des Täters, wiederholtes Versagen beim Selbstschutz, Hilflosigkeit und Hoffnungslosigkeit.

In einigen Familien, in denen ein oder beide Elternteile an einem Netzwerk beteiligt sind oder zusammenarbeiten, ist dieser rituelle Missbrauch ein fester Bestandteil des Lebens. Diese Art von Praktiken wird auch von militärischen oder politischen Gruppen ausgeübt, die über das Wissen verfügen, Einzelpersonen, meist Kinder, zu programmieren. So werden Kinder mit Ritualen und Einschüchterungen sexuell missbraucht, um sie zu terrorisieren und zum Schweigen zu bringen; das Ziel ist aber auch, sie zu einem Glaubenssystem, einer Sekte, zu bekehren und zu formatieren. In diesen satanistischen oder luziferischen Gruppen wird dem Kind Loyalität und Treue gegenüber der Gruppe und dem Gesetz des Schweigens eingeimpft. Das Kind wird indoktriniert, zu glauben, dass die Lebensweise der Gruppe die einzige ist und dass man ihren Führern und Wesenheiten (Gottheiten und Dämonen) gehorchen und ihnen gegenüber loyal sein muss. Der Kult, das Netzwerk, muss seine einzige „Familie" darstellen. Das Kind wird darauf konditioniert zu glauben,

---

[225] Leitlinien für die Behandlung der dissoziativen Identitätsstörung bei Erwachsenen - Journal of Trauma & Dissociation - ISSTD: International Society for the Study of Trauma and Dissociation

dass die Misshandlungen zu seinem Besten sind, es ist eine militärische Art der Konditionierung, bei der das eigene Denken nicht toleriert wird, die Kinder müssen gehorchen, ohne zu denken. Bei diesen Gedankenkontrollprotokollen trennen und isolieren die Täter das Opfer vom Rest der Menschheit, indem sie es zwingen, Dinge zu tun, die für einen normalen Menschen abscheulich und unvorstellbar sind. Schon bald werden die Kinder an den Vergewaltigungen und Folterungen teilnehmen müssen. Auf diese Weise sollen sie sich schuldig und mitschuldig fühlen, damit sie die kriminellen Aktivitäten nicht außerhalb der Gruppe bekannt machen. Das bedeutet, dass das Kind Zeuge von Vergewaltigungen, Tieropfern und echten oder simulierten Menschenopfern wird und daran teilnimmt. Diese Kinder werden manipuliert, damit sie glauben, dass der Missbrauch, den sie an Tieren oder anderen Kindern begangen haben, von ihnen selbst verursacht wurde. Dadurch fühlen sie sich schuldig und schämen sich und fürchten sich vor Rache oder sogar vor der Polizei und dem Gefängnis. Dies zementiert das Gesetz des Schweigens sowie das unerträgliche und überwältigende Gefühl, selbst ein Täter und Verbrecher zu sein. All dies in Verbindung mit dissoziativen Störungen führt dazu, dass das Kind die schmerzhaften Erfahrungen psychologisch isoliert und sein Leben weiterführt, „als ob nichts geschehen wäre", natürlich ohne dass es von außen darüber informiert wird.

Diese Praktiken betreffen also einerseits die Kinder dieser luziferischen Familien, die dazu bestimmt sind, Schlüsselpositionen in unserer Gesellschaft einzunehmen, und andererseits kleine Opfer, die dazu bestimmt sind, von ersteren gequält und geopfert zu werden. Sie sind buchstäblich frisches Fleisch, das in Ritualen verwendet wird, um die jüngere Generation der elitären Sekte zu programmieren. Genauso wie es zwei Kategorien von MK-Monarch-Sklaven gibt: erstens diejenigen, die „zweiter Klasse" sind, die für Prostitution, Drogenhandel usw. benutzt werden und dazu bestimmt sind, geopfert zu werden; und zweitens diejenigen, die zu den luziferischen Blutlinien gehören und dazu bestimmt sind, der Hierarchie ihr ganzes Leben lang zu dienen, indem sie strategische Positionen einnehmen (wir werden in Kapitel 7 über die MK-Monarch-Programmierung darauf zurückkommen). Die erzwungene Teilnahme von Kindern an rituellen Misshandlungen dient auch dazu, die „innere Wut", die sich durch ihre eigenen Misshandlungen und Folterungen aufgestaut hat, nach außen zu tragen. Das Kind entwickelt während des Missbrauchs eine erhebliche negative emotionale Belastung (traumatische Erinnerung), die es entweder gegen sich selbst oder gegen andere Kinder oder Tiere richten kann. Die Ausbildung dieser „Tollwutkinder" erfolgt auch dadurch, dass sie gezwungen werden, ein Haustier zu töten, zu dem sie zuvor eine enge Beziehung aufgebaut haben. Es wird alles getan, um das Kind zu „brechen", um alle natürliche Empathie und Unschuld in den ersten Jahren zu neutralisieren, indem tiefe dissoziative Störungen im Kind erzeugt werden. Der rituelle Missbrauch wird in Familien praktiziert, die die Gewalt systematisch an ihren Nachkommen wiederholen. Familien, die in einer generationenübergreifenden pathologischen Kontinuität verstrickt und aufgrund des Okkultismus, dem sie von Generation zu Generation frönen, mit dämonischen Bindungen belastet sind. Die Kinder dieser Blutlinien sind darauf programmiert, die unglückselige *Tradition* fortzusetzen, und das Opferkind wird seinerseits zum Täter, der den erlittenen Missbrauch reproduziert, wenn es nicht versorgt und aus dem zerstörerischen Kult entfernt wird. In dem deutschen Dokumentarfilm *„Sexzwang"* erklärt Dr. Jim Phillips (ehemaliger Gerichtsmediziner der britischen Polizei): *„Alle Satanisten wurden missbraucht, alle! Ich kann mir nicht vorstellen, dass ein normaler Mensch zu so etwas Schrecklichem, Ekelhaftem und Abstoßendem fähig ist..."*

Die klinische Psychologin Ellen P. Lacter schrieb: „Alle Opfer wurden gezwungen, Gewalt gegen andere zu verüben, oft schon im Kindesalter. Alle Täter waren selbst Opfer von schwerem Missbrauch. Dies muss beim Umgang mit den Überlebenden unbedingt beachtet werden. Das „Schwarz-Weiß"- oder „Gut-Böse"-Schema ist zu vermeiden, da es die Angst des Patienten nährt, dass er unrettbar schlecht sein könnte."[226]

Das Leben in einer solch chaotischen Umgebung führt zu plötzlichen Veränderungen in der Körperchemie des Kindes. Diese Art von traumatischem Leben führt zu einem hohen Adrenalinspiegel, der für das Kind oder den Jugendlichen sehr suchterzeugend sein kann. Im Erwachsenenalter (und auch schon vorher) wird das Opfer bewusst oder unbewusst Situationen provozieren, um seinen Adrenalinspiegel zu erhöhen. Gewalt ist ein sehr wirksames Mittel, um dies zu erreichen. Es ist daher wichtig, dieses Phänomen der Gewaltsucht und seine systematische Wiederholung von Generation zu Generation in gewalttätigen Familien, die mit oder ohne rituellen Missbrauch einhergehen, zu berücksichtigen. Diese Gewalt gegen andere löst beim Täter während der Tat eine plötzliche Endorphinausschüttung aus, die es ihm auch ermöglicht, sich zu dissoziieren und sein eigenes, zunehmend explosives traumatisches Gedächtnis zu betäuben, und zwar auf unbewusste Weise. Der Aggressor (selbst ein ehemaliges Opfer) lindert so seinen eigenen inneren Schmerz mit einem *„Schuss"* von Endorphinen. Dies ist ein Teufelskreis und eine echte Sucht nach Endorphinen und Gewalt (mehr dazu in Kapitel 5). Das Buch *„Ritual Abuse and Mind Control: The Manipulation of Attachment Needs"* (*Ritueller Missbrauch und Gedankenkontrolle: Die Manipulation von Bindungsbedürfnissen*) enthält das Zeugnis eines Überlebenden, das dieses Phänomen der dissoziativen Störungen, die sich von Generation zu Generation wiederholen, veranschaulicht: *„Meine erste Erinnerung an X war, als er ins Zimmer kam, mich an den Haaren packte und mich herumwirbelte. Als er aufhörte, haben alle gelacht, weil ich ganz verwirrt war. Er konnte von unglaublich kalt und grausam zu extrem freundlich werden. Oft habe ich versucht, ihm zu gefallen, um auf seine freundliche Seite zu kommen (...) sie* (Anm. d. Red.: die Mutter) *hat mich auch von Geburt an missbraucht, nicht nur in Ritualen, sondern auch zu Hause. Es gab einen Teil von ihr, der die Kontrolle verlor, sie zeigte ihre Zähne, ihre Augen leuchteten auf eine bestimmte Art und Weise und sie wurde verrückt...*[227]

---

[226] *Anwaltschaft für rituell missbrauchte Kinder* - Dr. Ellen P. Lacter, 2002, CALAPT Newsletter.

[227] *Ritueller Missbrauch und Gedankenkontrolle: Die Manipulation von Bindungsbedürfnissen* - Orit Badouk Epstein, Joseph Schwartz, Rachel Wingfield Schwartz, 2011, S.144.

Dieses dissoziative Phänomen, bei dem sich völlig unmoralisches und gewalttätiges Verhalten mit normalem und liebevollem Verhalten abwechselt, führt zu einer Art kognitiver Dissonanz im Kopf des Kindes. Das Kind wird unbewusst widersprüchliche Erinnerungen verdrängen, in denen sich ein Elternteil, der es eigentlich lieben und für es sorgen sollte, völlig abnormal und gefährlich verhält. Dadurch werden Amnesie und dissoziative Zustände bei Kindern verstärkt. Wiederholte Traumata spalten das Kind in verschiedene Persönlichkeiten auf, und das Kind reagiert unterschiedlich auf die „gute" Mutter und die „böse" Mutter. Wenn zum Beispiel die „böse" Mutter das Kind quält, wechselt es zu einer Persönlichkeit, die weiß, wie sie auf die „böse" Mutter reagieren muss. Wenn es die „gute" Mutter ist, die sich um das Kind kümmert, befindet sich das Kind in einem anderen Bewusstseinszustand und ist sich der „bösen" Mutter oder ihrer anderen Veränderung, die mit der dunklen Seite ihrer Mutter verbunden ist, nicht bewusst. Dieses Phänomen der Dissoziation und Amnesie erklärt die Aussagen einiger Opfer, dass es ein „Nachtkind" und ein „Tageskind" gab, zwei Persönlichkeiten, die sich gegenseitig nicht kannten und die es dem Kind ermöglichten, ein normales Leben zu führen, bis zu dem Tag, an dem die traumatischen Erinnerungen schließlich im Erwachsenenalter wieder auftauchten (siehe Kapitel 5).

In ihrem Buch *Unshackled* beschreibt Kathleen Sullivan, eine Überlebende von rituellem Missbrauch und Gedankenkontrolle, auch die dissoziativen Zustände, in denen sich ihre Eltern befanden, als sie ihre Tochter missbrauchten: *„Jedes Mal benutzte sie ein weißes Laken, um mich an einem Balken aufzuhängen. Als sie dies tat, wurde ihre Stimme die eines kleinen Mädchens. Sie schien zu wiederholen, was jemand ihr als Kind angetan hatte. Dann wurde ihre Stimme seltsamerweise die einer älteren Person, die schreckliche Dinge über mich sagte (...) Bei mehreren Gelegenheiten sperrte sie mich auch in eine Holzkiste im Keller. Manchmal war ich stundenlang mit Schmerzen in dieser engen Box eingesperrt. Wenn sie die Treppe herunterkam, um mich abzuholen, „rettete" sie mich aus der Kiste und fragte mich, wie ich dorthin gekommen war. Sie schien sich nicht zu erinnern, und ich konnte ihr nicht sagen, dass sie verantwortlich war."[228]*

Die Psychotraumatologin Muriel Salmona beschreibt diesen Prozess der Dissoziation der Persönlichkeit folgendermaßen: „Außerdem sagen Frauen oft, dass sie ihren Aggressor, ihren Partner, nicht mehr erkennen, wenn er gewalttätig wird. Er fängt an, anders auszusehen, einen anderen Ausdruck zu haben, anders zu sprechen, zu schreien, eine andere Stimme zu haben... Denn oft reproduzieren sie zum Beispiel die Stimme ihres Vaters identisch. Es ist beeindruckend, weil es sich nicht mehr um dieselbe Person handelt, sondern die Aggressoren plötzlich von jemand anderem kolonisiert werden, den sie nicht kontrollieren können."[229]

Viele Opfer oder Täter, die in ihrer Kindheit und Jugend unter dem Einfluss dieser hochtraumatischen Praktiken standen, entwickeln daher schwere

---

[228] Unshackled: a Survivor's Story of Mind-Control „ - Kathleen Sullivan, 2003, S.34.

[229] Muriel Salmona - Pratis TV, 20/01/2014.

dissoziative Störungen, einschließlich eines multiplen Persönlichkeitssyndroms (Dissoziative Identitätsstörung, D.I.D.), das die extremste Stufe der psychischen Dissoziation darstellt. Der Täter kann daher eine zweite Persönlichkeit (ein Alter) der Person sein, die sich ihrer *Dr. Jekyll & Mr. Hide-Funktion* nicht bewusst ist, weil die Amnesie-Mauern die verschiedenen Persönlichkeiten voneinander trennen. Er kann perfekt in die Gesellschaft integriert sein, und seine öffentliche Persönlichkeit gibt keinen Hinweis auf seine okkulten und gewalttätigen Aktivitäten. Die öffentliche andere Persönlichkeit kann die eines guten, aufrichtigen Christen sein, während eine viel tiefere andere Persönlichkeit der schlimmste Satanist ist. Ritueller Missbrauch, der auf die Spaltung der Persönlichkeit abzielt, ist der Eckpfeiler der Gedankenkontrolle, das Schlüsselelement, um die Opfer zu unterwerfen, auszubeuten und zum Schweigen zu bringen. Diese Kontrolle wird durch die absichtliche Schaffung einer dissoziativen Identitätsstörung durch wiederholte Traumata erreicht, kombiniert mit Indoktrination, Konditionierung, Hypnose und verschiedenen Psychopharmaka, die alle von einer Programmierung begleitet werden, deren Effektivität davon abhängt, wie gut das Netzwerk in dieser Art von Bewusstseinskontrolle ausgebildet ist.

Dr. Lawrence Pazder beschreibt eine gewisse Allgegenwärtigkeit von Henkern in unserer Gesellschaft, die „auf den ersten Blick ein normales Aussehen haben und ein ebenso normales Leben führen. Sie sind in allen Schichten der Gesellschaft präsent, die sie sorgfältig infiltriert haben. Jede Position der Macht oder des Einflusses auf die Gesellschaft muss für sie als Ziel für eine Infiltration in Frage kommen. Die Scharfrichter verfügen über Geld, viele haben tadellose Positionen: Ärzte, Minister, Berufe aller Art."[230]

Dr. Catherine Gould, Gründungsmitglied der Los Angeles *Task Force* on Ritual Abuse, ist international bekannt für ihre therapeutische Arbeit mit Kindern, die Opfer des Satanismus wurden. 1994 beschrieb sie in Antony Thomas' Dokumentarfilm „*In Satans Namen*" dasselbe wie Dr. Pazder über die Unterwanderung und Kontrolle der Gesellschaft durch diese Sekten: „*Es gibt sicherlich Banker, Psychologen, Medienleute, wir haben auch von Kinderschutzdiensten gehört, aber auch von Polizeibeamten, denn sie haben ein berechtigtes Interesse daran, in all diesen sozialen und beruflichen Bereichen präsent zu sein. Als ich mit dieser Arbeit begann, dachte ich, dass sich die Beweggründe für Pädophilie auf Sex und Geld beschränken, aber im Laufe meiner zehnjährigen Forschungsarbeit wurde mir klar, dass die Beweggründe viel finsterer sind... Kinder werden zu Indoktrinationszwecken missbraucht. Ritueller Kindesmissbrauch ist ein Protokoll für die Formatierung von Menschen in einer Sekte. Es geht um die Formatierung von Kindern, die so missbraucht wurden, dass sie für die Sekte auf allen Ebenen sehr nützlich sind... Ich denke, das Ziel ist es, maximale Kontrolle zu erlangen, sei es in diesem Land oder in einem anderen.*"

---

[230] Dr. Lawrence Pazder: *The Emergence of Ritualistic Crime in Today's Society,* Vortrag bei der North Colorado-South Wyoming Detectives Association. Fort Collins, CO: 9. bis 12. September 1986. *Okkulte Kriminalität: eine Fibel für die Strafverfolgung.*

ALEXANDRE LEBRETON

Die britische Psychiaterin Vera Diamond, die auch mit Überlebenden von rituellem Missbrauch arbeitet, sagt in demselben Dokumentarfilm: *„Die Menschen werden auf eine Weise indoktriniert, die sehr schwer zu verstehen ist. Ich arbeite derzeit mit Menschen, die diese Art von Konditionierung durchlaufen haben. Das nennt man 'Gedankenkontrolle', sie formatieren das Opfer vollständig. Unseren Quellen zufolge sind daran hochrangige Organisationen wie die CIA beteiligt. Ich habe sogar von der Beteiligung der königlichen Familie gehört, aber auch von anderen ebenso hohen Familien."*

Der amerikanische Pastor Bob Larson spricht ebenfalls von einer systematischen Unterwanderung von Institutionen, um ihre Kontrolle zu etablieren: „Es ist durchaus möglich, dass diese Aktivitäten sogar über die Mafia und andere kriminelle Organisationen hinausgehen. Möglicherweise handelt es sich um das größte kriminelle Netzwerk und die größte kriminelle Organisation der Welt. Sie infiltrieren die Justiz, die Legislative und die Exekutive, die Positionen und Berufe mit Macht und Autorität. So können sie eine gewisse Kontrolle ausüben. Sie glauben, wie es die Bibel prophezeit, dass der Antichrist eines Tages die ganze Welt beherrschen wird."

Der bereits erwähnte Regierungsbericht „Ritual Crime in the State of Utah" beschreibt das, was er als „Generational Satanism" bezeichnet, wie folgt: „Diese Art von Gruppe umfasst männliche und weibliche Mitglieder jeden Alters. Sie werden in der Regel in die Gruppe hineingeboren und können sie anscheinend nur durch den Tod wieder verlassen. Sie sind gut organisiert, sehr diszipliniert und äußerst diskret. Die lokalen Gruppen haben starke Verbindungen zu nationalen und internationalen Gruppen (Anmerkung der Redaktion: umfangreiches Netzwerk). Die Rituale, die sie durchführen, sind aufwendig und vollständig geplant. Sie sind Satansanbeter und tun alles, um ihre Sache voranzutreiben (...) Ihre Wurzeln und Praktiken reichen Hunderte von Jahren zurück. Diese Menschen praktizieren rituellen Missbrauch und Kinderopfer (...) Die Frauen in diesen Gruppen werden als 'Züchterinnen' eingesetzt, um Babys für den Kult zu bekommen. Diese Sekten haben eine perfekte Kontrolle über ihre Mitglieder, die keine Beweise für ihre Aktivitäten hinterlassen (...) Skeptiker können nicht an die Existenz solcher Gruppen glauben und argumentieren, dass niemand Säuglinge und Kinder foltern und opfern kann. In der Vergangenheit wurden dem Satan jedoch auch Kinder geopfert, allerdings unter anderen Namen wie Moloch. Es gibt auch dokumentierte historische Fälle von Kinderopfern. In unserer Zeit berichten viele Menschen von der Existenz dieser Art des Satanismus. Sie werden von den Skeptikern ebenso diskreditiert wie die vielen Menschen, die sich wegen dissoziativer Störungen, die durch schwere psychische und physische Traumata verursacht wurden, einer Therapie unterziehen."[231]

In dem Buch *Breaking the Circle of Satanic Rituals* schreibt Daniel Ryder, dass für Sergeant Jon Hinchcliff (pensionierter Polizist aus Mineapolis) einer der Faktoren, der die Fortsetzung dieser okkulten Aktivitäten ermöglicht,

---

[231] *Rituelle Verbrechen im Bundesstaat Utah: Untersuchung, Analyse und Ausblick* - Generalstaatsanwaltschaft Utah, Michael R. King und Matt Jacobson, 1995, S. 15.

der soziale Status der Mitglieder des Netzwerks ist. Hinchcliff berichtet, dass nach Aussagen der Opfer einige dieser Mitglieder Ärzte, Rechtsanwälte, angesehene Geschäftsleute, Geistliche, Richter usw. sind. Der ehemalige Polizeibeamte sagte: *„Es scheint so, als ob alle Grundlagen abgedeckt und geschützt sind.* Aufgrund ihrer Fassade der Seriosität und ihrer strategischen Positionierung können diese Leute sehr kalkulierte Gegenangriffe unternehmen, bevor kriminelle Aktivitäten öffentlich bekannt werden können.

In ihrem Buch *„The New Satanists"* berichtet Linda Blood (ehemaliges Mitglied des *Temple of Set* und ehemalige Geliebte von Michael Aquino) über die Aussage eines gewissen *Bill Carmody,* der das Pseudonym eines hochrangigen Ausbilders des Geheimdienstes am *FLETC (Federal Law Enforcement Training Center)* ist: *„Carmody untersuchte einige Zeit lang das Verschwinden von Kindern, das mit Sektenaktivitäten in Verbindung zu stehen schien. Als Mitglied eines spezialisierten Teams untersuchte er ein Netzwerk, das in mehreren Staaten im Südwesten der Vereinigten Staaten operierte. Carmody konnte insgesamt drei kriminelle Satanistensekten infiltrieren. Carmody sagte über diese Sekten: „Die schlimmsten sind die, die am meisten versteckt und vertuscht werden, denn diese Clans haben sehr ausgeklügelte Organisationen und verfügen über die besten Kommunikationsmittel, es ist ein internationales Netzwerk. Carmody stellt fest, dass diese Gruppen in den Drogen-, Waffen- und Menschenhandel sowie in die Kinderpornographie verwickelt sind (...)* Ihm zufolge werden *die am besten organisierten kriminellen Sekten von intelligenten und hoch gebildeten Menschen angeführt, von Menschen aus den oberen Schichten der Gesellschaft, die wichtige Positionen in ihrer Gemeinschaft innehaben, so genannte „respektable" Positionen. Diese sektenartigen Gruppen bilden eine sehr geheime Subkultur, die im weitesten Sinne zur Unterwelt gehört. Sie setzen sich in der Regel aus Mitgliedern generationenübergreifender Familien zusammen, deren Blutsbande dazu beitragen, das Schweigen und die Geheimhaltung zu wahren."*[232]

Der Ex-Gendarm und französische Aktivist Christian „Stan" Maillaud beschrieb 2015 bei seinem Auftritt im Web-TV *Meta-TV* unter anderem dieses elitäre Netzwerk, das systematischen rituellen Missbrauch praktiziert, um die Elite von morgen auszubilden:

In der heutigen Zeit, in der noch nicht alle Schlüsselpositionen von „MK-Ultra" besetzt sind, in der noch nicht die gesamte gesellschaftliche Elite in den Händen dieser Geisteskranken ist, gibt es noch Menschen im Lager der Streitkräfte, und wir müssen unsere ganze Energie in ihre Richtung lenken (...).Denn es muss zu einer Spaltung ihrer Kräfte kommen und sie müssen in das Lager des souveränen Volkes kommen, das sich aus dieser Umklammerung befreien muss (...) Ich spreche vom Biss des Vampirs, das heißt, dass für mich der Akt der Sodomie eines gemarterten Kindes dem Vampir entspricht, der ein Wesen beißt, um es in einen Vampir zu verwandeln. Ein Kind, das während seiner gesamten Kindheit vergewaltigt, gefoltert und gemartert wird, das weder Gerechtigkeit noch Schutz findet und das auf diese Weise ins Erwachsenenalter

[232] *Die neuen Satanisten* - Linda Blood, 1994, S.29-30.

gelangt, in den Netzen, die es martern, verbleibt, wird selbst zum Räuber. Vor allem, wenn ihm erklärt wird, dass er von seinem eigenen Leid erlöst wird, wenn er seinerseits andere Kinder angreift, die gequält und vergewaltigt werden. Das ist das Protokoll, das sie anwenden (...) Es ist eine wiederkehrende Sache (...) die Leute, die in die gesellschaftliche Elite kommen, sind diejenigen, die von der Freimaurerei oder den Rosenkreuzern ausgewählt werden (...) Sie müssen wissen, dass man in der Freimaurerei, um im Rang aufzusteigen, Rituale durchlaufen muss, so dass diese kleine Pyramide der Pyramide Ihrer Karriere überlagert werden soll. Sie wollen im Rang aufsteigen? Dann müssen Sie in der Loge, der Sie angehören, Rituale absolvieren. Je mehr ihr nach Macht und Erfolg giert, desto mehr werdet ihr darum bitten, die Ränge zu passieren, und ihr werdet dann in satanische Rituale verwickelt. Die ersten Praktiken sind die kollektive Vergewaltigung von Kindern, dann das Töten usw... Was dazu führt, dass man völlig degenerierte Menschen hat, die an die Spitze von Institutionen kommen, und dass diese Menschen danach ihre eigenen Kinder von klein auf in Rituale dieser Art einführen, um die zukünftige gesellschaftliche Elite zu bilden. Und das ist etwas, was die Menschen im Moment noch nicht verstehen. Bei unseren Untersuchungen haben wir festgestellt, dass es ein Protokoll gibt, in dem es zwei Arten von Opfern gibt: benachteiligte Kinder, entführte Kinder, Kinder, die unter X geboren wurden, Kinder, die vergewaltigt wurden und die als „Rohmaterial" für die Anbahnung anderer Kinder verwendet werden. Das heißt, auf der einen Seite gibt es Kinder, die von einem Freimaurer-Vater zu diesen Partys mitgenommen werden, und auf der anderen Seite diese Kinder, die aus Käfigen kommen und dort hineingesteckt werden, damit das Kind der Elite am Ende die Gebärmutter dieser unglücklichen Person öffnet, die von allen kollektiv vergewaltigt und gefoltert wurde... Warum? Denn dies führt zu einer Fragmentierung der Persönlichkeit oder zu einer Abschottung der Erinnerungen (...) Sie können sich die Monster vorstellen, die auf den Markt gebracht werden... Deshalb werden im Moment in allen kleinen gesellschaftlichen Eliten alle Plätze von diesen Monstern eingenommen, die diesen formalen Protokollen folgen, die ihren Ursprung wirklich in Auschwitz haben."

Trotz des völligen Schweigens der Mainstream-Medien zu diesem Thema arbeiten viele Menschen daran, diese unmenschlichen Praktiken aufzudecken. 1996 wurde ein Artikel mit dem Titel „An Analysis of Ritualistic and Religion-Related Child Abuse Allegations"[233] (Eine Analyse ritueller und religionsbezogener Kindesmissbrauchsvorwürfe) von drei Universitätsprofessoren für Psychologie verfasst: Bette Bottoms, Phillip Shaver und Gail Goodman. Der Artikel enthält eine Liste von Kriterien, anhand derer Fälle von rituellem Missbrauch definiert werden können. Diese Kriterien wurden aus den Aussagen von Opfern und Therapeuten zusammengestellt:

   - Missbrauch durch eine oder mehrere Personen in einer Gruppe, in der die Mitglieder die Befehle eines oder mehrerer Anführer zu befolgen scheinen.

---

[233] An Analysis of Ritualistic and Religion-Related Child Abuse Allegations - „Law and Human Behaviour" Vol. 20, N°1, 1996.

- Missbrauch im Zusammenhang mit Praktiken oder Verhaltensweisen, die auf eine bestimmte Art und Weise wiederholt werden (z. B. Gebete, Gesänge, Beschwörungen, das Tragen bestimmter Kleidung usw.)
- Missbrauch im Zusammenhang mit Symbolen (z. B. 666, umgekehrtes Pentagramm, umgekehrte oder zerbrochene Kreuze), Beschwörungen, Kleidung mit Symbolen, mit Satan assoziierter Glaube.
- Missbrauch im Zusammenhang mit dem Glauben an das Übernatürliche, Paranormale, Okkulte oder besondere Kräfte (z. B. *„magische Chirurgie"* - ausführlich in Kapitel 7 - , Spiritismus usw.)
- Rituale im Zusammenhang mit Aktivitäten, die mit Gräbern, Krypten, Knochen...
- Rituale mit tierischen oder menschlichen Exkrementen oder Blut.
- Rituale mit bestimmten Dolchen, Kerzen, Altären...
- Rituale, die echte oder simulierte Folterungen und Opferungen von Tieren beinhalten.
- Rituale, die Opferungen mit echten oder simulierten Tötungen von Menschen beinhalten.
- Rituale, die echte oder simulierte kannibalische Handlungen beinhalten.
- Rituale, die mit der Verpflichtung verbunden sind, sexuellen Praktiken beizuwohnen oder an ihnen teilzunehmen.
- Rituale mit Kinderpornografie.
- Rituale mit Drogen.
- Rituale zur Bindung eines Kindes an Satan oder ein dämonisches Wesen.
- Missbrauch durch einen Priester, Rabbiner oder Pfarrer.
- Missbrauch, der in einem religiösen Umfeld, einer religiösen Schule oder einem religiösen Zentrum begangen wird.
- „Aufzucht" von Neugeborenen für Opferrituale.
- Missbrauch, der zu Amnesieperioden oder wiederkehrenden Störungen an bestimmten Daten führt.
- Missbrauch, der von einer Person mit einer dissoziativen Störung oder einer multiplen Persönlichkeit aufgrund von rituellem oder religiösem Missbrauch angezeigt wird.

Diese Liste ist nicht erschöpfend. 1989 wurde von der Los Angeles Commission for Women unter dem Vorsitz von Myra B. Riddell und unter Mitwirkung von Dr. Catherine Gould und Dr. Lynn Laboriel der Bericht der Task Force Ritueller Missbrauch veröffentlicht. Riddell, unter Mitwirkung von Dr. Catherine Gould und Dr. Lynn Laboriel. Die Studienkommission setzte sich aus Fachleuten aus den Bereichen Medizin, psychische Gesundheit, Bildung und Justiz sowie aus Mitgliedern von Opferhilfeorganisationen zusammen. In diesem Bericht werden die von den Überlebenden und ihren Therapeuten beschriebenen Arten von physischem und psychischem Missbrauch aufgeführt:

- Einsperren des Opfers in einen Käfig, einen Schrank, einen Keller oder einen anderen begrenzten Raum mit dem Hinweis, dass es dort sterben wird. Einige Opfer berichten, dass sie in einen Sarg gesperrt und lebendig begraben wurden, um den Tod zu simulieren. Eines der Gruppenmitglieder kommt dann zur „Rettung" des traumatisierten Kindes, das eine privilegierte Beziehung zu seinem Retter aufbaut, der als Verbündeter wahrgenommen wird. Die Eingrenzung kann mit Insekten oder Tieren erfolgen. Dieses „Spiel" von Isolation und Befreiung macht das Kind noch anfälliger für die Indoktrination und die zerstörerischen Praktiken der Gruppe.

- Demütigung durch Beschimpfungen, erzwungene Nacktheit vor der Gruppe, erzwungene Einnahme von Urin, Fäkalien, Blut, Menschenfleisch oder Sperma. Zwangsweise Begehung abscheulicher Handlungen wie Verstümmelung, Mord, Vergewaltigung eines Kindes oder Säuglings.

- Durch Schuldgefühle und die Androhung von Denunziation wird dem Opfer vorgegaukelt, dass seine Beteiligung an den Gräueltaten freiwillig war. Dieses Schuld- und Schamgefühl trägt dazu bei, Loyalität und Treue gegenüber der Sekte und ihren Lehren zu zeigen. Die Opfer werden in dem Glauben indoktriniert, dass die gewalttätige Gruppe der einzige sichere Hafen ist, der sie aufnehmen und schützen kann, und dass es keinen Sinn hat, Hilfe von außen zu suchen. Das Kind wird indoktriniert, zu glauben, dass Gott es abgelehnt und verlassen hat, dass es an Satan gebunden ist und dass es keinen Ausweg aus der Gruppe gibt.

- Körperliche Gewalt wie Vergewaltigung und sexuelle Folter, die in der Regel in Gruppen durchgeführt werden, Zoophilie, Elektroschocks, Erhängen an Händen oder Füßen, Untertauchen in Wasser bis zum Ertrinken, Entzug von Nahrung, Wasser und Schlaf. Ein Opfer, das sich in einem Zustand der Erschöpfung befindet, ist sehr viel anfälliger für mentale Kontrolle, da die Müdigkeit seine Urteilsfähigkeit beeinträchtigt. Schmerzhafte Folter führt dazu, dass sich das Kind distanziert, und wie ein Kriegsgefangener unter Folter ist es bereit, alles zu tun, was nötig ist, damit der Schmerz aufhört. Körperliche Schmerzen sind oft mit sexueller Erregung verbunden, auf die ein Kind nicht vorbereitet ist. Schmerz und Vergnügen werden kombiniert, um eine ungesunde Beziehung zwischen Kindern und Tätern zu schaffen. Das Stockholm-Syndrom wird in vollem Umfang ausgenutzt, um eine Bindung zwischen Opfern und Tätern herzustellen.

- Dem Opfer das Gefühl geben, dass es ständig von den Tätern und ihren geistigen Verbündeten (Geister, Dämonen, Gottheiten) beobachtet und kontrolliert wird. Dem Kind wird vorgegaukelt, dass die „Wände Ohren haben" und dass ein „allsehendes Auge" seine Handlungen ständig beobachtet. Das Kind wird mit allen möglichen Lügen belogen, die die Allmacht und Allgegenwart der Täter untermauern sollen.

- Schweigepflicht unter Androhung des Todes, wenn das Opfer etwas verrät. Mentale Programmierung des Opfers, um Selbstmord zu begehen, wenn es sich an sektiererische und kriminelle Aktivitäten erinnert oder diese aufdeckt. Hohe Anfälligkeit für Selbstsabotage und selbstzerstörerische Impulse, wenn das Opfer eine Therapie beginnt und versucht, die Sektengruppe zu verlassen.

- Verwendung von Psychopharmaka, die das Bewusstsein des Opfers verändern und verwirren und so sexuelle Übergriffe erleichtern. Psychopharmaka können gespritzt, oral oder in Form von Zäpfchen verabreicht oder in Speisen oder Getränke eingearbeitet werden. Die hypnotische und lähmende Wirkung bewirkt, dass das Opfer geistig verwirrt und schläfrig wird und sein Gedächtnis beeinträchtigt ist. Die Täter nutzen diese drogeninduzierten Bewusstseinsveränderungen, um die Illusion zu verstärken, dass sie absolute Macht über das Kind haben. Die Opfer verlieren auch die Vorstellung von der Grenze zwischen der Gruppe und dem eigenen Ich, identifizieren sich mit der Gruppe und fühlen sich wie ein Teil von ihr. Der Verlust des Selbstwertgefühls trägt zur Entwicklung von Bosheit und innerer Wut bei.

- Einsatz von Gedankenkontrolle, Hypnose, Konditionierung und Programmierung mit Hilfe von „Triggern", um die verschiedenen Persönlichkeiten des Opfers zu manipulieren. Überlebende von rituellem Missbrauch berichten von intensiven Lichtprojektionen in die Augen während der Programmierungssitzungen. Diese Lichter scheinen Verwirrung zu stiften und einen tranceähnlichen Zustand herbeizuführen, wodurch die Widerstandskraft des Opfers verringert und seine Beeinflussbarkeit durch die Programmierung erhöht wird.

- Nötigung des Opfers, für die Sekte zu arbeiten, indem es sich prostituiert, mit Drogen handelt oder andere illegale Aktivitäten ausübt. Unterwanderung sozialer Einrichtungen (Schulen, Kirchen, Strafverfolgungsbehörden, Gerichte, Psychiatrie, Politik...), um den Einflussbereich der Gruppe zu erweitern.

- Ausbeutung der wiederholten Schwangerschaften nach der Vergewaltigung bestimmter junger Mädchen in der Gruppe, die als „Reproduktionsmittel" eingesetzt werden. Ziel ist es, die Sekte regelmäßig mit nicht angemeldeten Babys zu versorgen. Diese Babys werden für rituelle Opfer oder den Schwarzmarkt verwendet, während diese traumatischen Schwangerschaften und Entbindungen dazu dienen, das Opfer zu „brechen" und weiter zu kontrollieren. Junge Opfer können gezwungen werden, sich einer Hormonbehandlung zu unterziehen, um die Pubertät zu beschleunigen.

- Verwendung von Ritualen wie der „magischen Operation" (mehr dazu in Kapitel 7), verschiedenen „Übergangsriten" wie dem „Wiedergeburtsritual" und der „rituellen Hochzeit", um die Unterwerfung unter den Kult zu verstärken. Geistige Indoktrination ist ein zentrales Thema in diesen Gruppen. Eine rituelle Hochzeit kann zwischen einem Kind und seinem Peiniger, zwischen zwei Kindern oder zwischen dem Kind und Satan stattfinden. Diese „Wiedergeburts-" und „Heirats"-Rituale haben zur Folge, dass das Opfer psychologisch, aber auch spirituell an die Gruppe und die Mächte des Bösen gebunden wird. Nicht-biologische Partnerschaften werden auch als Mittel der Gedankenkontrolle eingesetzt. Zum Beispiel werden zwei kleine Kinder in einer Zeremonie mit einer magischen Vereinigung ihrer Seelen eingeweiht, sie werden dann unzertrennliche Zwillinge für die Ewigkeit. Sie teilen jeweils die Hälfte der gleichen mentalen Programmierung, was sie voneinander abhängig macht. Diese rituellen Bündnisse ketten die durch die extremen Traumata entstandenen Alter-Persönlichkeiten aneinander, Alter-Persönlichkeiten, die der Sekte treu bleiben, bis sie durch Deprogrammierung aus der Sekte entfernt werden.

b/ Symbolik von Tod und Wiedergeburt

Wie wir in Kapitel 2 gesehen haben, waren „Wiedergeburtsrituale" mit einem Durchgang durch einen symbolischen Tod und eine Wiedergeburt ein gemeinsames Merkmal der Mysterienreligionen. Diese Praxis der symbolischen „Auferstehung" findet sich auch in schamanischen Traditionen. Hier greift Lloyd deMause die Beschreibung eines schamanischen Rituals auf, indem er es mit der realen Geburt vergleicht: *Wenn der Trommelwirbel sich beschleunigt (Herzschlag und Wehen)... kracht das ganze Gebilde wie eine kosmische Welle über meinem Kopf (Durchbruch des Fruchtwassers)... und ich muss mich mühsam weiterbewegen, meine Beine sind blockiert (Durchgang durch den Geburtskanal)... Mein Schädel ist eine Trommel, meine Adern werden platzen und meine Haut durchbohren (Anoxie)... Ich werde sowohl nach unten als auch nach oben gesaugt und auseinandergezogen (Geburt)... Schließlich ist es, als käme ich aus einer sehr weiten Ferne zurück, aus einer unendlichen Tiefe, in der ich mich eingenistet habe. Dann plötzlich die Oberfläche, plötzlich die Luft, plötzlich dieses blendende Weiß."[234]*

Diese Art der initiatorischen Auferstehung wird häufig in den Berichten von Überlebenden des modernen rituellen Missbrauchs erwähnt. Dieser Tod und die Wiedergeburt können durch eine tatsächliche Bestattung in einem Sarg oder einer Gruft auf einem Friedhof symbolisiert werden. Einige Überlebende berichten sogar, dass sie in den Kadaver eines toten Tieres und in einigen Fällen in eine menschliche Leiche gelegt wurden. Dr. Judianne Densen-Gerber, eine amerikanische Anwältin und Psychiaterin, die sich auf Kindesmissbrauch spezialisiert hat, spricht von einem satanischen Ritual, bei dem ein Kind in den klaffenden Mutterleib einer Frau gelegt wird, die gerade einen Kaiserschnitt hatte, um ihr Baby zu entfernen. Dieses Ritual wurde auch von Kathleen Sorenson und dem Überlebenden Paul Bonacci beschrieben (mehr zu ihren Berichten später). Senator John De Camp berichtet in seinem Buch „*The Franklin Cover-up"* über die Worte von Densen-Gerber: *„Ich bin schon lange genug in diesem Geschäft, und ich musste erkennen, was diese drei Patienten mir sagten. Es war für mich eine schreckliche Vorstellung. Ein zweijähriges Kind in den offenen Schoß einer sterbenden Frau zu legen. Dass das Kind mit Blut bedeckt ist. Nach all den Jahren leugne ich es selbst... Laut Sorenson geschah dies in Nebraska, heute ist sie tot. Aber die gleiche Sache, die gleiche Zeremonie, wurde von Bonacci beschrieben, ebenfalls in Nebraska."[235]*

Die Ex-Satanistin Stella Katz beschreibt die Wiedergeburtszeremonie, bei der die Persönlichkeit des Kindes aufgespalten wird, wie folgt: *„Es kann der Kadaver einer Kuh, einer großen Ziege oder eines Schafes sein. Den Kindern wird gesagt, dass sie das Reich der Finsternis nur betreten können, wenn sie aus dem Blut und der Bestie geboren werden. Dies ist ähnlich, aber in umgekehrter Weise, wie der christliche Glaube, dass nur diejenigen, die aus Wasser und Heiligem Geist geboren sind, in das Reich Gottes eingehen können. Das Kind wird unter Drogen gesetzt und nackt in einen Kadaver gelegt. Er oder sie wird*

---

[234] *Das Gefühlsleben der Nationen* - Lloyd deMause, 2002.

[235] *The Franklin Cover-Up: Child Abuse, Satanism, and Murder in Nebraska* - John W. De Camp, 2011, S.212.

in den Körper eingenäht (...) Die *Hand des 'Befreiers' wird eingeführt und das Kind durch den Schnitt, der in das Tier gemacht wurde, gezogen. Während dieser Erfahrung wird das Kind, das es gewohnt ist, sich zu spalten, wenn es terrorisiert wird, eine neue Spaltung* (Anm. d. Red.: eine neue Alter/Persönlichkeit) *schaffen. Der Altar des Kindes wird dann in der Regel von demjenigen, der ihn überbringt, mit einem Dämonennamen versehen.*"[236]

Fritz Springmeier beschreibt die gleiche Art von Ritualen, die auch als satanische Taufe dienen: „Diese Zeremonie kann in einigen Details variieren, aber hier ist das Ritual, das für ein Kind durchgeführt wird, das für die Bewusstseinskontrolle des Monarchen bestimmt ist: Das Kind wird entkleidet und in ein violettes Gewand gesteckt. Es befindet sich in einem Pentagramm mit einer nackten Frau als Altar, vor dem das Kind präsentiert wird. Ein Pferd oder ein Schakal mit der Inschrift „Nebebka" auf dem Hals oder der Stirn wird dann im Namen Satans geopfert (der Name, der ihm gegeben wird, kann je nach Gruppe variieren, er kann zum Beispiel „Set" oder „Saman" lauten). Der Unterleib des Tieres wird vollständig geöffnet und die Leber wird entfernt. Dann werden die vier Schutzgeister der vier Himmelsrichtungen, die „Wachtürme", angerufen. Das Monarchenkind wird dann mit dem Fett des toten Tieres eingeschmiert. Dann wird ein Torwächtergeist mit einer Glocke herbeigerufen, und das Kind wird in den Bauch des Tieres gelegt. Ein Teil der rohen Leber wird dem Kind gegeben, der Rest wird von der Gruppe gegessen. Das Kind wird schließlich mit dem Blut des geopferten Tieres getauft."[237]

Die Wiederholung des Geburtstraumas (oder sogar die intrauterine Regression) ist ein häufiges Merkmal des rituellen Missbrauchs durch Satanisten (vielleicht unbewusst verbunden mit dem anfänglichen Trauma von Zwillingsschwangerschaften, bei denen der Fötus erlebt, dass sein(e) Zwilling(e) im Mutterleib stirbt (sterben)...). Es scheint, dass das Bestreben des Eingeweihten, dauerhaft in der Einheit mit der Mutter zu bleiben und so die Wiederholung des Geburtstraumas zu vermeiden, in den alten gnostischen Kulten veranschaulicht wird. Diese Mysterienreligionen brachten ihre Ablehnung von Gottvater durch den Wunsch zum Ausdruck, zur Muttergöttin zurückzukehren. Die Rituale der Geburt oder Wiedergeburt stammen aus den alten Fruchtbarkeitskulten, die mit der Muttergöttin verbunden sind. Die „Mutter" und die inzestuöse Orgie wurden zu einem göttlichen Ritual im Gegensatz zu „Gottvater" hochstilisiert. In den alten Mysterien erhielt der Eingeweihte die Verheißung göttlicher Allmacht, eine kosmische Vereinigung mit „allem", durch die symbolische Vereinigung mit „der Mutter". In den Eleusinischen Mysterien gab es eine Einweihung, die als „Dunkler Abstieg" in die Mutter bezeichnet wurde. Der Hierophant wurde bei dieser dunklen Einweihung von einer Priesterin begleitet, die die Muttergöttin, den Abstieg in ihren Schoß, repräsentierte. Im phrygischen Mysterienkult steigt der

---

[236] *Healing The Unimaginable: Treating Ritual Abuse And Mind-Control* - Alison Miller, 2012, S.110.

[237] *The Illuminati Formula Used to Create an Undetectable Total Mind Controlled Slave* - Fritz Springmeier & Cisco Wheeler, 1996.

Eingeweihte in eine Grube hinab und wird mit dem Blut eines Tieres übergossen, woraufhin er die *„nährende Milch"* erhält. Wie wir in Kapitel 2 gesehen haben, strebte die phibionitische Sekte danach, männliches Sperma und weibliche Menstruation in einer Art *„Spermakult"* zu sammeln, bei dem sogar menschliche Föten verzehrt wurden. Alle diese Riten drehen sich um die Fruchtbarkeit, wobei die Fruchtbarkeit der *„Mutter Erde"* und die menschliche Fruchtbarkeit vermischt werden, was oft zu völlig verdorbenen und kriminellen Praktiken führt.

Für den Psychohistoriker Lloyd deMause ergeben bestimmte Elemente des rituellen Missbrauchs nur dann einen Sinn, wenn man bedenkt, dass sie das Trauma der Geburt symbolisch und sogar physisch wiedererleben. Dazu gehört das Einsperren in symbolische Gebärmütter (Käfige, Kisten, Särge, aber auch echte organische Gebärmütter), die kopfüber hängen und das Gefühl des Fötus im Mutterleib reproduzieren. Das Eintauchen des Kopfes in Wasser während der Folterung entspricht der Erfahrung von Fruchtwasser, während das Ersticken die Anoxie nachbildet, die alle Babys während der Geburt erleben. Das Opfer wird gezwungen, Blut und Urin zu trinken, so wie der Fötus das Blut der Plazenta „trinkt" und in seinem Urin „badet". Die Rituale werden oft in Tunneln oder Kellern durchgeführt, dunklen und feuchten unterirdischen Orten, die die Enge des Vaginalkanals oder der Gebärmutter symbolisieren. Die sechzehn charakteristischen Elemente des rituellen Missbrauchs, die die Forscher Jean Goodwin und David Finkelhor identifiziert haben, hängen alle mit der Wiederholung des Geburtstraumas zusammen. Ohne eine symbolische „Geburt" wären all diese Handlungen sinnlos. Einige Forscher haben eine Frage zu diesen systematischen Protokollen des rituellen Missbrauchs gestellt: *„Warum Vergewaltigung auf so komplizierte Weise?* Denn dieser Prozess stellt das *fötale Drama* dar, das reproduziert und erneut durchlebt werden muss, sicherlich auf unbewusste Weise.

In dem Buch *„The Witches' Way: Principles, Rituals and Beliefs of Modern Witchcraft"* (Der Weg der Hexen: Prinzipien, Rituale und Überzeugungen der modernen Hexerei) berichten Janet und Stewart Fenar von der Aussage eines Opfers, das nackt und in einem tranceähnlichen Zustand gefesselt und von einer Gruppe nackter Frauen zu einer Höhle getragen wurde. In der Höhle führten die Frauen sie unter ihren Beinen hindurch, gestikulierend und schreiend, als würden sie gebären. Dann wurde eine symbolische Nabelschnur durchtrennt und das Opfer mit Wasser übergossen. Bruno Bettelheim beschreibt in seinem Buch *„Symbolische Wunden"* auch pubertätsbedingte Riten, bei denen Jungen unter den Beinen älterer Männer hindurchkriechen müssen, um eine symbolische Wiedergeburt zu erleben. In dem Buch *„Michelle Remembers"* erinnert sich die Überlebende Michelle Smith an ihr „Geburts"-Ritual. Ein Baby wurde erst gestochen, dann zwischen Michelles Beine gelegt und mit seinem Blut beschmiert, als ob es „Macht" besäße. Dann wurden ihr rote Symbole auf den Körper gemalt, und sie musste ihren Kopf zwischen die Beine einer Frau stecken und krabbeln, als würde die Frau sie gebären. Sie beschreibt auch ein anderes Ritual, bei dem sie in eine Gipsstatue des Teufels gelegt und mit Blut bedeckt wurde. Sie sagt, sie habe sich wie in einer „Zahnpastatube" gefühlt, als sie ausgestoßen wurde: *„Ich werde geboren, ich habe etwas Dickes um meinen Hals gewickelt, aber ein Mann schneidet dieses Seil durch, damit ich nicht ersticke."*[238]

Der Geheimbund *Skull and* Bones praktiziert ein symbolisches Todesritual, bei dem der Eingeweihte nackt in einen Sarg gelegt wird und verschiedene traumatische Schritte durchlaufen muss, um wiedergeboren zu werden und sein Leben zu verändern. In diesem Sarg muss er auch seine dunkelsten sexuellen Aktivitäten beichten. Bei den *Skull and Bones stirbt* der Eingeweihte in der Nacht des Rituals *„für die Welt, um im Orden wiedergeboren zu werden (...) Während er sich im Sarg auf eine symbolische Reise durch die Unterwelt begibt, um in der Kammer Nummer 322 wiedergeboren zu werden, kleidet der Orden den „neugeborenen" Ritter in eine besondere Kleidung, die darauf hinweist, dass er sich von nun an der Mission des Ordens anpassen muss.*[239] Der Eid, den der Eingeweihte während dieses Wiedergeburtsrituals ablegt, schwört dem geheimen Orden eine Treue, die alles übertrifft, was die profane Welt betrifft. Es ist eine totale Loyalität gegenüber der Gruppe...

Diese Art von Ritual ist im Satanismus weit verbreitet. In seinem Buch *The Satanic Rituals: Companion to the Satanic Bible* schrieb Anton Lavey, der Gründer der Church of Satan: *„Die Wiedergeburtszeremonie findet in einem großen Sarg statt, und diese Sargsymbolik findet sich auch in den meisten Logenritualen."*[240]

Die Ex-Illuminati „Svali", eine Überlebende von rituellem Missbrauch und Bewusstseinskontrolle, die die Sekte irgendwie verlassen hat, um Zeugnis abzulegen, behauptete, dass eines ihrer ältesten Rituale die *„Auferstehungszeremonie"* ist. Der Phönix ist eines der Symbole, die sie am meisten schätzen, und der Tod und die Wiedergeburt zu einem neuen Leben sind ein wichtiger Bestandteil der Rituale der luziferischen Elite. Wir werden in Kapitel 6 sehen, worin dieses „Auferstehungs"-Ritual (und MK-Programmierung) besteht, das so weit geht, dass es bei dem kleinen Opfer eine Nahtoderfahrung (NTE) hervorruft.

c/ Blutopfer

Die Hardcore-Satanistengruppen glauben, dass der beste Weg zur Energiegewinnung entweder der sexuelle Akt oder die Opferung ist, egal ob es sich um ein Tier oder einen Menschen handelt... Dadurch wird eine enorme Menge an Energie freigesetzt, noch mehr bei einem Menschen. Wenn man diese ultimative Macht erlangen will, muss man jemanden opfern. Die meiste Energie wird für ein Baby aufgewendet, dann für eine Jungfrau. - Bill Schnoebelen

---

[238] „Warum Sekten Kinder terrorisieren und töten" - Lloyd de Mause, *The journal of Psychohistory* 21, 1994.

[239] "The Last Secrets of Skull and Bones" - Ron Rosenbaum, *Esquire Magazine*, 1977.

[240] *The Satanic Rituals: Companion to the Satanic Bible* - Aton Lavey, 1976, S.57.

Ein Opfer kann ein Gegenstand sein, der als Opfergabe an einen Gott, eine Wesenheit oder eine Gottheit dient, um eine gute Beziehung zwischen dem Menschen und dem Heiligen herzustellen, wiederherzustellen oder zu erhalten. Es geht auch darum, Hilfe, materielle Gunst oder spirituelle Kräfte wie übersinnliche und magische Kräfte zu erhalten. Die Einäscherung ist eine Möglichkeit, die Opfergabe direkt den Göttern zur Verfügung zu stellen. Blutrituale (Opfer oder Aderlass) beruhen auf dem Glauben, dass die Lebenskraft eines Menschen oder Tieres in seinem Blut liegt. Opferungen folgen einem bestimmten religiösen Kalender, der je nach Kult variiert, sie können aber auch ad hoc, z. B. an einem Geburtstag, durchgeführt werden. In der Vergangenheit wurde das Opfern eines Menschenlebens an einen Gott (Dämon) im Allgemeinen als Ritual für irdische Fruchtbarkeit und Ernten verwendet, heute werden Opfer häufiger eingesetzt, um Kräfte und persönliche Gunst zu erlangen. Kannibalismus wird oft mit Menschenopfern kombiniert, weil man glaubt, dass die Aufnahme von menschlichem Blut und Fleisch die Lebensenergie des Opfers absorbieren kann. Erwachsene und Kinder, die rituellen Missbrauch überlebt haben, berichten, dass der Zweck dieser Praktiken darin besteht, bestimmte magische Kräfte zu erlangen. Überlebende erklären, dass der Verzehr von Blut und Kannibalismus eine Möglichkeit für den/die Täter ist, von der geistigen Kraft des Opfers Besitz zu ergreifen. Wallis Budge schrieb über die im *ägyptischen Totenbuch* aufgezeichneten kannibalischen Handlungen*: „Die Vorstellung, dass der Mensch durch den Verzehr von Fleisch oder insbesondere durch das Trinken des Blutes eines anderen Lebewesens das Leben des Opfers in sein eigenes Leben aufnimmt, ist etwas, das in primitiven Kulturen in verschiedenen Formen auftritt. "[241]

Diese Berichte über Menschenopfer werfen in der Öffentlichkeit immer die Frage nach der Glaubwürdigkeit auf. Woher kommen die geopferten Opfer und wo sind die *Überreste*? Einigen Zeugenaussagen zufolge stammen die Opfer oft aus den Reihen der Sekte, d. h. es handelt sich um Babys, die durch Vergewaltigung geboren wurden und geopfert werden sollen. Es kann sich aber auch um Obdachlose, vermisste Erwachsene oder Kinder handeln. In den Medien herrscht ohrenbetäubendes Schweigen, und es gibt keine offiziellen Zahlen über die jährliche Zahl der Verschwundenen... Die Erklärung für das Fehlen von Leichen kann auch Kannibalismus sein, der Zugang der Sekte zu Leichenhallen und Krematorien, das Einfrieren von Fleisch, die Aufbewahrung von Knochen für magische Praktiken... usw. Im Jahr 2000 erklärte die ehemalige stellvertretende Staatsanwältin von Bobigny, Martine Bouillon, in einer Sendung des Fernsehsenders France 3 *(Viols d'Enfants, la Fin du Silence?)*, dass in der Region Paris mehrere Massengräber von Kindern entdeckt worden seien und dass zu diesem Zeitpunkt eine Untersuchung im Gange sei...

Das Blut des Opfers, ob Erwachsener oder Kind, das während des Rituals gefoltert und terrorisiert wird, bevor es getötet wird, wird mit Endorphinen (endogenem Morphin) angereichert. Diese Endorphine werden vom Körper bei

---

[241] *Das ägyptische Totenbuch (Der Papyrus von Ani) Transliteration und Übersetzung des ägyptischen Textes* - E. A. Wallis Budge, 1967.

intensivem Stress oder körperlicher Aktivität ausgeschüttet und sind ein natürliches Opiat, das als Schmerzmittel wirkt. Bei Sportlern ermöglicht die Ausschüttung von Endorphinen die Aufrechterhaltung hoher Leistungen, und sie entwickeln oft eine Abhängigkeit von dem durch die Hormone erzeugten Gefühl, dem so genannten „*Runner's High*". Ein Vergewaltigungs- und Folteropfer, dessen Schmerz bis an die Grenze getrieben wurde, hat einen extrem hohen Endorphingehalt im Blut. Dieses Blut wird von den Teilnehmern des Rituals, die sich bereits in einem dissoziativen Zustand befinden, wie eine Droge konsumiert. Durch den Konsum von menschlichem oder tierischem Blut, das mit Endorphinen angereichert ist, kann also eine Form der Sucht entstehen.

Der ehemalige Luziferianer Svali berichtet: „Der keltische Zweig (der 'Illuminaten'-Sekte) glaubt, dass die Macht im Moment des Übergangs vom Leben zum Tod weitergegeben wird. Sie führen Initiationsrituale mit Kindern oder mit älteren Anhängern durch. Der Eingeweihte wird gefesselt und ein Tier wird über ihm verblutet. Der Glaube ist, dass die Person dann die Kraft des Geistes empfängt, der aus dem Körper kommt, diese Kraft 'geht' in den Eingeweihten ein (...) Diese Leute glauben wirklich, dass es andere spirituelle Dimensionen gibt, und dass man, um Zugang zu ihnen zu bekommen, ein großes Opfer bringen muss, um 'ein Portal zu öffnen', normalerweise durch das Opfern mehrerer Tiere. Ich habe auch gesehen, dass Tieropfer zum Schutz gemacht werden, das Blut wird verwendet, um „den Kreis zu schließen", damit bestimmte dämonische Wesenheiten nicht eindringen können. Die Idee der Bluttaufe, bei der das Tier den Eingeweihten ausblutet, um ihn mit Hämoglobin zu bedecken, gibt es auch heute noch, ebenso wie im Mysterienkult des Mithras.

Für den Satanisten Aleister Crowley ist das „*beste Blut*" das Menstruationsblut einer Frau, dann das „*frische Blut eines Kindes*" und schließlich das der „*Feinde*".[242] In seinem Buch „*Magick in Theory and Practice*" schrieb Crowley: „*Blut ist Leben. Diese einfache Aussage wird von den Hindus erklärt, für die das Blut der Hauptträger des lebenswichtigen 'Prana' ist... Dies ist die Theorie der alten Magier, für die jedes Lebewesen eine Energiereserve ist, die je nach Größe und Gesundheit des Tieres in der Quantität und je nach seinem mentalen und moralischen Charakter in der Qualität variiert. Wenn das Tier stirbt, wird diese Energie plötzlich freigesetzt. (Für magische Zwecke) Das Tier muss zunächst in einem Kreis bzw. Dreieck getötet werden, damit die Energie nicht entweichen kann. Die Art des ausgewählten Tieres muss mit der Art der Zeremonie übereinstimmen. Für die höchste geistige Arbeit sollte daher das reinste und stärkste Opfer gewählt werden. Ein männliches Kind von vollkommener Unschuld und Intelligenz ist das geeignetste und begehrteste Opfer. Einige Magier, die die Verwendung von Blut ablehnen, haben versucht, es durch Weihrauch zu ersetzen... Aber das Blutopfer ist zwar gefährlicher, aber am wirksamsten, und in fast allen Fällen ist das Menschenopfer das beste.*"[243]

---

[242] *Painted Black: From Drug Killings to Heavy Metal: The Alarming True Story of How Satanism Is Terrorizing Our Communities* - Carl A. Raschke, 1990.

[243] Magick: in Theorie und Praxis" - Aleister Crowley, 1973, S.219.

Fritz Springmeier erklärt, dass Sex und Blutopfer genutzt werden, um mit Dämonen in Kontakt zu treten. Zu den schwarzen Messen mit Blutopfern gehören auch Orgien. Verderbtheit und Sexualmagie sind Möglichkeiten, mit Dämonen zu interagieren, und sie lösen auch die Spannung, die während der mörderischen Zeremonie herrscht. Einige besonders mächtige Wesenheiten können nur beschworen werden, wenn sie geopfert werden. Dämonen sind nicht umsonst zu haben, und der Preis, den sie zahlen müssen, ist Blut. Satan verlangt ein Opfer, und das Kind ist die größte Opfergabe, weil es am reinsten ist; fügen Sie Folter und sexuellen Missbrauch hinzu, und Sie haben die ultimative Opfergabe. Wie bei den Menschenopfern, bei denen die Reinheit des Kindes geopfert und verdampft wird, erfordert auch die satanische Sexualmagie diese Unschuld und Reinheit, um möglichst wirksam zu sein. Die Kombination von beidem ist die ultimative Verunreinigung und damit das ultimative Opfer. Der Scharfrichter terrorisiert das Kind, um seine Angst und *Energie* auf ein Maximum zu steigern... Dann vergewaltigt er es und tötet es im Moment des Orgasmus, um die gesamte Lebensenergie zu vampirisieren. In der schwarzen Messe ist es das Blutopfer (rote Magie) und dann das orgiastische Element (Sexualmagie), das die von den Satanisten angestrebte *„Schwingung"* ausmacht. Wenn Blut vergossen wird, zieht es bestimmte mehr oder weniger hierarchisch gehobene dämonische Mächte an, aber auch die wimmelnden Larven, die den unteren Astralraum bevölkern.

Der Serienmörder Ottis Tool hat behauptet, in extreme satanische Zeremonien verwickelt gewesen zu sein, was er Stephane Bourgoin erzählte, der ihn im Gefängnis für seinen Dokumentarfilm *„Paroles de Serial-Killers"* interviewte:

- Der Eingeweihte, der der Person die Kehle durchgeschnitten hat, „fickt" die Person zuerst, und die Tiere „ficken" sie auch. Dann „ficken" sie die Tiere und töten sie anschließend. Sie kochten den Menschen und die Tiere und machten ein großes Festmahl.

- War es, als Sie Teil der satanischen Sekte waren?

- Ja... Das haben sie getan... Es waren viele von ihnen. Man konnte sie nicht... man konnte sie nicht erkennen, sie hatten meist eine Maske oder eine Haube über dem Gesicht. In einigen Fällen wussten Sie, wer Mitglied war, aber... Sie können die Hauptverpflichtungen nicht verraten, denn das wäre die Hölle, schlimmer als es ohnehin schon ist... Sie können die Passwörter und diesen Mist nicht preisgeben...

Sowohl in luziferischen als auch in satanistischen Kulten geht es darum, zu beweisen, dass Satan oder Luzifer mächtiger ist als Gott, der Schöpfer. Einige streng satanistische Gruppen verwenden ein System, das auf der Umkehrung der christlichen Tradition beruht, sowohl bei den Zeremonien als auch bei den Symbolen. Das Kreuz wird auf den Kopf gestellt, die Ehe mit Gott wird durch die Ehe mit Satan ersetzt. Die Taufe mit Wasser und dem Heiligen Geist wird durch die Taufe mit tierischem oder menschlichem Blut ersetzt. Die schwarze Messe kehrt die katholische Messe in dem Sinne um, dass die Teilnehmer tatsächlich Opferfleisch (Mensch oder Tier) essen und das Blut des Opfers trinken, so dass Satanisten eine Art Kommunion mit ihrem Meister praktizieren, eine umgekehrte Heiligung. Wie wir jetzt sehen werden, gibt es auch ein *„lebendiges Opfer"*, das ebenfalls eine totale Ablenkung und Umkehrung der christlichen Lehren ist.

d/ Das lebendige Opfer

Die Therapeutin Patricia Baird Clarke beschreibt in ihrem Buch *„Sanctification in* Reverse*: The* Essence *of Satanic Ritual Abuse"*, wie das „lebende Opfer" eines Kindes unter Satanisten funktioniert:

- Menschen, die sich mit okkulten Aktivitäten beschäftigen, haben einen gewissen Grad an Trennung zwischen Seele und Geist, der es ihnen ermöglicht, Wesenheiten zu sehen, zu hören und zu fühlen, die auf einer anderen Ebene leben. Diese Menschen sind ausnahmslos verblendet und geistig verwirrt. Viele glauben unter anderem, dass sie mit den Toten kommunizieren können, obwohl die Bibel eindeutig besagt, dass dies unmöglich ist. Dämonische Geister können in jeglicher Form erscheinen oder diese annehmen, auch in menschlicher Form, und so den Menschen vorgaukeln, dass sie Ruhm, Reichtum und sogar Segen und ewiges Leben schenken können.

Geistliche Macht kann nur aus zwei Quellen kommen: Jesus Christus oder Satan. Gott gibt denen, die an das Sühneopfer seines Sohnes Jesus Christus glauben, die Kraft, alle Sünden und Versuchungen zu überwinden, indem er ihnen seinen Heiligen Geist schenkt. Diejenigen, die in die Dunkelheit des Okkulten verwickelt sind, werden von Dämonen genährt. In der Welt der Satansanbetung sind Dämonen Mächte. Wenn jemand sagt, dass er die Kraft der ESP hat, könnte er auch sagen, dass er den Dämon der ESP hat. Die Menschen haben keine übernatürlichen Kräfte, diese Kräfte kommen von geistigen Wesenheiten. Je mehr Dämonen man hat, desto mehr Kräfte stehen einem zur Verfügung, um die eigenen egoistischen Interessen zu erfüllen. Die großen Mächte (Dämonen) müssen sich der schändlichen Praxis des satanischen rituellen Missbrauchs unterziehen.

Bei satanischem rituellem Missbrauch wird ein Säugling oder Kind „auserwählt" und als „besonderes" Individuum ausgewählt, durch das die Anhänger Energie empfangen können. Um Energie zu erhalten, muss immer ein Opfer gebracht werden; dies ist ein Grundsatz des Königreichs. Jesus Christus war das vollkommene Opfer, das sich selbst ein für alle Mal hingegeben hat, und durch den Glauben an ihn erhalten Christen die Kraft, das Böse zu überwinden und ein siegreiches christliches Leben zu führen. Diese Kraft steht den Christen jedoch nur zur Verfügung, wenn sie bereit sind, nach Gottes Anweisungen zu leben, einschließlich Römer 12:1, wo es heißt: „Bringt eure Leiber als lebendiges, heiliges, Gott wohlgefälliges Opfer dar, das ist euer vernünftiger Gottesdienst. „. Die meisten Menschen, die etwas über satanische Anbetung wissen, haben schon einmal davon gehört, dass Babys als Opfer für Satan getötet werden. Doch nur wenige haben von der Vorstellung eines lebendigen Opfers gehört, das von Satan gefordert wird.

Gott befiehlt den Christen, ein lebendiges Opfer für ihn zu werden. Ein Satansanbeter wäre nicht bereit, ein lebendiges Opfer für irgendjemanden zu sein, denn das Wesen des Satanismus beruht auf Selbstsucht und Gier, aber um Zugang zu Macht und Stärke zu erlangen, muss es ein lebendiges Opfer geben. Deshalb wird ein hilfloses Baby oder Kind als lebendiges Opfer für Satan ausgewählt. Das Kind wird dann zahlreichen schmerzhaften und furchterregenden Ritualen unterzogen, bei denen die Dämonen dazu aufgerufen werden, von dem Kind Besitz zu ergreifen und es so zu einem „Reservoir" oder einer „Batterie" für die Speicherung satanischer Kräfte zu machen, die von den Sektenmitgliedern nach Belieben eingesetzt werden können. Am häufigsten werden diese Kräfte durch sexuelle Perversion des Kindes genutzt. Das Kind wird natürlich wachsen und zu einem Erwachsenen heranreifen, aber aufgrund der Schwere des Missbrauchs und der psychologischen Programmierung wird es nie erkennen, dass es diese Kräfte besitzt. Er wird sein ganzes Leben lang sowohl unter der Belästigung durch die Dämonen als auch unter seiner geistigen Programmierung und den Missbrauchstätern selbst leiden. Diese Person ist zu einem lebenden Opfer für Satan geworden, und ihr Leben ist eine lebende Hölle.

Dies ist eine verabscheuungswürdige Veruntreuung und Pervertierung einer herrlichen biblischen Wahrheit, die Gott gegeben hat, um sein Volk in eine enge und liebevolle Beziehung zu ihm zu bringen und so sein Leben mit Segen zu erfüllen!

Es wird nun deutlich, dass diese Folgen des satanischen rituellen Missbrauchs einen geistlichen Dienst erfordern. Die besten psychologischen Techniken oder Fachkenntnisse, die der Menschheit bekannt sind, werden niemals in der Lage sein, eine Person zu befreien, die von dämonischen Geistern gequält wird. Nur Christen, die vom Heiligen Geist bevollmächtigt sind, haben die Unterscheidungskraft und die Macht, von Dämonen gequälte Menschen zu befreien. Unsere Macht über diese Wesenheiten ist direkt proportional zu dem Ausmaß, in dem wir bereit waren, uns selbst zu sterben, um Christus zu erlauben, uns mit sich selbst zu erfüllen. Wenn wir bereit sind, ein lebendiges Opfer für Gott zu sein, haben wir die Liebe und die Kraft, diejenigen zu befreien, die gegen ihren Willen lebendige Opfer für Satan waren.[244]

Wenn Patricia Baird Clarke schreibt: „Der häufigste Zugang zu diesen Kräften ist die sexuelle Perversion des Kindes", dann ist das echte Sexualmagie.

e/ Die Kinder der Tollwut

„... das plötzliche Auftauchen einer Persönlichkeit in einem gutmütigen und liebenswürdigen Kind, das im Delirium ist, schreit, laut lacht, entsetzliche Blasphemien von sich gibt und scheinbar von einem fremden Wesen befallen ist. Hexerei in England - Barbara Rosen

Wir Therapeuten identifizieren uns viel mehr mit dem Schmerz und dem Leiden unserer Patienten als mit der anderen Seite der Spaltung, d.h.

---

[244] *Sanctification in Reverse: the essence of satanic ritual abuse* - Patricia Baird Clarke, Five Stone Publishing, 2013.

Wut, Rache, Täterschaft... Diese Gefühle sind wie alle anderen auch schwierig, aber sie müssen in der Therapie behandelt werden. Multiple Persönlichkeit und Dissoziation: Verstehen von Inzest, Missbrauch und MPD - David Calof

Aufgrund der extremen Gewalt, die damit verbunden ist, erzeugt ritueller Missbrauch eine enorme innere Spannung im Kind. Diese verinnerlichte Wut wird von der Gruppe ausgenutzt, um das Kind in ein System zu indoktrinieren, in dem Gewalt und Wut geschätzt und sogar gefördert werden. Das Kind, das in einer Gruppe wiederholt vergewaltigt und gequält wurde, darf seine Wut nicht ausdrücken. Diese Gewalt (oder negative Ladung), die es loswerden muss, kann es nur tun, indem es andere Kinder quält und manchmal sogar tötet. Diese hypergewalttätigen Verhaltensweisen werden daher von den Erwachsenen gefördert und belohnt, die damit dem Kind das Gefühl geben, dass es bereits so gewalttätig ist wie sie und dass dies der Beweis dafür ist, dass es wirklich ein Mitglied der Gruppe wird und daher genauso schuldig ist wie die anderen...

Sehr gewalttätiges Verhalten hat seinen Ursprung in den ersten beiden Lebensjahren; dasselbe gilt für das Schuldgefühl, das sehr wertvoll ist, weil es die einzige Möglichkeit ist, die Wiederholung von Gewalttaten zu verhindern. Hinter den gewalttätigen Handlungen eines „primitiven", summarischen Erscheinungsbildes stehen komplexe Prozesse, deren Hauptmerkmale die Nicht-Unterscheidung zwischen sich selbst und anderen, Störungen des Körperschemas und des Muskeltonus, die Unfähigkeit, sich zu verstellen, und neurologische Störungen aufgrund einer sehr unzureichenden mütterlichen Betreuung sind. „ Maurice Berger, „Soigner les enfants violents" (2012)

Für Gruppen, die rituellen Missbrauch und Gedankenkontrolle praktizieren, muss der Verstand des Kindes schon in jungen Jahren *gebrochen* werden. Zu diesem Zweck werden extrem traumatische Erfahrungen vervielfacht, um die Unschuld zu zerstören und dissoziative Zustände zu erzeugen. Kinder, die normalerweise ein natürliches Einfühlungsvermögen und Lebensfreude besitzen, werden zu „Soldaten" oder „Priestern", die ohne jegliches Einfühlungsvermögen verletzen und sogar töten können. Die einzige Möglichkeit, ein solches Verhalten zu erreichen, ist der Prozess der Dissoziation. Die Zersplitterung des Kindes in mehrere dissoziierte Persönlichkeiten ist ein Schutzphänomen gegen schwere Traumata. Es sind die tiefgreifenden dissoziativen Störungen, die es ermöglichen, auf roboterhafte Weise zu foltern und zu töten, ohne sich der Schwere der Taten wirklich bewusst zu sein. Für diese hypergewalttätigen Gruppen ist Mitgefühl nicht akzeptabel und muss von den ersten Lebensjahren des Kindes an neutralisiert werden, das unter der Last des Traumas sehr schnell mehrere entmenschlichte Persönlichkeiten entwickeln wird.

Kinder, die Opfer von physischem, psychischem und sexuellem Missbrauch geworden sind, entwickeln eine innere negative Ladung, die im Verhältnis zum Leiden und zur Wiederholung des Traumas steht. Diese negative Ladung ist eine latente traumatische Erinnerung, die jedoch in dem Kind vorhanden ist, das die psychotraumatischen Folgen der Gewalt überleben muss.

Um mit dem Wiedererwachen dieser traumatischen Erinnerung umzugehen, wird das Kind auf dissoziative Verhaltensweisen zurückgreifen, um eine Trennung zu erzeugen, die diese unerträgliche Spannung, diese negative emotionale Ladung betäubt. Diese Trennung kann bei dissoziativen Verhaltensweisen auf zwei Arten erfolgen: entweder durch extremen Stress, der eine plötzliche Hormonproduktion auslöst, oder durch Drogenkonsum. Bei einem Kleinkind können diese dissoziativen Verhaltensweisen die Form von selbstzerstörerischen Verhaltensweisen annehmen, wie Selbstverstümmelung, Ritzen, Schlagen, Beißen oder Verbrennen; oder sogar Gefährdung durch riskante Spiele oder gewalttätiges Verhalten gegenüber anderen, wobei der andere als Zündschnur in einem Machtkampf benutzt wird, um *sich selbst abzutrennen* und *zu betäuben*. Destruktive Sekten fördern diese Gewaltkette, indem sie das (bereits traumatisierte) Kind dazu bringen, zum Henker zu werden und sehr schnell zu verstehen, dass dieses dissoziierende Verhalten, d.h. die Gewalt gegen andere, das eigene traumatische Gedächtnis des Kindes entlastet und betäubt: ein Teufelskreis. (Wir werden auf diese Begriffe der Dissoziation und des traumatischen Gedächtnisses im nächsten Kapitel noch einmal genauer zurückkommen).

Jean Cartry, Autor und Sonderpädagoge, schrieb über Maurice Bergers Buch „Wollen wir barbarische Kinder? Etwa zehn Jahre lang nahmen wir vier Brüder auf, von denen die beiden ältesten ein Jahr lang bei ihrer Mutter gelebt hatten, wobei sich erotische Beziehungen und große Gewalt abwechselten. Die beiden Jüngsten hingegen profitierten von einem frühen gerichtlichen Schutz, vor allem das letzte Kind, das wir im Alter von fünf Monaten aufgenommen haben. Der Richter zögerte nicht und entließ ihn aus der Entbindungsstation. Die ersten beiden Jungen, dreißig und neunzehn Monate alt, waren die gewalttätigsten und gefährlichsten kleinen Kinder, die wir je erlebt haben. Im Gegensatz dazu waren ihre jüngeren Brüder nie gewalttätig."

1990 strahlte *HBO* in seiner Reihe „America Undercover" einen Dokumentarfilm mit dem Titel „Child of rage" aus. Dieser verstörende Dokumentarfilm zeigt, wie ein sechsjähriges Mädchen, Beth Thomas, Tiere quälte und ihren jüngeren Bruder Jonathan sexuell missbrauchte. Es handelt sich um eine Zusammenstellung von Videoaufnahmen, die Dr. Ken Magid, ein klinischer Psychologe, der auf die Behandlung schwer misshandelter Kinder spezialisiert ist, während der Therapiesitzungen mit der kleinen Beth gemacht hat. Diese Kinder sind in ihren ersten Lebensmonaten oder -jahren so traumatisiert worden, dass sie keine Bindung zu anderen Kindern oder Erwachsenen aufbauen können. Sie sind Kinder, die weder lieben noch Liebe annehmen können. Sie sind sich nicht einmal bewusst, dass sie verletzen oder sogar töten können (ohne Reue).

Beths Mutter starb, als sie ein Jahr alt war, und sie und ihr jüngerer Bruder Jonathan waren der Gnade ihres Vaters, eines sadistischen Pädophilen, ausgeliefert. Die Kinder wurden schwer vernachlässigt, und Beth wurde sexuell missbraucht, bis sie 19 Monate alt war, als das Sozialamt sie dem Vater wegnahm und zur Adoption freigab. 1984 wurden die beiden Kinder einem Ehepaar, Tim und Julie, übergeben, das keine Informationen über die traumatische Vergangenheit der Kinder erhielt. Zum Zeitpunkt der Adoption war Jonathan sieben Monate alt, konnte seinen Kopf nicht halten und sich nicht auf die Seite drehen. Er hatte einen schweren Mangel an Stimulation und Fütterung. Nach einigen Monaten begannen Tim und Julie, die seltsamen Verhaltensweisen der Kinder zu beobachten und einiges über ihre Vergangenheit zu erfahren. Sie dachten, dass Beth wahrscheinlich sexuell missbraucht worden war, und es dauerte nicht lange, bis sie Anzeichen dafür zeigte. Sie hatte einen wiederkehrenden Alptraum, in dem *ein Mann auf ihr lag und ihr weh tat.* "

Der Missbrauch durch ihren leiblichen Vater veranlasste Beth zu gewalttätigem und sexualisiertem Verhalten, insbesondere gegenüber ihrem jüngeren Bruder Jonathan. Sie neigte auch dazu, wiederholt zu masturbieren, so dass sie eine Infektion bekam und ins Krankenhaus eingeliefert werden musste. Julie erwischte sie eines Tages dabei, wie sie Jonathan sexuell missbrauchte, er weinte und seine Hose war heruntergelassen. Als Julie sie fragte, was passiert sei, sagte sie, dass sie *seinen Penis gekniffen und einen Finger in sein Gesäß gesteckt* habe, dass er sie angefleht habe, aufzuhören, aber sie habe weitergemacht. Manchmal stach Beth Nadeln in ihren Bruder und ihre Haustiere. Als sie etwas älter war, schlug sie sogar Jonathans Kopf auf den Zementboden der Garage und musste mit mehreren Stichen genäht werden. Nachts mussten die Pflegeeltern sie in ihrem Zimmer einschließen. Beths Absicht war es nicht nur, ihren Bruder zu verletzen, sondern sie wollte ihn umbringen... Auf den Videoaufnahmen drückt sie in einer sehr ruhigen und vor allem sehr kalten Weise ihren Wunsch aus, ihren Bruder, aber auch ihre Eltern zu töten. Der beunruhigendste Aspekt von Beths Verhalten war ihr völliger Mangel an Reue und Scham über ihr destruktives Verhalten. Sie war sich sehr wohl bewusst, dass ihr Handeln falsch und gefährlich war, aber das war ihr egal.

Bei Beth wurde *eine „Bindungsstörung"* diagnostiziert, die durch emotionale, verhaltensbezogene und soziale Störungen gekennzeichnet ist. Dies kann sich in der Unfähigkeit äußern, angemessene soziale Interaktionen aufzubauen. Das Kind kann übermäßig distanziert oder übermäßig vertraut mit Fremden sein. Beths Fall betraf die völlige Unfähigkeit, Empathie zu entwickeln und normale emotionale Bindungen zu einem Menschen aufzubauen. Beths Verhalten war so extrem, dass sie im April 1989 aus dem Haus ihrer Adoptiveltern entfernt und in eine intensive Therapie bei dem Therapeuten Connell Watkins gegeben wurde. Trotz Beths sehr gefährlichem Verhalten war die Therapeutin überzeugt, dass sie ihr helfen konnte, so wie sie es bei anderen Kindern getan hatte, manchmal bei Mördern, die noch keine zehn Jahre alt waren... Im Laufe der Therapie begann Beth Thomas allmählich, Empathie und Reue zu entwickeln. Sie lernte, was richtig und falsch ist. Manchmal weinte sie ganz offen, wenn sie sich an ihr missbräuchliches Verhalten gegenüber ihrem kleinen Bruder erinnerte. Es dauerte mehrere Jahre, bis Beth wieder ins Gleichgewicht kam, aber wie bei allen schwer misshandelten Kindern werden die Narben ein Leben lang bleiben. Als Erwachsene erwarb Beth einen Abschluss in Krankenpflege. Sie hat ein Buch mit dem Titel „*More Than a* Thread *of Hope*" geschrieben.

Ein weiterer berühmter Fall eines übermäßig gewalttätigen, sogar mörderischen Kindes ist der der Britin Mary Flora Bell. Im Alter von elf Jahren wurde sie des Mordes an zwei Jungen im Alter von drei und vier Jahren für schuldig befunden. In ihrer frühen Kindheit wurde Mary schwer sexuell und körperlich missbraucht. Ihre Mutter, eine sado-masochistische Prostituierte, benutzte ihre Tochter während der Sitzungen mit ihren Kunden, so dass das Mädchen Grausamkeiten ausgesetzt war. Als sie heranwuchs, entwickelte Mary eine starke Wut, die sich in der Quälerei von Tieren und Versuchen, andere Kinder zu erwürgen, äußerte. Für sie waren es einfach *„Massagen"*, sie war sich der tödlichen Gefahr solcher Praktiken nicht bewusst. Es ist wahrscheinlich, dass sie das Strangulieren während der SM-Sitzungen mit ihrer Mutter gelernt hatte. Wie Beth Thomas entwickelte auch Mary keine emotionale Bindung zu ihren Eltern, sie kannte ihren Vater nicht und ihr Stiefvater war ein krimineller Alkoholiker, so dass im Haus ein ständiges Chaos herrschte.

Im Mai 1968 erwürgte Mary den vierjährigen Martin Brown. Einige Monate später erwürgte sie zusammen mit ihrer Freundin Norma einen anderen Jungen, den dreijährigen Brian Howe. Mary signierte ihre Initialen *„M"* mit einer Rasierklinge auf dem Unterleib des kleinen Opfers, die Mädchen sollen den Körper auch mit einer Schere sexuell verstümmelt haben. Mary wurde wegen Totschlags aufgrund verminderter Zurechnungsfähigkeit zu lebenslanger Haft verurteilt, obwohl sie zum Zeitpunkt der Tat noch ein Kind war: Sie wird zwölf Jahre im Gefängnis verbringen. Während ihrer Haftzeit erhielt Mary eine Verhaltenstherapie, durch die sie ein Gefühl für Recht und Unrecht entwickelte. Sie zeigte Anzeichen von Reue für die Gewalt und die Morde, die sie begangen hatte.

Dr. Robert Orton, die erste Person, die mit Mary Bell während ihrer Inhaftierung sprach, sagte über sie, dass sie die klassischen Symptome einer psychopathischen Persönlichkeit in ihrem völligen Fehlen von Gefühlen für andere zeigte. *Sie zeigte nicht die geringste Reue, Träne oder Angst. Sie war völlig teilnahmslos und ohne Groll über ihre Handlungen oder ihre Inhaftierung.* Der Psychiater sagte auch, er habe schon viele psychopathische Kinder gesehen, aber noch nie einen Fall wie Mary, der so intelligent, so manipulativ und so gefährlich war. Ein anderer Psychiater, Dr. Westbury, sagte: *„Die Manipulation von Menschen ist ihr Hauptziel.* Eine Biografie, die auf Interviews mit Mary Bell basiert, wurde 1998 von Gitta Sereny unter dem Titel *„Cries Unheard: Why Children Kill, The Story of Mary Bell"* verfasst. Unerhörte Schreie: Warum Kinder töten, Die Geschichte von Mary Bell.

1998 erschien das Buch *„Das Zauberschloss"*, die Geschichte einer Mutter, die den kleinen Alex, ein mehrfaches und gewalttätiges Kind, adoptiert. Im Jahr 1984, im Alter von 10 Jahren, zog Alex zu Carole und Sam Smith. Er hatte eine Akte mit vielen Informationen über seine Vergangenheit. Alex hatte bis zu seinem fünften Lebensjahr bei seiner Mutter und seinem Stiefvater gelebt, als er aufgrund des Alkoholismus seiner Mutter in die Obhut seines leiblichen Vaters gegeben wurde. Wegen schwerer Misshandlung und Vernachlässigung wurde Alex bis zu seinem 7. Lebensjahr in einem Heim untergebracht. Danach verbrachte er 3 Jahre in einer Pflegefamilie, bevor er zu Carole Smith kam. Als

Carole ihn das erste Mal abholte, sah sie den jungen Alex auf dem Rasen sitzen und zwei große Müllsäcke mit seinen Habseligkeiten neben sich liegen. Sie sagte hinterher: *„Ich habe ihn zwei Wochen lang behalten, es waren die längsten zwei Wochen meines Lebens! „*.

Der Ärger begann für Carol und Sam, sobald Alex bei ihnen zu Hause ankam. Er war ständig wütend und zurückgezogen. Außerdem hatte er die Reaktionen eines 2-jährigen Kindes. Sein Verhalten geriet außer Kontrolle, und er machte mehrmals Dinge kaputt. Carole hatte sogar Angst, mit ihm in die Öffentlichkeit zu gehen: *„Die Lebensmittel wurden zu Raketen und der Einkaufswagen zu einem zerstörerischen Panzer"*, sagt sie. Es dauerte nicht lange, bis Carol erkannte, welch schwerwiegende psychische Folgen der Missbrauch hatte, den er erlitten hatte, und dass sie infolgedessen viel Hilfe und Unterstützung benötigen würden. Der für sie zuständige Sozialarbeiter konnte ihr nicht weiterhelfen, so dass sich Carole und Sam schließlich an Psychiater und staatliche Sozialarbeiter wandten.

Als Alex heranwuchs, wurden seine Probleme immer größer, aber Carole kümmerte sich beharrlich um den Jungen, der nun zu einem Mitglied ihrer Familie geworden war. Als sich Alex' Probleme verschärften, ahnte Carole, dass hinter seinen Verhaltensproblemen etwas noch Tiefgreifenderes stecken könnte. Ein Therapeut vermutete, dass er multiple Persönlichkeiten haben könnte. Alex war zu diesem Zeitpunkt 14 Jahre alt. Zu dieser Zeit war er bei einem Therapeuten, der Hypnose als Behandlungsform einsetzte. Zu Caroles Überraschung war Alex in der Lage, sich hypnotisieren zu lassen, und in diesem Moment begannen die anderen Persönlichkeiten, sich zu offenbaren. Die nächsten drei Jahre waren für Carole und Sam ein ständiger Aufruhr. Sie wussten nie, welche Persönlichkeit sich durchsetzen würde, und sie erfuhren immer mehr über die Schrecken, die Alex in seiner frühen Kindheit erlitten hatte. In der Therapie lernte Alex, ein *„Zauberschloss"* zu bauen, das ihm helfen sollte, mit seiner gespaltenen Persönlichkeit umzugehen. Insgesamt wurden acht Persönlichkeiten entdeckt, Persönlichkeiten, die in der Kindheit geschaffen wurden, um ihr zu helfen, mit dem immensen Stress des wiederholten Missbrauchs fertig zu werden. Am Ende des Buches zitiert Carole eine Aussage von Alex: *„Mehrfachsein ist ein Mittel zum Überleben, kein Zeichen von Wahnsinn"*. Zum Zeitpunkt der Niederschrift dieses Berichts im Jahr 1998 lebte Alex noch bei Carole und Sam und arbeitete an der Seite ihres Adoptivvaters.[245]

Nehmen wir ein siebenjähriges Kind, das mit rituellem Missbrauch aufgewachsen ist und dem bei der Initiation der Dolch des Hohepriesters gegeben wird, um ein Baby zu opfern... stellen Sie sich vor, was aus diesem Kind im Alter von dreißig Jahren wird, wenn es die Sekte nicht verlassen hat und nicht versorgt wurde. Höchstwahrscheinlich hat er eine tiefgreifende dissoziative Störung mit einer multiplen Persönlichkeit entwickelt, die eine oder mehrere

---

[245] Das magische Schloss: Die erschütternde wahre Geschichte einer Mutter über die multiplen Persönlichkeiten ihres Adoptivsohns - und der Triumph der Heilung - Carole Smith, 1998 / Buchbesprechung von Annette Petersmeyer, Studentin der Universität von Minnesota-Duluth, Duluth, MN.

hypergewalttätige Veränderungen enthält, die tief in seinem inneren System vergraben sind und bei bestimmten Zeremonien zum Vorschein kommen.

f/ Snuff-Filme

Georges Glatz ist ein Schweizer Politiker und der Gründer der CIDE: *Internationales Komitee für die Würde des Kindes.* Diese in Lausanne ansässige NGO hat 2012 einen brisanten Bericht erstellt, der das Ausmaß des Phänomens der Pädokriminalität im Netz aufzeigt. Dieser Bericht soll erklären, warum eine bleierne Decke all diese Fälle abdeckt. Im Jahr 2000 erzählte George Glatz im Fernsehsender France 3 Élise Lucet, dass in Belgien Filme gefunden worden seien, die den realen Tod von Kindern zeigten:

- **Georges Glatz**: Snuff-Film-Kassetten werden für zehn- bis zwanzigtausend Franken verkauft...

- **Élise Lucet**: Was meinen Sie mit „Snuff-Filmen"? …

- **Georges Glatz**: Bänder mit realem Tod von Kindern...

- **Élise Lucet**: ....?!?!!...

- **Georges Glatz**: Ja, es gibt diese Bänder, sie wurden vor einigen Jahren in Belgien entdeckt, aber sie werden in den Medien nicht wirklich erwähnt.

„Vergewaltigung von Kindern: Das Ende des Schweigens", France 3 - 2000.

Eine ziemlich erschütternde Aussage, die die Journalistin Élise Lucet sprachlos machte...

Im Jahr 2008 sagte Pater François Brune in einem Videointerview[246] zu seinem Buch *Dieu et Satan, le combat continue"*:

- Es ist die Geschichte eines kleinen Jungen, der von einem Freund ungewollt in satanische Kreise hineingezogen wird... aber wirklich satanische Kreise, das heißt, dass niemand davon weiß, nicht einmal Journalisten oder spezialisierte Ermittler (...), die aber Leute mit offiziellen Positionen in der sehr hohen Verwaltung erreichen können (...).) Wenn ich selbst als Priester über Satanismus spreche, bin ich nicht sehr glaubwürdig; aber andererseits gibt es spezialisierte Ermittler, insbesondere für Pornographie und Kinderpornographie, die enthüllen werden, dass es tatsächlich Leute gibt, die filmen, wie Kinder gequält werden... und dass dies zu einem hohen Preis verkauft wird...

- Diese werden Snuff-Filme genannt....

- Hier ist es...

- Dahinter steckt für Sie also der Satan?

- Ja, natürlich! Es gibt sie... Wenn Psychologen, Polizisten oder Geheimdienstler davon sprechen, werden sie ernst genommen, aber es ist dasselbe, es ist dasselbe Phänomen...

- Es ist die Zerstörung von Gottes Schöpfung...

- Natürlich... und in seiner reinsten und zerbrechlichsten Form... sobald Satan es beschmutzen kann...

---

[246] „*Dieu et Satan, le combat continue"* - Yann-Erick interviewt Pater François Brune, *Élévation*, 2008.

Ein *Snuff-Movie* oder *Snuff-Film* (*To Snuff* bedeutet in der englischen Umgangssprache Mord) ist ein authentisches Video von Folter und Mord an Kindern oder Erwachsenen, bei dem nichts vorgetäuscht wird, sondern die kriminellen Handlungen direkt gefilmt werden. Diese Produktionen werden auf dem Schwarzmarkt für mehrere Tausend Euro verkauft und erlangen dadurch ein hohes gesellschaftliches Ansehen.

In vielen Berichten von Überlebenden rituellen Missbrauchs wird von der Anwesenheit von Kameras während des Missbrauchs und der Opferung berichtet, und dies ist ein ziemlich häufiges Merkmal. Ziel ist es, die sadistischen und kriminellen Handlungen zu verewigen, aber auch Beweise zu haben, so dass alle Beteiligten (wenn sie ihre Gesichter nicht maskiert haben) zur Verschwiegenheit verpflichtet sind. Vor allem aber werden diese Aufnahmen genutzt, um möglichst viel Geld zu verdienen, entweder durch Erpressung oder durch den Handel in spezialisierten Netzwerken.

Offiziell sind Snuff-Filme nur eine „urbane Legende", eine Art *„alte Fantasie"*. 1978 erklärte Roman Polanski in dem Dokumentarfilm *Confessions of a Blue Movie Star:*

„Alle sexuellen Tabus wurden auf der Leinwand gezeigt, und wir können uns fragen, was der nächste Schritt sein wird. Es könnte der Mord an jemandem ohne Tricks sein..."

Die Herstellung von *Schnupftabak ist eine* schreckliche Realität. Ein solcher Verkehr wurde in Großbritannien zerschlagen, wo sich Dimitri Vladimirovitch Kouznetsov, ein 30-jähriger Russe, niedergelassen hatte. Dieses Monster wurde im Jahr 2000 von der britischen Polizei verhaftet. Er produzierte Videos für eine Reihe von italienischen, englischen, amerikanischen und deutschen Kunden. Im Zuge der Ermittlungen wurden mehr als 600 Wohnungen durchsucht, und gegen 1.500 Personen, darunter Geschäftsleute und Beamte, wurde ermittelt. Die italienische Polizei beschlagnahmte etwa 3.000 von Kuznetsov produzierte Videos. Die Ermittler berichteten Journalisten, dass das Material Aufnahmen von Kindern enthielt, die durch Folter und Vergewaltigung starben. Die Staatsanwaltschaft von Neapel erwog daraufhin eine Anklage gegen die Mandanten wegen Beihilfe zum Mord, von denen einige ausdrücklich behaupteten, dass sie an der Tötung von Kindern beteiligt waren. Ein hochrangiger Zollbeamter sagte: *„Wir haben sehr, sehr gewalttätige Dinge gesehen, sadistischen Missbrauch von sehr kleinen Kindern, aber die tatsächlichen Todesfälle bringen uns auf eine ganz neue Ebene...".*

Die neapolitanische Zeitung *„Il Mattino"* veröffentlichte die Mitschrift eines Gesprächs zwischen einem italienischen Kunden und dem russischen Lieferanten, bei dem es sich um eine Aufzeichnung *des MI5 handelt*:

- Versprechen Sie mir, dass Sie mich nicht übers Ohr hauen, sagen Sie mir die Wahrheit", fordert der Italiener.

- Entspannen Sie sich, ich kann Ihnen versichern, dass diese Person wirklich stirbt", antwortet der Russe.

- Das letzte Mal, als ich bezahlt habe, habe ich nicht das bekommen, was ich wollte.

- Was wollen Sie?

- Sie sterben zu sehen...
- Das ist der Grund, warum ich hier bin...

Der Preis für ein einzelnes Video lag zwischen 340 und 6.000 Euro, wobei sich der Preis nach der Art des Inhalts richtete. Filme mit jungen nackten Kindern wurden als „Snipe-Video" bezeichnet. Die grausamste Kategorie, in der Kinder vergewaltigt und zu Tode gequält werden, erhielt den Codenamen „necros pedo".[247]

Im Jahr 1997 begann der „Draguignan-Prozess". Zum ersten Mal konnte in Frankreich das Gesetz gegen Sextourismus angewandt werden, und die Ermittlungen ermöglichten die Aufdeckung eines ausgedehnten Netzes von Pädophilen, das sowohl in Frankreich als auch im Ausland organisiert war. Während des Prozesses wurden die von der Polizei beschlagnahmten Snuff-Filme gezeigt... Die Vorführung wurde nach 20 Minuten gestoppt und der Staatsanwalt Etienne Ceccaldi erklärte vor den Kameras von Canal +: „Der Anblick von Kindern, die zu Tode gequält werden, und das alles zu kommerziellen Zwecken, ist wirklich unerträglich."

Ebenfalls 1997 strahlte der englische Sender ITV eine Dokumentation mit dem Titel „The Boy Business" über die Herstellung von Kinderpornographie in Amsterdam aus. Filmproduktionen, in denen Kinder vergewaltigt, gefoltert und getötet werden. In diesem englischen Dokumentarfilm sagen drei Briten, die Anfang der 1990er Jahre in Amsterdam lebten, unabhängig voneinander aus. Sie beschreiben die Snuff-Filme, die sie als Kinder oder Teenager gesehen haben.

In der Dokumentation „„Dutsh Injustice: When Child traffickers rule a nation. In dem Dokumentarfilm „Dutch Injustice: When Child Traffickers Rule a Nation" über den Fall Rolodex sagt ein Opfer des niederländischen Netzwerks aus: „Ich traf auch Leute, die Snuff-Filme drehten. Snuff-Filme sind Videos, in denen mehrere Kinder oder ein Kind sexuell missbraucht und dann am Ende des Films ermordet werden. Ich wurde gebeten, gegen viel Geld in einem dieser Filme mitzumachen, aber ich lehnte ab, weil ich von anderen Jungen wusste, dass es sehr gefährlich war, weil man nicht überlebt."

Der oben erwähnte CIDE-Bericht von 2012 bestätigt die Existenz von Snuff-Filmen durch Michel Thirion, einen Privatdetektiv, der im Fall Dutroux mit der Untersuchung des Verschwindens von Julie Lejeune und Melissa Russo betraut war. Seine Nachforschungen führten ihn zu einem Snuff-Ring in den Niederlanden (derselbe Ring, der von den Zeugen in dem Dokumentarfilm „The Boy Business" erwähnt wird). Er erzählte Jean Nicolas und Frédéric Lavachery von seinem Treffen mit einem Engländer, der einen Kahn in Amsterdam besaß: „Der Engländer bot mir das Beste an, was er hatte: die Tötung von Kindern. Der Engländer schlug dann das Beste vor, was er hatte: die Tötung von Kindern. Die Idee war, dass mehrere Leute auf seinen Kahn steigen, in See stechen und

---

[247] „Britische Verbindung zu 'Snuff'-Video" - theguardian.com / Jason Burke für „The Observer" 01/10/2000.

sich mit einem Kind sexuell befriedigen, bevor dieses ins Wasser geworfen wird, erklärte mir der Engländer. "[248]

Auch in Belgien scheint die Produktion von *Snuff-Filmen* über die bloße „Fantasie" hinauszugehen... 1997 wurde parallel zum Fall Dutroux ein Fall von Pädophilie und Pädo-Pornographie bekannt. Am 22. Januar 1997 veröffentlichte die Nouvelle Gazette de Charleroi einen Artikel, in dem die Existenz dieser Art von Filmen erwähnt wurde: *„In der Wohnung von Michel (und nur in seiner Wohnung, wie die Ermittler betonen) machten die Gendarmen eine schreckliche Entdeckung. Sie beschlagnahmten etwa ein Dutzend Snuff-Filme, Videokassetten, die den absoluten Horror zeigen. Die gezeigten Kinder (europäische Kinder, von denen die jüngsten 7 bis 8 Jahre und die ältesten 16 bis 17 Jahre alt zu sein scheinen) werden nicht nur von unbekannten Erwachsenen vergewaltigt. Sie werden auch von Sadisten gefoltert: Die Ermittler sprechen diskret von harten Sado-Maso-Szenen. Und zu allem Überfluss enden diese höllischen Szenen mit der (echten oder simulierten) Tötung der kleinen Opfer. Wir wissen nicht, ob diese Kinder wirklich tot sind, geben die Ermittler zu. Allerdings müssten ihre Leichen gefunden werden. Aber wenn sie inszeniert wurden, sind sie sehr realistisch. Den Ermittlern zufolge hatten wir den Verdacht, dass solche Gräueltaten auch in unserem Land im Umlauf waren. Snuff-Filme waren in unserem Land jedoch nie beschlagnahmt worden. Ich hatte ein Band dieser Art gesehen, das in Frankreich beschlagnahmt wurde"*, sagt ein Ermittler. *Sie zeigte einen Pädophilen, der ein Kind erwürgt. Aber was ich hier gesehen habe, übertrifft alles, was Sie sich vorstellen können."* [249]

In dem Dokument, das die Protokolle und Anhörungen im Fall Dutroux enthält, heißt es, dass 1997 auf dem Postamt von Ixelles ein Brief über Pädophilie abgefangen wurde, in dem von Kassetten mit Tötungen und/oder Vergewaltigungen die Rede war. Darin ist von einer „Baronin und Dutroux" die Rede. (PV 150.123/97)

Im Jahr 2004 schrieb der belgische Abgeordnete Albert Mahieu einen Brief an den Präsidenten des Gerichts von Arlon, Stéphane Goux, in dem er die Existenz eines Videobandes über den Mord an Julie Lejeune und Mélissa Russo erwähnte. Das sind die beiden kleinen Opfer, die tot im Keller von Marc Dutroux gefunden wurden. Offiziell sind sie im Keller von Marc Dutroux verhungert, als dieser im Gefängnis saß. Abgeordneter Mahieu beginnt seinen Brief mit der Feststellung, dass sie nicht an Hunger, sondern an Vergewaltigung, Missbrauch und Folter gestorben sind. Seinen Quellen zufolge *„bezeugt die Aufnahme in Farbe und mit Ton die Tortur, die Julie und Melissa erdulden mussten, bevor sie unter grausamen Umständen von einem maskierten Scharfrichter in Anwesenheit einer Gruppe von zehn bis zwölf Personen hingerichtet wurden.* Nach Angaben des (inzwischen verstorbenen) Abgeordneten gibt es mehrere Kopien dieser Videoaufnahme.

---

[248] Dossier pédophilie, le scandale de l'affaire Dutroux" - Jean Nicolas und Frédéric Lavachery, 2001.

[249] „Snuff-Filme, eine undenkbare Realität", *Donde Vamos*, 13/08/2014.

Auch im Fall Dutroux beschrieb die Zeugin X1 (Regina Louf) eine Welt voller sexueller Gewalt, Folter und Mord. Aus ihrer Aussage ging hervor, dass sie Einzelheiten zu ungelösten Morden kannte, was ohne Zugang zu Polizeiakten nicht möglich gewesen wäre. Régina Louf zitierte in ihrer Aussage das belgische Unternehmen *ASCO*. Sie nannte *die „Videoaufzeichnungsfabrik"* und nannte die Namen derjenigen, die an der Folterung und Ermordung von Kindern in der Fabrik beteiligt waren, die alle auf Videobändern aufgezeichnet wurden.[250]

In seinem Buch *„L'enfant sacrifié à Satan"*, das den Leidensweg von Samir Aouchiche schildert, stellt Bruno Fouchereau fest, dass INTERPOL auf europäischer Ebene wiederholt vor satanistischen Verbrechen gewarnt hat, wie er in seinem Buch schreibt: *„Scotland Yard hat im Januar 1996 in Lyon eine Konferenz abgehalten, um die europäische Polizei auf die Zunahme ritueller Verbrechen aufmerksam zu machen. Richter Sengelin, der leitende Ermittlungsrichter in Mulhouse, der 1990 die Entführung eines kleinen Mädchens untersuchte, wurde von denselben Polizeibeamten von Scotland Yard informiert, dass sie eine Reihe von Snuff-Filmen beschlagnahmt hatten, in denen Kinder ermordet wurden. Diese Kinder, von denen mindestens 15 europäischer Herkunft sind, wurden vor laufender Kamera getötet, nachdem sie vergewaltigt und gefoltert worden waren."*

g/ Einige Zahlen

1984 fand in Chicago das erste Treffen der *International Society for Study of Trauma and Dissociation* (*ISSTD*) statt. Nach diesem Treffen sagte Naomi Mattis (die später Mitvorsitzende des *Utah Legislative Satanic Ritual Abuse Committee* wurde) gegenüber den *Deseret News: „Von den 420 anwesenden Therapeuten hoben etwa 75 Prozent die Hand, als sie gefragt wurden, ob sie jemals Opfer von rituellem Missbrauch behandelt hätten."*

Der Psychiater Roland Summit hat über den rituellen Missbrauch von Kindern gesagt, er sei die *größte Bedrohung für das Kind und die Gesellschaft, der wir gegenüberstehen.* Dr. Summit weist darauf hin, dass er mit bis zu *1.000 Kindern zu tun hatte, die nachweislich in rituellen Missbrauch verwickelt waren.*[251]

Zwar ist es angesichts der Geheimhaltung und der Kriminalität, die das Phänomen umgeben, schwierig, reale Zahlen über die Verbreitung ritueller Traumata zu erhalten, doch gibt es immer mehr Hinweise darauf, dass das Problem ritueller Traumata weitaus verbreiteter ist als je zuvor. Dr. Kathleen Coulborn Faller von der University of Michigan hat Analysen und empirische Forschungen zum rituellen Missbrauch durchgeführt. Sie stellt fest, dass die Berichte über Missbrauch durch einzelne Kinder oder Erwachsene in hohem Maße übereinstimmen und dass Studien unabhängig voneinander die

---

[250] Scientology, die CIA und der MIVILUDES: Sekten des Missbrauchs (Videodokumentation).

[251] Schreiben an das California State Social Services Advisory Board. Summit, Roland - 26/10/1988, Okkulte Kriminalität: eine Fibel für die Strafverfolgung.

Bestätigung solcher Anschuldigungen zeigen. Von den 2 709 Mitgliedern der American Psychological Association *(APA)*, die an einer Umfrage teilnahmen, gaben 30% an, dass sie mit rituellem oder religiösem Missbrauch zu tun hatten. Von dieser Gruppe gaben 93% an, dass sie glauben, dass rituell bedingte Schäden aufgetreten sind. In einem Artikel von 1995 mit dem Titel *„Cultural and Economic Barriers to Protecting Children from Ritual Abuse and Mind Control"* *(Kulturelle und wirtschaftliche Hindernisse für den Schutz von Kindern vor rituellem Missbrauch und Bewusstseinskontrolle)* berichtet Dr. Catherine Gould, dass allein im Jahr 1992 *Childhelp USA* 1.741 Anrufe im Zusammenhang mit rituellem Missbrauch verzeichnete, *Monarch Resources* in Los Angeles etwa 5.000, *Real Active Survivors* fast 3.600, *Justus Unlimited* in Colorado fast 7.000 und *Looking Up* in Maine etwa 6.000. Dies weist auf eine sehr alarmierende Zahl von Hotline-Anfragen hin.

Eine der ersten Studien über die Existenz von rituellem Missbrauch wurde 1992 von Deborah Cole durchgeführt. Die Umfrage trug den Titel *„The Incidence of* Ritual *Abuse: A Preliminary Survey"*. Von 250 Therapeuten gaben 46% an, dass sie Patienten hatten, die von rituellem Missbrauch berichteten oder die mindestens eines der von Cole aufgeführten Kriterien erfüllten.[252]

1995 wurde von britischen Psychologen eine Studie über rituellen Missbrauch durchgeführt (Andrews, Morton, Bekerian, Brewin, Davies, Mollon). Die Forscher sammelten Daten von 810 Mitgliedern der *British Psychological Society*, die sich mit Fällen von sexuellem Missbrauch befasst hatten. 50% der Therapeuten gaben an, dass sie mit Patienten gearbeitet haben, die von satanischem rituellem Missbrauch berichteten. 80% der Therapeuten, die einen oder mehrere Patienten mit einer Geschichte von rituellem Missbrauch hatten, glaubten deren Aussagen. In einer neueren britischen Studie aus dem Jahr 2013 sammelten Ost, Wright, Easton, Hope und French Daten aus einer Online-Umfrage unter 183 klinischen Psychologen und 119 Hypnotherapeuten. Von den Psychologen hatten 38% mit einem oder mehreren Fällen von rituellem Missbrauch zu tun. Die Studie ergab, dass 25% der Hypnotherapeuten einen oder mehrere Fälle von rituellem Missbrauch erlebt hatten.[253]

In Australien veröffentlichten Schmuttermaier und Veno 1999 im *Journal of Child Sexual Abuse* eine Studie mit dem Titel *„Counselor's belief about ritual abuse: An Australian study"*. Die Studie richtete sich an Mitarbeiter von 74 *CASA-Zentren (Center Against Sexual Assault)*, 48 Psychologen und 27 Psychiater in Victoria wurden befragt. 70% der Therapeuten bestätigten die Definition des rituellen Missbrauchs und 26 von ihnen berichteten über 153 Fälle von rituellem Missbrauch, die zwischen 1985 und 1995 festgestellt wurden. Schmuttermaier und Veno schließen ihre Studie mit der Feststellung, dass die Erkennung und Diagnose von rituellem Missbrauch durch Fachleute in Australien, den USA und im Vereinigten Königreich immer ähnlich ist.[254]

---

[252] *Cult and Ritual Abuse* James & Pamela Noblitt, 2014, S.53.

[253] Ebd. S.55.

[254] Ebd. S.55.

In Südafrika wurden Studien über Kindesmissbrauch, einschließlich rituellen Missbrauchs, an Jugendlichen und jungen Erwachsenen durchgeführt. Die Studie von Madu S.N. und Peltze K. wurde 1998 im *Southern African Journal of Child and* Adolescent *Mental Health* veröffentlicht. 414 Gymnasiasten wurden nach ihren Missbrauchserfahrungen vor dem 17. Lebensjahr befragt, von denen 8% über rituelle Missbrauchserfahrungen berichteten. In einer anderen Studie mit 559 Schülern aus drei High Schools in der Provinz Mpumalanga stellte Madu fest, dass 10% der Schüler vor ihrem 17. Von 722 Universitätsstudenten berichteten 6% über einen solchen Missbrauch vor ihrem 17.[255]

In dem Artikel „*Ritual Abuse: A review of research*" (1994) zitiert Kathleen Faller eine Studie von Susan Kelley über generationenübergreifenden rituellen Missbrauch. Diese Studie mit dem Titel „*Ritualistic Abuse: Recognition, Impact, and Current Controversy*" *(Ritueller Missbrauch: Anerkennung, Auswirkungen und aktuelle Kontroverse) wurde* von Kelley 1992 auf einer Konferenz über Kindesmissbrauch in San Diego vorgestellt. Kelley untersuchte die Zeugenaussagen von 26 Kindern aus 14 Familien. Die Täter waren Eltern, Großeltern, Urgroßeltern, Onkel, Tanten, Cousins und Geschwister. Ähnlich wie in anderen Berichten war eine beträchtliche Anzahl von Missbrauchstätern weiblich (45%) und 61% der Kinder wurden von den beiden vorangegangenen Generationen missbraucht. Zu den gemeldeten Missbräuchen gehörten Drohungen und terroristische Handlungen (89%), Todesdrohungen (77%), die Herstellung von Kinderpornografie (81%), Drohungen mit Magie (89%), satanische Anspielungen (92%), das Töten von Tieren (54%), die Einnahme von Drogen (92%), Singen und Singsang (69%) und das Einnehmen oder Berühren von Fäkalien (85%)[256]

Eine internationale Studie über rituellen Missbrauch und Gedankenkontrolle wurde von deutschen und amerikanischen Forschern durchgeführt: Carol Rutz, Thorsten Becker, Bettina Overcamp und Wanda Karriker. Die 2007 gestartete Studie mit dem Titel „*Extreme Abuse Survey*" *(EAS) ist* auf Englisch und Deutsch verfügbar. Alle Fragebögen und Ergebnisse der Umfrage sind auf der Website *extreme-abuse-survey.net* verfügbar. Er enthält einen Abschnitt für Fachleute, *den Professional Extreme Abuse Survey* (P-EAS), der einen Fragebogen mit 215 Fragen enthält. 451 Fachleute aus 20 verschiedenen Ländern haben auf die Umfrage geantwortet, aus der hervorgeht, dass 86% der Fachleute, die mit mindestens einem Überlebenden eines Extremtraumas gearbeitet haben, berichten, dass sie mindestens einen Fall von satanischem rituellem Missbrauch hatten:

- 61% von ihnen hatten Patienten, die über rituellen Missbrauch im Klerus berichteten.
- 85% der erwachsenen Überlebenden von Rituellem Missbrauch (RA)/Mental Control (MC) hatten eine Diagnose der Dissoziativen Identitätsstörung.

---

[255] Ebd. S. 68.

[256] Ebd. S. 67-68.

- 65% gaben an, dass ihre Patienten mit AR/CM auf kontinuierlichen, nicht-dissoziierten Erinnerungen basierten.
- 89% der Befragten gaben an, dass die Erinnerungen an die RA/CM logisch mit anderen Aspekten des Lebens des Patienten verknüpft waren und ein ziemlich kohärentes Ganzes bildeten.
- 86% gaben an, dass die beobachteten dissoziierten Persönlichkeiten über RA/CM berichteten
- 79% gaben an, dass der Inhalt der Zeichnungen, Gemälde und Gedichte ihrer Patienten einen Bezug zu RA/CM hatte.
- 75% geben an, dass einige der medizinischen und körperlichen Folgeerscheinungen ihrer Patienten durch RA/CM erklärt werden können.
- 47% berichten, dass einige der Erinnerungen ihrer Patienten von anderen bestätigt und validiert wurden.

Die Studie enthält auch einen Abschnitt über die Überlebenden. Hier sind einige Ergebnisse aus einer Stichprobe von 1000 Befragten:
- 79% berichten von Gruppenvergewaltigungen.
- 53% berichten, in einen Käfig gesperrt worden zu sein.
- 44% berichten von Kannibalismus.
- 52% berichten über Zoophilie.
- 45% berichten, dass sie lebendig begraben wurden.
- 50% berichten, dass sie Elektroschocks erhalten haben.
- 52% geben an, sich an Kinderpornografie beteiligt zu haben.
- 46% berichten über Kinderprostitution.
- 65% geben an, dass bei ihnen eine dissoziative Identitätsstörung diagnostiziert wurde.
- 63% geben an, dass der/die Täter absichtlich dissoziative Zustände (veränderte Persönlichkeit) herbeigeführt haben, um eine Programmierung an ihnen vorzunehmen.
- 41% geben an, als Sexsklave programmiert worden zu sein.
- 18% geben an, zum Mörder programmiert worden zu sein.
- 21% berichten, dass sie darauf programmiert wurden, übersinnliche Kräfte zu entwickeln.
- 57% berichten, dass sie darauf programmiert sind, sich selbst zu zerstören, wenn sie beginnen, sich an den Missbrauch und die Programmierung zu erinnern.
- 34% geben an, dass eine oder mehrere ihrer anderen Persönlichkeiten einen Zugangscode haben.
- 28% geben an, eine andere Persönlichkeit als einen Roboter zu haben.
- 53% berichten, dass die Folterer sie glauben ließen, dass Wesenheiten, Geister oder Dämonen die Kontrolle über ihren Körper übernommen hätten.
- 15% berichten von Erfahrungen mit Zeitreisen.
- 26% geben an, Opfer von Experimenten zur Gedankenkontrolle der Regierung gewesen zu sein.

Traumatischer ritueller Missbrauch wurde oder wird noch immer in vielen Kulturen praktiziert, wobei die Opfer von veränderten Bewusstseinszuständen wie Dissoziation, Amnesie und veränderter Persönlichkeit berichten. Es hat sich gezeigt, dass diese Liste von Symptomen eines psychologischen Traumas bei Personen, die von rituellem Missbrauch berichten, fast durchweg vorhanden ist. Im Westen stammen diese Berichte von Menschen, die behaupten, „Überlebende" zu sein, viele von ihnen weisen die typischen Symptome einer schweren Dissoziation auf, und viele ihrer Erinnerungen werden in der Therapie wieder hervorgeholt. Es ist jedoch anzumerken, dass diese Erinnerungen an rituellen Missbrauch auch außerhalb der Therapie in Form von Flashbacks wiederkehren. Dies ist ein wichtiger Punkt, der hervorgehoben werden muss, da Therapeuten manchmal beschuldigt werden, bei ihren Patienten „falsche Erinnerungen" hervorzurufen (siehe Kapitel 10). In Anbetracht der Tatsache, dass es historische Berichte über rituellen Missbrauch gibt, die Jahrhunderte zurückreichen, und dass Kinder im Alter von zwei Jahren und Erwachsene in den Neunzigern weiterhin über traumatischen rituellen Missbrauch in der ganzen Welt berichten, ist es an der Zeit, Alarm zu schlagen, weil so wenig getan wurde, um Fachleute und Institutionen für dieses Problem zu sensibilisieren! Obwohl es völlig unmöglich ist, das Problem zu stoppen oder auszurotten, müssen wir über die Verleugnung hinausgehen und beginnen, die Dynamik dieses Missbrauchs zu verstehen, damit sich unsere Untersuchungsparadigmen entsprechend ändern können.

In einer überwiegend christlich geprägten Gesellschaft können satanische Symbole den Opfern eine starke archetypische Botschaft vermitteln, insbesondere wenn sie in Verbindung mit Folter und schweren Traumata verwendet werden. Es ist daher nicht notwendig, dass die Verantwortlichen ein spirituelles Glaubenssystem hinter ihren Praktiken oder Aktivitäten haben. Das bedeutet, dass diese Gruppen, unabhängig von ihrer Motivation - religiöser Glaube, sexueller Trieb, Macht oder Gedankenkontrolle - routinemäßig einen ritualisierten Rahmen nutzen, um Kinder oder Erwachsene zu missbrauchen, auszubeuten und zu manipulieren. Ihre Strukturen dienen dazu, einen ständigen Nachschub an Kindern zu gewährleisten und die Mitglieder des Netzwerks vor möglicher Strafverfolgung zu schützen.[257]

3 - EINIGE ERFAHRUNGSBERICHTE

a/ Einleitung

Zeugenaussagen über rituellen Missbrauch beschreiben alle dasselbe: Gruppenvergewaltigungen, Folter, okkulte Rituale, Drogen, Hypnose, Trance- und Dissoziationszustände, (echte oder simulierte) Opfer, Videoaufnahmen usw., und diese Zeugenaussagen sind auf allen Kontinenten zu finden.

---

[257] *Forensische Überlegungen zu rituellen Traumafällen* - Sylvia Gilotte.

Viele der Zeugnisse sind englischsprachig: Cathy O'Brien, Mark Philips, „Svali", Jeannie Riseman, Kathleen Sullivan, Kim Campbell, Brice Taylor, Jay Parker, Fritz Springmeier, Cisco Wheeler, Ted Gunderson, Paul Bonacci, John DeCamp, David Shurter, Dejoly Labrier, Anne A. Johnson Davis, Vicki Polin, Linda Wiegand, Jenny Hill, Lynn Moss Sharman, Kristin Constance, Kim Noble, Lynn Schirmer, Bill Schnoebelen, Neil Brick, Carol Rutz, Caryn Stardancer, Kathleen Sorenson, Patricia Baird Clarke, Ruth Zandstra, Glenn Hobbs, usw. Bei den meisten dieser Berichte über rituellen Missbrauch geht es auch um traumabedingte Gedankenkontrolle, die beiden Dinge sind völlig miteinander verwoben. Aber wir werden den Aspekt der MK-Programmierung in Kapitel 7 ausführlicher behandeln.

Der Inhalt dieser Zeugnisse ist besonders grausam und schockierend. Der Rest dieses Kapitels kann einige morbide Wiederholungen enthalten, da einige der Zeugnisse so ähnlich sind. Bitte verzeihen Sie die Wiederholungen, aber hier geht es darum, die Worte von kindlichen Opfern und erwachsenen Überlebenden wiederzugeben. Ein Wort, das trotz seines offensichtlich sehr beunruhigenden Aspekts gehört und beachtet werden muss. Es geht auch darum, aufzuzeigen, inwieweit die Praktiken des satanischen rituellen Missbrauchs von einem Land zum anderen und von einem Kontinent zum anderen ähnlich sind.

b/ Vereinigte Staaten

1989 sagte Leutnant Larry Jones vom Boise Police Department und Direktor des *Cult Crime Impact Network* (*CCIN*), dass diejenigen, die die Beweise für rituellen Missbrauch diskreditierten, *„Abschaum"* seien. *Wir haben rituell geopferte Babys in Connecticut, Bend, Oregon und Los Angeles gefunden... Wenn man dann noch glaubwürdige Zeugenaussagen von Überlebenden hinzunimmt, die durch Indizien verifiziert werden können, gibt es keinen Zweifel.* "[258]

In dem Dokumentarfilm Devil Worship: The Rise of Satanism (Teufelsanbetung: Der Aufstieg des Satanismus) sagt Kurt Jackson vom Beaumont Police Department: „Werden Menschen geopfert? Ja, das sind sie! Es gibt eine Reihe von Dingen, die ich untersuche, um festzustellen, ob es sich um ein rituelles Verbrechen handelt. Es könnte so etwas wie ein Pentagramm sein, ein umgekehrtes Kreuz, die Zahl 666, ein blutleerer Körper, bestimmte Körperteile, die auf eine bestimmte Weise entfernt wurden, usw.

Im selben Dokumentarfilm sagt Sergeant Randy Emon: „Ein Problem, mit dem wir konfrontiert sind, ist, dass hohe Beamte in Regierungsbehörden nicht anerkennen wollen, dass dies eine Realität ist. Wir müssen diesen Schleier des Missverständnisses lüften und ihnen sagen: Hey, das sind Verbrechen, mit denen wir uns befassen müssen! „

---

[258] *Occult Crime: a Law Enforcement Primer*, Interview mit Lieutenant Larry Jones, Boise, Idaho Police Department und Direktor, Cult Crime Impact Network.

- Ted Gunderson

Ted Gunderson leitete das FBI-Büro in Memphis (1973), dann das Büro in Dallas (1975), und 1977 wurde er zum Leiter des FBI-Büros in Los Angeles ernannt. Er ist einer der wenigen (wenn nicht sogar der einzige) hochrangige amerikanische Beamte, der das Netzwerk pädophiler Krimineller anprangert, die das Justizsystem heimlich kontrollieren. Er hat sich eingehend mit dem Fall der Martin School und dem Fall Franklin befasst.

Im Jahr 1988 trat Ted Gunderson in einer von Geraldo Rivera moderierten Fernsehsendung mit dem Titel *„Devil Worship: Exposing Satan's Underground"* auf. In der Debatte ging es um das Ausmaß satanistischer Verbrechen in den Vereinigten Staaten, hier ein Auszug:

- Ted Gunderson, pensionierter FBI-Agent, ehemaliger Leiter der Abteilung Los Angeles. Gibt es Ihrer Meinung nach wirklich ein Netzwerk, das für all diese satanischen Morde verantwortlich ist?

- Auf der Grundlage von Informationen, die ich von vertraulichen Quellen, Informanten und in den letzten Jahren auch von Dutzenden von Überlebenden satanischer Kulte erhalten habe, kann ich sagen, dass es ein Netz von Personen gibt, die in diesem Land sehr aktiv sind.

- Glauben Sie, dass diese schrecklichen Anschuldigungen über geopferte Babys wahr sind?

- Dessen bin ich mir sicher, daran besteht kein Zweifel. Dies beruht auf den Informationen, die ich aus dem ganzen Land, von mehreren Überlebenden und zahlreichen Informanten erhalten habe.

Im Jahr 1987 hielt Ted Gunderson einen Vortrag mit dem Titel *„Satanismus und internationaler Kinderhandel durch die CIA"*. Auf dieser Konferenz ging er ausführlich auf den Fall des McMartin-Kindergartens in Manhattan Beach, einem Vorort von Los Angeles, ein Fall, der damals großes Aufsehen erregte. Einige der Kinder gaben an, dass sie gezwungen wurden, an Tieropfern, aber auch an Opfern von Säuglingen und anderen Kindern teilzunehmen. Sie gaben an, dass sie gezwungen wurden, Blut zu trinken, und dass sie nekrophilen, zoophilen und skatologischen Praktiken ausgesetzt waren. Hier sind einige Auszüge aus der Konferenz:

Lassen Sie uns über den Fall Martin sprechen. Im April 1985 untersuchten die Behörden diesen Fall und suchten nach Tunneln unter der Schule. Die Kinder hatten berichtet, dass sie in Tunnel unter der Schule gebracht wurden, darunter auch in einen Raum im Keller. Dort wurden sie sexuell missbraucht, sie beschrieben Zeremonien mit Erwachsenen in Gewändern, Kerzen, religiösen Liedern (...) Die Erwachsenen waren nackt unter ihren Gewändern. Sie wurden in einen Tunnel geführt, durch eine Falltür im Badezimmer eines Dreifamilienhauses. Sie wurden in einem Auto weggebracht... wir sprechen hier von 2, 3 und 4 Jahre alten Kindern, die in diesem Netzwerk prostituiert wurden (...)

Im Frühjahr 1993 erfuhr ich, dass das Grundstück der Martin-Schule wie vereinbart von der Familie Martin an den Verteidiger verkauft worden war. Er verkaufte es an einen Bauunternehmer, der anstelle der Schule ein Bürogebäude errichten sollte. Also habe ich mich sofort mit ihm in Verbindung gesetzt und gesagt: „Sehr geehrter Herr, ich möchte gerne Zugang zu dem Grundstück haben. Er gab mir zwei Wochen Zeit. Ich unterschrieb ein Dokument, in dem ich mich verpflichtete, die Verantwortung zu übernehmen, und dann engagierten ich und einige Eltern einen Archäologen der UCLA, Dr. Gary Stickel, wohl wissend, dass ich nicht qualifiziert war, die Existenz dieser Tunnel zu bestätigen, obwohl ich sie selbst gefunden hatte. Also begannen wir mit der Ausgrabung (...) Dr. Stickel sagte uns: „Ich kann jetzt ohne jeden Zweifel sagen, dass es unter der Schule Tunnel gab und dass sie zugeschüttet worden sind (...) Ich habe einen 186-seitigen wissenschaftlichen Bericht darüber vorliegen. Wir fanden einen großen unterirdischen Eingang 2,70 Meter unter der Westwand (...) Wir fanden diese Tunnel während des zweiten Prozesses gegen Ray Buckey, so dass sie zur Verurteilung von ihm benutzt worden sein könnten. Wir informierten den Staatsanwalt, der seinen Ermittler schickte (...) Dieser Ermittler, der in Archäologie nicht qualifiziert war, sagte einfach: „Hier gibt es keine Tunnels. Und natürlich stand der Archäologe mit dem Rücken zu ihm. Auf jeden Fall haben sie diese Beweise, die soliden Beweise für diesen zweiten Prozess, die sie ignoriert haben, nicht verwendet (...)

In diesem Tunnel fanden wir eine Disney-Plastiktüte aus dem Jahr 1982 etwa 1,40 Meter unter dem Betonboden des Klassenzimmers, 1-2 Meter vom Eingang zu den Fundamenten entfernt (...) Der Tunnel ist 14 Meter unter den Klassenzimmern 3 und 4 nach Süden ausgerichtet (...) Entlang des Tunnels unter der Klasse 4 wurde eine 2,70 m breite Kammer gefunden. Die Decke der Kammer und die Oberseite der Tunnelabschnitte bestanden aus Sperrholzschichten, die mit Teerpappe abgedeckt und mit Bruchsteinen verfestigt waren. Die Merkmale der Tunnel bestätigten, dass sie von Hand gegraben worden waren (...) Die Kinder beschrieben den Eingang und den Ausgang der Tunnel gut, und dies stimmt genau mit den Tunneln überein, die der Archäologe entdeckt hatte (...) Eine weitere wichtige Tatsache war die Entdeckung einer kleinen Plastikplatte mit drei handgezeichneten Pentagrammen durch diesen Archäologen (...) Mehr als 2.000 Artefakte wurden unter dem Boden der Schule gefunden, darunter etwa 100 Tierknochen (...)

Das Team des Archäologen Gary E. Stickel fand unter der Schule genau das, was die Kinder beschrieben hatten. Die Tunnel waren mit verschiedenen Bodenarten verfüllt worden. Im Fall Martin wurde *CII-Direktor* und Mitglied der *Preschool-Age Molested Children's Professional Group*, Kee MacFarlane, 1983 von der Staatsanwaltschaft beauftragt. Sie befragte etwa 400 Kinder, die alle die Martin School durchlaufen hatten, darunter auch ehemalige Schüler, und schätzte, dass 80% von ihnen tatsächlich sexuell missbraucht worden waren. Von diesen Hunderten von Kindern wurden nur 11 in der Verhandlung gehört. Der Privatdetektiv Paul Bynum, der damals von den Anwälten der Eltern der jungen Opfer beauftragt wurde, kam ebenfalls zu dem Schluss, dass Kinder an der Schule missbraucht worden waren. Er beging Selbstmord, kurz bevor er vor den Geschworenen über die Tierknochen aussagen konnte, die er in den Tunneln gefunden hatte. Die Menschen in seinem Umfeld bestritten vehement, dass er selbstmordgefährdet war.

Das gleiche Tunnelsystem findet sich auch im Waisenhaus Haut de la Garenne auf Jersey, wo die Kinder ebenfalls nachts gefoltert und vergewaltigt wurden. Dieser Fall wurde genauso vertuscht wie der Fall der Martin-Schule. Im Jahr 2012 wurde der amerikanischen Enthüllungsjournalistin Leah MacGrath Goodman die Einreise nach England untersagt, weil sie versucht hatte, diesen Fall in Jersey zu untersuchen, der auf das Jahr 2008 zurückgeht. Die Kinder in dem Waisenhaus wurden angeblich gefoltert, vergewaltigt und sogar ermordet, und viele der kleinen Opfer sagten aus, wurden aber völlig ignoriert. Dem Journalisten zufolge wurden alle, die versuchten, den Fall zu untersuchen, von der Insel verwiesen oder aus ihrem Job entlassen. Alles deutet darauf hin, dass es sich um eine große Vertuschung handelt. So wie die Entdeckung eines Massengrabs von Kindern Ende 2011 auf dem Gelände des Mohawk Institute in Brantford, Ontario, Kanada. Es handelte sich um indianische Kinder aus Internatsschulen.

Der Fall des Martin's Nursery School ist also kein Einzelfall. Im Jahr 1988 untersuchte eine Studie mit dem Titel *„Sexueller Missbrauch in der Tagesbetreuung: eine nationale Studie"* 270 Fälle von sexuellem Missbrauch in Kindertagesstätten und Kindergärten mit 1.639 Opfern. Nach Angaben der Experten, die die Studie verfasst haben, wurde in 13% der Fälle über rituellen Missbrauch berichtet, wobei es sich um echte satanische Rituale oder Pseudorituale zur Einschüchterung von Kindern handeln könnte.[259]

Später arbeitete Ted Gunderson auch am Franklin-Fall, einem der größten Kindersex-Ring-Skandale in der Geschichte der USA, ein Fall, der mit allen möglichen Mitteln, einschließlich Mord, unterdrückt wurde. Im Fall Franklin ging es um einen Ring, der Kinder hauptsächlich aus *Boys Town* prostituierte (eine Art Waisenhausdorf, das 1917 gegründet wurde und in dem in den 1980er Jahren etwa 5000 Kinder lebten). Die Kunden dieses Rings, die von den Kindern bezeichneten Vergewaltiger, gehörten zu den reichsten und einflussreichsten Bürgern des Staates Nebraska, darunter prominente Geschäftsleute, Politiker, Journalisten und sogar Polizeibeamte. Im Fall Franklin gab es auch Berichte über rituellen Missbrauch, bei dem Kinder geopfert wurden.

- John de Camp und Paul Bonacci

John de Camp war von 1971 bis 1987 republikanischer Senator von Nebraska und Rechtsanwalt. Im Fall Franklin wurde er mit dem Fall betraut, um zu beweisen, dass diese äußerst schwerwiegenden Anschuldigungen unbegründet waren. Im Zuge seiner Ermittlungen gelangte er jedoch in den Besitz unwiderlegbarer Beweise für die Pädophilie bestimmter amerikanischer Politiker, einschließlich derer im Weißen Haus. Er konnte seinen Auftrag, die Affäre zu vertuschen, nicht mehr erfüllen. Um sich und seine Familie zu schützen, schrieb John De Camp ein Buch über den Fall mit dem Titel *„The Franklin Cover-up: Child Abuse, Satanism and Murder in Nebraska"* (Die

---

[259] *Ritueller sexueller Missbrauch: der Fall des Martinskindergartens in den Vereinigten Staaten* - Donde Vamos 20/05/2012.

Franklin-Vertuschung: Kindesmissbrauch, *Satanismus und Mord in Nebraska)*, ein Buch, das die Existenz und Funktionsweise dieses pädokriminellen und satanischen Netzwerks belegt. In dieser Veröffentlichung wird auch die wichtige Verbindung zwischen der Pädokriminalität im Netz und den Experimenten der Regierung zur Gedankenkontrolle an Bürgern, insbesondere Kindern, hergestellt.

Es gibt auch einen journalistischen Bericht mit dem Titel „*Verschwörung des Schweigens*", in dem die ganze Angelegenheit detailliert beschrieben wird. Ein Dokumentarfilm, der ursprünglich vom *Discovery-Kanal* ausgestrahlt werden sollte, der ihn jedoch einige Tage zuvor aufgrund von Druck oder Drohungen zurückzog. Die Rechte wurden zurückgekauft, um das Material in Kisten aufzubewahren. Eine Kopie wurde jedoch anonym an Senator John de Camp geschickt, der sie dann an Ted Gunderson weitergab. Heute ist dieses wichtige Videoarchiv im Internet zu sehen.

In dem Dokumentarfilm erklärt Senator John de Camp, dass dieser Ring bis zu den höchsten Behörden der Vereinigten Staaten reichte: „Offensichtlich beschützte das FBI etwas viel Wichtigeres als einen Haufen alter Pädophiler, die fragwürdige Beziehungen zu kleinen Jungen hatten. Sie schützten etwas viel Wichtigeres als eine Bande von Drogendealern. Meiner Meinung nach verfolgten sie die Interessen einiger sehr prominenter Politiker. Sehr reiche und mächtige Leute waren mit diesen Politikern und dem politischen System im Allgemeinen verbunden, einschließlich der höchsten Behörden des Landes. „

Wir sehen in diesem Dokumentarfilm auch einen der Überlebenden des Netzwerks, Paul Bonacci, der Senator John de Camp über die Existenz von Partys berichtet, die im Haus von Larry King (Lawrence E. King) organisiert werden, das für 5.000 Dollar pro Monat gemietet wird, aber auch über seine Eskapaden im Weißen Haus:

- 1981 war ich etwa 14 Jahre alt. Anfangs gab es 3 oder 4 Partys im Jahr, dann war es etwa eine im Monat (...) Einige der Kinder wurden in Zimmern im Stockwerk darunter aufbewahrt, für den Fall, dass sie wegen der Drogen unruhig wurden oder in Panik gerieten, weil sie betäubt waren. Sie sperrten sie in einen Raum, damit sie nicht entkommen konnten.

- Welche Art von Drogen?

- Alles, was man sich vorstellen kann, Kokain, Heroin, Speed...

- Sie wollen mir sagen, dass dies alles auf diesen Partys geschah, an demselben Ort, an dem Sie Larry King und andere prominente Politiker gesehen haben?

- Ja.

(...)

- Waren Sie auch schon im Weißen Haus?

- Ja.

- Und wie haben Sie sich Zugang dazu verschafft?

- Ich ging mit Larry King, aber Craig Spencer war einer der Leute, die das für uns organisiert haben. Es war eine Art Geschenk für die „Dienste", die wir für ihn geleistet haben.

- Wie oft haben Sie diese Art von Partys dort schon veranstaltet?

- Ich habe zweimal teilgenommen.
- Und wurden Sie bei diesen Gelegenheiten prostituiert?
- Ja, nachdem wir spätabends das Weiße Haus verlassen hatten. Es war wirklich seltsam, zu dieser Zeit nachts im Weißen Haus zu sein, und vor allem an Orte zu gehen, von denen uns der Mann sagte, dass dort nie jemand hinginge.

Paul Bonacci sagte auch aus, dass er Zeuge von viel blutigeren Szenen während satanischer Rituale war, bei denen Babys oder sehr kleine Kinder nach einer Vergewaltigung ermordet werden konnten. Das Ritual wurde dann mit kannibalischen Handlungen fortgesetzt. Laut Bonacci war Larry King mindestens seit Dezember 1980 in eine satanische Sekte verwickelt. In seiner schriftlichen Zeugenaussage berichtet er, dass er von King im Dezember 1980 zu einem *„Dreieck"* in einem Waldgebiet in der Nähe von *Sarpy County*, Nebraska, gebracht wurde. Dort wurde er Zeuge der Opferung eines Babys. Das Blut des Jungen wurde aufgefangen, mit Urin vermischt und von der Gemeinde konsumiert. Er selbst war gezwungen, aus dem Kelch zu trinken. Bonacci zufolge sangen die Teilnehmer alle und gaben seltsame Laute von sich, und er wusste, dass er kein Wort über das Gesehene verlieren durfte, da er befürchtete, selbst das nächste Opfer zu sein, das geopfert werden würde.

Bei Bonacci wurde eine dissoziative Identitätsstörung diagnostiziert, die auf die zahlreichen Traumata zurückzuführen ist, die er in seiner frühen Kindheit erlebt hat. Senator John DeCamp berichtet darüber in seinem Buch *„The Franklin Cover-up"*:

Dr. Judianne Densen-Gerber, die bereits erwähnte Psychiaterin und Rechtsanwältin, ist ebenfalls Mitglied der *Internationalen Gesellschaft für Multiple Persönlichkeit und dissoziative Zustände*. Sie hat bestätigt, dass Paul Bonacci an einer multiplen Persönlichkeitsstörung (jetzt umbenannt in Dissoziative Identitätsstörung, D.I.D.) leidet. Es handelt sich nicht um eine Psychose, sagt sie, sondern um eine Neurose, die aus dem Verteidigungsmechanismus des kindlichen Geistes resultiert, eine Funktion, die das Kind vor der „unvorstellbaren Grausamkeit" schützen soll. Insgesamt drei Psychiater untersuchten Paul Bonacci, und alle bestätigten die Diagnose einer multiplen Persönlichkeitsstörung.

Am 29. Dezember 1990 sagte Dr. Densen-Gerber vor dem Franklin Legislative Committee in Omaha aus. Sie wurde von Robert Creager über Paul Bonacci befragt:

- Herr Doktor, ich glaube, die Geschworenen sind zu dem Schluss gekommen, dass Herr Bonacci nicht in der Lage war, zu lügen. Haben Sie dazu etwas zu sagen?
- Ich denke, es wäre sehr schwierig für Mr. Bonacci zu lügen... Wenn man eine multiple Persönlichkeit hat, muss man nicht lügen, man verändert sich... Es gibt nichts, was Mr. Bonacci mir erzählt hat, was ich nicht schon von anderen Patienten oder Personen gehört hätte. Es ist kein Unsinn, und er gibt oft selbst zu, dass er es nicht weiß. Er hat nichts erfunden und versucht nicht, Antworten

zu geben, wie es die meisten Leute tun, die gefallen wollen. Er will nicht einmal den Eindruck erwecken, dass er Ihnen gefallen will. [260]

Hier ist, was Dr. Densen-Gerber schrieb, nachdem er Bonacci im Gefängnis besucht hatte (Bonacci wurde tatsächlich wegen Meineids verurteilt):

1) Er hat ein außergewöhnliches Gedächtnis für Details, was ihn zu einem wertvollen Zeugen macht.

2) Er lügt nicht.

3) Er hat satanische Rituale, die international von Sekten praktiziert werden, genau beschrieben, was er nicht wissen konnte, ohne selbst an ihnen teilgenommen zu haben.

Er beschreibt eine seiner Persönlichkeiten als einen Computerchip in seinem Kopf, der ihm eine obsessive Aufmerksamkeit für Details ermöglicht. Er kann Ihnen mit äußerster Genauigkeit Daten und Zeiten nennen. Ich habe noch nie ein Kind gesehen, das so etwas kann. Er ist also ein wertvoller Zeuge. Er erfindet keine Dinge, er sagt „Ich weiß es nicht", wenn er es wirklich nicht weiß.[261]

Im Oktober 1990, kurz vor der Eröffnung des Franklin-Ausschusses, beantwortete ein Polizeipsychiater, Dr. Beverly Mead, die Fragen von Senator Schmit über den Zeugen Bonacci:

- Senator De Camp: Herr Doktor, glauben Sie jetzt an diese Gespräche, die wir hier gehört haben und die wir vorhin gemeinsam gehört haben?

- Dr. Beverly Mead: Ich persönlich glaube, dass diese Details, die er uns gegeben hat, aus Erfahrungen stammen, die er tatsächlich gemacht hat...

- Senator Schmit: Wir haben Zeugenaussagen von mehreren seiner Persönlichkeiten gehört, die Namen wie Larry King, Robert Wadman usw. nennen. Glauben Sie aus Ihrer beruflichen Erfahrung heraus, dass diese Beschreibungen zutreffend sind?

- Mead: Ich möchte sie auf jeden Fall durch andere Quellen bestätigt sehen. Aber im Moment habe ich den Eindruck, dass Paul oder Alexandrew (Anm. d. Red.: eine von Bonaccis anderen Persönlichkeiten) die Dinge so wiedergibt, wie er sie in Erinnerung hat.

- Schmit: Könnte er sich das eingebildet oder geträumt haben und es uns dann heute hier erzählen? Könnte das möglich sein?

- Mead: Es wäre wirklich phänomenal, so etwas zu tun. Ich glaube nicht, dass das möglich ist. Ich denke, dass er über Dinge spricht, an die er sich tatsächlich erinnert (...) Es mag einige Details geben, die nicht sehr genau sind, aber ich denke, dass die Geschichte insgesamt so passiert ist, wie er es sagt.[262]

Trotz mehrerer psychiatrischer Gutachten, die das Phänomen schwerer dissoziativer Störungen erklären, wurden sowohl Paul Bonacci als auch Alisha Owen, eine weitere Überlebende der Franklin-Krise, wegen Meineids zu Gefängnisstrafen verurteilt. Die zerrüttete psychische Verfassung Bonaccis mit

---

[260] The Franklin Cover Up: Child Abuse, Satanism, and Murder in Nebraska - John W. DeCamp, 1992, S.127.

[261] Ebd., S. 212.

[262] Ebd., S. 127.

ihren Ungereimtheiten und Widersprüchen wurde als Schwäche seiner Aussage gewertet und machte eine Anklage wegen Meineids erforderlich! In solchen Fällen ist es üblich, den psychischen Zustand des distanzierten Opfers vorzutragen, um seine Aussage zu diskreditieren. Die Diagnose einer dissoziativen Identitätsstörung sollte im Gegenteil ein weiteres Indiz sein, das in die Akte aufgenommen wird, um zu belegen, dass das Opfer tatsächlich ein schweres Trauma erlitten hat, sogar eine psychische Kontrolle, und dass die Untersuchung fortgesetzt werden sollte, anstatt sie abzubrechen. Man sollte den Opfern zuhören und sich um sie kümmern, anstatt sie zu verurteilen. Doch in solchen Fällen besteht die traurige Logik eher darin, den Fall zu vertuschen, um ein Netz von *Unberührbaren* zu schützen.

John De Camp sagte, er habe mit mehreren der anderen Persönlichkeiten von Paul Bonacci gesprochen. Er beschrieb, wie sein Schreibstil variiert, je nachdem, welches Alter die Kontrolle hat, und wie die Erinnerungen auch von Alter zu Alter variieren können. Bonacci hat sogar eine Persönlichkeit, die Deutsch spricht und schreibt, obwohl er kaum etwas gelernt hat. Psychiater, die mit ihm gearbeitet haben, berichten, dass seine verschiedenen Persönlichkeiten nicht in der Lage sind zu lügen und ein sehr gutes fotografisches Gedächtnis haben. Es wird vermutet, dass Bonacci von klein auf einem traumabasierten Gedankenkontrollprogramm unterworfen wurde, um ihn zu einem Sklaven der Monarchen zu machen. Die Ermittler berichteten, dass das Netzwerk, das ihn zum Satanisten machte, auf der Offutt Air Force Base in der Nähe von Omaha, einem großen Luftwaffenstützpunkt, angesiedelt war. Dorthin wurde er Anfang der 1970er Jahre im Alter von drei Jahren wegen sexuellen Missbrauchs gebracht. In Offutt und später in anderen Militäreinrichtungen „trainierte" das Netzwerk ihn durch Folter, Drogen und sexuelle Gewalt, um ihn militärisch auszubilden, auch für Attentate. Die Idee war, seine Persönlichkeit durch ein Trauma zu spalten und ihn dann zu programmieren.[263]

Paul Bonacci ist eines der vielen Opfer, die dem Netzwerk zum Opfer fielen und den MK-Programmen ausgesetzt waren. Der Ausbruch des Falles Franklin vor Gericht hat es ermöglicht, dass seine Aussage öffentlich gemacht werden konnte, aber wie viele andere Opfer bleiben gefangen, deren Wort nie gehört werden wird?

Im Jahr 2004 gab Senator John de Camp ein Radiointerview mit Alex Jones. Hier einige Auszüge aus einer Zeugenaussage von Paul Bonacci, der von einer Snuff-Film-Drehung berichtet, an der er teilgenommen hat: *„Ich habe gerade das Tagebuch von Paul Bonacci genommen und einen großen Teil davon in meinem Buch veröffentlicht, eine Passage handelt von einer Reise, die er 1984 unternommen hat. Er sagt, er wurde an einen Ort in der Nähe von Sacramento gebracht, „mit großen Bäumen". Dann gingen sie zu einem Ort, an dem eine Eule stand, eine Art große geschnitzte Eule oder so etwas (...) Ich wusste damals nicht, dass es einen Ort namens Bohemian Grove gab, der auf die Beschreibung passte, ich habe Bohemian Grove nicht in das Buch geschrieben, weil ich damals nicht wusste, was es war. (Anmerkung der Redaktion: Der Bohemian Grove oder*

---

[263] Ebd., S. 327.

Bohemian Club ist eine Gruppe, die der Weltelite (hauptsächlich Amerikanern) vorbehalten ist und zu den geschlossensten der Welt gehört. Die Mitglieder treffen sich einmal im Jahr auf einem Privatgrundstück in einem Sequoia-Wald in Monte Rio, Kalifornien. Dort finden heidnisch, druidisch und babylonisch inspirierte Zeremonien an einem See statt, zu Füßen einer riesigen Eulenstatue, die Moloch darstellt, eine babylonische Gottheit, die das Symbol dieses elitären Clubs ist.) *Jedenfalls kann man mit Sicherheit sagen, dass er zu einer Zeremonie dorthin gebracht wurde, bei der sie einem anderen Jungen schreckliche Dinge antaten. Insgesamt waren es drei Jungen, die das Ganze gefilmt haben. Ich habe einfach seine Worte mit den Namen, die er dort gehört hat, aufgeschrieben (...) Denken Sie daran, dass ich damals nicht wusste, was der Bohemian Grove war, und der Junge, der das geschrieben hat, wusste es auch nicht. Alles, was er wusste, war, dass er dorthin gebracht wurde. Ich möchte Ihnen die Passage vorlesen, die Paul Bonacci geschrieben hat. Dies ist Wort für Wort das, was in seinem Tagebuch steht:*

Ich war im Januar 1984 dort. Ich wurde von den Männern, die mit King zusammen waren, für die Prostitutionsgeschichten bezahlt. Im Sommer 1984 fuhr ich mehrmals nach Dallas, Texas, und hatte Sex mit verschiedenen Männern, die King kannte, in einem Hotel. Ich reiste mit YNR (private Chartergesellschaft) und Cam (eine andere private Fluggesellschaft), die King routinemäßig nutzte. Ich hatte nie wirklich persönlich mit King zu tun, außer wenn er mir sagte, wohin ich gehen sollte. Am 26. Juli fuhr ich nach Sacramento, Kalifornien. King brachte mich in einem Privatflugzeug von einem Flugplatz in Omaha nach Denver, wo wir Nicholas abholten. Ein Junge, der etwa 12 oder 13 Jahre alt war, und dann flogen wir nach Las Vegas, wo wir zu Ranches gebracht wurden, um Ausrüstung zu holen. Dann fuhren wir zurück nach Sacramento. Wir wurden von einer weißen Limousine abgeholt, die uns zu einem Hotel brachte. Wir (Nicolas und ich) wurden dann zu einem Gebiet mit hohen Bäumen gefahren, und es dauerte etwa eine Stunde, bis wir dort waren. Dort stand ein Käfig mit einem nackten Jungen darin. Nicolas und ich mussten uns als Tarzan verkleiden und solche Sachen. Sie sagten mir, ich solle den Jungen (ich werde das Wort nicht benutzen) ***. Zuerst weigerte ich mich und einer von ihnen hielt mir eine Pistole an die Genitalien (ich benutze dieses Wort) und sagte: „Tu es, oder du wirst sie verlieren. Ich fing an, den Jungen zu ***. Nicolas wurde zu Analsex und anderen Dingen gezwungen. Man sagte uns, dass er noch Jungfrau sei und dass wir es an ihm auslassen müssten. Ich habe alles getan, um ihn nicht zu verletzen. Man hat uns gesagt, wir sollen unseren *** in seinen Mund stecken und andere Sachen... sie haben alles gefilmt. Wir machten diese Dinge mit dem Jungen etwa 30 Minuten oder eine Stunde lang, als ein Mann kam und anfing, uns auf die Genitalien zu schlagen. Er packte den Jungen und fing an, ihn zu *** und andere Dinge mit ihm zu machen (...) Dann legten sie den Jungen neben mich, einer von ihnen nahm eine Pistole und blies dem Jungen den Kopf weg. Ich hatte eine Menge Blut an mir... Ich fing an zu schreien und zu weinen, dann packten die Männer Nicolas und mich, sie zwangen uns, uns hinzulegen. Sie legten den toten Jungen auf Nicolas, der weinte, und sie legten seine Hände auf das Geschlecht des Jungen. Sie setzten den Jungen auch auf mich an und zwangen mich, das Gleiche zu tun. Dann zwangen sie mich, mit dem toten Kind zu schlafen. Sie hielten uns eine Waffe an den Kopf, um uns zu zwingen, und ich hatte überall Blut. Sie zwangen uns, den Jungen auf den Mund zu küssen. Dann musste ich noch etwas anderes machen, aber ich will es nicht einmal aufschreiben. Danach packten die Männer Nicolas und betäubten ihn, während er schrie. Sie drückten mich gegen einen Baum und hielten mir eine Waffe an den Kopf, aber sie schossen in die Luft. Ich hörte einen weiteren Schuss, dann sah ich, wie der Mann, der den Jungen getötet hatte, diesen wie ein Spielzeug zu Boden schleifte. All diese Dinge, auch als die Männer den Jungen in einen Kofferraum steckten, wurde alles gefilmt (...) Später wurden wir in ein Haus gebracht, in dem Männer versammelt waren, sie hatten den Film und sahen ihn sich an. Während die Männer zuschauten, gingen Nicolas und ich durch ihre Hände, als wären wir Spielzeug."[264]

Paul Bonacci wird genau diese Snuff-Film-Szene weinend in einem Gefängnisinterview beschreiben, das mit Gary Caradori, dem leitenden Privatdetektiv im Fall Franklin, gefilmt wurde. 1990 kam Caradori beim Absturz seines kleinen Privatflugzeugs plötzlich ums Leben, als er gerade im Begriff war, belastendes Beweismaterial zu veröffentlichen.

- Kathleen Sorenson

Kathleen Sorenson war Sozialarbeiterin, und sie und ihr Mann Ron waren Pflegeeltern für Kinder mit schweren Problemen. Insgesamt sammelte das Ehepaar etwa 30 Zeugnisse von Kindern, die sie zwischen einigen Monaten und mehreren Jahren betreut hatten. Kathleen Sorenson beschloss, darüber zu sprechen, was sie von einigen der Kinder in ihrer Obhut gelernt hatte. Sie und ihre älteste Adoptivtochter, eine Überlebende von rituellem Missbrauch, sagten öffentlich auf Foren und Konferenzen in ganz Nebraska aus. Sie hat Radio- und Fernsehinterviews gegeben. 1988 trat sie in der Sendung von Geraldo Rivera über Satanismus auf. Kathleen Sorenson war sich der Gefahr, öffentlich über diese Dinge zu sprechen, sehr bewusst. Sie starb bei einem Autounfall im Oktober 1989, kurz nachdem sie in einer christlichen Fernsehsendung in Nebraska ausgesagt hatte. Senator John De Camp veröffentlichte ihre Aussage in seinem Buch „The Franklin Cover-Up". Hier ist eine Abschrift einiger ihrer damaligen Aussagen:

Wir wurden auf dieses Thema aufmerksam, weil wir eine Pflegefamilie waren und mit einer Reihe von Kindern gearbeitet haben. Vor einigen Jahren begannen mehrere Kinder nach einer Phase der Vertrauensbildung zu sprechen. Sie berichteten von sehr seltsamen Dingen, die in ihrem Leben passiert waren, was beängstigend und gleichzeitig sehr verwirrend war. Ich wusste wirklich nicht, was ich davon halten sollte. Wir gingen zuerst zur Polizei und dann zum Sozialamt, aber es gab wirklich nichts, was wir hätten tun können. Die Kinder, mit denen wir gearbeitet haben, sind inzwischen in sichere Familien

---

[264] *Die Alex Jones Show* - Interview mit John DeCamp, 21/07/2004.

aufgenommen worden. Sie hätten sich wahrscheinlich nie geäußert, wenn sie den Menschen, mit denen sie zusammenlebten, nicht vertraut hätten.

Es gibt einige Ähnlichkeiten in den Kindergeschichten über satanische Kulte. Es gibt identische Dinge, die in jedem Zeugnis auftauchen, wie zum Beispiel Kerzen. Sie alle sprechen von Vergewaltigung. Sex ist definitiv ein großer Teil davon, alle Arten von perversen sexuellen Praktiken. Das ist das Erste, was man hört: Sex, Vergewaltigung, Inzest, also ist es schwer zu glauben. Aber wenn dies einmal akzeptiert ist, können wir vorsichtig weiterfragen, um mehr herauszufinden. Dann erfahren wir, dass es sich um Kinderpornografie handelt, also um eine systematische Praxis. Sie nutzen dies, um den Kindern zu drohen: „Wir haben Fotos, die wir der Polizei zeigen, wenn ihr redet. Die Kinder spüren dann eine große Gefahr, eine große Angst vor der Polizei. Sie sprechen über das seltsame Make-up, das die Leute in der Gruppe tragen, sie sprechen über Lieder, die sie nicht verstanden haben. Es war natürlich Gesang, das kommt in jeder Geschichte vor, aber keines der Kinder nannte es „singen". Es wurde auch getanzt. Meistens geht es dabei um sexuelle Praktiken. Es gibt immer einen Gruppenleiter, vor dem die Kinder große Angst haben.

Diese Kinder werden von klein auf, ich spreche von kleinen Kindern, in Familien geboren, die den Teufel anbeten. Das ist alles, was ich bezeugen kann, und ich gebe nicht vor, ein Experte auf diesem Gebiet zu sein. Ich kann Ihnen nur sagen, was mir die Kinder erzählt haben. Mein Mann und ich sind uns jetzt einiger Dinge bewusst, die wir nicht wissen sollten, das stimmt. Deshalb habe ich viel darüber nachgedacht, bevor ich in diese Sendung gegangen bin. Wir haben so hässliche und beängstigende Dinge gehört, die wir nur ungern öffentlich machen wollten. Es ist eine sehr schwere Sache, und ich möchte die Menschen nicht verschrecken, ihr Leben auf den Kopf stellen oder sie auf bestimmte Ideen bringen. Ich möchte nicht, dass sie denken, wenn ein Kind anfängt, über so etwas zu sprechen, hat es wahrscheinlich diese Fernsehsendung gesehen, in der ich darüber spreche. Aber wir hören mehr und mehr, und es wird sehr, sehr deutlich. Ich denke, es ist an der Zeit, dass die Menschen wissen, dass dies kein Scherz oder Spiel ist, sondern etwas, das wir nicht ignorieren oder über das wir lachen können.

Die Kinder, mit denen ich gesprochen habe, mussten alle in einem sehr jungen Alter töten. Es war etwas, das ich nicht verstehen konnte. Mit Hilfe der Hand eines Erwachsenen, der an der Zeremonie teilnimmt, bringen sie das Kind dazu, einen Mord zu begehen. Und das Schlimme ist, dass die Kinder wirklich glauben, dass sie es aus freiem Willen tun wollten. Sie wollen nachmachen, was die Erwachsenen tun, und werden dazu ermutigt. Ihr Ziel ist es, so zu werden wie die Erwachsenen. Ein kleiner Teil von ihnen hat immer noch ein natürliches, gottgegebenes Gefühl für Recht und Unrecht, aber mit der Begeisterung der Gruppe wollen sie es tun. Sie mögen auch Sex, ich wusste gar nicht, dass Kinder Sex mögen können. Warum sollten sie es bekämpfen? Ein Kind isst eine ganze Tüte mit Süßigkeiten, wenn man es zulässt. Sie werden sich freiwillig an diesen Dingen beteiligen. Wenn sie sich outen und anfangen, darüber zu reden, ist es für sie sehr schwer zu begreifen. Zunächst war uns selbst nicht klar, dass sie dies „freiwillig" taten.

Man sagt ihnen, dass sie nicht aussteigen können, dass ihnen niemand glauben wird, dass es keine Freiheit gibt. Sie sind hoffnungslos, bis sie jemanden treffen, der bereit ist, ihnen zuzuhören. Sie werden systematisch mit dem Tod bedroht. Jedes Mal, wenn ein Kind in der Gruppe getötet wird, wird ihm gesagt: „Wenn du etwas sagst, wird das mit dir passieren. Und sie haben allen Grund, das zu glauben... Selbst wenn sie in eine Pflegefamilie kommen und sich ein wenig sicher fühlen, rechnen sie immer damit, dass eines Tages eines der Sektenmitglieder an der Tür auftaucht und hinter ihnen her ist. Sie glauben, dass diese Menschen alles wissen, was sie tun und was sie sagen. Ein junges Mädchen erzählte mir, dass ihr gesagt wurde, wenn sie jemals heiraten würde und ihr Mann sie betrügen würde, dann mit einem von ihnen. Sie bereiten sie auf einen Misserfolg in allen Bereichen vor. Diese Praktiken scheinen in Iowa, Nebraska und Missouri weit verbreitet zu sein. Einige Leute haben kürzlich vorgeschlagen, dass diese Staaten eine Art Hauptquartier sein könnten.

Wenn Sie mir zuhören, wie ich über diese Dinge spreche, wird es sicherlich einen Teil von Ihnen geben, der vieles von dem, was Sie hier hören, ablehnen wird, und glauben Sie mir, auch wir haben es zunächst abgelehnt. Ich möchte mit Ihnen einige der Dinge teilen, die uns die Kinder offenbart haben, Dinge, die kein Kind wissen oder erfinden kann. Das ist es, was mich schließlich mit tiefer Rührung überzeugt hat. Dieser Schmerz und die Trauer kommen zum Vorschein, wenn diese rohen Färber anfangen zu reden.

Die Kinder, von denen ich spreche, sind diejenigen, die ich persönlich zu Hause kennen gelernt habe. Sie sind jetzt zwischen 5 und 17 Jahre alt. Als sie zum ersten Mal sprachen, waren sie zwischen 5 und 15 Jahre alt, und als diese Dinge geschahen, waren sie noch Babys, wir sprechen von sehr jungen Kindern... Wir sprechen von Kindern, deren Bewusstsein und Lernen von Richtig und Falsch noch in vollem Gange ist. Diese Kinder wissen nicht, sie können nicht wissen, was richtig ist. Sie sind völlig verwirrt. Die Ungeheuerlichkeiten, die sie zuvor begangen haben und für die sie belohnt wurden, sind so schrecklich, dass sie von anderen systematisch abgelehnt werden, wenn sie darüber sprechen. In der Regel wurden sie bereits mehrfach platziert. Wenn sie in eine Familie kommen, werden sie stehlen, Tiere verletzen usw. Das Kind kann zum Beispiel das Haus zerstückeln und es dann wegnehmen. Das Kind könnte zum Beispiel seine Bleistifte anspitzen und versuchen, Menschen zu erstechen. Natürlich wollen Familien diese Art von Verhalten nicht in ihrem Haus haben, aber sie haben keine Ahnung, was vor sich geht, sie werden einfach denken: „Wir haben ein sehr seltsames Kind. Viele dieser Kleinen werden in psychiatrische Kliniken eingewiesen, wo sie als „psychotisch" oder „schizophren" abgestempelt werden - wer will das schon? Ich preise den Herrn, der viele von ihnen in mein Leben, in unsere Familie gebracht hat. Es gibt andere Familien wie unsere, es ist nur ein Weg für den Heiligen Geist... Anders kann ich es nicht erklären...

Ich werde mit den ersten Geschichten beginnen, die wir gehört haben. Das wird sich für Sie schrecklich anhören, aber für mich ist es ziemlich sanft, denn wir haben es mit viel schwierigeren Geschichten zu tun. Der erste handelt von zwei kleinen Jungen, die 7 und 9 Jahre alt waren, als sie anfingen, über sexuelle Gewalt zu sprechen, und die sehr traurig waren. Eines Nachmittags, als wir uns über verschiedene persönliche Dinge unterhielten, sowohl negative als auch positive, begann die Kleine zu weinen. Als wir keine Erklärung bekamen, gestand uns sein älterer Bruder: „Wahrscheinlich weint er, weil er in dem Zimmer war, als sie seinen Freund umbrachten. Das war der erste Fall, den wir hörten. Sie begannen, uns die Szene zu beschreiben, sie sprachen von diesem kleinen Opfer, dessen Hände gefesselt waren und dessen Mund geknebelt war. Auf ihrem Körper waren Kreuze an den lebenswichtigen Organen angebracht. Es war sehr ungesund... Ein paar Wochen später erfuhren wir, dass nicht Erwachsene das Kind getötet hatten, sondern dieser ältere Junge, der uns davon erzählt hatte.

Der nächste Fall, über den wir sprechen werden, ist ein kleiner Junge, der geistig sehr eingeschränkt war. Er hatte Sprachprobleme, es fiel ihm sehr schwer, sich verbal auszudrücken. Als er anfing, über diese Dinge zu sprechen, waren alle überrascht über die Art, wie er sich ausdrückte. Wir waren sicher, wir wussten, dass er das nicht von anderen Kindern gehört haben konnte. Aber wir fingen an, uns zu wundern, dass diese Kinder kamen und uns mit all diesen Gräueltaten überhäuften... Das, was mich an die Wahrheit der Geschichte dieses Kindes glauben ließ, war, dass er von mehreren getöteten Babys erzählte, aber einmal rollte er sich in der Fötusstellung zusammen, während er die Geschichte von dem erstochenen Säugling erzählte, er war damals 9 Jahre alt. Er lag in der Fötusstellung, seine Augen wurden glasig und er sagte: „Sie kochen das Baby auf dem Grill... es riecht wie verrottetes Huhn oder verrottetes Reh. Er erzählte uns dann, wie sie das Herz und die Genitalien aufschneiden, um sie im Kühlschrank aufzubewahren. Eine typische Sache, die in den Zeugnissen immer wieder auftaucht, ist ihr Interesse an den Genitalien. Ich fragte ihn, wo die Überreste der Leichen hingebracht wurden, aber das Kind gab mir keine Antwort. Aber die beiden anderen Jungen, die ich bereits erwähnte, erzählten mir hinterher, dass „Babys ins Feuer geworfen wurden". Ich fragte sie, ob sie tot waren, als sie ins Feuer geworfen wurden, und der kleinste sagte: „Nein, nein, sie waren lebendig. Damals waren wir wirklich in Panik wegen all dieser Dinge! Was sollten wir denn tun? Wie können wir diesen Kindern helfen? Wo könnten wir einen Therapeuten finden, der dieses Problem behandeln könnte? ... Aber Gott hat uns ein Unterstützungssystem gegeben. Andere Familien haben uns geholfen, und das hat uns wirklich sehr geholfen.

Das nächste Kind ist ein kleines Mädchen, das 9 Jahre alt war, als es sprach. Es war sehr schmerzhaft, als sie anfing, über sexuellen Missbrauch zu sprechen. Sexueller Missbrauch ist so schädlich für Kinder... Es ist ihnen peinlich, darüber zu sprechen, weil es so intim ist. Sie begann mit dem Zeichnen von Katzen... Bei all diesen Katzen waren die Schwänze auf der anderen Seite der Seite gezeichnet, oder die Beine waren vom Körper getrennt. Als wir uns mit ihr unterhielten, erzählte sie uns, dass sie eine Katze töten musste, die Jungtiere erwartete. Sie gestand, dass sie die Katze töten musste: „Ich habe ihr ein Messer in den Hintern gesteckt und sie gedreht. Sie werden mir jetzt sagen, dass ein Kind sich solche Dinge ausdenken kann? Wenn ich ein Kind frage, wie es eine Katze töten kann, glauben Sie, dass es so antworten würde? Dies sind die schrecklichen Details, von denen uns die Kinder berichtet haben. Dann erzählte uns das kleine Mädchen, dass sie die Katze schließlich aufgeschnitten haben und sie daher wusste, dass sie Babys erwartet. Ihr zufolge aßen sie Teile des Tieres und auch die Exkremente. Sie haben auch das Blut getrunken. Das war nur der Anfang, sie musste auch ein Baby töten, auf die gleiche Weise, „das Messer in den Hintern stecken und umdrehen". Das Baby lebte und schrie... Dieses Kind hat bis heute schreckliche Albträume und heftige Flashbacks. Sie erzählte uns, dass sie das Baby zerschnitten und gegessen haben. Die Überreste wurden verbrannt und die Knochen zermahlen. Das kleine Mädchen erzählte, dass die Überreste mit Benzin übergossen wurden, um sie im Hinterhof zu verbrennen. Ich habe oft gedacht, ich sei verrückt, aber ich habe das so oft gehört, dass ich jetzt weiß, dass es so sein muss... Wir wissen, dass es Leichenhallen gibt, die an der Einäscherung der Leichen der Opfer beteiligt sind.

Die schrecklichste Einäscherungsgeschichte, die ich zu erzählen habe, etwas sehr Beunruhigendes, kam von einem Opfer, das zu dem Zeitpunkt, als sie mir davon erzählte, ein Teenager war. Sie beschrieb eine Versammlung vor einer Scheune, in der Menschen sangen. Als sie dann in die Scheune gingen, teilten sie sich in zwei Gruppen auf. Sie war nie mit ihrer ganzen Familie zusammen, sie waren immer getrennt, um an verschiedene Orte zu gehen. Ich fragte sie dann, wohin sie gehen müsse, und sie sagte: „Ich war schon immer in der Einäscherungskammer. Als sie die Einäscherungskammer beschrieb, dachte ich mir: „Wie ist sie mit ihrer ganzen Vernunft davongekommen", ich weiß es nicht. Sie war damals noch ein sehr kleines Kind.

Dieses Mädchen erzählte uns, dass diese Gruppen kleine Kinder entführen und sie fesseln. Es kann sein, dass 5 oder sogar 10 von ihnen in einer Reihe gefesselt sind. Bei dem Ritual, das sie mir erzählte, waren sie vollständig bekleidet, was ungewöhnlich ist, da sie normalerweise nackt sind. Die Kerzen wurden dann an andere Kinder verteilt, darunter auch an diesen Teenager, der damals noch ein Kind war. Die Kerzen wurden angezündet und dann gossen die Erwachsenen eine Flüssigkeit auf die Kleidung der gefesselten Kinder, die offensichtlich Benzin war. Dann gaben sie den Kindern ein Zeichen, mit den Kerzen nach vorne zu kommen und die kleinen Opfer anzuzünden. Nachdem dies geschehen war, wurden einige von ihnen erschossen. Das erste Kind, das dieses Mädchen töten musste, war einer ihrer kleinen Cousins. Sie sagt, sie könne keinen Einspruch erheben, denn wer Einspruch erhebt, wird ebenfalls getötet (...) Vor zwei Jahren brach dieses Mädchen zur Weihnachtszeit zusammen. Jeder denkt, dass Weihnachten eine wunderbare Zeit ist. Sie erzählte uns, dass sie Weihnachten hasste, dass sie es nicht ertragen konnte, weil sie nur weinende Babys hörte. Für sie ist Weihnachten die Zeit, in der die meisten Babys sterben. Sie hielt sich die Ohren zu, weinte stundenlang und rief: „Hör auf! Schluss damit! Reden Sie mit Gott und sagen Sie ihm, er soll es beenden! Alles, was sie hören konnte, waren Schreie und weinende Babys... Weihnachten ist für die Kinder, mit denen ich gesprochen habe, eine der schlimmsten Zeiten. Drei Kinder erzählten mir von einer sehr ähnlichen Zeremonie. Sie wurden in eine Kirche gebracht, in der alle Kinder zusammen waren, es war offenbar sehr festlich. Ein kleines Kind wird nach vorne gestellt, zwei von ihnen sprechen über

Babys auf einem Altar. Die Erwachsenen feiern, singen und tanzen. Die Kinder werden in diese Euphorie hineingezogen, und es bildet sich ein Kreis um denjenigen, der nach vorne gebracht wurde, der natürlich das Jesuskind darstellt. Dann fangen die Erwachsenen an, ihn auszulachen, anzuspucken, zu beschimpfen und die anderen Kinder zu ermutigen, dasselbe zu tun... Sie können sich vorstellen, wie schnell das Ganze aus dem Ruder läuft. Irgendwann geben sie allen Kindern ein Messer in die Hand, mit dem sie das Kind oder den Säugling abstechen und aufschneiden, bis es stirbt. Dann feiern sie den Tod des Jesuskindes...[265]

- Sandi Gallant

Sandi Gallant war 1988 Polizeibeamtin in San Francisco, als sie einen Bericht verfasste, in dem sie zahlreiche Fälle von rituellem Missbrauch in den Vereinigten Staaten, aber auch in Kanada, wo das Phänomen ebenfalls verbreitet ist, dokumentierte. Hier ist, was sie für die Eltern der Opfer geschrieben hat:

In den letzten Jahren wurden Polizeibeamte mit Ermittlungen konfrontiert, die eine Änderung des Vokabulars erfordern. Dieses Vokabular muss an die Verbrechen angepasst werden, die jetzt als 'ritueller sexueller Missbrauch' oder 'ritueller Kindesmissbrauch' bezeichnet werden (...) Bis vor kurzem wurden die Gesetze in diesen Fällen auf die gleiche Weise angewandt wie bei gewöhnlichem Kindesmissbrauch. Dies geschah nicht, um die Existenz von rituellem Missbrauch zu leugnen, sondern weil diese Fälle bisher nicht kategorisiert wurden. Mit anderen Worten, diese Fälle wurden wie alle anderen Fälle behandelt, weil niemand wusste, dass sie zu einem bestimmten Verbrechensszenario passen, das sich damals im Land entwickelte. Dies hat jedoch zu Problemen bei erfolgreichen Ermittlungen geführt (...) Die Vorwürfe betreffen unerträgliche und unglaubliche Arten von Missbrauch. Die Ermittler glauben den Opfern, sind aber nicht in der Lage, Beweise zu finden, die zu einer Strafverfolgung führen würden. In dem Gewirr der aufgetretenen Probleme sahen sich die Ermittler in vielen Fällen mit Fällen konfrontiert, die sie nicht beweisen konnten. Die Eltern der Opfer, die durch dieses Versagen des Systems völlig frustriert sind, brauchen Antworten und haben in der Tat ein Recht darauf zu erfahren, warum ihre missbrauchten Kinder kein Recht auf Gerechtigkeit haben. Aus diesem Grund wurde dieser Artikel geschrieben. Sie, die Eltern, sind es wert, dass die Gesetze durchgesetzt werden. Gleichzeitig brauchen wir Ihr Verständnis für die Situation.

Warum sind die Gesetze so? Als Ermittler für Ritualverbrechen in den letzten Jahren kann ich Ihnen ehrlich sagen, dass wir Fortschritte machen und dieser Bereich der Kriminalität als spezifisch und real anerkannt wird. Ich sage dies, weil kein Tag vergeht, an dem ich nicht mit anderen Strafverfolgungsbehörden in den Vereinigten Staaten und Kanada in Kontakt stehe, die nach Informationen über den Modus Operandi und die Art des rituellen

---

[265] *The Franklin Cover-Up: Child Abuse, Satanism, and Murder in Nebraska* - John W. DeCamp, 1992, S.204-210.

Missbrauchs suchen. In dieser Hinsicht machen wir Fortschritte. Während die Beamten früher nicht wussten, was sie sahen, sind sie jetzt in der Lage, die Dinge leichter zu erkennen, während die Ermittler früher nicht geschult waren, wie sie diese Straftaten erkennen können, wenn sie ihnen begegnen. Sie werden jetzt ausgebildet. Das ist alles sehr gut, aber die Eltern sehen immer noch nicht die Ergebnisse. In vielen Fällen kommen die Verdächtigen nicht einmal vor Gericht, geschweige denn werden sie für schuldig befunden. Zum Zeitpunkt der Erstellung dieses Berichts gab es nur wenige erfolgreiche Strafverfolgungen in den Vereinigten Staaten (...)

In ihrem Bericht wird Sandi Gallant an ihre Vorgesetzten schreiben:

Die in diesem Dokument enthaltenen Informationen sind so unangenehm und seltsam, dass man sie in Misskredit bringen könnte. Meine Nachforschungen in diesem Bereich haben jedoch ergeben, dass es in diesem Land und in Kanada viele solcher Fälle gibt. Die Ähnlichkeiten in den Erzählungen der kindlichen Opfer, die für diese Verbrechen herangezogen wurden, verleihen den Informationen, die von anderen aufgedeckt wurden, mehr Glaubwürdigkeit. Außerdem sagen Psychiater und Therapeuten, die die Opfer begleitet haben, dass die Konsistenz der Geschichten und die expliziten Details, die sie enthüllen, sie zu der Überzeugung bringen, dass die Kinder die Wahrheit sagen. Alle Polizeibeamten, die Informationen für diesen Bericht vorgelegt haben, sind der Meinung, dass die Opfer die Wahrheit sagen und dass die Kinder in der Tat nicht in der Lage wären, solche Geschichten zu entwickeln.

Im Laufe meiner Nachforschungen traten Ähnlichkeiten zutage, die darauf hindeuten, dass es in diesem Land mit großer Wahrscheinlichkeit ein Netzwerk von Personen gibt, die in den sexuellen Missbrauch und die wahrscheinliche Tötung von Kleinkindern verwickelt sind. Diese Fälle scheinen sich von vereinzelten Fällen von Kindesmissbrauch zu unterscheiden, da die hier genannten Verbrechen in der bewussten Absicht begangen werden, Kinder zu rituellen oder Opferzwecken zu verstümmeln und zu töten. Viele der gemeldeten Fälle zeigen auch Kinderpornografie, die über die normale Art der Kinderpornografie hinausgeht, da Kinder bei Ritualen fotografiert werden, bei denen einige Personen Gewänder, Kostüme und Kerzen tragen, Schlangen, Schwerter, Altäre sind ebenfalls vorhanden, aber es gibt noch andere Arten von rituellem Material.

Dieser Bericht wurde nie an das FBI weitergeleitet, und auch das Justizministerium weigerte sich, ihn zu prüfen.[266]

- Ältester Glenn Pace

Am 19. Juli 1990 sandte Glenn Pace, damals ein mormonischer Bischof, ein internes Memo an seine Kirche, in dem er rituellen Missbrauch anprangerte. Glenn Pace hatte nämlich eine Untersuchung über den satanischen rituellen Missbrauch innerhalb *der Kirche der Heiligen der Letzten Tage* (Mormonen)

---

[266] *Ritueller sexueller Missbrauch: der Fall des Martinskindergartens in den Vereinigten Staaten -* Donde Vamos 20/05/2012.

durchgeführt, um die systematische und weit verbreitete Verbreitung der Gedankenkontrolle anzuprangern. Er hatte etwa 60 Zeugenaussagen über traumatische Rituale und Menschenopfer gesammelt. Dieses Memorandum erregte damals so viel Aufsehen, dass die Regierung im folgenden Jahr eine Untersuchung des rituellen Missbrauchs in Utah einleitete (mit dem Ergebnis des bereits in diesem Kapitel zitierten Berichts: *„Ritual Crime in the State of Utah"*). In seinem Buch *The Darker* Side *of Evil, Corruption, Scandal and the Mormon Empire* berichtet Anson Shupe auf Seite 109 seines Buches, dass im Fall Hadfield Kinder *Geschichten von Sexorgien* erzählten, *bei denen die Teilnehmer Kostüme trugen und Erwachsene Fotos machten.*

Hier ist die Übersetzung des Memorandums dieses Bischofs, der den Mut hatte, diese Gräuel anzuprangern:

Entsprechend der Bitte des Ausschusses möchte ich Ihnen mit diesem Schreiben mitteilen, was ich über ritualisierten Kindesmissbrauch erfahren habe. Ich hoffe, dass dies für Sie bei der weiteren Beobachtung dieses Problems von Nutzen sein wird. Sie haben bereits den Bericht der LDS Social Services über Satanismus vom 24. Mai 1989, einen Bericht von Brent Ward und ein Memorandum von mir vom 20. Oktober 1989 als Antwort auf den Bericht von Bruder Ward erhalten. Daher beschränke ich mich in diesem Schreiben darauf, nur die Informationen weiterzugeben, die nicht in diesen Dokumenten enthalten waren.

Ich habe sechzig Opfer getroffen. Diese Zahl ließe sich mit zwei oder drei multiplizieren, wenn ich mich nicht auf eine Sitzung pro Woche beschränken würde. Zunächst wollte ich mich nicht auf dieses Thema einlassen, das für meine verantwortungsvolle Position ein Handicap werden könnte. Aber später spürte ich, dass ich den Preis dafür zahlen musste, um eine intellektuelle und spirituelle Überzeugung von der Ernsthaftigkeit dieses Problems innerhalb der Kirche zu erlangen.

Von den etwa sechzig Opfern, die ich traf, waren dreiundfünfzig Frauen und sieben Männer, von denen acht noch Kinder waren. Diese Übergriffe fanden an den folgenden Orten statt: Utah (37), Idaho (3), Kalifornien (5), Mexiko (2) und andere Orte (14). Dreiundfünfzig Opfer berichteten, dass sie Zeugen von oder Teilnehmer an Menschenopfern waren. Die meisten wurden von Verwandten missbraucht, oft von ihren eigenen Eltern. Alle entwickelten psychische Probleme, und bei den meisten wurde eine multiple Persönlichkeitsstörung oder eine andere Form einer dissoziativen Störung diagnostiziert.

Dieser ritualisierte Kindesmissbrauch ist die verabscheuungswürdigste Form der Kindesmisshandlung überhaupt. Das grundlegende und vorsätzliche Ziel besteht darin, diese Kinder zu foltern und zu terrorisieren, bis sie gezwungen sind, sich systematisch und methodisch zu distanzieren. Diese Folter ist nicht das Ergebnis von „Wut", sondern die Ausführung perfekt durchdachter und gut geplanter Rituale, die oft von engen Verwandten durchgeführt werden. Der einzige Ausweg für diese Kinder besteht darin, sich zu distanzieren. Sie entwickeln dann eine neue Persönlichkeit, die sie in die Lage versetzt, mit den verschiedenen Formen des Missbrauchs fertig zu werden. Wenn die traumatische Episode vorbei ist, übernimmt die Kernpersönlichkeit die Kontrolle über die Person, die sich nicht bewusst ist, was geschehen ist. Die Dissoziation dient auch dazu, all diese Dinge zu vertuschen, denn im Laufe der Zeit erinnern sich die Kinder nicht mehr an diese Grausamkeiten. Sie erreichen das Jugend- und Erwachsenenalter, ohne sich aktiv an das Geschehen (oder das, was geschehen ist) zu erinnern. In der Regel nehmen sie während ihrer Jugend und im frühen Erwachsenenalter weiterhin an Ritualen teil, ohne sich ihrer Beteiligung an diesen okkulten Aktivitäten voll bewusst zu sein. Viele Menschen, mit denen ich gesprochen habe, wurden in bestimmten Missionen eingesetzt und erinnerten sich erst viel später daran. Es kann sein, dass eine Person Erinnerungen an die Teilnahme an Ritualen hat, während sie der Sekte immer noch voll und ganz dient.

Die Opfer führen ein relativ normales Leben, die Erinnerungen sind in ihren Köpfen verschlossen und abgeschottet. Sie wissen nicht, wie sie mit einigen ihrer Gefühle umgehen sollen, weil sie die Quelle nicht finden können. Wenn sie erwachsen werden und sich in einer anderen Umgebung befinden, können bestimmte Dinge Erinnerungen auslösen, und es können auch Rückblenden oder Albträume auftreten. Diese Menschen führen ein normales Leben und finden sich dann über Nacht in einer psychiatrischen Klinik in Fötusstellung wieder. Die Erinnerungen an ihre Kindheit kommen so detailliert zurück, dass die Opfer den Schmerz, der die ursprüngliche Dissoziation verursacht hat, wieder spüren.

Es gibt zwei Gründe, warum sich Erwachsene sehr detailliert an solche Ereignisse aus ihrer Vergangenheit erinnern können: Erstens war der erlebte Schrecken so intensiv, dass er sich unauslöschlich in ihr Gedächtnis eingeprägt hat. Zweitens wurde die Erinnerung abgeschottet, so dass ein Teil des Geistes nicht dem Trauma ausgesetzt ist. Wenn diese Erinnerungen wieder auftauchen, sind sie so frisch, als ob sie gestern passiert wären.

Die Erinnerungen scheinen in Schichten aufzutauchen. Zum Beispiel kann die erste Erinnerung an Inzest sein, und dann kommen Erinnerungen an Kleider und Kerzen zurück. Dann stellen die Opfer fest, dass ihr Vater oder ihre Mutter (oder beide) während des Missbrauchs anwesend waren. Eine weitere Schicht enthält Erinnerungen daran, wie andere gefoltert und sogar getötet wurden, darunter auch Säuglinge, und schließlich die Erkenntnis, dass die Person an Opfern beteiligt war. Eine der schmerzhaftesten Erinnerungen ist manchmal, dass sie selbst ihr eigenes Baby opfern mussten. Mit jeder neuen Gedächtnisschicht kommen neue Probleme auf die Opfer zu.

Manche argumentieren, dass Zeugen, die von einer solchen Behandlung berichten, nicht zuverlässig sein können, weil das Opfer in einem instabilen Zustand ist und fast alle von ihnen an dissoziativen Störungen leiden. In der Tat sind diese Geschichten so bizarr, dass sie die Frage nach der Glaubwürdigkeit aufwerfen. Die Ironie besteht darin, dass eines der Ziele dieser Sekten darin besteht, multiple Persönlichkeiten in diesen Kindern zu schaffen, um die „Geheimnisse" zu bewahren. Sie leben in der Gesellschaft, ohne dass die Gesellschaft eine Ahnung davon hat, dass etwas nicht stimmt, denn diese Kinder und Jugendlichen sind sich nicht einmal selbst bewusst, dass sie ein anderes

Leben im Schatten und im Verborgenen führen. Wenn sich jedoch sechzig Opfer melden, die die gleiche Art von Folter und Opfern bezeugen, wird es für mich persönlich unmöglich, ihnen nicht zu glauben (...)

Die geistige Lehre, die mit diesem körperlichen Missbrauch verbunden ist, ist besonders schwer zu überwinden. Zusätzlich zu den Schmerzen und dem Terror werden den Kindern auch satanische Lehren vermittelt. Alles ist völlig umgekehrt: Weiß ist schwarz, schwarz wird weiß, gut wird böse und böse wird gut usw.

Kinder werden in Situationen gebracht, in denen sie wirklich glauben, dass sie sterben werden, z. B. wenn sie lebendig begraben oder ins Wasser getaucht werden. Zuvor fordert der Henker das Kind auf, zu Jesus Christus zu beten, ob er kommen und es retten wird. Stellen Sie sich ein siebenjähriges Mädchen vor, dem gesagt wurde, dass es sterben wird und dass es zu Jesus beten soll... und dass für sie nichts kommt, um sie zu retten, bis sie schließlich im letzten Moment von einer Person gerettet wird, die behauptet, ein Vertreter Satans zu sein. Sie wird zu einem Kind des Satans und läuft Gefahr, ihm treu zu werden.

Kurz vor oder kurz nach ihrer Taufe in der Kirche werden Kinder durch Bluttaufe in den satanischen Orden aufgenommen, der ihre christliche Taufe annullieren soll (...) All diese Dinge werden mit der Persönlichkeit getan, die geboren wurde, um die körperlichen, geistigen und seelischen Schmerzen zu ertragen. Infolgedessen entwickelt sich innerhalb dieser Menschen eine Art „Bürgerkrieg". Wenn die Erinnerungen wieder auftauchen, gibt es Persönlichkeiten, die das Gefühl haben, dass sie selbst dem Satan ergeben sind und keine Hoffnung auf Vergebung haben, während die Kernpersönlichkeit ein aktives Mitglied der Kirche ist. Wenn die Integration (Verschmelzung des Alten) stattfindet, bricht der „Bürgerkrieg" aus. Manchmal kommt in einem Interview die dunkle Seite der Persönlichkeit zum Vorschein, vielleicht versteinert oder voller Hass auf mich und das, wofür ich stehe. Diese Persönlichkeiten müssen sowohl geistig als auch psychologisch behandelt werden.

Die meisten der Opfer sind selbstmordgefährdet. Sie wurden mit Drogen, Hypnose und anderen Techniken indoktriniert, um sie in den Selbstmord zu treiben, sobald sie anfangen, die Geheimnisse zu verraten. Das Opfer wird mit dem Tod bedroht, seine Angehörigen werden ebenfalls bedroht, usw. Das Opfer hat allen Grund, diesen Drohungen Glauben zu schenken, denn es hat bereits gesehen, wie Menschen getötet wurden (...)

Der Zweck dieses Memorandums ist es, die Komplexität der psychologischen und spirituellen Therapie für diese Menschen hervorzuheben. Unsere Priester sind in solchen Fällen natürlich hilflos und wissen nicht, wie sie reagieren sollen. Was die Justiz betrifft, so ist sie völlig wirkungslos. Manche Opfer sagen zum Beispiel, dass all diese Dinge in der Vergangenheit liegen und dass sie sie beiseite schieben und sich auf ihr gegenwärtiges Leben konzentrieren sollten. Das ist einfach unmöglich. Ein Teil der spirituellen Therapie besteht darin, die Persönlichkeiten zu bekehren, die mit dem Satanismus indoktriniert worden sind. Die Opfer müssen alle ihre Persönlichkeiten integrieren, damit sie als ein kohärentes Ganzes funktionieren können, so dass sie die Probleme bewältigen und sich dann ganz auf ihr Leben konzentrieren können (...)

Die Täter führen ein Doppelleben, viele von ihnen sind anerkannte Mitglieder des (mormonischen) Tempels, weshalb die Kirche die Ernsthaftigkeit dieses Problems berücksichtigen muss (...) Ich habe mich geweigert, den Opfern zu erlauben, mir die Namen der Täter zu nennen. Ich sagte ihnen, dass es meine Aufgabe sei, ihnen bei ihrer geistigen Heilung zu helfen und dass die Namen der Täter an Therapeuten und Polizisten weitergegeben werden sollten (...) Ich behaupte nicht, dass dieses Problem weit verbreitet ist, ich weiß nur, dass ich sechzig Opfer getroffen habe. Wenn sechzig Opfer die gleichen Arten von Folter und Tötung bezeugen, ist es für mich persönlich unmöglich, ihnen nicht zu glauben (...) Natürlich habe ich nur diejenigen getroffen, die Hilfe suchten. Die meisten von ihnen waren in ihren Zwanzigern oder Dreißigern. Ich kann nur vermuten, wie viele Kinder und Jugendliche derzeit in diese okkulten Praktiken verwickelt sind, und ich bin entsetzt darüber (...)

- **Jenny Hill**

Im Oktober 2012 strahlte der US-Fernsehsender *ABC4* einen kurzen Bericht von Kimberley Nelson über die Aussage von Jenny Hill aus, einer weiblichen Überlebenden von rituellem Missbrauch, bei der 22 verschiedene Persönlichkeiten diagnostiziert wurden. Die Geschichte von Jenny Hill wird in dem Buch *„22 Faces"* beschrieben, das von ihrer Therapeutin Judy Byington geschrieben wurde, die dem Reporter berichtete:

„Sie wurde in Ritualen sexuell missbraucht, als sie sehr jung war, und entwickelte diese multiplen Persönlichkeiten, wenn sie sich in einer traumatischen Situation befand."

„Ihre erste andere Persönlichkeit wurde *„geboren"*, als sie 4 Jahre alt war. Gerade als ihr Vater, ein gläubiger Mormone, begann, das Undenkbare zu tun... Er sagte mir, dass er mich mehr liebe als meine Mutter und dass dies unser Geheimnis sei."

Erst einige Jahre später, als der rituelle Missbrauch begann, spaltete sich ihre Persönlichkeit erneut, um mit den Vergewaltigungen und Folterungen fertig zu werden. Jenny hatte keine Erinnerung an den Missbrauch, sie wusste nur, dass sie einen schweren Gedächtnisverlust hatte... Bis sie eines Tages verwirrt in einer psychiatrischen Klinik aufwachte. Dr. Weston Whatcott kümmerte sich um sie. Er erzählte dem Journalisten, dass er mehrere von Jenny Hills anderen Persönlichkeiten getroffen hat:

„Wenn das ein Film wäre, dann hätte sie mehrere Oscars verdient (...) Sie hatte eine ganz andere Stimme! Ich meine eine echte Veränderung der Stimme, eine Veränderung des Akzents, aber auch eine Veränderung des Auftretens, der Mimik, all das hat sich radikal verändert."

Dr. Whatcott entdeckte auch, dass ihre verschiedenen anderen Persönlichkeiten in Jennys Schriften zum Vorschein kommen. Sowohl in dem Tagebuch, das sie als Kind schrieb, als auch in dem Tagebuch, das sie als Erwachsene führte. In diesem Tagebuch enthüllen die anderen Persönlichkeiten, was in ihrer Vergangenheit geschehen ist. Jenny selbst war nicht davon überzeugt, dass sie all diese verschiedenen Persönlichkeiten haben könnte, bis Dr. Whatcott eines Tages eine Videoaufnahme von einer der Therapiesitzungen machte: *„Sie war fasziniert von dem, was sie dort sah, sie war wie ein kleines Kind, sie ging auf die Knie und kam näher an den Bildschirm heran... Sie konnte nicht glauben, dass sie es war, die auf dem Video zu sehen war.* Dr. Whatcott sagt, dass die Entdeckung der Aufnahmen ein echter Wendepunkt für Jenny war. Erinnerungen wurden wach, auch an Menschenopfer: *„Ich war gefesselt und sie drohten mir, dasselbe mit mir zu tun wie mit dem Opfer. An einem Punkt der Zeremonie war der Schmerz so stark, dass das Opfer hysterisch weinte... und ich weinte nicht, ich gab keinen Laut von mir... als ob ich dazu programmiert worden wäre."*

Jenny sagt, sie habe am 21. Juni 1965 gesehen, wie dieses kleine Mädchen ermordet wurde. Sie sagt, dass sie wahrscheinlich das nächste Opfer gewesen wäre, aber dass sie durch göttliche Intervention gerettet wurde...

Judy Byington: „Jenny sagte, dass sie die Füße eines Mannes in einem weißen Licht sah, sie lag auf dem Altar und er war direkt über ihr, und es unterbrach die Zeremonie."

Jenny dachte, sie sei mit ihren Erinnerungen wirklich allein, aber ihre Mutter gab vor ihrem Tod in einem Telefongespräch zu, dass sie an satanischen Ritualen beteiligt gewesen war. Sie bestätigte auch Jennys Erinnerung an das rettende weiße Licht. Das Telefongespräch zwischen Mercy Hill (Jennys Mutter) und Judy Byington wurde aufgezeichnet und in diesem *ABC4-Bericht* gesendet:

- **Journalist**: Sie haben dieses weiße Licht erwähnt, können Sie uns mehr darüber erzählen?

- **Mercy Hill**: Ich weiß es nicht, ich erinnere mich nicht an viel, aber ich glaube, da war ein weißes Licht. Es war ein bisschen weit weg von uns, und es ging runter.

- **Journalist**: Haben Sie etwas im Licht gesehen?

- **Mercy Hill**: Nein, sie war so hell, weißt du... sie hat geblendet...

- **Vicki Polin**

1989 widmete Oprah Winfrey eine ihrer Sendungen, *„The Oprah Winfrey Show"*, dem rituellen Missbrauch durch Satanisten. Die Sendung trug den Titel *„Mexikanische Satanskult-Morde"*. Im Laufe des Abends erzählte eine Frau von den Schrecken, die sie erlebt hatte, und behauptete, ihre Familie sei seit Generationen in die Rituale verwickelt gewesen. Zum Zeitpunkt ihrer Aussage befand sie sich wegen ihrer multiplen Persönlichkeitsstörung oder dissoziativen Identitätsstörung in einer intensiven Therapie. Hier ist die Abschrift ihres Interviews mit Oprah Winfrey:

- **Oprah Winfrey**: Haben auch Sie rituellen Missbrauch in Ihrer Familie erlebt?

- **Vicki Polin**: Ja, meine Familie stammt aus einer langen Reihe von Missbrauchsfällen, die bis ins 16.

- **OW**: Und so haben sie dich missbraucht?

- **VP**: Ich komme aus einer Familie, die daran glaubt...
- **OW**: Und von außen betrachtet, hielt man sie für eine respektable jüdische Familie?
- **VP**: Das ist genau das Richtige.
- **OW**: Im Haus selbst gab es zwar einen Satanskult...
- **VP**: Ja... Es gibt viele jüdische Familien im ganzen Land, nicht nur meine.
- **OW**: Wirklich? Und wer weiß schon von diesen Dingen? Eine Menge Leute jetzt. (lacht)
- **VP**: Ich habe mit einem Ermittler der Chicagoer Polizei darüber gesprochen, und mehrere meiner Freunde wissen davon. Ich habe auch schon öffentlich darüber gesprochen...
- **OW**: Sie sind also inmitten all dieses Grauens aufgewachsen. Hielten Sie das für normal?
- **VP**: Ich habe viele meiner Erinnerungen wegen meiner multiplen Persönlichkeitsstörung in mir selbst vergraben, aber ja... wenn man mit etwas aufwächst, denkt man, es sei normal. Ich dachte immer, dass...
- **OW**: Aber was für Dinge? Sie müssen uns keine blutigen Details erzählen, aber was für Dinge sind in Ihrer Familie vorgefallen?
- **VP**: Nun, es gab Rituale, bei denen Babys geopfert wurden und man musste...
- **OW**: Wem gehören die Babys?
- **VP**: Es gab Leute, die Babys zu unserer Familie brachten. Niemand hat es bemerkt, viele Frauen waren fettleibig, man konnte nicht sehen, ob sie schwanger waren oder nicht. Und wenn es einen Verdacht gab, gingen sie für eine Weile weg und kamen dann zurück. Ich möchte noch sagen, dass nicht alle Juden Babys opfern, das ist keine traditionelle Sache.
- **OW**: Sie waren also Zeuge eines Opfers?
- **VP**: Ja, als ich sehr jung war, wurde ich gezwungen, daran teilzunehmen, und ich musste ein Kind opfern.
- **OW**: Was ist der Zweck dieser Opfer, was haben Sie davon?
- **VP**: Es geht um Macht, Macht...
- **OW**: Wurden Sie selbst schon einmal benutzt?
- **VP**: Ich wurde sexuell missbraucht, mehrmals vergewaltigt...
- **OW**: Was hat Ihre Mutter gemacht? Was war ihre Rolle?
- **VP**: Ich bin mir nicht sicher, welche Rolle sie gespielt haben könnte, ich habe noch nicht alle meine Erinnerungen zurück, aber meine Familie war sehr stark daran beteiligt... Wissen Sie, sie haben mich dazu gebracht, meine beiden Eltern haben mich dazu gebracht.
- **OW**: Und wo ist sie jetzt?
- **VP**: Sie lebt in der Metropole Chicago und arbeitet bei der Human Relations Commission der Stadt, in der sie wohnt. Sie ist eine Musterbürgerin, niemand würde sie verdächtigen...
- **OW**: Wurden Sie mit der Vorstellung von richtig und falsch erzogen?
- **VP**: Ja... ich hatte beide Vorstellungen. Was ich meine, ist, dass für die Außenwelt alles, was wir taten, gut und respektabel war, und dann gab es

bestimmte Nächte, in denen die Dinge anders waren... in denen das, was schlecht war, gut wurde, und das, was gut war, etwas Schlechtes war. All dies wurde getan, um multiple Persönlichkeitsstörungen zu entwickeln.

- **OW**: Wurde es in Ihrer Familie wirklich „Teufelsanbetung" genannt oder waren nur die Dinge, die Sie taten, böse?

- **VP**: Nein, ich weiß es nicht. Ich meine, ich sagte, es sei schlecht, und sie sagten, es sei gut. Ich bin auf ein Buch mit dem Titel „Die Höhle der Lilith" gestoßen, ein Buch über jüdische Mystik und das Übernatürliche. Vieles darin hat mit dem zu tun, was ich als Kind erlebt habe. „

- Linda Weegan

Linda Weegan ist Mutter von zwei Kindern, die Opfer von rituellem Missbrauch wurden. Sie gab ihre Aussage während einer Konferenz mit Ted Gunderson ab. Hier beschreibt sie das systematische Unrechtsprotokoll, bei dem der schützende Elternteil (in der Regel die Mutter) angegriffen und gerichtlich belästigt wird, um die mutmaßlichen Täter und Netzwerke zu schützen, anstatt eine angemessene Untersuchung durchzuführen. Hier ist eine Abschrift ihrer Aussage:

Ich bin hier, um Ihnen ein Beispiel dafür zu geben, was passiert, wenn eine satanische Sekte Ihre Kinder missbraucht. Ich gehe in die Kirche, ich bin katholisch... Ich gehe in die Kirche, und doch war der Teufel etwas Äußerliches, über das man nicht sprach und das man sogar versteckte. Es war etwas, das sehr im Bereich der Science-Fiction angesiedelt war. Meine Kinder haben 1993 angefangen, über sexuellen Missbrauch zu sprechen. Sie masturbierten, sie probierten Dinge mit dem Hund aus, wie z. B. einen Bleistift oder einen Pinsel in sein Rektum zu stecken. Diese Verhaltensweisen wurden immer schlimmer (...) Ich wusste, dass ich ein sehr großes Problem hatte, aber ich hatte keine Ahnung, was es war. Also reiste ich durch das Land und suchte nach Hilfe. Ich habe die Zeichnungen meiner Kinder der Polizei übergeben. Ich hatte also all diese Zeichnungen mit Kreisen, Menschen, schwarzen Kerzen in der Mitte von Tischen, Darstellungen von Sodomie und so weiter. Ich ging in die Kirche und sagte: „Ich weiß nicht, was es ist, aber diese Zeichnungen sehen sehr bedeutsam aus. Es gibt Symbole, die ich nicht verstehe, Teufelsköpfe, Geister..." Damals hatte ich keine Ahnung, was satanischer ritueller Missbrauch ist. Die einzige Antwort, die ich von der Kirche erhielt, war, dass ich bereits eine psychiatrische Untersuchung hinter mir habe... Heute kann ich sagen, dass ich weiß, was die Symbole auf diesen Zeichnungen bedeuten.

Obwohl der Vater wegen Sodomie und Oralsex mit seinen Kindern angeklagt war, wollte mir niemand helfen. Obwohl es laufende Strafverfahren gibt, heißt es, Sie hätten diese Geschichten über satanischen rituellen Missbrauch erfunden. Ihre Glaubwürdigkeit ist gleich Null, sie existiert einfach nicht, „so etwas passiert in den USA nicht"... Konzentrieren Sie sich einfach auf die „einfache" Pädophilie, die Ihre Kinder erlitten haben...

Also brachte ich meine Jungs zu einem Institut, das auf sexuellen Kindesmissbrauch spezialisiert ist. Auch Mütter konnten zugelassen werden, und ich hatte das Sorgerecht für meine beiden Söhne. Mein Mann, seine Anwälte und der Richter fanden heraus, dass meine Kinder in einer speziellen Einrichtung waren... Dann beschlagnahmten sie mein Haus, alles, was ich besaß, von den Fotos meiner Babys bis zu meiner Kleidung, ich hatte nur einen Koffer dabei. Sie nahmen mir mein Auto, meine Post, mein Einkommen, mein Vermögen... Ich verlor alles, weil ich meine Kinder einem Spezialisten für sexuellen Missbrauch vorstellte! Sie versuchten, mich zu stoppen, weil meine Kinder etwas preisgeben könnten. Sie haben versucht, mich finanziell zu ruinieren, damit meine Kinder keine therapeutische Hilfe mehr in diesem Institut bekommen. Es wurde eindeutig eingeräumt, dass meine Söhne sexuell missbraucht worden waren, und ich kann dies mit Dokumenten belegen.

Eines Tages lud mich die Therapeutin, die sich um sie kümmerte, in ihr Büro ein, und dort sagte sie mir, dass es sich um einen klassischen Fall von S.R.A. (Satanischer Ritualmissbrauch) handelte. (Satanischer Ritueller Missbrauch)... Ich hatte keine Ahnung, wovon sie sprach, S.R.A.... Sie erklärte mir dann, was Satanischer Ritueller Missbrauch ist. Sie zeigte mir die Zeichnungen, die die Kinder in ihrem Büro angefertigt hatten. Es gab ein Bild von einem Blutopfer, bei dem sich die Menschen in die Arme schnitten und das Blut in einem Kelch auffingen. Der Kelch hatte die Form eines Teufelskopfes... usw... Es gab Orgien, Kinderopfer... Es war ein großer Schock, ich wusste nicht, was ich tun sollte, ich wusste nicht, wohin ich gehen sollte...

Ich rief alle Kinderschutzverbände und -organisationen des Landes an, um sie um Hilfe zu bitten, aber niemand gab zu, dass es satanischen rituellen Missbrauch gibt. Außerdem behaupten alle Kinderschutzverbände nur, dass sie „Kinder lieben"... aber sie helfen niemandem wirklich. Mein Kampf um die Rettung meiner Kinder hat mich also hierher gebracht, und ich kann Ihnen jetzt sagen, dass heute andere Mütter hier sind, die mich um Hilfe gebeten haben, weil ihre Kinder ebenfalls Opfer von rituellem Missbrauch sind. Das ist sehr schwer für mich, mein Leben wurde zerstört, aber ich muss sagen, es wurde zum Besseren umgebaut. John und Ben, 11 und 8 Jahre alt, lebten 15 und 16 Monate lang im Haus eines Satanisten, der Mitglied einer 25-köpfigen Gruppe in Turney, Connecticut, ist. Sie sind aktiv am rituellen sexuellen Missbrauch beteiligt. Weder der Gouverneur noch sonst jemand hat meine Kinder geschützt. Ich frage mich also: Wie weit wird das gehen? (...)

- Glenn Hobbs

1988 produzierte *Jeremiah Films* einen Dokumentarfilm mit dem Titel „*Halloween, Trick or Treat?* (in dem Caryl Matrisciana einen Ex-Satanisten, Glenn Hobbs, interviewt, der in einen Kult des rituellen Missbrauchs hineingeboren wurde. Hier ist die Abschrift des Interviews:

- Caryl Matrisciana: Glenn Hobbs wurde als Kind von seinem Großvater in eine satanistische Sekte eingeweiht und nahm über Jahre hinweg an diesen Aktivitäten teil. Ich habe Glenn vor kurzem über seine Beteiligung und die Bedeutung von Halloween für diese Okkultisten befragt.

- **Glenn Hobbs**: Meine Beteiligung an der satanischen Verehrung begann in meiner Kindheit, weil ich von Generation zu Generation Satanist war... Das heißt, meine Familie und ihre früheren Generationen waren in diese okkulten Praktiken verwickelt. Heute erinnern mich meine frühesten Erinnerungen an Halloween und alles, was damit zusammenhängt, daran, dass es eine sehr dunkle Zeit in meiner Kindheit war...

- **CM**: Glenn, kannst du uns etwas über die Halloween-Rituale erzählen, an denen du als Kind beteiligt warst?

- **GH**: Es gab noch ein anderes kleines Mädchen, das mit mir an der Sache beteiligt war. Ihr Name war Becky. Becky war nicht wie ich, sie war dazu bestimmt, geopfert zu werden. Ich war dazu bestimmt, ein Hohepriester zu sein. Sie wurde in diesen Kult hineingeboren, um ein Menschenopfer zu sein. Sie und ich wurden gemeinsam in einem Ritual getraut. Es war ein Heiratsantrag an „die Bestie". Als ich und dieses kleine Mädchen heirateten, gab es viel sexuellen Missbrauch, viel Blutvergießen, alles, um uns zu vereinen.

- **CM**: Wann beginnt das Halloween-Ritual? Was ist der eigentliche Zweck von Halloween?

- **GH**: Die Rituale, an die ich mich am deutlichsten erinnere, beginnen Ende September. Ich und das kleine Mädchen, das ich gerade erwähnte, Becky... Die Misshandlungen wiederholten sich in dieser Zeit des Jahres sehr. Wir wurden in mehrere Räume gebracht, wo wir nackt ausgezogen wurden. Die nächsten zwei Wochen verbrachten wir in einer Art Hütte, in der viele Rituale stattfanden und eine Menge Tiere geopfert wurden. Es wurden Beschwörungen an Luzifer und seine Dämonen gerichtet, damit sie kommen und von mir Besitz ergreifen würden. Ich war dazu bestimmt, ein Hohepriester zu werden, wenn die Zeit gekommen ist. In der Halloween-Nacht nahmen sie mich und das kleine Mädchen auf dem Rücksitz eines Lieferwagens mit. Die Fahrt kam uns lang vor, wieder waren wir betäubt... Schließlich hielten wir an, sie holten das kleine Mädchen heraus und ließen mich im Wagen zurück. Draußen hörte ich eine Menge Aufregung, Menschen riefen und schrien, und im Hintergrund war eine Art Gemurmel zu hören... eine Art Gesang. Ich wusste also, dass es sich um ein Ritual handelte, denn ich hatte so etwas schon oft gehört. Es war etwas Gewöhnliches für mich, Menschen zu sehen, die während dieser Rituale auf dem Boden lagen und krampften, immer mit dieser dämonischen Präsenz um sie herum... Schließlich kam eine Frau und sagte mir, dass es Zeit für mich sei, zu gehen... Also nahm sie mich aus dem Van mit, und dort konnte ich sehen, dass eine Menge Leute anwesend waren. Einige Leute trugen eine Art dunkle Gewänder mit großen Kapuzen. Sie brachten mich zu einem steinernen Altar. Ich erinnere mich, dass ich das kleine Mädchen auf dem Altar sah... Ich fragte mich zuerst, was passieren würde, denn man weiß nie, sie können den Altar für viele Dinge benutzen, es kann ein Tieropfer sein, sexueller Missbrauch durch den Hohepriester an einem Opfer, es ist schwer, das im Voraus zu wissen... Sie führten mich schließlich vor diesen Altar, dort sah ich, dass sie ihre Füße gefesselt hatten und sie an den Altar gebunden war. Auch ihre Arme waren mit einer Art Haken an den Altar gebunden. Sie war sehr weiß... Ich erinnere mich, dass sie unglaublich weiß war... Sie hatten ihr Einschnitte an den Füßen und

Handgelenken zugefügt. Sie hatten das Blut, das aus den Wunden floss, in einem Kelch aufgefangen und diesen Kelch dann an die Anwesenden weitergegeben. Dann nahm der Hohepriester den rituellen Dolch... Er richtete ihn auf das kleine Opfer, dann nahm er meine Hand, legte sie auf den Dolch und zwang mich, in die Brust zu stechen...

Was also Halloween betrifft... Wissen Sie, es war ein Höhepunkt des Jahres, die Halloween-Nacht, als sie das kleine unschuldige Mädchen töteten. Das ist etwas, das jede Halloween-Nacht passiert, es ist kein Einzelfall. Überall auf der Welt werden Kinder in der Halloween-Nacht geopfert, und in unserer Gesellschaft feiern wir das Fest, indem wir von Tür zu Tür gehen und um Süßigkeiten bitten, denn es ist für uns ein „großer Feiertag". Aber ich finde es sehr ironisch, dass einige Leute denken, es sei etwas Lustiges, während andere Menschenleben nehmen... Und trotzdem will niemand sehen, was wirklich los ist (...)

- Anne A. Johnson Davis

Anne A. Johnson Davis ist die Autorin von *Hell Minus One "*, einem 2008 erschienenen autobiografischen Buch, in dem sie von ihrer durch rituellen Missbrauch traumatisierten Kindheit erzählt, die sie im Alter von 3 Jahren begann, bis sie 17 Jahre alt war und schließlich weglief. Anne, die mit bürgerlichem Namen Rachel Hopkins heißt, hat lange gebraucht, um an die Öffentlichkeit zu gehen und aus der Anonymität herauszutreten, denn das Schreiben ihrer Autobiografie dauerte 7 1/2 Jahre.

Das Buch enthält ein Vorwort von Lieutenant Inspector Matt Jacobson vom Büro des Generalstaatsanwalts von Utah (Jacobson ist einer der Autoren des Berichts *„Ritual Crime in the State of Utah "*, der bereits in diesem Kapitel erwähnt wurde). In diesem Vorwort bestätigt Jacobson die in dem Buch enthaltenen Aussagen und weist darauf hin, dass er selbst die Missbrauchstäter, die in seiner Gegenwart gestanden haben, persönlich getroffen und befragt hat. Später erhielt Anne sogar schriftliche Geständnisse von ihren Peinigern, bei denen es sich um keine Geringeren als ihre Mutter und ihren Stiefvater handelte.

Hier ist ein Interview mit Anne Johnson Davis, das von der Gruppe S.M.A.R.T. geführt und online gestellt wurde. (*Beenden Sie heute Mind-Control und rituellen Missbrauch*)[267]

- Worum geht es in dem Buch „Hell Minus One"?

- In diesem Buch geht es um Hoffnung und Freiheit, es ist eine Biografie, ein Ausschnitt aus meinem Leben. Wie der Untertitel meines Buches besagt, ist es „meine Geschichte der Befreiung von satanischem rituellem Missbrauch und meiner Rückkehr in die Freiheit".

Dieses Buch zeigt, dass es tatsächlich Menschen gibt, die satanischen rituellen Missbrauch betreiben. Dies ist kein Mythos, wie manche behaupten. Ab dem Alter von 3 Jahren wurde ich von meinen Eltern als Objekt in Ritualen

---

[267] *„Interview mit der Autorin von Hell Minus One"* - Anne A Johnson Davis, S.M.A.R.T. /ritualabuse.us.

benutzt, bis ich im Alter von 17 Jahren von zu Hause auszog. Dieses Buch handelt von dem Missbrauch, den ich erlitten habe, und von den Schritten, die ich unternommen habe, um meine Freiheit wiederzuerlangen, mich selbst zu heilen und meinen Missbrauchstätern schließlich zu vergeben. Das Buch erzählt von den Entscheidungen, die ich getroffen habe, von einigen Wundern und von der entscheidenden Hilfe, die ich erhalten habe. Hilfe, die es mir ermöglichte, diese tragische Vergangenheit zu überwinden. Es geht auch um die Verpflichtung, die ich eingegangen bin, um ein neues Leben in Liebe, Entschlossenheit und positiven Vorsätzen zu führen.

- Warum haben Sie dieses Buch geschrieben?

- Als ich in der Genesung war, begann ich zu verstehen, dass sich mein Leben und meine psychische Gesundheit nicht nur meinetwegen verbessern würden. Ich fühlte mich berufen, anderen Freiheit und Hoffnung zu bringen. Auch mein Mann Bruce war von dieser Berufung überzeugt und ermutigte mich immer wieder, dieses Buch zu schreiben. Er war der Meinung, dass meine Erfahrung einen Beitrag leisten könnte. Zunächst sträubte ich mich, weil ich nicht bereit war, mich auf etwas einzulassen, das immense und schmerzhafte Anstrengungen erforderte. Aber während ich geheilt wurde, wuchs in mir der Wunsch, anderen Mut zu machen. Aus meiner Erfahrung heraus wollte ich, dass Missbrauchsopfer Hoffnung schöpfen, dass sie es schaffen können, die scheinbar unüberwindbaren Hindernisse zu überwinden. Was uns bevorsteht, können wir überwinden - und sogar besser machen. Dann werden sich die Türen öffnen und die Hilfe wird kommen, wenn wir alles für das GUT geben.

Ich habe Beweise für satanischen rituellen Missbrauch. Ich habe auch Erinnerungen, die mir wieder eingefallen sind, und ich habe das alles in Briefen deutlich festgehalten. Diese Briefe wurden mit schriftlichen Geständnissen meiner Missbrauchstäter zurückgeschickt, bei denen es sich um meine eigene Mutter und meinen Stiefvater handelte. Auch meine Halbbrüder schickten Briefe an die Behörden, um meine Anschuldigungen zu bestätigen. Zwei mit der Generalstaatsanwaltschaft verbundene Inspektoren haben daraufhin mündliche und schriftliche Geständnisse von den Tätern erhalten.

- Wer sollte Ihr Buch lesen?

- Die Geschichte in meinem Buch soll den Opfern Hoffnung geben. Hoffnung für diejenigen, die noch gefangen sind. Ich hoffe, dass es andere Möglichkeiten gibt und dass sie eine Wahl haben. Es ist auch ein Aufruf an diejenigen, die in der Lage sind, ihnen zu helfen, wie z. B. Anwälte, psychologische Fachkräfte, die Kirche und sogar Menschen, die sich den Zeugnissen öffnen, die ihnen manchmal gegeben werden. Dieses Buch ist auch für diejenigen gedacht, die eine Biografie lesen möchten, in der das Gute und das Licht das Böse und die Dunkelheit überwunden haben.

- Was ist die wichtigste(n) Botschaft(en) Ihres Buches?

- Dass unsere Widrigkeiten nicht unsere Identität sind. Was wir getan haben oder was uns angetan wurde, ist nicht das, was wir sind. Egal, was uns angetan wurde - oder welche Fehler wir gemacht haben - wir können es überwinden und unserem authentischen, wahren Selbst treu bleiben. Das Gute und das Licht überwinden immer das Böse und die Dunkelheit. Unsere von Gott gegebene Fähigkeit, unser Leben selbst zu lenken, geht niemals verloren, niemals!

Dieses Buch ist für alle, die Ermutigung brauchen oder sich in einer beruflichen oder persönlichen Situation befinden, in der sie jemanden unterstützen und ermutigen müssen. Der Untertitel meines Buches lautet: „Meine Geschichte der Befreiung von satanischem rituellem Missbrauch und meine Rückkehr in die Freiheit". Ich sage „Befreiung" und nicht „Flucht", weil ich das nicht allein geschafft hätte. Ich habe Hilfe von einer höheren Macht erhalten. Ich glaube nicht, dass sich jemand aus eigener Kraft aus diesen Fesseln befreien kann. Die Botschaft dieses Buches geht über die bloße Überwindung von satanischem rituellem Missbrauch hinaus, sie gilt gleichermaßen für alle Menschen, Einzelpersonen, Vereine, Unternehmen, denn es geht um die Überwindung scheinbar unüberwindbarer Hindernisse. Wir alle haben Goliaths, denen wir uns stellen und die wir überwinden müssen. Dieser Prozess der Konfrontation mit dem Hindernis und seiner Überwindung ist nie einfach und erfordert Engagement und harte Arbeit. Aber das Ergebnis dieser Arbeit verändert Ihr Leben für immer. Der einzige Ausweg ist die Flucht durch sie.

- Wie lange haben Sie gebraucht, um dieses Buch zu schreiben?

- Schauen wir mal... Wie alt bin ich? ... Ich habe ein Leben lang gebraucht! Erst 47 Jahre, um es zu erleben, dann musste ich es „nacherleben" und verarbeiten. Dann dauerte es 6 Jahre des Schreibens und schließlich 18 Monate, um das endgültige Manuskript zu korrigieren und zu bearbeiten. Das Buch wurde im Dezember 2008 veröffentlicht.

- Welche Untersuchungen haben Sie durchgeführt?

- Forschung? Ich brauchte keine Nachforschungen anzustellen. Ich habe es erlebt, dann habe ich mich daran erinnert. Die Erinnerungen kamen mit kristalliner Klarheit zurück, eine nach der anderen, Tag für Tag, Woche für Woche, Monat für Monat. Sie fügte ein schockierendes Puzzle zusammen, dessen ich mir überhaupt nicht bewusst war. Ich schrieb ausführliche Briefe über das Geschehene und erhielt schließlich schriftliche Geständnisse von meinen Eltern: meiner Mutter und meinem Stiefvater. Diese schriftlichen Geständnisse wurden durch mündliche Geständnisse gegenüber dem Generalstaatsanwalt von Utah ergänzt.

- Was war das Schwierigste bzw. die größte Herausforderung beim Schreiben Ihres Buches „Hell Minus One"?

- Die Entschlossenheit und den Mut zu finden, über sieben Jahre lang an diesem Projekt zu arbeiten und ein Manuskript mit schrecklichen und schmerzhaften Details zu schreiben und wieder zu lesen. Aber die dunkle Seite meiner Geschichte wurde durch die helle Seite ausgeglichen, die letztlich die wichtigste ist. Diese Quellen der Positivität sind mein Glaube und meine spirituellen Erfahrungen, aber auch großartige Umstände und Menschen, die mein Leben begleitet haben.

- In den ersten Kapiteln des Buches beschreiben Sie viele detaillierte Erinnerungen aus der Zeit, als Sie drei Jahre alt waren. Wie haben Sie sich das alles gemerkt? War sie schon immer da, oder ist sie Ihnen beim Schreiben wieder eingefallen?

- Die meisten dieser Erinnerungen kamen in der Therapie zur Sprache. Weitere Details kamen im Laufe der Jahre hinzu, als ich daran arbeitete, meine Geschichte aufzuschreiben. Mein Lektor und ich arbeiteten gemeinsam an der Fertigstellung des Manuskripts. Irgendwann fragte er mich, ob ich mehr wüsste. Um Authentizität und Genauigkeit zu bewahren, habe ich mir Zeit genommen und die Details in aller Ruhe auf sich wirken lassen.

- Waren Ihre Brüder und Schwestern Opfer wie Sie? Oder waren sie Satanisten wie deine Eltern?

- Meine Halbbrüder haben Briefe an die Kirchenbehörden geschrieben, in denen sie mein Zeugnis unterstützen und bestätigen. Ich respektiere ihre Privatsphäre und möchte nicht für sie sprechen. Sie waren keine Opfer wie ich, ich war ein „Fleck" in der Familie, galt als „Bastard" und wurde als Opferobjekt benutzt.

- Wie haben Sie es geschafft, diese Bekennerschreiben von Ihren Eltern zu bekommen?

- Zu Beginn meiner Therapie, als ich noch Kontakt zu ihnen hatte, rief ich sie an und fragte sie, ob sie an die Kirchenbehörden schreiben könnten, um meine Anschuldigungen zu bestätigen. Und das taten sie.

- Die Bekennerbriefe Ihrer Eltern sind in Ihrem Buch detailliert veröffentlicht. Sie haben in mehreren Absätzen Ellipsen verwendet. Was haben Sie weggelassen und warum?

- Dies sind Abschnitte, die zu verrückt und zu gewalttätig waren, um veröffentlicht zu werden. Dieses Buch vermittelt vor allem eine Botschaft der Hoffnung und Ermutigung, der Befreiung und Heilung. Mit der Aufnahme dieser Bekennerschreiben wollte ich dem Leser genügend Informationen geben, damit er weiß, wie ungesund es war. Aber ich wollte nicht, dass der Inhalt so anstößig und schockierend ist, dass der Leser das Buch zuklappt.

Es gab auch Anspielungen auf meine Halbgeschwister, und aus Respekt vor deren Privatsphäre habe ich diese Passagen entfernt.

- Wo sind die Bekennerschreiben Ihrer Eltern heute?

- Die Originale werden in einem Safe aufbewahrt.

- Sind sie für die Öffentlichkeit zugänglich? Wenn nicht, warum nicht?

- Sie sind für die Öffentlichkeit nicht zugänglich. Sie wurden dem Generalstaatsanwalt von Utah während seiner Ermittlungen zur Verfügung gestellt. Sie wurden auch dem Verlag zur Verfügung gestellt, als das endgültige Manuskript geschrieben wurde. Aufgrund der Art des Inhalts dieser Briefe, die oft schockierende grafische Details enthalten, sowie der Tatsache, dass es sich um Verleumdungen handelt, da Namen genannt werden, sind diese Briefe jedoch nicht öffentlich zugänglich.

- Ihre Eltern begannen im Alter von 3 Jahren, Sie rituell zu missbrauchen, und das ging so weiter, bis Sie im Alter von 17 Jahren das Haus verließen. Danach begannen Sie in Ihren 30ern mit Wutanfällen... Ende der 90er Jahre hatten Sie die Therapie abgeschlossen und waren auf dem Weg der Besserung. Das war vor über einem Jahrzehnt, und heute sind Sie über 50 Jahre alt. Sie sagen, Sie haben sieben Jahre gebraucht, um „Hell Minus One" zu schreiben. Warum haben Sie Ihr Buch nicht früher geschrieben? War es eine emotionale

Angelegenheit, mussten Sie sich erst bereit fühlen, bevor Sie diese Memoiren veröffentlichen konnten?

- Vor 2001 hatte ich nicht das Bedürfnis, ein Buch zu schreiben, das möglicherweise anderen helfen könnte. Das Schreiben von „Hell Minus One" dauerte viel länger, als ich erwartet hatte. Aber ich wollte, dass das Manuskript in jedem Detail authentisch ist und auch eine gute Schreibqualität hat. Es dauerte 18 Monate, das Manuskript zu überarbeiten und zu redigieren, nachdem es 7 Jahre lang geschrieben worden war.

- Deine Eltern haben dir furchtbare und sadistische Dinge angetan. Nach diesen Episoden erinnerten Sie sich an nichts mehr, Sie hatten nicht einmal feindselige Gefühle ihnen gegenüber. Wie lautet die medizinische oder psychologische Definition dieses Phänomens? Wie und warum funktioniert das Gehirn auf diese Weise? Können bestimmte Dinge, die man erlebt hat, ausgelöscht werden?

- Die Definitionen, die ich von Fachleuten gehört habe, sind nicht überzeugend. Ich neige dazu, mich auf meine eigenen Erfahrungen zu verlassen, anstatt Bezeichnungen zu verwenden, die möglicherweise widersprüchlich sind und missverstanden werden. In meinem Fall hat meine Psyche verhindert, dass ich mir des Missbrauchs bewusst wurde, bis ich reif genug war, um zu reagieren. Davor haben die Drohungen meiner Missbrauchstäter, dass ich vernichtet würde, wenn ich etwas sagen würde, dafür gesorgt, dass diese Erinnerungen an den Missbrauch in einem abgeschotteten, psychologischen Schweigen gehalten wurden.

- Was genau ist satanischer ritueller Missbrauch?

- Für mich ist das eine kriminelle, unmenschliche und perverse Form der Teufelsanbetung. Diese Verbrechen umfassen körperliche, sexuelle, geistige und seelische Folter an unschuldigen Opfern.

- Woher kommt sie? Was ist seine Geschichte?

- Zunächst einmal bin ich kein Experte für satanischen rituellen Missbrauch und möchte es auch nicht sein. Manchmal hörte ich während des Missbrauchs, wie meine Eltern und ihre Komplizen davon sprachen, in eine weit entfernte Zeit zurückzugehen, so dass das, was in diesen Nächten geschah, keinen Bezug zur Gegenwart hatte. Im Internet gibt es mehrere Quellen, die den Ursprung des rituellen Missbrauchs detailliert beschreiben. Leider gibt es auch viele Quellen, die behaupten, dass all dies falsch ist und dass es sich um eine urbane Legende handelt, die in den 1980er Jahren entstand und Ende der 1990er Jahre diskreditiert wurde. Hauptsächlich wegen unbewiesener und unbegründeter Behauptungen.

Was mir passiert ist - die Bekennerschreiben meiner Eltern - ist ein weiteres Argument, das in die Waagschale geworfen werden muss. Tatsächlich liefern die Briefe meiner Eltern, ihre mündlichen Geständnisse bei der Polizei und ihr Ausschluss aus der Kirche neue Beweise, die Forscher und Skeptiker des satanischen rituellen Missbrauchs zuvor nicht hatten. Ohne Beweise kann ich verstehen, warum dieses Thema in der Vergangenheit nicht mehr Unterstützung erhalten hat. Eine meiner Hoffnungen ist, dass „Hell Minus One" gute Kritiken erhält, von der Justiz, von Fachleuten für psychische Gesundheit und sogar von den Medien. Es geht darum, die Frage des rituellen Missbrauchs zu überdenken.

- Warum lassen sich diese Menschen auf ein solches Verhalten ein? Was haben sie davon?

- Meiner Meinung nach ist dies ein Mittel, um eine Sucht nach sexueller Gewalt und Perversion zu befriedigen. Ich habe gesehen, wie sie sich völlig wahnsinnig verhalten haben - entschlossen, sich an die Mächte der Finsternis und des Bösen zu wenden - in dem Glauben, dass sie dadurch überragende Macht über andere Menschen und eine außergewöhnliche Möglichkeit, an Geld zu kommen, erhalten würden.

- Der rituelle Missbrauch, den Sie erlebt haben, fand in den 1950er und 1960er Jahren statt. Wenn Sie im Internet nach „Satanischer Ritualmissbrauch" suchen, werden Hunderte von Websites aufgelistet. Einige bieten Hilfe an, andere beschreiben beunruhigende Details der heutigen Praktiken. Welchen Vergleich können Sie uns zwischen dem, was Sie erlebt haben, und dem, was heute getan wird, geben?

- Vor mehr als einem Jahr beschloss ich nach einigen Stunden der Recherche im Internet, dass ich mir so etwas nie wieder ansehen oder darüber lesen würde. Meines Erachtens haben sich der Zweck und die Absicht des rituellen Missbrauchs nicht geändert, auch wenn sich die Techniken erheblich weiterentwickelt haben. Es wird immer bizarrer, immer brutaler und unmenschlicher.

- Was empfehlen Sie den Lesern, die Opfer von rituellem Missbrauch sind?

- Ich möchte vor allem, dass sie wissen, dass sie eine Wahl haben. Ich möchte sie auffordern, mutig zu sein und auf jede erdenkliche Weise um Hilfe zu bitten, um aus diesem Übel, dieser Knechtschaft, herauszukommen und zu bleiben. Wenn Ihre Familie giftig und völlig krank ist, wenn sie in kriminelle Aktivitäten verwickelt ist, sollten Sie sich nicht mehr an sie wenden. Sie können sie nicht retten, aber Sie können sich selbst retten. Ich möchte, dass sie erkennen, dass sie ein gottgegebenes Recht auf ihre Identität und ihr Leben haben. Sie haben und werden innere Zeichen und eine Intuition haben, die sie auf die bestmögliche Weise leiten werden.

- Was empfehlen Sie den Lesern, die Satan anbeten oder rituellen Missbrauch betreiben?

- Diejenigen, die Satanismus praktizieren, haben das Recht zu tun, was sie wollen, solange es sich nicht um kriminelle Handlungen handelt. Nachdem ich die satanischen Praktiken dieser widerwärtigen Seelen erlebt habe, rate ich ihnen, um jeden Preis auszusteigen, bevor es zu spät ist.

- Was wollen Sie mit Ihrem Buch „Hell Minus One" erreichen?

- Meine Hoffnung und mein Gebet sind, dass dieses Buch ein Leuchtfeuer ist, ein Licht inmitten der Dunkelheit. Eine Botschaft der Hoffnung und Ermutigung. Wir alle können scheinbar unüberwindbare Hindernisse überwinden. Die Epigraphik meines Buches erinnert uns daran, dass wir alle vom Schöpfer mit einem unveräußerlichen Recht auf unser Leben ausgestattet wurden, einem Recht auf Freiheit und Glück.

- In Ihrem Buch erklären Sie, warum Sie und Ihr Mann sich entschieden haben, Ihre Eltern nicht wegen ihrer kriminellen Handlungen anzuklagen. Bereuen Sie diese Entscheidung, die nun schon einige Jahre zurückliegt? Warum haben Sie eine solche Entscheidung getroffen?

- Nein, ich bereue es nicht. Damals wäre der Prozess wegen des „Syndroms der falschen Erinnerung" nicht zu meinen Gunsten ausgegangen. Unabhängig davon, ob ich die Wahrheit gesagt habe oder nicht, wäre eher meine Person als meine Eltern ins Rampenlicht der Medien gerückt, obwohl sie schriftliche und mündliche Geständnisse abgelegt haben und von ihrer Kirche exkommuniziert wurden. Eine Kraft in mir warnte mich damals, dass dies zu einer Medienexplosion geführt hätte, die meine eigene kleine Familie und damit auch mich auseinandergerissen hätte.

v/ Kanada

- Manon und Josée

1995 veröffentlichte die kanadische Zeitung *La Presse* einen Artikel der Journalistin Marie-Claude Lortie mit dem Titel: *„ Die SQ hat eine Untersuchung über eine mysteriöse satanische Sekte in den Eastern Townships eingeleitet "* (SQ steht für Sûreté du Québec, die nationale Polizei von Québec). Eine Veröffentlichung, die in den Archiven der Website www.lapresse.ca noch verfügbar ist.

Der Artikel berichtet über die Aussagen von zwei jungen Frauen, *Manon"* und *Josée"*, die in eine satanische Sekte hineingeboren wurden und trotz allem wieder aussteigen konnten. Im Alter von 28 Jahren beschloss Manon, sich an Luc Grégoire zu wenden, einen Ermittler der Abteilung für Schwerverbrechen der Sûreté du Québec. Die Frau beschrieb schwarze Messen, Gruppenvergewaltigungen, körperliche Misshandlungen und Opferungen. Marie-Claude Lortie leitet ihren Artikel mit diesen Worten von Manon ein:

- Ich wurde in eine satanische Sekte hineingeboren. In einer Familie, in der alle Mitglieder Satan anbeten, ihn bedingungslos lieben und alles tun mussten, um ihm zu gehorchen. Seit meinem dritten Lebensjahr wurde ich missbraucht, gefoltert, gemartert, vergewaltigt. Ich sah Tieropfer, aber auch Menschenopfer...

- Menschen?

- Ja, Menschen...

Manon erzählt, dass sie Initiationsriten und traumatische Rituale durchlief, wie zum Beispiel lebendig in einem Sarg begraben zu werden. Sie spricht von Gruppenvergewaltigungen und Folter, von Opferungen, bei denen sie gezwungen wurde, das Blut zu trinken und das Fleisch der Opfergaben zu essen. Wie in vielen Zeugenaussagen sagt sie, dass ihre Familie seit Generationen in diese satanischen Aktivitäten verwickelt ist: *„ Es ist ein Kult, der durch Blut weitergegeben wird. Und mit ihrem Blut müssen die Anhänger auch den obligatorischen Pakt unterschreiben, bevor sie eine schwarze Messe* *betreten, einen Pakt, mit dem sie sich verpflichten, niemals etwas über das zu sagen, was sie während der Zeremonien gesehen oder gehört haben. „*

Die junge Frau erklärte dem Ermittler, dass sich bei jedem Vollmond Dutzende von Menschen in Kellern versammeln, um an Ritualen teilzunehmen, die von satanistischen Priestern geleitet werden. Sie spricht von Zeremonien, an denen in der Regel etwa 100 Personen teilnehmen. Die Gruppe, der sie angehörte, reiste oft über weite Strecken, um an schwarzen Messen teilzunehmen, und sie berichtet von einigen Zeremonien in Quebec mit bis zu 500 Anhängern. Sie sagt, sie habe an einem Ritual in den Vereinigten Staaten teilgenommen, bei dem 1500 Menschen anwesend gewesen seien, und dass *„viele Menschen nur aus Voyeurismus, aus Sensationslust und um die sexuellen Orgien zu genießen, die nach den schwarzen Messen stattfanden"*, dort gewesen seien.

Die jungen Frauen behaupten beide, dass sie zur Prostitution gezwungen wurden und dass dies das Schicksal aller Mädchen des Netzwerks ist. Die Vergewaltigungen fanden während der Zeremonien statt, aber sie wurden auch in ihren Familien sexuell missbraucht: „Die *meisten Gräueltaten blieben keiner der jungen Frauen der Sekte erspart"*, erklärt Josée. Es war ein Priester der Brüder vom Heiligen Herzen in Bromptonville, Guy Roux, der Manon durch Gebet half, sich von dem Erlebten zu „befreien". Der Priester sagte, die junge Frau sei in den Fängen des Teufels. Ihre Psychotherapeutin hat ihr auch sehr geholfen, diese traumatischen Erfahrungen zu überwinden.

- Pierre Antoine Cotnareanu

Ein weiteres Zeugnis ist das des Psychoanalytikers Pierre Antoine Cotnareanu. Er beschrieb einen beunruhigenden Fall eines seiner kanadischen Patienten. Seine Aussage wurde gefilmt und im Internet ausgestrahlt, hier ist die Abschrift:

- Sie war eine Person, die aus einer satanistischen Sekte stammte, und was sie uns erzählte, war ziemlich grausam, ich dachte nicht, dass es so etwas in meiner Nähe gibt. Sie sagte, sie gehöre zu einer Familie, in der von Generation zu Generation ein satanistischer Kult betrieben werde. Als sie klein war, wurde sie unter Hypnose zu einer Art Priesterin erzogen, zu einem Altar für schwarzmagische Zeremonien.

- Wer hat diese Dinge getan?

- Sie sagte, es seien wichtige Leute (...)

- Wurden Sie als Therapeut durch diese Entdeckung destabilisiert?

- Auf jeden Fall... es war sehr destabilisierend.

- Was sind die Details, die Sie verwirrt haben?

- Die Tatsache, dass er als Altar benutzt wurde, dass es eine gewisse sexuelle Magie gab und dass Kinder geopfert wurden... ich denke, das reicht aus, um jemanden zu verwirren.

- Opfer von Kindern in welchem Alter?

- Kleine Kinder, sehr kleine...

- Babies?

- Sie war der Altar, auf dem die Opfer dargebracht wurden (...) Sie war eine Person in großer Not, als ich sie traf, und man konnte sehen, dass sie hypnotisiert worden war, also arbeiteten wir daran, sie aus dieser Art von 'Kreis' herauszuholen...

- Hat sie Zahlen über die Anzahl der Personen genannt?

- Bei den Zeremonien waren bestimmt 15 oder 20 Personen anwesend, manchmal auch weniger. Es waren Familien, und um diese Familien herum gab es andere mehr oder weniger wichtige Personen, die sich um sie scharten.

- Gab es einen genetischen Aspekt, der für sie wichtig war?

- Ja, das ist schon seit Generationen so, die Eltern erziehen ihre Kinder so und so weiter... Da gibt es nicht viel Zärtlichkeit.

- Haben sie jemals eines ihrer Kinder geopfert?

- Ich weiß nicht... Aber schon diese Patientin ist wie ein Opfer, denn ihr das anzutun, ist ziemlich dämonisch.

- Wie oft wurden diese Rituale durchgeführt?

- Es geschah ziemlich regelmäßig, es begann mit einem Telefonanruf, und ich glaube, die Stimme der Person versetzte sie in Trance, und danach war sie verfügbar, um das zu tun, was sie tun musste.

- Kann man aus einem solchen Trauma herauskommen?

- Ja, ich glaube, sie hat es überstanden. Man braucht jemanden, der die Mechanismen der Hypnose kennt, um den Prozess entschlüsseln und entschärfen zu können. Ich habe sie einige Male gesehen, als sie weinte, sie weinte... als sie es realisierte... als dieser Zusammenprall verschiedener Persönlichkeiten in ihr stattfand: das war ziemlich intensiv. Intensiv genug, um mich zu destabilisieren und mich glauben zu lassen, dass es Menschen gibt, die für diese Aufgabe besser geeignet sind als ich. Es ist wirklich eine besondere Qualifikation, mit diesen Opfern von Sekten zu arbeiten, die sich einer Hypnose (Anmerkung der Redaktion: Gedankenkontrolle) unterzogen haben.

d/ Frankreich

- Véronique Liaigre

Am 5. Juli 2001 strahlte der Nachrichtensender TF1 die Zeugenaussage von Véronique Liaigre aus, die unverblümt erklärte, dass sie seit ihrem fünften Lebensjahr von ihren Eltern vergewaltigt und prostituiert wurde. Sie beschrieb anschaulich eine satanistische Sekte der *Martinisten* in der Region Agen, die Kinder opfert, die durch Vergewaltigung geboren wurden und nicht als solche deklariert sind oder aus dem Ausland stammen. Sie sagte, sie sei unter Drohungen zur Teilnahme an Blutritualen gezwungen worden. Hier ist die Abschrift dieses Berichts, der zur besten Sendezeit ausgestrahlt wurde:

- **Patrick Poivre d'Arvor**: Hier ist eine schreckliche Datei, an der Alain Ammar und sein Team seit mehreren Wochen arbeiten. Die Anschuldigungen, die eine junge Frau, die zum Zeitpunkt der Ereignisse noch minderjährig war, in seiner Untersuchung erhoben hat, sind äußerst schwerwiegend, einige davon sind sogar schwer zu glauben, aber es ist ihr Wort. Die Namen, die sie nennt, wurden mit einem „Piep" versehen, um die Unschuldsvermutung nicht zu beeinträchtigen.

- **Voice-over**: Véronique ist 20 Jahre alt und hat seit ihrem fünften Lebensjahr die Hölle erlebt. Vergewaltigt und prostituiert von ihren Eltern, die sie denunziert hat und die auf ihren Auftritt vor dem Berufungsgericht warten, ist es ihr gelungen, denjenigen zu entkommen, die sie ihre Henker nennt. Ihre Geschichte ist nicht alltäglich und mag sogar erfunden erscheinen. Aber wenn es legitim ist, Zweifel zu haben, dann ist das, was diese junge Frau uns erzählt und spontan wiederholt hat, schockierend. Insbesondere, wenn sie trotz der Drohungen, die sie angeblich erhalten hat, behauptet, dass sie eine satanistische Sekte, die Martinisten, besucht hat und dass sie selbst gefoltert und gequält wurde.

- **Véronique Liaigre**: Wir werden geschlagen, es werden Gegenstände in unsere Körperöffnungen gesteckt, manchmal werden Kinder geopfert, um Satan zu danken, es gibt viele solche Dinge... Ein Tier wird getötet, das Blut wird über unsere Köpfe gegossen und der Rest wird in eine Kuppel gefüllt, die auf den Altar gestellt wird.

- **Journalist**: Also haben Ihre Eltern, wie alle Eltern dieser Kinder, von denen Sie sprechen, ihre Kinder verkauft?

- **VL**: Genau, weil es einen bestimmten Prozentsatz an Geld einbringt. Ein Kind unter 8 Jahren ist 22.000 Franken wert.

- **J**: Woher kommen diese Kinder?

- **VL**: Die Kinder, die geopfert werden, sind nicht deklariert, oder es sind ausländische Kinder. Vor allem als ich in Agen war, waren sie kleine Afrikaner, sie waren schwarz. In Jallais habe ich auch welche gesehen, in Nanterre auch, aber es waren weiße Kinder, französische, aber es waren Kinder, die durch Vergewaltigung geboren wurden.

- **J**: Durch Vergewaltigung geborene Kinder?

- **VL**: Ja, die nicht gemeldet wurden. Es handelt sich um Entbindungen, die im Haus der Eltern unter miserablen Bedingungen stattfinden.

- **J**: Das heißt, wenn sie nicht angemeldet wurden, wurden sie geopfert?

- **VL**: Hier ist es...

- **J**: Sie waren nicht nur Teil der Sekte, sondern haben auch an diesen Ritualen teilgenommen...

- **VL**: Ja, 1994 musste ich mit zwei meiner Freunde in Jallais ein Kind mit vorgehaltener Waffe opfern. Und wir drei mussten ihn ermorden... Mit vorgehaltener Waffe, wenn wir es nicht getan hätten, wären wir... Sie hätten es noch brutaler gemacht und uns noch mehr weh getan. Wir mussten es also tun...

- **J**: Und wer hat eine Waffe auf Sie gerichtet?

- **VL**: „Piep" derjenige, der die „Piep" Gendarmerie leitet.

- **J**: Und diese Leichen, was machen sie danach mit ihnen?

- **VL**: Am meisten geprägt hat mich die, an der ich teilgenommen habe. Sie brachten ihn in einen Keller in Cholet, trugen ihn in einem schwarzen Sack mit einem weißen Kreuz auf dem Kopf... Und sie hatten einen großen Kanister, in den sie etwas hineinfüllten... Ich weiß nicht, ob es Benzin oder Säure oder etwas Ähnliches war, aber Cécile, Sophie und ich, wir konnten uns alle retten.

- **J**: Sie verbrennen also tatsächlich die Leichen.

- **VL**: Sie müssen sie verbrennen, ja.

- **J**: Du denkst, es ist alles eine Art Netzwerk, die Leute halten sich ein bisschen fest, damit sie nicht fallen...

- **VL**: Das ist es, und es geht auch darum, sich selbst zu schützen, denn wenn man bedenkt, dass Anwälte dabei sind, ist es wahr, dass es einen seltsamen Aufruhr geben würde, wenn wir erfahren würden, dass es Richter und all das gibt, die Teil dieses Netzwerks sind.

- **J**: Haben Sie persönlich welche gesehen?

- **VL**: Ich sah eine E-Mail von „bip", von Herrn „bip", aber ich wusste nicht, wer es war...

- **J**: Wer hat was gesagt?

- **VL**: Es ging um einen Geldtransfer...

- **J**: Und Sie glauben, dass diese Leute selbst Teil der Sekten sind? Diese Elite, von der Sie sprechen?

- **VL**: Sie decken sie ab... Ich würde nicht unbedingt sagen, dass sie dazugehören, aber sie decken sie ab, das ist sicher.

- **Voice-over**: Jean-Claude Disses ist der Anwalt von Véronique in Agen. Sie wurde von Maine-et-Loire in ein von Pädophilen frequentiertes Heim verlegt. Zunächst war er skeptisch gegenüber den Anschuldigungen seiner Mandantin, doch nun ist er überzeugt, dass sie die Wahrheit sagt.

- **Jean-Claude Disses** (Anwalt von Véronique Liaigre): Ich glaube ihr, wenn sie mir sagt, dass sie in ihrer Familie vergewaltigt wurde. Ich glaube ihr, wenn sie sagt, dass sie von bestimmten Mitgliedern ihrer Familie prostituiert wurde. Ich glaube ihr, wenn sie erklärt, dass diese Prostitution zwangsläufig und notwendigerweise durch viele Erwachsene erfolgte, die sie für Geld missbrauchten. Ich glaube ihr, wenn sie gleichzeitig sagt, dass sie bei diesen Szenen fotografiert wurde, und ich glaube ihr umso mehr, als wir diese Fotos offenbar auf einer CD-Rom in Amsterdan finden (Anm. d. Red.: Affaire Zandvoort).

- **Journalist**: Das ist sie also, sie hat sich selbst erkannt und gesagt: „Das bin ich".

- **JCD**: Das ist es, das ist genau das Richtige. Sie sagt: „Ich bin's", sie sagt es vor einem Polizeiinspektor, und während sie sich identifiziert, identifiziert sie auch fünf Freunde aus ihrer Kindheit. Das heißt, wenn das stimmt, müssen diese Kinder pornografischen Szenen ausgesetzt worden sein, diese Szenen müssen gefilmt worden sein, und diese Fotos müssen nach Amsterdam geschickt worden sein und auf einer pädophilen CD-Rom gelandet sein, die von der niederländischen Polizei im Rahmen eines Verfahrens in Holland beschlagnahmt wurde. Es muss also eine Organisation geben, die Fotos macht, die sie verteilt, es muss also eine Organisation und ein Netzwerk geben!

- **Voice-over**: Véronique führte uns zu einem der vielen Orte, an denen ihrer Meinung nach am 21. eines jeden Monats satanische Zeremonien abgehalten wurden.

Véronique Liaigre (am Fuße eines Gebäudes im Stadtzentrum vor einem Porte cochere): Hier war ich schon mehrmals. Besonders gut erinnere ich mich an ein Ereignis im Jahr 1994, als ich mich bei einem satanischen Ritual mit einem Kindermord wiederfand. Wir gingen in den zweiten Stock. Es gab Vergewaltigungen, es müssen 5 oder 6 Kinder gewesen sein, es war kein sehr großes Treffen. Es gab „Piepser", „Piepser", es waren viele Leute da, vor allem Prominente, deren Namen ich nicht unbedingt kenne.

- **Journalist**: Und Sie selbst haben gelitten...
- **VL**: Ja, ich war dort und habe gelitten... Mein Vater war dort, meine Mutter war zu dieser Zeit nicht dort.

- **Voice-over**: Ihr unglaubliches Gedächtnis erlaubt es Véronique auch, sich an ein Telefonat zu erinnern, in dem sie von der kleinen Marion Wagon erfährt, die am 14. November 1996 verschwunden ist.

- **Véronique Liaigre**: Ich war bei einem der Pädophilen zu Hause, „piep", und dann klingelte das Telefon. Sie fing an zu schreien, sie war oben, ich war unten in ihrem Zimmer. Ich nahm also den Hörer in ihrem Zimmer ab und hörte, wie ein Mann, den ich kannte, Walter, mehr Geld verlangte oder er würde alles der Polizei melden. Er sagte: „Ich gehe jedenfalls nicht ins Gefängnis, ich habe sie nicht getötet, ich habe sie nur auf Ihren Befehl hin eingesperrt, und das auch nur für sechs Tage. Und jetzt will ich das Geld, ich will nicht ins Gefängnis gehen. Und dann hörte ich Jean-Marc sagen: „Wo die Leichen begraben sind, wird man sie so schnell nicht mehr finden. „

- **Journalist**: Und wissen Sie, wo sie begraben sind?
- **VL**: Ich glaube, sie sind in Granges sur Lot im Hinterhof begraben.
- **J**: Marions Leiche würde irgendwann dort sein...
- **VL**: Ja, ich glaube schon.

- **Voice-over**: Vor kurzem wurden Ausgrabungen durchgeführt, aber ohne Erfolg... Erfindet Véronique Geschichten? Auf jeden Fall lässt ihre Aussage den Vater der vermissten Frau ungläubig zurück.

- **Journalist**: Wenn wir von einer Sekte sprechen, haben Sie nie darüber nachgedacht?

- **Michel Wagon**: Natürlich ist sie das. Wir haben viele Briefe erhalten, Hunderte und Aberhunderte von Briefen. Aber das ist die Seite, an die wir nicht denken wollen, die wir nicht diskutieren wollen. Nun ist es wahr, dass die damaligen Ereignisse, die Dutroux-Affäre, uns dazu gebracht haben... Wir sagten uns, das passiert nur in Belgien, aber letztendlich kann es auch in Frankreich passieren. Das ist die Seite, an die wir nicht denken...

- **Voice-over**: Ein ehemaliger Gendarmeriekommandant, der damals mit dem Fall Marion betraut war, erinnert sich an das von Véronique erwähnte Telefonat:

- **Michel Louvet**: Wir konnten nicht herausfinden, woher der Anruf kam, der Anruf ging bei einer Privatwohnung ein. Wir konnten den Anruf nicht zurückverfolgen und wissen daher nicht, wer ihn getätigt hat. Es stimmt, dass ich gehört habe, dass ein junges Mädchen Aussagen gemacht hat, aber ich kenne sie nicht, weil ich derzeit nicht bei der Gendarmerie bin. Ich meine damit, dass ich meinen ehemaligen Kollegen vertraue, dass sie alle Hinweise überprüfen.

- **Jean-Claude Disses**: Wie kommt es, dass die Fotos dieser fünf Kinder, die in Angers vergewaltigt wurden, zehn Jahre später in Amsterdam gefunden werden? Das ist die Frage! Und Sie verstehen, dass diese Frage zu ernst ist, als dass wir sie uns nicht stellen sollten!

- **Véronique Liaigre**: Es ist sehr schwer, es kommt jede Nacht in deinen Albträumen zurück. Jede Sekunde, wenn ein Kind schreit oder weint... Auf der Straße, wenn du ein Kind siehst, sagst du dir, dass es jetzt vielleicht so groß ist wie dieses Kind.

- **Voice-over**: Die Polizei und die Justiz haben Véroniques Aussagen ernst genommen und versuchen, eine nach der anderen zu überprüfen, so unglaubwürdig sie auch erscheinen mögen. Die Ausrottung bestimmter pädophiler und krimineller Netzwerke kann von diesen Überprüfungen abhängen...

- **Patrick Poivre d'Arvor**: Schwere Vorwürfe also, die die Gendarmerie und die Justiz nun zu überprüfen versuchen...

Es handelte sich um einen 10-minütigen Bericht, der sich ausdrücklich mit satanischem rituellem Missbrauch und dem in Frankreich weit verbreiteten Pädophilennetzwerk befasste. Ein relativ langer Bericht, der zur besten Sendezeit in der Nachrichtensendung von Patrick Poivre d'Arvor ausgestrahlt wurde, was heute undenkbar ist! Ebenso wie die am 27. März 2000 von France 3 ausgestrahlte Reportage *„Viols d'enfants, la fin du silence?* Es folgte eine Debatte, bei der ein gewisses Unbehagen am Set spürbar war, und das aus gutem Grund... Zwei Kinder, „Pierre und Marie", prangerten das Undenkbare an...

- Peter und Maria

Im Jahr 2000 wurde der Bericht *„Vergewaltigung von Kindern, das Ende des Schweigens?* zeigte das Zeugnis von zwei Kindern (10 und 13 Jahre alt), die sagten, dass ihr Vater sie zu Zeremonien mit Männern und Frauen in Togas mitgenommen hatte. Diese Kinder schilderten mit dem Gesicht nach unten vor den Kameras von France 3: Hypnosesitzungen, Drogen, Folter, Vergewaltigung und rituelle Ermordung von Kindern. Die kleine Marie beschreibt die Keller eines großen Hauses, eine Art Katakombe unter einem schicken Gebäude in Paris oder in der Region, wo die Gräueltaten stattfanden. Während der Debatte im Anschluss an den Bericht erklärte Martine Bouillon, ehemalige stellvertretende Staatsanwältin in Bobigny, dass sie von Massengräbern von Kindern in der Region Paris wisse und dass eine Untersuchung im Gange sei! Georges Glatz, der ebenfalls am Drehort anwesend war, bestätigte ebenfalls die Existenz von Massengräbern, was die Realität der *Snuff-Filme* um eine weitere Ebene bereichert. Martine Bouillon wurde innerhalb von 24 Stunden nach dieser schockierenden Aussage versetzt. Sie sagte in der Sendung auch: *„Wir haben gerade erst festgestellt, dass es Pädophilie gibt... Wir können noch nicht verstehen, dass es noch schlimmere Dinge als Pädophilie gibt, ich würde sagen „einfach"...".* Seltsamerweise ist dieser Dokumentarfilm nicht in den Archiven von France 3 zu finden, aber er wurde seinerzeit auf VHS aufgenommen und dann digitalisiert. Sie ist jetzt im Internet weithin verfügbar. Es handelt sich um eine Referenzdokumentation über Zeugnisse von rituellem Missbrauch. Hier sind einige Auszüge:

- **Voice-over**: Von den beiden Kindern ist es das ältere, Marie (Pseudonym), das die Geschichte erzählt. Hier spricht sie über ihren Vater und die Orte, an die er sie mitnahm.

- **Marie** (Zeichnung): Es gab einen Ort in Paris, wo er der Anführer war. Er sagte, er sei ein großer Zauberer und heiße „Bouknoubour". An diesem Ort trugen sie große weiße Gewänder mit goldenen Rändern (hier zeichnet sie eine Figur, die eine Toga mit einem Dreieck im Kreis auf der Brust trägt). Dann haben sie Gebete gesprochen, die Kinder vergewaltigt und ihnen Angst eingejagt... Es gab noch andere Leute, die uns vergewaltigt haben, sie haben uns mit einer Art Brei schlafen gelegt. Sie fesselten uns auch an Tische und schlugen uns dann oder steckten uns Nadeln in die Augen, um uns glauben zu machen, dass sie uns die Augen ausstechen wollten.

- **Journalist**: Haben sie dich wirklich verletzt? Haben sie dich geschlagen?

- **M**: Ja, sie haben uns immer geschlagen...

- **J**: Was hast du für uns gezeichnet, Pierre (Pseudonym)?

- **Peter** (zeichnet unter Tränen): ... Da waren Monster... Es war schrecklich... Sie haben mich vergewaltigt...

- **J**: Sie haben dich vergewaltigt? Was vergewaltigt Pierre?

- **P**: Es ging darum, den Pimmel zu berühren... damit zu spielen... ich war 6 Jahre alt, ich verstand noch nicht, was sie da machten...

(…)

Marie (ebenfalls unter Tränen): *Sie haben sie umgebracht...*

- **J**: Sie haben die Kinder umgebracht?

- **M**: ...ja...

- **J**: Woher wissen Sie das?

- **M**: Weil ich es gesehen habe... Es waren kleine Kinder, die ein bisschen arabisch waren oder so ähnlich.... Früher schnitten sie ihnen die Köpfe ab...

- **J**: Als Sie sahen, wie sie einem Kind den Kopf abschnitten, war das die Wahrheit, geschah das vor Ihren Augen oder könnte das ein Film gewesen sein?

- **M**: Nein, es war wirklich so, denn die Kinder haben geschrien. Und dann sagten sie uns, dass sie uns auch den Kopf abschneiden würden, also legten sie uns das an... Und dann hatten wir große Angst und dachten, wir wären tot...

- **J**: Aber warum haben sie das getan?

- **M**: Ich weiß es nicht, denn sie sind böse, sie sind verrückt! Ich weiß nicht, warum sie das getan haben, sie sind gemein! Wir haben nichts getan, wir waren Kinder (Marie weint).

- **Voice-over**: Im Juli 1996, unmittelbar nach den ersten Enthüllungen, vertraute die Mutter die Kinder einem Kinderpsychiater an, der bereits ähnliche Fälle behandelt hatte. Drei Jahre lang sammelte Dr. Sabourin anhand von Zeichnungen ihre Aussagen. Dutzende von Zeichnungen, Dutzende von Stunden des Zuhörens haben seine Überzeugung gefestigt: Er glaubt den Kindern.

- **Dr. Sabourin**: Natürlich, ich denke, sie haben unglaubliche Dinge erlebt, die für sie sehr schwer zusammenzufassen und auf die Bühne zu bringen sind. Sie haben beide eine persönliche Fähigkeit, sie zu zeichnen, was nicht immer der Fall ist...

- **Voice-over**: Maria zeichnete eine riesige Statue, die ihrer Meinung nach in der Mitte des Zeremonienraums stehen sollte. Dann zeichnete sie das Pendel und das Rad, die für Hypnosesitzungen bei den Kindern verwendet wurden, und immer die Verkleidungen, große rote oder weiße Umhänge und Kruzifixe. Wir haben Dr. Sabourin die letzte Zeichnung vorgelegt, die Marie für uns angefertigt hat.

- **Dr. Sabourin**: In ihren jüngsten Zeichnungen finde ich mehrere Themen... 4 Themen, die bereits existierten, wo wir eine Zeremonie mit Menschen haben, die sichtbar verkleidet sind, mit Kreuzen auf ihren Schultern, die wir hier finden (zeigt andere Zeichnungen), wir haben drei davon hier... und das Kruzifix hier, es ist ein ganz besonderes Kruzifix... Sie sagte, es sei ein Kruzifix, umgeben von Gras. Woher hat sie das denn?! Ich weiß es nicht... Ist es ihre Einbildung, ist sie ein wahnhaftes Kind? Das glaube ich nicht... Das heißt, wenn ich mit dieser Art von extrem präzisen und überraschenden Dingen konfrontiert werde, neige ich dazu zu sagen, dass es ein Element der Erinnerung ist, das wieder auftaucht. Als Kind und natürlich auch als Jugendlicher oder Erwachsener sind diese Erinnerungen an frühe Traumata in Millionen Stücke zerfallen. Und nur unter großen Schwierigkeiten, mit vielen Emotionen, inneren Spannungen und Ängsten - es sind Kinder, die Angst haben, die unter Terror stehen - gelingt es ihnen, eine kleine Passage, ein kleines Stück Erinnerung zu überbringen, das alle verblüfft. Wir fragen uns: „Warum haben sie sich nicht früher zu Wort gemeldet? Warum können sie es nicht so beschreiben, wie ein Erwachsener ein Szenario beschreiben würde, das ist die große Aufgabe der Therapeuten und der Polizei (...)

- **Voice-over**: Die Kinder beschreiben eine echte Organisation, an der viele Erwachsene beteiligt sind, und obwohl sie nicht in der Lage sind, den Ort der Zeremonien anzugeben, hat Marie uns eine sehr genaue Karte des Gebäudes und seines Kellers gezeichnet.

- **Marie** (beschreibt ihre Zeichnung): Wir fahren also hier hoch... Wir bogen in einen Kreisverkehr ein. Es gab einen Pagen, der kam, um uns die Tür zu öffnen. Dann gingen wir in ein Hotel, das ziemlich schick aussah. Er holte die Schlüssel und dann gingen wir einen Korridor entlang zu einem Aufzug. Dann gingen wir hinunter in ein Labyrinth, in dem es kalt und dunkel war und das wie ein Keller aussah. Hier gab es eine Umkleidekabine, in der wir uns die weiße und rote Kleidung anzogen, und dann ging es hier weiter: ein Raum, in dem sie die Kinder vergewaltigten. Hier waren es vor allem Mädchen, die die Jungen und meinen kleinen Bruder vergewaltigten, und hier waren es die Männer, die die Mädchen vergewaltigten. Hier war es dann ein großer Raum, wie eine große Höhle in Form einer Kathedrale oder eines Feldbetts, und es gab viele, viele Menschen. Hier gab es auch eine sehr, sehr große Statue eines afrikanischen oder schwarzen Gottes, und wenn er knurrte, warfen die Leute Geld in große Körbe, die herumgereicht wurden. Um diese Statue herum befand sich Asche, und in der Asche steckten Kinderköpfe auf Spießen...

- **Voice-over**: Kinderköpfe an den Enden von Stacheln... Kinderköpfe, von denen Marie erzählt, dass sie vor ihren Augen geköpft wurden, und die wir in mehreren ihrer Zeichnungen finden. Um in diese Untergeschosse zu gelangen, beschreibt Marie ein Gebäude an der Oberfläche, eine Art Grandhotel mit einem roten Teppich, das auf einen Kreisverkehr in Paris oder in der Region ausgerichtet ist. Ein schickes Gebäude mit einem runden Treppenhaus (...)

- **Marie** (über ihren Vater): Da er uns auch zu Hause vergewaltigte, kam jemand ins Haus und zog sich aus. Sie steckten uns ihren Pimmel in den Mund und filmten uns, oder, wie bei meinem Bruder, sagten sie uns, was wir tun sollten...

- **Journalist**: Und sie haben das alles gefilmt?

- **M**: Ja, sie haben gefilmt... und dann haben sie die Bänder an einen Ort gebracht, der, glaube ich, in Paris war, wo es viele Bücher über Sex und so gab... und sie haben die Bänder dort abgegeben. (…)

- **Voice-over**: Sind also der sektiererische Rahmen und die von den Kindern geschilderten Tatsachen glaubwürdig oder unvorstellbar, wie der Untersuchungsrichter schrieb? Wir haben diese Frage Paul Ariès gestellt, einem auf Sekten und Kindesmissbrauch spezialisierten Soziologen, der im Auftrag des Gesundheitsministeriums Studien durchgeführt hat. Wir haben ihm alle Aussagen von Pierre und Marie vorgelegt:

- **Aufzeichnung von Maria**: Sie sprachen Gebete, sie sagten, sie seien „reine Frauen", sie sagten, dass eines Tages alle Menschen dieses Planeten über die Erde verstreut worden seien und dass sie sie nun sammeln müssten, die Menschen... in der Tat gab es eine Art Gott, einen Götterboten... der kam, um ihnen zu sagen, dass sie bald zu ihrem Planeten aufbrechen müssten oder so ähnlich...

- **Paul Ariès**: Ich würde eher sagen, dass das, was uns hier erzählt wird, völlig unvorstellbar ist, das heißt, ein Kind kann es sich nicht vorstellen, ein Kind kann es nicht erfinden. Das erste Element sind diese Elemente der Doktrin. Das heißt, wir gehören - wenn wir es aus der Sicht der Anhänger dieser Gruppe betrachten - zu einer Elite, die von einem anderen Planeten kommt und die im Moment auf der Erde ist und bald aufgerufen wird, sie zu verlassen. Das ist Teil des allgemeinen Hintergrunds aller Arten von Netzen heutzutage. Das Bedürfnis, jemanden zu töten, um ihn zu retten oder um die Menschheit zu retten. Es gibt auch alle möglichen Riten, bei denen uns irgendwann gesagt wird, dass diese Männer „reine Frauen" sind. Das ist also etwas, was in der Literatur relativ häufig vorkommt, die Frau ist diejenige, die schwängert, und hier geht es darum, tatsächlich das zu schwängern, was „Homonculus" genannt wird, also den Übermenschen. Ich habe den Eindruck, dass wir uns endlich an einem Scheideweg zwischen zwei Arten von Netzwerken befinden: einerseits den Netzwerken der Untertassen - die an Außerirdische glauben - und andererseits den Netzwerken der Sexualmagie, und wir wissen, dass diese Verbindungen immer mehr hergestellt werden.

Dieser „Untertassenglaube" findet sich auch bei Samir Aouchiche und der Sekte „Alliance Kripten", wie wir später sehen werden. In Kapitel 2 haben wir gesehen, dass die Gnostiker, in diesem Fall die phibionitische (oder barbotische) Sekte, orgiastische Zeremonien praktizierten, die mit der Vision der Anhänger vom Kosmos und dem Weg, sich davon zu befreien, zusammenhingen. Diese „Sitten" erfüllen nicht nur die Forderungen der

Archonten (Dämonen), sondern entsprechen auch der Notwendigkeit, den göttlichen Samen zu sammeln, der in die Welt eingepflanzt wurde und derzeit im männlichen Samen und im weiblichen Blut verstreut ist.

- **Maries Aufnahme**: Da waren Leute mit einer Art... nicht Tauchermaske, sondern eine Art Brille mit etwas über dem Mund (Gasmasken?)... in Kittel gekleidet. Und da war ein Tisch mit ausgeschnittenen Kinderhänden darauf, ein Kinderkopf und dann eine Art... ich weiß nicht, ob es Eingeweide waren... solche Sachen. Und sie haben diese Dinge, die Hände und all das, in Krüge getan.

- **Paul Ariès**: Diese abgetrennten Hände in Gläsern, das ist etwas, das es gibt... Auch hier gibt es also mehrere mögliche Interpretationen. Man kann einfach Praktiken des Kannibalismus haben, deren Ziel es ist, die eigene Macht zu vergrößern, auch zu lernen zu leiden, ich wollte sagen, zu lernen, Menschen leiden zu lassen, um mächtiger zu werden...

Diese France 3-Recherche stellt auch eine Verbindung zwischen dem Fall Pierre und Marie und einem anderen Inzestfall im Osten Frankreichs her, bei dem es um die kleine Sylvie geht, die ebenfalls von Gruppenvergewaltigungen durch ihren Vater und ihren Großvater berichtet und auch von einem Kindermord spricht. Das Beunruhigendste ist, dass die kleine Sylvie auf Fotos den Vater-Vergewaltiger von Pierre und Marie erkannte, und diese erkannten auf Fotos auch den Vater-Vergewaltiger von Sylvie. Wie die Mutter von Pierre und Marie erstattete auch die Mutter von Sylvie Anzeige und übergab der Polizei die Aufzeichnung einer Telefonnachricht, die einer seiner Freunde auf dem Anrufbeantworter ihres Ex-Partners hinterlassen hatte (hier die Abschrift):

Hallo, piep hier, es ist Samstag, 12.40 Uhr, ich rufe zurück, weil Sie mich mehrmals angerufen haben und sagten, es sei dringend, seitdem haben wir nicht mehr miteinander gesprochen. Was ich vor allem wissen möchte: Wir müssen die teuflischen Wochenenden und die Gruppen, die wir machen wollen, vorbereiten. Sie müssen mir sagen, zu wie vielen Sie kommen werden. Auf Wiedersehen. „

Das Gericht wies den Fall mit der Begründung ab, dass kein Zusammenhang zwischen den beiden Fällen bestehe, und beschloss sogar, der Mutter das Sorgerecht für Sylvie und ihre Schwester zu entziehen und es dem Vater zu übertragen, ein klassisches Verfahren der französischen „Justiz" in Fällen von Pädokriminalität. Die Mutter flüchtete daraufhin mit ihren Kindern ins Ausland, um zu verhindern, dass sie in die Hände ihres Henkers gerieten. Dieselbe „Justiz" hat den Vater von Pierre und Marie nicht strafrechtlich verfolgt und ihm somit erlaubt, das Sorgerecht zu behalten, und es wurde keine gründliche Untersuchung durchgeführt, um festzustellen, ob die Kinder die Wahrheit gesagt haben, trotz der extremen Schwere der Aussage! Auch die Mutter suchte mit ihren beiden Kindern im Ausland Zuflucht...

In Frankreich gibt es viele ähnliche Fälle, in denen die Mutter buchstäblich aus dem Land fliehen muss, um ihre Kinder zu schützen, die in solchen Fällen von den *Gerichten* systematisch in die Obhut des mutmaßlichen Pädokriminellen zurückgegeben werden. Der beschützende Elternteil wird im Allgemeinen schikaniert, überwältigt, sogar inhaftiert oder interniert, während der missbrauchende Elternteil durch ein gut funktionierendes institutionelles System vollkommen geschützt ist...

In diesem Zusammenhang ist zu erwähnen, dass 2003 in Frankreich eine Untersuchung des UN-Berichterstatters Juan Miguel Petit zum Thema Pädokriminalität durchgeführt wurde. Dieser Bericht wurde auf der 59. Tagung der UN-Menschenrechtskommission vorgelegt. In diesem offiziellen Bericht wurde eine *dringende Untersuchung durch eine unabhängige Stelle gefordert, um die Unzulänglichkeiten des Justizsystems in Bezug auf die Opfer sexuellen Missbrauchs von Kindern und diejenigen, die versuchen, sie zu schützen, zu untersuchen (...) Angesichts der Anzahl der Fälle, die auf eine ernsthafte Verweigerung von Gerechtigkeit für die Opfer sexuellen Missbrauchs von Kindern und diejenigen, die versuchen, sie zu schützen, hinweisen, wäre es angebracht, dass eine unabhängige Stelle, vorzugsweise die Nationale Beratende Kommission für Menschenrechte, die aktuelle Situation dringend untersucht.*

So heißt es beispielsweise auf Seite 14 des Berichts: „Der Sonderberichterstatter hat auf die enormen Schwierigkeiten hingewiesen, mit denen Einzelpersonen, insbesondere Mütter, konfrontiert sind, die Anzeige gegen Personen erstatten, die sie des Missbrauchs ihrer Kinder verdächtigen, obwohl sie wissen, dass sie wegen falscher Anschuldigungen belangt werden können, was in einigen Fällen zum Verlust des Sorgerechts für ihr(e) Kind(er) führen kann. Einige dieser Mütter nehmen Rechtsmittel in Anspruch, bis sie sich die Kosten für einen Rechtsbeistand nicht mehr leisten können. Dann stehen sie vor der Wahl, das Kind weiterhin der Person zu übergeben, von der sie glauben, dass sie es missbraucht, oder mit dem Kind ins Ausland zu flüchten. Es hat sogar den Anschein, dass einige Richter und Anwälte, die sich der Schwächen des Justizsystems bewusst sind, einigen Eltern informell dazu raten, dies zu tun. Diese Eltern setzen sich in Frankreich und oft auch in dem Land, in das sie reisen, einer strafrechtlichen Verfolgung für solche Handlungen aus."

- Deborah, Noémie und Pierre

Anfang der 2000er Jahre strahlte der deutsche Sender *N24* einen Dokumentarfilm aus, der die Aussagen mehrerer Kinder zeigte, die Opfer eines pädo-satanischen Netzwerks in Frankreich wurden. Der Bericht mit französischen Untertiteln trägt den Titel *„Snuff-Filme und schwarze Messen in Frankreich"*. Wie üblich stammen diese Kinder aus Familien, in denen diese Grausamkeiten von Generation zu Generation weitergegeben werden. Vor der Kamera erzählen sie von satanischen Partys mit rituellen Verbrechen, Kannibalismus und dem Dreh von Snuff-Filmen. Pierre sagt aus, dass er seit seinem 5. Lebensjahr an schwarzen Messen teilnahm und im Alter von 7 Jahren zum Hohepriester geweiht wurde, wobei er in einer Zeremonie ein Baby opfern musste. Einige dieser Zeugenaussagen stehen im Zusammenhang mit dem Fall Dutroux, wurden aber nie berücksichtigt. Hier sind einige Auszüge aus dem Dokumentarfilm:

- Mutter eines Kindes, das Opfer wurde: Wie die meisten Menschen war ich in Sachen Pädophilie immer unwissend. Ich denke, man muss es selbst erlebt haben, bevor man verstehen kann, was Pädophilie ist. Beunruhigend war, dass Robert mir von Partys erzählte, zu denen er mit seinem Vater und anderen Erwachsenen in Kostümen und Masken ging. Was mich an seiner Geschichte besonders beeindruckte, war, dass er sagte: „Papa hat sich verkleidet, aber ich habe seine Stimme noch erkannt. Er erwähnte auch Tieropfer und Kinderopfer. Er erklärte viele Dinge, indem er sie mit Gesten nachahmte. Er sagte nicht wörtlich „Kinderopfer", er sagte, dass sie sie bluten ließen und sie dann begruben.

- Voice-over: Wie viele andere Kinder auch, erwähnt Robert, dass es auch Kameras gab. Wir haben Fotos von Robert auf den CD-ROMs mit Kinderpornografie aus Zandvoort gefunden. Die Mutter erkannte ihren Sohn auf den Fotos eindeutig wieder. Aber selbst das reicht nicht aus, um die Vergewaltiger strafrechtlich zu verfolgen. (...)

An der Straße von Scientrier zum Genfer See steht ein Haus, das Deborah „das grüne Haus" nennt. Ihr zufolge gab es hier mehr als nur Kindesmissbrauch... Deborah, die jetzt 15 Jahre alt ist, sagt, dass es satanische Rituale gab.

- Deborah: Da war ein Tisch mit Kerzen... Auf dem Tisch und ringsherum standen Kerzen, und da waren meine Angreifer.

- Journalist: Sie sagen, sie haben zwei der anderen Kinder, die dort waren, auf den Tisch gelegt? Was ist passiert? Ohne ins Detail zu gehen.

- D: ... Sie haben das Kind zerstückelt ... Körperteile.

- J: Womit haben sie das gemacht?

- D: Mit einem elektrischen Messer.

- J: Das Kind war am Leben?

- D: ...ja...

- J: Dann haben sie ihn getötet?

- D: Nein, sie haben ihn leiden lassen... Am Ende ist er gestorben.

- J: Sie haben zum Beispiel einen Finger abgeschnitten?

- D: Ein Fuß... und sie haben ihn gleichzeitig vergewaltigt.

- J: Sie haben ihn vergewaltigt und die anderen mussten zusehen?

- D: ...ja...

- Voice-over: Noémie ist eine 18-jährige Frau, die versucht, ihr Leben neu zu gestalten. Ein scheinbar normales Leben, bis auf die Tatsache, dass sie die Schrecken, die sie erlebt hat, nie vergessen kann.

- Noémie: Wenn ich heute aussage, dann natürlich, um an diesem Bericht mitzuarbeiten, aber vor allem, weil die Menschen von diesen Dingen erfahren müssen. Damit die Menschen wissen, dass es wahr ist, dass jeden Tag Kinder vergewaltigt und ermordet werden. Das ist Realität! Ich habe es erlebt, ich habe es mit meinen eigenen Augen gesehen, und deshalb möchte ich diese Botschaft vermitteln. Es ist notwendig, dafür zu sorgen, dass diese Dinge anderen Kindern nicht passieren können, damit Kinder nicht mehr vergewaltigt werden. Die Menschen müssen aufwachen und sich bewusst werden, was vor sich geht, und aufhören zu sagen, dass Kinder Lügner oder Fälscher sind. Das ist nicht wahr, die Kinder sagen die Wahrheit, aber man muss bereit sein, sie zu hören.

- **Voice-over**: Noémie wurde von ihrem Vater und anderen Kriminellen, Männern aus allen möglichen Schichten, in die barbarischen Praktiken eingeweiht, die vor einer Kamera stattfanden (...) Noémie war 5 Jahre alt, als die ersten Misshandlungen stattfanden, sie verlor ihre Jungfräulichkeit im Alter von 8 Jahren.

- **Noémie**: Es ging sehr schnell und brutal. Sie haben es gerade für mich und meine Cousine Camille getan. Eines Tages nahm mich mein Vater mit zu meiner Cousine, und ich ging gerne dorthin, weil ich sie sehr mochte. Mein Onkel André war dort, ebenso wie die Cousinen Camille und Marie. Und dann geschah es (...)

- **Voice-over**: Noémies Vater überhäufte sie mit zärtlichen Worten und versicherte ihr, dass Berührungen völlig normal seien; sie glaubte ihm. Dann lüftete er sein großes Geheimnis: ein Lager, einen unterirdischen Keller, in dem er Kinder in Käfigen hielt. Noémie wurde so zur Komplizin ihres Vaters.

- **Noémie**: Die Kinder, die in diesen Käfigen eingesperrt waren, blieben nicht lange am Leben, sie wurden gefoltert und vergewaltigt und schließlich ermordet. Sie waren dort ganz allein, sie konnten nicht fliehen, denn sie waren zu geschlagen, zu vergewaltigt oder zu betäubt... oder tot (...)

Mein Vater und andere Männer hatten das Mädchen bereits vergewaltigt. Als ich hineinging, war ich ein wenig eifersüchtig, weil ich wusste, dass mein Vater auch daran beteiligt gewesen war. Aber dann war ich zufrieden, wahrscheinlich weil ich bei der Zeremonie zuschauen konnte und von allen Kindern, die zu diesem Pädophilenring gehörten und von diesen Männern vergewaltigt wurden, war ich der einzige, der bei den Vergewaltigungen zuschauen durfte. Anstatt also nur missbraucht zu werden, konnte ich an der Misshandlung teilnehmen. Sie befahlen mir, Wasser zu kochen und es über das Kind zu gießen. In der Zwischenzeit schlugen sie auf sie ein, zuerst mit einem Gürtel, dann mit einem Holzstück. Sie steckten ihr Zigaretten auf den Körper und schnitten ihr die Haare ab. Sie befahlen mir, die Klitoris des Mädchens zu schneiden. Ich wusste nicht, was es war, sie zeigten es mir und sagten: „Schneiden Sie hier! „. Mein Vater hat mir gesagt, dass ich es tun muss, und dann hat er mir gezeigt, wo ich schneiden muss.

- **Voice-over**: Noémie spricht von etwa zehn Morden an Kindern in einem Jahr. Auf einer Karte zeigt sie die Eingänge zu den unterirdischen Gängen. Die Gerichte bestreiten nach wie vor, dass es in Saint-Victor (Ardèche) solche unterirdischen Komplexe, Katakomben, gibt.

- **Jacques Berthelot**: Ich war in Saint-Victor, dort gibt es unterirdische Tunnel. Ich hatte das Glück, dass ich sie fotografieren konnte. Ich habe diese Fotos der Polizei in Privas, Herrn Marron, übergeben. Er versprach, dass er meine Aussage in den Polizeibericht aufnehmen würde. Ich wurde im April 1999 von der Polizei vernommen. Aber heute scheint die Datei plötzlich verloren gegangen zu sein. Meine Fotos und Aussagen bei der Polizei sind nirgends zu finden.

- **Voice-over**: Warum werden die mutmaßlichen Täter nicht vor Gericht gestellt? Nach mehreren Jahren der Untersuchung bin ich zu einem Ergebnis gekommen. Viele der Täter sind in hohen Positionen, sie haben die Macht, sich gegenseitig zu decken, und es geht um viel Geld. Noémie sagt über die Kinder, dass sie vor der Kamera missbraucht, gequält, vergewaltigt und geopfert werden. Diese Snuff-Filme werden angeblich für bis zu 20.000 Euro pro Stück verkauft.

- **Noémie**: Als ich hereinkam, waren die Vorhänge geschlossen, es war dunkel. Auf dem Boden lagen Teppiche, ich wurde aufgefordert, mich zu setzen, und ich setzte mich an einen Tisch. Die Priester standen mit Kerzen da... Sie trugen dunkelrote, fast schwarze Gewänder. Sie haben am Tisch gesungen. Es dauerte lange... Da war etwas, das mit einem Tuch in der gleichen Farbe wie ihre Gewänder bedeckt war. Da war ein Kind, mein Großvater nahm es in den Arm, mein Bruder Pierre stand neben mir. Mein Großvater zeigte dann meinem Bruder, wie man das Kind tötet. Und dann fing das Kind natürlich an zu schreien... dann sprachen sie ein paar Gebete, und wir gingen hinaus. Nach 45 Minuten oder einer Stunde, ich weiß es nicht mehr genau, kamen sie heraus. Die Zeremonien enden immer auf dieselbe Weise. Die erste schwarze Messe, die ich sah, war mehr oder weniger die gleiche, es gab die Opferung des Kindes und am Ende auf der Terrasse gab es zwei große Teller... mit Fleisch... Fleisch, jetzt weiß ich, dass es Menschenfleisch war.

- **Journalist**: Sind Sie sicher, dass es Menschenfleisch war?

- **N**: Ja, ich bin sicher, dass es Teil des Kults war. Man ist Teil der Sekte, ohne es zu merken, man muss nur an einer Zeremonie teilnehmen und bestimmte Rituale durchführen. Aber ich war mir dessen nicht bewusst, als es geschah. Wenn ich jetzt zurückblicke, denke ich an all die Dinge, die ich während der Rituale anderen Kindern antun musste, wie das Abschneiden von Teilen ihrer Genitalien. (…)

- **J**: Das Ergebnis dieser Rituale, sobald sie abgeschlossen sind, ist nichts anderes als Kannibalismus?

- **N**: ... hmm ...

- **J**: Ist es Kannibalismus?

- **N**: Ja.

- **Voice-over**: Nach dem Gespräch mit dem Psychologen wird mir klar, dass Noémies Vater sie schon früh programmiert haben muss. Noémie konnte die Grausamkeiten, die sie ertragen musste, nicht ertragen und spaltete sich in verschiedene Persönlichkeiten auf. Eine dieser Persönlichkeiten ist ein Roboter, der seinem Vater mechanisch folgt, und dann ist da noch das Mädchen, das zu Hause mit seinen Puppen spielt.

- **Die Psychologin**: Es gibt mehrere Faktoren in ihrer Geschichte, die sie für mich absolut glaubwürdig machen. Die erste ist die Tatsache, dass sie heute, im Alter von 18 Jahren, dieselbe Geschichte erzählt hat wie mit 11 Jahren. Der zweite Punkt ist, dass sie alle Details beschreibt und sich nie widerspricht. Sie gibt niemals zwei verschiedene Versionen von allem, was passiert ist. Außerdem machte sie auf mich den gleichen Eindruck wie andere traumatisierte Menschen, die ich kennen gelernt habe, nämlich die gleiche Distanziertheit in der Art, wie sie über ihre traumatischen Erfahrungen spricht. Es scheint paradox, aber genau das lässt mich glauben, dass das, was sie sagt, die Wahrheit ist... Sie scheint trotz ihrer Vergangenheit ganz normal zu sein, sie muss diese Distanz wahren, sonst würde sie auseinanderfallen. Ich zweifle nicht im Geringsten an ihrer Geschichte.

- **Peter** (Noémies Bruder): Die Fenster sind geschlossen, alles ist zu, die Vorhänge sind zugezogen und die Jalousien heruntergelassen. Die Kinder werden mit den Händen hinter dem Rücken an Stühle gefesselt. Sie sind geknebelt und dürfen weder sprechen noch schreien. In diesem Raum befanden sich mein Vater, Christian N., der Besitzer des Lokals, André D. und André L. Sie alle waren bei den beiden Sitzungen anwesend, an denen ich teilnehmen musste. Was geschah: Zuerst wurden die Kinder vergewaltigt, das Kind war fast tot, es lag auf dem Boden... Mein Vater nahm seinen Gürtel und schlug auf das Kind ein, über sein ganzes Gesicht und seinen Körper. Jeder ist geschlagen. Sie schlagen das Kind mit einem Besenstiel, und dann sagen sie mir, dass ich jetzt dran sei. Ich will nicht... denn es ist, als wäre ich dort, ohne dort zu sein (Anm. d. Red.: Dissoziation). Sie nehmen mich und sagen mir, ich solle es einfach tun! Tun Sie es! Ich konnte nichts tun, es gab keinen Ausweg. Ich musste es tun, sie haben es mir befohlen. Ich habe ihn etwa 10 Sekunden lang geschlagen und dann bin ich gegangen.

- **Voice-over**: Pierre ist nicht nur von seinem Vater sexuell missbraucht worden, sondern noch schlimmer. Sein Großvater väterlicherseits, ein Hohepriester einer Sekte, vergewaltigt ihn ebenfalls. Seit seinem 5. Lebensjahr wird Pierre von seinem Großvater programmiert.

- **Peter**: Er sagt mir, dass ich der Auserwählte bin, dass ich eines Tages seine Nachfolge antreten werde und dass ich in einen Kreis von wichtigen Menschen eintreten werde, die meine neue Familie sein werden. Er sagt mir, dass auch ich eines Tages ein Hohepriester sein werde und dass dies eine große Chance für mich ist. Natürlich habe ich daran geglaubt wie ein kleiner 5-Jähriger. Dann kamen die Zeremonien, es gab sie wirklich und die Menschen nahmen daran teil. Sie erklärten mir Rituale, Messen, Gebete (...)

- **Pierre** beschreibt die Initiationszeremonie, die er im Alter von 7 Jahren erlebte: Die Zeremonie begann wie immer mit Liedern und Gebeten. Wir haben auf roten Teppichen gebetet, ein roter Teppich für jeden Teilnehmer. Ich war immer neben meinem Großvater, die anderen Priester zusammen. Wir haben eine bestimmte Chronologie zwischen den Liedern und den Tänzen eingehalten. Wir haben das etwa 20 Minuten lang gemacht. Dann brachte meine Großmutter, die eigentlich nicht zur Sekte gehört und nie an den großen Zeremonien teilnimmt, ein Baby, das sie auf dem Arm trug. Sie gab das Baby meiner Patentante Collette. Dann kam Collette zu uns herüber und gab meinem Großvater das Baby. Er machte ein paar Zeichen, die ich nicht verstand, dann reichten sie das Baby von Hand zu Hand, bis es wieder in die Hände meines Großvaters kam. Mein Großvater gab das Baby meiner Patentante zurück, dann holte er ein ziemlich langes Messer heraus, auf dessen Griff Symbole und Piktogramme eingraviert waren. Mein Großvater nahm meine Hand, wir näherten uns dem Neugeborenen und schnitten ihm die Kehle durch. Das Baby hat keinen Ton von sich gegeben, es hat nicht einmal geschrien. Er verblutete und das Blut wurde mit einem Becher aufgefangen, einer Art großer Tasse...

- **Voice-over**: Die Aufnahme eines neuen Mitglieds folgt immer dem gleichen Ritual. Jedes Mal wird den neuen Mitgliedern befohlen zu töten. Das sollte sie stärker machen und sie müssen schwören, zu schweigen. Wir dachten, wir hätten die Abscheulichkeit erreicht... Aber Pierre beschrieb ein anderes Ritual, das von dieser Sekte praktiziert wird: Kannibalismus.

- **Peter**: Meine Großmutter brachte ein großes Tablett mit, da waren die sieben Priester, wir waren zehn Leute am Tisch. Danach wurde uns ein Stück Fleisch vom Baby serviert. Wir mussten es essen, um meine Ankunft als neuer Priester der Sekte zu feiern. Es gab auch ein Glas mit Blut darin. Wir mussten essen und trinken, wir haben das Blut getrunken. Mein Großvater sprach ein Gebet am Anfang und ein weiteres am Ende. Er beglückwünschte mich und sagte, ich sei sehr gut gewesen, er schmeichelte mir und sagte, ich sei die Beste usw...

- Die Kinder des Richters Roche

In der Allègre-Affäre in der Region Toulouse wurden bestimmte rituelle Missbrauchspraktiken, die mit Mord einhergingen, von Richter Pierre Roche selbst unter vier Augen aufgedeckt. Kurz vor seinem Tod, geplagt von dem Gedanken, dass er zu viel wusste (und von Gewissensbissen?), gab der hohe Richter seinen beiden Kindern, Diane und Charles-Louis, Zeugnis über das, was er an surrealen Abenden zwischen den *Mächtigen* (in den Worten des Roche-Sohns) erlebt hatte. Die Roche-Kinder sagten im September 2005 vor der Kamera über das aus, was sie *„den geheimen Teil der Allègre-Affäre"* nennen. In ihren Aussagen findet man immer noch diese extreme Verderbtheit, wo es keine Grenzen zu geben scheint und wo Folter und Mord an Kindern alltäglich zu sein scheinen. Nach Angaben der Roche-Kinder wurden diese Abende des rituellen Missbrauchs gefilmt und diese Aufnahmen waren Gegenstand eines sehr lukrativen Handels. Im Folgenden finden Sie einige Auszüge aus Charles-Louis' Zeugenaussage:

Unser Vater kam nach Toulouse, um uns die Existenz einer geheimen Gruppe zu enthüllen, die aus einflussreichen Leuten aus allen möglichen Milieus besteht, aus der Politik, der Finanzwelt... Er erzählte uns von Leuten aus medizinischen Kreisen, sogar aus Universitäten. Diese geheime Gruppe rekrutierte viele Personen aus Justizkreisen, und auch hochrangige Polizeibeamte waren dort sehr beliebt. Es handelte sich also um eine geheime Gruppe, deren Aktivitäten darin bestanden, unter größter Geheimhaltung eine Art Zeremonie durchzuführen, bei der so seltsame und einheitlich ekelhafte Praktiken wie Gruppensex, Skarifikationen... kombiniert wurden. Er beschwor vor uns Bilder herauf, die einem die Haare zu Berge stehen ließen. Er erzählte uns von verkohltem Fleisch, Zigarettenbrandwunden, durchstochenem Fleisch. Er erzählte uns, dass die Menschen, die gefoltert und manchmal während dieser Sitzungen getötet wurden - nun, die getöteten Menschen waren nie einverstanden - und dass es unter den gefolterten Menschen kranke Menschen gab, die diese Art von Behandlung verlangten, und dann gab es Menschen, die nicht einverstanden waren, manchmal Kinder, die zuerst gefoltert und dann getötet wurden, alles gefilmt und Gegenstand eines illegalen Videohandels, der unter dem Tisch zu verrückten Preisen gehandelt wurde. Er erzählte uns, dass die Beute dieser Gruppe von Raubtieren aus der Oberschicht aus den untersten Schichten der Gesellschaft rekrutiert wurde, aus den Kategorien von Menschen, die niemals erwünscht sein würden. Er sprach zu uns von Prostituierten, er sprach zu uns von „Pennern", ich zitiere den Ausdruck eines Richters, er sprach sogar von Ausländern, die sich manchmal in einer irregulären Situation befinden, je nachdem, was sie zur Hand haben, denke ich. Das heißt, Menschen, die entweder die Verbindung zu ihrer Umgebung abgebrochen haben oder keine legale Existenz haben, Menschen, nach denen niemand suchen wird oder bei denen jede Ermittlung von vornherein zum Scheitern verurteilt ist. Und natürlich sind die Mitglieder dieser Gruppe aufgrund ihrer einflussreichen Positionen in der Lage, wenn bestimmte Fälle an die Öffentlichkeit zu gelangen drohen, diese im Keim zu ersticken, indem sie die ihnen zustehenden Hebel in Bewegung setzen, zumal sie sich alle gegenseitig an den Kragen gehen...

- Samir Aouchiche

In Frankreich gibt es auch das Zeugnis von Samir Aouchiche, das in dem 1997 veröffentlichten Buch von Bruno Fouchereau mit dem Titel *„L'Enfant sacrifié à Satan"* veröffentlicht wurde. *Im selben Jahr* berichtete der Nachrichtensender France 2 kurz über diesen Fall von satanischem rituellem Missbrauch, der von einer sektenartigen Gruppe namens *„Alliance Kripten"* praktiziert wurde. Hier ist die Abschrift des Berichts:

- Daniel Bilalian: Frankreich ist leider nicht immun gegen die Probleme, die pädophile Netzwerke mit sich bringen. Ein junger Mann von 26 Jahren, Samir, hat seine schreckliche Geschichte in einem Buch erzählt, das soeben erschienen ist. Seit seinem 12. Lebensjahr war er in Paris Opfer einer satanischen Sekte, wurde gefoltert und dann fast zehn Jahre lang missbraucht...

- Voice-over: Als er diesen Korridor hinuntergehen musste, wusste Samir, dass das Grauen vor der Tür stand. Damals war er erst 12 Jahre alt, aber er war bereits ein Jahr lang den Fantasien echter Folterknechte ausgesetzt gewesen. Wiederholte Vergewaltigungen, Folterungen, hier, mitten in Paris, blieb ihm nichts erspart. Und das Leben dieses gemarterten Kindes gerät noch ein wenig mehr ins Delirium, zu den Vergewaltigungen kommen echte Folterungen und Barbarei hinzu.

- Samir: Ja, es war dort... Sie brachten mich hierher, sie fesselten mich, legten mir Handschellen an und verpassten mir Produkte...

- Journalist: Welche Art von Produkten?

- S: Der Arzt sagt, es war Säure.

- Voice-over: Mit Säure verbrannt von den Anführern der Sekte, einer kleinen Gruppe von etwa zwanzig Personen, die sich die „Kripten-Allianz" nennt. Samir ist, wie andere Kinder auch, zu ihrem Spielzeug geworden. Ein auf 2500 Quadratzentimeter Haut verstümmeltes Spielzeug...

- **S**: Sie konnten nicht leben, ohne Kinder zu quälen. Am Anfang geschah es durch Rituale, durch Zeremonien und dann endete es in Orgien... Es endete in sexuellen Handlungen... Und dann musste man Sex mit Erwachsenen haben...
- **J**: Mehrere Erwachsene?
- **S**: Ja.
- **J**: Es gab mehrere Kinder?
- **S**: Ja, es waren mehrere Kinder...
- **Voice-over**: Samir starrt ihn an und trägt noch immer die Narben seines physischen und moralischen Leidens. Am vergangenen Dienstag erstattete Samir in Begleitung seines Freundes Willy, der ihn aus seiner misslichen Lage befreite, Anzeige gegen zwei Mitglieder der Kripten Alliance. Diese Tortur hätte verhindert werden können. Zwischen 1986 und 1988, d.h. zwei Jahre nach den ersten Vergewaltigungen, wurde die Jugendschutzbrigade durch Fälle mit anderen Kindern auf seinen Fall aufmerksam. Samirs Anwalt, Jean-Paul Baduel, hat nun Dokumente, die dies beweisen.
- **Jean Paul Baduel**: Es gibt Elemente, die unausweichlich sind, das sind die Nachwirkungen, die mein Mandant an seinem Körper trägt. Es gibt objektive Elemente, das sind Fotokopien von Dokumenten, die mir mein Mandant übermittelt hat und die zeigen, dass in den Jahren 1986, 1987 und sogar 1988 die für den Jugendschutz zuständigen Polizeibehörden und sogar die Richter über die Existenz einer Gruppe namens „Kripten" und das Verhalten ihrer Mitglieder gegenüber bestimmten Minderjährigen umfassend informiert waren.

Am 26. Februar 1997 veröffentlichte die französische Zeitung *„La Nouvelle Gazette"* einen Artikel über diesen Fall von satanischem rituellem Missbrauch. Das Papier trug den Titel*: „La secte pédophile torturait les enfants".* In dem Artikel erklärt Samirs Anwalt, Maître Baduel, dass Samir zu einem *passiven Opfer der Perversionen der Kripten-Führer* geworden sei (...) *Sie wurden alle missbraucht, einige wurden sogar mit einem glühenden Eisen gebrandmarkt, es handelte sich in Wirklichkeit um satanische Rollenspiele mit Folter und Vergewaltigung (...) Die Treffen, an denen er teilnehmen sollte, hatten nichts mit Rollenspielen zu tun, auch nicht für Erwachsene, sondern entsprachen einem Ritual der Sexualmagie.*

Samir blieb bis 1994 unter dem Einfluss von Kripten. Eine „Sucht", die seiner Meinung nach durch Hypnose und andere Gehirnwäsche aufrechterhalten wurde. Der Artikel enthält auch ein Interview mit Samir, dem die folgenden Auszüge entnommen sind: *„Ich habe auf der Foire du Trône jemanden von Kripten getroffen. Wir waren etwa fünfzehn Kinder, Jungen, alle minderjährig (...) Wir wurden gezwungen, uns mit Erwachsenen zu prostituieren, manchmal während Zeremonien. Es war wie in einer Sekte, die Erwachsenen trugen schwarze Gewänder mit einem violetten Dreieck. Jahrelang fanden die Feierlichkeiten im Untergeschoss des Bahnhofs Saint-Lazare statt. Am Anfang gab es eine kleine Rede über Außerirdische. In der Regel waren genauso viele Erwachsene wie Kinder anwesend. Und dann gab es ein paar ziemlich schmutzige Sachen mit Blut, und es endete immer mit sexuellen Orgien. Sie sagten, es solle „die Seele reinigen". Einige der Erwachsenen waren maskiert. (...) Ich wurde zweimal nach Belgien gebracht, in die Region von Charleroi und*

Forchies-la-Marche. Ich erinnere mich an ein großes weißes Haus mit einem großen Garten. Die Innenwände waren mit lilafarbenem Stoff ausgekleidet. Es gab mehrere schwarze Messen, die ebenfalls in Orgien endeten. Es waren etwa zwanzig Erwachsene und zehn Kinder. Ich erinnere mich an die Anwesenheit von Hakenkreuzen und die Vergewaltigung eines kleinen Mädchens. Ich weiß auch, dass einige Kinder nicht zurückgekommen sind... man sagte uns, sie seien zum Uranus gegangen."

In dem Buch „*L'Enfant sacrifié à Satan*" ist eine Zeremonie der Sekte „Alliance Kripten" beschrieben. Der Autor fügt in einer Anmerkung hinzu, dass dies eines der Rituale des *Golden Dawn* ist, einer Geheimgesellschaft, die bereits in Kapitel 2 erwähnt wurde:

Ein paar Minuten später gehen die drei in den Keller des Bahnhofs hinunter in den Tai-Chi-Chuan-Raum (...) Auch hier hat sich die Einrichtung verändert. Die Wände sind nun mit schwarzem Stoff bedeckt, die Neonröhren sind ausgeschaltet und Halogenlampen beleuchten den Raum indirekt. Auf dem Boden ist ein großes lila Dreieck gezeichnet, in dessen Mitte eine Art Schachbrett liegt. Auf beiden Seiten des Dreiecks stehen zwei etwa zwei Meter hohe Säulen wie Obelisken. Einer ist schwarz-weiß, der andere rot-grün. Im hinteren Teil des Raumes, gegenüber dem Eingang, stehen auf einer Art Podest, eingerahmt von vier Kandelabern, zwei große rot-goldene Sessel, die auf ein königliches Operettenpaar zu warten scheinen.

Es sind fünf oder sechs Kinder anwesend, einige in sichtbarer Begleitung ihrer Väter oder ihnen nahestehender Personen. Ein kleiner Junge von etwa sechs Jahren, der sich weigerte, die Hand seines Vaters loszulassen, erhielt eine gewaltige Ohrfeige, die ihn unter dem Gelächter der Erwachsenen zu Boden rollen ließ, die sichtlich erfreut waren über den Anblick dieses halb betäubten Jungen (...)

Samir traut seinen Augen nicht! Die Erwachsenen sind ungewöhnlich gekleidet. Die meisten von ihnen tragen große weiße Sarees, einige sind grün und rot. Andere sind ganz in Leder gekleidet, wie Ondathom, den Samir gerade an ihm vorbeigehen sieht. Andere sind mit nacktem Oberkörper, tragen aber eine Maske. Insgesamt gibt es etwa zwanzig von ihnen, die eine Vielzahl von Outfits tragen. Sie sind alle in der Nähe des kleinen Raums, der an die Halle angrenzt, versammelt. In diesem Fall scheint sie als Garderobe zu dienen, denn die Männer und Frauen kommen alle in mehr oder weniger bizarren Outfits heraus, während sie in Straßenkleidung hineingegangen waren. Ajouilark ist auch da, in einen roten Saum gehüllt. Auf seiner Brust befindet sich ein großes violettes Dreieck mit einem schwarzen Rand und einem weißen Kreuz darüber. Sein Gesicht ist verschleiert, aber Samir kennt seine Augen zu gut, um ihn nicht zu erkennen. Ajouilark ergreift Steelarow und zeigt auf einen großen Metallbecher. Mit diesem Kelch geht der junge Mann um die Teilnehmer herum, so dass jeder ein großes Geldbündel einwirft. Samir hat noch nie so viel Geld gesehen (...)

Es ertönt eine Messemusik, und der „Kaiser", gefolgt von der Kommandantin, begibt sich zum Podium. In der Zwischenzeit ist Steerlarow damit beschäftigt, große Mengen von Kokain, wie Samir später erfährt, auf Silbertabletts zuzubereiten. Ondathom ergreift Samirs Arm und führt ihn, die

Gewinnerinnen und die anderen Kinder nach vorne auf die Bühne, wo sich alle aufstellen. Die Erwachsenen verteilen sich mit einer Art frecher guter Laune auf den Seiten des Dreiecks, den Säulen und der Bühne zugewandt. Pröhne, der kurz abwesend war, kommt mit seinem Hund zurück und bindet ihn an der Klinke der Ausgangstür fest. Während die Tabletts im Publikum herumgereicht werden, ziehen Ondathom und der Chinese die Kinder kurzerhand aus. Einige schluchzen, andere verdecken ihr Gesicht, als ob sie jeden Moment einen Schlag erwarten würden. Sobald alles in Ordnung zu sein scheint, begibt sich der Chinese auf die rechte Seite der Plattform und Ondathom auf die linke. Die Gespräche verlaufen gut: Ein Mann mit roter Maske erklärt, er sei empfindlich gegenüber Samirs Gesäß, eine Frau in weißer Kleidung hat nur Abscheu vor Steerlarows Gewinnern (...)

Lasst uns das Dreieckssymbol unseres Ordens grüßen, lasst uns das Hakenkreuz grüßen, die ewige Sonne, die unsere Seelen regeneriert, lasst uns die geheimen Kräfte grüßen, die in der Nacht neben uns hergehen. „

Alle schrien 'Ave! heben ihre Arme. Ondathom und der Chinese ließen die Kinder niederknien (...) Während der Rede des Kaisers ließ Ondathom mit einem kupfernen Ziborium in der Hand die Kinder einen Schluck von einer bitteren roten Flüssigkeit nehmen. Alle spürten schnell das Gleiche. In ihren Köpfen drehte sich alles. Sie fallen nicht in Bewusstlosigkeit, sondern sind plötzlich in einer Art Nebel gefangen. Die Erwachsenen bemerken die Wirkung der Droge, als die Kinder in sich zusammensacken (...) Samir kann die Worte des Kaisers kaum verstehen, er fühlt sich, als würde er fallen, gefangen in einem Strudel. Alles dreht sich, die Gesichter verschwimmen, und er kann die Worte des Kommandanten kaum verstehen:

Die Körper dieser Kinder sind das Brot, das wir teilen. Sie verbergen unsere Fesseln, und durch unsere Sexualität, die endlich vom Joch der jüdisch-christlichen Unterdrücker befreit ist, reinigen wir uns, integrieren wir uns wieder in die heilige Ebene der himmlischen Ritter des Ordens des Kripten-Bündnisses. Sex und alle Vergnügungen unserer Sinne sind das einzige Gesetz, das es zu erfüllen gilt. Dient euch, meine Brüder, im Namen des Fürsten, unseres Herrn, und ehrt Thule...“

Der Kommandant machte Nägel mit Köpfen und zog sein Hemd hoch, so dass ein erigierter Schwanz zum Vorschein kam. Er nähert sich einem kleinen Mädchen von etwa zwölf Jahren, das seit Beginn der Zeremonie schluchzt. Das Kind widersteht Ajouilark kaum, als er sie zwingt, ihn in den Mund zu nehmen. Schon jetzt sind Männer und Frauen zur Seite getreten, um ihrem Vergnügen zu frönen, andere schnappen sich die Kinder... Samir fühlt sich abgetastet, von innen nach außen gekehrt... und sinkt dann in eine Art Wachkoma, eine totale Gefühllosigkeit, als ob das alles nicht wahr wäre, als ob sein Körper nicht sein Körper wäre, als ob er nur ein Beobachter dieser widerlichen Begegnung wäre... (Anmerkung der Redaktion: ein dissoziativer Zustand)

Als Samir die Augen wieder öffnet, erkennt er nichts mehr. Weder das Bett, noch das Zimmer, noch die seltsamen Bilder an den Wänden. Er steht auf, um aus dem Fenster zu schauen, aber weder der Garten noch die Nachbarhäuser, die er sieht, sind ihm vertrauter. Aus dem Nebenzimmer ertönt das Geräusch des

Abwaschs, und bald kitzelt ihn der Duft von Kaffee in der Nase. Samir hat Hunger und merkt plötzlich, dass er nackt ist. Er sucht nach seiner Kleidung. Sie liegen auf einem Haufen auf einem Stuhl. Als er seine Kleidung anzieht, spürt Samir, wie der Schmerz in seinem Körper erwacht. Sein Magen schmerzt, sein Geschlecht schmerzt, sein Kopf dreht sich... Mit seiner Hose auf den Knien wird er gezwungen, sich wieder hinzusetzen. Die Tür öffnet sich und ein pummeliger Mann um die fünfzig lächelt ihn an:
- Was ist los, Junge? „
Samir antwortet nicht.
- Letzte Nacht hat dich die Zeremonie umgehauen, und der Kaiser dachte, es wäre besser, wenn du die Nacht bei mir verbringst... Ich gestehe, dass ich mich gehen ließ. „
Ein Lächeln huscht über die Lippen des Mannes, der immer noch einen roten Bademantel trägt und vor dem Kind, das sich vor ihm zusammengerollt hat, einen Moment lang schweigt.... [268]

e/ Deutschland

Im Oktober 1998 gewährte die australische Regierung einem deutschen Staatsangehörigen, einem Überlebenden rituellen Missbrauchs, der 15 Jahre in einer Sekte verbracht hatte, die Kinderpornografie und Kinderhandel betrieb, den Flüchtlingsstatus mit einem Schutzvisum. Das Australian *Refugee Review Tribunal* sagte in der abschließenden Anhörung: *„Es wird anerkannt, dass ... drittens, solche Gruppen in Deutschland existieren und die Behörden weitgehend unwirksam waren, um ihre illegalen Aktivitäten zu stoppen.* Die australische Regierung beschloss, dem Opfer den Status eines schutzbedürftigen Flüchtlings zuzuerkennen, aber es gibt kein Gesetz, das solche Fälle regelt. Dieses australische Gericht stellte sogar fest, dass *„die deutsche Regierung nicht willens oder nicht in der Lage ist, die Opfer von rituellem Missbrauch zu schützen.* "[269]

- Antje, Nicki und Lucie

Im Jahr 2003 wurde eine Reportage von Liz Wieskerstrauch mit dem Titel „Höllenleben - Der Kampf der Opfer: Ritueller Missbrauch in Deutschland" vom NDR Fernsehen ausgestrahlt. Der Dokumentarfilm lässt mehrere Überlebende von rituellem Missbrauch zu Wort kommen. Auch hier überschneiden sich die Zeugenaussagen und beschreiben die Schrecken, die ebenfalls systematisch von Kameras gefilmt werden. Die meisten der Frauen, die in diesem Dokumentarfilm aussagen, leiden an einer dissoziativen Identitätsstörung. Hier sind einige Auszüge im Transkript:

---

[268] *L'Enfant sacrifié à Satan* - Samir Aouchiche & Bruno Fouchereau, 1997, S. 66-71.

[269] „Ritueller Missbrauch: Eine länderübergreifende europäische Perspektive" - Thorsten Becker & Joan Coleman, ISSD Konferenz „The Spectrum of Dissociation", Manchester, 09/05/1999.

- Voice-over: Schwarze Messen in Kirchen, Rituale auf Friedhöfen. Folter und Mord an Neugeborenen... Das sind die Erinnerungen von Antje, die ihre Kindheit in einem satanistischen Umfeld verbrachte. Bis jetzt hat sie wegen der Grausamkeiten geschwiegen... Jetzt will sie sich äußern und Anzeige gegen die Täter erstatten. In ihrem Fall und in vielen anderen versteckten sich die Fremden hinter Masken, aber auch ihre eigenen Eltern nahmen an den Ritualen teil.

- **Antje**: Meine Mutter lebt noch, sie war die „Mächtige", die Satanistin (Anmerkung der Redaktion: Priesterin?). Mein Vater war der „Bote", der Fahrer, der Zusteller, der Transporteur... Mein Vater starb 1979 und die Polizei wusste nicht, ob es Mord oder Selbstmord war. Es wurde keine Autopsie durchgeführt und ich vermute, dass er von meiner Mutter ermordet wurde...

- **Journalist**: Haben Sie sich jemandem anvertraut?

- **A**: Nein.

- **J**: Warum ist das so?

- **A**: Ich hatte Angst vor dem Tod... Unter der Folter wurde ich mehrmals darauf „programmiert", dass ich sterben würde, wenn ich über die Geschehnisse sprechen würde...

- **Nicki**: Ich musste mich auf einen Tisch legen und wurde dann mit Nadeln gestochen, manchmal sehr tief unter die Fingernägel. Ich fühlte diesen intensiven Schmerz bis zu dem Punkt, an dem ich dachte, dass ich sterben würde... An diesem Punkt wird eine neue Persönlichkeit erschaffen, um diesen unüberwindbaren Schmerz und Terror abzulösen...

- **Journalist**: Wann hat der Missbrauch begonnen?

- **N**: Wir wissen nicht mehr genau, wann es anfing, es begann sehr früh.

- **Voice-over**: Nicki verwendet den Begriff „wir", weil sie multiple Persönlichkeiten hat, eine Diagnose, die immer noch umstritten ist. Wie sie erklärt, hat sie sich in verschiedene Persönlichkeiten aufgespalten, um mit den unerträglichen Schmerzen fertig zu werden. Ihre Erinnerungen sind so bruchstückhaft, dass es sehr schwierig ist, die Gräueltaten dem Ort zuzuordnen, an dem sie geschehen sind. Dies stellt ein Problem bei der Beweisführung dar (...) Später hatte Nicki den Mut, Anzeige zu erstatten. Seitdem haben sich auch andere Opfer gemeldet, manche offen, andere anonym aus Angst vor den Tätern (...) Auch Antje hat Anzeige erstattet. Wie Nicki hat sie eine multiple Persönlichkeit, was die Angaben zu den Orten, Daten und der Identität der Täter erschwert... Der Staatsanwalt nimmt diese Aussagen jedoch ernst. Um sicherzustellen, dass die Ermittlungen nicht durch die Behörden beeinträchtigt werden, wird ihr Anwalt in unserem Dokumentarfilm anonym aussagen.

- **Antjes Anwalt**: Wenn man es mit einer Person mit einem psychologischen Problem wie einer multiplen Persönlichkeitsstörung zu tun hat, dann stellen sich Fragen: Was ist Fantasie, was gehört zu dieser „Identität" oder dieser Persönlichkeit? Passt alles zusammen, ist es kohärent? Das Problem ist, dass diese Menschen rechtlich gesehen weniger glaubwürdig sind als eine Person, die keine Persönlichkeitsstörung hat.

- **Voice-over**: In diesem Bericht gibt es auch Frauen, die satanische Rituale bezeugen, die aber keine multiplen Persönlichkeiten haben. Auch sie werden von Nicki unter Druck gesetzt, Anzeige zu erstatten, aber viele trauen sich nicht, das Gesetz des Schweigens zu brechen, da sie sonst anonym bleiben. Sie sagen auch, dass sie von ihren Familien indoktriniert worden sind, die Rituale von Generation zu Generation weiterzuführen. Auf diese Weise wird jedes Opfer auch zum Komplizen... Für Annegret ist das ein Grund mehr, nicht zur Polizei zu gehen.

- **Annegret**: Das Problem... so einfach ist das nicht... Erstens wissen wir, wie schwierig es ist, Zahlen, Daten oder Beweise zu finden. Zweitens haben wir ein Kind, und wenn wir anfangen, über diese Dinge zu sprechen, haben wir Angst, dass sie uns weggenommen werden...

- **Voice-over**: Die Bedeutung von okkulten Symbolen und die Ausübung des Satanismus sind für Polizei und Staatsanwaltschaft Neuland.

- **Ingolf Christiansen** (deutscher Spezialist auf dem Gebiet des Okkultismus und Satanismus, Vortrag): Am Anfang, in den ersten Graden, unterwerfe ich mich der Disziplin „Arcanum", „Arcanum" ist ein lateinischer Name und bedeutet „das Geheimnis". Diese Disziplin des Arkanums duldet nicht, dass die Organisation der Gruppe einem Außenstehenden, der nicht eingeweiht ist, offenbart wird. Die Konsequenz der Missachtung dieser Disziplin ist die kriegerische Bestrafung (Anmerkung der Redaktion: Tod). Im Allgemeinen heißt es: Wenn du in irgendeiner Weise mit jemandem sprichst, wirst du zur Kasse gebeten... und die Leute glauben das.

- **Voice-over**: Die satanischen Feiertage, die Lehren, die Symbole... Die Opfer werden sie nie vergessen, oft ohne sie wirklich zu verstehen. Für sie sind das Zeichen eines unerträglichen Schmerzes, ebenso wie für Lucie, die sich hier mit der Alterspersönlichkeit eines kleinen Kindes ausdrückt.

- **Lucie** (im Schneidersitz auf dem Boden sitzend): Sie hatten immer seltsame Zeichen, manchmal auf unsere Körper gemalt... Ich glaube, es war so gezeichnet... (mit dem Finger auf dem Boden gestikulierend)...

- **Journalist**: Dreimal die Zahl sechs?

- **L**: Ich weiß es nicht, aber es war in einem Kreis gezeichnet...

- **J**: Dreimal die Zahl sechs ineinander verschachtelt. Gab es noch andere Anzeichen?

- **L**: Ja, Sterne... Ich mag keine Sterne (zeichnet ein Pentagramm mit seinem Finger).

(...)

- **J**: Was bedeutet das Initiationsritual?

- **L**: Lass sie... lass sie... lass sie uns lehren, sie lehren uns... was wichtig ist, um zu leben... Zum Beispiel, glücklich zu sein, wenn man jemanden verletzt... weil es so besser ist, für alle... Zum Beispiel würden sie uns an elektrischen Strom anschließen... Sie würden uns in einen Käfig sperren... Dann würden sie Hunde auf den Käfig loslassen... Das wird gemacht, um uns gehorsam zu machen...

- **Ingolf Christiansen**: In erster Linie geht es nicht um die Anbetung Satans, des Teufels oder Luzifers, sondern um ein Gefühl der Macht. Der Mensch will Gott werden, und von da an geht es nach der Vision der Satanisten oder der okkulten Ideologie darum, Energie und Macht zu bekommen, und die ist in großen Mengen durch den Konsum von Blut verfügbar. Denn Blut ist Leben, und wenn dieses Blut verbraucht wird, liefert es diese Energie, diese Kraft. (…)

- **Voice-over**: Annette erstattete in Hamburg Anzeige gegen ihre Eltern, aber auch gegen sich selbst... weil sie zum Töten gezwungen wurde. Bei ihr wurde keine multiple Persönlichkeitsstörung diagnostiziert, aber sie erklärt, dass sie ein Doppelleben führte. Ein ruhiges Leben in einem Pfarrhaus in Bielefeld und ein gewalttätiges und zerstörerisches Leben in einer Sekte.

- **Annette**: Meine Eltern nahmen mich dorthin mit, als ich 4 Jahre alt war. Meine ersten Erinnerungen reichen zurück, als ich im gleichen Alter dazu gebracht wurde, eine Katze zu töten... Nach und nach wurde ich in dieser Gruppe aktiver, ich musste zusehen, wie andere Menschen Kinder vergewaltigten. Einmal sah ich meine Eltern und meinen Bruder... Er war 11 oder 12 Jahre alt, ich war zwei Jahre jünger als er... Ich sah ihn, während er vergewaltigt wurde, und dann gleich danach... er lag wie ein lebloser Körper stöhnend auf dem Boden und bewegte sich kaum noch... Es war nur ein Körper, der neben mir lag... Ich schwor mir damals, dass sie mir so etwas nicht antun könnten.

- **Journalist**: Was ist mit Ihrem Bruder passiert?

- **A**: Mein Bruder hat vor drei Jahren Selbstmord begangen. Er hat sich erschossen...

- **Voice-over**: Auch Antje sucht nach Spuren, Zeugen, Beweisen... Sie ist sich sicher, dass ihre Eltern hinter den maskierten Verbrechern stecken. Sie hat eine Zeugin, Sandra, ihre vier Jahre jüngere Schwester. Sie haben sich seit über 10 Jahren nicht mehr gesehen. Sie haben den Kontakt abgebrochen, wie sie es auch mit ihrer Mutter getan haben... die Vergangenheit war zu schmerzhaft. Die beiden Schwestern wurden an Pädophile verkauft.

- **Antje** (zeigt ein Foto von sich als Kind): Dieses Foto ist typischerweise dazu gedacht, in pädophilen Netzwerken verbreitet zu werden. Wir stehen dort auf allen Vieren, an meiner rechten Hand ist deutlich ein goldener Ring zu sehen, der bedeutet, dass ich für alles zu haben bin, hilfsbereit und gehorsam. Dass ich alles tun werde, worum man mich bittet.

- **Voice-over**: Wir haben Antjes Schwester gesucht und sie gefunden, aber sie wird anonym bleiben. Sandra hat keine multiple Persönlichkeit wie ihre ältere Schwester. Sie bot an, bei der Suche nach Hinweisen und Beweisen zu helfen, aber auch bei der Polizei eine Aussage zu machen. Die beiden Frauen sagten getrennt voneinander aus, und ohne vorher miteinander gesprochen zu haben, beschrieben sie detailliert die gleichen Rituale... Aber sie wollen sich trotzdem nicht wiedersehen.

- **Journalist**: Haben sie an Satan geglaubt?

- **Sandra**: Für die Mutter ja... Sie glaubt an diese Macht der Dunkelheit, sie denkt, sie gibt ihr die Macht, jemand zu sein, der sie nicht ist... kein Opfer mehr zu sein... Sich mächtig zu fühlen, ja, sie... ja!

- **Rechtsanwältin Antje**: Konkrete Sachverhalte sind ähnlich und ergänzen sich teilweise.

- **Journalist**: Ist dies ein Beweis für die Echtheit des Falls?

- **Jurist**: Ja, absolut! Es ist bekannt, dass eine Geschichte dieser Art, die von einer Person erzählt wird, unglaubwürdig erscheint. Wenn sie von einer einzigen Person erzählt werden, gelten diese Geschichten als ziemlich phantasievoll, während es anders ist, wenn jemand anderes das Zeugnis bestätigt und validiert, wenn möglich unabhängig.

- **Voice-over**: Antje erinnert sich vor allem an eine Nacht, als sie neun Jahre alt war. Es muss eine Nacht mit einem ganz besonderen Ritual gewesen sein...

- **Antje**: In dieser Nacht ist es in einer Kirche passiert, da bin ich mir ganz sicher. Ich habe wieder meine Initiation erlebt, wenn man das so nennen kann... Ich musste einige satanische Kräfte empfangen und kanalisieren. Wir gingen zum Friedhof, die Kirche war in der Nähe... ein Grab wurde geöffnet... der Sarg auch... Darin lag ein Mann, der kürzlich gestorben war. Alles war aufgeräumt, und ich musste in dieses Grab gehen, um sein Herz herauszunehmen... Der Hohepriester nahm diesen Kelch, und die anderen Mitglieder der Loge folgten ihm in die Kirche. Am Fuße der Treppe war das Symbol der Loge, ich weiß nicht, ob es gezeichnet oder einfach da hingestellt wurde... Ich musste mich auf den Altar legen... Sie haben Dinge auf meinen Körper gemalt... Es gab sexuellen Missbrauch. Am Ende des Abends... hatte ich einen neuen Status in der Lodge und war plötzlich eine wichtige Person.

- **Sandra**: Sie haben sie darauf vorbereitet und konditioniert, ein böser Mensch zu werden. Sie hatten es wirklich geschafft, ihr ein Gefühl der Macht zu vermitteln und vor allem, dass sie diese Macht mochte...

- **Antje**: Mir wurde der Gebrauch von rituellen Praktiken beigebracht... Zum Beispiel das Opfern eines Kindes oder das Privileg, neben dem Hohepriester zu stehen, wenn eine Person auf dem Altar liegt.

- **Sandra**: Antje hatte wirklich dieses Gefühl von Macht entwickelt, und so kam sie der Sekte immer näher, wo sie aufstieg... Es war eine Anerkennung für sie, denn sonst war sie nichts... So machen sie die Einweihungen, systematisch...

- **Voice-over**: Fast alle Opfer sagen aus, dass während dieser Rituale Filme und Fotos die Szenen „verewigen": Kinderpornografie... Es geht also auch um Geld und gut organisierte kriminelle Netzwerke. Ohne Beweise kann Lucie keine Beschwerde einreichen. Sie hat eine multiple Persönlichkeit... wer würde ihr glauben? Heute sucht sie im Internet nach Bildmaterial (...) Auch Frauen aus der DDR-Zeit haben von dieser Art des rituellen Missbrauchs berichtet, Lucie ist eine von ihnen. Sie ist auf der Suche nach den Orten ihrer Kindheit, sie sucht in ihren Erinnerungen, sie findet Beweise.

- **Lucie**: Damals war mir das nicht klar, weil ich nichts anderes kannte. Jetzt weiß ich, dass meine Familie einen sehr hohen Lebensstandard hatte. Wir hatten Videorekorder, mehrere Autos (...)

Es gibt 3 Zimmer, diese Zimmer haben keine Fenster, sie waren kalt, wir glauben, es waren Keller. Der Boden war uneben, staubig und schmutzig. Auch die Wände waren in schlechtem Zustand, es hingen Lampen an den Wänden. Es gab einen Raum, in dem wir warteten, und einen anderen Raum, in dem es geschah... Wir erinnern uns auch an einen anderen Raum, eher eine große Halle mit einer Art von Stahlträgern... Ich weiß es nicht genau, wir wissen nur, dass es Stahlträger waren... und dass diese Halle nicht sehr sauber war...

- **Journalist**: Was ist in diesem Saal passiert?

- **L**: Das ist Teil unserer Erinnerungen, da war ein Feuer in der Mitte, da waren Männer, schwarze Männer, sozusagen... Und dann sahen wir, wie jemand zum Feuer geführt wurde, wir hatten Angst...

- **J**: Wissen Sie, wie Sie dorthin gekommen sind?

- **L**: Wir sind dort mit einem Transporter angekommen... Es gab dort auch keine Fenster. Ja, wir sind dort mit einem Transporter angekommen. Manchmal waren auch andere Kinder dabei, aber wir haben nie miteinander gesprochen... In solchen Situationen macht man das nicht...

- **Voice-over**: Unterirdische Räume mit einer großen Halle... Sie zu suchen ist wie die Suche nach einer Nadel im Heuhaufen. Die Nachbarn, Lehrer und Dorfbewohner können nicht befragt werden, Lucies Eltern würden Verdacht schöpfen und das Risiko für sie und ihre Schwestern ist zu groß (...) Ein weiterer möglicher Ort für Kindermorde ist die Wewelsburg: Schloss Wewelsburg. Doch für die Polizei und die Staatsanwaltschaft Paderborn reichen die Fakten zu weit zurück (...) Karine, die ebenfalls eine multiple Persönlichkeit hat, sagte aus, dass sie auf der Wewelsburg selbst rituell missbraucht wurde...

- **Karine**: Ich wusste nicht, dass es ein Schloss mit diesem Namen gibt, aber ich habe die Ornamente in diesem Raum wiedererkannt... mit den Säulen... Es ist das Schloss, das oft in meinen Kindheitsalbträumen auftaucht. Als ich klein war, habe ich diese Ornamente oft in Zeichnungen wiedergegeben. In der Krypta gibt es zunächst dieses Hakenkreuz an der Decke... Ich erinnere mich, dass es in dieser Krypta in der Mitte eine Feuerstelle gibt, um ein Feuer zu machen. Es gibt eine Art Stein oder Altar, und auf diesem Altar wurde ein Kind geopfert. Dieses Kind war meins, es wurde im Alter von 6 Monaten geopfert.

(...)

Der 1998 erschienene Dokumentarfilm *Schwarze Sonne erzählt die* Geschichte dieser Wewelsburg. Das Schloss wurde von den Nazis vollständig restauriert und während des Dritten Reiches als Kultstätte und Ausbildungsstätte für die SS genutzt. Hier ist die Beschreibung der Krypta, die in Karins Aussage zitiert wird:

Direkt unter dem Zimmer des Obergruppenführers befindet sich die so genannte Krypta. Ein gewölbter Raum in Form eines Kellers, in dem religiöse Feiern geplant wurden. Die Atmosphäre erinnert an jene Riten der Zerstörung der individuellen Persönlichkeit, an jenen zweiten Zustand, in dem der Mensch zu einem leeren Gefäß wird, in dem erbauliche Gefühle im Rausch ausgeschüttet werden... Auch geheime Gruppen der heutigen extremen Rechten fühlen sich von diesem Raum angezogen. Nachts brechen sie manchmal sogar darin ein, um mystische Rituale abzuhalten..."

Der Direktor des Wewelsburg-Museums, Wulff E. Brebeck, erklärt in diesem Dokumentarfilm: „Am Heiligabend 1992 fanden wir die Tür aufgebrochen. Auf den 12 Podien waren weiße Laken mit Runen verziert. Natürlich haben wir nie herausgefunden, wer das getan hat, aber wir wissen aus unseren Kontakten mit einigen Besuchern oder Besuchergruppen, dass der Turm gerne als Ort für schwarze Messen oder ähnliche Zeremonien ausgegeben wird... Und es gibt immer wieder Versuche, unsere Türhüter zu bestechen, den Schlüssel zu bekommen oder diesen Raum zu ungewöhnlichen Zeiten unter allen möglichen Vorwänden zu betreten. Wir müssen sehr strenge Schutzmaßnahmen ergreifen, um diese Art von Dingen zu verhindern. Einmal hatten wir ein schriftliches Bekenntnis von einer Gruppe, dass sie dort eine Taufe, eine Schwarztaufe, eine Aufnahme in ihren Orden durchführen konnten... und sie haben uns gedankt."

- Claudia Fliss

Die deutsche Psychotherapeutin Claudia Fliss ist spezialisiert auf Traumata, die durch rituellen Missbrauch verursacht werden. Sie hat in den letzten zwanzig Jahren vielen Opfern geholfen und viele Fälle untersucht. In dem Dokumentarfilm „Sexzwang" des umstrittenen Ivo Sasek erklärt sie:
- Die Formen der Gewalt sind: körperliche Gewalt, sexuelle Gewalt, psychische Gewalt, Drohungen, Erpressung, das Gesetz des Schweigens, Tier- und Menschenopfer im Rahmen von Ritualen, die Ermordung von Säuglingen, Kindern und Frauen. Manchmal ist es eine Person, die getötet wird, manchmal sind es mehrere Personen (...) Die Morde werden immer auf ähnliche Weise beschrieben, es gibt verschiedene Arten, aber die Aussagen überschneiden sich immer. Es hat immer etwas mit Blut zu tun, es hat mit Mordlust zu tun, mit Machtgier, es hat mit Kannibalismus zu tun: Blut trinken und Menschenfleisch essen (...) Das sind Kulte, die seit Generationen bestehen, sie rekrutieren ihre Mitglieder aus den eigenen Reihen, Kinder werden in sie hineingeboren. Von frühester Kindheit an sind sie an diese Rituale gewöhnt, sie werden täglich trainiert, um für diese Dinge fit zu werden... Es ist brutal, aber genau so geschieht es.
- Haben Sie von ähnlichen Fällen in Deutschland gehört, bei denen Menschen von einer satanischen Sekte getötet wurden?
- Ja, das ist es, was die Leute fast immer berichten. Ich habe in verschiedenen Teilen Deutschlands gelebt und gearbeitet, und ich hatte Menschen in Therapie, die sich nicht kannten, aber genau dasselbe berichteten. Von Kollegen, die im ganzen Land arbeiten, weiß ich, dass es Opfer gibt, die sich nicht kennen, die aber Ähnliches berichten. Dann merkt man, dass es etwas Strukturiertes ist.

- Gaby Breitenbach

Auch in Deutschland richtete die Psychotherapeutin Gaby Breitenbach Anfang 2014 einen sicheren Ort ein, um Opfer von rituellem Missbrauch und Gedankenkontrolle aufzunehmen und ihnen zu helfen. Das Zentrum trägt den Namen „Vielseits" und ist das erste seiner Art in Europa. Alle Frauen, die in das Zentrum kommen, sind einer Gedankenkontrolle unterzogen worden. Diese Frauen leiden unter schweren dissoziativen Störungen und traumatischer

Amnesie. Gaby Breitenbach wurde von der Journalistin Antonia Oettingen interviewt:
Von außen betrachtet, scheinen diese Frauen ein normales Verhalten und ein normales Leben zu führen. Ihre Alltagspersönlichkeit ist sich des Missbrauchs, dem sie nachts, an Wochenenden oder während der Ferienzeiten ausgesetzt sind, nicht bewusst. Diese traumatischen Erfahrungen werden in den verschiedenen Teilen der Persönlichkeit abgeschottet, so dass diese Erinnerungen aus dem Bewusstsein verdrängt werden. Die Person ist sich daher des Missbrauchs und des Traumas nicht bewusst (...) Die Opfer werden schon in jungen Jahren Nahtoderfahrungen, Elektroschocks, simuliertem Ertrinken und allen Arten von Folter ausgesetzt, bei denen sich ihre Peiniger als „Retter" ausgeben. An einem bestimmten Punkt reagiert die Psyche des Opfers automatisch: Sie spaltet sich auf, um zu überleben. Als Folge dieser systematischen Folter können die Opfer unterschiedliche Identitäten entwickeln. Die Kriminellen, die diese Missbräuche begehen, sind der Schlüssel zu diesem internen System, das aus einer fragmentierten Persönlichkeit besteht. Sie sind daher in der Lage, mit Hilfe von Auslösern bestimmte Verhaltensweisen hervorzurufen. Dabei kann es sich um Handzeichen, Gerüche oder Geräusche wie einen bestimmten Klingelton handeln (...) Junge Opfer rituellen Missbrauchs werden am häufigsten für pädokriminelle Prostitution benutzt und darauf trainiert, selbst an sadistischen Kindesmisshandlungen teilzunehmen, die gefilmt und fotografiert werden. Diese Frauen werden einen Großteil ihres Lebens als Prostituierte arbeiten, sie können auch für sadistische Gewalt und manchmal für Spionage eingesetzt werden. Viele der durch die Traumata entstandenen anderen Persönlichkeiten fühlen den Schmerz nicht."[270]

f/ England

In dem Dokumentarfilm Devil *Worship: The Rise of Satanism* von 1989 erklärt der Politiker und Parlamentsabgeordnete David Wilshire:
Der Satanismus ist in diesem Land genauso präsent wie in anderen Ländern. Es ist etwas furchtbar Gewalttätiges, es ist Kindesmissbrauch, es ist sexueller Missbrauch. Das ist nicht zum Lachen, sondern muss sehr ernst genommen werden, es ist ein Problem, das angegangen werden muss. Das Tragischste an dieser Geschichte sind die Kinder, die darüber sprechen und denen gesagt wird: „Sei nicht dumm, so etwas gibt es in unserem Land nicht", oder: „Du erfindest Geschichten, du lügst"."
Im Jahr 1989 gründete die Psychiaterin Joan Coleman mit Hilfe anderer Ärzte *RAINS (Ritual Abuse Information Network & Support)*. Sie leitete auch die *Klinik für dissoziative Studien* in London. *RAINS* unterstützt Opfer von rituellem Missbrauch und veröffentlicht Studien über Traumata und ihre Folgen. In dem Buch „*Forensic Aspects of Dissociative Identity Disorder"* (Forensische Aspekte der dissoziativen Identitätsstörung) schildert Joan Coleman die Fälle

---

[270] „*Das Schutzhaus für Frauen, die von kriminellen Banden kontrolliert werden"* - Interview mit Gaby Breitenbach von Antonia Oettingen - Vice.com, 12.02.2014.

mehrerer Opfer von rituellem Missbrauch, denen sie begegnet ist, darunter die Aussagen von „Margaret", „Theresa" und „Monica" (Pseudonyme).

- Margarete

Im Jahr 1986 arbeitete Joan Coleman seit 17 Jahren in einem psychiatrischen Krankenhaus. Sie arbeitete mit Menschen, die psychische Probleme mit körperlichen Auswirkungen hatten. Margaret war eine ihrer Patientinnen, eine Frau in den Vierzigern, die seit vier Jahren regelmäßig das Krankenhaus besuchte. Coleman war besorgt über ihre gesundheitlichen Probleme, sie litt an Asthma, einem Magengeschwür und starker Migräne. Dies hing offensichtlich mit ihren psychischen Problemen zusammen, aber Coleman konnte die Ursache des Problems nicht erkennen. Margaret hatte viel Besuch und ihrer Meinung nach gab es keine familiären Probleme. Ihr wurden Medikamente verschrieben, vor allem, wenn sie an den Wochenenden unterwegs war. Eines Tages kam es zu einem Unfall mit einer Überdosis, und sie wurde ins Krankenhaus eingeliefert. Kurz nach diesem Vorfall begann sie, sich einer Krankenschwester, Eileen, über einen Freund der Familie anzuvertrauen, den sie offenbar überhaupt nicht leiden konnte. Von diesem Zeitpunkt an öffneten sich die Schleusen für die Offenlegung...

Zunächst sprach sie über einen anscheinend großen Pädophilenring: Sie beschrieb sadistischen sexuellen Missbrauch von Kindern durch Männer. Sie sagte, einige dieser Personen seien Familienmitglieder oder Bekannte, aber auch Politiker und bekannte Medienvertreter. Während dieser ersten Zeit der Offenlegung verbesserten sich ihre körperlichen Symptome bemerkenswert. Sie musste nicht mehr erbrechen und hatte fast kein Asthma und keine Migräne mehr. Dann beendete sie die Behandlung und schien bereit zu sein, das Gespräch fortzusetzen... Coleman und die Krankenschwester beschlossen daraufhin, die Polizei einzuschalten, unabhängig davon, ob die Aussagen der Wahrheit entsprachen oder nicht. Da die Namen der mutmaßlichen Angreifer jedoch nicht in den Polizeiakten zu finden waren, wurden keine Ermittlungen eingeleitet.

Im Sommer 1987 wurde Margaret mitgeteilt, dass sie unheilbar krank sei. Sie wollte nach Hause gehen, widerrief aber alle Aussagen, die sie über rituellen Missbrauch gemacht hatte. Nach nur wenigen Wochen war sie wieder im Krankenhaus, nachdem man sie völlig zugedröhnt auf der Straße gefunden hatte. Dann wurde sie in einen anderen Teil des Krankenhauses gebracht, wo sie sich wohl sicherer fühlte, da sie wieder zu sprechen begann und ihre früheren Aussagen detailliert wiedergab. Sie erzählte von entlaufenen Kindern, die sie am Londoner Hauptbahnhof getroffen hatte und die in ein Hotel gebracht werden sollten. Dort wurden sie mit Gewalt unter Drogen gesetzt, so dass sie bald süchtig wurden, mit dem Ziel, sie sexuell zu missbrauchen. Margaret beschrieb dann ein Haus, in das einige dieser Kinder gebracht wurden, um sie ebenfalls unter Drogen zu setzen und zu vergewaltigen. Sie erklärte, dass sie, obwohl sie sich weigerte, gezwungen wurde, den Misshandlungen zuzusehen und gleichzeitig fotografiert wurde, um sie zum Schweigen zu bringen. Nachdem sie von mehreren Männern vergewaltigt oder geschlagen worden waren, wurden einige dieser Kinder zurück ins „Hotel" gebracht, andere wurden getötet... Sie sagt, dass die Morde immer mit einem Messer begangen wurden. Die Leichen wurden dann zerstückelt und in Plastiksäcke verpackt, um zu einem Ort gebracht zu werden, den sie als Fabrik bezeichnet, wo sie verbrannt werden. Die Morde werden gefilmt und die Aufnahmen zu einem hohen Preis verkauft.

Margaret beschrieb das immer gleiche Muster und sagte, dass *„es eine Art Ritual zu sein schien"*. Sie berichtete, dass die Henker Roben und Masken trugen. Sie sprach von einem vietnamesischen Mädchen, das an einen Altar und ein umgedrehtes Kreuz gefesselt war. Aufgrund dieser Enthüllungen begann Joan Coleman, über Satanismus und rituellen Missbrauch zu forschen. Margaret gestand später, dass ihre Familie seit Generationen Satanisten waren, und sie hat ihre Aussage nie widerrufen. Ihr psychischer Zustand verbesserte sich erheblich, nachdem sie sich anvertraut hatte.

Joan Coleman und ihre Kollegen wandten sich erneut an die Polizei, nachdem sie Zeugen von Kindermorden geworden waren, und übermittelten ihr diesmal Namen, Adressen und Angaben zu den mutmaßlichen Tätern und den Kindern sowie die Adresse der „Fabrik". Aber all das war umsonst... Die Polizei beauftragte daraufhin einen Psychiater mit der Befragung von Margaret: Dieser „Experte" kam zu dem Schluss, dass die Psychiaterin, Joan Coleman, die ganze Geschichte erfunden hatte. Margaret enthüllte viel über rituelle Aktivitäten, mit Beschreibungen von Zeremonien, Orten, aber auch über die Hierarchie des Kultes. Sie unterschied sehr deutlich zwischen den rein sadistischen Tötungen von Kindern in London und den rituellen Opfern, d. h. den religiösen Zeremonien, an denen sowohl Männer als auch Frauen teilnahmen. Die Opfer wurden vom Hohepriester immer an bestimmten Tagen des Kalenders dargebracht. Margaret beschrieb die von der Sekte angewandten Methoden der Gedankenkontrolle, sie beschrieb, wie Kinder unter Drogen gesetzt und hypnotisiert werden, um an die *Magie Satans zu* glauben. An bestimmten feierlichen Terminen verbarrikadierte sich Maragret immer noch in ihrem Zimmer...

Joan Coleman und Schwester Eileen sahen Margaret kurz vor ihrem Tod, und sie versicherte ihnen, dass alles, was sie über den rituellen Missbrauch gesagt hatte, der Wahrheit entsprach und dass sie wollte, dass alle davon erfahren.

- Theresia

1989 lernte Joan Coleman im Rahmen ihrer Arbeit ein 15-jähriges Mädchen kennen, das angab, von Familienmitgliedern missbraucht worden zu sein, vor denen sie gerade für ein Jahr geflohen war. Theresa beschrieb die Sektenaktivitäten mit Protokollen, die fast identisch mit denen von Margaret waren. Sie erzählte viele Einzelheiten über eine Art Schloss, in das sie und andere Kinder regelmäßig gebracht wurden. Sie waren betäubt, bevor sie dorthin gingen, daher hatte sie keine Ahnung, wo genau sich dieser Ort befand. Ihr zufolge wurde dieser Ort von einem Arzt geführt, da ein Teil des Hauses für experimentelle Operationen genutzt wurde. In einem anderen Teil waren kleine

Kinder in Käfigen eingesperrt, die nur für sexuellen Missbrauch und Folter, für Experimente und schließlich für die Opferung herausgenommen wurden.

In diesem Fall hat die Polizei fünf Männer wegen Vergewaltigung von Minderjährigen und eine Frau wegen Mittäterschaft und illegaler Abtreibung verhaftet. Obwohl Theresa vor der Polizei aussagte, gab es keine stichhaltigen Beweise für rituelle Handlungen, so dass diese nicht in die Anklage aufgenommen wurden. Kurz vor der Verhandlung suchte die Polizei Theresas Schule auf, um Aufzeichnungen über ihren Schulbesuch zu erhalten, woraufhin der Schulleiter ihnen Notizen und Zeichnungen übergab, die Theresa einige Monate zuvor angefertigt hatte. Theresa hatte ein umfassendes Dossier über ihre Erlebnisse zusammengestellt, aber trotzdem wurde der satanische rituelle Missbrauch aus Mangel an Beweisen nicht weiter verfolgt.

- Monica

In den späten 1990er Jahren erhielt Joan Coleman einen Anruf von einer Krankenschwester, die sie um Rat für einen ihrer Patienten bat. Bei der Patientin handelte es sich um eine 37-jährige Frau namens Monica, die zunächst wegen Bulimie behandelt wurde, dann aber anfing, über rituellen Missbrauch in ihrer frühen Kindheit zu sprechen. Joan Coleman begann, sich regelmäßig mit diesem Patienten zu treffen. Zunächst hatte Monica Angst, über die Sekte zu sprechen, aber nach einigen Wochen begann sie, Einzelheiten über ihre Erinnerungen zu erzählen, die das Trauma wieder zum Vorschein brachten, wenn sie auftauchten. Sie beschrieb ihre traumatischen Erinnerungen mit kindlicher Stimme, Verhalten und Mimik. Dieses „Kind" sagte, dass *sie* unterschiedliche Namen und ein unterschiedliches Alter hätten, manchmal schrieb sie in der Handschrift eines Fünfjährigen. Zu anderen Zeiten wirkte sie völlig anders und wurde sogar feindselig gegenüber Joan Coleman und der Krankenschwester. Nach und nach wurde entdeckt, dass einige ihrer Persönlichkeiten der Sekte treu geblieben waren. Während Monica glaubte, dass sie seit ihrem 15. Lebensjahr nicht mehr an den Ritualen teilgenommen hatte, hatten einige ihrer anderen Persönlichkeiten nie mit diesen Aktivitäten aufgehört und hatten auch nicht die Absicht, damit aufzuhören... Diese anderen Persönlichkeiten nahmen regelmäßig an den Zeremonien teil, ohne dass Monica davon wusste.

Joan Coleman begegnete der dissoziativen Identitätsstörung (DID) erstmals im Fall von Monica. Sie lernte viel von diesem Patienten, sowohl über satanischen rituellen Missbrauch als auch über die Funktionsweise eines multiplen Persönlichkeitssystems, insbesondere darüber, wie man mit anderen Persönlichkeiten arbeitet, die immer noch sektenloyal sind. Als die Amnesie-Barrieren verschwanden, wurde sich Monica mehr und mehr ihrer Verwicklung in okkulte und kultische Aktivitäten bewusst, ebenso wie ihrer anderen Persönlichkeiten. Sie nannte Namen und Orte der Zeremonien. Obwohl Joan Coleman nie mit ihr über andere Überlebende rituellen Missbrauchs gesprochen hatte, stimmten einige der von ihr gegebenen Informationen nicht nur mit denen von Margaret überein, sondern auch mit Details anderer Fälle. Sie sprach von einem „Hohepriester" und nannte seinen Kultnamen, aber auch seinen richtigen

Namen. Coleman hatte schon von ihm gehört, er war ein landesweit bedeutender Mann.

Eine ihrer Alterspersönlichkeiten war ein 10-jähriges Mädchen namens *„Scumbag"*. Das Alter entstand, als ihre Mutter sie in einem Hinterzimmer einer Kneipe prostituierte. Das gesammelte Geld war für die satanische Sekte bestimmt. *Scumbag* war ein starker Biertrinker, während Monica keinen Alkohol trank. Monica war eine mutige Frau, sie hat 1996 in einer Radiosendung ausgesagt, und dafür wurde sie bestraft... das ist sicherlich der Grund für ihren Tod kurz danach.[271]

Joan Colemans Vereinigung RAINS hatte eine Telefonhotline eingerichtet, bei der zahlreiche Anrufe von Therapeuten eingingen, die Hilfe und Rat suchten. Ihre Patienten sprachen von genau denselben satanistischen Ritualen. Im Jahr 2014 stellte RAINS eine Liste von Personen zusammen, die in England in rituellen Missbrauch verwickelt sind. Die Liste, die sowohl Namen als auch Orte der Verehrung enthält, wurde auf der Grundlage der Aussage eines Opfers erstellt, aber auch dank eines Mitglieds des Netzwerks, das sich entschlossen hat, seine Meinung zu äußern. Die Liste umfasst Politiker, Schauspieler, Journalisten, Polizisten, Ärzte, Unternehmer, Kirchenleute... Auf den Fall des *„Stars"* Jimmy Savile werden wir im Kapitel über die Unterhaltungsindustrie zurückkommen.

g/ Belgien

- Die X-Akte (Fall Dutroux)

In Belgien war die Akte X im Fall Dutroux voll von Zeugenaussagen über rituellen Missbrauch. Es war auch die X-Akte, die zu dem belgischen Elitennetzwerk führte... Deshalb wurde sie schnell geschlossen, Marc Dutroux blieb der *„isolierte Räuber"* und die Medien schrien alle, dass es die pädophilen Netzwerke *nicht gibt!"*

Richter Jean-Marc Connerotte hatte die Ermittlungen jedoch gut geführt, so gut, dass ihm der Fall entzogen wurde, als er schließlich auf die Spur eines sehr peinlichen Netzwerks mit Zeugenaussagen über satanischen rituellen Missbrauch in Verbindung mit der belgischen Führungsspitze kam... Dann wurde Richter Jacques Langlois mit dem Fall betraut, der sich weder für die X-Zeugen, die von rituellem Missbrauch sprachen, noch für die etwa 30 toten Zeugen in diesem Fall zu interessieren schien... Er war es auch, der es nicht für nötig hielt, die 6.000 im Keller von Marc Dutroux gefundenen Haare analysieren zu lassen. Im Übrigen sind die belgischen Behörden der Ansicht, dass die Analyse all dieser DNA-Spuren zu teuer wäre... So konnte die zweite Akte im Fall Dutroux so einfach geschlossen werden. Der ehemalige belgische Parlamentsabgeordnete Laurent Louis schrieb in seinem Blog: *„Wie können wir*

---

[271] *Forensische Aspekte der dissoziativen Identitätsstörung* - Adah Sachs und Graeme Galton, 2008, S. 11-20.

akzeptieren, dass die BIS-Akte Dutroux ohne weitere Maßnahmen geschlossen wurde, obwohl Tausende von DNA-Spuren im Marcinelle-Versteck gefunden wurden, die noch analysiert werden müssen? Können wir akzeptieren, dass als Argument die Kosten dieser Analysen angeführt werden, wenn wir jedes Jahr irrsinnige Summen ausgeben, um den Lebensstil unserer Minister und der königlichen Familie zu sichern? Ist die Suche nach der Wahrheit und die Beschuldigung von Pädophilen und Kindermördern nicht alles Geld der Welt wert?"

Damals beschrieben die X-Zeugen jedoch eindeutig satanischen rituellen Missbrauch mit der Ermordung von Kindern. Im April 2009 stellte die Website *Wikileaks* ein 1235-seitiges PDF-Dokument mit den Anhörungen und Protokollen des Falles Dutroux online.[272] Das Dokument enthält Zeugenaussagen, in denen extreme Praktiken wie die Jagd mit Kindern als Wild beschrieben werden! Dabei handelt es sich um Vermutungen, da offensichtlich keine Untersuchung, die diesen Namen verdient, durchgeführt wurde, um die Aussagen zu überprüfen. Hier sind einige Auszüge aus dem Dokument:

PV 151.044 - Vernehmung des Zeugen X2 - 27/03/97 (Seite 1065)

In Chimay begangene Taten: Sie ging 5 oder 6 Mal in einen großen Wald zur Jagd. Sie war gezwungen, dorthin zu gehen (...) Die gewalttätigsten Mitglieder der Bande von Knokke, darunter die Brüder L. In Chimay hörte sie Schreie und Schüsse, aber sie weiß nicht, worauf sie schoss, sie hat nie Wild gesehen (...) Es war in der Nähe des Schlosses von Chimay - eine Beschreibung des Schlosses, die sie schon kannte. Der Wald ist ummauert. Es waren die Schreie von Kindern, vielleicht 10 Jahre alt. Sie glaubt, dass es 4 oder 5 Kinder waren. Die Schreie verstummten. Sie blieb bei L., und in diesem Moment gingen die Brüder L. mit 1 oder 2 anderen Personen, darunter der Wildhüter, weg. Die Teilnehmer waren alle aus Knokke und Eindhoven (...) Die Schreie waren schrecklich und unbeschreiblich (...) Am Anfang waren die Schreie nicht laut, eher Schmerzensschreie, dann viel lautere Schreie für ein paar Sekunden und dann hörten sie auf. Auch in Faulx gab es Schreie, die aber nicht aufhörten. Sie hat noch nie ein Mädchen gesehen, das unversehrt aus L.L.s Haus zurückgekommen ist. Als das Geschrei aufhörte, hörte L. auf, mit ihr „Liebe zu machen" und ging mit ihr sehr schnell zum Auto zurück.

PV 151.150 - Vernehmung des Zeugen X2 - 03/04/97 (Seite 1066):

Ein Jagdausflug im Süden des Landes mit Leuten zu Pferd - viele waren bewaffnet - Während der Jagd gibt es eine Vergewaltigung auf X2 - Sie geht mit C. in einer Ranch oder Land Rover oder Cherokee (...) Die Reiter kamen zu Pferd, sie schießen, aber sie weiß nicht, was, sie hat kein Wild oder Hunde gesehen. Einer der Reiter kam auf sie zu, stieg von seinem Pferd ab und vergewaltigte sie. Derselbe Fahrer vergewaltigte auch Eva. Die Jagd findet um etwa 17 Uhr statt. Sie wurde auch von einem kleineren vergewaltigt. Gewalttätigkeit, aber weniger als in Eindhoven (Schläge ins Gesicht und Strangulation). X2 wurde erwürgt, weil sie schrie. Eva wurde nur im Gesicht und

---

[272] *Belgien: Dutroux X-Dossier Zusammenfassung*, 1235 Seiten, Wikileaks.org, 2005.

im Bauch getroffen. Es gab eine weitere Minderjährige unter 15 Jahren (blond), aber sie weiß nicht, ob sie vergewaltigt wurde - sie war mit einer Frau zusammen.

PV 116. 022 - Vernehmung des Zeugen X1 - 31/10/96 (Seite 411):

Ermordung von Kindern in den Ardennen und in Luxemburg bei Jagdgesellschaften. Reetgedeckte Villa. (…)

Sie sagt, dass sie einmal von jemandem mitgenommen wurde, der sie abholte: ein Mann, den sie nicht gut kannte - sie assoziiert ihn mit ernsten Dingen: Ritual. (30 Jahre alt, Brille, kurzes gelocktes braunes Haar, Schnurrbart). Er fuhr einen schwarzen BMW (...) X1 beschreibt das Innere des Gebäudes (Luftaufnahme, Fliesen, dunkelbrauner Teppich im Büro...). Anwesend: die Person, die sie mitgebracht hat, Tony, der alte Mann aus dem „Decascoop", und 2 weitere Männer. X1 muss sich ausziehen und wird in ein Zimmer gebracht. Der Mann, der sie brachte, kam mit einem kleinen Mädchen von 2 oder 3 Jahren (blond mit glattem Haar) herein. Vor X1 spielt der Mann mit dem BMW mit dem Kind und zückt dann ein Messer und sticht es zwischen die Beine des schreienden Kindes. Der Mann mit dem BMW bringt das Kind zu Fall. X1 wird dann von ihm, Tony und den anderen vergewaltigt.

X1 war 12 Jahre alt, und es war das erste Mal, dass sie Zeuge eines solchen Ereignisses wurde. Sie hatte das Kind noch nie gesehen.

PV 100.403 - Information (14/01/97) (Seite 435)

Château d'Ameroix. Brief eines pensionierten Gd (M.) Anfang April 1996 war er Gastgeber eines mexikanischen Priesters. Ein holländischer Freund des Pfarrers holte ihn ab und erwähnte das Schloss Ameroix als einen Ort, an dem satanische und pädophile Partys mit Kinderopfern stattfinden. Die Informationen erhielt er von einem in die USA zurückgekehrten Amerikaner der NATO. Dieser Amerikaner hat an einer Party teilgenommen und war angewidert (...) Möglicherweise steht er im Zusammenhang mit den vom Zeugen X1 beschriebenen Jagdgesellschaften.

PV 150.364 - Vernehmung des Zeugen X1 - 01/03/97 (Seite 478)

X1 sagt, dass sie zwischen 1990 und 1995 15 oder 20 Mal in der Burg von Antwerpen war. Sie war Zeugin von 6 oder 7 Morden an Kindern, darunter Katrien De Cuyper. Beschreibung der Personen, die die Kinder in einem Lieferwagen (weiß - rostig - Diesel) gebracht haben. Sie kann Skizzen anfertigen. Die Männer setzen die Kinder ab und gehen (...) X1 bestätigt, dass es sich um das Schloss in Gravenwezel handelt. X1 weiß nicht, was mit den Leichen geschehen ist - vielleicht hat sich Tony um sie gekümmert. Er brachte es immer an den Ort und brachte es nur zurück, wenn es keinen Tod gab (...)

PV 118.452 - Vernehmung des Zeugen X1 - 10/12/96 (Seite 542)

M. wurde im November 1984 in Knokke in der Villa der Großmutter von X1 getötet. Erste Partei: B. brachte einen kleinen Jungen von 8 Jahren mit. Besitzer der Villa = Mann mehr oder weniger 40 Jahre alt und seine Frau um die 20 Jahre alt. Beschreibung der Villa. X1 hat auf Befehl von B. zwei Kaninchen und eine Zwergziege getötet. Die Orgie fand in der Garage statt. Zwei Dobermänner und ein Deutscher Schäferhund waren an der Orgie beteiligt. Beschreibung der Garage: in die Wand eingelassene Ringe, eingemauerter Schrank mit sado-masochistischem Material und pädophilen Videos.

Teilnehmer mit besonderen Kostümen: Leder, Umhänge, Masken. C. wurde von T., N., B. und dem Besitzer vergewaltigt. C. Sie muss das Herz des geopferten Kaninchens essen. An Ringe gefesselte Kinder in der Garage. Das Blut der Ziege wird auf C gegossen.

PV 151.829 - Vernehmung des Zeugen X3 - 02/06/97 (Seite 1072) (Abschnitt Königliche Familie)

Abgeholt in einem rosa amerikanischen Auto mit weißem Dach, das von Charly gefahren wird. Immer luxuriöse Häuser (...) Vor Ort hielt das Auto auf einem Rasen vor dem Haus, das von einem Park umgeben war. Es gab zwei Vorgesetzte: Ralf und Walter. Die Kinder wurden zu einem Natursteinturm mit einer Holztür gebracht. Wahrscheinlich gab es in dem Turm einen Boden. Ein unterirdischer Gang führte vom Turm zu einem Keller. Ein lichtloser Untergrund - erdig und schräg. In den Kellern gab es Zellen, in denen Kinder eingesperrt waren und darauf warteten, dass sie an die Reihe kamen. Es gab auch Zellen für Hunde (Dobermänner). Der Korridor führte zu einem Auditorium. Im Turm: Leichen von toten Kindern in verschiedenen Stadien der Verwesung (manchmal zerstückelt und/oder mit fehlenden Teilen) und Hundekadaver. Zuschauer: immer die gleichen, aber schwer zu identifizieren - etwa 50. Sie erkannte C., B. und .A. und zwei andere, die sie Charly und Polo nennt. Sie glaubte, W.C. und Dr. V.E. zu erkennen. Die Hunde wurden unter Drogen gesetzt, um aufgeregt zu sein. Shows = Orgien, Tötung von Kindern und Hunden. Ausstellungsraum mit starkem Geruch nach Hundekot. Hunde laufen im Garten frei herum. Gilles (12 Jahre alt) wurde von POLO entmannt. Die anderen Kinder mussten sein Blut trinken. Sie glaubt, dass sie ihn im Totenzimmer wieder aufgeschnitten gesehen hat. Mit Rasierklingen aufgeschlitzte Mädchen (...) Jagd vorbereitet von Charly und Polo.

An einem anderen Ort:

Großes weißes Haus mit Obergeschoss und Stallungen. Park mit rundem Wasserbecken und Springbrunnen, der aus einer Statue hervorgeht. Die Kinder wurden nackt freigelassen, und wenn sie erwischt wurden, wurden sie vergewaltigt. Die Jagd endete mit Folterungen im Theater (...) (unerträgliche Details)

PV 466 - Anhörung von **** - 16/01/97 (Seite 260)

Er ist sehr verängstigt. Er war Schatzmeister der Jungen PSC. Er besuchte viel M.D., P.S. und J.P.D. Sie versuchten, ihn auf den OPUS DEI zu verweisen, der ihrer Meinung nach das 'nec plus ultra' war. Unter dem Vorwand von Aufnahmeprüfungen in den OPUS DEI wurde er zu Schwarzen Messen mit sexuellen Handlungen gebracht. Er erwähnt die Anwesenheit von jungen Mädchen aus östlichen Ländern (13-14 Jahre). Im Jahr 1986 ging er nach einem betrunkenen politischen Treffen mit S. und D. zu einem Treffen, das sie als pikant ankündigten. Bei dem Treffen wurde er unter Drogen gesetzt und dann in einen Raum mit maskierten, schwarz gekleideten „Djellabas" gebracht. Die Teilnehmer tranken Blut. Er wurde mit einem nackten Mädchen konfrontiert, das auf einem Altar lag - sie war tot (12 Jahre alt). Er wachte am nächsten Tag in seinem Auto auf. Er verließ die Partei und gab eine Erklärung gegenüber der BSR in Charleroi ab (...)

PV 114.039 - Vernehmung des Zeugen X1 - 13/01/96 (Seite 407)

Im Haus wurde Französisch, Englisch, Deutsch und Niederländisch gesprochen (...) Ein Abend mit einer Atmosphäre wie bei einer Silvesterparty. Nach ein oder zwei Stunden, als alle anwesend waren, gingen wir in den Keller hinunter, wo die Kinder warteten. Beschreibung des Zimmers: (...) Ein Schrank mit Sado-Maso-Gegenständen (...) In der Regel 2 bis 5 Kinder für etwa 10 Personen, darunter auch Paare (...) Gewalt gegen die Kinder: um den Hals gebunden, mit Messern geschnitten (...) Mehrere Kinder von V. vergewaltigt. Fotos gemacht (Filme?). Einem Mädchen wurde in die Vagina geschnitten, ein Arzt, der an der Orgie teilnahm, nähte sie zu. Mehr Gewalt während der Schulferien. Konsum von Drogen und Medikamenten bei Orgien. Töten von Tieren (Kaninchen, Katze, Huhn...), um Kinder leiden zu lassen.

Schreiben von **** - 13/12/96 (Seite 261)

Sekte - Orgien - Rosa Ballette in Holland.

Brief an die niederländische Justiz über Sekten in diesem Land.

In HOLLAND gibt es eine Gruppe von 300 Personen, die eine Sekte bilden. Sie veranstalten Orgien mit Minderjährigen (3 Jahre und älter). Mitglieder = Rechtsanwälte - Juristen - Richter - Polizisten...

Treffen auf Landgütern, in Hotels oder in der Wohnung eines Mitglieds (...) Versammlung am ersten Samstag nach Vollmond und an christlichen Feiertagen und Geburtstagen. Gruppen von 12 Personen mit Kindern. Vergewaltigung und Folter von Kindern. Große Versammlungen = 50 Erwachsene und 50 Kinder - Drogen, Getränke, Orgien, Vergewaltigungen, Videoaufnahmen von Kindesmissbrauch. Kinder von Gruppenmitgliedern nehmen an Partys teil. Dies führt zur Entstehung multipler Persönlichkeiten bei den Kindern. Zu Weihnachten wird ein einjähriges Kind simuliert und missbraucht, aber durch eine Puppe ersetzt, wenn die eigentliche Folter stattfindet. Simulierte Beerdigung eines 15-jährigen Kindes als Bestrafung. Multiple Persönlichkeiten werden z. B. dadurch hervorgerufen, dass man kleinen Kindern vorgaukelt, dass eine Katze in sie eingeführt wird und zu einem Panther heranwächst, der sie beobachtet, wenn sie reden oder den Clan verlassen wollen. Diese multiplen Persönlichkeiten werden von Psychotherapeuten gepflegt. Die induzierten multiplen Persönlichkeiten ermöglichen eine ständige Kontrolle auch der Erwachsenen, indem sie ein gewisses Gleichgewicht schaffen. Dies macht alle Täter zu Opfern (...)

- Die multiple Persönlichkeit von Regina Louf

In dem oben zitierten Dokument im Fall Dutroux wird in der PV Nr. 116.231 vom November 1996 berichtet, dass X1 (Regina Louf) von ihren unterschiedlichen Persönlichkeiten spricht und die Polizei erhebliche Unterschiede in ihrer Handschrift feststellt. PV Nr. 116.232 berichtet, dass Régina Louf von einer anderen Persönlichkeit namens „Hoop" („Hoffnung" auf Flämisch) spricht, die „sehr tief verschwinden und sofort wieder auftauchen kann". In PV Nr. 116.234 heißt es über Regina Louf: „Sie findet sich selbst ganz *und versteht den Grund für ihre multiplen Persönlichkeiten. Sie versteht, dass eine Person das nicht hätte aushalten können. "*

In der Akte X des Falls Dutroux ist die Aussage von Régina Louf (Zeugin X1) die vollständigste und bekannteste. Von Geburt an wurde sie von ihrer Familie darauf konditioniert, als Sexsklavin zu dienen. Sie selbst gibt an, dass dies eine von Generation zu Generation weitergegebene Praxis war, dass ihre Großmutter ihre Mutter missbrauchte und so weiter... Der extreme Missbrauch und die Gewalt, die sie von frühester Kindheit an in diesem Netzwerk erlitt, führten bei ihr schließlich zu einer multiplen Persönlichkeit, einer dissoziativen Identitätsstörung. Diese Störung wurde von fünf von der belgischen Justiz beauftragten Therapeuten während der Untersuchung der Akte Dutroux X diagnostiziert.

Es folgt ein Auszug aus dem Buch *„Les dossiers X: Ce que la Belgique ne devait pas savoir sur l'affaire Dutroux"*, in dem die Frage der multiplen Persönlichkeit der Zeugin X1, Régina Louf, klar angesprochen wird:

Eine der wenigen Entscheidungen, die auf einer Obelix-Sitzung am 25. April getroffen wurden, war die Beauftragung eines Gremiums von fünf Psychiatrieexperten mit der Untersuchung von X1. Der Antrag dazu wurde vor einigen Monaten von Warrant Officer De Baets gestellt, aber da Richter aus dem ganzen Land mit dem Fall befasst waren, hat sich die Sache etwas verzögert. Jeder der fünf Experten hat sein eigenes Spezialgebiet. Und jeder muss X1 und seine Aussage aus seinem eigenen beruflichen Blickwinkel beurteilen. Das Gremium wird von Professor Paul Igodt, einem Neuropsychiater aus Leuven, geleitet. Die übrigen Mitglieder sind seine Kollegen Peter Adriaenssens und Herman Vertommen, Johan Vanderlinden, ein Arzt aus dem psychiatrischen Krankenhaus in Kortenberg, und der Psychiater Rudy Verelst. Aufgrund seiner Spezialisierung wurde der Kinderpsychiater Peter Adriaenssens beauftragt, die Kinder von X1 zu untersuchen, was jedoch nie geschah.

Das Expertengremium muss die Gedächtnisleistung von X1 überprüfen und untersuchen, ob die Ermittler bei den Vernehmungen suggestiv vorgegangen sind. Was wörtlich in der Apostille von Richter Van Espen steht, zeigt, dass er bereits Ende April über die Wiederholung informiert wurde, die im Geheimen unter der Leitung von Kommandant Duterme begann. Bislang hat sich noch niemand zum Ablauf der Anhörungen geäußert, die als vorbildlich bezeichnet werden". Nur Duterme und einige seiner Anhänger sind anderer Meinung. Ich konnte es deutlich spüren", sagt Regina Louf, „die Psychiater wussten sehr schnell, dass ihre Arbeit nichts ändern würde. Sie begannen etwa zur gleichen Zeit, als De Baets ins Abseits gestellt wurde. Insgesamt habe ich mehr als dreißig Stunden mit Gesprächen und psychologischen Tests verbracht. Manchmal waren es wirklich lächerliche Tests, aber diese Leute versuchten, ihre Arbeit ehrlich zu machen. Ich glaube, sie gerieten ins Kreuzfeuer. Sie standen in Kontakt mit den Ermittlern, die ihnen mit Sicherheit sagten, dass ich stinksauer sei. Wenn sie mit mir sprachen, herrschte immer eine Atmosphäre, in der es hieß: Wir denken, dass es dir gut geht, aber sie sagen uns, dass... Beim letzten Vorstellungsgespräch riet mir Vertommen, ein Vorsprechen unter Hypnose nicht anzunehmen. Er sagte mir, ich solle an meine Familie denken und mich mit der Tatsache abfinden, dass ich mit meinem Zeugnis nicht viel ausrichten könne."

Wenn Wissenschaftler nach ihrer Meinung gefragt werden, ist die Antwort selten schwarz oder weiß, sondern meist grau mit vielen Schattierungen. Dies trifft auch auf den achtseitigen Bericht zu, den Professor Igodt am 8. Oktober 1997 an Van Espen sandte. Dieser Bericht deutet darauf hin - genau wie X1 vom ersten Tag an - dass wir es mit einer Person mit dissoziativer Identitätsstörung zu tun haben. Igodt spricht in seinem Bericht sogar von einer „Borderline-Persönlichkeitsstörung". Aber er fügt hinzu: „Durch viele Jahre der Therapie ist es ihr jedoch gelungen (...), eine integrierte Funktionsweise zu erreichen; ihre verschiedenen (alten) Persönlichkeiten, von denen sie einige benennen kann, arbeiten recht gut zusammen, und es gelingt ihr, jede dieser Teilpersönlichkeiten so zu kontrollieren, dass Kontrollverluste nur selten und in begrenztem Umfang auftreten. Dies wurde auch bei der anamnestischen psychiatrischen klinischen Untersuchung festgestellt: Abgesehen von einem unkontrollierten Lachen, vor allem bei den schrecklichsten sexuellen Übergriffen, hat sich die Patientin gut unter Kontrolle und es konnten keine dissoziativen Veränderungen festgestellt werden. Wie bereits erwähnt, ist dies größtenteils auf die relativ lange Zeit der Psychotherapie zurückzuführen, die sie bereits hinter sich hat."

Hinsichtlich der Ursachen dieser Störungen plädiert Igodt förmlich für X1: „Die anamnestische psychiatrische klinische Untersuchung bestätigt jedoch den Verdacht auf massiven sexuellen Missbrauch in der Vergangenheit des Betroffenen. Auf die Frage, ob dieser Missbrauch stattgefunden hat und tatsächlich von erheblicher Intensität war, scheint die Antwort ja zu lauten. Dieser massive Missbrauch scheint der wichtigste ätiologische Faktor für die beobachteten psychiatrischen Syndrome zu sein, was mit den zahlreichen Ergebnissen von Untersuchungen in diesem Bereich übereinstimmt."

Der Igodt-Bericht kann wahrscheinlich als eines der wenigen objektiven Beweisstücke angesehen werden, die nach dem Sommer 1997 noch in den Akten sind. Igodt weist auf die Gefahr einer „Kontamination" der Erinnerung von X1 hin - „ohne dass von einer absichtlichen Lüge die Rede sein kann" - aufgrund ihrer Therapie, ihrer Aufmerksamkeit für ihre eigene Situation sowie ihrer offensichtlichen Motivation, gegen sexuellen Kindesmissbrauch zu kämpfen. Igodt erklärt, dass die Glaubwürdigkeit der Jugenderinnerungen eines Menschen an der Art und Weise gemessen werden kann, wie sie erzählt werden. Wenn der Bericht die Form einer „fließenden Geschichte" annimmt, in der es keine Zweifel gibt, ist die Wahrscheinlichkeit groß, dass die Geschichte erfunden oder „rekonstruiert" ist. Je verworrener das Zeugnis erscheint, desto authentischer ist es seiner Meinung nach. Denn ein Zeugnis über Dinge, die man als Kind erlebt hat, muss fast so klingen, als würde es von einem Kind erzählt werden."[273]

In einem Dokumentarfilm von France 3 mit dem Titel „*Passé sous silence: Témoin X1 - Régina Louf*", der 2002 ausgestrahlt wurde, sagte der

---

[273] „Les dossiers X: Ce que la Belgique ne devait pas savoir sur l'affaire Dutroux" - Annemie Bulte und Douglas de Coninck, 1999, S.249-250.

Psychiater Paul Igodt über die dissoziativen Störungen von Régina Louf: *„Bei der Untersuchung von Régina Louf wurde anhand zahlreicher Anhaltspunkte deutlich, dass es sich um eine Person handelt, die durch lang anhaltenden sexuellen Missbrauch in der frühen Kindheit schwer gestört war. Aber gleichzeitig, und das sehen wir sehr oft, ist sie eine starke und intelligente Person, die sich gewaltige Abwehr- und Überlebensmechanismen bewahrt hat. Ich denke, man kann mit Fug und Recht behaupten, dass der lang anhaltende und sehr schwere sexuelle Missbrauch, den sie erlitten hat, zur Entwicklung einer multiplen Persönlichkeit mit Alter Ego geführt hat. Opfer von Vergewaltigung oder sexuellem Missbrauch werden Ihnen sagen: „Ich war nicht in diesem Körper, ich war woanders... Ich war dissoziiert. Aber das ist kein Wahnsinn, keine Schizophrenie und auch keine Mythomanie. Es ist offensichtlich eine Suche nach der eigenen Geschichte, nach der eigenen Wahrheit, und es ist ein schmerzhafter und tastender Prozess."*

Im Alter von 11 Jahren wurde Régina Louf von ihrer Mutter einem gewissen Tony V. vorgestellt, der ihr sagte: *„Von nun an gehörst du ihm, er ist dein Besitzer.* Diese Person wurde dann ihr *„Herr".* Er hatte eine zwiespältige Beziehung zu ihr, in der sich Zuhälterei mit einer ungesunden, als Liebe ausgegebenen Bindung zwischen dem Kind und seinem Herrn vermischte. Dies ist nicht mehr und nicht weniger als traumabedingte Gedankenkontrolle. Es war dieser Tony, der für Regina zuständig war, und er war es, der sie in den Pädophilenring „einführte". Auch nachdem sie 18 Jahre alt geworden war, verfolgte Tony sie weiter, und obwohl sie geheiratet hatte, gelang es ihm, sie so zu manipulieren, dass sie zeitweise zum rituellen Missbrauch zurückkehrte: Sie war nicht in der Lage gewesen, sich vollständig zu lösen. Regina Loufs Anwältin, Patricia van der Smissen, sagt in dem Dokumentarfilm *„The X-Files",* dass sie dachte, *Tony habe sie irgendwie „beschützt" und dass dies die Tatsache erkläre, dass sie am Leben blieb.*[274] Geistig kontrollierte Sklaven stehen in der Regel unter der Leitung einer oder mehrerer Personen, die über die Codes, die Auslöser, verfügen, um das Opfer zu kontrollieren und zu manipulieren. Dasselbe finden wir in der Aussage von Cathy O'Brien, die einem gewissen Alex Houston „gehörte", der weder ihr Ehemann, noch ihr Freund, noch ihr Vormund war... er war ihr *„Handler",* ihr *„Besitzer",* ihr *„Ausbeuter",* ihr *„Meister",* ihr *„Trainer",* der die Schlüssel zu ihrem Verstand hatte und ihr Leben von A bis Z lenkte.

In ihrer 1998 veröffentlichten Autobiografie *„Zwijgen is voor daders - De getuigenis van X1"* (Schweigen *ist für* Schuldige, das Zeugnis von X1) beschreibt Regina Louf, dass ihre Alterspersönlichkeiten immer das gleiche Alter haben, in dem sie während traumatischer Erfahrungen entstanden sind. Sie erklärt auch, wie sich ihr Schreiben unterscheidet, je nachdem, welches Alter aktiv ist. In diesem Buch beschreibt sie anschaulich das Phänomen der Dissoziation, das bei Traumata auftritt, sowie dissoziative Störungen, die bis zu einer gespaltenen Persönlichkeit gehen können.

---

[274] Zembla TV NED3 - 2004.

Dieses Buch begann im Juli 1988 Gestalt anzunehmen, als ich zum ersten Mal meine Erinnerungen und Alpträume in einem Notizbuch niederschrieb. Ich entdeckte, dass ich verschiedene Schreibstile hatte, und jede Art des Schreibens war ein ganz bestimmter Teil von mir. Das war sehr beängstigend, zumal ich mich oft nicht mehr daran erinnern konnte, was ich geschrieben hatte. Wenn ich die Seiten erneut las, stolperte ich über Erinnerungen, die schon lange in mir begraben waren. Ich hatte die Fakten nie wirklich vergessen, sie waren nur auf verschiedene Persönlichkeiten verteilt, jede mit ihren eigenen Traumata... Innerhalb von sechs Wochen hatte ich bereits einen großen Teil des Inhalts des Buches geschrieben, ein Buch, das schließlich bei den BOB-Ermittlern landete (...)

Mehr denn je entdeckte ich, dass ich schwarze Löcher hatte. Ich bin zur Schule gegangen, habe gute Noten bekommen, hatte sogar einige Klassenkameraden, aber irgendwie ist das alles ohne mich passiert. Es war, als hätte jemand anderes die Führung übernommen, sobald sich die Schultüren hinter mir schlossen. Als ob das missbrauchte 'Ginie' beiseite gelegt wurde, bis Tony wieder in meinem Bett oder am Schultor stand. Die missbrauchte 'Ginie' war sich des Schul- und Familienlebens kaum bewusst, die andere 'Ginie' schien während des Missbrauchs nicht anwesend zu sein, so dass sie 'normal' leben konnte (...)

In Knokke, im Haus meiner Großmutter, bemerkten die Erwachsenen, dass ich mit den Stimmen in meinem Kopf sprach, dass ich meine Stimmungen schnell änderte oder sogar, dass ich manchmal mit einer anderen Stimme oder einem anderen Akzent sprach. Obwohl ich erst 5 oder 6 Jahre alt war, verstand ich, dass diese Dinge seltsam und nicht erlaubt waren. So habe ich gelernt, meine inneren Stimmen, mein anderes Ich zu verstecken. Nach dem, was Clo passiert ist, wurde dieses seltsame Gefühl, dass ich manchmal von diesen inneren Stimmen geleitet werde, immer stärker. Nach der Einweihung konnte ich den Stimmen in meinem Kopf nicht mehr widerstehen. Ich war froh, im Nichts zu verschwinden, um erst wieder zu Bewusstsein zu kommen, als Tony da war. Der Schmerz schien erträglicher (...)

Tony war der einzige Erwachsene, der verstand, dass mit meinem Kopf etwas nicht in Ordnung war. Das hat ihn überhaupt nicht gestört, im Gegenteil, er hat es kultiviert... Er gab mir verschiedene Namen: Pietemuis, Meisje, Hoer, Bo. Die Namen wurden langsam ein Teil von mir. Das Seltsame war, dass, wenn er einen Namen nannte, sofort die dazugehörige Persönlichkeit aufgerufen wurde.

„Pietemuis" (Mäuschen) wurde der Name des kleinen Mädchens, das er von den Misshandlungen mit nach Hause brachte - ein verängstigtes, nervöses kleines Mädchen, das er trösten konnte, indem er mit ihr auf eine fürsorgliche, väterliche Art sprach.

„Meisje" (Mädchen) war der Name des Teils von mir, der ausschließlich ihm gehörte. Wenn er mich zum Beispiel frühmorgens in meinem Bett missbraucht oder wenn niemand in der Nähe ist.

Hoer' (Hure) war der Name des Teils von mir, der für ihn arbeitete.

Bo' war die junge Frau, die sich um ihn kümmerte, wenn er betrunken war und betreut werden musste.

„Das überlässt du jetzt mir", sagte er, als ich ihn neugierig fragte, warum er mir so viele Namen gab, und fügte hinzu: „Daddy Tony kennt dich besser, als du dich selbst kennst."... Und das war leider wahr."[275]

Es stellt sich die Frage, wer diese Tony initiiert hat, um die dissoziative Identitätsstörung von Regina Louf zu kultivieren und auszunutzen. Wo wurde er in diesen Techniken der Gedankenkontrolle unterrichtet? Ist er selbst Mitglied eines okkulten Netzwerks, einer Geheimgesellschaft? Wurde er als Kind Opfer von rituellem Missbrauch und hat er selbst eine gespaltene und multiple Persönlichkeit? Handelt es sich um eine systematische Spaltung der Persönlichkeit bei den Opfern und folglich bei den Angreifern, die im Allgemeinen selbst Opfer dieser höllischen Netze waren?

Eines der Protokolle im Fall Dutroux enthält einen besonders interessanten Bericht über eine Hypnosesitzung, die Dr. Mairlot an der Zeugin Nathalie W. durchgeführt hat, die im Rahmen der Ermittlungen zu den X-Akten vernommen wurde: *„Am 12. Dezember, während Nathalie aussagt, werden drei Gendarmen und ein Psychologe benötigt, um sie zu bändigen und zu beruhigen. Sie hatte gerade eine Reihe von Anhörungen begonnen, in denen sie von extremem sexuellem Sadismus, rituellen Morden an Babys und Zeremonien, die schwarzen Messen ähnelten, sprach. Zu dieser Zeit befassten sich einige Ermittler ernsthaft mit geheimen satanischen Gruppen, mit denen Dutroux und Weinstein angeblich Kontakt hatten. Am 16., 23. und 30. Januar 1997 wurde Nathalie im Verhörraum von Dr. Mairlot, einem Spezialisten auf diesem Gebiet, hypnotisiert. Dies führte nicht zur Klärung der Untersuchung. Sie mischen das Blut des Babys mit dem der geschlachteten Schafe (...). Sie verbrennen das Baby und das Schaf, und jeder schläft mit jedem anderen (...) Das Monster ist weg. Sie reißen dem Baby das Herz heraus. Nach dieser Sitzung sagt Nathalie, dass sie das Gefühl hat, die Show aus mehreren Blickwinkeln gleichzeitig erlebt zu haben, als ob sie selbst durch mehrere Persönlichkeiten anwesend wäre. Wenn nur ein Teil von dem, was sie uns erzählt, wahr ist, ist es völlig normal, dass das passiert", erklärt Théo Vandyck seinen Kollegen."[276]*

Während der hypnotischen Trance berichtete Nathalie W. schriftlich von satanischem rituellem Missbrauch, der während eines Vollmonds in einem Schloss stattfand. Sie beschreibt die Opferung eines Schafs und eines Babys am Feuer, eine Zeremonie mit anschließender Orgie. Am Ende des Berichts heißt es kryptisch:

„Als sie aufwachte, hatte sie den Eindruck, dass mehrere Personen beobachteten, was sie beschrieb, und dass diese Personen (diese Nathalie)

[275] Zwijgen is voor daders - De getuigenis van X1 - Regina Louf, Houtekiet, 1998.

[276] Die X-Akten: Was Belgien nicht über den Fall Dutroux hätte wissen dürfen" - Annemie Bulte und Douglas de Coninck, 1999, S.218.

voreinander verschwanden. Sie glaubt, dass sie etwa zehn Mal verschwunden ist."[277]

Wenn man mit dem Phänomen der gespaltenen Persönlichkeit, der dissoziativen Identitätsstörung (DID), nicht vertraut ist, ist es schwierig, die Bedeutung dieser Passage im Protokoll zu erfassen. Hier wird berichtet, dass Nathalie nach dem Aufwachen aus der hypnotischen Trance beschrieb, dass während dieser Hypnosesitzung mehrere ihrer anderen Persönlichkeiten nacheinander auftauchten. Jeder von ihnen (*diese Nathalie*) brachte Erinnerungsstücke über dieses besondere Ereignis mit. Es wird festgestellt, dass *„diese Leute voreinander verschwunden sind, sie glaubt, dass sie etwa zehn Mal verschwunden ist"*. Das bedeutet, dass etwa zehn andere Persönlichkeiten (oder wechselnde Persönlichkeiten) während der Hypnosesitzung aufeinander folgten, wobei jede einen Teil der Zeremonie miterlebt hat. Die Erinnerung an das Ereignis ist also in mehrere Teile zerbrochen, wie Puzzleteile, die von den verschiedenen Fragmenten von Nathalies Persönlichkeit zusammengehalten werden. Daher ist es für ein Opfer schwierig, sich an das gesamte Ereignis detailliert, kohärent und chronologisch zu erinnern, es sei denn, man hat Zugang zu den Erinnerungen der einzelnen anderen Persönlichkeiten, die an dem Ereignis beteiligt waren, und kann das Puzzle zusammensetzen. Die Überlebende Carole Rutz beschreibt sehr gut dieses Phänomen der Aufspaltung der Erinnerung an ein traumatisches Ereignis in einem bereits gespaltenen Kind: Das kleine Opfer wechselt während des gesamten Ereignisses von einer anderen Persönlichkeit zu einer anderen, eine Persönlichkeit erlebt den Transport, die andere den Missbrauch, eine andere nimmt an den Opfern teil, usw...

In der France 3-Reportage *„ 'Passé sous silence: Témoin X1 - Régina Louf'"* sagte Oberstabsfeldwebel Patrick de Baets, der damals für die Akte X im Fall Dutroux zuständig war, über Régina Louf: *„ 'Sie hatte ein Problem damit, alles auf eine Zeitachse zu bringen, aber sie hat genügend Elemente geliefert, um eine gute Untersuchung durchzuführen. Es war in der Tat ein Puzzle, das auf einen Tisch geworfen wurde, das aber zusammenhielt und kohärent war. "*

Ein großer Prozentsatz der Opfer von rituellem Missbrauch und Gedankenkontrolle leidet daher an einer Dissoziativen Identitätsstörung, die früher als Multiple Persönlichkeitsstörung bekannt war, wobei die Dissoziative Identitätsstörung die letzte Stufe auf der Skala der dissoziativen Zustände darstellt. Es ist jedoch wichtig, sich daran zu erinnern, dass nicht jeder, der eine dissoziative Störung entwickelt hat, ein Trauma im Zusammenhang mit rituellem Missbrauch, wie in diesem Kapitel beschrieben, erlebt hat.

---

[277] *Belgien: Dutroux X-Dossier Zusammenfassung*, Wikileaks.org, 2005 - PV 150.035, 30/01/97, S.756.

KAPITEL 5

DIE GESPALTENE PERSÖNLICHKEIT UND AMNESIE

Ein solches Trauma, eine sexuelle Aggression, löst sehr spezifische psychologische Effekte aus, die beim Opfer eine Art psychologische Dissoziation hervorrufen. Das bedeutet, vereinfacht gesagt, dass ihr Körper da ist, aber ihr Kopf ist woanders, um das Ereignis zu überleben.[278] Martine Nisse, Mitbegründerin des Zentrums Buttes-Chaumont

Menschen verfügen über eine Reihe von Fähigkeiten, um mit beunruhigenden Erfahrungen umzugehen. Manche Menschen, vor allem Kinder, sind in der Lage, in eine Fantasiewelt abzutauchen, sich zu distanzieren und so zu tun, als wäre das nie geschehen. Sie können mit ihrem Leben weitermachen, als wäre nichts geschehen. Aber manchmal kommt es zurück, um sie zu verfolgen. Bessel van der Kolk - Trauma und Erinnerung, 1993

Je mehr wir über die Dissoziation erfahren, desto mehr kommen wir zu dem Schluss, dass es sich bei hochgradig traumatisierten Menschen um einen ziemlich häufigen Verteidigungsprozess handelt, um sich selbst zu schützen und diese Dinge getrennt voneinander abzuspalten, weil sie viel zu schwer zu integrieren sind. Christine Courtois, Autorin von „Healing the Incest Wound: Adult Survivors in Therapy

1 - EINLEITUNG

D ie Kenntnis und das Verständnis dissoziativer Störungen und insbesondere der dissoziativen Identitätsstörung (multiple Persönlichkeit) und der traumatischen Amnesie ist ein wesentlicher Punkt, wenn man versucht, den Prozess der traumabedingten Gedankenkontrolle zu verstehen. Die Kenntnis dieser psychotraumatischen Störungen lässt uns verstehen, dass sich der menschliche Geist in mehrere unabhängige Identitäten aufspalten kann, die durch amnestische Mauern getrennt und abgeschottet sind. Wir können also verstehen, dass der Geist eines Menschen potenziell programmierbar ist wie ein Computer mit Dateien und Zugangscodes. Dieses Phänomen der Persönlichkeitsspaltung ist der Eckpfeiler

---

[278] „Vergewaltigung von Kindern, das Ende des Schweigens?" - Frankreich 3, 2000.

des rituellen Missbrauchs, denn es „entriegelt" die Psyche, die dann für die Integration von Programmen zugänglich wird.

Der Schrecken und die Angst, die ein rituell missbrauchtes Kind erlebt, bewirken, dass das Gehirn je nach Schwere und Wiederholung der traumatischen Erfahrungen mit einem unterschiedlichen Grad an Dissoziation reagiert. Dies ist ein natürlicher Abwehrmechanismus gegen intensiven psychischen Terror und extreme körperliche Schmerzen. Die meisten Kinder, die in der frühen Kindheit auf diese Weise missbraucht wurden, können sich nicht mehr an das Geschehen erinnern und sind oft nicht in der Lage, sich bewusst an das Geschehene zu erinnern. Die Dissoziation kann bis hin zur Aufspaltung der Persönlichkeit in multiple Veränderungen gehen, was das extremste Stadium darstellt, das von den Tätern angestrebt wird, um die psychische Kontrolle über das Opfer zu erlangen.

2 - DISSOZIATION

Beim Menschen äußert sich das Phänomen der Dissoziation in unterschiedlichem Ausmaß. Es kann sich um eine leichte Trance handeln, eine kleine Distanzierung vom Alltag, wie wenn man eine Seite eines Buches liest und am Ende feststellt, dass man absolut nichts von dem, was man gerade gelesen hat, behalten hat. Diese natürliche Funktion kann jedoch bis zu einer schwerwiegenden Psychopathologie reichen, die als Dissoziative Identitätsstörung (DID) bezeichnet wird: der extremste Grad der Dissoziation als Folge eines schweren Traumas. Der Begriff „Dissoziation" wurde erstmals 1812 in einem medizinischen Text von Benjamin Rush, einem der Begründer der amerikanischen Psychiatrie, verwendet.

1889 schrieb Dr. Pierre Janet (einer der französischen Väter des Dissoziationskonzepts) eine Arbeit mit dem Titel „L'automatisme mental", in der er 21 Fälle von Hysterie und Neurasthenie vorstellte, von denen mehr als die Hälfte traumatisch waren. Janet zeigt, dass diese Beschwerden durch Hypnose behandelt und gelindert werden können. Für ihn handelt es sich um eine „Bewusstseinsdissoziation", wobei die Hysterie dadurch verursacht wird, dass die unbearbeitete Erinnerung an das traumatische Erlebnis in einer Ecke des Bewusstseins liegt. Wie ein Fremdkörper ruft dieses unbewusste Gedächtnis archaische, unangepasste, automatische Handlungen und Träumereien hervor, ohne jegliche Verbindung mit dem übrigen Bewusstsein, das weiterhin detaillierte und angepasste Gedanken und Handlungen inspiriert.[279]

Zu Beginn des 20. Jahrhunderts beschrieben Pierre Janet und Charles Myers diesen Prozess der Dissoziation als „Spaltung der Persönlichkeit". Janet erklärte, lange bevor die neurochemischen Ursachen dieses Phänomens bekannt waren, dass es sich dabei in erster Linie um eine Dissoziation zwischen dem individuellen Abwehrsystem und den Systemen handelt, die für die Bewältigung des täglichen Lebens und das Überleben der Art zuständig sind. Myers

---

[279] „Psychotrauma: Theoretische Ansätze. Tempête Xynthia, étude sur les sinistrés de La Faute-sur-Mer deux ans après" - Dissertation von Anne-Sophie Baron, 2012.

beschreibt diese primäre strukturelle Dissoziation in Form einer Trennung zwischen der *„scheinbar normalen Persönlichkeit"* (PAN) und der *„emotionalen Persönlichkeit"* (EP). Die EP bleibt in der traumatischen Erfahrung stecken und schafft es nicht, zu einer narrativen Erinnerung an das Trauma zu werden. PAN hingegen geht mit der Vermeidung traumatischer Erinnerungen, Ablösung, Anästhesie und teilweiser oder vollständiger Amnesie einher. Es handelt sich in der Tat um zwei sehr unterschiedliche Einheiten. Es gibt zum Beispiel einige klinische Hinweise darauf, dass sie mit einem anderen Selbstgefühl verbunden sind, und erste Ergebnisse der experimentellen Forschung zur dissoziativen Identitätsstörung (DID) deuten darauf hin, dass sie anders auf Erinnerungen an Traumata und auf bedrohliche Reize reagieren, die vorbewusst verarbeitet werden.[280]

Psychotraumatische Störungen wurden in den 1980er Jahren definiert, beginnend mit der Posttraumatischen Belastungsstörung (PTBS), die sich nach einem traumatischen Erlebnis manifestiert und im Laufe der Zeit mit Flashbacks, Schlaflosigkeit, Albträumen, Hypervigilanz usw. fortbesteht. Die Definition dissoziativer Störungen erfolgte später im DSM-IV (Diagnostic and Statistical Manual of Mental Disorders - USA), das sie als *„eine plötzliche oder fortschreitende, vorübergehende oder chronische Störung normal integrierter Funktionen (Bewusstsein, Gedächtnis, Identität oder Wahrnehmung der Umwelt)"* charakterisiert. Dazu gehören die folgenden fünf Störungen:

- Dissoziative Amnesie: Kennzeichnend ist die Unfähigkeit, sich an wichtige persönliche Erinnerungen zu erinnern, meist an traumatische oder belastende Erlebnisse.
- Dissoziative Fugue: gekennzeichnet durch ein plötzliches und unerwartetes Verlassen der Wohnung oder des Arbeitsplatzes mit der Unfähigkeit, sich an die eigene Vergangenheit zu erinnern, entweder durch die Annahme einer neuen Identität oder durch Verwirrung über die eigene Identität.
- Dissoziative Identitätsstörung (multiple Persönlichkeit): gekennzeichnet durch das Vorhandensein von mindestens zwei verschiedenen Identitäten, die abwechselnd die Kontrolle über die Person übernehmen; die Person ist nicht in der Lage, persönliche Erinnerungen abzurufen.
- Depersonalisationsstörung: Kennzeichnend ist ein anhaltendes oder wiederkehrendes Gefühl der Loslösung von der eigenen psychischen Funktion oder dem eigenen Körper bei unbeeinflusster Realitätswahrnehmung.
- Dissoziative Störung, nicht anderweitig spezifiziert, deren Hauptmerkmal ein dissoziatives Symptom ist, das die vorherigen Kriterien für spezifische dissoziative Störungen nicht erfüllt.

Der amerikanische klinische Psychologe James Randall Noblitt hat die Arten der Dissoziation in fünf Kategorien eingeteilt:
- Dissoziation des Bewusstseins: Tritt während Trancezuständen auf. Solche Zustände variieren in ihrer Intensität und reichen von einem leicht

---

[280] *„Dissociation structurelle de la personnalité et trauma"* - Nijenhuis, van der Hart, Steele, de Soir, Matthess, Revue francophone du stress et du trauma, 2006.

nebligen Zustand bis zu einem tiefen Zustand der Betäubung und körperlichen Taubheit.

- Dissoziatives Gedächtnis: Wenn große Teile des Gedächtnisses einer Person ohne Erklärung verschwinden. Die dissoziative Amnesie kann nicht durch einen Schlag auf den Kopf oder durch neurochemische Effekte (Drogen, Alkohol) erklärt werden.

- Dissoziative Identitätsstörung: Wenn der Betroffene plötzlich (bewusst oder unbewusst) erlebt, dass er eine andere Person oder ein fremdes Wesen ist. Dieses Phänomen ist die wichtigste Gemeinsamkeit zwischen dissoziativer Identitätsstörung und dämonischer Besessenheit.

- Dissoziation der Wahrnehmung: Sie äußert sich in Veränderungen der auditiven, visuellen und taktilen Wahrnehmungen, die als Halluzinationen angesehen werden können. Zur Wahrnehmungsdissoziation kann auch eine Verzerrung des Realitätssinns der Person gehören.

- Willensdissoziation: Die Willensdissoziation umfasst Automatismen, automatische Verhaltensweisen und Kataplexie oder dissoziative Konversionsstörungen (Unfähigkeit, sich zu bewegen und Muskeln anzuspannen).

Das Buch „*Thanks for the Memories*" des Überlebenden Brice Taylor enthält eine interessante Beschreibung des Phänomens der physischen und psychischen Dissoziation. Es ist das Zeugnis einer Frau (Penny), die als Kind wiederholt sexuell missbraucht wurde: „*Dissoziation ist eine Möglichkeit, dem Unerträglichen zu entkommen. Das geschah seit dem ersten Trauma, es war ein Weg, um mit den unerträglichen körperlichen, aber auch psychischen Schmerzen fertig zu werden. Bei mir äußerte sich das in Form von Taubheit und Abkühlung des Körpers, und seit diesem Tag werde ich ganz taub, wenn ich dissoziiere. Zuerst sind es meine Hände, dann meine Füße, ich kann sie nicht spüren, und wenn meine Augen geschlossen sind, habe ich keine Möglichkeit, meine Gliedmaßen im Raum zu lokalisieren. Dann beginnt die Taubheit in meinem Gesicht, ich kann weder meine Lippen noch meine Wangen spüren. Wenn ich tief dissoziiere, nimmt es den ganzen Körper in Beschlag und ich fühle mich wie ein Stück Holz... Noch schlimmer als die körperliche Dissoziation ist das, was auf der mentalen Ebene passiert, wenn der ganze Körper taub ist. Das Einzige, womit ich es vergleichen kann, ist das weiße Rauschen eines statischen Radios, das mich schwindlig werden lässt und meine Augen im Raum verschwinden lässt. Die Gedanken, die eintreffen, ziehen mit Lichtgeschwindigkeit vorbei, ohne jegliche Kohärenz, Organisation oder Form. Ich bin völlig verwirrt. Es kann von einem leicht verschwommenen, leicht schwebenden Zustand bis hin zu einer echten Leere reichen, in der ich nichts mehr sehe oder höre (...) Wenn ich wieder zu mir komme, merke ich nicht sofort und bewusst, dass ich Stunden verloren habe.* "[281]

Dissoziation ist ein psychologischer und neurologischer Abwehrmechanismus, der bei einem Trauma auftritt. Bei starkem Stress wird die Amygdala des Gehirns aktiviert und produziert Stresshormone, um dem Körper

---

[281] *Thanks For The Memories: The Truth Has Set Me Free* - Brice Taylor, 1999, S.27.

die Mittel an die Hand zu geben, mit der Gefahr fertig zu werden. Diese Hormone, Adrenalin und Cortisol, werden sofort ausgeschüttet, wie bei einem Alarm. In einer zweiten Phase steuert und moduliert der frontale Kortex diese Hormonproduktion oder schaltet sie sogar ab, je nach dem Ausmaß des Stresses. Im Falle einer Extremsituation, in der man blockiert und abgeschottet wird, wie z.B. bei einer Vergewaltigung oder Folter, kommt es zu einer psychologischen Betrachtung, d.h. der Kortex ist gelähmt, er reagiert nicht mehr. Dies hat zur Folge, dass es nicht in der Lage ist, die emotionale Reaktion zu regulieren, indem es den Fluss der Stresshormone kontrolliert, die von der alarmierten Amygdala kommen. Die Amygdala produziert daher Adrenalin und Cortisol in großen Mengen, zu großen Mengen... Diese beiden Hormone sind nützlich, um den Körper auf außergewöhnliche Anstrengungen vorzubereiten, aber in zu großen Mengen können sie ein lebenswichtiges Risiko auf kardiovaskulärer und neurologischer Ebene darstellen (Herzstillstand und Epilepsie). Angesichts dieser Sättigung mit Stresshormonen verfügt der Körper über eine ultimative Schutzfunktion, er bricht zusammen wie ein elektrischer Schaltkreis, der überlastet ist. Dazu wird die zerebrale Amygdala isoliert, die dann kein Adrenalin oder Cortisol mehr ausschütten kann.

Wenn dieser Prozess der Trennung eintritt, befindet sich das Opfer in einem „zweiten" Zustand, in einer Art Unwirklichkeit... dies wird als Dissoziation bezeichnet. Da Adrenalin und Cortisol nicht mehr von der Amygdala in den Körper injiziert werden, spürt das Opfer diese starken Emotionen plötzlich nicht mehr, und es ist, als ob ihm die Situation, die es erlebt, fremd wird. Der Einzelne wird zum Zuschauer der traumatischen Szene, in die er verwickelt ist, er ist unbeteiligt, und es kann eine Art von Dekorsierung stattfinden. Einige Opfer berichten, dass sie sich zum Zeitpunkt der Dissoziation nicht mehr in ihrem physischen Körper befanden und die Szene von außen deutlich sehen konnten (wir werden im nächsten Kapitel näher darauf eingehen).

Laut der Psychotraumatologin Muriel Salmona[282] tritt dieser ultimative Prozess der zerebralen Trennung auf, wenn das Gehirn Morphin und ketaminähnliche Substanzen ausschüttet. Dieser chemische Cocktail scheint die Ursache für das natürliche Phänomen der Dissoziation während eines extremen Traumas zu sein. Dieser Cocktail bewirkt eine emotionale, aber auch eine starke körperliche Betäubung. Das Opfer spürt nichts mehr und begibt sich in eine Art Parallelwelt, wobei es manchmal den physischen Körper verlässt. Es heißt, das Opfer sei durch den *Spiegel von Alice im Wunderland* gegangen und habe den *Regenbogen überquert* (in Anlehnung an den Zauberer von Oz). Dies sind die metaphorischen Bilder, die von den MK-Programmierern verwendet werden, um den Prozess der Dissoziation darzustellen. Die Programmierer bringen die kleinen Opfer dazu, während der Traumata zu dissoziieren, indem sie sie in eine alternative Realität führen, um dem Terror und den körperlichen Schmerzen zu entkommen, die sie ihnen zufügen. Sobald sich das Kind in diesem vollständig dissoziierten Zustand befindet, kann die Arbeit an der Tiefenprogrammierung beginnen, da in diesem Zustand die *Türen des* Unterbewusstseins und des

---

[282] Muriel Salmona - Pratis TV, 16/01/2012.

Geistes des Kindes weit offen sind. Sobald das Kind vollständig dissoziiert und vom Körper getrennt ist, kommt es zu einer Abspaltung, bei der eine andere andere Persönlichkeit den Körper des kleinen Opfers „übernimmt". Es ist diese gespaltene Persönlichkeit, die die sich entfaltende traumatische Erinnerung aufzeichnet, während das Opfer (die Persönlichkeit, die während des traumatischen Erlebnisses entglitten ist) diese Erinnerung nicht mehr wahrnimmt. Während dieser Unterbrechung wird die übliche Erinnerungsarbeit des Hippocampus unterbrochen und die Erinnerung an das Ereignis bleibt im Standby-Modus gespeichert, wie in einer „Black Box", die alle Daten aufgezeichnet hat. Dies wird als traumatische Erinnerung oder traumatische Amnesie bezeichnet. Bei einer dissoziativen Identitätsstörung werden diese „Black Boxes" der Erinnerungen von den verschiedenen anderen Persönlichkeiten gehalten.

Nach diesen schmerzhaften Erfahrungen fahren die Opfer in der Regel fort, sich selbst zu behandeln, sich zu distanzieren, um ein relativ normales Leben führen zu können. Das bedeutet, dass sie Strategien zur Betäubung dieser traumatischen Erinnerung anwenden werden. Der Organismus, der während der Aggression bereits eine Betäubung erfahren hat, wird versuchen, diesen Vorgang zu reproduzieren. Dies kann durch die Einnahme von Alkohol oder Drogen geschehen, die eine dissoziative Wirkung haben, so dass es zu starken Abhängigkeiten kommen kann, die beim Opfer entstehen. Wichtig ist jedoch, dass auch Stress diese dissoziativen Zustände hervorrufen kann, so dass er auch eine starke Abhängigkeit erzeugen kann. Wenn eine traumatische Erinnerung geweckt wird, durchlebt das Opfer das Ereignis erneut und sein Körper reproduziert die Trennung mit dem Morphin-Ketamin-Cocktail, einer harten Droge. Es entsteht also schnell ein Phänomen der Toleranz und der Abhängigkeit, was zu extremen Verhaltensweisen der Opfer führt, die sich ritzen, verbrennen usw., um sich zu beruhigen und der Situation zu entkommen. Deshalb verhalten sich die Opfer so extrem, ritzen sich, verbrennen sich usw., um sich zu beruhigen und zu betäuben, indem sie den Stresspegel erhöhen, um eine Trennung und Dissoziation zu bewirken. Sie sind sich des Prozesses, der stattfindet, nicht bewusst, spüren aber die „beruhigende" Wirkung dieser selbstverletzenden Handlungen. Es ist nicht mehr und nicht weniger als eine Frage von Chemikalien im Gehirn, eine Art *„dissoziativer Schuss".* Auch Gewalt gegen andere Menschen erzeugt diesen Stress, der bestimmte Stoffe in den Blutkreislauf injiziert.

Jay Parker, Überlebender von rituellem Missbrauch und Gedankenkontrolle, beschrieb, wie das Monarch-Gedankenkontrollsystem die körpereigene Gehirnchemie beeinflusst, die die Opfer dazu bringt, ihre dissoziativen Zustände aufrechtzuerhalten. Im globalen Netz des rituellen Missbrauchs und der Gedankenkontrolle wiederholen die Täter einfach an anderen, was sie in der Regel selbst erlebt haben. Es ist ein Teufelskreis, ein teuflischer Prozess. Die kindlichen Opfer entwickeln eine starke Sucht nach Gewalt gegen andere, um diese betäubenden und dissoziativen Zustände herbeizuführen, und sie werden ihrerseits zu Tätern. Ähnlich wie ein Drogensüchtiger und das Phänomen der Sucht, das ihn dazu bringt, die Dosis ständig zu erhöhen, müssen die Abhängigen immer weiter in den Horror vordringen, um sich weiter zu betäuben.

Je früher das Individuum mit dem rituellen Missbrauch begonnen hat, desto extremere Praktiken braucht es, um sich zu dissoziieren... Das ist vielleicht einer der Gründe, warum das Blut von Opfern, die terrorisiert und dann geopfert wurden, manchmal konsumiert wird: Es enthält einen Cocktail von Hormonen, die wie Drogen wirken, die dem Missbraucher helfen, diesen Zustand der Trennung zu erreichen, der in einer extremen dissoziativen Anästhesie verharrt. Personen, die satanische Rituale missbrauchen, versuchen sich - bewusst oder unbewusst - zu entfremden, um ihre eigenen traumatischen Erinnerungen selbst zu behandeln. Je unmenschlicher die barbarischen Handlungen sind, desto größer ist die traurige Wirkung. In generationenübergreifenden satanistischen Familien ist dies ein echter Teufelskreis, in dem die Abgrenzung zu einer Lebensweise wird. Es ist ein Prozess, der für diese Kinder während des rituellen Missbrauchs und der Gedankenkontrolle eine automatische, natürliche und lebenswichtige Flucht darstellt. Aber diese dissoziativen Störungen werden das ganze Leben lang weiter stören. Ein Kind dissoziiert leicht, angesichts traumatischer Situationen spaltet es sein eigenes Bewusstsein in mehrere Teile, oft für lange Zeiträume. Das „Ich" wird beiseite gelegt, begraben, um geschützt zu werden. Es geht darum, das Kostbarste in der Welt zu bewahren, seine göttliche Essenz, seine wahre Identität, die Perle, die Satan nicht berühren kann. Das Opfer wird diese göttliche Wurzel, sein wahres „Selbst", immer irgendwo in sich tragen. Dieser kostbare Samen wird von den anderen Persönlichkeiten geschützt, die als Panzer gegen Gewalt dienen, weil sie die traumatischen Erinnerungen *einkapseln*.

3 - TRAUMATISCHE (ODER DISSOZIATIVE) AMNESIE

Die traumatische Amnesie ist eng mit der Dissoziation und der dissoziativen Identitätsstörung verbunden. Sie ist gekennzeichnet durch die Unfähigkeit, sich an wichtige persönliche Erinnerungen zu erinnern, in der Regel an traumatische oder belastende Erlebnisse, die sich nicht durch ein *schlechtes Gedächtnis* erklären lassen. Bei dieser Störung handelt es sich um eine reversible Gedächtnisstörung, bei der Erinnerungen an persönliche Erlebnisse nicht verbal ausgedrückt werden können. Sie kann auch nicht durch die direkte physiologische Wirkung einer Substanz oder eines neurologischen oder anderen medizinischen Krankheitsfaktors erklärt werden. Eine traumatische Amnesie äußert sich meist als Gedächtnislücke oder als mehrfaches Vergessen von Aspekten der persönlichen Geschichte des Betroffenen. Diese Gedächtnislücken sind oft mit traumatischen oder extrem belastenden Ereignissen verbunden. Bei der lokalisierten Amnesie erinnert sich die Person nicht an Ereignisse aus einem bestimmten Zeitraum, in der Regel die ersten Stunden nach einem extrem schweren Ereignis.

Traumatische Amnesie, die vollständig oder lückenhaft sein kann, ist ein häufiges Phänomen bei Opfern sexueller Gewalt in der Kindheit. Diese psychotraumatische Folge wird in der Gesetzgebung leider nicht berücksichtigt, was bedeutet, dass ein Opfer, das eine lange Zeit der Amnesie mit der Unmöglichkeit der rechtzeitigen Anzeige von Sexualstraftaten hinter sich hat, keine Anzeige mehr erstatten kann, weil die Verjährungsfrist abgelaufen ist. Zahlreiche klinische Studien haben dieses Phänomen beschrieben, das seit Anfang des 20. Jahrhunderts bekannt ist und bei traumatisierten Soldaten beschrieben wurde, die nach einem Kampf an Amnesie litten. Doch gerade bei Opfern sexueller Gewalt ist die traumatische Amnesie am stärksten ausgeprägt. Studien haben auch gezeigt, dass die wiedergewonnenen Erinnerungen zuverlässig und in jeder Hinsicht mit traumatischen Erinnerungen vergleichbar sind, die immer im Bewusstsein der Person vorhanden waren. Diese Erinnerungen tauchen oft plötzlich und unkontrolliert auf, mit sehr genauen Details und natürlich mit viel Emotion, Kummer und Verwirrung, da das Opfer die Erinnerung wieder erlebt, als ob sie in der Gegenwart stattfände.

1996 erklärte Jean-Michel Darves-Bornoz auf einem Kongress für Psychiatrie und Neurologie in Toulon, dass traumatische Erinnerungen nicht wie andere Erinnerungen sind. In der Tat verändert das Trauma die normalen Mechanismen der Kodierung und Wiederherstellung von Erinnerungen an die traumatische Erfahrung. Einerseits kann ein Trauma sowohl eine Hypermnesie (d.h. eine Übersteigerung des Gedächtnisses, die den Zugang zu extrem detaillierten autobiografischen Erinnerungen ermöglicht, die mit dem gesamten sensorischen System verbunden sind) als auch eine Amnesie verursachen. In der Psychotraumatologie sind Hypermnesie und Amnesie also paradoxerweise miteinander verbunden (dies ist ein wichtiger Punkt, auf den wir in Kapitel 8 zurückkommen werden). Wenn amnestische traumatische Erinnerungen im Bewusstsein wieder auftauchen, geschieht dies mit einer solchen Wucht, dass es sich um eine Hypermnesie handelt, d.h. die auftauchenden Erinnerungen werden extrem klar, viel klarer als eine banale Erinnerung, die vom expliziten (narrativen) und bewussten Gedächtnis assimiliert wird. Die traumatische Erfahrung *prägt sich* dem Opfer viel stärker *ein* als jede andere Erfahrung, weshalb diese dissoziativen Erinnerungen, wenn sie wieder auftauchen, besonders eindringlich und sehr detailliert sind, da alle Sinne die Szene noch einmal erleben. Diese Frage der Kodierung und des Abrufs traumatischer Erinnerungen ist wichtig, weil es eine Kontroverse über echte und falsche Erinnerungen an sexuelle Gewalt und rituellen Missbrauch gibt. Es ist wichtig zu wissen, dass nur Erinnerungen, die in einer sprachlichen Form kodiert wurden (explizites Gedächtnis), wahrscheinlich zugänglich sind, während nicht-sprachliches Gedächtnis (implizites Gedächtnis) dem Bewusstsein wahrscheinlich nicht zugänglich ist. Diese nonverbale Kodierung der Erinnerung, die sich nur schwer in einen narrativen, chronologischen und autobiografischen Kontext einordnen lässt, wird dem Opfer nicht vollständig bewusst sein.[283]

---

[283] *Traumatische Syndrome von Vergewaltigung und Inzest* - Jean Michel Darves-Bornoz. Kongress für Psychiatrie und Neurologie, Toulon, 1996.

Diese traumatischen Amnesien sind das Ergebnis eines dissoziativen Mechanismus, den das Gehirn auslöst, um sich vor dem Schrecken und dem extremen Stress zu schützen, den die Gewalt verursacht. Es gibt eine Unterbrechung des emotionalen Kreislaufs, aber auch des Gedächtniskreislaufs in Verbindung mit dem Hippocampus: dem Bereich des Gehirns, der für das Gedächtnis und die räumlich-zeitliche Verortung zuständig ist und ohne den kein Gedächtnis gespeichert, abgerufen oder zeitlich eingeordnet werden kann. Solange diese Unterbrechung im Gedächtniskreislauf besteht, kann der Hippocampus seine Arbeit nicht verrichten, und dieses emotionale Gedächtnis ist wie die *„Black Box der Gewalt"* außerhalb von Zeit und Bewusstsein gefangen... das ist das traumatische Gedächtnis. Heutzutage ist es möglich, Anzeichen von Gedächtnisstörungen durch Gehirnscans zu erkennen, da der Amygdala-Komplex und der Hippocampus bei Menschen, die ein schweres Trauma erlitten haben, ein deutlich geringeres Volumen aufweisen.

Wenn die Dissoziation aufhört, kann die traumatische Erinnerung schließlich wieder mit dem Bewusstsein verbunden werden und wieder auftauchen, zum Beispiel bei einem Ereignis, das an die Gewalt erinnert. Er dringt dann in den psychischen Raum des Opfers ein und lässt es die Gewalttat wie eine Zeitmaschine wieder erleben. Diese Erinnerungen, die ins Bewusstsein zurückkehren, sind für das Opfer unerträglich, so dass es Vermeidungsverhalten an den Tag legt, um sich vor allem zu schützen, was diese Erinnerungen wieder auslösen könnte. Wie wir oben gesehen haben, wird sie auch dissoziative Verhaltensweisen an den Tag legen, um sich zu betäuben und den Gefühls- und Erinnerungskreislauf wieder zu unterbrechen. Alkohol, Drogen, riskantes Verhalten, Gefährdung, aber auch Gewalt gegen andere, ermöglichen diese Distanzierung und Abspaltung, indem sie wieder extremen Stress erzeugen. Das Opfer kann daher zwischen Phasen der Dissoziation mit erheblichen Gedächtnisproblemen und Phasen der Aktivierung des traumatischen Gedächtnisses schwanken, in denen es die Gewalttat erneut erlebt.

Traumatische Erinnerungen können behandelt werden, aber leider scheinen die Fachleute nicht in Psychotraumatologie ausgebildet zu sein, und die große Mehrheit der Opfer von sexuellem Missbrauch in der Kindheit wird im Stich gelassen und nicht erkannt, geschützt und noch weniger behandelt. Opfern, deren traumatische Erinnerungen wieder auftauchen, wird oft nicht geglaubt. Ihnen wird gesagt, dass es sich bei den Erinnerungen um Fantasien, psychotische Halluzinationen oder induzierte *„falsche Erinnerungen"* handelt. [284]

Erschwerend kommt hinzu, dass ein Trauma zu einer Schließung des Broca-Areals führen kann, des Bereichs in der linken Gehirnhälfte, der es uns ermöglicht, eine Erfahrung verbal zu vermitteln und das erlebte Trauma in Worte zu fassen. Da die verbale Kommunikation die Art und Weise ist, in der wir normalerweise anderen von unseren Erfahrungen berichten, wird die

---

[284] „Mit 5 Jahren vergewaltigt, erinnert sie sich mit 37 daran: Bei Terror kann das Gehirn zusammenbrechen" - Muriel Salmona, nouvelobs.com 2013.

Unterbrechung dieser Funktion die Anerkennung des Opfers weiter erschweren.[285]

Im Jahr 1993 wurde im *Journal of Traumatic Stress* eine Studie über traumatische Amnesie veröffentlicht. Diese Studie mit dem Titel *„Sef-reported amnesia for abuse in adults molested as children"* wurde von Dr. John Briere durchgeführt. In dieser Studie wurde einer Stichprobe von 450 erwachsenen Patienten (420 Frauen und 30 Männer), die über sexuellen Missbrauch berichtet hatten, ein Fragebogen vorgelegt. Die Frage zur traumatischen Amnesie lautete: *„Gab es eine Zeit zwischen dem sexuellen Missbrauch und Ihrem 18. Geburtstag, in der Sie sich nicht an den sexuellen Missbrauch erinnern konnten?* Die Ergebnisse zeigten, dass von insgesamt 450 Probanden 267 oder 59,3% antworteten, sie hätten keine Erinnerung an ihren Missbrauch vor ihrem 18.[286]

Das Phänomen der Amnesie (traumatische Erinnerungen), die durch Dissoziation während eines Traumas verursacht wird, ist in psychiatrischen und juristischen Einrichtungen immer noch sehr umstritten. Warum wird dieser sehr ernst zu nehmende Bereich der Psychotraumatologie so vernachlässigt und sogar von den Institutionen, die für die Justiz, die Sicherheit und die Betreuung der Opfer zuständig sind, diskreditiert? An konkreten Beispielen für dissoziative Amnesie mangelt es jedoch nicht, ebenso wenig wie an der Erforschung dieser besonderen Funktion des menschlichen Gehirns. Die folgenden Zeugnisse zeigen uns, dass es sich um ein immer wiederkehrendes Problem handelt, das jedoch von einer institutionellen und medialen Decke bedeckt ist, die verhindert, dass das Thema der traumatischen Amnesie, das für das Verständnis des pädokriminellen Systems so wichtig ist, in den Vordergrund gerückt wird... In der Tat handelt es sich immer noch um eine Frage der Informationskontrolle, die unseren „Zauberern" und dem vorherrschenden Social Engineering am Herzen liegt...

Im Rahmen der französischen Kampagne *„Stop au Déni"* (2015) zur Unterstützung junger Opfer sexueller Gewalt hat ein Teilnehmer über sexuellen Missbrauch in Schulen berichtet. Über ihre traumatische Amnesie sagte sie: *„Ich habe mehr als 35 Jahre gebraucht, um den Nebel zu lüften, der sich an jenem Tag auf meine Augen gelegt hatte, um zu wissen und in mein Gedächtnis zu integrieren, in welchem Jahr und in welcher Region ich in der ersten Klasse war. und zwei weitere Jahre, um aus dieser traumatischen Amnesie herauszukommen, um die angewandte Strategie der Bestrafung und Vergewaltigung zu sortieren, zu zerlegen und zu verstehen. Noch heute verirre ich mich in den Gängen, wenn ich eine Schule betrete, noch immer spüre ich den Kopf dieses Mannes in meiner Nähe, noch immer höre und spüre ich seinen Atem auf meinem Gesicht, noch immer fühle ich mich durchbohrt, innerlich zerkratzt, es tut mir weh. Ich wünschte, ich könnte endlich die Tränen herauslassen, die mir an diesem Tag im Hals stecken geblieben sind, aber ich kann es nicht, noch nicht. Noch nicht. "[287]*

---

[285] *The Myth of Sanity: Divided Consciousness and the Promise of Awareness* - Martha Stout, 2002.

[286] *Sef-reported amnesia for abuse in adults molested as children* - John Briere, Jon Conte, Journal of Traumatic Stress, Vol.6, N°1, 1993.

[287] *„Vergewaltigung in der Schule..."* - stopaudeni.com, 2015.

Auch Isabelle Aubry, Gründerin der Internationalen Vereinigung der Inzestopfer (*AIVI*), berichtet von traumatischer Amnesie: „Es ist *jetzt sechs Monate her, dass ich mich an Dinge erinnert habe, die die Person, die mein Leben zerstört hat, mir angetan hat. Sieben, acht, neun Jahre lang... Ich weiß es nicht... Ich hatte alles vergessen oder zumindest in den Tiefen meines Gedächtnisses vergraben... Jetzt sind die Gedanken wieder da und ich kann nicht aufhören, an sie zu denken. Ich erinnere mich an einen Satz, den ich heute nicht mehr hören kann, ohne an ihn zu denken. Ich weiß nicht, wie es anfing, ich weiß nicht, wie lange es dauerte, ich weiß nicht, wie weit es ging, ich weiß nicht, wann es geschah, ich weiß nur, dass es war, als ich in der Grundschule war... er wollte, dass ich ihn massiere... ich weiß nicht, ich weiß, dass es nicht nur eine Rückenmassage war... ich glaube, er war nackt, aber ich weiß es nicht. Ich vermisse vieles aus dieser Zeit, und es fällt mir sehr schwer, nicht zu wissen, wie weit es ging. Ich glaube, ich würde gerne wissen, was wirklich passiert ist. Damals dachte ich, es sei normal, was ich tue, ich sei damit einverstanden. Aber jetzt leide ich sehr. Ich verstümmle mich selbst, ich bringe mich zum Erbrechen, manchmal esse ich viel und manchmal gar nichts. In Momenten der Verzweiflung fange ich an zu trinken und nehme die Medikamente kistenweise ein. Diese Vergangenheit frisst mich auf und ich kann sie nicht loswerden. Ich glaube, dass das, was aus mir geworden ist, meine Freunde verletzt, und sie müssen sehr verständnisvoll sein, um es mit mir auszuhalten. Ich würde gerne jemanden aufsuchen, einen Psychiater, ich habe die Nummern, aber ich kann nicht zum Telefon greifen. Ich habe immer mehr Alpträume von Vergewaltigung, Inzest und Selbstmord. Meine Freunde wissen nicht, was sie tun sollen. Ich habe es noch niemandem in meiner Familie erzählt, und es scheint unmöglich!*"[288]

Im Jahr 2013 schrieb die Psychiaterin Muriel Salmona in einem Artikel für Nouvel Obs mit dem Titel „Mit 5 vergewaltigt, mit 37 erinnert sie sich daran: Mit dem Schrecken kann das Gehirn zusammenbrechen": „Als Cécile B. 2009 während einer ersten Hypnosetherapie eine Szene sexueller Gewalt, die von einem nahen Familienmitglied begangen wurde, als sie 5 Jahre alt war, sehr brutal und präzise - wie in einem Film - wiedererlebte, wurde sie von ihrem Vater vergewaltigt. eine Beschwerde einreichen wollte, erfuhr sie, dass der Sachverhalt verjährt war (...) Sie war zu diesem Zeitpunkt 37 Jahre alt. Cécile B. hatte diesen Rechtsbehelf eingelegt, um die Gültigkeit der Verjährung in Bezug auf sie anzufechten, da 32 Jahre traumatische Amnesie sie daran gehindert hatten, sich der Vergewaltigungen bewusst zu sein, die sie im Alter von 5 Jahren erlitten hatte und die 10 Jahre lang andauerten, und dass sie folglich nie in der Lage gewesen war, diese anzuzeigen, bevor sie in Erinnerung geblieben waren (...) Als Facharzt für Psychotraumatologie, der sich um Opfer sexueller Gewalt kümmert, kann ich sie nur vollkommen verstehen und unterstützen. Viele meiner Patienten sind in der gleichen Situation wie sie, sie hatten lange Zeit eine traumatische Amnesie und waren nicht in der Lage, die Sexualverbrechen, die sie als Kinder erlitten haben, rechtzeitig anzuzeigen, weil die Verjährungsfrist abgelaufen ist (manchmal nur um wenige Tage), andere wurden durch

---

[288] „Wie ich den Inzest überwunden habe: von den Folgen zur Fürsorge" - Isabelle Aubry, 2010.

Vermeidungsverhalten oder durch den Einfluss und die Drohungen ihres Umfelds jahrelang daran gehindert, sie anzuzeigen, und als sie endlich bereit sind, können sie keine Anzeige mehr erstatten."

2015 veröffentlichte die französische Journalistin Mathilde Brasilier ein autobiografisches Buch mit dem Titel *„Il y avait le jour, il y avait la nuit, il y avait l'inceste"*, in dem sie über ihre traumatische Amnesie berichtet. Diese Frau litt 30 Jahre lang unter einer Amnesie, die die Erinnerungen an die Vergewaltigung durch ihren Vater, die sie als Kind erlitten hatte, völlig verdrängte. Ihr Bruder war ebenfalls Opfer des Missbrauchs durch den Vater und beging 1985 leider Selbstmord, nachdem er seinem Vater gesagt hatte: *„Nach dem, was du mir angetan hast, habe ich dir nichts mehr zu sagen"*. Nach dieser Tragödie begann Mathilde Brasilier, sich selbst zu hinterfragen und einen Therapeuten zu konsultieren... Lange Zeit dachte sie, *sie hätte eine glückliche Kindheit in einem privilegierten Umfeld verbracht* und keine Erinnerung an sexuellen Missbrauch gehabt. In einem Radiointerview sagte sie über ihren Vater: *„Die Beziehung war schwierig, weil ich es nicht ertragen konnte, ihm in die Augen zu sehen (...) Das war eines der Themen, die ich mit meiner Mutter besprochen habe: „Es ist seltsam, ich mag Daddy, aber ich kann es nicht ertragen, ihm in die Augen zu sehen. Aber ich wusste nicht, warum (...)* Mathilde Brasilier sagte, dass ihre traumatischen Erinnerungen auf *einmal zurückkamen (...) eine nach der anderen (...) Es ist wie ein Film, der sich plötzlich entfaltet.*[289]

Am 16. Januar 1998 sagte die französische Schauspielerin und Sängerin Marie Laforêt in den 8-Uhr-Nachrichten von France 2 über eine traumatische Amnesie aus. Im Alter von drei Jahren wurde sie von *einem „Nachbarn"* mehrfach vergewaltigt, und diese Erinnerung wurde jahrelang verdrängt, bevor sie in ihren Vierzigern wieder auftauchte. Hier ist die Abschrift ihrer Aussage:

- **Marie Laforêt**: Ich erlebte genau, was passiert war, den Namen des Mannes, sein Kostüm, seine Art, Dinge zu tun, alles... Alles war auf einmal wieder da. Drei Tage und drei Nächte lang war es mir unmöglich, darüber zu sprechen... Ich habe es ins Gesicht bekommen, man kann es auf keinen Fall mit etwas anderem verwechseln, weder mit einer Vorahnung, noch mit einer Geschichte von geistiger Verwirrung... Es ist keine Frage von geistiger Verwirrung, im Gegenteil, Sie sind übermäßig präzise.

- **Journalist**: Wie können Sie sich erklären, dass Ihr Gedächtnis dieses Ereignis so viele Jahre lang verdrängt hat?

- **ML**: Ich denke, es liegt im selben Bereich wie Autismus, Ohnmacht oder Koma. Es gibt eine schmerzhafte Episode, und man wird beschließen, sie zu beenden.

- **Carole Damiani** (Psychologin): Die Erinnerung, die im Unbewussten verbleibt, ist nicht zerstört worden, und manchmal ist sie auf assoziative Verknüpfungen zurückzuführen, d.h. von Erinnerung zu Erinnerung nähern wir uns dem traumatischen Ereignis an. Das kann auch bedeuten, dass die Person zu

---

[289] „Inzest: Nach der Amnesie eine schmerzhafte Rekonstruktion" - Mathilde Brasilier, VivreFm.com, 20/05/2015.

diesem Zeitpunkt bereit war, sich dem Ereignis zu stellen, obwohl sie es vorher nicht war.

Marilyn Van Derbur, die *Miss America* von 1958 und Tochter des Millionärs Francis Van Derbur, hat in ihrer Autobiografie die Folgen des väterlichen Inzests offenbart, den sie als Kind erlitten hat. Sie sagt, dass sie bis zu ihrem 24. Lebensjahr die Erinnerung an die Vergewaltigungen ihres Vaters völlig verdrängt hatte. In ihrer Autobiografie *Miss America By Day* gibt sie öffentlich zu erkennen: *„Um zu überleben, teilte ich mich in ein glückliches, lächelndes 'Kind des Tages' und ein kauerndes 'Kind der Nacht', das der Gnade meines Vaters ausgeliefert war... Bis ich 24 Jahre alt war, wusste das Tageskind nichts von der Existenz des Nachtkindes (...) Tagsüber gab es keinen Ärger oder unangenehme Blicke zwischen meinem Vater und mir, weil ich mir der Traumata und Schrecken des Nachtkindes nicht bewusst war. Aber je schlimmer es dem Nachtkind ging, desto notwendiger war es für das Tagkind, sich hervorzutun; vom Skiteam der University of Colorado über Phi Beta Kappa bis hin zur Ernennung zur Miss America hielt ich mich für den glücklichsten Menschen, der je gelebt hat. „*

Es war ein junger Pastor in ihrer Kirche, der dieses dunkle Geheimnis aufspürte. Im Alter von 24 Jahren gelang es ihm, die Barrikaden, die sie in ihrem Kopf errichtet hatte, niederzureißen, und die Erinnerungen kamen zum Vorschein. Danach investierte sie sich in einem unglaublichen Tempo in ihre öffentliche Karriere, um all diese schweren traumatischen Erinnerungen ein zweites Mal zu verdrängen. Im Alter von 45 Jahren wurde ihr Leben auf den Kopf gestellt... Im Alter von 45 bis 51 Jahren geriet sie völlig ins Trudeln, heftige Erinnerungen kamen wieder hoch, diesmal mit körperlichen Schmerzen und Lähmungen. Ihr Körper geriet völlig aus den Fugen, sie konnte ihre Arme und Beine nicht mehr bewegen und wurde in eine psychiatrische Anstalt eingewiesen. Sie schrieb, dass sie *sich nie hätte vorstellen können, dass Inzest solche Auswirkungen haben könnte! Wer könnte glauben, dass Inzest 30 Jahre später noch solche Auswirkungen auf den Körper haben kann?*

Marilyn Van Derbur litt nach den wiederholten Vergewaltigungen durch ihren Vater mehrere Jahre lang an einer traumatischen, dissoziativen Amnesie. Was sie später, im Alter von 45 Jahren, beschrieb, war eine Konversionsstörung (oder dissoziative Konversionsstörung), d. h. ein plötzlicher Verlust der motorischen Funktionen und der Sensibilität, ohne jegliche medizinische Erklärung. Bei Marilyn Van Derbur war es eine Lähmung, die höchstwahrscheinlich mit dem sexuellen Missbrauch zusammenhing, den sie als Kind erlebte. Sie schreibt in ihrem Buch auch über ihren Vater: *Er hat mich Nacht für Nacht 'bearbeitet'. Wie ein zartes Kristallstück, das im Beton zerbricht, hat mein Vater mir mein eigenes Glaubenssystem und mein „Selbst" genommen, aber auch meine Seele, die er in Stücke brach."*

Die Autobiografie dieser Miss America enthält sowohl die glorreiche Geschichte von Marilyn Van Derburs kometenhaftem Aufstieg zum Ruhm als auch eine wesentliche Informationsquelle über sexuellen Kindesmissbrauch mit seinem Mechanismus der Dissoziation und Kompartimentierung traumatischer Erinnerungen.[290]

Auch die amerikanische Schauspielerin und Sängerin Laura Mackenzie erzählt, dass sie in ihrer Kindheit regelmäßig von ihrem Vater, der Rocklegende John Phillips, vergewaltigt wurde... 2009 las sie in der Fernsehsendung „The Oprah Winfrey Show" eine Passage aus ihren Memoiren „High on Arrival" vor: „Ich wachte in dieser Nacht aus einem Blackout auf und stellte fest, dass ich von meinem Vater vergewaltigt worden war... Ich weiß nicht mehr, wann der Missbrauch begann oder wie er endete, war es das erste Mal? War das schon einmal passiert? Ich weiß es nicht, und ich habe immer noch Zweifel. Ich kann nur sagen, dass es das erste Mal war, dass ich davon erfahren habe. Eine Zeit lang war ich in meinem Körper, in dieser schrecklichen Realität, und dann fiel ich wieder in einen Blackout. Dein Vater soll dich beschützen, er soll dich beschützen, nicht „dich ficken".[291]

Mackenzie sagt, sie sei 17 oder 18 gewesen, als sie begann, sich an die Vergewaltigungen ihres Vaters zu erinnern. Damals war sie einem Millionenpublikum als Kinderstar der Sitcom One Day at a Time bekannt. Niemandem war klar, was sie im Privaten durchmachte...

Schon sehr früh begann ich, schwierige Erinnerungen abzuschotten und zu verdrängen. Und das ist die Wurzel all der schwierigen Erfahrungen, die danach kamen.

Sie sagte auch über ihren Vater: „Ich habe keinen Hass auf ihn. Ich verstehe, dass er ein wirklich gequälter Mann ist, irgendwie bekommt er dieses Unglück durch mich (...) Es ist eine Art Stockholm-Syndrom, bei dem man beginnt, seinen Missbraucher zu lieben. Ich empfand eine große Liebe für meinen Vater."

Auch das MK-Monarch-Opfer Cathy O'Brien beschreibt, wie traumatische und dissoziative Erinnerungen bei einem kleinen Kind wirken, das Tag für Tag Inzest erlebt: „Obwohl ich nicht verstehen konnte, dass das, was mein Vater mir antat, falsch war, waren der Schmerz und die Erstickung durch seinen Missbrauch so unerträglich, dass ich eine dissoziative Identitätsstörung entwickelte. Es war unmöglich zu verstehen, es gab keinen Platz in meinem Kopf, um mit diesem Horror umzugehen. Also habe ich mein Gehirn abgeschottet, kleine Bereiche durch Amnesie-Barrieren abgetrennt, um die Erinnerungen an den Missbrauch auszublenden, damit der Rest meines Verstandes normal weiterarbeiten konnte, als wäre nichts geschehen... Wenn ich meinen Vater am Esstisch sah, erinnerte ich mich nicht an den sexuellen Missbrauch. Aber sobald er seine Hose aufknöpfte, wachte ein Teil von mir auf, der Teil meines Gehirns, der wusste, wie man mit diesem schrecklichen Missbrauch umgeht, es war, als ob sich eine neurale Verbindung öffnete, so dass dieser Teil meines Verstandes meinen Vater immer und immer wieder erleiden konnte, je nach Bedarf... Ich hatte sicherlich eine Menge Erfahrung in diesem „Gehirnkompartiment", das

---

[290] Miss America By Day: Lessons Learned from Ultimate Betrayals and Unconditional Love - Marilyn Van Derbur, 2003.

[291] High on Arrivals: A Memoir - Laura Mackenzie, 2011.

sich mit dem Missbrauch meines Vaters befasste, aber ich hatte nicht die volle Bandbreite der Wahrnehmungen, ich hatte eine sehr eingeschränkte Wahrnehmung, eine sehr eingeschränkte Sicht.[292]

Régina Louf, Zeugin X1 im Fall Dutroux, berichtete, dass ein dissoziierter Teil von ihr während des sexuellen Missbrauchs nie „anwesend" war. Dieser Teil von ihr konnte also „normal" weiterleben, ohne sich mit der schweren Erinnerung an den Missbrauch in ihrem Bewusstsein auseinandersetzen zu müssen. Der Teil von ihr, der während des Missbrauchs anwesend war und somit verletzt wurde, *Ginie*, war sich hingegen kaum des Lebens bewusst, das sie in der Schule oder in der Familie führte. Es war, als ob *Ginie* beiseite geschoben wurde, bis sie wieder auftauchte und die Führung übernahm, als der Täter zu Regina zurückkehrte.[293]

In einem Artikel mit dem Titel „*Multiple* Persönlichkeitsstörung *in der Kindheit*" geben M. Vincent und M. R. Pickering das Beispiel einer Frau, die ihnen ihre Erfahrungen im Alter von 3 und 4 Jahren schilderte, als sie von ihrem Adoptivvater wiederholt vergewaltigt wurde. Dies ist eine Beschreibung des dissoziativen Zustands mit einem Übergang in eine alternative Realität, in der wir die Aufspaltung in zwei verschiedene Ichs finden: „*Es wurde für sie zur Gewohnheit, passiv zu bleiben und auf den Wechsel des Bewusstseinszustands zu warten, der sie von einer schweren Agonie in einen Zustand der Ruhe und sogar der Freude versetzen würde. Sie tat dies, ohne zu wissen, dass sie bei jeder Gelegenheit ihre eigene Haut rettete, indem sie zwei 'Ichs' in sich nährte, die sich der Existenz des anderen nicht bewusst waren... Zu lieben, was einen umbringt, ist unmöglich. Sie konnte es nicht tun. Es ist ein höllisches Dilemma im Kopf des Kindes. So ließ sie sich selbst die Freiheit, zu lieben, und den anderen die Freiheit, zu hassen...*"[294]

Um eine dissoziative Identitätsstörung korrekt zu diagnostizieren, wird zunächst nach den anderen Persönlichkeiten gesucht, nicht nach der traumatischen Amnesie selbst. Menschen mit posttraumatischer Belastungsstörung, *Borderline-Persönlichkeitsstörung* oder anderen spezifizierten dissoziativen Störungen können ebenfalls gelegentlich unter Amnesie leiden. Die dissoziative Amnesie wird durch traumatische Ereignisse verursacht, die durch Flashbacks zurückverfolgt werden können, während die echte Amnesie bei der dissoziativen Identitätsstörung durch wechselnde Persönlichkeiten verursacht wird, die sich deutlich voneinander unterscheiden.

4 - DISSOZIATIVE IDENTITÄTSSTÖRUNG IDENTITÄTSSTÖRUNG (DID)

---

[292] *Gedankenkontrolle außer Kontrolle* - Vortrag von Cathy O'Brien und Mark Phillips, Granada Forum, 31/10/1996.

[293] Zwijgen is voor daders - De getuigenis van X1 - Regina Louf, Houtekiet Publishing, 1998.

[294] *The Canadian Journal of Psychiatry*, Vol 33(6), 08/1988.

a/ Einige historische Fälle

1793 verfasste Dr. Eberhardt Gmelin in seinen *„Materialien für die Anthropologie"* den ersten ausführlichen 87-seitigen Bericht über einen Fall von „doppelter Persönlichkeit", den er als *„umgetauschte Persönlichkeit"* bezeichnete. Der Fall wurde 1970 von Henri Hellenberger in *„Die Entdeckung des Unbewussten" aufgegriffen* und detailliert beschrieben. Es ging um eine 21-jährige Frau aus Stuttgart, die plötzlich eine neue Persönlichkeit zeigte, viel besser Französisch als Deutsch sprach und ein völlig anderes Verhalten an den Tag legte. Die beiden Persönlichkeiten, die jeweils eine andere Sprache sprachen, waren sich gegenseitig völlig unbekannt. Die „französische Frau" erinnerte sich systematisch an alles, was sie gesagt oder getan hatte, während die „deutsche Frau" ihre Handlungen vergaß. Gmelin hatte entdeckt, dass er die Persönlichkeitsveränderung einfach durch eine Handbewegung auslösen konnte... Dies erinnert an das System der programmierten Auslösecodes bei MK-Sklaven, wie wir in Kapitel 7 sehen werden.

Im Jahr 1840 beschrieb der Psychotherapeut Antoine Despine den Fall von Estelle, einem 11-jährigen Schweizer Mädchen, das an einer Lähmung mit extremer Berührungsempfindlichkeit litt. Sie hatte eine zweite Persönlichkeit, die laufen und spielen konnte, aber die Anwesenheit ihrer Mutter nicht tolerierte, eine Reaktion, die möglicherweise auf eine traumatische Erinnerung im Zusammenhang mit ihrer Mutter zurückzuführen ist. Estelle zeigte einen deutlichen Unterschied im Verhalten von einer Persönlichkeit zur anderen. Im späten 19. und frühen 20. Jahrhundert berichtete Dr. Pierre Janet über eine Reihe von Fällen multipler Persönlichkeiten bei seinen Patienten: Léonie, Lucie, Rose, Marie und Marceline. Léonie hatte drei, wenn nicht sogar mehr Persönlichkeiten, darunter ein Kind mit dem Namen „Nichette". Im Fall von Lucie, die ebenfalls als Person mit drei Persönlichkeiten beschrieben wurde, gab es eine andere namens „Adrienne", die regelmäßig Rückblenden zu einem Trauma aus ihrer frühen Kindheit hatte. Rose hatte somnambule Zustände und war abwechselnd gelähmt und konnte gehen.[295]

Die erste Beobachtung einer gespaltenen Persönlichkeit, die in der breiten Öffentlichkeit bekannt wurde, ist als *„Lady of MacNish"* bekannt. Dieser berühmte Fall wurde zwischen 1816 und 1889 mehrfach veröffentlicht. Diese junge Frau, die eigentlich Mary Reynolds hieß, wechselte im Alter von 19 bis 35 Jahren zwischen zwei Persönlichkeiten hin und her. Schließlich gewann eine der beiden Persönlichkeiten die Oberhand über die andere. Ihr Fall wird in dem Buch *„De l'intelligence"* des französischen Philosophen und Historikers Hippolyte Taine erwähnt, der Mary Reynolds in *„Lady of MacNish"* umbenannte. Das Mädchen, das in den Vereinigten Staaten lebte, war von Natur aus ruhig, eher zurückhaltend und melancholisch und erfreute sich guter Gesundheit. Ihre Probleme begannen im Alter von 18 Jahren mit anhaltenden Synkopen und sie begann, zwischen zwei sehr unterschiedlichen Persönlichkeiten zu wechseln. Einer von ihnen war sehr fröhlich und gesellig,

---

[295] *Diagnose und Behandlung der multiplen Persönlichkeitsstörung* - Frank W. Putnam, 1989.

eine Persönlichkeit mit einem lebhaften und fröhlichen Charakter, die vor nichts Angst hatte und niemandem gehorchte. Nach etwa zehn Wochen hatte sie wieder eine seltsame Art von Synkope und wachte mit ihrer ursprünglichen Persönlichkeit auf. Sie erinnerte sich nicht mehr an die Zeit, die gerade vergangen war, aber sie hatte den gleichen zurückhaltenden und melancholischen Charakter wiedererlangt. Der Wechsel zwischen diesen beiden Persönlichkeiten hielt jahrelang an, oft nachts, wenn sie schlief. Als eine der Persönlichkeiten verschwand, befand sich Mary Reynolds in genau demselben Zustand wie beim letzten Mal, jedoch ohne jegliche Erinnerung an das, was in der Zwischenzeit geschehen war. Das heißt, dass sie mit der einen oder anderen Persönlichkeit keine Ahnung hatte, was ihr zweiter Charakter war. Wurde ihr zum Beispiel jemand in einem dieser Zustände vorgestellt, erkannte sie ihn im anderen Zustand nicht mehr. Um das 35. Lebensjahr herum begann die gesellige Persönlichkeit, sich häufiger und für längere Zeit zu behaupten. Diese Persönlichkeit setzte sich schließlich bis 1853 durch, als *Lady McNish* im Alter von 61 Jahren starb.

Ein weiterer bekannter Fall aus dem 19. Jahrhundert ist der von Felida, beschrieben von Dr. Azam, der sie von 1860 bis 1890 beobachtete. Azam ist der Autor des Buches „*Hypnotism and Double Consciousness*" (1893), in dem er den Fall dieser jungen Frau beschreibt. Im Jahr 1860 stellte er seinen Patienten der Chirurgischen Gesellschaft und der Akademie der Medizin vor, und dieser Fall hatte einen erheblichen Einfluss auf die Frage nach dem Phänomen der gespaltenen Persönlichkeit. Inzwischen gibt es eine ganze Bibliothek zu diesem Fall. Dr. Azam traf Félida 1856 zum ersten Mal und folgte ihr 32 Jahre lang. So beschreibt er die Persönlichkeitsveränderungen: „*Fast jeden Tag wird sie ohne erkennbaren Grund oder unter dem Einfluss einer Emotion von dem ergriffen, was sie ihre Krise nennt, in Wirklichkeit tritt sie in ihren zweiten Zustand ein. Da ich dieses Phänomen hunderte Male beobachtet habe, kann ich es genau beschreiben... Ich beschreibe es jetzt nach dem, was ich gesehen habe.*

Félida sitzt mit einem Stück Näharbeit auf dem Schoß; plötzlich, ohne dass es vorherzusehen war und nach einem heftigeren Schmerz in den Schläfen als sonst, fällt ihr Kopf auf die Brust, ihre Hände bleiben untätig und sinken träge am Körper entlang, sie schläft oder scheint zu schlafen, aber ein besonderer Schlaf (...) Nach dieser Zeit wacht Félida auf, aber sie ist nicht mehr in dem geistigen Zustand, in dem sie eingeschlafen war. Alles scheint anders zu sein. Sie hebt den Kopf, öffnet die Augen und begrüßt die Neuankömmlinge mit einem Lächeln, ihr Gesicht erhellt sich und strahlt Fröhlichkeit aus, ihre Rede ist kurz, und sie setzt summend die Handarbeit fort, die sie im vorherigen Zustand begonnen hatte. Sie steht auf, ihr Gang ist beweglich, und sie klagt kaum über die tausend Schmerzen, die sie noch vor wenigen Minuten quälten (...) Ihr Charakter hat sich völlig verändert: aus der Traurigkeit ist sie fröhlich geworden, beim geringsten Anlass wird sie in Traurigkeit oder Freude versetzt. Gleichgültig gegenüber allem, was sie war, ist sie übermäßig empfindlich geworden (...) In diesem wie im anderen Leben sind ihre intellektuellen und moralischen Fähigkeiten, wenn auch unterschiedlich, zweifellos vollständig: keine wahnhaften Ideen, keine falsche Wertschätzung, keine Halluzinationen. Ich würde sogar sagen, dass in diesem zweiten Zustand, in dieser zweiten Bedingung, alle seine Fähigkeiten entwickelter und vollständiger erscheinen. Dieses zweite Leben, in dem kein körperlicher Schmerz empfunden wird, ist dem anderen weit überlegen, vor allem durch die beachtliche Tatsache, dass Felida sich nicht nur an die Geschehnisse während der vorangegangenen Anfälle, sondern auch an ihr ganzes normales Leben erinnert, während sie in ihrem normalen Leben keine Erinnerung an die Geschehnisse während ihres Anfalls hat."[296]

Felida hat die Besonderheit, dass sie nur in eine Richtung amnesisch ist: Ihre ursprüngliche Persönlichkeit hat keine Erinnerung an ihre zweite Persönlichkeit, während letztere Zugang zu allen Erinnerungen hat (wir werden im Zusammenhang mit der MK-Monarch-Programmierung darauf zurückkommen). Dr. Azam nennt dieses Phänomen „periodische Amnesie".

Allmählich begann die zweite, fröhlichere Persönlichkeit die erste zu verdrängen und übernahm schließlich den größten Teil der Zeit. Als ihre alte Persönlichkeit zeitweise wieder auftauchte, sah sie sich mit großen schwarzen Löchern konfrontiert, in denen sie drei Viertel ihrer Existenz vergessen hatte...

Félida zeigte episodisch eine dritte Persönlichkeit, die Azam nur zwei- oder dreimal auftauchen sah, Félidas Ehemann hatte sie in sechzehn Jahren nur etwa dreißigmal beobachtet. Diese dritte veränderte Persönlichkeit erschien in einem Zustand unsagbaren Schreckens, ihre ersten Worte waren: „Ich habe Angst... ich habe Angst...", sie erkannte niemanden außer ihrem Mann. War es ein durch ihre Erinnerungen traumatisierter Alter? Es ist anzumerken, dass die Ärzte, die diese Patienten behandelten, damals den Zusammenhang zwischen Identitätsdissoziation und Trauma noch nicht erkannt hatten.

Einer der bemerkenswertesten französischen Fälle ist der von Louis Vivet. Zwischen 1882 und 1889 wurde er von zahlreichen wissenschaftlichen Autoren untersucht, insbesondere von Bourru und Burot, die 1895 schrieben: „Diese Tatsachen der Persönlichkeitsvariation sind weniger selten, als man annimmt". 1882 schrieb Camuset in seinem Bericht über Louis Vivet: „Wir sind versucht zu glauben, dass diese Fälle zahlreicher sind, als man annehmen würde, trotz der eher seltenen Beobachtungen, die wir haben". Bei Louis Vivet wurde der Begriff „multiple Persönlichkeit" zum ersten Mal verwendet, um den Begriff „doppelte Persönlichkeit" zu ersetzen. Louis Vivet hatte sechs verschiedene Persönlichkeiten, die sich durch Veränderungen des Gedächtnisses, des Charakters, der Sensibilität und des Verhaltens auszeichneten. Bei jedem Persönlichkeitswechsel wurde festgestellt, dass sich seine Erinnerungen entsprechend änderten und dass die Persönlichkeiten sich gegenseitig ignorierten. So beschreiben Bourru und Burot seine Persönlichkeitsveränderung: „Plötzlich hat sich der Geschmack des Probanden völlig verändert: Charakter, Sprache, Physiognomie, alles ist neu. Das Subjekt ist zurückhaltend in seiner Kleidung. Er mag keine Milch mehr; sie ist jedoch die einzige Nahrung, die er normalerweise zu sich nimmt. Der Ausdruck seiner Physiognomie ist weicher geworden, fast schüchtern; die Sprache ist korrekt und

---

[296] „Hypnotismus und doppeltes Bewusstsein" - Dr. Azam, 1893, S.43-44.

höflich. Der einst so arrogante Patient ist jetzt bemerkenswert höflich, spricht sich nicht mehr mit dem Vornamen an und nennt jeden „Sir". Er raucht, aber ohne Leidenschaft. Er hat keine Meinung, weder in der Politik noch in der Religion, und diese Fragen, so scheint er zu sagen, gehen einen Ignoranten wie ihn nichts an. Er ist respektvoll und diszipliniert. Er spricht viel klarer als vor der Überweisung, sein Vorlesen ist bemerkenswert klar, seine Aussprache ist ziemlich deutlich, er liest perfekt und schreibt ziemlich gut. Er ist nicht mehr dieselbe Figur (...) In wenigen Minuten ist die Verwandlung abgeschlossen. Es ist nicht mehr derselbe Charakter: Die Konstitution des Körpers hat sich mit den Tendenzen und den Gefühlen, die ihn übersetzen, verändert. Es handelt sich um eine vollständige Übertragung. Das Gedächtnis hat sich verändert, der Betroffene erkennt weder die Orte, an denen er sich befindet, noch die Menschen um ihn herum, mit denen er sich eben noch ausgetauscht hat. Eine solch unerwartete und radikale Veränderung war von einer Art, die uns in Erstaunen versetzte und zum Nachdenken anregte (...) Wir wiederholten diese Anwendung mehrere Male unter den unterschiedlichsten Bedingungen und das Ergebnis war konstant. Dieselbe Figur tauchte immer wieder auf, immer identisch mit sich selbst. Es handelte sich sozusagen um eine mathematische Umwandlung, die für den gleichen physikalischen Wirkstoff und den gleichen Anwendungsort immer gleich war."[297]

Es gibt auch den Fall von Clara Norton Fowler (unter dem Pseudonym *Miss Christine Beauchamp*), die Dr. Morton Prince, ein Bostoner Neurologe, 1898 im Alter von 23 Jahren kennenlernte. Die Anwendung von Hypnose offenbarte die Existenz von vier verschiedenen Persönlichkeiten in ihr. In diesem speziellen Fall wurde berichtet, dass das Mädchen in seiner Kindheit viele Traumata erlitten hatte. *Miss Beauchamp* war eine zurückhaltende und schüchterne junge Frau, während ihre anderen Persönlichkeiten aufgeschlossen, temperamentvoll und wütend waren. Aber die Amnesie-Polaritäten zwischen den einzelnen Persönlichkeiten waren ziemlich kompliziert: Eine war sich der Existenz aller anderen nicht bewusst, eine andere war sich der Existenz nur einer anderen Persönlichkeit bewusst, und so weiter. Eine ihrer Persönlichkeiten hatte in den letzten sechs Jahren vor ihrem Erscheinen eine totale Amnesie. Eine Besonderheit im Fall von *Miss Beauchamp* war die Verwendung von Vornamen für die verschiedenen Alter, wobei eine der Persönlichkeiten sich „Sally" nannte. Dr. Morton Prince hielt Sally für die interessanteste Persönlichkeit, und mit ihr arbeitete er am liebsten zusammen. Prince suchte nach der einen Persönlichkeit, die die authentische *Miss Beauchamp war*, die wahre, ursprüngliche Persönlichkeit. Er kam zu dem Schluss, dass sich diese ursprüngliche Persönlichkeit in mehrere spezifische Identitäten aufgespalten hatte. Mit Hilfe von Hypnose löste er nach und nach die Amnesie-Barrieren zwischen den Alter Egos auf und verschmolz sie miteinander.[298]

---

[297] *„Variations de la personnalité"* - H. Bourru und P. Burot, 1888, S.39-16.

[298] „La Femme Possédée", Hexen, Hysterie und multiple Persönlichkeiten" - Jacques Antoine Malarewicz, 2005.

Ein weiterer Fall wurde 1916 von Dr. James Hyslop und Dr. Walter Prince *im Journal of the American Society for the Psychological Research* berichtet. Das war Doris Fischer, 1889 in Deutschland geboren. Diese Frau entwickelte fünf verschiedene Persönlichkeiten, von denen jede einen bestimmten Namen trug. Die fünf anderen Persönlichkeiten weisen aus psychologischer Sicht sehr unterschiedliche Merkmale auf. Wie in der Regel sind sie als Folge tiefer emotionaler Erschütterungen entstanden. Hinter der Persönlichkeit von Doris, der *„echten Doris"*, standen:

- *Margaret:* Die andere Persönlichkeit, die durch den ersten dissoziativen Schock entstanden ist. Ein Alter mit der emotionalen und geistigen Verfassung eines fünf- oder sechsjährigen Jungen.

- Die *„kranke Doris":* Dies ist die andere Persönlichkeit, die nach dem zweiten traumatischen Schock auftauchte. *Die kranke Doris* hatte keine Erinnerung an Ereignisse oder gar eine Vorstellung von verbaler Sprache, sie erkannte niemanden und konnte keine Alltagsgegenstände mehr benutzen. Sie zeigte keine Zuneigung.

- *Schlafende* Margaret: Diese andere Persönlichkeit schien die ganze Zeit zu schlafen, sie sprach kaum, außer in einer Art nebelhafter Sprache, die schwer zu verstehen war.

- *Sleeping Real* Doris: So nannte *Margaret die* schlafwandelnde Persönlichkeit, die sie im Alter von acht Jahren erschaffen hatte. Sie hatte Erinnerungen, die die *„echte Doris"* nicht hatte.

Die *echte Doris* hatte keine Kenntnis von den Gedanken oder Handlungen ihrer sekundären Persönlichkeiten. Sie konnte sich an nichts erinnern, was in den Zeiten geschah, in denen ein anderer Alter aufgetaucht war. Während der Therapiesitzungen verschmolzen die anderen Persönlichkeiten nach und nach, so dass am Ende nur noch die „echte Doris" übrig blieb.

Im Jahr 1928 wurde in dem Buch *Multiple Persönlichkeit* (W. Taylor und M. Martin, 1944) ein weiterer Fall von multipler Persönlichkeit beschrieben. Der Patient war ein Mann namens Sorgel, der in Bayern lebte und Epileptiker war. Er zeigte zwei unterschiedliche Bewusstseinsstrukturen: eine kriminelle und eine ehrliche Persönlichkeit. Die ehrliche Persönlichkeit hatte fast keine Erinnerung an ihr anderes Leben, während die kriminelle Persönlichkeit sich sehr gut an beide Leben erinnerte.[299]

Auch hier finden wir den Begriff der „einseitigen" Amnesie, d.h. eine tiefere andere Persönlichkeit hat Zugang zu allen Erinnerungen, während eine Oberflächenpersönlichkeit sich ihres „anderen Lebens" überhaupt nicht bewusst ist... Ein wichtiger Punkt, auf den wir in Kapitel 7 über die MK-Monarch-Programmierung zurückkommen werden.

Die bekanntesten Fälle *des* 20. Jahrhunderts sind die von Christine Costner Sizemore (*The 3 Faces of Eve*), Shirley Ardell Mason (*Sybil*), Truddi Chase (*When Rabbit Howls*) und Billy Milligan (*The Man with 24 Personalities*).

---

[299] *Multiple Persönlichkeit und Channeling* - Rayna L. Rogers, Jefferson Journal of Psychiatry: Vol. 9: Iss. 1, Artikel 3, 1991.

Die Geschichte von Christine Costner Sizemore wurde in einem Buch erzählt, das von ihren Psychiatern Corbett Thipgen und Hervey M. Cleckly geschrieben wurde. Die süße, schüchterne junge Frau war zu ihnen gekommen, weil sie unter einer schrecklichen Migräne litt, die unheilbar schien. Während der Therapie entwickelte sich eine neue rebellische und turbulente Persönlichkeit. Die erste Persönlichkeit hatte kein Bewusstsein von der Existenz dieser anderen, der turbulenten Persönlichkeit, die sich der Existenz der ersten sehr wohl bewusst war. Dieser Fall von multipler Persönlichkeit wurde 1957 von Nunaly Johnson in dem Film *„Die drei Gesichter der Eva"* verfilmt. Die Schauspielerin Joanne Woodward spielte die drei Persönlichkeiten, *Eve White*, eine sanftmütige und schüchterne junge Frau, *Eve Black*, die turbulente Verführerin und schließlich *Jane*, eine viel ausgeglichenere Persönlichkeit, eine Art Verschmelzung der beiden *Eves*. Dieser Film ist einer der wenigen, der nicht in die stereotype Darstellung eines T.D.I. mit einer kriminellen Persönlichkeit verfällt. Die Verfilmung von 1957 wird vom Journalisten Alistair Cooke mit den Worten eingeleitet: *„Dies ist eine wahre Geschichte. Sie haben schon oft Filme gesehen, in denen so etwas vorkommt. Manchmal bedeutet dies, dass ein bestimmter Napoleon zwar existiert hat, dass aber jede Ähnlichkeit zwischen seinem wirklichen Leben und dem betreffenden Film ein Wunder wäre. Unsere Geschichte ist wahr. Es ist die Geschichte einer freundlichen, zurückhaltenden Hausfrau, die 1951 in ihrer Heimat Georgien ihren Mann zu einem höchst ungewöhnlichen Verhalten verleitet. Das ist nicht ungewöhnlich: Wir alle haben unsere Marotten, wir alle unterdrücken den Drang, jemanden zu imitieren, den wir bewundern. Ein Schriftsteller hat gesagt, dass in jedem dicken Mann ein dünner Mann schläft. In dieser jungen Hausfrau kämpften erschreckenderweise zwei starke Persönlichkeiten buchstäblich darum, ihr ihren Willen aufzuzwingen. Es war ein Fall von „multipler Persönlichkeit". Man liest darüber in Büchern, aber nur wenige Psychiater haben es selbst erlebt. Bis Dr. Thigpen und Dr. Cleckley vom Medical College of Georgia auf eine Frau stießen, die eine größere Persönlichkeit hatte als Dr. Jekyll. Im Jahr 1953 stellten sie diesen Fall der American Psychiatric Association vor, ein Fall, der zu einem Klassiker der psychiatrischen Literatur geworden ist. Bei diesem Film ging es also nicht um die Phantasie eines Drehbuchautors. Die Wahrheit selbst überwog die Fiktion. Alles, was Sie sehen werden, ist tatsächlich der Frau passiert, die als „Eve White" bekannt ist. Ein Großteil des Dialogs stammt aus den klinischen Aufzeichnungen von Dr. Luther."*

Der Film, der nur zwei Persönlichkeiten zeigt (die schließlich ineinander übergehen), spiegelt jedoch nicht die wahre Realität wider, da Christine Costner in Wirklichkeit mehr als zwanzig verschiedene Persönlichkeiten entwickelte, wie sie später in ihren Memoiren, die nur ein Jahr später unter einem Pseudonym veröffentlicht wurden, enthüllte.

In den 1970er Jahren ist *Sybils* Fall sicherlich derjenige, der die dissoziative Identitätsstörung am meisten bekannt gemacht hat. Shirley Ardell Mason war eine 25-jährige Frau, die aufgrund von Visionen, Albträumen und schrecklichen Erinnerungen Dr. Cornelia Wilbur aufsuchte. Zu diesem Zeitpunkt traten während der Therapie sechs verschiedene Persönlichkeiten zutage. Shirley fand heraus, dass sie als Kind von ihrer Mutter schwer gedemütigt und sexuell missbraucht worden war. Dieser Fall hätte wie viele andere im Dunkeln bleiben können, aber Flora Rheta Schreiber veröffentlichte 1973 einen Roman, der auf Shirleys wahrer Geschichte basierte, einen Roman namens „Syblil", der ein Bestseller wurde. Nach diesem großen Erfolg produzierte Daniel Petries einige Jahre später, 1976, eine Verfilmung des Romans. Ein Film mit dem gleichen Namen, Sybil, der ebenfalls ein großer Erfolg war. Für viele Therapeuten war dieser Fall ein Meilenstein in der Geschichte der IDT. Es gab ein Vorher und ein Nachher bei Sybil, was zu einer ganzen Kontroverse führte, die diese mysteriöse multiple Persönlichkeitsstörung noch heute umgibt...

Die 1935 geborene Truddi Chase ist Autorin einer Autobiographie mit dem Titel „When Rabbit Howls" (1987), und ihr Fall war auch Gegenstand eines Fernsehfilms: „Voices Whithin The Lives of Truddi Chase", der 1990 von ABC (American Broadcasting Company) ausgestrahlt wurde. Während der Therapie wurde festgestellt, dass Truddi eine multiple Persönlichkeit hatte. Sie wurde von ihrem zweiten Lebensjahr an bis ins Teenageralter missbraucht. Ihr Stiefvater missbrauchte sie körperlich und sexuell, während ihre Mutter sie vernachlässigte. Sie erinnerte sich immer an den sexuellen Missbrauch und die Misshandlung, konnte sich aber nie im Detail daran erinnern, bis sie eine Therapie bei Dr. Robert Phillips begann. Truddi Chase hat sich immer geweigert, ihre vielen Persönlichkeiten zu verschmelzen, weil sie glaubte, dass sie ein kooperierendes Team sind. Sie starb im März 2010 im Alter von 75 Jahren.

Ein weiterer historischer Fall von multipler Persönlichkeit ist der von Billy Milligan, der 1955 in den Vereinigten Staaten geboren wurde. 1975 wurde Milligan wegen mehrerer Verbrechen, darunter Vergewaltigung, verhaftet. Dieser Fall wurde zum Zeitpunkt des Prozesses wegen des besonderen psychologischen Profils des Angeklagten übermäßig publik gemacht... Sein Vergewaltigungsprozess sorgte für Empörung, als die Verteidigung mit der Begründung der multiplen Persönlichkeit auf nicht schuldig plädierte. Milligan behauptete, dass nicht er bei den sexuellen Übergriffen auf Studentinnen anwesend war, sondern eine andere lesbische Persönlichkeit. Der Öffentlichkeit fiel es offensichtlich sehr schwer, die Version des Vergewaltigers zu glauben. Der Fall Milligan wurde viele Jahre lang untersucht und von Daniel Keyes, Milligans Biograph, ausführlich beschrieben. Keyes verbrachte sechzehn Jahre seines Lebens damit, Informationen zu sammeln, Nachforschungen anzustellen und „den Professor" (Miligans multiple Persönlichkeiten, die zu einer einzigen verschmolzen waren) sowie die Menschen, die ihm nahe standen, zu befragen. Das Ergebnis waren zwei Bücher: „The Minds of Billy Milligan" und „The Milligan Wars", die auf Französisch unter den Titeln „Billy Milligan, l'homme aux 24 personnalités" und „Les mille et une vies de Billy Milligan" erhältlich sind.

In Keyes' Biografie über Milligan heißt es, dass seine gespaltene Persönlichkeit entstand, als er von seinem Stiefvater, der ihn auch sexuell missbrauchte, ständig gedemütigt und geschlagen wurde. Milligan wurde mit insgesamt 24 Persönlichkeiten diagnostiziert. Einige dieser anderen

Persönlichkeiten hatten kriminelle und zerstörerische Tendenzen, die ihn in große Schwierigkeiten brachten. Andererseits zeigten seine anderen Persönlichkeiten außergewöhnliche Fähigkeiten und Fertigkeiten. *Arthur'* war eine seiner Alter-Persönlichkeiten, die sich selbst Medizin beibrachte und mehrere Sprachen sprach, und er war es, der es schaffte, alle Alter-Persönlichkeiten zu verbinden: *Arthur fungierte als* Vermittler im internen System. Andere Persönlichkeiten hatten ein echtes künstlerisches Talent für die Malerei, jede mit einem anderen Stil. Es gab auch andere Persönlichkeiten, die im Alter eines Kindes waren, was bei I.D.T. häufig vorkommt. In seiner Biografie erklärt Milligan die Vorteile der multiplen Persönlichkeiten, einschließlich des Kindes Alter: *„Es gibt dir eine neue Perspektive auf die Welt. Es gibt einem eine ganz neue Perspektive auf die Welt, die es einem ermöglicht, Dinge zu sehen, die jemand anderes nicht sehen würde."*

1979 wurde Billy Milligan in das State Hospital for the Criminally Insane in Lima, Ohio, eingewiesen. Dort erlebte er eine wahre Hölle: Erpressung, Schläge, Elektroschocks, chemische Zwangsjacke... Er blieb bis 1983 in Lima und kehrte dann in die psychiatrische Klinik in Athen zurück, wo er seine Therapie fortsetzte und es ihm schließlich gelang, alle seine anderen Persönlichkeiten zu verschmelzen. Über die Verschmelzung (Integration, Begriffe, die später entwickelt werden) seiner anderen Persönlichkeiten sagt er: *„Mir wurde gesagt, dass die Vereinigung all meiner Teile noch stärker sein würde als die Summe meiner einzelnen Persönlichkeiten. Aber in meinem Fall ist das nicht der Fall, die Verbindung meiner Persönlichkeiten ist weniger stark."*

Trotz der Verschmelzung seines Alters blieb sein psychischer Zustand aufgrund der vielen Jahre, in denen er unter Gefängnis, psychiatrischer Internierung, psychischen und physischen Angriffen, Todesdrohungen, aber auch politischer Instrumentalisierung durch Senatoren, Richter, Krankenhaus- oder Gefängnisdirektoren zu leiden hatte, sehr prekär und instabil... seine Genesung war also alles andere als von einem Klima der Sicherheit und Stabilität begünstigt. Es gab Berichte über sadistisches Verhalten des „Pflegepersonals", und überall schien er von Brutalität und Instrumentalisierung umgeben zu sein. Daniel Keyes prangert das amerikanische Gefängnissystem wegen seines Opportunismus, der Korruption innerhalb seiner Führung und seiner Unfähigkeit an, mit heiklen Fällen wie dem von Billy Milligan wirksam umzugehen.

Ein Fall, der weniger bekannt ist, weil er nicht strafrechtlich relevant ist und viel weniger an die Öffentlichkeit gelangt ist, ist der von Robert Oxnam. Dieser Mann war mehr als zehn Jahre lang Präsident der *Asia Society*, einer angesehenen amerikanischen Kultureinrichtung. Robert Oxnam ist ein Spezialist für die chinesische Kultur und Sprache und hat Persönlichkeiten wie Bill Gates, Warren Buffet und George Bush auf ihren Reisen nach Asien begleitet. Er ist Autor einer Autobiografie mit dem Titel *„A Fractured Mind"*, in der er offenbart, dass er an einer dissoziativen Identitätsstörung leidet. Im Jahr 2005 wurde er in der *CBS-Nachrichtensendung 60 Minutes* vorgestellt[300], um diese besondere psychische Störung aufzudecken.

Robert Oxnam hatte eine sehr strenge Erziehung, und es lastete viel Druck auf ihm, gesellschaftlich und beruflich erfolgreich zu sein. Sein Vater war Universitätspräsident und sein Großvater war Bischof und Präsident des Ökumenischen Rates der Kirchen (ÖRK). Nach einer brillanten Ausbildung stand Oxnam bald im Rampenlicht der Mainstream-Medien und erlangte bald eine angesehene und elitäre Position. Im Alter von dreißig Jahren wurde er zum Präsidenten der *Asia Society ernannt*. Robert Oxnam war auf der Höhe *der Zeit*, aber in seinem Inneren herrschte eine Mischung aus Depression, Ärger und Wut. Auf der einen Seite glänzender gesellschaftlicher und beruflicher Erfolg, auf der anderen Seite ein ständiges Unwohlsein und eine Depression, die immer schlimmer wurde. In den 1980er Jahren wurde Oxnam wegen Alkoholismus und Bulimie behandelt, und in dieser Zeit scheiterte auch seine erste Ehe. Die Besuche bei einem Psychiater wegen seiner Suchtprobleme und seiner wiederkehrenden Blackouts brachten keine Besserung. Manchmal wachte er mit blauen Flecken und Wunden an seinem Körper auf, ohne zu wissen, was sie verursacht haben könnte oder in welchem Zusammenhang sie entstanden sein könnten. Eines Tages verirrte er sich in einer Menschenmenge im New Yorker Hauptbahnhof, er befand sich in einem tranceähnlichen Zustand und hörte Stimmen, die ihm sagten, dass er schlecht sei, dass er der schlechteste Mensch sei, der je gelebt habe. 1990, während einer Therapiesitzung mit Dr. Jeffrey Smith, wurde Robert Oxnam plötzlich ein anderer Mensch... Sein Psychiater berichtet, dass sich seine Stimme, seine Haltung und seine Bewegungen völlig verändert haben. Während einer Sitzung berichtete Dr. Smith, dass Oxnams Hände *wie Klauen* waren, er war in schrecklicher Wut. Diese Wut kam von einem kleinen Jungen namens *„Tommy"*. Als Smith Oxnam erzählte, was während der Sitzung geschehen war, sagte Oxnam, dass er diesen *Tommy* nicht kenne und sich nicht daran erinnern könne, was im Büro des Therapeuten geschehen war. In diesem Moment erkannte Dr. Smith, dass er es mit einem Fall von multipler Persönlichkeit zu tun haben könnte. Als Robert Oxnam von dieser möglichen Diagnose hörte, reagierte er heftig und sagte: *„Das ist Unsinn, ich habe Sybil gesehen, ich bin nicht wie Sybil!"*

Im Laufe der Therapie entwickelten sich unabhängig voneinander elf verschiedene andere Persönlichkeiten. Darunter waren *„Tommy"*, ein wütender Junge, die *„Hexe"*, eine furchterregende Gestalt oder *„Bobby"* und *„Robby"*. *Bob"* war die dominierende Persönlichkeit, d. h. die „Gastgeber"-Persönlichkeit: das öffentliche Gesicht, in diesem Fall ein Intellektueller, der bei der *Asia Society* arbeitet. In seinem öffentlichen Leben ging Robert Oxnam seinen Geschäften nach und traf sich mit hohen Würdenträgern wie dem Dalai Lama. Aber dieses öffentliche Leben gab keinen Hinweis auf seine tiefgreifende Persönlichkeitsstörung... Traumata in der Kindheit sind in der Regel die Ursache für ADS, und Oxnam scheint da keine Ausnahme zu sein. Während seiner Therapie berichtete ein Alter namens *„Baby"* von Erinnerungen an Missbrauch

---

[300] *Inside A Fractured Mind* - Morley Safer, CBS News, 09/2005.

in der Kindheit. Es handelte sich um schwere sexuelle und körperliche Misshandlungen, immer begleitet von den Worten: „*Du bist schlecht, das ist die Strafe.*"[301] Hat Robert Oxnam rituellen Missbrauch erlebt? Wurde er als Kind einer absichtlichen Persönlichkeitsspaltung unterzogen? Gehörte er zu einer dieser elitären Familien, die systematische Gedankenkontrolle an ihren Nachkommen ausübten? Woher kommt die furchterregende Bezeichnung „*Hexe*"? Wurde er mental programmiert, um sich auf die künftige elitäre Karriere vorzubereiten, in die er schnell hineingeschleudert wurde? Dennoch zeigt sein Fall, wie eine Person eine dissoziative Identitätsstörung haben kann, während sie Geschäfte in einer hohen Position führt und eine völlig normale öffentliche Fassade aufrechterhält. Ist es das, was Fritz Springmeier meint, wenn er von *völlig unauffindbaren gedankengesteuerten Sklaven* spricht, um diese freiwillig gespaltenen und programmierten Individuen zu beschreiben?

b/ Definition des I.D.T.

In den letzten dreißig Jahren wurden die Bewertung und Behandlung dissoziativer Störungen durch eine bessere klinische Identifizierung, zahlreiche Forschungsarbeiten und akademische Veröffentlichungen sowie spezielle Instrumente verbessert. In vielen Ländern sind internationale Veröffentlichungen von Klinikern und Forschern erschienen, die sich mit klinischen Fallstudien, Psychophysiologie, Neurobiologie, Neuroimaging usw. befassen. Alle diese Veröffentlichungen bestätigen die Existenz dissoziativer Störungen. Alle diese Veröffentlichungen bestätigen die Existenz von I.D.T. und verleihen ihr damit eine Gültigkeit, die mit anderen etablierten psychiatrischen Diagnosen vergleichbar ist. Eine Studie aus dem Jahr 2001 mit dem Titel „*An examination of the diagnostic validity of* dissoziative *identity disorder*" von David H. Gleaves, Mary C. May und Etzel Cardena zeigen, dass diese psychiatrische Störung sehr ernst zu nehmen ist.[302]

Die Dissoziative Identitätsstörung hat im Laufe der Geschichte viele Namen gehabt: „Doppelte Existenz", „Doppelte Persönlichkeit", „Doppeltes Bewusstsein", „Persönlichkeitszustand", „Persönlichkeitsübertragung", „doppelte Persönlichkeit", „plurale Persönlichkeit", „dissoziierte Persönlichkeit" (DSM-I, 1952), „multiple Persönlichkeit", „gespaltene Persönlichkeit", „alternierende Identität" und „multiple Persönlichkeitsstörung" (DSM-IV, 1980).

Es handelt sich um eine komplexe und chronische posttraumatische dissoziative Störung, die sich in den meisten Fällen als Folge eines wiederholten schweren sexuellen und/oder körperlichen Missbrauchs in der frühen Kindheit entwickelt. Es handelt sich um eine Störung der Identitäts-, Gedächtnis- oder

---

[301] Ein gebrochener Geist: Mein Leben mit multipler Persönlichkeitsstörung - Robert B. Oxnam, 2006.

[302] Leitlinien für die Behandlung der dissoziativen Identitätsstörung bei Erwachsenen (2011), International Society for the Study of Trauma and Dissociation (ISSTD).

Bewusstseinsfunktionen. Die Beeinträchtigung kann plötzlich oder fortschreitend, vorübergehend oder chronisch sein. Die gewohnte Identität oder Persönlichkeit der Person wird dann vergessen und eine neue Persönlichkeit (ein Alter) wird ihr aufgezwungen. Dies geht häufig mit Gedächtnisstörungen einher, so dass wichtige Ereignisse nicht mehr erinnert werden können (DSM III, 1987). Dr. Richard Kluft definiert ein Alter wie folgt: *„Es fungiert gleichzeitig als Empfänger, Verarbeiter, Speicherzentrum für Wahrnehmungen, Erfahrungen und deren Verarbeitung in Verbindung mit Ereignissen und Gedanken der Vergangenheit und/oder Gegenwart und sogar der Zukunft. Sie hat ein Gespür für die eigene Identität und Ideenfindung sowie die Fähigkeit, Denk- und Handlungsprozesse in Gang zu setzen."*

Die meisten Patienten mit IDD leiden auch an verschiedenen psychischen Störungen wie chronischen Depressionen, posttraumatischem Stress, Angstzuständen, schweren Suchterkrankungen, Essstörungen, narzisstischen Störungen und Somatisierung. Bei ihnen kann eine *Borderline-Persönlichkeitsstörung*, Schizophrenie, bipolare oder psychotische Störung diagnostiziert werden, wenn die Dissoziation und das Vorhandensein der anderen Persönlichkeiten nicht erkannt oder gar untersucht wurde. Zu diesen Fehldiagnosen kommt es vor allem dann, wenn das Beurteilungsgespräch keine Fragen zu Dissoziation und Trauma enthält oder sich nur auf die offensichtlichsten komorbiden Probleme konzentriert (d. h. die oben aufgeführten assoziierten Störungen).

Das Diagnostic and Statistical Manual of Mental Disorders, DSM-IV (2000), definiert die folgenden Kriterien für die Dissoziative Identitätsstörung:

A. Vorhandensein von zwei (oder mehr) Identitäten oder Persönlichkeitszuständen - jeder mit seiner eigenen, relativ dauerhaften Art, die Umwelt und sich selbst wahrzunehmen, mit ihr in Beziehung zu treten und über sie zu denken.

B. Mindestens zwei dieser Identitäten oder Persönlichkeitszustände übernehmen - wiederholt - die Kontrolle über das Verhalten der Person.

C. Unfähigkeit, sich an sehr persönliche Informationen zu erinnern: signifikante Vergesslichkeit, die von dem unterschieden werden muss, was üblicherweise vergessen wird.

D. Die Störung ist nicht auf die direkten physiologischen Auswirkungen einer Substanz (z. B. Drogen- oder Alkoholintoxikation) oder auf ein allgemeines medizinisches Problem (z. B. komplexe partielle Epilepsien) zurückzuführen. Hinweis: Bei Kindern sind die Symptome nicht auf imaginäre Gefährten oder andere Fantasiespiele zurückzuführen.

Die Person ist nicht in der Lage, sich an wichtige persönliche Informationen zu erinnern und hat Gedächtnislücken, die zu groß und zu tief sind, um einfach nur vergessen zu werden. Viele Patienten klagen auch über starke Migräneanfälle. Diese Störung kann zu einer *dissoziativen Fugue führen*, d. h. zu einem plötzlichen und unerwarteten Verlassen der Wohnung oder des Arbeitsplatzes, begleitet von einer Unfähigkeit, sich an die Vergangenheit zu erinnern. Es herrscht Verwirrung über die persönliche Identität oder die Annahme einer neuen Identität (teilweise oder vollständig).

In seinem Buch „*Die Entdeckung des Unbewussten*" hat Henri F. Ellenberger auf der Grundlage verschiedener historischer Fälle eine Klassifizierung der verschiedenen Aspekte vorgenommen, die diese gespaltenen Persönlichkeiten aufweisen können:

1: Gleichzeitige multiple Persönlichkeiten.

2: Aufeinanderfolgende multiple Persönlichkeiten:

a/ gegenseitig voneinander wissen.

b/ wechselseitige Amnesie.

c/ Einseitige Amnesie.

Jede Persönlichkeit lebt mit ihrer eigenen persönlichen und individuellen Geschichte, ihren eigenen Erinnerungen, ihrem eigenen Charakter und hat vielleicht sogar einen anderen Namen. Diese Persönlichkeiten können sich auch untereinander kennen und in einer komplexen inneren Welt interagieren. Es handelt sich um ein internes System, in dem die verschiedenen Persönlichkeiten friedlich koexistieren können, aber auch Konflikte unterschiedlichen Ausmaßes können sie entzweien. In den meisten Fällen gibt es eine dominante Persönlichkeit, die so genannte „Hauptpersönlichkeit" oder „Wirtspersönlichkeit", die von einer Reihe sekundärer Persönlichkeiten umgeben ist, die in der Regel hierarchisch organisiert sind.

Die beiden umfangreichsten Fallstudien zu diesem Thema sind Dr. Frank Putnams „*The clinical phenomenology of multiple personality disorder: Review of 100 recent cases*" (*Journal of clinical Psychiatry* 47 - 1986) und Dr. Colin Ross' Studie mit 236 Fällen.

Auf die Frage, für was sie sich halten, sagen die veränderten Persönlichkeiten: ein Kind (86%), einen Helfer oder Assistenten (84%), einen Dämon (29%), eine Person des anderen Geschlechts (63%) oder sie nennen eine andere (lebende) Person (28%) oder ein totes Familienmitglied (21%).[303]

Die deutschen Therapeutinnen Angelika Vogler und Imke Deister haben eine Liste der Arten von veränderten Persönlichkeiten erstellt, die häufig bei Patienten mit IDD auftreten.:[304]

- *Host/Hostess:* Die Hauptfunktion des Hosts oder der Hostess besteht darin, das ordnungsgemäße Funktionieren des multiplen Systems im täglichen Leben zu gewährleisten. Ihr Alter entspricht in der Regel dem physischen Alter des Körpers und ihre sexuelle Identität entspricht dem Geschlecht des Körpers. Der Gastgeber/die Gastgeberin weiß in der Regel wenig oder gar nichts über die Existenz der anderen Persönlichkeiten im System und hat große Erinnerungslücken. Der Gastgeber/die Gastgeberin wirkt in der Regel sehr zuverlässig, aber sein/ihr Grundtemperament ist oft depressiv. Wie wir in Kapitel 7 über die Monarch-Programmierung sehen werden, sind es diese „Host"-Persönlichkeiten, die als Frontperson, als öffentliche Persona, in MK-Sklaven dienen.

---

[303] *Multiple Persönlichkeitsstörung - Dämonen und Engel oder archetypische Aspekte des inneren Selbst* - Dr. Haraldur Erlendsson, 2003.

[304] Imke Deistler und Angelika Vogler: Einführung in die Dissoziative Identitätsstörung - Multiple Persönlichkeit, Junfermann Verlag Paderborn, 2005 - Übersetzung: www.multiples-pages.net.

- *Der Beobachter*: In fast jedem System gibt es mindestens einen Beobachter, der alles im Auge behält und daher keine Gedächtnislücken hat. Diese Persönlichkeit reagiert eher rational und zeigt keine Gefühle, da sie einen großen Abstand zur inneren und äußeren Welt halten muss, um ihre Rolle zu erfüllen. Aus diesem Grund tritt der Beobachter nicht in den Vordergrund (er übernimmt nicht die Kontrolle über den Körper), sondern kann mit verschiedenen Veränderungen im System in Kontakt treten.

- *Der Beschützer*: Die schützenden Persönlichkeiten eines Systems tauchen auf und übernehmen die Kontrolle über den Körper, wenn ein Alter oder das System sich durch eine bestimmte Situation bedroht fühlt. Diese Schutzpersönlichkeiten können sehr aggressiv sein, und es ist wichtig, ihre Schutzfunktion zu verstehen und zu schätzen.

- *Persönlichkeiten, die sich mit den Folterern identifizieren*: Dies sind die Persönlichkeiten, die der Sekte treu bleiben. Diese Persönlichkeiten identifizieren sich mit ihren Peinigern und deren Werten. Ihre Funktion besteht häufig darin, andere Alter-Persönlichkeiten zu bestrafen (z. B. durch Selbstverstümmelung), die den Kontakt zur Sekte abbrechen oder in einer Therapiesitzung Informationen über die Sekte preisgeben wollen. Wenn die multiple Person noch in Kontakt mit der Sekte steht, können diese veränderten Persönlichkeiten den Inhalt der Therapiesitzung an sie weitergeben, ohne dass die anderen Persönlichkeiten im System es merken.

- *Gefangene" Kinder und Jugendliche*: In fast jedem Mehrfachsystem gibt es Kinder. Sie sind eine gewisse Zeit lang gefangen geblieben. Es gibt Kinder, die ein bestimmtes Alter über einen langen Zeitraum beibehalten, während andere reifen. Es ist auch möglich, dass ein anderes Kind, das lange Zeit gleich alt geblieben ist, später zu altern beginnt.

Ein erstaunliches Merkmal der I.D.T. ist, dass bei ein und demselben Individuum unterschiedliche Persönlichkeiten bemerkenswerte physiologische Unterschiede in der Sehschärfe, in der Reaktion auf Medikamente und Psychopharmaka, in Allergien, in der Herzfrequenz, im Blutdruck, in der Muskelspannung, in der Immunfunktion, aber auch in der elektroenzephalographischen Aufzeichnung aufweisen können. Irrationale physiologische Unterschiede, da diese anderen Persönlichkeiten denselben physischen Körper haben.

Bereits 1887 hatte Pierre Janet gezeigt, dass manche Menschen mehrere psychische Zentren entwickeln können, von denen jedes seine eigenen Besonderheiten und Aktivitäten hat. Er hatte diese dissoziierten Zentren bereits „Persönlichkeiten" genannt. Janet arbeitete mit so genannten „Hysterikerinnen", Frauen, deren verschiedene Persönlichkeiten nebeneinander existierten und auf einer unterbewussten Ebene agierten und nur gelegentlich während Hypnose- oder automatischen Schreibsitzungen die Kontrolle über das normale Bewusstsein übernahmen. Janet hatte herausgefunden, dass die unterbewussten Persönlichkeiten dieser „Hysteriker" als Reaktion auf ein traumatisches Ereignis entstanden waren, das sich im Unterbewusstsein festgesetzt hatte und zum Keim für neue Persönlichkeiten wurde. Mit diesem Verständnis wurde Janets therapeutisches System schließlich wirksam für das Verständnis und die

Behandlung dieser Störung, bei der eine Vielzahl von Persönlichkeiten spontan auftaucht, um mit der Außenwelt zu interagieren. Von diesem Zeitpunkt an etablierte sich das *Dissoziations-/Traumamodell* in der Psychotherapie und begann in Fallbeschreibungen multipler Persönlichkeiten aufzutauchen. [305] 1993 schrieb Dr. Adam Crabtree bei der Erforschung der multiplen Persönlichkeitsstörung: „Die Anerkennung des Phänomens der Dissoziation als Mittel zur Behandlung einer traumatischen Episode durch die Schaffung multipler psychischer Zentren führt zu einer wirksamen Psychotherapie der multiplen Persönlichkeitsstörung. Die ätiologische Rolle des Kindesmissbrauchs wurde bis in die Neuzeit hinein überhaupt nicht erkannt. Die statistischen Daten über Verbrechen gegen Kinder aus dem späten 19. Jahrhundert könnten jedoch einen fruchtbaren Weg für die Forschung bieten. Die Untersuchung der historischen Fälle wirft Fragen über die Zweideutigkeit des Phänomens der multiplen Persönlichkeit auf; sie offenbart auch Daten, die von modernen Klinikern noch nicht vollständig anerkannt wurden."[306]

I.D.D. entwickelt sich in der Kindheit. Wie wir gesehen haben, ist der Prozess der Dissoziation ein natürlicher Schutzmechanismus angesichts einer psychologisch unüberwindbaren Situation. So wie ein Stromkreisunterbrecher einen Kurzschluss verhindert, ermöglicht uns diese menschliche Funktion, schwere und sich wiederholende Traumata zu überleben, so dass wir relativ normal weiterleben können. Dieser Prozess hat den Effekt, dass Erinnerungen, Affekte, Empfindungen oder auch Überzeugungen abgekapselt werden, um ihre Auswirkungen auf die Gesamtentwicklung des Kindes zu mildern. Je nach Schwere des Traumas können die Auswirkungen der Dissoziation bis hin zur Persönlichkeitsspaltung gehen. I.D.T. scheint die extremste Stufe der Dissoziation zu sein. Pierre Janet hat selbst erkannt, dass die *„extreme Dissoziation"* zur Entstehung einer multiplen Persönlichkeit führt. In mindestens 80% der Fälle, die in der Psychiatrie behandelt werden, liegt der Ursprung dieser Störung in einem Kindheitstrauma, insbesondere vor dem fünften Lebensjahr. Dr. Philip M. Coons verglich zwanzig Patienten mit I.D.D. mit einer Kontrollgruppe von zwanzig Personen desselben Geschlechts und Alters, die nicht dissoziiert, nicht schizophren und nicht psychotisch waren. Während zwei Personen in der Kontrollgruppe unter Vernachlässigung oder sexuellem Missbrauch in der Kindheit gelitten hatten, hatten 85% der IDD-Patienten körperlichen und/oder sexuellen Missbrauch erlebt. [307]

Dr. Richard Kluft findet ähnliche Daten, die I.D.T. mit frühkindlichen Traumata in Verbindung bringen: „In zwei großen Gruppen hatten 97% und 98%

---

[305] Multiple Persönlichkeit vor „Eve" - Adam Crabtree, Zeitschrift „Dissociation", Vol.1 N°1, 03/1993.

[306] Ebd.

[307] Psychophysiologische Aspekte der multiplen Persönlichkeitsstörung: A Review - Philip M. Coons, Zeitschrift „Dissociation", 03/1988.

körperlichen und sexuellen Missbrauch in der Kindheit oder psychologischen Missbrauch und Vernachlässigung erlebt."[308]

Dr. James P. Bloch hat geschrieben, dass Kindheitstraumata heute als ein primärer ätiologischer Faktor bei der Entstehung dissoziativer Störungen angesehen werden.[309]

Dr. Colin Ross zufolge *„hängt der Grad der Dissoziation eindeutig mit der Schwere und Chronizität des Missbrauchs zusammen "*. Ross geht davon aus, dass Patienten, die eine IDD entwickelt haben, im statistischen Durchschnitt fünfzehn Jahre lang körperlich und fast dreizehn Jahre lang sexuell missbraucht worden sind.[310]

Daher ist es verständlich, dass viele Opfer von satanischem rituellem Missbrauch eine dissoziative Identitätsstörung entwickelt haben. In der Tat ist DID ein starker Indikator für rituellen Missbrauch in der Vergangenheit. Dr. Frank Putnam erklärte 1989: *„Ich bin erstaunt über das Ausmaß an extremem Sadismus, von dem die meisten Opfer mit IDD berichten. Viele von ihnen haben mir erzählt, dass sie eine Vorgeschichte von rituellem Missbrauch haben. Viele von ihnen erzählten mir, dass sie von Gruppen von Menschen sexuell missbraucht, von ihren Familien zur Prostitution gezwungen oder den Liebhabern ihrer Mütter als sexueller Köder angeboten worden waren. Nach der Arbeit mit einer Reihe von Patienten mit IDD wurde deutlich, dass schwerer und wiederholter Missbrauch in der Kindheit eine der Hauptursachen für multiple Persönlichkeitsstörungen ist. "*

Traumatische Erinnerungen können daher in einer anderen Persönlichkeit „gespeichert" oder „eingekapselt" werden, ohne dass sich die Wirtspersönlichkeit dieser Realität bewusst ist. Erst wenn diese veränderte Persönlichkeit auftaucht, kann sie diese Erinnerung ausdrücken und weitergeben (in der Regel durch körperliches und emotionales Wiedererleben des Traumas, ein Phänomen, das als Abreaktion bekannt ist). Er wird sehr detailliert beschreiben, wie der Missbrauch geschah, da er (oder sie) ihn direkt erlebt hat, während die Wirtspersönlichkeit „deaktiviert"/dissoziiert wurde, um Platz für die Veränderung zu schaffen. Dr. Adam Crabtree berichtet, dass der amerikanische Psychologe Henry Herbert Goddard 1926 einen Bericht über die Behandlung einer jungen Frau, Bernice R., veröffentlichte, bei der eine multiple Persönlichkeit diagnostiziert wurde. Goddard setzte Hypnose ein, um zwei Persönlichkeiten zu verschmelzen. Dazu versetzte er eine der anderen Persönlichkeiten in einen Trancezustand und versuchte, ihr die Existenz der anderen bewusst zu machen, um sie zu verschmelzen. Durch diesen Prozess gelang es Goddard sehr gut, die traumatischen Erinnerungen des Patienten emotional zu lösen. Unter diesen Erinnerungen hatte die junge Frau klare und

---

[308] Kluft, R.P. (1988). Die dissoziativen Störungen. In: J.A. Talbott, R.E. Hales & S.C. Yudofsky (Eds.). Lehrbuch der Psychiatrie, 557-585. Washington, DC: American Psychiatric Press.

[309] Assessment and Treatment of Multiple Personality and Dissociative Disorders - James P. Bloch, 1991, S.3.

[310] Multiple Persönlichkeitsstörung, Diagnose, klinische Merkmale und Behandlung - Colin Ross, 1989.

anhaltende Erinnerungen an die Vergewaltigungen durch ihren Vater. Leider stufte Goddard diese Erinnerungen an den sexuellen Missbrauch als Halluzinationen ein und erklärte, dass die inzestuösen Handlungen, die angeblich im Alter von 14 Jahren stattfanden, von Bernice erst mit 19 Jahren erwähnt wurden. Daraus geht hervor, dass Henry Goddard keine wirklichen Kenntnisse über die Funktionsweise von Dissoziation und traumatischer Amnesie hatte. Er bestätigte damit die leichtfertige Theorie der *„hysterischen sexuellen Halluzination"*... *Eine* Theorie, die auch heute noch verwendet wird, um die Opfer zu diskreditieren, da die *„Hysterie"* dem *„Syndrom der falschen Erinnerung"* gewichen ist (das wir in Kapitel 10 behandeln werden).[311]

Es wird noch einige Zeit dauern, bis das Thema Kindheitstrauma wirklich berücksichtigt und als eine der Hauptursachen der Persönlichkeitsspaltung anerkannt wird. Heutzutage gehen viele Kliniker davon aus, dass es sich bei I.D.T. um eine sehr seltene Störung handelt, oder sie erkennen ihre Existenz einfach nicht an. Dies ist in erster Linie darauf zurückzuführen, dass Kliniker nicht ausreichend über Dissoziation, dissoziative Störungen und die Auswirkungen psychologischer Traumata informiert und geschult sind; daher wird diese Diagnose selten in Betracht gezogen, geschweige denn akzeptiert. Allerdings sind ADS und dissoziative Störungen keine Seltenheit. Studien in Nordamerika, Europa und der Türkei haben gezeigt, dass zwischen 1 und 5% der Patienten in psychiatrischen Abteilungen für Erwachsene und Jugendliche sowie in Abteilungen für Drogenmissbrauch, Essstörungen und Zwangsstörungen die Diagnosekriterien für BDD erfüllen können. Bei vielen dieser Patienten wird jedoch nie eine klinische Diagnose für eine dissoziative Störung gestellt werden.[312]

In seinem Buch *Cult and Ritual Abuse (Kult und ritueller Missbrauch)* gibt Dr. James Randall Noblitt einige Statistiken über die Anerkennung von I.D.T. in der professionellen psychiatrischen Gemeinschaft:

In einer Studie aus dem Jahr 1994 wurden 1120 Psychologen und Psychiater der *Veteranenverwaltung* befragt, von denen 80% der Diagnose „I.D.D." zustimmten.[313]

Eine andere Studie, die 1995 unter 180 kanadischen Psychiatern durchgeführt wurde, ergab, dass 66,1% von ihnen an die Gültigkeit der Diagnose I.D.D. glaubten, während 27,8% diese Diagnose nicht bestätigten und 3,3% unentschieden waren.[314]

Im Jahr 1999 ergab eine Umfrage unter 301 Psychiatern, dass 15% der Meinung waren, dass IDD nicht in das DSM aufgenommen werden sollte, 43%

---

[311] Multiple Persönlichkeit vor „Eve" - Adam Crabtree, Zeitschrift „Dissociation", Vol.1 N°1, 03/1993.

[312] Leitlinien für die Behandlung der dissoziativen Identitätsstörung bei Erwachsenen (2011), International Society for the Study of Trauma and Dissociation (ISSTD).

[313] *Der Glaube an die Existenz einer multiplen Persönlichkeitsstörung unter Psychologen und Psychiatern* - Dunn, Paolo, Ryan, Van Fleet, Journal of clinical psychology, 1994.

[314] *Die Einstellung von Psychiatern zur multiplen Persönlichkeitsstörung: Eine Fragebogenstudie* - F.M. Mai, The Canadian Journal of Psychiatry, 1995.

waren der Meinung, dass sie mit Vorbehalt aufgenommen werden sollte, und 35% waren der Meinung, dass sie ohne Vorbehalt aufgenommen werden sollte. Auf die Frage nach den Beweisen für die wissenschaftliche Gültigkeit der Diagnose I.D.D. antworteten 20%, dass es wenig oder keine Beweise für die Gültigkeit gibt, 51% antworteten, dass es teilweise Beweise für die Gültigkeit gibt, und 21% waren der Meinung, dass es eindeutige Beweise für die Gültigkeit von I.D.D. gibt.[315]

Im Jahr 1999 entschied der Oberste Gerichtshof des Staates Washington, dass die Diagnose I.D.D. die Kriterien des *Frye-Standards* erfüllt (der *Frye-Test* wird verwendet, um die Zulässigkeit wissenschaftlicher Beweise in einem juristischen Umfeld zu bestimmen). Dies bedeutet, dass Sachverständigenaussagen über IDD vor Bundesgerichten zulässig sind, da festgestellt wurde, dass diese Diagnose in der psychiatrischen Gemeinschaft allgemein anerkannt ist.[316]

Es gibt inzwischen einige Tests, mit denen man das Vorhandensein dissoziativer Störungen bei einem Patienten feststellen kann. Die *Dissoziative Experiences* Scale (DES*) wurde 1986* von den Psychiatern Eve Bernstein Carlson und Frank W. Putnam entwickelt (Anhang 3). Putnam im Jahr 1986 (Anhang 3). Ein weiterer Test ist *das* von Paul Dell entwickelte *Multidimensionale Inventar der Dissoziation* (MID). Dieser Test ist vom gleichen Typ wie der vorherige, enthält aber viel mehr Aufgaben. Mit diesen Tests kann jedoch keine Diagnose gestellt werden; nur durch strukturiertere professionelle Gespräche kann eine ID festgestellt oder ausgeschlossen werden.

c/ I.D.T. und Neurologie

In den letzten Jahrzehnten haben sich die bildgebenden Verfahren zur Untersuchung der Gehirnfunktion erheblich verbessert. Techniken wie die Magnetresonanztomographie (MRT) und die Positronenemissionstomographie (PET) ermöglichen es unter anderem, die Aktivierung verschiedener Hirnareale bei bestimmten Aufgaben oder Verhaltensweisen sichtbar zu machen.

Im November 2001 trafen sich Forscher in Melbourne, Australien, zu einer Studie, die die *Herald Sun damals* als „die weltweit erste Studie" zur multiplen Persönlichkeitsstörung bezeichnete. Ziel des Treffens war es, die Kontroverse innerhalb der psychiatrischen Wissenschaftsgemeinschaft zu lösen. Die Studie kam zu dem Schluss, dass *„Personen mit multipler Persönlichkeitsstörung (MPD) ihre Identitätswechsel nicht vortäuschen"*. Die Gehirnströme von Personen, bei denen eine MPD diagnostiziert wurde, wurden mit denen von Schauspielern verglichen, die Persönlichkeitsveränderungen simulierten. Obwohl die Schauspieler die Identitätswechsel überzeugend

---

[315] *Einstellungen zu DSM-IV-Diagnosen dissoziativer Störungen unter amerikanischen Psychiatern mit Facharzttitel* - Pope, Oliva, Hudson, Bodkin, Gruber, American Journal of Psychiatry, 1999.

[316] U.S. v. Greene, 1999 / „Dissoziative Identitätsstörung und strafrechtliche Verantwortung" Farmer, Middleton, Devereux, in „Forensic aspects of dissociative identity disorder", Sachs & Galton, 2008.

wiedergaben, stellten die Forscher fest, dass es deutliche Veränderungen in den Gehirnwellen derjenigen gab, die tatsächlich ihre Persönlichkeit änderten, während diese Veränderungen in den Gehirnen derjenigen, die eine andere Persönlichkeit simulierten, nicht auftraten.[317]

Die gleiche Art von vergleichender Studie wurde von Annedore Hopper und Dr. Joseph Ciorciari an der Swiburne University in Victoria, Australien, durchgeführt. Fünf Patienten mit IDD und fünf professionelle Schauspieler nahmen an dem Experiment teil. Die Studie zeigte deutlich einen elektroenzephalographischen (EEG) Unterschied zwischen der Wirtspersönlichkeit und der anderen Persönlichkeit bei den Patienten mit I.D.D., während diese EEG-Veränderung bei den Schauspielern, die z.b. die Persönlichkeit eines Kindes simulierten, nicht zu sehen war. Für Dr. Joseph Ciorciari beweist diese Studie, dass Patienten mit ADS ihre verschiedenen Persönlichkeiten nicht simulieren: *„Patienten mit ADS wurden mit professionellen Schauspielern verglichen, die das Alter und die Persönlichkeit entsprechend der jeweiligen Alter-Persönlichkeit der Patienten und ihrer Gastgeber-Persönlichkeit wiedergaben. Signifikante EEG-Unterschiede zwischen Alter und Host-Persönlichkeit wurden nicht gefunden, wenn die Schauspieler die Persönlichkeiten spielten, was ein klarer physiologischer Beweis für die Authentizität von I.D.D. ist".[318]*

Im Dezember 1999 strahlte die BBC-Sendung *Tomorrow's World* einen Bericht über eine neurologische Studie über DID aus, die von Dr. Guochuan Tsai (*Harvard Medical School*) durchgeführt wurde. Zum ersten Mal wurde ein Patient mit dissoziativer Identitätsstörung während des Übergangs von einer Persönlichkeit zur anderen einem MRT-Scan unterzogen. Louise, die Patientin, die sich freiwillig für diese Studie zur Verfügung stellte, hatte mit Hilfe von Dr. Condie (ihrem Therapeuten) die Fähigkeit entwickelt, freiwillig Persönlichkeitsveränderungen auszulösen. Dank dieser Fähigkeit, die Persönlichkeit bei Bedarf zu wechseln, konnte aus erster Hand beobachtet werden, wie ihr Gehirn im MRT-Scanner funktioniert, wenn sie von einer anderen Persönlichkeit zur nächsten wechselt. Dr. Tsai sagt: *„Früher hatten wir keinen Kernspintomographen, so dass wir diese Art von Studie nicht schnell und korrekt durchführen konnten. Außerdem hatten wir nicht die richtige Versuchsperson, die die Persönlichkeitsveränderungen kontrollieren konnte. Denn wir brauchen diese Veränderung während des MRTs.*

Der Scan zeigte signifikante Veränderungen im Gehirn, als Louise gerade ihre Persönlichkeit wechselte. Interessanterweise schaltete sich der Hippocampus, ein Bereich, der mit dem Langzeitgedächtnis in Verbindung gebracht wird, während des Wechsels ab und reaktivierte sich, sobald der Übergang abgeschlossen war. Außerdem wurde ein Kontrolltest durchgeführt: Louise wurde gebeten, sich einfach als achtjähriges Mädchen vorzustellen, ohne in ein anderes Alter zu wechseln. Der Test zeigte keine der zuvor beobachteten

---

[317] *Programmed to Kill: The Politics of Serial Murder* - David McGowan, 2004, S.xiv.

[318] EEG-Kohärenz und dissoziative Identitätsstörung Zeitschrift „Trauma & Dissoziation", Band 3, 2002.

Veränderungen. Für Dr. Tsai ist dies eine ausreichende wissenschaftliche Grundlage für weitere Forschungen. Für Louise ist es ein Beweis für all jene, die die Existenz von I.D.T. leugnen. Im Anschluss an den Dokumentarfilm erklärte Dr. Raj Persaud gegenüber der BBC: *„Wie die meisten Psychiater war ich vor der Veröffentlichung dieser Studie sehr skeptisch, was die multiple Persönlichkeitsstörung betrifft. Das liegt daran, dass wir in England diese Diagnose seltener stellen als in den USA. In England ist man im Allgemeinen der Meinung, dass diese Menschen diese Störung vortäuschen können, um Aufmerksamkeit für sich zu erlangen. Das Wichtigste und Überzeugendste an dieser neuen Studie ist jedoch, dass sich die Hirnaktivität der Frau im Scanner, als sie zu einer anderen Persönlichkeit wechselte, signifikant veränderte, im Gegensatz zu der Zeit, als sie sich nur eine andere Persönlichkeit vorstellte. Dies ist ein Beweis dafür, dass die multiple Persönlichkeitsstörung nicht nur vorgetäuscht ist, sondern tatsächlich existiert."*

Neurologische Forschungen haben gezeigt, dass wiederholter Missbrauch in der Kindheit einen signifikanten und messbaren Einfluss auf das Volumen bestimmter Hirnareale wie den Hippocampus und den Amygdala-Komplex hat. Eine Studie aus dem Jahr 2006 ergab, dass das Volumen des Hippocampus und der Amygdala bei Menschen mit diagnostizierter ADS im Vergleich zu einer Gruppe von Probanden ohne ADS deutlich kleiner ist.[319]

In einer 2003 veröffentlichten Studie mit dem Titel *„One brain, two selves"* (*Ein Gehirn, zwei* Ichs) wurden die aktivierten Hirnregionen von zwei verschiedenen Persönlichkeiten einer Person mit IDD verglichen. Die Hirnareale von 11 Frauen mit ADS wurden mit Hilfe einer bildgebenden Technik, der PET (Positronen-Emissions-Tomographie), untersucht. Nach einiger therapeutischer Arbeit waren die Frauen wie Louise in der Lage, die für die Studie erforderlichen Persönlichkeitsveränderungen zu kontrollieren. Während des PET-Scans hörten die Probanden Aufnahmen mit autobiografischen und traumatischen Inhalten in zwei verschiedenen Persönlichkeitszuständen. Nur eine der beiden untersuchten Persönlichkeiten bestätigte, dass der Inhalt autobiografisch war, da es sich um die Persönlichkeit handelte, die das Trauma selbst erlebt hatte; die andere Persönlichkeit hatte keine Erinnerung daran, das Trauma erlebt zu haben. Die Ergebnisse der Studie zeigen, dass diese unterschiedliche Wahrnehmung desselben Inhalts in den unterschiedlich aktivierten Hirnarealen zu finden ist: Die andere Persönlichkeit, die den Inhalt erkennt, weil er in ihrem Gedächtnis gespeichert ist, zeigt ein anderes Hirnaktivierungsprofil als die andere Persönlichkeit, die den Inhalt nicht erkennt. Für die Forscher lässt sich ein solcher Unterschied im Aktivitätsniveau bestimmter Hirnareale nicht einfach durch die Vorstellungskraft oder eine veränderte Stimmung der Probanden erklären.[320]

---

[319] „Hippocampus- und Amygdala-Volumen bei dissoziativer Identitätsstörung, American Journal of Psychiatry" - Vermetten, Schmahl, Lindner, Loewenstein, Bremner, 2006.

[320] *Ein Gehirn, zwei Selbste NeuroImage 20* - Reinders, Nijenhuis, Paans, Korf, Willemsen, J.den Boer, 2003.

Wenn wir in einer traumatischen Situation mit Gefahrenreizen überflutet werden, ist die Zusammenarbeit des Amygdala-Komplexes mit dem Hippocampus stark gestört. Die unvollständige Verarbeitung von Informationen bedeutet, dass sie nicht in eine räumlich-zeitliche Ordnung integriert werden und daher als isolierte Erinnerungen bestehen bleiben.

Die Erforschung der hirnphysiologischen Prozesse bei traumatisierten Menschen mit Hilfe der Computertomographie ermöglicht es, die Bereiche des Gehirns zu lokalisieren, in denen Veränderungen des Stoffwechsels, in diesem Fall der Glukose, stattfinden. Mit diesem bildgebenden Verfahren ist es möglich, den erhöhten Glukoseverbrauch in bestimmten Hirnregionen sichtbar zu machen und daraus abzuleiten, welche Bereiche mehr oder weniger aktiviert sind. In einer von Bessel Van der Kolk durchgeführten Studie wurden traumatisierte Menschen gebeten, sich an ein persönliches Trauma zu erinnern. Im Vergleich zu nicht traumatisierten Personen (Kontrollgruppe), die gebeten wurden, sich an ein schwerwiegendes Ereignis in ihrem Leben zu erinnern, zeigten die traumatisierten Personen eine signifikant höhere Aktivierung des Amygdala-Komplexes, der Insula, des medialen Aspekts des Temporallappens und des rechten visuellen Kortex. Beim Hervorrufen traumatischer Erinnerungen war die rechte Gehirnhälfte besonders aktiv, während die Aktivierung der linken Hemisphäre abnahm. Besonders ausgeprägt war der Rückgang im unteren Frontallappen und im Broca-Areal, das eine wichtige Rolle bei der Sprache spielt. Professor Van der Kolk schloss aus diesen Ergebnissen, dass das Gehirn einen traumatischen Reiz nicht vollständig verarbeiten und verstehen kann, weil das Broca-Areal, das für die Verbalisierung zuständig ist, gehemmt ist. Diese neurologischen Studien zeigen uns, wie physiologisch schwierig, wenn nicht gar unmöglich es für Opfer eines schweren Traumas ist, das Erlebte oder das, was sie gerade erleben, klar zu verbalisieren und zu erklären, wenn eine traumatische Erinnerung wieder auftaucht. Van der Kolk erklärt: „ *Wenn diese Menschen ihre traumatischen Erlebnisse erneut durchleben, werden ihre Frontallappen beeinträchtigt, so dass Denken und Sprechen geschädigt werden. Sie sind nicht mehr in der Lage, anderen mitzuteilen, was vor sich geht (...) Die Prägung durch das Trauma liegt nicht auf der verbalen Ebene, sondern auf der Ebene des Teils des Gehirns, der mit dem Verstehen zu tun hat. Sie liegt viel tiefer in der Amygdala, dem Hippocampus, dem Hypothalamus und dem Hirnstamm, also in Bereichen, die nur am Rande mit Denken und Kognition zu tun haben.* "[321]

Traumatische Erlebnisse werden daher nicht über die Sprache, sondern hauptsächlich über die Erinnerung an Körperempfindungen, Gerüche und Geräusche festgehalten. Wenn ein Stimulus (z. B. Körperkontakt, bestimmte Gerüche, motorische Geräusche, Schreie) die Erinnerung an ein traumatisches Ereignis aktiviert, kommt es nicht unbedingt zu einem Abruf von Erinnerungen mit narrativem Inhalt. Während das narrative Gedächtnis zur Integration und Anpassung fähig ist, scheinen nicht-narrative traumatische Erinnerungen unflexibel, automatisch aktiviert und völlig vom Ereignis abgekoppelt zu sein.

---

[321] Bessel van der Kolk will die Behandlung von Traumata verändern - Mary Sykes Wylie, Psychotherapy Networker Magazine, 2004.

Diese Dissoziation traumatischer Erinnerungen erklärt, warum sie im Laufe der Zeit nicht verblassen, sondern ihre ursprüngliche Stärke beibehalten und zu dem werden, was Van der Kolk „*Seelenparasiten*" nennt (wir werden im nächsten Kapitel sehen, dass diese isolierten traumatischen Erinnerungen eher mit „*Seelenfragmenten*" *zu* tun haben). Die Informationen über die traumatischen Erlebnisse sind auf einer gewissen Ebene im Gedächtnis vorhanden, aber daher vollständig vom narrativen Gedächtnis abgekoppelt. Ohne weitere Verarbeitung, um sie in das narrative und analytische Gedächtnis, d. h. das autobiografische Gedächtnis, zu integrieren, können diese traumatischen Erinnerungen im Laufe des Lebens möglicherweise negativ reaktiviert werden. Sie äußern sich zum Beispiel in Hypermnesie, Flashbacks, Hyperaktivität, Amnesie, emotionalen Störungen und Vermeidungsverhalten. Bei der traumainformierten MK-Programmierung sind es diese unbewussten traumatischen Erinnerungen, die den Zugang zur Veränderung der Persönlichkeit durch Stimuluscodes ermöglichen und bestimmte Befehle auslösen, die während des Traumas auf die gleiche Weise implantiert wurden.

Gehirnphysiologische Untersuchungen können nun erklären, warum traumatisierte Menschen ihre traumatischen Erinnerungen oft nicht zeitlich einordnen können. Wenn sie das tun, erleben sie die traumatische Erinnerung so, als ob sie in der Gegenwart stattfände. Einige Forschungsarbeiten erklären auch, warum therapeutische Methoden, die sich ausschließlich auf die verbale Sprache stützen, im Allgemeinen bei der Behandlung von Traumata nicht wirksam sind. Eine wirksame Psychotherapie muss sowohl das narrative und explizite Gedächtnis (in der linken Gehirnhälfte angesiedelt) als auch das implizite Gedächtnis in Bezug auf Gefühle und Emotionen (in der rechten Gehirnhälfte angesiedelt) berücksichtigen. Ereignisse, die nur als implizites Gedächtnis gespeichert sind, müssen integriert werden, um zu einem expliziten und autobiografischen Gedächtnis zu werden. Mit anderen Worten: Die negativen Eindrücke dieser Erinnerungen müssen durch eine integrierte, kohärente und chronologische Erinnerung ersetzt werden, damit sie die Person nicht mehr belasten.[322]

d/ I.D.T. und Schizophrenie

Auf der phänomenologischen Ebene gibt es erhebliche Überschneidungen zwischen den Symptomen dissoziativer Störungen (insbesondere I.D.D.) und Schizophrenie. Diese Ähnlichkeiten stiften im Krankenhaus Verwirrung und führen daher zu Fehldiagnosen mit erheblichen Folgen für die Patienten.

Bei der Dissoziation, die durch die Aufspaltung in mehrere Persönlichkeiten verursacht wird, kommt es zu einer Trennung von normalerweise gut integrierten Strukturen wie Sinneswahrnehmung, Gedächtnis, Aufmerksamkeit und Denken; bei der Schizophrenie bleiben diese

---

[322] „Imke Deistler und Angelika Vogler: Einführung in die Dissoziative Identitätsstörung - Multiple Persönlichkeit, Junfermann Verlag Paderborn" 2005-www.multiples-pages.net.

Prozesse integriert, sie sind lediglich beeinträchtigt. Bei der IDD bleibt die Verbindung zur Realität intakt, während bei der Schizophrenie ein fast vollständiger Bruch mit der Realität vorliegt. Bei I.D.D. erfolgt die Spaltung der Persönlichkeit durch eine Teilung innerhalb der Person, genau wie bei einer Zellteilung, als ob jede Zelle eine neue und andere Persönlichkeit wäre. Bei der Schizophrenie kommt es zu einer Trennung zwischen dem „inneren Ich" und der Außenwelt, der Bezug zur Realität geht verloren und die Person lebt in ihrer eigenen Welt.[323]

Eine Studie hat gezeigt, dass bei einer Gruppe von Patienten, bei denen ein Psychiater oder Psychologe eine Schizophrenie diagnostiziert hat und bei denen ein standardisiertes Interview zu dissoziativen Symptomen durchgeführt wurde, bei 35-40% dieser vermeintlich schizophrenen Patienten eine dissoziative Identitätsstörung diagnostiziert wurde. Umgekehrt wird bei einer Gruppe von Patienten, bei denen eine DID diagnostiziert wurde und die nach schizophrenen Symptomen befragt werden, bei zwei Dritteln die Diagnose einer Schizophrenie gestellt. Eine Gruppe von 236 Patienten mit IDD zeigte, dass bei 40,8% von ihnen zuvor eine Schizophrenie diagnostiziert worden war.[324]

Eine der Gemeinsamkeiten zwischen Schizophrenie und ADS können akustische Halluzinationen sein, bei denen oft „Stimmen im Kopf" auftreten. Diese Stimmen können sowohl von innen als auch von außen kommen, sie können freundlich oder feindlich sein. Es gibt kein zuverlässiges Merkmal, mit dem sich automatisch und mit Sicherheit feststellen ließe, ob es sich um eine „schizophrene Stimme" oder um eine „dissoziative Stimme" handelt. Einige Therapeuten verwenden das Kriterium der externen oder internen Stimme, um zu entscheiden, ob es sich um Schizophrenie oder D.I.D. handelt. Akustische Halluzinationen, die von außen zu kommen scheinen, weisen eher auf eine schizophrene Tendenz hin, während Stimmen, die von innen kommen, von anderen Persönlichkeiten stammen können; in diesem Fall liegt wahrscheinlich eine gespaltene Persönlichkeit vor. Laut Dr. Colin Ross ist ein weiterer Hinweis darauf, dass gespaltene Persönlichkeiten normalerweise mehr Kinderstimmen hören als Schizophrene. In der DSM-Ausgabe von 1994 wurden die Symptome von Stimmen, die miteinander sprechen oder das Verhalten der Person systematisch kommentieren, als schizophren eingestuft. Der Arzt könnte daher allein aufgrund dieses Symptoms die Diagnose Schizophrenie stellen. Viele Fachleute haben jedoch festgestellt, dass diese Stimmen bei multiplen Persönlichkeiten häufiger vorkommen als bei Schizophrenen.[325]

Viele Psychotherapeuten, die mit IDD-Patienten arbeiten, haben festgestellt, dass das Phänomen der Stimmen im Kopf bei diesen Menschen häufig vorkommt. Immer mehr Studien scheinen eine Verbindung zwischen Dissoziation und diesen „auditiven Halluzinationen" herzustellen. Einige Studien haben sich ausschließlich mit diesem Thema befasst, z. B. Charlotte

---

[323] Ich war der Mörder! Oder die dissoziative Identitätsstörung im Kino" - Beatriz Vera Posek, 2006.

[324] „Patienten mit multipler Persönlichkeitsstörung und vorheriger Schizophrenie-Diagnose" - Colin Ross, G. Ron Norton, Journal „Dissociation", Vol.1 N°2, 06/1988.

[325] „C.I.A.-Ärzte und der Psychiatriebetrug" - Interview mit Dr. Colin Ross, sott.net, 2013.

Connor und Max Birchwoods *„Abuse and dysfunctional affiliations in childhood: An exploration of their impact on voice-hearer's appraisals of power and expressed emotion"* oder Vasiliki Fenekou und Eugenie Georgaca's *„Exploring the experience of hearing voices: A qualitative study"*.

Die Frage der *„Stimmen im Kopf"* ist eine heikle Angelegenheit, wenn man weiß, dass auch psychotronische Technologien wie *„The Voice of God"* oder *„Voice to Skull"* diese Art von Phänomenen hervorrufen können. (Siehe Kapitel 1: Psychotronik)

Eine Studie, die mit der *Dissociative Experience Scale* (Anhang 3)[326] durchgeführt wurde, hat gezeigt, dass 21% der stationären und 13% der ambulanten psychiatrischen Patienten einen dissoziativen Wert oberhalb der pathologischen Schwelle aufweisen. Sie kommen zu dem Schluss, dass dissoziative Störungen immer noch deutlich unterdiagnostiziert werden.[327] In einer Studie mit dem Titel *„Dissoziation und Schizophrenie"*, die 2004 in der Zeitschrift *„Trauma and Dissociation"* veröffentlicht wurde, untersuchten Dr. Colin Ross und Dr. Benjamin Keyes dissoziative Symptome bei einer Gruppe von 60 Personen, die wegen Schizophrenie behandelt wurden. Sie stellten fest, dass 36 Personen signifikante dissoziative Merkmale aufwiesen, was 60% ihrer Stichprobe entspricht. Diese dissoziativen Symptome gingen mit einer hohen Rate von Kindheitstraumata sowie schweren Störungen wie Depressionen, *Borderline-Persönlichkeitsstörungen* oder ADS einher. Sowohl bei BDD als auch bei Schizophrenie ist Dissoziation ein grundlegendes Merkmal, ebenso wie der traumatische Ursprung dieser Persönlichkeitsstörungen.

Trotz der Studien, die den Zusammenhang zwischen psychotischen Störungen und dissoziativen Störungen eindeutig nachgewiesen haben, ist die Verwendung der Diagnose „dissoziative Störungen" stark zurückgegangen. Ein Grund für diesen Rückgang ist die Einführung des Begriffs „Schizophrenie" zur Beschreibung von Patienten mit diesen Symptomen. Zwischen 1911 und 1927 ging die Zahl der gemeldeten Fälle von multipler Persönlichkeitsstörung, die heute als I.D.D. bezeichnet wird, um fast die Hälfte zurück, nachdem der Schweizer Psychiater Eugen Bleuler den Begriff *„dementia preacox"* durch „Schizophrenie" ersetzt hatte. Dr. Rosenbaum erläutert dies ausführlich in seinem Artikel *„Die Rolle des Begriffs Schizophrenie beim Rückgang der Diagnosen der multiplen Persönlichkeit"*.[328] *Im Oxford Textbook of Psychopathology* berichtet Paul H. Blaney, dass eine Suche in PubMed (der wichtigsten Suchmaschine für bibliografische Daten in allen Bereichen der Biologie und Medizin) nach Schizophrenie ein Ergebnis von 25.421 Artikeln liefert, während eine Suche nach I.D.D. nur 73 Veröffentlichungen ergibt.

---

[326] *Dissoziative Störungen bei psychiatrischen Patienten* - T.Lipsanen, J.Korkeila, P.Pelolta, J.Järvinen, K.Langen, H.Lauerma, Eur Psychiatry 2004.

[327] „Dissoziation und gewalttätiges Verhalten: eine Literaturübersicht" - Jérémie Vandevoorde, Peggy Le Borgne, 2014.

[328] *Gibt es eine diskoziative Schizophrenie?* Marie-Christine Laferrière-Simard und Tania Lecomte, 2010.

Eine der negativen Folgen dieser Fehldiagnosen ist, dass die Behandlung der „Schizophrenie" hauptsächlich auf schweren, süchtig machenden und sogar gefährlichen Medikamenten beruht. Wie wir noch sehen werden, ist die medikamentöse Behandlung bei der IDD-Therapie eher zweitrangig. Sie können zur Behandlung der Komorbidität eingesetzt werden, sind aber nicht als solche therapeutisch. Wir haben gesehen, dass erstens die IDD durch eine Sammeldiagnose namens „Schizophrenie" ersetzt wurde, und zweitens, dass das Behandlungsprotokoll für den „Schizophrenen" aus schweren chemischen Medikamenten besteht, die in der Regel unangemessen sind und dem Patienten niemals helfen werden, seine Störungen zu verstehen und sich davon zu befreien. Störungen, die meist auf Kindheitstraumata zurückzuführen sind. In der Tat scheint die psychiatrische Institution kaum gewillt zu sein, Opfern und Überlebenden von Traumata wirklich zu helfen, da sie das Thema Psychotraumatologie vernachlässigt oder völlig ignoriert. Die Psychotraumatologin Muriel Salmona sagt: *„Wir sind sehr wenig über Psychotraumatologie informiert, es gibt keine Ausbildung im Medizinstudium, keine Ausbildung während der Spezialisierung in Psychiatrie. Es gibt auch viele Experten, die nicht in Psychotraumatologie ausgebildet sind und daher keine Kenntnisse über traumatische Erinnerungen und Prozesse haben (...) Oft haben die Psychiater, die sich um die Aggressoren kümmern, überhaupt keine Ausbildung in Psychotraumatologie. Sie werden sie behandeln, ohne die traumatischen Erinnerungen zu berücksichtigen, und infolgedessen werden sie nicht behandeln, was die Menschen sehr gefährlich macht."*[329]

Die Überlebende des rituellen Missbrauchs und der Bewusstseinskontrolle, Lynn Moss Sharman, sagte in einem Radiointerview mit Wayne Morris (Zeugnis in Kapitel 7): *„Ich war in einer Bibliothek auf Informationen gestoßen, dass der Schottische Ritus (Freimaurerei) in den Vereinigten Staaten die Schizophrenieforschung durch „wohltätige" Spenden finanziert hatte. Ich erinnere mich, dies gelesen zu haben und dachte, dass es ziemlich seltsam, ja sogar beängstigend sei, dass die hohen Ränge dieses Geheimbundes ihre „wohltätigen" Gelder zur Finanzierung der Forschung über Schizophrenie* (Anmerkung der Redaktion: *Scottish Rite Schizophrenia Research Program, SRSRP) verwenden würden. Eine Störung, die in mancher Hinsicht der Diagnose der multiplen Persönlichkeitsstörung oder der dissoziativen Identitätsstörung sehr ähnlich ist, die bei 99% der Überlebenden von rituellem Missbrauch und sicherlich auch bei Überlebenden von Gedankenkontrolle diagnostiziert wird. Ich fragte Herrn Tooey (Peter Tooey, Freimaurer, ehemaliger Polizeibeamter) ganz naiv, ob er wisse, dass Gelder für diese Zwecke verwendet würden, und er antwortete sehr stolz: „Nun ja, hier in Thunder Bay wurde das gesamte Geld, das der Schottische Ritus beigesteuert hat, zur Finanzierung eines Forschungsprojekts zur Untersuchung von Schizophrenie an der UBC verwendet. Ich fand es sehr beunruhigend und wiederum sehr erschreckend, dass das Geld dieser Gemeinde im Nordwesten Ontarios, das dieser Geheimbund erhielt, direkt an eine Universität an der*

---

[329] „Les conséquences psychotraumatiques" - Muriel Salmona, Pratis TV, 2011.

Westküste Kanadas ging. Und dann stieß ich kurz darauf auf eine weitere Information: An der York University stehen Forschungsstipendien zur Verfügung - ein so genanntes Rohr Institute, das von der Masonic Foundation of Canada finanziert wird und seinen Sitz in Hamilton, Ontario, hat. Dieses Institut bietet Zuschüsse für Forschung an, und der Zuschuss in Höhe von 35.000 Dollar kommt direkt von der Scottish Rite Charitable Foundation of Canada über das Rohr Institute. Ziel ist es, Zuschüsse für Studien/Forschungen im Bereich „geistige Behinderung" zu gewähren. Ich glaube nicht, dass dies etwas ist, das sehr bekannt ist, und ich frage mich, welche Art von Studien an der York University mit diesen Mitteln tatsächlich durchgeführt werden."[330]

Wir haben gesehen, dass IDD und Schizophrenie zwei miteinander verbundene psychiatrische Störungen sind, aber Schizophrenie scheint eine Art *„Auffangschublade" zu sein,* die eher dazu dient, Diagnosen zu verdrängen, die präziser und detaillierter und daher für die Behandlung der Patienten besser geeignet sind.

e/ I.D.T. und psychophysiologische Veränderungen

Eine Reihe von Studien und Berichten weisen darauf hin, dass es erhebliche psychophysiologische Unterschiede zwischen den verschiedenen Persönlichkeiten eines Patienten mit IDD gibt. Dazu können Unterschiede bei allergischen oder gastrointestinalen Reaktionen gehören. Auch die Qualität des Sehvermögens kann von Alter zu Alter variieren: Es gibt Hinweise darauf, dass die Blindheit je nach der Persönlichkeit des Alter variieren kann. Veränderungen der Stimme und der Handschrift treten immer wieder auf. Es gibt auch Unterschiede in der Schmerzempfindlichkeit, der Herzfrequenz, dem Blutdruck, dem Blutkreislauf und der Immunfunktion. Weitere Unterschiede wurden bei den Glukosespiegeln in den Zellen von Diabetikern festgestellt.[331] Es hat sich gezeigt, dass Menschen, die andere Persönlichkeiten simulieren, solche physiologischen Unterschiede nicht hervorrufen können. Diese manchmal extremen Abweichungen bestätigen daher die Tatsache, dass Patienten mit I.D.T. keine Rolle spielen, sondern eine echte Persönlichkeitsveränderung durchmachen, die auf biologische Funktionen einwirkt, die normalerweise nicht kontrollierbar sind.[332]

In einem Vortrag aus dem Jahr 2009 über das Phänomen der multiplen Persönlichkeiten nennt Pater François Brune mehrere Beispiele für diese bemerkenswerten physiologischen Veränderungen: *„In der Tat hat man bereits einige absolut außergewöhnliche Entdeckungen gemacht, insbesondere, dass*

---

[330] Wayne Morris, Interview mit Lynne Moss-Sharman - CKLN-FM Mind-Control Series, Teil 16.

[331] Guidelines for Treating Dissociaitve Identity Disorder in Adults, Third Revision, Journal of Trauma & Dissociation, vol.12, 2011 - International Society for the Study of Trauma and Dissociation - ISSTD.

[332] *Psychobiologische Merkmale der dissoziativen Identitätsstörung: eine Studie zur Provokation von Symptomen.* - Reinders, Nijenhuis, Quak, Korf, Haaksma, Paans, Willemsen, den Boer, Biol Psychiatry, Band 60, 2006.

MK - RITUELLER MISSBRAUCH UND GEDANKENKONTROLLE

wir mit sehr starken Unterschieden je nach den Persönlichkeiten, die in die Hauptpersönlichkeit eindringen, umgehen können. Wir sind daher letztlich gezwungen, von „primären Personen" und „sekundären Personen" zu sprechen. Wie können wir sie unterscheiden? Die Hauptperson ist diejenige, die den Körper die meiste Zeit kontrolliert, im Gegensatz zu den anderen (...) Wir werden zum Beispiel sehen, dass sie nicht dieselbe Brille brauchen (...) Wir werden auch sehen, dass wir bei bestimmten Medikamenten die Dosierung ändern müssen, besonders bei Diabetikern. Wir werden feststellen, dass manche Menschen einmal Linkshänder und ein anderes Mal Rechtshänder sind, wenn sich ihre Persönlichkeit ändert. Wir werden auch feststellen, dass sie nicht alle auf dieselben Narkosemittel ansprechen (...) Bei einem (offiziell als solchen geltenden) Geisteskranken, der unter gespaltenen und sogar drei- und vierfachen Persönlichkeiten litt und operiert werden musste, zeigte sich, dass die Narkose einigen der Persönlichkeiten, die ihn bewohnten, Leiden ersparte, während die anderen darüber klagten, gelitten zu haben. Sie konnten den gesamten Vorgang beschreiben, sie schliefen also keineswegs. Als einige Jahre später dieselbe Person erneut operiert werden musste, mussten wir geduldig warten, bis alle Persönlichkeiten nacheinander auftauchten, um zu wissen, welches Narkosemittel für jede einzelne geeignet war (...) wir sind hier in Kalifornien mit kompetenten Ärzten... aber in Frankreich ist es natürlich schwer vorstellbar... Stellen Sie sich vor, ein französisches Krankenhaus würde sich darauf einlassen? Dann wäre ihre Karriere sehr schnell vorbei! Es gibt auch Allergien, die nicht dieselben sind. Es gibt Fälle von Menschen, die normalerweise keine Farben sehen, die aber, wenn sie von anderen bewohnt werden, berichten, dass sie sie wieder unterscheiden können. Ein anderer Fall, der auf sehr wissenschaftliche Weise untersucht wurde, war der einer Person, die gebeten wurde, eine Blitzlampe zu beobachten, um mit einem Elektroenzephalogramm die Reaktionen in ihrem Gehirn zu untersuchen. Wenn dieselbe Persönlichkeit nicht die Kontrolle ausübte, waren die Gehirnreaktionen keineswegs dieselben. Dies wurde in sehr seriösen und strengen Forschungsarbeiten wissenschaftlich nachgewiesen. (Für Pater François Brune ist dieses Phänomen der multiplen Persönlichkeiten das Ergebnis der Besessenheit durch entkörperte menschliche Seelen. Wir werden diese Frage des Besitzes im nächsten Kapitel behandeln)

Ein besonders merkwürdiger Aspekt dieser physiologischen Veränderungen betrifft die Auswirkungen von Medikamenten auf die Persönlichkeitsentwicklung. Einigen Berichten zufolge können ihre Auswirkungen offenbar völlig abgeschottet und sogar ausgelöscht werden. Die australische Überlebende von rituellem Missbrauch und Gedankenkontrolle, Kristin Constance, wurde dreimal ins Krankenhaus eingeliefert, bevor sie schließlich die Diagnose I.D.T. erhielt. Im Jahr 2011 beschrieb sie auf einer Konferenz, wie sie einen Selbstmordversuch unternahm, indem sie einen Cocktail aus Anti-Angst-Medikamenten, Antidepressiva und Antipsychotika schluckte... Sie schlief nicht einmal ein... Der Chemikaliencocktail wäre in einer bestimmten anderen Persönlichkeit verankert gewesen und hätte keine

Auswirkungen auf die Persönlichkeit gehabt, die die Kontrolle über den Körper hatte (ihre Aussage ist in Kapitel 7 vollständig wiedergegeben).

Ein Phänomen, das völlig irrational ist, aber wie wir im nächsten Kapitel sehen werden, kann I.D.T. auch paranormal sein.

Ein weiterer Überlebender von rituellem Missbrauch mit I.D.T. sagte 1997 in der *FOX13-Nachrichtensendung „Your Turn"* aus. Dejoly Labrier beschrieb, wie eine ihrer anderen Persönlichkeiten namens *„Ginger"* Prozac benötigte, weil sie depressiv war. *Sie* (das alte System) nahmen dieses Medikament für diesen alten *Ginger* zwei Jahre lang ein... aber laut Labrier spürte nur *Ginger* die Auswirkungen... (seine Aussage ist auch in Kapitel 7 vollständig wiedergegeben).

Alter Persönlichkeiten scheinen in der Lage zu sein, die Wirkung von Medikamenten zu blockieren oder zu verstärken sowie andere Alter zu „täuschen", indem sie die Medikamente nicht einnehmen oder höhere Dosen einnehmen, während die anderen Alter die Behandlung korrekt befolgen möchten, aber sie sind sich dieser sabotierenden Verhaltensweisen anderer Alter aufgrund von Amnesie-Mauern nicht bewusst.

In einem im September 1994 *in* der Zeitschrift *„Dissociation"* veröffentlichten Artikel wird der Fall einer Reihe von chirurgischen Eingriffen unter Vollnarkose bei einem Patienten mit IDD geschildert. Es wurde festgestellt, dass ihr Narkosebedarf eher atypisch war: Sie erhielt eine normale Dosis an Muskelrelaxantien, die Dosis an Analgetika unterschied sich jedoch völlig von der Norm, sie benötigte nur 16-33% der Dosis, die normalerweise für einen erwachsenen Patienten ohne IDD verwendet wird. Auch die Dosis der Anästhetika lag mit 50-80% der in der Routinechirurgie üblichen Dosis unter der Norm. Die Patientin erklärte, dass vor jeder Operation eine kindliche Alterspersönlichkeit die Kontrolle über den Körper ausübte, und dass der Wechsel der Alterspersönlichkeit anscheinend durch Angst ausgelöst wurde. Dies könnte erklären, warum die erforderlichen Dosen von Schmerzmitteln und Anästhetika viel niedriger waren als bei einer Erwachsenen-Dosis. Dieses Phänomen wurde von Klinikern in mehreren Ländern beobachtet, die berichten, dass Patienten mit IDD geringere Dosen von Beruhigungsmitteln benötigen, wenn ein Kind die Kontrolle über seinen Körper hat.[333]

Auch psychophysiologische Schwankungen haben mit Blindheit zu tun. Im November 2015 veröffentlichte die Dailymail einen Artikel mit der Überschrift: „Blinde Frau, 37, mit multiplen Persönlichkeiten verlor nach einem Unfall ihr Augenlicht, kann aber immer noch sehen, wenn sie in die Rolle eines Teenagers schlüpft". Dieser Artikel beschreibt den Fall einer deutschen Frau, bei der im Alter von 20 Jahren nach einem Unfall eine kortikale Blindheit diagnostiziert wurde. Seitdem war sie mit Hilfe eines Blindenhundes unterwegs. Aus ihren medizinischen Unterlagen geht hervor, dass eine Reihe von Tests durchgeführt wurden, die ihre Blindheit bestätigten. Da sie keine physischen Schäden an den Augen aufwies, wurde angenommen, dass es sich bei dem

---

[333] *„The effect of multiple personality disorder on anesthesia: a case report"* - Moleman, Hulscher, van der Hart, Scheepstra, Journal „Dissociation" Vol.7 N°3, 09/1994.

Problem wahrscheinlich um einen Hirnschaden durch den Unfall handelte. 13 Jahre später wurde in einer Psychotherapie diagnostiziert, dass sie an einer Persönlichkeitsstörung mit etwa zehn anderen Persönlichkeiten leidet... Während der Behandlung ihrer dissoziativen Störung geschah etwas Bemerkenswertes: Während ihr jugendliches Alter „das Sagen" hatte, erholte sich ihr Sehvermögen. Ihre Therapeuten berichteten, dass das Sehvermögen der Frau innerhalb von Sekunden von dunkel zu hell wechselte, je nachdem, welche anderen Persönlichkeiten auftauchten. Die deutschen Psychologen Hans Strasburger und Bruno Waldvogel, die die Studie durchführten, verwendeten ein EEG (Elektroenzephalogramm), um zu messen, wie der Bereich ihres Kortex, der mit dem Sehen zusammenhängt, auf visuelle Reize reagierte. Es wurde festgestellt, dass das Gehirn der Patientin in einem „blinden" Zustand nicht auf die Bilder reagierte, während die Messungen bei einer „sehenden" Persönlichkeit normal waren. Ihre Blindheit kam und ging, je nachdem, welche anderen Persönlichkeiten die Kontrolle über ihren Körper hatten. Die Ärzte glauben, dass seine Erblindung durch eine starke emotionale Reaktion auf den Unfall verursacht wurde. Dr. Strasburger sagte: „Wahrscheinlich dient es als Ausweichfunktion (...) In einer emotional intensiven Situation kann der Patient manchmal reagieren, indem er blind wird und somit nicht sehen muss. Es gibt auch andere Fälle, in denen die Blindheit je nach Alter variiert, wie z. B. Dianas Aussage in einer Dokumentation über I.D.T. in der Serie „The Extraordinary", die in den 1990er Jahren auf dem australischen Sender Seven Network ausgestrahlt wurde.

Ebenso wie die Psychophysiologie von einem Menschen zum anderen variieren kann, kann sich auch der Stil der Handschrift von einer Persönlichkeit zur anderen völlig verändern. Die Handschrift einer Person ist ein Zeichen, anhand dessen sie identifiziert und ihr psychologisches Profil analysiert werden kann. Sie ist einzigartig und eindeutig, weshalb die Polizei bei ihren Ermittlungen manchmal graphologische Techniken einsetzt. Psychotherapeuten, die mit IDD-Patienten arbeiten, haben deutliche Unterschiede in der Handschrift zwischen den verschiedenen Persönlichkeiten ein und derselben Person festgestellt, und eine graphologische Analyse dieser Handschrift kann Informationen über eine bestimmte Persönlichkeit liefern. Es ist daher möglich, andere Persönlichkeiten anhand ihrer Handschrift zu erkennen.[334]

f/ Transgenerational T.D.I.

Es kommt häufig vor, dass erwachsene Frauen, die wegen ADS behandelt werden, eindeutig Symptome von ADS bei einem oder beiden Elternteilen beschreiben. Die Zeugenaussagen können klare Beschreibungen der wechselnden Persönlichkeiten sowie die Namen der anderen Persönlichkeiten der Eltern enthalten. Der Osiris-Komplex" - Dr. Colin Ross

---

[334] *Handschriftliche Variationen bei Personen mit MPD* - Jane Redfield Yank, Zeitschrift „Dissociation", Vol.4 N°1, 03/1991.

In seinem Buch „*Childhood Antecedents of Multiple Personality*" berichtet Dr. Richard Kluft über Fälle von Patienten, bei denen mehrere Familienmitglieder von Generation zu Generation an dissoziativen Zuständen litten. Er schildert insbesondere den Fall eines 22-jährigen Mannes, der von einem Richter einer psychiatrischen Untersuchung unterzogen wurde, bei der die Möglichkeit in Betracht gezogen wurde, dass er an einer psychischen Störung leidet. Der Mann war wegen des Mordes an seinem Vater angeklagt. Er erzählte der Polizei, dass sein Vater ein bekannter Apotheker war, eine der „Säulen" der örtlichen Gemeinde. Er berichtete aber auch, dass sein Vater in den Drogenhandel verwickelt war und Verbindungen zum organisierten Verbrechen hatte. Der Angeklagte gestand, dass er selbst Komplize im Drogenhandel seines Vaters war, da er manchmal Warenlieferungen durchführte. Er gestand auch, dass sein Vater hohe Schulden hatte und dass er seinen Vater gebeten hatte, ihn zu töten, damit das Geld der Lebensversicherung zur Begleichung dieser Schulden verwendet werden konnte. Der Vater war auch der Meinung, dass ein „Selbstmord" die Schulden tilgen könnte. Alle diese Informationen wurden während der Untersuchung von anderen Personen bestätigt. Da der junge Mann seinen Vater nicht selbst töten konnte, beauftragte er eine andere Person mit dem Mord. Sowohl der Sohn als auch der Mörder wurden schließlich von der Polizei verhaftet.

Dr. Kluft sprach einige Zeit lang täglich mit diesem jungen Mann und bestätigte die Diagnose einer multiplen Persönlichkeit. Kluft selbst beobachtete Veränderungen in der Haltung, der Stimme, dem Gesichtsausdruck und der Körpersprache der Personen. Darüber hinaus bestätigten Gespräche mit seinen beiden Brüdern, seiner Schwester, seiner Frau, seinen Cousins und seinen Nachbarn, dass der junge Mann Verhaltensänderungen zeigte, die für eine IDD charakteristisch sind. Auf der Grundlage der Aussagen des Angeklagten, seiner Familie und seiner Ehefrau wurde außerdem festgestellt, dass der Vater höchstwahrscheinlich an einer IDD leidet. Er wurde als unberechenbarer Mann beschrieben, der unangemessene Wutausbrüche mit Stimmveränderungen und ungewöhnlichem Verhalten zeigte. Sowohl der Angeklagte als auch einige seiner Familienangehörigen berichteten, dass der Vater so tat, als sei er „*zwei verschiedene Personen*" und behauptete, er sei sowohl ein „*Drogendealer*" als auch eine „*Stütze der Gemeinschaft*" (d. h. er hatte einerseits eine versteckte kriminelle Aktivität und andererseits eine sehr respektable öffentliche Fassade). Diese Aussagen können mit einer IDT übereinstimmen.

Die Informationen, die von dem jungen Angeklagten, seiner Frau, seinen Brüdern und seiner Schwester gesammelt wurden, deuteten darauf hin, dass auch die Mutter unter dissoziativen Episoden litt. Alle Quellen bezeugten, dass sie labil war und eine sehr schwankende Stimmung hatte, und sie wurde als *hysterisch* beschrieben. Diese Frau, die normalerweise im Rollstuhl saß, hatte Phasen erstaunlicher körperlicher Verbesserung, in denen sie ohne Probleme gehen konnte, was medizinisch unerklärlich war (es ist möglich, dass es sich um eine dissoziative Konversionsstörung handelte, die sich als gelegentliche Lähmung äußern kann). Die Angaben des Sohnes und seiner Familie deuten auch darauf hin, dass die Großmutter väterlicherseits an einer psychischen

Störung litt: Sie wurde ständig als *„unberechenbar"*, *„wechselhaft"* und von *„Gedächtnisproblemen"* geplagt beschrieben. Alle Familienmitglieder beschrieben sie wegen ihres unangemessenen Schreiens und unkontrollierbaren Verhaltens als *„Terror".* Darüber hinaus war ihr Umgang mit ihren Kindern völlig willkürlich. Es gab Berichte über körperliche Misshandlungen ihrer Kinder, aber paradoxerweise zeigte sie manchmal große Zuneigung. Dies veranschaulicht das unvereinbare Muster von Liebe und Missbrauch, von dem häufig in Familien von IDD-Patienten berichtet wird. In diesem Fall ignorierten die Geschworenen das von der Verteidigung vorgelegte psychiatrische Gutachten, und der Patient wurde zu 25 Jahren Gefängnis verurteilt.

Die von Dr. Richard Kluft bei mehreren Patienten gesammelten Daten stützen die Hypothese, dass Dissoziation und IDD wahrscheinlich transgenerational sind. Hinweise auf dissoziative Störungen wurden in achtzehn Familien von Patienten beobachtet und berichtet, bei denen I.D.D. diagnostiziert wurde und die von Dr. Kluft betreut wurden. Dies weist auf einen gewissen transgenerationalen Zusammenhang hin, aber es gibt mehrere Faktoren, die noch geklärt werden müssen, um die Mechanismen dieses Zusammenhangs zu verstehen. Dr. Kluft stellt zu Recht fest, dass diese Art von Informationen auf Ad-hoc-Basis gesammelt werden, aber sie sollten systematisch und methodisch untersucht werden, um Statistiken und Schlussfolgerungen zu ziehen. Detailliertere Studien würden es ermöglichen, die Mechanismen zu ermitteln, die der Übertragung von I.D.T. von Generation zu Generation zugrunde liegen.[335]

Wie werden diese dissoziativen Störungen von einer Generation auf die nächste übertragen? Vielleicht können wir diese Frage zum Teil durch die Praxis des generationenübergreifenden rituellen Missbrauchs innerhalb okkulter Netzwerke beantworten? Der oben von Richard Kluft geschilderte Fall zeigt uns einen jungen Mann, der an einer psychischen Störung leidet und daher seit seiner frühen Kindheit schwer traumatisiert ist. Sein Vater war ein bekannter Apotheker mit gutem Ruf, der offensichtlich ein Doppelleben führte, indem er neben seiner beruflichen Tätigkeit mit Drogen handelte. Laut Kluft gibt es allen Grund zu der Annahme, dass der Vater selbst an einer dissoziativen Störung litt, ebenso wie seine Frau und seine Mutter... Wir haben also den klassischen Kontext einer Familie, in der ritueller Missbrauch von Generation zu Generation praktiziert wird und in der alle Mitglieder in dissoziativen Zuständen gefangen sind. I.D.D.s werden durch extreme und sich wiederholende Traumata verursacht, sie treten nicht über Nacht nach einer *schweren Grippe* auf. Außerdem verstärken die illegalen Aktivitäten des Vaters, der ein Doppelleben führt, den Eindruck, dass es sich um eine Familie handelt, die Teil eines okkulten Netzwerks ist, in dem Drogenhandel an der Tagesordnung ist.

Der Prozess der systematischen Wiederholung von Traumata bei den Nachkommen ist ein Teufelskreis, der sich aus traumatischen Erinnerungen speist, die eine dissoziative Anästhesie erfordern. Dieser Prozess hat sicherlich

---

[335] „Childhood Antecedents of Multiple Personality", Kap.: „The transgenerational incidence of dissociation and multiple personality" - Richard P. Kluft, 1985, S.127-150.

viel mit der generationellen Weitergabe von dissoziativen Zuständen und insbesondere von D.I.T. zu tun. Das Opfer behandelt sich selbst mit physischer und psychischer Gewalt gegen andere, in der Regel gegen seine Kinder, die sich ihrerseits distanzieren und die Gewalt wiederholen, und so weiter von Generation zu Generation. Dieses Phänomen kann auch ohne satanische Rituale auftreten, „einfache" wiederkehrende Gewalt in der Familie und Inzest können diesen Teufelskreis auslösen, wenn die Störungen nicht behandelt und geheilt werden. Sexueller Missbrauch prägt auch die DNA des Opfers, so dass die Neigung zur Dissoziation und andere negative Folgen (Depression, Bipolarität usw.) auch genetisch weitergegeben werden. Dieser genetische Faktor, der mit der Dissoziation zusammenhängt, ist ein Merkmal, das von bestimmten luziferischen Familien gesucht und kultiviert wird (wir werden auf die Frage der Traumata, die die DNA prägen, in Kapitel 7 zurückkommen).

Erinnern wir uns hier an einen Fall, der sich 2012 in Paris ereignete. Der von *BFMTV* berichtete Fall betraf die Kinder eines Pariser Ehepaars, dessen Mann (zu Recht) Apotheker war. *Es waren die Ärzte des Necker-Krankenhauses, die die Polizei alarmierten. Das zweieinhalbjährige Mädchen wurde vor einem Monat wegen Krämpfen in die Notaufnahme eingeliefert. Ihre Blut- und Urinwerte zeigten, dass sie seit fast einem Jahr regelmäßig Kokain konsumiert hatte. Ihr vierjähriger Bruder wurde denselben Tests unterzogen. Dieselbe Schlussfolgerung. Außer, dass der Junge auch Crack konsumiert, und zwar in großen Mengen (!!)"* Wie können kleine Kinder Kokain und Crack konsumieren? Es besteht kein Zweifel, dass diese Kinder von Erwachsenen freiwillig unter Drogen gesetzt wurden... unter welchen Umständen und zu welchem Zweck? Die Pariser Staatsanwaltschaft hat eine gerichtliche Untersuchung eingeleitet. Wie ist der Stand der Dinge in diesem schweren Fall? Wo sind diese Kinder heute?[336]

g/ T.D.I. und animal alter

Bei einem I.D.T. ist das Vorhandensein von kindlichen oder andersgeschlechtlichen Persönlichkeiten sehr häufig. Seltener ist das Vorhandensein eines nicht-menschlichen Alten. In einigen Fällen kann die veränderte Persönlichkeit so weit entmenschlicht werden, dass sie glaubt, sie sei in Wirklichkeit ein Tier. Das Vorhandensein dieser „Tiergestalten" deutet in der Regel darauf hin, dass die Person rituellen Missbrauch erlebt hat. Die Entwicklung einer tierischen Veränderung erfolgt während eines extremen Traumas in der frühen Kindheit. Das Kind kann gezwungen worden sein, sich wie ein Tier zu verhalten und zu leben. So kann das Kind beispielsweise Zeuge der Verstümmelung eines Tieres geworden sein, gezwungen worden sein, an zoophilen Handlungen teilzunehmen oder ihnen beizuwohnen, oder gezwungen worden sein, ein Tier zu töten. Bei der Monarch-Gedankenkontrolle werden die Entmenschlichung und die Tierveränderung vom Programmierer absichtlich und

---

[336] *Paris: zwei Kinder von 2 und 4 Jahren mit Kokain und Crack betäubt* - Sarah-Lou Cohen und Cathelinne Bonnin, BFMTV, 02/03/2012.

auf extrem sadistische Weise erzeugt. Diese entmenschlichten Veränderungen können jedoch auch ohne freiwillige geistige Programmierung auftreten, sind aber in jedem Fall das Ergebnis einer unmenschlichen traumatischen Behandlung, die das kleine Opfer freiwillig entmenschlicht.

Hier sind einige der Fälle, über die die Zeitschrift *Dissociation* 1990 in einem Artikel mit dem Titel *„Animal alters: case reports"* berichtete. Er wurde von der Psychiaterin Kate M. Hendrickson, der Professorin Jean M. Goodwin und Teresita McCarty verfasst. Der Inhalt dieses Papiers wurde auf der sechsten Jahreskonferenz über Dissoziation und multiple Persönlichkeiten in Chicago im Oktober 1989 vorgestellt.

Der erste Fallbericht betraf eine 38-jährige Frau, die während ihrer Therapie häufig auf Tiere Bezug nahm. Die Patientin beschrieb, wie ihr Vater manchmal Vögel fängt und sie mit ihr in die Toilette sperrt, wenn sie bestraft wird, und sie kommen und beißen ihr mit ihren Schnäbeln in den Kopf. Das machte ihr Angst und sie erklärte: *„Wenn ich zu viel Angst habe, verwandle ich mich in einen Vogel und fliege in die Toilette.* Manchmal hängte ihr Vater tote Kaninchen oder Vögel über ihr Bett. Dann erzählte er seiner Tochter, dass sie genau wie diese Tiere erwürgt werden könnte, wenn sie nicht tat, was man ihr sagte, oder wenn sie die Misshandlungen ansprach. Sie wurde auch gezwungen, Reste aus einem Hundenapf zu essen usw. Als die Katze der Familie ein Kind bekam, zeigte der Vater seiner Tochter, was er mit ihr machen würde, wenn sie schwanger würde. Zu diesem Zweck öffnete er den Bauch der Kätzchen, nachdem er sie erwürgt und zerstückelt hatte. Diese Grausamkeiten, die den Tieren angetan wurden, waren ein Mittel, um das kleine Mädchen zu terrorisieren und zu traumatisieren.

Als ihr Vater sie im Alter von acht Jahren vergewaltigte, bekam sie Angst, schwanger zu werden und das Schicksal von Kätzchen zu erleiden. Als diese Schrecken in der Therapie auftauchten, sagte sie, dass sie *„seltsame Babyschreie in ihrem Inneren"* hören würde. Die Schreie, die sie hörte, waren untröstlich, und sie hatte Angst, das Büro des Therapeuten zu verlassen, weil sie meinte, *„jeder würde es wissen".* Sie hatte Angst, dass andere Menschen die Schreie hören und wissen könnten, dass sie selbst an der Verstümmelung der Kätzchen beteiligt war. Sie sagte, sie habe versucht, der Katzenmutter zu helfen, indem sie sie und ihre Jungen zu sich nahm, damit ihr Vater ihnen nicht mehr wehtun konnte. Sie wurde von einem ihrer Altertümer terrorisiert, in dem das Leiden der Katzenmutter verinnerlicht wurde. Der Vater der Patientin hatte selbst Angst vor diesem Katzenalter. Nachdem sie beschrieben und verstanden hatte, wie die Kätzchen verinnerlicht worden waren, war es ihr möglich, über ihre Inzestschwangerschaften im Alter von vierzehn und sechzehn Jahren zu sprechen. Der Vater hatte die Babys gleich nach der Geburt getötet, daher die *seltsamen Schreie* der *untröstlichen Babys* in ihr. Sie sagt, dass eines ihrer Babys wie die Kätzchen zerstückelt wurde.

Nachdem die Patientin über die Kätzchen in ihr gesprochen hatte, konnte sie die dissoziierten und verdrängten Erinnerungen an Inzest, Schwangerschaft und Kindstötung abrufen. Anfangs konnte sie über diese schweren traumatischen Erinnerungen nur durch ihre Katze Alter sprechen. Diese Katzenveränderung konnte über diese schrecklichen Geschichten „sprechen", während die Hauptpersönlichkeit des Patienten dies nicht konnte. Es wurde festgestellt, dass die Patientin, wenn sie durch die Erinnerung daran, dass sie ihre Kinder oder die Kätzchen nicht retten konnte, „getriggert" wurde, sich selbst mit einer Rasierklinge an den Fingerspitzen verletzte, wobei die Finger wie Krallen aussahen. Sie schilderte auch ein ähnliches Verhalten, wenn sie mit Männern im Bett war: Der Kater kratzte ihnen immer wieder ins Gesicht oder auf die Brust.

In einem anderen Fall wurde von einer 35-jährigen Frau berichtet, die sich in einen Hund verwandelte, als sie sich erschreckte. Das mag lustig klingen, aber es ist nichts Komisches daran. Ihre deutschen Eltern bestraften sie, indem sie sie auf allen Vieren aus einem Hundenapf fressen ließen, um sie zu zwingen, sich wie ein Hund zu verhalten. In einer Einzeltherapie wurde bei ihr eine psychische Störung diagnostiziert und sie erfuhr, dass sie von ihrem Vater vergewaltigt worden war, der auch den Familienhund in zoophile Handlungen verwickelte. Jede Anspielung auf Sex, Schlechtes oder Böses ließ sie sich in einen Hund „verwandeln". Als dies in der Therapie geschah, begann die Patientin, sich wie ein Hund zu benehmen und auf Deutsch zu sprechen (ihre übliche Sprache war Englisch, es ist möglich, dass die Eltern während der traumatischen Handlungen auf Deutsch sprachen). Die Aussagen über die entmenschlichende Behandlung, indem sie gezwungen wurde, sich wie ein Tier zu verhalten, gingen den Aussagen über den sexuellen Missbrauch voraus.

In dem Artikel über Dissoziation wird auch über den Fall einer Frau mit dissoziativer Störung berichtet, die wegen Mordes durch Ausweiden verurteilt wurde. Es gab Hinweise darauf, dass sie zu irgendeinem Zeitpunkt des Verbrechens ihre Zähne und Fingernägel benutzt haben könnte. Das dachte sie auch wegen des Blutgeschmacks in ihrem Mund, denn sie hatte eine totale Amnesie bezüglich des Verbrechens. Während der Ermittlungen wurde sie unter Hypnose befragt. Als man ihr in hypnotischer Trance vorschlug, sich an einem friedlichen Ort vorzustellen, beschrieb sie, dass sie sich in einem Dschungel befand und sie selbst ein Panther in den Ästen eines Baumes war. Nach mehreren Hypnosesitzungen, in denen sie versuchte, das Verbrechen zu rekonstruieren und zu verstehen, erklärte sie in Trance, dass ein Warzenschwein den Panther angegriffen und ausgeweidet hatte. Die Beweise zeigten, dass ihre Fingernägel bei dem Verbrechen benutzt worden waren, aber seltsamerweise wurde kein Blut unter ihren Nägeln gefunden. Eine Erklärung ist, dass sie sie abgeleckt hat, so wie eine Katze ihre Pfoten wäscht. Die Amnesie der Frau erstreckte sich auch auf einen großen Teil ihrer frühen Kindheit, aber es konnte keine Vorgeschichte von Gewalt festgestellt werden.

Wenn sich ein Patient wie ein Tier verhält, kann dies als besonders schweres psychotisches Verhalten erscheinen. Aber diese seltsamen Symptome müssen sorgfältig beobachtet und untersucht werden, genauso wie Träume und Erinnerungsfragmente systematisch erforscht und seziert werden sollten. Die Veränderungen bei Tieren können teilweise mit dissoziierten Erinnerungen zusammenhängen und dazu dienen, den Zugang zu einem bestimmten Gedächtnisbereich zu blockieren. Wenn die Gründe für die Entwicklung und die Funktionen des tierischen Alterssyndroms entdeckt und verstanden wurden, kann dieses Alterssyndrom mit frühen Kindheitserinnerungen und dem Trauma, das diese verursacht hat, in Verbindung gebracht werden. Der Kontakt mit diesen Tier-Alternativen ist ein Tor zu den gewalttätigsten Alternativen des Opfers (die tierisch oder menschlich sein können). Diese Veränderungen stehen für die Identifikation des Opfers mit den gewalttätigsten Handlungen des Täters.[337]

Bei satanischem rituellem Missbrauch wird die Folterung und Tötung von Tieren häufig eingesetzt, um die Opfer einzuschüchtern und zum Schweigen zu bringen. Dem Kind wird gesagt, dass es dasselbe Schicksal erleiden wird, wenn es über irgendetwas spricht. Darüber hinaus wird das Kind gezwungen, an den barbarischen Handlungen teilzunehmen, damit es sich schuldig fühlt, um es seinerseits „schuldig" zu machen, wie wir in Kapitel 4 gesehen haben. Das Tier kann sich so selbst verinnerlichen und zu einem Teil der durch die Traumata dissoziierten Persönlichkeit werden, einem Teil, der extreme Wut zeigen kann. Durch den Kontakt und die Versöhnung kann jedoch ein Bündnis mit dem veränderten Tier geschaffen werden, das dem Opfer bei seiner Heilung helfen kann.

h/ I.D.T. und Therapien

Dieses Unterkapitel zur Therapie ist nicht als medizinischer oder therapeutischer Leitfaden gedacht. Sie soll einige zusätzliche Informationen liefern, um ein wenig mehr darüber zu verstehen, wie eine gespaltene Persönlichkeit funktioniert und wie man das Problem angehen kann, um Unterstützung und Hilfe zu erhalten.

Die therapeutische Strategie bei I.D.D. ist die „Wiedervereinigung" oder „Verschmelzung" der beiden anderen Persönlichkeiten miteinander. Es geht darum, ihre Zahl zu reduzieren, bis nur noch eine übrig bleibt, in der Regel die ursprünglich vorhandene, die so genannte „Wirts"-Persönlichkeit. Dieser Mechanismus wird als „*Integration*" bezeichnet und basiert auf den folgenden von Dr. Colin Ross aufgeführten Prinzipien:

- Kontaktaufnahme mit allen Persönlichkeiten durch Hypnose.
- Alle Elemente der Geschichte aller anderen Persönlichkeiten werden zusammengetragen.
- Betrachten Sie jede Persönlichkeit als Teil des Ganzen.
- Entwicklung des gegenseitigen Verständnisses und der Zusammenarbeit zwischen den verschiedenen Persönlichkeiten des Altertums.
- Kontrolle von Persönlichkeitsveränderungen verändern. (*Schalter*)
- Treffen Sie mit jeder Persönlichkeit Vereinbarungen, um das gesamte System zu überwachen.
- Stellen Sie zunächst Zusammenschlüsse zwischen Persönlichkeiten entsprechend ihrer Affinität her.

---

[337] *„Animal alters: case reports"* - Kate M. Hendrickson, Jean M. Goodwin, Teresita McCarty, Journal „Dissociation", Vol.3 N°4, 12/1990.

- Förderung und Festigung der endgültigen Integration durch Unterstützung der sozialen Beziehungen des Patienten.

Im Folgenden sind die Arten von Fragen aufgeführt, die gestellt werden können, wenn man mit einer anderen Persönlichkeit in Kontakt kommt, wobei darauf zu achten ist, den freien Willen zu respektieren und um Erlaubnis zu bitten, bestimmte Fragen zu stellen:

- Wie ist Ihr Name?
- Wie alt sind Sie?
- Was ist Ihre Funktion?
- Warum sind Sie hier?
- Wie lange sind Sie schon hier?
- Nach welchem Ereignis?
- Woran erinnern Sie sich?
- Gibt es noch jemanden?
- Wie viele sind Sie?
- Gibt es Kinder?
- Wer ist in Bedrängnis?

usw...

In einem Artikel mit dem Titel *„Dissoziative Phänomene im Alltag von Trauma-Überlebenden"* gibt die Psychotherapeutin Janina Fisher vier einfache „Gesetze" an, um das innere System einer dissoziierten Persönlichkeit zu verstehen und mit ihr/ihnen zu arbeiten:

- Ein Alter ist nur ein Bruchteil eines Ganzen: Egal, in welchem Zustand sich der Patient zu einem bestimmten Zeitpunkt befindet, egal, wie regressiv, hilflos und verwirrt er oder sie sein mag, es wird immer andere erwachsene Alter geben, die zuversichtlich und kompetent sind, um in der Therapie positiv voranzukommen. Unabhängig davon, wie selbstzerstörerisch der Patient zu einem bestimmten Zeitpunkt sein mag, gibt es andere Menschen, die leben wollen und ums Überleben kämpfen. Es gibt immer Menschen, die um ihr Leben kämpfen und versuchen, diese überwältigenden Gefühle der Hilflosigkeit und Demoralisierung unter Kontrolle zu halten. Der Patient muss sich vor Augen halten, dass unabhängig davon, welche Alter(s) zu einem bestimmten Zeitpunkt vorherrschen, sie nur ein Bruchteil eines Systems sind, das darauf ausgelegt ist, im Gleichgewicht zu sein.

- Das System ist auf Überleben und nicht auf Zerstörung ausgelegt: Dieses „Gesetz" erspart dem Therapeuten unnötige Erschöpfung bei wiederkehrenden Krisen und verhindert unnötige Krankenhausaufenthalte. Die therapeutische Arbeit besteht darin, dem Patienten zu helfen, sich an dieses System anzupassen, damit er sich seiner Komplexität und den Herausforderungen, die es in seinem jetzigen Erwachsenenleben stellt, stellen kann. Diese dissoziativen Funktionen, diese Persönlichkeitsveränderungen, können konstruktiv genutzt werden, um den Kurs zu halten und ein sinnvolles Leben zu führen, um Freude am Leben und an der Gestaltung zu finden. Die Tatsache, dass dieses System so konzipiert wurde, dass es anpassungsfähig ist, bedeutet auch, dass jede Krise, jede neue „Störung", die auftritt, die Gelegenheit bietet, das System auf andere Weise neu zu justieren, um es noch besser auf das

Leben des Patienten abzustimmen. Diese Krisen ermöglichen es uns also, die Funktionsweise des internen Systems etwas besser zu verstehen.

- Für jede Aktion gibt es eine gleichwertige und entgegengesetzte Reaktion: Das bedeutet, dass jede Fraktion, jeder Teil des „Ich", seine entgegengesetzte Polarität oder sein Gegenteil hat. Selbstmordgefährdeten und selbstzerstörerischen Altern stehen beispielsweise Alter gegenüber, die entschlossen sind, zu leben und zu kämpfen, und Alter, die Angst vor dem Sterben oder vor Schmerzen haben. Altersgenossen, die in Scham leben und sich verstecken und unsichtbar sein wollen, werden durch narzisstische und sogar exhibitionistische Altersgenossen ausgeglichen. Zu jedem Zeitpunkt wird ein nach außen geäußertes Gefühl, eine Entscheidung oder ein Standpunkt innerlich durch eine ebenso entgegengesetzte Reaktion ausgeglichen. Dieses systematische Ausbalancieren von Gegensätzen kann sowohl positive als auch negative Folgen haben, da es auch eine entgegengesetzte Reaktion auf positive Veränderungen oder Ereignisse gibt. Wenn zum Beispiel einige Alter Egos ein größeres Vertrauen und eine größere Nähe zum Therapeuten entwickeln, werden sich andere Alter Egos bedroht fühlen und versuchen, die Therapie zu sabotieren, um sich vom Therapeuten zu distanzieren. Wenn einige Alter Egos die Kompetenz, Beständigkeit und Zuverlässigkeit des Therapeuten unerbittlich testen, werden andere Alter Egos Traurigkeit und Verzweiflung empfinden und ihre Anstrengungen verdoppeln wollen, um dem Therapeuten zu gefallen.

- Der Therapeut ist der Therapeut des gesamten Alter: Der Therapeut ist der Therapeut des gesamten Systems und damit aller seiner Teile. Wenn man nur mit einem Teil der veränderten Personen arbeitet und andere Teile vernachlässigt, würde man sagen, dass man nur mit einer Hälfte des Patienten arbeitet. Ob es sich um die „nette Hälfte", die „junge Hälfte", die „selbstzerstörerische Hälfte" oder die „gute Hälfte" des Patienten handelt, die therapeutische Arbeit kann nicht wirksam sein, wenn nur ein Teil des Ganzen berücksichtigt wird. Wenn der Therapeut der Therapeut aller Beteiligten ist, wird er neutral sein, keine Partei ergreifen und keine Geheimnisse haben. Er wird das Potenzial und die Nützlichkeit entdecken, die jeder Alter für die Therapie und das System als Ganzes mitbringt, einschließlich der gewalttätigen, suizidalen oder selbstzerstörerischen Alter. Er wird die Interaktionen zwischen den verschiedenen Alter Egos sehen, was die inneren Konflikte zum Vorschein bringen wird, genau wie ein Familientherapeut es tun würde. Genauso wie das Familiensystem funktioniert, wird der Patient nicht mit einem seiner Stellvertreter identifiziert, sondern mit dem gesamten Stellvertretersystem. Da bei dissoziativen Patienten das System und der Patient ein und dieselbe Person sind, muss der Therapeut eine häufige Falle bei der Behandlung von Dissoziationen vermeiden: nämlich mit dem System zu sprechen, als wäre es eine einzelne Person, die als „Drehtür" für die verschiedenen „Familienmitglieder" fungiert, die nacheinander ihre Geschichten erzählen. In der Regel ist es sinnvoller, in erster Linie mit den „Eltern" zu arbeiten, d.h. mit der erwachsenen Alter- oder Host-Persönlichkeit, um ihnen die Fähigkeiten beizubringen, die notwendig sind, um die Kommunikation und die interne Zusammenarbeit zwischen allen Altern zu fördern.

Zu Beginn der Therapie wird der Patient mit I.D.D. aufgrund der dissoziativen traumatischen Amnesie zunächst über ein fragmentiertes und inkohärentes Erleben berichten. Seine vollständige und chronologische persönliche Geschichte wird sich mit der Zeit durch die fortschreitende Integration von dissoziierten Erinnerungen und Persönlichkeiten ergeben. Der Prozess der Integration kann mit dem Zusammensetzen eines Puzzles verglichen werden, das ohne die verschiedenen Teile, aus denen sich die durch die Dissoziation zerbrochenen Lebenserfahrungen zusammensetzen, keine Form annehmen könnte. Die Integration besteht also darin, diese Puzzleteile so zusammenzusetzen, dass ein kohärentes Ganzes entsteht, das alle Erinnerungen, ob gültig oder nicht, umfasst. Die zu den verschiedenen Sinnen gehörenden Erinnerungsstücke (Hören, Riechen, Tasten, Sehen, Schmecken: nicht-semantisches Gedächtnis) werden vom Hippocampus verwaltet, dessen Aufgabe es ist, sie an die Großhirnrinde zu übermitteln, damit sie bewusst verarbeitet und integriert werden können. Auf diese Weise gelangen sie von einem unbewussten zu einem bewussten Modus, von einem dissoziierten zu einem assoziierten oder *resolidierten* Modus. Sie werden zu einer integrierten Erinnerung, die nun kohärent verbalisiert werden kann.[338]

Der Begriff Fusion wird auch verwendet, um den Prozess der Integration zu beschreiben. Ein traumabefreiter und dissoziierter Geist arbeitet auf einheitliche Weise. Für einen dissoziierten und gespaltenen Geist ist die Verschmelzung der Moment, in dem sich zwei (oder mehr) alternative Persönlichkeiten der Existenz der jeweils anderen bewusst werden. Sie erleben dann eine Art Verschmelzung, eine Auflösung der amnestischen Mauern, was bedeutet, dass es keine Trennung mehr gibt und sie daher dieselben Erinnerungen teilen werden. Die „endgültige Verschmelzung" ist das Ziel der Therapie. Der Patient bewegt sich von einem Zustand multipler Identitäten zu einem einheitlichen subjektiven Selbst, *zur Vereinheitlichung*.

Therapeuten sind sich darüber im Klaren, dass der Integrationsprozess in drei Hauptphasen abläuft. In erster Linie geht es jedoch darum, beim Patienten ein Gefühl der physischen und psychischen Sicherheit herzustellen sowie eine Stabilisierung und Reduzierung der Symptome (Komorbidität) zu erreichen. Diese Stabilisierung ermöglicht es, die traumatischen Erinnerungen zu bearbeiten, die bewusst integriert werden müssen. Die Integration, d. h. die Verschmelzung der beiden Persönlichkeiten, und die Rehabilitation sind die letzte Phase. Diese drei Stadien können sich überschneiden, weil sich ein Alter mehr hinzieht als andere, aber normalerweise behandelt der Therapeut jeweils ein Stadium.

- **Phase 1: Sicherheit, Stabilisierung und Symptomlinderung**:
Der erste Schritt besteht darin, eine Art Bündnis zwischen dem Patienten und dem Therapeuten herzustellen, um Vertrauen und Stabilität zu schaffen. In dieser Phase geht es darum, Verhaltensweisen zu minimieren, die sowohl für den Patienten als auch für seine Umgebung gefährlich sein können. Es ist auch notwendig, negative Gedanken zu reduzieren, die den Patienten anfällig für

---

[338] *Healing The Unimaginable: Treating Ritual Abuse and Mind Control* - Alison Miller, 2012.

weitere Angriffe von außen machen könnten. Die Bewältigung und Kontrolle von posttraumatischem Stress ist ebenfalls eine Priorität in Phase 1. Andere Verhaltensweisen, die reguliert werden müssen, sind Essstörungen, Risikobereitschaft, Gewalt, Aggression usw. Veränderte Persönlichkeiten, die in gewalttätiges Verhalten verwickelt sind und sich mit dem/den Aggressor(en) identifizieren, können besonders schwierig zu handhaben sein. Deshalb ist es wichtig, sie schnell zu identifizieren und zu versuchen, eine Vereinbarung, eine Art Vertrag mit ihnen zu schließen, damit sich der Patient sicher fühlt. Diese beängstigenden, wütenden und gewalttätigen Veränderungen haben oft eine schützende Funktion, denn trotz des Anscheins sind sie dazu da, den Patienten zu schützen.

Die alten „Beobachter" können bei der chronologischen Rekonstruktion der zerstörten Erinnerungen sehr nützlich sein, um zu erfahren, was passiert ist, wie die Ereignisse abgelaufen sind (oder welche Illusionen und Manipulationen die Folterer erzeugen wollten).

Im Allgemeinen sehen sich Alter-Persönlichkeiten als eine wirklich eigenständige Person, die außerhalb der Alter-Gruppe steht und autonom ist. Erst wenn sie sich der Existenz anderer Alter Egos bewusst werden, erkennen sie, dass sie multipel sind und demselben physischen Körper angehören. Dieses Bewusstsein wird beispielsweise Selbstverletzungen verhindern, und jeder von ihnen kann sich verpflichten, selbstzerstörerisches Verhalten zu vermeiden. Viele Ältere fühlen sich leer, entpersonalisiert oder unsicher in ihrer Identität, gerade weil sie nur Teil eines Ganzen sind. Zusammen bilden sie eine vollständige Person. Es geht also darum, eine Form des Zusammenhalts zu schaffen, bei der jedes Alter die anderen kennt und seinen Platz in der Gruppe oder im internen System findet.

Es ist jedoch auch notwendig, Strategien zu entwickeln, um das Verständnis und die Kommunikation zwischen ihnen zu verbessern, denn der Patient verliert viel Energie bei der Bewältigung der inneren Konflikte zwischen ihnen. Die Entwicklung einer vertrauensvollen Beziehung und eines Dialogs mit den anderen Persönlichkeiten ist der Schlüssel zur Aufdeckung des Traumas (Phase 2) und zum Erreichen von Stabilität und Integration (Phase 3).

Auch die nonverbale und emotionale Kommunikation ist wichtig. Einige andere müssen umarmt werden, während andere diese Geste als einen Versuch der sexuellen Annäherung verstehen werden. Einige andere sind nicht in der Lage, der Person vor ihnen direkt in die Augen zu sehen. Manche äußern sich aufgeschlossen, während andere völlig verängstigt sind und nur beruhigende Worte brauchen. Manche können nicht sprechen, sondern müssen sich schriftlich, zeichnerisch oder durch eine andere Person, die vermittelt, mitteilen. Der Therapeut darf niemanden bevorzugen und muss jedes Kind gleich behandeln. Der Therapeut sollte sich auch nicht von denjenigen einschüchtern lassen, die sich feindselig verhalten, da sie ihre Wut dazu nutzen, um die verletzlicheren Personen zu schützen, bei denen es sich meist um kleine Kinder handelt. In dieser Phase können auch Verankerungstechniken im gegenwärtigen Moment und Selbsthypnosemethoden eingesetzt werden. Manchmal ist es notwendig, riskante Verhaltensweisen mit Medikamenten zu behandeln, doch sollte dies nicht der Schwerpunkt der Behandlung sein. In dieser ersten Phase geht es auch darum, Akzeptanz und Empathie für jeden Teil der gespaltenen Persönlichkeit zu entwickeln; jede Veränderung muss als das betrachtet werden, was sie ist und welche Rolle sie in der Therapie und im Leben des Patienten spielt.

- Phase 2: Konfrontation und Integration der traumatischen Erinnerungen:

In der zweiten Phase geht es um die traumatischen Erinnerungen des Patienten. Hier gibt es noch viel zu tun, um dem Patienten zu helfen, die verschiedenen Teile seiner Persönlichkeit zu akzeptieren, und die anderen müssen sich weiter kennen lernen und zusammenleben. In dieser Phase besteht die Arbeit auch darin, die blockierenden Probleme des Patienten in seiner Vergangenheit zu überwinden. Eine der schwierigsten Aufgaben in dieser Phase wird es sein, die Angst vor traumatischen Erinnerungen zu überwinden, um sie wirksam integrieren zu können. Der Patient und der Therapeut müssen sich gemeinsam darauf verständigen, welche Erinnerungen vorrangig bearbeitet werden sollen. Sobald diese traumatischen Erinnerungen verarbeitet und integriert sind, müssen sie mit jeder anderen Persönlichkeit, die sich ihrer nicht bewusst war, geteilt werden. Dieses Teilen von traumatischen Erfahrungen mit allen anderen Mitgliedern des Systems wird *„Synthese"* genannt. Sobald diese Synthese erreicht ist, muss sie zu dem vollen Bewusstsein führen, dass die Traumata erlebt und behandelt wurden und dass sie nun Teil der Vergangenheit sind: Dies wird *„Verwirklichung"* genannt. Der Patient wird dann in der Lage sein, dem Trauma einen genauen Platz in der Chronologie seines Lebens zuzuweisen. Auf diese Weise werden die Teile des Erinnerungspuzzles nach und nach wieder zu einem echten chronologischen Fries zusammengesetzt. Auf die Synthese folgt auch die *„Personifizierung"*, d. h. das Bewusstsein, dass diese traumatischen Erinnerungen dem Patienten gehören und niemandem sonst. Dank dieser Arbeit an den traumatischen Erinnerungen kann der Patient schließlich seine zuvor dissoziierten und verstreuten Erinnerungen in eine kohärente und verständliche Erzählung, die *„Narration"*, umwandeln. Dies ist der Übergang von einem nonverbalen Gedächtnis zu einem narrativen und analytischen Gedächtnis.

In dieser Phase brechen starke Emotionen aus, wenn der traumatische Inhalt der Erinnerungen ins Bewusstsein dringt. Der Patient kann Scham, Entsetzen, Ekel, Schrecken, Wut, Hilflosigkeit, Verwirrung oder Trauer empfinden. Es ist wichtig, dass zwischen den einzelnen Sitzungen ausreichend Zeit zur Erholung bleibt, um den Patienten nicht zu destabilisieren oder zu retraumatisieren. Aber auch bei sorgfältiger therapeutischer Planung kann es notwendig sein, zur weiteren Stabilisierung zu Phase 1 zurückzukehren, wenn sich das Wiederauftauchen einer Erinnerung als besonders heftig erweist. Während die traumatischen Erfahrungen integriert werden, werden die anderen Persönlichkeiten immer weniger getrennt und ausgeprägt. Es kann auch zu einer Spontanfusion kommen, aber ein verfrühter Versuch einer globalen Vereinigung kann Stress verursachen, der sich negativ auf den Patienten auswirkt. In dem Maße, in dem die Fragmentierung des Patienten nachlässt, gewinnt er eine gewisse innere Ruhe und ein Gefühl des Friedens, insbesondere wenn die Therapie von einer spirituellen Erneuerung begleitet wird. Mit diesem neuen inneren Zustand wird der Patient besser in der Lage sein, mit seiner eigenen traumatischen Geschichte und mit den Problemen des Alltags umzugehen. Der Patient wird beginnen, sich weniger auf die Traumata der Vergangenheit zu konzentrieren und seine Energie in den gegenwärtigen Moment zu lenken, was ihm sehr helfen wird, neue Perspektiven für die Zukunft zu entwickeln.

- Phase 3: Integration und Rehabilitation:
Die dritte Phase zielt auf die Integration (endgültige Vereinheitlichung) der Persönlichkeit ab. In den ersten beiden Phasen hat der Patient gelernt, die Angst vor anderen Teilen seiner Persönlichkeit und die Angst vor seinen traumatischen Erinnerungen zu überwinden. Er hat auch die Vorstellung akzeptiert und integriert, als Kind missbraucht worden zu sein. Wie bei einem schmerzhaften Trauerfall muss der Patient alte Überzeugungen loslassen, um neue Perspektiven zu sehen. Er oder sie muss nun lernen, mit den aufkommenden Gefühlen wie Scham, Angst, Schrecken, Wut und Trauer umzugehen. Die emotionale Manifestation des Traumas kann mehr als zwei Jahre andauern, danach gilt die Wiedervereinigung als sicher. Während dieser Zeit kann der Patient spontan in Phase 2 zurückkehren, da immer noch neue traumatische Erinnerungen auftauchen können. Nach der endgültigen Integration, der Vereinigung aller anderen Persönlichkeiten, behält der Patient in der Regel die Fähigkeiten und Eigenschaften der verschiedenen anderen Persönlichkeiten, die von seiner Persönlichkeit abgetrennt waren.

Diese drei Phasen der PTBS-Behandlung sind wahrscheinlich durch die Arbeit von Pierre Janet im 19. Jahrhundert inspiriert. Seine psychotherapeutische Methode zur Behandlung von posttraumatischem Stress umfasste die folgenden drei Phasen:

1: Die Stabilisierung der Symptome als Vorbereitung auf die Beseitigung der traumatischen Erinnerungen.

2: Die Identifizierung, Erforschung und Veränderung traumatischer Erinnerungen.

3: Linderung von symptomatologischen Rückständen. Wiedereingliederung und Rehabilitation der Persönlichkeit. Rückfallprävention.

Der Einsatz von Medikamenten ist keine primäre Behandlung für dissoziative Störungen, kann aber nützlich sein. Einige Patienten benötigen sogar eine spezielle Behandlung für Drogenmissbrauch oder Essstörungen. Viele Therapeuten setzen Hypnose ein, um das „Ich" zu beruhigen, zu besänftigen, zu kontrollieren oder zu stärken. Hypnose ermöglicht auch den Zugang zu anderen Persönlichkeiten, die ohne einen veränderten Bewusstseinszustand nicht direkt zugänglich sind. Seit Anfang des 19. Jahrhunderts wird die Hypnose zur Behandlung von ADS eingesetzt, und zahlreiche Studien haben gezeigt, dass diese Patienten im Vergleich zu anderen klinischen Gruppen in hohem Maße hypnotisierbar sind. Je höher die Hypnotisierbarkeit des Einzelnen ist, desto wirksamer ist die Therapie. Hypnose und Selbsthypnose können auch bei der

Behandlung der posttraumatischen Belastungsstörung (PTSD), die bei Patienten mit IDD in der Regel vorhanden ist, sehr wirksam sein.

Andere spezialisierte therapeutische Methoden können für diese Patienten nützlich sein, z. B. Familien- oder Ausdruckstherapie, Remodulation und dialektische Verhaltenstherapie (DBT), sensomotorische Psychotherapie, „Ur"-Therapie, neuro-emotionale Augenbewegungsintegration (EMDR) usw.

EMDR (*Eye Movement Desensitization and Reprocessing*) ist eine schnelle Augenbewegungs-Desensibilisierungs- und - Wiederaufbereitungstherapie, die zunächst zur Bewältigung eines posttraumatischen Schocks eingesetzt wurde und zur Behandlung eines breiten Spektrums psychologischer Traumata verwendet werden kann. Auch *Biofeedback-Geräte* oder *Neurofeedback* können dem Patienten zusätzlich helfen, ebenso wie Akupunktur und sogar Ernährungsumstellungen.

Gruppentherapien werden für I.D.T. nicht empfohlen, da viele dieser Patienten es schwierig finden, einen Prozess zu tolerieren, der die Gruppendiskussion über die traumatischen Erfahrungen der Teilnehmer fördert. Nach einer bestimmten Phase der Integration kann die Gruppenenergie jedoch eine wirksame Unterstützung für den Patienten sein. Die Behandlung von I.D.T. erfolgt in der Regel ambulant (ohne Krankenhausaufenthalt), eine stationäre Behandlung ist jedoch notwendig, wenn der Patient während der dissoziativen Phasen sich selbst (Selbstverletzung, Selbstmordversuche) oder andere gefährdet.

Ausdruckstherapien werden ebenfalls eine positive Rolle bei der Genesung des Patienten spielen. Journaling, Kunsttherapie, Musiktherapie, Gartenbau- und Tiertherapie (vor allem mit Pferden), Bewegungstherapie, Psychodrama, Ergotherapie und Freizeittherapie bieten dem Patienten die Möglichkeit, eine Vielzahl von Techniken anzuwenden, die ihm Ausdruck und Stabilisierung verschaffen können. Dies erleichtert die Konzentration, das pragmatische Denken, die Organisation und die Zusammenarbeit mit der inneren Welt (dem Alter). Künstlerische Praktiken wie Malen, Schreiben, Collagen, Bildhauerei usw. können als visuelle und greifbare Aufzeichnungen der Erfahrungen der anderen Persönlichkeiten dienen, Produktionen, die somit jederzeit während der Behandlung überprüft werden können.

Zum Abschluss dieses Unterkapitels über Therapien finden Sie hier einige praktische Tipps und Übungen[339], die sich direkt an Patienten mit dissoziativen Störungen richten:

Es geht darum, sich des „*Hier und Jetzt*" bewusst zu werden. Dazu ist es hilfreich, sich selbst bewusst und unvoreingenommen zu beobachten und wahrzunehmen. Wenn Sie bemerken, dass Sie in einen dissoziativen Zustand eintreten, das heißt, dass Sie beginnen, sich zu entfernen, dass Sie nicht mehr ganz da sind, dass Sie sich selbst weniger gut wahrnehmen, versuchen Sie, eine Weile innezuhalten. Durch Üben, vielleicht sogar mit therapeutischer Unterstützung, können Sie lernen, die folgenden Fragen zu beantworten:

---

[339] *EMDR Europe HAP Suisse romande* von Eva Zimmermann und Thomas Renz, basierend auf Dr. Reddemann und Dr. Cornelia Dehner-Rau.

- In welcher Situation war ich, als ich anfing zu dissoziieren?
- Was habe ich auf körperlicher und psychologischer Ebene gefühlt?
- Was ist das Letzte, woran ich mich erinnere?
- Ich wusste, dass ich mich in einem dissoziativen Zustand befand, weil:
1/ Ich fing z. B. an zu schwanken, mich wie im Nebel zu fühlen, Kopfschmerzen zu haben....
2/ Ich habe zum Beispiel aufgehört zu sprechen, klar zu denken, Augenkontakt herzustellen...
3/ Ich begann mir einzureden, dass ich sterben könnte, dass man niemandem trauen kann, dass ich nie etwas richtig mache...
- Was habe ich zu vermeiden versucht?
- Was hätte ich stattdessen tun können?

Wenn der Patient diese Fragen im Laufe der Zeit immer besser beantworten kann, wird er seine dissoziativen Verhaltensweisen besser kontrollieren können und mehr Kontrolle haben.

Was kann man tun, wenn man in einen dissoziativen Zustand gerät?

- Seien Sie sich bewusst, dass Sie sich in einem dissoziativen Zustand befinden, einem Zustand, der vergehen wird, wenn alles vergeht.

- Seien Sie sich auch bewusst, dass Sie dieses Verhalten an den Tag legen, weil es Sie einst geschützt hat. Jetzt brauchen Sie es nicht mehr, Sie haben andere Möglichkeiten.

- Finden Sie einen Satz wie: *„Jetzt bin ich sicher und erwachsen"*. Sprechen Sie diesen Satz laut vor sich hin.

- Halten Sie Ihre Augen offen und spüren Sie den Boden unter Ihren Füßen.

- Haben Sie einen Gegenstand, den Sie geliebt haben (z. B. ein Stofftier oder einen anderen liebevollen Begleiter)? Bohren Sie sie bewusst ein.

- Aktivieren Sie Ihre Sinne mit etwas Kaltem (z. B. Eiswürfel oder kaltes Wasser auf Händen, Armen, Gesicht).

- Seien Sie sich des Unterschieds zwischen damals und heute bewusst. Sagen Sie sich laut, welches Datum heute ist, wo Sie sind und wie alt Sie sind.

- Atmen Sie bewusst. Spüren Sie, wie die Luft in Ihre Lunge ein- und ausströmt. Atmen Sie mit offenen Augen und konzentrieren Sie sich ein wenig mehr auf die Ausatmung.

- Tun Sie etwas, das Ihre Aufmerksamkeit fordert und Ihre Sinne aktiviert: lesen oder betrachten Sie ein Bild, hören Sie Musik, berühren Sie einen Stein, riechen Sie an einer Blume oder einem ätherischen Öl, schmecken Sie bewusst den Duft einer Sultanine, von Sonnenblumenkernen oder etwas Würzigem.

- Bewegen Sie sich: gehen Sie herum, schütteln Sie Ihre Glieder, stampfen Sie mit den Füßen, tanzen Sie...

- Machen Sie etwas mit Ihren Händen: Schreiben, Malen, Gartenarbeit, ein Puzzle, Basteln, usw.

- Nehmen Sie eine Dusche und konzentrieren Sie sich auf das Gefühl des Wassers.

- Haben Sie Verständnis für sich selbst. Sie haben es verdient, sanft zu sich selbst zu sein.

- Achten Sie darauf, dass Sie sich mit Menschen umgeben, die gut zu Ihnen sind und von denen Sie sich nicht bedroht fühlen.

- Wenn Sie sich dessen sicher sind, können Sie zu sich selbst sagen: Ich bin jetzt bei so und so, ich weiß, dass er mich gut will. Wenn ich jetzt in einen dissoziativen Zustand gerate, dann hat das mit alten Erinnerungen zu tun. Im gegenwärtigen Moment bin ich sicher.

- Stellen Sie sich vor, Sie legen alle Dinge aus der Vergangenheit, die Sie belasten, in einen Safe. Einmal weggesperrt, werden sie Sie nicht mehr belästigen.

5 - ENTWICKLUNG VON I.D.T. BEI KINDERN

a/ Einleitung

I.D.D. hat ihren Ursprung in der frühen Kindheit, ihre Entwicklung ist langwierig und sie wird in der Regel im Erwachsenenalter deutlicher und erkennbarer. Dr. Greaves schreibt: *„Persönlichkeitsstörungen zeigen sich in der Regel in der frühen Kindheit, bereits im Alter von 2 1/2 Jahren und typischerweise im Alter von 6 oder 8 Jahren.* "[340]

In einem Artikel mit dem Titel „Incipient *multiple* personality *in* children: *Four cases*" (Anfängliche *multiple* Persönlichkeit *bei* Kindern: *vier Fälle)* berichteten Dr. Fagan und Dr. Mc Mahon über vier Kinder, die eine beginnende gespaltene Persönlichkeit entwickelten. Der Jüngste war 4 Jahre alt und der Älteste war 6 Jahre alt. Fagan und Mc Mahon stellen in diesem Artikel fest, dass *„die Multiplizität spätestens im Alter von 5 bis 8 Jahren festgestellt wird, aber in der Regel wird sie erst im Erwachsenenalter diagnostiziert.* "[341]

In einem Artikel mit dem Titel „Psychotherapy with a ritually abused 3-year-old: deceptive innocence" (Psychotherapie mit einem rituell missbrauchten Dreijährigen: trügerische Unschuld) berichtet die Psychotherapeutin Leslie Ironside, dass „dissoziierte Identitäten bei einem dreijährigen Kind diagnostiziert wurden, das rituell missbraucht wurde und extreme Traumata erlitten hatte."[342]

Die Existenz von I.D.T. bei Kindern wurde von Dr. Antoine Despine im Jahr 1840 festgestellt. Er berichtete über den Fall eines 11-jährigen Schweizer Mädchens, Estelle, der bereits in diesem Kapitel beschrieben wurde. Dr. Richard Kluft hat auch mehrere Arbeiten über Kinder und I.D.T. veröffentlicht, darunter den Fall eines 8-jährigen Kindes, Tom, der später beschrieben wird. Morris Weiss, Patricia Sutton und A.J. Utecht berichteten 1985 im *Journal of the American Academy of Child Psychiatry über* den Fall eines 10-jährigen Mädchens in einem Artikel mit dem Titel *„Multiple Personality in a 10-Year-Old Girl"*.

In ihrem Buch Healing The Unimaginable schreibt die kanadische Therapeutin Alison Miller: „Ich habe ein 10-jähriges Mädchen behandelt, das zusätzlich zu seiner Hauptpersönlichkeit, einer 3-jährigen Alterspersönlichkeit, nur eine Alterspersönlichkeit hatte (...) Wenn sie sich in der Schule langweilte, ging die 10-Jährige „in ihren Kopf", die 3-jährige Veränderung kam zum Vorschein, übernahm den Körper und benahm sich wie eine 3-Jährige, was in einem Klassenzimmer natürlich unangebracht war. Das 10-jährige Mädchen

---

[340] „Multiple Persönlichkeit: 165 Jahre nach Mary Reynolds" - G.B. Greaves, Journal of Nervous Mental Disease, 1980.

[341] „Incipient multiple personality in children: Four cases" - J. Flagan & P. Mc Mahon, Journal of Nervous Mental Disease, 1984.

[342] „Psychotherapie mit einem rituell missbrauchten Dreijährigen: trügerische Unschuld" L. Ironside, 1994, in „Treating Survivors of Satanist Abuse" V. Sinason.

fand sich dann im Büro des Schulleiters wieder, ohne zu wissen, was geschehen war."[343]

Natürlich wird die systematische Reaktion auf ein solches Verhalten eines Kindes darin bestehen, zu sagen, dass es sich um Launenhaftigkeit handelt, eine freiwillige Regression des Kindes, *das „ein Baby ist"*. Aber die dissoziative Störung und die dissoziative Amnesie beleuchten diese Art von *„launischem"* Verhalten aus einer ganz anderen Perspektive. Natürlich haben Kinder Wutanfälle und verhalten sich manchmal nicht altersgemäß, aber es gibt Kriterien, anhand derer man feststellen kann, ob es sich um eine dissoziative Störung handelt, wie in diesem Fall, in dem sich das kleine Mädchen anscheinend nicht an das Verhalten ihres Babys erinnert.

Viele Patienten haben berichtet, dass ihre veränderten Persönlichkeiten ihren Ursprung in der Kindheit haben. Leider werden dissoziative Störungen bei Kindern aus verschiedenen Gründen meist nicht diagnostiziert:

- Kinder mit IDD haben in der Regel sekundäre Anzeichen und Symptome der Störung. Sie leiden häufig unter Aufmerksamkeitsdefiziten, Hyperaktivität, Verhaltensproblemen, starker Angst, Depressionen, Somatisierung, posttraumatischem Stress, Dissoziation und Symptomen, die psychotischer Natur sein können. Erbrechen und Übelkeit, Kopfschmerzen und Ohnmacht sind die häufigsten Somatisierungen bei Kindern. Trancezustände oder Konversionssymptome (dissoziative Lähmung), die bei erwachsenen Patienten häufig auftreten, sind bei Kindern seltener. Innere Stimmen, die das Kind hört, können als „Schizophrenie" fehldiagnostiziert werden.

- Da Dissoziation und ähnliche Zustände bei gesunden Kindern häufiger vorkommen als bei gesunden Erwachsenen, werden diese dissoziativen Symptome möglicherweise ignoriert und als normales kindliches Verhalten fehlinterpretiert.

- Innerfamiliärer Missbrauch, ein chaotisches familiäres Umfeld und psychiatrische Störungen von Familienmitgliedern erschweren nicht nur die Diagnose, sondern verhindern auch eine angemessene Betreuung des Kindes.

- Die wichtigste Ursache für Fehldiagnosen ist jedoch die unzureichende Ausbildung der Kliniker und ihre mangelnde Erfahrung mit der IDD. Ihr Unglaube an die Legitimität der Diagnose der Multiplen Persönlichkeitsstörung wird dazu führen, dass sie gar nicht erst nach ihr suchen. [344]

Bei Kindern sind Amnesie, abwechselnd völlig unterschiedliche Verhaltensweisen und Halluzinationen (meist auditiv) Symptome einer dissoziativen Störung. Die Amnesie kann sich als „Lücken" im Tagesablauf manifestieren, was bedeutet, dass zu einem bestimmten Zeitpunkt eine Dissoziation stattgefunden hat. In der Adoleszenz sind die Symptome stärker ausgeprägt als bei Kindern unter 11 Jahren, so dass bei Jugendlichen eher eine DID diagnostiziert werden kann. Jedes Kind mit einer Vorgeschichte von körperlichem oder sexuellem Missbrauch sollte auf eine dissoziative Störung

---

[343] Healing The Unimaginable: Treating Ritual Abuse and Mind Control - Alison Miller, 2012, S.28.

[344] Dissoziative Identitätsstörung in der Kindheit: fünf türkische Fälle - Zeitschrift „Dissoziation", Vol.9 N°4, 12/1996.

untersucht werden. Wenn die Misshandlungen in der frühen Kindheit begannen, wiederkehrend und sadistisch waren, rituelle Praktiken involviert waren und die Eltern selbst schwere psychische Störungen haben, dann sollte eine längere Beobachtung des Kindes sowie eine Anamnese aller Begegnungen des Kindes mit Erwachsenen durchgeführt werden. Diese Arbeit sollte von sorgfältigen Gesprächen begleitet werden, um eine genaue Diagnose zu erstellen. Kinder, deren Eltern selbst an einer dissoziativen Störung leiden, sollten besonders regelmäßig überwacht werden. Mehrere Autoren haben über die Verbindung zwischen dissoziierten Patienten und ihrer dissoziierten Familie berichtet. Die meisten dieser dissoziierten Eltern haben eine Geschichte von körperlichem oder sexuellem Missbrauch in ihrer frühen Kindheit. [345]Dies ist ein Teufelskreis, den es zu verstehen gilt, vor allem im Fall von generationenübergreifenden satanischen Familien...

Es folgt eine Liste von Verhaltensproblemen bei Kindern, die mit einer IDD zusammenhängen können:

Intermittierende Depression - Trance oder selbsthypnotischer Zustand - Schwankungen der intellektuellen Fähigkeiten und Stimmungen, schnelle Rückfälle - Amnesien - akustische Halluzinationen (insbesondere mit inneren Stimmen) - wiederkehrende imaginäre Begleiter - Selbstgespräche - Schlafwandeln - Nachtangst - plötzliche Lähmungen - hysterische Symptome - spricht von sich selbst in der dritten Person - antwortet auf einen anderen Namen, oder benutzt einen anderen Namen - Signifikante Veränderungen in der Persönlichkeit und im Verhalten - Vergesslichkeit oder Verwirrung über elementare und grundlegende Dinge - Schwankende Schulleistungen von einem zum anderen - Hyperdestruktives Verhalten - Selbstverletzung - Gewalt gegen andere - Suizidale Worte oder Verhalten - Unangemessenes sexuelles Verhalten - Soziale Isolation, antisoziales Verhalten.

b/ Der Fall eines dreijährigen Kindes

Im September 1988 veröffentlichte die *Internationale Gesellschaft für Trauma und Dissoziation* (*International Society for the Trauma and Dissociation*, ISSTD) in der Zeitschrift *„Dissociation"* einen Artikel, in dem der Fall eines kleinen Mädchens beschrieben wurde, das aufgrund wiederholter Traumata eine Persönlichkeitsdissoziation zeigte. Die Autoren des Artikels mit dem Titel *„The development of symptoms of multiple personality disorder in a child of three"* sind Dr. Richard Riley, der für die US-Armee im *Exceptional Family Member* Program (EFMP) in Belgien arbeitete, und Dr. John Mead, ein Privatarzt aus Pasadena, Kalifornien.

Das Kind wurde ab dem Alter von 14 Monaten beobachtet, es erlitt mehrere wiederholte Traumata, die bei ihm einen dissoziativen Zustand auslösten. Das Fortschreiten ihrer dissoziativen Störung wurde bei einer gerichtlich angeordneten Nachuntersuchung auf Video aufgezeichnet.

---

[345] Erkennung und Differentialdiagnose dissoziativer Störungen bei Kindern und Jugendlichen - Nancy L. Hornstein, Journal „Dissociation", Vol.6 N°2/3, June/September 1993.

Cindy (Pseudonym) wurde im Alter von 14 Monaten erstmals von Dr. Riley untersucht. Nach einem Streit zwischen der Pflegefamilie, Joan und David (Pseudonyme), und der leiblichen Mutter Diane (Pseudonym) wurde beschlossen, dass sie zu einer Untersuchung eingeladen werden sollte. Cindy war am zweiten Tag nach ihrer Geburt in die Obhut der Pflegefamilie entlassen worden. Im Alter von 3 Monaten bis 4,5 Monaten hatte sie einen sehr eingeschränkten Kontakt zu ihrer leiblichen Mutter, aber seitdem keinen Kontakt mehr.

In der ersten Bewertungssitzung zeigte Cindy eine sehr positive Einstellung. Sie war neugierig und erkundete das Büro, sichtlich glücklich und selbstbewusst. Sie wirkte wie ein Kind, das viel Liebe und Zuneigung erfährt, und es bestand eindeutig eine starke Bindung zwischen ihr und ihrer Gastfamilie. Sie war auch in der Lage, das Paar den Raum verlassen zu lassen, ohne Angst zu zeigen.

Als Cindy im Alter von 16 Monaten in die Klinik kam, besuchte ihre leibliche Mutter sie zweimal pro Woche für einige Stunden in der Pflegefamilie. Es wurde berichtet, dass Cindy schlecht schlief, dass ihr Appetit sich verschlechtert hatte und dass sie Wutanfälle hatte. Im Gegensatz zu der vorherigen Begegnung war sie sehr aufgeregt, klammerte sich an ihre Pflegemutter und wurde sehr ängstlich, als sie den Raum verließ, um mit dem Arzt allein zu sein. Das Sorgerecht für das Kind wurde jedoch der leiblichen Mutter übertragen, wobei die Pflegeeltern das Kind schrittweise betreuen sollten, um Cindy die Möglichkeit zu geben, sich an die neue Situation zu gewöhnen. Die leibliche Mutter hielt sich jedoch nur sehr sporadisch an diesen Besuchsplan, und man erfuhr zu spät, dass sie in dieser Zeit ein weiteres kleines Mädchen zur Welt gebracht hatte, das im Alter von drei Monaten an SIDS starb.

Im Alter von 20 Monaten kam Cindy in Begleitung von Diane, der leiblichen Mutter, und Joan, der Pflegemutter, zu einem Klinikbesuch. Cindy hatte die Gesellschaft von allen akzeptiert und schien sich in dieser Situation wohl zu fühlen. Im Alter von 23 Monaten, während eines weiteren Besuchs bei ihrer Pflegemutter, war Cindy sehr verängstigt und klammerte sich an ihre Pflegemutter. In den nächsten Monaten verschlechterte sich ihr emotionaler Zustand völlig, sie wollte unbedingt gehalten werden und weinte, wenn sie nicht in körperlichem Kontakt mit ihrer Pflegemutter war. Sie hatte immer wieder gesundheitliche Probleme und kam einmal mit einem Bluterguss am Ohrläppchen zu einem Besuch. Dann gestand sie, dass ihre leibliche Mutter sie geschlagen hatte. Sie erklärte auch, dass sie von ihren biologischen Familienmitgliedern „Lila" genannt wurde. Sie machte wiederholt deutlich, dass ihr Halbbruder ihre Genitalien berührte und Gegenstände in ihre Vagina einführte. Sie berichtete regelmäßig von körperlichem und sexuellem Missbrauch.

Aufgrund dieser Aussagen wurde beschlossen, das Sorgerecht für Cindy, als sie 2,5 Jahre alt war, nur tagsüber bei der biologischen Familie zu belassen. Ihr Zustand verbesserte sich und ihre Ängste nahmen ab, aber sie war immer noch sehr wütend und klammerte sich weiterhin an ihre Pflegemutter. Sie wollte sogar bei ihr schlafen und wachte mehrmals in der Nacht auf, um nachzusehen, ob sie da war. Joan berichtete, dass die Kleine im Schlaf sprach und wiederholte: *„Mein Name ist Cindy R."* *(der Name der Pflegefamilie)*. (der Name der Pflegefamilie). Cindy erzählte weiterhin von körperlichem und sexuellem Missbrauch während der Besuche bei ihrer biologischen Familie und begann, diesen Missbrauch an ihrer Adoptivschwester, der biologischen Tochter von David und Joan, zu wiederholen...

Anschließend wurde ein weiterer medizinischer *Sachverständiger* beauftragt, das Kind in der Umgebung seiner biologischen Familie zu untersuchen. Er berichtete, dass Cindy *„fröhlich und aufgeschlossen* war *und kein abnormales oder ungewöhnliches Verhalten zeigte"*. Während dieser Zeit stattete die Pflegemutter Cindys leiblicher Familie einen unerwarteten Besuch ab, und das Kind schien sie nicht zu erkennen oder tat so, als ob es sie nicht kennen würde...

Die erste Filmsitzung fand statt, als Cindy 3 Jahre alt war. Es wurden drei Sitzungen anberaumt, um den Status der Beziehung zwischen Cindy, ihrer leiblichen Mutter und ihrer Pflegefamilie zu ermitteln und alle Aussagen über Misshandlungen auf Video aufzunehmen. Spontan wiederholte sie ihre Aussage über den sexuellen Missbrauch durch ihre Brüder und die Tatsache, dass ihre leibliche Familie sie ständig *„Lila"* nannte, anstatt ihren richtigen Namen zu verwenden. Einmal in einer Sitzung reagierte sie auf die Erwähnung des Wortes Lila mit den Worten *„Was?* Sie verleugnete ihre Besuche bei ihrer leiblichen Familie, sprach aber direkt über sie. Sie berichtete auch, dass ihre leibliche Mutter sie *„kleine Schlampe"* nannte. Wenn sie über die Mitglieder dieser biologischen Familie sprach, änderte sich ihre Art, über sie zu sprechen, und ihr Verhalten völlig. Ihre Sprache wurde unreif, ihre Körperhaltung und ihr Auftreten glichen denen einer Puppe. Diese Serie von Videoaufnahmen wurde den Geschworenen als Beweis für den Missbrauch vorgelegt. Infolgedessen wurde die Dauer des Sorgerechts bei der biologischen Familie weiter verkürzt.

Drei Monate später beantragte die leibliche Mutter über ihren Anwalt, dass eine Sitzung mit ihrer Tochter gefilmt werden sollte: Die Persönlichkeit der alten *Lila* zeigte sich direkt in dieser Sitzung mit der leiblichen Mutter. Anschließend fanden fünf Sitzungen statt, von denen vier aufgezeichnet wurden. Während der ersten Sitzung war Cindy bereit, alle Fragen über die Pflegefamilie ohne Zögern zu beantworten. Sie gab emotionale Antworten über den Tod des Großvaters väterlicherseits der Pflegefamilie, während Fragen über die biologische Familie im Allgemeinen ignoriert oder nur mit *„Ich weiß nicht"* beantwortet wurden. Als ihr gesagt wurde, dass sie am nächsten Tag zu einer weiteren Sitzung wiederkommen würde, stimmte sie zu; als jedoch hinzugefügt wurde, dass sie mit ihrer leiblichen Mutter kommen würde, schwieg sie zunächst, antwortete dann negativ und leugnete schließlich, dass ihr gerade gesagt worden war, dass sie am nächsten Tag eine Sitzung mit ihrer leiblichen Mutter machen sollte.

Danach präsentierte sich das Kind abwechselnd mit einer von zwei verschiedenen Persönlichkeiten, je nachdem, welche Fragen ihm gestellt wurden. Diese Persönlichkeiten waren entweder Cindy oder Lila. Lila sagte, sie wolle so genannt werden, und sie beantwortete keine Fragen über die

Pflegefamilie oder sagte, sie wisse es nicht. Manchmal versteckte sie sich hinter dem Puppenhaus oder einem Stuhl, außer Sichtweite ihrer leiblichen Mutter, und Cindy tauchte auf. Am Ende einer Sitzung wollte das Kind bleiben und das Chaos aufräumen, das es im Zimmer angerichtet hatte, was völlig untypisch für Cindy war. Während der nächsten drei Sitzungen traten Cindy und Lila abwechselnd auf: In Anwesenheit der biologischen Mutter war Lila die aktive Persönlichkeit, aber Cindy konnte manchmal auftauchen und aggressiv spielen, während sie Lila für ihr Verhalten kritisierte. Lila konnte einige Fragen über die Pflegefamilie beantworten, aber sie wusste nur sehr wenig über die Familie. Sie identifizierte Joan R., die Pflegemutter, als „Babysitterin". Zusätzlich zu dieser Gedächtnislücke in ihrer persönlichen Geschichte schien Lila psychologisch jünger zu sein und ihr Allgemeinwissen war begrenzter als das von Cindy. Wenn Lila einen Fehler machte, sagte Cindy, dass sie sich dessen nicht bewusst war. Wenn Lila einen Fehler machte, konnte Cindy auftauchen und ihn korrigieren. Lila hat in einigen Spielen auch unangemessenes sexuelles Verhalten gezeigt. Ihre Sprache war weniger entwickelt als die von Cindy und phonetisch noch unausgereifter. Ein wichtiger Punkt ist, dass Lila Cindy nicht zu kennen schien, während Cindy sich Lila bewusst war und sich an jede Kleinigkeit erinnerte, die sie tat. Sie mochte sie nicht, und sie mochte niemanden in ihrer biologischen Familie. Cindy war selbstbewusst und dominant, wenn sie nicht bedroht wurde. Sie zeigte auch Schuldgefühle und Reue, wenn ihr Verhalten jemanden verletzte.

Videoaufzeichnungen der Sitzungen wurden als Beweismittel vorgelegt, aber nie verwendet. Das Gericht erklärte, dass das Gericht die Aufzeichnungen nicht benötige, da nicht alle *Sachverständigen* in ihren Schlussfolgerungen und Empfehlungen übereinstimmten. Stattdessen wurden das Sorgerecht und die Besuche bei der leiblichen Mutter eingestellt und eine Psychotherapie für das Mädchen eingerichtet. Zwölf Sitzungen wurden über einen Zeitraum von vier Monaten angesetzt. Ihre Pflegemutter war immer anwesend und ihre Adoptivschwester Cheri war bei drei Sitzungen dabei. In der ersten Sitzung zeigte Cindy Wut auf ihre Peiniger und wurde ermutigt, diese in ihrem Spiel auszudrücken. In diesem Moment ließ sie die Angst vor ihrer leiblichen Mutter heraus. Die alte Lila tauchte während dieser Sitzung und in einigen anderen Sitzungen danach immer wieder auf. Im Laufe der Sitzungen fing Cindy an, ihre Adoptivschwester mit dem Namen der alten Lila anzusprechen. Sie würde in demselben strengen Tonfall wie ihre leibliche Mutter Bitten äußern oder Befehle erteilen. Allmählich fing Cindy an, sich mit der Alten anzufreunden und wollte, dass Lila bei ihr in der Pflegestelle lebte. Sie erlaubte dann den Alten, sich freier an den Spielen zu beteiligen. Beide Persönlichkeiten begannen auch, Informationen über die biologische Familie zu geben, ohne Angst zu zeigen. Einmal gab Cindy an, sie sei älter als Lila, und sie bezeichnete ihre Pflegemutter seltsamerweise *als Lilas Mutter"*. Bei einer anderen Sitzung reagierte Cindy positiv auf die Idee, dass sie und Lila sich treffen könnten. In der Folge schien es ihr viel besser zu gehen und sie begann, zur Schule zu gehen. In einer der letzten Sitzungen erklärte sie, dass sie und ihre Schwester beide Lila seien, aber die eine sei schneller erwachsen geworden.

Der Fall der kleinen Cindy wies also zwei Kriterien auf, die mit I.D.T. zusammenhängen:

- Das Vorhandensein von zwei Identitäten oder Persönlichkeitszuständen, die jeweils ihre eigene Art der Wahrnehmung, der Beziehung zu anderen und des Denkens über die Umwelt sowie über sich selbst haben.

- Mindestens zwei dieser Identitäten oder Persönlichkeitszustände steuern das Verhalten der Person immer wieder aufs Neue.

Sowohl Cindy als auch Lila sind komplexe Persönlichkeiten, jede mit ihren eigenen Erinnerungen, ihrem eigenen Verhalten und ihren unterschiedlichen sozialen Beziehungen. Cindy erklärte, sie sei älter, aber auch dicker als Lila. Sie bezeichnete Lila als jemanden, der von ihr getrennt war und woanders lebte. Lila war noch unausgereifter als Cindy, sowohl in ihrer Sprache als auch in ihrem Verhalten. Ihr Allgemeinwissen war geringer als das von Cindy. Lilas Alter schien auch abhängiger und unterwürfiger zu sein, während Cindys Persönlichkeit aggressiv, durchsetzungsfähig und unternehmungslustig war: Sie gab Lila die Schuld für Dinge, die sie gesagt oder getan hatte. Für Cindy war Joan ihre Mutter, während sie für Lila einfach ihre Babysitterin war. Cindy kannte Lila, aber Lila schien Cindy nicht zu kennen. Beide Persönlichkeiten zeigten Amnesie. Das Kind konnte seine Persönlichkeit wechseln, indem es sich einfach bewegte oder seine Körperposition veränderte: Die Übergänge (*Wechsel)* waren sehr schnell.

Der Fall der kleinen Cindy entspricht den fünf Symptomen von IDD, die Dr. Fagan und Dr. McMahon in ihrem oben zitierten Artikel auflisten:

1- Sie zeigte manchmal ein benommenes oder tranceartiges Verhalten.

2- Sie hat auf mehr als einen Namen geantwortet.

3- Sie zeigte sehr deutliche Veränderungen in ihrem Verhalten.

4- Sie hatte Gedächtnislücken in Bezug auf die jüngsten Ereignisse.

5- Sie hat ihre Kenntnisse und Fähigkeiten variiert.

Die Autoren des Artikels kommen zu dem Schluss: „Was wäre mit diesem Kind geschehen, wenn es nicht aus seiner biologischen Familie entfernt worden wäre? Wahrscheinlich hätte sie ihre Persönlichkeitsstörung mit dieser veränderten Lila weiter entwickelt und verstärkt, um mit traumatischen Lebensumständen fertig zu werden."[346]

c/ Der Fall eines siebenjährigen Kindes

Die Psychologin Wanda Karriker berichtete über den Fall eines 7-jährigen Mädchens, das sie Katie (Pseudonym) nennt. Ihre Eltern hatten sie auf Anraten ihrer Lehrerin zu einem psychologischen Gutachten gebracht, weil sie sich in der Schule seltsam verhielt. Ihre Ergebnisse waren sehr unterschiedlich, und manchmal lutschte sie am Daumen und benahm sich wie ein Baby. Manchmal schien sie in ihrer eigenen Welt gefangen zu sein. Im Gespräch mit

---

[346] „The development of symptoms of multiple personality disorder in a child of three" - Richard Riley, John Mead, Journal „Dissociation", Vol.3 N°1, 09/1988.

den Eltern sagte die Mutter: *„Sie hat zwei Extreme, manchmal ist sie völlig passiv und manchmal wird sie gewalttätig, sie hat schlechte Laune. "*

Nach einer Sitzung zur Beurteilung des IQ schaute die kleine Katie auf die löschbare Tafel und fragte, ob sie etwas darauf zeichnen dürfe, was der Psychologe natürlich bejahte. Das kleine Mädchen fragte dann: *„Sag mir, was ich zeichnen soll? Warum nicht ein Bild von Ihrer Familie?* antwortete Karriker. Dann begann Katie, drei Geisterfiguren an die Tafel zu zeichnen und beschriftete sie mit „Daddy", „Mommy" und „Lucy". Sie stellte ein Kind in ihrer Familie namens Lucy dar, aber ohne sich selbst als Katie darzustellen... *„Weißt du was?"*, sagte sie und schaute an ihrem Hemd herunter, *„ich kann auf meinen Bauchnabel drücken, um Lucy herauszuholen.* Die Psychologin fragte dann, ob diese Lucy ihr ähnlich sehe, und das kleine Mädchen antwortete: *„Sie ist süß, sie hat kurze blonde Haare und blaue Augen.* (Katie hatte langes braunes Haar und dunkle Augen). Das Mädchen fuhr fort: *„Weißt du was? Sie gibt mir immer die Antworten in Mathe.* Die Psychologin fragte sie dann, ob sie direkt mit Lucy sprechen könne, und wieder schaute Katie in ihr Hemd, drückte auf ihren Nabel und sagte: *„Lucy, komm her! „.* In diesem Moment veränderte sich ihr Gesichtsausdruck zu einem viel reiferen Kind, und auch ihre Körpersprache änderte sich deutlich. Sie stellte sich mit den Worten vor: *„Hallo, ich bin Lucy".* Der Psychologe fragte dann, wo Katie jetzt sei, worauf das kleine Mädchen antwortete: *„Da oben",* während es auf eine Ecke der Decke zeigte... *„Siehst du sie nicht da oben? „,* sagte sie. Das Kind schien unter Depersonalisation zu leiden, einem Phänomen, bei dem sich eine Person von ihrem Körper losgelöst fühlt (mehr dazu im nächsten Kapitel).

Als das Mädchen die Kamera im Büro des Therapeuten sah, fing es sofort an zu tanzen und zu singen und warf sich dann plötzlich auf den Boden, stieß mit den Füßen in die Luft und stöhnte: *„Nein, nein! Tun Sie mir das nicht an",* während sie sich die Hände vor den Mund hält und sich in der Fötusstellung wälzt. Danach begann Wanda Karriker sich ernsthaft zu fragen, ob die kleine Katie so missbraucht worden war, dass sie diese tiefgreifenden dissoziativen Störungen entwickelte. Eine Störung, die ihre Lehrerin als Rückzug in ihre *eigene Welt* beschrieb.

Als Karriker den Eltern ihre Ergebnisse vorstellte, wies sie auf die Veränderung im Verhalten von Katie und Lucy hin, eine dramatische Veränderung, die auf Video festgehalten wurde. Der Psychologe sagte den Eltern: *„Ich muss keine formelle Diagnose stellen, aber ich glaube, dass Ihre Tochter mindestens einen imaginären Freund, wenn nicht sogar eine andere Persönlichkeit geschaffen hat, um ihr zu helfen, mit etwas fertig zu werden, das sie nicht bewältigen konnte.* Die Psychologin erklärte den zweifelnden Eltern, dass sie selbst noch nie eine multiple Persönlichkeitsstörung bei einem Kind beobachtet habe. Sie erklärte, dass ein Kind, wenn es mit einem unerträglichen Trauma konfrontiert wird, unbewusst verschiedene *„Geisteszustände"* erzeugen kann, die ihm helfen, den Schmerz geistig und emotional zu bewältigen. Nach diesem Gespräch mit den Eltern und der Erklärung der Traumatisierung sah die Psychologin die kleine Katie nie wieder, damit sie sich verabschieden konnte...

Einige Wochen später rief Katies Mutter Karriker an, um ihr mitzuteilen, dass bei ihr eine sexuell übertragbare Krankheit diagnostiziert worden war und dass der Kinderarzt dem Mädchen einen Psychiater empfohlen hatte. Kurz darauf wurde Wanda Karriker vom Anwalt von Katies Vater kontaktiert, der ihr mitteilte, dass sie bald eine Vorladung erhalten würde... In der Tat hatte das Kind dem Psychiater gerade anvertraut, dass ihr Vater sie zu *schlimmen Dingen* gezwungen hatte... sexueller Missbrauch, der deshalb dem Sozialdienst gemeldet wurde.

Die Psychologin Wanda Karriker erklärte bei ihrer Aussage in Anwesenheit der Verteidiger, dass das Kind den Missbrauch nie vor ihr verbalisiert habe, dass sie aber aus der Therapie entfernt worden sei, als sie die Möglichkeit andeutete, dass ein Trauma die dissoziativen Verhaltensweisen des kleinen Mädchens ausgelöst haben könnte... Wanda Karriker konnte den Ausgang des Verfahrens nur über die Anwälte erfahren, aber es scheint, dass sich die Vorwürfe des sexuellen Missbrauchs bestätigt haben. Die kleine Katie wurde ihren Eltern entzogen und in die Obhut des Sozialamtes gegeben.

In der Folge bat eine Therapeutin Karriker um Kopien der verschiedenen psychologischen Tests, die sie damals mit der kleinen Katie durchgeführt hatte, und schrieb ihr: *„Katie ist ein Rätsel. Wir machen keine großen Fortschritte bei ihr. Sie gerät immer wieder in Konflikte, streitet dann aber ab, etwas falsch gemacht zu haben. Manchmal benimmt sie sich wie ein Baby, hat viele Wutausbrüche, während sie zu anderen Zeiten völlig passiv sein kann und auf nichts reagiert. So weigert sie sich beispielsweise, ihre Mutter oder ihren Vater zu sehen, wenn diese zu Besuch kommen."*

Wanda Karriker konnte es sich nicht verkneifen, diesen Therapeuten zu fragen, ob das Kind wegen seiner tiefgreifenden dissoziativen Störungen behandelt worden sei... Worauf der Therapeut antwortete: *„Aber Frau Dr. Karriker, dieses Kind zeigt keine Symptome einer multiplen Persönlichkeit"*...

Später, als sie sich daran erinnerte, wie distanziert die kleine Katie war und wie sie sich verhielt, wenn eine Kamera im Büro lief, wurde Karriker klar, dass das Kind, wenn sie länger mit ihr hätte arbeiten können, sicherlich mehr über den Missbrauch preisgegeben hätte. Ihr Verhalten vor der Kamera brachte den Psychologen zu der Annahme, dass ihre Eltern sie für die Produktion von Kinderpornografie und Gott weiß was für andere Gräueltaten benutzen...[347]

Der Fall dieses kleinen Mädchens veranschaulicht einige der in Kapitel 3 angeprangerten Praktiken, d.h. all jene Kinder, die durch innerfamiliären Missbrauch dissoziiert und fraktioniert werden, Kinder, die aus ihren Familien herausgenommen werden, um in Pflegefamilien untergebracht zu werden, und die potentiell zur Zielscheibe und Beute von pädokriminellen Netzwerken und Programmen zur Gedankenkontrolle werden. In dem Fall, über den Dr. Wanda Karriker hier berichtet, haben wir es mit einem kleinen Mädchen zu tun, das sichtlich durch ein Trauma gebrochen ist und von seinen Eltern getrennt wurde, und es ist interessant festzustellen, dass der Psychiater, der für Katies Betreuung

---

[347] *Inzest - Der ultimative Verrat: Ergebnisse einer Reihe von internationalen Umfragen zum extremen Missbrauch* - Wanda Karriker, 2008.

zuständig war, nachdem sie untergebracht wurde, erklärt, dass sie absolut keine Symptome einer multiplen Persönlichkeit zeigt... Mit anderen Worten, er hält die Büchse der Pandora geschlossen, indem er die dissoziativen Störungen des kleinen Mädchens völlig ignoriert, oder er ist dafür überhaupt nicht ausgebildet...

d/ der Fall eines achtjährigen Kindes

Das Buch „*Childhood Antecedents of Multiple Personality*" von Dr. Richard Kluft berichtet über einige Fälle von Kindern mit gespaltenen Persönlichkeiten. Insbesondere beschreibt er ausführlich den Fall eines achtjährigen Jungen.

Tom war ein Junge, der an einer multiplen Persönlichkeitsstörung litt. Später stellte sich heraus, dass auch seine Großmutter eine D.I.D. hatte. .... Ein Alter der Großmutter gab zu, die Mutter missbraucht zu haben, die wahrscheinlich auch an einer schweren dissoziativen Störung litt. Wir befinden uns also wieder in einem Kontext der generationenübergreifenden Identitätsfeststellung.

Tom war normalerweise ein gutes und vorbildliches Kind, aber er konnte plötzlich extrem schwierig werden, während er jegliches schlechtes Verhalten leugnete, selbst wenn es nur ein paar Augenblicke zuvor passiert war. Er würde unverhohlen lügen und seine Beteiligung an Taten, die seine ganze Familie miterlebt hatte, völlig abstreiten. Seine Stimme, seine verbale und körpersprachliche Ausdrucksweise und seine Freundschaften variierten je nach seinen „Stimmungen"... Manchmal behauptete er sogar, er sei ein Mädchen und verhielt sich dann verweichlicht. Nach diesen Episoden gab er sehr verlegen zu, dass er sich für ein Mädchen hielt, dass er sich aber nicht daran erinnern konnte, sich so verhalten zu haben... Er war unfallanfällig, schien aber nichts daraus zu lernen. Seine schulischen Leistungen waren extrem unregelmäßig. Oft wurde von seinen Lehrern festgestellt, dass er bestimmte Themen nicht verstand, und auf Nachfrage behauptete er, dass ihm diese Dinge nie beigebracht worden waren... Seine Lehrer kamen daher zu dem Schluss, dass er *schwer von Begriff* war und einfach Lernschwierigkeiten hatte.

Tom sagte auch häufig, dass einige der Kleidungsstücke in seinem Kleiderschrank nicht seine eigenen seien, und war verwirrt, wenn seine Mutter versuchte, ihn daran zu erinnern, wann sie sie gemeinsam gekauft hatten. Das Kind war oft deprimiert, vor allem, wenn es als Lügner bezeichnet wurde, vor allem, wenn es mit Handlungen konfrontiert wurde, deren Beteiligung es gerade geleugnet hatte. Das Kind war sich seiner Bemühungen bewusst, seine wiederkehrenden Gedächtnislücken zu vertuschen, da es wusste, dass es oft „*im Dunkeln*" *tappte*.

Tom gestand, dass er Stimmen in seinem Kopf hörte, sowohl Jungen- als auch Mädchenstimmen.

Während des Gesprächs mit dem Therapeuten wurden verschiedene Verhaltensweisen sowie Veränderungen in seiner Stimme festgestellt. Hinzu kam eine eklatante Amnesie in Bezug auf den Inhalt des Gesprächs. Sein Therapeut setzte Hypnose ein, um Toms Persönlichkeit zu erforschen. Der

Therapeut berichtete, dass, sobald Tom sich in hypnotischer Trance befand, spontan eine Persönlichkeit mit einer tiefen Stimme auftauchte. Dieser andere sagte, er heiße „*Marvin*" und sei Astronaut. Marvin erzählte dem Therapeuten, dass Tom Hilfe brauchte, weil er „*ein Mädchen sein wollte*", und gab dem Therapeuten auch einige schriftliche Ratschläge. Nach dieser Hypnosesitzung hatte Tom eine totale Amnesie über das Gespräch zwischen Marvin und dem Therapeuten. Es wurde auch festgestellt, dass Toms und Marvins Handschrift völlig unterschiedlich war. Insgesamt wurden bei diesem Kind fünf andere Persönlichkeiten entdeckt. Tom war deprimiert und eher schwach, was typisch für die „Gastgeber"-Persönlichkeit ist. Die Rolle des alten Marvin war es, ihm bei seiner unfassbaren Wut und Angst zu helfen. Tom hatte einen weiteren Alter namens Teddy sowie zwei weibliche Persönlichkeiten namens Wilma und Betty. Ihre Eigenschaften waren die einer Mutter, während Marvin und Teddy eher die eines Vaters mit einem rationalen und brutalen Charakter darstellten.

Während der Therapie stellte sich heraus, dass der junge Patient während einer *Nahtoderfahrung* im Alter von zweieinhalb Jahren dissoziiert hatte. Er war in einen Teich gefallen und beinahe ertrunken. Er war leblos aus dem Wasser gehoben worden und schließlich „auferstanden".[348]

e/ Bericht über fünf Fälle

Hier sind fünf Fälle, die im Rahmen eines Programms über dissoziative Störungen an der psychiatrischen Abteilung der Universität Istanbul in der Türkei beschrieben wurden. Die Studie wurde von Dr. Salih Zoroglu durchgeführt. Die Fälle wurden 1996 in der Zeitschrift „*Dissociation*" in einem Artikel mit dem Titel „*Dissociative disorder in childhood: five Turkish cases*" veröffentlicht.

Hale:

Hale war ein zehnjähriges Mädchen, das unter wiederkehrenden Migräneanfällen und Übelkeit litt. Sie war reizbar und weinte ohne ersichtlichen Grund, führte Selbstgespräche, lachte unangemessen, hatte tranceartige Zustände und verletzte sich selbst. Sie benahm sich sogar wie eine Straftäterin und trug unpassendes Make-up und unangemessene Kleidung. Außerdem litt sie unter Nachtangst und visuellen Halluzinationen.

Ihre Mutter brachte sie zunächst zu einem '*Hoca*' (traditioneller Heiler), der ihr sagte, sie sei von *Dschinns* (Dämonen in der muslimischen Tradition) besessen, aber diese Konsultation verbesserte ihren Geisteszustand nicht.

Während der ersten klinischen Sitzung erzählte sie dem Therapeuten, dass sie schon seit langem Stimmen in ihrem Kopf höre. Eine dieser Stimmen war die von „*Cisem*", einem sehr netten Mädchen. Die anderen Stimmen waren schlecht, sie gehörten zu „Menschen" unterschiedlichen Alters und Geschlechts.

---

[348] Childhood Antecedents of Multiple Personality - Richard P. Kluft, 1985, S.179-180.

Das waren die Stimmen, die sie zwangen, schlechte Dinge zu tun, und die ihr Verhalten systematisch kommentierten. Im weiteren Verlauf der Therapie traten elf andere Persönlichkeiten auf. Unter ihnen war auch Cisem, ein älteres Mädchen, das wollte, dass Hale glücklich ist und sich gut benimmt. Cisem hatte Angst vor den anderen Alter Egos, die sie bestrafen könnten, wenn sie Hale helfen wollte. Der „Big Boss" war ein älterer Mann, der der Anführer der Gruppe der bösen Alten war. Hale vertraute ihr an, dass dieser „Big Boss"-Alter und seine Kumpane über einen (internen) Computer eine direkte Verbindung zu dem herstellen konnten, was sie sagte und tat. Sie konnten diesen Computer auch im Beobachtungsmodus verwenden und alles, was sie tat, bis ins kleinste Detail erfahren. Deshalb fühlte sich Hale manchmal wie ein Roboter, wenn sie von diesem Computer gesteuert wurde. Es gab insgesamt sechs andere Persönlichkeiten, die unter der Kontrolle des Big Bosses standen. Darüber hinaus gab es zwei weitere selbstmordgefährdete Persönlichkeiten, die von den anderen völlig unabhängig waren.

Hale wurde als Kind schwer verprügelt. Während der Therapie erzählte sie, dass Cisem von einem Mann namens Erhan vergewaltigt worden war. Später wurde er einer der alten Verfolger, einer der Assistenten des „Big Boss". Die Erinnerungen an die Vergewaltigung kamen blitzartig zurück, aber Hale wollte nicht akzeptieren, dass sie diejenige war, die vergewaltigt worden war, und bestand darauf, dass sie von Cisem völlig getrennt war. Nach langer therapeutischer Arbeit konnten schließlich alle anderen Persönlichkeiten integriert werden, und alle Symptome verschwanden.

Bergwerk:

Das neunjährige Mädchen wurde in die kinderpsychiatrische Abteilung der Klinik gebracht, wo ihre Mutter bereits untergebracht war. Ihr Vater und ihr Bruder hatten bemerkt, dass sich ihr Verhalten schlagartig änderte, wenn der Vater nach Hause kam. Sie war sehr launisch und aggressiv. Sie weinte oft und tat so, als sähe sie Gesichter, vor denen sie sich zu fürchten schien und mit denen sie ständig sprach.

Eines Tages ging sie zur Polizei und sagte, dass sie von zwei Männern verfolgt wurde. Diese beiden Männer waren in Wirklichkeit ihr Vater und ihr Bruder, die sie nicht mehr erkannte... Sie verbrachte dann die Nacht auf der Polizeiwache (zu ihrer Sicherheit) und konnte sich am nächsten Morgen, nachdem sie wieder in ihren normalen Zustand zurückgekehrt war, an nichts mehr erinnern, was am Vortag geschehen war.

Das Mädchen erzählte ihrer Mutter, dass sie einen Freund in sich habe. Ein Freund, den sie sehen und mit dem sie spielen konnte und der ihr auch half, ihren Vater und die Jungs in der Schule in Schach zu halten. Mine hörte Stimmen in ihrem Kopf, eine davon war die eines Mädchens, das ein Jahr jünger war als sie. Diese veränderte Person tauchte in einer Therapiesitzung auf und nannte sich „Ayse". Diese andere Persönlichkeit gab an, dass sie seit drei Jahren mit Mine zusammen war und sich gut mit ihr verstand. Auf die Frage, wo Mine in diesem Moment sei, antwortete sie, sie wisse es nicht, während sie weiter mit einem

Puzzle spielte. Später, als Mine „zurückkam", sah sie sich das von Ayse halb rekonstruierte Puzzle an, hatte aber keine Ahnung, wie lange es dort gelegen hatte oder was Ayse in dieser Zeit getan hatte. Später wurde eine andere Persönlichkeit des anderen Geschlechts identifiziert. Es wurde berichtet, dass ihr Vater ein chronischer Alkoholiker war, der seine Frau und Kinder schlug. In Mines Fall war die Therapie leider sehr zufällig, da sie von den Krankenhausaufenthalten ihrer Mutter abhing.

Mehmet:

Mehmets Familie hatte regelmäßig bemerkt, dass sich sein Verhalten dramatisch verändert hatte. Der 11-Jährige begann manchmal zu lesen und zu schreiben, und zwar auf eine Weise, die für sein Alter völlig unreif war. Er konnte den Buchstaben „R" nicht mehr aussprechen, er wusste nicht einmal seinen Namen oder sein Alter. Das einzige, woran er sich erinnerte, waren seine Eltern. In solchen Momenten wurde er wie ein kleines, introvertiertes Kind und spielte mit Spielzeug, das seinem Alter nicht entsprach. Außerdem hatte er während seiner „Anfälle" kein Zeitgefühl.

Mehmet erhielt zwei Monate lang einmal pro Woche eine Therapie. Zur vierten Sitzung kam er mit seiner prämorbiden Persönlichkeit, erkannte seinen Therapeuten nicht und schien sich nicht an die vorherigen Sitzungen zu erinnern. Diese Persönlichkeit war die eines freundlichen Jungen mit einem für sein Alter sehr reifen Verhalten und einer reifen Sprache. Sein besonderes Interesse galt der Wissenschaft. Er hatte eine völlige Amnesie in Bezug auf die Zeiten, in denen er als sehr kleines Kind handelte.

Seine Eltern berichteten, dass die Persönlichkeitsveränderungen drei Monate zuvor begonnen hatten. Jede Persönlichkeit tauchte für drei oder vier Tage auf, dann erinnerte er sich an gar nichts mehr, wenn eine andere Persönlichkeit die Führung übernahm. Mehmet hatte zeitweise Lähmungserscheinungen in einem Arm, die zehn bis dreißig Minuten andauerten, woraufhin er viermal in verschiedenen Krankenhäusern, darunter zwei Universitätskliniken, stationär behandelt wurde. Umfassende Untersuchungen (neurologisch, kranial, Elektroenzephalogramm) zeigten keine Auffälligkeiten, die Armlähmung wurde als dissoziative Konversionsstörung diagnostiziert. Die Verschreibung von Antipsychotika, Antidepressiva, Beruhigungsmitteln und Antiepileptika half ihm überhaupt nicht, im Gegenteil, diese Medikamente provozierten bei ihm gewalttätiges Verhalten.

Im Laufe seiner Therapie wurden zwei weitere Persönlichkeiten beobachtet. Eine, in der er seine Fähigkeit zu gehen und zu sprechen verlor: Dies war eindeutig eine Veränderung im Baby-Stadium, wie seine Stimme und seine Mimik bezeugten. In der anderen Persönlichkeit schrie er: *„Ich bin verrückt, ich bin verrückt!* und er erkannte überhaupt niemanden.

In ihrem Fall wurde kein psychologisches oder physisches Trauma festgestellt. Auch seine ältere Schwester gab an, dass es in der Familie keine Misshandlung oder Vernachlässigung gegeben habe. Keine von Mehmets anderen Persönlichkeiten hatte visuelle oder auditive Halluzinationen oder andere Manifestationen, durch die eine andere Persönlichkeit kommunizieren könnte. Der Junge konnte leicht hypnotisiert werden, aber die anderen Persönlichkeiten kamen auf diese Weise nicht zum Vorschein. Stattdessen traten die Veränderungen spontan auf, und Mehmet hatte eine vollständige Amnesie für diese „Anfälle". Die Familie beendete schließlich die Therapie und berichtete ein Jahr später, dass die dissoziativen Störungen aufgehört hätten und Mehmet wieder ein gutes Maß an Reife erlangt habe.

Emre:

Emre war fünf Jahre alt, als er auf Wunsch seiner Mutter in eine Klinik eingeliefert wurde. Der Junge zeigte plötzliche aggressive Verhaltensweisen, bei denen er Gegenstände zerbrach und Freunde, Fremde und sogar seine Mutter angriff. Er hatte auch kurze Phasen, in denen er sich in einem tranceartigen Zustand befand, Stimmen hörte, schreckliche Visionen hatte und viele somatische Symptome wie Migräne und Übelkeit. Manchmal schien er Selbstgespräche zu führen, lachte und unterhielt sich stundenlang mit wer weiß wem... Sein Verhalten war völlig polarisiert und er hatte sexualisierte Einstellungen, die für sein Alter unangemessen waren.

Er erzählte, dass er die Stimmen von vier Mädchen und sechs Jungen im Alter zwischen vier und zwölf Jahren in seinem Kopf hören konnte. Er konnte sie sehen, mit ihnen spielen und mit ihnen sprechen, wenn er allein war. Eines der Mädchen, „Gamze die Hexe", hatte ein Gewehr, mit dem sie Emre und die anderen Kinder erschreckte. Manchmal schlug sie Emre und zerbrach sein Spielzeug, oder sie machte sich einen Spaß daraus, ihn nachts zu erschrecken. In der dritten Therapiesitzung sagte Emre, dass ein zwölfjähriges Mädchen namens „Cunyet" mit den Anwesenden sprechen wollte. So stellte sich die Alte Cunyet vor: Sie war die Älteste und beschützte Emre und die anderen Kinder vor der Hexe Gamze, der verfolgenden Alten. Als der Therapeut fragte, wo Emre sei, zeigte Cunyet auf einen leeren Stuhl und sagte, dass er dort sitze und ihnen zuhöre. Obwohl die Eltern berichteten, dass das Kind oft Amnesie hatte, gab es während der Therapie keine Anzeichen von Amnesie zwischen diesen beiden anderen Persönlichkeiten. Im Fall dieses Jungen wurde keine traumatische Vergangenheit festgestellt.

Nilgun:

Dieses 10-jährige Mädchen wurde einst von ihrem Vater zur Therapie gebracht. Ihre Symptome waren wiederkehrende Langeweile, Traurigkeit, Weinen ohne ersichtlichen Grund, Appetitlosigkeit, tranceartige Zustände, schwere Migräne, Ohnmachtsanfälle, Übelkeit, Magenschmerzen und extreme Wutanfälle.

Bei Nilgun wurde von zwei Psychiatern eine Depression diagnostiziert. Bei der ersten Befragung sagte das Mädchen, dass ein älteres Mädchen namens „Fatma" in ihr sei. Sie erzählte, dass sie ihre Stimme seit über zwei Monaten fast jeden Tag hört. Diese Stimme tröstete und ermutigte sie und kommentierte ihr Verhalten, ihre Gefühle und Gedanken. Sie warnte Nilgun auch davor, mit irgendjemandem darüber zu sprechen, auch nicht mit dem Therapeuten. Zunächst weigerte sich die alte Fatma, mit dem Therapeuten zu sprechen, dann begann sie, über Nilgun zu kommunizieren, und schließlich tauchte sie ganz auf: Fatma erzählte dem Therapeuten, dass sie nach einem katastrophalen Ereignis, das nur sie kennt, in Nilgun „gehen" musste, um dem Mädchen zu helfen. Sie sagte, sie habe nicht dieselben Eltern wie Nilgun und habe mehrmals die Kontrolle übernommen, um ihr zu helfen, aber Nilgun habe nicht gewusst, was sie tat, weil sie sie nicht sehen konnte. Sie sagte auch, dass sie nicht alles wusste, was Nilgun tat...

Als die alte Fatma auftauchte, änderte sich Nilguns Mimik, ihre Art zu sprechen und ihr Umgang mit Menschen völlig. Sie wirkte sehr seriös und gab knappe und präzise Antworten. Während der Sitzungen spielte Nilgun gerne mit Spielzeug oder Puzzles, aber Fatma war überhaupt nicht interessiert. Sie sagte, sie sei zu alt, um auf diese Weise zu spielen. Sie sagte auch, dass Nilgun in ihr war. Während Nilgun ein kleines blondes Mädchen mit blauen Augen war, beschrieb sich Fatma als ein Mädchen mit braunen Augen und Haaren. Nilgun hatte eine Amnesie über die Zeiträume, in denen Fatma die Kontrolle hatte. Bei dem kleinen Mädchen wurden keine traumatischen Erfahrungen in der Vergangenheit festgestellt. [349]

6 - I.D.T. IN DEN MEDIEN

a/ Dokumentarfilme

In den 1990er Jahren widmete der australische Fernsehsender *Seven Network* dem Phänomen der multiplen Persönlichkeiten einen Dokumentarfilm in seiner Reihe „*The Extraordinary*".

1993 strahlte der amerikanische Sender *HBO* den Dokumentarfilm „*Multiple* Personalities: *The Search for Deadly Memories*" aus, der sich ausschließlich mit I.D.T. befasste.

1999 wurde ein französischsprachiger Dokumentarfilm in der Reihe „*Phénomènes inexpliqués*" mit dem Titel „*Dédoublement de la personnalité*" veröffentlicht (ursprünglich unter der Regie von *Gloria Sykes* und produziert von *A&E Television Network*). Dies scheint der einzige französischsprachige Dokumentarfilm zu diesem Thema zu sein.

1999 wurde auf *BBC2* (in der Reihe „*Horizon*") eine Dokumentation mit dem Titel „Mistaken *Identity*" ausgestrahlt, in der mehrere IDD-Patienten und Therapeuten zu Wort kamen.

In einem Bericht aus dem Jahr 2004 mit dem Titel „*The Woman With Seven* Personalities" *(Die Frau mit den sieben* Persönlichkeiten) begleitet Dr.

---

[349] *Dissoziative Identitätsstörung in der Kindheit: fünf türkische Fälle* - S. Zoroglu, L. Yargic, M. Ozturk, Journal „Dissociation", Vol.9 N°4, 12/1996.

Ruth Selwyn Helen, eine Frau, die infolge von rituellem Missbrauch einschließlich sexueller Gewalt multiple Persönlichkeiten entwickelt hat.

Der jüngste Dokumentarfilm scheint aus dem Jahr 2010 zu stammen und trägt *den* Titel *When The Devil Knocks" (Wenn der Teufel anklopft)* und wurde von *Bountiful Films* (Kanada) produziert. Er erzählt die Geschichte von Hilary Stanton, einer Frau, bei der ADS diagnostiziert und von der Therapeutin Cheryl Malmo behandelt wird.

b/ Kino- und Fernsehserien

Interessant ist, dass trotz der Tatsache, dass diese psychiatrische Störung der breiten Öffentlichkeit mehr oder weniger verborgen bleibt, viele Filmproduktionen sie als Grundlage für ihr Drehbuch verwendet haben:
- Der Fall Becky (1921)
- Dr. Jekyll und Mr. Hyde (1941)
- *Der dunkle Spiegel* (Das doppelte Rätsel, 1946)
- *Die drei Gesichter der* Eva (1957)
- *Der Mandschurenkandidat* (Ein Verbrechen im Kopf, 1962)
- Der verrückte Professor (1963)
- *A Clockwork Orange* (1971)
- *Sybil* (1976)
- *Zum Töten angezogen* (Pulsions, 1980)
- *Zelig* (1983)
- Voices Within: Das Leben von Truddi Chase (Demons Within, 1990)
- *Raising Cain* (Der Geist des Kain, 1992)
- Grundstücke (1997)
- Fight-Club (1999)
- Sitzung 9 (2001)
- *Die Bourne-Identität* (Erinnerung in der Haut, 2002)
- *Daedalus* (2002)
- Identität (2003)
- *Geheimes Fenster* (2004)
- *Verstecken & Suchen* (Trouble jeu, 2005)
- Herr Brooks (2007)
- Shutter Island (2010)
- Frankie und Alice (2010)
- Der überfüllte Raum (2015)

Erwähnenswert ist auch die Fernsehserie *Dollhouse,* in der es um die Ausbeutung programmierter menschlicher „*Puppen"* mit Gedächtnisschwund geht, oder *United State of Tara,* in der die Geschichte einer Mutter erzählt wird, die an IDD leidet, aber auch die kanadische Serie *Shattered,* deren Hauptfigur ein Polizist mit multiplen Persönlichkeiten ist... In dem Kurzfilm *Inside"* von Trevor Sands geht es um einen Patienten mit einer ziemlich bunten multiplen Persönlichkeit. Die Webserie *Neuroblaste,* die 2011 von *Radio-Canada* als *Motion-Comic* produziert wurde, ist von der Arbeit des Psychiaters Ewen

Cameron über die MK-Ultra-Gehirnwäsche inspiriert, die in den 1960er Jahren in Montreal durchgeführt wurde.

In Filmproduktionen wird die IDD in der Regel stereotyp und einseitig dargestellt, wobei nur die attraktive und sensationelle Seite der multiplen Persönlichkeit gezeigt wird und die anderen Merkmale der Krankheit in den Hintergrund treten. Außerdem zeigen die meisten Filme, die sich mit diesem Thema befassen, äußerst konfliktreiche, gewalttätige und sogar mörderische Charaktere. Diese Vision von I.D.T. ist einschränkend. Darüber hinaus neigen Filme dazu, Schizophrenie und IDD zu vermischen und zu verwechseln, was die allgemeine Verwirrung zwischen diesen beiden Diagnosen noch verschlimmert. Da das Kino eine visuelle Kunst ist, lässt die übliche filmische Darstellung von ADS keine Unterscheidung zwischen echter Persönlichkeitsspaltung und Halluzination zu, was die Verwechslung zwischen Schizophrenie und ADS noch verstärkt.[350]

Die Therapeutin Alison Miller schreibt zum Medienbild der Bewusstseinskontrolle auf der Basis von I.D.T.: „In der populären Darstellung der Bewusstseinskontrolle in den Medien geht es in der Regel um Spione oder Attentäter, die für die CIA oder andere militärische, politische oder sogar private Wirtschaftsgruppen arbeiten, ohne dass sie sich dessen bewusst sind. Das liegt daran, dass sie andere „Persönlichkeiten" haben, die an diesen Aktivitäten beteiligt sind. Nehmen Sie zum Beispiel Jason Bourne, den Helden des Films „Complots", oder Echo in der Serie „Dollhouse", neben anderen amerikanischen Produktionen. Diese Dramen, in denen Spezialagenten auftreten, suggerieren dem Zuschauer, dass sie als Erwachsene rekrutiert wurden und sich sogar bewusst dafür entschieden haben, an diesen Dingen teilzunehmen. Sobald sie rekrutiert wurden, beginnt die Geschichte, ihre alten Erinnerungen werden gelöscht und eine neue Persönlichkeit mit spezifischen Fähigkeiten wird geschaffen. Es gibt jedoch nur einen Lebensabschnitt, in dem die Programmierer ein Individuum schaffen können, das solche Aktivitäten ohne jedes Bewusstsein, ohne jeden Widerstand ausführen kann... Es gibt nur einen Weg, dies zu tun, und zwar durch Missbrauch und Folter eines kleinen Kindes. Die hässliche Realität ist, dass es keine Erwachsenen gibt, die sich freiwillig auf solche Dinge einlassen, es gibt nur kleine Opfer."[351]

c/ Der Unglaubliche Hulk...

Jeder kennt die Figur „Hulk", den Mann, der sich in eine Art grünen Riesen mit zehnfacher Stärke verwandelt, wenn etwas eine extreme Wut in ihm auslöst. Der Unglaubliche Hulk wurde von dem Schriftsteller Stan Lee und dem Comiczeichner Jack Kirby geschaffen. Die fiktive Figur wurde von *Marvel Comics* populär gemacht, wo sie 1962 erstmals in den Vereinigten Staaten erschien. Was die Leute nicht wissen, ist, dass die Geschichte des Unglaublichen

---

[350] Ich war der Mörder! Oder die dissoziative Identitätsstörung im Kino - Beatriz Vera Posek, 2006.

[351] „Becoming Yourself: Overcoming Mind Control and Ritual Abuse" - Alison Miller, 2014, S.15.

Hulk auf einer psychiatrischen Störung beruht, die nichts anderes ist als I.D.T. mit seiner dissoziativen Amnesie. Ohne eine gespaltene Persönlichkeit würde sich der Held Bruce Banner nicht in den Unglaublichen Hulk verwandeln...

Auf der Website des Verlags[352] können wir eine sehr detaillierte Beschreibung der Welt des Hulk und insbesondere seiner gespaltenen Persönlichkeit lesen. Der Herausgeber beschreibt perfekt den traumatischen und dissoziativen Kontext hinter der Geschichte des „grünen Riesen". Wir erfahren, dass Bruce Banner der Sohn eines Alkoholikers ist, der ihn abgrundtief hasste. Sein Vater missbrauchte und terrorisierte ihn und tötete sogar seine Mutter, bevor er in eine psychiatrische Klinik eingewiesen wurde. Schon früh zeigte Bruce Anzeichen von großer Intelligenz, aber auch von Zurückgezogenheit. Auf *Marvel.com ist zu lesen, dass er „eine gespaltene Persönlichkeit entwickelt hat, die ihm hilft, mit seinem Schmerz und seiner Wut umzugehen"*, der berühmte und unglaubliche Hulk leidet also an einer dissoziativen Identitätsstörung...

In der Schule war Bruce Banner so ungesellig und gewalttätig, dass er schließlich eine Bombe im Keller seiner Schule platzierte... was die Aufmerksamkeit der Armee auf dieses kleine Genie lenkte, das später als Physiker für sie arbeiten sollte. Diese radikale körperliche Veränderung wurde durch eine zufällige Gammastrahlenbestrahlung verursacht. Zu Beginn der Saga verwandelte sich Bruce bei Sonnenuntergang in einen grauen Hulk und kehrte bei Sonnenaufgang in seine menschliche Gestalt zurück. Später wird seine Verwandlung in einen „grünen Riesen" durch eine starke Adrenalinausschüttung ausgelöst, wenn Bruce zu irgendeiner Tageszeit in extreme Wut gerät. Der Grüne Hulk hat nicht die gleiche Intelligenz wie Bruce und auch nicht das gleiche Gedächtnis, er ist ein rasender Alter, der eine echte Bedrohung für die Gesellschaft darstellen kann. Es ist wichtig zu erwähnen, dass Bruce Banner an Amnesie leidet, er erinnert sich nie daran, was der Hulk getan hat, und er muss die Ereignisse aus den Schäden rekonstruieren, die sein grünes Alter auf seinem Weg verursacht hat... Es handelt sich eindeutig um eine unkontrollierbare Wut, bei der Bruce Banner in einen dissoziativen Zustand gerät. Wir erfahren, dass er ständig darum kämpft, diese „*Schalter*" zu kontrollieren und die Stabilität seiner eigenen Persönlichkeit zu bewahren...

Die Geschichte geht weiter... Eines Tages fängt der Psychiater Leonard „*Doc*" Samson den Hulk und schafft es, Bruce Banners Persönlichkeit von der des Hulk zu trennen. Ohne Bruce' Persönlichkeit, die ihn lenkt und hält, wird der Hulk noch gefährlicher. Bruce beschließt, dass er den „grünen Riesen" nur kontrollieren kann, wenn er mit dem Monster verschmilzt. Aber der Stress der Wiedereingliederung schafft ein anderes Alter: „*Joe Fixit*". Dieser Alter ist ein übellauniger Tyrann, dessen Persönlichkeit der von Bruces Vater ähnelt. Von diesem Zeitpunkt an tobt in Bruces Unterbewusstsein ein regelrechter Kampf darum, welche andere Persönlichkeit die Kontrolle und Vorherrschaft übernimmt. Durch Hypnose-Sitzungen werden Banner, Hulk und Joe Fixit jedoch auf dieselbe Bewusstseinsebene gebracht, so dass sie sich gemeinsam ungelösten Problemen stellen und sich endlich ihren inneren Dämonen stellen

---

[352] Marvel Universe Wiki: Hulk (Bruce Banner), www.marvel.com.

können... Bruce Banner muss sich dann den Erinnerungen an seinen Vater stellen, der ihn missbraucht und seine Mutter ermordet hat. Indem er dies integriert, wird Bruce in der Lage sein, die beiden anderen Persönlichkeiten zu verschmelzen, um endlich inneren Frieden zu finden: eine andere Persönlichkeit wird dann entstehen, ein neuer Hulk, der die geistigen Fähigkeiten und die Intelligenz von Bruce Banner besitzt, während er die Stärke des Unglaublichen Hulk beibehält. Diese neue Persönlichkeit wird den Namen *„Der Professor"* tragen...

Wie Sie sehen, sind wir mitten im Thema der Funktionsweise multipler Persönlichkeiten oder auch des Prozesses der mentalen Kontrolle.

Der Hulk ist einer jener amerikanischen Superhelden (aus dem Marvel-Universum der *Comics*), die oft implizit mit einer dissoziativen Identitätsstörung in Verbindung gebracht werden. Superhelden mit einer klassischen zivilen Identität einerseits und einer geheimen Identität mit Superkräften andererseits, wie *Batman, Superman* und *Spiderman* (die alle drei die Erinnerung an ihre Verwandlung bewahren). Man denke nur an Figuren wie *Double* Face (einer der *Superschurken* des Batman-Universums) mit einer wohlwollenden und einer bösartigen Persönlichkeit oder an die Figur *Legion*, die von mehreren Persönlichkeiten bewohnt wird, die jeweils übersinnliche Kräfte besitzen. Es gibt auch den Superhelden *Moon Knight*, der ebenfalls einen I.D.T. mit drei Alter-Persönlichkeiten hat. Außerdem hat er eine Beziehung zu einem ägyptischen Gott, die es ihm ermöglicht, noch stärker zu werden, besonders in den Vollmondnächten... All diese Figuren verdeutlichen die starke Präsenz des I.D.T. in der Comic- und Superheldenkultur. Eine dissoziative Amnesie ist ebenfalls vorhanden: Die *X-Men-Figur* James Howlett hat ein Alter namens *Wolverine*, der zu Amnesie neigt und sich nie an die Massaker erinnert, die er regelmäßig verübt, so wie auch der Hulk sich nicht an seine Zerstörungswut erinnert. Dies ist eine perfekte Illustration des Phänomens der traumatischen Amnesiewände in dissoziierten Zuständen.

Es sei darauf hingewiesen, dass die Serie *X-Men* im Jahr 1992 in einer der Episoden der vierten Staffel mit dem Titel *„Waffe X, Lügen und Videobänder"* eindeutig auf das MK-Ultra-Programm Bezug nahm. In dieser Folge entdecken die *X-Men* ein Labor, in dem sie vor Jahren unter Gedankenkontrolle gestellt wurden. Sie finden ein Videoband mit einer Beschreibung der Experimente, die an ihnen durchgeführt wurden, und in der Karikatur heißt es: *„Anonyme Versuchspersonen wurden getestet und mit Trauma konditioniert. Wir sind in der Lage, diese Männer wieder in die Gesellschaft einzugliedern, wenn der Geheimdienst sie braucht, ohne dass sie eine Erinnerung an die Programmierung haben. Sie sind konditioniert und erinnern sich an nichts... Der Schlüssel ist, ihr Unterbewusstsein zu erreichen. Der Schlüssel liegt darin, das Unterbewusstsein zu erreichen. Dazu muss die Person wiederholt Simulationen extremer emotionaler Traumata ausgesetzt werden. Mit Hilfe von Drogen prägen wir dem Probanden falsche Erinnerungen ein, um ihn emotional zu sättigen und ihn zu spalten, um ihn kontrollierbar zu machen... Dieser Prozess scheint am besten zu funktionieren, wenn die Traumata* *echt sind...*" ... Das MK-Ultra-Programm in wenigen Zeilen zusammengefasst, aber das ist natürlich alles Science-Fiction für zurückgebliebene Teenager...

7 - SCHLUSSFOLGERUNG

Für Dr. Colin Ross hätte das ernsthafte Studium der IDT einen echten Paradigmenwechsel in der modernen Psychiatrie bewirken müssen, schreibt er: *„IDT ist die wichtigste und interessanteste Störung in der Psychiatrie, weshalb ich sie studiere. Ich glaube, dass es sich um eine Schlüsseldiagnose in diesem bevorstehenden Paradigmenwechsel in der Psychiatrie handelt, weil I.D.T. die charakteristische Reaktion des menschlichen Organismus auf schwere psychische Traumata am besten veranschaulicht; aber auch, weil Trauma aus Sicht der öffentlichen Gesundheit eine Hauptursache für psychische Erkrankungen ist. Ich glaube, dass Trauma eine der Hauptursachen für viele psychische Erkrankungen ist, wie z. B. Depressionen, Essstörungen, Persönlichkeitsstörungen, Drogenmissbrauch, psychosomatische Störungen und alle Formen von Selbstbeschädigung und Gewalt. Die biologische Psychiatrie dürfte wesentlich bessere Ergebnisse erzielen, wenn sie sich auf die Psychobiologie des Traumas konzentriert.*"[353]

Es hat den Anschein, dass die französischsprachige Psychiatrie in der Psychotraumatologie schlecht oder gar nicht ausgebildet ist, und noch weniger in dissoziativen Störungen.... Die französischsprachigen Ressourcen (Veröffentlichungen wissenschaftlicher Studien, Veröffentlichungen von Zeugenaussagen, Fachbücher, Untersuchungen und journalistische Berichte) zu D.I.D. und allgemeiner zur Psychotraumatologie scheinen sehr begrenzt oder gar nicht vorhanden zu sein. Das ist ziemlich seltsam, wenn man bedenkt, dass diese Störung im DSM offiziell anerkannt ist und dass es eine große Anzahl englischsprachiger Werke zu diesem Thema gibt. Warum gibt es eine solche Lücke in der französischsprachigen Welt? Warum ist die Psychotraumatologie nicht weiter entwickelt? So können wir den Opfern besser helfen. Warum wird die Existenz von I.D.T. von einer bestimmten medizinischen Elite oder von Pseudo-Experten so vehement angegriffen und diskreditiert? Sie verkennen nicht nur das Phänomen der Persönlichkeitsspaltung, sondern relativieren auch die Folgen, die ein Kindheitstrauma für das spätere Leben des Kindes haben kann.

Es ist ein echter Deckmantel für die Büchse der Pandora des rituellen Missbrauchs und der traumabedingten Gedankenkontrolle: der neurologische Prozess der Dissoziation und der traumatischen Amnesie. An den medizinischen Fakultäten die wissenschaftliche Funktionsweise von Dissoziation, Amnesiemauern und Persönlichkeitsspaltung zu lehren, hieße, öffentlich und akademisch ein gewisses okkultes Wissen preiszugeben. Dieses Wissen ist so alt wie die Berge und wird heute von bestimmten Machtgruppen systematisch und

---

[353] „Der Osiris-Komplex: Fallstudien zur multiplen Persönlichkeitsstörung" - Colin Ross, 1994, S.xii.

böswillig genutzt. Der Prozess des Funktionierens von Sklaven unter geistiger Programmierung soll die Öffentlichkeit und die Laiensphäre nicht erreichen. Die meisten Studenten der Psychologie und Psychiatrie glauben nicht, dass eine solche Gedankenkontrolle möglich ist. Das liegt daran, dass sie das Grundkonzept von MK nicht kennen, nämlich I.D.D., eine Persönlichkeitsstörung, die notwendig ist, damit ein Mensch bei geheimen Operationen wie ein Roboter arbeiten kann... oder auch nicht.

In einem Artikel mit dem Titel *„The Dissociative Disorders, Rarely Considered and Underdiagnosed"* *(Die dissoziativen Störungen, selten berücksichtigt und unterdiagnostiziert)* bestätigt Dr. Philip M. Coons, dass dissoziative Störungen aufgrund mangelnder Ausbildung im Allgemeinen unterdiagnostiziert werden. Dr. Coons stellt fest, dass psychiatrische Fachleute mit dieser Diagnose oder sogar mit der dissoziativen Symptomatik nicht vertraut sind, da *es den Fachleuten seiner Meinung nach an epidemiologischen Daten über dissoziative Störungen mangelt.* Warum diese Unterlassung in der psychiatrischen Gemeinschaft?

In der Autobiographie von Cathy O'Brien, *„Amerika inmitten der Transformation"*, finden wir die Anfänge einer Antwort. Mark Phillips schreibt über psychiatrische Einrichtungen: *„Bis heute haben weder die American Psychiatric Association noch die American Psychological Association ein Modell für die Entwicklung eines wirksamen therapeutischen Protokolls für dissoziative Störungen (die als Folge eines wiederholten Traumas angesehen werden) veröffentlicht. Die Entwicklung eines solchen Modells wird durch eine Reihe von Faktoren erschwert. Der erste ist die Geheimhaltung, die die nationale Sicherheit über die als geheim eingestufte Forschung zur Bewusstseinskontrolle verhängt. Im gegenwärtigen Klima wäre die Überweisung von Opfern der Gedankenkontrolle an psychiatrische Fachleute so, als würde man einen Patienten, der eine Notoperation benötigt, an einen Chirurgen überweisen, dem man die Augen verbunden und Handschellen angelegt hat (...) Was es uns ermöglichen könnte, den Grundstein für eine Erklärung zu legen, wäre zu ermitteln, „wer" in unserer Regierung ein Interesse daran hat, wichtige medizinische Forschungsergebnisse und andere technologische Informationen vor den psychiatrischen Berufen zu verbergen (...).) Wenn man den nächsten Schritt macht und sich ein Exemplar des Oxford's Companion To The Mind (Oxford Press, 1987) des Fakultätsprofessors besorgt, findet man fast alles über die Bewusstseinsforschung ohne jeglichen Bezug zur Bewusstseinskontrolle. Vielleicht haben Sie jetzt die Gelegenheit, durch die Auslassungen von Random House, Webster und anderen Oxford Press zu erkennen, dass Sie ein Opfer der Informationskontrolle sind."*[354]

Die MK-Monarch-Überlebende Cathy O'Brien schreibt in diesem Buch: „Es gibt viele solcher Einrichtungen in unserem Land, in verschiedenen CIA-, Militär- und NASA-Komplexen, in denen hochentwickeltes Regierungswissen entwickelt, getestet und verändert wird. Die Menschen, denen ich begegnete, die

---

[354] TRANCE Formation of America: True life story of a mind control slave - Cathy O'Brien & Mark Phillips, 2013, S. 62-19.

die wissenschaftlichen Mechanismen des Gehirns und die Besonderheiten des Geistes eingehend studiert hatten, nutzten dieses angesammelte geheime Wissen, um andere zu manipulieren und/oder zu kontrollieren (...) (ed: Senator) Byrd erklärte mir, dass die 'Neue Weltordnung' 'ermächtigt' wurde, indem sie ihrer Lobby, der American Psychiatric Association (APA), nur teilweise Informationen und/oder absichtliche Fehlinformationen der psychiatrischen Gemeinschaft bezüglich der Behandlungsmodalitäten von schweren dissoziativen Störungen, die aus der Gedankenkontrolle resultieren, erlaubte! Die Autoren glaubten, dass sie durch das Vorenthalten von Wissen und die Verbreitung von absichtlichen Fehlinformationen ihre Geheimnisse und damit die Menschheit kontrollieren könnten. Dies könnte durchaus der Fall sein, wenn niemand auf die in diesem Buch dargestellten Informationen reagieren könnte oder würde."[355]

Hier ist ein Dialog aus dem Buch „Für die nationale Sicherheit", der die Unkenntnis der psychiatrischen Welt zu diesem Thema veranschaulicht:

- Ich habe viele Anrufe getätigt", beginnt Marsha, „es ist wirklich schwierig, psychiatrische Fachleute auf ein 'geheimes' Thema wie Gedankenkontrolle anzusprechen. Sie glauben, sie wüssten bereits alles darüber. Mark und ich nicken zustimmend.

- Haben Sie schon einmal versucht, den Begriff „Gehirnwäsche" zu verwenden?

- Ja", sagt Marsha, „ich habe mich sogar auf den Begriff 'Verhaltensmodifikation' geeinigt, und ich habe immer noch Schwierigkeiten, die Störung zu beschreiben, geschweige denn eine Einrichtung zu finden, die sich damit befasst. Wenn Sie einverstanden sind, werde ich mich erneut auf die Suche machen, aber diesmal nach jemandem, der bei ihr BDD diagnostizieren kann.

- Gibt es in diesem Staat jemanden, der weiß, wie man diese Störung behandeln kann? Nach heutigen psychiatrischen Maßstäben dauert es durchschnittlich achteinhalb Jahre, bis dieses Syndrom diagnostiziert wird, und in dieser Zeit muss es behandelt werden. Solange die „Geheimdienstler" die Daten nicht in die psychiatrische Gemeinschaft bringen, um eine genaue Diagnose und Behandlung zu ermöglichen, sind die alten, veralteten Langzeittherapien unsere einzige Lösung. Wie wollen Sie in diesem Staat jemanden finden, der die Folgen des Missbrauchs von Cathy durch die CIA diagnostiziert?[356]

Psychiatrische Fachkräfte sind eindeutig nicht dafür ausgebildet, eine Person, die an einer Dissoziativen Identitätsstörung leidet, korrekt zu diagnostizieren... Diese psychiatrische Störung wird an den Fakultäten nicht gelehrt, also sucht man nicht danach, und wenn man nicht nach etwas sucht, findet man es nicht... also existiert es nicht, der Kreis ist geschlossen. Das Fehlen einer korrekten Diagnose, die dem Patienten eine angemessene Behandlung vorenthält, ist das wichtigste und häufigste Problem für Patienten mit IDD.

---

[355] Ebd., S. 327-328.

[356] *Um der nationalen Sicherheit willen* - Cathy O'Brien & Mark Phillips, 2015, S.101-102.

Letztere werden in der Regel als schizophren, bipolar oder *Borderline* diagnostiziert... nicht zu vergessen natürlich die starke Verschreibung von Psychopharmaka, die Teil des *therapeutischen* Protokolls sind und übrigens die pharmazeutischen Labors reichlich füttern...

In dem Buch der kanadischen Therapeutin Alison Miller, Healing the Unimaginable, sagt eine Patientin (LisaBri) aus: „Anfang der 90er Jahre wurde bei mir alles Mögliche diagnostiziert, von Schizophrenie bis PMS. Mir wurde gesagt, ich solle mir ein Hobby suchen und nachts nicht trinken. Der Psychiater holte jedes Mal eine Schachtel mit weißen Pillen aus seinem Büro, wenn ich ein emotionales Zeichen zeigte. Alle Therapeuten, Ärzte und Psychiater, denen ich begegnete, wollten, dass ich meine Gefühle abstelle oder sie von mir fernhalte. Aber wohin könnten diese Gefühle führen? Je mehr ich sie verdrängte, desto schlimmer wurde es, bis ich mich eines Tages in der Sicherheitsabteilung eines psychiatrischen Krankenhauses wiederfand... Ich schaffte es, von den Drogen und dem Alkohol loszukommen und fand endlich einen kompetenten Therapeuten, mit dem ich arbeiten konnte. Ich war entschlossen, alles zu tun, um die intensiven emotionalen Zustände, die ich erlebte, einzudämmen. Bald darauf wurde bei mir eine Geschlechtskrankheit diagnostiziert."[357]

Ein genauerer Blick auf I.D.T. zeigt, dass die dissoziativen und amnestischen Funktionen des menschlichen Geistes zum Zwecke der Manipulation und Ausbeutung des Individuums ausgenutzt werden können. Dies ist eine echte parallele psychiatrische Wissenschaft, die in den falschen Händen zu einer traumatischen Wissenschaft und zu einer Waffe der unerkennbaren Gedankenkontrolle wird. Wenn diese gespaltene Persönlichkeitsstörung mit ihren amnestischen Mauern in den medizinischen Fakultäten nicht gelehrt wird und von einer *Expertenelite* systematisch bestritten und diskreditiert wird, dann aus dem einfachen Grund, dass sie die Hauptachse der von bestimmten dominanten okkulten Organisationen praktizierten mentalen Kontrolle ist. Dies ist der Eckpfeiler der „namenlosen Religion": der rituelle Missbrauch, der die MK-Programmierung ermöglicht, die ihrerseits auf der Strukturierung und Organisation eines internen Systems beruht, das aus einer I.D.T. resultiert.

Darüber hinaus öffnet I.D.T. den Weg zur Frage der dämonischen Besessenheit und der möglichen Existenz einer okkulten Wissenschaft, die die Parameter dieser Besessenheit durch bestimmte Wesenheiten beherrscht. Denn wie wir im nächsten Kapitel sehen werden, sind I.D.T. und dämonische Besessenheit eng miteinander verbunden. Heutzutage fehlt es oft an der Fähigkeit, sowohl die spirituellen als auch die psychologischen Aspekte von Bewusstseinskontrollphänomenen zu untersuchen, aber es gibt Ausnahmen, wie das Buch *„The Spiritual Dimensions of MPD"* von Dr. Loreda Fox. Es ist unvermeidlich, dass die Frage der dämonischen Besessenheit im Prozess der traumabedingten Bewusstseinskontrolle irgendwann angesprochen wird. Traugott Konstantin Oesterreich, Professor für Philosophie an der Universität Tübingen in Deutschland, hat sich intensiv mit multiplen Persönlichkeiten und dämonischer Besessenheit beschäftigt. Er schrieb darüber ein bahnbrechendes

---

[357] Healing the Unimaginable: Treating Ritual Abuse and Mind Control - Alison Miller, 2012, S.136.

Buch, das 1930 unter dem Titel „*Possession: Demoniacal and Other*" ins Englische übersetzt wurde. Sein Sammelband zu diesem Thema enthält dokumentierte Fälle, aus denen indirekt hervorgeht, dass traumabedingte Gedankenkontrolle in Deutschland, Frankreich und Belgien lange vor dem 20. Jahrhundert praktiziert wurde. Oesterreichs Forschung in den frühen 1900er Jahren war die Art von Forschung, die den MK-Programmierern der Nazis sehr bewusst war. Im Jahr 1921 beschrieben Deutsche wie Oesterreich abrupte Persönlichkeitsveränderungen mit dem Begriff „*somnambule Besessenheit*" (hypnotische Zustände) oder „*dämonischer Somnambulismus*" oder auch „Besessenheit *von Hypnotismus und bösen Geistern*".[358]

---

[358] The Illuminati Formula Used to Create an Undetectable Total Mind Controlled Slave" - Fritz Springmeier & Cisco Wheeler, 1996.

KAPITEL 6

TRAUMA, DISSOZIATION UND VERBINDUNG ZU ANDEREN DIMENSIONEN

Wenn wir nach dem Fleisch leben, kämpfen wir nicht nach dem Fleisch. Denn die Waffen, mit denen wir kämpfen, sind nicht fleischlich, sondern mächtig vor Gott, um Festungen zu zerstören. 2 Korinther 10:3-4

Pater Hilarion Tissot glaubt, dass alle Nervenkrankheiten, die mit Halluzinationen und Wahnvorstellungen einhergehen, dämonische Besessenheit sind, und wenn man die Dinge im kabbalistischen Sinne versteht, hat er völlig recht. Die Geschichte der Magie - Eliphas Levi, 1913

In 1. Korinther 15,44 heißt es: „In den tierischen Leib wird gesät, in den geistigen Leib wird er auferweckt, es gibt einen tierischen Leib und einen geistigen Leib". Wir wissen also, dass wir einen physischen Körper und einen geistigen Körper haben. Durch diesen biologischen Körper haben wir physischen Kontakt mit der materiellen Welt um uns herum. Wir sind uns nicht bewusst, dass wir einen geistigen Körper haben, bis unser physischer Körper stirbt. Das ist es, was Gott für uns vorgesehen hat. Durch Rituale setzen Satanisten Dämonen ein, um den geistigen Körper vom physischen Körper zu trennen. Wenn die Seele und der Geist getrennt sind und der geistige Körper vom physischen Körper getrennt wurde, dann tritt der Mensch bei vollem Bewusstsein in eine ganz andere Dimension ein. Dies ist die Dimension, die ich die innere Welt nenne. Diese Welt ist für den Einzelnen so groß und so real wie die physische Welt für uns. Wir denken, dass Geister einen „dampfenden" Zustand haben, aber Menschen, die in dieser Dimension waren, haben mir berichtet, dass Dämonen Gewicht und Substanz haben. Die Wiederherstellung der Überlebenden von satanischem rituellem Missbrauch - Patricia Baird Clark, 2000

1 - EINLEITUNG

Wir werden nun in eine andere Dimension vordringen, in das Paranormale... Wir werden feststellen, ob es einen Zusammenhang zwischen dissoziativer Identitätsstörung und dämonischer Besessenheit, Dissoziation und übersinnlichen Kräften gibt, wobei ein gemeinsamer Faktor zu sein scheint: Traumata in der Kindheit. Wir werden sehen, dass ein schweres Trauma eine Art spirituelle „Entriegelung" bewirkt, die eine Öffnung zu dem schafft, was wir die *geistige Welt* nennen könnten, d. h. zu Dimensionen jenseits unserer physischen und materiellen Realität. Die Dissoziation, die ein schweres Trauma hervorruft, öffnet bestimmte spirituelle Türen, aber sie formt auch die neurologische Konstruktion des Kindes. Wie wir sehen werden, kann die Kombination dieser beiden Dinge zu paranormalen psychischen Fähigkeiten wie Medialität, Hellsichtigkeit, Remote Viewing usw. führen. Aber dieser traumatische Prozess öffnet auch die Tür für bestimmte Wesenheiten, die diese Brüche ausnutzen, um in die geistige Welt des Opfers einzudringen.

Initiationsrituale, die absichtlich ein Trauma provozieren, werden praktiziert, um Türen zu anderen Dimensionen zu öffnen und den *Eingeweihten* (das kindliche Opfer) spirituell mit der Geisterwelt zu verbinden. Das Phänomen der psychischen Dissoziation im Zusammenhang mit einem Trauma wäre somit eine Art Brücke, die *normale* kognitive Funktionen mit *paranormalen* kognitiven Funktionen verbindet, die die physische Welt mit der metaphysischen Welt verbinden. Die entsprechende Metapher ist die von Alice, *die durch den Spiegel* in eine andere Welt *geht*. Es ist der Zugang zu dieser *„inneren Welt"*, von dem viele Überlebende von rituellem Missbrauch und Gedankenkontrolle sprechen, ein psychischer und spiritueller Bruch, der eine Öffnung zu einer anderen Dimension des menschlichen Wesens schafft... Der Prozess der Dissoziation ist die Grundlage aller spirituellen Praktiken, die auf den Zugang zu anderen Dimensionen abzielen (von der Medialität bis zu *„Astralreisen"*), und Geheimgesellschaften freimaurerischer Art studieren und lehren diese Dinge.

Die Erforschung des Zusammenhangs zwischen dem Phänomen der Dissoziation und dem Phänomen der dämonischen Besessenheit kann ein gewisses Problem darstellen, das überwunden werden muss. Kliniker und andere Therapeuten, die sich mit Psychotraumatologie und Dissoziation befassen, haben bereits große Schwierigkeiten, die Realität dissoziativer Störungen glaubhaft anzuerkennen, ohne mit der *„archaischen, wilden und primitiven"* Welt traditioneller indigener Heiler und anderer *Dämonen jagender* Exorzisten in Verbindung gebracht zu werden. Diese beiden Welten sind jedoch untrennbar miteinander verbunden, wenn wir das Thema richtig verstehen wollen: Dissoziation und Besessenheit sind integrale Bestandteile vorindustrieller und sogar alter religiöser Traditionen. Die moderne Medizin könnte viel von der Welt der traditionellen Heiler lernen, insbesondere im Bereich der Psychiatrie. Die spirituelle Seite von Persönlichkeitsstörungen wird von Therapeuten in der Regel vernachlässigt und von kartesianischen Denkern verspottet, die das Thema Dämonologie schnell als *abergläubische Diablerie* abtun, als Relikt einer *obskuren mittelalterlichen Vergangenheit...* Warum nicht? Aber wenn man weiß, dass es echte Anhänger des Okkultismus, der Rituale aller Art und der schwarzen Magie gibt, Menschen, die fest daran glauben, dass sie Hand in Hand mit Luzifer, dem Fürsten dieser Welt, und seinem Heer von Dämonen arbeiten: Das Problem des „Teufels" abzulehnen, ist keine Option, denn das würde bedeuten, in seine Falle zu tappen, d.h. seine Existenz zu leugnen... Wir würden uns dann ganz und gar seinen Machenschaften und seinen geistigen Angriffen ausgeliefert sehen. Auch wenn Sie nicht daran glauben, sollten Sie wissen, dass manche Menschen wie verrückt daran glauben und bestimmte Rituale buchstabengetreu anwenden...

Der Autor Fritz Springmeier stellt eine interessante Analogie zwischen Dämonologie und Mikrobiologie her. Die meisten Menschen haben noch nie einen Dämon gesehen, so wie sie auch noch nie einen Virus gesehen haben. Dennoch leugnen sie die Existenz des einen und nehmen Antivirenmittel ein, um sich gegen das andere zu schützen. Es wird immer Meinungsverschiedenheiten über die Dämonologie geben, aber so wie es für die Gesundheit vieler Patienten hilfreich war, Viren zu behandeln, haben Opfer von rituellem Missbrauch und Gedankenkontrolle es als hilfreich empfunden, Dämonen zu behandeln, d. h. die spirituelle Seite ihrer psychischen Störungen. War es nicht Pater Georges Morand, der 2011 in France Culture erklärte, dass die Opfer satanischer Kulte, denen er begegnet war, nur durch das Gebet eines Exorzismus entkommen konnten? Sind die Wesenheiten, denen die sibirischen Schamanen auf ihren Astralreisen begegnen oder die sie bekämpfen, nichts als gefrorener Wind? War es nicht eine der Hauptaufgaben von Jesus Christus, als er auf der Erde wandelte, Dämonen auszutreiben und Kranke durch Gebet zu befreien? Hatten einige der von Christus Geheilten eine gespaltene Persönlichkeit und sogar eine gespaltene Seele? In seinem Buch *Jesus: The Evidence (Jesus: Der Beweis)* legt Ian Wilson nahe, dass die vielen besessenen Menschen, die von Jesus Christus geheilt wurden, an einer psychischen Störung gelitten haben könnten.

- Als Jesus an Land ging, kam ihm ein Mann aus den Gräbern entgegen, der von einem unreinen Geist besessen war. Er hatte sein Zuhause in den Gräbern, und niemand konnte ihn mehr binden, nicht einmal mit einer Kette. Viele Male war er gefesselt und in Ketten gelegt worden, aber er hatte die Ketten und Fesseln gesprengt, und niemand hatte die Kraft, ihn zu bändigen. Er war ständig Tag und Nacht in den Gräbern und auf den Bergen, schrie und schlug mit Steinen um sich. Er sah Jesus von weitem, lief zu ihm hin, warf sich vor ihm nieder und rief mit lauter Stimme:

- Was willst du von mir, Jesus, Sohn des Allerhöchsten? Ich beschwöre dich im Namen Gottes, quäle mich nicht. Denn Jesus sagte zu ihm:

- Komm aus dem Menschen heraus, unreiner Geist. Und Jesus fragte ihn:

- Wie ist Ihr Name?

- Legion ist mein Name", antwortete er, „denn wir sind viele.

Markus 5:2-9

Der Besessene antwortet Jesus Christus, dass er *Legion* ist und dass es *viele von ihnen gibt.* Ist es eine Armee von Dämonen? Eine in tausend Teile gespaltene Persönlichkeit? Oder eine Mischung aus beidem? Wie auch immer die Antwort ausfallen mag, der Herr hat diesen Mann befreit und freigelassen.

Der Geist des Herrn, des HERRN, ist über mir,

Denn der Herr hat mich gesalbt.

Er hat mich gesandt, um den Bedrängten eine gute Nachricht zu bringen;

Die Menschen mit gebrochenem Herzen zu heilen,

den Gefangenen ihre Freilassung zu verkünden

Und für die Gefangenen die Befreiung.

(Jesaja 61:1)

Wenn in der Bibel von einem „*gebrochenen Herzen" die Rede* ist, denkt man zunächst natürlich, dass es sich um eine bildliche Bedeutung handelt, eine Metapher, die manchmal zur Beschreibung einer romantischen Beziehung verwendet wird: „*Er hat ihr das Herz gebrochen"*. Aber so wie Jesus Christus sagte*: „Esst, das ist mein Leib, trinkt, das ist mein Blut"*, hat der Ausdruck „*gebrochenes Herz"* nichts Bildliches oder Symbolisches an sich.

John Eldredge, der Autor von „*Wild at Heart: Discovering the Secret's of a Man's Soul"*, hat dazu Folgendes zu sagen:

Wenn Jesaja vom „zerbrochenen Herzen" spricht, verwendet Gott keine Metapher. Im Hebräischen heißt es leb shabar („leb" für „Herz" und „shabar" für „gebrochen"). Jesaja verwendet das Wort „schabar", um einen Busch zu beschreiben, dessen trockene Zweige zerbrochen sind (27,11), um die Götzen Babylons zu beschreiben, die zerbrochen auf dem Boden liegen (21,9), so wie eine Statue in tausend Stücke zerbricht, wenn man sie auf den Boden wirft, oder um einen gebrochenen Knochen zu beschreiben (38,13). Hier spricht Gott wörtlich, er sagt: „Dein Herz ist zerbrochen, ich will es heilen. „

Das hebräische Wort „*leb"* bedeutet nicht nur „*Herz"*, sondern kann auch mit „*Geist"*, „*Seele"* oder „*Gewissen"* übersetzt werden. Theologen sagen uns, dass sich die Begriffe Geist, Seele und Herz im Neuen und Alten Testament auf ein und dasselbe beziehen. Das bedeutet, dass das „*zerbrochene Herz"* bei Jesaja mit dem zerbrochenen Gewissen oder dem zerbrochenen Geist gleichzusetzen ist, der buchstäblich in tausend Stücke zerbrochen ist. Ist dies eine Anspielung auf die Dissoziation? Zu einer Spaltung der Persönlichkeit? Beachten Sie, dass im Alten Testament das hebräische Wort für das Böse „*ra"* ist, von der Wurzel „*Ra'a"*, ein Wort, das auch brechen, zerbrechen, zerreißen bedeutet.

Traumatische Rituale, die zu Trance- und Besessenheitszuständen führen, mit dem psycho-spirituellen Prozess der Persönlichkeitsdissoziation, gab es notwendigerweise in biblischen Zeiten, aber auch in der antiluvianischen und babylonischen Zeit. Das *Gilgamesch-Epos*, das im dritten Jahrtausend v. Chr. in Mesopotamien geschrieben wurde, oder die *Ilias von Omer um 800* v. Chr. berichten von Zeugnissen, die dem entsprechen, was wir heute eine Dissoziation während eines Traumas nennen würden. Heute ist das Bild des Risses und des Bruchs ein wiederkehrendes Thema in der Symbolik der Monarch-Gedankenkontrolle in der Unterhaltungsindustrie. Eine Puppe oder Schaufensterpuppe mit einem zerbrochenen Gesicht, die einen Alter symbolisiert, ist eine klassische Darstellung eines MK-Sklaven mit einer gespaltenen Persönlichkeit (mehr dazu in Kapitel 9)

2 - MULTIPLE PERSÖNLICHKEIT
UND DÄMONISCHE BESESSENHEIT

Ein merkwürdiges Phänomen, das seit Jahrhunderten beobachtet wird, für das es aber noch keine vollständige Erklärung gibt, ist die Tatsache, dass das Individuum Träger einer Persönlichkeit zu sein scheint, die nicht seine eigene ist. Die Persönlichkeit eines anderen scheint ihn zu „besitzen" und sich durch seine Worte und Handlungen auszudrücken, während die eigene Persönlichkeit vorübergehend abwesend ist. Dr. D. Laing - Das gespaltene Selbst

Dr. James Randall Noblitt sagte unter Bezugnahme auf die jüngsten Erkenntnisse über dissoziative Störungen: „Vielleicht nähern wir uns einer neuen naturalistischen Theorie der Geisterbesessenheit. Eine Theorie, die nicht nur für die psychische Gesundheit, sondern auch für die Anthropologie und die historische Interpretation des europäischen Hexenwahns gilt."

Bei der dissoziativen Identitätsstörung ist das *„Ich"* fragmentiert, während bei der Besessenheit der Körper geteilt ist. Bei D.I.D. ist es die *„Ich"*-Einheit (die Hauptpersönlichkeit), die in mehrere Teile aufgespalten wird, während bei Besessenheit eine externe Einheit eindringt. Mit anderen Worten, in der I.D.T. werden die Alter Egos, obwohl sie getrennt sind, als verschiedene Aspekte einer einzigen Person betrachtet. Beim Besitz hingegen wird davon ausgegangen, dass es mehrere externe Entitäten gibt, die von der Person unabhängig und verschieden sind. Bei der I.D.T. müssen die Alter Egos integriert und verschmolzen werden, um die Persönlichkeit in der Psychotherapie wiederherzustellen, während bei der Besessenheit die externen Entitäten in einem Exorzismus aus der Person ausgetrieben werden. Doch wie wir sehen werden, überschneiden sich diese beiden Phänomene, die einander sehr nahe stehen, manchmal und scheinen sogar zu verschmelzen. Es ist daher schwierig zu behaupten, dass alle Fälle von dämonischer Besessenheit systematisch mit einer psychiatrischen Störung zusammenhängen, ebenso wie es schwierig ist zu behaupten, dass das Eingreifen einer externen Entität nur ein Aberglaube ist.

In seinem Buch „Okkulte Knechtschaft und Befreiung" schreibt Dr. Kurt E. Koch Koch schreibt: Der Arzt und berühmte Prediger Dr. Martyn Lloyd-Jones lud mich ein, vor einer Gruppe von Psychiatern zum Thema Esoterik und Okkultismus zu sprechen (...) Daraufhin wurde ich von zwei Psychiatern angegriffen, die behaupteten, dass die biblischen Berichte über dämonische Besessenheit, auf die ich mich bezog, in Wirklichkeit Fälle von Geisteskrankheiten wie Epilepsie oder Hysterie seien (...).Daraufhin erhob sich ein Mann zu meiner Verteidigung und erklärte, dass er allein aus seiner eigenen Erfahrung als Heilpraktiker elf verschiedene Fälle von dämonischer Besessenheit nennen könne. Ein anderer Psychiater schloss sich den Worten seines Kollegen an und fügte hinzu, dass er selbst schon drei oder vier Fälle erlebt habe. Wie wir[359] im vorigen Kapitel anhand der Arbeit von Dr. Janet gesehen haben, bezog sich das, was früher als „Hysterie" bezeichnet wurde, im Allgemeinen auf Fälle von multipler Persönlichkeit.

---

[359] *Okkulte Knechtschaft und Befreiung: Beratung der okkulten Unterdrückten* - Kurt E. Kock, 1972, S.11.

In *The Discovery of the Unconscious (Die Entdeckung des Unbewussten)* verfolgte Henri Ellenberger die Ursprünge der dynamischen Psychiatrie zurück in die magischen Welten der Schamanen und Medizinmänner, einschließlich historischer Berichte über dämonische Besessenheit in Europa. Er schreibt in seinem Buch: *„Die Besessenheit mag verschwunden sein, aber sie wurde durch die Multiple Persönlichkeit ersetzt".* Mit dem modernen Zeitalter des Szientismus ist das Phänomen der dämonischen Besessenheit einem wenig rationalen psychiatrischen Symptom gewichen, über das die akademische Medizin noch immer kaum Bescheid weiß...

Geht es darum, ein „teuflisches", „abergläubisches" Phänomen zu beseitigen und es durch ein rein „neurologisches" Phänomen zu ersetzen? Sind die beiden nicht miteinander verbunden? Könnten nicht bestimmte psychische Störungen, die durch traumatische Brüche verursacht werden, eine „Öffnung" für äußere Wesenheiten hervorrufen? Aber versuchen wir wirklich, die Ursache für diese Persönlichkeitsstörungen zu finden? Es stimmt, dass wir heute beginnen, ernsthaft mit dem Finger auf Traumata zu zeigen und ihre Auswirkungen auf die neurologische Ebene zu verstehen. Aber dieses Phänomen der multiplen Persönlichkeit birgt noch viele Geheimnisse, und wir stellen fest, dass nur sehr wenige Mittel eingesetzt werden, um die Frage ernsthaft zu untersuchen... die, wie wir gesehen haben, unter einer dicken Decke aus Blei begraben bleibt.

In den ersten Berichten über *multiple Persönlichkeiten* werden Personen erwähnt, die vom Teufel oder von Dämonen besessen sind. Dies ist der Fall von Jeanne Fery, einer 25-jährigen französischen Dominikanernonne, die im 16. Jahrhundert in der Gegend von Mons lebte. Ihr Fall wurde von Dr. Désiré Bourneville 1886 in dem Buch *„La Possession de Jeanne Fery"* beschrieben. Bourneville selbst sagte, Jeanne Fery sei *„der perfekteste Fall einer gespaltenen Persönlichkeit".*

Bourneville spricht von einem Fall von „gespaltener Persönlichkeit", und seine Beschreibung enthält alle Kriterien, die heute im psychiatrischen Handbuch DSM zur Beschreibung von IDD genannt werden. Der Exorzistenpriester von Jeanne Fery beschrieb eine *„Zersplitterung ihrer Identität"* und erwähnte auch ein Trauma in ihrer frühen Kindheit. Jeanne Fery war von mehreren „Dämonen" besessen, die unterschiedliche Funktionen hatten. Es gab einen Dämon, der ihre Essstörungen kontrollierte, und einen anderen, den *„Sanguinary",* der sie dazu brachte, sich zu ritzen, weil er *Fleischstücke wollte.* Ein dritter „Teufel" wurde *„Garga"* genannt, dessen Aufgabe es war, sie davor zu bewahren, den Schmerz der Schläge zu spüren, die sie als Kind erhalten hatte. Er zwang sie jedoch, die Traumata erneut zu durchleben, indem er sie mit dem Kopf und dem Körper schlug. Garga zwang sie auch mehrmals zu Selbstmordversuchen durch Anritzen oder Strangulieren.

Jeanne Fery zeigte auch dissoziative Symptome wie Amnesie während dieser *Persönlichkeitsveränderungen,* Trancezustände, innere Stimmen und zweite Zustände, in denen sie extreme Wut oder extreme Traurigkeit zeigte. Manchmal wurde sie als *„rasend vor Wut"* beschrieben und konnte bis zu sieben Tage und Nächte lang nicht aufstehen, geschweige denn sich hinlegen. Fery gab an, dass sie Visionen der heiligen Maria Magdalena hatte, die manchmal zwischen ihr und den Dämonen stand. Einige Autoren behaupten, dass es sich dabei um eine andere ihrer Persönlichkeiten handelte, die andere *Maria Magdalena*, die rationale und nützliche Persönlichkeit, die gewöhnlich in den kritischsten Momenten erschien, um die Situation zu beruhigen.

Cornau" war der erste „Teufel", der von ihr Besitz ergriffen hatte, und er verriet der Nonne, dass er ihr Vater war, seit sie vier Jahre alt war. Dann erfuhr man, dass das kleine Mädchen von ihrem leiblichen Vater verflucht worden war, als sie zwei Jahre alt war, was den Weg zu diesem *Cornau* eröffnete, der ihre sehr seltsamen Essstörungen verursachte. Jeanne konnte diese „Teufel" sehen, sie konnte sie in ihrem Inneren hören und sie übernahmen manchmal gewaltsam die Kontrolle über ihren Körper mit Wutausbrüchen, bei denen sie gefesselt und eingesperrt werden musste. Sie äußerten sich auch in kindlichem Verhalten oder in Schluchzen und starken körperlichen Schmerzen. Das Krankheitsbild war dem der heutigen Patienten mit schweren dissoziativen Störungen sehr ähnlich.

Während der Zeit, in der die Exorzismusrituale durchgeführt wurden, gab es Verbesserungen und Rückfälle, bei denen sich die Symptome verschlimmerten, aber insgesamt verbesserte sich Jeannes Zustand. Die 21-monatige Behandlung umfasste die ständige Betreuung durch die Schwestern und Jeannes Einverständnis, ihre „Dämonen", die die Rolle des *Vaters* und des *Großvaters* spielten, austreiben zu lassen. Jeanne Fery führte 1584 ein Tagebuch über ihren eigenen Exorzismus, der auch von dem Priester, der das Ritual durchführte, detailliert beschrieben wurde:

- 12. April 1584: Der Dämon „Namon" enthüllt seinen Namen. Jeanne hat ihr gesamtes religiöses Wissen verloren.

- 28. Juni 1584: Maria Magdalena erscheint erneut und Johanna erzählt ihr von den Verträgen, die in ihrem Körper geschrieben sind und die sie mit den Dämonen in Verbindung bringen.

- 25. August 1584: Maria Magdalena erscheint und spricht zum ersten Mal. Joan unterzeichnet einen schriftlichen Vertrag, um die Verbindung mit ihren Dämonen zu unterbrechen. Eine weitere Episode der Skarifizierung, aber die Entscheidung wird getroffen, den Exorzismus fortzusetzen. Die Dämonen geben ein Stück ihres Fleisches zurück, das Jeanne ihnen gegeben hatte. Der Exorzismus gilt als erfolgreich, weil die Dämonen beim Verlassen des Hauses einen Ziegel zerschlagen haben, ein Signal, das zuvor abgeschlossen worden war.

- September 1584: Jeanne ist sehr krank und leidet unter ihren selbst zugefügten Wunden. Sie fühlt sich nun frei von ihren Dämonen, mit Ausnahme von Garga und Cornau.

- 9. November 1584: Als sie 4 Jahre alt war, wurde Cornau ihr Vater. Er verführte sie mit Bonbons und Süßigkeiten. Ohne ihn wäre sie stumm und unwissend. Kanonikus Jean Mainsent spricht mit Cornau und verspricht, an seiner Stelle Jeannes Vater zu werden. Maria Magdalena erscheint erneut und bietet Schutz an. Joan wird wie ein Kind. Sie bittet den Erzbischof, ihr Großvater zu werden, was dieser auch akzeptiert.

- 12. November 1584: Während der Messe spielt sie mit dem Gnadenbild der Maria Magdalena wie ein Kind mit einer Puppe. Sie zeigt auch ihr Herz, was darauf hindeutet, dass es dort schmerzt. Jeanne wird in das präverbale Stadium zurückversetzt. Der Erzbischof beginnt dann, sie zu unterrichten, als wäre sie wirklich 4 Jahre alt. Er segnet jeden Teil ihres Körpers und liest ihr die schriftliche Beichte vor. Nachdem sie ihr die Beichte abgenommen hat, benimmt sich Jeanne immer noch wie ein Kind, aber sie kann wieder selbstbewusster gehen und sprechen. Neun Tage lang befragt der Erzbischof sie über ihre frühe Kindheit. Sie erhält die Absolution und zieht für ein Jahr in die Erzdiözese zu ihrer Krankenschwester, Schwester Barbe, um ihre Befreiung von den Dämonen und ihre Rehabilitation zu vollenden. Maria Magdalena verschwindet. Auch die Sehschwäche auf dem rechten Auge, die seit 10 Jahren bestand, verschwand.

- 6. Januar 1586: Johanna gerät während der Messe in Ekstase und sieht Maria Magdalena. Jeanne erzählt dem Erzbischof, dass Maria Magdalena ihr Versprechen, das sie ein Jahr zuvor gegeben hatte, gehalten hat und nun frei von Dämonen ist. Sie hat ihre geistige Kraft zurückgewonnen und kehrt ins Kloster zurück, um ihren Platz im Gemeinschaftsleben wieder einzunehmen.

Hier sind einige Notizen, die auf dem basieren, was Jeanne selbst in ihrem Tagebuch über die Entwicklung ihrer Probleme berichtet hat: „Im Alter von 2 Jahren wird sie von ihrem Vater dem Teufel übergeben, der sie verflucht. Im Alter von 4 Jahren wurde sie vom Teufel Cornau verführt, der ihr in Gestalt eines hübschen jungen Mannes Äpfel und Weißbrot anbot. Sie akzeptiert ihn dann als ihren Vater. Im Alter von 4 bis 12 Jahren erscheint ein anderer Teufel (vielleicht Garga). Der Teufel Garga verspricht ihr, dass sie die Schläge, die sie erhält, nie wieder spüren wird. Als Teenager lebt sie, um mehr Freiheit zu haben, bei ihrer Mutter. Sie geht bei einer Näherin in der Stadt Mons in die Lehre. Sie muss tun, was ihre Dämonen von ihr verlangen, oder sie wird gefoltert. Eine Vielzahl von neuen Dämonen dringt in sie ein. Zuvor hatte sie nur zwei oder drei (wahrscheinlich Namon, Cornau und Garga). Sie verspricht den Dämonen, ihre Anwesenheit geheim zu halten. Bei ihrer Erstkommunion muss sie gegen sie kämpfen. Sie untergraben ihre Vorsätze in jeder Hinsicht, beherrschen ihre Zunge während der Beichte, einer gibt ihr während des eucharistischen Fastens Süßigkeiten, ein anderer verletzt ihre Kehle, damit sie die Hostie ausspuckt, usw. Trotz dieser Hindernisse trat Jeanne in das Dominikanerinnenkloster ein, doch der innere Konflikt hielt an. Neue Dämonen tauchen auf: „Verräter", „Zauberkunst", „Häresie" und viele andere. Sie verlangen die Kontrolle über ihr Gedächtnis, ihre Intelligenz und ihren Willen. Sie beginnt, sich auf falsche Zeremonien einzulassen, sie unterschreibt Pakte, die in fremden Alphabeten geschrieben sind, mit ihrem Blut. Die Dämonen verlangen, dass sie sich von allen Bindungen lossagt, außer denen, die sie an sie binden. Sie geben ihr Festmahle, die ihr Vergnügen bereiten, sie verursachen aber auch Schmerzen, wenn sie versucht, an christlichen Festtagen zu essen, denn sie bringen ihren Körper dazu, die Nahrung abzulehnen. Die Dämonen Wahre Freiheit, Ketzerei und Namon verwickeln sie sogar in ein Sakrileg. Die Dämonen „Bloody", „Bow" und andere zwingen sie, sich Fleischstücke abzuschneiden, sie willigt sogar ein, sich von den Dämonen aufhängen zu lassen und stirbt fast. Sie hat das Gefühl, dass sie nur Dämonen liebt und Angst vor Menschen hat."

Jeanne Fery gab an, dass sie nicht mehr in der Lage war, ihren Körper zu kontrollieren, und dass sie immer das Gegenteil von dem sagte, was sie meinte - ein Symptom, das heute als klinisches Anzeichen für ADS gilt. Ein weiteres klinisches Zeichen ist die Amnesie, die sie hatte, als sie eine Kinderidentität hatte, oder verlorene Gegenstände, die von Dämonen „versteckt" wurden. Der Wechsel zwischen gutem Funktionieren und extremer Dysfunktion, die Vision der „Dämonen", die sie hört und die miteinander sprechen, deuten ebenfalls darauf hin, dass es sich um eine gespaltene Persönlichkeit handelt. Neben der Amnesie und den Manifestationen verschiedener Persönlichkeiten litt Jeanne Fery unter schweren somatischen Störungen: Sie litt regelmäßig unter Blutverlust, Erbrechen, Erstickungsanfällen, krampfartigen Bewegungen ihrer Gliedmaßen, körperlichen Schmerzen (Kopf, Herz und Unterleib), Schlaflosigkeit, Appetitlosigkeit, Sprachverlust, Blindheit... aber auch manchmal unter extremer Muskelkraft... was laut den Exorzistenpriestern ein Kriterium für dämonische Besessenheit ist. Sie sagte, dass bestimmte „Teufel" bestimmte Bereiche ihres Körpers bewohnten und störten, wie z. B. ihre lästernde Zunge, ihr blindes Auge oder ihre Halsentzündung.

Im Fall von Jeanne Fery gibt es Hinweise auf körperliche Misshandlung in der frühen Kindheit, vielleicht sogar auf sexuellen Missbrauch. Eine ihrer ersten Dissoziationen erschien als „Teufel", als sie als Kind geschlagen wurde. Später half der Teufel *Garga* ihr, die Schläge nicht mehr zu spüren. Jeanne erwähnt auch, dass ihr Vater sie verfluchte und *„der Macht des Teufels übergeben" hat*, als sie zwei Jahre alt war. Im Alter von vier Jahren wurde sie dann von dem Teufel *Cornau* verführt und nahm ihn als ihren Vater an. Dies könnte auf sexuellen Missbrauch durch ihren Vater hindeuten, als sie 4 Jahre alt war, denn Jeanne scheint eine andere Person zu erschaffen, um ihn zu ersetzen. Ein vierjähriges Kind ist nämlich nicht in der Lage, das Bild des guten Vaters mit dem des Missbrauchstäters zu vereinen. Heute schreiben sehr kleine Kinder ihre Misshandlungen Monstern oder Vampiren zu. Der kulturelle Kontext, in dem Jeanne lebte, könnte ihr dieses Bild des Teufels vermittelt haben.[360]

Ein weiterer Fall aus dem Jahr 1623 ist der von Schwester Benedetta Carlini in Italien. Diese Frau wurde als von drei *„Engelsjungen"* besessen beschrieben, die manchmal die Kontrolle über ihren Körper übernahmen. Jeder dieser „Jungen" sprach durch sie mit einem anderen Dialekt, einer anderen Stimme und hatte eine andere Mimik. Benedetta hatte eine totale Amnesie darüber, was geschah, als die verschiedenen „Jungs" auftauchten.

Außerdem litt sie an Essstörungen und Selbstverstümmelung. In ihrem Fall gab es auch Hinweise auf ein Kindheitstrauma, ihre Eltern sollen besessen gewesen sein... Das Kind war im Alter von 9 Jahren in ein Kloster gesteckt worden, das Alter, in dem ihr sexuell missbrauchter Alter *„Splenditello"* fixiert

---

[360] *Jeanne Fery: A Sixteen Century Case of Dissociative Identity Disorder* - Onno van der Hart, Ruth Lierens und Jean Goodwin, The Journal of Psychotherapy 24, 1996.

geblieben war. Ihre Symptome wurden nach dem Tod ihres Vaters unkontrollierbar....

Hatten Jeanne Fery und Benedetta Carlini „einfach" eine gespaltene Persönlichkeit, ohne dass externe böswillige Wesen eingriffen? Es ist schwer zu sagen... Ein normaler Psychiater würde sagen, dass es sich nur um eine schwere dissoziative Störung handelt, während ein normaler Priester sagen würde, dass es sich um böse Geister außerhalb der Person handelt. Forscher glauben jedoch, dass die beiden Phänomene eng miteinander verbunden sind...

In einem Vortrag aus dem Jahr 2008 zitiert Pater François Brune einen Fall von Besessenheit, der sich in Italien ereignet hat. Ein Fall, über den der Dämonologe Mgr. Corrado Balducci berichtet. Dieser Fall dauerte sieben Jahre, von 1913, als der Befall begann, bis 1920, als sie entbunden wurde: *„Nach der Segnung vertraute sie sich dem Priester an. Sie erzählte ihm, dass zu bestimmten Tageszeiten eine geheimnisvolle, ihr überlegene Kraft von ihrem Körper und ihrer Seele Besitz ergreift und dass sie dann trotz ihres Widerstands stundenlang im Rhythmus eines Tangos tanzt, bis sie vor Erschöpfung umfällt. Sie sagte, dass sie mit einer wunderschönen Stimme Verse, Romanzen und Opernstücke sang, die sie noch nie zuvor gehört hatte. Sie hielt endlose Vorträge in Fremdsprachen, die sie nicht kannte, vor einem imaginären Publikum. Sie sang Gedichte, die ihren eigenen Tod und den aller ihrer Schwestern voraussagten. Sie hat oft alles, was sie finden konnte, mit ihren Zähnen zerrissen. Sie terrorisierte alle im Haus, brüllte, miaute und schrie immer lauter, so dass das ganze Haus zu bestimmten Zeiten zu einer Menagerie von wilden Tieren wurde."*

Pater Brune sagt uns, dass die Frau sogar ein Phänomen des Schwebens 50 Zentimeter über dem Boden gezeigt hätte... Etwas, das ein Psychotiker allein nicht tun kann, niemand kann so etwas normalerweise tun. Diese Frau war sich ihrer seltsamen Handlungen, die von einer bösen Macht außerhalb ihrer selbst gesteuert wurden, durchaus bewusst. Es war eine Situation, die sie verzweifeln ließ und sie sogar an Selbstmord denken ließ. In diesem Fall gab es keine Amnesie-Mauer zwischen ihrem besessenen Zustand und ihrem normalen Zustand, und es gab eine „äußere Kraft", die die Person beeinflusste. Von Dämonen besessene Menschen haben oft Verhaltensweisen gezeigt, die übernatürlich sind und sogar den Bereich des Unvorstellbaren überschreiten. Die „spektakulärsten" dämonischen Besessenheiten lassen sich nicht einmal durch die extremste psychotische Störung erklären. Es gibt zwangsläufig ein Eingreifen äußerer Kräfte, die über die Gesetze der Physik hinausgehen. In einer Konferenz mit dem Titel „Dämonische Besessenheit" aus dem Jahr 2008 beschrieb Pater François Brune einige recht beeindruckende Fälle. Insbesondere erzählt er von einem Exorzismus, der 1842 in Deutschland von einem protestantischen Pfarrer durchgeführt wurde, um eine junge Frau namens Gottliebin zu befreien. Die einzigen Waffen des Pfarrers waren das Gebet, der Glaube und das Fasten... Die damaligen Ärzte, die diese Phänomene beobachteten, verstanden nichts. Die Wesen, die von der jungen Frau Besitz ergriffen hatten, erwiesen sich als eine wahre Legion. Die Dämonen erklärten sich zuerst als 3, dann als 7, dann als 14, dann als 175, dann als 425... Es ist möglich, dass die von diesen Wesenheiten angegebenen Zahlen offensichtlich fantasievoll sind, aber eines ist sicher, nämlich dass eine Schar von Dämonen diese Frau *bewohnte*. In diesem Fall gibt es offenbar keinen Hinweis auf eine Persönlichkeitsveränderung, Amnesie oder eine traumatische Vergangenheit der Frau, der Pfarrer spricht nur von Hexerei. In seinem Vortrag zitierte Pater Brune einige Passagen aus dem Bericht des deutschen Pfarrers Johan Christoph Blumhardt, den er ins Französische übersetzt hatte:

Es war für mich erschreckend zu erkennen, dass das, was zuvor als der lächerlichste Volksaberglaube galt, aus der Welt der Märchen in die reale Welt kam. Es begann mit dem Erbrechen von Sand und Glas. Nach und nach kamen Stahlstücke aller Art zum Vorschein, alte Holznägel, alle verbogen. Eines Tages sah ich, wie nach langem Würgen zwölf Stück nacheinander in das Becken fielen, das wir ihm vor den Mund hielten. Dann gab es Schnürsenkel in verschiedenen Formen und Größen, die oft so lang waren, dass es schwer zu verstehen war, wie sie aus der Speiseröhre herauskommen konnten. Einmal ein Metallstück, das so groß und breit war, dass ihr der Atem stockte und sie mehrere Minuten lang wie tot war. Es gab auch unglaubliche Mengen von Stecknadeln, Nadeln und Stücken von Stricknadeln, manchmal allein und manchmal gemischt mit Papier und Federn (...) Aus der Nase habe ich auch viele Stecknadeln gezogen (...) Aus den Nadeln habe ich Mengen aus dem Unter- und Oberkiefer gezogen. Zuerst hatte sie schreckliche Zahnschmerzen, obwohl man nichts sehen konnte, und schließlich konnte man die Stacheln spüren. Sie kamen immer mehr heraus, und irgendwann konnte ich sie greifen, aber es kostete mich immer noch viel Mühe, sie loszuwerden. Zwei alte Drahtstücke, die auf die Länge eines Fingers gebogen waren, tauchten einmal in ihrer Zunge auf. Bei einer anderen Gelegenheit hatte sie zwei lange Drähte, die sich an mehreren Stellen unter ihrer Haut verknotet und verheddert hatten. Meine Frau und ich brauchten eine Stunde, um sie vollständig zu entfernen, und Gottliebin verlor mehr als einmal das Bewusstsein, wie es oft vorkam. Außerdem traten zu verschiedenen Zeiten so oft Stücke von Stricknadeln oder ganze Nadeln aus seinem Oberkörper, dass ich die Zahl auf mindestens dreißig schätzen kann. Sie lagen entweder am Boden oder standen senkrecht, in letzterem Fall oft direkt in der Herzgegend. Wenn die Nadeln schon halb heraus waren, musste ich eine halbe Stunde lang mit aller Kraft daran ziehen. Ich kann es niemandem verübeln, wenn er solchen Geschichten gegenüber skeptisch ist, denn es ist zu viel, was man glauben oder sich vorstellen kann. Aber ich konnte all diese Beobachtungen und Experimente fast ein ganzes Jahr lang machen, und zwar immer in Anwesenheit vieler Zeugen. Ich war sehr darauf bedacht, böse Gerüchte zu vermeiden, und deshalb kann ich diese Ereignisse in aller Gelassenheit erzählen, denn ich bin mir absolut sicher, und sei es nur wegen Gottliebins Charakter, dass es nie auch nur die geringste Täuschung gegeben hat. Jedes Mal, wenn ich sie zu dieser Zeit besuchte, ob ich nun gerufen wurde oder nicht, passierte wieder etwas, und nach einer Weile fand an irgendeinem Teil ihres Körpers ein neuer Trick der Hexerei statt. Die Schmerzen waren immer schrecklich, und fast jedes Mal verlor sie das Bewusstsein. Normalerweise schrie sie: „Ich werde sterben! aber das Gebet allein würde alles regeln. Wenn sie irgendwo über Schmerzen klagte, brauchte ich nur meine Hand, meist auf ihren Kopf, zu legen. Aufgrund meiner langjährigen Erfahrung im Glauben war ich mir sicher, dass das kurze Gebet, das ich sprach, sofort Wirkung zeigte. Sie spürte sofort, wie sich das Ding in ihr bewegte oder sich umdrehte, um einen Ausweg zu finden. Der schwierigste Teil war die Durchquerung der Haut, und es fühlte sich oft lange Zeit so an, als würde etwas von innen nach außen drängen. Es hat nie geblutet, es war nicht wie eine Wunde. Wir konnten höchstens einen Moment lang erkennen, woher etwas kam, zumindest solange es allein durch die Kraft des Gebets geschah."

In einer im April 2004 ausgestrahlten *Planet* Channel-Sendung über Exorzisten behauptete Msg Laroche, ein orthodoxer Bischof, persönlich gesehen zu haben, wie eine besessene Frau winzige Kröten und Würmer ausspuckte...

Umgekehrt traten im Leben der Heiligen regelmäßig bestimmte übernatürliche Phänomene auf, die diesmal göttlicher Natur waren, wie z. B. das Ausströmen von frischen Rosenblättern aus dem Mund. Pater Brune stellt fest, dass es eine Parallelität zwischen den Phänomenen der Besessenheit und der Mystik gibt. Es handelt sich um dieselbe Art von Manifestationen, aber in einer positiven Art und Weise, in etwas Schönem. Dies ist der Fall von Mutter Yvonne-Aimée de Jésus aus dem Kloster Malestroit, die in ihrem Bett, als sie sich bedrückt fühlte, eine rote Nelke auf der Höhe ihres Herzens aus ihrem Körper kommen sah. *Mir scheint, ich höre das Fleisch knacken, es reißt, und als die Nelke herauskommt, schließt sich die Wunde in ihrem Herzen ohne eine Narbe. (...) „Die Rosen kamen immer wieder aus Aimees Herz. Wir haben jetzt fünf. Der letzte kam, als sie am Fuß des Altars stand. (...) Die Rose kletterte in Richtung ihres Halses, ich zog mit Kraft daran, ihr langer dorniger Stiel kämpfte darum, herauszukommen. Diese letzte Rose war es, unter der Aimée am meisten litt, die anderen waren dornenlos."*

In seinem Buch mit dem Titel „Was tun mit all diesen Teufeln? schreibt der italienische Exorzist Raul Salvucci: „Bei Besessenheit oder diabolischer Besessenheit verschwindet die Persönlichkeit des Menschen; an ihrer Stelle übernimmt eine andere Entität den Körper, die Sinne, die Fähigkeiten und spricht, handelt, bewegt und drückt sich durch diesen menschlichen Körper aus. Wenn die Befreiung eintritt, hat die Person zwei Empfindungen:

- Die erste ist, dass sie sich an nichts erinnert, was sie gesagt hat oder was passiert ist, als wäre sie für einen chirurgischen Eingriff narkotisiert worden. Manchmal fragt sie auch: „Wie spät ist es, wo bin ich? Als sie nach ihrer Freilassung die blauen Flecken an ihren Handgelenken betrachtet, die von denjenigen verursacht wurden, die sie mehrere Stunden lang festgehalten hatten, sagt eine besessene Person: „Wer hat mir das angetan? „

- Zum anderen fühlt sie sich durch die Gewalt, die ihr angetan wurde, um ihre „böse" Persönlichkeit auszuschalten, völlig erschöpft.

Warum manche Menschen auf so grausame Weise heimgesucht werden können und wie diese schreckliche Form der teuflischen Besessenheit zustande kommt, ist schwer zu sagen."[361]

---

[361] *Was soll man mit all diesen Teufeln machen? Das Zeugnis eines Exorzisten* - Raul Salvucci, 2001, S.41-42.

Im Jahr 2010 wurde in Uganda eine Studie durchgeführt. Ziel war es, die Beziehungen zwischen dämonischer Besessenheit, dissoziativen Symptomen und Trauma zu untersuchen. Die Studie bestand aus einer Gruppe von 119 Personen, die von traditionellen Heilern als besessen diagnostiziert wurden, im Vergleich zu einer Kontrollgruppe von 71 Personen, die nicht besessen waren. Die Bewertungen umfassten demografische Angaben, Dissoziationskriterien und potenziell traumatische Elemente im Leben der Betroffenen. Im Vergleich zur Kontrollgruppe zeigte die besessene Gruppe schwerere dissoziative Störungen, aber auch mehr traumatische Elemente in ihrem Leben. Die Zusammenhänge zwischen diesen traumatischen Ereignissen und dissoziativen Störungen waren signifikant. Die Studie kam zu dem Schluss, dass es sich bei der Besessenheit durch Entitäten um eine dissoziative Störung handelt, genauer gesagt um einen „dissoziativen Trancezustand" im Zusammenhang mit traumatischen Ereignissen. Hier ein kurzer Auszug aus der Studie, der die starke Ähnlichkeit zwischen dämonischer Besessenheit und dissoziativen Störungen zeigt: „In einen anderen Bewusstseinszustand eintreten und in einer Sprache sprechen, die man nie zuvor gelernt hat. Später können sie sich nicht mehr daran erinnern, in diesen Sprachen gesprochen zu haben. "[362]

Das DSM-IV definiert die dissoziative Trance wie folgt:

Störungen des Bewusstseins, der Identität oder der Erinnerung, die einmalig oder episodisch auftreten und für bestimmte Orte und Kulturen spezifisch sind. Bei der dissoziativen Trance kommt es zu einer Verengung des Wahrnehmungsfeldes der unmittelbaren Umgebung sowie zu stereotypen Verhaltensweisen oder Bewegungen, die sich der Kontrolle der Betroffenen entziehen. Im Zustand der Besessenheit tritt an die Stelle des Gefühls der eigenen Identität eine neue Identität, die auf den Einfluss eines Geistes, einer Macht, einer Gottheit oder einer anderen Person zurückzuführen ist. Dies kann mit einer Amnesie einhergehen. Sie ist vielleicht die häufigste dissoziative Störung in Asien. Amok (Indonesien), Behainan (Indonesien), Latab, (Malaysia), Pibloktoq (Arktis), Ataque de Nervios (Lateinamerika) sind bekannte Beispiele.

Eine weitere Studie über den Zusammenhang zwischen Besessenheit, dissoziativen Trancezuständen und I.D.T. wurde 1995 von Stefano Ferracuti in Italien durchgeführt. Die Probanden wurden durch den Exorzisten der Diözese Rom, Don Gabriele Amorth, rekrutiert. In dieser Studie wurden zehn Personen, die sich einer Exorzismus-Sitzung gegen dämonische Besessenheit unterzogen, anhand der diagnostischen Kriterien für dissoziative Störungen sowie mit dem Rorschach-Test untersucht. Diese Menschen wurden von paranormalen Erscheinungen überwältigt und behaupteten, von einem Dämon besessen zu sein. Sie hatten offensichtlich große Schwierigkeiten, ein normales soziales Leben zu führen. Diese Menschen hatten viel mit Patienten gemeinsam, die an einer psychischen Störung litten, und die Rorschach-Tests zeigten, dass auch sie eine komplexe Persönlichkeitsstruktur aufwiesen. Die dissoziativen Trancezustände dieser „Besessenen" wiesen große Ähnlichkeiten mit I.D.D. auf.

---

[362] „Dissoziative Symptome und berichtetes Trauma bei Patienten mit Geisterbesessenheit und gesunden Kontrollpersonen in Uganda" - van Duijl, Nijenhuis, Komproe, Gernaat, de Jong, 2010

In dem Bericht über die Studie heißt es, dass dissoziative Trancezustände, insbesondere Besessenheitsstörungen, wahrscheinlich häufiger vorkommen, als wir denken, dass es aber zu wenige genaue klinische Daten zu diesem Thema gibt. In dieser Studie berichteten die Probanden, dass eine psychiatrische Behandlung ihre Symptome nicht verbesserte, während Exorzismusrituale eine gewisse Verbesserung brachten. Fast alle sagten, dass der Exorzismus geholfen hat, den Dämon unter Kontrolle zu halten, dass er sie nach den Gebeten weniger belästigt hat.[363]

Für Pater Angelo, den Exorzisten einer italienischen Diözese, hat Besessenheit nichts mit I.D.T. zu tun. In dem Buch „Confidences d'un Exorciste" hat er den beiden französischen Journalistinnen Nathalie Duplan und Valérie Raulin Folgendes anvertraut:

Im Falle der Besessenheit dringt der Dämon in den Körper des Menschen ein und übernimmt die Kontrolle über ihn, als wäre es sein eigener. Geistige Wesen, denen dies fehlt, benutzen die Organe und Gliedmaßen der besessenen Person, um sich zu bewegen und zu sprechen, ohne dass die unglückliche Person sie aufhalten kann. Trotz der Qualen, die der Teufel verursacht, bleibt die Seele frei. Dies beweist, dass der Teufel keine unbegrenzte Macht über den Menschen hat, da Gott ihm nicht erlaubt, die Seele zu besitzen. Ich habe auch darauf bestanden, dass Besessenheit keine „multiple Persönlichkeitsstörung" oder eine „dissoziative Persönlichkeitsstörung" ist, wie Psychiater behaupten, sondern eine spirituelle Realität, die sich unserem Verständnis entzieht und auf geheimnisvolle Weise Teil von Gottes Plan ist. Der Dämon kann nicht tun, was Gott verbietet, und seine Macht, Schaden anzurichten, ist nicht unbegrenzt (...) Es ist sehr beeindruckend zu sehen, wie der Satan oder ein anderer Dämon einen Körper bewohnt, ihn nach Belieben bewegt, ihn auf unwahrscheinliche Weise manipuliert und sich dann unterwirft und keinen Widerstand leistet, wenn der Priester ihm die Hände auflegt. Auch hier gilt, dass die Unterwerfung nicht sofort erfolgt, vor allem, wenn man es mit sehr mächtigen Dämonen zu tun hat. Ich erinnere mich, dass Dämonen wie Engel Geister sind, in denen es eine Hierarchie gibt. Erzengel sind mächtiger als Engel. Bei den Dämonen ist es dasselbe, einige sind den anderen überlegen. Die mächtigen Dämonen werden schnell erkannt, weil sie zunächst nicht reagieren, sondern Widerstand leisten, während die Dämonen niedrigeren Ranges gezwungen sind, zuerst zu gehen."[364]

In seinem Buch „Exorzismen und Kräfte der Laien: Diabolische Einflüsse" schreibt Pater Ovila Melançon: „Es ist nicht bekannt, dass es Neurose-Krankheiten und Neurose-Dämonen gibt. Manchmal wird einer Spaltung der Persönlichkeit zugeschrieben, was in Wirklichkeit nur das Eingreifen eines gefallenen Geistes sein wird. Man muss auch wissen, dass eine echte teuflische Besessenheit fast immer von psychischen und nervösen Störungen begleitet wird, die vom Dämon erzeugt und verstärkt werden und

---

[363] Dissoziative Trance-Störung: klinische und Rorschach-Befunde bei zehn Personen, die von Dämonen besessen waren und durch Exorzismus behandelt wurden" - Stefano Ferracuti, Roberto Sacco und Renato Lazzari, Abteilung für Psychiatrie und Psychologie, Universität Rom. 1995.

[364] Confidences d'un Exorciste - Nathalie Duplan und Valérie Raulin, 2012.

deren Erscheinungsformen und Symptome medizinisch mit denen von Neurosen identisch sind (...)Pater Francesco Palau, der am 25. April 1988 von Papst Johannes Paul II. seliggesprochen wurde, hatte Recht, wenn er die Geisteskranken aufnahm und sie alle exorzierte, so dass „die Besessenen geheilt wurden und die Kranken krank blieben", wie Pater Gabriele Amorth in seinem Buch „Ein Exorzist erzählt" feststellte. Derselbe Autor schrieb zu Recht: „Ich bin mit allen anderen Exorzisten, die ich konsultiert habe, übereingekommen, dass ein Exorzismus in Fällen, in denen er nicht notwendig war, niemals schädlich gewesen ist". Das ist die wahre Seelsorge, die in der Kirche zu finden sein sollte, eine Seelsorge, die der authentischen Lehre der Kirche über den Exorzismus entspricht!"[365]

In einem Interview aus dem Jahr 2011 sagte der Exorzist der Diözese San José in den Vereinigten Staaten, Pater Gary Thomas: „Im Allgemeinen können Menschen (vom Dämon) berührt werden, wenn sie schwierige Dinge in ihrem Leben erlebt haben. Das ist meine Meinung, die auf meiner Erfahrung beruht. Bei Menschen, die in der Vergangenheit sexuell missbraucht wurden, ist es sogar noch aufschlussreicher. Es handelt sich um tiefe Wunden der Seele, die das Leben der Person auf allen Ebenen beeinflussen (...) Dämonen wollen sich an Menschen mit einer Geschichte sexuellen Missbrauchs binden. Ich würde sagen, dass acht von zehn Menschen, die mit Problemen der dämonischen Besessenheit zu mir kommen, sexuell missbraucht wurden, in der Regel von einem Elternteil, Bruder oder einem anderen Familienmitglied. Das bedeutet nicht, dass jeder, der sexuell missbraucht wurde, Probleme mit dämonischer Besessenheit hat, aber das Risiko ist größer."[366]

Im DSM-IV wurden sowohl Besessenheit als auch DID als „dissoziative Störungen" eingestuft. In der neuen Definition der dissoziativen Identitätsstörung im DSM-V von 2013 heißt es: *„Störung der Identität durch mindestens zwei verschiedene Persönlichkeiten, die in einigen Kulturen als Besessenheitserlebnis beschrieben werden kann."*

Wir sehen also, dass die Unklarheit real ist und dass keine ernsthafte Studie, zumindest keine öffentlich zugängliche, durchgeführt wird, um dieses Phänomen zu verstehen. Die Symptome von dämonischer Besessenheit und multipler Persönlichkeit sind in der Tat bemerkenswert ähnlich, der Professor und klinische Psychologe James Randall Noblitt hat diese Gemeinsamkeiten aufgelistet:[367]

- Sowohl Besessenheit als auch I.D.T. treten bei Frauen häufiger auf als bei Männern. Ein Phänomen, das bei Frauen siebenmal häufiger auftritt als bei Männern, wobei Frauen leichter zu dissoziieren scheinen als Männer.
- Beide werden als Folge traumatischer Erfahrungen, Rituale oder Initiationsversuche berichtet.

---

[365] Exorzismen und Kräfte der Laien - diabolische Einflüsse" - Pater Ovila Melançon, 1996, S. 62.

[366] „Interview: Pater Gary Thomas, Inspiration für 'The Rite'" - Peg Aloi, 2011.

[367] *Cult & Ritual Abuse* - James Randall Noblitt & Pamela Perskin Noblitt, 2014, S.45.

- Sie werden sowohl mit primitiven oder vorindustriellen Kulten als auch mit modernen assoziiert.
- Geheimhaltung ist oft ein gemeinsamer Faktor bei Besitz und I.D.T.
- Die Betroffenen berichten von Amnesie sowohl bei Besessenheit als auch bei I.D.T.
- Tranceerfahrungen sind häufig.
- Der Einzelne erfährt zu einem bestimmten Zeitpunkt ein gemeinsames Bewusstsein mit der anderen Persönlichkeit oder Entität.
- Einzelpersonen zeigen ein Verhalten, das nicht ihren üblichen Eigenschaften entspricht.
- Die Identität, die in der Regel vorhanden ist, wird als „Wirt" bezeichnet.
- Entitäten oder andere Wesen, die die Kontrolle über den Körper übernehmen, können sich als Tier, Geist, Dämon oder Gottheit präsentieren.
- Einzelne Personen können sich über die physischen Grenzen des menschlichen Körpers hinaus verhalten, insbesondere in Bezug auf Schmerzen.
- Eine beträchtliche Anzahl von Menschen, die von Besessenheit betroffen sind, glauben, dass sie besondere psychische Kräfte haben.

Bei psychischen Störungen oder „Geisteskrankheiten" wird die spirituelle Seite, die die anderen Dimensionen des Wesens berührt, heute von der modernen Medizin völlig ignoriert. In den traditionellen vorindustriellen Kulturen hingegen war es die spirituelle Seite, die bei körperlichen oder geistigen Störungen als erstes behandelt wurde, insbesondere durch Schamanismus und Exorzismus. So wurde beispielsweise aus Indien berichtet, dass 75% der psychiatrischen Patienten auch einen religiösen Heiler konsultierten. Auch in einer ländlichen Gemeinde in Südkorea wurden 15 bis 25% der Psychosepatienten mit schamanischen Therapien behandelt.[368]

Es ist wichtig, alle Dimensionen des menschlichen Wesens zu berücksichtigen, wenn man sich mit dem Problem der ADS befasst, das weit über das einfache physische/neurologische Funktionieren hinauszugehen scheint.

Professor Emilio Servadio, Experte für Psychoanalyse und Ehrenpräsident der Italienischen Psychoanalytischen Gesellschaft, der auch Spezialist für paranormale Erscheinungen ist, sagte dem Journalisten Renzo Allegri über Exorzismen: *„Es gibt überall Menschen mit viel komplizierteren Problemen und unerklärlichen und manchmal beängstigenden pathologischen Erscheinungen, die wir nicht einordnen und noch weniger heilen können. In diesen Fällen bleibt die Laienwissenschaft stehen, sie stellt ihre Forschung ein, weil sie nicht mehr weiß, in welche Richtung sie forschen soll, und sich weigert, Hypothesen zu formulieren. Aber die aufgeschlossensten Psychiater und Psychoanalytiker spüren, dass sie es mit Phänomenen zu tun haben, die über die Grenzen der medizinischen Wissenschaft hinausgehen und in Bereiche*

---

[368] „Historische, religiöse und medizinische Perspektiven von Besessenheitsphänomenen" - SN Chiu, *Hong-Kong Journal of Psychiatry*, 2000.

vordringen, die von der menschlichen Vernunft nicht erforscht werden. Sie sind sich bewusst, dass sie nichts tun können und verstehen, dass es ihre Pflicht ist, das Feld den Theologen und schließlich den Exorzisten selbst zu überlassen. Ich bin der Meinung, dass die Wissenschaft in der Tat ihre eigenen Grenzen erkennen muss. "[369]

Professor Chris Cook vom Fachbereich Theologie und Religion der Universität Durham hat einen Artikel mit dem Titel *„Dämonische Besessenheit und Geisteskrankheit: Sollten wir eine Differenzialdiagnose stellen? aus dem die folgenden Auszüge entnommen sind: „Dämonische Besessenheit und Geisteskrankheit: Sollten wir eine Differenzialdiagnose stellen? aus dem die folgenden Auszüge stammen: Dämonische Besessenheit und Geisteskrankheit sind nicht einfach zwei verschiedene Diagnosen (...) Wenn diese beiden Dinge jedoch miteinander zusammenhängen, müssen wir die Art des Zusammenhangs zwischen beiden kennen (...) Wir müssen unterscheiden, mit welchem dieser beiden Dinge wir es zu tun haben, aber wir müssen auch feststellen, welches der beiden Probleme das andere als sekundäre 'Komplikation' verursacht (...).) Dämonische Besessenheit ist im Wesentlichen ein spirituelles Problem, aber psychische Krankheiten sind eine multifaktorielle Angelegenheit, bei der spirituelle, soziale, psychologische und physische Faktoren eine ätiologische Rolle spielen müssen. Die Beziehung zwischen diesen beiden Begriffen ist daher komplex. Verschiedene Diagnosen können eine Rolle spielen, wenn es darum geht, denjenigen zu helfen, deren Problem möglicherweise dämonischen oder medizinischen/psychiatrischen Ursprungs ist. Die geistige Urteilskraft ist jedoch genauso wichtig, wenn nicht sogar wichtiger als die wissenschaftliche.* "[370]

Pastor James Friesen ist der Autor der Bücher *„Das Geheimnis von M.P.D. lüften"* und *„Mehr als Überlebende".* (und *„More Than Survivors".* Er hat mit vielen Patienten gearbeitet und detailliert beschrieben, wie die multiple Persönlichkeitsstörung mit satanischem rituellem Missbrauch verbunden ist. Ihm zufolge steht die dämonische Besessenheit in direktem Zusammenhang mit der Geschlechtskrankheit. Er erklärt, dass Menschen mit dissoziativer Identitätsstörung sowohl eine gespaltene Persönlichkeit als auch eine Besessenheit durch äußere Wesenheiten erleben, dass sich diese beiden Arten der *„Übernahme"* jedoch deutlich voneinander unterscheiden.

Auch Dr. Haraldur Erlendsson kommt zu demselben Schluss, was die Gleichzeitigkeit von Besessenheit und I.D.D. betrifft. In einem Artikel aus dem Jahr 2003 mit dem Titel *„Multiple Persönlichkeitsstörung - Dämonen und* Engel *oder archetypische Aspekte des inneren Selbst"* schreibt er: *„Wenn die verschiedenen Persönlichkeiten behaupten, eine andere Geschichte als die Hauptpersönlichkeit zu haben, sollten wir dies berücksichtigen, nachdem wir eine Reihe von Fragen gestellt haben wie: 'Gibt es jemanden? Wer sind Sie? Wie lange sind Sie schon hier? Wo waren Sie vorher? Welche Wirkung haben Sie auf die Person? Warum haben Sie nicht weitergemacht? „. Wenn die*

---

[369] *Gente* - Renzo Allegri, 30/12/1984, S.113.

[370] Dämonische Besessenheit und Geisteskrankheit: Sollten wir eine Differenzialdiagnose stellen? - Chris Cook, Christian Medical Fellowship - Zeitschrift Nucleus, 09/1997.

Antworten eindeutig die Überzeugung vermitteln, dass die Entität von außerhalb der Person kommt, sollten wir diese Antworten für bare Münze nehmen? Sollten wir die gegebenen Antworten nutzen, um zwischen Besessenheit und multipler Persönlichkeit zu unterscheiden? Vielleicht sollte die Diagnose von I.D.D. auch Besessenheitstrance beinhalten. Das Problem dabei ist, dass viele Kliniker sich mit der Vorstellung eines Lebens nach dem Tod oder von Wesenheiten, die in verschiedenen Welten leben, nicht anfreunden können. Dr. Colin Ross, der das umfassendste Buch über die dissoziative Persönlichkeitsstörung geschrieben hat (Dissociative Identity Disorder, Diagnosis, Clinical Features, and Treatment of Multiple Personality Disorder, 1997), hat selbst gelegentlich Techniken angewandt, die sich auf die Geisterwelt beziehen, wie auch viele andere auf diesem Gebiet. Er zieht es jedoch vor, die Alteration, die behauptet, von außen zu kommen, genauso zu behandeln wie alle anderen Teile der gespaltenen Persönlichkeit. Er hilft ihnen, mit dem traumatischen Inhalt der Erinnerungen fertig zu werden, und bemüht sich um eine vollständige Integration in den Rest der Person. Ich bin der Meinung, dass Besessenheit und multiple Persönlichkeit nicht getrennt, sondern zusammen auftreten. "

Wir haben gesehen, dass der kausale Zusammenhang zwischen schweren Traumata und dissoziativen Störungen, die zu einer multiplen Persönlichkeit führen, inzwischen erwiesen ist. Haben dämonische Besessenheiten auch ihren Ursprung in einem Trauma? Es scheint, dass dies tatsächlich eine der vielen Gemeinsamkeiten zwischen I.D.D. und Possession ist. Pater Jeffrey Steffon in seinem Buch „*Satanismus: Gibt es ihn wirklich?* (beschreibt eine Reihe von Ursachen, die zu einer Besessenheit durch eine oder mehrere Entitäten führen können: „*Erstens kann sich ein dämonischer Geist durch eine Verletzung oder ein Trauma an jemanden heften (...) Ein dämonischer Geist kann sich auch durch eine Verwicklung in den Okkultismus an eine Person heften.* "

Satanischer ritueller Missbrauch ist für dämonische Wesenheiten besonders attraktiv, nicht nur wegen der schwarzmagischen Praktiken, sondern auch wegen des extremen Traumas, das während der Zeremonien auftritt. Dämonen fühlen sich von Leid, Schmerz und Schrecken angezogen, die das Opfer dazu bringen, hilflos und völlig unterwürfig gegenüber den Tätern zu sein... aber auch gegenüber den Geistern. Diese Art von extremer Emotion ist eine Anziehungskraft und Nahrung für gefallene Geister, umso mehr, wenn Blut vergossen wird. Die zutiefst distanzierten Opfer werden dann zu regelrechten Auffangbecken für diese Wesenheiten, die von den magischen Protokollen und Beschwörungen, die das Ritual begleiten, angezogen werden. Außerdem werden diese Zeremonien oft an Orten mit besonderen tellurischen Energien durchgeführt, die die Interaktion zwischen verschiedenen Dimensionen erleichtern. So wie eine zerbrochene Vase das *Licht* durchlässt, wird die Spaltung bestimmten Wesenheiten erlauben, durchzukommen und sich mit den Brüchen in der Persönlichkeit zu vermischen, die die *Seelenfragmente* sind, ein Begriff, der später noch entwickelt wird...

Reverend Thomas J. Euteneuer identifizierte 2010 „sieben Stufen der dämonischen Verfolgung", wobei der satanische rituelle Missbrauch die kritischste Stufe darstellt: „*Kinder, die in eine Familienlinie von Hexen oder satanischen Kulten hineingeboren werden, werden durch Rituale und Weihen in diese eingeweiht. Sie sind am schwierigsten zu heilen. Das emotionale und physische Trauma der Rituale, das von frühester Kindheit an, sogar schon im Mutterleib, zugefügt wird, ist so extrem, dass es die Persönlichkeit des Kindes bricht und es vollständig der Besessenheit unterwirft, indem es bewusst den Dämonen der Sekte ausgeliefert wird. Solche verwundeten und gequälten Menschen brauchen die mitfühlende Hilfe der Kirche, aber sie können nicht allein durch Exorzismus geheilt werden. Vielmehr müssen mehrere Elemente kombiniert werden, damit eine echte Heilung stattfinden kann. Erstens müssen sie mit allen okkulten Aktivitäten und allen Personen, die an ihrem Missbrauch beteiligt sind, vollständig Schluss machen. Zweitens brauchen sie einen qualifizierten Therapeuten mit guten Kenntnissen zur Behandlung ihrer dissoziativen Identitätsstörung. Drittens brauchen sie einen qualifizierten Exorzisten und ein gutes Unterstützungsteam, das regelmäßige Gebete anbietet und alle geistlichen Ressourcen der Gemeinde für diesen besonderen Fall mobilisiert. Schließlich brauchen sie eine Selbsthilfegruppe, die sie in eine echte christliche Gemeinschaft einbindet, die auf starken Beziehungen der Liebe und Wahrheit beruht. Sie haben einen langen Weg der Heilung vor sich und brauchen daher maximale Unterstützung und Hilfe. Wie bei allen dämonischen Leiden ist eine Heilung nur durch die Gnade Gottes und die aktive Mitarbeit des Einzelnen möglich. Eine vollständige Heilung kann Jahre harter Arbeit für alle Beteiligten erfordern, aber sie ist tatsächlich möglich.* "[371]

In dem Buch „*Healing the Unimaginable*" bezeugt *die* Überlebende des rituellen Missbrauchs, Stella Katz, die selbst in einer satanistischen Sekte Gedankenkontrolle an kleinen Kindern ausübte: „*Aus einigen alten Schriften geht hervor, dass die Spaltung von Kindern in einigen dieser Religionen seit vielen Generationen praktiziert wird, um Dämonen an Kinder zu binden. Wenn ein Alter auftaucht, bestimmt sein Verhalten, um welche Art von Dämon es sich handelt, so dass die Gruppe diesem Alter einen bestimmten Dämonennamen gibt. Anschließend kann die Gruppe den Dämon mit seinem Namen rufen, damit er auftaucht und von dem Körper Besitz ergreift. Wenn jedoch ein Dämon ohne Erlaubnis auftaucht, was meistens der Fall ist, muss das Kind exorziert werden. Kinder, die nicht exorziert werden können, können in einer psychiatrischen Klinik landen. In dem Maße, in dem diese okkulten Gruppen den Prozess und die Folgen der Spaltung eines Kindes verstanden haben, sind ihre Aktivitäten und die von ihnen erstellten Protokolle immer ausgefeilter geworden.* [372]Auch hier gibt es diese Zweideutigkeit zwischen innerer alter Persönlichkeit und äußerer dämonischer Entität, aber der Gedanke der Abspaltung (*spirituelle Entriegelung*) des Kindes ist immer präsent.

Der Autor Fritz Springmeier unterscheidet zwischen dämonischer Besessenheit und I.D.T., räumt aber ein, dass es viele gemeinsame Merkmale gibt und dass beide in traumabasierten Bewusstseinskontrollprotokollen

---

[371] *Sieben Stufen der dämonischen Verfolgung* - Thomas J. Euteneuer, „Libera nos a malo", *New Oxford Review*, S.39, 05/2010.

[372] *Healing the Unimaginable: Treating Ritual Abuse and Mind Control* - Alison Miller, 2012, S.94.

untrennbar miteinander verbunden sind: *„Wenn wir die MK-Programmierung aus der Sicht des Programmierers betrachten, glaubt der Programmierer sowohl an Persönlichkeitsspaltung als auch an dämonische Besessenheit. Für einen MK-Programmierer ist es wichtig, andere Persönlichkeiten zu erschaffen und sie gleichzeitig zu „dämonisieren", d. h. sie mit Dämonen in Verbindung zu bringen. Mehrere ehemalige Programmierer sagten Springmeier, dass jemand, der die Monarch-Gedankenkontrolle wirklich verstehen will, erkennen muss, dass es sich um etwas grundlegend Dämonisches handelt (...) Programmierung und Gedankenkontrolle können nicht von Dämonologie und okkulten Ritualen getrennt werden."*[373]

Dämonische Wesenheiten könnten sich daher an dissoziierte andere Personen binden. Dies wird auch von Reverend Tom Ball behauptet, für den Dämonen reale Wesenheiten sind, die durch *„Flüche"*, d. h. schwarzmagische Protokolle, an andere Persönlichkeiten *„angeheftet"* wurden.[374]

Dr. Haraldur Erlendsson schreibt: „Meiner Ansicht nach treten Besessenheit und multiple Persönlichkeit nicht getrennt, sondern gemeinsam auf."

Nach den verschiedenen uns vorliegenden Daten ist es mehr als wahrscheinlich, dass diese beiden Phänomene tatsächlich eng miteinander verbunden sind. Im Gegensatz zu anderen Persönlichkeiten, die eine grundlegende Schutzfunktion haben (auch wenn einige sehr feindselig und sogar gewalttätig sind), sind dämonische Wesenheiten, die von außen kommen, nicht dazu da, der gespaltenen Person zu helfen, sondern ihr Zweck ist es, zu stehlen, zu zerstören, zu betrügen und zu töten: Sie führen zu Wahnsinn und Selbstzerstörung. In einem Monarch MK-Programmierungsrahmen besteht die Rolle dieser dämonischen Entitäten darin, mit dem Programmierer zusammenzuarbeiten, um die Kontrolle über den Sklaven zu behalten (dies wird im nächsten Kapitel behandelt). Die Rolle der anderen Persönlichkeiten besteht darin, die Person zu unterstützen und ihr zu helfen, das Trauma so gut wie möglich zu überleben. Ihre Funktion ist nicht zerstörerisch, sondern eher schützend. Die alternativen Persönlichkeiten kümmern sich in der Regel sehr um die ursprüngliche Persönlichkeit. Die schweren traumatischen Erinnerungen und der darin enthaltene Schmerz werden in den verschiedenen Alteritäten „eingekapselt", die die Aufgabe haben, das Opfer zu bewahren, damit es weiterleben kann. Aus diesem Grund müssen veränderte Persönlichkeiten verstanden, akzeptiert und geliebt werden; im Gegensatz zu zerstörerischen externen Entitäten, die diese veränderten Persönlichkeiten ebenso quälen können, wie sie die Wirtspersönlichkeit quälen. In seinem bahnbrechenden Buch über das Phänomen der Besessenheit, *Possession Demoniacal and Other*, spricht Oesterreich von bösen Geistern, aber auch von „guten" Besessenheiten. Er zitiert einen Fall, über den ein gewisser van Müller in *seinem* Buch *„Gründliche*

---

[373] *The Illuminati Formula Used to Create an Undetectable Total Mind Controlled Slave* - Fritz Springmeier & Cisco Wheeler, 1996.

[374] Ritueller Missbrauch im 21. Jahrhundert Kap.: „Der Einsatz des Gebets zur inneren Heilung von Erinnerungen und Erlösung bei Überlebenden von rituellem Missbrauch" - Tom Ball, 2008.

Nachnacht" berichtet, in dem die Besessenheit abwechselnd von einem ungesunden bösen Geist und einem guten Geist ausging. Es könnte sein, dass [375]der „gute Geist" nicht von außen kam, sondern ein Teil der Persönlichkeit der Person war, ein anderer, dessen Aufgabe es war, ihr zu helfen und sie zu schützen. Wenn das andere „Gewissen" als Teil der gespaltenen Persönlichkeit angesehen wird, besteht die Behandlung darin, es in die Hauptpersönlichkeit zu integrieren (Fusion oder Integration), wenn das andere „Gewissen" jedoch als äußerer Geist oder Dämon angesehen wird, besteht die Behandlung darin, es auszutreiben (Austreibung durch Exorzismusgebet).

Der Psychiater Ralph B. Allison wurde bei seiner Arbeit mit Patienten, die an einer psychischen Störung litten, gelegentlich mit Wesenheiten konfrontiert, die sich auf ungewöhnliche Weise verhielten. Ihre „Geburt" konnte zeitlich nicht verortet werden, sie waren sichtbar nutzlos, und sie präsentierten sich meist als „Geister".[376] Bei einer anderen Persönlichkeit ist es in der Regel möglich zu wissen, wann die Abspaltung (Dissoziation) stattgefunden hat, d. h. wann sie „geboren" wurde. Außerdem hat jedes Alter normalerweise eine genau definierte Funktion innerhalb des internen Systems: Beobachter, Beschützer, Kind usw.

In seinem Buch *Uncovering the mystery of MPD hat* Dr. James G. Friesen eine Unterscheidung getroffen, um zu bestimmen, was eine andere Persönlichkeit und was eine externe Entität (Dämon) ist. Friesen hat eine Unterscheidung getroffen, um zu bestimmen, was eine andere Persönlichkeit und was eine externe Entität (Dämon) ist:

---

[375] „Dämonische und andere Besessenheit bei den primitiven Völkern, im Altertum, im Mittelalter und in der Neuzeit" - Traugott Konstantin Oesterreich, 1930, S.27.

[376] „Was ist mit Dämonen? Besessenheit und Exorzismus in der modernen Welt" - Felicitas D. Goodman, 1984.

Persönlichkeiten verändern	Dämonen
Die meisten Alter Egos und sogar „Alter Peiniger" können in der Therapie zu mächtigen Verbündeten werden. Es ist möglich, eine positive Beziehung zu ihnen aufzubauen (auch wenn sie anfangs negativ sein mag)	Dämonen sind arrogant und es gibt keine Möglichkeit, eine Beziehung zu ihnen aufzubauen
Mit der Zeit wird das Alter ego-syntonisch, d.h. es kann mit der ursprünglichen Persönlichkeit verschmelzen und harmonieren.	Dämonen bleiben als „ich-fremde", externe Wesenheiten, die nicht verschmelzen und „integrieren" können
Verwirrung und Angst werden aufgelöst, wenn es nur darum geht, die Situation zu verändern.	Verwirrung, Angst und Lust bleiben trotz Therapie bestehen, wenn Dämonen vorhanden sind
Ältere Menschen neigen dazu, sich an ihre Umgebung anzupassen	Dämonen erzwingen unerwünschtes Verhalten und geben dann einer Persönlichkeit die Schuld
Alter haben ihre eigenen Persönlichkeiten mit spezifischen Stimmen	Dämonen haben eine negative Stimme ohne eine entsprechende Persönlichkeit
Irritation, Unzufriedenheit und Rivalität zwischen den Alten sind weit verbreitet	Hass und Bitterkeit sind die häufigsten Gefühle unter Dämonen
Die Bilder des Altars stellen eine menschliche Form dar und bleiben konsistent	Dämonenbilder variieren zwischen menschlichen und nicht-menschlichen Formen, mit vielen Variationen

Dr. James Friesen warnt eindringlich vor der Praxis des Exorzismus: dem Kampf gegen Dämonen. Es ist notwendig, eine solide geistige Grundlage zu haben und sich niemals aus reiner Neugier oder finanziellem Interesse auf diese Art von Dingen einzulassen. Das Risiko besteht darin, „Dämonen" zu bekämpfen, die keine sind, oder, noch schlimmer, Dämonen zu bekämpfen, ohne die wirklichen Fähigkeiten zu besitzen.

Laut Pater Gabriele Amorth, dem Chefexorzisten des Vatikans, können bei einer Besessenheit nicht nur Dämonen anwesend sein, sondern auch *verdammte Seelen*, d. h. eine Seele eines Verstorbenen, die sklavisch an Satan gebunden ist. In seinem Buch „*Bekenntnisse*" berichtet Pater Amorth über den Fall einer besessenen Frau. Während der ersten Exorzismusgebete fiel sie in

Trance, wurde sehr gewalttätig und sprach in mehreren Sprachen mit unterschiedlichen Stimmen. Nach jeder Sitzung erwachte die Frau aus ihrem Trancezustand und fragte, was sie getan und gesagt hatte. Da sie unter völliger Amnesie litt, hatte sie keine Erinnerung an das, was geschehen war, sie war nur müde und hatte Schmerzen. Nach mehreren Exorzismen, die den Anweisungen des Priesters folgten, gab ein erster Dämon seinen Namen preis: „*Zago*". Er sagte, er sei der Anführer einer Sekte in einem nahe gelegenen Dorf, in der Nähe einer Kirchenruine, und dass eine Legion kleinerer Dämonen in diesem Besitz sei. Der andere Dämon, der sich als „*Astarot*" vorstellte, wollte die Liebe des Paares und die Zuneigung zwischen Eltern und Kindern zerstören. Ein dritter Dämon namens „*Serpent*" hatte den Auftrag, die Frau in den Selbstmord zu treiben. Zur großen Überraschung des Exorzisten Gabriele Amorth befanden sich unter diesen dämonischen Wesenheiten drei verdammte Seelen: „*Michelle*", eine Frau, die im Moulin Rouge gearbeitet hatte und im Alter von 39 Jahren an Drogen gestorben war. Es war Michelle, die die besessene Italienerin oft dazu brachte, die französischen Phrasen zu sagen, die sie wiederholte, um Kunden zu werben. In diesen Momenten wurde das Gesicht der Frau weich und überzeugend. Es gab auch den „*Beelzebub*", *einen* Marokkaner, der 1872 drei Missionare enthauptet hatte und dann, von Reue überwältigt, Selbstmord beging. Die dritte verdammte Seele war „*Jordan*", ein Schotte, der seine Mutter ermordet hatte. Während der Besessenheit sprach er oft in englischer Sprache dazwischen. Später, während eines Exorzismus, hörte Amorth eine neue Frauenstimme und fragte sie eindringlich: „*Wer bist du? Daraufhin* antwortete die Stimme: „*Ich bin Vanessa, ich bin dreiundzwanzig Jahre alt. Ich war Student an der Universität. Ich traf einen jungen Mann, der mich zu schwarzen Messen in der Nähe der Kirchenruine mitnahm. Das war der Tag, an dem ich anfing, dem Teufel zu dienen. Eines Nachts, als ich Blut getrunken hatte und betrunken von der Zeremonie war, überquerte ich die Straße und starb, weil ich von einem Auto angefahren wurde. Es gab* also noch eine vierte verdammte Seele. Während der letzten Exorzismusgebete erschien ein verblasstes rotes Kreuz auf der Stirn der Frau. Als der Mann das Kreuz berührte, stellte er fest, dass es aus Blut bestand. Der Exorzist befragte daraufhin das Wesen, um die Ursache herauszufinden, und die Antwort des Dämons war: „*Es ist das Blut eines vier Tage alten Kindes, das mir von seiner Mutter, einer meiner früheren Anhängerinnen, geopfert wurde.*"[377]

Ein weiterer Fall von scheinbarer menschlicher Seelenbesessenheit wurde in der bereits erwähnten Studie aus Uganda beschrieben.[378] Es handelte sich um eine 33-jährige Frau, die seit Jahren unter spirituellen Angriffen litt. Nach Angaben ihrer Schwester zeigte sie seltsame und aggressive Verhaltensweisen, bei denen sie mit verschiedenen Stimmen sprach. Diese Angriffe erfolgten, wenn die Familie in die Kirche gehen oder bestimmte Gebete

[377] „Bekenntnisse: Memoiren des offiziellen Exorzisten des Vatikans" - Pater Gabriele Amorth, 2010, S.145.

[378] „Dissoziative Symptome und berichtetes Trauma bei Patienten mit Geisterbesessenheit und gesunden Kontrollpersonen in Uganda" - van Duijl, Nijenhuis, Komproe, Gernaat, de Jong, 2010

sprechen wollte. In der Klinik verfiel die Patientin in Trance, fuchtelte mit den Händen, als hätte sie Krallen, und knurrte wie ein wildes Tier. Dann begann sie in einer fremden Sprache und mit einer ebenso fremden Stimme zu sprechen. Ihre Schwester erklärte, dass es sich um die Stimme eines Onkels handelte, der schon seit vielen Jahren tot war. Dieser Onkel hatte die Werte und den Glauben der traditionellen heidnischen Kultur beibehalten, während ihr Vater sich dem Christentum zugewandt hatte. Es gab einen ungelösten Konflikt zwischen ihrem Vater und diesem Onkel, weil der Vater sich weigerte, die Rituale für die Ahnen durchzuführen. War diese Frau von der Seele ihres Onkels besessen?

In einer Studie, die im Jahr 2000 in einer psychiatrischen Klinik in Singapur durchgeführt wurde, wird der Fall eines malaysischen Mannes beschrieben, der, als er von den Geistern der Vorfahren besessen war, begann, „Sundak" zu sprechen, einen javanischen Dialekt, der von seinem Volk nicht mehr verwendet wird und den er selbst nie gelernt hatte.[379]

Für Pater François Brune gibt es einen Unterschied zwischen dämonischer Besessenheit und multipler Persönlichkeit. Für ihn lässt sich das Phänomen der multiplen Persönlichkeit nur durch die Einverleibung einer körperlosen und irrenden menschlichen Seele erklären. Eine Seele, die den Körper des Einzelnen übernimmt, um sich durch ihn auszudrücken.

Diese Frage der Besessenheit durch die Seelen der Verstorbenen hängt vielleicht mit einer Form der „Ahnenverehrung" zusammen, die von Satanisten und Luziferianern praktiziert wird. Bestimmte Familien, die rituellen Missbrauch und systematische Persönlichkeitsspaltung an ihren Nachkommen praktizieren, würden so ihren Vorfahren eine offene Tür bieten, damit sie durch die punktuelle oder dauerhafte Inbesitznahme ihrer (gespaltenen und daher für die Medialität offenen) Nachkommen im Fleisch „wieder leben" können. Wenn der Vorfahre bereits während seiner Inkarnation gespalten wurde, können Fragmente seines Geistes auch mit seinen inkarnierten Nachkommen verbunden bleiben. Sie würden so eine Art „Unsterblichkeit" erlangen, die von bestimmten Okkultisten so sehr gesucht wird.

Das Buch „Possession Demoniacal and Other" ist eine weltweit anerkannte Studie über das Phänomen der Besessenheit, die auch heute noch als Referenz auf diesem Gebiet gilt. Darin unterscheidet Oesterreich klar zwischen freiwilliger und unfreiwilliger Besessenheit und auch zwischen luzider und somnambuler Besessenheit. Bei luzider Besessenheit ist die Person bei Bewusstsein und erinnert sich später daran. Ein zeitgenössisches Beispiel für freiwillige Besessenheit sind die „Channels", die New-Age-Medien, die sich freiwillig von einer Entität besetzen lassen. Einige dieser Medien sind klar und deutlich, andere nicht. Somnambule Besessenheit liegt vor, wenn der Betroffene nicht in der Lage ist, sich an sein Verhalten und die Vorgänge um ihn herum während des Trancezustands zu erinnern, während er bei der luziden Besessenheit ein passiver Beobachter dessen ist, was in seinem Inneren vor sich geht und wie seine Handlungen von einer anderen Kraft gelenkt werden.

---

[379] „Phänomenologie der Trancezustände in einem psychiatrischen Krankenhaus in Singapur: Eine kulturübergreifende Perspektive" - Transcultural Psychiatry, 12/2000.

Menschen mit I.D.D. beschreiben dissoziative Episoden auf die gleiche Weise, wie Oesterrich Besessenheitszustände beschrieb: Sie können klar sein, wobei die Hauptpersönlichkeit und die andere Persönlichkeit in einem gemeinsamen Bewusstsein sind, oder sie können durch eine amnestische Wand getrennt sein.

Es scheint also, dass ein schweres Trauma, das zu einer tiefgreifenden Dissoziation führt, sowohl eine Fragmentierung des *„Ichs"* in verschiedene andere Persönlichkeiten oder *Seelenfragmente* hervorrufen kann, wie wir noch sehen werden, als auch parallel dazu ein Phänomen der Besessenheit durch äußere Wesenheiten, die dämonischer oder menschlicher Natur sein können, oder sogar Fragmente körperloser menschlicher Seelen. Der I.D.T. ist also eng mit dem Phänomen der Medialität und der Besessenheit verbunden, und zwar aufgrund des „spirituellen Bruchs", der durch die Traumata verursacht wurde. Fälle, die fälschlicherweise für dämonische Besessenheit gehalten werden könnten, können sich daher als I.D.T. mit wechselnden Persönlichkeiten herausstellen, die den Eindruck erwecken können, dass es sich um externe Entitäten handelt, so wie externe Entitäten eine „gebrochene" Person mit einer gespaltenen und multiplen Persönlichkeit tatsächlich parasitieren und befallen können.

In ihrer Autobiographie „Thanks For The Memories" schreibt Brice Taylor (MK Monarch-Überlebende): „Ich habe Menschen mit multipler Persönlichkeitsstörung getroffen, die dachten, sie seien Hellseher und channelten Wesenheiten, während sie in Wirklichkeit einen Teil ihrer eigenen Persönlichkeitsstruktur kontaktierten. Eines Tages bot mir ein weiblicher 'Channel' namens Shirley freundlicherweise eine private 'Channeling'-Sitzung an (...) Ich sagte ihr, dass ich ihr gerne alle Fragen stellen würde, die sie über sich selbst hat, wenn sie in einem Trancezustand ist, was sie akzeptierte. Auf die Frage, ob Shirley an irgendwelchen Aktivitäten des rituellen Missbrauchs beteiligt gewesen sei, lautete die Antwort, dass „Shirley noch nicht bereit sei, sich dieser Realität zu stellen". Channeling kann eine geschickte Methode sein, um die Realität der multiplen Persönlichkeitsstörung zu verschleiern, wenn Persönlichkeitsfragmente ins Bewusstsein kommen, indem man erklärt, dass es sich um eine äußere „Entität" handelt."[380]

In einem Artikel mit dem Titel *„Multiple Persönlichkeit und Channeling"* (*Jefferson Journal of Psychiatry*) zieht Dr. Rayna L. Rogers Parallelen zwischen New-Age-Channelern und Menschen mit einer psychischen Störung. Sie kommt zu dem Schluss, dass die Trancezustände dieser Medien (wenn sie echt sind und kein Betrug) in vielerlei Hinsicht denen von Menschen mit gespaltener Persönlichkeit ähneln. Wie wir später sehen werden, sind gespaltene Menschen auch offener für die „geistige Welt", für andere Dimensionen, und haben daher eher Zugang zu medialen Fähigkeiten (eine *„Channeling"*-Sitzung ist nichts anderes als eine einmalige Besessenheit, sie kann unbewusst oder bewusst sein und verflüchtigt sich dann wie die Erinnerung an einen Traum). Von außen betrachtet, z. B. für ein Publikum, das einer Séance beiwohnt, ist es schwierig festzustellen, ob der *Channel* eine externe Entität

---

[380] *Thanks For The Memories: The Truth Has Set Me Free* - Brice Taylor, 1999, S.114.

channelt oder ob es sich um eine innere Veränderung handelt, die mit der Außenwelt kommuniziert (wir werden in Kapitel 9 auf das Channeling von Geistern zurückkommen).

3 - DISSOZIATION UND AUßERKÖRPERLICHKEIT: DIE TÜR ZUM BESITZ?

In dem Buch *„Diagnosis and Treatment of Multiple Personality Disorder" (Diagnose und Behandlung von multiplen Persönlichkeitsstörungen) sagt Dr.* Frank Putnam, dass es in der Frage der außerkörperlichen Erfahrungen zwei Lager gibt. Frank Putnam sagt, dass es in der Frage der außerkörperlichen Erfahrungen zwei Lager gibt, eine Gruppe, die er „Separatisten" nennt, also diejenigen, die glauben, dass es eine „Seele", einen „Astralkörper" gibt, der den physischen Körper tatsächlich verlassen und sich an andere Orte begeben kann, und dann gibt es Psychologen, für die diese außerkörperlichen Erfahrungen einfach ein veränderter Bewusstseinszustand sind und dass es sich um eine bloße Halluzination handelt. Die zahlreichen Zeugenaussagen belegen, dass es tatsächlich einen Astralkörper gibt, der sich außerhalb des physischen Körpers bewegen kann.

Die Menschen beschreiben ein Gefühl des schwerelosen Schwebens außerhalb ihres Körpers. Einige Menschen, die eine *NTE (Nahtoderfahrung) hatten, waren* in der Lage, die Operation, die nach einem Unfall an ihnen durchgeführt wurde, während sie im Koma lagen, detailliert zu beschreiben... Sie waren auch in der Lage, die Anzahl der Personen im Operationssaal zu nennen und zu berichten, was diese zueinander sagten. Ihr Energiekörper befand sich über dem Geschehen und konnte alles sehr genau beobachten, während ihr physischer Körper bewusstlos auf dem Operationstisch lag. Die von Dr. Raymond Moody untersuchten Nahtoderfahrungen, aber auch die Arbeiten von Robert Monroe oder Dr. Jean Jacques Charbonier zeigen, dass ein Energiekörper, der so genannte Äther- oder Astralkörper, mit einem Bewusstsein den physischen Körper verlassen und dann wieder in ihn zurückkehren kann. Manche Menschen beherrschen dieses Phänomen und können es nach Belieben hervorrufen, was natürlich nicht empfehlenswert ist. Laut einer Gallup-Umfrage aus dem Jahr 1982 haben 25 bis 30% der Menschen diese Art von Erfahrung nach einem Krankenhausaufenthalt oder einem schweren Trauma gemacht.

Okkultisten kennen die Technik der *„Astralreise"* oder der astralen Projektion des *„Lichtkörpers"* aus dem physischen Körper heraus. Es ist eine Disziplin, die von Geheimgesellschaften wie der Goldenen Morgenröte oder der Freimaurerei studiert wird, aber es ist eine Praxis, die vor allem von den Schamanen der vorindustriellen Kulturen beherrscht wird, die mit dieser Technik durch verschiedene Dimensionen reisen.

Das im vorigen Kapitel beschriebene Phänomen der Dissoziation wird manchmal von einem Gefühl der Trennung von Geist und Körper begleitet. Einige Opfer von sexuellem Missbrauch beschreiben deutlich einen konkreten Austritt aus dem physischen Körper während ihrer Dissoziation, die durch extreme Gewalt, Schmerz und Terror ausgelöst wurde. Die Psychotraumatologin Muriel Salmona, eine Spezialistin für Dissoziation, bezeichnet diese Fälle als „Dekorporation". Marie-Ange Le Boulaire, die Autorin des Buches „Le viol", beschreibt sehr gut, wie sie sich außerhalb ihres Körpers wiederfand, ihre Vergewaltigung beobachtete und die Situation, in der sie sich befand, auf sehr klare Weise analysierte. Sie beschrieb dieses Phänomen bei ihrem Auftritt in der Fernsehsendung „Allô Docteur" auf France 5 im Januar 2014: *„Ich fühlte mich einen Meter entfernt, wie in einem Film. Ich war einen Meter zurück und sah mir die Szene an, die ich sehr genau analysierte und mich fragte, was ich tun könnte, um da herauszukommen... Das war sehr klar."*

In dem Dokumentarfilm „Ein Leben nach der Sekte" (*Planète* +, 2014) berichtet Flora Jessop, die in einer Familie von Mormonen-Fundamentalisten geboren wurde, über ihre gemarterte Kindheit: *„Es begann mit Zärtlichkeiten, er sagte mir, ich solle nicht darüber sprechen, es sei unser Geheimnis. Zuerst war ich stolz, aber gleichzeitig fühlte ich mich schmutzig, und ich verstand nicht, warum. Es war sehr seltsam, ich teilte ein Geheimnis mit meinem Vater, und ich musste mich übergeben. Ich hatte jedes Mal Angst, wenn er mit mir sprechen wollte. Ich wurde sehr gut darin, mich von mir selbst zu lösen. Ich schwebte über mir und sah zu, wie er mich berührte, und hatte das Gefühl, es geschehe mit jemand anderem. Auf diese Weise konnte ich meinen Vater immer noch lieben. Jedes Kind sieht seinen Vater als seinen Helden, er ist der erste Held eines Kindes. Ich habe schon früh gelernt, dass sich Monster nicht unter unserem Bett verstecken, sondern durch Türen gehen und bekannte Gesichter haben. Mein Held war ein Monster..."*

Das Buch *Wife Rape* berichtet von einer Reihe von Berichten über Dissoziation mit einem außerkörperlichen Ausstieg während der Vergewaltigung: *„Eine der häufigsten Überlebensstrategien wird von Debbie als 'orbiting exit' beschrieben, sie erinnert sich: 'Er lag komplett auf mir, und so ging ich einfach mit meinem Geist hinaus, ich war einfach nicht mehr da. Ich hatte mich an einen anderen Ort versetzt, und später wurde mir klar, dass ich das schon als Kind oft gemacht hatte: Wenn mich etwas verletzte, ging ich hinaus... Ich wurde völlig gefühllos. (...) Karen beschreibt auch, dass sie eine außerkörperliche Erfahrung hatte: „Es war, als ob ich die Szene von der Ecke des Raumes aus beobachtete und ich konnte nichts fühlen. Dies geschah nur während des sexuellen Missbrauchs, nicht aber während der körperlichen Misshandlung. Annabel beschrieb auch, dass sie während ihrer Vergewaltigung eine außerkörperliche Erfahrung hatte: „Ich konzentrierte mich auf meinen Arm, während ich mich irgendwo über ihm befand, mein Arm war unter meinem Körper verdreht, wie eine Stoffpuppe. Ich habe die Vergewaltigung nicht so gesehen, als würde sie mir passieren, sondern als würde sie jemand anderem mit einem verdrehten Arm passieren. "[381]*

---

[381] *Wife Rape: Understanding the Response of Survivors and Service Providers* - Raquel Kennedy Bergen, 1996, S.30-31.

In dem Buch „Reach *for the Rainbow"* (Nach dem *Regenbogen* greifen) berichtet Lynn Finney über den Bericht einer Überlebenden über ihre psychische Dissoziation und ihre anschließende außerkörperliche Erfahrung:

Ich kann das keine Minute länger ertragen. Ich habe das Gefühl, dass ich sterben werde. Ich möchte sterben. Oh, bitte, lass mich sterben. Was ist mit Ihnen los? Ich spüre keinen Schmerz mehr. Warum spüre ich keinen Schmerz? Ich fühle nichts... Ich fühle mich so friedlich. Ich schwebe, ich schwebe zur Decke. Was geschieht hier? Ich kann den nackten Körper meines Vaters auf dem Bett unter mir sehen. Ich kann seinen Rücken und die Rückseite seiner Beine sehen. Er liegt auf einem kleinen Mädchen, einem Mädchen mit langen schwarzen Haaren wie ich. Aber das bin ich! Ich bin so verwirrt... Ich verstehe das nicht. Wie kann ich gleichzeitig dort und hier an der Decke sein? Ich kann meinen Vater und das Mädchen (mich) sehen, wie sie sich auf dem Bett bewegen, aber meine Gefühle und der Schmerz sind völlig verschwunden. Ich spüre nichts mehr, aber ich kann sie weinen hören. Ich bin froh, dass ich nicht mehr da unten bin, ich will nicht mehr zurück."[382]

Dr. David Gersten hat ein Zeugnis über diesen extremen Dissoziationsprozess abgelegt. In seinem Buch *„Are You Getting Enlightened or Losing Your Mind?* schreibt er: *„Amanda wurde physisch und psychisch misshandelt und auch sexuell missbraucht. Ihr alkoholkranker Vater begann sie zu vergewaltigen, als sie acht Jahre alt war, und das ging sechs Jahre lang so weiter. Ein älterer Bruder missbrauchte sie ebenfalls (...) Amanda lernte, mit den Qualen fertig zu werden, indem sie „ihren Körper verließ". In der traditionellen Psychiatrie würde man sagen, dass sie „dissoziiert" war. Die Frage, die die Psychiatrie nicht beantwortet, lautet: „Wohin geht das Bewusstsein, wenn es dissoziiert? „. Ich glaube, dass das, was wir Dissoziation nennen, oft eine außerkörperliche Erfahrung sein muss. Amandas Bewusstsein löste sich von ihrem physischen Körper. Ihr Geist und ihr Bewusstsein verließen vorübergehend die Begrenzungen ihres physischen Körpers. So erlebte Amanda die emotionale und körperliche Verwüstung nicht mehr persönlich. Tatsächlich lernte sie, ihren Körper nach Belieben zu verlassen" und befand sich oft in ekstatischen Glückszuständen, wenn sie nicht in ihrem Körper war. Seitdem habe ich Dutzende von Menschen befragt, die extreme Misshandlungen erlebt haben, und mehr als die Hälfte von ihnen berichtete, dass sie ihren Körper während der Misshandlung verlassen haben."[383]

Extreme traumatische Rituale werden eingesetzt, um diese „Erleuchtung" herbeizuführen: die Transzendenz des physischen Körpers durch das dissoziative Phänomen. Der Kern der satanischen Perversion besteht darin, die *Seele* des Opfers „herauszureißen", um seine Energie zu saugen und seinen Geist zu kontrollieren. Es sind nicht die Rituale selbst, die wirklich wichtig sind, sondern vielmehr ihre Auswirkungen auf Ebenen jenseits der materiellen Welt.....

---

[382] *Reach for the Rainbow: Advanced Healing for Survivors of Sexual Abuse* - Lynne D. Finney, 1992.

[383] *Werden Sie aufgeklärt oder verlieren Sie den Verstand?* - David Gersten, 1997, S.147.

Einige Energetiker erklären, dass ein Schock oder ein Trauma, vor allem in der frühen Kindheit, den Astralkörper freisetzt, so dass er sich vom physischen Körper lösen kann. Eileen Nauman beschreibt dieses Phänomen folgendermaßen: *„Bei Menschen, die einen Schock oder ein Trauma erlitten haben, insbesondere in der frühen Kindheit, tritt ihr Astralkörper über ihrem Kopf hervor. Der freigeschaltete Astralkörper sieht aus wie ein farbiger Ballon, der um den Kopf herum schwebt. Ein Hellseher kann dies sehen und weiß, dass Sie aufgrund dieses Ereignisses „entwurzelt" (abgetrennt) sind. Der Grund, warum der Astralkörper „fliehen" will, ist, dass er die „Hauptplatine" für alle unsere Emotionen und Gefühle ist. Während des Angriffs, wenn eine Person tief verletzt und traumatisiert ist, wird der Astralkörper durch den oberen Teil unseres Kopfes (Kronenchakra) herauskommen, er will diesen Schmerz und das Leiden einfach nicht erleben, er läuft vor der Angst, dem Kummer oder der Qual weg. Wenn sie sich öffnet und loslässt, werden Sie diese traumatischen Gefühle weniger spüren. Betroffene berichten auch von einem Gefühl der Taubheit und Lähmung. Dies ist ein weiteres Zeichen dafür, dass der Astralkörper aufgeschlossen ist und sich zeigt. Bei extremer Gewalt entriegelt sich der Astralkörper und entweicht. Ist es so einfach? Was geschieht, wenn dies geschieht? Wir fühlen uns von der Gewalt und dem Trauma abgekoppelt, es gibt keine oder viel weniger Emotionen. Viele Menschen sagen, dass sie über dem Ort der Gewalt „schwebten", völlig losgelöst und ohne jede Emotion. Sie beschreiben es so, als ob sie einen Farbfilm sehen würden, aber ohne jegliche emotionale Bindung an die Szene. Mit der Zeit lernt der Astralkörper zu entkommen, anstatt im physischen Körper zu bleiben und die starken Emotionen von Gewalt, Trauma und posttraumatischem Stress zu erleben. Dadurch kann es nach einem Ereignis oder einer Reihe von Ereignissen entsperrt bleiben. Jeder, der eine traumatische oder sehr gestörte Kindheit hatte, kann seinen Astralkörper entriegelt haben, um dem anhaltenden emotionalen Schmerz zu entkommen."*[384]

Es scheint also, dass das neurochemische Phänomen, das die Dissoziation mit physischer und emotionaler Anästhesie verursacht, mit dieser Abtrennung des Astralkörpers zusammenhängt, bei der das Opfer die Szene von außen sieht und keine Gefühle mehr empfindet. So können sich „energetische" Teile unseres Körpers von ihm lösen, um sich auf anderen Ebenen zu entwickeln. Wie wir später sehen werden, können dies einfache Seelenfragmente sein, die während eines Traumas „reißen". In Fällen von IDD sprechen wir von Persönlichkeitsspaltung, aber in Wirklichkeit handelt es sich um die „energetische" Spaltung eines einheitlichen Ganzen, das der Mensch bei seiner Geburt bildet.

Interessanterweise verwenden die Quechua-Indianer in Peru das Wort *„Susto"*, was *„Angst"* bedeutet, um über dieses Phänomen des Verlassens des Körpers zu sprechen, das sie als „Verlust der Seele" (oder von Seelenfragmenten) bezeichnen. Bei ihnen wird dieser „Verlust der Seele" als

---

[384] „Der Astralkörper - und wie man ihn mit dem physischen Körper 'erdet" - Eileen Nauman, allthingshealing.com

Susto-Krankheit bezeichnet: die Krankheit der Angst... In seinem Buch „*El mito del Jani o Susto de la medecina indigena del Peru*" berichtet Dr. Frederico Sal y Rosas, dass *die Quechua-Indianer glauben, dass die Seele (oder vielleicht ein Teil von ihr) den Körper verlassen kann, entweder spontan oder durch Zwang. Die Krankheit „Susto" kann auf zwei Arten auftreten: entweder durch einen großen Schreck, wie z. B. durch einen Donner, den Anblick eines angreifenden Stiers oder einer Schlange usw., oder auf bösartige Weise, die keinen Schreck erfordert.*[385]

Was ist mit den oben genannten Beispielen wie der Angst vor dem Donner, einem Stier oder einer Schlange, die eine Seelenspaltung auslösen können, im Vergleich zu satanischem rituellem Missbrauch? Rituale, zu denen Szenen gehören, die schrecklicher und schmerzhafter nicht sein könnten, Vergewaltigungen, Folterungen und (echte oder simulierte) Opferungen. Bei rituellem Missbrauch wird der Schrecken des Kindes absichtlich auf die Spitze getrieben, was zu einer extremen Dissoziation führt. In diesem tief dissoziierten Zustand löst sich der Geist vom Körper. Die energetischen und spirituellen Türen des Kindes stehen dann weit offen und lassen das Eindringen dämonischer Wesenheiten zu, die durch Rituale, Terror, Blut, schwarze Magie und Beschwörungen angezogen werden. Da die Natur ein Vakuum verabscheut, entsteht, wenn sich ein Teil der Seele abspaltet und „entweicht", ein „Raum", in den ein äußeres Wesen eindringen kann. Dieses Phänomen der Besessenheit durch einen Geist, wenn sich die Seele spaltet, finden wir in schamanischen Traditionen. Als Folge des Traumas wird das Kind von seinem „Ich" getrennt, es ist nicht mehr *verankert*. So wie seine Persönlichkeit zersplittert ist, ist auch seine Seele (sein geistiger Körper) gespalten. Außerdem kann es sein, dass das Kind von einer oder mehreren dämonischen Wesenheiten parasitiert wird, die sich an ihm festsetzen und mit seiner inneren Welt interagieren, der besonderen Dimension, mit der es während der traumatischen Rituale verbunden war.

Jetzt kommt das beunruhigende Zeugnis eines ehemaligen Mitglieds des luziferischen „*Illuminaten*"-Ordens. Die Frau, die sich aus dieser Sekte herausgekämpft hat, hat sich zu Jesus Christus bekehrt und sich entschlossen, offenzulegen, was sie seit ihrer frühen Kindheit erlebt hat, da sie in eine Familie hineingeboren wurde, die diese Schrecken praktizierte. Svali" (ihr Pseudonym) war ein Opfer von rituellem Missbrauch und mentaler Programmierung, aber sie selbst praktizierte Gedankenkontrolle an Kindern in der Gruppe von San Diego in den USA, der sie angehörte. Die folgende Zeugenaussage wurde 2001 ins Internet gestellt und betrifft ein Ritual, das so weit ging, dass der Tod des Opfers unmittelbar bevorstand. Das bedeutet, dass sich das Opfer aufgrund der extremen Traumata, die seinen physischen Körper freiwillig an die Grenzen des Todes bringen, selbst dekorieren wird. Diese Art von Praxis ist eine der extremsten und komplexesten der MK-Programmierung. Wir werden daher im folgenden Kapitel, das der Gedankenkontrolle durch Monarchen gewidmet ist, ein wenig vorgreifen.

---

[385] „Die Entdeckung des Unbewussten: Die Geschichte und Entwicklung der dynamischen Psychiatrie" - Henri F. Ellenberger, 1981, S.8.

Trauma ist die Grundlage der luziferischen Gedankenkontrolle, und die extremste Methode ist sicherlich das, was Svali die *„Auferstehungszeremonie"* nennt. Ihr zufolge ist dies eine der ältesten Methoden des *Illuminatenordens*. Die Zeremonie oder das Ritual wird normalerweise für ein Kind im Alter von 2 oder 3 Jahren durchgeführt. Das Kind wird durch verschiedene Mittel stark traumatisiert: körperliche und sexuelle Gewalt, Elektroschocks, Erstickung, Drogen, mit dem Ziel, es so weit wie möglich zu dissoziieren und in einen todesnahen Zustand zu bringen. Es handelt sich um eine Methode der geistigen Programmierung, die ein Kind freiwillig an den Rand des Todes treibt. Das kleine Opfer spürt dann Präsenzen um sich herum, das sind Wesenheiten, die diesen kleinen unbewussten Körper zwischen Leben und Tod beobachten... Bei diesen *„Auferstehungs"*-Ritualen wird immer kompetentes medizinisches Personal mit entsprechender Ausrüstung anwesend sein, um den Zustand des Kindes zu überwachen und es zu gegebener Zeit *„wiederbeleben" zu können...* Als er unter extremen Schmerzen das Bewusstsein wiedererlangt, steht er vor der Wahl: dem sicheren Tod ins Auge sehen oder sich für das Leben entscheiden, indem er eine dämonische Kraft in sich aufnimmt. Das Kind entscheidet sich offensichtlich für das Leben, und ein parasitäres Wesen klammert sich an es. Später wacht das Kind in sauberen Kleidern auf, in einem weichen Bett, mit heilenden Salben eingerieben, aber in einem Zustand des Schocks und extremer Schwäche. Dann kommt eine Person und sagt ihm mit sanfter und beruhigender Stimme, dass er tot war, aber dass der Dämon ihn *„wieder zum Leben erweckt hat"* und dass er ihm daher ebenso zu Dank verpflichtet ist wie den Menschen, die ihn gerettet haben, indem sie seinen Herzschlag wieder in Gang setzten. Dem Kind wird auch gesagt, dass es in den Zustand zurückversetzt wird, in dem es sich befand, als das dämonische Wesen eintrat, wenn es es bittet, es zu verlassen.

Diese Art der Nahtodprogrammierung wird eingesetzt, um ein sehr junges Kind zu verängstigen, zu spalten, zu dämonisieren und schließlich vollständig zu kontrollieren - physisch, psychisch und spirituell. Sie zwingt das Kind, eine völlig satanische/luziferische Spiritualität unter den schlimmstmöglichen traumatischen und zwanghaften Umständen zu akzeptieren. Das Ritual wird die Überzeugungen des Kindes tiefgreifend beeinflussen, und diese traumatische Erfahrung wird vor allem die grundlegendste Realität des Kindes verändern. Ziel dieser Programmierung ist es, den jungen Menschen ihren freien Willen und ihre Willenskraft zu nehmen und sie zu Sklaven höherer, nicht verkörperter Kräfte zu machen.

Eine andere Bewusstseinskontrolltechnik, die auf *Nahtoderfahrungen* basiert, wurde von Svali als in einem Regierungsumfeld, wie MK-Ultra, praktiziert beschrieben. Eine andere Bewusstseinskontrolltechnik, die auf Nahtoderfahrungen basiert, wurde von Svali als in einem staatlichen, MK-Ultra-ähnlichen Umfeld angewandt beschrieben. Die Versuchsperson wird an der Taille und am Hals festgeschnallt und in eine sensorische Isolationskammer eingewickelt (Unterdrückung aller Empfindungen in den Gliedmaßen). In diesem Zustand des sensorischen Entzugs wird er intravenös ernährt und sein Gehirn wird mit extrem heftigen Geräuschen bombardiert. Die völlige Dunkelheit des Raums wird von blendendem weißem Licht durchsetzt, und die

Versuchsperson wird bald nicht mehr zwischen Tag und Nacht unterscheiden können. Wenn das Opfer kurz vor dem *Zusammenbruch steht*, werden ihm Elektroschocks und Drogen verabreicht. Der Schmerz und der Schrecken sind auf dem Höhepunkt, und man sagt ihnen immer wieder, dass sie sterben werden, was sie auch tun... wenn nötig, können sie an die lebenserhaltenden Maßnahmen angeschlossen werden. Dann erlebt die Testperson diesen Nahtod-Zustand und stellt fest, dass sie aus ihrem Körper herausschwebt und endlich von den physischen und psychischen Qualen befreit ist. Dann kommt ein Programmierer als „Retter" und sagt ihm, dass er es verdient zu leben und dass er ihn nicht sterben lassen wird... Am Ende wird das Opfer ihm sein Leben verdanken... Es werden auch voraufgezeichnete Botschaften in einer Schleife abgespielt (die *psychische Antriebsmethode* des MK-Ultra-Programms). Botschaften, die die Programmierung und das zukünftige Schicksal des Subjekts in der „*Familie*" enthalten. Das hyper-traumatisierte Opfer ist dann sehr empfänglich für diese Botschaften, die sich tief in sein Unterbewusstsein eingraben. Schließlich wird das Opfer langsam wieder zu einem *korrekten* Bewusstseinszustand gebracht, immer begleitet von der ständigen Botschaft, dass es für die „*Familie*" „*wiedergeboren*" ist.

Auch hier werden eine oder mehrere Personen kommen, um das Opfer auf freundliche Weise zu trösten, und es wird sehr dankbar sein, am Leben zu sein und von all diesen Schrecken befreit worden zu sein. Sie wird sogar wie ein kleines Kind sein, das sich an die Menschen um sie herum klammert...

Diese Art der MK-Programmierung, die auf dem bevorstehenden Tod und dem außerkörperlichen Austritt basiert, wird sich im Opfer auf der tiefsten Ebene einnisten, da sie den Kern des Wesens berührt: sein Leben. In der Folge hat die Person, die sich einem solchen Protokoll unterzogen hat, die Gewissheit (Programmierung), dass sie sterben wird, wenn sie versucht, die Gedankenkontrolle zu durchbrechen, und dass sie sich wieder in einem todesnahen Zustand befindet, mit dem Risiko, dass ihr Herz dauerhaft stehen bleibt. Was auch immer an Lügen und Schrecken erzählt und in diesen Zuständen der Beinahe-Bewusstlosigkeit eingepflanzt wird, wird tief in das Unterbewusstsein eingebettet sein. Das Kind hat in einer solchen Situation das verzweifelte Bedürfnis, den Erwachsenen zu glauben, die sein Leben in den Händen halten. Das Kind, das völlig gebrochen und programmiert ist, wird alle empfangenen Daten als tiefe Wahrheit integrieren.[386]

In ihrer Autobiografie schreibt Cathy O'Brien: „Ob ich wollte oder nicht, ich hörte zufällig ein Gespräch zwischen Aquino und einer Laborantin über den Tod und das Gehirn, während ich tief hypnotisiert auf einem eisigen Metalltisch lag. Aquino sagte, ich sei oft dem Tod nahe gewesen, was „meine Fähigkeit, als Toter in andere Dimensionen (des Geistes) einzutreten, verstärkt hat. Ich hatte Aquino zugehört, wie er endlos über diese Art von Konzepten sprach, als ob er versuchte, sich von der Existenz einer Theorie interdimensionaler Zeitreisen zu überzeugen. Ob es sich um ein Prinzip oder eine Theorie handelt, ändert nichts an den Ergebnissen", behauptete er - der Begriff der Zeit selbst ist abstrakt. Die

---

[386] *Nahtoderfahrungen / Nahtodprogrammierung* - Svali, 2001.

Hypnose mit Vergangenheit-Gegenwart-Zukunft-Wörtern gab mir einen Impuls, der mir in Verbindung mit den Alice im Wunderland/NASA-Spiegelwelt-Konzepten die Illusion zeitloser Dimensionen vermittelte (...) Nachdem ich vom Tisch in einen komplex aussehenden Container (Anm. d. Red: Nachdem er mich vom Tisch in einen komplex aussehenden Behälter gebracht hatte, schaltete Aquino meinen Geist in einen anderen Bereich meines Gehirns um und behauptete, mich durch das „Todestor" in eine andere Dimension gebracht zu haben. Er tat dies, während ich all meiner Sinne beraubt wurde, kombiniert mit einer Umprogrammierung durch Hypnose und Harmonielehre. Die sargähnliche Struktur verwandelte sich in meiner Vorstellung in ein Krematorium, in dem ich einem zunehmenden Hitzegefühl ausgesetzt war, während ich, wie hypnotisch suggeriert, langsam verbrannte". Aquino brachte mich also „über die Schwelle des Todes" in eine andere Dimension „ohne Zeit".[387]

4 - AUF DER SUCHE NACH VERLORENEN SEELENFRAGMENTEN

Wie wir gerade gesehen haben, kann sich die menschliche Seele bei einem extremen Trauma vom physischen Körper lösen. Das Opfer bleibt am Leben, was darauf hindeutet, dass sich die Seele nicht vollständig vom Körper gelöst hat, sondern eher fragmentiert ist. Obwohl sich das Leben nach dieser extremen Erfahrung wieder normalisieren kann, können „Seelenfragmente" vom „Ich" getrennt bleiben, verlorene Fragmente, die mit traumatischen Erinnerungen beladen sind und in anderen Dimensionen segeln... In ihrem Buch „Wife Rape" berichtet Raquel K. Bergen von Sonyas Worten: „Ich habe einen Teil von mir verloren. Ich glaube, ein tiefer Teil von mir ist gestorben."[388]

In dem Buch Die Entdeckung des Unbewussten erklärt Henri F. Ellenberger, dass in alten Traditionen Krankheiten und psychische Störungen auftreten können, wenn die Seele den Körper verlässt (spontan oder zufällig) oder wenn sie von einem Geist oder einem Zauberer gestohlen wird. Der Heiler oder Schamane begibt sich dann auf die Suche nach dieser verlorenen Seele, um sie zurückzuholen und so den Körper und die Psyche des Kranken wiederherzustellen. Dies wird als „Seelenrückholung" bezeichnet. Diese Praxis ist weit verbreitet, aber nicht universell, und findet sich unter anderem bei den Negritos auf der malaysischen Halbinsel, den Ureinwohnern der Philippinen und Australiens. Dieser Glaube findet sich auch in anderen Kulturen wie Sibirien, Nordwestafrika, Indonesien und Neuguinea. Das Wesen der Seele, die Ursachen des Seelenverlustes, der Bestimmungsort der verlorenen Seele und die Art und Weise, den Kranken zu heilen, können je nach lokaler Kultur unterschiedlich sein.

---

[387] *TRANCE Formation of America: True life story of a mind control slave* - Cathy O'Brien & Mark Phillips, 2013, S.328.

[388] *Wife Rape: Understanding the Response of Survivors and Service Providers* - Raquel Kennedy Bergen, 1996, S.60.

Diese traditionellen Kulturen lehren uns, dass sich die Seele im Schlaf oder bei Ohnmacht vom physischen Körper trennen kann. Diese Theorie besagt, dass ein „Geist" während des normalen Lebens im Körper anwesend ist, aber in der Lage ist, den physischen Körper vorübergehend zu verlassen, insbesondere während des Schlafs. Der *reisende Geist* kann sich dann verirren, von einem bösen Geist oder einer Hexe angegriffen, gefangen genommen und gefangen gehalten werden. Der Geist kann den Körper auch abrupt während eines Wachzustandes verlassen, insbesondere bei einem Schock, der große Angst verursacht. Es kann auch von Geistern, Dämonen oder sogar Hexen aus dem Körper gezwungen werden. Die Behandlung des traditionellen Heilers besteht daher darin, auf eine *astrale Jagd zu* gehen, um das Seelenfragment zu finden, es zurückzubringen und so den Patienten wiederherzustellen. In Sibirien kann diese Heilung nur von einem Schamanen durchgeführt werden, der während seiner Einweihung mit der Geisterwelt in Kontakt gekommen ist. Er hat die Fähigkeit, zwischen dieser anderen Dimension und der der Lebenden zu vermitteln. Der russische Ethnologe Ksenofontov berichtet: *„Wenn ein Mensch „seine Seele verliert", versetzt sich der Schamane mit Hilfe einer speziellen Technik in einen Trancezustand, in dem seine Seele eine Reise in die Geisterwelt unternimmt. Schamanen sind in der Lage, die verlorene Seele in der anderen Welt aufzuspüren, so wie ein Jäger ein Tier in der physischen Welt aufspürt. Oft müssen sie mit den Geistern, die die Seele gefangen genommen haben, einen Deal machen, sich mit ihnen versöhnen und ihnen Geschenke machen. Manchmal müssen sie auch gegen die Geister kämpfen, vorzugsweise mit Hilfe anderer Geister, die ihre Verbündeten sind. Selbst wenn sie bei ihrer Suche siegreich sind, müssen sie immer noch mit der Rache der bösen Geister rechnen. Sobald sie die verlorene Seele wiedergefunden haben, bringen sie sie zurück, um sie wieder in den Körper zu integrieren, was zur Heilung des Kranken führt."*[389]

Der Ethnologe Guy Moréchand beschreibt die Rolle des Schamanen wie folgt: „Die Ausübung des Schamanismus wird durch die Trance materiell umgesetzt. Wenn der Schamane in Trance fällt, soll er sich auf eine Reise begeben. Er verlässt seinen Körper, der an Ort und Stelle im Laufe der Sitzung die Geschichte der Bemühungen und Episoden von Abenteuern, die sich in anderen Welten als der irdischen abspielen, mimen und erzählen wird. Die Darstellungen dieser schamanischen Reisen gipfeln in einer Kosmogonie von drei Welten, mit einem Himmel und einer Hölle, symmetrisch zur Erde, die sich über und unter der Erde befinden, wobei die Hölle manchmal unterirdisch, manchmal unter Wasser ist. Die drei Welten (oder Reihen von Welten) werden von einer vertikalen Achse durchquert, die ihren Zugangsweg darstellt. Der Himmel wird erreicht, indem man mit Hilfe eines geflügelten Tiergeistes aufsteigt. Das Pferd ist für viele Völker das Reittier, das in die Unterwelt führt. In diesen Welten, die dem normalen Menschen praktisch unbekannt und unzugänglich sind, begibt sich der Schamane auf die Suche nach einer entlaufenen Seele, deren Abwesenheit Krankheiten verursacht hat. Das Ende der

---

[389] *Schamanen-Geschichten aus Sibirien* - J.G. Ksenofontov, Adolf Fiedrich und Georges Buddrus, 1955.

Wanderschaft oder die Entführung dieser Seele durch einen bösen Geist ist manchmal das Reich einer himmlischen oder höllischen Gottheit, zu der der Schamane gehen muss, um sie einzufordern und zu kaufen."[390]

In seinem Buch „Animismus und Schamanismus für alle" beschreibt Igor Chamanovich die Trancezustände der „Medizinmänner" wie folgt: „Der 'Medizinmann' ist ein Ekstatiker par excellence. In den primitiven Religionen bedeutet die Ekstase den Flug der Seele in den Himmel oder ihre Wanderung durch die Erde oder schließlich ihren Abstieg in die unterirdischen Regionen bei den Toten. Der Medizinmann unternimmt solche ekstatischen Reisen, um dem Gott des Himmels von Angesicht zu Angesicht zu begegnen und ihm im Namen der Gemeinschaft eine Opfergabe zu überreichen, um die Seele eines Kranken aufzusuchen, der sich angeblich von seinem Körper entfernt hat oder von Dämonen geschändet wurde (...) Das Verlassen des Körpers durch die Seele während der Ekstase ist gleichbedeutend mit einem vorübergehenden Tod. Der „Medizinmann" ist also der Mann, der in der Lage ist, eine beträchtliche Anzahl von Malen zu „sterben" und „aufzustehen"."[391]

Die Ekstase (*ekstasis* = Verlassen des Körpers) entspricht dabei einem tiefen, kontrollierten dissoziativen Zustand, in dem der Schamane in andere Dimensionen reist. Wie wir in Kapitel 2 gesehen haben, hat der Schamane während seiner Einweihung wahrscheinlich selbst traumatische Rituale durchlaufen, die eine Spaltung in ihm hervorriefen und zur Öffnung einer Bresche zur Geisterwelt führten. Er ist ein selbstheilender Heiler, der seine dissoziativen Zustände kontrolliert.

In anderen Traditionen arbeitet der Schamane nicht in einem Trancezustand und wagt sich nicht so weit in die Geisterwelt vor. Seine Technik besteht einfach darin, Beschwörungen durchzuführen, eine Art Exorzismus, wie bei den Quechua-Indianern, die, wie wir gesehen haben, diese Zerrüttung der Seele *die Krankheit der Angst (Susto)* nennen.

Auch in der Kahuna-Tradition finden wir diese Vorstellung von der Spaltung der Seele. Für diese Hawaiianer kann sich der Geist eines Menschen bei einem Unfall oder einer Krankheit in verschiedene Teile aufspalten. In seinem Buch *„The Secret Science Behind Miracles" (Die geheime Wissenschaft hinter den Wundern)* berichtet Max Freedom Long über die vier Arten von menschlichen *„Geistern"* oder *„Spirits"*, die die Kahuna-Tradition aufgelistet hat. Diese Beschreibungen sind vergleichbar mit den verschiedenen alternativen Persönlichkeiten und traumatischen Amnesien, die einen I.D.T. charakterisieren:

- 1/ Der Geist im Normalzustand eines Verstorbenen: Diese Entität besteht aus einem Unterbewusstsein und einem Bewusstsein, genau wie im physischen Leben. Er denkt und erinnert sich wie ein gewöhnlicher leibhaftiger Mensch (...)
- 2/ Das Unterbewusstsein des Menschen, das durch Unfall oder Krankheit, vor oder nach dem Tod von seinem Bewusstsein getrennt

---

[390] *„Principaux traits du chamanisme mèo blanc en Indochine"* - Guy Moréchand, Bulletin de l'Ecole française d'Extrême- Orient. Tome 47 N°2, 1955. S. 511.

[391] „Animismus und Schamanismus für alle" - Igor Chamanovich, 2010, S.108.

wurde. Dieser Verstand erinnert sich sehr gut, aber er ist unlogisch, er hat das Denkvermögen eines Tieres. Es reagiert auf hypnotische Suggestionen. Er ist wie ein Kind und verursacht oft aus Spaß „Poltergeister".

- 3/ Der bewusste Geist des Menschen, der vor oder nach dem Tod von seinem Unterbewusstsein getrennt wird. Dieser Geist erinnert sich an nichts, er ist ein fast völlig hilfloses Gespenst, das ziellos umherirrt (...) er wird sich wie eine echte 'verlorene Seele' verhalten, bis er gerettet und wieder mit seinem Unterbewusstsein verbunden wird, das ihm dann die Erinnerungen liefert, um seine Macht wiederherzustellen (...)

- 4/ Der Geist des Überbewusstseins, einschließlich dessen, was in der theosophischen Terminologie „Naturgeister" oder „Gruppenseelen" genannt wird. Die Informationen über diese Kategorie von Geistern sind vage, aber wir können daraus schließen, dass sie oft die beiden oben erwähnten niedrigeren Kategorien von Geistern, unihipili (Unterbewusstsein) und uhane (Bewusstsein), übernehmen und ihnen manchmal helfen, Dinge spektakulärer Natur zu tun.[392]

Der „Verlust der Seele" oder vielmehr der Verlust von „Seelenfragmenten" ist daher ein weit verbreiteter Glaube in traditionellen schamanischen Kulturen. Sie ist gekennzeichnet durch den Verlust von Lebensenergie, persönlicher Kraft und eines Teils der Identität. Diese Seelenfragmente können in einer anderen Welt, einer anderen Dimension verloren gehen, vor allem, wenn es in der Kindheit zu Missbrauch, Leid und Traumata gekommen ist. So wie einige südamerikanische Schamanen den Verlust der Seele mit Angst in Verbindung bringen, ist für einige südostasiatische Schamanen der „Fall der Falte" in der Regel das Ergebnis eines materiellen Unfalls, z. B. eines Schlags, eines Sturzes, oder von Angst, Unruhe oder Überarbeitung.

Ein Körper mit einer fragmentierten Seele ist wie ein Baum ohne Wurzeln, er ist geschwächt. Dies ähnelt dem, was manche Hellseher über die „Entriegelung" des Astralkörpers berichten, der sich bei extremen Traumata vom physischen Körper abspaltet und das Opfer in einer Art „abgekoppeltem" Zustand zurücklässt. Sie sind nicht mehr physisch in der Materie verankert, und das schwächt sie erheblich.

Schamanen machen systematisch Erdungsarbeit, bevor sie sich auf eine Reise in eine andere Dimension begeben, es ist wichtig und sogar notwendig für sie, während eines Astralausstiegs mit den Füßen auf dem Boden zu bleiben. In seinem Buch The Way of the Shaman (Der Weg des Schamanen) stellt Michael Harner fest, dass in allen vorindustriellen Traditionen ein körperlich kranker oder verhaltensgestörter Mensch in der Regel einen Teil seines Selbst verloren hatte, der entwurzelt worden war. Dieses Problem kann manchmal durch äußere Wesenheiten verschlimmert werden, weil das Trauma, der Auslöser für den Verlust eines Teils der Seele, das Eindringen dämonischer Geister in den

---

[392] Die geheime Wissenschaft hinter den Wundern - Max Freedom Long, 1948, Kap.5.

psychischen Raum der Person ermöglichen und erheblichen Schaden verursachen kann.

In all diesen Traditionen wird klar anerkannt, dass der Verlust der Seele als Folge eines psychischen, physischen oder spirituellen Traumas auftritt. Wie wir bereits gesehen haben, besteht die Aufgabe des Schamanen darin, die verlorenen Teile der Seele zu finden und sie dem gebrochenen Menschen zurückzugeben, aber manchmal führt er auch einen Exorzismus durch, um die Wesenheiten zu vertreiben, die den Patienten möglicherweise parasitieren. Einige Anthropologen, die die Heiltechniken traditioneller Schamanen untersucht haben, haben Zeremonien beschrieben, die darauf abzielen, die gespaltene Seele zunächst wiederherzustellen und sie dann von parasitären Wesenheiten zu befreien.

Hier haben wir also das Muster: Trauma - Seelen-/Persönlichkeitsspaltung - Besessenheit.

Ein Muster, das bei Überlebenden von satanischem rituellem Missbrauch, die eine ADS entwickelt haben, üblich zu sein scheint. So wie der Schweregrad des Traumas den Grad der Dissoziation beeinflusst, so wird auch der Schweregrad des Traumas die Möglichkeit der Besessenheit durch Entitäten beeinflussen. Die Spaltung der Persönlichkeit ist mit diesem „Verlust der Seele" verbunden.

Das Phänomen, das die Psychologie Dissoziation nennt, hat also sowohl einen neurochemischen als auch einen metaphysischen Aspekt, doch die Psychiatrie ist nicht in der Lage, uns zu erklären, *wohin* die verschiedenen Teile der Persönlichkeit mit ihrer dissoziativen Amnesie gehen... und noch weniger kann sie uns erklären, wohin die *Seelenfragmente gehen*, nach denen die Schamanen auf ihren Astralreisen suchen, um die Kranken zu heilen...

Einige Psychotraumatologen erklären schematisch, dass eine vergessene traumatische Erinnerung *verloren geht und in einer „Black Box" im Hippocampus im hinteren Teil des Gehirns gespeichert wird...* Aber wissen wir, was genau eine Erinnerung ist? Das Gedächtnis ist keine Sache, sondern ein Prozess. Sie ist weder fest noch statisch, noch ist sie buchstäblich in einer greifbaren Form „gespeichert". Sie liegt nicht irgendwo in einem Schrank, und sie hat keine manifeste physische Form in dem Sinne, dass sie nicht berührt, gesehen oder gehört werden kann.[393]

Unsere Erinnerungen bestehen nicht aus Neuronen, sondern aus einer „subatomaren" Energie, die über unsere physische Dimension hinausgeht, wobei Neuronen nur eine biologische Schnittstelle für den Ausdruck von Informationen sind. Von dort aus können mehrere Fragen gestellt werden:
- Ist eine kindliche Alterspersönlichkeit in einem dissoziierten Erwachsenen ein Seelenfragment (mehr als eine „Persönlichkeit"), das in der Vergangenheit, in einer alternativen Dimension, festsitzt und das Alter und die Erinnerung beibehält, die es hatte, als es sich im Trauma vom physischen Körper trennte? Kann diese Theorie der verlorenen

---

[393] „Die unerträgliche Wahrheit über Wasser" - Jacques Collin, 1997.

Seelenfragmente, die sich in einer anderen Dimension außerhalb unserer Raumzeit befinden, eine Erklärung für diese anderen Kinder liefern?

- Ist das I.D.T. mit einer anderen Raumzeit verbunden, in der die „anderen Persönlichkeiten" kontaktiert, bearbeitet, ausgeliefert und in die Gegenwart reintegriert werden können, mit allen Erinnerungen, die sie begleiten?

In seinem Buch Das verlorene Geheimnis des Todes gibt uns Peter Novak den Anfang einer Antwort: „Wenn Schamanen in diese anderen Realitäten reisen, um die verlorenen Seelenfragmente anderer zu finden, berichten sie, dass diese Fragmente keineswegs schlummern. Im Gegenteil, sie scheinen autonome, selbstbewusste Wesen zu sein, die in ihrer parallelen Realität leben. Solange sie jedoch vom Bewusstsein der Person getrennt sind, scheinen sich diese Fragmente überhaupt nicht weiterzuentwickeln. Sie bleiben auf demselben Stand der emotionalen und intellektuellen Entwicklung stehen, den sie bei der Abspaltung vom Geist der Person hatten. Das Seelenfragment, das sich abgespalten hat, als das Kind 4 Jahre alt war, wird sich weiterhin so verhalten und denken, als wäre es 4 Jahre alt. Es wird glauben, dass es 4 Jahre alt ist, obwohl der Rest der Person bereits zu einem alten Mann herangewachsen ist. Diese entfremdeten Fragmente scheinen nicht zu wachsen und zu reifen, bis Heilung eintritt und das fehlende Stück wiederhergestellt ist. Diese Fragmente haben in der Regel ihre eigenen persönlichen Eigenschaften, Fähigkeiten, Gefühle und ein Bewusstsein davon, dass sie ihr eigenes Leben in dieser Fantasiewelt führen. Der Teil der Seele, der in der Kindheit verloren ging, wird auf dem Schulhof spielen oder sich vielleicht zitternd unter der Treppe vor einer Strafe verstecken, die bereits 40 Jahre zurückliegt.

Es ist die Aufgabe des Schamanen, zu versuchen, diesem Seelenfragment die Realität seiner misslichen Lage begreiflich zu machen, um es davon zu überzeugen, zurückzukehren und sich dem Rest des Geistes der Person anzuschließen, die im „gegenwärtigen Moment" lebt. Oft hat das Seelenfragment keine Ahnung, wovon der Schamane spricht, und denkt, es sei eine wirklich autonome Person (...) einige Tage oder Wochen nach der Reintegration des verlorenen Seelenfragments beginnen die mit diesem Fragment verbundenen Erinnerungen im Bewusstsein der Person aufzutauchen. Wenn das Seelenfragment zurückkehrt, kehren die damit verbundenen Erinnerungen mit ihm zurück. Diese Erinnerungen gehen verloren und werden vergessen, wenn sich die Seele spaltet, so dass die Person keinen Zugang mehr zu diesem Erinnerungsfragment hat. Sind diese Erinnerungen wieder da, erfordern sie in der Regel viel Aufmerksamkeit, da sie traumatische Gefühle und Empfindungen enthalten, die integriert werden müssen. Dies ist in der Regel die Ursache für die Spaltung im Kopf."[394]

Hier finden wir genau die gleichen Symptome und Merkmale des Funktionierens von I.D.T., mit traumatischen Amnesie-Mauern, die verschwinden, wenn die anderen Persönlichkeiten auftauchen und

---

[394] „Das verlorene Geheimnis des Todes: Unsere geteilten Seelen und das Leben nach dem Tod" - Peter Novak, 2003, Kap.6.

verschmelzen, während die damit verbundenen dissoziierten Erinnerungen allmählich bewusst gemacht und integriert werden. Die Alter-Persönlichkeiten einer I.D.T. würden als verlorene Seelenfragmente mit ihrem Gedächtnisinhalt erscheinen. Die Therapeutin Alison Miller hat geschrieben: *„I.D.T.-Patienten haben mir gesagt, dass es unmöglich ist, die Alter Egos voneinander zu trennen, wenn die traumatischen Erinnerungen, die sie getrennt haben, vollständig verarbeitet sind.* Das bedeutet, dass die Integration und Verschmelzung der anderen Persönlichkeiten automatisch erfolgt, wenn die dissoziative Amnesie verschwindet und die Erinnerungen bewusst werden.

2006 beschrieb die Überlebende von rituellem Missbrauch und Gedankenkontrolle, Lynn Schirmer, auf einer Konferenz den Prozess der Verschmelzung mit ihren in einem anderen Zeitraum *„eingefrorenen"* Alter-Persönlichkeiten: *„Sie integrieren sich in die Gegenwart, in der Tat... Ich weiß nicht, wie ich es erklären soll: Sie durchlaufen eine Art von Prozess... Es gibt eine gewisse Integration, aber wenn ich eine Erinnerung wiederherstelle, besteht der Prozess normalerweise darin, diesen Alter aus seinem „eingefrorenen", dissoziierten Zustand herauszuholen... Ich muss den Alter, der diese Erinnerung in sich trägt, in die Gegenwart bringen, ihn mit dem gegenwärtigen Moment vertraut machen und diese isolierte Erinnerung in eine kohärente Zeitlinie übertragen. Dann müssen sich meine anderen Personen nur noch an diese neue Welt, d.h. die Gegenwart, anpassen. Sie müssen sich also weiterentwickeln und sich daran gewöhnen. "[395]*

Wenn Lynn Schirmer eine Erinnerung wiedererlangt, muss sie die damit verbundene Veränderung in den gegenwärtigen Moment führen, wo sie sich entwickeln und anpassen muss... sie spricht hier sehr deutlich von Seelenfragmenten, die in einer scheinbar anderen Raumzeit blockiert, „eingefroren" sind, wie sie es nennt. Eine obskure Vergangenheit, in der die Wechsler weiterhin in einer „Schleife" mit dieser traumatischen Erinnerung leben...

Die Überlebende Jen Callow beschreibt den Widerwillen von Seelenfragmenten, mit ihrer Hauptpersönlichkeit zu verschmelzen: *„Ich habe Teile (alter) Kinder, die unbedingt „erwachsen" werden wollen, indem sie mit einem anderen Teil verschmelzen. Dennoch gibt es viele Teile, die sich vor der Integration fürchten. Einige sehen die innere Welt schrumpfen, mit dem Verlust von Spielkameraden, Freunden... wenn diese verschiedenen Teile verschmelzen, kann dies für andere zu einem großen Gefühl des Verlustes führen. Diese Verringerung der Zahl der Alter Egos kann auch so interpretiert werden, dass reale Menschen 'verschwinden', und einige Teile haben vielleicht Angst davor, ebenfalls zu verschwinden (...) Für viele meiner Alter Egos ist die Integration etwas Furchterregendes, denn sie bedeutet, dass sie ihre eigene Identität aufgeben und jemand Neues und Unbekanntes werden. "[396]*

---

[395] Lynn Schirmer - Die neunte jährliche Konferenz über rituellen Missbrauch, geheime Organisationen und Gedankenkontrolle, S.M.A.R.T., 08/2006.

[396] Healing the Unimaginable: Treating Ritual Abuse and Mind Control - Alison Miller, 2012, S. 269-270.

Die Existenz dieser verlorenen Seelenfragmente in einer anderen Raumzeit wurde durch die Astralreiseerfahrungen von Robert Monroe, dem Gründer des 1974 in Virginia, USA, gegründeten Monroe-Instituts, bestätigt. Er war ein wohlhabender Geschäftsmann, der zahlreiche Medien besaß und selbst viele außerkörperliche Erfahrungen gemacht hatte. Monroe wurde einer der weltweit führenden Spezialisten für Astralreisen. Ursprünglich diente das Institut der Erforschung des *Remote Viewing*, heute ist es eines der größten Forschungszentren für außerkörperliche Erfahrungen, Entspannung, Meditation und *Hemi-Sync-Techniken* (Synchronisation der Gehirnhälften durch Tonfrequenzen). Einigen Autoren zufolge ist das Monroe-Institut (wahrscheinlich durch die Übernahme des Instituts durch die CIA) auch an traumabasierter Bewusstseinskontrolle beteiligt, da *Hemi-Sync-Techniken* verwendet werden können, um in Delta- und *Theta-MK-Programmen* an den Gehirnhälften zu arbeiten (mehr dazu im nächsten Kapitel).

Nach Angaben des Forschers Tom Porter ist Robert Monroe der Sohn von James Monroe, der jahrelang für die CIA arbeitete, aber auch Direktor einer Scheinfirma namens *Human Ecology Society war*. Wie in Kapitel 3 erwähnt, wurde diese Scheinfirma von der CIA zur Finanzierung des MK-Ultra-Programms benutzt. James Monroe hätte Leute wie Dr. Ewen Cameron persönlich beaufsichtigt. Es ist daher möglich, dass Robert Monroe, der weltweit führende Vertreter von Astralreisen, selbst den Bewusstseinskontrollprogrammen von MK-Ultra unterworfen war. Laut Andrijah Puharich stimulierte Robert Monroe selbst seine Fähigkeiten zu Astralreisen, für die er eine gewisse Veranlagung zu haben schien, vielleicht aufgrund von Kindheitstraumata? Ein gemeinsames Merkmal von Menschen, die spontane Astralexits erleben, ist ein Trauma.

Monroe hat ausführlich über seine außerkörperlichen Erfahrungen geschrieben, die 1958 begannen. Im Jahr 1994 veröffentlichte er das Buch „Ultimate Journey", in dem er tiefgreifende außerkörperliche Reisen beschreibt, bei denen er manchmal den Seelen Verstorbener begegnete. Monroe beschreibt diese Wesen als verwirrt, desorientiert und scheinbar gefangen in einem bestimmten Raum von Zeit, Emotion und Erinnerung. Er beschreibt sie als halbbewusste Wesen, die nicht erkennen können, dass sie tot sind. Wie bereits erwähnt, beschreibt die Kahuna-Tradition diese Art von Wesenheiten als den bewussten Verstand, der von seinem Unterbewusstsein getrennt ist, das dann zu einer amnesischen, umherwandernden Seele wird, die sich wieder mit ihrem fehlenden Teil verbinden muss, um Zugang zu wiederherstellenden Erinnerungen zu erhalten. Monroe erzählt auch, dass diese Wesen, diese verlorenen Seelen, manchmal sogar seine eigenen sein könnten. Es waren also nicht nur Seelen von Toten, sondern auch Seelenfragmente von lebenden Menschen, einschließlich seiner eigenen... Er berichtet in seinem Buch, dass er manchmal auf etwas stieß, das ein anderer Teil seines eigenen Geistes zu sein schien, verlorene Fragmente, die in der Vergangenheit gefangen zu sein schienen und sich nicht weiterentwickeln konnten. Als er seinen verlorenen

Seelenfragmenten begegnete und sie abgab, wurden sie auf einer bestimmten Ebene, die er das „Ich-Dort" nennt, in seinen Geist wieder aufgenommen.[397] Genau wie Lynn Schirmer es mit ihrem Alter beschreibt, brachte er seine verlorenen Seelenfragmente zurück in den gegenwärtigen Moment, in unsere Raumzeit. Monroes Erfahrungen in anderen Dimensionen könnten die schamanische Tradition der „Jagd nach verlorenen Seelen" während Astralreisen bestätigen, um die zerbrochenen Seelenfragmente einer zu heilenden Person zurückzuholen. Es wäre jedoch eher die uralte schamanische Tradition, die Monroes Aussage bestätigen sollte, denn was er gerade entdeckt hatte, war genau das, was die Schamanen seit Jahrhunderten praktiziert hatten...

In seinem Buch „Die ultimative Reise" erzählt Monroe von seinen Schülern, die sich auf die Suche nach verlorenen Seelenfragmenten machen, um sie in den gegenwärtigen Moment zurückzubringen: „Was viele Kandidaten überrascht, ist, dass sie, wenn sie sich auf diese Mission begeben, entdecken, dass sie gleichzeitig verlorene Teile von sich selbst wiederfinden... Andere können als Persönlichkeitsfragmente aus dem Alltag erscheinen, die weggelaufen oder von der Kernpersönlichkeit weggerissen worden waren. Zum Beispiel Kinder, die vor dem Trauma und dem Schmerz des physischen und psychischen Missbrauchs in ihren Familien weggelaufen waren und nun danach strebten, mit den anderen Fragmenten wieder vereint zu werden (...) Lichtcluster, Feuer aus menschlicher Energie, die einen endlosen multidimensionalen Teppich bilden... wie konnte ich sie nicht vorher gesehen haben? Jetzt verstehe ich den Zufluss und den Abfluss... mein Fluss ist da und ich muss in der Spur bleiben... der Abfluss derer, die kommen, um zu helfen und die verlorenen Teile ihres Clusters zu finden... der Zufluss, der sie zurückbringt... Tausende und Abertausende... Einfügungen von Clustern von Persönlichkeitseinheiten in menschliche Individuen des Lebenssystems der Erde."[398]

Wenn Robert Monroe als Kind ein MK-Ultra-ähnliches Programm durchlief, hatte er dann selbst ein I.D.T. und besondere psychische Fähigkeiten, die durch eine gewaltsame frühe spirituelle „Entriegelung" verursacht wurden? In Ron Russells Buch „Journey of Robert Monroe" findet sich ein Zitat von Lesley Frans, aus dem hervorgeht, dass er offensichtlich eine komplexe und multiple Persönlichkeit hatte: „Zu den Dingen, über die wir mit Bob (Robert) oft sprachen, gehörten die verschiedenen Aspekte seiner Persönlichkeit, die manchmal zum Vorschein kamen. Onkel Bob oder Daddy, Geschäftsmann Bob, Manager Bob, alter Mann Bob, kosmischer Bob, paranoider Bob usw. Dies waren die wichtigsten Bobs, die ich kannte, aber sie waren bei weitem nicht die einzigen. Wenn man dann endlich herausfindet, welcher Bob vor einem steht und versucht, mit ihm zu kommunizieren, whoosh! Er würde sich im Handumdrehen verändern. Es gab einen Jongleur Bob, der für viel Frust sorgte. Bob Business- man hatte seine Ethik hinter sich gelassen, er war hart und gefühllos (...) Einige

[397] „Das verlorene Geheimnis des Todes: Unsere geteilten Seelen und das Leben nach dem Tod" - Peter Novak, 2003, Kap.6.

[398] Die ultimative Reise - Robert Monroe, 1996, Kap.15.

der anderen Bobs widerlegten das Böse, das er getan hatte, und Bob Parano versuchte, eine gewisse Ethik wiederzuerlangen und ihr zu folgen."[399]

Fangen Hexendoktoren im Falle von satanischem rituellem Missbrauch und Gedankenkontrolle die Seelenfragmente der Opfer ein? Können Seelenfragmente von äußeren Wesenheiten gefangen gehalten werden, die die Gedanken und das Verhalten des Opfers beeinflussen und manipulieren und ihm emotionale und körperliche Probleme bereiten könnten? Dies scheint die Auffassung einiger schamanischer Traditionen zu sein, dass *die verlorene Seele* von bösen Geistern oder Zauberern gefangen gehalten wird. Dies wird auch von einigen Überlebenden des rituellen Missbrauchs behauptet. Ist dies nur ein abergläubischer Glaube oder handelt es sich wirklich um wirksame okkulte Techniken?

Im Satanismus wird sexueller Missbrauch benutzt, um Zugang zum Geist des Opfers zu erlangen, Kinderprostitution und die Herstellung von Kinderpornografie dienen ausschließlich dem finanziellen Gewinn. Sexueller Missbrauch wird eingesetzt, um den Geist des Opfers zu verletzen und zu beherrschen, um *ihm die Seele zu nehmen"*. Die Opfer beschreiben, wie Satanisten einen Teil ihres Geistes einfangen können, um ihn dauerhaft bei sich zu behalten. Umgekehrt können die Folterer auch einen Teil ihrer Seele, ein Fragment ihres Geistes, in das Opfer einschleusen, wenn dieses sich in einem veränderten Bewusstseinszustand befindet (geistige Offenheit). Dazu verwenden sie ihre Körperflüssigkeiten (Menstruationsblut, Sperma usw.) oder andere Substanzen, um *sich z. B.* bei einer Vergewaltigung in das Opfer *einzunisten.* Die Seelenfragmente des Hexenjungen bleiben dann mit dem Opfer verbunden, um die Befehle für Kontrolle und Gehorsam ständig zu verstärken. All dies ist reine Hexerei, die auch Orgasmus und Schmerz kombiniert, um *die Fruchtbarkeitsgötter zu besänftigen.*

Die Theorie, dass durch ein Trauma geschaffene Geisterfragmente sich an eine Person binden können, ist im Bereich des Paranormalen und der Besessenheit eine bekannte Theorie. Wie wir gesehen haben, sind Satanisten, die rituellen Missbrauch betreiben, in der Regel selbst dissoziiert und gespalten, so dass es denkbar ist, dass sie einige ihrer Fragmente absichtlich an ihre Opfer binden. Diese Art der Manipulation in Verbindung mit I.D.T. schafft eine geistige, psychologische und physische Fesselung. Der amerikanische Pastor Tom Hawkins schrieb: *„Die meisten Überlebenden von rituellem Missbrauch wurden gezwungen, an Ritualen teilzunehmen, die Gelübde, Schwüre, Opfer oder Bündnisse mit dem geistigen Reich des Bösen beinhalten. Diese „Rechtsgeschäfte" geben den bösen Geistern oder Dämonen das Recht, bestimmte Personen, die an diesen Praktiken beteiligt waren, zu binden und in unterschiedlichem Maße Einfluss und Kontrolle über sie auszuüben. Sie können z. B. eine Rolle dabei spielen, Programmierungen zu verstärken, Erinnerungen zu blockieren oder veränderte Personen zu retraumatisieren, die ihre Pflichten nicht erfüllt, Geheimnisse preisgegeben oder Hilfe von außen gesucht haben.*

---

[399] „Die Reise von Robert Monroe: Vom außerkörperlichen Forscher zum Bewusstseins-Pionier" - Ronald Russell, 2007.

Diese dämonisierten anderen Persönlichkeiten sind in der Regel Satan und seinem Plan verfallen (...) Diese Verbindungen können auch mit Wesenheiten höherer Ordnung als Dämonen hergestellt werden (...) Dissoziierte Persönlichkeiten können in tiefe Trancezustände gefoltert werden, die sie mit dem verbinden, was wir den „zweiten Himmel" nennen, was sich auf das „Reich der Luft" bezieht, dessen Fürst Satan ist (Eph. 2:2). Dort können sie von bösen Wesenheiten „gefangen" gehalten und für Satans Weltplan benutzt werden, der direkt aus der geistigen Welt übermittelt wird. Im inneren System dieser Menschen erscheinen diese anderen Persönlichkeiten gewöhnlich außerhalb des physischen Körpers und werden von den anderen Persönlichkeiten als abwesend oder sogar tot angesehen."[400]

Diese andere Dimension, in der sich die Seelenfragmente entwickeln, zeigt sich in den Zeit- und Realitätsverzerrungen, die bei IDD-Patienten sehr häufig und manchmal intensiv auftreten. Sind die traumatischen Erinnerungen, in denen die Person die Szene mit den Bildern, Geräuschen, Gerüchen, körperlichen Schmerzen und psychischen Schrecken wirklich durchlebt, nicht eine Reise durch die Zeit? Es ist ein Zugang zu einer anderen Raumzeit, in der eine präzise Szene bis ins kleinste Detail *„irgendwo"* aufgezeichnet ist, wobei das gesamte sensorische und emotionale System mit dieser Gedächtniskapsel verbunden ist. Die Psychotraumatologen erklären dieses Phänomen durch den neurologischen und chemischen Prozess der dissoziativen Erinnerungen, die nicht vom Hippocampus verarbeitet werden, aber sie berücksichtigen nicht den Begriff der *„verlorenen Seelenfragmente"*... Wie erklären sie die schamanischen Reisen in eine andere Dimension, um diese Seelenfragmente zu suchen und zurückzubringen... mit ihren Stücken dissoziierter Erinnerungen?

In seinem Buch *„Sein und Zeit"* bezeichnet Martin Heidegger die Vergangenheit, die Gegenwart und die Zukunft als die *Ekstasen* der Zeitlichkeit, wobei das Wort Ekstase „außerhalb sein" bedeutet. In seiner Analyse der Zeitlichkeit schreibt Heidegger, dass sich Vergangenheit, Gegenwart und Zukunft transzendiert und unauflöslich vereint finden lassen. Er nennt dies die *ekstatische Einheit der Zeitlichkeit.* Die *„dissoziative Erleuchtung"* wird manchmal als ein Verlassen unserer Raum-Zeit beschrieben, in der Gegenwart, Vergangenheit und Zukunft auf derselben Zeitlinie liegen. Die Erfahrung des Traumas wird irgendwie eingefroren und in einer ewigen Gegenwart gefangen.

Pierre Janet stellte fest, dass die Person bei der Reaktivierung einer traumatischen Erinnerung in der Regel das Zeitgefühl und das Gefühl für den gegenwärtigen Moment verloren hat; ihre „Gegenwart" war die traumatische Erfahrung, die sich wiederholte. In einem Artikel mit dem Titel *„Funktionelle Gedächtnisstörungen"* wird festgestellt, dass *das Eintauchen in das automatische Gedächtnis manchmal so intensiv ist, dass die zeitliche*

---

[400] „Dissoziative Identitätsstörung, Band 1: Psychologische Dynamik" - Tom R. Hawkins, 2010, S. 62.

Orientierung verloren geht und das Trauma so erlebt wird, als ob es in der Gegenwart stattfände und nicht als bloße Erinnerung. "[401]

In dem Artikel „*Time Distortions in Dissociative Identity* Disorder" *(Zeitverzerrungen bei dissoziativer* Identitätsstörung) berichten Dr. Onno van der Hart und die Psychotherapeutin Kathy Steele über die Aussage einer veränderten Persönlichkeit, die bei Flashbacks von traumatischen Erinnerungen Zeitverzerrungen erlebt: „*Es ist weiterhin ein Sturm in meinem Kopf. Es gibt eine Menge Lärm mit allen Arten von Blitzen die ganze Zeit, manchmal Filme. Ich habe Angst, ich kann sie nicht ansehen und sie sind schwer zu stoppen (...) Es ist beängstigend, weil es so plötzlich passiert, aber auch, weil es mich total verwirrt. Verwirrung in Bezug auf die Zeit: Es ist schwer zu sagen, ob diese Dinge der Gegenwart oder der Vergangenheit angehören. Es wird auch immer schwieriger, die Gegenwart im Griff zu behalten. Ich kann mich nicht mehr auf die Uhr verlassen. Plötzlich ist es eine Stunde später, und dann scheinen fünf Minuten mehr als drei Tage gedauert zu haben.* "[402]

Dieses Zeugnis zeigt uns, dass es sich bei dieser Störung um ein Phänomen handelt, das über unsere „Matrix" hinausgeht, und dass wir daher ihren multidimensionalen Aspekt berücksichtigen müssen, wenn wir sie ernsthaft untersuchen wollen... Kliniker mit ihrer „klassischen" wissenschaftlichen Ausbildung sind im Allgemeinen intellektuell nicht in der Lage, sich mit dieser Seite des Problems zu befassen.

Veränderte Persönlichkeiten von Kindern sind oft nicht in der Lage, sich selbst ein Zeitgefühl zu geben, Stunden oder Tage zu markieren. Sie befinden sich in einem unendlichen, grenzenlosen Raum, der in der Zeitlosigkeit oder „in der ewigen Gegenwart" ihrer traumatischen Erfahrung eingefroren ist. Der Begriff der Zeit scheint etwas zu sein, das für unsere Existenz in dieser dreidimensionalen physischen Welt spezifisch ist, aber dieser Begriff der Zeit scheint für diese Anderen zu verschwinden, was beweisen würde, dass sie sich in einer anderen Dimension entwickeln (oder stagnieren, sollten wir sagen). In gewisser Weise können wir sagen, dass ein Trauma „Löcher" oder „Lücken" in unserer Raumzeit schaffen kann. Daraus ergeben sich die Verbindungen zu bestimmten Wesenheiten und die paranormalen psychischen Kräfte, die sich bei einigen Opfern entwickeln können, wie wir später sehen werden.

Diese Vorstellung von Seelenfragmenten, die in einer anderen Dimension gefangen oder sogar gefangen sind, ist ein Schlüssel zum Verständnis der Natur von I.D.T. und der Funktionsweise der MK-Monarch-Programmierung. Die Monarch-Gedankenkontrolle schafft diese Seelenfragmente absichtlich, um sie zu kontrollieren und auszubeuten. Die „innere Welt" des Monarch-Sklaven wäre nichts anderes als die Dimension, in der diese Seelenfragmente leben, gefangen in Strukturen, die vom Programmierer eingerichtet wurden und mit dämonischen Wesenheiten verbunden sind, die als Wächter fungieren. Die Programmierer

---

[401] „Funktionelle Gedächtnisstörungen" - Spiegel, D., Frischholz, EJ., & Spira,J., American Psychiatric Press Review of Psychiatry, 1993.

[402] „Zeitverzerrungen bei dissoziativer Identitätsstörung: Janetian Concepts and Treatment" - Onno van der Hart und Kathy Steele, Journal Dissociation, 1997.

interagieren also mit dieser Raumzeit, um diese dissoziierten Fragmente einzuschließen und zu beherrschen. Die Therapeutin Patricia Baird Clarke beschreibt diese Dimension folgendermaßen: *„Durch Rituale benutzen Satanisten Dämonen, um den geistigen Körper vom physischen Körper zu trennen. Wenn die Seele und der Geist getrennt sind und der geistige Körper sich vom physischen Körper trennt, dann tritt der Mensch bei vollem Bewusstsein in eine ganz andere Dimension ein. Dies ist die Dimension, die ich die „innere Welt" nenne. Diese Welt ist für den Einzelnen so groß und so real wie die physische Welt für uns. Wir denken bei Geistern an einen „dampfförmigen" Zustand, aber Menschen, die in dieser Dimension waren, haben mir berichtet, dass Dämonen Gewicht und Substanz haben."* [403]

Die Therapeutin Alison Miller beschreibt diese innere Welt, diese Raum-Zeit, in der die Anderen leben, folgendermaßen: „Die inneren Welten der Patienten sind nicht alle gleich. Einige, wie die von Trish Fotheringham beschriebene, haben magische Schlösser und Wälder; andere haben Gefängnisse, Festungen, Folterkammern und verschiedene militärische Einrichtungen (d. h. Strukturen, die von den Programmierern absichtlich in die innere Welt eingeführt wurden). Einige beschreiben Orte, die eine andere Welt oder andere Planeten darzustellen scheinen. Menschen, deren I.D.T. spontan entstanden ist (d.h. ohne den bewussten Versuch anderer, sie für die Programmierung aufzuspalten), haben in der Regel innere Häuser, in denen das Alter lebt. Dabei handelt es sich oft um interne Darstellungen des Hauses, in dem sie zum Zeitpunkt des Missbrauchs lebten." [404]

Jen Callow, die rituellen Missbrauch und mentale Programmierungsprotokolle durchlaufen hat, beschreibt diese innere Welt, in der sich ihre Seelenfragmente befinden, folgendermaßen: *„Wenn wir (Alter) endlich eine Therapie mit jemandem beginnen, der versteht, was Dissoziation ist, sind viele von uns isoliert und leben in Angst. Wir sind in unserer inneren Welt eingesperrt: in Kisten, in kalten Kellern oder an anderen Orten, die mit unseren Erinnerungen zu tun haben. Wir sind in unseren Programmen eingesperrt, oft hungrig oder mit Schmerzen. Unser inneres System kann uns Folter und Missbrauch zufügen, ähnlich dem, was unsere Missbraucher uns angetan haben."* [405]

Die Vorstellung einer inneren Welt, in der das Alter stagniert, einer grenzenlosen und völlig abstrakten Welt, die mit allen möglichen Dingen ausgestattet ist, könnte unplausibel, absurd und psychotisch erscheinen, wenn wir dieses Phänomen einer anderen Dimension als der unseren nicht berücksichtigen würden. Wir werden die Techniken zur Strukturierung dieser inneren Welt im nächsten Kapitel über die Monarch-Programmierung näher erläutern.

---

[403] „Wiederherstellung von Überlebenden satanischen rituellen Missbrauchs" - Patricia Baird Clark, 2000.

[404] *Healing the Unimaginable: Treating Ritual Abuse and Mind Control* - Alison Miller, 2012, S.69.

[405] Ebd., S. 272.

Der traditionelle schamanische Glaube an die Seelenspaltung ist wahrscheinlich gar nicht so weit entfernt von unserer eigenen psychiatrischen Vorstellung von einer *verlorenen Seele*. Selbst wenn wir die kulturellen Elemente und die angestammten Wurzeln dieser Dinge außer Acht lassen, haben wir einige Gemeinsamkeiten mit diesen angestammten Konzepten: Sagen wir nicht, dass ein Patient „entfremdet", „fremd" zu sich selbst ist, dass sich seine Persönlichkeit verschlechtert hat oder sogar zerstört wurde? Versucht der Therapeut, der mit einem so genannten *„schizophrenen"* Patienten arbeitet, nicht, den Kontakt zu dem verbleibenden Teil der Persönlichkeit herzustellen, der noch *„Bodenhaftung"* hat? Versucht er nicht, die gespaltene Persönlichkeit auf die gleiche Weise zu rekonstruieren wie der moderne Nachfolger jener Schamanen, die in der Geisterwelt verlorene Seelen aufspüren und die Dämonen bekämpfen, die sie gefangen halten, um sie in die Welt der Lebenden zurückzubringen?[406]

5 - TRAUMA UND PARANORMALE ÜBERSINNLICHE FÄHIGKEITEN

Hier sind einige der Faktoren, die ich in Bezug auf „verfolgte Menschen" festgestellt habe. Sie sind in der Regel bipolar und haben in ihrer Vergangenheit (oft in der Kindheit) sexuellen Missbrauch oder ein Trauma erlitten. In den meisten Fällen handelt es sich um eine extreme Störung in der Familie. Das sind Menschen, die seit ihrer frühen Kindheit Erfahrungen mit dem Paranormalen gemacht haben. Verfolgte Menschen, verfolgte Seelen - Bobbie Atristain, 2006

1784 berichtete der Marquis de Puységur (Armand Marie Jacques de Chastenet), der sich mit tierischem Magnetismus und Handauflegen beschäftigte, über einen besonderen Fall bei einem seiner Angestellten, einem Bauern namens Victor Race, der eine offensichtliche Persönlichkeitsveränderung mit einer Bewusstseinsabspaltung und Amnesie zeigte. Während eines Handauflegens, um Victor von einer Lungenverstopfung zu befreien, war der Marquis überrascht zu sehen, dass der junge Mann ruhig eingeschlafen war... Er entdeckte, dass es sich nicht um einen normalen Schlaf handelte, sondern um einen besonderen Bewusstseinszustand, in dem er sich in Trance befand. In diesem Zustand zeigte Victor Race besondere Fähigkeiten: Er wurde extrem empfänglich für Suggestionen und seine Persönlichkeit veränderte sich völlig. Während er normalerweise eher schwer von Begriff war, zeigte diese andere Persönlichkeit eine bemerkenswerte Intelligenz mit phänomenaler geistiger Beweglichkeit. Außerdem war er in diesen veränderten Bewusstseinszuständen in der Lage, die Gedanken des Marquis zu lesen und genaue medizinische Diagnosen für sich und andere zu stellen. Er konnte auch den Verlauf einer Krankheit vorhersagen und eine Behandlung verschreiben, oft

---

[406] *Die Entdeckung des Unbewussten*, Henri F. Ellenberger, 1970.

mit großem Erfolg. Victor zeigte auch seltsame Gedächtnisprobleme. Als er aus diesem ungewöhnlichen Bewusstseinszustand herauskam, hatte er keinerlei Erinnerung an das, was geschehen war, während er sich im Trancezustand seiner beiden Persönlichkeiten voll bewusst war. Der Marquis de Puységur beschloss, diese Entdeckung als „*magnetischen Schlaf*" zu bezeichnen, den er mit dem künstlichen Schlafwandeln in Verbindung brachte, das er ebenfalls „*magnetisches Schlafwandeln*" nannte.[407]

34 Jahre später traf der Marquis Victor Race wieder und versetzte ihn in einen tranceartigen Zustand. Zu seiner Überraschung stellte er fest, dass sich sein ehemaliger Mitarbeiter sehr detailliert an alle seine früheren *magnetischen Schlafzustände* erinnerte. In seinem Buch „*Die Entdeckung des Unbewussten*" erzählt Ellenberger, dass der Marquis de Puységur im August 1785 das Kommando über das Artillerieregiment von Straßburg erhielt. Damals bat ihn die örtliche Freimaurerloge, ihren Mitgliedern, die immer sehr daran interessiert waren, paranormale Kräfte zu erlangen, die sie zum „*Licht*" führen und sie über das Profane erheben könnten, die Prinzipien des tierischen Magnetismus zu vermitteln. Die Geschichte verrät uns nicht, ob Victor Race in seiner frühen Kindheit ein Trauma erlitten hat, aber sie zeigt uns, dass eine multiple Persönlichkeit paranormale psychische Kräfte entwickeln kann.

Kann ein Trauma die Ursache für bestimmte paranormale Phänomene sein? Können sie den Weg zu bestimmten psychischen Fähigkeiten öffnen? Schaffen sie eine Bresche, die eine Tür zu anderen Dimensionen öffnet? Wie wir oben gesehen haben, scheint dies der Fall zu sein. Emotionen öffnen Türen zu anderen Welten, und diejenigen, die von einem Trauma herrühren, sind besonders stark. Hellseherische Fähigkeiten müssen jedoch nicht unbedingt auf ein Kindheitstrauma zurückzuführen sein. Sie können von bestimmten transgenerationalen „Gaben" herrühren, die mehr oder weniger geschärft sind. Sie können durch bestimmte energetische Praktiken und Übungen entwickelt werden. Sie können aber auch das Ergebnis von Pakten sein, die mit Entitäten geschlossen wurden. Satanisten und Luziferianer suchen diese paranormalen Kräfte, um ihre Macht zu vergrößern, aber sie erhalten nur die Unterwerfung unter die Dämonen als Gegenleistung für diese „Kräfte"... Der Heilige Geist kann auch Gnaden dieser Art vermitteln, wie zum Beispiel Hellsichtigkeit.

Joseph Mahoney, ein katholischer Priester aus Detroit (USA), der mit ADS-Patienten arbeitet, hat eine Reihe von seltsamen Phänomenen aufgelistet, die bei diesen gespaltenen Menschen beobachtet werden.[408] Im Allgemeinen ist eine paranormale Fähigkeit spezifisch für eine veränderte Persönlichkeit und fehlt bei anderen. Hier ist, was der Priester über diese paranormalen Phänomene im Zusammenhang mit D.I.D. schreibt (beachten Sie, dass einige der Phänomene in dieser Liste oft auch in Fällen von dämonischer Besessenheit berichtet werden):

---

[407] Multiple Persönlichkeit vor „Eve" - Adam Crabtree, Zeitschrift „Dissociation", Vol.6 N°1, 03/1993.

[408] *Exorzismus und multiple Persönlichkeitsstörung aus katholischer Sicht* - Pater. Joseph Mahoney.

- Eine hohe Sensibilität für Hypnose und die seltene Fähigkeit, bei anderen Menschen hypnotische und tranceähnliche Zustände hervorzurufen.
- Erinnerungen an den Körper, die sich physisch manifestieren. Dabei handelt es sich um Traumata aus der Vergangenheit, die am Körper auf dieselbe Art und Weise entstehen wie das klassische Phänomen der Stigmata. Sie können ohne äußeres Zutun erscheinen und verschwinden. Dabei kann es sich um Hautausschläge, Flecken, Schnitte, Verbrennungen, Blutverlust, Blutergüsse, Schwellungen oder andere erhebliche physiologische Veränderungen handeln.
- Telepathie, Hellsichtigkeit und unerklärliches Wissen, fotografisches Gedächtnis, Überempfindlichkeit, die zu einem hoch entwickelten Lesen der Körpersprache anderer führt, ungewöhnliche geistige Fähigkeiten.
- Eine körperliche Stärke, die über das menschlich Mögliche hinausgeht.
- Beschleunigte Heilung, Kontrolle von Blutungen und die Fähigkeit, physiologische Zustände in einer Weise selbst zu regulieren, die normalerweise unmöglich ist.
- Die Fähigkeit, den Beobachter kalt, unbehaglich oder bedroht fühlen zu lassen.
- Extreme Selbstbeschädigung, Hass auf Gott und religiöse Objekte.
- Die Fähigkeit, über längere Zeiträume ohne Essen oder Schlaf auszukommen.
- Die Fähigkeit, eine bestimmte veränderte Persönlichkeit zu betäuben oder die Nervenübertragung von Schmerzen zu blockieren.

In ihrem Buch *The Secrets of Psychic Success* schreibt die Hellseherin Angela Donovan, dass es nach ihrer eigenen Erfahrung drei Möglichkeiten gibt, wie sich hellseherische Fähigkeiten entwickeln können, von denen eine direkt mit traumatischen Erfahrungen zusammenhängt: *„Es gibt Menschen, die ein schweres emotionales Trauma erlebt haben. Ich bin vielen Hellsehern begegnet, die durch den Tod eines geliebten Menschen oder durch einen physischen Schock, z. B. einen Schlag auf den Kopf, zu diesem Gebiet gekommen sind. Dies kann buchstäblich die „Türen" öffnen und einen empfänglichen Zustand schaffen. Das kann etwas Positives sein, wenn die Person versucht zu verstehen, was mit ihr geschieht, aber wenn nicht, kann es sehr beunruhigend sein. "*[409]

Die Entwicklung paranormaler übersinnlicher Kräfte wurde manchmal nach Unfällen mit körperlichen Traumata oder Nahtoderfahrungen berichtet. Dies ist der Fall des berühmten italienischen Mediums Eusapia Paladino, die bei einem Unfall in ihrer frühen Kindheit ein Schädeltrauma (Scheitelbein) erlitt. Dies ist auch der Fall des berühmten holländischen Mediums Peter Hurkos, der nach einem Schädeltrauma und einem dreitägigen Koma nach einem Sturz von einer Leiter übersinnliche Kräfte erlangte... Hurkos galt als einer der weltweit führenden Hellseher, der viele Fälle von ungelöstem Verschwinden und Morden aufklärte. Hurkos sagte: *„Ich sehe Bilder in meinem Kopf wie auf einem*

---

[409] *The Secrets of Psychic Success: The Complete Guide to Unlocking Your Psychic Gifts* - Angela Donovan, 2007, Kap.1.

Fernsehbildschirm. Wenn ich etwas berühre, kann ich sagen, was ich in Verbindung mit dieser Sache sehe. "

In dem Buch „*The Psychic World of Peter Hurkos*" berichtet Norma Lee Browning, was Hurkos ihr über sein Trauma erzählt hat:

Ich weiß noch, wie ich gestürzt bin und nicht sterben wollte, dann war es stockdunkel. Als ich aufwachte, hatte ich keinen eigenen Verstand mehr. Da habe ich mein Geschenk bekommen. Ich war in den Gedanken eines anderen Menschen und hatte Angst, weil ich nicht wusste, was vor sich ging. Mein Vater und meine Mutter sagten, ich sei nicht mehr derselbe Peter wie früher. Sie sagten, ich sei gestorben und mit zwei Geistern zurückgekommen. Sie können meinen Vater fragen, ich schwöre es. Er wird Ihnen sagen, dass sein echter Sohn Peter gestorben ist und ich mit zwei verschiedenen Geistern zurückgekommen bin. Es gibt hier zwei Geister, meine Liebe, zwei Geister, verstehst du? (...) Sie wissen, dass es Menschen mit zwei Persönlichkeiten gibt? Nun, ich habe zwei Meinungen. Mein Vater hatte Recht, als er sagte, ich sei nicht mehr derselbe Peter. Dieser starb und kam zurück, hörte Stimmen und sah Bilder (...) War er wirklich ein Hellseher oder ein Psychotiker? War es möglich, dass er schizophren war oder eine echte multiple Persönlichkeit hatte? Wurde er aufgrund der Kopfverletzung als Hellseher „wiedergeboren", so wie Bridey Murphy unter Hypnose wiedergeboren wurde? Hatte er wirklich einen sechsten Sinn, oder war er geisteskrank? Diese Fragen haben mich fasziniert. Wenn die Geschichte von Peters Unfall verifiziert werden könnte, würde ein wenig Licht auf die so genannten „übersinnlichen Kräfte" fallen. Ich hatte immer die Vorstellung, dass diese paranormalen psychischen Phänomene etwas Natürliches und nicht etwas Übernatürliches sind. Es handelt sich eher um ein physisches als um ein metaphysisches Phänomen, eher um ein physiologisches als ein psychologisches. Ich bin davon überzeugt, dass eines Tages bewiesen werden wird, dass alles, was als „übersinnliche Erfahrungen" bezeichnet wird, eine physikalische Erklärung in den verschiedenen elektrochemischen Komponenten der wunderbarsten Rechenmaschine hat, die es gibt: dem menschlichen Gehirn."[410]

Veränderte Bewusstseinszustände, oder dissoziative Zustände, sind der Schlüssel zu paranormalen psychischen Fähigkeiten. Wie wir gesehen haben, führt ein extremes Trauma zu Dissoziation, einem tiefgreifend veränderten Bewusstseinszustand. Die Dissoziation schafft eine gewisse Öffnung zu einer anderen Welt, zu anderen Dimensionen, zum Immateriellen und Unsichtbaren... Dies ist sicherlich der Grund, warum bei bestimmten Personen mehr oder weniger außergewöhnliche Phänomene auftreten können. Menschen, die ein I.D.T. entwickelt haben (die ein Trauma und eine starke Dissoziation erlebt haben), haben außergewöhnliche körperliche Fähigkeiten gezeigt, die über das übliche menschliche Potenzial hinausgehen, aber sie können auch bestimmte paranormale psychische Kräfte zeigen. Extreme und wiederholte Traumata scheinen bestimmte Synapsen (neuronale Verbindungen, mehr dazu im nächsten Kapitel) zu verändern oder zu schaffen, aber auch Teile des Gehirns zu

---

[410] *Die psychische Welt von Peter Hurkos* - Norma Lee Browning, 2000, Kap.1.

aktivieren, die normalerweise inaktiv sind. Dies führt zu einer Art *„Fehler in der Matrix", da* wir wissen, dass unsere gesamte „Realität" auf unseren Wahrnehmungen beruht und dass diese Wahrnehmungen (unsere fünf Sinne) ausschließlich von diesen neuronalen Verbindungen und den darin zirkulierenden elektrischen Strömen abhängen. Wenn wir dazu noch bedenken, dass wir im Durchschnitt nur 10% unseres Gehirns nutzen, dann können wir sagen, dass unsere Wahrnehmung der „Realität" in der Tat sehr begrenzt ist und dass es daher möglich ist, dass sie durch einige wenige neuronale Verbindungen, die während eines Traumas geschaffen oder verändert werden, stark verändert werden kann. Wie wir im nächsten Kapitel sehen werden, sind es die Erfahrungen des Kindes, die die Synapsen und die Funktionsweise des Gehirns prägen. Ein extremes Trauma formt das Gehirn und spaltet die Energiekörper, wodurch eine Öffnung zu anderen Dimensionen und die Entwicklung bestimmter psychischer Fähigkeiten entsteht.

Dr. John Smythies erklärt dieses Phänomen der „Matrix", mit der unsere Gehirne verbunden sind: „Es gibt zahlreiche neurologische Beweise dafür, dass unsere sensorischen Daten, einschließlich der somatischen, nicht mit externen Objekten identisch sein können, sondern nur mit bestimmten Gehirnzuständen. Wenn wir das Gehirn eines Kindes entfernen und es an einen riesigen Computer anschließen würden, der die entsprechenden Reize an die Sinnesnerven sendet, würde das betreffende Individuum eine Art perfektes Durchschnittsleben führen; in der Tat würde es das Leben leben, das wir programmiert haben. Die Sinnesfelder des Bewusstseins sind Konstruktionen des Nervensystems, nicht die direkte Wahrnehmung äußerer materieller Objekte. Mit anderen Worten: Die physiologischen Mechanismen der Wahrnehmung funktionieren wie ein Fernseher und nicht wie ein Teleskop."[411]

Die psychischen und außersinnlichen Fähigkeiten, die durch Dissoziation und Verbindung mit anderen Dimensionen hervorgerufen werden können, sind eine Realität, die in den meisten vorindustriellen Traditionen voll integriert ist und genutzt wird, aber auch von der vorherrschenden „namenlosen Religion", für die die Fähigkeit zur Dissoziation ein sehr wichtiges genetisches Kriterium ist. Die Anthropologin Ruth Inge-Heinz, die Besitztümer in vielen Kulturen untersucht hat, schreibt: *„Das Konzept, das einen 'gesunden Geist' definiert, unterscheidet sich von Kultur zu Kultur erheblich (...) Es kann sehr destruktiv sein, einen außergewöhnlichen Bewusstseinszustand mit dem Etikett 'Geisteskrankheit' zu versehen. Ein Zustand geistiger Dissoziation bedeutet nicht unbedingt, dass eine Person in eine Zwangsjacke gesteckt werden sollte. Viele dissoziative Zustände, die zum Beispiel in Südostasien auftreten, sind sehr kontrolliert und in die traditionelle Kultur integriert."[412]*

Wie wir in Kapitel 2 gesehen haben, verwandelt der Schamane einen unterdrückten Zustand in einen beherrschten, eine passive Dissoziation in eine

---

[411] Die unbekannten Mächte des Menschen: Vorwissen - Kapitel: „Schlussfolgerung über Geist und Gehirn" - Dr. John R. Smythies, 1977, S.284.

[412] *Schamanen oder Medien: Zu einer Definition verschiedener Bewusstseinszustände. Ruth Inge-Heinz, Zeitschrift für Transpersonale Anthropologie, 1982.*

aktive: Er ist ein selbstgeheilter Heiler. In einigen Kulturen werden Menschen, die Merkmale einer Geisteskrankheit aufweisen, traditionell mit dem Göttlichen in Verbindung gebracht, insbesondere wenn sie bestimmte Visionen oder Botschaften erhalten. Die Besessenheit durch eine äußere Wesenheit wird oft als Hilfe gesehen, um ein Heiler oder Wahrsager zu werden. Das *DSM-IV Casebook* (eine Ergänzung zum *DSM* mit Fallgeschichten und Zeugnissen) berichtet über den Fall einer Frau, die von ihrer Gemeinschaft als fähig anerkannt wird, mit den Ahnen zu kommunizieren und die Zukunft vorherzusagen: *„Manchmal kommt Gott in mich hinein, es ist sehr heiß, wenn er mir Visionen gibt. (...) „Diese Frau hat Symptome, die als psychotisch gelten würden, wenn sie von jemandem aus einer Gesellschaft gesehen würden, die ihre Kultur und ihren Glauben nicht teilt (Guinea). Sie glaubt, dass sie besondere Kräfte hat, während sie für andere nur eine Halluzination ist. In ihrer lokalen Kultur sind diese Phänomene sehr verbreitet. Ihre Gemeinschaft schreibt ihr die Rolle der Heilerin zu und akzeptiert ihre Erfahrungen und ihr abnormales Verhalten als etwas ganz Normales für jemanden in dieser Rolle. Sie ist in der Tat eine sehr erfolgreiche Heilerin. Ihre Gemeinschaft schreibt ihr daher die Rolle der Heilerin zu, und ihr Verhalten wird nicht als etwas angesehen, das behandelt und geheilt werden muss. "*

In dem Buch „Le Défi Magique: Satanisme et Sorcellerie" schreibt Jean Baptiste Martin:

Ernesto De Martino weist zunächst darauf hin, dass in den Kulturen, die üblicherweise Gegenstand ethnologischer Studien sind, sehr oft beobachtet wurde, dass bestimmte psychische Zustände sehr häufig vorkommen, so als ob die Eingeborenen von Natur aus dazu prädisponiert wären. Diese Zustände entstehen als Folge von Traumata oder Emotionen, die das Subjekt in einen bestimmten Zustand stürzen, der durch den Verlust der Einheit des Ichs gekennzeichnet ist..."[413]

Mit anderen Worten, der Ethnologe De Martino beschreibt hier eine Dissoziation, die eine Spaltung (*Verlust der Einheit des „Ichs"*) und eine Trennung des physischen Körpers vom spirituellen Körper bewirken kann, was eine Öffnung in eine andere Dimension und den Zugang zu Besessenheit und paranormalen Kräften ermöglicht. Dies ist ein in vorindustriellen Kulturen üblicher Vorgang, der aber auch von satanisch-luziferischen Kulten praktiziert wird.

Im Oktober 2014 strahlte die TF1-Sendung *Sept à huit* einen Bericht über die thailändischen *„Mah Song" aus*, die auch als *„besessene Pferde"* bekannt sind. Diese als Götter verehrten Männer versetzen sich in tiefe dissoziative Trancezustände und behaupten, von Göttern besessen zu sein. In diesen veränderten Bewusstseinszuständen vollbringen die Mah Songs ganz außergewöhnliche Dinge. Im Mittelpunkt der Reportage stand *Ae*, ein 36-jähriger Mann, der in Trance mit der Stimme eines kleinen Jungen in einem chinesischen Dialekt spricht, den er nie gelernt hat. Auch hier ist es möglich,

---

[413] *Le Défi Magique: Satanisme et Sorcellerie*, Band 2 - Jean Baptiste Martin, François Laplantine, Massimo Introvigne, 1994, S.154.

dass es sich um ein I.D.T. handelt, aber der Bericht erwähnt kein früheres Trauma oder Amnesie als Folge von *Aes* Trancezuständen.

Ae zufolge ist die Gottheit, die von ihm Besitz ergreift, ein „Kind-Gott", weshalb er diese besondere Stimme hat, wenn er besessen ist. Der Journalist erzählt uns, dass es sogar „Babygötter" gibt, die von der Mah Song Besitz ergreifen...

Sobald sie in Trance sind, durchbohren diese Männer ihre Wangen, Ohren und Körperhaut mit langen Metallstäben. Sie zeigen keine Anzeichen von Schmerzen und es fließt kein Blut. Führende französische Chirurgen, die dieses Phänomen beobachtet haben, können es sich nicht erklären, da die Wangen normalerweise ein stark durchbluteter Bereich sind und ein Schnitt dort sogar zu einer Gesichtslähmung führen kann. Während der Zeremonien stellen die Mah Song in Trance auch ihre Kräfte unter Beweis, indem sie verrückte Aufgaben bewältigen, wie das Besteigen einer 18 Meter hohen Leiter, deren Sprossen aus fein geschliffenen Klingen bestehen, ohne die Fußsohlen zu öffnen, oder das Gehen auf glühenden Kohlen, ohne sich zu verbrennen. Performances, die unmöglich ohne ernsthafte körperliche Konsequenzen durchgeführt werden können, daher ist der Zustand der dissoziativen Trance (und die Hilfe von Dämonen) bei dieser Art von Praxis sehr zu empfehlen...

Mircéa Eliade schreibt: „Bei den Mandschus bestand die öffentliche Initiationszeremonie einst darin, dass der Kandidat (Schamane) über glühende Kohlen ging: Wenn der Lehrling tatsächlich die „Geister" hatte, die er zu haben behauptete, konnte er ungestraft über das Feuer gehen."[414]

1992 behaupten Dr. Colin Ross und Dr. Joshi in einem Artikel mit dem Titel *„Paranormal experiences in the general population"* (*Journal of Nervous and Mental Disease*), dass es eine Verbindung zwischen paranormalen und dissoziativen Erfahrungen gibt. Ihrer Meinung nach sind paranormale Erfahrungen ein natürlicher Aspekt der Dissoziation. Wie die Dissoziation können auch diese psychischen Fähigkeiten durch ein physisches oder psychologisches Trauma, meist in der Kindheit, ausgelöst werden. Mehrere Studien zeigen, dass solche paranormalen Erfahrungen bei Menschen mit einer traumatischen Vergangenheit häufiger vorkommen.

In seinem Buch *„Der Osiris-Komplex"* äußert sich Dr. Collin Ross sehr deutlich über den Zusammenhang zwischen Trauma, Dissoziation und übersinnlichen Fähigkeiten: *„Meinen Daten zufolge sind die Gene für Dissoziation und das Paranormale auf demselben Chromosom eng miteinander verwandt (...) Jeder außergenetische Faktor, der das eine aktiviert, neigt dazu, das andere zu aktivieren, weil sie miteinander verwandt sind. Schwere und wiederholte frühkindliche Traumata sind ein solcher Faktor (...) Hochgradig psychische Menschen neigen dazu, dissoziativ zu sein (...) Eine andere Sichtweise ist, dass Traumata eine Tür zum Paranormalen öffnen. In unseren eher feindseligen westlichen Kulturen ist diese Tür normalerweise verschlossen. Die dissoziative Fragmentierung der Psyche als Folge eines Kindheitstraumas wird auf diese Tür einwirken, die normalerweise verschlossen bleibt (...) Diese*

---

[414] *Schamanismus und die archaischen Techniken der Ekstase* - Mircéa Eliade, 1951, S.104.

Facetten der menschlichen Psyche (Trauma, Dissoziation und das Paranormale) wurden Ende des 19. Jahrhunderts in Verbindung mit Freuds Abkehr von seiner Verführungstheorie plötzlich verbannt. Freud hatte beschlossen, dass es sich bei dem Inzest, den ihm sein Patient mit einer dissoziativen Störung offenbarte, um Phantasien handeln müsse, was ihn vor ein Problem stellte: Wenn das Trauma nie existiert hatte, warum hatte sein Patient dann diese Symptome und Pseudoerinnerungen? Um dieses Problem zu lösen, gab er die Hypnose als substanzielle Behandlung auf, verwarf die Dissoziation zugunsten der Verdrängung, ignorierte weiterhin das Paranormale, brach mit Jung und wandte sich vollständig von Theorien ab, die schwere Traumata und ihre psychologischen Folgen in den Mittelpunkt der Psychopathologie stellten. Um ein Element zu entfernen, das er nicht verstand, musste er vier wesentliche Komponenten entfernen, was ihn dazu veranlasste, sich von Jung zu distanzieren, der sich weiterhin intensiv mit Dissoziation und dem Paranormalen befasste. "[415]

In einer Studie über den Zusammenhang zwischen Dissoziation und paranormalen Phänomenen stellt Douglas G. Richards fest: „Psychische Erfahrungen, die in engem Zusammenhang mit Dissoziation stehen, zeigen Hellsehen, Präkognitionen, Erscheinungen, Psychokinese und Telepathie (...) Psychische Erfahrungen sind ein offensichtlicher Bestandteil von Dissoziation. Richards macht deutlich, dass diese psychischen Erfahrungen auch eine natürliche Funktion in einem gesunden Entwicklungsprozess ohne traumatische Vergangenheit sein können.[416]

In einem Artikel aus dem Jahr 2003 mit dem Titel *„Multiple Persönlichkeitsstörung - Dämonen und Engel oder archetypische Aspekte des inneren Selbst"* schreibt Dr. Haraldur Erlendsson: *„Ein besonderer Aspekt der MPD ist die Häufigkeit von Kopfschmerzen (79%) und außersinnlichen Wahrnehmungen, wie Telepathie, Telekinese, Hellsehen, Sehen von „Geistern".Ein besonderer Aspekt von I.D.D. ist die Häufigkeit von Kopfschmerzen (79%) und außersinnlichen Wahrnehmungen, wie Telepathie, Telekinese, Hellsehen, Sehen von 'Geistern', außerkörperliche Erfahrungen... Dies sind die wichtigsten nicht-klinischen Merkmale von I.D.D. "*

In dem Buch „Les pouvoirs inconnus de l'homme: les extra-sensoriels" schreibt Dr. Gustave Geley, dass die Hauptprobleme bei der Aufdeckung von zweiten Persönlichkeiten zwei gleich schwierige sind:

1° Das Problem des psychologischen Unterschieds zur normalen Persönlichkeit: Unterschied nicht nur der Richtung, des Willens, sondern des allgemeinen Charakters, der Tendenzen, der Fähigkeiten, des Wissens; Unterschiede, die manchmal so radikal sind, dass sie zwischen dem normalen Ich und der zweiten Persönlichkeit eine völlige Opposition und Feindseligkeit bedeuten.

---

[415] *Der Osiris-Komplex: Fallstudien zur multiplen Persönlichkeitsstörung* - Colin A. Ross, 1994, S. 69-70.

[416] „Hauntings and Poltergeists: Multidisciplinary Perspectives" - James Houran, Rense Lange, 2008.

2° Das Problem der supranormalen Fähigkeiten, die häufig mit Manifestationen der zweiten Persönlichkeit verbunden sind.

Auch wenn es heute unzählige Arbeiten über multiple Persönlichkeiten gibt, die die Häufigkeit, die Bedeutung und den polymorphen Charakter dieser Erscheinungen ans Licht gebracht haben, so haben sie doch nichts zur Lösung des zweiten Problems beigetragen, das nach wie vor ungelöst ist (...) Sie haben vor allem die völlige Ohnmacht der Erklärungen der klassischen Psychophysiologie in Bezug auf die supranormalen Fähigkeiten gezeigt.[417]

Dr. James Randall Noblitt berichtet in seinem Buch *Cult and Ritual Abuse über* den Fall eines seiner Patienten mit rituellem Missbrauch. Sie hatte ein I.D.T. mit einer anderen Persönlichkeit entwickelt, die Auren (der energetische Heiligenschein, der eine Person umgibt) sehen konnte. *Aus irgendeinem Grund berichten diese Patienten manchmal, dass sie übersinnliche Fähigkeiten haben, z. B. dass sie glauben, Auren sehen zu können. Diese Menschen glauben manchmal, dass ihnen eine Gabe gegeben wurde, die es ihnen ermöglicht, das Licht um den Körper anderer Menschen zu sehen; und dass sie es anhand der Farbe und anderer Aspekte dieses Lichts interpretieren und eine Art Diagnose über die Person stellen können (...) Als ich mehr über diese veränderte Persönlichkeit herausfand, erklärte sie mir, dass sie die Fähigkeit, Auren zu sehen, aufgrund der Rituale hatte, an denen sie gezwungen wurde, teilzunehmen. Ihr Vater warnte sie, dass diese Experimente streng geheim gehalten werden müssten.*"[418]

Der Psychiater Milton H. Erickson sah in der multiplen Persönlichkeitsstörung nicht unbedingt etwas Pathologisches, sondern vielmehr eine phänomenale Ressource, die es zu erschließen gilt. Er nutzte Hypnose, um Zugang zu anderen Persönlichkeiten zu erhalten und unfreiwilliges Verhalten in freiwillige Handlungen umzuwandeln. Dabei geht es darum, eine von vornherein negative, unkontrollierbare und manchmal zerstörerische Kraft in eine kontrollierbare Kraft zum positiven und konstruktiven Nutzen umzuwandeln. Die MK-Monarch-Gedankenkontrolle zielt darauf ab, das volle Potenzial einer Person mit I.D.D. zu entwickeln und auszuschöpfen...

Im Jahr 2014 wurde in der Türkei eine Studie durchgeführt, um den möglichen Zusammenhang zwischen Besessenheitserfahrungen, paranormalen Phänomenen, traumatischem Stress und Dissoziation zu untersuchen. Die Studie wurde an einer repräsentativen Stichprobe von 628 Frauen durchgeführt, die in klinischen Interviews zu den Themen dissoziative Störungen, posttraumatische Belastungsstörung, *Borderline-Persönlichkeitsstörung sowie* Missbrauch und Vernachlässigung in der Kindheit befragt wurden.

Bei Frauen mit einer dissoziativen Störung traten paranormale Phänomene und Besessenheit häufiger auf als bei Frauen ohne dissoziative Störung. Frauen mit einem Trauma in der Kindheit oder einem Trauma im Erwachsenenalter mit posttraumatischer Belastungsstörung berichteten häufiger

---

[417] „Die unbekannten Mächte des Menschen: Les Extra-sensoriels" - Kap.: „Rôle du subconscient" - Dr. Gustave Geley, 1976, S.221.

[418] *Cult and Ritual Abuse* - James Randall Noblitt & Pamela Perskin Noblitt, 2014, S.33.

über Besessenheit als Frauen ohne Trauma. Paranormale Phänomene wurden auch mit Kindheitstraumata in Verbindung gebracht. Die Gruppe der Frauen mit traumabedingten dissoziativen Störungen wies die höchsten Werte für Besessenheit oder Kontakt mit dämonischen Wesenheiten, außersinnliche Kommunikation, Besessenheit durch eine menschliche Wesenheit und Präkognitionen auf. Diese Studie zeigt, dass paranormale Phänomene und Besessenheit mit dem Thema Trauma und Dissoziation zusammenhängen. Die Ärzte, die diese Studie durchgeführt haben, sind jedoch der Ansicht, dass sie aufgrund der geringen Stichprobengröße noch vorläufig ist.[419]

In ihrer Doktorarbeit stellte die Psychologin Margo Chandley fest, dass *„viele ‚Channels' offenbar Vernachlässigung oder Missbrauch erfahren haben. "*[420]

In einer Studie mit dem Titel *„A Study of the correlations between subjective psychic experience and dissociative experiences"* (Dissociation Journal, 1991) kommt Douglas Richards zu dem Schluss, dass Dissoziation sehr häufig mit Hellsehen, Vorahnungen, Psychokinese und Telepathie zusammenhängt. Er berichtet, dass außerkörperliche Erfahrungen, *Channeling* und der Kontakt mit „Geistführern" notwendigerweise mit einem dissoziativen Prozess verbunden sind....

In ihrer Autobiografie *„Adventures in the Supernormal"* beschreibt *die* bekannte Hellseherin Eileen Garrett den Zusammenhang zwischen frühkindlichen Traumata, paranormalen Phänomenen und der Entwicklung besonderer psychischer Fähigkeiten. Garrett verlor beide Eltern durch Selbstmord, wenige Tage nach ihrer Geburt. In ihrer frühen Kindheit wurde sie fast täglich von einer Tante missbraucht, die sie aufzog...

Im Alter von vier Jahren spürte sie die Anwesenheit eines so genannten „imaginären Freundes", sie begann, Auren zu sehen und Visionen und Vorahnungen zu haben. Als Erwachsene versuchte Garrett zu verstehen, wie sie ihre übersinnlichen Fähigkeiten erlangte, und schrieb: *„Ich glaube, der Trancezustand ist ein Teil der Erklärung dafür, wie ich meine übersinnlichen Fähigkeiten entwickelt habe. Ich begann zu verstehen, wie der Schmerz und das Leid meiner frühen Tage mich dazu brachten, mich von der materiellen Welt zurückzuziehen. Ich zog mich so weit aus dieser Welt zurück, dass ich zwar sehen konnte, wie die Lippen meiner Tante zuckten, wenn sie mich beschimpfte, aber kein Wort von dem, was sie sagen würde, drang an mein Ohr. Ich erinnere mich, dass ich, wenn der Schmerz und die Angst unerträglich wurden, in mich gehen konnte und den Schmerz nicht mehr spürte. Ich hatte unbewusst eine Fluchttechnik entwickelt, um dem Schmerz zu entgehen. Ich kann jetzt verstehen,*

---

[419] *Erfahrungen mit Besessenheit und paranormalen Phänomenen bei Frauen in der Allgemeinbevölkerung: Hängen sie mit traumatischem Stress und Dissoziation zusammen?* - Sar, Alioğlu, Akyüz, Zeitschrift „Trauma & Dissoziation", 2014.

[420] „Multiple Persönlichkeit und Channeling" - Rayna L. Rogers, Jefferson Journal of Psychiatry: Vol. 9: Iss. 1, Artikel 3.

wie dieser Prozess den Weg für die Entwicklung meiner medialen Trancezustände ebnete."[421]

Kenneth Ring, der Autor des *Omega-Projekts*, beobachtete, dass Erwachsene, die Nahtoderfahrungen und Kontakte mit UFO-Phänomenen bezeugten, häufig auch von frühkindlichem Missbrauch und Trauma berichteten. Für Ring können diese Kindheitstorturen eine besondere Sensibilität für andere Dimensionen des Seins und parallele Welten entwickelt haben: *„Schließlich wird ein Kind, das körperlicher Misshandlung, sexuellem Missbrauch oder anderen schweren Traumata ausgesetzt ist, stark dazu gedrängt, sich durch Dissoziation von seiner physischen und sozialen Welt zu trennen. Aber dadurch ist es wahrscheinlicher, dass er sich mit anderen Realitäten verbindet.*"[422]

In ihrem Buch Reframing Consciousness erörtert die Künstlerin Kristine Stiles die Beziehung zwischen Dissoziation, Hypervigilanz und Parallelwelten: „Ich glaube, dass die Fähigkeit zur Dissoziation durch Hypervigilanz, die ein häufiges Symptom als Reaktion auf ein Trauma ist, mit psychischen Fähigkeiten verbunden sein kann. Übermäßige Wachsamkeit ist eine übermäßige Aufmerksamkeit gegenüber einem äußeren Reiz, die über das erforderliche Maß hinausgeht. Die Hyper-Vigilanz spielt eine wichtige Rolle beim Schutz des Opfers vor einem riskanten Umfeld (...) Die Hyper-Vigilanz ermöglicht auch die Entwicklung einer sehr hohen Konzentrationsfähigkeit. Hypnotische und dissoziative Zustände werden seit langem mit ungewöhnlichen Auswirkungen auf den Körper in Verbindung gebracht. Dabei handelt es sich um mentale Funktionen, bei denen die kognitiven Ressourcen vollständig auf einen bestimmten Punkt fokussiert sind, mit wenig oder gar keinen Ablenkungen und mit erhöhter Kontrolle über somatische und neurophysiologische Funktionen. Im Fall von Joseph McMoneagle, der sich nach seiner Nahtod-Erfahrung mit seinen neu erworbenen psychischen Fähigkeiten auseinandersetzte, erinnert er sich, dass ein Psychologe ihm suggerierte, dass diese Nahtod-Erfahrung ihn sensibler für andere Formen von Details gemacht habe. Er beschreibt diese neue Fähigkeit als „spontanes Wissen", eine „neue psychische Funktion". Dissoziative Hypervigilanz blockiert buchstäblich den Lärm oder die äußere Verschmutzung, die normalerweise den Fokus stören, und ermöglicht dem Bewusstsein den Zugang zu Remote Viewing oder anderen psychischen Phänomenen (...) Meine Hypothese ist, dass Hypervigilanz ein Hauptmerkmal in der Verbindung zwischen Trauma und multidimensionalen Fähigkeiten sein könnte. Dies könnte auch erklären, warum sowohl östliche Formen der Meditation als auch westliche Konzentrationstechniken bei Prozessen wie Remote Viewing zunehmend an Bedeutung gewinnen (...) Meiner Ansicht nach können traumatische Dissoziation und Hypervigilanz zu einem Prozess führen, der „mentales Rauschen" herausfiltert und so dem Bewusstsein erlaubt, in einem multidimensionalen Modus zu funktionieren."[423]

---

[421] *Abenteuer im Übernatürlichen* - Eilen Garrett, 2002, S.90-91.

[422] *Das Omega-Projekt: Nahtoderfahrungen* - Kenneth Ring, 1992, S.142-144.

[423] *Reframing Consciousness: Art, Mind and Technology* - Kap.: „Transcendence" - Kristine Stiles, 1999, S.53-54.

In *dem* Buch *The* Shattered *Self: A Psychoanalytic Study of* Trauma (*Das zerrüttete Selbst: Eine psychoanalytische Studie über* Trauma) berichten die Psychoanalytiker Richard Ulman und Doris Brothers über die Aussage einer 36-jährigen Frau, Jean, die Opfer eines Inzests wurde, der im Alter von 10 Jahren mit ihrem Onkel begann und mit ihrem Stiefvater und Schwager fortgesetzt wurde. Die Traumata scheinen bei dieser Frau besondere psychische Fähigkeiten entwickelt zu haben: *„Jeans übliche Reaktion auf die Vergewaltigungen bestand darin, sich 'völlig von ihrem Körper abzukoppeln' und sich zu wiederholen, dass 'dies nicht wirklich real ist'. Jean war stolz auf ihre Fähigkeit, während der Vergewaltigungen die Kontrolle zu behalten und keine sichtbaren Anzeichen von Angst zu zeigen. Sie erinnerte sich auch an ein Ritual vor dem Schlafengehen, bei dem sie ihre Atmung verlangsamte und so still wie eine Tote blieb, um sich zu vergewissern, dass sie die „totale Kontrolle" über ihren Körper hatte. Jean sagte, dass sie tagsüber oft „auf die Stille lauschte", weil sie davon überzeugt war, dass sie übersinnliche Kräfte hatte, um Gefahren zu erkennen. Sie ging mit geschlossenen Augen zwischen den Bungalows hin und her, um ihre paranormale Fähigkeit zu testen, alles zu spüren, was ihre Sicherheit gefährden könnte (...)*

Jean berichtete auch, dass sie Vorahnungen über den Selbstmordversuch ihrer Mutter hatte. Sie beschrieb wiederkehrende „Visionen" davon, wie ihre Mutter ihr einige Monate zuvor die Kehle durchschnitt. Sie beschrieb eine ähnliche Vorahnung im Alter von 17 Jahren, als ihr leiblicher Vater plötzlich vor ihrer Tür stand (...)

Jean beschrieb auch ihre Beziehung zu einem „übersinnlichen" und charismatischen Mann, der sadomasochistische Pornofilme produzierte und verkaufte (...) Jean sagte, dass sie oft an sadomasochistischen Szenen teilnahm, die manchmal mehrere Tage dauerten, und dass sie sich dann in einem Zustand der Losgelöstheit befand: „Ich verließ sozusagen meinen Körper und konzentrierte mich, um nicht verletzt zu werden. Nach diesen Sitzungen sagt Jean, dass ihre Erinnerungen an das Geschehene äußerst vage waren und dass nur die Schmerzen und die Spuren an ihrem Körper sie an das Erlebte erinnern konnten. Jean fand es sehr befriedigend, ihre Gefühle von den körperlichen Schmerzen trennen zu können. Durch die Schmerzen fühle ich mich besonders. An den Spuren und blauen Flecken kann ich mein Selbstwertgefühl messen. sagt sie.

Einige Jahre später ging Jean wieder zur Schule, um einen Abschluss in Kriminologie zu machen, damit sie eine Karriere bei der Polizei einschlagen konnte. Nachdem sie die Aufnahmeprüfung bestanden hatte, beschloss sie jedoch, nicht in den öffentlichen Dienst einzutreten. Sie selbst hatte in Verbindung mit der Polizei ein privates Ermittlungsbüro eröffnet (...) Sie half bei der Lösung von Kriminalfällen mit ihren 'hellseherischen Fähigkeiten', sagt sie. Sie versetzte sich in einen tranceähnlichen Zustand, in dem sie den Ermittlern Informationen wie Nummernschilder oder Verstecke von Kriminellen lieferte (...)

Eines Morgens wachte Jean mit hohem Fieber, starken Schmerzen und Schwellungen in den Gelenken auf. Die Symptome waren so stark, dass sie erst mit Krücken und dann im Rollstuhl gehen musste. Der Arzt, den sie aufsuchte, konnte die Ursache der Symptome nicht finden. Er versuchte mehrere medizinische Behandlungen, aber ohne Erfolg. In ihrer Verzweiflung versetzte sich Jean in einen Trancezustand, in dem sie den sexuellen Missbrauch durch ihren Schwiegervater und ihren Schwager noch einmal durchlebte (...) Nach jeder Trance-Episode verschwanden die unerklärlichen Symptome, um später wieder aufzutreten, so dass der Vorgang wiederholt werden musste (...)

Einige Jahre lang arbeitete Jean in einem alternativen Gesundheitsladen. Sie entdeckte, dass sie mit Kräutern und Edelsteinen (Halbedelsteinen und Edelsteinen) bemerkenswerte Erfolge bei der Heilung verschiedener körperlicher Beschwerden erzielen konnte. Sie merkte an, dass sie ohne jegliche Ausbildung instinktiv „wusste", wie sie die Menschen, die zu ihr kamen, heilen konnte (...) Sie berichtete auch, dass sie viele Symptome einer posttraumatischen Belastungsstörung aufwies, wie z. B. Hypervigilanz, erhöhte Reaktivität und Schlafstörungen."[424]

Nach Gardner Murphy, dem ehemaligen Präsidenten der *American Psychological Association*, können schwere Krankheiten oder allgemein beunruhigende Elemente oder alarmierende Situationen zur Entwicklung einer erhöhten psychischen Sensibilität führen. Als Beispiel können wir den Fall von Menschen mit einer IDD anführen, deren Sehsinn verändert wurde, was zur Schaffung eines außergewöhnlichen fotografischen Gedächtnisses geführt hat. Dieses fotografische Gedächtnis ist auch mit Hypervigilanz und Überempfindlichkeit verbunden, die sich als Reaktion auf ein Trauma entwickelt haben. Die Gehirne von Missbrauchsüberlebenden entwickeln eine ständige Hypervigilanz und die Fähigkeit, andere Menschen sehr genau *zu lesen*. Sie sind in der Lage, automatisch und unbewusst das Verhalten, die Körpersprache, die Mimik, den Tonfall und andere Signale von Missbrauchstätern zu entschlüsseln und zu analysieren, um zu versuchen, einen Vorsprung zu gewinnen und Gewalt oder sogar den Tod zu vermeiden. Diese systematische Hypervigilanz bleibt über lange Zeit und in allen möglichen Situationen bestehen. Bei posttraumatischem Stress entwickelt das Gehirn auch sehr starke sensorische Fähigkeiten, die das Hören, Riechen, Schmecken, Sehen und Tasten verstärken. Bei einer gespaltenen Persönlichkeit kann einer der fünf Sinne in einem Alter überentwickelt sein, während ein anderes Alter andere Besonderheiten aufweist.

Die Therapeutin und Sozialarbeiterin Susan Pease Banitt, Autorin von „*The Trauma Tool Kit*", erklärt auch, wie sich bestimmte paranormale Fähigkeiten bei Menschen entwickeln können, die ein schweres Trauma erlebt haben. Das Aufwachsen in einem gewalttätigen Umfeld zwingt das Kind dazu, die Stimmungen der Aggressoren zu antizipieren und aufgrund seiner Hypervigilanz hyper-intuitiv zu werden. Auf diese Weise kann das Kind telepathische Fähigkeiten sowie eine erhöhte Empfindlichkeit seiner Spiegelneuronen und eine Sensibilität für die von Menschen ausgehenden elektromagnetischen Energien entwickeln. Körperliche Gewalt oder sexueller

---

[424] *The Shattered Self: A Psychoanalytic Study of Trauma* - Richard Ulman und Doris Brothers, 1993, S. 92-96.

Missbrauch stören auch die Funktion der *Chakren* (Energiezentren) des Opfers. Die Energietherapeutin Barbara Brennan, die sich mit dem Energiefluss im menschlichen Körper beschäftigt hat, hat festgestellt, dass bestimmte Arten von Gewalt, wie z. B. sexueller Missbrauch, die *Chakren "zerreißen"* können, indem sie auf brutale und unangemessene Weise geöffnet werden, was zu einer unausgewogenen Energieöffnung führt. Diese abnormale Verletzung macht den Energiekörper der Person durchlässiger und damit verletzlicher. Wie wir gesehen haben, kann dies zu einer besonderen Verbindung zu anderen Dimensionen mit unkontrollierbaren paranormalen Phänomenen führen. Dissoziation ist ein veränderter Bewusstseinszustand, und alle Schamanen, die dissoziieren, die in Trance gehen, müssen lernen, sich zu verankern, sich mit der Erde zu verbinden", wenn sie andere Dimensionen betreten. Ein Kind, das während eines Traumas eine tiefe Dissoziation durchmacht, verfügt nicht über dieses Wissen und die Fähigkeit, sich zu verankern, „mit den Füßen auf dem Boden zu bleiben", um sein Gleichgewicht zu bewahren. Er oder sie ist nicht mehr geerdet, nicht mehr zentriert und kann daher Angriffen dämonischer Wesenheiten und unkontrollierbaren paranormalen Erfahrungen ausgesetzt sein.

In einem im *Journal of Spirituality and Paranormal Studies* veröffentlichten Artikel mit dem Titel „*Childhood* Influences *That Heighten Psychic Powers"* (Kindheitseinflüsse, *die übersinnliche Kräfte verstärken)* zitiert Sylvia Hart Wright mehrere Studien und Zeugenaussagen über den Zusammenhang zwischen Trauma und paranormalen Kräften. Im Laufe der Jahre hat Wright Hunderte von Menschen mit Nahtoderfahrungen, medialen und anderen außersinnlichen Fähigkeiten interviewt. Aus diesen Interviews geht hervor, dass frühkindlicher Stress ein wichtiger Faktor für die Entwicklung psychischer Kräfte im Erwachsenenalter ist. Sie interviewte einen international bekannten *Remote Viewer,* der eine sehr schwierige Kindheit hatte, und er sagte ihr: „*All diese Dinge, mit denen sich Kinder nicht auseinandersetzen sollten, haben wir sehr oft erlebt. Das ist so eine Art Jekyll und Hyde-Sache. Sie werden hochsensibel, um den Zustand der Situation bei beiden Elternteilen zu beurteilen. Je mehr sie tranken, desto mehr wurden sie zu Mr. Hyde. "*

Mehrere andere Menschen mit besonderen übersinnlichen Fähigkeiten haben berichtet, dass ihre alkoholkranken Väter selbst übersinnliche Fähigkeiten hatten. Dies unterstreicht die Tatsache, dass übersinnliche Fähigkeiten genetisch vererbt werden können, ebenso wie dissoziative Fähigkeiten. Darüber hinaus wird ein Elternteil, der selbst Opfer war und der Gewalt oder Missbrauch an seinen Kindern reproduziert, diese Veranlagung zur Dissoziation und zu übersinnlichen Fähigkeiten bei letzteren auslösen und verstärken: immer ein transgenerationaler Teufelskreis...

Eine Studie mit 1.400 Amerikanern (*NORC-Luce Foundation Basic Belief Study, National Opinion Center,* University of Chicago) ergab, dass Menschen mit übersinnlichen Fähigkeiten in ihrer frühen Kindheit mehr familiäre Konflikte erlebt hatten als Menschen ohne solche Fähigkeiten. Der amerikanische Soziologe Andrew Greeley kommt unter anderem zu dem

Schluss, dass paranormale psychische Erfahrungen teilweise auf eine Kindheit mit schweren familiären Spannungen zurückzuführen sind.[425]

Eine kanadische Studie zeigte auch einen Zusammenhang zwischen der Kreativität von Erwachsenen und der Qualität der familiären Beziehungen in der frühen Kindheit. Es wurde berichtet, dass kreative Erwachsene häufig aus konfliktreichen Familien stammen und dass diese Traumata einen erheblichen Einfluss auf das Kreativitätsniveau der zukünftigen Erwachsenen haben.[426]

Eine weitere Studie aus dem Jahr 2011 zeigt, dass es in der Tat einen Zusammenhang zwischen Kreativität und Trauma geben kann, insbesondere bei posttraumatischem Stress. Zu Beginn ihrer Forschung gingen Robert Miller und David Johnson davon aus, dass posttraumatischer Stress die kreativen Fähigkeiten eines Menschen beeinträchtigt. Die Studie ergab jedoch, dass die Gruppe der Personen, die ein Trauma erlitten hatten, im Vergleich zu einer Gruppe ohne Trauma über eine wesentlich bessere Fähigkeit zu symbolischen Darstellungen verfügte.[427]

Auch psychische Störungen, insbesondere Persönlichkeitsstörungen, scheinen mit dem, was gemeinhin als „Genie" bezeichnet wird, in Zusammenhang zu stehen. Die bipolare Störung wurde von einigen als *„brillanter Wahnsinn"* bezeichnet, weil sie manchmal zu einer psychischen Expansion führt, sowohl in Richtung konstruktiver Kreativität als auch in Richtung destruktiver Psychosen. Daniel Smith, Professor an der Universität Glasgow, führte eine Studie durch, die zeigte, dass psychische Störungen, einschließlich Bipolarität, tatsächlich häufiger bei Menschen mit überdurchschnittlichem IQ und Kreativität auftreten. Der britischen Zeitung *The Guardian* sagte er: *„Es ist möglich, dass schwere Verhaltensstörungen wie Bipolarität der Preis sind, den wir dafür zahlen, dass wir über Bewältigungsfähigkeiten wie Intelligenz, Kreativität und verbale Kontrolle verfügen.* Wie Daniel Smith jedoch erklärt, gibt es, wenn eine Korrelation besteht, keinen automatischen Mechanismus, und eine bipolare Störung bringt nicht regelmäßig Genies hervor...

In der Vergangenheit galten psychische *Erkrankungen* sogar als Geschenk und werden in einigen Kulturen immer noch als Geschenk betrachtet. Aristoteles sagte: *„Kein großes Genie hat je ohne einen Hauch von Wahnsinn existiert".* Einer der repräsentativsten Wissenschaftler ist sicherlich Nikola Tesla, das serbisch-amerikanische Genie, das zahllose Patente erfand, darunter den Elektromotor, den elektrischen Wechselstrom, das Radio, die Fernbedienung, die Robotik, den Laser, die Leuchtstoffröhre, die freie Energie usw. Tesla beherrschte nicht weniger als zwölf verschiedene Technologien. Tesla sprach nicht weniger als zwölf Sprachen fließend, und sein fotografisches Gedächtnis in Verbindung mit seiner Fähigkeit, seinen Geist zu beleben, war ein

---

[425] *The Sociology of the Paranormal: A Reconnaissance* - Andrew Greeley, 1975.

[426] *Childhood parenting experiences and adult creativity* - R. Koestner, M. Walker, Journal of Research in Personality, 1999.

[427] *Die Fähigkeit zur Symbolisierung bei posttraumatischer Belastungsstörung* - R. Miller und D. Johnson; Psychologisches Trauma: Theorie, Forschung, Praxis und Politik, 2011.

außergewöhnlicher Vorteil für seine Arbeit als Ingenieur. Dieser äußerst geniale und hyperproduktive Mann litt an mehreren psychischen Krankheiten: Aufmerksamkeitsdefizitstörung (oft verbunden mit Hyperaktivität), Zwangsstörung und bipolare Störung. Nikola Tesla litt auch unter zahlreichen Phobien oder, im Gegenteil, unter übermäßigen Leidenschaften. Eine Erklärung für seine psychischen Störungen und seine Genialität ist, dass er in seiner Jugend Nahtoderfahrungen hatte. Als Kind wäre er fast ertrunken, und er soll eine außerkörperliche Erfahrung gemacht haben. Später in seiner Karriere hatte Tesla einen Unfall, als er bei Arbeiten an einer elektrischen Spule mit einer elektromagnetischen Ladung von mehreren Millionen Volt in Kontakt kam. Er berichtete, dass er während dieser Nahtoderfahrung in einen Zustand geriet, in dem er die Vergangenheit, die Zukunft und die Gegenwart auf derselben Ebene sehen konnte, was er als *„mystische Vision"* bezeichnete. Er gab an, dass er durch Raum und Zeit gereist sei, was in Berichten über außerkörperliche Erfahrungen bei Nahtoderfahrungen üblich ist. Diese Vorstellung einer alternativen Raumzeit findet sich auch bei verlorenen Seelenfragmenten.

Einige Wissenschaftler wie Dr. Yehuda Elkana und Dr. Gerald Holton haben argumentiert, dass Entdeckungen und große wissenschaftliche Innovationen mit kreativer Intuition verbunden sind. Intuition" ist definiert als *„die Fähigkeit, Dinge unmittelbar zu fühlen oder zu wissen, ohne zu überlegen.* Carl Jung definiert Intuition als *„Wahrnehmung durch das Unbewusste".* Ein Trauma, das zu Hypervigilanz und Hyperintuitivität führt, kann also indirekt eine gewisse Kreativität beim Opfer entwickeln. In einer schwedischen wissenschaftlichen Studie heißt es: *„Kreative Menschen (in den Künsten und Wissenschaften) haben ein höheres Risiko für bipolare Störungen und Schizophrenie...* Es ist wichtig, darauf hinzuweisen, dass es die Gehirnkonfiguration und der psychische Zustand sind, die zu überdurchschnittlichen kreativen Fähigkeiten führen, nicht die Kreativität, die das Risiko für psychische Störungen mit sich bringt...

Das wissenschaftliche Team des *Karolinska-Instituts* hat gezeigt, dass Künstler und Wissenschaftler in Familien, die von bipolarer Störung und Schizophrenie betroffen sind, zahlreicher sind als in der Allgemeinbevölkerung.[428]

Wenn man sich auf bestimmte Studien beruft, die zeigen, dass Persönlichkeitsstörungen wie die bipolare Störung, die *Borderline-Störung* oder die Schizophrenie in den meisten Fällen einen traumatischen Ursprung in der Kindheit haben, kann man also einen Zusammenhang zwischen Trauma und Kreativität herstellen. Künstlerische oder wissenschaftliche Genialität könnte ihren Ursprung in einem *Defekt* in der Organisation der zerebralen Verbindungen haben, oder sollte man sagen, in einer besonderen *Verdrahtung* des Gehirns. Diese Verdrahtung entwickelt sich während der Lebenserfahrungen des Kleinkindes, denn es sind die Erfahrungen des Kindes, die die neuronale Organisation des Gehirns prägen. Die Malerin Lynn Schirmer, eine Überlebende

---

[428] *Psychische Erkrankungen, Selbstmord und Kreativität: 40 Jahre prospektive Bevölkerungsstudie* - Dr. Simon Kyaga, Journal of Psychiatric Research, 2012.

von rituellem Missbrauch und Gedankenkontrolle, sagte 2006 auf einer *S.M.A.R.T.*-Konferenz Folgendes zu diesem Thema

- Glauben Sie, dass Sie durch den Missbrauch kreativer geworden sind?

- Ja, ich weiß. Früher dachte ich, dass Künstler mit ihrem Talent geboren werden, aber das glaube ich nicht mehr. Ich glaube, das liegt an den Auswirkungen eines frühkindlichen Traumas auf verschiedene Teile des Gehirns.

Die Schauspielerin Meg Ryan sagte 2003 in der *Los Angeles Times*: „Ich glaube nicht, dass man absichtlich traumatische oder dramatische Erfahrungen in seinem Leben kultiviert, um Künstlerin zu werden. Ich denke, dass Sie sich dann irren würden. Aber Sie können sie nutzen... Es gibt eine erlösende Kraft in Ihrem Leben, wenn Sie durch Schwierigkeiten gehen."

Der kreative Prozess in Kunst und Wissenschaft wird manchmal mit Begriffen beschrieben, die der Dissoziation, der Trance oder sogar der Besessenheit sehr nahe kommen. In der Tat führt der zweite Zustand, der die Aktivität bestimmter Schöpfer begleitet, manchmal zu so beunruhigenden Phänomenen, dass sie manchmal als okkult und paranormal eingestuft werden. Der Mensch verblasst und macht dem künstlerischen oder wissenschaftlichen Genie Platz, das zum Medium von etwas wird, das oft über ihn hinausgeht, das sich durch ihn ausdrückt. Dies ist ein gemeinsames Merkmal vieler großer Künstler unserer Welt, wie wir in Kapitel 9 über die Unterhaltungsindustrie sehen werden. Es besteht ein enger Zusammenhang zwischen Hypnose, Dissoziation, Imagination und paranormalen Erfahrungen wie Medialität, sowohl bei Künstlern als auch bei Menschen mit traumatischer Vergangenheit, die oft die gleichen sind...

In den 1980er Jahren stellten einige Psychologen fest, dass Menschen, die in ihrer frühen Kindheit ein schweres Trauma erlitten hatten, sehr häufig über paranormale psychische Erfahrungen berichteten. Sie kamen zu dem Schluss, dass die Kindheitstraumata sie zur Dissoziation veranlasst hatten und dass sie, anstatt im gegenwärtigen Moment zu sein, ihre Aufmerksamkeit auf ihre imaginäre Welt gerichtet hatten... was ihre paranormalen „Wahnvorstellungen" erklärte. Später jedoch arbeitete der britische Psychologe Tony Lawrence an einer Reihe von statistischen Studien, die zeigten, dass die Verbindung zwischen Trauma und paranormalen psychischen Erfahrungen stärker war als die Verbindung zwischen Trauma und der Fantasiewelt. *Es besteht eine direkte Verbindung zwischen frühkindlichen Traumata und paranormalen Erfahrungen. Man muss nicht unbedingt eine gute Vorstellungskraft haben, um eine paranormale Erfahrung zu machen. Auch Menschen, die eine schwache Vorstellungskraft haben, können paranormale Erfahrungen machen, weil sie in ihrer Kindheit ein Trauma erlebt haben.*[429]

Dr. Richard Boylan, der ausführlich über das Thema Außerirdische und UFOs geschrieben hat, hat viele Zeugen getroffen und interviewt. Er hat fünf Gemeinsamkeiten zwischen Entführten und Alien/UFO-Sichtungen gefunden:

- Diese Menschen haben ein hohes Maß an übersinnlichen Fähigkeiten.

---

[429] *Paranormale Erfahrungen und der traumatisierte Geist* - Tony Lawrence, 1999.

- Ähnliche Phänomene werden bei anderen Familienmitgliedern beobachtet (multi- oder transgenerational)
- Kinder, die schwer misshandelt wurden oder ein Trauma erlitten haben.
- Einzelpersonen oder ganze Familien, die mit der Regierung und/oder Geheimdiensten oder Ministerien in Verbindung stehen.
- Sie waren sehr oft Indianer, Ureinwohner.

Es besteht auch ein enger Zusammenhang zwischen Orten okkulter Aktivitäten, wie rituellem Missbrauch, geheimen Militäreinrichtungen und UFO-Manifestationen und ET-Entführungen. Wir werden uns hier nicht mit der Frage der Außerirdischen befassen, die mit der Existenz der gefallenen Engel, der „Dämonen", der luziferischen Armee verbunden ist. Hier ist ein Auszug aus dem Buch *Satanic Ritual Abuse, Principle of Treatment*, in dem Dr. Colin Ross die starken Ähnlichkeiten zwischen den beiden erklärt. *In Nordamerika gibt es heute Tausende von Menschen, die Flashbacks zu Entführungen durch Außerirdische aus Raumschiffen haben, bei denen Experimente an ihnen durchgeführt wurden (...) Diese „Entführten" kommen mit fehlenden Zeitabschnitten und unerklärlichen posttraumatischen Symptomen zur Therapie, genau wie Überlebende von satanischem rituellen Missbrauch. Entführte berichten von hypnotischen Amnesie-Barrieren, die ihnen absichtlich von Außerirdischen eingepflanzt wurden, und Überlebende satanischer Kulte beschreiben genau dieselbe Programmierung durch ihre Peiniger. Überlebende von satanischem rituellem Missbrauch berichten auch von erzwungenen Schwangerschaften, medizinischen Laborexperimenten und Frühabtreibungen. Der Unterschied besteht darin, dass Satanisten die Föten für Zeremonien verwenden würden, während ETs sie aufziehen würden.* "[430]

In seinem Buch *Mind-Control, World Control* schreibt Jim Keith, dass die Entführung durch Außerirdische benutzt wird, um Experimente zur Gedankenkontrolle durch echte Menschen zu vertuschen.

Brad Steiger, Autor von Büchern über das Paranormale und die Ufologie, hat viele Hellseher und andere Menschen mit übersinnlichen Fähigkeiten interviewt. Er berichtet, dass die meisten von ihnen in ihrer frühen Kindheit oder Jugend eine Reihe von Traumata durchgemacht haben.[431] Ihm zufolge scheinen diese Personen mit traumatischer Vergangenheit die besten Kandidaten für bestimmte Militärprogramme zu sein, insbesondere für paranormale psychische Experimente *wie Remote* Viewing. Lyn Buchanan, ein ehemaliger *Remote Viewer*, definiert diese übersinnlichen Techniken wie folgt: *„Es handelt sich um die strukturierte und wissenschaftliche Nutzung des natürlichen menschlichen Potenzials zu Informationszwecken. Es handelt sich um die strukturierte, wissenschaftliche Nutzung des natürlichen menschlichen Potenzials für nachrichtendienstliche Zwecke, ohne dass die üblichen fünf Sinne oder Geräte wie Fotografie, Elektronik oder andere Hilfsmittel erforderlich sind.* "[432]

---

[430] *Satanischer ritueller Missbrauch, Behandlungsprinzipien* - Colin A. Ross, 1995, S. 26.

[431] *Die Welt jenseits des Todes* - Brad Steiger, 1982.

[432] „Die Entstehung des Projekts SCANATE - Das erste spionagetaugliche Remote-Viewing-Experiment im Auftrag der CIA, 1973" - Ingo Swann, 1995.

Joseph McMoneagle, ein weiterer Veteran der Remote-Viewing-Programme der US-Regierung, hat eingeräumt, dass diese Techniken zur Identifizierung eingesetzt werden, d. h. um spezifische Details über etwas zu erfahren, das nur durch außersinnliche Wahrnehmung zugänglich ist. Menschen wie McMoneagle und David Morehouse wurden nach paranormalen Ereignissen in ihrem Leben für diese Programme rekrutiert: eine Nahtoderfahrung, ein Kontakt mit einem UFO und spontane außerkörperliche Erfahrungen. Er erklärt, dass die US-Regierung für die *Remote-Viewing-Programme* Vietnam-Veteranen rekrutierte, die während des Krieges extrem traumatische Situationen erlebt hatten. In seinem Buch *Mind Trek* erklärt McMoneagle, dass ein Trauma ein notwendiger Bestandteil der Entwicklung von Fernsichtfähigkeiten ist. Er erklärt, dass die erste Folge seiner Nahtoderfahrung eine Depression war. Die zweite Folge war das, was er als *„spontanes Wissen"* bezeichnet, d. h. er wusste, was die Menschen dachten, wenn sie mit ihm sprachen. Er wusste bestimmte private Dinge über die Menschen, Dinge, die sie nie öffentlich preisgegeben hatten und von denen er nichts wissen sollte. Die dritte Auswirkung dieser Nahtoderfahrung war das spontane Verlassen seines physischen Körpers, wobei er sich manchmal über unbekannten Meeresküsten schwebend wiederfand. [433]Einer von Lyn Buchanans *Remote-Viewing-Schülern* beschreibt eines seiner Erlebnisse als sehr ähnlich zur Persönlichkeitsdissoziation: *„Ich schwebte mit einer anderen Persönlichkeitsbasis, ich fühlte eine leichte, aber spürbare Persönlichkeitsveränderung stattfinden."*[434]

Wie wir im Kapitel über MK-Ultra gesehen haben, hat die CIA ein großes Interesse an paranormalen übersinnlichen Phänomenen. Als es bei Dissoziation und Persönlichkeitsspaltung funktionierte, öffnete es eine Tür zu anderen Dimensionen (die Schamanen schon seit Tausenden von Jahren kennen). Auch die NASA hat das Paranormale erforscht. In der Radiosendung *Coast to Coast* von Mike Siegel bestätigte der Astronaut Gordon Cooper die Existenz eines Programms zur Bewusstseinskontrolle bei kleinen Kindern. Ein von der NASA in den 1950er und 1960er Jahren durchgeführtes Projekt. Während der Sendung befragte Mike Siegel den Astronauten über diese *„Star Kids"*. Cooper sagte, es handele sich um Kinder mit außergewöhnlichen geistigen Fähigkeiten, die in einer Art MK-Programm ausgenutzt würden. Er beschrieb, wie dieses NASA-Programm die psychischen Kräfte bestimmter Kinder kultivierte und ausnutzte. Fähigkeiten wie Telepathie, *Fernsicht* und außerkörperliche Erfahrungen. Die „Studiengruppen" umfassten auch Lernprotokolle, die es den Probanden ermöglichten, große Mengen an Wissen in sehr kurzer Zeit aufzunehmen und ein Hochleistungsgedächtnis zu entwickeln. Das Programm bestand auch darin, bei diesen Kindern Hellsichtigkeit und gelenkte Vorstellungskraft zu entwickeln, die die Grundlage für effektives *Remote Viewing* sind.[435]

---

[433] *Mind Trek: Exploring Consciousness, Time, and Space Through Remote Viewing* - Joseph McMoneagle, 1993.

[434] *Reframing Consciousness: Art, Mind and Technology* - Roy Ascott, 1999.

[435] *Astronaut deckt NASA-Programm zur Bewusstseinskontrolle von Kindern auf* - Andrew D. Basiago, 2000.

Hier ist, was die MK-Monarch-Überlebende Cathy O'Brien über die Verbindung zwischen der NASA und den Bewusstseinskontrollprogrammen der Regierung berichtet: *Ob ich mich in militärischen, NASA- oder Regierungseinrichtungen aufhielt, die Prozedur, meinen Geist unter absoluter Kontrolle zu halten, entsprach weiterhin den Anforderungen des Monarch-Projekts. Dazu gehörten vor jedem physischen und/oder psychischen Trauma Schlaf-, Nahrungs- und Wasserentzug, Hochspannungs-Elektroschocks und hypnotische und/oder harmonische Programmierung bestimmter Gedächtniskompartimente/Persönlichkeiten. Was ich von dieser Zeit an mit Hilfe verschiedener High-Tech-Geräte und anderer Methoden ertrug, gab der US-Regierung die absolute Kontrolle über meinen Geist und meine Existenz (...) Wayne Cox und ich besuchten Florida bei mehreren Gelegenheiten, da die Eltern seiner Mutter in Mims lebten, das nur wenige Minuten vom NASA Kennedy Space Center in Titusville entfernt war. Wie mein Vater sorgte er dafür, dass ich auf Befehl für Tests und andere Programmierungen im Zusammenhang mit der Gedankenkontrolle dorthin ging. Cox hielt mich für einen „Auserwählten" und benutzte oft den Begriff „Monarch" des CIA-Projekts für mich, um stolz zu „rechtfertigen", dass er mich in der NASA-Einrichtung zurückgelassen hatte (...) Die militärische Gedankenkontrolle war schnell, effektiv und hochtechnologisch, aber es war meine Programmierung durch die NASA, die mich als „Präsidentenattrappe" bekannt machte. Aquino programmierte zwar sowohl in Militäreinrichtungen als auch bei der NASA, aber erst durch die NASA hatte er Zugang zu den neuesten Fortschritten in Technologie und Technik. Dazu gehörten „Gedankentricks" wie sensorische Entzugsbehälter, virtuelle Realitäten, Flugsimulatoren und andere harmonische Elemente. Im Alter von zwei Jahren war Kelly (Cathys Tochter) bereits Aquino und seiner Programmierung durch diese ultimativen technologischen Fortschritte unterworfen worden, die ihren zerbrechlichen kindlichen Verstand erschütterten, bevor ihre grundlegende Persönlichkeit sich ausbilden konnte (...) im tiefen Keller des NASA-Labors für Gedankenkontrolle im Godard Space Flight Center in der Nähe von D.C. begann Bill Bennett, mich auf das Programm vorzubereiten. Die NASA verwendet verschiedene „CIA-Designer-Drogen", um auf chemischem Wege neuronale Veränderungen zu erzeugen und den gewünschten Geisteszustand zu einem bestimmten Zeitpunkt herbeizuführen. Train'-quility", die Droge der Wahl für die NASA in Huntsville, Alabama, vermittelte ein Gefühl der stillen Unterwürfigkeit und den Eindruck, auf einer Wolke zu gehen."[436]*

Kathleen Sullivan ist ebenfalls eine Überlebende von rituellem Missbrauch und MK-Programmierung in Regierungs- und Militäreinrichtungen. In ihrem Buch „Unshackled" beschreibt sie, wie ihre multiple Persönlichkeitsstörung ausgenutzt wurde, um besondere übersinnliche Fähigkeiten zu entwickeln: *„Meine anderen 'Theta'-Persönlichkeiten erhielten ein spezielles übersinnliches Training. Kinder wie ich wurden für diese Art der*

---

[436] *TRANCE Formation of America: True life story of a mind control slave* - Cathy O'Brien & Mark Phillips, 2012, S.164.

Programmierung ausgewählt, weil wir, wie alle Opfer von traumatischem Missbrauch, sehr empfindlich auf die Stimmungen und Gedanken anderer reagierten, insbesondere auf die unserer Missbraucher. Ich bin davon überzeugt, dass einige Personen, die mit der CIA zusammenarbeiten oder mit ihr in Verbindung stehen, sich dieses Zusammenhangs zwischen Trauma und dem Paranormalen bewusst waren, lange bevor Fachleute für psychische Gesundheit ihn entdeckten. Ich glaube, dass die fortgesetzte Zurückhaltung von Informationen über diese menschlichen Fähigkeiten sowie die Entdigitalisierung und systematische Desinformation darauf zurückzuführen ist, dass die CIA und andere Geheimdienste, die die paranormale Forschung finanzierten, ein persönliches Interesse daran hatten, dieses Wissen aus der Öffentlichkeit herauszuhalten.

Ich habe immer wieder Erinnerungen aus meiner Kindheit an einige meiner Theta-Programmierungen durch James Jesus Angleton, den Leiter der CIA-Gegenspionage. Da er wohl wusste, dass ich jede Woche eine christliche Kirche besuchte, nutzte er die Inhalte des Neuen Testaments, um mich zu lehren, mein Bewusstsein zu erweitern. Er begann meine mentale Programmierung, indem er mir die Worte Jesu Christi zitierte: „Du sollst größere Werke tun, als ich getan habe" ... mit unserem Verstand, fügte er hinzu. Angleton hat mich dann gelehrt, dass die größte Mauer, die Menschen davon abhält, ihre natürlichen psychischen Fähigkeiten zu nutzen, ihr Glaube ist, dass sie es nicht können oder nicht sollen. Er lehrte mich, dass ich mit meiner psychischen Energie alles tun kann, was ich will, wenn ich diese mentale Blockade überwinden kann. Er sagte, dass ich sogar einen Berg telepathisch versetzen könnte, wenn ich nur daran glaubte (...) Er sagte, dass das menschliche Gehirn ein Potenzial hat, das wir noch nicht einmal ansatzweise ausgeschöpft haben, und er ermutigte mich, es so viel wie möglich zu nutzen. Andere MK-Programmierer konditionierten mein Alter Theta auch darauf, zu glauben, dass sie die Gedanken anderer lesen, telepathisch kommunizieren und Remote Viewing betreiben könnten. Einige dieser Programmierungen waren erfolgreich (...) Wenn diese Fähigkeiten legitim sind, dann glaube ich nicht, dass sie etwas anderes sind als eine natürliche menschliche Fähigkeit. Ich denke jedoch, dass sie als Teil der verbotenen Frucht betrachtet werden können, die im Buch Genesis erwähnt wird, da eine Person, die sie benutzt, sich leicht für einen Gott halten könnte. Ich habe mich entschieden, meine Theta-Programmierung nicht mehr zu benutzen, nicht weil ich Dämonen fürchte, sondern weil ich einfach die geistige, emotionale und körperliche Integrität anderer respektieren möchte."[437]

Kehren wir nun zum Thema der Nahtoderfahrungen zurück. Das offensichtliche Trauma des Verlassens des physischen Körpers scheint besondere psychologische und physiologische Erfahrungen auszulösen. Es ist, als ob etwas in den energetischen/elektromagnetischen Körpern der Person entriegelt wird. Phyllis Marie Atwater, die Autorin von *„Dying to Know You: Proof of God in the Near-Death Experience"*, die selbst drei Nahtod-Erfahrungen gemacht hat, schrieb: *„Etwa achtzig Prozent der Menschen, die*

---

[437] *Unshackled: A Survivor Story of Mind Control* - Kathleen Sullivan, 2003, S.66-67.

eine Nahtod-Erfahrung gemacht haben, berichten, dass sich ihr Leben für immer verändert hat. Bei näherer Betrachtung zeigen sich jedoch überraschende Dimensionen. Die Menschen, die diese Erfahrung gemacht haben, kehrten nicht nur mit einer größeren Lebensfreude und einer spirituelleren Einstellung zurück. Sie wiesen spezifische psychologische und physiologische Unterschiede auf, die in diesem Ausmaß noch nie da waren. "

Atwater befragte mehr als 4.000 Menschen, die eine Nahtoderfahrung gemacht hatten, um herauszufinden, welche Auswirkungen dies auf ihr Leben hatte. Sie stellte fest, dass sich die intuitiven und medialen Fähigkeiten, z. B. die Kommunikation mit Geistern, Pflanzen und Tieren, im Allgemeinen deutlich verbesserten. Ihre Forschungen ergaben aber auch, dass viele Menschen eine Veränderung des elektromagnetischen Feldes ihres Körpers erfahren hatten: *„Seit Beginn meiner Forschungen über Nahtod-Zustände im Jahr 1978 habe ich immer wieder festgestellt, dass eine große Mehrheit der Erlebenden (sowohl in meiner Studie als auch in Gesprächen mit ihnen) berichtete, dass sie nach ihrer Nahtoderfahrung empfindlicher auf elektrische und magnetische Felder reagierten - auf Störungen durch Geräte, Apparate, Armbanduhren -. "*

Diese dauerhaften physiologischen Veränderungen, die eine Art Elektrosensibilität hervorrufen, führen zu Interferenzen zwischen der Person und den sie umgebenden elektronischen Geräten: Probleme mit Ausfällen und Fehlfunktionen von Geräten, sich schneller entladende Batterien, systematisch durchbrennende Glühbirnen usw., aber auch extreme Empfindlichkeit gegenüber irdischen Ereignissen wie Gewitter, Erdbeben oder Tornados.[438]

6 - DER MEDIZINMANN UND SEINE TOTEMTIERE...

Hier ist ein interessanter Fall eines indianischen „Medizinmannes" (Heiler). 1989 veröffentlichte die Zeitschrift *Dissociation* einen Artikel mit dem Titel *„Multiple Persönlichkeitsstörung mit menschlicher und nicht-menschlicher Subpersonality-Komponente"*. In diesem Artikel wird der Fall eines 70-jährigen amerikanischen Ureinwohners beschrieben, bei dem I.D.D. diagnostiziert wurde. Dieser Mann hatte heilende Kräfte und war in seiner Gemeinde, einem indianischen Stamm, der seine alten Traditionen bewahrt hatte, *ein* bekannter und angesehener *Medizinmann*. Seine Persönlichkeit war in elf andere Persönlichkeiten aufgeteilt, vier menschliche und sieben nicht-menschliche. Es wurde festgestellt, dass frühkindlicher Missbrauch die Ursache für ihre IDD war. Darüber hinaus wurde die Entwicklung und Ausprägung dieser anderen Persönlichkeiten durch den kulturellen Kontext, in dem dieser amerikanische Ureinwohner aufgewachsen war, verstärkt und aufrechterhalten. Die starke Verbindung zu Naturgeistern und Totemtieren in der traditionellen Kultur der amerikanischen Ureinwohner verstärkte sein altes

---

[438] „Die bizarren elektromagnetischen Nachwirkungen von Nahtoderfahrungen" - Buck Rogers, Waking Times, 2014 / BistroBarBlog Übersetzung: „Die bizarren elektromagnetischen Nachwirkungen von Nahtoderfahrungen".

Persönlichkeitssystem. Der Mann hatte sich für therapeutische Hilfe gemeldet. Der innere Kampf zwischen der menschlichen und der tierischen Variante wurde zu heftig und beeinträchtigte seine Fähigkeit, Heilungsrituale durchzuführen.

Das erste Alter, das sich bildete, war das eines elfjährigen Jungen, der „The Little One" genannt wurde. Es stellte sich heraus, dass sich alle anderen Persönlichkeiten von dieser dissoziiert hatten. Im Alter von drei Jahren war die Patientin von einem Onkel vergewaltigt worden. In der Therapie beschrieb der Junge, dass er mit einer Schildkröte spielte, als die Vergewaltigung stattfand. Er erzählt, wie er sich dann auf die Schildkröte konzentrierte, als ob er genau wie sie wegkriechen würde, um sich von der traumatischen Realität zu distanzieren. Der Onkel vergewaltigte das Kind immer häufiger, und es war der alte Le Petit, der die Misshandlungen dank dieser mit der Schildkröte verbundenen Dissoziation systematisch ertrug. Eines Tages, im Alter von fünf Jahren, beobachtete Le Petit einen Heiler, der bei seinen therapeutischen Ritualen einen Schildkrötenpanzer verwendete. Kurz darauf erkrankte ein männlicher Verwandter von ihm an Krebs und war ans Bett gefesselt. Die Alter-Persönlichkeit Le Petit sagte, dass er, wenn er in den Schildkröten-Alter dissoziiert war, oft die Hand ausstreckte, um den kranken Mann zu berühren, und nach einer Weile erholte sich der Mann, sein Krebs war in Remission. Zu diesem Zeitpunkt erhielt Le Petit einen Ehrenplatz in seiner Familie. Seine Mutter sagte, dass er an seinem Geburtstag einen Regenbogen über dem Kopf hatte, was ein Zeichen dafür war, dass er die Kraft in sich trug, ein großer Medizinmann zu werden. Von da an kamen seine Familie und seine Nachbarn zu ihm in die Sprechstunde.

Sein Schildkröten-Alter (mit dem Namen Power) besaß Fähigkeiten, die mit der Geisterwelt in Verbindung standen und die zur Schmerzkontrolle und zur Behandlung schwerer Krankheiten eingesetzt werden konnten. Diese Veränderung begann sich zu entwickeln, als der Patient drei Jahre alt war. Die körperlichen Merkmale dieser anderen Persönlichkeit waren eine gebückte Haltung, sehr langsame Bewegungen, ein von rechts nach links schwankender Kopf und eine sehr langsame und begrenzte Sprache.

Ein weiteres Alter war „The Old Man", eine 70 Jahre alte Persönlichkeit. Diese Spaltung fand statt, als der Patient bei einem alten Medizinmann in der Ausbildung war. Er unterzog sich einer Initiation, bei der er mehrere Tage lang im Wald bleiben und sich Reinigungsriten unterziehen musste, bei denen ihm Essen und Trinken verboten waren. Darüber hinaus musste er halluzinogene Kräuter zu sich nehmen und lange Strecken laufen. Während dieser intensiven Einweihungszeit wurde ihm wiederholt gesagt, dass er wie sein Lehrer werden müsse, um ein guter Medizinmann zu werden. Unter der traumatischen Wirkung des Fastens, der intensiven körperlichen Übungen, der halluzinogenen Kräuter und der ständigen Aufforderung des Alten Der Kleine, dem Lehrer, dem alten Medizinmann, der ihn während der Einweihung misshandelt hatte, ähnlich zu werden, dissoziierte er in diesen Alten Alten, der seinen Lehrer repräsentierte. Es war dieser veränderte Alte Mann, der es dem Patienten ermöglichte, ein wahrer Medizinmann zu werden. Es ist anzumerken, dass Gewalt und Schläge normalerweise nicht zu den Initiationsritualen des Lernens bei den Amerindians gehören; dies ist eine ernsthafte Abweichung. Das Verhalten dieses Alten war das eines alten Mannes, sowohl in seiner Körperhaltung als auch in seinem Benehmen und seiner Stimme.

Der Mann hatte auch ein männliches Adler-Alter namens *Windgeist*, das ebenfalls während seiner Einweihung durch den alten Medizinmann erschien. Ihm zufolge ist die Adlerfeder eine große Kraftquelle für die *„dissoziative Medizin"* der indianischen Heiler. Während der Einweihung wurde *Le Petit* gelehrt, dass der Adler ein Medium zwischen der Erde und den *„Donnervögeln"* ist, mächtigen Geistern in der Tradition der amerikanischen Ureinwohner. Noch unter dem Einfluss von Fasten, körperlicher Erschöpfung, Schlägen und halluzinogenen Kräutern dissoziierte auch *Le Petit* in diesen Adler-Alter: den *Geist des Windes*. Im I.D.T.-System dieses Medizinmannes ermöglicht diese Veränderung die Kommunikation mit den Donnervögeln, um Informationen zur Diagnose einer kranken Person zu erhalten und Kraft für ihre Heilung zu gewinnen. Eine dieser Kräfte ist die Fähigkeit, bei den Betroffenen ein Gefühl der Leichtigkeit hervorzurufen, ähnlich dem eines Vogels, was eine schmerzlindernde Wirkung hat.

Dieser indianische Patient hatte auch einen Wolfs-, einen Panther-, einen Bären-, einen Eulen- und einen Schlangen-Altar. Seine anderen menschlichen Persönlichkeiten waren die einer 28-jährigen Frau (*Moon Walker*), die entstand, als der Onkel begann, *Le Petit mit* seinen alkoholkranken Freunden sexuell zu teilen. Es gab auch einen alten Krieger namens *„Killer Man"*.

Während der Therapie war die Verschmelzung/Integration der anderen Persönlichkeiten aus mehreren Gründen kompliziert. Zunächst dachten die Frau des Patienten und die Menschen, die er behandelte, dass der Medizinmann durch diese Fusion seine Kräfte und seine Fähigkeit, mit der Geisterwelt in Kontakt zu treten, verlieren würde. Außerdem gab es einen Konflikt zwischen der Gruppe der Tiermenschen und der Gruppe der Menschenmenschen, und ihre Verschmelzung war sehr kompliziert. Es war notwendig, die Tiere und die Menschen miteinander zu vereinen und gleichzeitig die spirituellen Bedürfnisse des Patienten und seine Fähigkeiten als Medizinmann zu erhalten, damit er seiner Gemeinschaft weiterhin helfen konnte. Während dieser Therapie erwies sich jede andere Persönlichkeit als sehr hypnotisierbar. Sehschärfetests und neurosensorische Untersuchungen ergaben erhebliche Unterschiede zwischen den einzelnen Alterspersönlichkeiten.[439]

Dieser Fall zeigt, dass I.D.T., dieser dissoziative Verteidigungsmechanismus angesichts von Traumata, in einer Vielzahl von Kulturen anzutreffen ist und mitunter erklärt, warum manche Schamanen tierische Alter-Persönlichkeiten besitzen. Alter, die während Trancezuständen zum Vorschein kommen, wie wir in Kapitel 2 gesehen haben, als die *Berserker-Krieger* zu superstarken *Wölfen*, *Bären* oder *Wildschweinen* wurden, die zu unglaublichen Taten fähig sind.

---

[439] Multiple Persönlichkeitsstörung mit menschlichen und nicht-menschlichen Teilpersönlichkeitskomponenten - Stanley G. Smith, Journal „Dissociation", Vol.2 N°1, 03/1989.

7 - SCHLUSSFOLGERUNG

Wir sehen also, dass Trauma, Dissoziation, Astralexit, paranormale Erfahrungen und übersinnliche Kräfte Hand in Hand gehen, wobei das eine das andere auslöst, wenn auch nicht systematisch. Diese Verbindung zwischen Trauma/Dissoziation und der Verbindung zu anderen Dimensionen ist ein Schlüsselpunkt in der mentalen Programmierung von MK-Monarch. Bei rituellem Missbrauch besteht das Ziel darin, das Kind für die Einweihung „freizuschalten" und es so für den luziferischen Kult heilig zu machen. Der spirituelle und metaphysische Aspekt der Programmierung ist genauso wichtig, und sicherlich wichtiger als der rein wissenschaftliche (neurologische und psychiatrische) Aspekt. In der Tat ist die Verbindung zwischen den Mitgliedern dieses Sekten-/Weltnetzes und der Geisterwelt für den Erfolg des Herrschaftsprojekts hier auf der Erde unerlässlich. Der Nachwuchs, der die Weltordnung zu einem erfolgreichen Abschluss bringen soll, muss also einerseits geistig mit den luziferischen Milizen verbunden sein, andererseits psychisch und physisch mit dem irdischen Netzwerk (Familien und Netzwerke der Macht, Geheimgesellschaften) verbunden sein. Ein irdisches Netzwerk, das sich in der materiellen Welt gut verkörpert und so einen Plan ausführt, der von anderen Sphären aus festgelegt wurde: die luziferische Rebellion, die sich auf der Erde fortsetzt... Ohne dieses Protokoll der systematischen Aufspaltung der Kinder in diesen Blutlinien und globaler in all diesen luziferischen Kulten könnte die Verbindung zu den anderen Dimensionen und die „Wurzel der Gewalt" nicht von einer Generation zur nächsten weitergegeben werden, und der *Kult des Schreckens* könnte sicherlich nicht jahrhundertelang fortbestehen. Die durch die Traumata hervorgerufene tiefe Dissoziation, die als eine gewaltsame „spirituelle Entriegelung" (eine echte spirituelle Vergewaltigung) beschrieben werden kann, die systematisch an *der Bodencrew* praktiziert wird, führt dazu, dass die Medien *Erleuchtung* und Verbindung mit dem *Lichtträger* Luzifer erhalten. Diese völlig gespaltenen und multiplen Individuen besitzen daher bestimmte andere Persönlichkeiten, die mit dem geistigen Reich Satans verbunden sind. Dies beschreibt Pastor Tom Hawkins, wenn er schreibt, dass *dissoziierte Persönlichkeiten während eines Traumas darauf trainiert werden können, in Trancezustände einzutreten, die sie mit dem „zweiten Himmel" verbinden, dem „Luftraum", dessen Fürst Satan ist. Diese Persönlichkeitsfragmente werden in diesem Reich gebunden und gefangen gehalten und dazu benutzt, Satans Weltplan hier auf Erden umzusetzen.*

Interessant ist in diesem Zusammenhang, dass sich die Freimaurerei auch auf geheimnisvolle Wesenheiten aus einer anderen Dimension beruft, die ihr eigenes Handeln beim Aufbau der Weltordnung inspirieren (um nicht zu sagen diktieren). Der Freimaurer Charles Webster Leadbeater (ein anglikanischer Priester und Theosoph, der selbst der Pädomanie beschuldigt wurde) schrieb eindeutig, dass die Freimaurerei bestimmte Verbindungen mit *„leuchtenden Wesen"* aus dem Jenseits herstellt: *„Wenn sich einer dieser Lichtgeister durch eine freimaurerische Zeremonie an uns bindet, dürfen wir ihn nicht als Herrscher oder Diener betrachten, sondern einfach als Bruder. Unsere*

Egozentrik ist so tief verwurzelt, dass wir uns, wenn wir von einer so wunderbaren Verbindung hören, als erstes, wenn auch unbewusst, fragen, was wir von dieser Beziehung haben könnten. Was können wir von diesem leuchtenden Wesen lernen? Wird er uns leiten, uns beraten, uns beschützen? Oder ist er ein Diener, den wir für unsere eigenen Zwecke benutzen können?[440]

Auch der Freimaurer Oswald Wirth bezieht sich explizit darauf, wenn er schreibt, dass die Meister - denn so werden sie von den Eingeweihten genannt - sich in ein undurchdringliches Geheimnis hüllen; sie bleiben unsichtbar hinter dem dicken Vorhang, der uns vom Jenseits trennt... Sie arbeiten nur am Reißbrett, das heißt intellektuell, indem sie sich ausdenken, was gebaut werden soll. Sie sind die konstruktiven Intelligenzen der Welt, wirksame Kräfte für die Eingeweihten, die mit den unbekannten Oberen der Tradition in Verbindung stehen.[441]

Hier ist ein Freimaurer, der klar und deutlich erklärt, dass die *Meister* aus dem *Jenseits* den *unbekannten Oberen* der Freimaurerlogen diktieren, wie die Welt aufgebaut werden soll, weil sie, wie er sagt, die *konstruktiven Intelligenzen der Welt* sind...

Der Glaube, dass Menschen mit so genannten „höheren" Wesenheiten in Kontakt kommen und von diesen zu einem bestimmten Zweck benutzt und manipuliert werden können, ist nicht neu. In der Tat kann der Mensch als Werkzeug für Kräfte aus einer anderen Dimension dienen. Der Autor Malidoma Somé schreibt in seinem Buch *The Healing Wisdom of Africa: „Die Ahnen sind im Nachteil, weil sie wissen, wie man die Dinge verbessern kann, aber sie haben nicht den physischen Körper, um das, was sie wissen, umzusetzen. Wir selbst sind im Nachteil, denn obwohl wir einen physischen Körper haben, fehlt uns oft das Wissen, um Dinge richtig zu tun. Deshalb arbeitet der Geist gerne durch uns. Ein Mensch mit einem physischen Körper ist ein ideales Vehikel für Spirit, um Dinge in dieser Welt zu manifestieren."*

Der physische menschliche Körper ist daher potenziell ein Ausdrucksmittel für Wesenheiten jenseits unserer irdischen Dimension. Der Mensch kann das Werkzeug luziferischer Wesenheiten sein, genauso wie er auch das Werkzeug des Heiligen Geistes sein kann. In dieser Welt der Dualität stehen sich zwei Kräfte gegenüber, aber man könnte auch sagen, dass sie sich gegenseitig ergänzen, um dieses große Theater zu organisieren, diese große Schule, in der wir uns entwickeln. Diese beiden Kräfte, die gemeinhin als „Gut" und „Böse" bezeichnet werden, haben viele Gemeinsamkeiten, wobei die eine offensichtlich die negative Kopie der anderen ist und die eine die andere auf ihre Weise nachahmt, weil sie nichts wirklich erschaffen kann. Wir finden diese Dualität auf allen Ebenen, auch in der Verbindung, die der Mensch mit anderen Dimensionen herstellen kann. Ultragewalttätiger ritueller Missbrauch wird die spirituellen Türen des Kindes durch Folter, Vergewaltigung, Bluttaufe und Traumata aller Art schlagartig öffnen, während in der göttlichen Tradition die

---

[440] *Das verborgene Leben in der Freimaurerei* - Charles Webster Leadbeater, S.334.

[441] „Die Freimaurerei für ihre Anhänger verständlich gemacht" Band III - Oswald Wirth, 1986, S.219-130.

spirituellen Türen durch die liebevolle Fürsorge der Eltern für das Kind, durch die Taufe mit Wasser und dem Heiligen Geist, durch die Güte und Hilfe der gottestreuen Engel und Erzengel allmählich geöffnet werden. Einerseits werden geistige Kräfte durch die Verbindung mit den rebellischen luziferischen Wesenheiten, den gefallenen Engeln, erworben, andererseits werden diese Kräfte durch den Heiligen Geist direkt von Gott gegeben. Auf der einen Seite die schwarzen Messen mit der Opferung und dem Verzehr von menschlichem Blut und Fleisch, auf der anderen Seite die Heilige Messe mit dem Opfer Jesu Christi, der seinen Leib und sein Blut in der Eucharistie spendet: die Reformation jener alten babylonischen Kulte, die mit Dämonen verbunden sind und auf Blutopfern beruhen, Praktiken, die die „namenlose Religion" weiterhin aufrechterhält. Der Prozess des traumatischen rituellen Missbrauchs, um Kinder zu „initiieren", zu „sakralisieren" und zu „taufen", ist nichts anderes als eine Umkehrung der Heiligung, eine Gegeninitiation oder Gegenoffenbarung, die darauf abzielt, eine luziferische Herrschaft der übernatürlichen Ordnung zu errichten. Luzifer wird von diesen Gruppen als der zivilisierende Gott betrachtet, der den Menschen Wissen und Licht bringt...

Gott vergibt das", sagte (Senator) Leahy und bezog sich dabei sowohl auf meine Rolle bei NAFTA als auch auf seine pädophilen Praktiken an meiner Tochter. „Um diesen Gott müssen Sie sich natürlich nicht sorgen. Es ist ein passiver Gott, ein Gott, der ausgestorben ist und nur noch in einer Bibel lebt. Der Gott, um den Sie sich sorgen müssen, ist der allsehende, allwissende Gott. Das große, große Auge im Himmel. Er sieht alles, zeichnet alles auf und gibt Informationen genau dort weiter, wo sie gebraucht werden. Ich möchte Ihnen einen guten Rat geben: Öffnen Sie sie nicht, denn Sie brauchen das alles nicht zu wissen. Wahrscheinlich weiß nur Ihr Vizepräsident (Bush) davon, und der hat sein ganzes Leben lang Geheimnisse gehabt. Ich will damit nicht sagen, dass George Bush Gott ist. Oh nein, er ist viel mehr als das. Er ist ein Halbgott, was bedeutet, dass er zwischen der irdischen und der himmlischen Ebene hin- und herpendelt, so dass er nach dem handelt, was er mit seinem ewig wachsamen Auge im Himmel sieht." - *Amerika inmitten der Transformation* - Cathy O'Brien

Einiges von dem, was in diesem Kapitel berichtet wird, geht über die allgemein anerkannten Gesetze der Physik hinaus, aber die Fakten sind da. Aber wie in der Einleitung des Kapitels erwähnt, sieht man den Keim nicht, aber man beugt ihm mit Antibiotika vor, denn das hat uns die Wissenschaft gelehrt. Die menschliche Fähigkeit, mit anderen Dimensionen und mit bestimmten Wesenheiten zu interagieren, ist ein weites Feld, das die moderne rationalistische Wissenschaft lange vernachlässigt hat. Es scheint diese Bereiche noch nicht erforscht zu haben und kann sie daher nicht verstehen, geschweige denn sie Ihnen beibringen. Doch indem sie immer tiefer in die Materie vordringt, gelangt diese Wissenschaft paradoxerweise auch in den immateriellen und spirituellen Bereich. Die streng materialistische Studie, die dazu führte, mit der Quantenphysik in das Herz der Materie vorzudringen, ist nun in der Lage, diese Materie zu transzendieren und in die spirituelle Welt einzudringen ... die nichts anderes ist als das Herz der materiellen Welt, eine Art unendliches Fraktal. Eines Tages wird sich der Kreis schließen, werden die physikalischen und biologischen

Wissenschaften ihr „unsichtbares" fehlendes Glied für ein umfassendes Verständnis der Welt, in der wir leben, finden, eine Art einheitliches Feld. Im Moment wird die Quantenphysik, genau wie die I.D.T., an den Universitäten kaum diskutiert... die Filterung der Informationen und der Lehre ist offensichtlich ein Schlüssel zur Massenkontrolle. Wahrscheinlich beginnen heute in einigen Labors die fortschrittlichsten Physiker, vor allem in der Quantenphysik, zu erkennen, dass es tatsächlich einen Schöpfer mit seiner Schöpfung gibt. Es sei denn, diese Herren halten sich selbst für Götter und Schöpfer ihrer eigenen Realität und vergessen den eigentlichen Schöpfer... und ihren Zustand als einfache Kreatur...

KAPITEL 7

MONARCH-PROGRAMMIERUNG

Vielleicht gibt es einen Grund, warum die Medien die Büchse der Pandora nicht öffentlich öffnen. Wäre es dann plausibel, dass eine genauere Untersuchung - durch die Medien und die Öffentlichkeit - der Anführer dieser destruktiven Sekten sehr reale Verbindungen zu staatlich finanzierter Bewusstseinskontrollforschung aufzeigen könnte? Dies sind Fragen, die, wenn man sie wirklich ernst nimmt, wichtige Antworten auf diese soziale Epidemie geben würden, zu der auch physischer und psychischer Missbrauch gehört. Die Antworten, die eine ernsthafte und gründliche Untersuchung liefert, könnten der Anfang einer Lösung für die unzähligen Probleme sein, die diese destruktiven Sekten, Serienmörder und Kindervergewaltiger der Gesellschaft bereiten - Mark Phillips*

Für einen MK-Programmierer ist es notwendig, andere Persönlichkeiten zu erschaffen und sie gleichzeitig zu dämonisieren, d.h. mit Dämonen in Verbindung zu bringen (...) wenn man Monarch Mind Control wirklich verstehen will, muss man erkennen, dass es sich um etwas grundlegend Dämonisches handelt (...) Programmierung und Mind Control sind nicht von Dämonologie und okkulten Ritualen zu trennen - Fritz Springmeier.

1 - EINLEITUNG

Um dieses Kapitel über die Monarch-Programmierung zu beginnen, hier drei Beispiele, über die Dr. James Randall Noblitt in seinem Buch *Cult and Ritual Abuse* berichtet hat und die Fälle von sexuellem Missbrauch mit ziemlich mysteriöser Gedankenkontrolle zeigen. Der erste Fall stammt aus *dem* Buch *Criminal History of* Mindkind, in dem Colin Wilson die Geschichte einer Frau erzählt, die mit dem Zug nach Heidelberg in Deutschland reist. Sie möchte dort einen Arzt wegen anhaltender Magenschmerzen aufsuchen. Laut Wilson traf sie während ihrer Reise einen gewissen Franz Walter, der sich ihr als 'Heiler' vorstellte und behauptete, sie heilen zu können... Es gelang ihm, sie zu überreden, den Zug an einer Station zu verlassen, um einen Kaffee zu trinken...

Sie zögerte, aber sie ließ sich überreden. Als sie beide den Kai entlanggingen, ergriff er ihren Arm, und „es schien, als ob ich keinen Willen mehr hätte", sagte sie. Er brachte sie in ein Hotelzimmer in Heidelberg, versetzte sie durch Berührung der Stirn in Trance und vergewaltigte sie dann. Sie versuchte, ihn wegzuschieben, aber sie war völlig bewegungsunfähig (...) Er streichelte mich und sagte: „Du schläfst fest, du kannst nicht um Hilfe rufen und du kannst auch sonst nichts tun. Dann fesselte er meine Arme und Hände hinter meinem Rücken und sagte: „Du darfst dich nicht bewegen. Wenn Sie aufwachen, werden Sie sich an nichts mehr erinnern, was gerade passiert ist. Später prostituierte Walter die Frau an mehrere Männer und gab seinen Kunden das Codewort, um sie ruhig zu stellen (...) Die Polizei vermutete, dass sie hypnotisiert worden war, und ein Psychiater, Dr. Ludwig Mayer, konnte die verschütteten Erinnerungen an die Hypnosesitzungen wieder hervorholen. Walter wurde zu zehn Jahren Gefängnis verurteilt... Wie konnte Franz Walter sie so schnell und einfach unter psychische Kontrolle bringen?"[442]

Colin Wilson stellt daher eine solche Macht der Kontrolle in Frage, gibt aber keine anderen Antworten als mögliche paranormale Fähigkeiten, die Walter entwickelt haben könnte, um diese Frau in tiefe Trance zu versetzen. Wilsons Fall ähnelt vielen Berichten von Überlebenden rituellen Missbrauchs. Dr. James Randall Noblitt stellt fest, dass er mehrere Patienten hatte, die ein identisches Szenario beschrieben. Sie erinnerten sich daran, von jemandem vergewaltigt oder sexuell missbraucht worden zu sein, der sie völlig unfähig machte, zu reagieren, nachdem er ein Wort oder einen Satz gesagt, ein Zeichen mit der Hand gemacht oder ihr Gesicht auf eine bestimmte Weise berührt hatte. In der Therapie waren diese Patienten zunächst nicht in der Lage, dieses Phänomen mit diesen Signalen oder Triggercodes zu erklären. Nach einigen Therapiesitzungen tauchte häufig eine andere Persönlichkeit auf, die in der Lage war, den Prozess zu erklären und sogar eine Erklärung dafür zu geben, wie die Programmierung zustande gekommen war. Dies sind die Alter-Persönlichkeiten, die als Sexualobjekte dienen und durch bestimmte *Auslöser* aktiviert werden. Diese Programmierung wird in der Regel in der frühen Kindheit vorgenommen und kann für eine sehr lange Zeit bestehen bleiben. Jeder, der über die Triggercodes verfügt, um den Trancezustand herbeizuführen oder die andere Persönlichkeit hervorzubringen, kann das Opfer dann sexuell missbrauchen.

In dem von Wilson geschilderten Fall gibt es keinen Hinweis darauf, dass der Vergewaltiger Walter die Frau, die er im Zug traf, bereits kannte. Woher können wir also wissen, dass es sich um eine Vorprogrammierung handelt? Laut Dr. Noblitt wäre es für eine Person möglich, die zugrundeliegenden Hebel der Programmierung zu erkennen und zu verstehen, um die Auslösecodes zu identifizieren. Dies kann einfach dadurch geschehen, dass man mit der Person spricht und ihre Augenlider und andere Körperreaktionen als Reaktion auf mögliche Auslöser beobachtet, die während des Gesprächs leise eingeführt wurden. Es gibt tatsächlich einige grundlegende Schlüsselwörter oder Gesten, die in der MK-Programmierung systematisch verwendet werden. Man könnte sie als „Standard"-Auslöser bezeichnen.

Ein weiterer Fall, über den Colin Wilson in seinem Buch Beyond the Occult berichtet, beschreibt eine Geschichte aus dem Jahr 1865: „Nach dem Mittagessen machte Castellan ein Zeichen mit seinen Fingern, als würde er etwas auf den Teller des Mädchens fallen lassen, und sie spürte, wie alle ihre Sinne sie

---

[442] *Eine Kriminalgeschichte der Menschheit* - Colin Wilson, 1984.

verließen. Er nahm sie dann mit in den Nebenraum und vergewaltigte sie. Später sagte sie aus, dass sie bei Bewusstsein war, sich aber nicht bewegen konnte."[443]

Die beiden von Colin Wilson geschilderten Fälle beschreiben ein Opfer, das völlig gelähmt und dem Angreifer ausgeliefert ist. Es kann sich um eine dissoziative Konversionsstörung handeln (die sich als einmalige Lähmung äußern kann).

In seinem Buch *Transe: A Natural History of Altered States of Mind* beschreibt Brian Inglis einen Fall, der 1988 in Wales vor Gericht verhandelt wurde, nämlich den des Hypnotiseurs Michael Gill. Er benutzte ein Blitzlichtgerät, um eine Frau zu hypnotisieren und sie zu vergewaltigen, während sie sich in einem veränderten Bewusstseinszustand befand. Bewusstseinskontrolltechniken mit Lichtblitzen wurden von Überlebenden der Bewusstseinskontrolle, auch im MK-Ultra-Programm, berichtet. Diese drei Kriminalfälle veranschaulichen, wie Frauen in Trancezuständen, die durch einen auslösenden Reiz schnell und stark ausgelöst werden, sexuell missbraucht werden können. Hypnose allein ist nicht in der Lage, einen solchen Missbrauch einer Person zu ermöglichen.[444]

Auf einer *S.M.A.R.T.*-Konferenz im Jahr 2003 erklärte die Überlebende Carole Rutz, dass ihre traumabasierte Programmierung mit Hypnose zugänglich gemacht und ausgelöst werden kann: *„Die gesamte Programmierung, die mir von der CIA und den 'Illuminati' angetan wurde, war traumabasiert, wie Elektroschocks, sensorischer Entzug und Drogen. Später waren Traumata nicht mehr notwendig, Hypnose allein, kombiniert mit implantierten Auslösern und manchmal auch Updates konnten ausreichen."*[445]

Bei der Monarch-Gedankenkontrolle ist die Programmierung zur sexuellen Versklavung einer Person die häufigste. Diese *„Beta"-Programmierungstypen* werden zur Herstellung von Sexsklaven verwendet, die im Falle von MK-Sklaven für die Elite manchmal als *„Präsidentenmodelle"* bezeichnet werden. Aber jedes Monarch-Subjekt kann eine oder mehrere Alter-Persönlichkeiten haben, die für diese Funktion programmiert sind; diese Art von Alter wird auch *„Kitten"* oder *„Sex Kitten"* genannt.

Im Oktober 2001 machte ein berühmtes französisches Model während der Aufzeichnung einer Fernsehsendung schockierende Enthüllungen. Sie prangerte ihre angebliche sexuelle Ausbeutung durch ihre Familie, ihre Entourage und bestimmte hochrangige Persönlichkeiten an. Sie sagte, dass sie von ihrem Vater vergewaltigt wurde, als sie zwei Jahre alt war, und dass sie dies einige Monate zuvor erkannt hatte, als ihre Erinnerungen in Form von Flashbacks auftauchten. Sie enthüllte auch, dass sie regelmäßig von ihren Arbeitgebern (einer berühmten Modelagentur), von ihr nahestehenden Personen und von Mitgliedern der gotha (königlichen Familien) vergewaltigt wurde. Sie

---

[443] *Jenseits des Okkulten* - Colin Wilson, 1988.

[444] *Cult and Ritual Abuse* - James Randall Noblitt & Pamela Perskin Noblitt, 2014, S.86-87.

[445] „Healing From Ritual Abuse and Mind Control, a Presentation to the Sixth Annual Ritual Abuse, Secretive Organizations and Mind Control Conference", Rutz, C., 2003, S.M.A.R.T. Vorlesungen.

wird sagen, dass das Vergessen ihres Missbrauchs auf Hypnose zurückzuführen war oder auf das, was sie für Hypnose hielt...

Kurz nach diesen Enthüllungen während der Aufzeichnung einer Fernsehsendung mit Thierry Ardisson gab sie der Zeitschrift *VSD* ein Interview, ein Dossier mit dem Titel *„Le cri de détresse d'un grand super model"*, das im Januar 2002 in *VSD* Nr. 1271 veröffentlicht wurde. Die Zeitschrift enthüllt, dass diese Frau vom Leiter der Brigade zur Bekämpfung der Zuhälterei empfangen wurde und dass sie ihm von Abendessen erzählte, die zwischen jungen Models und *alten reichen Männern* organisiert wurden. Das Interview enthält mehrere Hinweise darauf, dass sie einer monarchähnlichen Gedankenkontrolle unterworfen wurde. Hier sind einige Auszüge aus dem Interview:

Eine Person aus meinem Familienkreis (sie nennt einen Namen) hat mich sexuell missbraucht, als ich zwei Jahre alt war. Er ist ein Psychopath. Er hat mich unter Hypnose gesetzt. Seitdem kann mich jeder mit Autorität, der mein Geheimnis kennt, manipulieren. Solange ich den Schrecken meiner Kindheit nicht verdrängt hatte, konnte jeder, der mir Angst einjagte, von mir Besitz ergreifen (...) Sie versuchten, mich zur Prostituierten zu machen: es war so einfach, ich erinnerte mich an nichts, ich vergaß alles (...) Ich war ein Spielzeug, das jeder haben wollte. Alle haben mich ausgenutzt (...) Ich hatte keinen eigenen Willen, also haben sie mein Leben für mich organisiert: alles, alles, alles (...) Sie haben hypnotische Dinge mit mir gemacht (...) Ja, es ist riesig. Es gibt seit langem eine ganze Verschwörung um mich herum, es geht um Leute in der Regierung, in der Polizei. Alles in meinem Leben ist organisiert! Alles, alles, alles! Ich hatte keinen eigenen Willen (...) Während der „Restos du Cœur" sagte mir eine Künstlerin: „Jemand, der dir nahe steht, hat dich missbraucht, er organisiert, dass du wieder vergewaltigt wirst und dass du nichts weißt. Eine berühmte Sängerin sagte zu mir: „Einer deiner Verwandten (sie nennt einen Namen) hat mir erzählt, dass du vergewaltigt wurdest, kannst du das vergessen? Sieh mich an, du wirst es vergessen! Und sie hat gelacht. Und es funktionierte: Ich vergaß (...) Ich begann wirklich zu leiden, das war, als ich die ersten Blitze hatte. Zunächst einmal von einem mir nahestehenden Menschen, der mich vergewaltigt hat. Ich sagte mir: Ich habe herausgefunden, warum ich so schlecht war (...) Tatsächlich waren alle Menschen, die meine Familie traf, pädophil. Es ist ein Teufelskreis, und heute habe ich ihn durchbrochen! (...) Ich war ein Gewinn. Mein Image, meine Freundlichkeit, meine Güte, diente denen, die etwas verbergen wollten. Und hier haben wir es mit sehr, sehr, sehr bösen Menschen zu tun... Diejenigen, die ihre Stimme erheben wollten, sind heute tot (...) Es ist einer meiner Verwandten in New York, der mich vom Präsidenten eines großen Unternehmens vergewaltigen ließ. Eines Tages ruft sie mich an und sagt: „Weißt du noch, was sie mit dir gemacht haben, als du ein kleines Mädchen warst? Ich sagte: „Oh ja, oh ja!" „Nun, X wird zu dir kommen, er wird Sex mit dir haben und du wirst den größten Vertrag bekommen, den es gibt. Ich wollte nicht, aber ich war wie eine Puppe ohne Willen (...) Ich will Gerechtigkeit, das ist alles! Pädophilie ist immer noch ein großes Tabu. Es sind solche Mädchen, die Models werden wollen. So ist es für die Verbrecher ein Leichtes, Macht über sie zu erlangen."

Steht diese Frau unter monarchistischer Gedankenkontrolle? Ist sie ein *„präsidiales Dummchen"*? Was sie als Gedächtnislücken nach den Vergewaltigungen beschreibt, *„ich konnte mich an nichts erinnern"*, könnte eine schwere dissoziative Störung mit amnestischen Mauern sein. Die Tatsache, dass sie dem *VSD-Magazin* erzählt hat, dass sie *seit ihrem zweiten Lebensjahr* unter Hypnose vergewaltigt wurde, dass ihre Familie *nur mit Pädophilen ausgegangen ist*, dass es sich um einen *Teufelskreis* handelt, *den sie durchbrechen möchte*, und dass ihre sexuelle Ausbeutung offenbar ihr ganzes Leben lang anhielt, deutet stark darauf hin, dass sie möglicherweise den traurigen Weg einer MK-Monarch-Sklavin gegangen ist, einer Gefangenen eines Netzwerks, das ihre dissoziative Störung ausnutzt. Während der Aufzeichnung der Fernsehsendung im November 2001 nannte sie auch mehrere Namen aus der Unterhaltungsindustrie und sagte, dass diese Personen entweder von Vergewaltigungen wussten oder selbst Opfer waren. Sie nannte einen anderen bekannten französischen Star und sagte, auch sie sei einer solchen Behandlung ausgesetzt gewesen.

Trotz einer Beschwerde und der Einleitung einer gerichtlichen Untersuchung wurde sie von ihrer Familie kurz nach ihren Enthüllungen in eine psychiatrische Klinik eingewiesen... Erst drei Monate später wurde sie entlassen. War eine Aktualisierung der MK-Programmierung notwendig? Denn ab einem gewissen Alter neigen Amnesie-Mauern dazu, sich aufzulösen, so dass bestimmte Erinnerungen in Form von Flashbacks wieder auftauchen. Ihre Familie versuchte, den *Vorfall* als paranoide Wahnvorstellung abzutun, aber niemand konnte beweisen, dass es sich wirklich um einen Fall von Wahnsinn handelte und dass das, was sie gesagt hatte, falsch war. Die von der Frau eingereichte Beschwerde wurde sehr schnell abgewiesen, so dass keine Untersuchung durchgeführt wurde, um diese sehr schwerwiegenden Anschuldigungen zu bestätigen oder zu dementieren... Einige Zeit nach ihrem erzwungenen Krankenhausaufenthalt gab das Supermodel im September 2002 Benjamain Castaldi in der M6-Sendung *„C'est leur destin"* ein Interview. Ein Interview, bei dem immer noch Zweifel daran bestehen, dass sie wirklich versucht hat, ihren Zustand als MK-Sklavin offenzulegen, ohne selbst genau zu wissen, in was sie verwickelt war. Hier sind einige Auszüge:

- **Benjamin Castaldi**: Wenn Sie Ihr Schicksal in ein paar Worten zusammenfassen müssten, was würden Sie sagen?

- **Topmodel**: Einerseits ist es ein Märchen, andererseits ist es ein Horrorfilm, ein echter Albtraum. Und als das alles zur Sprache kam, gab es Leute, die versuchten, mich vom Reden abzuhalten. Ich wurde in eine Klinik eingewiesen, damit ich nicht reden kann. Ich bin mit Hilfe eines Anwalts rausgekommen, es war eine ganze Sache... Oh je, es war ziemlich kompliziert! (...) Der Anwalt rief mich direkt in meinem Zimmer an. Sie sagte: „Hören Sie, Sie sehen überhaupt nicht wie ein Verrückter aus! Ich werde dich in den nächsten zwei Stunden abholen". Ich habe meine Koffer gepackt und bin einfach so gegangen. (...) Als ich mein Ziel im Modellbau erreicht hatte, war oberflächlich gesehen alles in Ordnung, aber tief in meinem Inneren spürte ich, dass etwas nicht stimmte. Ich hatte also fünf Jahre lang eine Psychoanalyse, und es kamen Dinge zurück, die so ernst waren, dass ich eine Art Paranoia bekam (...) Ich versuchte zu reden, aber man glaubte mir nicht. Ein gewisser Teil war Paranoia, denn es stimmt, wenn die Dinge so gewaltig sind, dann artet es ein wenig aus. Es gibt ein kleines bisschen Delirium. Aber je mehr Zeit vergeht, desto mehr wird mir klar, dass das eigentlich überhaupt nicht der Fall ist (...) Haben Sie den Film True Romance gesehen? Das ist sozusagen mein Leben. Alles war vorbereitet. Alles wurde manipuliert. Ich war jemand, der nichts gesehen hat. Ich glaube sogar, ich war wirklich verrückt, aber jetzt bin ich es nicht mehr.

Die Schauspielerin Marie Laforêt sagte über die Affäre: „Ich weiß nicht, was mit X passiert ist, es ist die gleiche Geschichte, sie hat über die gleichen Leute gesprochen, nur dass sie abgeschnitten wurde... Also hat sie eine kleine Platte machen lassen, um sie seitdem zu stempeln. Sie weiß also, wenn sie jemals etwas von dem sagt, was sie damals sagen wollte, wird sie ein noch miserableres Schicksal erleiden als das, das sie im Moment hat. Es ist also in ihrem besten Interesse, einen Unfall zu bauen... Das ist alles... Aber sie hat es versucht! Sie hat einen Versuch unternommen und dafür bezahlt. Wir haben sie amüsiert, indem wir sie dazu gebracht haben, eine Platte zu machen, eine Promo... Aber dann sind alle dabei? Sie werden die Antwort selbst geben... Natürlich!"

2 - DEFINITION

Der Begriff Monarch leitet sich vom Monarchfalter ab, einem Insekt, das sein Leben als Raupe beginnt (das unentwickelte Potenzial), die sich dann in einen Kokon verwandelt (der Prozess der Aufspaltung und Programmierung), um ein Schmetterling (die Monarch-Sklavin) zu werden. Ist einer Raupe bewusst, dass sie ein Schmetterling wird? Ist dem Schmetterling bewusst, dass er eine Raupe war? Nein, und dieses Bild passt perfekt zu dem Bild einer Programmierung, die auf Dissoziation und traumatischer Amnesie beruht. Die flatternden Schmetterlinge stehen für die verstreuten Seelenfragmente. Der Begriff „Monarch" bezieht sich auch auf das Gefühl der Dissoziation, das wie ein Schmetterling schweben kann, zum Beispiel nach einem Stromschlag. Elektroschocks werden von Programmierern häufig eingesetzt, da sie eine sehr wirksame Foltermethode sind, die kaum Spuren hinterlässt.

In der Autobiographie von Brice Taylor (Ex-Präsidentenmodell), Thanks For The Memories, wird die Monarch-Programmierung wie folgt definiert: „Eine Marionette ist eine Puppe, die an Fäden gebunden ist und von einem Meister kontrolliert wird. Die Programmierung von Monarchen wird auch als „Marionetten-Syndrom" bezeichnet, ein anderer Begriff ist „Imperial Conditioning". Einige Psychotherapeuten bezeichnen diese Art der Gedankenkontrolle als „Reiz-Reaktions-Konditionierung". Projekt Monarch kann als eine Kombination aus strukturiertem Trauma, Dissoziation und Okkultismus beschrieben werden, um den Geist auf systematische Weise in multiple Persönlichkeiten aufzuteilen. Dabei wird ein satanisches Ritual durchgeführt, das in der Regel kabbalistische Mystik beinhaltet, um einen Dämon oder eine Gruppe von Dämonen an den entsprechenden Altar zu binden. Natürlich werden die meisten Menschen dies als bloße Verstärkung des Traumas in der Person sehen und den irrationalen Glauben leugnen, dass dämonische Besessenheit tatsächlich geschehen kann…"[446]

Der Monarchfalter scheint das starke Symbol zu sein, das in der Unterhaltungsindustrie regelmäßig auftaucht, um diesen Prozess der Persönlichkeitsspaltung darzustellen. Dieser bekannte Schmetterling zeichnet sich dadurch aus, dass er über mehrere Generationen von Süden nach Norden wandert, während die Reise von Norden nach Süden in einer Generation erfolgt. Diese einzigartigen und faszinierenden Kreaturen kehren immer wieder zu denselben Bäumen zurück wie frühere Generationen, obwohl sie noch nie dort waren. Wie ist das möglich? Das bedeutet, dass der Monarchfalter die Information über seinen Geburtsort genetisch an seine Nachkommen weitergibt. Dieses Insekt wurde wissenschaftlich auf diese erstaunliche genetische Eigenschaft hin untersucht.

Dies ist einer der Hauptgründe für den Namen des Monarch-Projekts, denn die Genetik ist ein wichtiger Punkt bei der Auswahl der Probanden. Bestimmte Informationen über die Vorfahren sind zeit- und jahrhundertübergreifend und werden daher von Generation zu Generation weitergegeben. Es handelt sich um eine Art transzendenten Einfluss, der im Einklang mit den Studien zur Psychogenalogie steht, eine sowohl positive als auch negative *Ladung*, die an die Nachkommen weitergegeben wird. In dem Buch *„Satanismus: Gibt es ihn wirklich?"* erklärt Pater Jeffrey Steffon: *„Eine dritte Möglichkeit (dämonischer Verbindungen) ist die Vererbung durch die Generationen. Wenn die Eltern in den Okkultismus verstrickt waren, wird diese Verbindung von Generation zu Generation an ihre Kinder weitergegeben.* In schamanischen Kulturen ist die Rolle des Schamanen oft erblich und wird in der Regel vom Vater an den Sohn weitergegeben. So wie asiatische Schamanenlinien bestimmte paranormale Fähigkeiten oder übersinnliche Kräfte weitergeben, so geben auch luziferische Linien, die Okkultismus und rituellen Missbrauch praktizieren, ein immaterielles Erbe mit einem schweren Gepäck an dämonischen Verbindungen weiter. Dissoziation, Hypersensibilität, Medialität und andere übersinnliche Kräfte sind ebenfalls Teil der genetischen Ausstattung und werden durch Rituale und frühkindliche Traumata aktiviert und verstärkt.

Interessant ist in diesem Zusammenhang, dass eine wissenschaftliche Studie aus der Schweiz im Jahr 2012 gezeigt hat, dass Traumata (insbesondere sexueller Missbrauch) in der Kindheit bis in die dritte Generation Spuren in der DNA hinterlassen. Ist es das, wovon die Bibel spricht, wenn sie sagt, dass *„die Schuld des Vaters"* an seine Nachkommen in der dritten und vierten Generation weitergegeben wird? (Exodus 20:5-6)

Das Team fand heraus, dass die DNA eines Mädchens, dessen Großmutter von ihrem Vater vergewaltigt worden war, die gleichen epigenetischen Veränderungen aufwies wie die ihrer Großmutter, und dass diese Veränderungen viel stärker waren als bei der Mutter und der Großmutter. Das kleine Mädchen, das das Produkt von Inzest ist und nie vergewaltigt wurde, trägt die größte Narbe im Genom aller seiner Zellen. (UNIGE Research 2012)

---

[446] *Danke für die Erinnerungen: Die Wahrheit hat mich befreit* - Brice Taylor, 1999, S.16.

Es wurde festgestellt, dass diese genetischen Markierungen die DNA nicht mutieren, sondern die Entwicklung des Gehirns beeinflussen und an die nachfolgenden Generationen weitergegeben werden. Die Forschungsgruppe von Professor Alain Malafosse von der Abteilung für Psychiatrie an der medizinischen Fakultät in Genf untersuchte erwachsene Probanden, die als Kinder missbraucht worden waren (körperlicher, sexueller und emotionaler Missbrauch, emotionale Deprivation, Vernachlässigung) und an einer *Borderline-Persönlichkeitsstörung* litten. Bei der Untersuchung ihrer DNA, die durch einen einfachen Bluttest gewonnen wurde, stellten die Forscher epigenetische Veränderungen fest, d.h. in den Mechanismen der Genregulierung: *„Dies ist das erste Mal, dass wir eine so klare Verbindung zwischen einem Umweltfaktor und einer epigenetischen Veränderung gesehen haben. Der Zusammenhang ist umso stärker, je schwerer die Misshandlungen in der Kindheit waren und je stärker die genetischen Veränderungen sind"*, betont Ariane Giacobino von der Abteilung für Genetik und Entwicklung. Außerdem hat man [447]festgestellt, dass ein im Erwachsenenalter erlebtes Trauma die Gene nicht so tief und dauerhaft prägt wie ein in der Kindheit erlebtes Trauma.[448]

Es scheint, dass die genetische Kodierung, die zu völlig abweichenden, selbst erzeugten Verhaltensweisen führt, nach drei Generationen von Kindesmissbrauch auftritt, was erklären würde, warum einige Familien völlig in diesen Dingen versinken. Luziferische Familien, die systematisch rituellen Missbrauch und Bewusstseinskontrolle an ihren Nachkommen praktizieren, sind daher tief in ihren Genen verankert. Diese Blutlinien werden durch die fast systematische Anordnung von Verbindungen und Eheschließungen erhalten.

In der fernen Vergangenheit verfügten die Menschen (insbesondere Kinder) über gute dissoziative Fähigkeiten. Wenn sie einem Trauma ausgesetzt waren, hatten sie einen weitaus größeren Überlebensvorteil als diejenigen, bei denen dies nicht der Fall war. Wie wir gesehen haben, dient die Dissoziation angesichts eines tiefen Traumas zunächst dem Überleben, d. h. dem Erhalt des Individuums, damit es weiterhin richtig funktionieren kann. Da das nomadische Stammesleben allmählich durch ein sesshaftes Leben in den Dörfern ersetzt wurde und damit die natürlichen traumatischen Faktoren abgenommen haben, hat sich auch diese mit der Dissoziation verbundene menschliche Genetik zurückgebildet. In einigen Linien wird diese genetische Weitergabe der *„kostbaren"* Dissoziation, dem Tor zur geistigen Welt, immer noch fortgeführt und aufrechterhalten. Das genetische Gepäck spielt in den luziferischen Hierarchien eine wichtige Rolle, und dissoziative Fähigkeiten sind eines dieser begehrten genetischen Merkmale.

Warum ist Dissoziation für diese Sekten so wichtig? In einem jungen, sich entwickelnden Gehirn formen Traumata und die dadurch verursachte Dissoziation die neuronalen Bahnen in einer bestimmten Weise und schaffen so bestimmte intellektuelle, physische und psychische Fähigkeiten. Wie wir im

---

[447] „Missbrauch in der Kindheit hinterlässt genetische Spuren" - 24 Heures, 2012.

[448] *Childhood maltreatment is associated with distinct genomic and epigenetic profiles in posttraumatic stress disorder* - Divya Metha, PNAS, 2012.

vorigen Kapitel gesehen haben, öffnen extreme Traumata und tiefe Dissoziationen auch Lücken zu anderen Dimensionen. Es sind diese Brücken zur geistigen Welt, die es ermöglichen, bestimmte Verbindungen herzustellen und „Kraft" zu empfangen. Darüber hinaus ermöglicht die Spaltung der Persönlichkeit des Einzelnen durch amnestische Mauern die Kontrolle und Programmierung der Nachkommen, um die Ziele dieser luziferischen Blutlinien, die sich über Jahrhunderte erstrecken, zu verwirklichen. Alle Kinder der „namenlosen Religion" werden systematisch „durch die Mangel gedreht", d. h. sie werden aufgespalten und ihre Synapsen werden mit extrem traumatischen und desassoziierenden Techniken „verschleiert".

Die MK-Konditionierung und -Programmierung erfolgt systematisch, und die dissoziativen Fähigkeiten des Kindes werden in einem frühen Stadium getestet und verstärkt. Je leichter das Kind dissoziiert, desto schneller wird die Programmierarbeit erledigt sein. In ihrem Buch „Aufstieg aus dem Bösen" erklärt die Psychotherapeutin und Überlebende Wendy Hoffman: „Die Sekte lehrt die Kunst der Dissoziation. Das Leben der Opfer wird davon abhängen, ob sie dies schnell und schon in jungen Jahren lernen können. Dissoziation ist ein Fach, das gelehrt wird, genau wie Mathematik (...) Für Sektenmitglieder ist es einfach, jemanden anzusehen, wenn er dissoziiert. Sie können die Dissoziationsfähigkeit eines Mitglieds ebenso leicht überprüfen wie die Richtigkeit seiner Addition. "[449]

Wie wir in Kapitel 2 gesehen haben, enthielten die alten Initiationsrituale der Mysterienreligionen Elemente, die Tod und Auferstehung symbolisierten. Die Initiation beinhaltete manchmal auch Amnesie (aufgrund von Drogen, Entbehrungen und Traumata), Auslöschung des Gedächtnisses zur Bildung einer neuen Identität: In diesem Fall erhielt der Eingeweihte einen neuen Namen. Überlebende von rituellem Missbrauch und Gedankenkontrolle berichten genau das Gleiche. Die Monarch-Programmierung ist eine Art Trauma-Initiation, die im Eingeweihten (Opferkind) eine Verbindung zur Geisterwelt herstellt und eine oder mehrere andere andere Persönlichkeiten hervorbringt. Alter, die unterschiedliche Namen erhalten und für unterschiedliche Funktionen programmiert sind. Das „Monarch"-Kind des luziferischen hierarchischen Ordens ist ein Auserwählter und gilt als heilig. Es handelt sich um Initiationsrituale, die darauf abzielen, das Kind durch tiefe dissoziative Zustände und die Wiedergeburt als Monarch-Kind heilig zu machen; ein Killer statt eines Opfers, ein vollwertiges Mitglied des luziferischen Kults, das mit höheren Wesenheiten verbunden ist.

Im Jahr 2009 schrieb Dr. Lowell Routley einen Artikel, in dem er die Monarch-Programmierung beschrieb, obwohl er den Begriff nicht verwendete. Das Papier mit dem Titel „Restoring The Lost Self: Finding Answers to Healing from Traumatic Socialization and Mind Control in Twenty-first Century Neurocognitive Research" (Das verlorene Selbst wiederherstellen: Antworten auf die Heilung von traumatischer Sozialisation und Gedankenkontrolle in der

---

[449] Aufstieg aus dem Bösen: Die heilende Reise aus dem Missbrauch durch satanische Sekten - Wendy Hoffman, 1995.

neurokognitiven Forschung des einundzwanzigsten Jahrhunderts) wurde von Routley am 4. Juli 2009 auf einer Konferenz in Genf im Rahmen der internationalen Jahreskonferenz der International *Cultic Studies Association (ICSA)* vorgestellt. Hier ein Auszug aus der Einleitung: *"Diese Überlebenden lernten schon in jungen Jahren, sich zu distanzieren, und zwar durch bestimmte generationenübergreifende Praktiken, die in der Familie weitergegeben wurden. Die traumatische Sozialisation dient der Abschottung der kindlichen Psyche, der Geheimhaltung und der Aufrechterhaltung des Status quo. Asphyxie, Deprivation, Isolation und Schmerz sind bekannt dafür, das Kind zu dissoziieren, die Konformität des Verhaltens sicherzustellen, Autonomie und Identität zu unterdrücken, Amnesie über abnormale Aktivitäten zu erzeugen und bedingungslose Loyalität zu schaffen (...) Terror erhält und verstärkt die dissoziative Abschottung. Der Grad der Dissoziation, der sich im Bewusstsein des Opfers einstellt, wird durch das Alter, in dem die traumatische Sozialisation stattfand, ihre Häufigkeit und Intensität bestimmt. Die klinische Arbeit mit Überlebenden hat zu einer neuen Entdeckung über programmierte Veränderungen in der Struktur des "Geistes", des "Selbst" und des Bewusstseins geführt, die angeblich durch technische oder wissenschaftliche Mittel herbeigeführt wurden. Als die Phänomenologie der Programmierung klinisch erforscht wurde, deuteten die Muster der Kompartimentierung des Geistes, die sich herausstellten, auf eine ausgeklügelte Manipulation des kindlichen Geistes hin (...) Die klinischen Beobachtungen deuteten ferner darauf hin, dass sich die Raffinesse der "Programmierung" parallel zu den wissenschaftlichen Entdeckungen entwickelte. Eine therapeutische Intervention erfordert erstens eine angemessene Diagnose der traumatischen Symptome und zweitens ein Mittel zur Auflösung der Überzeugungen, die durch die dissoziativen und amnestischen Barrieren entstehen. Diese Faktoren haben die Forschung vorangetrieben, um wirksame Mittel zur Heilung zu finden. Die klinischen Beobachtungen von Überlebenden, die in diesen generationsübergreifenden Familien aufgewachsen sind, sowie die Ergebnisse der neurokognitiven Forschung des 21. Jahrhunderts bilden die Grundlage für ein Interventionsmodell."*[450]

Der Begriff „Programmierung" wird in zweierlei Hinsicht für Methoden der Gedankenkontrolle verwendet. Meistens handelt es sich dabei um Zwangsüberredung, wie sie in destruktiven Sekten oder militärischen Gruppen, Mafiagruppen usw. praktiziert wird. Die zweite Verwendung des Begriffs „Programmierung" ist viel spezifischer und bezieht sich auf *die Manipulation oder Traumatisierung von anderen Persönlichkeiten, Fragmenten, dissoziierten mentalen Zuständen oder Entitäten zum Zweck der Gedankenkontrolle.*[451]

Die letztgenannte Art der Programmierung wird im MK-Monarch-Protokoll angewandt. In dem Buch *„Healing From The Unimaginable"* gibt die Therapeutin Alison Miller folgende Definition von Programmierung:

---

[450] *Restoring the Lost Self: Finding Answers to Healing from Traumatic Socialization and Mind Control in Twenty-first Century Neurocognitive Research* - Lowell Routley, 2009.

[451] *Cult and Ritual Abuse* - James Randall Noblitt & Pamela Perskin Noblitt, 2014, S.85.

„Programmierung ist der Vorgang, bei dem innerlich vordefinierte Reaktionen als Reaktion auf äußere Reize eingestellt werden, so dass die Person automatisch auf eine bestimmte Art und Weise auf akustische, visuelle oder taktile Hinweise reagiert oder in der Lage ist, eine Reihe von Handlungen in Bezug auf ein bestimmtes Datum oder eine bestimmte Uhrzeit auszuführen."

Die deutsche Psychotraumatologin Michaela Huber definiert in einem ihrer Bücher diese Art der mentalen Programmierung so: *„Programmierung im Kontext von Trauma ist ein Prozess, der als Lernen unter Folter beschrieben werden kann. Die Metapher des „Programmierens" stammt sicherlich aus der Computerwelt und steht in diesem Zusammenhang für das, was Psychologen als Konditionierung bezeichnen. Das bedeutet, dass die „programmierte" Person auf bestimmte Reize in stereotyper Weise reagieren muss. Die Reaktion der Person auf einen Reiz erfolgt in diesem Fall automatisch, es handelt sich also weder um einen natürlichen Reflex noch um eine bewusste und freiwillige Reaktion. Um dies zu erreichen, hat „der Programmierer", den ich den Folterer nennen werde, die Tatsache ausgenutzt, dass sein Opfer ein kleines Kind ist, vorzugsweise bereits dissoziiert (mit einer gespaltenen Persönlichkeit), um den Lernprozess durch Folter durchzuführen. Folter kann körperliche, sexuelle und emotionale Misshandlung beinhalten, und oft wird dem Opfer mit dem Tod gedroht, wenn es sich nicht fügt. Sobald ein Opfer programmiert wurde, ist es möglich, es mit den „implantierten" Reizen (den so genannten Triggern) zu kontrollieren. Eine programmierte andere Persönlichkeit ist in der Regel keine komplexe Identität und wird daher auch als „Programm" bezeichnet. Normalerweise wurde diese Person darauf programmiert, bestimmten Zwecken zu dienen: sich zu prostituieren, um den Meister zu bereichern, zu stehlen, Drogen zu schmuggeln usw. Mit Hilfe der Programmierung kann der Meister auch dafür sorgen, dass das Opfer eine Amnesie über den Missbrauch und die Programmierung erleidet, und er kann das Opfer auch dazu bringen, Selbstmord zu begehen, wenn es seine Peiniger anprangern will."*[452]

Jeannie Riseman, Mitglied der amerikanischen Aktivistengruppe *Survivorship*, beschreibt die MK-Programmierung auf hohem Niveau, d. h. unter Verwendung hochentwickelter Technologie, wie folgt: *„Wenn wir von Gedankenkontroll-Experimenten sprechen, meinen wir die absichtliche und geschickte Manipulation verschiedener Teile des Verstandes einer Person, so dass die Person von anderen kontrolliert wird. Die Experimentatoren, Programmierer und Kontrolleure haben ein bestimmtes Ziel vor Augen und wählen die Techniken aus, mit denen sich dieses Ziel am besten erreichen lässt. Sie sind mit einer Reihe von Techniken vertraut, und wenn sie mit den Ergebnissen einer dieser Techniken nicht zufrieden sind, ändern sie ihre Methoden und passen sie an. Sie wissen genau, was sie tun. Die Technologie, die ihnen zur Verfügung steht, ist weitaus komplexer und ausgefeilter als das, was Gruppen, die rituellen Missbrauch betreiben, normalerweise zur Verfügung steht. Sie verwenden hochmoderne Geräte, die sehr teuer sein können. Diese Technologie umfasst Elektroschocks, Implantate, Geräte zur Injektion von*

---

[452] *Multiple Persönlichkeit, Überlebende extreme Gewalt, Ein Handbuch* - Michaela Huber, 1995.

Informationen in bestimmte Teile des Gehirns, Technologien zur Teilung der Gehirnhälften usw. "[453]

Darauf bezieht sich Dr. Lowell Routley, wenn er schreibt, dass klinische Beobachtungen außerdem darauf hindeuten, dass sich die Raffinesse der „Programmierung" parallel zu den wissenschaftlichen Entdeckungen entwickelt hat.

Wie wir in Kapitel 2 gesehen haben, ist die Monarch-Programmierung ein fernes Erbe alter Mysterienkulte und traumatischer Rituale, die zu tiefen dissoziativen Zuständen führen. MK-Monarch ist der Höhepunkt der jahrhundertelangen Bemühungen verschiedener luziferischer Kulte, die totale Kontrolle über einen Menschen zu erlangen. Heutzutage sind diese Techniken der mentalen Programmierung sehr ausgeklügelt und verwenden im Allgemeinen elektronische Geräte, insbesondere im Zusammenhang mit der Verwendung von Obertönen (Schwingungsfrequenzen). In der Tat schwingt alles auf diesem Planeten in einer bestimmten Frequenz, und diese Vielzahl von Frequenzen kann genutzt werden, um das menschliche Gehirn über neuronale Bahnen zu beeinflussen (siehe das in Kapitel 1 behandelte Thema der Psychotronik). In der MK-Forschung werden Obertöne verwendet, um ein bestimmtes neuronales Netz zu aktivieren, um ein bestimmtes Gedächtnis zu kompartimentieren. In den Labors, die bereits in den 1970er und 1980er Jahren diese elektronischen Bewusstseinskontrolltechniken entwickelten, wurde die Anwendung von Obertönen als *„Gehirntraining" bezeichnet.* [454]Diese Obertöne zielen darauf ab, tief in das Unterbewusstsein des MK-Sklaven einzudringen, um z. B. seine Atmung, seinen Herzschlag usw. zu kontrollieren. Diese Technologie könnte leicht die Zyanidpille ersetzen, um sicherzustellen, dass Spione und andere Agenten mit ihren Geheimnissen sterben...

Die Ausführungen in diesem Kapitel beruhen auf Aussagen von Überlebenden und Therapeuten, die viele Jahre zurückliegen. Die Entwicklung jeder Technologie ist exponentiell, und das gilt auch für die MK-Praktiken, so dass wir vielleicht mehr wissen, wenn die Dokumente freigegeben werden, so wie einige Dokumente über MK-Ultra in den 1950er und 60er Jahren freigegeben wurden.

Der MK-Monarch umfasst mehrere Disziplinen, von denen die wichtigsten folgende sind (die ersten drei sind eng miteinander verbunden)

- Die Wissenschaft von Folter und Trauma.
- Die Wissenschaft der Drogen.
- Die Wissenschaft der veränderten Bewusstseinszustände (Hypnose, Dissoziation, Trance)
- Die Wissenschaft von der psychologischen und verhaltensmäßigen Entwicklung des Kindes.
- Neurologische und psycho-traumatologische Wissenschaft.
- Psycho-elektronische oder psychotronische Wissenschaft.

---

[453] *Healing The Unimaginable: Treating Ritual Abuse and Mind Control* - Alison Miller, 2012, S.15.

[454] *Um der nationalen Sicherheit willen* - Cathy O'Brien & Mark Phillips, 2015, S.404.

- Die Wissenschaft der Lüge und der Sprachmanipulation (umgekehrte Psychologie).

Und das ist wahrscheinlich das Wichtigste:

- Paranormale Wissenschaft oder die Art und Weise, wie man spirituelle und okkulte Mittel einsetzt, um jemanden zu kontrollieren. Zu dieser Kategorie gehört auch die Dämonologie.

Auf den höheren Ebenen der luziferischen Hierarchie entstehen so Subjekte, die für das „Netzwerk" arbeiten können, indem sie perfekt in Schlüsselpositionen der Gesellschaft integriert werden. Das „Netzwerk" sind alle Organisationen, die eine luziferische Doktrin anwenden und mehr oder weniger eifrig an der Errichtung einer *Neuen Weltordnung* arbeiten (die „namenlose Religion"). Diese MK-Methoden sind daher einer bestimmten „Elite", den Eingeweihten, vorbehalten. Der Grad der Programmierung von Kindern in diesen generationenübergreifenden Familien oder militärischen und politischen Gruppen hängt von mehreren Kriterien ab:

- Das Wissen und Verständnis, das die Gruppe (oder Familie) über diese Art der Gedankenkontrolle hat.
- Die Fähigkeit des Kindes, sich zu distanzieren, sein IQ und sein Maß an Kreativität.
- Die Region oder das Land, in dem er/sie aufgewachsen ist.
- Die finanziellen Mittel und die Ausrüstung, die den Programmierern zur Verfügung stehen.

Die wesentliche Komponente der Monarch-Gedankenkontrolle ist die absichtliche Schaffung eines I.D.T. mit einer Reihe von Identitäten, Persönlichkeits-/Seelenfragmenten, die durch Amnesie-Mauern getrennt sind. Jede andere Persönlichkeit wird geschaffen, um eine bestimmte Ausbildung zu erhalten, die ihr eine bestimmte Rolle innerhalb der Sekte oder außerhalb der Gesellschaft zuweist. Je komplexer der rituelle Missbrauch und die Gedankenkontrolle sind, die das Kind erfahren hat, desto komplexer sind auch sein I.D.T. und seine innere Welt. Insgesamt geht es darum, ein System aufzubauen, das aus so genannten Oberflächen- oder *Fassadenpersönlichkeiten* besteht, die in der Lage sind, mit der profanen Welt, d.h. in der Zivilgesellschaft, zu interagieren, während andere, viel tiefere Persönlichkeiten Rollen und okkulte Aktivitäten haben, die ausschließlich mit dem Kult und seinem Netzwerk verbunden sind.

Am 25. Juni 1992 fand im Radisson Plaza Hotel in Alexandria, Virginia, die vierte jährliche Konferenz über rituellen Missbrauch und multiple Persönlichkeit statt. Dr. Corydon Hammond hielt zunächst einen Vortrag mit dem Titel „*Hypnosis in Multiple Personality Disorder*", *der später* in „*The Greenbaum Lecture*" umbenannt wurde, da der Inhalt des Vortrags völlig anders war als ursprünglich im Programm angekündigt.[455]

Zum Erstaunen der Öffentlichkeit beschrieb Corydon Hammond dann, was er bei einigen seiner Patienten entdeckt hatte. Er enthüllte öffentlich die

---

[455] *The Greenbaum Speach* - Eine vom *Center for Abuse Recovery and Empowerment* und dem *Psychiatrischen Institut in Washington, D.C.* gesponserte Konferenz.

Existenz von Menschen, die Opfer von Gedankenkontrolle und Programmierung waren. Menschen, die alle an einer dissoziativen Identitätsstörung litten. Unter anderem enthüllte er die verschiedenen Ebenen der Programmierung: *Alpha, Beta, Theta, Delta, Omega* und *Gamma,* die bei einigen seiner Patienten aufgetaucht waren. Er beschrieb die Merkmale dieser verschiedenen Arten der Programmierung:

- *Alpha* ist die Grundprogrammierung, die erste Persönlichkeitsspaltung, die den Grundstein für die Gedankenkontrolle über den Sklaven legen wird, mit einer Dissoziation der beiden Gehirnhälften.

- *Beta* ist eine sexuelle Programmierung, die darauf abzielt, jegliche Moral auszuschalten und primitive sexuelle Instinkte zu stimulieren.

- *Delta* und *Theta* sind programmierte Killer, Spezialagenten, Elitesoldaten, die über bestimmte übersinnliche Fähigkeiten verfügen können.

- *Omega* ist die selbstzerstörerische Programmierung, einschließlich suizidaler und/oder selbstschädigender Tendenzen, die aktiviert werden, wenn das Abrufen von Erinnerungen zu groß wird.

- *Gamma* wäre die Schutzprogrammierung des internen Systems, d.h. eine Funktion, die auf Täuschung und Fehlinformation ausgelegt ist.

Fritz Springemeier nennt auch die Programme *Epsilon* (Tier-Alter) und *Zeta* (Schnupftabak-Film-Alter).

In einem Interview mit Wayne Morris im Radio der Ryerson Polytechnic University in Toronto, Ontario (CKLN FM 88.1), beschrieb die Überlebende Kathleen Sullivan 1997 die verschiedenen Stufen der Programmierung, die sie selbst durchlief: *„Das Alpha-Programm war das Basisprogramm. Das hat mein Vater auch gesagt. Es war das Programm, das die Alphawellen im Gehirn aktivierte. Man musste mit dieser einen anfangen und dann zu den anderen übergehen. Das Beta-Programm hieß für mich „Barbie". Ein Politiker, der sehr eng mit diesen MK-Programmen verbunden ist, hat mir einmal erzählt, dass Klaus Barbie hinter dieser Programmierung, die später „Beta" genannt wurde, stand. Es war eine Programmierung, die mich zu einem echten Roboter gemacht hat, vor allem im sexuellen Bereich. Von der frühen Kindheit bis ins Erwachsenenalter war ich sexueller Sklave einer Reihe von Persönlichkeiten. In diesem „Beta"-Zustand konnte ich mich nicht mehr wehren, ich hatte nicht einmal eine wütende Reaktion. Ich war eine absolut fügsame Sexsklavin und tat alles, was diese Männer von mir verlangten. Ich hätte diese Dinge nie getan, wenn ich in meinem normalen Bewusstseinszustand gewesen wäre. Beim Delta-Programm ging es hauptsächlich um das Militär. Ich wurde in einen 'Delta'-Zustand versetzt, als ich unter dem Befehl des Militärs stand. Durch diese Programmierung war ich meinen Vorgesetzten gegenüber absolut loyal. Es gab mehrere Untercodes zur Aktivierung verschiedener Teile des Delta-Programms, nämlich drei: Delta 1, Delta 2 und Delta 3. Sie wurden durch verschlüsselte Nummern aktiviert. Als ich in der Delta-Phase war, konnte ich eine Person im Raum töten, wenn sie diese Codes sprach. Ich tat dies, ohne zu fragen, denn ich gehorchte der Person, die mich kontrollierte, absolut. In diesem Zustand habe ich nicht mehr nachgedacht, ich habe nicht mehr reflektiert. In diesem*

Programm wird im Interesse meines Überlebens viel von der Amnesie Gebrauch gemacht. Ich wusste das, und ich war es gewohnt. Im Theta-Programm ging es hauptsächlich um paranormale Fähigkeiten. Ich mag dieses Wort nicht wirklich, weil es viele negative Assoziationen mit sich bringt. Aber sie benutzten meine mentale Energie, um eine Reihe von Dingen zu tun, die als paranormal gelten... In einigen Filmen oder Romanen gibt es diese Szenarien... Uns wurde beigebracht, dass man diese Techniken benutzen kann, um Menschen zu verletzen. Wir waren von extremer Wut erfüllt und nutzten diese sehr gewalttätige Energie, um Menschen mit unseren Gedanken anzugreifen."[456]

Das innere System von Menschen, die rituellem Missbrauch und Gedankenkontrolle ausgesetzt waren, unterscheidet sich von dem von Menschen mit ADS, das aus weniger schwerem und weniger systematischem Missbrauch resultiert und keinen direkten MK-Programmierungszweck hat. Die Opfer dieser kriminellen Organisationen, die bewusst eine Identitätsstörung erzeugen, um eine komplexe Programmierung durchzuführen, weisen daher bestimmte erkennbare Merkmale ihrer dissoziativen Störungen auf. Die kanadische Therapeutin Alison Miller hat[457] mehrere dieser Merkmale festgestellt, die Überlebende der Gedankenkontrolle gemeinsam haben:

- Vorhandensein einer komplexen inneren Welt und ineinandergreifender innerer Strukturen, in denen die dissoziierten Persönlichkeiten (Seelenfragmente) gefangen sind.
- Einsatz von altersgerechten Spielen und Aktivitäten zur Erleichterung der Programmierung.
- Die anderen Persönlichkeiten sind auf eine bestimmte Funktion programmiert.
- Vorhandensein eines „Dumps" für nicht ausgenutzte Änderungen, so dass sie von den Programmierern nicht verwendet werden, aber im System verbleiben.
- Vorhandensein einer Hierarchie im Altarraum.
- Zuweisung von Alter zu bestimmten Farben.
- Anwesenheit alter Beobachter und Berichterstatter, die alles wissen, was mit der Person passiert ist, alles, was sie tut, und die den Lehrern oder Programmierern darüber berichten können.
- Vorhandensein eines Sicherheitssystems, das auch Strafen für Ungehorsam vorsieht.
- Vorhandensein eines alten Menschen mit einer Hausmeisterfunktion.
- Vorhandensein eines Ablagesystems für Schriftsätze, insbesondere für Programmierungssitzungen.
- Anwesenheit von Menschen, die glauben, sie seien Tiere, Dämonen oder Außerirdische.
- Die Blockaden verändern sich in einem bestimmten Alter, so dass sie nicht mehr zwischen Realität und Fantasie unterscheiden können.

---

[456] *Survivors of the Illuminati* (3) - A.204: Interview mit Kathleen Sullivan, Übersetzung von Word of Life.

[457] *Healing the Unimaginable: Treating Ritual Abuse and Mind Control* - Alison Miller, 2012, S.46.

- Erstellung interner Kopien der Aggressoren (alter executioners, identisch mit den Aggressoren)
- Vorhandensein eines internen Kalenders mit Rollen, die zu bestimmten Terminen zu besetzen sind.
- Vorhandensein von Alter, dessen Funktion es ist, bestimmte Gefühle oder Impulse zu senden.
- Vorhandensein von absichtlich gesetzten „Auslösern", die bestimmte Verhaltensweisen oder Symptome hervorrufen.
- Vorhandensein von „Fallen", die zur Verzweiflung führen oder suizidales Verhalten auslösen, wenn Erinnerungen wieder hervorgeholt werden und der Missbrauch aufgedeckt wird.
- Nutzung der technischen Ausrüstung für die Programmierung.

MK-Techniken zielen darauf ab, das Opfer zu brechen, die *Sollbruchstelle* zu erreichen, aus der tiefe dissoziative Zustände entstehen. Das Ziel ist dann, diese dissoziativen Bewusstseinszustände zu manipulieren, um die Fragmente zu programmieren. Im Folgenden finden Sie eine Liste barbarischer Techniken zur Erzeugung der für die Programmierung erforderlichen dissoziativen Zustände. Diese Methoden finden sich immer wieder in den Berichten von Überlebenden und Therapeuten. Dies sind die gewalttätigsten und traumatischsten Praktiken, weil die schlimmsten Traumata am effektivsten für die Dissoziation und die spirituelle „Entriegelung" sind:

- Sensorischer Entzug, Nahrungs- und Schlafentzug, aber auch sensorische Sättigung (Gerüche, Geräusche, Lichtblitze).
- Einsperrung und Gefangenschaft in Kisten, Käfigen, Särgen usw.
- Systematische Verhaltensänderung und Einsatz von Hypnose.
- Fesseln mit Seilen, Ketten, Handschellen.
- Hängen in schmerzhaften Positionen oder kopfüber.
- Erstickung, beinahe Ertrinken.
- Erlebnisse am Rande des Todes.
- Extreme Drehung um einen Drehpunkt, „wie ein Kreisel".
- Blendendes Licht oder Lichtblitze.
- Elektrischer Schlag.
- Vergewaltigung und sexuelle Folter.
- Drogen (Einnahme oder intravenös).
- Schuld, Scham, Demütigung und Verharmlosung.
- Drohungen mit Schusswaffen.
- Eindämmung von Insekten, Spinnen, Ratten, Schlangen usw.
- Erzwungene Einnahme von Blut, Fäkalien, Urin oder Fleisch.
- Folter und/oder Zwangsvergewaltigung von Tieren oder Menschen (Kinder, Babys).
- Doppelter Zwang, der eine Situation a priori unlösbar macht.
- Entweihung des christlichen Glaubens und Auseinandersetzung mit dem Satan.
- Verwendung von Wiegenliedern, Märchen, Büchern, Filmen und Musik für die Programmgestaltung.

- Theatralik, Trickserei, verbale Manipulation, Umkehrungen, Illusionen und Lügen.
- Schauspieler, Requisiten, Kostüme und Make-up für Rituale.

Fritz Springmeier erklärt, dass MK-Monarch-Subjekte für verschiedene Zwecke geschaffen werden, sowohl hierarchisch als auch nicht-hierarchisch. Einige Subjekte werden dazu bestimmt sein, in mächtigen Kreisen der Macht zu arbeiten, und zwar unter einer hervorragenden Tarnung. Das sind diejenigen, die Teil der Hierarchie sind, der Blutlinien. Sie erhalten in der Regel eine komplexe, multifunktionale Programmierung und werden zur Unterstützung bei der Programmierung anderer Slaves eingesetzt. Bei ihnen wird der Missbrauch nicht physisch sichtbar sein, im Gegensatz zu denjenigen, die nicht zur Elite gehören sollen, wie etwa entbehrliche Subjekte wie Sexsklaven, Drogenkuriere, Züchter usw. MK-Monarch-Opferkinder sind diejenigen, die nicht von den Elite-Blutlinien abstammen, auf bestimmte Funktionen programmiert werden und dann im Allgemeinen *„aus dem Freiheitszug geworfen"* (geopfert, ermordet, „getötet") werden, wenn sie ihre 30 Jahre erreichen. Aus diesem Grund wird in der Regel eine *Präsidentenattrappe* geopfert. Es muss also ein großer Unterschied gemacht werden zwischen den Monarchen-Sklaven der hohen Hierarchie, des luziferischen Ordens, und denen, die es nicht sind. Wie wir gesehen haben, sind Blutlinien in diesen Gruppen äußerst wichtig, denn Blut ist für sie ein Mittel zur Erlangung von Macht (durch Rituale). Für diese Kulte ist die Macht im Blut gespeichert, so dass der effektivste Weg, sie weiterzugeben, über die Generationenfolge führt.

Das Kind einer luziferischen Abstammung wird nach bestimmten Ritualen gezeugt. Alle Schritte, die dieses Kind im Rahmen der Programmierung durchläuft, sind gut durchdacht und folgen einem detaillierten Protokoll, im Gegensatz zu dissoziierten Kindern aus gewöhnlichen inzestuösen Elternhäusern oder Familien, die nicht demselben Regime unterworfen werden. Die MK-Subjekte der Hierarchie werden wiederum dazu verwendet, andere Elitekinder zu programmieren und auszubilden, während die Sklaven zweiter Klasse nach einem bestimmten Alter aufgegeben werden. Die Frauen und Männer der luziferischen Hierarchie werden ihr ganzes Leben lang weiter für die Gruppe arbeiten und ihre Programme regelmäßig aktualisieren.

Die Bereitschaft einer Person zur Programmierung betrifft auch ihr Potenzial für dämonische Besessenheit, ein Punkt, der eng mit ihrem Potenzial zur Dissoziation zusammenhängt. Generationenübergreifende luziferische Familien sind alle an Satan verkauft und mit ihm verbunden, und ihre Kinder gehören ihm. Aufgrund der genetisch eingravierten transgenerationalen okkulten Verbindungen und der Verbindung zu diesen dämonischen Kräften sind diese Kinder erstklassige Kandidaten für die Monarch-Programmierung. Während ein Kind, das kein Monarch ist, z. B. darauf programmiert werden kann, ein Baseballspieler oder ein Drogenkurier zu werden, werden die komplexesten Programmierungen, die das Kind in die höchsten Positionen bringen, Subjekten zugewiesen, die bereits über außergewöhnliche dämonische Macht verfügen. Die dämonischen Wesenheiten, die mit diesen luziferischen Familien verbunden sind, sind in der Tat ein wichtiges Kriterium, das den Erfolg einer Programmierung bestätigt.

Zum Prozess des MK-Monarchen gehört die Teilnahme an Blutritualen zur Beschwörung der mächtigsten Dämonen. *Mondkind-Rituale* sollen den Fötus an dämonische Wesenheiten binden. Die Erschaffung dieser *Mondkinder* im Rahmen des Monarch-Projekts erfordert daher hohe schwarze Magie und mächtige Dämonen.[458]

Aleister Crowley ist der Autor des Buches *„Moonchild"*, das erstmals 1917 veröffentlicht wurde. Die Rituale, die durchgeführt werden müssen, um eine Seele einzufangen und ein *Mondkind* zu erschaffen, sind mehr oder weniger in drei seiner Bücher beschrieben. Das magische Protokoll beginnt lange vor der Geburt des auserwählten Kindes, das natürlich biologische Eltern einer bestimmten Abstammung haben wird. Seine Zeugung wird auf eine ganz bestimmte Art und Weise ritualisiert, was nichts anderes bedeutet, als dass das Kind zum Zeitpunkt seiner Zeugung durch Sexualmagie den Dämonen geweiht wird. Die Traumata, die das Kind spalten, beginnen in der Gebärmutter, ein Fötus kann auf verschiedene Weise verletzt werden: Elektroschocks, Nadelstiche, verschiedene Traumata der Mutter, die sich auf das Kind auswirken. Ziel ist es, es in ein *magisches Kind* zu verwandeln, das als Wirt für ein höheres Wesen dient. Das *Mondkind* wäre also eine Art Avatar, der gemäß der Programmierung des Monarchen erzogen wurde, um seine Inkarnation hier auf der Erde im Dienste eines Plans höherer Ordnung auszuführen. In seinem Buch *„Blood on the Altar"* stellt Craig Heimbichner fest, dass in einer geheimen Anweisung des neunten Grades des O.T.O. (Ordo Templi Orientis) die Erschaffung eines *„Mondkindes"* durch die dämonische Besessenheit eines Fötus während einer ritualisierten Kopulation erwähnt wird... Dies ist das Erbe der assyrisch-babylonischen Tradition, die von Satanisten wie Aleister Crowley gepflegt wird.

Der Film *Rosemary's Baby* von Roman Polanski aus dem Jahr 1968 schildert die Geburt dieses dämonischen *Mondkindes*, das während eines bestimmten Rituals gezeugt wurde. Der Film schildert ein obskures satanistisches Netzwerk, dessen Mitglieder gesellschaftlich unbedarft sind. An dieser Stelle sei darauf hingewiesen, dass die junge Sängerin *Kerli*, deren sehr beliebtes Video *„Walking On Air"* (die in ihrer Symbolik ausdrücklich den Monarch-Programmierungsprozess repräsentiert), hat ihre Fans die *„Moonchilds"* genannt (mehr über diese junge Künstlerin in Kapitel 9 über die Unterhaltungsindustrie).

Die Kindheit steht bei all diesen Praktiken im Mittelpunkt. In Alison Millers Buch *Healing the Unimaginable (Das Unvorstellbare heilen)* beschreibt die ehemalige Satanistin Stella Katz eine Art hierarchische Organisation, die aus drei *Zirkeln* besteht, die veranschaulichen, wie satanistische/luziferische Netzwerke funktionieren können:

---

[458] *Die Formel der Illuminaten zur Erschaffung eines unauffindbaren, vollkommen bewusstseinskontrollierten Sklaven* - Fritz Springmeier & Cisco Wheeler, 1996, Kap.1.

- Der „Erste Kreis" der Gruppe, in der ich aufgewachsen bin, umfasst diejenigen Mitglieder der Gruppe, die in diesen Ersten Kreis oder in die höchste Stufe des Zweiten Kreises hineingeboren wurden. Kinder, die in diesem Kreis geboren werden, werden von der Geburt bis zur Programmierung ausgebildet.

- Der „Zweite Kreis" umfasst Personen, die nicht in die Gruppe hineingeboren wurden, sondern in sehr jungem Alter, in der Regel vor dem ersten Lebensjahr, in die Gruppe aufgenommen wurden. Zum Beispiel das Kind eines Mitglieds des Dritten Kreises oder ein Kind, das von einem Babysitter oder Nachbarn angeworben wurde. Auch sie erhalten eine Programmierung, die jedoch nicht so früh wie im ersten Kreis beginnt.

- Zum „Dritten Kreis" gehören Menschen, die der Gruppe als Jugendliche oder Erwachsene beigetreten sind. Wenn diese Personen Kinder unter zwei Jahren oder Kinder mit hervorragender Intelligenz unter vier Jahren haben, werden sie in den zweiten Kreis aufgenommen. Ältere Kinder bleiben im dritten Kreis. Sie werden zur „Produktion" von Babys, zur Prostitution oder als „Maulwürfe" (Infiltration, Spionage) eingesetzt. Sie dürfen einem Ritual niemals aus nächster Nähe beiwohnen, sondern werden in den hinteren Reihen eingeschlossen, ihre Körper bilden den äußeren Kreis, während sie der Zeremonie den Rücken zuwenden, oder sie werden zur Überwachung weiter hinten platziert. Menschen, die als Jugendliche oder Erwachsene in eine Gruppe aufgenommen werden, leiden in der Regel nicht an einer dissoziativen Identitätsstörung, denn ab dem Alter von neun Jahren kann man ein Individuum nicht mehr abspalten.[459]

Wir finden hier die oben beschriebene Vorstellung einer elitären Hierarchie, die die Blutlinien im *Ersten Kreis* bewahrt, während die Kinder der unteren Ebenen des Netzwerks die zweitklassigen MK-Sklaven (*Dritter Kreis*) sein werden. Dieses Beispiel einer hierarchischen Organisation zeigt uns, wie wichtig Kinder für diese Sekten sind, die ihre hypergewalttätigen und mörderischen Praktiken nur durch die Verderbnis und Programmierung der Nachkommen von einer Generation zur nächsten weiterführen können. Bewusstseinskontrolle auf der Grundlage von Abgrenzung ist also die Grundlage dieser „namenlosen Religion", eine systematische Programmierung, ohne die sie wahrscheinlich zusammenbrechen würde. Wenn die *„spirituelle Freisetzung"* *von* Kindern aufhören würde, würde auch der Kontakt - die Macht und die „Führung" - mit Dämonen stark abnehmen.

Die Personen, die diese systematischen MK-Protokolle durchlaufen, sind ebenfalls strengen Regeln unterworfen, die den schützenden Klebstoff des Netzes bilden:

- Das Gesetz des Schweigens: Die Aktivitäten der Sekte dürfen nicht außerhalb des Netzes bekannt gemacht werden.

- Seien Sie loyal gegenüber früheren und jetzigen Missbrauchstätern.

---

[459] *Healing the Unimaginable: Treating Ritual Abuse and Mind Control* - Alison Miller, 2012, S.94.

- Gehorchen Sie allen früheren und jetzigen Aggressoren und dem für das I.D.T.-System zuständigen Beamten.
- Knüpfen Sie keine engen Beziehungen zu Personen außerhalb des Netzwerks.
- Aufrechterhaltung einer öffentlichen Fassade der Normalität oder des Wahnsinns, wenn eine Verbannung aus der Gruppe stattgefunden hat.

Loyalität und Treue gegenüber der Gruppe und das Gesetz des Schweigens sind daher die ersten Dinge, die dem Kind tief eingeprägt werden. Seine gesamte Programmierung wird jedoch auf drei Grundprinzipien beruhen, ohne die sie nicht auf Dauer aufrechterhalten werden kann:

- Terror.
- Die Ablehnung von Gott.
- Die Verbindung (Verkettung) zu dämonischen Wesenheiten.

Wenn das Opfer durch den Terror psychisch und physisch gelähmt ist, kann es sich nicht an Gott um Hilfe wenden. Wenn sie außerdem an Dämonen gebunden/gekettet sind, wird die Programmierung im Laufe der Zeit effektiv beibehalten. Die Sekte will dafür sorgen, dass das gesamte Potenzial für Empowerment und Empathie, mit dem das Kind von Natur aus geboren wird, vollständig neutralisiert wird, mit dem Ziel, diese positiven Potenziale sogar zu zerstören. Das Opfer muss sich auch von Gott völlig abgelehnt und ignoriert fühlen, weshalb die Arbeit der geistigen Sabotage schon in einem sehr frühen Alter beginnt. Die spirituelle Programmierung ist ein sehr wichtiger Teil der Gedankenkontrolle. Ein traumatisiertes und gespaltenes Individuum, das zwangsläufig sehr instabil und den luziferisch-satanischen Doktrinen des Programmierers ausgeliefert ist, wird etwas durchmachen, das mit dem alchemistischen Werk *„Disolve - Coagula"* verglichen werden kann: sich auflösen, um sich neu zusammenzusetzen. Im Falle der MK-Ultra oder der MK-Monarch entspricht dies dem Trauma, das zu einer Dissoziation, einer Fraktionierung (der Auflösung, der *tabula rasa*) führt, dann folgt die Neuzusammensetzung (Programmierung mit einer neuen Identität und neuen Funktionen). Die freimaurerische Formel *„ordo ab chao"* (Ordnung durch Chaos) gilt auch für die traumabedingte Gedankenkontrolle. In der Tat ist der Programmierer der Einzige, der in der Lage ist, *Ordnung* in das psychische *Chaos* zu bringen (Organisation und Programmierung des inneren Systems), das er absichtlich im Opfer geschaffen hat (aufeinanderfolgende Traumata, die zum Zusammenbruch der Persönlichkeit und der Erinnerungen führen). Der MK-Sklave braucht also den Programmierer oder seinen Meister, um wieder funktionieren zu können, damit nach dem Chaos wieder Ordnung einkehren kann... Diese alchemistischen Formeln sind im Grunde neutral, aber sie können dazu verwendet werden, Menschen zu versklaven und zu kontrollieren, und das tun sie auch. Diese Techniken sind am effektivsten bei einem sehr jungen Kind, dessen Unterbewusstsein noch ein unbeschriebenes Blatt *im Aufzeichnungsmodus* ist.

In den ausgeklügelten MK-Protokollen zur Schaffung einer zukünftigen Elite werden Kinder ab einem Alter von 18 Monaten profiliert. Das bedeutet, dass die Programmierer eine Einschätzung des Charakters und der Persönlichkeit des Kindes vornehmen, um sein Potenzial zu ermitteln. John Gittinger (der 1950 dem MK-Ultra-Projekt beitrat) ist der Konstrukteur des P.A.S. (*Personality Assessment System*), eines Persönlichkeitsbewertungssystems zur Beurteilung des zukünftigen Verhaltens einer Person. Dieses System ermöglicht es, zwischen verschiedenen Menschentypen zu unterscheiden und somit das Potenzial des Kindes zu erkennen, um seine Programmierung an seine zukünftige Rolle in der Gesellschaft anzupassen. Die P.A.S. ist nach wie vor geheim, obwohl einige von Gitingers Arbeiten der Geheimhaltung der Geheimdienste entgangen sind und an die Öffentlichkeit gelangt sind.[460] Parallel zum P.A.S. werden auch EEGs (Elektroenzephalogramme) verwendet. Diese neurologischen und psychologischen Beurteilungsverfahren geben den MK-Programmierern somit ein perfektes Instrument an die Hand, um das Kleinkind zu beurteilen, noch bevor es Sprachkenntnisse erwirbt. So können sie die Programmierung auf das einzelne Kind abstimmen. Das Kind folgt dann dem Drehbuch, das ihm von klein auf vorgegeben wurde... Später im Jugend- und Erwachsenenalter erhält es die nötige Unterstützung und das Geld vom Netz, um strategisch in das Unternehmen eingespeist zu werden, in dem es mit einer Frontpersönlichkeit auftreten wird.[461] Das Ziel besteht darin, „sichere" Personen in Schlüsselpositionen zu bringen, da „schwache Glieder" in einem solchen System keine Option sind. Die MK-Programmierung optimiert das ursprüngliche Potenzial von Menschen und macht sie zu den Besten in verschiedenen Tätigkeitsbereichen, von der Politik über den Spitzensport bis hin zu Wissenschaft und Kunst.

In der Regel hat das Kind mehrere Jahre lang denselben Programmierer. Das Kind wird abwechselnd bei der Familie und dem Programmierer leben, wobei die Eltern spezielle Anweisungen erhalten, um die laufende Arbeit aufrechtzuerhalten und zu verstärken. Cathy O'Briens Aussage zeigt, wie ihr Vater Informationen über Bewusstseinskontrolltechniken erhielt, um sie auf seine Kinder anzuwenden: *„Kurz danach flog mein Vater nach Boston zu einem zweiwöchigen Kurs in Harvard, in dem es darum ging, wie ich im Zusammenhang mit diesem Zweig des Monarch-Projekts, der mit MK-Ultra zu tun hatte, erzogen werden sollte. Als er aus Boston zurückkehrte, lächelte mein Vater und freute sich über sein neues Wissen über das, was er „umgekehrte Psychologie" nannte. Das ist eine Art „satanische Umkehrung" und beinhaltet Wortspiele und andere Phrasen, die sich in mein Gedächtnis eingebrannt haben, wie zum Beispiel: „Du verdienst genug, um ein Dach über dem Kopf zu haben, und ich werde das, was du verdienst, unterbringen. Mir schenkte er ein Schmuckstück, ein Erinnerungsarmband aus kleinen Hunden, und meiner Mutter die Nachricht, dass sie im Rahmen des Projekts „weitere Kinder" aufziehen*

---

[460] "An Introduction to the Personality Assessment System - John Winne und John Gittinger, Journal of Community Psychology Monograph Supplement No.38. Rutland, Vermont: Klinische Psychologie Verlagsgesellschaft, Inc. 1973. The CIA Won't Go Public" - Zeitschrift *Rolling Stone*, 18/07/74.

[461] *Die Formel der Illuminaten zur Erschaffung eines unauffindbaren, vollständig geistig kontrollierten Sklaven* - Fritz Springmeier & Cisco Wheeler, 1996.

würden (ich habe jetzt zwei Schwestern und vier Brüder im Alter von 16 bis 37 Jahren, die immer noch unter Gedankenkontrolle stehen). Meine Mutter folgte den Vorschlägen meines Vaters und beherrschte nach und nach die Kunst der Sprachmanipulation. Wenn ich zum Beispiel die Druckknöpfe an meinem Schlafanzug nicht von oben bis unten schließen konnte, bat ich meine Mutter in einem infantilen Versuch, meinem Vater den Zugang zu verwehren: „Bitte mach sie zu. Sie kam dem nach, indem sie ihre Zeigefinger gegen meine Haut drückte, als wären sie ein Stachel. Der Schmerz, den ich empfand, war psychologisch, denn er bewies mir einmal mehr, dass sie nicht die Absicht hatte, mich vor dem sexuellen Missbrauch durch meinen Vater zu schützen. Während er die Anweisungen der Regierung befolgte, begann mein Vater auch, mich wie Aschenputtel im Märchen zu behandeln. Ich musste den Kamin von der Asche befreien, Holzscheite für das Feuer holen und aufschichten, totes Laub zusammenharken, Eis zerkleinern und fegen - „denn", so sagte mein Vater, „deine kleinen Hände sind wie geschaffen für den Harkenstiel, den Besen, die Aschenschaufel und den Besen. Damals hat er mich sexuell ausgebeutet, indem er mich an seine Freunde, lokale Mafiosi und Freimaurer, Verwandte, Satanisten, Fremde und Polizisten prostituierte. Wenn ich nicht gerade bis zur Erschöpfung ausgebeutet, pornografisch gefilmt, prostituiert oder in inzestuöse Beziehungen verwickelt wurde, habe ich mich in Büchern von mir selbst distanziert. Ich hatte schon im Alter von vier Jahren lesen gelernt, weil ich ein fotografisches Gedächtnis hatte, eine natürliche Folge meiner Intelligenz.[462]

Der bereits stark dissoziierte Zustand des Kindes war das Tor zur Initiierung eines Monarch-Programmierungsprozesses. Earl O'Brien verkaufte seine Tochter an eine gesetzlose Elite, die im Gegenzug seine illegalen kinderpornografischen Aktivitäten vertuschte.

Viele der Ärzte, die die MK-Programmierung praktizieren, sind auch in Sekten aktiv. Wenn sie nicht an Ritualen teilnehmen, sind sie sich zumindest dieser okkulten Aktivitäten bewusst und nutzen die durch Traumata verursachte Veränderung in verschiedenen Programmen. Dies ist einer der Gründe, warum Kinder, die in ein inzestuöses, luziferisch/satanisches Umfeld hineingeboren werden, die ideale Beute für MK-Projekte der Regierung sind. Es ist auch wichtig zu verstehen, dass ein Programmierer sich selbst in einem dissoziierten Zustand befindet, wenn er das Kind zum Programmieren verletzt und aufspaltet. In der Regel ist es eine seiner anderen Persönlichkeiten, die während dieser Sitzungen die Kontrolle ausübt und keinerlei Empathie besitzt. Die meisten Programmierer von heute leiden daher selbst unter gespaltenen Persönlichkeiten. Laut Fritz Springmeier befinden wir uns derzeit in der zweiten oder dritten Generation von MK-Monarch-Sklaven, die teilweise selbst zu Programmierern geworden sind. Ihm zufolge leisten programmierte Menschen derzeit den größten Teil der Arbeit bei der traumabasierten Gedankenkontrolle.

---

[462] *TRANCE Formation of America: True life story of a mind control slave* - Cathy O'Brien & Mark Phillips, 2013, S.129.

3 - DAS HERZ BRECHEN UND DAS GEHIRN NEU VERKABELN

a/ das Herz

Vorzugsweise wird das Kind als Frühchen geboren. Laut Fritz Springmeier ist eine Frühgeburt wichtig, weil die Versorgung eines solchen Babys „natürlich" traumatisch ist: Katheter in der Blase, intravenöse Leitungen, Sauerstoffmaske usw.

Das Netz wird dafür sorgen, dass das Kind bei seiner Geburt als Erstes eine der Personen sieht, die es programmieren werden. In den nächsten Monaten wird der Programmierer regelmäßig mit dem Baby auf eine sehr sanfte, liebevolle und hypnotische Weise sprechen, so dass das Baby eine natürliche Bindung zu seinem zukünftigen *Trainer aufbaut*. Ein Säugling befindet sich in völliger Abhängigkeit von seinen Eltern oder seinem Vormund und muss im Laufe seines Wachstums allmählich Autonomie und Unabhängigkeit erlangen. Was jedoch die Beziehungen betrifft, so werden sie noch lange Zeit auf den Schutz und das Wohlwollen ihrer Eltern oder Erziehungsberechtigten angewiesen sein. Dies erfordert natürlich, dass die Eltern oder Erziehungsberechtigten zur Verfügung stehen, um dem Kind eine ermutigende, liebevolle und beruhigende Präsenz zu bieten.

Wenn Eltern oder Erziehungsberechtigte feindselig oder sogar sadistisch und gewalttätig sind, steht das Kind vor einem Dilemma, für das es keinen Ausweg weiß; denn was auch immer geschieht, es ist gezwungen, seinen Eltern voll und ganz zu vertrauen und sich auf sie zu verlassen, auch wenn es eine starke negative Ausstrahlung von ihnen spürt. Er hat keine andere Wahl, und angesichts dieser unmöglichen Mission wird das Kind viel psychische Energie verlieren, es wird sich in einen „*doppelten Gedanken*" aufspalten, eine Prämisse der Dissoziation. Das Kind kann nicht nach außen fliehen, also flieht es nach innen durch Losgelöstheit, Passivität, „Abwesenheit".[463]

In dem von Fritz Springmeier beschriebenen Monarch-Programmierungsprotokoll wird das Kind in den ersten Lebensmonaten mit Liebe überhäuft (*Love Bombing*, eine klassische Kulttechnik), um es auf den abrupten Entzug von Fürsorge und Zärtlichkeit ab einem Alter von etwa 1,5 Jahren vorzubereiten. Laut Stella Katz warten andere MK-Protokolle nicht bis zum Alter von 18 Monaten, um die Persönlichkeit abzuspalten, und die Alpha-Programmierung (die ersten grundlegenden Abspaltungen) erfolgt im Alter von 6 bis 10 Monaten, der dissoziative Prozess kann sogar bei einem Fötus beginnen.

Diese erste Phase, die Springmeier beschreibt, besteht darin, dem Kind alles Zarte und Angenehme in dieser Welt brutal zu nehmen. Durch das Trauma und die Reizüberflutung wird er sich von der harten Realität distanzieren: Käfighaltung, Elektroschocks, Nacktheit, Nahrungsentzug, Kontakt und erzwungener Verzehr von Exkrementen... Erst dann kommt die *Hilfe*: Der

---

[463] „Trauma und Erinnerung: Wenn der Schmerz in Körper und Seele eindringt" - Dr. Ansgar Rougemont-Bücking.

Programmierer, der die Rolle der „Glucke" gespielt hat, tritt auf den Plan und lässt das Kind an seiner sadistischen und gewalttätigen Seite leiden... Der Mensch, der es 18 Monate lang geliebt und aufgezogen hat, weist es nicht nur zurück, sondern lässt es sogar freiwillig leiden. Diese extreme und unentwirrbare Situation führt zu einer Spaltung des Kindes, die das Trauma der Frühgeburt noch verstärkt.

Während der ersten Monate muss unbedingt eine *liebevolle* Verbindung zwischen dem Kind und dem Programmierer hergestellt werden, um einen sauberen Bruch zu schaffen, wenn das erste große Trauma dem Kind auferlegt wird. Eine „saubere" Zerrüttung des Kindes tritt auf, wenn das Kind mit der extremen Dualität einer Person konfrontiert wird, die ihm viel bedeutet. Das Kind kann die beiden völlig gegensätzlichen Aspekte ein und desselben Menschen nicht miteinander in Einklang bringen: der eine ist ein liebevolles und beschützendes Wesen, der andere der schlimmste Täter. Die Person, der das Kind am meisten vertraut hat, wird zu der Person, die das Kind am meisten fürchtet. Springmeier nennt diese anfängliche Gewalt, die die erste große Zäsur im Leben eines kleinen Kindes ist, „Breaking the Heart".

Paradoxerweise entwickelt sich nach diesem gewaltsamen Bruch eine ungesunde Bindung zwischen dem Opfer und dem Täter. Die Ambiguität zwischen Liebe und Hass sowie die Vermischung von Lust und Leid wird im dissoziierten Kind kultiviert und dauerhaft aufrechterhalten. Das Stockholm-Syndrom ist eine Realität, und diese Netze, die rituellen Missbrauch und Bewusstseinskontrolle praktizieren, nutzen es bewusst aus: Die Opfer binden sich an ihre Peiniger.

In seinem Buch „Dialogues with Forgotten Voices: Relational Perspectives on Child Abuse Trauma and the Treatment of Severe Dissociative Disorders" (Dialoge mit vergessenen Stimmen: Beziehungsperspektiven auf das Trauma des Kindesmissbrauchs und die Behandlung schwerer dissoziativer Störungen) erklärt Harvey Schwartz, dass das schockierende Fehlen jeglichen Zorns auf die Missbraucher tief verwurzelt ist und erhalten bleibt. Es ist, als ob dieses lange Eintauchen in sadistischen Missbrauch und extremes Trauma das Selbstschutzsystem des Opfers fast vollständig umgedreht hat.

Judith Herman beschreibt einen Prozess, den sie als „traumatische Bindung" zwischen dem Opfer und dem Täter bezeichnet. In ihrem Buch *Trauma und Genesung* beschreibt sie diesen Prozess folgendermaßen: „Dies ist die traumatische Bindung, die bei Geiseln oder Missbrauchsopfern auftritt, die ihre Geiselnehmer als Retter sehen... Die Wiederholung von Terror und Drohungen, insbesondere in einem Kontext der Isolation, kann zu einem intensiven Gefühl der Abhängigkeit, fast zur Anbetung einer allmächtigen, fast göttlichen Autorität führen. Einige Opfer haben berichtet, dass sie sich in eine Art exklusive, fast wahnhafte Welt begeben haben, in der sie das großspurige Glaubenssystem des Peinigers vollständig übernehmen und ihre eigenen kritischen Fähigkeiten als Zeichen der Loyalität und Unterwerfung freiwillig *unterdrücken. Ein solches Verhalten wird regelmäßig von Menschen berichtet, die totalitären religiösen Kulten unterworfen waren.* "[464]

Dieses Phänomen des Stockholm-Syndroms ist bei Geiseln weit verbreitet. Brian Keenan wurde ein Jahr lang in Beirut, Libanon, gefangen gehalten. In seiner Autobiographie *„Eine böse Wiege"* beschreibt er, wie er sich an seine Gefangenschaft gewöhnt hat: *„Meine Tage verbrachte ich in einem langsamen, süßen Delirium, wie die Behaglichkeit und Sicherheit, die ein Kind empfindet, wenn seine Mutter ihm ein Schlaflied singt. In meiner Zelle starrte ich wie wild auf ein totes Insekt, das in seinem Kokon hing, und empfand eine seltsame Befriedigung. Ich verspürte keinen Wunsch, diesen Ort zu verlassen. Ich ertappte mich sogar dabei, wie ich bei dem Gedanken, von hier wegzugehen, in Panik geriet, ich wollte nicht weg. Dann begann ich mich vor meiner Freiheit zu fürchten, falls sie kommen sollte.* "[465]

Der Prozess der Bindung an eine Situation des Gefangenseins oder der Unterwerfung findet sich auch in satanisch-luziferischen Kulten, die MK praktizieren. Das Opfer wächst in einem Umfeld auf, in dem es unmöglich scheint, zu entkommen, in dem es unmöglich scheint, die zweideutige psychologische Bindung an die Täter zu durchbrechen, die dieses Stockholm-Syndrom absichtlich verstärken. Die Ketten der Programmierung werden akribisch eine Art Kokon weben... die Wiege des Monarch-Sklavenfalters.

Dieser Bindungsprozess wird verstärkt, wenn die Person das Gefühl hat, in Gefahr zu sein und dringend Hilfe zu benötigen. Aus diesem Grund ist ritueller Missbrauch manchmal mit einer Situation verbunden, in der das Opfer (in der Regel ein Kind) tatsächlich glaubt, dass es sterben wird, oder, wie wir gesehen haben, geht es sogar so weit, dass eine *Tötung* herbeigeführt wird. Diese Techniken schaffen eine starke psychologische Bindung zwischen dem *„Retter"* und dem völlig terrorisierten und dissoziierten Opfer. Es ist die Anwendung der *„Feuerwehrmann-Pyromanen"*-Methode, die darin besteht, freiwillig eine Unordnung zu schaffen, um „Ordnung" zu schaffen... Immer die gleichen satanischen Manipulationen, ob auf individueller oder globaler Ebene.

Der Programmierer arbeitet also mit der Bindung zwischen Opfer und Täter, mit der Sucht nach dem Trauma, die der deutsche Psychoanalytiker Karl Abraham als *„Traumatophilie"* bezeichnete (und die wahrscheinlich mit der Neurochemie zusammenhängt), aber auch mit der Vermischung der Begriffe von Lust und Schmerz, um die Opfer und ihre anderen Persönlichkeiten zu manipulieren. Dieses Phänomen der „traumatischen Bindung" oder des Stockholm-Syndroms ist ein wichtiger Punkt in der MK-Programmierung, weil der Programmierer der Einzige ist, der Ordnung in das innere Chaos bringen kann, das er in dem Sklaven verursacht hat, der sich ihm fatalerweise unterwirft.

Dies ist die Aussage eines Opfers der Gedankenkontrolle, das in den frühen 1960er Jahren von Dr. Joseph Mengele in Kansas City programmiert wurde. Diese Aussage wird von Carol Rutz in ihrem Buch *„A Nation Betrayed"*

---

[464] „Trauma und Genesung: Die Folgen von Gewalt, von häuslicher Gewalt bis zu politischem Terror" - Judith Lewis Herman, 1997, S. 92.

[465] *Eine böse Wiege* - Brian Keenan, 1993, S.73.

berichtet: *„Bei der grundlegenden (Alpha-)Programmierung, d.h. bei Traumata, die darauf abzielen, die Anzahl der „alters" zu vervielfachen, die dann für bestimmte Funktionen in der inneren Struktur programmiert und verwendet werden, habe ich eine Erinnerung daran, wie Mengele eine bestimmte traumatische Verbindung herstellte. Er zerbrach den Altar, und auf der einen Seite gab es eine Fraktion, die sich mit großer Zuneigung an ihn erinnerte (aber auch mit viel sexuellem Missbrauch), während die andere Fraktion durch seine Grausamkeit völlig terrorisiert wurde. Bei der ersten Abspaltung programmierte er den Glauben, dass er in ihr steckte und sie so gut nährte und unterrichtete, dass dieser Persönlichkeitsanteil an ihr hing und sie nicht mehr verlassen wollte. Später lehnte er sie plötzlich ab, gab ihr das Gefühl, wertlos zu sein, und ließ sie im Stich. "[466]*

Rutz berichtet auch von der Aussage einer weiblichen Überlebenden, die 1954 in Florida und 1955 und 1956 in Tennessee wiederholt von Dr. Joseph Mengele programmiert wurde:

Da er alt und grau geworden war, nannte er (Mengele) sich „Großvater". Er hat mit mir den Film „Heidi" gedreht und die Rolle von Heidis Großvater übernommen. Ich glaube, der heimtückische Teil seiner Arbeit an mir war die „Liebe". Er hat mich geliebt und gequält. Er muss auch meinen Vater ausgebildet haben, denn mein Vater hat genau dasselbe getan. Einer von Mengeles Lieblingssätzen war: „Schmerz ist Vergnügen und Vergnügen ist Schmerz, meine Liebe. Ich bin hier, um Sie sehr glücklich zu machen. Du wirst mich immer lieben!"[467]

Die meisten Überlebenden der Gedankenkontrolle berichten, dass die Programmierer diese ungesunde Bindung zu ihren kleinen Opfern schon in den ersten Lebensjahren aufbauen. Carol Rutz erinnert sich daran, wie ihre Programmiererin Sydney Gottlieb zu einem ihrer neuen Mitarbeiter sagte: *„Ich bin deine Mama und dein Papa, du liebst nur mich, und ich bin der Einzige, der dich liebt. Ich füttere dich und trage dich, du gehörst nur mir. Unser „Babyteil" (Alter) wuchs auf und liebte „Papa Sid" als einzige Quelle der Liebe und Nahrung. Seitdem war eine tiefe Bindung entstanden... Egal, welche Experimente er mit mir anstellte, ich liebte ihn und blieb dem Mann treu, den mein kleiner Bruder als seinen einzigen Versorger mit den grundlegendsten Dingen im Leben betrachtete: Liebe und Nahrung. "[468]*

b/ Das Gehirn

Der amerikanische Biologe Bruce Harold Lipton hat herausgefunden, dass Kinder zwischen der Geburt und dem sechsten Lebensjahr die Grundlagen ihres Unterbewusstseins aufbauen. Während dieser Zeit befindet sich das Gehirn

---

[466] *A Nation Betrayed: The Chilling True Story of Secret Cold War Experiments Performed on Our Children and Other Innocent People* - Carol Rutz, 2001.

[467] Ebd.

[468] Ebd.

des Kindes im *Aufnahmemodus*. Das Unterbewusstsein, das in diesen frühen Jahren geformt wird, bildet die Grundlage für die Psychologie des zukünftigen Erwachsenen. Bruce Lipton erklärt, dass alle Kinder bis zum Alter von 2 Jahren Gehirnwellen in der *Deltafrequenz* haben, einer sehr langsamen Wellenfrequenz. Im Alter von 2 bis 6 Jahren befinden sich die Kinder dann meist in einem *Theta-Wellen-Zustand*. Diese niedrigen Delta- und *Theta-Gehirnfrequenzen* versetzen das Kind in einen besonders programmierbaren Zustand, der als „hypnagogische Trance" bezeichnet wird. Dies ist derselbe Gehirnzustand, den Hypnotherapeuten nutzen, um neue Verhaltensweisen im Unterbewusstsein ihrer Patienten hervorzurufen. Mit anderen Worten: In den ersten sechs Lebensjahren verbringen Kinder ihr Leben in einer Art permanentem *hypnotischen Trancezustand. Deshalb* sind sie in diesem Alter in der Lage, große Mengen an Informationen zu speichern... und deshalb stellen sie ständig Fragen. Auf der anderen Seite ist das Kind nicht in der Lage, die Vielzahl der Informationen, die es über seine fünf Sinne erhält, kritisch zu differenzieren, es wird alles wie eine leere Festplatte aufnehmen und alles als Wahrheit integrieren. Es ist diese Konstruktion des Unterbewusstseins, eine Art Computerprogrammierung, die das zukünftige Leben des Kindes bestimmen wird. Jedes Kind wird also durch die Art und Weise, wie es erzogen wird, und durch seine Lebenserfahrungen *programmiert*. Es ist eine leere Tafel, eine leere Festplatte, ein Stück Ton auf einer Töpferscheibe, wobei die Frage ist, wie der „Bildhauer" beschaffen sein wird...

Auch ohne dissoziative Zustände ist es sehr einfach, ein Kind zu programmieren und zu indoktrinieren, bevor es 6 Jahre alt ist. Wie wir gesehen haben, werden Kinder aus luziferischen Sekten von vornherein systematisch darauf programmiert, der Gruppe treu zu bleiben. Dies ist das erste, was ihnen tief eingeimpft wird, eine Grundlage, um langfristige Projekte mit sicheren und loyalen Personen durchführen zu können.

In den 1990er Jahren begannen die Neurobiologen zu verstehen, dass das kindliche Gehirn eine riesige Anzahl undefinierter Verbindungen zwischen Neuronen enthält, die darauf warten, entsprechend den Lebenserfahrungen eingerichtet zu werden. Diese Neuronen sind durch Synapsen (oder neuronale Verbindungen) miteinander verknüpft, die sich daher als Reaktion auf die Erfahrungen und Bedürfnisse des Kindes entwickeln. Während das Kind sich entwickelt und lernt, werden diese Verbindungen durch die eingehenden Daten immer weiter verfeinert. Frühkindliche Erfahrungen haben daher einen entscheidenden Einfluss darauf, wie das Gehirn seine Grundlagen organisieren wird. Traumatische Erlebnisse in den ersten Lebensjahren haben offensichtlich einen großen Einfluss auf die tiefsten Grundstrukturen des Gehirns.

Auf ein Trauma muss das Gehirn auf eine bestimmte Art und Weise reagieren, zum einen durch eine chemische Veränderung mit der Ausschüttung bestimmter Hormone, aber auch durch die Veränderung oder Schaffung neuronaler Verbindungen. Die gewöhnlichen Reize des Lebens werden die neuronalen Netze in gewisser Weise bereichern, aber auch die starke Überlastung durch frühe Traumata wird einen großen Einfluss auf die Synapsen haben. Die Gene enthalten die Informationen für die allgemeine Organisation der Gehirnstruktur, aber es sind die Lebenserfahrungen, die bestimmen, welche Gene wie und wann aktiv werden. Die Expression dieser Gene ist mit der Produktion von Proteinen verbunden, die das neuronale Wachstum und die Bildung neuer Synapsen ermöglichen. Es sind also die positiven und negativen Erfahrungen des Kindes, die die Aktivierung bestimmter synaptischer Bahnen direkt beeinflussen und das gesamte neuronale Substrat des Gehirns formen. Dr. Daniel Siegel nennt dies „kommunikative Neurobiologie", d. h. die Art und Weise, in der sich das menschliche Gehirn entsprechend den Lebenserfahrungen des Kindes entwickelt. Jüngste neurowissenschaftliche Studien haben gezeigt, dass sich das Gehirn während des gesamten Lebens ständig verändert und die Synapsen an die Umwelt und die Erfahrungen des Erwachsenen anpasst, aber es ist klar, dass dieser Prozess der neuronalen Anpassung während der Wachstumsphase des Gehirns besonders aktiv ist.[469]

In einem Artikel mit dem Titel „Retraining the Brain: Harnessing our Neuralplasticity" schreibt die Psychotherapeutin Janina Fisher: „Seit der Revolution in den Neurowissenschaften in den frühen 1970er Jahren (mit radikalen Fortschritten in der Scannertechnologie, die es uns ermöglichte, die Gehirnfunktionen in Echtzeit zu untersuchen) wissen wir heute, dass alle Bereiche des Gehirns 'plastisch' sind. Sie sind in der Lage, sich neu zu organisieren, neue Zellen und neuronale Netze zu bilden, während andere Bereiche als Reaktion auf Lebenserfahrungen überflüssig werden. Der Psychiater und Forscher Norman Doidge, Autor von „The Brain That Changes Itself", nennt diese Neuroplastizität das „plastische Paradoxon".

Ein Kind, das in der frühen Kindheit ein wiederholtes und extremes Trauma erleidet (das eine Dissoziation und eine chemische Veränderung des Gehirns verursacht), entwickelt daher ein neuronales Netz mit besonderen Verbindungen, die es normalerweise nicht entwickeln würde. Er wird daher Teile seines Gehirns benutzen, die normalerweise nicht benutzt werden, um mit extremen Lebenserfahrungen fertig zu werden. Die chemische Störung des traumatisierten Gehirns wird auch zu einer dissoziativen Abhängigkeit führen, die zur Versklavung des Monarch-Sklaven beiträgt. Da diese neuronale Aufbauarbeit hauptsächlich in der frühen Kindheit stattfindet, beeinflusst ein frühes Trauma sowohl den Intelligenzquotienten als auch die Kreativität des Kindes: Hyperaktivität, Hypersensibilität, Hypervigilanz, Hypermnesie, was alles zu übersinnlichen Wahrnehmungen und paranormalen Fähigkeiten führen kann. In einem MK-Prozess werden durch ein Trainings- und Stimulationsprogramm bestimmte Bereiche des Gehirns gestärkt, die normalerweise nicht aktiv sind. Das traumatisierte Kind spaltet sich in mehrere andere Persönlichkeiten auf, deren körperliche, intellektuelle und psychische Fähigkeiten somit kultiviert und für ihre Programmierung genutzt werden können. Die schwere Dissoziation, die aus einem extremen Trauma in einem jungen, im Aufbau befindlichen Gehirn resultiert, führt also zu einer

---

[469] *The developing mind: towards a neurobiology of interpersonal experience* - Daniel Siegel, UCLA School of Medicine, 1999.

tiefgreifenden Veränderung der Synapsen und wird die drei Hauptkriterien der mentalen Kontrolle des Monarch-Typs entwickeln:

- Eine multiple Persönlichkeit mit Amnesie-Wänden.

- Hervorragende physische, intellektuelle und psychologische Fähigkeiten.

- Eine „spirituelle Entriegelung", die einen Spalt zu anderen Dimensionen und eine Verbindung zu bestimmten Wesenheiten öffnet. Dieses *Zerreißen der Seele* ermöglicht den Zugang zu der riesigen inneren Welt des Opfers, über die wir im vorigen Kapitel gesprochen haben, eine Dimension, in der sich die dissoziierten Seelenfragmente befinden, eine Dimension, die vom Programmierer angeordnet und strukturiert wird, wie wir später sehen werden.

Die Genetik des Kindes ist von großer Bedeutung, da sie das Potenzial für Intelligenz und Kreativität, aber auch für Dissoziation und übersinnliche Fähigkeiten enthält. Die Programmierung wird darauf abzielen, diese oder jene Fähigkeit entsprechend der zukünftigen Rolle, die dem Kind zugewiesen wird, zu stärken. Ein schwacher Geist kann mit diesen extremen, auf Traumata basierenden Methoden kaum programmiert werden. Personen, die diese Art von I.D.T.-Programmierung durchlaufen, werden so formatiert, dass sie die üblichen 10% unserer Gehirnkapazität überschreiten.

Gute Intelligenz und Kreativität sind für einen Programmierer äußerst wichtig. Bei der MK-Programmierung wird die rechte (analog und intuitiv) oder linke (logisch und analytisch) Gehirnhälfte stimuliert, um die beiden Gehirnhälften unabhängig voneinander arbeiten zu lassen. Diese Techniken zielen darauf ab, eine bestimmte Fähigkeit zu entwickeln und zu stärken, aber auch bestimmte Funktionen zu blockieren, um andere zu fördern. Der Neurowissenschaftler Roger Wolcott Sperry wies nach, dass die getrennten Gehirnhälften (durch Kallosotomie, „gespaltenes Gehirn") unabhängig voneinander funktionieren und zu unterschiedlichen Schlussfolgerungen führen können, die auf den Informationen beruhen, zu denen jede Hemisphäre Zugang hat. Sperry hat sogar die vieldiskutierte Hypothese aufgestellt, dass es in jeder Hemisphäre separate Persönlichkeiten oder Bewusstseinsformen gibt. So wie es im Monarch-Prozess eine Aufspaltung der Persönlichkeit gibt, wird auch an der Aufteilung des Gehirns in die beiden Hemisphären gearbeitet, damit sie unabhängig voneinander funktionieren können.

Eine veränderte Persönlichkeit kann z. B. so programmiert sein, dass sie mit der linken Hemisphäre arbeitet, während eine andere mit der rechten Hemisphäre arbeitet. Die linke und rechte Seite des Körpers, die mit den gegenüberliegenden Gehirnhälften verbunden sind - das Phänomen der Kontrollateralität - kann auf der einen Seite (links) den mit okkulten Aktivitäten verbundenen Altar und auf der anderen Seite (rechts) den Altar des täglichen und öffentlichen Lebens enthalten. Diese Arbeit der Trennung der Gehirnhälften ermöglicht auch die Integration von Programmen oder Erinnerungen, die sich nur auf eine Körperhälfte des Opfers auswirken (siehe die Aussage der Australierin Kristin Constance im zweiten Teil dieses Kapitels, sie beschreibt anschaulich Programmiertechniken, die darauf abzielen, die linke und rechte Körperhälfte und damit das Gehirn zu entkoppeln). Der Prozess besteht darin, eine der beiden Gehirnhälften abzuschalten oder auszustecken, um mit der anderen voll arbeiten zu können und sie so mit unterschiedlichen Informationen zu versorgen. Techniken zur Stimulierung einer Hemisphäre können darin bestehen, klare und hörbare Botschaften an das rechte Ohr zu senden, während das linke Ohr mit verwirrenden Geräuschen übersättigt wird. Oder das Zeigen bestimmter Bilder oder Filme auf einem Auge, während das andere Auge völlig andere Bilder sieht. Ein Teil des Gehirns sieht vielleicht einen blutigen Horrorfilm, während der andere Teil fröhliche Familienszenen sieht. Dies führt natürlich zu einer Spaltung des Gehirns, und die beiden Gehirnhälften arbeiten dann unterschiedlich, wobei die eine versucht, sich von der Horrorszene zu distanzieren, während die andere etwas völlig anderes erlebt. Eine fassadenhafte Persönlichkeit des täglichen Lebens wird glückliche Szenen durch die linke Hemisphäre, durch das rechte Auge sehen und denken, dass sie in einer perfekten Welt leben, während die satanische Persönlichkeit, die mit der rechten Hemisphäre verbunden ist, Horrorszenen durch das linke Auge sehen wird. Diese Programmiermethoden mögen absurd und wie etwas aus einem schlechten Science-Fiction-Film erscheinen, aber die Realität übertrifft die Fiktion... Erst recht mit der heutigen Technologie.

Um hyperintuitive Veränderte zu schaffen, die Zugang zu anderen Dimensionen des Seins haben, muss die logische Hemisphäre, d.h. die linke Seite des Gehirns, blockiert werden. Wenn diese Hemisphäre „abgeschaltet" ist, kann die rechte Hemisphäre (die die linke Körperhälfte steuert) voll funktionieren, ohne mit der anderen Hemisphäre zu „konkurrieren". Wenn diese rechte Hemisphäre voll funktionsfähig ist, ist auch die intuitive, subjektive und spontane Seite voll funktionsfähig... Das Monarch-Subjekt muss also in der Lage sein, seine intuitiven Fähigkeiten zu 100% zu entwickeln, um Zugang zu bestimmten Dimensionen zu erhalten. Die tiefsten Alter-Persönlichkeiten (die mit dem dunkelsten Okkultismus verbunden sind) werden diese besondere Programmierung der rechten Gehirnhälfte haben, um diese Hyperintuitivität, die übersinnliche Fähigkeiten schafft, maximal zu verstärken. Diese Beherrschung der beiden Gehirnhälften sowie der volle Zugang zu den Funktionen der rechten Gehirnhälfte sind Teil der Ziele, die im Okkultismus erreicht werden sollen, denn die rechte Gehirnhälfte ermöglicht den Zugang zur Zeitlosigkeit, zur anderen Raum-Zeit. Der Journalist Pierre Manoury schreibt über die rechte Gehirnhälfte: „Diese rechte Hemisphäre ist zu 'magisch', ihre Wahrheiten werden, selbst wenn sie offensichtlich sind, als zum Bereich des Irrationalen gehörend abgelehnt. Die rechte Gehirnhälfte ist in der Lage, „Brücken" zu bauen, völlig neue Lösungen ins Auge zu fassen, Gefühle und Eindrücke aus dem kollektiven Unbewussten zu empfangen und zu integrieren, Einflüsse wahrzunehmen, die normalerweise nicht von den fünf Sinnen erfasst werden. Sie ist eine Quelle der Inspiration. Es ist derjenige, der erweckt werden sollte, um darüber zu lernen, um magisches Bewusstsein zu erlangen. "[470]

---

[470] Cours de haute magie de sorcellerie pratique et de voyance, Band 2 - Pierre Manoury, 1989, Kap. 1.

Im Gegensatz dazu verfügt eine linkshirnige Person über große Fähigkeiten in den Bereichen Sprachen, Rechnen, Mathematik, rationales und analytisches Denken. Diese Fähigkeiten sind unerlässlich für die Ausbildung von Wissenschaftlern oder Computergenies, die für das Netz arbeiten sollen. Cathy O'Brien, deren gesamte Geschwistergruppe dem Monarch-Gedankenkontrollprogramm unterworfen war, berichtet, dass ihr Bruder Tom O'Brien zu einem *„Compu-Kid"* (wörtlich: *Ordi-Kid*) formatiert wurde. Das heißt, ein Computergenie mit MK-Programmierung. In den Protokollen zur Schaffung von Supersklaven wird die Manipulation des Hirnstamms eingesetzt, um Wunderkinder zu schaffen, die u. a. an superstarken Computerprogrammen arbeiten können. Laut Fritz Sprinmeier handelt es sich dabei um eine Operation am Hirnstamm, bei der das Gehirn in Höhe der Narbe überkompensiert wird, was zu bestimmten Fähigkeiten wie einem außergewöhnlichen fotografischen Gedächtnis führt. Mentale Programmierarbeit mit Folter, Drogen, Hypnose und I.D.T. verbessert die Speicherkapazität der Opfer (bewusste oder unbewusste Erinnerungen).

Bundesforscher, die am Monarch-Projekt im Zusammenhang mit MK-Ultra beteiligt waren, wussten natürlich von diesem Aspekt des fotografischen Gedächtnisses von I.D.T. sowie von den anderen „übermenschlichen" Eigenschaften, die sich daraus ergaben. Die Sehschärfe des I.D.T. ist 44-mal größer als die eines Durchschnittsmenschen. Der Erwerb einer ungewöhnlich hohen Schmerzgrenze und die Abschottung meines Gedächtnisses waren für militärische und andere verdeckte Operationen „notwendig". Auch meine Sexualität war seit meiner Kindheit verzerrt. Die Anziehungskraft und der Nutzen einer solchen Programmierung (d. h. der Präsidentenattrappe) bestand für perverse Politiker, die dachten, sie könnten ihre Handlungen in den Tiefen meines kompartimentierten Gedächtnisses verstecken, die Kliniker als Persönlichkeiten bezeichnen." - Cathy O'Brien, „Amerika inmitten der Transe-Formation", S.130

Genau wie die Dissoziation ist die Kreativität des Kindes ein wichtiger Faktor für den Erfolg der MK-Monarch-Programmierung. Aus diesem Grund wird der Programmierer sie bis zum Maximum stimulieren. Das Kind ist von Natur aus kreativ und baut sich sehr leicht eine Fantasiewelt auf. Der Programmierer wird in der Lage sein, dem Kind Geschichten, Skripte oder Programmierszenarien sehr anschaulich zu erzählen, so dass sie sich tief in das Gedächtnis des Kindes einprägen: Das Ziel ist, dass das Kind das Szenario, das sich in seinem Kopf abspielt, wirklich „anfassen", „schmecken" und „fühlen" kann. Terror und Drogen verstärken die Konzentration des kleinen Opfers, so dass es seine Fantasiewelt am besten in sich aufnehmen kann. Wie wir im vorigen Kapitel gesehen haben, wird die Kreativität auf neurologischer Ebene durch frühkindliche Traumata gefördert; wenn im Leben eines Menschen alles in Ordnung und Harmonie war, wird seine wirklich kreative Energie nicht oder nur minimal wirken.

Damit die Kreativität optimal genutzt werden kann, muss sie kanalisiert werden. Laut Fritz Springmeier wird der Programmierer daher die Kreativität des Kindes sorgfältig lenken und ihre Grenzen festlegen, wobei der Funke der

Kreativität im Wechsel zwischen intensiver Konzentration (Fokussierung) und Entspannung (Entspannung) entsteht. Der Programmierer wird also sowohl auf der Seite des Leidens mit Folter (Fokus) als auch auf der Seite des Guten mit sicherer und fürsorglicher Aufmerksamkeit (Release) arbeiten. Eine leichte Trance lässt kreative Ideen aufkommen, ein Prozess, den Künstler gut kennen. In der Monarch-Programmierung müssen sowohl die Kreativität als auch die Abgrenzung gelehrt und gefördert werden, denn wenn das Kind diese Fähigkeiten nicht entwickelt, kann es seinen Verstand und schließlich sein Leben verlieren. Der Reichtum seiner Kreativität wird seine Phantasiewelt nähren, die wie ein Rettungsanker wirkt, so wie die Dissoziation ein Notschalter ist. Dissoziation und Kreativität wirken zusammen, um das Leben des Kindes angesichts der traumatischen Schrecken irgendwie zu erhalten.[471]

Die Monarch-Programmierung arbeitet auch mit dem so genannten *Biofeedback*. Blutdruck, Pulsschlag, Herzfrequenz, Temperatur des Körpers oder von Körperteilen usw. können vom Gehirn bewusst und willentlich gesteuert werden. Dies sind psycho-physiologische Fähigkeiten, die indische Yogis seit Jahrhunderten beherrschen. Unter anderem die Kontrolle des Blutdrucks sowie die Fähigkeit, tiefe Trancezustände kontrolliert zu erreichen, sind Fähigkeiten, die einem MK-Subjekt einprogrammiert werden. Laut Fritz Springmeier geht es bei der Monarch-Programmierung darum, den physischen Körper des Opfers zu kontrollieren, um das Phänomen zu verstärken, eine völlig unterwürfige „Puppe" zu sein, die von einem externen Meister kontrolliert wird. Wenn ein Programmierer die Macht hat, durch einen hypnotischen Auslöser z. B. den Herzschlag, den Blutdruck oder die Körpertemperatur der Versuchsperson zu verändern, fühlt sich die Versuchsperson nicht mehr und nicht weniger als eine Puppe oder ein Spielzeug, dessen biologische Funktionen nach Belieben aktiviert werden. Der Körper ist ebenso wie der Geist des Sklaven Eigentum des Meisters, und der Sklave darf seinen eigenen Körper nicht kontrollieren; es sind die anderen Persönlichkeiten, die diesen biologischen Rückkopplungen unterliegen, die durch externe Auslöser verursacht werden.[472]

4 - DIE VERVIELFÄLTIGUNG DER ANDEREN PERSÖNLICHKEITEN

Die Methoden und Protokolle für die absichtliche Erzeugung eines I.D.T. bei einem Opfer, um es zu programmieren, variieren sicherlich von Gruppe zu Gruppe, aber die Grundlagen bleiben dieselben.

Die Alphaprogrammierung besteht darin, die ersten Persönlichkeitsfragmente zu schaffen, die als Basis/Wurzel für die Schaffung aller anderen Alterationen dienen, die in verschiedene Gruppen und verschiedene Ebenen des internen Systems aufgeteilt werden.

---

[471] *The Illuminati Formula Used to Create an Undetectable Total Mind Controlled Slave* - Fritz Springmeier & Cisco Wheeler, 1996.

[472] Ebd.

Die Überlebende Stella Katz beschrieb das Protokoll der satanischen Sekte, der sie angehörte, für die Aufspaltung der Persönlichkeiten der Kinder: Die erste Aufspaltung des Kindes, der primitive Alter, wird als „Erstgeborener" bezeichnet und übernimmt eine Wächterrolle für das Kind. (Interessant ist in diesem Zusammenhang, dass es in einigen schamanischen Kulturen verschiedene Techniken gibt, mit denen sehr junge Kinder einen „Schutzgeist" erhalten können, darunter auch die Einnahme halluzinogener Drogen. Sind die „Schutzgeister" der Schamanen veränderte, dissoziierte Persönlichkeiten? Einige Autoren sind dieser Meinung, aber eines ist sicher: Der Okkultismus, der hinter der satanisch-luziferischen Gedankenkontrolle steht, ist direkt mit einem überlieferten Wissen verbunden, das in allen Teilen der Welt vorhanden ist. Ein Wissen, dessen zentraler Punkt die Dissoziation der menschlichen Psyche ist). Stella Katz beschreibt dann die zweite Persönlichkeitsspaltung, die sie „Gatekeeper" nennt. Ein Alter, der immer vorhanden sein wird, wenn eine neue Alter-Persönlichkeit erschaffen wird. Der Torwächter erfährt durch seine Geburt kein Trauma (Spaltung) mehr, seine Aufgabe ist es, alles zu beobachten, was geschieht, und alle neu entstandenen Veränderungen aufzuzeichnen. Nach Stella Katz werden diese ersten beiden Alter in der Rolle der „Wächter" das gleiche Alter wie der physische Körper haben, sie werden zur gleichen Zeit wachsen, weil sie nach ihrer Geburt keine weiteren Traumata erfahren. Katz erklärt, dass derjenige, der für das System verantwortlich sein wird und dem sich alle anderen unterordnen müssen, während einer traumatischen Wiedergeburtszeremonie in einem Tierkadaver bestimmt wird. Er wird dann alle anderen Alter, die mit okkulten Praktiken zu tun haben, kontrollieren: „Wenn ein bereits existierender Alter während der Wiedergeburt auftaucht, wird er der neue Anführer werden, denn wenn dieser Alter stark genug ist, die Wiedergeburtszeremonie zu übernehmen, ohne den Körper zu verlassen, wird er stark genug sein, das ganze System zu führen, also verdient er diese Position."[473]

Sie erklärt auch, dass der Prozess der Persönlichkeitsspaltung sorgfältig durchgeführt werden muss, um kontrollierbare und ausbeutbare andere Persönlichkeiten zu erhalten: „Wir (damit meine ich die Gruppe, mit der ich gearbeitet habe) würden das Kind freiwillig spalten, denn wenn sie sich selbst spalten, sind die entstandenen anderen Persönlichkeiten ohne Anleitung nicht in der Lage, produktive Mitglieder der Gruppe zu werden, sie können nicht kontrolliert werden. Wir sind uns bewusst, dass ein Kind, das all die Schmerzen und Qualen ertragen muss, die wir ihm zufügen, sterben würde, wenn es nicht Teile in sich hätte, die das Trauma auffangen. Es ist auch wichtig, dass das Kind, das wir ausbilden, eine „normale" Persönlichkeit hat, die von der Außenwelt akzeptiert wird. Eine Persönlichkeit, die in die Schule gehen und mit Kindern draußen spielen kann, ohne etwas zu zeigen oder preiszugeben."[474]

In den Jahren nach den ersten großen Spaltungen, die das Grundalter bilden, wird es immer wieder zu unvorstellbaren Traumata kommen, um eine Vielzahl von Fragmenten zu schaffen, die durch amnestische Mauern

---

[473] *Healing the Unimaginable: Treating Ritual Abuse and Mind Control* - Alison Miller, 2012, S.110.

[474] Ebd., S. 94.

voneinander getrennt sind. Der dissoziative Prozess ist der Grundstein für die Programmierung, und es wird alles getan, um diese veränderten Bewusstseinszustände zu provozieren: eine gewaltsame psychische und spirituelle Öffnung. Während der Sitzungen wird starker Druck auf das Kind ausgeübt, dem Schmerz durch Dissoziation zu entkommen, indem es *durch den Spiegel geht* und so einer unerträglichen Situation entkommt, indem es Zugang zu anderen Dimensionen des Seins erhält. Die Dissoziation angesichts eines extremen Traumas und der offensichtlichen Bedrohung durch den Tod äußert sich paradoxerweise durch eine plötzliche und überraschende Gelassenheit mit einer Abwesenheit von Angst und Schmerz, unabhängig von der Schwere der Gewalt. Dies ist das neurochemische Ergebnis des in Kapitel 5 beschriebenen dissoziativen Prozesses. In diesem Zustand ist das Opfer sehr konzentriert, entwickelt eine sensorische Hyperschärfe, geistige Schnelligkeit und eine Art Erweiterung des Zeitbegriffs.[475]

In einem solchen dissoziierten und hypnotischen Zustand wird das Kind hyperempfänglich für Lernen und Programmieren. Aus diesem Grund wird das Kind in Traumaprogrammsitzungen verbal ermutigt, zu dissoziieren, *durch den Spiegel* oder *über den Regenbogen zu gehen*, um dem Schmerz = der *Bruchstelle zu* entkommen.

Viele Überlebende beschreiben diesen Zustand der tiefen Dissoziation als einen grundlegenden, neutralen Zustand ohne jegliche Identität. Ellen P. Lacter berichtet von einem Überlebenden, der ihn mit einer *Art USB-Stick für einen Computer* vergleicht: *ein einfacher Gegenstand, auf den man etwas schreiben kann.* Dieser Vergleich erinnert an das Prinzip der *„tabula rasa",* des unbeschriebenen Blattes, das von den Vätern der Sozialtechnik am Tavistock-Institut beschrieben wurde.

Einigen MK-Überlebenden zufolge kann ein erfahrener Programmierer die *„Sollbruchstelle",* d. h. den Moment, in dem ein neuer Alter erzeugt wird, leicht erkennen. Dies ist der Moment, in dem das Kind nicht mehr auf Angst und Schmerz reagiert. Jedes neue Fragment oder Alter wird sofort mit einem Code, einem Vornamen usw. benannt.

Extreme Dissoziation erschließt das Unterbewusstsein, legt den Verstand frei und ermöglicht die Aufzeichnung von Informationen, ohne dass der Verstand etwas in Frage stellen oder kritisieren kann, weil es keine emotionale Barriere oder Selbstwahrnehmung mehr gibt. Dieses Tor zum Unterbewusstsein wäre zugänglich, bevor das Opfer einen neuen Alter erschafft (der, wie wir uns erinnern, eine Schutzfunktion hat), es ist ein tief dissoziiertes psychisches Fenster, in dem noch kein Alter die Kontrolle über den physischen Körper hat. In diesen Zuständen tiefer Dissoziation, in denen das Unterbewusstsein völlig entriegelt ist, werden die Strukturen der inneren Welt installiert, wobei tiefe dissoziative Zustände auch die Tür für Wesenheiten offen lassen, die eine Rolle bei der Aufrechterhaltung der Programmierung spielen. Entitäten, die von den Opfern nicht als Teil ihrer Persönlichkeitsspaltung wahrgenommen werden, sind

---

[475] *Dissoziation und die dissoziativen Störungen: DSM-V und darüber hinaus* - P. Dell & J. O'Neil, 2009.

„Fremdkörper" im internen System der I.D.T.. Sie werden vom Programmierer „installiert" (dämonisiert), wenn das Kind vollständig dissoziiert und freigeschaltet ist. Die Informationen, Strukturen und Programmierungen, die im Unterbewusstsein gespeichert sind, wenn dieses Fenster geöffnet wird, werden von den verschiedenen Alter Egos nie bewusst integriert, es sind Daten, die viel tiefer liegen, aber den MK-Monarch-Sklaven stark beeinflussen und kontrollieren.

Während der MK-Sitzungen kann das Gehirn des Opfers überwacht werden, um festzustellen, wann die Gehirnwellen die Programmierung am besten integrieren.

Der deutsche Psychologe Hans Ulrich Gresch, selbst MK-Überlebender, beschreibt diesen Programmierungsprozess, wenn die „Sollbruchstelle" erreicht ist: *„Um diese 'weiße Weste' zu erhalten, muss die Folter so lange fortgesetzt werden, bis das Opfer aufhört, sich zu wehren, bis der Punkt der totalen Unterwerfung erreicht ist, an dem es jeden eigenen Willen aufgibt. Dann treiben die Programmierer den Prozess noch weiter voran, bis dieser Zustand der „leeren Tafel" erreicht ist... Erst dann wird das Opfer ruhig und aufnahmefähig. Dieser Prozess ist eine physiologische Reaktion auf die Folter, wenn sie 'richtig' angewandt wird (...) Das Opfer erreicht einen Zustand, in dem es extrem beeinflussbar wird, einen tief hypnotischen Zustand, in dem es bereit ist, alles zu akzeptieren. Dank dieses Zustands der Hyperempfänglichkeit können die Programmierer dann eine „Persönlichkeit", ein Persönlichkeitsskript, einpflanzen (...) Dieser neue Zustand (alter) wird die Folter, mit der er erzeugt wurde, nicht bewusst registrieren. Aber dieser unbewusste Schrecken und Schmerz wird seine Empfänglichkeit und Hyperwachsamkeit immer wieder anheizen. Obwohl der dissoziative Zustand die Art und Weise (Erinnerung), in der diese Erfahrung stattfand, isoliert, bleibt sie in gewissem Maße in seinem Gedächtnis verankert. Die programmierten Informationen bleiben intakt und verschlechtern sich im Laufe der Zeit kaum, was vor allem auf ein Netz von Neuronen zurückzuführen ist, das diese Informationen mit dem Schmerz und dem Schrecken verbindet, der der Implantation vorausging."[476]*

Die Programmierer konzentrieren sich daher in erster Linie darauf, beim Opfer Dissoziation zu erzeugen. Durch den Einsatz von Folter und Drogen gelingt es ihnen, Erfahrungen vom Bewusstsein abzutrennen, die in den von ihnen geschaffenen dissoziierten Identitäten verbleiben. Dies ist nicht mehr und nicht weniger als die Ausnutzung der natürlichen neurologischen Abwehrfunktionen, die wir in Kapitel 5 beschrieben haben. Das Buch *„Ritual Abuse and Mind Control: The Manipulation of Attachment Needs"* (Ritueller Missbrauch und Gedankenkontrolle: Die Manipulation von Bindungsbedürfnissen) enthält das Zeugnis eines MK-Überlebenden, der diesen Prozess der Schaffung von Veränderungen beschreibt: *Der Programmierer würde Sie zum Beispiel verhungern lassen, Sie stundenlang drehen (Drehstuhl),*

---

[476] *Ritueller Missbrauch und Gedankenkontrolle - Kap.: Gedankenkontrolle durch Folter: Psychologische Mechanismen und psychotherapeutische Ansätze zur Überwindung von Gedankenkontrolle* - Ellen P. Lacter, 2011, S.78.

Sie bestimmten Tonfrequenzen aussetzen, Sie fesseln und Ihnen Elektroschocks zufügen, bis er den Moment spürt, in dem Ihr Geist „zerbrochen" ist (die Bruchstelle) *und er sieht, dass Sie Ihren Körper verlassen haben* (Dissoziation). *Dann wird er dir einen anderen Namen geben, er wird diesem neuen Alter einen Namen geben und zum Beispiel sagen: „Du bist eine ägyptische Göttin und dein Leben ist dem Tod und der Zerstörung gewidmet". Es wird ein Ritual geben, bei dem Menschen in Roben gekleidet sind, singen und Dinge verbrennen. Am Anfang wurde mir im Rahmen meiner Konditionierung und Programmierung beigebracht, wie man Tiere tötet und wie man andere Kinder quält, und dann noch viele andere Dinge... "*[477]

Stella Katz beschreibt den Prozess entsprechend den Praktiken der Gruppe, der sie angehörte: „Der Programmierer beobachtet das Kind genau. Es wird angenommen, dass eine Spaltung auftritt, wenn die Schreie des Kindes merkwürdig werden (...), wenn seine Augen zurückrollen, es sich plötzlich entspannt und plötzlich still wird. Zu diesem Zeitpunkt hat der Programmierer ein Zeitfenster von fünfzehn Sekunden bis zu einer Minute, in dem er dem neuen Alter des Kindes einen Namen gibt und ihm eine Farbe und ein magisches Symbol zuweist. Der Programmierer trägt diese Farbe mit einem schwarzen Symbol auf seiner Schulter oder Brust. Dann nimmt er das Kind und wickelt es in eine Decke der gleichen Farbe. Das Kind erhält dann etwa eine Stunde lang viel Aufmerksamkeit und Zuneigung. Das Kind wird gefüttert, gewaschen, gewickelt und verwöhnt. Er wird ständig in seiner eigenen Sprache angesprochen, die die seiner Mutter sein kann oder auch nicht, und benutzt seinen neuen Namen, den er gerade erhalten hat. Schließlich wird es in den Schlaf geschaukelt (...) Dieser Prozess kann je nach Kind einige Stunden oder einige Tage dauern."[478]

Die Überlebende Trish Fotheringham beschreibt Dissoziation und Programmierung folgendermaßen: „Ihr Missbrauch war sorgfältig geplant. Meine Ausbilder (Programmierer) haben genug Trauma eingesetzt, um ihre Ziele zu erreichen. Smoke and Mirrors" (Täuschungen und Illusionen, begleitet von Drogen) bedeutete, dass jeder spezifische Aspekt der Ausbildung (Programmierung) auf sehr sorgfältig geplante Weise mit einer bestimmten anderen Persönlichkeit verbunden war. Um ein Höchstmaß an Effizienz und Potenzial zu erreichen, wurde die Wissenschaft der geistigen Entwicklung des Kindes berücksichtigt, um die Programmierungsebenen anzupassen. Diese Trainings, die mein Alter als 'Lebenslektionen' verstand, wurden immer häufiger und traumatischer, während ich heranwuchs (...) 'Ich', die Person, die das tägliche Leben zu Hause und draußen bewältigte, war sich nicht bewusst, dass alternative Persönlichkeiten andere Teile meines Lebens innehatten. Es schien mir natürlich, dass mein Leben in Stücke zerbrochen war, so dass die „Lücken" in meinem Zeitplan unbemerkt blieben. Die zeitliche Kontinuität war mir unbekannt, so dass ich mir nicht bewusst war, dass es eine Diskontinuität

---

[477] *Ritueller Missbrauch und Gedankenkontrolle: Die Manipulation von Bindungsbedürfnissen* - Orit Badouk Epstein, Joseph Schwartz, Rachel Wingfield Schwartz, 2011, S.146-147.

[478] *Healing the Unimaginable: Treating Ritual Abuse and Mind Control* - Alison Miller, 2012, S.101.

gab. Ich war mir nicht bewusst, dass sich ein dissoziierter Lebensstil etabliert hatte und dass mein Gehirn, um mit den Schwierigkeiten fertig zu werden, abschaltete, um einfach eine andere Veränderung zu schaffen!"[479]

Die Alphaprogrammierung bildet die Grundlage des Systems, indem eine bestimmte Anzahl von primären Altern geschaffen wird, die eine Art Fundament bilden. Diese Veränderungen werden dann in eine Vielzahl von potenziell programmierbaren Fragmenten zerlegt. Diese Seelen- oder Persönlichkeitsfragmente sind eine Art neutrale und leere Datei, die auf ihre Programmierung wartet. Ein Basis- oder Primär-Alter kann also durch wiederholte Traumata in eine Vielzahl anderer „Sub-Alter" aufgespalten werden, und so weiter... wie russische Puppen, die an ein und derselben großen Puppe hängen. Es handelt sich um eine echte Programmierkette, die eingerichtet wurde. Die Überlebende Kathleen Sullivan beschreibt, wie ihr Vater sein primäres altes System an sich kettete: *„Obwohl nicht-traumatische Hypnose bei der Kontrolle meines Verstandes wirksam gewesen sein mag, bevorzugte Dad eindeutig eine traumabasierte Programmierung, um ein neues altes System (Gruppe) zu schaffen. Er löste zunächst eine zuvor von ihm geschaffene primäre Veränderung aus (rief sie herbei), und wenn diese Veränderung auftauchte, folterte er sie (z. B. mit Elektrizität), bis dieses Fragment die Schmerzen nicht mehr ertragen konnte. Durch die Dissoziation würde diese Veränderung Platz für einen anderen Teil meines Geistes (ein neues Fragment) schaffen, der das nächste Trauma übernimmt. Papa nannte dies die Technik der Kettenprogrammierung. Er traumatisierte einen Alter nach dem anderen, indem er jedem einen Codenamen gab, bis ich es nicht mehr aushielt und der Prozess von selbst aufhörte. An diesem Punkt wusste er, dass er so weit gegangen war, wie er konnte. Er würde es dann an einem anderen Tag in einer anderen Sitzung wieder tun und eine weitere primäre Persönlichkeit hervorbringen, um ihn zu traumatisieren und eine neue Reihe von Persönlichkeiten zu erschaffen, die mit dieser primären Persönlichkeit verbunden sind (...) Er wiederholte oft, dass ich sein Prototyp sei, und erklärte, dass er eine Technik, die bei mir gut funktionierte, dann bei anderen Kindern anwenden würde. "[480]*

Das interne System, das nichts anderes ist als die bewusste Erschaffung und der Betrieb eines I.D.T., kann so zu *einer* Art komplexem *Stammbaum* werden, der sich aus einer Vielzahl von dissoziierten und amnesischen Alteritäten zusammensetzt. Für Programmierer und Master ist es dann unerlässlich, eine Art *Mindmap* oder ein Strukturdiagramm mit Zugangscodes zu haben, um die vielen Monarch-Slaves verwalten zu können. Die „Master" sind die Personen, die für den MK-Slave (zweite Zone) zuständig sein werden, sobald die Programmierung abgeschlossen ist. In veränderten Bewusstseinszuständen und bei tiefer Dissoziation wird der Programmierer in der Lage sein, die „Software" oder Programme in die verschiedenen Persönlichkeitsfragmente zu integrieren, um ihnen verschiedene Funktionen zu geben. Es gibt also mehrere Stadien der Entwicklung von Veränderungen. Einige

---

[479] Ebd., S. 74.

[480] *Unshackled: A Survivor Story of Mind Control* - Kathleen Sullivan, 2003, S.59.

können „Kollateralschäden" sein, d.h. Fragmente, die während eines Traumas unfreiwillig entstanden sind und nicht genutzt wurden, andere wurden freiwillig beiseite gelegt, weil sie nicht genutzt werden können (deshalb finden wir manchmal eine „Müllhalde" in der inneren Welt, auf der die nicht genutzten Alternativen liegen), einige können Fragmente sein, die darauf trainiert wurden, einfachen und grundlegenden Befehlen zu gehorchen, und zwar auf eine roboterhafte Weise. Wandler können aber auch durch einen längeren und komplexeren Konditionierungsprozess trainiert und verfeinert werden, so dass sie sehr viel ausgefeiltere und spezifischere Funktionen programmieren. Die meisten Alter eines Monarch-Subjekts übernehmen nur dann die Kontrolle über den Körper, wenn sie von den Programmierern oder Meistern (mit Auslösecodes) aufgerufen werden.

Die Veränderung wird in verschiedenen Ebenen oder Schichten des inneren Systems des Subjekts organisiert oder „untergebracht". Wie die Dateien in einem Computer müssen die Daten leicht zugänglich sein und dürfen vor allem nicht durcheinander geraten, daher die Bedeutung der „Amnesie-Wände", die die Persönlichkeitsfragmente und alle darin enthaltenen Erinnerungen voneinander trennen. Die zahlreichen Alter werden in „Blöcken" oder Gruppen zusammengefasst, die sie entsprechend den verschiedenen Kategorien von Aktivitäten, die ihnen zugewiesen und programmiert werden, zusammenführen. Der Programmierer kann diese vielfältigen Fragmente und Gruppen nach Belieben mit Strukturdiagrammen, Symbolen, Teilsystemen, Zugriffscodes, Skripten usw. organisieren und zusammenstellen. Es geht wirklich darum, eine hyperstrukturierte innere Welt zu schaffen, in der all die verschiedenen anderen Persönlichkeiten untergebracht werden können und in der man sich natürlich leicht zurechtfinden kann. Alle Daten, die bei der Programmierung eines Kindes anfallen, werden in einem Notebook oder Laptop gespeichert, das der Programmierer regelmäßig aktualisiert. Diese Daten beinhalten, was bei dem Kind gemacht wurde, wie lange es gedauert hat, eine Trennung zu erreichen und was am besten funktioniert hat, um diese Trennung zu erreichen. Die Namen der Alter-Persönlichkeiten werden zusammen mit ihrer Geburtsreihenfolge, dem Geschlecht, der Sprache, die sie sprechen, sowie den Farben, Symbolen und Wörtern oder Sätzen, die mit ihnen verbunden sind (den Triggern), archiviert. Auch die Funktion jedes Alter und die Art des „physischen Körpers", mit dem er programmiert wurde, werden angegeben: Mensch, Tier, Roboter usw. Alle diese Informationen werden an die verschiedenen aufeinanderfolgenden Master übermittelt, die für den Betrieb des Monarch-Slaves verantwortlich sind.

Diese Vielzahl von Abwandlungen wird in einer sehr strengen Hierarchie organisiert sein, in der jedes Fragment eine sehr präzise Funktion hat. Satanische/luziferische Kulte sind selbst sehr hierarchisch organisiert, so dass sie dieses Pyramidensystem innerhalb des Opfers reproduzieren, um die Loyalität gegenüber der Kultorganisation zu stärken. In dieser inneren Hierarchie stehen diejenigen am höchsten, die am meisten missbraucht wurden und gezwungen waren, selbst die schlimmsten Gräueltaten zu begehen. Dies sind die dunkelsten und tiefsten Alten im System, diejenigen, die mit dem dunkelsten Okkultismus verbunden sind. Den Peinigern macht es Spaß, das Kind glauben zu machen, dass es so schlecht ist, dass niemand es haben will, außer der Gruppe, in der es lebt. Das Kind wird darauf programmiert zu glauben, dass es ein Henker, ein Täter und ein Verbrecher ist und nicht ein Opfer, und wenn es jemals beginnt, sich an bestimmte Erinnerungen zu erinnern, wird diese Programmierung das Kind überwältigen. Wie wir im Kapitel über rituellen Missbrauch gesehen haben, geht es darum, *Kinder des Zorns* zu schaffen. Diese anderen Persönlichkeiten haben die Aufgabe, das Opfer daran zu erinnern, dass es nur ein Mörder oder Vergewaltiger ist, der nach seinem Tod in die Hölle kommen wird. Die natürliche menschliche Funktion, das Gute dem Bösen vorzuziehen und sich in andere einzufühlen, ist ein Ziel für die Zerstörung des Kindes, das einer MK-Programmierung unterzogen wird. Die Monarch-Programmierung nimmt dem Opfer den freien Willen, der erzwungene Missbrauch von Tieren und anderen Kindern nimmt ihm die Fähigkeit, gute Entscheidungen zu treffen. Die Lust an der Dissoziation, an Adrenalin und Endorphinen, die die eigenen traumatischen Erinnerungen lindern, überlagert schließlich das natürliche Einfühlungsvermögen. Diese systematische Programmierung von Gewalt ermöglicht es diesen Gruppen, ihre Existenz über Generationen hinweg fortzusetzen. Es ist notwendig, noch einmal daran zu erinnern, dass eine solche hypergewalttätige Kultur ohne die systematische Einführung von „anfänglicher Gewalt", die die Unschuld der Kindheit von den ersten Lebensjahren an verdirbt, nicht bestehen kann. In der Regel identifiziert sich eine der anderen Personen im System mit dem Missbraucher. Die meisten IDD-Patienten haben einen Teil ihrer Persönlichkeit, der den Täter darstellt, mit der gleichen Art von sadistischem und gewalttätigem Verhalten. In einer 1997 veröffentlichten Studie fand Dr. Colin Ross heraus, dass von 236 Patienten mit IDD 84% angaben, ein Verfolger-/Henker-Alter zu haben: *„Bei der ersten Begegnung waren sie furchterregende, hasserfüllte, dämonenartige Gestalten, die sich ganz auf die böswillige Beschimpfung und Belästigung des Patienten konzentrierten."*

Im Falle der Monarch-Programmierung wird der „Alter Executor" absichtlich mit den Eigenschaften des Programmierers geschaffen und programmiert und trägt oft sogar den Namen oder das Pseudonym des Programmierers. Das Opfer muss dann seine Befehle ausführen, auch wenn er nicht anwesend ist, und er wird sich sogar in die Gedanken des Opfers einnisten. Die Rolle dieses „Vollstrecker"-Alters besteht darin, die Anwesenheit des Programmierers im Opfer zu jeder Zeit aufrechtzuerhalten, um das Opfer zu kontrollieren, indem er alle Alterativen beaufsichtigt. Das geht weit über einfachen Gehorsam hinaus, es ist die innere Injektion des Raubtiers. Der Kult kultiviert also die räuberische Seite seines Nachwuchses, indem er freiwillig Peiniger schafft, die von einer inneren Wut angetrieben werden. Diese ultra-gewalttätigen Veränderer werden ihrerseits zu Aggressoren und manchmal auch zu Programmierern für andere kleine Opfer. Survivor Svali erklärt, dass *viele Trainer* (Programmierer) *sich in das Opfer hineinversetzen, um die internen Programme zu überwachen... Der Überlebende mag entsetzt sein, wenn er in sich selbst ein Abbild seines eigenen Peinigers entdeckt, aber das ist ein Überlebensmechanismus... Der Überlebende* (der veränderte Peiniger) *wird in der Lage sein, die Mimik, den Akzent und die Eigenheiten des Programmierers zu reproduzieren und sogar das Leben des Programmierers als sein eigenes Leben zu betrachten"*

Kathleen Sullivan schreibt auch: „Da ich selbst viele Konflikte und Kämpfe hatte, um die 'böse' oder 'dämonische' Seite meiner Persönlichkeit zu akzeptieren, verstehe ich, warum einige hochgradig distanzierte Überlebende nicht glauben wollen, dass ihre 'bösen' oder 'dunklen' Persönlichkeiten Teile ihrer eigenen ursprünglichen Persönlichkeit sind. Meine Persönlichkeit ist polarisiert mit dem „zu gut" auf der einen und dem „zu schlecht" auf der anderen Seite. Das hat mich daran gehindert, die beiden zu verschmelzen und in eine ausgewogene Persönlichkeit zu integrieren. Unsere ganz menschliche „dunkle Seite" zu akzeptieren, erfordert großen Mut, aber auch einen starken Willen, uns selbst zu vergeben."[481]

Wenn ein Programmierer etwas in das Opfer implementiert, ist es in gewisser Weise ein Spiegelbild seiner selbst, genauso wie Schrift und Kunst die Person widerspiegeln, die sie geschaffen hat. Der Vergleich zwischen künstlerischem Schaffen und geistigem Programmieren mag zwar unangebracht erscheinen, aber für Programmierer ist er es nicht.

Militärische oder politische Gruppen programmieren ihre Killer durch Indoktrination und Ausbildung, um das gespaltene Kind zu einem Elitesoldaten zu machen. Diese Kinder werden in der Regel gefoltert, um andere Persönlichkeiten zu schaffen, die extreme Grausamkeiten begehen können, ohne die psychologischen Konsequenzen tragen zu müssen. In Uganda praktiziert *die Lord's Resistance Army (LRA)* diese Art von Trauma- und Bewusstseinskontrolltraining, dessen Opfer „Kindersoldaten" sind. Ein kanadischer Dokumentarfilm mit dem Titel *„Uganda Rising"* (2006) befasste sich mit diesen Kindern, die in die Reihen der *LRA* gezwungen wurden. Diese Kinder, die gewaltsam aus ihren (oft dezimierten) Familien gerissen wurden, berichten, dass sie gefoltert, verstümmelt, vergewaltigt, manchmal zu Morden gezwungen und dann in Lager getrieben und als Soldaten eingesetzt wurden. In dem Dokumentarfilm werden weder *ritueller Missbrauch* noch *Gedankenkontrolle* erwähnt, aber die Strategie scheint dieselbe zu sein.

In der Monarch-Programmierung werden viele der anderen Persönlichkeiten entmenschlicht und darauf konditioniert zu glauben, dass sie etwas anderes als Menschen sind. Die Entmenschlichung eines Altertums erfolgt, indem man es beispielsweise die extremen Bedingungen eines Käfigtieres erleben lässt. Genau wie bei der magischen Operation, die wir später beschreiben werden, können alle Arten von mentalen Manipulationen vorgenommen werden, um dem Anderen den Glauben einzupflanzen, dass er eine Katze, eine Göttin, ein Roboter, eine Marionette usw. ist.

Ein oder mehrere Alter(n) werden so programmiert, dass sie als Berichterstatter fungieren. Das heißt, sie werden dazu angehalten, alles aufzuzeichnen und den Henkern jeden Ungehorsam oder jede Weitergabe von Geheimnissen durch den Sklaven zu melden. Diese „Reporter" sind auch so

---

[481] Ebd., S. 289.

programmiert, dass sie die Sekte über alle Bewegungen des Opfers informieren. Das Paradoxe daran ist, dass dieser Typus durch Schmerz und Schrecken darauf konditioniert ist, zu glauben, dass die Folterer „schon alles wissen" und dass er selbst bestraft wird, wenn er nicht berichtet, was das Opfer tut.

Damit der Monarch-Sklave in der Gesellschaft richtig funktionieren kann, ohne entdeckt zu werden, braucht er eine andere Persönlichkeit, eine Art Hülle, die die vielfältigen Zustände des Individuums verdeckt. Dies ist die „Wirtspersönlichkeit" oder „öffentliche" Persönlichkeit, die Hauptpersönlichkeit, die sich „normal" verhält und sich des Missbrauchs und der Existenz des internen Systems mit den multiplen Alternativen völlig unbewusst ist. Die Therapeutin Alison Miller nennt diese Art der Veränderung die *„scheinbar normale Persönlichkeit"*. Die meisten anderen Persönlichkeiten werden entmenschlicht, während es dieser erlaubt ist, ein Mensch zu sein, einen Familiensinn zu haben, ein soziales und emotionales Leben zu führen, usw. Die Wirtspersönlichkeit ist in der Regel gut in Raum und Zeit orientiert, d.h. sie entwickelt sich nach unserem Zeitplan, während viele andere Veränderte in der Raum-Zeit feststecken, in der das Trauma passiert ist. Um zu verstehen, wie die Schnittstelle zwischen dieser Wirtspersönlichkeit und den anderen Alter Egos funktioniert, nehmen wir das Beispiel eines bekannten Hypnoseexperiments von Pierre Janet: Janet hypnotisiert Lucia, um sie dazu zu bringen, posthypnotische Suggestionen auszuführen. Lucia führt die Befehle aus, vergisst aber gleich darauf alles wieder. Im Gegensatz dazu erinnert sich eine andere von Lucies Alter Egos namens Adrienne an alles, was passiert ist, als Lucie hypnotisiert wurde, und sie behauptet, dass sie es war, die die posthypnotischen Suggestionen ohne Lucies Wissen durchgeführt hat. Dies ist eine einseitige Amnesie. Die amnestische Wand isoliert die Wirtspersönlichkeit, aber einige Ältere, die diese Wand nicht erleben, sind sich der Existenz der Wirtspersönlichkeit voll bewusst und behalten die Erinnerung an alle ihre Handlungen. Bei der Monarch-Programmierung ist sich die Wirtspersönlichkeit der Programmierung überhaupt nicht bewusst, aber die tiefsten und wichtigsten Veränderungen im I.D.T.-System sind sich ihrer Existenz voll bewusst und können sie daher kontrollieren. Laut der Therapeutin Elle P. Lacter gibt es in der Regel eine Grundstruktur, die das System der anderen Persönlichkeit in zwei Teile trennt. Die „Wirts"-Seite, die sich der Existenz des I.D.T.-Systems nicht bewusst ist, und auf der anderen Seite die tiefere, mit dem Okkultismus verbundene andere Gruppe, die sich der Existenz dieser Oberflächenpersönlichkeiten bewusst ist und sie sogar kontrollieren kann.

Das innere System eines MK-Sklaven umfasst also eine oder mehrere Wirtspersönlichkeiten, die abgeschottet und völlig amnesisch sind, verschiedene Alter-Persönlichkeiten mit unterschiedlichen Funktionen, die mehr oder weniger tief im System installiert sind, und schließlich bleibt immer der Kern, die Essenz des *„Ich"*, die ursprüngliche Persönlichkeit, die Satan (oder der Programmierer) nicht berühren oder zerstören kann. Er kann ihn nur so gut wie möglich isolieren, aber dieser göttliche Same wird immer im Opfer vorhanden sein, damit es sich schließlich umstrukturieren und heilen kann. Die als jüngste entdeckte andere

Persönlichkeit ist wahrscheinlich die ursprüngliche Persönlichkeit, von der sich die anderen abgespalten haben.

In einigen Fällen wird es auch eine Verweigerungsprogrammierung geben. Ihr Ziel ist es, rituellen Missbrauch und alle okkulten Aktivitäten des Netzwerks zu leugnen. Wenn es zu Lecks kommt, versuchen sie, Erklärungen zu finden, wie z. B. „falsche Erinnerungen", Albträume, die gar nicht real sind, ein Buch oder ein Film, der die Person beeinflusst haben könnte usw. Diese anderen Persönlichkeiten glauben, dass sie das Opfer schützen und sogar retten. Diese anderen Persönlichkeiten glauben, dass sie das Opfer beschützen und sogar sein Leben retten. Sie glauben, dass ihre Existenz und ihr Überleben davon abhängen und dass, wenn sie sich der traumatischen Ereignisse wirklich bewusst werden, es zu Gewalt und sogar zum Tod kommen würde, weil sie ihre Aufgabe nicht erfüllt haben. Diese Verweigerungsprogrammierung beginnt bereits in den ersten Lebensjahren des Kindes. Ein Kind wird zum Beispiel schrecklich misshandelt und traumatisiert, und am nächsten Morgen verhalten sich die Erwachsenen in seiner Umgebung ganz normal, als ob nichts geschehen wäre. Auf diese Weise modellieren sie dem Kind einen Lebensstil der Verleugnung. Verstärkt wird dies durch Sätze wie: *„Es war nur ein böser Traum", „Wie kannst du so etwas glauben? Das hast du dir nur eingebildet, das ist nicht wirklich passiert".* Auch Familienmitglieder, die unter dissoziativen Zuständen leiden, leugnen in gewissem Maße okkulte nächtliche Aktivitäten. Die Verleugnung wird auch dadurch verstärkt, dass dem Kind gesagt wird, dass ihm ohnehin niemand glauben wird, wenn es darüber spricht. Letztlich geht es darum, das Kind so zu formen, dass es nicht mehr auf seine eigene Realität vertraut, sondern die *Realität von* den Erwachsenen erwartet. Der Erwachsene zeigt dem Kind zum Beispiel eine Orange und fragt es, was es ist, und das Kind wird systematisch misshandelt, wenn es antwortet, dass es eine Orange ist, und es wird ihm eingehämmert, dass es ein Apfel ist... Der Vorgang wird so lange wiederholt, bis das Kind aus Angst und Furcht vor Schmerzen antwortet, dass es ein Apfel ist, und es schließlich sogar daran glaubt...[482]

Eine andere Methode, dem Kind zu beweisen, dass seine Erinnerungen unzuverlässig sind, ist die Inszenierung eines simulierten Mordes an einer Person, an dem das Kind gezwungen wird, teilzunehmen. Am nächsten Tag sieht das Kind diese Person gesund und munter vor sich, obwohl sie am Tag zuvor vor seinen Augen ermordet worden sein soll, was zu einer Art kognitiver Dissonanz führt. Wenn das Kind Fragen stellt, wird man ihm sagen, dass dieses schreckliche Ereignis sicher nur ein böser Traum und ein Produkt seiner Phantasie war. Da die Opfer häufig unter einer traumatischen Amnesie mit einer chronologischen Aufschlüsselung der Erinnerungen leiden, ist es für Menschen, die Macht über ihr Leben haben, sehr einfach, sie davon zu überzeugen, dass ihnen nichts passiert ist. Wenn die Eltern dem kleinen Opfer sagen, dass seine Albträume oder Flashbacks reine Einbildung sind und dass so etwas nie passiert, beruhigt das natürlich das Kind, das in diesen dissoziierten Zuständen zwischen zwei Welten, zwei gegensätzlichen Realitäten, verharren wird...

---

[482] *Breaking The Chains: Die Befreiung von der Kultprogrammierung* - Svali, 2000.

Die traumabasierte Monarch-Gedankenkontrolle wird bei Kindern vor dem 6. Nach diesem Alter wird es komplizierter, diese Art von I.D.T.-Programmierung zu praktizieren, aber das bedeutet nicht, dass Menschen nach dem Alter von 6 Jahren nicht programmiert sind. Persönlichkeitsfragmente, die durch Trauma und Dissoziation hervorgerufen werden, bleiben besser im Bewusstsein isoliert als Persönlichkeitsfragmente, die durch einfache Hypnose hervorgerufen werden, aber die meisten Menschen können durch Hypnose zu anderen Persönlichkeiten gemacht werden. Einige Überlebende von satanischem rituellem Missbrauch wurden programmiert, aber sie haben kein internes System mit anderen Persönlichkeiten, sondern nur einige dissoziative Zustände, wie ein *Nacht-Ich* und ein *Tag-Ich*.[483]

5 - „MAGISCHE CHIRURGIE" UND DIE STRUKTURIERUNG DER „INNEREN WELT"

Um zu verstehen, wovon wir hier sprechen, ist es wichtig zu wissen, dass der Monarch-Sklave einen traumatischen Prozess der psychischen und spirituellen Spaltung durchlaufen hat, der die Türen zu anderen Dimensionen des Seins öffnet. Dadurch erhält er Zugang zu einer *inneren* Welt (weit über seinen *Kopf* hinaus), die genauso groß und real ist wie die physische Welt für uns, eine Welt, die aus seinen verschiedenen Seelenfragmenten (Alter), dämonischen Wesen und der als Teil der Programmierung eingerichteten Hardware besteht. Diese innere Welt oder das „innere System" wird vom Programmierer mit verschiedenen Strukturen, Architekturen, Objekten, Landschaften usw. gestaltet, wobei materielle oder symbolische Darstellungen als Unterstützung für die Arbeit in dieser besonderen Dimension dienen. Manchmal ist es möglich, die Art der Sekte, die die Programmierung aufrechterhalten hat, an der Art der Strukturen und Symbole zu erkennen, die die innere Welt bilden. Die hierarchische Organisation der anderen Persönlichkeiten spiegelt häufig auch die Art der Gruppe wider, die das Opfer programmiert hat, z. B. eine militärische, satanische, druidische, kabbalistische, neonazistische Gruppe usw.

Die „magische Chirurgie" ist ein Werkzeug, um dieses innere System zu nähren und zu organisieren. Dabei wird das Kind hypnotisiert und/oder unter Drogen gesetzt, indem ihm gesagt wird, dass es operiert wird, um einen Gegenstand oder ein Tier in das Kind einzuführen. Der chirurgische Eingriff ist nur eine Etappe, nach der das Kind glauben wird, dass es dieses Objekt wirklich in sich trägt (diese Programmierung soll sein ganzes Leben lang implantiert bleiben). An der Operationsstelle kann es zu starken Schmerzen kommen, und das Kind kann mit Blut beschmiert werden, um den Eindruck zu verstärken, dass es tatsächlich operiert wurde. Das Kind weiß, was der Gegenstand oder das Tier ist und welche Funktion es hat. Er ist darauf programmiert zu glauben, dass dieses „Ding" in ihm angreifen, explodieren oder ihn denunzieren wird, wenn er

---

[483] *The Illuminati Formula Used to Create an Undetectable Total Mind Controlled Slave* - Fritz Springmeier & Cisco Wheeler, 1996.

spricht, dass es jetzt seine Gedanken scannt und ihn beeinflussen wird, böse zu werden und sich schlecht zu verhalten. Das Kind wird darauf programmiert zu glauben, dass diese fremden Körper es quälen und schikanieren werden, wenn es sich nicht den Lehren der Sekte anpasst. Rituell missbrauchte Kinder berichten häufig über Somatisierungen wie Unterleibsschmerzen im Zusammenhang mit diesem Phänomen der „magischen Chirurgie".

In der Akte der Protokolle und Aussagen in der Rechtssache Dutroux findet sich auf Seite 261 ein Schreiben eines gewissen *Van Aller* vom 13. Dezember 1996, das sich auf eine scheinbar magische Operation bezieht. Es handelt sich um eine Aussage über rituellen Missbrauch, der in Villen von niederländischen Prominenten praktiziert worden sein soll: *„Diese Störungen (IDD) werden beispielsweise dadurch hervorgerufen, dass man kleinen Kindern vorgaukelt, dass eine Katze in sie eingeführt wird, die zu einem Panther heranwächst, der sie beobachtet, wenn sie sprechen oder den Clan verlassen wollen, was eine ständige Kontrolle auch bei Erwachsenen ermöglicht und alle Täter zu Opfern macht. Die IDD wird von Psychotherapeuten betreut."*[484]

Ein britischer Psychiater berichtete von einem Beispiel für Gedankenkontrolle, das auf demselben Prinzip beruht: Das Kind wird gezwungen, eine Spinne zu essen, und ihm wird gesagt, dass sie sich vermehren wird und dass all diese Spinnen es dann von innen beobachten werden. Wenn das Kind gezwungen wird, Maden zu essen, wird es glauben, dass sie sich in Fliegen verwandeln können, die es seinen Angreifern melden, wenn es spricht. Fritz Springemier sagt, dass der *„Goldene Penis des Osiris"* im Inneren von Monarch-Sklaven platziert ist. Es kann auch *das „Auge Luzifers"* oder *das „Auge des Horus"* sein, das zur ständigen Beobachtung und Überwachung in den Mutterleib des Kindes *gelegt wird*. Dieser Prozess der abstrakten Überwachung der inneren Welt scheint etwas Wesentliches und Systematisches in der MK-Programmierung zu sein. Dem Kind kann auch gesagt werden, dass sein fleischiges Herz durch einen kalten schwarzen Stein ersetzt wurde, wodurch seine Entmenschlichung angesichts des Grauens noch verstärkt wird. Diese „magische Operation" ist nur durch die Vorstellungskraft der Programmierer begrenzt. Die Möglichkeiten sind endlos, denn alles in dieser physischen Welt kann auf die innere Welt übertragen werden. Aber wie wir später sehen werden, kann diese sehr formbare innere Welt auch genutzt werden, um dem Überlebenden in der Therapie zu helfen.

Im menschlichen Gehirn sind die rechte und die linke Gehirnhälfte durch das Corpus callosum verbunden, das die rationale Analyse vermittelt und ermöglicht. Diese Struktur ist jedoch erst im Alter von etwa 10 Jahren ausgereift. Die Erfahrungen der rechten Gehirnhälfte eines Kindes (die die Welt in Form von Rohdaten wahrnimmt) werden daher nicht an die linke Gehirnhälfte zur rationalen Analyse weitergeleitet. Die linke Hemisphäre übersetzt Wahrnehmungen in semantische und phonetische Daten, d. h. in Wörter, Konzepte und Sprache. Vor dem zehnten Lebensjahr bleiben dem Kind viele

---

[484] Brief von Van Aller vom 13/12/1996 (Z200) - *Belgien: Dutroux X-Dossier Zusammenfassung*, 1235 Seiten, 2005 - Wikileaks.org.

Dinge unbewusst, weil das Informationsnetz des Gehirns noch nicht vollständig aufgebaut ist. Solange der Corpus callosum nicht voll entwickelt ist, kann das Kind zum Beispiel durchaus glauben, dass der Weihnachtsmann ihm am 25. Dezember seine Geschenke ins Wohnzimmer bringt, obwohl es weiß, dass es zu dick ist, um durch den Schornstein zu steigen.[485] Der Prozess der „magischen Chirurgie" nutzt also diese fehlende Hirnreife aus. Ein Kind unter 10 Jahren glaubt vielleicht, dass ihm ein Puppenhaus, ein Schloss, ein Karussell oder ein Tier eingepflanzt wurde, weil es noch nicht in der Lage ist, so etwas Fantastisches rational zu erklären. Dies ist keine Naivität oder „Tagträumerei" seinerseits, sondern eine zerebrale Einschränkung, die im Rahmen der MK-Programmierung eine Manipulation für eine gewaltige mentale Kontrolle ermöglicht. Diese „Operationen" werden umso tiefer eingepflanzt, wenn das Kind sie in einem Zustand der Trance, extremer Dissoziation und unter dem Einfluss von Drogen erhält.

Vor dem 5. oder 6. Lebensjahr hat das Kleinkind absolut keine zerebrale Fähigkeit, sich gegen eine „invasive" mentale Kontrolle zu wehren. Die Großhirnrinde, die das logische Denken, die Schlussfolgerungen, die Überlegungen, die logische Analyse von Situationen, die Entscheidungsfindung, die Gefühlssteuerung, die Moral und die Organisation ermöglicht, ist erst im Alter von 6 Jahren ausgereift und beginnt dann sehr allmählich zu reifen. Wir können also verstehen, warum einige Quellen sagen, dass die MK-Programmierung vor dem Alter von 6 Jahren eingeführt werden sollte.

Die Stützen oder Strukturen, die zur Organisation der inneren Welt dienen, können auf andere Weise als durch „magische Chirurgie" eingeführt oder „programmiert" werden. Hier sind einige Beispiele für Hilfsmittel, die zur Strukturierung und Organisation des inneren Systems einer I.D.T. verwendet werden können. Diese Dinge wurden von Überlebenden und Therapeuten berichtet:

Die Doppelhelix (Symbol der Unendlichkeit), Buchstaben oder Symbole, 2D-Geometrien wie das Pentagramm, das Dreieck oder der Kreis, ausgeklügelte geometrische 3D-Volumina, Puppen, Spinnennetze, Spiegel oder Glasscherben, Schachbretter (Dualität von schwarzem und weißem Schachbrett mit Anordnung der Figuren entsprechend der Programmierung), Masken, Schlösser, Labyrinthe, Tempel, Pyramiden, Mauern zur Verstärkung der Amnesie, Dämonen/Monster/Außerirdische, Roboter, Muscheln, Sanduhren, Uhren, Schmetterlinge, Schlangen, Sonnen, die den Gott Ra darstellen, Bänder, Blumen, Befehlsdiagramme, Computerschaltungen, die als Flussdiagramme für komplexe Programmierungen verwendet werden können Ein zweidimensionales Gitternetz kann eine Kategorie alter Menschen enthalten, die auf der gleichen Ebene untergebracht sind und arbeiten. Eine dritte Dimension kann in Form eines Würfels geschaffen werden, wobei jede Seite einer bestimmten Ebene des internen Systems mit einer bestimmten Kategorie von Veränderungen entspricht. Ein Würfel, der je nach der Gruppe der zugänglichen Änderungen gedreht werden kann. Diese Würfelstruktur wird in einem spiralförmigen

---

[485] „Neuropsychologie des Leidens, Ursache der Verdrängung" - Jean-Luc Lasserre.

Aufzugsschacht wie der DNA platziert: Durch dieses System können die Wechsler je nach Bedarf „aufsteigen" (auftauchen) oder „fallen" (sinken). Die Komplexität der Strukturen hängt von der Fähigkeit des Kindes ab, sie sich einzuprägen und in seiner inneren Welt darzustellen. Der kabbalistische *Lebensbaum* (Baum der *Sephiroth*) ist eine Struktur, über die auch von MK-Überlebenden berichtet wurde und die ein wesentliches Element für die innere Organisation des Sklaven zu sein scheint. Das Alter „*Key*" der Split-Malerin Kim Noble hat den kabbalistischen Baum in mehreren ihrer Werke dargestellt, insbesondere in ihrem Gemälde mit dem Titel „*Seven Level*", das den Programmierprozess Schritt für Schritt zu beschreiben scheint (ein Gemälde, das später in diesem Kapitel analysiert wird und in Anhang 4 zu sehen ist). Der Sephiroth-Baum stellt die Struktur des Menschen und des Universums dar. Es enthält und bietet ein kohärentes und gebrauchsfertiges „System" der Korrespondenz: Jeder *Sephiroth* (Welt, Dimension, Bewusstseinsfeld) ist mit einer Zahl, einem Planeten, einer Note, einer Qualität, einem Fehler, einem Wochentag usw. verbunden. Es ist eine perfekte Struktur, um die vielfältigen anderen Persönlichkeiten, die Seelenfragmente, zu organisieren und zu klassifizieren. Dieser kabbalistische Baum stellt im Grunde die Struktur des Menschen und der verschiedenen Welten dar, die parallelen Dimensionen, von denen wir im vorigen Kapitel gesprochen haben.

Nach Fritz Springmeier dienen bestimmte geometrische Formen, die in die Innenwelt des Sklaven eingebaut sind, als Brennpunkte für dämonische Wesenheiten, als Türen, durch die Dämonen in den menschlichen Körper eindringen können. In der Tat werden Geometrien, die eine bestimmte Wellenform aufweisen, in magischen Ritualen verwendet, um mit anderen Dimensionen zu interagieren.

Ein weiteres Bauwerk ist das Karussell, ein klassisches Karussell mit hölzernen Pferden, die sich auf und ab bewegen, während sie sich im Kreis drehen. Das Karussell ist auch Teil der Systeme zur Strukturierung der inneren Welt und des Zugangs zu ihren verschiedenen Ebenen. Es wird verwendet, um die Alter-Persönlichkeiten während der Trance- und Dissoziationszustände „aufsteigen" oder „absteigen" zu lassen. In seiner Autobiografie *Thanks For The Memories* beschreibt das ehemalige Präsidentenmodel Brice Taylor dieses innere Karussell wie folgt: „*An dem Tag, als das Karussell in meinem Kopf entstand, stand ich in der Mitte des Karussells, während es sich langsam drehte und die Programmierung vorgenommen wurde. Dann blieb es auf Henrys Wunsch hin an einer Stelle in meinem Kopf stehen, genau wie das Glücksrad. Dann sagte er zu mir: „Es gibt eine ganz andere Welt in den Akten deines Geistes. Das Karussell erlaubt es den Dateien in Ihrem Kopf, sich leicht und mühelos zu drehen"* (...) *Ich war nicht in der Lage, all diese Erinnerungen abzurufen, denn sie drehten sich wie ein Karussell, wirbelten herum und drehten sich wie ein Kreisel, so dass ich sie nicht greifen konnte, um mich an sie zu erinnern. Diese Programmierung wird als „Spin-Programmierung" bezeichnet, die Verwirrung stiften und Verwirrung stiften soll.*"[486]

---

[486] *Thanks For The Memories: The Truth Has Set Me Free* - Brice Taylor, 1999, S.68.

Wenn das Opfer eine extreme Drehung auf einem Drehstuhl erfährt, wird ihm übel und es bekommt Angst, es durchlebt alle möglichen körperlichen und emotionalen Empfindungen. Diese Empfindungen werden auf die anderen Persönlichkeiten übertragen, die in diesem Moment die Kontrolle über den Körper haben und sich deshalb dieser Behandlung unterziehen. Später werden diese programmierten Spinnempfindungen durch diese Veränderungen ausgelöst, sobald sich die Person an irgendetwas über den Missbrauch erinnert, wird diese Erinnerung mit der Spinnempfindung auftauchen, was zu geistiger Verwirrung und körperlichem Unbehagen führt.

So beschreibt die Überlebende Svali das Protokoll, das ihre Gruppe anwendet, um eine Struktur in die innere Welt des Kindes einzufügen, in der ein oder mehrere Alter untergebracht werden: *„Die Strukturen werden in die innere Welt des Opfers integriert, während es unter Drogeneinfluss steht, hypnotisiert ist und Elektroschocks erleidet. Die Person ist völlig traumatisiert und befindet sich in einem tiefen Trancezustand. In diesem veränderten Bewusstseinszustand werden sie gezwungen, die Augen zu öffnen und auf ein projiziertes Bild des Bauwerks zu schauen. Dies kann ein 3D-Modell der Struktur, ein holografisches Bild oder sogar ein Virtual-Reality-Headset sein. Das Bild wird „injiziert und eingeprägt", indem es durch aufeinanderfolgende Schocks immer näher in das Blickfeld der Person gebracht wird. Wenn es sich um einen Tempel oder eine Pyramide handelt, kann die Person aufgefordert werden, das Bauwerk zu betreten. Unter der Wirkung einer tiefen Hypnose leben sie (die betreffenden anderen Persönlichkeiten) nun „innerhalb" dieser Struktur. Dies wird auch zur Verstärkung der Amnesie- und internen Isolationsprogrammierung verwendet, da diese Struktur die Mauern der Abschottung zwischen dem darin eingeschlossenen Persönlichkeitsfragment und den anderen alternativen Persönlichkeiten im System verstärken wird. "*

Die alternativen Persönlichkeiten können in diesen Strukturen gefangen sein, oder sie können auf verschiedene Weise mit ihnen verbunden sein. Ältere Menschen definieren sich durch die Realität, die der Programmierer ihnen eingepflanzt hat. Objekte, Strukturen und Symbole dienen also der Organisation und Steuerung des inneren Systems, aber es ist auch durch Szenarien oder Skripte strukturiert, die als bildliche und symbolische Stützen dienen, auf denen die Programmierer das Alter aufbauen werden. Im Allgemeinen wird alles, was ein Kind normalerweise zum Träumen bringt, für die Programmierung verwendet. Ein Buch, ein Film oder ein Videospiel kann theoretisch als Unterstützung für die MK-Programmierung verwendet werden, und zwar umso effektiver bei kleinen Kindern. Es geht darum, ihren Verstand mit Märchenthemen oder anderen fantastischen Szenarien zu verschlüsseln, um Fantasie und Realität zu verwechseln, d.h. sie zwischen zwei Welten hin- und herzuschieben. *Alice im Wunderland"* ist ein klassisches Programmdrehbuch, ebenso wie *„Der Zauberer von Oz"* oder einige Disney-Produktionen wie *„Pinocchio"*, die geschnitzte Holzpuppe, und *„Cinderella"*, das schmutzige kleine Sklavenmädchen, das sich in eine schöne Prinzessin verwandelt. Die Sklaven der Monarchen bzw. ihre anderen Persönlichkeiten sind darauf konditioniert, sich in solche Szenarien zu begeben, um die Wirkung der

Programmierung zu verstärken. Sie leben also in einer völlig imaginären Welt. Bestimmte Sätze in dem Skript dienen als eingepflanzte kryptische Sprache zur Steuerung der Sklaven. In *Alice im Wunderland* muss das kleine Mädchen dem weißen Kaninchen folgen, das ihr den Zugang zu geheimnisvollen und normalerweise unzugänglichen Orten ermöglicht. In der MK-Programmierung ist das weiße Kaninchen eine wichtige Figur, die den Meister oder Programmierer repräsentiert, der das Opfer hypnotisiert oder es dazu bringt, sich von der Realität zu distanzieren, um während der Folterung Zugang zu einer alternativen Welt zu erhalten. Der berühmte Gang durch den Spiegel steht für den Zugang zu einem dissoziativen Zustand, einer Veränderung der Realität. Der Programmierer ermutigt das Kind, wie Alice *durch den Spiegel zu gehen*, er ermutigt es, durch die Tür in eine andere Dimension seines Seins zu gehen, wobei der Spiegel die Tür ist, die die Programmierung erleichtert... Im Film „*Matrix*" berührt Neo, als er zum ersten Mal aus der Matrix herauskommt, einen Spiegel, der sich verflüssigt und ihn schließlich vollständig bedeckt, ihn verschluckt und in eine andere Welt bringt... wo er deprogrammiert werden wird. Um dorthin zu gelangen, war Neo *dem weißen Kaninchen gefolgt*, das auf die Schulter einer Frau tätowiert war... Dies sind sehr starke Symbole, die in dieser okkulten Kultur verwurzelt sind. In The *Wizard of Oz* distanziert sich das Subjekt von der Realität, indem es *über den Regenbogen hinausgeht* („Somewhere *over the* Rainbow", das Titellied des Films), d. h. indem es dank der Dissoziation Schrecken und Schmerz überwindet. Das Grauen wird dann zum Traum, die Realität zur Fiktion und die imaginäre Welt zur Wirklichkeit. Das dissoziierte Opfer wird das Trauma als Illusion wahrnehmen, als eine Realität, die es zwar eine Zeit lang erlebt hat, die aber dennoch vom Verstand als eine Art Traum registriert wird. Es handelt sich um eine Krypto-Amnesie, die den üblichen Prozess der Erinnerung durch Trauma und Hypnose sabotiert. Die innere Welt des Sklaven wird zu seiner „Realität" und die äußere Welt wird zum Beispiel das Land Oz. Es sei darauf hingewiesen, dass in einigen schamanischen Kulturen der himmlische Aufstieg durch die Überlappung des Regenbogens erreicht wird. In vielen Kulturen gilt der Regenbogen als Brücke zwischen Erde und Himmel, als Brücke zwischen Göttern und Menschen. Durch den Regenbogen erreichen die Helden der Mythen oft den Himmel, und sein Aufstieg dient dazu, die Geisterwelt zu erreichen. Medizinmänner" steigen in die himmlischen Sphären auf und nutzen dabei unter anderem den Regenbogen. Es scheint, dass die MK-Monarch-Programmierungstechniken diese Regenbogensymbolik aufgreifen, die nichts weniger als einen dissoziativen Prozess darstellt, der die Tür zu anderen Dimensionen öffnet. Wie wir bereits gesehen haben, sind traumabasierte Bewusstseinskontrolltechniken eng mit bestimmten alten Kulturen und psycho-spirituellen Praktiken verbunden, insbesondere mit der Ausnutzung dissoziativer Zustände.

Ein weiterer wichtiger Symbolismus in Der Zauberer von Oz ist *die gelbe Ziegelsteinstraße*. Der Sklave muss dem *gelben Ziegelsteinweg* folgen, auf dem die Veränderung aus der inneren Welt auftaucht, um die Kontrolle über den Körper zu übernehmen. *Der gelben Ziegelsteinstraße folgen"* sind Schlüsselwörter, die dazu dienen, eine bestimmte Programmierung bei einem

Sklaven auszulösen. Ein weiteres Beispiel im Zusammenhang mit dem Zauberer von Oz ist die Figur des *Blechmanns*, der eine Art leerer Metallkadaver ist. Dieses Zeichen wird verwendet, um *eine gut geölte Maschine* zu schaffen, die die Befehle perfekt ausführt, das ist die Programmierung des Blechmannes, die einige Alter erhalten werden.

Der Autor von Der Zauberer von Oz, L. Frank Baum, ein Okkultist und Mitglied der Theosophischen Gesellschaft, soll von einem Geist inspiriert worden sein, der ihm den *„magischen Schlüssel"* zu diesem Kindermärchen gab. Mit anderen Worten: Baum war ein Medium und hat diese Geschichte geschrieben, indem er ein Wesen gechannelt hat. In dem Buch *The Annotated Wizard of Oz (Der kommentierte Zauberer von Oz)* schrieb Baum: *„Es war reine Inspiration... Es kam zu mir auf unerklärliche Weise. Ich denke, dass der „große Autor" manchmal eine Botschaft zu vermitteln hat und das ihm zur Verfügung stehende Instrument benutzen muss. Ich bin zufällig dieses Medium gewesen, und ich glaube, dass mir ein magischer Schlüssel gegeben wurde, der die Türen zu Mitgefühl, Verständnis, Freude und Frieden öffnet.*[487] Der Zauberer von Oz in 14 Bänden wurde 1900 veröffentlicht. Diese Geschichte, die man als „theosophisch" bezeichnen kann, enthält die „alte Weisheit" der Mysterienreligionen, die andere als satanisch oder luziferisch bezeichnen würden... ihr initiatorischer Inhalt wurde aufgegriffen und als Medium für traumabasierte Gedankenkontrolle verwendet. Die Entitäten, die diese Geschichte inspiriert haben, wussten wahrscheinlich, welches Potenzial sie enthielt und welchen okkulten Nutzen man daraus ziehen würde.

Der Film *„Frankie und Alice"*, der auf der wahren Geschichte einer Frau mit ADS basiert, enthält eine Szene, die eine Hypnosesitzung zeigt, in der eine kindliche Persönlichkeit auftaucht, die über den Zauberer von Oz spricht... nur ein Augenzwinkern. In einem Video der *New York Times aus dem* Jahr 2009 *(Screen Test)* erzählte die Schauspielerin und Model Megan Fox Lynn Hirschberg von ihrer Besessenheit mit dem Zauberer von Oz als Kind: *„Ich erinnere mich sehr gut an den Zauberer von Oz, denn er war lange Zeit mein Lieblingsfilm. Ich war wie besessen davon und sah ihn mir immer wieder an. Jahrelang wollte ich Dorothy sein! Bis ich sechs war, trug ich Zöpfe und ich glaube, meine Großmutter hat mir das Dorothy-Kostüm genäht, ich hatte auch die kleinen Rubinpantoffeln. Meine Mutter nannte mich Dorothy, ich antwortete ihr nicht und hörte nicht auf sie, wenn sie mich Megan nannte, denn das war nicht mein Name. "*

Der Überlebende Svali beschrieb die Methoden, mit denen ein Filmskript in ein fraktioniertes Kleinkind eingepflanzt wird: *„Der Programmierer zeigt dem Kind den Film und sagt ihm, dass es nach dem Gesehenen gefragt wird, was automatisch dazu führt, dass das Kind sein fotografisches Gedächtnis benutzt. Der Programmierer kann dem Kind den ganzen Film oder nur ein paar Szenen oder sogar nur eine Szene zeigen. Nachdem das Kind den ganzen Film oder nur einige Passagen gesehen hat, wird es unter Drogen gesetzt, um sich zu*

---

[487] *The Annotated Wizard of Oz* - Ausgabe von Michael Patrick Hearn, New York: Clarkson N. Potter, 1973.

entspannen, und dann gefragt, woran es sich erinnert. Das Kind wird missbraucht, wenn es sich nicht an das erinnert, was der Programmierer für wichtig hält, und es wird gezwungen, diese Szenen immer wieder zu sehen. Wenn sich das Kind schließlich alles gemerkt hat, was es für wichtig hält, sagt der Programmierer dem Kind, dass es eine der Figuren im Film ist. Das Kind wird schwer traumatisiert, um eine leere andere Persönlichkeit zu schaffen, die zu der betreffenden Figur wird. Das erste, was diese neue leere Tafel (der neue Alter) sehen wird, ist der gesamte Film oder eine Szene aus dem Film, das ist also seine erste Erinnerung. Der Programmierer wird dann die Szene des Films mit der Ideologie der „Illuminaten" (Luziferianer) in Verbindung bringen, dem Kind die „verborgene Bedeutung" des Films beibringen und es dazu beglückwünschen, dass es zu den wenigen „Illuminaten" gehört, die die wahre Bedeutung des Films verstehen können. Die Skriptprogrammierung wird in der Regel mit anderen, bereits im Kind vorhandenen Programmen verknüpft. Zum Beispiel kann die militärische Programmierung mit dem Film Star Wars in Verbindung gebracht werden, die Programmierung des internen Labyrinths mit dem Film Labyrinth, usw. Die Möglichkeiten sind sehr vielfältig. Die Filmmusik oder eine bestimmte Szene kann als Auslöser verwendet werden, um auf die Programmierung zuzugreifen oder die entsprechende andere Persönlichkeit hervorzubringen. "

Fritz Springmeier zufolge wurde die amerikanische Populärkultur in der zweiten Hälfte des 20. Jahrhunderts in einen großen Katalog für die MK-Programmierung verwandelt. Serien wie *Star Trek* oder *Star Wars* wurden von Programmierern ebenso ausgebeutet wie *Walt Disney-Produktionen, Alice im Wunderland* oder *Der Zauberer von Oz*. Heutzutage ist es wahrscheinlich, dass die Programmgestalter auf neuere Produktionen zurückgreifen, auch wenn die *Klassiker* sicherlich ein wirksames und wichtiges Medium bleiben werden. In der *Star-Trek-Kultur gibt es beispielsweise* eine ganze Reihe hochtechnischer Handbücher, in denen das gesamte Universum der Serie, d. h. Ausrüstung, Schiffe, Planeten usw., detailliert beschrieben wird. Wenn man sich diese extrem detaillierten Handbücher anschaut, kann man laut Springmeier die Zeit und das Geld, die für die Entwicklung solch komplexer Beschreibungen für eine einfache Fiktion aufgewendet werden, am besten damit erklären, dass sie der MK-Programmierung dienen. Diese Handbücher enthalten zum Beispiel Karten des *Star Trek-Universums*, und eine solche Karte kann als Hilfsmittel für die Organisation eines T.D.I.-Systems verwendet werden. Wenn man die Persönlichkeit eines Opfers aufspaltet, braucht man diese Art von Schema / Hilfsmittel, um sie neu zu strukturieren, so als ob man ihre zerbrochene Seele in tausend Stücke neu erschaffen oder reorganisieren würde. Ein Sternhaufen oder ein Planet kann dazu verwendet werden, Alter zu isolieren oder zu gruppieren. Sie können diesen Ort nur verlassen, indem sie in eine Dissoziation eintreten und durch die Raumzeit reisen, wenn ein elektrischer Schlag, ein Lichtblitz oder ein anderer Auslöser induziert wird. Wie bei der magischen Chirurgie hängt die Anzahl der Skripte von der Vorstellungskraft der Programmierer ab, denen ein ganzer Katalog von nutzbaren Strukturen zur Verfügung steht, um die innere Welt des gespaltenen Subjekts zu organisieren.

Brice Taylor berichtet, dass seine innere Welt ein wahrer Kosmos sein könnte: „Henry hat schon sehr früh mit mir zusammengearbeitet, um alle meine Systeme einzurichten. Er hat mir sogar ein Kreuz auf die Stirn gezeichnet, um das, was er die „Sternenkarte" meines Systems nannte, abzugrenzen. Dann stellte er mich vor den Spiegel, so dass ich dieses kleine Gesicht sehen konnte, 5 oder 6 Jahre alt, mit kurzen Haaren, mit diesem schwarzen Kreuz auf mir. Er sagte, dass es in meinem inneren Universum Planeten gäbe und dass sie schliefen und auf den Tag warteten, an dem sie besetzt werden würden. Später fügte er weitere Bereiche hinzu und sagte, es seien kleine Welten für die verschiedenen Planeten. Durch dieses System blieben die Informationen völlig getrennt und isoliert, da die Planeten keine Möglichkeit hatten, miteinander zu kommunizieren. Alle Daten und Informationen wurden getrennt, autonom und in einer Umlaufbahn in den großen blauen Weiten der Sterne gehalten. All diese Stars dienten als Vorlage für Filmstars oder Politiker, die mich benutzten. Die größeren Sterne enthielten größere Dateien mit anderen Persönlichkeiten und waren mit Personen verknüpft, die ich regelmäßig sah, während die kleineren Sterne für Personen reserviert waren, die ich nur gelegentlich sah. Die größeren Sterne waren der Elite vorbehalten. Die allmächtige Gruppe von Männern, die diesen Horror heimlich inszenierte, hatte ein ausgeklügeltes Satellitensystem eingerichtet, das sich überall in meinem Kopf bewegen konnte und meine „inneren Welten" ständig überwachte. Henry sagte mir, dass die Dateien in meinem Kopf unbegrenzt sind, weil das Universum grenzenlos und absolut riesig ist, und er sagte mir auch, dass es immer neue Bereiche zu kartieren gibt."[488]

Objekte können durch magische Operationen in die innere Welt übertragen werden, aber sie können auch als externes Medium für die Programmierung verwendet werden. Einige Gegenstände können als Werkzeuge verwendet werden, um das dissoziierte Kind zu manipulieren. In ihrer Autobiografie erklärt Brice Taylor, dass ihr Vater eine spezielle Puppengarderobe für sie angefertigt hatte. Dieser Schrank war mit einer Sammlung von verschiedenen Puppen gefüllt. Es waren Puppen aus aller Welt, Spielzeug, das ihr immer mit „Liebe" geschenkt wurde. Ihr Vater benutzte sie als Medium, um die anderen Persönlichkeiten seiner Tochter zu manipulieren und zu programmieren, die durch den wiederholten Missbrauch Nacht für Nacht gebrochen wurde: *Wenn mein Vater mich folterte, gab er mir oft eine neue Puppe, um einen anderen Teil von mir mit einer neuen Identität zu schaffen, mit der ich mich dann beschäftigte, und mein junger (dissoziierter) Verstand identifizierte sich dann mit dieser Puppe, die ich in der Hand hielt. Es würde mir sagen, dass diese Puppe in meiner Hand ein Teil von mir war, während beide getrennt waren, und dann würde es ihr einen Namen geben. Da gab es die kleine Puppe mit roten Haaren und Sommersprossen, die Babypuppe, Cindy die Braut, Rebecca, Sally, Barbie, Frau Alexander... um nur einige zu nennen. Ich war buchstäblich von Puppen umgeben (...) mein Vater sagte, ich dürfe nicht mit ihnen spielen, bevor er mir nicht die Erlaubnis gegeben habe, bis er mir gesagt habe, dass es Zeit sei, sie aus dem Schrank zu holen. Nachts, wenn er mich*

---

[488] *Thanks For The Memories: Die Wahrheit hat mich befreit* - Brice Taylor, 1999, S.66.

aufweckte, um mich zu missbrauchen, holte er die Puppe heraus, die der anderen Persönlichkeit entsprach, die aus meinem inneren System hervorgehen sollte. Wenn er eine Puppe herausnahm, sagte er: „Sie ist nicht mehr im Schrank, jetzt kann sie herauskommen und spielen", und in diesem zarten Alter verfiel ich sofort in die Persönlichkeit, die mein Vater rief. Dann sagte er: „Du, Susie, wirst dich zurückziehen, wenn Doll vollständig in deinem Körper ist. Jedes Mal, wenn ich dreimal mit den Fingern schnippe, tritt Doll in den Körper ein und Susie zieht sich zur Seite zurück. Er schnippte dreimal mit den Fingern, und ich befolgte den Befehl meines Vaters genau."[489]

Bei der MK-Programmierung werden auch Farben verwendet, um die internen Systeme zu organisieren und die Veränderungen leicht zu manipulieren. Bei einer gespaltenen Persönlichkeit, die in eine Vielzahl von anderen Persönlichkeiten aufgeteilt ist, werden Farben eine Möglichkeit sein, eine Gruppe zu organisieren und leicht zugänglich zu machen. Außerdem erkennen kleine Kinder Farben, bevor sie lesen können, sie sind sehr empfindlich für sie. Diese Programmierung kann daher schon sehr früh, ab dem zweiten Lebensjahr, vorgenommen werden. Das Kind wird in einem Raum programmiert, der in einer bestimmten Farbe gestrichen oder beleuchtet ist. Wenn es sich um die Farbe Blau handelt, wird der Programmierer ein Alter des Kindes aufrufen und ihm sagen, dass es lernen wird, *blau zu werden* und zu lernen, was diese Farbe bedeutet. Der Raum wird in Blau getaucht sein, der Programmierer wird blau gekleidet sein, möglicherweise mit einer blauen Maske. Alle Objekte werden ebenfalls blau sein. Eine andere Persönlichkeit wird aufgerufen, um aufzutauchen, und dann unter Drogen gesetzt, hypnotisiert und auf einem Tisch oder einer Bahre traumatisiert. Wenn sie sich in einem Trancezustand befinden, wird ihnen gesagt, dass Blau etwas Gutes ist und dass sie selbst blau sind. Ihr wird gesagt, dass Blau sie vor Gefahren schützt, dass blaue Menschen nicht verletzt werden, dass sie schöne blaue Kleidung tragen wird usw. Wenn das Kind sich wehrt und nicht *blau werden* will, wird es gequält, bis es sich fügt. Im Anschluss an diese Programmierungssitzungen wird das Kind eine Zeit lang in Blau gebadet, erhält eine blau getönte Brille oder Kontaktlinsen und trägt Kleidung in derselben Farbe. Dann wird dem Kind schrittweise die Bedeutung dieser Farbe und die mit ihr verbundene Funktion vermittelt, die es integrieren muss. Die Trauma-Sitzungen werden sich vervielfachen, während sich diese Farbe immer tiefer in sein Unterbewusstsein einprägt. Die Farbe wird so zu einem Auslöser, über den der Programmierer oder Meister auf eine bestimmte Alter-Gruppe oder einen Alter des Opfers zugreifen kann. Die Farbcodierung ist eine grundlegende Methode zur Organisation der internen Systeme.[490]

Hier ein Auszug aus einem Vortrag der australischen Überlebenden Kristin Constance, die einen Prozess der MK-Farbprogrammierung beschreibt (die vollständige Abschrift ihrer Aussage finden Sie später in diesem Kapitel): *„Die Farbprogrammierung, der ich mich unterzog, fand in unterirdischen Räumen statt. Jeder Raum hatte eine andere Farbe, die einer anderen*

---

[489] Ebd., S. 48.

[490] *Die Kette durchbrechen: Sich von der Kultprogrammierung befreien* - Svali, 2000.

Programmierung entsprach. Die Farben schienen denen des Oststerns zu entsprechen: blau, gelb, weiß, grün, rot und schwarz für das Zentrum. Der rote Raum hatte ein rotes Licht, eine Bahre, einen Tisch voller Folterinstrumente und Elektroschockgeräte. Die rechte Seite meines Körpers war bedeckt, während die linke Seite der elektrischen Folter unterworfen wurde. An meinen linken Gelenken wurden Elektroden angebracht, die lähmende Schmerzen verursachten... die ich heute noch spüre. Man flüsterte mir ins linke Ohr und gab mir Elektroschocks an die Schläfe. So wurde „Red" geschaffen und verstärkt... Eine Frau stellte mir Fragen zur Programmierung, und egal, was ich antwortete, ich lag immer falsch. Ich habe viele Male dissoziiert... „Red" und sein Alter scheinen darauf programmiert zu sein, während des sexuellen Missbrauchs unter keinen Umständen auf Schmerz zu reagieren. Red hat eine Menge Blutrituale und Vergewaltigungen hinter sich, und sie (Anm. d. Red.: eine Gruppe von anderen Personen) *hat den größten Teil meines Schmerzes auf sich genommen. "*

In dem Buch *Healing the Unimaginable der* Therapeutin Alison Miller beschreibt die Überlebende Trish Fotheringham ebenfalls, wie Farben zur Organisation und Strukturierung ihrer anderen Persönlichkeiten verwendet wurden: *„Meine bewusst geschaffenen anderen Persönlichkeiten waren alle mit bestimmten Farben assoziiert, wobei jede Farbe für einen 'Pfad' oder eine Art der Programmierung stand. Ein Alter, der darauf trainiert wurde, einem roten Pfad zu folgen, wird nur Kleidung dieser Farbe tragen, auf eine bestimmte Art und Weise angesprochen werden und bestimmte Situationen mit einem bestimmten Typ von Menschen erleben. Die Chancen sind gering, dass selbst die Spielzeuge, mit denen das Kind spielen darf, nicht Teil seiner Programmierung sind (...) Die Programmierung besteht dann darin, immer mehr Verbindungen zu Farben herzustellen, indem jede Farbe allmählich mit Klängen, Wörtern, Formen, Symbolen usw. verknüpft wird (...) Als ich als Kind auf den Schoß eines Mannes gesetzt wurde, musste sich meine erste Veränderung des roten (sexuellen) Pfades auf systematisch sexualisierte Weise verhalten, zum Beispiel musste er sich winden und ausdrücklich lachen. Im Alter von 6 Monaten bis 2 Jahren konzentrierte sich meine Programmierung auf die Installation von grundlegenden Befehlen und Auslösern in der primären Alterung. Bestimmte Programme wie „Gehorchen", „Nicht reden", „Loyal sein" sowie interne Sicherheitsvorkehrungen und Alarme wurden von Anfang an eingeführt und im Laufe meines Heranwachsens verstärkt. Später riefen meine Meister diese Alter Egos mit Sätzen, die Triggercodes enthielten, oder indem sie den emotionalen Zustand herbeiführten, in dem ich mich zum Zeitpunkt der ersten Abspaltung befand (...) Licht, Kleidung und Requisiten, Worte, Phrasen, spezifische physische Kontakte, Gerüche, Drogen sowie mehrere spezifische Farbcodes wurden methodisch eingesetzt. Dies ermöglichte es meinen Meistern und Programmierern, in jedem Menschen ein individuelles und autonomes Glaubenssystem zu schaffen und zu entwickeln, das aus Werten besteht, die systematisch seine Vorstellung und sein Verständnis davon prägen, wie die Welt* *funktioniert, was die „Regeln des Lebens" sind und fast alles, was er denkt, fühlt, sagt oder tut. "[491]*

Fortheringham beschrieb auch die Methoden, mit denen er seine innere Welt während seiner dissoziierten Zustände ordnete: „Ich muss zwei Jahre alt gewesen sein, als meine Programmierer zum ersten Mal einen speziellen Stuhl mit Gurten und einen Helm verwendeten. Er konnte schwenken, drehen, kippen und Elektroschocks aussenden. Meine Programmierer sagten mir immer, dieser Stuhl sei eine „magische Tür", die es mir erlaubte, „durch den Regenbogen" in fremde und ferne Welten zu reisen. Anfangs hatte ich durch die Vibration und die elektrische Stimulation des Stuhls in Verbindung mit der Droge und dem Wind eines Ventilators, der auf mich gerichtet war, das Gefühl, zu schweben und mich tatsächlich durch den Raum zu bewegen. Sie gaben dem Stuhl verschiedene Zwecke und verschiedene „Bestimmungsorte", je nachdem, welche Veränderung sich abzeichnete. Durch den Einsatz spezieller Beleuchtung, Klänge oder Musik schufen sie besondere Atmosphären, alternative Realitäten. Der Stuhl, der sich kippte und um sich selbst drehte, konnte in Verbindung mit elektrischen Impulsen einen echten Tornado mit Blitzen in der Innenwelt erzeugen (...) Als ich auf diesem Stuhl 'auf dem Regenbogen ritt', ließen mich die Lichter und Spezialeffekte reisen. Danach wurde ich gewaltsam 'repariert' und auf diesem Stuhl bestraft (...) Die innere Welt war leicht zu arrangieren, manchmal geschah es draußen, manchmal mit einem Bühnenbild. Die „Wetterphänomene" wurden auf die gleiche Weise in die innere Welt eingefügt wie alles andere, einfach durch Suggestion, indem man sagte, sie seien da, mit einigen Spezialeffekten. Wie alle Kinder in diesem Alter habe ich natürlich alles geglaubt, was mir gesagt wurde. Staubtornados und Wirbelstürme wurden mit Ventilatoren erzeugt, die auf mich gerichtet waren, als ich auf dem „magischen Stuhl" saß. Zuerst wurde mir gesagt, ich solle diese Phänomene „kontrollieren" und dann selbst zu diesen Phänomenen werden. In diesem Stuhl wurden um mich herum Regenbögen erzeugt, offenbar durch Projektoren und Wasserspritzer. Mir wurde gesagt, dass diese Regenbögen magische, vielfarbige Pfade in andere Welten seien und dass der Stuhl das endgültige Ziel bestimme. Diese anderen Welten wurden zunächst äußerlich inszeniert, dann integriert und wurden Teil meiner inneren Welt. Die Regenbögen enthalten alle Farben, so dass sie verwendet werden können, um gleichzeitig alle farbbezogenen Alter-Persönlichkeiten aufzurufen (...) Nachdem Tests bestätigt haben, dass die Programmierung zufriedenstellend integriert ist, wird die innere Welt versiegelt und die Alter-Persönlichkeiten mit ihrer eigenen vorprogrammierten Realität eingeschlossen. Diese in inneren Strukturen gefangenen anderen Persönlichkeiten stecken in einem bestimmten Alter und Entwicklungsstand fest, wo sie noch an Märchen und Magie glauben. Sie sind nicht in der Lage, zwischen Realität und Fiktion zu unterscheiden. Sie sind auch völlig unfähig, zwischen der inneren und der äußeren Welt zu unterscheiden (...) Sie sind nur mit ihrem persönlichen Glaubenssystem, ihren

---

[491] *Healing the Unimaginable: Treating Ritual Abuse and Mind Control* - Alison Miller, 2012, S.75-76.

Persönlichkeitsmerkmalen und Fähigkeiten isoliert, mit allem, was für sie programmiert wurde. "[492]

In ihrem Buch „*Restoring Survivors of Satanic Ritual Abuse: Equipping and Releasing God's People for Spirit-Empowered Ministry*" hat die Therapeutin Patricia Baird Clarke ein Kapitel über Innenweltstrukturen und magische Operationen geschrieben. Auf der Grundlage der Heiligen Schrift erklärt sie auch, dass satanischer ritueller Missbrauch (durch Trauma und extreme Dissoziation) den physischen und den spirituellen Körper spaltet und eine Bresche in andere Dimensionen schlägt, wie wir im vorherigen Kapitel gesehen haben. Hier ist das ganze Kapitel, in dem erklärt wird, was diese „innere Welt" aus der Sicht eines Therapeuten ist:

Wir werden uns ansehen, was wir bei einer Person vorfinden können, die unter satanischem rituellem Missbrauch gelitten hat, der einen sehr komplexen psychischen Zustand verursacht. Diese Menschen werden in der Regel in Familien geboren, in denen Satanismus und ritueller Missbrauch von Generation zu Generation praktiziert werden. Nicht jeder, der diese Art von Missbrauch erlitten hat, wird die komplexen inneren Strukturen aufweisen, die wir nun erörtern und detaillieren werden; es ist jedoch zu erwarten, dass solche Strukturen und Persönlichkeitsfragmentierungen gefunden werden, da diese Menschen keineswegs selten sind. Diejenigen, die aufgerufen sind, sich geistig mit dem Thema ritueller Missbrauch zu befassen, werden das in diesem Kapitel vermittelte praktische Wissen benötigen.

Satanischer ritueller Missbrauch und die dadurch hervorgerufene Schuldgefühle schaffen einen unglaublich komplexen inneren Zustand. Die folgenden Konzepte mögen für diejenigen, die mit dem Thema noch nicht vertraut sind, bizarr oder surreal erscheinen. Wir müssen jedoch bedenken, dass die Dinge, die wir beschreiben werden und die außergewöhnlich erscheinen, die Wahrnehmung des Lebens und der Realität durch die Opfer darstellen. Alles, was sie sagen, muss mit Respekt und großer Sorgfalt behandelt werden, ganz gleich, wie fantastisch es Ihnen erscheinen mag. Die Dämonen werden beschworen und in die Person „hineingelegt", um den Altar abzutrennen und für das Opfer unzugänglich zu machen. Jedem Alter werden bestimmte negative Emotionen und Kultaktivitäten zugeordnet. Diese Veränderungen dienen dazu, das Opfer vollständig unter die Kontrolle der Sekte zu bringen. Das Opfer wird dann zu einer Art „Zombie", zu einer echten Hölle. Das gespaltene Individuum ist gezwungen, durch ständige Gewalt und dämonische Programmierung eine dunkle innere Welt zu schaffen. Das hebräische Wort für Finsternis ist „choshek" und bedeutet Elend, Zerstörung, Tod, Unwissenheit, Traurigkeit und Schlechtigkeit. Das Ziel der okkultistischen Folterer ist es, ihr Opfer in einem Netz aus Elend, Zerstörung und Zombifizierung gefangen zu halten, aus dem es kein Entkommen gibt. Die Seele der Person ist zersplittert, und jeder Teil (Bruchteil, Alter) ist in einem Labyrinth aus Kerkern, Gefängnissen, Fallen usw. verstrickt... Das ist ihre innere Welt.

---

[492] Ebd., S. 77-78.

Die Opfer sind zutiefst traumatisiert und gebrochen und befinden sich in einem Zustand großer Verwirrung. Die meisten von ihnen verstehen nicht, was mit ihnen geschehen ist. Sie wissen nur, dass sie leiden und dass sie Hilfe brauchen. Das einzige Wissen, das wir über diese okkulten Praktiken haben, was sie tun und warum sie es tun, lernen wir von diesen wertvollen Menschen, die Opfer in großem Schmerz und völlig verloren sind. Es ist schwierig, ein genaues Bild ihrer inneren Welt zu rekonstruieren, wie sie funktioniert und warum sie geschaffen wurde. Indem ich meine Erfahrungen mit Opfern rituellen Missbrauchs mit meinem Wissen über die Heilige Schrift kombiniert habe, habe ich meine eigene Theorie entwickelt, um zu erklären, womit wir es zu tun haben. Wir wissen aus der Heiligen Schrift, dass wir einen Geist, eine Seele und einen Körper haben.

1 Thess 5,23: „Der Gott des Friedens selbst heilige euch vollkommen, und euer ganzes Wesen, Geist, Seele und Leib, werde untadelig bewahrt bei der Ankunft unseres Herrn Jesus Christus! Derjenige, der dich ruft, ist treu, und er wird es tun."

In Genesis 2,7 wird uns gezeigt, wie wir in drei Teilen erschaffen wurden. Gott, der Herr, formte den Menschen aus dem Staub der Erde und blies ihm den Lebensatem in die Nase, und der Mensch wurde ein lebendiges Wesen."

Der Atem Gottes wurde zum Geist des Menschen. Als der Atem Gottes mit dem Körper des Menschen in Berührung kam, wurde die Seele gebildet, und diese drei Elemente sind in uns vereint. In Hebräer 4,12 lesen wir, dass Jesus (selbst das Wort Gottes) an einem Punkt die Seele vom Geist trennte. Denn das Wort Gottes ist lebendig und wirksam, schärfer als jedes zweischneidige Schwert, durchdringend bis zur Scheidung von Seele und Geist, von Gelenk und Mark, und ein Richter der Gedanken und Gefühle des Herzens.

Ich glaube, dass wir, solange unser Geist mit unserer Seele und unserem Körper verbunden ist, nicht in der Lage sind, in die geistige Welt zu sehen". Das ist es, was Gott für uns vorgesehen hat, denn Satan und Dämonen können als „Engel des Lichts" auftreten und uns täuschen. Gott will, dass wir unschuldig am Bösen sind.

Römer 16,19b: „Ich will, dass ihr weise seid in dem, was gut ist, und einfältig in dem, was böse ist". Dieses Konzept der Trennung von Geist und Seele ist schwer zu erklären, denn es gibt eine Trennung von Seele und Geist durch Jesus, der gut ist. Wenn wir im christlichen Glauben gereift sind und unsere selbstsüchtigen Motive abgetötet haben, werden wir uns der Trennung von Seele und Geist bewusst. Das bedeutet, dass unsere guten Werke, die aus unserer Seele kommen, nicht mit den fleischlichen Motiven unseres Geistes verbunden sind. Diese Trennung ist nicht vollständig, denn es gibt immer noch eine Verbindung, die unsere Seele in unserem Körper hält. Wir werden uns des Heiligen Geistes bewusster und haben dann mehr geistige Unterscheidungskraft, aber wir bleiben immer noch an den physischen Körper „angeschlossen". Bei satanischem rituellem Missbrauch kommt es jedoch zu einer scheinbar plötzlichen und völligen Trennung von Seele und Geist, die es der Person dann ermöglicht, Dämonen zu sehen und zu hören.

In Kor 15,44 heißt es: „In den tierischen Leib wird gesät, in den geistigen Leib wird er auferweckt, es gibt einen tierischen Leib und einen geistigen Leib". Wir wissen also, dass wir einen physischen Körper und einen geistigen Körper haben. Durch diesen biologischen Körper haben wir physischen Kontakt mit der materiellen Welt um uns herum. Wir sind uns nicht bewusst, dass wir einen geistigen Körper haben, bis unser physischer Körper stirbt. Das ist es, was Gott für uns vorgesehen hat. Durch Rituale setzen Satanisten Dämonen ein, um den geistigen Körper vom physischen Körper zu trennen. Wenn die Seele und der Geist getrennt sind und der geistige Körper vom physischen Körper getrennt wurde, dann tritt der Mensch bei vollem Bewusstsein in eine ganz andere Dimension ein. Dies ist die Dimension, die ich die innere Welt nenne. Diese Welt ist für den Einzelnen so groß und so real wie die physische Welt für uns. Wir denken, dass Geister einen „dunstigen" Zustand haben, aber Menschen, die in dieser Dimension waren, haben mir berichtet, dass Dämonen Gewicht und Substanz haben.

Diese innere Welt ist eine Welt dämonischer Geister und anderer Persönlichkeiten und ist durch den Verstand, durch Gedanken, insbesondere durch die Vorstellungskraft zugänglich. Menschen, die sich in transzendentaler Meditation üben oder (nicht verkörperte) Geistführer suchen, nutzen beispielsweise ihre Vorstellungskraft, um mit dem Reich der bösen Geister zu kommunizieren. Gott hat uns eine Vorstellungskraft gegeben, was an sich nichts Schlechtes ist, denn wir können sie für fabelhafte Erfindungen von großem Nutzen für die Menschheit einsetzen. Wir können unsere Vorstellungskraft nutzen, wie Jesus es tat, als er seine Jünger lehrte und ihnen sagte, sie sollten ihre Netze auf der rechten Seite des Bootes auswerfen. Phantasie kann sowohl zum Guten als auch zum Bösen eingesetzt werden.

Bei der spirituellen Arbeit mit anderen Persönlichkeiten, wenn Erinnerungen hochkommen, kommt eine Zeit, in der die Person in großer Bedrängnis ist und sagt, dass ihre „rechte Seite von ihrer linken Seite getrennt zu sein scheint". An diesem Punkt muss ein Dämon aus der Person ausgetrieben werden. Das wird für die Person hilfreich sein, aber es wird sie nicht von der Verbindung zu dieser besonderen spirituellen Dimension, die sie gerade erlebt, befreien. Dieses Gefühl der Spaltung kann durch die Erinnerung an das Ritual entstehen, das die Spaltung verursacht hat. Eine Frau beschrieb eine Zeremonie, bei der Satanisten die Bibelstelle „Hebräer 4:12" verwenden, allerdings in einer völlig verdrehten Form. Bei diesem Ritual wird ein echtes Schwert über das Opfer gehalten und Dämonen werden beschworen, um das Opfer zu spalten und zu zerteilen.

Aufgrund der geistigen Dimension, in der sich diese Person befindet, ist sie in der Lage, diese Objekte so zu sehen und zu erleben, als wären sie eine reale Sache, die mit unserer dreidimensionalen Welt identisch ist. Satanisten nutzen dies zu Kontrollzwecken. So könnte das Kind zum Beispiel auf eine Reise nach Deutschland mitgenommen werden und dort ein Schloss von innen und außen in allen Einzelheiten sehen. Das Kind wird ein paar sehr anstrengende Tage in diesem Schloss erleben und in den verschiedenen Räumen verschiedene Rituale durchlaufen. Das Kind ist gezwungen, sich den Grundriss der Burg einzuprägen.

Es wird eine Miniaturnachbildung dieses Schlosses im Stil einer Puppenstube gebaut, ein dreidimensionales Modell, mit dem sich das Kind tief in die Struktur einarbeiten kann. Sobald sich das Kind das Schloss eingeprägt hat, wird es einer „magischen Operation" unterzogen, d. h. es wird ihm gesagt, dass das Miniaturmodell des Schlosses in ihm platziert wird, so wie es selbst im Schloss platziert ist (Anm. d. Red.: Hier finden wir ein Schema des mise en abyme, genau wie die grafischen Darstellungen des Malers Escher, die auf Dualität und Spiegeleffekten basieren. Fritz Springmeier zufolge sind die in Eschers Gemälden enthaltenen Umkehrungen, Spiegelbilder, Illusionen und andere Trompe-l'oeil hervorragende Hilfsmittel für die mentale Programmierung von gespaltenen Subjekten). Das Schloss befindet sich nun „im Inneren" des Kindes und wird zu einer funktionsfähigen Struktur für die innere Welt. In dieser inneren Welt ist es nun möglich, durch die verschiedenen Räume des Schlosses zu gehen, und zwar auf eine Art und Weise, die so real ist wie in der realen Welt. In den Ritualen, die auf diese „Operation" folgen, wird das Kind viele Male dissoziieren, und die geborenen anderen Persönlichkeiten werden dann darauf programmiert, sich in verschiedenen Räumen des Schlosses niederzulassen. Diese Räume werden von äußeren Wesenheiten und Dämonen bewacht, und Fallen werden strategisch so platziert, dass es kein Entkommen für den abgetrennten Altar gibt. Diese Schlösser sind kalt und dunkel, voller Ratten und Schlangen und Folterkammern, es ist eine mächtige Kontrollstruktur. Wenn sich ein Alter nicht unterwirft, nicht genau das tut, was ihm befohlen wird, wird er den Dämonen in einer Folterkammer des Schlosses ausgeliefert. Dies ist für das Opfer äußerst schmerzhaft, da die geistigen Sinne geschärft werden. Einigen Berichten zufolge sind die geistigen Sinne stärker als die körperlichen. Der in dieser inneren Welt erlebte Schmerz wird sogar auf den physischen Körper übertragen. Wenn ein Christ bereit ist, sein Leben Christus zu widmen, gibt ihm der Herr eine außergewöhnliche Autorität in dieser Angelegenheit. Jesus Christus weiß, wie er den Altar schützen kann, wenn er zu sprechen beginnt. ER gibt uns die Macht, alle Dämonen einzusperren, und ER bringt die Altäre an einen Ort, an dem sie nicht gefunden werden und sich nicht rächen können.

Mit dieser magischen Operation stellen die Okkultisten überall in der inneren Welt des Menschen Fallen auf. Natürlich sind diese Dinge nicht wirklich da, aber weil das Kind glaubt, dass sie da sind, können die Dämonen sie benutzen, um es zu kontrollieren. Satanisten sind sich sehr wohl bewusst, dass ein Altar irgendwann die Möglichkeit haben wird, außerhalb der Sekte zu sprechen und Zeugnis abzulegen. Um sie zum Schweigen zu bringen oder sie für ihre Äußerungen zu bestrafen, werden strategisch Fallen aufgestellt, die durch bestimmte Auslöser ausgelöst werden, sobald das System bedroht ist. Diese Fallen können so pervers sein, wie es sich ein Dämon nur vorstellen kann. Eine sehr häufige Falle ist die Bombe. Eines Nachmittags bemerkte ich, dass eine Frau, die gerade Zugang zu einigen Missbrauchserinnerungen hatte, den ganzen Tag nichts getrunken hatte. Nachdem ich mich mit dem Herrn beraten hatte, offenbarte er mir, dass in ihr eine Bombe steckte, die explodieren würde, wenn sie etwas trank. Sie war völlig verängstigt. Ich bat den Herrn, es aus ihr herauszunehmen, was er auch tat. Danach konnte sie zwei große Gläser Wasser trinken. In dieser inneren Welt sind es ihre Überzeugungen, die das Opfer binden und festhalten. Ein Dämon kann die innere Explosion einer Bombe simulieren und die Person wird das Geräusch und den Schmerz dieser „Explosion" erleben. Viele dieser Werkzeuge sind darauf ausgerichtet, das Leben oder die geistige Gesundheit der Person zu zerstören, die zu sprechen beginnt. Dies ist nur ein Beispiel dafür, warum diese Art von Behandlung nur von einem Christen erfolgreich durchgeführt werden kann, der sich darauf verlässt, dass Jesus Christus die Arbeit erledigt. Hätte ein Atheist versucht, diese Bombe zu entfernen, wäre sie explodiert und die Frau hätte Medikamente und möglicherweise sogar einen Krankenhausaufenthalt benötigt. Eine Frau beschrieb mir einmal, was ihr passiert war, als wohlmeinende Gläubige versucht hatten, ihr die Dämonen auszutreiben. Eine Bombe explodierte, und sie spürte förmlich, wie Schrapnelle jeden Teil ihres Körpers durchdrangen. Die Splitter waren in Wirklichkeit dämonische Wesen, die in ihre Arme, Beine, ihren Kopf... in jeden Teil ihres Körpers geschleudert wurden... Die Explosion der Bombe wurde von einem implantierten Befehl begleitet, der ihr sagte, sie solle alle töten, die ihr zu helfen versuchten, und dann nach draußen rennen und sich unter ein Auto werfen. Sie wusste, was geschah, aber es war völlig außer Kontrolle geraten. Zwei Männer waren anwesend, um sie zu kontrollieren, aber zwei weitere Personen mussten eingreifen, um sie festzuhalten.

Durch eine magische Operation kann alles aus der physischen Welt in die innere Welt eines Menschen gebracht werden. Dies sind einige der Dinge, die man in dieser anderen Dimension des Seins häufig findet. Diese Gegenstände, die dazu bestimmt sind, das Opfer zu kontrollieren, können nur durch die Gnade des Herrn entfernt werden. Die meisten davon hängen mit schmerzhaften Missbrauchserinnerungen zusammen und werden entfernt, wenn die Erinnerung verarbeitet und integriert wird, aber das ist nicht immer der Fall. Deshalb ist es wichtig, die Zügel dem Herrn zu überlassen.

- Computer: Der Computer kann von Dämonen und/oder einem Alter benutzt werden, um ein Objekt oder eine andere Persönlichkeit im System zu kontrollieren.

- Telefone: Die Person kann die Stimme des Täters hören, der Anweisungen gibt; die Stimme ist offensichtlich die eines Dämons. Wenn der Täter will, dass die Person zu einer bestimmten Zeit an einen bestimmten Ort geht, ruft er einen Dämon an, der das Telefon aktiviert, um die Anweisungen an das Opfer zu übermitteln. Ein Dämon ist in der Lage, nicht nur die Stimme eines Menschen, sondern auch seine körperliche Erscheinung perfekt zu reproduzieren.

- Tonbandgeräte: Diese können demütigende Dinge, böse und verletzende Bemerkungen abspielen. Sie können Anweisungen immer und immer wieder abspielen, um bestimmte Verhaltensweisen zu erreichen. Wenn die Person beispielsweise ein Kompliment von außen erhält, kontert eine „aufgezeichnete" Stimme mit demütigenden Worten. Auch hier handelt es sich um dämonische Betrügereien.

- Video-/DVD-Kassetten: Mit diesen Hilfsmitteln können grausame Szenen von menschlicher oder anderer Folter in den Kopf der Person projiziert werden.

- Wecker: Diese können so eingestellt werden, dass sie zu verschiedenen Tages- oder Nachtzeiten klingeln, so dass die Person nie richtig ausschlafen kann. (Anmerkung der Redaktion: Cathy O'Brien berichtet in ihrer Autobiografie, wie ihr und ihrer Tochter automatische „mentale Wecker" implantiert wurden, so dass sie nie mehr als zwei Stunden Schlaf am Stück bekamen).

- Backofen: Ein Ofen kann verwendet werden, um die gesamte Energie aus einer Person herauszusaugen oder einen Altar zur Zerstörung energetisch zu entleeren. Der Ofen kann die Person überhitzen, um das Trauma zu verewigen.

- Labyrinthe: Alte Menschen sind oft in Labyrinthen gefangen. Jesus wird sie herausholen und das Labyrinth zerstören können.

Dies sind nur einige Beispiele für Dinge, die häufig in der inneren Welt von Opfern satanischen rituellen Missbrauchs zu finden sind. Die Möglichkeiten sind endlos, denn mit dieser magischen Operation kann alles aus der physischen Welt in die innere Welt übertragen werden.

Bei Menschen, die in generationenübergreifende satanische Familien hineingeboren werden, kann der Missbrauch schon während der Schwangerschaft, im Mutterleib, beginnen. Ein Fötus kann auf verschiedene Weise traumatisiert werden: durch Elektroschocks, Nadeln, Schocks im Mutterleib, Vergewaltigung der Mutter usw.

Es ist wahrscheinlich, dass sie ein Gerät zur Messung der Herzfrequenz des Babys verwenden. Wenn die Herzfrequenz ansteigt und dann plötzlich deutlich abfällt, ist dies ein Zeichen dafür, dass das Baby im Mutterleib in einen Zustand der Dissoziation eintritt. Okkultisten versuchen, 6, 13 oder sogar 18 Fragmentierungen aus der Trächtigkeit zu erhalten, das sind satanische Zahlen der Macht. Allerdings gelingt es ihnen nicht immer, die gewünschten Zahlen zu erreichen. Jede Fragmentierung des Fötus im Mutterleib wird zu einem „Samen", der dann wieder aufgespalten wird, um die verschiedenen Ebenen der inneren Struktur der Person mit wechselnden Persönlichkeiten zu nähren.

Die Organisation der inneren Welt ist nicht zufällig. Es ist eine Struktur, in der jede Persönlichkeitsveränderung und jeder Gegenstand sorgfältig und strategisch platziert ist.

Diese Struktur wird so viele Ebenen haben, wie es Fragmentierungen im Mutterleib gab. Wenn das Opfer im Mutterleib 13 Mal zersplittert wurde, hat die innere Struktur 13 Ebenen. In manchen Fällen ist die Anzahl der Teilungen im Mutterleib nicht so groß wie gewünscht, so dass das Neugeborene sofort geteilt wird, um die Anzahl der Ebenen zu vervollständigen. Diese verschiedenen Ebenen, die auch als Strata oder Schichten bezeichnet werden können, sollten eine geometrische Form haben, die häufig für jede Ebene gleich ist. Wenn zum Beispiel ein Quadrat verwendet wurde, ist jede Ebene quadratisch. Sie können auch durch Kombinationen geometrischer Formen gebildet werden, z. B. Quadrate in Kombination mit Dreiecken oder Kreisen.

Jede Ebene ist in Abschnitte oder Räume unterteilt, in denen die Personen „unter Hausarrest" stehen. Wächter (Dämonen) sind an strategischen Punkten auf jeder Ebene stationiert. Unter all diesen Schichten befindet sich in der Regel eine Art Grube, die manchmal ebenso viele Ebenen hat wie das Grundgerüst selbst. Die verschiedenen Ebenen sind durch Treppen (oft kreisförmig oder spiralförmig) miteinander verbunden, wobei jede Ebene durch eine Tür getrennt ist. Dieses System ähnelt dem eines Mehrfamilienhauses, ist aber möglicherweise anspruchsvoller gestaltet. Die Ebenen sind nicht unbedingt gleich groß und können in unterschiedlichen Winkeln zueinander stehen. Oft sind die Ebenen so gestaltet, dass sie sich drehen oder spiralförmig verlaufen (Anm. d. Red.: Karussellsystem). Die gesamte komplexe Struktur wird also schon in jungen Jahren in die innere Welt des Kindes „injiziert". Es kann ein Modell der Struktur gebaut werden, damit das Kind sie visualisieren und sich einprägen kann. Das Kind wird sich schließlich perfekt einprägen, einschließlich des Standorts der Wächtereinheiten in jedem Level und des Standorts der Saatgut-Alter in jedem Level. Dann wird die Struktur mit Hilfe einer magischen Operation in ihn hineingelegt, und man sagt ihm, dass er mit ihr wachsen muss. Während der „Operation" glaubt das Kind, dass es von der Kehle bis zum Unterleib geöffnet wurde und dass diese Struktur nun den gesamten Rumpf seines Körpers ausfüllt.

Jeder im Mutterleib durch eine dissoziative Spaltung entstandene Alter wird einer bestimmten Ebene der Struktur zugeordnet. Dieser Alter wird zum „Gründungskeim", der diese Ebene der Struktur mit mehreren anderen Alterns, allesamt Abspaltungen dieses Alter-Kerns, füllen wird. Das bedeutet, dass dieser andere Kern bei aufeinanderfolgenden Traumata eine ganze Reihe von Spaltungen durchmacht.

Die oberste Ebene der Struktur wird als „öffentliche Ebene" bezeichnet. Hier sind die Veränderungen untergebracht, die die Aufgaben des täglichen Lebens erfüllen (Wirtspersönlichkeiten). Das sind diejenigen, die das Familienleben managen, usw., das sind diejenigen, die mit der Außenwelt kommunizieren... Diese Alter Egos sind sich im Allgemeinen der Existenz anderer, tieferer Alter Egos nicht bewusst, bis sie sich eines Tages durch Hilfe von außen offenbaren. Diese „öffentlichen" Persönlichkeiten wissen nichts über die niedrigeren Persönlichkeiten oder sogar darüber, dass eine komplexe Struktur mit mehreren Ebenen existieren kann. Die Altherren der oberen Ebene wurden dem Opfer einprogrammiert, um das tägliche Leben zu bewältigen; diese Gruppen von Altherren werden manchmal als „Heimsystem" oder „öffentliche Ebene" bezeichnet. Diese Stufe hat in der Regel eine geringe Anzahl von Persönlichkeiten: 7 oder 8. Die Fläche dieser obersten Ebene wird die kleinste aller Ebenen sein (die Spitze des Eisbergs). Je weiter wir durch die Struktur in die Tiefe vordringen, desto größer und dichter besiedelt sind die Ebenen. In den unteren Etagen finden sich häufig Hunderte von Tieren. Je tiefer die Stufe ist, desto dunkler sind die Alter Egos, da sie sich mit der „dunklen Seite", d.h. den okkulten Aktivitäten der Gruppe beschäftigen. Alter, die sich in den tiefsten unteren Ebenen aufhalten, wissen absolut alles über die höheren Ebenen und sind in der Lage, die Kontrolle über das gesamte höhere System zu übernehmen. Die mächtigsten und dunkelsten Veränderungen befinden sich auf der untersten Ebene, in der tiefsten Programmierungsschicht. Wenn diese Alten aus den tiefsten Schichten die Kontrolle über den Körper übernehmen wollen, gehen sie durch die Türen nach oben, geben den Wächterdämonen ein Passwort und erhalten so Zugang zu den höheren Ebenen, den öffentlichen Ebenen. Die Wirtspersönlichkeiten dieser öffentlichen Ebene sind nicht in der Lage, dem okkultistischen Alter aus der Tiefe zu widerstehen. Ein Altar aus der Tiefe kann einen Altar aus der „öffentlichen Ebene" bestrafen und foltern, wenn dieser gesprochen oder anderweitig gegen die Regeln verstoßen hat. Nach einiger Zeit im Dienst kann es hilfreich sein, zu beten und den Herrn zu bitten, die Türen zu versiegeln, damit die niederen Altäre und Dämonen nicht mehr auf die „öffentliche Ebene" aufsteigen und Unruhe stiften können. Dies ist jedoch nichts, was man systematisch tun sollte... Gott hat mich dazu geführt, dies bei einigen Menschen zu tun, aber bei anderen hat er mich anders angewiesen. Wir müssen offen sein für die Führung durch den Herrn.

Ein Alter kann so programmiert werden, dass er alles und jeden darstellen kann, je nach dem Willen des Programmierers oder den Bedürfnissen des Opfers. Jemand, der auf so komplexe Weise gefoltert wurde, kennt nur einen Bewältigungsmechanismus: Dissoziation. Auf diese Weise erschafft die Sekte absichtlich andere Persönlichkeiten, um ihre ungesunden Ziele zu erreichen, und das Opfer erschafft andere Persönlichkeiten, um mit dem Leben zurechtzukommen, das es weiterhin führen muss. Daher werden einige andere Persönlichkeiten dazu bestimmt sein, für die Sekte zu arbeiten, während andere die Aufgabe haben, der missbrauchten Person zu helfen und sie zu unterstützen. Es gibt auch neutrale Persönlichkeiten, die in keine der beiden Kategorien passen. Sie haben verschiedene Funktionen, wie z. B. zu lehren, Informationen zu speichern, bestimmte Rituale auszuführen, das Opfer dazu zu bringen, einen bestimmten Zeitplan zu befolgen, wenn es zu den Zeremonien geht, Dämonen anzuziehen, satanische Energie zu speichern, jegliche Ratschläge von Christen zu blockieren, die Programmierung zu steuern usw. Dieses komplexe System wird dafür sorgen, dass es viele andere Personen gibt, die für die Tötung des Opfers verantwortlich sind, wenn es mit christlichen Seelsorgern in Kontakt kommt, die es befreien können. Die Programmierer geben dem Kult-Alter eine vollständige Identität, manchmal sogar mit ihren eigenen körperlichen Merkmalen. Das Opfer kann zum Beispiel übergewichtig und alt sein, aber für den Kontrollierenden ist ihr Körper der eines schlanken Teenagers. Diese Sektenmitglieder können sich gegen das Wohlergehen des Individuums wenden und sogar versuchen, es zu töten, wenn es notwendig ist, sich daran zu erinnern, dass sie denselben Körper bewohnen... doch oft leugnen sie diese Realität vehement, indem sie abfällige Dinge über das physische Aussehen oder die Persönlichkeit der Person sagen. An diesem Punkt ist es hilfreich, sie in einen Spiegel schauen zu lassen, um zu zeigen, wie die Sekte sie getäuscht hat. Nicht selten sagen sie auch, dass es sich bei den Spiegeln um Dinge handelt, vor denen die Sekte sie gewarnt hat. Ich sage ihnen dann, dass sie still sein sollen, während sie in den Spiegel schauen, das wird sie oft davon überzeugen, dass sie völlig getäuscht wurden. Viele von ihnen werden ihre selbstzerstörerische

Mörderprogrammierung gerne aufgeben, wenn sie erkennen, dass sie eigentlich Selbstmord begangen hätten. Satanisten greifen über Auslöser wie Namen, blinkende Lichter, Töne, Zahlen usw. auf Veränderungen zu. Durch Missbrauch und Programmierung wird das Opfer praktisch zu einem menschlichen Computer, der für jeden zugänglich ist, der über das Programm und die Zugangscodes verfügt. Diese Veränderungen können auch durch andere Mittel aktiviert werden. Einige werden durch Dämonen aktiviert, die der Kult bei Ritualen beschwört. Andere Veränderungen wurden erschaffen und so programmiert, dass sie zu einem bestimmten Zeitpunkt auftauchen und aktiv werden. Wenn die Sekte zum Beispiel beschlossen hat, dass eine Person im Alter von 50 Jahren sterben soll, wird ein Alter mit Selbstzerstörungsprogrammierung im Alter von 50 Jahren aktiviert. Die Astrologen des Kults wissen seit Äonen, wann bestimmte Himmelserscheinungen eintreten werden. Zum Beispiel ein Vollmond, der auf denselben Tag wie eine Sonnenfinsternis an einem Freitag, dem 13. fällt (so geschehen im März 1998). Diese Dinge werden von Satanisten schon Jahre im Voraus geplant. Es kann daher sein, dass ein Alter darauf programmiert wurde, an diesem Tag aufzutauchen, um die Person in ein Ritual zu führen, in dem sie eine bestimmte Funktion erfüllen wird. Jeder Sektenanhänger muss von Dämonen befreit und zu Jesus Christus bekehrt werden. Dies ist in der Regel in 15 bis 30 Minuten erledigt. Jesus gibt ihnen eine neue Funktion, so dass sie konstruktiv arbeiten und zum Wohl des Menschen beitragen können. Diese Anbetungsaltäre haben viele Informationen, die sehr hilfreich sind, um andere Altäre zu erreichen. Ich hatte zum Beispiel einen Fall, in dem ein Alter namens Bobby versucht hatte, die Wirtspersönlichkeit in meiner Gegenwart zu töten. Jesus gab ihm den Auftrag, mir zu zeigen, wo alle Fallen im System sind. Bobby war so programmiert, dass er sich die Fallen auf den ersten 7 der insgesamt 13 Ebenen, aus denen die interne Struktur besteht, einprägte. Sobald er „auf unserer Seite" war, wurde er zu einem wertvollen Faktor für die Genesung des Opfers. Andere Sektenmitglieder sind sich bewusst, dass sie im Körper der Wirtspersönlichkeit leben, aber sie arbeiten trotzdem gegen sie. Einige dieser Alter, die ich „Kamikaze-Alter" nenne, sind der dunklen Seite so zugetan, dass sie bereit sind, ihr eigenes Leben zu opfern, um das Opfer zu töten. Einige werden sich von Jesus Christus überzeugen lassen, andere nicht, auch wenn sie ihn sehen und hören können. In diesem Fall beseitigt Jesus sie einfach. Eine Frau mit einem sehr komplexen I.D.T. wird viele männliche Veränderungen haben. Sie können zu Beginn des Heilungsdienstes auftreten oder erst nach mehreren Monaten, aber sie sind da. Es kommt auch häufig vor, dass ein Alter glaubt, er sei ein Hund. Er wird nicht sprechen, sondern nur bellen können. Es ist dann notwendig, einen anderen aufmerksamen Alten zu bitten, für ihn zu sprechen, er wird eine wertvolle Hilfe sein. Eine Frage, die man sich stellen kann, ist: Wie kann jemand zu der Überzeugung kommen, dass er ein Hund ist? Satanisten entmenschlichen ihre Opfer gerne. Je weniger menschlich sie sich fühlen, desto besser werden sie mit den Dämonen in Kontakt kommen, indem sie deren Verhalten übernehmen (Dämonen sind bestialisch). Diese Art der Programmierung ist wirklich ziemlich brutal. So wird das Kind beispielsweise bis zu einer Woche lang nackt in einem Gehege mit Hunden untergebracht. Dem Kind ist es nicht erlaubt, sich wie ein Mensch zu verhalten. Er darf nicht stehen, nicht sprechen, nicht mit den Händen essen und trinken und er wird auf dem Boden schlafen. Er muss sich auf allen Vieren fortbewegen, um wie ein Hund aus einem Napf zu fressen und zu trinken. Er wird mehrmals von männlichen Hunden vergewaltigt. Ein Alter kann ein Kätzchen sein. Ich lernte eine dieser anderen Personen kennen, als ich dem Opfer zuhörte, wie sie über ihre Techniken/Versuche sprach, mit der Gewalt fertig zu werden. Die Mutter eines kleinen Mädchens erzählte mir dann, dass sie bemerkt hatte, dass die Kätzchen auf dem Bauernhof ihrer Familie vernachlässigt wurden. Sie dachte, dass ihre Peiniger sie vielleicht in Ruhe lassen würden, wenn sie selbst ein Kätzchen wäre. Einige dieser Alterstiere können nur ein einfaches „Miau" von sich geben, andere wiederum benötigen einen Alter-Mediator, der in ihrem Namen spricht. Wieder andere glauben aufgrund verschiedener Programmierungen, sie seien Außerirdische oder Roboter. Eine Frau erinnerte sich, dass sie eine Woche lang mit Hunden programmiert wurde, gefolgt von einer Woche ET-Programmierung und einer dritten Woche Roboterprogrammierung. Am Ende der drei Wochen hatte sie keine Ahnung, wer sie war, sie wusste nur, dass sie kein Mensch war. Eine der einprägsamsten Änderungen, die ich getroffen habe, war „Rubber Man". Er war Teil der „öffentlichen Ebene", er war vom Opfer geschaffen worden, um unglaubliche Dinge zu tun, zu denen ihn seine schreckliche Stiefmutter zwang. Da er aus Gummi besteht, konnte er seine Arme und Beine ausstrecken, um unzugängliche Stellen zu erreichen und scheinbar unmögliche Aufgaben zu erfüllen. Er war besonders gut im Fensterputzen oder in der Reinigung von Dachrinnen. Aber der „Gummimann" sprach nie... er sang mit lauter Reimstimme und munterte die Wirtspersönlichkeit gerne auf, wenn sie traurig war (Anmerkung der Redaktion: Cathy O'Brien berichtet, dass eine ihrer Schwestern, Kelly Jo, einen Alter mit einer Programmierung für Prostitution hat, mit der sie so flexibel wie „Gumby" wird).Viele Altäre, insbesondere Baby- oder Kinderaltäre, haben keine besondere Funktion. Sie mögen in dunklen Kerkern, Gruben, Gefängnissen usw. eingesperrt sein, sie sind verängstigt und unglücklich. Bei diesen Veränderungen handelt es sich oft um „Rückstände" oder „Kollateralschäden", die entstehen, wenn die Person während der Rituale und Programmierungen immer größeren Schmerzen und Schrecken ausgesetzt ist. Um die gewünschte Kultveränderung zu erzeugen, setzen Satanisten die Person unerträglichen Schmerzen aus, die zu mehreren Dissoziationen führen, wobei jede nacheinander erzeugte Veränderung stärker und stärker mit der Dunkelheit verbunden ist als die letzte. Wenn eine Person zum Beispiel fünfmal dissoziiert, bevor die gewünschte Persönlichkeit geschaffen wird, werden die ersten vier Persönlichkeiten von der Sekte nicht berücksichtigt, die sich nicht für sie interessiert. Sie gelten daher als nutzlos und werden in einer Art Gefängnis oder Kerker eingesperrt, sie werden „in den Schrank gestellt". Manchmal taucht ein Alter mit sehr wenig Einblick auf, beantwortet aber keine Fragen. Die Chancen stehen gut, dass es sich um ein präverbales Alter (Säugling oder Baby) handelt. Es ist zu fragen, ob ein anderer Alter dann in seinem Namen sprechen kann. Vor kurzem bin ich auf den Fall einer 53-jährigen Frau gestoßen. Ihr Haar verdeckte ihr Gesicht und sie starrte mich an, während sie am Daumen lutschte und sich mit dem Zeigefinger die Nasenspitze rieb. Sie war offensichtlich sehr verängstigt, aber auch neugierig. Als sie keine der Fragen, die ich ihr stellte, beantwortete, fragte ich, ob jemand für sie sprechen könne. Damals lernte ich die 11-jährige Lisa kennen, die mir von dem Missbrauch erzählte, den Rini erlitten hatte. Dann kam Rini zurück, und ich bat Jesus, sie zu befreien, und wie so oft schickte er ihr ein kleines Lamm. Ich sah, wie sie das Lamm streichelte, wie sie lachte, als es sich an ihren Hals schmiegte. Nach einer kurzen Zeit mit dem Lamm blickte sie voller Ehrfurcht zu Jesus auf und hob dann die Arme, damit er sie holen sollte. Dann schien sie sich zu entspannen und legte ihren Kopf auf seine Schulter, während er sie an einen sicheren Ort brachte.[493]

6 - DER TRANCEZUSTAND UND DIE „AUSLÖSER"

Der Trancezustand kann durch drei Kriterien definiert werden:
- Verändertes Bewusstsein.
- Teilweise oder vollständige Amnesie als Folge der Trance.
- Anwesenheit von mindestens einer alternativen Persönlichkeit während der Trance.

Die extremen körperlichen und emotionalen Bedingungen des rituellen Missbrauchs haben schwere Auswirkungen auf das Kind, insbesondere in Kombination mit diesen Trancezuständen. Es ist wichtig, die Rolle dieser veränderten Bewusstseinszustände im Prozess der Gedankenkontrolle von Kindern zu untersuchen. Wenn sie sich in einem Trancezustand befinden, sind sie offener für Indoktrination und Techniken zur Kontrolle ihres Verstandes und Verhaltens. Wenn beispielsweise ein Kind in Trance von einem Erwachsenen hört, dass Satan das Sagen hat, wird es diese Überzeugung viel stärker verinnerlichen, als wenn es sich in einem normalen Wachzustand befindet. Es gibt viele Möglichkeiten, das Kind während des rituellen Missbrauchs in diese veränderten Bewusstseinszustände zu versetzen. Das Ritual selbst enthält mehrere Trance-induzierende Elemente: Gesang, Isolation, Sinnesentzug und Schmerzen durch alle Formen extremer Folter. Trancezustände werden auch durch Hypnose und Drogen herbeigeführt. Diese Erfahrungen haben einen tiefgreifenden und dauerhaften Einfluss auf die Überzeugungen, Gefühle und Verhaltensweisen der Opfer, auch wenn sie sich nicht immer bewusst daran erinnern können. Erst später im Leben, in der Regel mit Hilfe eines geschulten Therapeuten, sind einige rituell missbrauchte Opfer in der Lage, mühsam zu rekonstruieren, was passiert ist, als sie sich in Trance oder einem dissoziativen Zustand befanden.[494]

---

[493] Wiederherstellung von Überlebenden satanischen rituellen Missbrauchs: Ausrüstung und Freisetzung von Gottes Volk für einen geistbefähigten Dienst - Patricia Baird Clark, 2000.

[494] „Bericht der Task Force für rituellen Missbrauch", Los Angeles County Commission for Women, 1989.

Die Programmierung funktioniert mit *Triggern*, d. h. Zugangscodes wie Namen, Phrasen, Lichtblitze, ein Ton, eine Stimme mit einem bestimmten Tonfall, die es den Programmierern, Meistern oder Vorgesetzten des Kults ermöglichen, Zugang zu den anderen Persönlichkeiten der Opfer zu erhalten. Dadurch kann der Programmierer auch auf die internen Strukturen zugreifen, um sie zu ändern oder bei Bedarf Informationen abzurufen. Das interne System kann in der Tat dazu verwendet werden, Informationen zu speichern, die von einem hypermnesischen Alter gespeichert werden, Daten, auf die nur mit bestimmten Zugangscodes zugegriffen werden kann. Die Informationen können auch im Unterbewusstsein gespeichert werden, das dann als echte, sichere Festplatte genutzt wird. All diese Manipulationen werden durchgeführt, ohne dass das Opfer etwas davon merkt.

Die zuvor programmierten Funktionen werden unbewusst oder mit einem gewissen Bewusstsein der Verpflichtung, etwas zu tun oder zu lassen, ausgeführt. Alter, die in internen Strukturen gefangen sind, gehorchen den implantierten Befehlen, bis sie befreit werden. Diese Art der Programmierung kann die Gedanken und Handlungen einer Person über Jahrzehnte hinweg kontrollieren, in der Regel ohne dass sie sich dessen bewusst ist. Überlebende von rituellem Missbrauch und MKs beginnen im Alter von 30 bis 50 Jahren, ihre Erinnerungen wiederzuerlangen. Es dauert viele weitere Jahre, bis sich das Opfer der Programmierung und ihrer anhaltenden Auswirkungen auf es bewusst wird. Die Aufdeckung dieser inneren Strukturen erfordert häufig Hilfe von außen, damit der Überlebende aufgrund seiner selbstzerstörerischen Programmierung einen sicheren Zugang zu diesen Informationen erhält.[495]

Die Benennung von anderen Persönlichkeiten ist ein zentraler Punkt der Gedankenkontrolle. Der Programmierer wird das erstellte Alter systematisch benennen, da es sich automatisch als zu der Person gehörig empfindet, die es durch die Vergabe eines Namens identifiziert hat. Mit den Namen der Alter, den Zugangscodes und den verschiedenen auslösenden Reizen können die Mechanismen der mentalen Kontrolle ausgelöst und die Programmierung aufgerufen werden.

Traumabedingte Gedankenkontrolle beruht auf der Fähigkeit, im Opfer unbewusst die Angst vor dem Wiedererleben des Missbrauchs und der Folter hervorzurufen, so dass es den während der Programmierung implantierten Direktiven und Befehlen Folge leistet. Der amerikanische Psychologe Joseph LeDoux, der sich mit dem emotionalen Gedächtnis beschäftigt hat, hat seine Forschungen auf den Zusammenhang zwischen Gedächtnis und Emotionen und insbesondere auf die Mechanismen der Angst konzentriert. Seine Arbeit gibt uns einen Einblick in die Funktionsweise der MK-Programmierung. In seinem Buch *„The Emotional Brain: The Mysterious Underpinnings of Emotional Life"* *(Das emotionale Gehirn: Die geheimnisvollen Grundlagen des Gefühlslebens)* zeigt er, dass es beim Menschen zwei Langzeitgedächtnissysteme gibt: ein explizites, bewusstes, kognitives und verbales Gedächtnissystem und ein implizites, unbewusstes, emotionales und nonverbales Gedächtnissystem (wie wir bereits

---

[495] *The Relationship Between Mind Control Programming and Ritual Abuse*, Ellen P. Zeichen.

in Kapitel 5 gesehen haben). Seine Forschungen zeigen, dass das unbewusste Gedächtnissystem von Angst und Schmerz *„eine unauslöschliche Form des Lernens darstellen* kann". Bei posttraumatischen Reaktionen schreibt er, dass *„ein Reiz, der mit der Gefahr des Traumas verbunden ist, zu einem eingebauten Auslöser werden kann, der in uns emotionale Reaktionen hervorruft.* LeDoux nennt diese Form der Konditionierung *„Angstkonditionierung".* Diese Angstkonditionierung scheint ein grundlegendes Element für das Funktionieren der MK-Programmierung zu sein. LeDoux' Forschungen zeigen, dass emotionale Informationen während automatischer, unbewusster Bewältigungsmechanismen während eines Traumas durch die Amygdala weitergeleitet werden und dass diese *Angstkonditionierung* unabhängig vom Bewusstsein abläuft, was er *das emotionale Unbewusste* nennt. Dieses weitgehend unbewusste emotionale System wirkt sich stärker auf das bewusste kognitive System aus als andersherum. So sagt er: *„Menschen tun in der Regel alle möglichen Dinge aus Gründen, die ihnen nicht bewusst sind, weil diese Verhaltensweisen durch Mechanismen im Gehirn hervorgerufen werden, die unbewusst ablaufen.* Überlebende berichten, dass die Programmierer absichtlich Folter und Drogen einsetzen, um zu versuchen, die bewusste kognitive Verarbeitungsfähigkeit der Opfer zu blockieren. Diese Angstkonditionierung des Traumas wird daher die anderen Persönlichkeiten kontrollieren. Angstbedingte Reaktionen werden automatisch ausgeführt, ohne dass man sich dessen bewusst ist, ohne kognitives Bewusstsein. Konditionierte und programmierte Auslöser, wie die Stimme des Täters, ein Handzeichen, ein Wort oder eine Wortfolge usw., können dann im unbewussten emotionalen Gedächtnis unkontrollierte Angst und Schmerz auslösen. Dies führt dann dazu, dass die Person ein konditioniertes und programmiertes Verhalten an den Tag legt, um zu vermeiden, dass sie den Schmerz und den Schrecken, den sie bereits unbewusst in dieser traumatischen emotionalen Erinnerung wahrnimmt, tatsächlich fühlt.[496]

Die Tatsache, dass einige Ereignisse nicht bewusst erinnert werden, bedeutet nicht, dass sie keinen bedeutenden Einfluss auf das Leben des Einzelnen haben. Solange die Erinnerungen nicht zurückkehren und in einem sicheren Umfeld bearbeitet und integriert werden können, wird das Opfer eines solchen Missbrauchs immer bis zu einem gewissen Grad von seinen vergangenen Erfahrungen kontrolliert werden. Der Überlebende kann daher stark reagieren, wenn ihn etwas oder ein Ereignis an diese schwere Vergangenheit erinnert (bewusst oder unbewusst). Wenn der Überlebende zum Beispiel als Kind bei jedem Vollmond rituell missbraucht wurde, kann er sich als Erwachsener gezwungen fühlen, dem Kult beizutreten, um an den Vollmondzeremonien teilzunehmen. Oder er oder sie wird dazu „getrieben", an einem bestimmten Tag oder als Reaktion auf einen Auslöser in der Umgebung eine körperliche oder sexuelle Gewalttat zu begehen. Dies kann sich auch in

---

[496] „Ritualer Missbrauch und Gedankenkontrolle", Kap.: Die Manipulation von Bindungen" - Foltergestützte Gedankenkontrolle: Psychologische Mechanismen und psychotherapeutische Ansätze zur Überwindung von Gedankenkontrolle, Ellen P. Zeichen.

Form von selbstzerstörerischen Zwängen äußern, um mit der Angst fertig zu werden, die mit dieser dissoziativen Erinnerung an das traumatische Ereignis verbunden ist.

Therapeutin Ellen P. Lacter hat bei ihren Patienten mehrere Indikatoren für die Programmierung beobachtet. Zum Beispiel ändert er plötzlich seinen Zustand als Reaktion auf ein Detail, das eine Art roboterhaften Zustand mit starrer Körperhaltung, leeren Augen und der Unfähigkeit, etwas zu hören oder zu reagieren, auslöst. Dann fängt er an, irgendwohin zu wollen oder zum Telefon zu gehen... Vier seiner Patienten berichteten über einen identischen Triggercode, der mit der gleichen Art von Programmierung zusammenhängt. Der Code war etwa zehn Zeichen lang, mit denselben Vor- oder Nachsilben und nur wenigen Abweichungen in der Schreibweise. Dieser Code wird jedoch in keinem Buch oder im Internet erwähnt, und diese Menschen lebten in abgelegenen Gebieten.[497]

Dr. James Randall Noblitt berichtet, dass einige seiner Patienten berichtet haben, dass Telefonanrufe oder Klopfen an ihrer Tür auf eine bestimmte Art und Weise eine andere Persönlichkeit hervorrufen, die darauf programmiert ist, sich jedem zu unterwerfen, der dieses Auslösesignal benutzt. Viele Therapeuten haben von ähnlichen Informationen berichtet, die sich von Patient zu Patient überschneiden. Dr. Cory Hammond sagte in seinem Vortrag mit dem Titel „The Greenbaum Lecture": „Wenn man anfängt, in verschiedenen Staaten von Florida bis Kalifornien und in verschiedenen Ländern dieselben Informationen hochgradig esoterischer Natur zu sammeln, beginnt man zu glauben, dass etwas vor sich geht... Dass es sich um ein groß angelegtes, sehr gut koordiniertes, systematisches und hoch organisiertes Phänomen handelt.... Wir haben also an vielen verschiedenen Orten dasselbe Phänomen festgestellt (...) Es ist an der Zeit, mehr Informationen zwischen Therapeuten auszutauschen."

In seinem Buch Cult and Ritual Abuse berichtet Dr. James Randall Noblitt, dass einige seiner Patienten die gleichen Arten von Kindesmissbrauch mit Ritualen und sadistischen Handlungen beschreiben. Diese Patienten hatten keinen Kontakt zueinander und stammten aus unterschiedlichen geografischen Regionen, Religionen und sozioökonomischen Verhältnissen. Trotz dieser bemerkenswerten Unterschiede hatten diese Personen nicht nur ähnliche Erinnerungen an traumatische Rituale, sondern wiesen auch ähnlich strukturierte innere Systeme der Identitätsfindung auf. Einige veränderte Patientenpersönlichkeiten schienen sogar andere Patienten wiederzuerkennen, schreibt Dr. Noblitt: „Ich verabschiedete mich von einem männlichen Patienten, bei dem ADS diagnostiziert wurde, und lud eine andere Patientin, 'Alice', in mein Büro ein. Im Zimmer angekommen, verwandelte sich Alice in eine andere Gestalt, sie benahm sich jetzt wie ein verängstigtes Kind: „Warum kommt Robert James zu dir? Weißt du nicht, dass er sehr gefährlich ist? Aufgrund der ärztlichen Schweigepflicht konnte ich nichts über diesen Patienten sagen, der gerade meine Praxis verlassen hatte. Ich konnte nicht einmal sagen, dass er ein Patient von mir war. Sein richtiger Name war Robert Dale. Robert James war

---

[497] Ebd.

einer seiner geheimen Kultnamen. Warum erkannte Alice ihn und identifizierte ihn mit seinem Kultnamen? Meines Wissens hatte er niemandem von diesem Namen erzählt, zumindest nicht außerhalb der Sekte, so wie er meines Wissens auch Alice noch nie zuvor getroffen hatte. Er schien sie nicht einmal zu erkennen, als sie sich im Wartezimmer trafen. Alice hatte auch drei andere Patienten von mir identifiziert, zwei von ihnen durch ihre Kultnamen, von denen sie sagte, dass sie mit Ritualen verbunden waren, die sie in ihrer frühen Kindheit durchgemacht hatte (...) Alice wurde auch von den anderen Persönlichkeiten von zwei anderen Patienten erkannt, die in der Konsultation enthüllten, dass sie sich gegenseitig von früheren Kultaktivitäten kannten. "[498]

Noblitt schreibt auch, dass sich die Macht innerhalb der satanisch-luziferischen Kulte in einer sehr strengen pyramidalen hierarchischen Organisation widerspiegelt. Einige der höheren Ämter werden dauerhaft von denselben Personen bekleidet, in einigen gnostischen Traditionen können die relativ wichtigen Ämter (Priesterin, Priester) jedoch auch wechseln. Die Anzahl dieser Hierarchieebenen ist von Organisation zu Organisation unterschiedlich und sie tragen auch unterschiedliche Namen wie Ritter, Prinz, Priester, Hohepriester, König usw.

Je höher ein Mitglied in der Hierarchie aufsteigt, desto mehr Informationen über die Programmierung und die Auslösecodes, die in den Zeremonien verwendet werden, werden ihm über die anderen Mitglieder der Sekte offenbart. Bei einigen dieser Auslöser handelt es sich um allgemeine, einfache Zugangscodes, die zur Kontrolle einer relativ großen Anzahl von Personen verwendet werden können. Aus diesem Grund berichtete die Therapeutin Ellen Lacter, dass vier ihrer Patienten identische Auslöser hatten, die mit der gleichen Programmierung verbunden waren. Laut Dr. Noblitt scheint der Auslöser „Deep" oder „Deeper" ein gängiges Schlüsselwort zu sein. Bei wiederholter Anwendung oder diskreter Einbindung in ein Gespräch versetzen sich viele Überlebende dieser Sekten in einen Trancezustand, in dem sie deutliche Anzeichen einer Bewusstseinsveränderung zeigen, wie z. B. eine Veränderung des Blicks und der Körperhaltung.

Noblitt erklärt, dass Sektenmitglieder, die in der Hierarchie aufsteigen, nicht nur Zugang zu einer Vielzahl von Auslösecodes haben, mit denen sie Menschen auf niedrigeren Ebenen kontrollieren können, sondern dass sie auch ein „Upgrade" durchlaufen, so dass diese allgemeinen Auslöser nicht mehr so viel Einfluss und Kontrolle über sie selbst haben. So wurden die Überlebenden, die in die höchsten Ränge dieser Sektengruppen aufgestiegen sind, mit sehr viel spezifischeren und komplexeren Auslösern konditioniert und programmiert, so dass die Mehrheit der anderen Mitglieder sie nicht kontrollieren kann, indem sie Zugang zu ihrer Programmierung hat. Eine solche Kontrolle ist der Elite in den oberen Rängen der Hierarchie vorbehalten, die über fortgeschrittenere Kenntnisse der Auslöser und ausgefeiltere Zugangscodes zu ihrer eigenen Programmierung verfügt. Während Sektenmitglieder der unteren Ebene von den Führern für alle möglichen Dinge benutzt werden, können sie in einigen Fällen

---

[498] *Cult and Ritual Abuse* - James Randall Noblitt und Pamela Perskin Noblitt, 2014, S.90.

in der Hierarchie aufsteigen und die Protokolle für den Zugriff auf die Programmierung anderer Mitglieder erlernen, wodurch sie wiederum eine unglaubliche Macht zur Kontrolle erhalten.[499]

Die mentale Kontrolle mit ihren Zugangscodes zur Programmierung ist daher ein wesentlicher Punkt im luziferischen Okkultismus, in der „namenlosen Religion". Sie ist das wichtigste Instrument der Beherrschung, weil sie unauffindbar ist. In der Greenbaum-Vorlesung berichtet Dr. Cory Hammond, dass einige Überlebende auch Identifizierungscodes haben könnten. Dieser Code enthält ihr Geburtsdatum, möglicherweise auch den Ort, an dem sie programmiert wurden, sowie weitere Informationen über ihre Familie oder die Sekte. Wie bereits erwähnt, können das Unterbewusstsein und die Alter Egos als Festplatte für die Speicherung aller möglichen Informationen dienen. Als Mark Phillips mit der Deprogrammierung von Cathy O'Brien begann, entdeckte er zum Beispiel Bankkontonummern. Seiner Meinung nach ist Deprogrammierung genau wie Hacken. So wie man sich in einen Computer hacken kann, kann man sich auch in die „Festplatte" eines MK-Sklaven hacken...

Zu Beginn, wenn die neuen Persönlichkeiten geschaffen sind, werden die Kinder in diesen Gruppen mit einfachen, grundlegenden Auslösern programmiert, die die taktilen und visuellen Sinne nutzen. Diese Berührungsauslöser sind für die Kontrolle eines Kindes sehr wichtig. Für die Außenwelt sehen die meisten dieser harmlosen Gesten einfach wie liebevolle Berührungen aus. Diese Auslöser werden in der Regel durch eine Kombination aus Spiel und Schmerz, Bestrafung und Belohnung erlernt. Diese Programmierungen erfolgen durch Wiederholung, wenn sich das Kind in veränderten Bewusstseinszuständen befindet.

Die alten Persönlichkeiten des *Großmeisters*, des *Hohepriesters* oder der *Hohepriesterin* gelten als die wichtigsten und hierarchisch höchsten. Ein Kind, das für solche Positionen bestimmt ist, besitzt eine andere Persönlichkeit, die in geheimen esoterischen Sprachen, hohen Formen der schwarzen Magie und Dämonologie ausgebildet wird. In den luziferischen Hierarchien, so Fritz Springmeier, haben diese tiefsten Alter-Persönlichkeiten, d.h. diejenigen, die mit der Welt des Okkultismus verbunden sind, göttinnen- oder gottähnliche Namen, königliche oder königliche Namen. Dies sind die Namen, die der Programmierer oder der Kult verwenden wird, um sie zu identifizieren, aber sie sind keine Triggercodes im eigentlichen Sinne. Zugangscodes folgen Mustern, es kann ein Standard- und ein einmaliger Code sein. Sehr häufig werden Passagen aus der Bibel zur Kodierung von Auslösern verwendet, aber auch Auszüge aus populären Belletristikbüchern. Die Zugangscodes für die tieferen Ebenen der Programmierung haben esoterischen Inhalt, z. B. in henochischen Sprachen, oft werden auch Sprachen verwendet, die dem Herkunftsland fremd sind. Die Art der Codes hängt auch mit dem Zweig des Kults zusammen, z. B. wird eine druidische Gruppe druidische Symbole verwenden, eine kabbalistische Gruppe kabbalistische Codes. In einem internen System können leicht sechs verschiedene Sprachen als Programmiercodes verwendet werden, aber auch

---

[499] Ebd. S.158.

Phantasiewörter und Zeichensprachcodes sind möglich. Gematria (kabbalistische Lehren über Zahlen) spielt auch eine wichtige Rolle bei der Erstellung von Zugangscodes zu den tiefsten und dunkelsten Persönlichkeiten, die mit Okkultismus und Hexerei zu tun haben. Abgesehen davon sind die meisten anderen Persönlichkeiten mehr oder weniger mit dem Okkultismus vertraut gemacht worden. Es gibt mehrere Gründe, warum Monarch-Sklaven viele interne Codes und Strukturen haben, die mit Esoterik und Hexerei zu tun haben. Zunächst einmal liegt es daran, dass die Programmierer in der Regel selbst einen hohen Okkultismus praktizieren und ihre Weltanschauung auf diesen Dingen beruht, so dass sie dies in die MK-Programmierung übertragen. Zweitens werden die Sklaven wieder in ihre Verbindung mit Satan und seinem Kult hineingezogen, sobald sie durch diese Codes okkulter Natur ausgelöst werden. Drittens wird die Verwendung von „magischen" Wörtern als Auslöser auch den Glauben verstärken, dass Programmieren echte Magie ist. [500]Insgesamt kann alles, was mit dem rituellen Missbrauch, den das Opfer erlitten hat, in Verbindung steht, ein Auslöser für die traumatische Erinnerung sein: Farben, Schmuck, Kleidung, Bücher, Filme, Essen, Trinken, eine Geburt oder ein Geburtstag...

Der Überlebende Jay Parker erklärt, dass das MK-Monarch-System auch die Natur und ihre Symbolik nutzt, um die Programmierung zu verstärken und aufrechtzuerhalten. Die Wiederholung des rituellen Missbrauchs nach einem bestimmten okkulten Kalender, der auf Mond- und Planetenzyklen basiert, wird jede Zelle der kleinen Opfer durchdringen, umso mehr, wenn sie während der Rituale spirituell „entriegelt" werden, wie wir im vorherigen Kapitel gesehen haben. Danach sind es die datumsabhängigen Gravitationsfelder, die als Auslöser wirken. Zum Beispiel bei Vollmond, wenn das traumatische Gedächtnis wegen der wichtigen Rituale, die dort systematisch stattfinden, besonders aufgeladen ist, sowie bei den Sommersonnenwenden (20.-21. Juni) oder Wintersonnenwenden (21.-22. Dezember). Wenn die Planeten in bestimmten Positionen stehen, egal ob das Opfer 15 oder 50 Jahre alt ist, wird das unbewusst wahrgenommene Gravitationsfeld auf zellulärer Ebene dazu beitragen, die traumatische Erinnerung in dem Opfer wieder auszulösen, um es in „Phase" mit den stattfindenden Zeremonien zu bringen. Damit eine Programmierung wirksam ist, muss sie durch visuelle oder auditive Reize aktiviert, verstärkt und regelmäßig aktualisiert werden. Diese „Erinnerungen" oder „Auslöser" müssen im täglichen Leben allgegenwärtig sein, um die MK-Themen zu erreichen. Die Überlebende Trish Fotheringham schrieb: „*Wiegenlieder, Lieder, Geschichten, bekannte Fernsehproduktionen und Filme - jedes Mal, wenn ich diese Dinge in meinem täglichen Leben höre, außerhalb der formalen Programmierung, werden die Überzeugungen meiner anderen Persönlichkeiten unterbewusst verfestigt.*"[501]

---

[500] *The Illuminati Formula Used to Create an Undetectable Total Mind Controlled Slave* - Fritz Springmeier & Cisco Wheeler 1996.

[501] *Healing the Unimaginable: Treating Ritual Abuse and Mind Control* - Alison Miller, 2012, S.77.

Einigen Autoren zufolge ist dies einer der Gründe dafür, dass in den Massenmedien, insbesondere in der Unterhaltungsindustrie (Musik und Mode), immer mehr okkulte Symbolik aufblüht; das am häufigsten vorkommende „Trigger"-Zeichen ist *das einzelne Auge*, das in der Regel durch eine Person dargestellt wird, die irgendwie ein maskiertes Auge hat (generischer Trigger). Diese verschiedenen Zeichen dienen einerseits zur Stimulierung der in den MK-Subjekten implantierten Befehle, andererseits sind sie in der populären Laienkultur, im kollektiven Unbewussten, verankert. Die MK-ähnlichen Programme werden auch mit der allgemeinen Medienpropaganda koordiniert, der die Öffentlichkeit unterworfen ist. Dadurch entsteht eine Art Kontinuum der mentalen Programmierung, die darin besteht, die Masse, aber auch die Führer der Gesellschaft zu kontrollieren. Viele Politiker in Schlüsselpositionen sind gedankengesteuerte Personen, die mit implantierten Befehlen programmiert wurden. Die Abstimmung (Matching) eines implantierten Satzes mit einem in den Massenmedien immer wiederholten Propagandasatz verhindert, dass der Verstand des programmierten Opfers aus dem Gleichgewicht gerät. Der gehirngewaschene Politiker wird glauben, dass er perfekt auf die Gesellschaft abgestimmt ist, weil seine Programmierung durch die Massenmedien ständig in ihr reflektiert wird: die Matrix. Die moderne Gesellschaft basiert auf individueller und globaler Gedankenkontrolle und der massiven Propaganda, die all diese Programmierungen aufrechterhält. Wie wir in Kapitel 9 über die Unterhaltungsindustrie sehen werden, wird der luziferische Okkultismus vulgarisiert, um eine Art hegemoniale MK-Kultur zu schaffen, die sich allmählich in das kollektive Unbewusste einprägt. Das bedeutet, dass diese okkulten Praktiken in großem Maßstab und mit sehr großen Mitteln angewandt werden und dass sie die herrschenden Klassen direkt betreffen.

7 - EINIGE ZEUGENAUSSAGEN:

a/ Jay Parker

Jay Parker wurde in eine Familie hineingeboren, in der satanischer ritueller Missbrauch und MK-Monarch-Programmierung von Generation zu Generation praktiziert wurden. Im April 2011 hielt Parker in Philadelphia einen Vortrag (*Free Your Mind: A Conference On Consciousness, Mind-Control & The Occult*), aus dem er u. a. folgende Passagen zitiert:
Satanischer ritueller Missbrauch ist ein okkultes System der Gedankenkontrolle. Dieses okkulte System ist das Gegenteil von Wahrheit, von Leben, es steht in völligem Gegensatz zu den Naturgesetzen. Sie ist im Grunde das Gegenteil von Natur... eine große Lüge. Es ist ein System, das abgeschottet ist und von einer Minderheit kontrolliert wird, während die Natur und unsere Realität in Wirklichkeit ein System ist, das auf Offenheit beruht und in dem wir alles gleichermaßen teilen müssen. Das religiöse System des satanischen rituellen Missbrauchs und des Okkultismus findet sich in einem gewissen Mystizismus wieder. Ihr Mystizismus ist eine religiöse Praxis, bei der eine

äußere Macht Ihr Leben und Ihr Schicksal kontrolliert. Sie sind dann nur noch ein Rädchen im Getriebe. Dieser Mystizismus ist eine komplette Lüge, denn wir werden mit geistigen, mentalen und emotionalen Fähigkeiten geboren, die uns die Möglichkeit geben, ein kreatives und voll positives Leben zu führen. Die Illuminaten haben ein Kastensystem, und dieses System basiert auf Blutlinien. Es gibt eine sehr strenge Hierarchie. Wenn man zum Beispiel in die Rockefeller-Familie hineingeboren wird, ist man schon „mittendrin", man gehört zu den großen Kontrolleuren. Wenn die Sekte feststellt, dass Sie über bestimmte geistige oder mediale Fähigkeiten verfügen, können Sie in diesem System Zugang zu bestimmten Positionen erhalten. Heute sind es diese Illuminatenlinien aus dem alten Babylon, die das System vollständig kontrollieren. In dieser Gruppe wird nichts geteilt, alles bleibt unter sich, sie arbeiten miteinander... mit dieser ganz besonderen alten Schwingung...

Ritueller Missbrauch ist ein System physischer und emotionaler Traumata, das darauf abzielt, einen geistig kontrollierten Sklaven zu schaffen, der den schlimmsten Okkultisten sein Leben lang gehorcht und dient. Bei der Geburt befinden Sie sich in Ausrichtung und Harmonie mit den natürlichen Energien dieses Planeten. Ihre synaptischen Verbindungen sind in den ersten sechs Jahren in voller Entwicklung, Sie befinden sich im „Aufnahmemodus", Sie können die Informationen, die Sie erhalten, nicht kritisch differenzieren. Du speicherst sie und baust damit dein Unterbewusstsein auf, das später 99% deines Erwachsenenlebens bestimmen wird. Stellen Sie sich also das Ergebnis vor, wenn Sie in Ihren ersten sechs Lebensjahren mit Negativität, Lügen und Mystizismus statt mit der Wahrheit programmiert wurden... Wenn die synaptischen oder neuronalen Bahnen beispielsweise durch Elektroschocks unterbrochen werden, geraten Ihr Mentalkörper und Ihr Emotionalkörper in einen solchen Angstzustand, dass Ihr physischer Körper bestimmte Hormone produziert und freisetzt. Diese Hormone werden zu einer Chemie, von der sich Ihr Körper täglich ernähren wird. Genau wie Pawlows Hunde, die beim Klang der Glocke speichelten, weil sie dachten, sie hätten Hunger... Das Monarch-Gedankenkontrollsystem hat denselben Effekt wie Pawlows konditionierte Hunde.

Es dauert Jahre, einen Menschen zu programmieren. Es handelt sich um etwas, das systematisch und seit Hunderten von Jahren betrieben wird. 10% der Weltbevölkerung praktizieren diese uralte Religion, die auf die alten satanistischen Traditionen zurückgeht. Jeder, der dieses System durchläuft, egal ob Sie ein einfacher Mechaniker sind, der in eine satanistische Familie hineingeboren wurde, oder ob Sie ein Bankier namens Rockefeller sind: Sie alle durchlaufen dieses System, um die neuronalen Verbindungen zu „verschleiern"! Die Energie, die sie aussenden und die Energie, die sie empfangen, ist das genaue Gegenteil der Natur, sie ist völlig negativ. Deshalb befinden wir uns in einer solchen Situation auf dieser Erde. Wenn die neuronalen Bahnen getrübt sind, führt dies zu einer bestimmten Chemie im Körper, so dass man allmählich als Monarch-Sklave programmiert wird. Sie werden zum Beispiel zu bestimmten Zeiten des Mondzyklus, wenn bestimmte Rituale durchgeführt werden, unter Depressionen leiden, und das während Ihrer ersten sechs Lebensjahre. Wenn der

Mond also an bestimmten Punkten steht, egal ob man 15, 20 oder 40 ist, wird das Gravitationsfeld die Erfahrung des Traumas auf einer unbewussten Ebene erneut auslösen. Es ist ein sehr ausgeklügeltes System, das alles in der Natur nutzt, seien es Gravitationsfelder oder Symbole, um die Programmierung kontinuierlich auszulösen und aufrechtzuerhalten. So bleibt man in einem Zustand des permanenten Gehorsams (...) Politisch gesehen sind sowohl Republikaner als auch Demokraten in diese Gedankenkontrolle verwickelt. Es geht nicht nur um ein paar Leute, sondern um ein globales System der Kontrolle (...)

Ich möchte Ihnen ein wenig über meine Familie erzählen... Mein Vater stammte aus einer Illuminaten-Ahnenreihe. Seine Familie stammte aus Nordirland und schloss sich dem Orden um 1720 an. Wenn es heißt, der Illuminatenorden sei 1776 in Bayern gegründet worden, so war dies in Wirklichkeit nur eine Neuorganisation der Sekte, um ihre Pläne für eine globale Revolution zur Errichtung einer Neuen Weltordnung anzukündigen. Wie wir bei der Französischen Revolution und der Amerikanischen Revolution gesehen haben, handeln sie international, global und koordiniert. Dieses Datum von 1776 in Bayern ist also nicht das Gründungsdatum des Illuminatenordens, es war nur ein Ausgangspunkt, um die Übernahme der Nationen der Welt aktiv zu beginnen.

Im öffentlichen Leben war mein Vater keine wichtige Person, er war ein Lehrer. Aber in der okkulten Welt hatte er aufgrund seiner familiären Abstammung, seines Wissens und seiner okkulten Macht offensichtlich ein gewisses Charisma. Meine Mutter behauptete, sie stamme von einer 5.000 Jahre alten Linie ab, einem Erbe der Hexerei, das von der Mutter an die Tochter weitergegeben wurde und direkt von einer alten Zivilisation stammte. Mein Großvater väterlicherseits war ein bescheidener Geschäftsmann aus einer Kleinstadt in New Jersey. Interessant ist jedoch, dass zu seiner Beerdigung 300 Menschen aus fünf benachbarten Staaten kamen, die meine Familie und die Einheimischen noch nie zuvor gesehen hatten... Ich bin 54 Jahre alt und war schon auf einigen Beerdigungen, und normalerweise kommen die Leute aus der Stadt, in der man lebt... und mein Großvater war ein bescheidener Geschäftsmann in dieser Stadt... Und zu seiner Beerdigung kamen 300 Menschen, einige davon aus Ohio! Was war der Auslöser für eine solche Zusammenkunft? Die Antwort ist, dass es sich um einen echten Illuminatenführer handelt. Hinter seinem Schreibtisch war er nicht sehr wichtig... Aber auf dem Gebiet der okkulten Manipulation der Gesellschaft war er jemand Wichtiges...

Als ich fünf Jahre alt war und meine Großeltern mütterlicherseits in Pennsylvania besuchte, schenkten sie mir eine kleine Freiheitsstatue. Ich sagte: „Cool! Sie sagten mir, dass es nicht das sei, wofür ich es hielt, sondern Semiramis, die Königin von Babylon... Ich erinnere mich noch genau, dass ich mindestens zehn Minuten lang darauf bestand, dass es die Freiheitsstatue sei und nicht irgendeine dumme Königin von Babylon! Eine Sache, die ich über meine Familie sagen möchte, ist, dass, obwohl sie alle Satanisten sind, die Gedankenkontrolle praktizieren und für die Mächte arbeiten, die da sind, es eine

Zeit geben wird, in der das wahre Bewusstsein ihre wahre Menschlichkeit zum Vorschein bringen wird... Man kann eine Person programmieren, ein echter Psychopath zu sein, aber man kann ihr Bewusstsein nicht zerstören. Ich habe erlebt, wie meine Eltern mit ihrer Programmierung völlig aus dem Ruder gelaufen sind. Sie töteten mit Freude, weil sie von einer „Macht" kontrolliert und beeinflusst wurden. Es sollte der Tag kommen, an dem sie wissen wollen, wer sie waren, warum sie geboren wurden, damit sie erkennen, dass dies viel zu weit gegangen ist, damit sie endlich „Nein" zu diesem Kult sagen können... Aber das tun sie nicht.

b/ Svali

Der anonyme Autor, der unter dem Pseudonym „Svali" bekannt ist, ist ein ehemaliger Okkultist, der in eine Familie luziferischer Abstammung hineingeboren wurde und Ausbilder (Programmierer) in der *Illuminatengruppe* in San Diego war. Nachdem sie darum gekämpft hatte, aus der Sekte und der Programmierung auszusteigen, bekehrte sie sich zu Jesus Christus. Sie beschloss, anonym zu bleiben und alles, was sie über dieses Netzwerk und die Gefahren dieser weltweiten luziferischen Sekte wusste, zu enthüllen.

Sie hat zwei Bücher geschrieben, *„Breaking the chain"* und *„Svali speaks"*, die nicht veröffentlicht wurden, aber als PDF-Dateien im Internet frei zugänglich sind. Im Jahr 2006 gab sie außerdem dem Journalisten Greg Szymanski (*The Investigative Journal*) ein exklusives Radiointerview. Kurz nach diesem Interview verschwand Svali auf mysteriöse Weise aus dem Verkehr, ihre Website wurde abgeschaltet und ihr Telefonanschluss gekappt.

In diesem Interview enthüllt sie, was sie auf ihrer Ebene über die Struktur und hierarchische Organisation des *Illuminatenordens* weiß. Sie beschreibt, wie sie ihre Kinder systematisch programmieren, wobei die Programmierung von Gehorsam, Loyalität und Treue gegenüber der Gruppe die erste und wichtigste ist, die installiert wird. Sie erklärt, dass man einerseits ein Kind haben kann, das für die Prostitution ausgebildet wird, und am anderen Ende des Spektrums ein Kind, das dazu ausgebildet wird, eine wichtige Regierungsperson zu werden, was eine viel komplexere Programmierung erfordert. Erwachsene erhalten während ihres gesamten Lebens Aktualisierungen ihrer Programmierung, es ist ein fortlaufender Prozess.

Svali erklärt, dass diese Sekte in sechs Hauptbereichen des Lernens arbeitet: Wissenschaft, Militär, Politik, Führung (hochrangige Führer), Bildung und Spiritualität. Die Kinder sollen in jedem Zweig ausgebildet werden. Sie werden von klein auf getestet und profiliert, um ihre Fähigkeiten herauszufinden, und dann werden sie angewiesen, sich auf einen oder zwei bestimmte Bereiche zu spezialisieren, je nach ihrem Potenzial und den geplanten zukünftigen Aktivitäten der Sekte. Die Ausbildung der Kinder umfasst auch zwölf Lebensdisziplinen, die da wären

1/ Nicht erforderlich.
2/ Keine Lust.
3/ Keine Wünsche.

4/ Keine Skrupel.

5/ Seien Sie so fit wie möglich, um zu überleben.

6/ Gesetz des Schweigens.

7/ Werte des Verrats.

8/ Reisen in Raum und Zeit (das Kind lernt die Prinzipien des „Reisens", sowohl intern im Bewusstsein als auch extern im Geist. Ziel ist es auch, die *„Erleuchtung"* zu erreichen, einen ekstatischen Zustand der Dissoziation.

9,10,11/ Sexuelles Trauma, Lernen der Dissoziation, Auslöschen von Gefühlen, wobei diese drei Phasen je nach der zukünftigen Rolle des Kindes im Netzwerk variieren.

12/ Halten Sie sich an die Zeremonien/Rituale. Eines der Ziele besteht auch darin, eine vollständige Trennung zwischen den Tages- und Nachtaktivitäten des Kindes zu erreichen.

Svali bezeugt, dass sie im Alter von fünf Jahren von einem Arzt an der Universität von Washington programmiert und gleichzeitig ausgebildet wurde, um selbst Programmiererin zu werden. Sie sagt, dass diese Menschen davon überzeugt sind, dass ihre Methoden den Kindern und ihrem Kult nützen, und dass sie selbst aufrichtig davon überzeugt ist, dass sie anderen hilft, ihr Potenzial zu entwickeln. Svali unterteilt die Programmierung in fünf große „Spezialgebiete":

1/ Ausbildung in Stille:

Diese Grundausbildung beginnt schon in jungen Jahren, noch bevor das Kind sprechen kann. Diese Programmierung erfolgt auf unterschiedliche Weise: Das Kind wird nach einer Zeremonie zu dem befragt, was es gesehen und gehört hat, und wenn es von „schlechten Dingen" spricht, wird es bestraft, d. h. schwer misshandelt. Dies wird so lange wiederholt, bis das Kind gelernt hat, dass es die Rituale verstecken muss. In der Regel wird bei diesen extremen Strafen ein „Wächter" geschaffen, dessen Aufgabe es ist, dafür zu sorgen, dass sich das Kind nicht an das erinnert, was es während des rituellen Missbrauchs sieht. Dieses Alter ist darauf konditioniert, Gewalt zu fürchten, wenn sich das Kind daran erinnert. Das Kind kann auch in hypnotische Trance versetzt werden, um die schlimmsten Gräueltaten wie einen „schlechten Traum" erscheinen zu lassen.

2/ Krafttraining:

Diese Art der Ausbildung beginnt ebenfalls in einem sehr jungen Alter, oft schon im Babyalter. Das Kind wird einer Reihe von Konditionierungsübungen unterzogen, die auf:

- Erhöhung der Widerstandsfähigkeit gegen Schmerzen.

- Steigerung der körperlichen Fitness.

- Erhöhen Sie die Fähigkeit zur Dissoziation.

- Ein fotografisches Gedächtnis schaffen.

- Angst und Unterwerfung durch den Wunsch, zu gefallen.

3/ Loyalitätsschulung:

Am wichtigsten ist die Programmierung der Kulttreue. Loyalität ist ein uneingeschränktes Bekenntnis zu den Überzeugungen und Doktrinen der Gruppe. Ein Abweichen oder Infragestellen dieser Doktrinen ist selten und die

Repressalien sind offensichtlich sehr hart. Eine Person, die die Doktrin in Frage stellt oder sich weigert, ihre Arbeit zu tun, wird wieder „umgeschult", d. h. ihre Programmierung wird aktualisiert und verstärkt. Zu diesem Zweck werden sie geschockt und gefoltert, bis sie sich fügen. Im Allgemeinen sind Erwachsene ausreichend konditioniert, um zu glauben, dass die Praktiken und Ziele der Gruppe wirklich positiv und konstruktiv sind. Sie sind davon überzeugt, dass sie den Kindern wirklich helfen. Die Kinder hören von der hierarchischen Entwicklung innerhalb des Netzwerks und es wird ihnen vermittelt, dass sie ihrerseits Leiter werden können. Machtpositionen in der Hierarchie sind Zuckerbrot und Peitsche, damit die Mitglieder hart für ihren Erfolg arbeiten. Denn eine höhere Position in der Hierarchie bedeutet weniger Missbrauch und mehr Kontrolle über andere, was wichtig ist in einem Leben, das so wenig Kontrolle über sich selbst hat.

4/ Ausbildung für eine oder mehrere Funktionen innerhalb der Gruppe:

Diese Ausbildung ist auf die Arbeit im Rahmen des Gottesdienstes ausgerichtet. Jedes Mitglied hat eine bestimmte Rolle, die ihm oder ihr von klein auf zugewiesen wird. Hier ist eine nicht erschöpfende Liste von Funktionen:

- Priester und Priesterinnen.
- Reinigungskräfte (nach den Ritualen).
- Kuriere/Transporteure.
- Scharfrichter, die für die Bestrafung widerspenstiger oder irrender Mitglieder zuständig sind.
- Lehrkräfte (Geschichte des Gottesdienstes, tote Sprachen, usw.).
- Prostituierte (Beta Kitten).
- Meuchelmörder (Theta, Delta).
- Ausbilder (MK-Programmierer).
- Wissenschaftler (Verhaltenswissenschaft).
- Ärzte, Krankenschwestern, medizinisches Personal, Psychologen, Psychiater.
- Militärische Führer (für militärische Übungen).
usw...

Diese Rollen sind austauschbar und ein Mitglied kann mehrere Funktionen gleichzeitig ausüben. Die Dauer der Ausbildung, die ein Kind benötigt, hängt von der Komplexität der zukünftigen Rolle ab, die ihm zugewiesen wurde. Diese Schulungen basieren auf der Reproduktion eines „Verhaltensmodells", dem so genannten neurolinguistischen Programmieren (NLP). Dem Kind wird gezeigt, wie der Erwachsene oder Heranwachsende seine Funktion ausübt, und nachdem das Verhaltensmodell visualisiert und integriert wurde, wird dem Kind gesagt, dass es ihm beigebracht werden soll, indem ihm klare Richtlinien gegeben werden, was von ihm erwartet wird. Das Werk ist in mehrere chronologische Phasen unterteilt. Das Kind kann missbraucht werden, um eine „tabula rasa" zu erzeugen, eine „leere" Persönlichkeit, die alles tut, was von ihr verlangt wird. Bei der Programmierung wird ausgiebig von dem Schema Belohnung gegen Bestrafung Gebrauch gemacht. Wenn das Kind die Befehle richtig ausführt, wird es gelobt und sogar umschmeichelt, andernfalls wird es schwer misshandelt. Sobald die Konditionierung erfolgt ist, lobt der Programmierer das Kind, indem er ihm sagt, dass es gut ist und dass sie beide eine wunderbare Arbeit für die „Familie" (die *Illuminati-Weltsekte*) leisten. Die Alter-Persönlichkeiten des Kindes versuchen verzweifelt, die Befehle so perfekt wie möglich auszuführen, weil sie ständig auf der Suche nach Anerkennung durch den/die Peiniger sind: den Programmierer und die Eltern. Diese ungesunde Bindung, die auf einem Trauma und einer emotionalen Bindung beruht, wird das ganze Erwachsenenleben hindurch bestehen bleiben, da die veränderten Persönlichkeiten oft nach Anerkennung streben und in der Reifephase verharren, in der sie geformt wurden, allerdings in einem erwachsenen Körper.

5/ Geistliche Ausbildung:

Okkultismus und Dämonologie spielen in der Gruppe eine wichtige Rolle, so dass die Kinder einer intensiven spirituellen Programmierung unterzogen werden. Das Kind wird einer „himmlischen Mutter" oder einer Gottheit geweiht, und zwar schon vor der Geburt. Sehr schnell wird er oder sie in einen religiösen Rahmen eintauchen, in dem die Teilnahme an Zeremonien ihn oder sie dazu verpflichtet, diese okkulten Aktivitäten zu wiederholen. Das Kind wird einer Bluttaufe, zahlreichen Weihungen und anderen Ritualen unterzogen, die eine Verbindung zu den Geistern von Familienmitgliedern wie der Mutter oder dem Großvater herstellen. Jede MK-Programmierungssitzung erfordert die Anrufung von Dämonen, die den Programmierer leiten oder der laufenden Programmierung Energie zuführen sollen. Spiritualismus, Medialität/Geisterbeschwörung, Vorhersagen, psychische Kriege um Macht, Magie aller Art sind in diesen luziferischen Gruppen üblich und notwendig.

c/ Kristin Constance

Kristin Constance wurde in Australien in eine Familie hineingeboren, in der ritueller Missbrauch von Generation zu Generation praktiziert wurde, so dass sie selbst unter den Schrecken litt und sich rund 20 Jahre lang einer Therapie unterzog. Heute ist sie Sozialarbeiterin und Beraterin. Sie arbeitet mit Menschen mit Behinderungen, von denen einige schwere Misshandlungen erlitten haben.

Im August 2011 hielt Kristin Constance einen Vortrag bei den jährlichen *S.M.A.R.T.*-Treffen über rituellen Missbrauch, Geheimgesellschaften und Gedankenkontrolle (Connecticut, USA). Der Vortrag trug den Titel *„Mutmaßlicher ritueller Missbrauch durch Freimaurer des Order of the Eastern Star in Australien"*. Hier finden Sie die vollständige Abschrift seiner Zeugenaussage:

Mein Name ist Kristin Constance, ich bin 43 Jahre alt. Ich bin in Australien geboren. Ich wurde im Alter von 3 bis 9 Jahren im Osten Australiens rituell missbraucht und geistig programmiert. Ritueller Missbrauch ist etwas, das es in Australien gibt und das im Mittelpunkt eines kriminellen Netzwerks steht, das Kinderpornografie produziert. Einige der Mitglieder dieser kriminellen Vereinigungen wurden verhaftet, aber die Vereinigungen selbst und die Netzwerke werden nie belästigt. Überlebende von rituellem Missbrauch sind in Australien mit einer Reihe von Hindernissen konfrontiert, die ihre Sicherheit beeinträchtigen. Ein ehemaliger Polizeibeamter aus New South Wales, der Fälle von rituellem Missbrauch untersuchte, sagte: „Sobald man jemanden trifft, der entschlossen ist, auszusagen, kann er sich schnell auf dem Grund des Hafens wiederfinden. In Australien gibt es nur wenige Organisationen zur Unterstützung von Opfern, und die Problematik wird vom Gesetz und von der Regierung nicht ausreichend berücksichtigt. Obwohl Australien rituellen Missbrauch als legitimen Grund für die Anerkennung als Flüchtling anerkannt hat, gibt es nur eine Handvoll Strafverfolgungen, die den Zusammenhang zwischen Kindervergewaltigung und Satansanbetung belegen. Ritueller Missbrauch umfasst sadistische Handlungen, ist aber nicht darauf beschränkt.

1998 nahm das australische Flüchtlingstribunal ein deutsches Opfer von rituellem Missbrauch auf. Das Tribunal stellte fest, ich zitiere: „Die deutsche Regierung war unfähig, diese illegalen Aktivitäten zu stoppen. In Melbourne, Australien, wurden im Rahmen einer Untersuchung 153 Fälle von rituellem Missbrauch zwischen 1985 und 1995 ermittelt. 98 Sozialarbeiter, Psychologen und Berater nahmen an der Untersuchung teil (ASCA - Advocates for Survivors of Child Abuse - 2006). 38 australische Bürger haben an der Umfrage über extremen Missbrauch (EAS - 2007) teilgenommen, mehr als die Hälfte von ihnen (55%) berichteten über rituellen Missbrauch und Gedankenkontrolle. Michael Salter, der ein Kapitel über rituellen Missbrauch in dem Buch Ritual Abuse in the Twenty-First Century geschrieben hat, hat gerade eine Doktorarbeit mit dem Titel Adult Evidence of Organised Child Sexual Abuse in Australia abgeschlossen. In seiner Studie befragte er 15 Überlebende von rituellem Missbrauch und ich war einer von ihnen. In meinem Interview mit ihm, das ich unter einem Pseudonym führte, beschrieb ich die Einzelheiten der mentalen Programmierung durch Farben. Ich habe auch einen bekannten australischen Psychologen interviewt, der seit über 20 Jahren mit Überlebenden von rituellem Missbrauch arbeitet. Sie hatte etwa 20 Patienten, die Opfer von rituellem Missbrauch und Gedankenkontrolle geworden waren, und von diesen 20 Patienten waren zwei von Freimaurern missbraucht worden. Mein Großvater war Freimaurer 33. Grades und gehörte mehreren Logen an. Er und meine Großmutter hatten in einem Vorort von Sydney eine Loge des „Order of the Eastern Star" gegründet.

Ich bin seit 20 Jahren in Therapie... 16 Jahre bei meinem jetzigen Therapeuten. Der schwierigste Teil meiner Genesung war die Heilung von einer mentalen Programmierung, die auf Farben und der Ausnutzung der linken oder rechten Seite meines Körpers basierte. Diese Programmierung führte bei mir regelmäßig zu Dissoziationen. Im Alter von 18 Jahren, in meinem zweiten Jahr der Krankenpflegeschule, begann ich Gedächtnisprobleme zu haben, was mich daran hinderte, meine Prüfungen zu bestehen. Ich begann mich im Alter von 24 Jahren an Inzest zu erinnern, und bald darauf an rituellen Missbrauch und Gedankenkontrolle. Ich war dreimal im Krankenhaus. Während meines ersten Aufenthalts in einem großen psychiatrischen Krankenhaus an der Westküste Australiens wurde bei mir eine „kurzzeitige reaktive Psychose", eine Hashimoto-Thyreoiditis und ein abnormales Elektroenzephalogramm diagnostiziert, das auf eine Schläfenlappen-Epilepsie hinwies. An diesem Tag vergaß ich zu essen und zu trinken, und ich konnte nicht aufhören zu weinen... Also ging ich selbst ins Krankenhaus. Mein erster Psychiater diagnostizierte bei mir eine Borderline-Persönlichkeitsstörung. Sie korrigierte die Diagnose jedoch schnell in Dissoziative Identitätsstörung (D.I.D.), als sich andere Persönlichkeiten abzuzeichnen begannen. Kurz darauf unternahm ich einen Selbstmordversuch in einem Park vor einem Freimaurer-Gebäude. Ich habe einen ziemlich starken Drogencocktail überlebt, ich hatte eine Ampulle mit Anxiolytika, eine Schachtel mit Antidepressiva und Antipsychotika geschluckt... Ich bin nicht einmal eingeschlafen...

Ich schätze mich glücklich, weil meine Familie von der Ostküste an die Westküste zog, als ich 9 Jahre alt war. Von diesem Zeitpunkt an hörte der rituelle Missbrauch durch die Sektenmitglieder auf. Andere Formen des Missbrauchs gab es weiterhin, aber die rituelle Entführung mitten in der Nacht war vorbei. Meine Schwester, die 7 Jahre älter ist als ich, erinnert sich ebenfalls an rituellen Missbrauch. Eines Tages, als ich 26 Jahre alt war, fragte sie mich, ob ich mich an die unterirdischen Räume erinnere, was ich bejahte... Dann fragte sie mich, ob ich mich an die schreienden Kinder erinnere, was ich verneinte, aber ich wusste, dass sie sich in anderen Räumen befanden. Meine Schwester erinnert sich nicht an so viel, aber ich bin sicher, dass sie viel mehr Nachwirkungen hat als ich, weil sie die Ostküste erst mit 16 Jahren verlassen hat. Sie glaubt, sie habe einen Prozess durchlaufen, den Scientologen P.D.H. (Pain, Drug, Hypnosis) nennen. Einige Organisationen wenden diese Technik an, bei der Schmerzen mit Medikamenten und hypnotischen Suggestionen kombiniert werden. Diese Vorschläge oder „Befehle" werden auch als „Implantate" bezeichnet. Scientologen beschrieben dieses Protokoll bereits in den 1950er Jahren (Science of Survival, 1951). Als meine Schwester eine Sitzung mit einem Galvanic Skin Response Monitor oder E-Meter hatte, das von Scientologen verwendet wird, zeigte das Gerät an, dass sie in der Vergangenheit tatsächlich unter Hypnose gestanden hatte. Das E-Meter ist ein Biofeedback-Gerät, das den Nervenzustand und die emotionalen Reaktionen des Patienten sofort anzeigt. Kurz bevor ich zu diesem Vortragswochenende kam, erzählte mir meine Schwester, dass das E-Meter eine positive Antwort auf einige Erinnerungen an eine Vergewaltigung auf einem Altar, an Elektroschocks, an den Zwang, Blut zu trinken und menschliche Exkremente zu essen, gegeben hatte.

Ich schätze mich auch glücklich, denn als ich vor 17 Jahren meine Mutter und meinen Vater mit dem Thema des rituellen Missbrauchs konfrontierte, sagte mir meine Mutter, dass sie nichts damit zu tun hatte, aber sie gab mir den Koffer mit den Freimaurer-Utensilien meines Großvaters. Sie entschuldigte sich dafür, mir keine gute Mutter gewesen zu sein. Ich glaube, das wird die einzige Antwort sein, die ich von ihr über rituellen Missbrauch bekomme. Dieser Koffer hat mir viele Dinge bestätigt. Es gab Papiere mit Passwörtern, Handzeichen und Informationen zu freimaurerischen Ritualen. Es gab auch die Schürzen, den Schmuck und die Medaillen, die mein Großvater und meine Großmutter bei den Treffen trugen. Dann erinnerte ich mich an die Farben des Sterns und an meine anderen Persönlichkeiten, die in den Punkten des Sterns gefangen waren. Ich hatte das Gefühl, endlich den Schlüssel gefunden zu haben... Auf dem Emblem des Oststernordens (Anmerkung der Redaktion: ein umgekehrtes Pentagramm mit verschiedenfarbigen Zweigen) befindet sich die Farbe Rot im oberen linken Zweig und die Farbe Blau im oberen rechten Zweig. In meiner Vorstellung kontrolliert Rot die linke Seite meines Körpers und Blau die rechte Seite meines Körpers. Dieses Freimaurer-Emblem befand sich auf Utensilien, die überall im Haus meines Großvaters gefunden wurden.

Ich habe in den Jahren meiner Therapie insgesamt 26 Persönlichkeiten integriert. Heute habe ich nur noch zwei, die sich hartnäckig halten und die ich noch weiter untersuchen und hinterfragen muss, bevor ich sie dauerhaft integrieren kann. Ich habe tierische Persönlichkeiten gehabt, die meisten davon waren Katzen und Tiger. Meine tierischen Verwandten haben mir geholfen, lebensbedrohliche Situationen zu überleben, meine Tiger haben mich durch Entbehrungen und Gefangenschaft begleitet. Mein Red/Left-Split (Anm. d. Red.: Veränderungsgruppe, die sich auf die Farbe Rot und die linke Seite des Körpers bezieht) hat den ganzen Schmerz genommen, während mein Blue/Right-Split (Anm. d. Red.: Veränderungsgruppe, die sich auf die Farbe Blau und die rechte Seite des Körpers bezieht) stark gewesen ist und weiter stärker wird. Ich habe immer noch viele unbeantwortete Fragen zu meinem Missbrauch, deshalb muss ich reisen, um mehr Informationen zu finden. Ich war nie in der Lage, auf Dauer zu arbeiten, aber jetzt arbeite ich Vollzeit mit Patienten.

Ich erinnere mich an Käfighaltung, Elektroschocks, Skarifizierung, Vergewaltigung, Fotografie, Drogen, Hypnose, Nahrungs-, Licht-, Sauerstoff- und Schlafentzug. Ich war auch in einem Sarg mit Spinnen eingesperrt. Ich habe an Ritualen drinnen und draußen teilgenommen. Ich war an Altäre gebunden. Ich habe an Todes- und Geburtssimulakren teilgenommen. Ich erinnere mich an unterirdische Falltüren in den Fluren, aber auch daran, dass ich unzählige Male mitten in der Nacht geweckt wurde, um zu Ritualen gebracht zu werden. Ich wurde aufgeschlitzt, durchbohrt und gestochen, damit mein Blut für die Rituale verwendet werden konnte. Ich wurde einer Genitalverstümmelung unterzogen, die nach Angaben der Weltgesundheitsorganisation die traumatischste Misshandlung ist, die einem Menschen zugefügt werden kann.

Die Farbprogrammierung, der ich mich unterzog, fand in unterirdischen Räumen statt. Jeder Raum hatte eine andere Farbe, die einer anderen Programmierung entsprach. Die Farben schienen denen des Oststerns zu entsprechen: blau, gelb, weiß, grün, rot und schwarz für das Zentrum. Der rote Raum hatte ein rotes Licht, eine Bahre, einen Tisch voller Folterinstrumente und Elektroschockgeräte. In diesem Raum wurde die rechte Seite meines Körpers abgedeckt, während die linke Seite der elektrischen Folter unterzogen wurde. An meinen Gelenken wurden Elektroden angebracht, die einen lähmenden Schmerz verursachten, den ich heute noch spüre. Man flüsterte mir ins linke Ohr und gab mir Elektroschocks an die Schläfe. So wurde „Red" geschaffen und gestärkt... Eine Frau stellte mir Fragen zur Programmierung, und egal, was ich ihr sagte, ich lag immer falsch. Ich habe mich viele Male distanziert... „Red" und seine verschiedenen Abwandlungen scheinen so konzipiert zu sein, dass während des sexuellen Missbrauchs unter allen Umständen eine passive Reaktion auf den

Schmerz erfolgt. Red' hat viele Blutrituale und Vergewaltigungen hinter sich, und er hat den größten Teil meines Schmerzes auf sich genommen.

In dem blauen Raum gab es ein Blaulicht, eine Trage, Elektroschockgeräte, Eimer und ein Waschbecken. Die linke Seite meines Körpers war bedeckt, und die rechte Seite erhielt Elektroschocks. Hier wurden die Schocks auf meine Muskeln angewendet, und ich fühlte mich nach diesen Sitzungen oft stärker. Blue" scheint eine Persönlichkeit zu sein, die geschaffen wurde, um Befehle zu befolgen und keinen Schmerz zu empfinden. Er kann sehr wütend und aggressiv sein und wird alles tun, um zu überleben. Ich habe das Gefühl, dass ich hauptsächlich mit diesen beiden Farben programmiert bin. Meine Schwester würde eher mit White programmiert werden. Ich verstehe immer noch nicht ganz, was der Sinn dieser Aufteilung in links/rot und rechts/blau ist. Aber ich hoffe, dass ich eines Tages mehr Antworten finden werde... Ich wurde mir dieser Rot-Blau-Teilung zu Beginn meiner Therapie, vor 20 Jahren, bewusst. Als ich mir dessen mehr und mehr bewusst wurde, verstand ich, wie sie jede Seite meines Körpers unabhängig von der anderen kontrollieren konnten. Ich habe fünf Quellen zum Thema Farbprogrammierung gefunden, und es gibt starke Ähnlichkeiten. Blau wird als schützend, schmerzlos, nicht verletzend, stark, manchmal militärisch beschrieben. In Rot geht es um sexuelle Sklaverei und Blutrituale. Ich weiß nicht, ob jede Person, die von Freimaurern programmiert wird, diese Art von farbbasiertem Protokoll erhält. Ich vermute, dass je nach Persönlichkeitstyp bestimmte Farben mehr hervorgehoben und bearbeitet werden als andere. Vielleicht beeinflussen die Geburtsdaten die Farbwahl. Ich verstehe nicht, was sie damit bezwecken oder bewirken wollen... Ich frage mich wirklich, was der Leitfaden dahinter ist.

Rot' hatte ich Schmerzen im linken Knöchel, im linken Knie, in der linken Hüfte, im linken Ellbogen, im linken Ohr und in der linken Schläfe... Als ich „getriggert" wurde, fand ich mich vor Schmerzen auf der linken Seite vor einem Heizkörper zusammengerollt... Ich habe das Gefühl, dass meine rechte/blaue Seite von dem Missbrauch nicht betroffen ist. Ich habe nicht mehr so viele Albträume wie früher, aber ich habe immer noch Schlafprobleme. Ich war nie in der Lage, Beziehungen aufrechtzuerhalten, aber ich bin stolz darauf, jetzt einen wachsenden Freundeskreis zu haben. Ich wollte nie Kinder haben. Ich habe mich immer gefragt, warum Menschen Kinder in die Welt setzen wollen... wahrscheinlich, weil ich unterbewusst denken muss, dass alle Kinder automatisch das durchmachen würden, was ich durchgemacht habe, also habe ich mich entschieden, keine zu haben...

Die Methoden, die mir bei meiner Genesung am meisten geholfen haben, sind Gestalttherapie, Massage und Bewegung. Ich gehe im Moment viel zu Fuß und mache Cross-Training, was dazu beiträgt, meine beiden Gehirnhälften zu synchronisieren. Es ist ein langwieriger Prozess, bis die linke und die rechte Seite meines Gehirns wieder lernen, miteinander zu kommunizieren und sich zu synchronisieren. Die linke Seite meines Körpers hat viele Verletzungen erlitten, und es ist, als hätte mein Gehirn diesen Teil fast für mein Überleben geopfert.

Der rituelle Missbrauch hörte also auf, als meine Familie auf die andere Seite Australiens zog. Aber der Inzest und die Vergewaltigungen gingen weiter, bis ich 18 war und dann für immer ging. Mein Vater war Alkoholiker, und meine Mutter verleugnet es nach wie vor, auch wenn sie meine Fragen beantwortet, wenn sie kann... Meine Schwester kämpft weiterhin mit ihrer psychischen Krankheit... Ich arbeite jetzt mit Patienten und meine Therapie geht zu Ende. Ich habe erkannt, dass ich nie vollständig integriert/verschmolzen sein kann, aber die Bewusstseinsarbeit hat mir geholfen, viele Ziele zu erreichen, die ich nie für möglich gehalten hätte... Wie diesen Vortrag zu halten... Aber meine größte Errungenschaft ist es, am Leben zu bleiben... und alles, was jetzt passiert, ist ein Bonus.

d/ Lynn Moss Sharman

Lynn Moss-Sharman ist die Gründerin der Zeitung *The Stone Angels* und Sprecherin von *ACHES-MC* Canada (*Advocacy Committee for Human Experimentation Survivors & Mind-Control*). Sie war als Kind Opfer von rituellem Missbrauch und Gedankenkontrolle. Als sie 1993 die Zeitung *The Stone Angels* gründete, begann sie, mit anderen Überlebenden in Kontakt zu treten. Dies führte zu einem Treffen mit etwa 60 Erwachsenen aus der Region Thunder Bay und dem Nordwesten Ontarios in Kanada. Gemeinsam beschlossen sie, in dieser Zeitschrift Schriften und Zeichnungen von Überlebenden und Therapeuten sowie Informationen über moderne Gedankenkontrolle zu veröffentlichen. Der *ACHES-MC* Kanada-Ausschuss wurde 1996 gegründet, als Sharman an einer Konferenz von Claudia Mullen und Chris Denicola in Texas teilnahm (deren Aussagen in Kapitel 3 wiedergegeben sind). Bei dieser Veranstaltung traf sie auch andere Überlebende, darunter Blanche Chavoustie. Zu diesem Zeitpunkt beschloss sie, alles Notwendige zu tun, um ein Komitee zu gründen, das sich für die Rechte der Opfer von Gedankenkontrolle in Kanada einsetzt. Nach und nach wurde eine Datenbank aufgebaut, und im Oktober 1996 wurde der Ausschuss offiziell eingesetzt, um genügend Informationen zu sammeln, um einen zuverlässigen Bericht zu erstellen. Zu den gesammelten Daten gehörten die geografischen Gebiete, in denen die Versuche in den USA und Kanada stattfanden, sowie eine Liste der mutmaßlichen Täter.

Als er mit anderen Opfern Kontakt aufnahm, stellte Sharman fest, dass viele von ihnen in rituellen Missbrauch im Zusammenhang mit der Freimaurerei verwickelt waren. Ihre Väter oder Großväter waren Freimaurer, darunter auch Freimaurer (*AAONMS: Ancient Arabic Order of the Nobles of the Mystic Shrine*), was ein gemeinsamer Nenner in all diesen Berichten zu sein schien. Sie fand auch starke Ähnlichkeiten zwischen den Aussagen von US-Bürgern, die Opfer der MK-Ultra-Gedankenkontrolle waren, und denen von kanadischen Opfern, die über dieselbe Art von Erfahrungen berichteten. Außerdem waren die Opfer oft in der Nähe einer Militärbasis aufgewachsen. Ein weiterer gemeinsamer Nenner der Opfer ist, dass der Vater oft bei den (kanadischen oder amerikanischen) Streitkräften war. Laut Sharman sagten 90% der Opfer, denen sie begegnete, dass ihnen ritueller Missbrauch mit der daraus resultierenden Persönlichkeitsspaltung und Gedankenkontrolle „angeboten" worden sei. In diesen Fällen handelt es sich nicht um Kindesentführungen, aber ein oder beide

Elternteile sind immer damit einverstanden und nehmen sogar aktiv an der MK-Programmierung des Kindes teil.

Im Jahr 1994 organisierte Lynn Moss Sharman eine Reihe von Konferenzen und Treffen in Thunder Bay. Die Veranstaltung trug den Titel „ *Die verlorene Zeit aufholen"* und bestand aus drei Konferenzen, die zwischen November 1994 und Juni 1995 stattfanden. Ziel war es, so viele Informationen und Aussagen von Opfern und Therapeuten wie möglich an die Öffentlichkeit zu bringen. Ziel war es, die Informationen der Öffentlichkeit zugänglich zu machen und damit den Menschen die Möglichkeit zu geben, offen darüber zu sprechen, und gleichzeitig den Opfern die Möglichkeit zu geben, miteinander in Kontakt zu treten. Diese Art der Zusammenkunft ist wichtig, weil sie den Opfern Vertrauen und Sicherheit in Bezug auf ihre Erfahrungen gibt. Sie sind nicht mehr allein und das gibt ihnen die Gewissheit, dass sie nicht verrückt sind. Die Hauptrednerin der ersten Sitzung im November 1994 war Shirley Turcotte, eine Beraterin und zugelassene klinische Therapeutin aus Vancouver, British Columbia. Bekannt wurde sie durch den Dokumentarfilm „ *To a Safer Place",* der ihren Weg als Opfer und Überlebende eines Kinderpornographierings zeigt. Zu den vielen anderen Rednern gehörte Dr. Louise Million, Psychologin und Autorin von „ *Breaking The Silence",* einer Studie über den Missbrauch und die Folterung von *First Nations* in Heimen und Schulen. Amerikanische Ureinwohner in Kanada wurden vom Paedocriminal Network mit Experimenten zur Gedankenkontrolle besonders ins Visier genommen.

Sharman berichtet, dass die Medien ausführlich über diese Treffen in Thunder Bay berichtet haben. Sie erzählt, dass der damalige kanadische Premierminister Robert Keith Rae Beschwerden von Freimaurern aus der ganzen Provinz über die *Stone Angels* erhielt... eine Organisation, die ein Machtwort sprach und mit dem Finger auf Pädophilie und Gedankenkontrolle im Netz zeigte! In der Tat wurde die Freimaurerei in Vorträgen und Zeugenaussagen regelmäßig mit rituellem Missbrauch und MK in Verbindung gebracht. Sharman selbst erhielt Nachrichten von Freimaurern auf ihrem Anrufbeantworter. Sie behauptet sogar, dass die Frau eines älteren Freimaurers der *Moose Factory*, die Zeitungsredakteurin in Dryden war, sich weigerte, die Ankündigung der Vorträge zu drucken, weil ihr Mann Freimaurer war. Als Redakteurin einer Regionalzeitung hat sie sich bewusst dafür entschieden, die Öffentlichkeit nicht über ein solches Treffen zu informieren. Diese öffentlichen Versammlungen, die den rituellen Missbrauch und die Bewusstseinskontrolle anprangern sollten, lösten einen allgemeinen Aufschrei unter den Freimaurern aus, da bekannt gegeben wurde, dass sie nicht an den Vorträgen teilnehmen durften (obwohl es natürlich unmöglich war, eine solche Filterung am Eingang vorzunehmen, hatte die Ankündigung eine gewisse Wirkung...). Außerdem waren die Aufzeichnungen der Konferenzen ausschließlich den Opfern, Therapeuten und bestimmten Verbänden vorbehalten.

Die meisten der Überlebenden, die Sharman traf, waren amerikanische Ureinwohner, *Ojibway* aus der Thunder Bay oder aus den Reservaten im Nordwesten Ontarios. Schon bald fanden sich Gemeinsamkeiten in den Aussagen der ehemaligen Heimbewohner. So gab es beispielsweise Berichte über einen elektrischen Stuhl in der Fort Albany Residential School in der Nähe von *Moose Factory,* wo auch Skelette von Kindern gefunden wurden. Ehemalige Bewohner haben berichtet, dass sie mitten in der Nacht von Männern in weißen Gewändern vergewaltigt wurden, einige haben auch von Zwangsabtreibungen berichtet usw. Es handelt sich um dieselben Kultpraktiken, die von Überlebenden des rituellen Missbrauchs in Amerika beschrieben wurden. Derartige Sektenaktivitäten sollen auch auf Manitoulin Island stattgefunden haben, und einige Opfer haben sogar berichtet, dass wohlhabende Weiße aus New York oder Kalifornien einfliegen, um an rituellen Misshandlungen auf dieser Insel teilzunehmen. All dies ist der Gemeinschaft der Ureinwohner Kanadas gut bekannt, da sie ihre eigenen Untersuchungen zu diesem Thema durchführen. Sie wissen sehr wohl, dass es solche Praktiken gibt, und kennen die Orte, an denen diese Aktivitäten stattfinden. Nach ihren Angaben sind an diesem Sektennetz unter anderem Sozialarbeiter für Kinder und Familien beteiligt, und viele indianische Kinder sind Opfer dieser Leute geworden (diese Verbindung des Netzes mit den Sozialdiensten für Kinder kommt sowohl in Amerika als auch in Europa immer wieder vor). Die Ältesten sehen, was vielen ihrer Brüder und Schwestern in Internaten und Heimen, aber auch im Gefängnissystem widerfahren ist, von denen viele in der Nähe amerikanischer oder kanadischer Militärstützpunkte (*NORAD* und *DEW* Line) lagen. Der Vater von Lynn Moss-Sharman war selbst beim kanadischen Militär.

Sharmans Erinnerungen begannen mit dem sexuellen Missbrauch durch ihren Vater, ihren Onkel und eine Gruppe von Männern in der Armee, die ebenfalls an der sexuellen Ausbeutung von Kindern beteiligt waren. Sie erinnerte sich an diese Gruppe von Männern, aber es fiel ihr schwer herauszufinden, welche Verbindung sie zu ihrem Vater hatten oder welche Rolle er in dieser Gruppe genau spielte. Sharman hat Erinnerungen an rituellen Missbrauch in einem sehr frühen Alter (im Alter von drei Jahren), als sie mit ihren Eltern in der Maria Street in Toronto lebte. Sie erinnert sich an ein Ritual, das sie „*Vergebung mit Blut*" nennt und das in der Nähe des Schlachthofs oder in Kirchen bei Hamilton und Toronto stattfand. Sie erinnert sich auch daran, dass sie zu verschiedenen Orten transportiert wurde, darunter auch zu militärischen Einrichtungen wie dem *Stone Mountain* Underground oder der Uplands Air Force Base in Ottawa. Sharman wurde einer sensorischen Deprivation und einer Elektroschocktherapie unterzogen, und sie erinnert sich, dass ihr gesagt wurde: „*Erst brechen wir dich, dann bauen wir dich wieder auf...*" (*Ordo Ab Chao*). In *den* späten 1940er und frühen 1950er Jahren war sie an MK-Projekten beteiligt, die von der University of Rochester finanziert wurden. Sie zitiert einen Dr. George Estabrooks vom Fachbereich Psychologie an der Colgate University in Hamilton, USA, der mit dem *Oswego State Teatcher's College* verbunden ist. Dr. Estabrooks war direkt an der Erschaffung der Mandschurischen Kandidaten beteiligt, er stand bereits 1937 in Kontakt mit J. Edgar Hoover (FBI), sowie mit José Delgado, Martin Orme, Ewen Cameron und vielen anderen... Wir finden hier die ganze Clique von Wissenschaftlern, die damals an Gehirnwäsche und Gedankenkontrolle auf der Basis von Traumata arbeiteten.

Sharman betont, dass die Menschen unbedingt wissen müssen, dass diese Experimente zur Bewusstseinskontrolle hauptsächlich an Kindern durchgeführt werden und dass die Forschung umfangreich ist und zur Entwicklung immer ausgefeilterer Techniken geführt hat. In diesen Laboratorien werden sogar Kinder geboren, die Experimenten unterzogen werden, ohne jemals das Licht der Welt zu erblicken. Diese kleinen Opfer werden in Käfige gesperrt und Elektroschocks, Drogen, sensorischer Entzug usw. unterzogen, alles Techniken, die dazu dienen, sie zutiefst zu dissoziieren und ihre Persönlichkeit zu spalten. Sharman berichtet auch von Gen- und Bestrahlungsexperimenten oder chemischen Behandlungen zur Beschleunigung der Pubertät, um schnell reproduktionsfähige Probanden zu erhalten. Die Opfer werden buchstäblich als Versuchskaninchen benutzt, um die Drogen zu testen, um festzustellen, welche die wirksamste und schnellste Gehirnwäsche im Vorfeld der MK-Programmierung ist. Sharman stellt die Frage, inwieweit diese Gedankenkontrollexperimente in der indianischen Gemeinschaft in Kanada durchgeführt wurden. Sie erinnert sich, dass sie an einen Ort gebracht wurde, an dem eine Inuit-Frau mit kahlgeschorenem Kopf und einem Baby im Arm saß. Sie fragt sich auch nach dem Schicksal einer Reihe von Aborigines, die in den 1950er und 1960er Jahren zur so genannten Tuberkulosebehandlung in den Süden Ontarios oder an die Landesgrenzen geschickt wurden.

Sharmans Genesungsprozess war sehr lang und sie ist immer noch behindert. Eine solche Zersplitterung ist in der Tat verheerend und ihrer Meinung nach unumkehrbar. Sie beschreibt, wie ihr Körper die Erinnerung an jede Stufe der Programmierung bewahrt hat, da das Zellgedächtnis alles aufzeichnet, was das Opfer erlebt hat. Diese traumatischen Erinnerungen tauchen in der Regel mit einer starken Abreaktion auf (emotionale Entladung, die Person erlebt die traumatische Erinnerung noch einmal live). Bei Sharman begannen ihre Erinnerungen aufzutauchen, als sie eine persönliche Krise durchmachte, eine weitere missbräuchliche und ungesunde Beziehung, die schließlich zu ihrem völligen Zusammenbruch führte. Die ersten Erinnerungen, die auftauchten, waren die an die Vergewaltigungen, und im Laufe der Zeit kamen auch Fragmente rätselhafterer Erinnerungen wie das Eingesperrtsein in einem Käfig oder die Verabreichung von Elektroschocks gewaltsam zurück. Wenn diese Flashbacks auftauchten, konnte sie z. B. das Gesicht einer Person sehen, aber starke körperliche Schmerzen erfassten ihren ganzen Körper und sie war völlig unfähig zu sprechen. Sie konnte ihrem Therapeuten nicht erklären, woran sie sich erinnerte oder was in ihrem Kopf vorging. Sie war lange Zeit nicht in der Lage, über ihre traumatischen Erinnerungen zu sprechen. Manchmal musste sie sie aufschreiben oder zeichnen. Während dieser heftigen Erinnerungsschübe fand sie sich in Situationen wieder, in denen sie sich zum Beispiel unter dem Couchtisch versteckte, indem sie sich in den Teppich des Therapeuten einwickelte. Ihr Körper und ihr Geist durchlebten buchstäblich noch einmal die traumatische Erfahrung, die sie Jahre zuvor gemacht hatte, mit ebenso starken Schmerzen. Sie sagt, dass sie sich in Körperhaltungen wiederfand, die sie in einem normalen Zustand überhaupt nicht einnehmen konnte. Ihr Körper verrenkte sich auf unglaubliche Weise, und sie verkrampfte sich, als die zelluläre Erinnerung an die Elektroschocks zurückkam.

Ihr Therapeut sagte ihr, dass eine Hypnose nicht gut für sie sei, weil ihre körperlichen Reaktionen so heftig seien, wenn die Erinnerungen zurückkämen. In der Tat könnte die Hypnose sie mit zu vielen Erinnerungen überfluten, die sich so auf ihren Körper auswirken würden, dass sie es nicht ertragen könnte. Der Therapeut zog es vor, die Dinge behutsam und schrittweise anzugehen, damit Sharman sowohl emotional als auch körperlich in der Lage war, die Situation zu bewältigen. Sein Körper, sein Verstand, sein Geist und sein „Ich" mussten in der Lage sein, die traumatischen Informationen zu verarbeiten und zu verstehen, wie diese verschiedenen Erinnerungen miteinander verknüpft werden konnten. Ein weiteres Puzzle, das zusammengesetzt werden musste...

Ein wichtiger Punkt ist, dass Lynn Moss Sharman während ihrer Therapie nie Medikamente einnehmen musste und jegliche psychiatrische Intervention sorgfältig vermieden hat. Doch immer wieder wollte sie ihrem Leben ein Ende setzen und sich in ein Krankenhaus begeben, um eine Behandlung zu erhalten, die ihr hätte helfen können. Es gelang ihr auch, systematische Abhängigkeiten und Selbstzerstörung zu vermeiden.

e/ Dejoly Labrier

Dejoly Labrier wuchs in einem militärischen Umfeld auf, ihre Eltern waren beide beim Militär und praktizierten rituellen Missbrauch. Aufgrund der schweren Traumata, die sie in diesen militärischen Gruppen erlebte, entwickelte Dejoly eine multiple Persönlichkeit. Sie ist die Autorin von „*All* Together *Now*: *A Multiple* Story *of Hope & Healing*". 1997 war sie Gast in der Sendung „*Your Turn*" von Kathy Fountain auf *FOX 13 News*. Hier ist die Abschrift der Sendung, in der sie ihre Aussage machte:

- **Kathy Foutain**: Die Zeichnungen, die Sie jetzt sehen werden, wurden von verschiedenen Persönlichkeiten mit verschiedenen Namen gezeichnet, aber sie stammen alle von einer Person... einer Frau mit dissoziativer Identitätsstörung. Eine Störung, von der man annimmt, dass sie durch wiederholte Traumata in der frühen Kindheit verursacht wird. Diese Frau sagt, sie sei von ihrer Mutter und ihrem Vater in einer seltsamen, extrem gewalttätigen Sekte missbraucht worden, die in einem militärischen Umfeld operierte (...) Wir begrüßen also Dejoly Labrier. Es erfordert viel Mut, über diese Dinge zu sprechen, und ich freue mich, dass ich mit Ihnen darüber sprechen kann. Ich möchte den Menschen helfen, zu verstehen, was Sie durchgemacht haben... Ihre Eltern waren beide beim Militär, „Marines".

- **Dejoly Labrier**: Sie waren beide „Marines".

- **KF**: Eine eiserne Disziplin?

- **DL**: Ja, sehr starr. Schon als Kind pflegte meine Mutter damit zu prahlen, dass ihre Dreijährigen so diszipliniert wie ein Marinesoldat" ihre Betten machten oder auf Zuruf antworteten: Yes Sir! oder „No Sir! Wir waren ständig darauf beschränkt, unsere täglichen Aufgaben zu erledigen. Außerdem mussten wir jeden Samstag das Haus von oben bis unten reinigen.

- **KF**: Was ist mit dem Kult, der Sekte? Waren sie beide daran beteiligt? War es eine satanische Sekte oder etwas anderes? Was taten sie?

- **DL**: Es gab satanische Rituale, die praktiziert wurden... Was ich aus den Erinnerungen meiner anderen Persönlichkeiten verstand, war, dass sie beide daran beteiligt waren. Mein Vater war der Anführer und meine Mutter war seine Komplizin, ich nenne sie seine 'Komplizin', weil sie uns nie vor all dieser Gewalt beschützt hat (...) Es gibt Kinder, die vergewaltigt werden, die aber auch zerstückelt werden... Das 'füttert die Partei', damit die Mitglieder der Sekte Macht und Kraft erhalten. Es gibt den Konsum von Blut, aber auch Kannibalismus mit geopferten Säuglingen.

- **KF**: Wo bringen sie die Babys hin?

- **DL**: Innerhalb der Gruppe selbst bekommen einige Frauen Babys. Es gibt auch junge Mädchen im gebärfähigen Alter. Sobald sie die Pubertät erreichen, werden sie durch die Vergewaltigungen während der Rituale geschwängert. Sie finden auch Babys, für die sich niemand wirklich interessiert.

- **KF**: Sie sagen in Ihrem Buch ausführlich, dass Sie von dieser Sekte sexuell missbraucht wurden, dass Sie also von Ihrem Vater und anderen Männern vergewaltigt wurden.

- **DL**: Ich wurde von vielen Leuten vergewaltigt, auch von Frauen, von vielen „Marines"... Wir zogen regelmäßig durch das Land. In der Armee war mein Vater als Rekrutierer tätig, und er war auch als Reservist auf verschiedenen Stützpunkten im ganzen Land unterwegs, um zu rekrutieren und auszubilden, insbesondere für die amphibische Ausbildung.

- **KF**: Und an jedem Ort, an den er geschickt wurde, fand er eine neue Gruppe von Leuten, die diese Art von Dingen taten?

- **DL**: Ja, das ist es...

- **KF**: Weiß die Armee von diesen Dingen? Man hört sie nie in diesem...

- **DL**: Einige meiner Altersgenossen sind sehr wütend auf das Militär. Was ich aber sagen kann, ist, dass die höhere Hierarchie des Militärs sehr wohl wusste, was vor sich ging. Sie wissen über vieles Bescheid, tun aber nichts, um es zu verhindern. Die Verantwortlichen werden nie verhaftet.

- **KF**: Als Ihr Vater zu einem neuen Standort kam, musste er, wie Sie uns erzählen, nur eine Anzeige in der örtlichen Militärzeitung aufgeben, um Interessenten zu finden...

- **DL**: Auf nationaler Ebene gibt es ein Netz für sexuelle Ausbeutung im Militär. Es kommt darauf an, wer man ist und welche Verbindungen man hat. Eines führt zum anderen, durch Treffen und Diskussionen lernt man schließlich Menschen kennen, die mit dieser Art von Dingen zu tun haben. So können sie sehr schnell ein Netzwerk aufbauen, manchmal sind es nur drei Personen, manchmal aber auch viel mehr: 20 oder 30 Personen.

- **KF**: Was sind die Ziele dieser Rituale? Was sind ihre Ziele? Sie sagten, es sei satanisch... Ist es eine Opfergabe? Warum tun sie das?

- **DL**: Es gibt den Glauben, dass der Verzehr von menschlichem Blut und Fleisch in Ritualen Macht verleiht. Sie glauben, dass sie dadurch sehr mächtig werden. Andererseits gibt es eine Art von Satanismus, bei dem die christlichen Überzeugungen in ihr Gegenteil verkehrt werden, was für die Satanisten sehr wichtig ist. Es gibt ihnen ein Gefühl der Überlegenheit gegenüber anderen: „Wir sind mächtig, wir können unbemerkt töten, wer wird der Nächste sein? So fühlen sie sich sehr mächtig und anderen überlegen.

- **KF**: Ich hatte vor kurzem die Gelegenheit, mit Ihrer Therapeutin zu telefonieren, und sie bestätigte, dass es sich tatsächlich um eine dissoziative Identitätsstörung handelt. Sie sagte mir auch, dass sie in ihrer Praxis gesehen hat, wie Ihre verschiedenen Persönlichkeiten entstanden sind. Es ist Teil der Therapie, diese anderen Menschen an einen Ort zu bringen, an dem sie sicher sind, ihre Geschichten zu erzählen. Manchmal können sie sich Ihnen oder anderen Menschen gegenüber gewalttätig verhalten. Es geht darum, zu wissen, warum diese anderen Persönlichkeiten so handeln, wie sie es tun, um Ihnen helfen zu können. Sie haben eine Karte gezeichnet, eine Art Diagramm, das etwa fünfzig verschiedene Persönlichkeiten darstellt. Es wurde vor mehreren Jahren gezeichnet, das sind die Alten, die nacheinander auftauchten und ihre Namen gaben. Wer ist der Große in der Mitte, der „Kompetente"... Sind Sie das oder jemand anderes?

- **DL**: Das ist ein Alter, das bin nicht ich. Ich bin all dies... in einer Person vereint.

- **KF**: Sie haben sehr zerstörerische Persönlichkeiten...

- **DL**: Ja... gegen mich, innerlich, aber sie tun nichts für andere. Ich möchte darauf hinweisen, dass jeder von ihnen sein eigenes Verhalten hat, denn sie wurden geschaffen, um einen anderen Alter oder mich selbst zu schützen. Es mag also so aussehen, als würden sie sich schlecht benehmen, aber im Grunde genommen sind sie gar nicht böse, sondern sie tun es, um uns zu schützen.

- **KF**: Die schwarze Frau auf der Zeichnung ist eine deiner Alten?

- **DL**: Ja.

- **KF**: Welche Rolle spielt sie?

- **DL**: Sie ist die Hüterin unseres Systems. Sie beschützt und liebt jede der anderen Persönlichkeiten bedingungslos. Wenn es zwischen einigen von ihnen zu Konflikten kommt, ist sie diejenige, die sie zur Seite nimmt, um mit ihnen einzeln zu sprechen.

- **KF**: Und wer ist „der Stumme"? „

- **DL**: Der „Stumme" ist eine der anderen Personen, die militärisch und satanisch missbraucht wurde. Sie spricht nicht, sie ist stumm...

- **KF**: Sie sagen, dass Sie heute einen Konsens mit allen anderen Persönlichkeiten gefunden haben. Das bedeutet, dass sie sich alle einig sind, miteinander auszukommen und zu kooperieren. Sind sie hier und hören unser Gespräch mit?

- **DL**: Ja... Viele Ältere machen das, was sie „Vorstandssitzungen" nennen, Sitzungen unter sich, so etwas in der Art...

- **KF**: Sie hatten also eine Art Treffen, bevor Sie im Fernsehen gesprochen haben?

- **DL**: (lacht) Auf jeden Fall.

- **KF**: Sie sagten alle, es sei eine gute Idee, weil ....

- **DJ**: ... Denn es muss gesagt werden, die Menschen müssen wissen, dass diese Art von Missbrauch existiert und dass diese Art von psychischer Störung

(I.D.D.) ebenfalls vorkommt. Viele Opfer mit gespaltener Persönlichkeit werden in der Psychiatrie fehldiagnostiziert. Manchmal werden sie mit ungeeigneten Medikamenten behandelt, die das Problem der multiplen Persönlichkeiten nicht angehen.

- **KF**: Ja, Ihr Therapeut erwähnte, dass die Opfer oft falsch diagnostiziert werden und eine starke chemische Behandlung erhalten, die ihnen überhaupt nicht hilft. Es ist besser, es kommen zu lassen, die anderen Persönlichkeiten in der Therapie auftauchen zu lassen und ihre verschiedenen Funktionen zu erkennen, um eine gute Zusammenarbeit zu erreichen...

- **DL**: Ja, ihnen helfen, verschiedene Funktionen zu haben. Ich habe einen Alter namens „Druggie", dessen Funktion es ist, das System in den Schlaf zu versetzen, als Schutzmaßnahme. Wenn es einen Auslöser gibt, der für eine der anderen Personen ein Problem darstellen könnte, taucht Druggie auf und schläfert uns alle ein. Es versetzt uns buchstäblich in den Schlaf...

- **KF**: Jetzt eine Frage von Lydia, die uns aus Ruskin anruft.

- **Lydia**: Hat sie versucht, mit jemandem darüber zu sprechen, was damals geschah? Gab es jemanden, mit dem man reden konnte?

- **DL**: Leider gab es niemanden, mit dem ich reden konnte... Meine ganze Familie war involviert. Wenn man als Kind so brutal missbraucht wird, lernt man schnell, zu schweigen und mit niemandem zu sprechen, weil man das nächste Opfer sein könnte... Die Angst ist also da...

- **KF**: Hatten Sie Angst, getötet zu werden?

- **DL**: Ich hatte große Angst, getötet zu werden.

- **KF**: Wissen Sie, die Skeptiker Ihrer Aussage werden sagen: „Woher weiß ich, dass diese Sekte echt ist? Ist das alles echt? Werden Babys wirklich getötet und verstümmelt? Manche sagen auch, dass du vielleicht von deiner Familie sexuell missbraucht wurdest, aber dass dein Verstand den Rest der Geschichte erfunden hat.

- **DL**: Ich kann diese Reaktion verstehen, denn all dies mag in der Tat sehr seltsam erscheinen. Heute gibt es jedoch immer mehr Menschen, die die Wahrheit über das, was sie erlebt haben, preisgeben. Das ist mein Leben. Ich sage nicht, dass jede Person, die sexuell missbraucht wird, eine multiple Persönlichkeit entwickelt, oder dass sie aus einem satanischen Kult kommt, oder dass das Militär alle Vergewaltiger sind... Was ich zu sagen habe, ist, dass dies meine Wahrheit ist, aber Sie müssen mir nicht glauben. Es gibt viele Menschen, die wissen, dass die Sache echt ist, und sie melden sich. Zu Beginn meines Heilungsprozesses begegnete ich Menschen aus der ganzen Welt, die die gleichen Dinge zeichneten, die gleichen Geschichten erzählten, sie hatten andere Persönlichkeiten mit den gleichen Namen, und sie hatten alle die gleiche psychiatrische Störung aufgrund ihrer traumatischen Kindheit...

- **KF**: Sie haben zwei Schwestern und einen Bruder, sind sie heute in Sicherheit?

- **DL**: Nein, denn es gehört viel Mut und Arbeit dazu, das durchzustehen und sich zu erholen. Es ist wie bei einer Zwiebel, die man Schicht für Schicht abzieht, um eine andere Ebene des Schmerzes zu entdecken und sich ihrer bewusst zu werden. Mein Bruder wurde als Kind schwer missbraucht (...) Mein

Vater schrieb mir einen Brief, in dem er zugab, mich und andere Kinder vergewaltigt zu haben... einschließlich meines Bruders. Meine Mutter leugnet alles und beschuldigt meinen Vater, derjenige zu sein, der uns betrogen hat...

- **KF**: Will Ihr Vater die Sekte nicht verlassen?

- **DL**: Heute habe ich keine Ahnung...

- **KF**: Einige Leute haben angerufen und diese Frage gestellt: Ist es möglich, dass der Therapeut diese Erinnerungen in Ihr Gedächtnis einpflanzen kann?

- **DL**: Sie (Anm. d. Red.: das Netzwerk) haben viel Macht, und überall auf der Welt versuchen sie, den Menschen einzureden, dass diese Art von Dingen imaginär ist, dass all diese Schrecken nicht wirklich existieren können... All das kam durch meine eigene Arbeit zustande, wenn ich einen Therapeuten aufsuchte, dann sollte er mich anleiten, nicht die Arbeit für mich erledigen oder mir sagen, was ich denken sollte...

- **KF**: Wir haben Tammi online, stellen Sie Ihre Frage.

- **Tammi**: Hi Dejoly, ich würde gerne wissen, wie alt du warst, als du endlich aus all dem herausgekommen bist? Und wie sind Sie da rausgekommen? Sie sagten, dass der sexuelle Missbrauch in Ihren späten Teenagerjahren aufhörte...

- **DL**: Ja, eigentlich hörte der sexuelle Missbrauch an meinem zwanzigsten Geburtstag auf. Ich kam zu der Party nach Hause und mein Vater war da, ganz allein... An diesem Tag vergewaltigte er mich. An diesem Tag vergewaltigte er mich. Danach sah ich ihn nie wieder, denn ich lief weg. Ich bin weggelaufen, nachdem ich gemerkt habe, dass es draußen Hilfe gibt, Menschen, die mir wirklich helfen können (...) Wenn man dissoziiert ist, mit einer multiplen Persönlichkeit, ist man auch von menschlichen Beziehungen abgekoppelt. Ich war viermal verheiratet... und jetzt, in meiner vierten Ehe, kann ich endlich sagen, dass ich meinen Mann liebe und es geschafft habe, mich mit ihm zu verbinden. Vorher war ich nicht in der Lage, eine echte Beziehung aufzubauen, jetzt kann ich es...

- **KF**: Die Therapie hat Ihnen sehr geholfen...

- **DL**: Ja.

- **KF**: Jetzt eine Frage von Barbara...

- **Barbara**: Hallo, welche Art von Therapie haben Sie gemacht? Insbesondere im Hinblick auf die Hypnose und die Art der Medikamente.

- **DL**: Ich hatte 5 Jahre lang eine Therapeutin, aber sie starb plötzlich... Wir haben 5 Jahre lang ohne Medikamente gearbeitet, weil das nicht wirklich funktioniert... Aber ich habe eine andere, „Ginger", die Prozac brauchte, als sie depressiv war. Also haben wir zweieinhalb Jahre lang Prozac genommen.

- **KF**: War es der Altar oder jeder, der ihn genommen hat?

- **DL**: Das ist sehr schwer zu erklären... Ich habe es für sie genommen, aber sie hatte die Auswirkungen... Mein damaliger Therapeut hat auch Hypnose eingesetzt. Wir haben auch gezeichnet, ich habe ein Tagebuch geführt, in das ich Fragen und Antworten geschrieben habe, und dann haben wir es mit dem Therapeuten besprochen. Wir haben auch experimentelle Therapien mit Bewegung, Musik usw. durchgeführt.

- **KF**: Aber Sie haben sich nie „integriert" und sind mit dem ganzen Alter verschmolzen?

- **DL**: Nein. Ich persönlich denke, dass der Plan oder die Methode des Therapeuten manchmal nicht unbedingt im Interesse aller Betroffenen ist.

- **KF**: Es gibt eine Art von Zusammenarbeit und Konsens zwischen dem Alter...

- **DL**: *Ja.* (...)

Es scheint, dass es auch in Europa solche Praktiken im Militär gibt. Im Juli 2011 prangerte der italienische Richter Paolo Ferraro auf einer Pressekonferenz in seinem Land öffentlich die Existenz einer *„satanisch-militärischen Sekte"* an. Ein italienischer Fernsehsender strahlte die Aussagen des Richters aus. Hier ist die Abschrift des kurzen italienischen Berichts zu diesem Thema:

Eine satanische Sekte, die sich auf Sex und Drogen stützt und ein hochrangiges Netzwerk bildet, soll mit obskuren Manövern dafür sorgen, dass die Ermittlungen nie abgeschlossen werden. Nachdem der Oberste Rat der Magistratur beschlossen hatte, einen Richter wegen eines angeblichen Gesundheitsproblems für vier Monate zu suspendieren, beschloss er, diesen Fall, der im Jahr 2008 begann, öffentlich zu machen.

Paolo Ferraro: Ich beschränkte mich auf eine einfache Beobachtung: In einem Haus lebten mehrere Personen, darunter einige „Beamte", mit Frauen und Kindern und nahmen an Aktivitäten teil, die überhaupt nicht normal waren... Ich entdeckte eine unterirdische Welt, unbekannt, obskur und zweideutig... Es gab auch sexuelle Aktivitäten in einem Kontext, der mir bis dahin völlig unbekannt war.

Die Verteidiger des Ministeriums prangern Anomalien im Vorgehen des Obersten Rates der Magistratur an und haben bereits eine Berufung geplant, um diese Suspendierung für ungültig zu erklären, während Magistrat Ferraro Berufung einlegen wird.

Paolo Ferraro: Die Wahl, die sie getroffen haben, liegt vielleicht daran, dass sie nicht alles richtig gelesen haben, was ich in meinem Bericht angeprangert habe. Aber auch, weil sie den Kern des Problems nicht wirklich verstanden haben.

f/ Cisco Wheeler

Cisco Wheeler ist ein Überlebender des luziferischen *Illuminaten-Netzwerks*. Gemeinsam mit Fritz Springmeier ist sie Autorin der Bücher *„Die Illuminaten-Formel zur Schaffung eines unentdeckbaren Sklaven der totalen Gedankenkontrolle"* und *„Tiefere Einblicke in die Illuminaten-Formel"*.

Wheeler wurde von frühester Kindheit an von ihrem Vater programmiert, der aus einer generationenübergreifenden luziferischen Familie stammte. Nach ihren Angaben war ihr Vater Programmierer für den *Illuminatenorden* und die US-Regierung. Ihre Familie war politisch sehr engagiert. Ihr Großonkel (ein direkter Nachfahre von General Ulysses Grant) war General Earl Grant Wheeler, ein Stabschef, der die US-Truppen in Vietnam befehligte. Sein Vater war

Freimaurer 33. Grades und Großmeister der *Illuminaten* und Mitglied des *Großen Rates der Druiden*. Aufgrund dieses Status hatte er enge Verbindungen zum amerikanischen politischen Establishment. Auch ihr Vater sei ein „multipler Programmierer", d.h. er selbst habe in seiner Kindheit Traumata erlitten, die seine Persönlichkeit gespalten hätten. Es handelt sich also um ein Generationsproblem, und er war selbst ein Gefangener dissoziativer Zustände, genau wie seine Tochter Cisco. Er war in jeder Hinsicht ein Genie, ein herausragender Musiker. Nach außen hin gab dieser Satanist ein sehr positives Bild von sich ab, liebte seine Familie und leistete gute Arbeit in der Armee. Oberflächlich betrachtet war er umgänglich, er mochte die Menschen und die Menschen mochten ihn. Wheeler glaubt, dass er sich irgendwann in seinem Leben bewusst wurde, wer er war und was er wirklich privat und im Verborgenen tat, einige der Amnesie-Barrieren brachen zusammen, aber es muss ihm völlig unmöglich gewesen sein... eine Richtungsänderung hätte ihn das Leben gekostet, weil er zu weit gegangen war.

Von Geburt an kam Wheeler in eine stark strukturierte Welt mit systematischen Protokollen. Als Kind wurde sie dazu ausgebildet, als Sexsklavin der so genannten „Elite" der amerikanischen Politikszene zu dienen. Cisco Wheeler hatte nach dem Tod ihres Vaters erste Flashbacks. Lange Zeit hatte seine Wirts- oder Frontpersönlichkeit keinen Zugang zu den Erinnerungen der tieferen, mit dem Okkulten verbundenen anderen Persönlichkeiten, bis die traumatischen Amnesie-Mauern schließlich im Alter von vierzig Jahren einbrachen. Da sie diese Erinnerungsschübe und ihre Selbstmordgedanken nicht verstand, suchte sie Hilfe und wurde neun Wochen lang stationär behandelt. Dies war der Beginn ihrer Therapie und der Erforschung ihrer dissoziativen Identitätsstörung.

Ihre Familie hatte ihr Leben von Grund auf neu programmiert. Sie hatten sie so strukturiert und konditioniert, dass sie das wurde, was sie für sie beschlossen hatten. Diese Programmierung war darauf ausgerichtet, sie zu entmenschlichen und zu erniedrigen, so dass sie zeitweise wirklich glaubte, sie sei ein Weichei. Als sie in den Spiegel schaute, sah sie eine Porzellanpuppe mit einem Kätzchenkopf. Eine ihrer anderen Persönlichkeiten war als Sexsklavin programmiert worden, ein fügsames Kätzchen, die „Beta-Kätzchen"- *Programmierung*, die wir am Anfang dieses Kapitels erwähnt haben. Um sie zu entmenschlichen und diese tierischen Veränderungen zu schaffen, beschreibt sie, wie man zwei Käfige aufgestellt hatte, einen mit hübschen, gesunden Kätzchen und den anderen für sie... Eingesperrt in den Käfig, hatte sie eine Schüssel neben sich, die mit einem elektrischen Draht verbunden war, der ihr Schocks verpasste, wann immer sie essen oder trinken wollte. In diesem Käfig wurde sie gedemütigt und bespuckt, wenn sie sich wie ein kleines Mädchen benahm. Im nächsten Käfig wurden die Kätzchen immer gut gefüttert, es fehlte ihnen an nichts, sie bekamen viel Liebe, sie wurden gestreichelt usw. Diese Tortur und diese Quälerei war nicht nur eine Schande, sondern auch eine echte Schande. Diese Tortur und Folter, die nichts anderes als eine MK-Programmierung war, dauerte tagelang, und Wheeler erzählt, wie ihr kleines Gehirn irgendwann beschloss, dass sie nicht länger ein kleines Mädchen sein sollte, sondern dass sie auch eine kleine Katze war. Die Katzen wurden gefüttert und mussten nicht in ihrem eigenen Kot liegen wie das kleine Mädchen, sie wurden nicht geschlagen wie sie. Ihre Persönlichkeit war durch diese zutiefst traumatische Situation dissoziiert und so identifizierte sie sich mit den Kätzchen. Als ihre Erinnerungen zurückkehrten, hatte ihr Körper die Erinnerung an alle Schläge, die sie während dieser Programmierung erhalten hatte, behalten. Der Schmerz kam zum Vorschein, als die Erinnerungen auftauchten. Sie erzählt auch, dass sie mit Affen in einem Käfig eingesperrt war. Als sie ihre Erinnerungen wiedererlangte, um ihre wahre Identität zu rekonstruieren, war es äußerst schwierig und schmerzhaft für sie zu akzeptieren, dass sie ein echtes kleines Mädchen gewesen war. Jedes Mal, wenn sie etwas Menschliches äußerte, wurde sie schwer gequält, bis sie schließlich die Realität, dass sie ein menschliches Mädchen war, aus ihrem Kopf verdrängte, weil *es zu schmerzhaft war, ein Mädchen zu sein!*

Sie sagt auch, sie habe sich einer „magischen Operation" unterzogen, bei der ihr Herz in einer Scheinoperation unter Hypnose und Drogen „entfernt" wurde. Schon bald trat sie in die Fußstapfen ihres Vaters und ließ sich selbst zur Programmiererin ausbilden. Sie nennt einige der Orte, an denen MK-Programmierungssitzungen stattfanden: die Marinebasis China Lake in Kalifornien, die Presidio-Basis nördlich von San Francisco, das Letterman-Krankenhaus in der Nähe der Presidio-Basis, das Alcatraz-Gefängnis, Scotty Castle im *Death Valley* National Park, das psychiatrische Krankenhaus von Salem in Oregon und das große Dorenbecker Masonic Hospital in Portland. All dies geschah in der Zeit von Mitte der 1940er bis Mitte der 1960er Jahre.

Wheeler erzählt, wie sie mit einer Gruppe von vier oder fünf MK-Überlebenden aus dem gleichen sozialen Umfeld einander ermutigten und dank Gott die Kraft fanden, gegen die Programmierung, die Schikanen und die ständigen Einschüchterungen des Netzes zu kämpfen. Gemeinsam kämpften sie für ihre Freiheit und Gesundheit. Während der ersten fünf Jahre ihrer Therapie stand das Netzwerk nach Angaben von Wheeler immer noch in Kontakt mit ihr und brachte sie regelmäßig zurück, um sie erneut zu quälen: Elektroschocks, Drogen, wiederholte Vergewaltigungen usw. Trotz des wiederholten Missbrauchs über fünf Jahre hinweg sagt sie, dass die Stärke, die sie in der Therapie hielt, darin bestand, dass sie sich zum ersten Mal bewusst war, ein echter Mensch zu sein: „*Ich bin kein Kätzchen! Ich bin eine Frau! Ich war ein kleines Mädchen! Diese Programme waren alle gelogen!*" Sie war bereit zu sterben, damit die Wahrheit ans Licht kommt.

Wheeler beschreibt sehr gut das Phänomen der Ambiguität, die in der Beziehung zwischen Opfer und Täter entsteht. Als junges Mädchen erzählt sie, wie ein Kind, das nicht zur luziferischen Hierarchie gehörte, vor ihren Augen kaltblütig getötet wurde. So stellen die Henker ihre Macht zur Schau, und es entsteht ein krankhaftes emotionales Band, das das Kind bedingungslos an den Mörder bindet... weil der Mörder es verschont hat, um das andere Kind zu töten... Versuchen Sie zu verstehen, was in diesem Moment im Gehirn eines Kindes, das erst vier oder fünf Jahre alt ist, passieren kann. Wie bereits weiter oben in diesem Kapitel erwähnt, ist das Trauma ein wichtiger Faktor für die emotionale Bindung zwischen dem Kind und dem Gewalttäter. Das Opfer weiß nie, wann es „geliebt" und wann es „gehasst" wird. In der Tat wechseln die Täter ihre Haltung „*wie ein Hemd*" und können aufgrund ihrer eigenen dissoziativen Zustände jeden Moment in Entsetzen umschlagen. Wheelers Vater konnte während einer Programmiersitzung äußerst freundlich sein, aber auch abscheulich und ohne jedes menschliche Gefühl. Er würde gemeiner als ein wildes Tier werden und vor nichts zurückschrecken, um seinem Opfer etwas verständlich zu machen. Sie sagt, dass einige ihrer anderen Persönlichkeiten ihren Vater immer noch sehr lieben und ihn wahrscheinlich für immer lieben werden. Für sie war Inzest ein Liebesbeweis, sie war der Meinung, dass die Liebe eines Vaters oder einer Mutter darin bestand, ihre Kinder zu vergewaltigen... An diesem Glauben hat sie so lange festgehalten, wie sie in diesem luziferischen System war, in dem Inzest eine „kulturelle" Praxis ist.

Wheeler hatte drei „*Mütter*", die das Fundament seines inneren Systems bildeten. Diese „*Mütter*" waren seine drei großen Basis-Alternativen, die in seiner inneren Welt auf einem Podest standen. Dies sind Alter's, die tief mit dem Okkulten verbunden sind und deren einziger Zweck es ist, mit dem Antichristen als Königinnen zu regieren, wenn er seinen Thron besteigt. Luzifer hat eine Braut, die aus allen „*Müttern der Finsternis*" besteht, d.h. aus allen alten Hohepriesterinnen.

Wheeler zufolge ist dies der wesentliche Aspekt ihres Systems, die mentale Programmierung und die Handlungen dieses Netzwerks kommen wirklich aus dem Herzen Luzifers. Er will Gottes Volk und die Welt als Ganzes vernichten. Die *Illuminaten* betrachten sich selbst als Götter und ihr einziger Meister ist Luzifer. Sie haben ihrem Prinzen, dem „*Vater des Lichts*", einen Eid geschworen. Sie haben sich bereit erklärt, seine Pläne mit allen Mitteln umzusetzen, um das zu erreichen, was für die Endzeit geplant ist, und schließlich den Antichristen auf seinen Thron zu setzen. Darauf haben sie seit Jahrhunderten hingearbeitet, und die MK-Programmierung der Kinder des luziferischen Ordens ist ein wesentlicher Bestandteil davon.

Diese Menschen haben keine Angst vor der Hölle. Wenn sie als Götter herrschen, wenn sie Luzifers Ruf folgen und ihrem Bluteid treu bleiben, werden sie mit ihm in der Hölle herrschen, das ist ihr Glaube... Sie sind überzeugt, dass sie, wenn sie sich daran halten, in der Hölle Götter sein werden, mit Satan. Es ist eine riesige Lüge, aber sie glauben daran... Sie alle wollen Götter sein, das ist wirklich die Grundlage ihrer Doktrin und der einzige Meister, dem sie gehorchen, ist Luzifer. Cisco Wheeler sagt: „*Sie werden durch Macht, Geld und Ruhm motiviert, aber eigentlich sind es die Dämonen, die sie seit Generationen motivieren... Luzifer und seine Dämonen. Sie sind völlig besessen.*"

g/ Brice Taylor

Susan Fords Aussage erschien erstmals 1978 unter dem Pseudonym „*Lois*" in Walter Bowarts Buch „*Operation Mind Control*", einem *bahnbrechenden* Werk zum Thema Gedankenkontrolle. 1999 veröffentlichte sie ihr Zeugnis unter dem Pseudonym Brice Taylor in einem Buch mit dem Titel „*Thanks for the Memories*", in dem sie ihren Weg als Monarch-Sklavin von frühester Kindheit an beschreibt. Brice Taylor gehörte zu den „Präsidentenmodellen", die von einer bestimmten amerikanischen Elite völlig entfremdet und ausgenutzt wurden. Sie wurde als MK-Sklavin auf der höchsten Ebene der Gesellschaft eingesetzt und ist eine der wenigen, die öffentlich über diese okkulten Praktiken ausgesagt haben.

Susan Ford begann 1985 mit der Arbeit an ihren gespaltenen Erinnerungen, um ihren Weg zur Heilung zu finden. Als Kind begann der Missbrauch und die Programmierung durch ihren Vater. Ihre Mutter litt ebenfalls an einer dissoziativen Störung und einer Form von Programmierung und war ebenfalls in den Missbrauch ihrer Tochter verwickelt. Ihre ganze Familie war beteiligt, sowohl ihre Großeltern väterlicherseits als auch mütterlicherseits, ihre Tanten, Onkel und sogar ihre Brüder. Auch hier haben wir es also mit generationenübergreifendem Satanismus zu tun. Sein Vater zog ihn in satanische Zeremonien hinein, insbesondere mit seinem Großvater, einem reichen Politiker, der selbst einer Familie angehörte, die seit Generationen rituellen Missbrauch praktizierte. Brice Taylor glaubt, dass ihr Vater selbst ein „multipler Programmierer" war, der in seiner Kindheit Schreckliches erlebt hat, und sie sagt, dass sie oft gesehen hat, wie er seine Persönlichkeit verändert hat. Dies ist das klassische Familienmuster eines Teufelskreises von Traumata, die wie ein Vampirbiss von einer Generation zur nächsten weitergegeben werden...

Seit ihrem fünften Lebensjahr wurde sie regelmäßig zu Militärbasen in Kalifornien gebracht, um sich MK-Programmierungsprotokollen zu unterziehen. Sie verweist auch auf das *UCLA* Neuropsychiatric Institute und die *NASA-Zentren, in denen solche* Dinge angeblich durchgeführt werden. Die Verbindung ihrer Familie zum Militär kam durch ihren politischen Großvater zustande. Als sie 10 Jahre alt war, machte er sie mit einem pädophilen Netzwerk von Politikern und anderen hochrangigen Persönlichkeiten aus allen Bereichen des Lebens bekannt.

Taylor sagt aus, dass sie unter anderem rituell missbraucht wurde, indem sie mit Nadeln gestochen, verbrannt, an den Füßen aufgehängt und manchmal an ein Kreuz gebunden wurde. Die Folterer drehten sie auch wie einen Kreisel, sie wurde vergewaltigt und erhielt weder Nahrung noch Schlaf. Sie wurde auch gezwungen, bei Ritualen an Orgien teilzunehmen. In den Militäranlagen war sie Elektroschocks, Licht- und Schallblitzen und Folterungen mit allen möglichen ausgeklügelten Instrumenten ausgesetzt, die mit der Wirkung der ihr verabreichten Drogen kombiniert wurden. All diese barbarischen Praktiken dienten einzig und allein dem Zweck, ihre Persönlichkeit in eine Vielzahl von alternativen Persönlichkeiten aufzuspalten, die programmiert werden sollten. Sie beschreibt, dass sie während dieser MK-Programmierungssitzungen an einen speziellen Stuhl geschnallt wurde, wie er auch für das Training von Astronauten verwendet wird. Ihr zufolge benutzten sie die gleichen Geräte wie die Astronauten: Zentrifugen, Schwerelosigkeitssimulatoren, sensorische Isolationskammern usw. Einige der Geräte verwendeten Lichtsignale oder andere Signale, damit sich die Astronauten wohl fühlten. Einige der Geräte verwendeten Licht- oder Tonsignale in Kombination mit Elektroschocks. Taylor erklärt zum Beispiel, dass sie einen Ton im rechten Ohr und einen völlig anderen

Ton im linken Ohr empfangen hat. Sie wurde darauf programmiert, ein Geräusch mit einem bestimmten Befehl zu verknüpfen, meist in einem hypnotischen Zustand.

Zusätzlich zu diesen Programmierungssitzungen in militärischen Einrichtungen war ihr Vater täglich damit beschäftigt, ihre Gedankenkontrolle zu verstärken. Sie sagt, dass er eine völlig ahnungslose Scheinpersönlichkeit war. Nach außen hin benahm er sich wie ein charmanter Mann, niemand hätte geahnt, was er im Privaten tun würde, welche Qualen er seinen Kindern zufügte, um sie zu trennen und zu programmieren. Taylor zufolge war ihre Mutter ebenfalls an der Folter beteiligt, und als ihre Tochter ihre Erinnerungen wiedererlangte und sie mit dieser harten Realität konfrontierte, leugnete sie diese völlig und konnte sich nicht daran erinnern, sie auf diese Weise behandelt zu haben. Die Mutter bestritt oder leugnete nicht, was ihre Tochter ihr erzählte, aber sie schien offensichtlich sehr beunruhigt über ihre Gedächtnisprobleme. Später half sie ihrer Tochter sogar, ihr autobiografisches Buch zu veröffentlichen.

Lassen Sie uns hier eine kleine Klammer mit Svali machen, die genau das Gleiche mit ihrer Mutter berichtet, die ebenfalls tiefgreifende dissoziative Störungen hatte. Die Dissoziation wirkt wie eine Art „Klebstoff", der die Verleugnung aufrecht erhält und dazu beiträgt, die Dunkelheit all dieser Praktiken aufrechtzuerhalten. In einem 2001 veröffentlichten Artikel schrieb Svali über ihre Mutter: *„„ Das hast du dir ausgedacht, du weißt genau, dass es nicht wahr ist! Ich kann mich an nichts von dem erinnern, wovon Sie sprechen! Die Person, die mir das sagte, war meine Mutter vor zwei Jahren. Sie sagte mir deutlich, dass sie mir nicht glaubte. Ihre Amnesie ist intakt und sie schützt sie. Ich wollte ihr erklären, dass sie und ich einen Teil unseres Lebens in einer Sekte verbracht hatten, dass ich sie liebte und dass ich wollte, dass sie auch aus dieser Sekte aussteigt. In diesem Telefonat, dem ersten seit einem Jahr, nannte ich ihr die genauen Namen der beteiligten Personen, die wir beide kannten. Mama, du bist in einem Zustand der Dissoziation, deshalb erinnerst du dich nicht", sagte ich. Nein, das ist nicht wahr, so etwas ist nicht passiert", behauptete sie. Sie wusste sehr wohl, dass ich tagsüber nie bewusst Deutsch gelernt hatte, aber nachts sprach sie in dieser Sprache mit mir, seit ich sehr jung war. Sie selbst verstand die Sprache überhaupt nicht bewusst... „Warum spreche ich heute fließend Deutsch? Ich fragte sie auf Deutsch und fuhr fort: „Ich habe diese Sprache nie gelernt, das wissen Sie. Ich habe in der Schule Spanisch und Latein gelernt"... Es folgte eine Leerstelle und sie antwortete: „Vielleicht sind Sie ein Medium und haben es durch Telepathie gelernt"... Meine Mutter musste ihr Leugnen um jeden Preis aufrechterhalten, indem sie selbst das Unerklärliche erklärte... Aber wie hatte sie meine Frage verstanden, die ich ihr auf Deutsch gestellt hatte? (...) Ich denke, dass die Verleugnung ein ernsthaftes Hindernis für die Heilung ist. Wenn ein Überlebender beginnt, sein Gedächtnis wiederzuerlangen, konfrontiert er in der Regel Familienmitglieder mit seinen Erinnerungen, um sie zu bestätigen. Der Überlebende sieht sich außerdem häufig mit mangelnder Anerkennung, grober Verleugnung und sogar Beschimpfungen durch Familienmitglieder konfrontiert. Menschen, die in der Verleugnung verharren müssen, um sich vor schmerzhaften Wahrheiten zu* *schützen. Sie sind verrückt", „Sie sind krank", „Sie haben eine kranke Fantasie", „Wie können Sie sich so etwas ausdenken? Du brauchst Hilfe", „Du brauchst Hilfe", noch grausamere Phrasen können denjenigen ins Gesicht geworfen werden, die ihre Amnesie behalten wollen. "*[502]

In den Jahren 1985 und 1987 hatte Brice Taylor zwei schwere Unfälle. Der Schock über diese Unfälle weckte in ihr Erinnerungen an die Vergangenheit... viele Erinnerungen. Dies löste zunächst eine Programmierung aus, die sie glauben ließ, sie sei völlig verrückt geworden. Sie hatte Flashbacks mit immer lebhafteren Visionen, begleitet von körperlichen Schmerzen in bestimmten Bereichen ihres Körpers. Zu dieser Zeit bereitete sie einen Master in klinischer Psychologie vor und musste ihr Studium unterbrechen, da ihre traumatischen Erinnerungen so heftig auftauchten. Sie kam in Kontakt mit der Therapeutin Catherine Gould, die ihr sehr half. Zuerst kam der sexuelle Missbrauch in der Kindheit hoch, dann die Erinnerungen an satanischen rituellen Missbrauch und schließlich die Erinnerungen an die MK-Programmierung. Wir finden hier den gleichen Prozess der Wiedererlangung traumatischer Erinnerungen wie bei Lynn Moss Sharman oder Kristin Constance: zuerst Inzest, dann ritueller Missbrauch und schließlich MK-Programmierung, wobei die gewalttätigsten Erinnerungen zuletzt wieder auftauchen, obwohl es schwierig ist, eine traumatische Skala in dieser Art von Dingen zu erstellen.

Taylor gibt an, dass sie während ihrer Therapie mit einem Geheimdienstmitarbeiter zusammengearbeitet hat, der ihr sein Wissen über die MK-Programmierung vermittelte, einschließlich der Schlüssel oder Codes zur Auslösung und Manipulation der anderen Persönlichkeiten. Sie beschreibt, wie er sie von einer Persönlichkeit zur anderen wechselte, um all die gespaltenen Erinnerungen der vielen anderen Persönlichkeiten an die Oberfläche zu bringen. Als die alternativen Persönlichkeiten nacheinander auftauchten, nahm sie einen Stift und schrieb seitenweise auf, was passiert war, als diese oder jene alternative Persönlichkeit aktiv war. Wie bei den meisten gespaltenen Menschen, die eine Persönlichkeitsstörung entwickelt haben, verfügen einige der anderen Persönlichkeiten über ein fotografisches Gedächtnis oder eine Hypermnesie, die Erinnerungen in allen Einzelheiten offenbart. Darüber hinaus können Seelenfragmente, die in einer Raum-Zeit „eingefroren" bleiben, in der die Erfahrung des Traumas ständig präsent ist, eine Szene so wiedererleben, als ob die Person sie in Echtzeit, im gegenwärtigen Moment, erleben würde, was eine sehr detaillierte Beschreibung ermöglicht. Dieses Phänomen erklärt, warum einige Überlebende in der Lage sind, sehr genaue Angaben zu Ereignissen zu machen, die zwanzig Jahre zurückliegen können, sei es in Form von Dialogen oder Ortsbeschreibungen.

Taylor unterzog sich einer Hypnose in Kombination mit Drogen, die von ihrem Vater ständig eingesetzt wurde, um die Befehle tief in ihr Unterbewusstsein zu verankern und sie so Stück für Stück zu programmieren. Sie beschreibt auch, wie die Elektrizität als Mittel zur Fragmentierung ihrer Persönlichkeit eingesetzt wurde. Ihr zufolge erzeugt der Elektroschock nicht nur

---

[502] *Svali Speaks - Überwindung der Verleugnung* - Svali, 05/2001.

einen tiefen dissoziativen Zustand, sondern wirkt sich auch auf das gesamte Energiefeld des menschlichen Körpers aus, so dass der Mensch auf einer sehr tiefen Ebene beeinflusst werden kann. Als sie noch sehr jung war, wurde sie mit einfachen elektrischen Drähten geschockt, später benutzten die Folterknechte Elektroschocks, die ursprünglich für Rinder gedacht waren. Die elektronische Ausrüstung der Militärbasen war sogar noch ausgefeilter. Laut Brice Taylor und Fritz Springmeier werden Elektroschocks eingesetzt, um das Kurzzeitgedächtnis zu löschen, aber das Gedächtnis scheint nicht völlig zerstört zu werden, wie die zahlreichen Aussagen von Überlebenden belegen.

Taylor beschreibt gut, wie ein einziges Element in ihrer Umgebung auf einmal Erinnerungen hervorrufen kann. Sobald sich ihr eine dieser Erinnerungen präsentierte, konzentrierte sie sich so gut wie möglich darauf, um sie in ihrem Bewusstsein so deutlich wie möglich zu machen. Der nächste Schritt bestand darin, sie aufzuschreiben und so weit wie möglich zu validieren. Sie beschreibt sehr gut, wie ihre Erinnerungen in äußerst präzisen Blitzen zurückkamen, als ob das Ereignis gerade erst stattgefunden hätte, obwohl es 10 oder 20 Jahre zurücklag. Dies waren Bruchstücke von Informationen, die sich mit der Zeit zu einem vollständigen Puzzle zusammensetzten, dem Puzzle ihres Lebens als MK-Sklavin.

Einige Programme waren so angelegt, dass ihre körperlichen und geistigen Funktionen gestört wurden, als sie begann, auf die traumatischen Erinnerungen zuzugreifen. Sie musste viele Jahre lang um ihr Überleben kämpfen und gegen diese „Zeitbomben" ankämpfen, die in ihr platziert worden waren, um sie in den Wahnsinn zu treiben oder um sie zu töten.

Ihre MK-Programmierung diente den Interessen der Regierung, ihr fotografisches Gedächtnis wurde als Kommunikationsmittel im Netz genutzt. Sie wurde auch als Sexsklavin für die Elite des Netzes benutzt, die für Geldwäsche, Pornografie und Prostitution eingesetzt wurde, ebenso wie die Überlebende Cathy O'Brien, die ebenfalls als „Präsidentenmodell" missbraucht wurde.

Brice Taylor enthüllte, dass ein Geheimdienstoffizier ihm von dem Fall der Elite-Sexsklaven, den so genannten „Präsidentenmodellen", erzählt hatte. Dieser Agent gab die Zahl von 3000 Frauen an, die auf diese Weise in den Vereinigten Staaten programmiert wurden. Aber bei dieser Art von MK-Programmierung geht es nicht nur um Sexsklaverei, ihr zufolge haben einige Hollywood-Schauspieler, aber auch Staatsoberhäupter eine völlig gespaltene und programmierte Persönlichkeit, Menschen, die ebenfalls die Heilung ihrer tiefen Traumata sehr nötig hätten...

h/ Kathleen Sullivan

Kathleen Sullivan ist die Autorin des Buches Unshackled: *A Survivor's Story of Mind Control*.

Als ihre Erinnerungen nach dem Selbstmord ihres Vaters im Jahr 1990 wieder auftauchten, zog sie sich völlig zurück, löste sich von ihren Gefühlen und verhielt sich wie ein Roboter. Die traumatischen Erinnerungen tauchten wieder auf, zuerst der sexuelle Missbrauch und dann die zunehmend traumatischen Rituale...

1991 wurde sie in ein Krankenhaus in Dallas eingeliefert, wo sie begann, sich ihren schmerzhaften Erinnerungen zu stellen und allmählich zu verstehen, dass sie von MK programmiert worden war. Während dieses Krankenhausaufenthalts wurde ihr klar, dass sie mehrere Persönlichkeiten hatte und dass jede von ihnen einen Vornamen, eine Nummer und einen Codenamen hatte.

Sullivan sagt, dass ihre traumatischen Erinnerungen durch Geräusche zurückkamen, durch die Stimme ihres Vaters oder die Stimmen anderer Menschen, Stimmen, die sie sehr deutlich hörte. Sie wusste in ihrem Herzen, dass dies Stimmen waren, die sie als Kind gehört hatte. Eine Erinnerung konnte auch durch einen Geruch oder durch Lebensmittel, die plötzlich verdorben zu sein schienen, zurückkommen... wenn die traumatische (und zelluläre) Erinnerung zurückkam, fühlte sie die Vergewaltigungen, die sie erlitten hatte, körperlich. Viele der visuellen Erinnerungen kamen durch Rückblenden oder wiederkehrende Träume zurück. In diesem Moment beschloss sie, alles aufzuschreiben. Sie verbrachte viele Stunden damit, ein Tagebuch zu schreiben, während sie die Traumata, die in ihren Erinnerungen verankert waren, körperlich und seelisch durchlebte. Insbesondere Erinnerungen, die ihre Programmierung als Mörderin betrafen, etwas, das sie in den Wahnsinn trieb, weil sie nicht wusste, ob es ihre Einbildung oder Realität war. In der Tat weigerte sie sich hartnäckig, diese Dinge zu akzeptieren, die zu ihr zurückkehrten, aber als sich ihre anderen Persönlichkeiten zu manifestieren begannen, konnte sie nicht länger leugnen.

Als er 1991 in ein Krankenhaus eingeliefert wurde, bat ihn ein Psychiater der Universität von Dallas, seine „Persönlichkeitskarte" aufzuschreiben. Fünf Programmierungsebenen wurden ihr angezeigt: Alpha, Beta, Delta, Theta und Omicron. Natürlich machte sich niemand die Mühe, sie zu beruhigen und ihr zu erklären, was das bedeutet, denn kein anderer Patient beschrieb ähnliche Begriffe. Später erkannte sie, dass es sich um Programme handelte, die ihr durch Hypnose und andere Techniken eingepflanzt worden waren. Dies war die MK-Programmierung auf Regierungsebene.

Sullivans Vater war seit frühester Kindheit ihr wichtigster Programmierer. Später erfuhr sie, dass er selbst als Kind ein schweres Trauma erlitten hatte und deshalb völlig aus dem Gleichgewicht geraten war. Er war jedoch ein kompetenter Ingenieur bei *AT&T* (ehemals *Western Electric*) mit einem sehr wissenschaftlichen Verstand. Er sagte seiner Tochter regelmäßig, dass er für sie ein „Gott" sei, und natürlich glaubte die kleine Kathleen ihm... Aber sie war nur ein Versuchskaninchen und ein Prototyp; je besser der Vater die Persönlichkeit seiner Tochter spalten konnte, desto besser würde er von der CIA gesehen werden, für die er arbeitete. Wie alle anderen Folterer setzte der Vater Strom, Schlaf- und Nahrungsentzug ein, um sie zu programmieren. Er war ein Okkultist, der sich voll und ganz dem satanischen rituellen Missbrauch verschrieben hatte und eine kleine Gruppe in Reading, Pennsylvania, leitete, an der viele Kinder beteiligt waren. Als Kind, seit ihrem vierten Lebensjahr, musste

Kathleen Sullivan an Opferungen und Ritualen teilnehmen, um sie zu desensibilisieren und auf ihre Programmierung als Killerin vorzubereiten.

Sein Großvater väterlicherseits war Waliser und stand in einer druidischen Tradition. Die Menschen, die an diesen okkulten Praktiken luziferischer Natur beteiligt sind, wollen ihre alte Religion nicht aufgeben, und so werden diese Traditionen auch heute noch „heimlich" fortgeführt („die Religion ohne Namen"). Vater Sullivan praktizierte an seiner Tochter eine *Ketten-Persönlichkeitsspaltung*, indem er systematisch jedem neu geborenen Kind einen neuen Namen gab. Dann implantierte er in diese Fragmente, was er wollte: Überzeugungen, Gefühle und Gedanken. Sullivan zufolge war sein Vater als Kind programmiert worden. Er war deutscher Herkunft und war während des Krieges von der Luftwaffe als Dolmetscher angeworben worden. Später verbrachte er viel Zeit mit Neonazi-Gruppen und begann sich für satanistische Lehren zu interessieren. Er stand einigen Templergruppen sehr nahe, nach Angaben seiner Tochter war er selbst nie ein Freimaurer, arbeitete aber regelmäßig mit Eingeweihten hohen Grades zusammen.

Kathleen Sullivan schätzt, dass sie etwa 20 Jahre lang als MK-Sklavin ausgebeutet wurde. Sie war vielseitig programmiert und wurde für verschiedene Funktionen eingesetzt: Diebstahl, Kinderhandel (Lieferung kleiner Opfer an pädophile Netzwerke), Sicherheit (Leibwächter für politische Persönlichkeiten oder andere), Abrechnungen (Attentate), Verhöre, Übermittlung von Informationen, aber auch Programmierung auf Kinder und Teilnahme an rituellen Opfern... Sie wurde von *vielen Leuten* benutzt, sagt sie, hauptsächlich von der CIA, dann vom Pentagon, den Rangers, Delta Forces, militärischen Spezialkräften, aber auch von der Mafia, die ihr zufolge völlig mit der CIA verbunden ist.

Wenn sie nicht gerade auf *Sondermissionen unterwegs war*, wurde sie als Leibwächterin für Politiker eingesetzt. Sie sagt, dass sie gerne einen MK-Sklaven zur Hand haben, der die Drecksarbeit erledigt, wie z. B. die Versorgung mit Drogen oder Kindern. Ein Leibwächter dringt in der Regel in die Privatsphäre der Personen ein, die er beschützt. Daher ist eine MK-Person, die nicht über das spricht, was sie sieht und hört, einem unprogrammierten Individuum vorzuziehen, das ein schwaches Glied in dem riesigen Netzwerk wäre, das diesen Planeten derzeit steuert.

All diese Personen, die unmoralische und illegale Handlungen begehen, möchten offensichtlich ungestraft in der Öffentlichkeit agieren können und die moralischen Werte der Gesellschaft völlig umkehren. Für Sullivan sind diese Menschen von einer starken Motivation getrieben, eine Weltregierung zu errichten und zu führen, die es ihnen erlaubt, in Ruhe alles zu tun, was derzeit als unmoralisch und illegal gilt, wie z. B. Pädophilie. Inzest ist in der Tat eine *kulturelle* Praxis, die diesem luziferischen Milieu eigen ist und die sie durch die Legalisierung der Pädomanie in die Gesellschaft einführen wollen. Sie wollen nur eines: den christlichen Moralkodex loswerden, und dafür bringen sie ihre Bauern Schritt für Schritt voran, um die Herrschaft ihrer Doktrin zu errichten: die der *luziferischen Neuen Weltordnung*.

i/ Cathy O'Brien

Cathy O'Brien ist ein weiteres Opfer des MK-Monarch-Prozesses, der sie zu einer Sexsklavin machen sollte, die als diplomatischer Kurier oder als Kurier für den Transport von Kokain (dem Treibstoff unserer Eliten) dienen sollte... Ihre gespaltene Persönlichkeit mit Amnesie-Wänden wurde von den höchsten Ebenen der US-Regierung benutzt. Sie und ihre Tochter Kelly (die ebenfalls der MK-Programmierung unterworfen war) wurden 1988 von Mark Phillips gerettet, der sie nach Alaska brachte, wo sie vor dem Netzwerk, an das sie gebunden waren, sicher waren. Dort begannen sich Cathys Erinnerungen zu erholen, sie befreite sich allmählich von den Fesseln der traumatischen Amnesie-Mauern, und sie gewann schließlich ihren freien Willen. Das Ergebnis war ein autobiografisches Buch mit dem Titel *„Amerika inmitten der Transformation"*.

1996 hielten die Whistleblower Cathy O'Brien und Mark Phillips einen Vortrag mit dem Titel *„Mind-control out of control"* *(Gedankenkontrolle außer Kontrolle)*, in dem sie sowohl ihren Hintergrund als auch unsere Situation in Bezug auf diese *Neue Weltordnung* beschreiben. Die vollständige Niederschrift ist in Anhang 2 dieses Buches zu finden.

j/ Der Künstler mit mehreren Persönlichkeiten: Kim Noble

Kim Noble ist eine englische Malerin. Ab ihrem 14. Lebensjahr ging sie etwa 20 Jahre lang in psychiatrischen Kliniken ein und aus, bis sie Dr. Valerie Sinason und Dr. Rob Hale kennenlernte. Im Jahr 1995 wurde bei ihr schließlich ADS diagnostiziert, eine Diagnose, die von Professor John Morton vom *UCL* *(University College London)* bestätigt wurde. Im Jahr 2004 entdeckten Kim Noble und ihre dreizehn Persönlichkeiten während einer Kunsttherapie ein großes Interesse am Zeichnen... Ein Dutzend anderer Persönlichkeiten begannen, sich mit Pinsel und Farbe auszudrücken, jede mit einem völlig anderen Namen und Stil. Auch die Themen sind völlig unterschiedlich: Einige malen Landschaften oder scheinbar harmlose Figuren, während andere Werke viel düsterer sind und sich explizit mit dem rituellen Missbrauch befassen, den Noble als Kind erlitten haben mag. Auf dem Altar mit dem Namen *„Ria Pratt"* sind eindeutig Szenen von Vergewaltigung und Folter von Kindern dargestellt, Szenen, die Noble zweifellos erlebt hat und deren traumatische Erinnerungen von bestimmten Altären bewahrt wurden. In diesen Bildern, die den rituellen Missbrauch darstellen, finden wir eine große Ähnlichkeit mit den verschiedenen Zeugnissen anderer MK-Überlebender.

Kim Noble hatte bereits zahlreiche Ausstellungen, und Zeitungen wie *The Telegraph, The Guardian* und *The Independent haben* ihre Arbeiten vorgestellt und Interviews mit ihr geführt. Sie ist auch in der *Oprah Winfrey* Show aufgetreten. Die Medien beschreiben sie als „Original", als Künstlerin mit multiplen Persönlichkeiten, gehen aber selten auf die Ursachen eines solchen psychologischen Zustands ein. Noch weniger wird das Thema des rituellen Missbrauchs und der Gedankenkontrolle angesprochen, das in einigen ihrer Bilder symbolisch präsent ist. Die meisten Artikel über sie erwähnen ihren großen Mut und ihr Talent, aber keiner von ihnen wagt es, den wesentlichen Inhalt ihrer künstlerischen Arbeit zu berühren und das, was sie beschreibt: traumatische Rituale, die dissoziative Zustände verursachen. Die Menschen sind fasziniert von den äußerst unterschiedlichen Malstilen, aber es ist klar, dass ihre Werke auch ihre Vergangenheit als MK-Monarch-Opfer beschreiben.

Der folgende Text ist ein Auszug aus einem Artikel mit dem Titel „*Kim Noble: a woman divided*", der 2006 von *The Independent* veröffentlicht wurde:

Jede von Kims anderen Persönlichkeiten ist eine eigenständige Künstlerin: Patricia malt einsame Wüstenlandschaften, Bonny zeichnet oft tanzende Roboterfiguren, Suzy hat wiederholt eine kniende Mutter gemalt, Judys Leinwände sind sehr groß, während Rias Werke tief traumatische Ereignisse mit Kindern zeigen. Diese beunruhigenden Darstellungen sind die Ursache für Kims psychischen Zustand. Sie leidet an einer dissoziativen Identitätsstörung, einer psychischen Überlebensstrategie, bei der sich die Persönlichkeit in jungen Jahren aufgrund eines schweren und wiederholten Traumas spaltet. Die Anzahl der Persönlichkeiten hängt oft von der Wiederholung des Traumas ab. Kim selbst hat keine Erinnerung daran, als Kind missbraucht worden zu sein. Sie wurde über die Jahre hinweg von ihrem Alter geschützt: „Man hat mir gesagt, ich sei missbraucht worden, aber für mich ist es noch zu früh, das geht zum einen Ohr rein und zum anderen wieder raus. Es ist nicht gut, wenn ich mich an Dinge erinnere, die ich nicht wissen will."

Kim hat guten Grund, die Rückkehr der Erinnerungen an ihre Vergangenheit zu fürchten, denn wenn sie zu viele Informationen erhält, ist sie möglicherweise überfordert und wird „verschwinden". Es ist schon zweimal passiert (...) Jetzt wird es wirklich seltsam - für Kim, die nicht ganz Kim ist...

Die andere Persönlichkeit, die ich befrage, ist Patricia. Sie bestimmt ihr Leben und das Leben von Aimée (ihrer Tochter), aber Patricia war nicht immer die dominierende Persönlichkeit. Bevor Patricia wieder auftauchte, war Bonny der dominante Alter und zwei Jahre davor war es der Alter Hayley.

Kim sieht mich aufmerksam an, während sie mir erklärt: „Wissen Sie, Kim ist nur das 'Haus', der Körper. Es gibt nicht wirklich eine „Kim", sie ist völlig gespalten. Wir hören auf den Namen Kim, aber ich bin Patricia. Wenn man uns „Kim" nennt, verstehen wir das als Spitznamen. Aber wenn die Leute dich erst einmal gut kennen, benutzen sie diesen Namen normalerweise nicht mehr. (...) Von den zwanzig (oder mehr) Persönlichkeiten, die sich „Kim" teilen, wurden einige bereits vor 15 Jahren identifiziert: Judy, die magersüchtig oder bulimisch ist; die Mutter, Bonny; die Nonne, Salome; der Depressive, Ken; die Sensiblen, Hayley, Dawn und Patricia; die Stumme, MJ.

Es gibt auch eine Handvoll Kinder, die in der Zeit „eingefroren" sind (in einem bestimmten Alter und an einem bestimmten Ort feststecken). Einige der Stellvertreter wissen, dass sie Teil eines I.D.T.-Systems sind, aber viele sind sich dessen nicht bewusst oder weigern sich, es zu akzeptieren. „Judy glaubt nicht an diese Realität", erklärt Kim: „Sie ist nur ein Teenager, der den Therapeuten beschimpft, wenn er versucht, ihr die Situation zu erklären. Sie ist so jung, dass sie nicht einmal an Aimee denkt, die ihre Tochter ist. Sie kennt mich und hält mich für eine schlechte Mutter, weil ich Aimee immer vernachlässige. Für sie ist es völlig normal, ständig zu kommen und zu gehen (Dissoziation). Sie denkt wahrscheinlich, dass alle so arbeiten. Es gibt bestimmte Auslöser, die zu Dissoziation und Persönlichkeitsveränderungen führen, aber Kim hat allmählich gelernt, diese zu vermeiden. Es kann jedoch bis zu drei oder vier Mal am Tag zu einem Wechsel kommen."[503]

Die Gemälde der alten *Ria Pratt* sind sicherlich die schockierendsten ihrer gesamten Arbeit. Wir entdecken Kinder, die in Käfige gesteckt werden, Gruppenvergewaltigungen, eine Abtreibungsszene... Die Scharfrichter sind hier oft mit etwas dargestellt, das man als Elektroschocks interpretieren kann. Allen Gemälden von *Ria Pratt ist* gemeinsam, dass jede Figur, egal ob es sich um die Kinder oder die Täter handelt, mit einem über oder neben ihr schwebenden „Doppelgänger" gemalt wird. Die Doppelgänger stellen dieselbe Figur dar wie der Charakter, aber auf transparente und geisterhafte Weise. Dies symbolisiert höchstwahrscheinlich die Trennung von Körper und Geist beim rituellen Missbrauch. *Ria Pratt* stellt die Kinder systematisch mit ihrem Doppelgänger dar, aber auch die Täter werden mit dieser Verdopplung dargestellt, was bestätigt, dass sie sich selbst in einem Zustand der Dissoziation oder Besessenheit befinden, wenn sie ihre Gewalt während des rituellen Missbrauchs entfesseln. Ein morbides Detail ist, dass die Henker auf diesen Gemälden systematisch mit einem Lächeln auf den Lippen dargestellt werden...

Die alte *Goldene Morgendämmerung* stellt Gemälde her, auf denen meist zerlegte und amputierte Schaufensterpuppen abgebildet sind. Die alte *Judy* räumt der Dualität in ihrem Werk einen wichtigen Platz ein, vor allem durch das Malen von schwarzen und weißen Schachbrettbildern. Die Gemälde des *Altarschlüssels* verdienen besondere Aufmerksamkeit. Wie der Name schon andeutet, zeigen die Bilder dieses Abends Schlüsselelemente der Verschlüsselung, d.h. Protokolle und Methodik der MK-Programmierung. Seine „Sieben-Stufen-Tabelle" beschreibt detailliert sieben Schritte zur Gestaltung eines Monarch-Sklaven (siehe Tabelle in Anhang 4). Die Zahl Sieben ist eine magische Zahl, die mit Musiknoten, den Farben des Regenbogens, den Wochentagen, den Weltwundern, den sieben Bewusstseinsebenen usw. in Verbindung gebracht wird. Diese Produktion ist in horizontalen Schichten aufgebaut, die verschiedene Szenen darstellen. Der beschriebene Prozess wird chronologisch von unten nach oben gelesen:

- Phase 1: Geburt in der Hölle

Diese Szene stellt eindeutig die Hölle dar, den Ort, an dem das Kind geboren werden wird: eine Familie, die Satan/Luzifer ergeben ist. Dies ist der Beginn des MK-Programmierungsprozesses. Wir können mehrere Wörter lesen: *„Deep"*, *„Satan"*, *„Dark"*, *„No Help"*, *„Blood"*, *„Death"*, *„All Around"* und *„No Life"*.

In dieser ersten Szene sind zwei Darstellungen des personifizierten Teufels zu sehen, mit Hörnern und einer Mistgabel sowie umgedrehten christlichen Kreuzen, die den satanischen Charakter des Ortes bestätigen.

---

[503] *Kim Noble: eine geteilte Frau"* - independent.co.uk, 08/2006.

Kriechende Körper sind ebenso abgebildet wie eine Frau, die scheinbar in den Wehen liegt oder abtreibt. Auch eine Schlange und ein Drache sind in dieser Szene abgebildet.

- Phase 2: Traumatischer Schock

Diese Szene zeigt die vielfältigen Qualen, denen die kleinen Opfer von MK-Monarch ausgesetzt sind. In dieser Phase wird das Subjekt extrem misshandelt, um die für die Programmierung notwendigen dissoziativen Zustände zu erzeugen. In diesem Teil des Gemäldes sind mindestens 28 Kinder abgebildet. Auf dem Boden liegen 13 Kinder, die zu Sklaven gemacht wurden und auf allen Vieren in einer Reihe laufen. In der Mitte der Szene befindet sich ein Tisch oder ein Bett, auf dem eine Person liegt, deren Kopf und Hände mit Drähten verbunden sind, eine Darstellung, die mit Sicherheit die Folter durch Elektrizität darstellt. Zwei Figuren schieben etwas, das aussieht wie eine Trage, auf der Kinder liegen. Wir sehen in dieser Szene auch viele Käfige, in denen Kinder eingesperrt sind, und andere werden an den Füßen aufgehängt. Sexuelle Gewalt wird in dieser Szene nicht dargestellt, aber in den Gemälden der Künstlerin *Ria Pratt ist* sie explizit zu sehen.

- Phase 3: Dissoziation und Aufspaltung

Diese Szene zeigt uns die unterschiedlichen Persönlichkeiten, die durch die traumatischen Schocks in der vorangegangenen Phase entstanden sind. Die Alten werden als kleine Menschen dargestellt, die in Mäandern schweben und sich in Schlangenlinien verirren, die völlig unorganisiert sind. Die Linien, in denen sich das Alter entwickelt, gehen jedoch schließlich in die nächste Phase über, deren zentraler Punkt der kabbalistische Baum des Lebens ist. Diese Windungen, in denen sich die alten Persönlichkeiten befinden, bilden sozusagen die Wurzeln des Lebensbaums, der als Basis, als Fundament der Phase Nr. 4 dienen wird. In dieser Szene sind die alternativen Persönlichkeiten durch diese gewundenen Wurzeln, die die Erinnerungen eines jeden von ihnen trennen, voneinander getrennt. Dies symbolisiert die traumatischen Amnesie-Mauern, die in der vorangegangenen Phase entstanden sind.

- Phase 4: Konditionierung und Strukturierung des internen Systems

Nach der Erstellung der Altsysteme muss eine Struktur geschaffen werden, um sie aufzuteilen und sie leicht ausnutzbar zu machen. Das ist es, was Szene 4 darstellt: die Strukturierung der inneren Welt des MK-Sklaven. Die Zeichnung scheint eine Art Labyrinth oder einen technischen Plan darzustellen, dessen verschiedene Zonen den Symbolen entsprechen. Wir sehen Tierkreiszeichen und Augen, die dazu da sind, die dissoziierten Fragmente in der inneren Welt zu überwachen. Im Mittelpunkt dieser Phase steht der Baum des Lebens der Kabbala, auch Baum der Sephiroth genannt. Mehrere Überlebende haben berichtet, dass sie mit einer solchen Struktur als Rahmen für die Organisation und den Zugang zu den verschiedenen Altersgruppen programmiert wurden. Es ist wahrscheinlich, dass die andere Persönlichkeit *Key,* die dieses Bild gemalt hat, hier das tatsächliche Muster des Aufbaus und der Strukturierung der gespaltenen Persönlichkeit von Kim Noble darstellt.

- Phase 5: Integration von Zugangscodes

Diese Szene zeigt einen Stapel mit Zahlen und Buchstaben, in dessen Mitte ein Buch liegt. Auf der linken Seite stehen die Zahlen und auf der rechten Seite die Buchstaben. Unter der linken Seite des Buches steht die Zahl 666. Dies ist die Phase der Kodierung der Wort- und Zahlenreihen, die verwendet werden, um diese oder jene Veränderung hervorzubringen. Codes für den Zugang zur inneren Welt des Sklaven sind ebenfalls programmiert. Das Buch in der Mitte der Szene stellt wahrscheinlich das Archivmaterial dar, das alle Daten zur Programmierung des MK-Sklaven enthalten wird.

- Phase 6: Der Übergang

Phase 6 stellt eine Art Autobahn dar, eine Brücke über ein Meer oder einen Fluss. Das Initiationsritual ist abgeschlossen, der Monarchfalter kann aus der Puppe schlüpfen... Diese Autobahn, deren Perspektive das Aussehen eines Dreiecks oder einer Pyramide hat, symbolisiert auch den Weg zur Dissoziation, die *„gelbe Ziegelsteinstraße"* des Zauberers von Oz, auf der das Opfer zur Dissoziation ermutigt wird und auf der die verschiedenen Alter Egos je nach den Bedürfnissen der Kontrolleure auftauchen können. Ein Weg, der hier zur nächsten Szene führt, die den dissoziativen Zustand als solchen darstellt, in dem das Opfer *durch den Regenbogen* schwebt.

- Phase 7: Befreiung

Diese Szene stellt den Himmel der vorhergehenden Szene dar, die Dimension, in der sich der dissoziierte Geist des Opfers entwickelt. Dieser Himmel hat zwei Sonnen, einen Regenbogen und eine Figur mit Flügeln und einem Heiligenschein, ist es ein Engel, ein Schmetterling oder eine Taube? Diese Szene symbolisiert sowohl den Endzustand des Sklaven, der durch den Prozess des Monarchen zerbrochen und wieder zusammengesetzt wurde und nun in die weltliche Welt „entlassen" werden kann, um seine Funktion als Sklave zu erfüllen. Aber diese Schlussszene steht auch für den dissoziativen, zeitlosen Zustand, der von nun an den Grundstein für das Leben des Sklaven bilden wird. Wir sehen in dieser Szene auch ein Auge... das Auge Luzifers (*der alles sieht*), das den neuen MK-Monarch-Sklaven ständig überwachen wird.

Dieses Gemälde des *Altarschlüssels* stellt die Entwicklung des Sklaven von der Hölle des Traumas in den Kellern der ersten Ebenen zum himmlischen „Paradies" (*Erleuchtung*) dar, das durch die tiefen Zustände der Dissoziation, die durch Schmerz und Terror verursacht werden, repräsentiert wird. Die letzte Phase zeigt uns, dass der Sklave endlich den Regenbogen erreicht hat, um seine Realität zu transzendieren... in andere Dimensionen. Doch diese psychische Flucht ist keine wahre Freiheit, denn das Auge beobachtet...

Es ist wichtig, die Anwesenheit des Baumes der Sephiroth in der Mitte des Gemäldes zu bemerken, da er ein ursprüngliches symbolisches Element der Kabbala ist, die ihrerseits der Ursprung vieler magischer Praktiken ist. Dr. Cory

Hammond beschreibt in der Greenbaum-Vorlesung das Vorhandensein des kabbalistischen Baums als Strukturelement des inneren Systems einiger seiner Patienten.

Hexerei und Okkultismus scheinen das Herzstück des Monarch-Gedankenkontrollprozesses zu sein. Obwohl Kim Noble sich weigert, rituellen Missbrauch zuzugeben, haben ihre Alter-Persönlichkeiten *Ria Pratt* und *Key* Erinnerungen, die eindeutig mit rituellem Missbrauch und traumabedingter Gedankenkontrolle zu tun haben. Ein Therapeut würde wahrscheinlich eine Menge lernen, wenn er mit der *Schlüssel-Alter-Persönlichkeit* sprechen würde... Kim Nobles wahre innere Inspiration ist die MK-Monarch-Programmierung, die in ihren traumatischen Erinnerungen vergraben ist, aber natürlich wird das in den Medien, die sich für ihre Arbeit interessieren, nie erwähnt...

Wir können auch Lynn Schirmer erwähnen, die eine weitere Malerin ist, die als Folge von rituellem Missbrauch und Gedankenkontrolle an I.D.T. leidet. Eine Frau, die öffentlich aussagte und eine Ausstellung mit dem Titel *„DIDiva & The Mad Machines"* *(DIDiva und die verrückten Maschinen)* produzierte, in Anspielung auf die barbarischen Werkzeuge, die von den Programmierern verwendet wurden.

8 - ZUSAMMENFASSUNG

1997 führte Wayne Morris eine eingehende Untersuchung zum Problem der traumabedingten Gedankenkontrolle durch. Acht Monate lang interviewte er 24 Personen (Überlebende und Therapeuten) für *CKLN FM 88.1*, den Radiosender der Ryerson Polytechnic University in Toronto, Ontario, Kanada. Diese Reihe von Interviews mit dem Titel *„Mind-Control Series"* wurde vollständig transkribiert. Ein Teil davon wurde von der christlichen Gruppe *„Parole de Vie"* ins Französische übersetzt und unter dem Titel *„Survivors of the illuminati"* ins Internet gestellt. Nach Prüfung all dieser Dokumente und Zeugenaussagen hat *„Parole de Vie"* eine interessante Synthese erstellt, die im Folgenden vorgestellt wird:

- 1 / Die mentale Programmierung des Menschen existiert. Dies ist eine unbestreitbare Tatsache. Es handelt sich um ein Phänomen, dessen sich die Wissenschaft erst seit kurzem bewusst ist, und zwar in historischem Ausmaß. Vor einigen Jahrzehnten sprach fast niemand darüber, und es gab fast keine ernsthaften Veröffentlichungen zu diesem Thema.
- 2 / Andererseits ist die Technik der mentalen Programmierung sehr alt und scheint bis in die Zeit Babylons und des alten Ägyptens zurückzugehen. Die Menschen scheinen schon sehr früh begriffen zu haben, dass es möglich ist, andere Menschen durch entsprechende Konditionierung, die auf wiederholten Traumata beruht, in geistige Sklaven zu verwandeln.
- 3 / Auch die Illuminaten, d.h. diejenigen, die die „herrschende Elite" des Planeten bilden, scheinen schnell erkannt zu haben, welchen Vorteil sie aus diesen Techniken zur Weltherrschaft ziehen können. Die Christen

werden nämlich erkannt haben, dass hinter diesen abscheulichen Techniken und Folterungen die Hand Satans steckt, der die Menschheit versklaven und sich in Gestalt des in der Bibel angekündigten Antichristen als Gott verehren lassen will.

- 4 / Die mentale Programmierung beruht auf dem Phänomen der „Dissoziation", der „Aufspaltung" der Persönlichkeit in mehrere Persönlichkeiten. Es ist, als ob die Persönlichkeit eines Menschen in mehrere verschiedene Persönlichkeiten aufgespalten werden kann, die wiederum den Körper übernehmen können. Außerdem gibt es zwischen diesen verschiedenen Persönlichkeitsfragmenten so etwas wie „Mauern der Amnesie", so dass sich jedes Fragment nicht daran erinnert, was mit den anderen Fragmenten geschehen ist. In der Tat handelt es sich nicht um multiple Persönlichkeiten im absoluten Sinne. Das Individuum behält eine einzige Persönlichkeit, die jedoch in verschiedene, scheinbar voneinander unabhängige Komponenten aufgesplittert ist.

- 5 / Diese Spaltung der Persönlichkeit wird im Allgemeinen durch ein gewaltsames und schmerzhaftes Trauma verursacht. Dieses Trauma löst physikalisch-chemische Reaktionen im Gehirn aus. Die Spaltung der Persönlichkeit wäre eine Abwehrreaktion unseres Organismus gegen ein zu heftiges Trauma. Das Gehirn schafft eine „spezielle Gedächtniszone", die das Trauma auf einer unterbewussten oder unbewussten Ebene aufzeichnet, um das bewusste Gedächtnis vor zu viel Schmerz zu bewahren. So entsteht eine Fragmentierung der Persönlichkeit, die es ermöglicht, die Erinnerung an das Trauma zu bewahren, allerdings auf einer Ebene, die nicht mehr bewusst ist. Diese verborgene Erinnerung wird von einer „amnestischen Mauer" umgeben, so dass die wache Persönlichkeit sie nicht wahrnimmt. Es sind also die Opfer dieser Traumata, die „natürlich" diese Spaltung ihrer Persönlichkeit erzeugen, um die erlittenen Traumata zu bewältigen und zu verarbeiten. Diese Spaltung der Persönlichkeit kann also bei allen Menschen, die ein Gewalttrauma erleben, ganz natürlich auftreten. Sie kann aber auch künstlich herbeigeführt werden, indem man den Opfern kontrollierte Traumata zufügt, kombiniert mit Hypnose oder verschiedenen Drogen. Es ist dann nicht nur möglich, die Persönlichkeit zu fragmentieren, sondern auch, jedes Fragment der Persönlichkeit zu konditionieren oder zu programmieren. All diese programmierten Fragmente schlummern im Unterbewusstsein. Aber sie können aktiviert werden, das heißt, sie können auf die bewusste Ebene aufsteigen und die Kontrolle über den Körper übernehmen. Sie werden mit Hilfe von vorher festgelegten Geheimcodes aktiviert. Der Empfang dieses Codes durch das Opfer versetzt es in einen hypnotischen oder zweiten Zustand, und das aktivierte Persönlichkeitsfragment übernimmt dann die Kontrolle über seinen Körper, um das im Voraus kodierte Programm auszuführen: spionieren, morden, verführen, usw... Man versteht den Vorteil dieser abscheulichen Technik für alle Geheimdienste. Die CIA oder der KGB haben die wichtigsten Forschungen auf diesem Gebiet durchgeführt oder gesponsert, die von der amerikanischen und der russischen Regierung finanziert wurden. Sie „profitierten" auch von den Forschungen, die von den Nazi-Ärzten in den Todeslagern unter der Leitung des berüchtigten Arztes Josef Mengele durchgeführt wurden, der später in die Vereinigten Staaten flüchtete.

- 6 / In den letzten Jahrzehnten haben viele Ärzte, Psychiater, Psychologen und andere Therapeuten festgestellt, dass immer mehr Patienten mit ähnlichen Symptomen in ihre Praxen kommen. Sie alle hatten in ihrer Kindheit ein sexuelles Trauma erlebt, litten unter schweren Persönlichkeitsstörungen und verschiedenen charakteristischen Symptomen: Depressionen, Alkoholismus, Drogensucht, Essstörungen, Schlafstörungen, Angstzustände... Alle diese Patienten berichteten auch von sehr beunruhigenden persönlichen Erinnerungen, die von satanischen Zeremonien, geplanten Attentaten, Geldwäsche, Kontakten zu politischen, religiösen und wirtschaftlichen Kreisen, Weltverschwörung, Neuer Weltordnung... Viele Therapeuten begnügten sich damit, diese Patienten als ernsthaft geistig gestört zu betrachten. Andere wiederum waren erstaunt über die Ähnlichkeit ihrer Aussagen und Symptome und beschlossen, dieses Phänomen wissenschaftlich und systematisch zu untersuchen. Sie begannen, die Erinnerungen der Opfer zu überprüfen, sich über die satanischen Kulte und ihre Praktiken zu informieren und Zugang zu streng vertraulichen Informationen oder Dokumenten zu erhalten, die bewiesen, dass die Regierung umfangreiche Forschungen über mentale Programmierung finanziert und alle Arten von Experimenten in Militärbasen, Krankenhäusern und Forschungszentren, NASA-Zentren usw. durchgeführt hatte. Sie berechneten, dass Hunderttausende von unschuldigen Bürgern als unfreiwillige Versuchskaninchen in diesen sehr traumatischen Experimenten benutzt worden waren. Bevorzugte Bevölkerungsgruppen waren Geisteskranke, Gefangene, Militärangehörige, Prostituierte, Waisenkinder und Kinder im Allgemeinen. Als die Zahl der Überlebenden wuchs, organisierten sie sich selbst und forderten, unterstützt von zahlreichen Therapeuten, offizielle Untersuchungen. Es wurden präsidiale Untersuchungsausschüsse eingesetzt, die empfahlen, geheime Akten, einschließlich derjenigen der CIA, zu veröffentlichen. Präsident Clinton hat die Tatsachen und bestimmte Praktiken, darunter auch Experimente unter Einsatz von Strahlung, anerkannt. Er hat sich öffentlich bei den Opfern entschuldigt und Gelder zur Entschädigung der Opfer bereitgestellt. Aber es wurde nur die Spitze des Eisbergs gefunden. Die meisten Fachleute und Überlebenden sind überzeugt, dass diese Experimente immer noch stattfinden und dass alles getan wird, um die Angelegenheit zu vertuschen und die Opfer oder die aktivsten Forscher zu diskreditieren. Die Regierung versteckt sich oft hinter dem „Verteidigungsgeheimnis" oder den Erfordernissen der nationalen Sicherheit. Da keiner der Folterer, die an der Gedankenprogrammierung beteiligt sind, jemals wegen illegaler oder unmoralischer Handlungen belangt wurde, hat dies natürlich die Fortsetzung dieser Praktiken gefördert.

- 7 / Das Studium der von uns veröffentlichten Zeugnisse von Überlebenden und Therapeuten veranlasst uns zu folgenden Bemerkungen:

Auch wenn die Zeugenaussagen der Überlebenden von kompetenten Therapeuten analysiert und überprüft wurden, bleiben sie persönliche Aussagen. In Anbetracht der Komplexität der menschlichen Psyche und der mentalen Programmiertechniken muss man immer vorsichtig sein, wenn es um persönliche Aussagen geht. Wenn die Überlebenden wiedergeborene Christen sind, was einige sind, sollte ihr Zeugnis als Überlebende im Lichte ihres christlichen Zeugnisses und der Früchte ihres Lebens analysiert werden.

Was uns zu der Annahme veranlasst, dass diese Zeugenaussagen insgesamt wahr sind, ist ihre große Zahl sowie die unterschiedliche geografische und soziale Herkunft der Überlebenden, von denen sich die meisten untereinander nicht kennen. Die mathematische Wahrscheinlichkeit, dass es sich um eine Erfindung oder Manipulation handelt, ist praktisch gleich Null. Das bedeutet jedoch nicht, dass wir automatisch alle Einzelheiten dieser Konten akzeptieren sollten. Es ist allgemein bekannt, dass das menschliche Gedächtnis sehr unzuverlässig sein kann. Hinzu kommt das Problem bestimmter falscher Erinnerungen, die von den Peinigern absichtlich programmiert wurden, um ihre Spuren zu verwischen.

Da die Illuminaten es nicht versäumen werden, die Aussagen der Überlebenden und sogar der Therapeuten oder derjenigen, die den Überlebenden beistehen, oft grundlos zu diskreditieren, müssen letztere stets darauf achten, dass ihr Verhalten und ihre Forschungsmethodik so unbedenklich wie möglich sind, um sich nicht der Kritik auszusetzen, auch wenn Verleumdungen nie vermieden werden können.

So erfuhren wir vor kurzem, dass Fritz Springmeiers Haus in Oregon vom FBI und der Polizei durchsucht wurde, die dabei angeblich „Marihuana-Produktionsgeräte" und Waffen entdeckten. Es ist durchaus möglich, dass diese Dinge von den Ermittlern absichtlich in seinem Haus platziert wurden, wenn man weiß, wie skrupellos die CIA ist. Auf jeden Fall setzte der Richter Fritz Springmeier bis zur Verhandlung auf elektronische Bewährung (mit einer elektronischen Fußfessel). Springmeier selbst beteuert seine völlige Unschuld in diesem Fall und behauptet, er sei das Opfer eines Komplotts, was sehr wahrscheinlich ist. (Anmerkung der Redaktion: Fritz Springmeier wurde schließlich zu 8 Jahren Haft verurteilt, 2011 wurde er entlassen und für 5 Jahre zur Bewährung ausgesetzt).

Ebenso sicher ist, dass die meisten Überlebenden unter Drogen gesetzt und hypnotisiert wurden. Dies macht es ihnen nicht leicht, Glaubwürdigkeit zu erlangen, und es ist relativ einfach, ihre Aussagen aus diesen Gründen pauschal abzulehnen. Ein seriöser Forscher ist sich dieser Gefahren bewusst und wird darauf achten, dass sein Urteil nicht verzerrt wird und er sich an die Fakten hält.

Es ist daher wichtig, dass diejenigen, die den Überlebenden helfen, sich all dieser Gefahren bewusst sind und alle notwendigen Vorkehrungen treffen, um nicht überrascht zu werden. In diesem Zusammenhang könnte man Fritz Springmeier vorwerfen, dass er, gelinde gesagt, sehr unvorsichtig war, sich persönlich um Cisco Wheeler zu kümmern, wie sie selbst sagt, „24 Stunden am Tag, 365 Tage im Jahr". Wir sind der Meinung, dass ein engagierter Christ niemals auf Dauer mit einer Person des anderen Geschlechts zusammen sein sollte (es sei denn, er oder sie ist Teil eines großen Teams und nie allein mit dem Opfer), damit er oder sie nicht der Versuchung oder Kritik ausgesetzt ist. Er könnte leicht von einem Außenstehenden des Ehebruchs oder der Unzucht beschuldigt werden, der aufgrund des äußeren Erscheinungsbildes urteilen würde, selbst wenn er nichts Unrechtes getan hätte.

Christen (wie Fritz Springmeier und Cisco Wheeler) legen zu viel Wert auf die psychischen oder psychologischen Aspekte der mentalen Programmierung und nicht genug auf die dämonischen Aspekte. Es stimmt, dass sie in Radiosendungen interviewt wurden, die sich an ein allgemeines, meist nicht-christliches Publikum richteten. Aber sie hätten mehr über das Eingreifen der Dämonen bei diesen Persönlichkeitsstörungen sprechen können. Bestimmte „Fraktionen" der Persönlichkeit können durchaus Dämonen sein, die die Kontrolle über den Körper des Opfers übernehmen und die im Namen Jesu Christi ausgetrieben werden sollten, anstatt sich auf eine unwirksame Psychotherapie in diesem Bereich einzulassen. Cisco Wheeler gibt in seinem Interview jedoch zu, dass alle Illuminaten völlig besessen sind. Es ist sehr wahrscheinlich, dass es auch ihre Opfer sind, und nur ihre Bekehrung zu Jesus Christus kann sie in die Lage versetzen, dieses geistige Problem ein für alle Mal zu lösen.

Dies ermöglicht es uns, über Therapie und Betreuung der Opfer zu sprechen. Dies ist wahrscheinlich der schwächste Punkt in diesen Zeugnissen. Es liegt auf der Hand, dass diese Therapien, die sich auf die Fähigkeiten der Psychiatrie, der Psychologie und der Humanwissenschaften stützen, völlig unzureichend sind, um die Opfer geistiger Programmierung vollständig zu heilen. Diese Therapien beschränken sich nämlich auf Maßnahmen auf der Ebene der Psyche, d. h. der Seele (Gedanken, Gefühle und Wille), oder des Körpers (Einwirkung auf die Gehirnströme zur Steuerung verschiedener Bewusstseinszustände). Die Psyche der Opfer wird durch diese Therapien nicht beeinträchtigt. Auch wenn diese Therapien positive Auswirkungen auf die Psyche und die Umstrukturierung der Persönlichkeit der Opfer haben können, sind sie nicht in der Lage, deren tiefe seelische Probleme zu lösen. Die wirkliche Therapie bestünde darin, sie zu Jesus Christus zu führen, eine geistige Wiedergeburt zu erleben, indem sie alle Aspekte des Kreuzes kennenlernen und lernen, im Geist zu wandeln. Nur die Kraft der Kreuzesverkündigung kann die Überlebenden in die Lage versetzen, sich endgültig von einer so belasteten Vererbung und Vergangenheit zu lösen, und ihnen begreiflich machen, dass in Christus alles Alte vergangen und alles neu geworden ist![504]

Wir können dieser Synthese die Bedeutung des Begriffs der Seelenfragmente während des traumatischen Prozesses der Monarch-

---

[504] „*Überlebende der Illuminaten*" (8), A209 - Wort des Lebens.

Programmierung hinzufügen. Wie wir im vorigen Kapitel gesehen haben, entspricht die Spaltung der Persönlichkeit einer Zersplitterung der Seele, deren verschiedene Teile blockiert bleiben, als ob sie in einer anderen Raum-Zeit „eingefroren" wären. Dies ist eine andere Dimension als unsere, die von Programmierern zur Verwaltung und Kontrolle von Alter verwendet wird. In dieser Dimension errichten sie die Aufteilungsstrukturen, um die Seelenfragmente einzusperren, zu beherrschen und zu konditionieren.

Bei diesem Prozess der Dissoziation der Persönlichkeit während eines Traumas gibt es also einerseits die rein biologischen und physischen Folgen der neurologischen und chemischen Veränderungen, die heute von den Psychotraumatologen gut verstanden werden, und andererseits die metaphysischen Folgen der Trennung von physischem und energetischem Körper, das „Herausreißen der Seele", das einen Bruch zu anderen Dimensionen des Seins schafft. Die Monarchprogrammierung ist also sowohl ein wissenschaftlicher Prozess als auch vor allem ein spiritueller und okkulter Prozess, bei dem äußere Wesenheiten eingreifen können.

Alles hat eine materielle Seite und eine spirituelle Seite... Der spirituelle Aspekt wirkt sich auf den materiellen Aspekt aus und umgekehrt, es sind zwei Welten, die sich ständig gegenseitig beeinflussen. Die Spiegelmetapher aus Alice im Wunderland erklärt diese Vorstellung von der geistigen Welt und der materiellen Welt sehr gut. Was tun Okkultisten, um in die Zukunft oder in die Vergangenheit zu sehen oder um mit Dämonen zu kommunizieren? Sie benutzen (unter anderem) einen Spiegel, um unsere Raum-Zeit zu transzendieren (Katoptromantie)...

Die Dämonologie ist ein Schlüssel zur Monarch-Programmierung, bei der dämonische Wesenheiten zusammenarbeiten und eine Gatekeeper-Rolle für jede Programmierung und Erinnerung haben. Es ist daher unerlässlich, diesen spirituellen und energetischen Bereich zu berücksichtigen, um das Thema in seiner Gesamtheit zu verstehen.

KAPITEL 8

DEPROGRAMMIERUNGS-PROTOKOLLE

„Es gibt nur einen Weg, Monster zu töten: sie zu akzeptieren"

Julio Cortázar

1 - EINLEITUNG

Dieses Kapitel ist nicht als medizinischer oder therapeutischer Leitfaden gedacht. Es soll zusätzliche Informationen liefern, um so gut wie möglich zu verstehen, wie das Gedächtnis, die mentale Programmierung und das interne System eines I.D.T. funktionieren. Dieses Kapitel ist eine Erweiterung des Abschnitts *„I.D.T. und Therapie"* in Kapitel 5.

Der Begriff „Deprogrammierung" mag insofern übertrieben oder unangemessen erscheinen, als ein menschlicher Geist keine Computerhardware ist und niemals nach Belieben programmierbar oder deprogrammierbar sein wird, wie es ein Computer sein kann; auch wenn der Transhumanismus, der den Einsatz von Wissenschaft und Technologie zur Verbesserung der körperlichen und geistigen Eigenschaften des Menschen befürwortet, derartige Befürchtungen weckt. In der Tat ist es das Opfer, das sich selbst „deprogrammiert", der Therapeut leitet es lediglich an, sich der auf traumatischen Erinnerungen beruhenden Konditionierung bewusst zu werden. Die Deprogrammierung besteht darin, die Art der Struktur in der inneren Welt zu entdecken, die Auslösecodes zu bestimmen und die Alter (Seelenfragmente) freizusetzen, die in der Raum-Zeit gefangen sind, in der sie den Missbrauch und die Programmierung erlebt haben. Die Deprogrammierung erfolgt auch durch die Rekonstruktion des Gedächtnispuzzles, so dass ein rationales und chronologisches Verständnis möglich ist. Die Opfer sind in der Regel so programmiert, dass sie sich gegen eine mögliche Therapie wehren, entweder durch Selbstzerstörung oder durch Sabotage der therapeutischen Arbeit, die darauf abzielt, das Opfer zum Schweigen zu bringen, wenn es beginnt, sich an Dinge zu erinnern und außerhalb der Sekte darüber zu sprechen.

Das Thema Deprogrammierung ist offensichtlich sehr heikel in dem Sinne, dass es kein etabliertes Protokoll oder eine offizielle Therapie zur Entschärfung und Aufhebung der MK-Programmierung gibt. Wie wir in Kapitel 5 gesehen haben, hat die moderne Psychiatrie die Erforschung und Behandlung von dissoziativen Störungen und ADS, und allgemeiner die Psychotraumatologie, völlig aufgegeben. Sie liefert daher heute keine Antworten für die Erstellung von wirksamen Diagnosen und Therapieprotokollen. Die wenigen Therapeuten, die mit Überlebenden arbeiten, suchen nach den besten Methoden, um den Patienten zu stabilisieren, die Programmierung zu entschärfen, die traumatischen Erinnerungen zu entladen und schließlich die anderen Persönlichkeiten zu verschmelzen. Manchmal können Befreiungsgebete und sogar Exorzismus eine große Hilfe bei der „Reinigung" der parasitären Wesenheiten sein. Die Intervention eines kompetenten Schamanen zur Rückgewinnung von Seelenfragmenten kann dem Überlebenden ebenfalls helfen. Die Überlebende Lynn Moss-Sharman berichtete, wie amerikanische Ureinwohner in Kanada intensive Heilungssitzungen durchführten, um Opfern von rituellem Missbrauch und Gedankenkontrolle in ihrer Gemeinschaft zu helfen. Sie selbst hat an Heilungszeremonien in *Schwitzhütten* teilgenommen, wo Älteste mit den Opfern arbeiten. Sie sagt, dass sie den größten Einfluss auf die Heilung haben, und sie sagt, dass sie ohne ihr Eingreifen sicherlich nicht mehr am Leben wäre. Der spirituelle Aspekt ist daher genauso wichtig, wenn nicht sogar wichtiger, als der rein psychiatrische Aspekt, und das Gebet um Hilfe für diese Opfer ist unerlässlich. Viele Zeugnisse berichten von einer Genesung, die durch die Gnade Gottes und durch die Bekehrung zu Jesus Christus bewirkt wurde. Christus ist sicherlich am besten geeignet, die Ordnung einer Seele wiederherzustellen, die durch ein extremes Trauma zerbrochen, programmiert und an dämonische Wesenheiten gebunden ist.

2 - WIEDERHERSTELLUNG EINER GESUNDEN SPIRITUALITÄT

Die Programmierer sind sich der Macht des Gebetes sowohl für die körperliche als auch für die seelische Heilung sehr wohl bewusst, weshalb sie schon sehr früh eine Konditionierung einbauen, so dass das Opfer resistent und sogar völlig allergisch gegen die Vorstellung eines liebenden und rettenden Gottes ist. Von Kindheit an darauf konditioniert, können sie sich nicht an etwas wenden, an das sie nicht glauben oder das sie sogar heftig ablehnen. Die Abtrennung des Opfers von Gott ist ein wesentlicher Punkt, um es unter geistiger Kontrolle zu halten, daher kann die Hinwendung zum guten Gott auch ein entscheidender Punkt für seine Heilung sein. Da diese Opfer in der Regel bereits eine gewisse Form von Spiritualität in sich tragen, weil das Okkulte in ihrem Umfeld allgegenwärtig ist, müssen sie in die richtige Richtung gelenkt werden. Überlebende, die aus einem satanisch/luziferischen Netzwerk kommen, haben starke Glaubenssätze aus ihrer frühen Kindheit, von denen einige entschärft und gebrochen werden müssen:
- Satan ist stärker als Gott, er hat die Macht, Gott ist nicht in der Lage, etwas zu tun, um mich zu schützen.
- Gott liebt mich nicht, er verachtet und lehnt mich ab. Ich habe mich Verbrechen schuldig gemacht, die Gott mir niemals vergeben kann, ich habe keine Hoffnung auf Erlösung.
- Gott will mich bestrafen, ich habe große Angst.
- Mein Leben wird von Satan kontrolliert, ich gehöre unwiderruflich zu Satan, er hat mein Leben genommen und ich bin von einem Geist oder Dämon besessen, der mein Leben kontrolliert. Vielen Überlebenden fällt es schwer zu akzeptieren, dass sie einen I.D.T. haben, weil sie vielleicht glauben, dass ihre

anderen Persönlichkeiten Dämonen sind, die sie kontrollieren. Dadurch wird das Opfer isoliert und von seiner ursprünglichen Persönlichkeit getrennt. Es ist daher wichtig, der Person zu helfen, zu verstehen, dass sie in diesen Bewusstseinszuständen zum Zweck der Kontrolle benutzt und festgehalten wird und dass sie für nichts verantwortlich ist.

- Ich bin dem Satan geweiht, ich habe gelobt, ihm mein ganzes Leben lang zu dienen, als Gegenleistung für seinen Schutz und seine Gaben. Diese Bindungen oder Pakte erfordern eine starke geistige Arbeit, die Befreiung muss durch die Abkehr von Satan, das Exorzismusgebet und, wenn möglich, die Bekehrung zu Jesus Christus, dem einzig wahren Retter und Heiler, erfolgen. Man muss sich auch darüber im Klaren sein, dass die religiösen Überzeugungen, an denen die anderen Persönlichkeiten beteiligt waren, auf etwas Realem beruhen. Der Versuch, sie von heute auf morgen zu ändern, wäre so, als würde man einem Christen oder einem Muslim sagen, dass die Grundlagen ihrer Religion bedeutungslos sind. Der gesamte „magische" Aspekt spielt auch eine wichtige Rolle im Glauben eines Überlebenden einer satanistischen Sekte. Die religiöse und spirituelle Seite ist ein wichtiger Teil der Konditionierung des Kindes, aber es ist das physische und psychologische (Spaltungs-)Trauma, das im Mittelpunkt der MK-Programmierung steht.

Der Überlebende Svali berichtet, dass in einigen Gruppen ein spezielles Programm das Kind gegen das Christentum aufbringt. Das Christentum ist das Gegenteil der luziferischen okkulten Praktiken, deshalb wollen sie, dass ihre Mitglieder nicht mit der Hoffnung in Berührung kommen können, die Jesus Christus bringen könnte. Während der Folter schreit das Kind oft um Hilfe oder wendet sich an Gott. An diesem Punkt wird der Programmierer dem Kind sagen: „Gott hat dich verlassen, er konnte dich nicht lieben, deshalb tust du so sehr weh. Wenn er so mächtig wäre, könnte er das verhindern. Sie werden das Kind sogar auffordern, zu beten und Gott um sein Eingreifen zu bitten. Das Kind wird dann zu Gott beten, und der Täter wird das Kind weiter missbrauchen. Diese Situation wird in dem kleinen Opfer ein tiefes Gefühl der Verzweiflung hervorrufen, das Kind wird wirklich glauben, dass es von Gott verlassen wurde, dass er seinem Ruf gegenüber taub geblieben ist. Das Kind wird auch systematisch missbraucht und gequält, wenn der Name Jesus Christus erwähnt wird, um eine psychologische Barriere gegen die bloße Erwähnung seines Namens zu schaffen.[505]

Viele Leserinnen und Leser mögen hier eine berechtigte Frage stellen: „*Aber warum greift Gott nicht ein?* „. Warum interveniert er auch nicht in Kriege? Warum gibt es so viel Elend auf diesem Planeten, einschließlich all des Leids der Kinder, wenn Gott existiert? Das sind Fragen, die sich sehr häufig stellen. Wir leben in einer gefallenen Welt unter dem Joch Luzifers. Wird der gefallene Engel in der Bibel nicht als *Fürst dieser Welt* bezeichnet*: Jetzt ist das Gericht dieser Welt, jetzt wird der Fürst dieser Welt hinausgeworfen* (Johannes 12,31), *Mein Reich ist nicht von dieser Welt* (Johannes 18,36). Das ist der Grund, warum diese satanischen/luziferischen Sekten, die alle mit den gefallenen

---

[505] *Wie der Kult die Menschen programmiert* - Svali, 2000.

Engeln/Dämonen verbunden sind, diesen Planeten derzeit unbehelligt regieren. Die Frage des Leidens dieser Kinder in den Netzen ist für viele von uns offensichtlich inakzeptabel und sogar unvorstellbar. Aber es liegt an uns, den menschlichen Wesen, uns der Situation bewusst zu werden, zu reagieren und daran zu arbeiten, diese Dinge auf unserer Ebene zu stoppen.

Diese extreme Konditionierung in Verbindung mit Okkultismus und Dämonologie schafft eine starke geistige Programmierung (eine umgekehrte Heiligung), die es daher unbedingt zu durchbrechen gilt, um neue gesunde und konstruktive geistige Vorstellungen zu etablieren. Diese spirituelle Programmierung kann der schädlichste Teil des Systems eines MK-Monarch-Sklaven sein, da sie darauf ausgerichtet ist, ihn oder sie von der wahren Quelle der Heilung abzuschneiden. Es handelt sich um eine absichtliche Verzerrung der Wahrheit, die falsche und verkehrte Vorstellungen von Gott lehrt und bestärkt. Einige andere Persönlichkeiten können sehr gewalttätig gegenüber allem sein, was mit der christlichen Welt zu tun hat. Es erfordert daher viel Geduld und Verständnis, den Überlebenden mit einer positiven Spiritualität zu versöhnen, die auf Liebe, Sanftmut, Hoffnung, Gnade und Barmherzigkeit beruht. Eine neue Quelle der Spiritualität wird dem Patienten sehr dabei helfen, die starken okkulten Bindungen an die Sekte aufzulösen, sich nicht mehr mit den Tätern zu identifizieren und die Teile seiner selbst, die „gefangen" wurden, zurückzuerobern. Jede absichtliche Handlung zur Kontrolle und spirituellen Versklavung eines Kindes durch Terror, das daher nicht in der Lage ist, eine gegenteilige Entscheidung zu treffen, kann während der Therapie durch eine einfache Anwendung des freien Willens rückgängig gemacht werden, da wir alle Kontrolle über unsere Spiritualität haben. Das Bewusstsein für Trauma und MK-Programmierung und die Anwendung des freien Willens ermöglichen es, diese Loslösung und Autonomie zu erreichen. Es geht darum, eine physische, psychologische und geistige Trennung von der Gruppe der Folterer herzustellen. Diese Trennung wird schrittweise erfolgen, wenn:

- Die Autoritätsperson(en) der Gruppe werden diskreditiert.
- Widersprüche werden aufgezeigt (Ideologie versus Realität), z. B. „Wie können sie Liebe predigen, wenn sie die Opfer vergewaltigen und ausbeuten?"
- Der Patient beginnt, dem Therapeuten zuzuhören, d.h. wenn die Realität beginnt, die sektiererische Ideologie abzulösen.
- Der Patient beginnt zu begreifen und erhebt Vorwürfe gegen die sektenartige Gruppe.
- Der Patient fängt an, sich als Gegner der Sekte zu sehen und nicht mehr als deren Mitglied.[506]

3 - SICHERHEIT UND STABILITÄT

---

[506] *All Gods Children: The Cult Experience - Salvation Or Slavery?* - Carroll Stoner, Jo Anne Parke, 1977, S.231.

Ein wichtiger Punkt ist, dass der Überlebende sicher sein muss, bevor die Deprogrammierung beginnen kann. Damit soll sichergestellt werden, dass der Überlebende sowohl physisch als auch psychisch sicher ist, damit eine wirksame therapeutische Arbeit beginnen kann, denn es wäre sinnlos, irgendetwas zu beginnen, wenn die Gefahr bestünde, dass der Überlebende schwer misshandelt wird, weil er sich äußert. Wenn der Missbrauch noch andauert, wird die dissoziative Schutzfunktion weiter wirken und die Person destabilisieren. Der Versuch, diesen dissoziativen Prozess aufzulösen und zu stoppen, käme dann dem Versuch gleich, das einzige Mittel des Opfers zum Überleben und zum Schutz zu stoppen. Deshalb ist der erste Schritt, jeden Kontakt mit den Tätern abzubrechen, um eine sichere Therapie zu beginnen, die eine Deprogrammierung ermöglicht. Wenn die Frage der Sicherheit auftaucht, verlangsamt dies die Therapie, weil die Energie auf diese Angst gelenkt wird, statt auf die Arbeit, die traumatischen Erinnerungen abzubauen. Viele Überlebende stehen noch in Kontakt mit der Sekte, wenn sie eine Therapie beginnen, aber die Therapie schreitet viel schneller voran, wenn dieser Kontakt dauerhaft abgebrochen ist.[507]

Bei der Stabilisierung geht es darum, riskantes Verhalten und Persönlichkeitsveränderungen zu reduzieren. In der Autobiografie von Cathy O'Brien beschreibt Mark Phillips Schritt für Schritt die Richtlinien, die er zur Stabilisierung von O'Brien aufstellte, als sie nach Alaska flohen, um sie vor dem Netzwerk zu schützen[508]:

1. Ich war ständig wachsam, um sicherzustellen, dass Cathy physisch und psychisch vor jeglichem Einfluss von außen geschützt war.

2. Cathy konnte keine Erinnerung verbalisieren, bevor sie sie nicht aufgeschrieben hatte. Die einzigen Fragen, die ich stellen konnte, mussten sich auf ihre Geschichte beziehen und an die befragte Persönlichkeit gerichtet sein, die ihre Erinnerungen wiedererlebte. Diese Fragen sollten sich nur auf das Wer, Was, Wann, Wie und Wo der Erinnerung beziehen. Selbst wenn ich die Antworten im Voraus erhalten hätte, hätte ich nicht eingreifen dürfen. Unsere Wahrnehmungen könnten radikal unterschiedlich sein, was zusätzliche Gedächtnisbarrieren zwischen seinen Persönlichkeitsfragmenten schaffen könnte.

3. Ich erklärte Cathy, was Gedankenkontrolle ist, und sie verstand, dass das, was ihr widerfahren war, nicht ihre Schuld war. Sie verstand aber auch, dass sie hier und jetzt die Verantwortung für ihr Handeln übernahm. Erst durch die Therapie erlangte sie die Kontrolle über ihren eigenen Verstand.

4. Wir verbrachten viele Stunden mit „intellektuellen Diskussionen" über die religiösen Überzeugungen, die Cathy gelernt hatte, in denen sie „logisch" demontiert wurden - gerade so, als würde ich erklären, wie die

---

[507] *Die Kette durchbrechen: sich von der Kultprogrammierung befreien* - Svali, 2000.

[508] *TRANCE Formation of America: True life story of a mind control slave* - Cathy O'Brien & Mark Phillips, 2013, S.47-48.

Illusion, die durch die Tricks eines Zauberers hervorgerufen wird, dazu beiträgt, die Realität zu verwischen.

5. Cathy durfte keine Emotionen zeigen, wenn die Erinnerungen aufkamen und in ihr Tagebuch eingetragen wurden. Ich habe sie nie gefragt: „Wie fühlt sich das an? „. Dies ist ebenso wichtig wie die Frage der Sicherheit für eine schnelle Wiederherstellung des Gedächtnisses.

6. Ich versorgte Cathy mit den notwendigen Nahrungsmitteln, Vitaminen, Wasser und Schlaf, um ihre angeschlagene körperliche Gesundheit zu verbessern.

7. Ich habe Cathy beigebracht, ihre Erinnerungen auf einer „mentalen Kinoleinwand" zu visualisieren, anstatt sie durch den „Virtual-Reality"-Mechanismus des Verstandes zu erleben.

8. Ich habe Cathy beigebracht, wie sie sich selbst in Trance versetzen und die Tiefe ihrer Trance durch eine bestimmte Selbsthypnosetechnik steuern kann (manche betrachten sie als Meditation). Damit sollte vermieden werden, dass ihre Erinnerungen kontaminiert werden oder durcheinander geraten, wie es der Fall gewesen wäre, wenn ich diese hypnotische Suggestionstechnik, die als „induzierte Bilder" bekannt ist, angewandt hätte.

9. Cathy durfte weder Bücher, Zeitungen oder Zeitschriften lesen, noch durfte sie mit Kelly (ihrer Tochter) über die wiedergewonnenen Erinnerungen sprechen. Cathy hatte ihr ganzes Leben lang mit Informationskontrolle gelebt und hatte daher kaum Gelegenheit, sich mit der Kontamination von Erinnerungen auseinanderzusetzen. Diese Regel wurde auch von Kelly verstanden und respektiert, deren Erinnerungen allmählich an die Oberfläche kamen.

10. Alle von Cathy übernommenen Verhaltensweisen und anderen sozialen Konventionen wurden in logischen Diskussionen zwischen uns überprüft. Alle vorher etablierten Verhaltensweisen, einschließlich der täglichen Routinen, wurden entweder überarbeitet oder ganz abgeschafft.

11. Ich verlangte, dass sie Tag und Nacht eine Uhr am Handgelenk trug, um mich zu alarmieren, wenn sie das Gefühl hatte, das kleinste „schwarze Loch" zu spüren. Wenn kein Trauma vorliegt, ist fehlende Zeit ein wichtiges Zeichen für den Übergang von einer Persönlichkeit zur anderen. Andererseits zeigt das Wiedererlangen eines Zeitgefühls an, dass man sich erholt.

Schreib es auf", befiehlt mir Mark. Ich will es nicht hören, ich will es lesen können, damit ich es richtig verstehen kann (...) Das Aufschreiben belebt den logischen Teil des Gehirns. Wenn man seine Erinnerungen aufschreibt, verwandelt man ein unverständliches Gefühl in etwas Logisches und macht es so verständlich. Wenn Sie es einmal verstanden haben, können Sie mit der Realität Ihrer Vergangenheit auf logische Weise umgehen (...) Übertragen Sie diese Sicht einfach auf eine Leinwand in Ihrem Kopf, wie eine Kinoleinwand. So können Sie auf Ihre Erinnerungen zugreifen, ohne abreagieren zu müssen (...) Das heißt, erklärt er, ohne sie erneut zu erleben. Wie ich schon sagte, haben Sie es schon einmal überlebt. Es hat keinen Sinn, es noch einmal zu erleben. Es sind nur noch Erinnerungen, und das wissen Sie bereits. Betrachten Sie den Bildschirm Ihres Verstandes mit den Augen desjenigen, der diese Ereignisse ertragen hat. Riechen Sie die Gerüche. Und dann schreiben Sie alles auf. Deshalb habe ich gesagt, die Feder ist mächtiger als das Schwert. Diese Technik gibt Ihnen die Kontrolle über Ihr Gedächtnis und letztlich über Ihren Verstand zurück."[509]

Bevor die Arbeit an der Bewusstwerdung und Überwindung der Programmierung beginnt, hat die Therapeutin Ellen P. Lacter eine Liste von Werkzeugen entwickelt, die den Patienten stabilisieren und sichern können. Lacter hat eine Liste von Hilfsmitteln entwickelt, die den Patienten stabilisieren und sichern können[510]:

1 - Erstellung eines Familienstammbaums, einer Bildungs-, Berufs- und Wohngeschichte für künftige Referenzen.

2 - Erstellen Sie eine spezielle Formel oder ein Gebet zum „Schutz des Raums" zu Beginn jeder Sitzung.

3 - Respektieren Sie den freien Willen des Patienten.

4 - Die tiefsten spirituellen Werte und Überzeugungen des Patienten zu erforschen, um die Rolle zu bestimmen, die diese „spirituelle Quelle" in der therapeutischen Arbeit spielen kann.

5 - Schaffen Sie eine innere „Box" (oder einen Behälter), um Schmerz, Angst, toxische Zustände (Drogen, Alkohol...) zu speichern, alles, was unerwünscht und schädlich für den Fortschritt der Therapie sein kann. In der inneren Welt kann es mehrere „Aufbewahrungsboxen" geben.

6 - Schaffen Sie einen inneren Ort der Heilung und Erholung. Ein friedlicher und ruhiger „Ruheort", an dem Alter-Persönlichkeiten von den Orten, an denen der Missbrauch stattfand, „befreit" werden können und von anderen Alter-Persönlichkeiten Hilfe erhalten, um emotional und körperlich zu heilen.

7 - Schaffen Sie einen inneren Raum, um an der Bewusstheit der Programmierung und der Lösung zu arbeiten. Dieser „Arbeitsraum" oder „Besprechungsraum" wird die Funktion haben, mit einem Überblick über das System zu arbeiten, aber auch an Trauma und Informationsbeschaffung. Der Patient entscheidet, welche Veränderung in diesem Bereich wirkt und gestaltet den Raum nach seinen Vorstellungen.

8 - Festlegung eines Verfahrens zur Beschaffung von Informationen in diesem „Arbeitsraum".

---

[509] *Um der nationalen Sicherheit willen"* - Cathy O'Brien & Mark Phillips, 2015, S.21.

[510] Ritualer Missbrauch und Gedankenkontrolle: Die Manipulation der Bindung, Kap.: Torture-based mind control: psychological mechanisms and psychotherapeutic approaches to overcoming mind control, Ellen P. Lacter, 2011, S.116.

4 - DIE „INNERE WELT" ZURÜCKGEWINNEN

Die virtuelle Schaffung einer „Aufbewahrungsbox" oder verschiedener „Räume" mag in der Therapie etwas seltsam oder phantasievoll erscheinen. Aber wie im vorigen Kapitel erwähnt, ist die innere Welt einer gespaltenen Persönlichkeit sehr groß, sie ist eine Dimension, die ein wirkliches Universum bildet, das geordnet werden kann. So wie der Programmierer die innere Welt für die Versklavung arrangiert und strukturiert, können auch der Therapeut und der Patient ihre Kreativität einsetzen, um Elemente in diese Dimension zu bringen. Elemente, die helfen, das innere System mit der Veränderung zu sichern und die Therapie zu strukturieren. Dr. Ellen Lacter berichtete zum Beispiel von einem Patienten, der seine Fragen in einen Eimer legte, den er dann in den Grund eines Brunnens (der sein Unterbewusstsein symbolisiert) tauchte, um ihn hochzuholen, um Informationen oder Bilder zu erhalten.

Auf einer *S.M.A.R.T.*-Konferenz im Jahr 2003 erklärte die Überlebende von rituellem Missbrauch und Gedankenkontrolle, Carol Rutz, die Nützlichkeit dieser therapeutischen Elemente, die in diese innere Welt injiziert werden. Es kann ein Aufbewahrungsort für Erinnerungen oder ein beruhigender und sicherer Ort für Veränderungen sein: *„Als ich die Praxis des Therapeuten verließ, musste ich die Dinge, an denen ich gerade gearbeitet hatte, wegräumen, damit ich während der Woche gut leben konnte, ohne von neuen Informationen bombardiert zu werden, die aufgetaucht waren. Also schuf ich einen sicheren inneren Ort, an dem ich die Erinnerungen, an denen wir in jeder Sitzung arbeiteten, ablegen konnte, mit dem Ziel, dass ich zwischen den Sitzungen nicht von all den anderen Dingen erdrückt wurde. Es war eine Spielzeugkiste, in die ich am Ende jeder Sitzung einen Teddybären legte, bevor ich das Büro verließ. Während der Woche könnten wir auch ein Tagebuch führen und die Erinnerungen dann in der nächsten Therapiewoche aus der Schachtel holen. Diese Kiste unterschied sich von dem sicheren Ort, den meine anderen Persönlichkeiten für Schutz und Heilung hatten errichten können (...) Dieselbe Visualisierung, die von den Henkern für die Programmierung verwendet worden war, ermöglichte es uns, dieselbe Programmierung rückgängig zu machen. Wir schufen einen Ort der inneren Heilung, an dem jeder Alter, der wollte, eintreten und bleiben konnte, um Hilfe von anderen Altern zu erhalten. Ich habe festgestellt, dass es Alter Egos gibt, die aufgrund ihrer Programmierung nicht sprechen können oder weil sie präverbale Alter Egos sind, und eine andere Alter Egos hat sich freiwillig gemeldet, um an der Erinnerungswiederherstellung zu arbeiten."* [511]

Für Svali ist die gute Nachricht, dass diese „innere Landschaft" sehr formbar ist. Wenn die verschiedenen Teile „gefunden" wurden, die Strukturen, die sie gefangen halten, entdeckt sind und sie schließlich freigelassen werden, können sie ermutigt und unterstützt werden, sich dauerhaft an den sicheren Orten

---

[511] *Heilung von rituellem Missbrauch und Gedankenkontrolle* - Konferenz über rituellen Missbrauch, Geheimorganisationen und Gedankenkontrolle, SMART 2003, www.ritualabuse.us.

der inneren Welt niederzulassen. Die Strukturen, die in der Psyche des Opfers installiert sind, um es zu schädigen und zu kontrollieren, können dann entfernt werden. Die Heilungs- und Deprogrammierungsarbeit des Überlebenden nutzt also zu seinem Vorteil, was Programmierer zur Versklavung nutzen: die unbegrenzte Formbarkeit der „inneren Landschaft".

Die Patienten können in ihren inneren Welten viele weitere neue, wohltuende Orte schaffen, denn in dieser Dimension des Seins gibt es keine Grenzen. Die Überlebende Jen Callow schreibt: *„Auch die Umgebung unserer inneren Welt hat sich weiterentwickelt. Am Ende jeder Sitzung sorgt unser Therapeut dafür, dass jede neu entdeckte veränderte Persönlichkeit einen bequemen Platz findet, der ihre Grundbedürfnisse erfüllt. Wir bauen eine Villa mit vielen Zimmern, einem großen Gemeinschaftsbereich, Badezimmern mit großen Wannen für Schaumbäder, einer großen Küche mit großen Wannen und einem großen Tisch, Spielbereichen usw. Jedes Zimmer kann individuell eingerichtet und dekoriert werden. Jedes Zimmer kann nach den Wünschen des Bewohners eingerichtet und dekoriert werden, es kann eine abschließbare Tür und ein Fenster haben (...) Wir können auch viele weitere Gebäude schaffen, wenn wir es wünschen. Wir haben jetzt einen Heilbereich mit Heilpflanzen, verschiedenen Heilmitteln, mit einer sehr schönen Aussicht: Gärten und Wiesen, ein Meer mit Stränden, Wälder (...) Wir schaffen Räume für Sport, Tanz, Kunst... Alles, was geschaffen wurde, ermutigt uns, zusammenzuarbeiten, zu kooperieren, zu interagieren und mehr Momente der Entspannung und des Spaßes zu haben."*[512]

Diese innere Welt wurde von den Programmierern mit verschiedenen internen Strukturen eingerichtet; die Kenntnis ihrer Natur hilft dem Therapeuten herauszufinden, wie viele andere Persönlichkeiten in dem System vorhanden sind und mit wem es am wichtigsten ist zu arbeiten. Der Ansatz besteht darin, jeden Teil der Struktur zu erforschen, um herauszufinden, welche Funktionen er hat und wie viele andere Personen in ihm „leben" oder indirekt mit ihm verbunden sind. Wenn die Programmierung vom Patienten bewusst gemacht wird und die in den Strukturen gefangenen anderen Persönlichkeiten verstehen, dass es sich um eine Illusion handelt, löst sich die Struktur in der Regel von selbst auf. Wenn große Strukturen auf diese Weise verschwinden, empfinden manche Patienten eine „Leere", und sie können durch etwas anderes ersetzt werden. Die Programmierer sichern diese Strukturen in der Regel mit Fallen und Wächtern (Dämonen) oder sogar mit einem Alter, der als *guter und treuer Soldat* programmiert ist.

5 - DIE ALLIANZ MIT ANDEREN PERSÖNLICHKEITEN

Da die MK-Programmierung auf der I.D.T. basiert, werden die Stabilisierungsprotokolle und die Fusion des Alten auch bei der Deprogrammierung angewendet (siehe *„I.D.T. und Therapie"* in Kapitel 5). *Die*

---

[512] *Healing the Unimaginable: Treating Ritual Abuse and Mind Control* - Alison Miller, 2012, S.273.

Allianz mit den Altern besteht darin, mit ihnen zu assoziieren und zu kooperieren, um sie an der therapeutischen Arbeit teilhaben zu lassen. Jede veränderte Persönlichkeit in einem programmierten System achtet sehr darauf, die ihr zugewiesene Funktion zu erfüllen, und hat in der Regel große Angst, bei ihrer Aufgabe zu versagen. Es ist wichtig, dieses System alter Persönlichkeiten sowohl horizontal (ihre Anzahl und ihre Funktionen) als auch vertikal (ihre hierarchische Organisation) zu erfassen. Wie wir bereits festgestellt haben, sind veränderte Persönlichkeiten hierarchisch organisiert, und diejenigen, die sich auf der untersten Ebene der Hierarchie befinden, werden von denen auf der höheren Ebene bestraft. Ältere Menschen auf höheren Ebenen der Hierarchie haben Angst, von den externen Tätern bestraft oder getötet zu werden. Kein Alter sollte vernachlässigt werden, alle haben eine Rolle in der Therapie zu spielen. Laut der Therapeutin Alison Miller ist es wichtig, mit den „charismatischsten" Alten im System zu arbeiten, denjenigen an der Spitze der Hierarchie, vor allem denjenigen, die den Lügen, falschen Versprechungen und Drohungen ihrer Peiniger geglaubt haben und sich schließlich des Betrugs bewusst geworden sind. Das sind die alten „Quälgeister", die Verfolger, die wir bereits erwähnt haben. Es ist sehr wichtig zu erkennen, dass diese anderen Personen sich nicht von anderen unterscheiden, da ihre Aufgabe auch darin besteht, das Überleben des Opfers zu sichern. Es ist wichtig, bestimmte Veränderungen nicht zu verbannen oder zu versuchen, sie zu verschleiern oder abzutun, indem man einige als „gut" und andere als „schlecht" abstempelt. Durch die Arbeit mit diesen „Anführern" ist der Therapeut in der Lage, die Zusammenarbeit mit anderen, in der internen Hierarchie niedriger angesiedelten Personen zu gewinnen. In dem Dokumentarfilm *When the Devil Knocks"* (Wenn der Teufel anklopft) sagt die Therapeutin Cheryl Malmo über diese Alter Egos: *Ich wusste sofort, dass ich mich mit Tim"* anfreunden musste, weil man diese wütenden, feindseligen Alter Egos als Helfer haben will. Wenn der Teufel an die Tür klopft, lade ihn zum Tee ein."

Der Therapeut wird auf diese Weise allmählich Vertrauen zu dieser Altershierarchie aufbauen. Ziel ist es, ihnen nach und nach auf beruhigende Art und Weise zu zeigen, was ihnen wirklich passiert ist, aber auch, was sie falsch glauben. Die alten Beobachter und Berichterstatter können dem Therapeuten auch sehr helfen, indem sie sich an der Rekonstruktion des Puzzles beteiligen, weil sie dabei helfen werden, zu bestimmen, welche Erinnerungen am meisten bearbeitet werden müssen. Erinnerungen sind in tausend Teile zerlegt, wie Puzzleteile, und jedes Alter enthält bestimmte Teile. Die anderen müssen also zusammenarbeiten, um das Gedächtnispuzzle zusammenzusetzen. Manche Therapeuten laden daher alle von einem bestimmten Erlebnis betroffenen Alter-Persönlichkeiten in einen inneren Besprechungsraum ein, um an der chronologischen Rekonstruktion dieser Erinnerung zu arbeiten. Wie wir gesehen haben, haben viele Überlebende bezeugt, dass Teile von ihnen während des Missbrauchs aus ihrem Körper herausgetreten sind. Sie sahen daher die Szene mit dem scharfen Auge eines Vogels, distanziert und objektiv, während andere Ältere sich tief im Inneren des Körpers zu verstecken schienen, wenn der Missbrauch stattfand. Aufgrund dieser unterschiedlichen Außen- und

Innenperspektiven werden diese Szenen sehr viel detaillierter aufgezeichnet als die direkt vergewaltigte und gefolterte Person. Die Überlebende Trish Fotheringham erklärt, dass *Erlebnisse zum Zeitpunkt des Geschehens oft fragmentiert sind. Das bedeutet, dass ein Alter während eines Ereignisses „out" sein kann, während ein oder mehrere andere Alter(s) sich von den Gefühlen, dem emotionalen Zustand und dem Schmerz, der mit dem Erlebten verbunden ist, abwenden, ohne tatsächlich außerhalb des Körpers zu sein. Aus diesem Grund muss jeder Teil der Erinnerung an jedes Alter abgerufen und konsultiert werden, damit die Erfahrungen als wiederhergestellt und geheilt betrachtet werden können."[513]*

In dem Buch Ritualer Missbrauch und Gedankenkontrolle zitiert die Therapeutin Ellen P. Lecter ein Gespräch, das sie mit der Überlebenden Carol Rutz geführt hat: „Wenn es sich um rituellen Missbrauch handelt, könnten vier oder fünf andere Personen beteiligt sein: eine könnte ein Kind sein, die andere ein Erwachsener. Lecter zitiert aus einem Gespräch, das sie mit der Überlebenden Carol Rutz geführt hat: „Wenn es sich um rituellen Missbrauch handelte, könnten vier oder fünf Altäre beteiligt sein: einer für den Schmerz, einer für das Ritual, einer für den Transport usw. Ich glaube, deshalb haben Menschen mit D.I.D. Schwierigkeiten, sich an das Geschehen zu erinnern. Das liegt daran, dass man in der Regel verschiedene andere Persönlichkeiten hat, die während desselben Ereignisses nacheinander auftauchen. Es ist also nicht möglich, sich an die gesamte Erfahrung zu erinnern, es sei denn, man greift auf die Erinnerungen aller beteiligten Personen zurück. Wenn Sie es schaffen, dass der gegenwärtige Alter über seine Angst und seinen Schmerz hinausgeht, dann können Sie auch den Rest erreichen. Oft erinnerte ich mich an Ereignisse, die lange zurücklagen, was mir half, endlich alles zusammenzufügen und die Zusammenhänge zu verstehen."[514]

Was Carol Rutz hier beschreibt, lässt sich in einem der Protokolle des Falles Dutroux illustrieren, das wir bereits in Kapitel 4 über rituellen Missbrauch in Bezug auf eine Zeugin X beschrieben haben: *„Als sie (aus der hypnotischen Trance) aufwachte, hatte sie den Eindruck, dass bei dem, was sie beschrieb (Opferritual und Orgie), mehrere Personen anwesend waren und dass diese Personen (diese Nathalie's) voreinander verschwanden. Sie glaubt, dass sie etwa zehn Mal verschwunden ist."*

In „*Breaking the Chain*" schreibt Svali, dass die allererste Programmierung des Kindes, das „Brechen des Herzens", schwer rückgängig zu machen ist, weil sie das Thema der Verlassenheit und Ablehnung der ursprünglichen, kindlichen Persönlichkeit berührt. Dies betrifft die frühen Lebenserfahrungen des Kindes und seine Beziehung zu seinen Eltern und nahen Familienmitgliedern. Die Arbeit an diesen Erinnerungen erfordert eine

---

[513] *Ritueller Missbrauch im einundzwanzigsten Jahrhundert: Psychologische, forensische, soziale und politische Überlegungen* - James Randall Noblitt & Pamela Perskin Noblitt, 2008, S.497.

[514] „Ritualer Missbrauch und Gedankenkontrolle: Die Manipulation der Bindung", Kap.: Torture-based mind control: psychological mechanisms and psychotherapeutic approaches to overcoming mind control, Ellen P. Lacter, S.113.

Anstrengung des gesamten inneren Alterssystems, um den Persönlichkeitsfragmenten, die diese extreme anfängliche elterliche Ablehnung erlitten haben, zu helfen, die Bedeutung des gegenwärtigen Augenblicks und die Tatsache zu erkennen, dass diese Erwachsenen wirklich ungesund waren. Es ist wichtig, ihnen den gegenwärtigen Moment bewusst zu machen, da sie in der Regel in dem Zeit-Raum feststecken, in dem diese Traumata geschehen sind. Diese veränderten Kind- und sogar Baby-Persönlichkeiten fühlen sich oft deprimiert und wütend. Einige andere können dann die Rolle des „Erziehers" übernehmen, um sie zu trösten und ihnen klarzumachen, dass sie liebevolle Kinder sind, ganz gleich, was diese Erwachsenen ihnen angetan haben mögen. Externe therapeutische Hilfe und ein gutes internes System von „Pflegern" können den Heilungsprozess erheblich unterstützen, indem sie diesen jungen, verletzten und verlassenen Persönlichkeiten eine neue Perspektive und Erleichterung verschaffen.

Die ersten Misshandlungen, die auf eine Spaltung der Persönlichkeit abzielen, treten sehr früh im Leben des Kindes auf (0 bis 24 Monate). Einige Ältere, die sie nie vergessen haben, können die Erinnerungen mit anderen Älteren teilen, die völlig amnesisch sind. Dies muss ganz allmählich geschehen, weil diese Missbräuche sehr früh im Leben geschehen sind. Dabei kann die Einrichtung eines internen „Kinderzimmers" (das nach Bedarf eingerichtet wird) helfen. Das ältere, mitfühlende „Kindermädchen" kann den Kindern in diesem Kindergarten helfen und sie betreuen. Es ist wichtig, darauf zu vertrauen und zu bestätigen, was diese veränderten Kinder sagen werden, wenn sie beginnen, die Therapie zu durchlaufen und ihre Erfahrungen mitzuteilen. Oft handelt es sich dabei um präverbale Kinder, da sie noch sehr jung sind und eine Möglichkeit brauchen, sich auszudrücken. Die Anwesenheit älterer alter Kinder, die den alten Babys nahe stehen, kann ihnen helfen, ihre Bedürfnisse und Ängste zu verbalisieren. Im Allgemeinen haben alte Kinder kein Vertrauen in Erwachsene, auch nicht in die alten erwachsenen Persönlichkeiten des Systems, dem sie angehören. Auch die therapeutische Hilfe von außen ist für die Heilung wichtig, um das innere System zu trainieren und zu strukturieren, damit es den verletzten Kindern helfen und sie gut versorgen kann. Es geht darum, die Bedürfnisse des alten Kindes zwischen äußerer Fürsorge und dem Bedürfnis nach innerer Fürsorge durch das alte System auszugleichen. Dem alten Kind kann durch Verankerungssitzungen geholfen werden, indem es sich auf den gegenwärtigen Moment konzentriert und erkennt, dass der physische Körper jetzt älter ist und ein sicheres Leben führt.[515]

Es ist zu bedenken, dass viele der Kinder, die solche Grausamkeiten erleiden mussten, absichtlich in dem Alter gehalten wurden, in dem der Missbrauch stattfand. Wie wir gesehen haben, sind sie Seelenfragmente, die in einer bestimmten Raum-Zeit feststecken. Sie stecken in einer Zeit fest, in der sie immer noch alles glauben, was ihnen von ihren Peinigern erzählt wurde, egal wie fantastisch und unwirklich es auch sein mag. Wenn der Patient versucht, sich an das zu erinnern, was ihm widerfahren ist, wird ihn der Schrecken, der noch in

---

[515] *Die Kette durchbrechen: Sich von der Kultprogrammierung befreien* - Svali, 2000.

seinem jungen Alter präsent ist, überfluten, unabhängig von seinem Alter. Viele Ältere stecken daher in der Vergangenheit fest, in einer *ewigen Gegenwart*, in der sie körperlich immer noch das Kind sind, das mit dem/den Aggressor(en) in Kontakt steht. Sie müssen so weit wie möglich über ihre aktuelle Situation informiert werden, damit sie erkennen, dass sie nicht mehr in Gefahr sind. So können sie aufhören, die anderen zu bestrafen, und lernen, als Gruppe zu arbeiten, um ihre Ruhe wiederzufinden. Es ist notwendig, diesen Fragmenten zu erklären, dass sie es mit ungesunden und gewalttätigen Menschen zu tun hatten, dass aber heute all das vorbei ist, dass sie nicht mehr mit ihnen in Kontakt sind und dass sie die Anweisungen und Regeln dieser Folterer nicht mehr befolgen müssen. Sie können nun in den gegenwärtigen Moment zurückkehren und ihre eigenen Regeln aufstellen. Es ist auch möglich, die programmierte Funktion einer veränderten Person in eine neue Rolle umzuwandeln, in der sie ihre Fähigkeiten und Qualitäten in den Dienst der Therapie stellt. Es kann hilfreich sein, den Älteren in einfachen Worten für Jüngere zu erklären, was posttraumatischer Stress, Dissoziation, Amnesie, Alter und Flashbacks sind.

Einige Alters können auch so programmiert worden sein, dass sie nicht direkt mit der Außenwelt kommunizieren (und niemals „laut" sprechen), so dass es eine beträchtliche Zeit dauern kann, bis diese Alters entdeckt werden und anfangen, mit dem Therapeuten Kontakt aufzunehmen. Viele von ihnen haben die Kindheit noch nicht hinter sich und wissen daher nichts über die heutige Welt. Es handelt sich um andere Personen, die erst dann mit der Außenwelt kommunizieren, wenn sie von einem Controller oder Programmierer ausgelöst werden. Es handelt sich um Fragmente, die daher sehr ängstlich und feindselig sein werden, wenn sie „herauskommen". Es ist auch möglich, einen Vermittler, einen Mediator, für den Dialog mit diesen widerstrebenden Fragmenten einzusetzen. Selbst wenn sie die äußere Welt, die *reale* Welt (unsere Dimension), bereits von innen beobachtet haben, sind sie selten „herausgekommen", um direkt mit ihr zu interagieren, d.h. indem sie die Kontrolle über den physischen Körper übernommen haben. Sie hatten daher eine sehr begrenzte Lebenserfahrung, die sich auf kultische Aktivitäten und „Training" (Programmierung) beschränkte; ihre Belohnungen waren Sex, Drogen und Macht. Die Patienten haben möglicherweise große Angst, bestimmte Informationen über ihre Missbraucher preiszugeben, aber auch, weil einige Betroffene durch ihre eigenen Erinnerungen verängstigt und gedemütigt werden. Sie haben daher Angst vor der Ablehnung des anderen, wenn sie über ihre Taten sprechen. Der Therapeut muss sie akzeptieren, egal, wozu sie gezwungen worden sind.

In der Therapie ist es außerdem ratsam, einen ganzheitlichen Blick auf die traumatische Geschichte und das veränderte System des Opfers zu entwickeln. Eine Möglichkeit, Zugang zu dieser globalen Vision zu erhalten, besteht darin, mit dem *wahren Selbst* des Patienten (der ursprünglichen Persönlichkeit) oder dem *„inneren Führer"* in Kontakt zu treten, *die* manchmal als dasselbe angesehen werden, aber nicht systematisch. Nach Ansicht einiger Therapeuten gibt es in jedem inneren System einen Teil, der die Funktion hat, dem Patienten auf einer höheren Ebene zu helfen, ein Teil, der *ISH* genannt wird:

Internal Self Helper. Dieser Altar (falls es einen gibt) kann als den anderen übergeordnet und mit Gott verbunden betrachtet werden. Sie ist eine Quelle der Weisheit und ein innerer Führer, der alle anderen Persönlichkeiten kennt, sie hat Zugang zu allen Erinnerungen und Lebenserfahrungen der Person. *Der Innere Selbsthelfer (ISH) sollte so bald wie möglich identifiziert werden. Der Therapeut sollte sich nicht scheuen, eng mit dem ISH zusammenzuarbeiten, der immer ein Beschützer der anderen Persönlichkeiten sein wird und dafür sorgt, dass die Behandlung respektiert wird. Er wird die bestmöglichen Vereinbarungen mit dem Alter erreichen.*"[516]

In ihrem Buch Reaching for the Light schreibt die Überlebende Emilie Rose über diesen inneren Helfer, diese besondere Quelle der Weisheit: „Jeder Überlebende von rituellem Missbrauch hat einen inneren Teil, der irgendwie mit dem Leben verbunden geblieben ist, sogar inmitten von Folter und Tod... Er kann viele Namen haben: der Starke, der Geistwächter, der Heiler, der Mystiker, der Großvater, der Weise. Wie auch immer wir es nennen, wir können unsere Heilung beeinflussen, indem wir diesen Teil von uns aufspüren, ihn einladen zu erscheinen, uns mit ihm anfreunden, ihn nähren und ihm helfen, sich mehr in unser Leben einzubringen... Dieser starke Teil von uns hat einen natürlichen und angeborenen Wunsch nach Leben und Heilung. Sie hat Wissen über Schmerz, Heilung und Geist. Es kann der Ort sein, an dem sich unsere Verbindung zu einer höheren Macht befindet, und sie führt uns auf eine wahre Heilungsreise, wenn wir ihr die Gelegenheit dazu geben."[517]

Dr. Sarah Krakauer nennt diesen Teil die *innere Weisheit*. In ihrem Buch *Treating* Dissociative Identity *Disorder: The* Power *of the Collective* Heart berichtet sie von einer Patientin, die sich mit diesem inneren Führer verbunden hat: *„Sieben Monate, nachdem Lynn die Therapie bei mir begonnen hatte, zeigte sie Neugierde auf die Funktionsweise der inneren Weisheit. In einem meditativen Zustand fragte sie spontan ihre innere Weisheit: „Warum weißt du das alles und ich nicht? Daraufhin antwortete die innere Weisheit: Du kannst dir mich als den Vater vorstellen, den du nie hattest, jemanden, auf den du dich verlassen kannst und der immer da sein wird, egal was passiert... Ich kenne alle Teile und weiß, wie sie zusammenpassen, weil ich das Ganze sehen kann..." Lynn berichtete, dass sie ein wunderschönes gelbes inneres Licht sah, nachdem sie diese Weisheit gehört hatte. Sie beschrieb: „Das ist das erste Mal, dass ich so ein Gelb sehe. Es ist so schön. Es ist eine wirklich beruhigende Erfahrung, dass ich nicht mehr allein bin. Ein Vater sollte derjenige sein, der sich um dich kümmert... Ich fühle eine echte Ruhe, ein Gefühl des Friedens. Bevor sie dieses gelbe Licht entdeckte, hatte Lynn bereits festgestellt, dass sie, nachdem sie im Theater um Führung gebeten hatte, an einen Ort gehen konnte, an dem sie ein violettes Licht sah, das*

---

[516] „Treatment philosophies in the management of multiple personality" - D. Caul, American Psychiatric Association, Atlanta, Georgia, 1978.

[517] *Healing the Unimaginable: Treating Ritual Abuse and Mind Control* - Alison Miller , 2012, S.246.

sowohl beruhigend als auch energetisierend war. Sie hatte es für sich selbst entdeckt und ging während ihrer Meditationen häufig dorthin."[518]

Vielleicht entspricht das *ISH*, das als höherer Teil des Wesens erscheint, dem in der Kahuna-Tradition (in Kapitel 6) beschriebenen „*Geist des Überbewusstseins*", der alle anderen Kategorien von Seelenfragmenten außer Kraft setzen kann. In ihrem Artikel mit dem Titel „*Die Selbsthilfekonzepte der inneren Führung*" schreibt die Therapeutin Christine Comstock abschließend: „*Wie bei allen psychologischen Hypothesen kann die Existenz der ISH weder bewiesen noch widerlegt werden. Es gibt jedoch genügend historische und klinische Belege für die Annahme, dass eine solche Struktur existieren und von Nutzen sein könnte. In der Vergangenheit hat sich das Konzept der Dissoziation des „Ichs" in eine andere Person, die beobachtet und erlebt, als vorteilhaft für den Patienten erwiesen. Die Ausweitung des Begriffs der „inneren Führung" in Form von ISH auf Patienten mit IDD scheint logisch zu sein und mit den von diesen Patienten beschriebenen Erfahrungen übereinzustimmen. Nach Ansicht vieler erfahrener Kliniker kann dieses Phänomen der inneren Führung in Form einer separaten psychischen Struktur ein nützliches klinisches Konzept für die Behandlung von IDD sein.*[519]

Es ist offensichtlich, dass das Phänomen I.D.T. eine sehr gründliche wissenschaftliche Forschung verdient, weil es zu anderen Dimensionen des Seins führt... aber erinnern wir uns noch einmal daran, dass dies die Büchse der Pandora der „namenlosen Religion" ist: alle Entdeckungen bezüglich des Arkanen der menschlichen Psyche (und weit darüber hinaus), die eine individuelle und globale Kontrolle ermöglichen, dürfen in der profanen Welt nicht verbreitet werden, eine wesentliche Regel, die es erlaubt, die Macht zu behalten.

Die Worte, die von den Tätern und Programmierern während der Missbrauchs-, Folter- und Programmierungssitzungen verwendet wurden, haben eine zutiefst verheerende Wirkung auf die Opfer. Mit der Erinnerungsarbeit soll sichergestellt werden, dass sich der Überlebende genau an das erinnern kann, was der Programmierer zu ihm gesagt hat, sowie an die mentalen Bilder, die diese Sätze während der Sitzungen begleitet haben. Dies ist ein wesentlicher Punkt, der wesentlich zur Deaktivierung der MK-Programmierung beitragen wird. Deshalb ist es wichtig, diese Wörter aufzulisten und zu bearbeiten, damit sie ihre Macht verlieren, das Opfer zu beeinflussen. Diese Worte oder Sätze verlieren ihre Kraft noch mehr, wenn die traumatischen Erinnerungen allmählich von ihrer negativen Ladung befreit werden. Die negative Ladung ist der unbewusste innere Schmerz, der, wenn er durch Reize ausgelöst wird, die Programmierung aktiviert. Diese Worte oder Phrasen können dazu dienen, die Rolle oder die Natur einer Person zu definieren und ihr einen Namen zu geben,

---

[518] *Behandlung der dissoziativen Identitätsstörung: Die Kraft des kollektiven Herzens* - Sarah Y. Krakauer, 2001, S.130-131.

[519] *Das Selbsthilfekonzept der inneren Führung: historische Vorgeschichte, seine Rolle in der Dissoziation und klinische Anwendung* - Christine M. Comstock, Journal Dissociation, Vol.4, N°3, 09/1991.

sie können aber auch Drohungen, Beleidigungen, (unter Zwang erlangte) Vereinbarungen, Befehle und Anweisungen, spezifische Auslösewörter, die darauf abzielen, eine Person hervorzubringen, Zugangscodes, die auch Zahlen enthalten können, usw. sein. Gebete und Segnungen können auch eingesetzt werden, um verbalen Angriffen (Programmierbefehlen) entgegenzuwirken, die im Unterbewusstsein verbleiben.

Während des therapeutischen Prozesses besteht eine der größten Gefahren in der Programmierung von Selbstzerstörung und Selbstmord. Laut Svali ist diese Programmierung bei den luziferischen Eliten systematisch. Von frühester Kindheit an wird das Opfer darauf konditioniert zu glauben, dass es sterben wird, wenn es „die Familie", das Netzwerk, verlässt. Dies ist die Grundlage der Selbstmordprogrammierung, die eng mit der Programmierung von Loyalität und Treue gegenüber der biologischen Familie und der hierarchischen Ordnung verbunden ist. Wenn das Opfer beginnt, auf bestimmte Erinnerungen zuzugreifen und beschließt, das Netz zu verlassen oder eine Therapie zu beginnen, sollte diese sabotierende oder selbstzerstörerische Programmierung ausgelöst werden. Dies äußert sich dann in einem Gefühl der plötzlichen Überwältigung durch überwältigende Schuldgefühle und in einem tief depressiven Zustand. Nur der Programmierer und einige wenige Personen verfügen über den Code zur Deaktivierung dieser Programmierung, die sicherstellt, dass das Opfer die Gruppe erneut kontaktiert. Wenn das Opfer diese Programmierung durchbricht, benötigt es Unterstützung und Hilfe, vielleicht sogar einen Krankenhausaufenthalt, da die Atmung oder die Herzfrequenz stark beeinträchtigt sein können. Veränderte Persönlichkeiten können darauf programmiert sein, sich selbst zu verletzen oder sogar Selbstmord zu begehen, wenn ein Versuch der Offenlegung oder Deprogrammierung von außen unternommen wird. Sie sind so programmiert, dass sie glauben, der einzige Weg, Selbstmord und Selbstzerstörung zu entkommen, sei der Kontakt mit dem Programmierer, der die Codes kennt, um den Prozess zu stoppen.

Ein Alter kann einen anderen bestrafen, indem er ihn zum Beispiel ritzt. Deshalb ist es wichtig, dem gesamten Alterssystem bewusst zu machen, dass sie denselben physischen Körper teilen und ein einziges Individuum sind.

Die Programmierung einer anderen Persönlichkeit, die das Opfer in den Selbstmord treiben kann, erfolgt durch die Einprägung der Überzeugung, dass es ehrenvoll ist, für die Sache der „Familie" zu sterben; dass Verräter sich schnell umbringen müssen, bevor die Gruppe sie findet, um sie auf langsame und schmerzhafte Weise zu töten; dass ihr Leben so unerträglich sein wird, dass es besser ist, sich umzubringen usw.

Ellen Lacter zufolge wird der Rest der Programmierung leichter zu erkennen und zu überwinden sein, wenn die implantierten Befehle „erinnere dich nicht" und „sprich nicht" sich aufzulösen beginnen. Der Zugang zu den verschiedenen traumatischen Erinnerungen, der zur Rekonstruktion des chronologischen Puzzles führt, wird allmählich die gesamte unbewusste emotionale Ladung freisetzen, die die Programmierung zementiert und auslöst. Je mehr die verstreuten und verdrängten traumatischen Erinnerungen bewusst gemacht und wieder zusammengesetzt werden, desto mehr wird die emotionale

Ladung, die sie enthalten, abnehmen, und desto mehr wird die Programmierung ihre Wirksamkeit verlieren. Auf diese Weise wird die MK-Programmierung schrittweise entschärft.

6 - VERARBEITUNG TRAUMATISCHER ERINNERUNGEN

a/ Allgemein

Die Arbeit mit traumatischen (dissoziativen) Erinnerungen ist ein therapeutischer Prozess, bei dem Fragmente sowohl psychologischer als auch physischer Erinnerungen (zelluläres Gedächtnis) reassoziiert werden. Die Behandlung eines dissoziativen Gedächtnisses besteht also darin, alle Teile, aus denen es sich zusammensetzt, wieder zusammenzusetzen und bewusst zu machen, damit es endgültig integriert werden kann, denn wie wir gesehen haben, kann die Erinnerung an ein Erlebnis in mehrere Teile zerlegt werden. Nach dieser Integration verschwinden die Emotionen und körperlichen Empfindungen, die mit dieser Erinnerung verbunden sind, und werden durch eine Erinnerung an das Geschehene ersetzt, ähnlich wie bei jeder anderen bewussten Erinnerung. Dies bedeutet, dass die verdrängte traumatische Erinnerung zu einer chronologischen und autobiografischen Erinnerung ohne negative Ladung wird. Sobald dieser Prozess abgeschlossen ist, können die verschiedenen Persönlichkeiten, die mit diesen Erinnerungen verbunden sind, miteinander verschmolzen werden. In einigen Fällen scheint dies automatisch zu geschehen, sobald die Erinnerungen verarbeitet und bewusst gemacht werden.

Auf der biologischen Ebene sind Erinnerungen mit den verschiedenen Sinnen verbunden (Sehen, Hören, Riechen, Tasten, Schmecken, aber auch körperlicher Schmerz oder sexuelle Lust), sie sind auch mit den verschiedenen Arten von Gefühlen verbunden. Diese Erinnerungen werden vom Hippocampus verwaltet, der sie an die Großhirnrinde weiterleitet, damit sie gut in das Bewusstsein integriert werden. Auf diese Weise gelangen sie von der unbewussten auf die bewusste Ebene. Dissoziative Erinnerungen bleiben vom Bewusstsein abgekoppelt, dies wird als traumatische Amnesie bezeichnet, eine „vergessene" Erinnerung, die nicht bewusst gemacht wurde. Diese Erinnerungen können plötzlich und unerwartet auftauchen, in der Regel in Form von Flashbacks, d. h. Ausbrüchen von Erinnerungen, die plötzlich ins Bewusstsein zurückkehren, sei es visuell, auditiv, emotional oder sogar physisch. Diese Flashbacks können nämlich zelluläre Erinnerungen auslösen, die mit bestimmten Körperregionen verbunden sind und sich in Form von Schmerzen, Lähmungen und sogar körperlichen Spuren äußern können. Wenn diese unbewussten Erinnerungen auftauchen, werden sie wieder so erlebt, als ob sie tatsächlich in der Gegenwart stattfänden. Wenn eine Person eine Flut von traumatischen Erinnerungen erlebt, die zu einem schweren emotionalen Zustand führt, muss sie sich unbedingt im gegenwärtigen Moment verankern. Sie müssen ihre Augen öffnen (normalerweise sind sie während eines Flashbacks geschlossen) und sich auf ihre unmittelbare Umgebung konzentrieren: Geräusche (z. B. die Stimme des

Therapeuten), die Gegenstände um sie herum im Raum benennen und berühren, sie können auch ihre Kleidung berühren und sie einzeln benennen usw. Verankerungstechniken sind bei der Arbeit mit traumatischen Erinnerungen wichtig, da sie verhindern, dass der Patient von seinen Gefühlen und seinem Schmerz überwältigt wird.

Im Allgemeinen ist ein Patient erst dann bereit, diese Arbeit an traumatischen Erinnerungen zu leisten, wenn das System der anderen Persönlichkeit kooperativ ist. Wie wir bereits gesehen haben, muss eine Beziehung zu den Altern hergestellt werden, damit alle, die an der gleichen Erfahrung, der gleichen Erinnerung beteiligt waren, an dem Prozess teilnehmen können. Laut der Therapeutin Alison Miller kann eine Erinnerung erst dann vollständig integriert (und die Programmierung aufgelöst) werden, wenn alle Fragmente der Person, die an der traumatischen Erinnerung beteiligt war, ihr eigenes Stück der Erinnerung, ihr Teil des Puzzles, zusammensetzen, um ein vollständiges und chronologisches Bild der Erfahrung zu erstellen. Wenn nicht alle Fragmente des Patienten kooperativ sind, kann es außerdem vorkommen, dass diejenigen bestraft werden, die die Dinge vorzeitig offenlegen würden.

Mind-Control-Gruppen schaffen absichtlich andere Persönlichkeiten, die alles aufzeichnen und das gesamte System und seine Geschichte kennen. Stella Katz nennt dieses Alter den „*Gatekeeper*", dessen Funktion es ist, von innen zu beobachten und alles aufzuzeichnen, ohne jemals einzugreifen. Sobald man Zugang zu diesen alternativen Persönlichkeiten hat, können sie eine große Hilfe sein, um sowohl den Inhalt einer Erinnerung als auch die chronologische Liste der alternativen Persönlichkeiten des Patienten, die das traumatische Erlebnis nacheinander erlebt haben, zu bestimmen.

Hinzu kommen traumatische Erinnerungen aus dem präverbalen Alter, als das Opfer noch ein Baby war. Diese Art von Erinnerung kann nicht verbalisiert werden, um die Erfahrung und die Gefühle auszudrücken. Im Alter von 0 bis 3 Jahren ist das deklarative oder explizite Gedächtnissystem, das die Reifung des Hippocampus erfordert, noch nicht funktionsfähig. Dabei handelt es sich um implizite Erinnerungen (emotional, verhaltensbezogen, somato-sensorisch, wahrnehmungsbezogen, nonverbal). Diese impliziten Erinnerungen sind mit der Amygdala der rechten Hemisphäre verbunden, die früher reift als der Hippocampus

b/ Der Prozess der Wiederbelebung

Der Begriff „*Wiederbelebung*" und der Prozess der Wiederherstellung wurden von dem Überlebenden Brice Taylor beschrieben. Im Gegensatz zur Fabian-Therapie, auf die wir ebenfalls eingehen werden und die sich nur mit nicht-traumatischen bewussten Erinnerungen befasst, geht es hier um die Behandlung unbewusster traumatischer Erinnerungen mit dem Ziel, sie vollständig in das Bewusstsein zu integrieren. Der schwierigste Teil dieser Arbeit ist sicherlich der emotionale und manchmal auch körperliche Schmerz, der mit diesen dissoziierten Erinnerungen verbunden ist. Die Wiederbelebung ist ein Instrument, das nützlich sein kann, wenn es nicht möglich ist, jedes Mal eine

Therapiesitzung durchzuführen, wenn eine traumatische Erinnerung an die Oberfläche des Bewusstseins kommt.

Brice Taylor stellt diese Technik vor: „Als Überlebende eines extremen Geburtstraumas verbrachte ich Jahre in Therapie. Ich hatte Abreaktionen und Flashbacks über meine inzestuöse Vergangenheit, rituellen Missbrauch und staatliche Gedankenkontrolle, bis ich in der Lage war, diesen Erweckungsprozess zu praktizieren. Um zu lernen, wie man dieses Werkzeug benutzt, wurde ich von einem Mitglied des Geheimdienstes unterstützt, der einige Kenntnisse über MK-Programmierung und Deprogrammierung hatte. Die Wiederbelebung ist ein äußerst wertvolles Instrument, das mir geholfen hat, die große Menge an schmerzhaften Erinnerungen zu verarbeiten und zu archivieren. Auf diese Weise konnte ich die Erinnerung an meine Vergangenheit zurückgewinnen und meinen Geist endlich auf gesunde und konstruktive Weise in der Gegenwart einsetzen. Ich halte es für wichtig, diese Technik weiterzugeben, damit die Überlebenden auf einfache Weise in ihrem Erinnerungsprozess unterstützt werden können."

Das Wiedererleben kann beginnen, wenn der Patient das vergangene Trauma nicht mehr verleugnet und gelernt hat, seine Gefühle zu empfinden und auszudrücken. Laut Brice Taylor ist es nicht notwendig, die Abreaktionen oder Flashbacks immer wieder physisch und emotional zu durchleben, um die Erinnerungen zu entwirren. Ihrer Meinung nach müssen Überlebende nur dann zelluläre Erinnerungen wiedererleben, wenn sie die Realität ihrer Vergangenheit immer noch leugnen. Das Wiedererleben ermöglicht es dem Patienten, der von aufdringlichen Erinnerungen überwältigt wird, die ihn in der Regel daran hindern, im täglichen Leben zu funktionieren, zu lernen, diese „Erinnerungsblitze" einzudämmen, zu kanalisieren und zu bewältigen, bis er sie schließlich richtig verarbeiten kann.

Wenn ein Patient zu Hause Flashbacks hat oder wenn eine Erinnerung durch etwas in seiner Umgebung, in der Öffentlichkeit oder im Privaten „ausgelöst" wird, kann er einen Notizblock nehmen und ein oder zwei Worte aufschreiben, die später dazu dienen, seine Erinnerung an den Auslöser und den Inhalt der dissoziierten Erinnerung aufzufrischen. Nach diesen Notizen kann er seine Aktivitäten wieder aufnehmen, ohne ständig von dieser Erinnerung „belästigt" zu werden. In den 48 Stunden nach dem/den Flashback(s) wird dem Patienten geraten, sich Notizen zu dem/den Auslöser(n) zu machen und den Inhalt dieser Erinnerung zu untersuchen. Die Untersuchung des Gedächtnisses erfolgt in einer ruhigen Umgebung, mit tiefer Selbstbeobachtung, um den visuellen und auditiven Inhalt, aber auch die Geruchs- und Geschmacksaspekte, die mit dieser traumatischen Erinnerung verbunden sind, detailliert aufzuschreiben. Ein Kriterium, um festzustellen, ob es sich um echte dissoziierte Erinnerungen handelt, ist, dass sie visuell dreidimensional sind und starke sensorische Elemente, wie Geräusche und Gerüche, enthalten.

Um diese Art der Gedächtnisübung zu üben, kann der Patient zunächst üben, bewusste, nicht traumatische Erinnerungen auf einen „mentalen Bildschirm" zu projizieren. Diese besteht darin, sich mit dem „geistigen Auge" auf die Details dieser Erinnerung zu konzentrieren, d. h. die Augen zu schließen und sich die Szene so real wie möglich vorzustellen. In dieser Szene kann die Person sehen, berühren, riechen und schmecken, was vorhanden war, aber auch Geräusche, Wörter, Sätze usw. hören. Die Arbeit kann daher mit nicht-dissoziierten Erinnerungen beginnen, die keine emotionalen Schocks oder körperlichen Schmerzen verursacht haben. Sobald sich der Patient mit diesem „mentalen Bildschirm" wohlfühlt, kann er sich mit den Erinnerungen befassen, die zuvor in Vergessenheit geraten waren und nun wieder zum Vorschein kommen.

Im Folgenden beschreibt Brice Taylor die verschiedenen Phasen des Prozesses:

- 1/ Nehmen Sie ein Notizbuch mit.
- 2/ Der Patient muss zuvor Elemente aufgeführt haben, die traumatische Erinnerungen auslösen können.
- 3/ Der Patient sollte sich an einem ruhigen, sicheren Ort aufhalten, um diese Erinnerungen zu verarbeiten (vorzugsweise innerhalb von 48 Stunden nach ihrem Auftauchen). Er wird sich zunächst auf seine Liste der Auslöser beziehen.
- 4/ Für den Patienten ist es nützlich, ein Tagebuch oder einen Computer zu führen, in dem er die dissoziierten Erinnerungen, die wieder auftauchen, festhalten kann.
- 5/ Dann visualisiert der Patient diese Erinnerung auf einem imaginären Bildschirm in seinem Kopf. Er muss sich mit seinem geistigen Auge auf diese Erinnerung konzentrieren, wobei er sich auf das sensorische System konzentriert, d.h. auf Geschmack, Geruch, Gehör, Berührung und Sehkraft. Er muss an allem interessiert sein, was zum Zeitpunkt des traumatischen Erlebnisses vorhanden war. Sie sollten sich auch auf die Wörter und Sätze konzentrieren, die zu der Zeit gesprochen wurden. Bei Menschen, die rituellen Missbrauch und Gedankenkontrolle erlebt haben, sind die Worte, die während der dissoziativen Zustände gesprochen werden, sehr wichtig, da sie die Konditionierung und Programmierung enthalten. Ältere Menschen, die das Gesagte gehört haben, dürfen es in einer solchen Therapiesitzung nicht wiederholen, sie dürfen z. B. die Szene ohne den „Soundtrack" nacherzählen. Sie sollten aufgefordert werden, den gesamten Inhalt der Erinnerung wiederzugeben, einschließlich des auditiven Inhalts. Der Patient sollte versuchen, die Szene mit den Augen der anderen Persönlichkeit(en) zu sehen, die das Ereignis erlebt haben. Er braucht die Szene nicht noch einmal zu erleben und die schmerzhaften Gefühle oder Empfindungen im Körper nicht erneut zu erfahren. Sie müssen sich das Gedächtnis nur so ansehen, wie man sich einen Film auf einem Bildschirm ansieht, aber darauf achten, dass sie so viele Informationen wie möglich abrufen können. Wenn der Patient das traumatische Ereignis einmal überlebt hat, ist er nun in der Lage, es mit einer gewissen Distanz zu betrachten, um das Wesentliche abzurufen: d.h. alle Details, die ihm helfen, sich bewusst zu machen, was passiert ist und welche andere(n) Persönlichkeit(en) daran beteiligt war(en). Während dieser Übung sollte der Patient weder beurteilen, was

er auf dem mentalen Bildschirm sieht, noch sollte er versuchen, den Inhalt zu verändern. Wenn der Patient den emotionalen Inhalt von der Erinnerung dissoziiert hat, kann er genau beschreiben, was er sieht, während der Therapeut die Informationen aufnimmt. Der Therapeut kann den Patienten daher auffordern, langsamer zu machen oder etwas zu wiederholen, ohne befürchten zu müssen, den Patienten erneut zu traumatisieren. Es ist, als ob der Patient über eine Fernbedienung verfügt, mit der er die Szene vergrößern, verlangsamen oder beschleunigen, anhalten, zurückspulen oder die Geschichte stoppen kann.

Für diese Arbeit der mentalen Projektion einer traumatischen Erinnerung rät die Therapeutin Alison Miller, die Geschichte im „normalen Leben" zu beginnen, d. h. in der Situation, die dem traumatischen Ereignis vorausging (z. B. die Autofahrt), und sie dann in der Situation zu beenden, die dem Trauma folgte. Damit soll die Chronologie der Erinnerung erweitert werden, denn die anderen Persönlichkeiten am Anfang und am Ende eines traumatischen Erlebnisses sind in der Regel nicht dieselben wie die, die die Traumata im Kern der Geschichte erlitten haben. Auf diese Weise kann der Patient besser verstehen, wie seine traumatischen Erfahrungen mit seinem täglichen Leben und seinem bewussten autobiografischen Gedächtnis zusammenhängen und in welchem Kontext sie sich ereignet haben.

- 6/ Wenn der Patient während der Visualisierung eine Abreaktion mit Körperempfindungen erfährt, kann er schnell auf ein Blatt Papier schreiben: „*Mein Körper versucht, auf diese Erinnerung zu reagieren*", und dann wird er sich dank des in ihm bereits stark entwickelten dissoziativen Prozesses von dieser Erinnerung, die eine körperliche Reaktion hervorruft, entfernen. Indem er sich von dem körperlichen oder emotionalen Schmerz distanziert, kann er ihn zum Beispiel in eine Kiste in seiner inneren Welt stecken. Er kann auch die Bilder, die die Abreaktion auslösen, durch eine mathematische Aufgabe ersetzen. Dadurch kann er sich von den schmerzhaften Empfindungen lösen, da er dann einen anderen Bereich seines Gehirns aktiviert. Reagiert der Körper trotz dieser Maßnahmen weiter, sollte der Patient die mentale Projektionssitzung beenden und sich mit den oben genannten Methoden im gegenwärtigen Moment verankern. Der Patient kann dann die mentale Projektionssitzung wieder aufnehmen, wenn er in der Lage ist, die dissoziative Barriere zwischen dem physischen und emotionalen Körper und der traumatischen Erinnerung aufrechtzuerhalten. Die gleichen Techniken können angewandt werden, wenn der emotionale Schmerz zu groß wird. Während dieses Prozesses kann sich der Patient auch freiwillig und vollständig in das emotionale Gefühl der Erinnerung hineinbegeben, um sie auszudrücken und sie so weit wie möglich aufbrechen zu lassen.

- 7/ Wenn der Patient aufgrund der traumatischen Erinnerungen traurig ist, weint oder wütend ist, kann er eine andere Tätigkeit ausüben. Ein gesundes Kleinkind, das stürzt und sich verletzt, wird eine Weile weinen, aber schon bald wird es seine Aufmerksamkeit auf etwas richten, das es aus seinem negativen Zustand herausführt. Kinder sind daher in der Lage, ihre Gefühlslage schnell zu ändern. Der Patient kann dasselbe tun, indem er sich schnell für eine Tätigkeit entscheidet, die ihn in einen positiven mentalen und emotionalen Zustand versetzt. Er kann Sport treiben, im Garten arbeiten, einen Freund anrufen, mit dem Hund spazieren gehen, malen, singen, ein Bad nehmen, sich eine Komödie ansehen - alles Dinge, die ihm Entspannung und Freude bringen können. Es geht jedoch nicht darum, negative Gefühle wie Traurigkeit oder Wut zu unterdrücken. Der Patient sollte in der Lage sein, sie so lange zu fühlen und auszudrücken, wie er es braucht und möchte. Der Heilungsprozess des Patienten beruht weitgehend darauf, dass er die Kontrolle über sich selbst und seine eigenen Erfahrungen hat. Dieser Teil des Erweckungsprozesses kann für Patienten geeignet sein, die ständig in alten, schmerzhaften Gefühlen feststecken.

Wenn die Überlebenden in der Lage sind, die Verantwortung zu übernehmen und sich selbst zu lieben, anstatt sich selbst zu zerstören, haben ihre Missbraucher (oder Kontrolleure) verloren. Die Überlebenden müssen erkennen, dass nur sie sich für Selbstliebe entscheiden können, anstatt sich zum Beispiel zu ritzen. Wenn sie aufhören, sich so zu verhalten, wie die Programmierung sie konditioniert hat, werden sie autonom und frei, mit nur ihrem eigenen Verstand als Grenze: Sie gewinnen ihre eigene Identität zurück.

Brice Taylor weist darauf hin, dass es in diesem Prozess einfacher ist, die traumatischen Erinnerungen zunächst aufzuschreiben, anstatt sie direkt zu verbalisieren. Dies ist auch das, was Mark Phillips befürwortet, und ist eine der Regeln, die er in Cathy O'Briens Genesungs- und Deprogrammierungsprotokoll aufgestellt hat. Der Akt des Aufschreibens der Erinnerungen löst dank der Koordination von Augen und Hand bestimmte neuronale Verbindungen im Gehirn aus, die dem Patienten einen besseren Zugang zu seinen eigenen zerebralen Kapazitäten ermöglichen. Außerdem bedeutet das Aufschreiben der Erinnerungen, dass sie viel detailreicher sind. Mit der Zeit fügen sich die verschiedenen „Kapseln" traumatischer Erinnerungen zu einem Bild zusammen, das zeigt, was im Leben des Patienten wirklich geschehen ist. Dieses mehr oder weniger gut zusammengesetzte Puzzle wird viele Dinge erklären, die bisher unverstanden waren, wie z. B. unerwünschtes Verhalten oder unerklärliche Phobien. Brice Taylor erklärt, dass es nicht notwendig ist, sich mit jedem Detail einer Erinnerung zu befassen, um zu wissen, ob sie gültig ist oder nicht, denn mit der Zeit und bei ausreichender Aufarbeitung traumatischer Erinnerungen werden die Erinnerungsstücke beginnen, sich gegenseitig zu bestätigen, indem sie sich zu dem Puzzle des Lebens zusammenfügen. Dieser Überblick über das eigene Leben, das bisher in Scherben lag, wird dazu beitragen, dem Patienten das Selbstmitgefühl, die Selbstliebe und das Selbstwertgefühl zu vermitteln, die für seine Heilung und sein neues Leben so wertvoll sind.

Hier ein Auszug aus dem Buch „For National Security Purposes" von Cathy O'Brien, der den Prozess der Erholung von traumatischen Erinnerungen veranschaulicht:

Die Antworten kommen nur langsam an die Oberfläche, aber sie bringen jahrelange Erinnerungen zum Vorschein, die alle miteinander verbunden sind. Das Ganze scheint mir ein endloser Alptraum zu sein. Als Mark an diesem Abend nach Hause kommt, liegen überall Blätter mit Erinnerungsfragmenten verstreut, die in so vielen verschiedenen Schriften geschrieben sind.

- Ich habe mich an viele Dinge erinnert, aber es macht keinen Sinn. Ich kann die Ereignisse nicht in die richtige Reihenfolge bringen.

Ich zeige ihm die Zettel und fange an zu weinen:

- Wie kann ich mich daran erinnern, wann diese Dinge passiert sind, wenn ich kein Zeitgefühl hatte?

- Es ist ganz einfach", sagt Mark, „man muss sich die richtigen Fragen stellen. Schauen Sie über den Augenblick hinaus. Welche Jahreszeit ist es? Liegt Schnee? Können Sie die Wärme der Sommersonne spüren? Können Sie die Frühlingsblumen riechen? Bist du in der Schule? Wer ist Ihr Lehrer? Was trägst du da? Wann hattest du diese Kleidung an? Sind Ihre Brüder oder Schwestern schon geboren? Wie alt ist Kelly? Sehen Sie sich mit den Augen der Person um, die Sie einmal waren und der all dies widerfahren ist. Kommen dir die Menschen wirklich groß vor, so wie damals, als du ein kleines Mädchen warst? Was sehen Sie auf Augenhöhe? Ihre Knie? Ihre Augen? Nehmen Sie die Zeit so genau wie möglich und überlassen Sie den Rest den Ermittlern (...)

Sie können alte Zeitschriften und Zeitungen durchsehen (...) Sie sollten anfangen, Bilder, Sätze, Schlagzeilen auszuschneiden - alles, was Ihnen ins Auge fällt. Wenn Sie eine Kiste voll mit diesen Ausschnitten haben, können Sie eine Collage erstellen. Es wird so sein, als würden Sie die Teile Ihres Geistes wieder zusammensetzen (...)

- Dr. Patrick verwendete den Begriff „polyfragmentiert", um diese kleinen Stücke zu beschreiben, die man wieder zusammenklebt. Sie glaubt auch, dass meine Idee des Klebens für Sie von Vorteil sein könnte.

Plötzlich scheinen meine Erinnerungskritzeleien doch noch einen Sinn zu haben. Von da an schreibe ich alle Geistesblitze auf, die auftauchen, egal ob sie bedeutsam erscheinen oder nicht. Ich habe immer einen Stift und Papier bei mir. Erinnerungen blitzen oft auf dem Bildschirm meines Geistes auf, manchmal so sehr, dass ich meine Konzentration in den unpassendsten Momenten unterbreche. Eine kurze Notiz eines Wortes oder eines Satzes reicht aus, um diese Eindringlinge zu stoppen, und ich kann zu dem zurückkehren, was ich vorher getan habe. Es ist, als wüsste mein Gehirn, dass ich später alles aufschreiben werde, und die Geistesblitze hören kurzzeitig auf. Wenn ich dann in der Lage bin, mich richtig zu konzentrieren, lasse ich mich in einen tieferen Zustand versetzen, stelle mir die Fragen, die Mark mich gelehrt hat, finde die Gerüche wieder und beginne aufzuschreiben, was darauf wartet, fotografisch abgerufen zu werden.

- Denken Sie daran, riet mir Mark, dass Sie, wenn Ihnen eine Erinnerung so vorkommt, als könne sie nicht geschehen sein, genau prüfen müssen, ob es sich um etwas handelt, das Ihnen erzählt wurde oder das Sie in einem Film gesehen haben. Beginnen Sie damit, das Programm zu deprogrammieren. Finden Sie den Anfang und das Ende, was vorher und was nachher geschah. Lassen Sie die schriftliche Aufzeichnung dieser Erinnerung drei Wochen lang liegen. Die Wahrheit verschwindet nicht. Das Auffüllen der Lücken mit dem, was hätte passieren können, wird hingegen verschwinden (...)

Wenn ich meine Erinnerungen aufschreibe, so wie Mark es mir beigebracht hat, kann ich sie so rekonstruieren, wie sie sich zugetragen haben, aber ohne das Drama. Ich kann meine Trance durch Entspannung vertiefen, Ereignisse fotografisch auf dem Bildschirm meines Geistes ablaufen lassen, Gerüche riechen und körperliche Empfindungen erkennen, ohne sie erneut erleben zu müssen. Emotionen hatten in dem dissoziativen Zustand, in dem ich mich befand, keine eigene Existenz, und das tun sie auch jetzt nicht, wo ich mein Gedächtnis wiedererlange. Mark hat mir beigebracht, die von Therapeuten oft gestellte Frage zu vermeiden: „Wie fühlt es sich an?"[520]

c/ Das innere Theater

In einem *S.M.A.R.T.*-Vortrag aus dem Jahr 2006 beschrieb die Überlebende Lynn Schirmer ein Hilfsmittel, das dabei hilft, sich auf bestimmte Erinnerungen zu konzentrieren und das mit dem oben beschriebenen Mind Screen kombiniert werden kann. Es handelt sich um ein psychologisches Instrument, das von Dr. Lowell Routley und seinen Kollegen entwickelt wurde, ein Theatermodell, eine Metapher für Bewusstsein und Geist, die von dem Neurobiologen Bernard J. Baars entwickelt wurde.

In *„In the Theater of Consciousness The Workspace of the Mind"* beschreibt Bernard J. Baars die Funktionsweise dieses „Theaters", das für die Arbeit an Erinnerungen genutzt werden kann. In einem Theater gibt es die Bühne, die Schauspieler, das Licht, das Bühnenbild, den Regisseur und das Publikum. Wenn man ein Theater vor der Vorstellung betritt, sieht man die Bühne, das Publikum und einige Türen an der Seite, die zu den Garderoben führen. Als die Lichter langsam ausgehen und das Publikum verstummt, durchdringt ein einzelner Scheinwerfer die Dunkelheit und erhellt die Bühne. Sie wissen dann, dass die Autoren, Schauspieler, Ton- und Lichttechniker alle anwesend sind, unsichtbar, aber gemeinsam in dieselbe Richtung arbeitend und von einem Drehbuch geleitet, das dem Publikum offenbart werden soll. Wenn das Auditorium verblasst, bleibt nur noch der Fokus des Bewusstseins, d.h. der Scheinwerfer, der die Bühne erhellt, während alles andere im Dunkeln liegt. Diese Theatermetapher ermöglicht es uns, mit Erinnerungen zu arbeiten: Die Schauspieler und die Kulissen stehen für den Inhalt der Erinnerung, ob traumatisch oder nicht, die Scheinwerfer stehen für den Fokus der Aufmerksamkeit auf diese Erinnerung, der bewusste Inhalt taucht auf, wenn die Scheinwerfer auf die Schauspieler auf der Bühne der Erinnerung gerichtet sind. Diese Scheinwerfer spielen eine wesentliche Rolle, denn sobald sie das Licht auf eine bestimmte Figur richten, tritt diese Figur ins Bewusstsein. Nur die von den Scheinwerfern beleuchteten Figuren können dem Publikum Informationen

---

[520] *Um der nationalen Sicherheit willen* - Cathy O'Brien & Mark Phillips, 2015, S.29-30.

vermitteln. Im Gegenzug kann das Publikum applaudieren oder pfeifen, mehr hören wollen oder im Gegenteil einen Schauspieler von der Bühne entfernen lassen, indem es ihn mit Tomaten bewirft. Die Zuschauer dieses Theaters können auch mit den Schauspielern interagieren, indem sie mit ihnen Informationen austauschen. Aber es gibt nur einen Weg, das gesamte Publikum zu erreichen, und das ist durch eine Figur, die vom Scheinwerferlicht auf der Bühne angestrahlt wird. Das Publikum ist die Daseinsberechtigung für dieses experimentelle Theater.

Die Theaterbühne stellt das Innere des Patienten dar, wo er die verschiedenen Wahrnehmungen erlebt, dieser Ort wird als Fusionsraum bezeichnet. Um diesen Ort zu erreichen, wird eine einfache Übung durchgeführt: Die Person muss sich ein Objekt ihrer Wahl vorstellen und versuchen, den Ort zu bestimmen, an dem sie das Gefühl hat, dass etwas in ihrem Inneren passiert. Diese Übung mag sehr einfach erscheinen, aber für MK-Überlebende, die darauf konditioniert sind, jede Art von Selbstbeobachtung zu vermeiden, kann sie etwas ganz Neues und eine wichtige Entdeckung sein. Die Fähigkeit, in den Fusionsraum hineinzusehen, kann ein mächtiges Werkzeug sein. Mit etwas Übung kann die Person in diesem „Bühnenstück" die Elemente der Programmierung beobachten und sogar selbst direkt eingreifen.

Der Hauptdarsteller in dem Szenario ist normalerweise der Kern, das wahre „Ich", die ursprüngliche Persönlichkeit, die manchmal den Körper kontrollieren kann. Die verschiedenen Akteure (Alter Egos), die nicht im Rampenlicht stehen, die sich außerhalb der Bühne befinden, repräsentieren Teilmengen, Routinen, Fähigkeiten, Erinnerungen, Gefühle, die dazu dienen, bestimmte Verhaltensweisen oder Erfahrungen darzustellen. Diese verschiedenen Akteure können jederzeit die Bühne betreten, um das Rampenlicht mit dem Hauptdarsteller zu teilen, was zu einem Verschmelzungsprozess in diesem Fusionsraum führt. Ein Traumaüberlebender kann plötzlich intensive körperliche Schmerzen empfinden, die in Wirklichkeit ein anderer Teil von ihm selbst sind, der in einer traumatischen Erinnerung feststeckt, wobei sich die alternativen Persönlichkeiten miteinander vermischen können. Lynn Schirmer zufolge erlaubt uns diese Technik der Introspektion im inneren Theater, diesen Raum der Verschmelzung zu untersuchen. Der Patient kann Objekte und Einstellungen sehen, die von den Programmierern eingerichtet und verwendet wurden. Es ist ein Werkzeug, um mit der inneren Welt in Kontakt zu kommen und mit ihr zu interagieren.

7 - FABIANISCHE THERAPIE

Während Therapien, die darauf abzielen, dissoziative Erinnerungen mit Hilfe von Hypnose oder anderen Techniken wie EMDR (Eye Movement Desensitisation and Reprogramming) hervorzurufen, den Überlebenden mit seiner traumatischen Vergangenheit konfrontieren, gibt es eine nicht-frontale therapeutische Methode, die den direkten „Kontakt" mit schmerzhaften

Erinnerungen vermeidet. Erinnerungen, die bestimmte implantierte Befehle wie Selbstzerstörung und Selbstmordprogrammierung auslösen können.

Diese Erinnerungsverarbeitungstechnik wurde von Kerth Barker, einem *Insider, der* selbst Überlebender von satanischem rituellem Missbrauch war und auf irgendeiner Ebene mit dem Netzwerk in Verbindung stand, enthüllt. Dieser therapeutische Prozess wurde ihm von Insidern vermittelt, die ihr Wissen über die MK-Programmierung nutzten, um ein sicheres und wirksames Protokoll zu entwickeln und zu etablieren, mit dem traumatische Erinnerungen schrittweise gelöscht werden können, ohne dass sie direkt wieder durchlebt werden müssen (es scheint, dass es innerhalb der „Familie" unterschiedliche Meinungen zum Thema MK gibt).

Barker nannte diese Technik die „*Fabian*"-Therapie, in Anlehnung an die Fabiansche Militärstrategie, einen direkten Frontalangriff zu vermeiden und stattdessen einen indirekten und progressiven Kampf zu führen. Ziel dieses therapeutischen Protokolls ist es, die Auswirkungen traumatischer Erinnerungen zu entladen und schrittweise aufzuheben, was zur Folge hat, dass die Programmierung, die sich auf diese schmerzhaften, im Unterbewusstsein verdrängten Erinnerungen stützt, deaktiviert wird. Diese dissoziativen Erinnerungen sind toxische „Kapseln", die im Unterbewusstsein blockiert bleiben und die Fähigkeit des Einzelnen sabotieren, rational zu denken und nach seinem eigenen Willen zu handeln. Therapeutische Arbeit, die darauf abzielt, diese unbewussten toxischen Erinnerungen zu entladen, ist daher unerlässlich, um die MK-Konditionierung zu deprogrammieren. Diese Methode wirkt auf die verdrängten traumatischen Erinnerungen indirekt durch die Arbeit an den bewussten Erinnerungen ein, d.h. durch die nachhaltige Stimulierung der semantischen und episodischen Erinnerungen, zwei unterschiedlichen Formen des expliziten Gedächtnisses.

Das semantische Gedächtnis ist das Gedächtnis, das alle Informationen enthält, die man sich bewusst gemerkt hat: Telefonnummern, Geschichtsunterricht usw. Dieses semantische Gedächtnis besteht aus Wörtern oder Symbolen. Das episodische Gedächtnis besteht aus Ihren Lebenserfahrungen. Das sind reale Ereignisse, die Sie bewusst erlebt haben, wie z. B. ein Waldspaziergang oder ein Fußballspiel. Dieses episodische Gedächtnis setzt sich aus Bildern, Klängen, Gerüchen, Geschmäckern und Emotionen zusammen. Episodische Erinnerungen sind also wie Filme, die Sinneswahrnehmungen und Emotionen enthalten. Hinzu kommen die Erinnerung an subjektive Ereignisse wie Träume (je nach Erinnerungsvermögen) und die Vorstellungskraft, d. h. die Fähigkeit, sich ein fiktives Ereignis vorzustellen, um es später wieder abrufen zu können.

Die Fabian-Therapie ist so konzipiert, dass eine unangemessene Auslösung der implantierten Programmierung vermieden wird. Diese Art der Therapie befasst sich nur mit bewussten Erinnerungen, d. h. mit episodischen, semantischen und subjektiven Erinnerungen (Träume und Phantasie). Eine direkte Konfrontation mit dissoziierten und verdrängten traumatischen Erinnerungen wird es nie geben. Eine nachhaltige Arbeit an den bewussten Erinnerungen wird indirekt auf die verdrängten Erinnerungen einwirken können.

Tatsächlich sind alle Schichten des Gedächtnisses, bis hin zu den tiefsten, in einem so genannten „energetischen mentalen Feld" miteinander verbunden, das mit dem Gehirn und dem Nervensystem interagiert. Nach der Fabian-Therapie besteht das Gedächtnis nicht aus Neuronen, sondern aus stabiler subatomarer Energie, wobei die Neuronen nur eine physische Schnittstelle für diese mnemonischen Energien sind (alle Prozesse, die die Operationen des Gedächtnisses erleichtern). In diesem „Energiefeld" ist jede Erinnerung, ob bewusst oder unbewusst, mit allen anderen durch eine Art Netz verbunden. Das heißt, wenn Sie einen bestimmten Bereich des Speichers intensiv bearbeiten, wirkt sich dies automatisch auf alle anderen Bereiche des Webs aus: das so genannte *„Speicherfeld"*. Indem Sie intensiv am episodischen Gedächtnis arbeiten, werden Sie auf subtile und indirekte Weise am Schmerz, am Trauma und an der Amnesie anderer verdrängter Erinnerungen arbeiten. Diese dissoziierten traumatischen Erinnerungen enthalten starke Emotionen, die eine starke negative emotionale Ladung darstellen. Die strukturierte und intensive Arbeit an bewussten Erinnerungen wird die negative Ladung dieser verdrängten Erinnerungen langsam auflösen. Wenn genügend negative Ladung freigesetzt wird, verliert die implantierte Programmierung, die mit diesen Erinnerungen verbunden ist, an Kraft, so dass der MK-Sklave allmählich befreit wird.

Die bei der Programmierung implantierten Befehle bestehen aus Wörtern und Bildern, hauptsächlich aus Wörtern, und die Wörter sind semantisch. Es wird daher notwendig sein, am bewussten semantischen Gedächtnis zu arbeiten, um die negative Ladung der Befehle, die im verdrängten und unbewussten Gedächtnis implantiert sind, allmählich zu lösen. Die Wissenschaftler, die diese Therapie entwickelt haben, führten Experimente mit Menschen durch, die einer mentalen Kontrolle unterworfen worden waren. Sie wurden an ein *Biofeedback-Gerät* angeschlossen, das ihre Herzfrequenz und Atmung maß. Die Forscher lasen dann langsam eine Vokabelliste mit neutralen Wörtern und Befehlswörtern vor, die in der MK-Programmierung häufig verwendet werden. Während des Lesens schenkte die Versuchsperson den Befehlswörtern keine Aufmerksamkeit, aber jedes Mal, wenn eines dieser Wörter gesprochen wurde, zeigte das *Biofeedback-Gerät* eine Reaktion an. Die an dieses Gerät angeschlossenen MK-Opfer waren sich nicht bewusst, dass diese Worte Auslöser waren, dennoch stimulieren sie den Sklaven unbewusst aufgrund des Schmerzes, der in der unterdrückten traumatischen Erinnerung enthalten ist. Die Macht dieser Wörter kann durch eine strukturierte Arbeit am Wortschatz deaktiviert werden.

Die Fabian-Therapie ist in vier Bereiche unterteilt:
- Führen von Tagebüchern.
- E.M.A. (Episodische Gedächtnisanalyse) ist die systematische Analyse bestimmter nichttraumatischer bewusster Erinnerungen.
- Die Extraversionstechnik.
- Wortschatzübungen zur Beeinflussung des semantischen Gedächtnisses, die darauf abzielen, die negative Ladung der Wörter, die mit den implantierten Befehlen verbunden sind, abzubauen.

a/ Die Zeitung

In der Fabian-Therapie wird der Patient drei Tagebücher führen:
- Das tägliche Tagebuch des episodischen Gedächtnisses.
- Das tägliche Tagebuch des Traumgedächtnisses.
- Das kathartische Tagebuch der Phantasie und der Erinnerung.

Das episodische Tagebuch: Jeden Abend notiert der Patient in diesem Tagebuch seinen vollen Namen (die Wirtspersönlichkeit), das Datum und eine episodische Erinnerung an den Tag (Treffen mit einem alten Freund, ein Ausflug in den Park...). Die Erinnerung sollte vorzugsweise eine bedeutsame und positive Episode ohne negative Gefühle sein. Bei dieser episodischen Erinnerung muss es sich um etwas handeln, das in der realen Welt erlebt wurde, und nicht um etwas, das man im Fernsehen oder im Internet gesehen hat. Im Tagebuch wird der Patient diese Erinnerung einfach beschreiben, damit er sie später leicht abrufen kann. Am Ende jeder Woche sollte der Patient alle episodischen Erinnerungen der Woche durchgehen. Ebenso wird er am Ende des Monats alles, was er in diesen Wochen in sein Tagebuch geschrieben hat, Revue passieren lassen. Bei diesen Überprüfungen von episodischen Erinnerungen sollte man sich die Szene so genau wie möglich vorstellen, um sie so gut wie möglich zu erfassen. Diese Übung kann auch am Ende des Jahres durchgeführt werden.
Diese Arbeit am episodischen Gedächtnis hilft auf subtile Weise, negative Erinnerungen, die das Unterbewusstsein belasten, loszuwerden. Diese Arbeit erfordert ein mittelfristiges (einige Monate) oder sogar langfristiges (mehrere Jahre) Engagement, um greifbare Ergebnisse zu erwarten. Durch das Erkennen von Gedächtnislücken an bestimmten Tagen weiß der Patient, dass an diesem Tag eine Veränderung stattgefunden hat.

Das Traumtagebuch: Dieses Tagebuch sollte ebenfalls täglich ausgefüllt werden, wenn die Traumerinnerung vorhanden ist. Einige Menschen haben festgestellt, dass sie, sobald sie anfangen, täglich ihr episodisches Tagebuch zu schreiben, auch anfangen, lebhafte Albträume zu haben. Darüber hinaus kann der Patient, sobald er sich einer E.M.A. unterzogen hat. (Episodische Gedächtnisanalyse) regelmäßig durchführen, wird dies indirekt auch Alpträume während des Schlafs stimulieren. Albträume sind unangenehm, aber das ist eigentlich ein gutes Zeichen, denn durch sie entlädt das Unterbewusstsein die in traumatischen Erinnerungen enthaltene negative Ladung.
Der Patient muss seine Träume in seinem Tagebuch nicht analysieren, er sollte einfach den Inhalt so objektiv wie möglich aufschreiben, unabhängig davon, ob der Traum freudig oder erschreckend war. Wenn man sich auf die Träume konzentriert, indem man sie abruft und aufschreibt, wird auch die negative Ladung im Erinnerungsfeld freigesetzt. Dies ist ein natürlicher Heilungsprozess des Geistes.

Imaginations- und kathartisches Tagebuch: Dieses Tagebuch muss nicht täglich geführt werden, sondern nur, wenn der Patient das Bedürfnis danach verspürt. Ihr Zweck ist es, die Vorstellungskraft zu nutzen, um negative Emotionen loszulassen. Mit diesem Tagebuch wird der Patient versuchen, die Negativität zu beseitigen, es geht nicht darum, das Geschriebene zu intellektualisieren, sondern es ist ein rein kathartischer Prozess. Der Inhalt des Tagebuchs kann aus Worten, Zeichnungen, Fotos usw. bestehen. Es ist ein sehr persönliches Tagebuch. Es geht darum, die schlechten Gefühle, die manchmal ohne ersichtlichen Grund auftauchen, in Bilder und Worte zu fassen. Es handelt sich um einen rein emotionalen und nicht um einen intellektuellen Prozess, eine zusätzliche Möglichkeit, die negative emotionale Ladung aus dem Gedächtnisfeld zu lösen.

b/ E.M.A. - Episodische Gedächtnisanalyse

M.E.A. ist die systematische Analyse von nicht verdrängten episodischen Erinnerungen. Diese Analyse erfordert einen Therapeuten. Diese nicht verdrängten episodischen Erinnerungen sind bewusste Erinnerungen, die frei von Schmerz und negativen Emotionen sein sollten. Es sind Erinnerungen an gewöhnliche, glückliche Erlebnisse des täglichen Lebens. Der Therapeut fungiert als Führer und stellt eine Reihe von Fragen, die dem Patienten helfen, tief in seine Erinnerungen einzudringen. In diesem therapeutischen Prozess werden die negativen unbewussten Erinnerungen indirekt durch diese intensive Konzentration auf die positiven bewussten Erinnerungen beeinflusst.

Das Erinnerungsfeld ist wie ein Spinnennetz, in dem alle Erinnerungen durch Fäden miteinander verbunden sind. Wenn Sie einen Bereich des Netzes stimulieren, wird dies alles andere in Bewegung setzen. Wenn Sie also einen Bereich des bewussten Gedächtnisses des Patienten intensiv stimulieren, wird dies mehr oder weniger alle anderen Bereiche des Gedächtnisses beeinflussen, auch die dissoziierten Erinnerungen. Das Ziel dieser Art von Analyse ist es, den Patienten bewusst in eine Erinnerung eintauchen zu lassen, um sie so tief wie möglich in seinem „mentalen Bildschirm" abzurufen. Die Rolle des Therapeuten besteht darin, den Prozess mit Hilfe seiner Intuition zu steuern, indem er den Patienten nach der Erinnerung befragt, um ihn zu ermutigen, immer tiefer in sie einzutauchen, ohne etwas zu intellektualisieren. Für dieses Protokoll ist kein hypnotischer Zustand oder eine Art veränderter Bewusstseinszustand erforderlich, der Patient muss nur die Augen schließen, wenn er die Erinnerungen abruft. Alle Erinnerungen, die in der M.A.E. bearbeitet werden, müssen glücklicher Natur sein, sie dürfen keine negativen Gefühle enthalten. Außerdem muss es sich um aktuelle Erinnerungen handeln, die noch nicht verarbeitet wurden, d. h. um unbearbeitete Erinnerungen, über die der Patient noch nicht gesprochen hat. Damit Sie diesen Prozess besser verstehen, hier ein Beispiel:

- **Th**: Fällt Ihnen eine passende Erinnerung ein, an der wir heute arbeiten könnten?

- **Patient**: Ich war neulich bei einem Fußballspiel.

- **T**: Sehr gut. Damit Sie sich besser an diese Erinnerung erinnern können, geben Sie bitte das Datum und die Uhrzeit an, zu der diese Episode begann.
- **P**: Es ist vor zwei Tagen passiert. Ich glaube, es war um 16 Uhr.
- **T**: Okay, fangen wir mit dem Geruchsgedächtnis an: Erinnern Sie sich an die Gerüche?
- **P** (Augen geschlossen): Ich erinnere mich an den Geruch von Popcorn in der Warteschlange, in der ich darauf wartete, einen Hotdog zu kaufen. Es roch nach Kochen, nach heißen Hunden.... Mal sehen... Da war auch dieser Geruch von abgestandenem Bier auf dem Boden in der Nähe des Erfrischungsstandes. Ich erinnere mich, dass es auf der Toilette sehr stark nach Urin roch. Auf der Tribüne saß ich neben einem Mann, der ein ekelhaftes Aftershave trug. Ich erinnere mich auch daran, dass jemand eine Zigarre rauchte. Es war ein heißer Tag, ich erinnere mich an den Körpergeruch.
- **T**: War es Ihr eigener Körpergeruch oder der von jemand anderem?
- **P**: Es gab die Gerüche von mehreren Personen. Da war noch etwas anderes, ich bin nicht sicher, was es war.... Ach ja, mein Freund hatte sich die Arme mit Sonnencreme eingecremt, er gab mir welche...
- **T**: Was war das für ein Geruch?
- **P**: Es roch leicht nach Kokosnuss, aber hauptsächlich nach Chemikalien.
- **T**: Nun... Gibt es noch eine andere Erinnerung an einen Geruch?
- **P**: *Nein.*
- **T**: Okay, dann lass uns jetzt deine Erinnerungen an die Geschmäcker in dieser Folge durchgehen.

Methodisch und systematisch wird jede der in diesem episodischen Gedächtnis, dieser Lebensszene, enthaltenen Sinneswahrnehmungen überprüft. Die Fragen des Therapeuten zielen darauf ab, die Aufmerksamkeit des Patienten aufrechtzuerhalten und sich auf das Erlebnis und seine Erinnerung zu konzentrieren. Eine Sitzung dieser Art sollte zwischen einer halben Stunde und fünfundvierzig Minuten dauern. Die Psyche eines MK-Opfers wurde verändert, so dass selbst gewöhnliche episodische Erinnerungen Verzerrungen enthalten können. Wenn der Therapeut etwas hört, das ihm völlig irrational erscheint, braucht er es nicht zu hinterfragen oder zu analysieren, sondern kann den Prozess einfach fortsetzen, ohne sich damit zu befassen. Der Therapeut sollte keine Urteile oder Bewertungen abgeben, sondern dem Patienten lediglich helfen, sich auf das Erlebnis und seine Erinnerung zu konzentrieren.

Es gibt eine Reihe von Wahrnehmungen, die in einem episodischen Gedächtnis enthalten sind, die Fabian-Therapie arbeitet mit einer Liste von acht Wahrnehmungen wie folgt:

Nr. 1: Olfaktorisch (Geruch)
Nr. 2: Gustativ (Geschmack)
Nr. 3: Auditiv (Klang)
Nr. 4: Taktil (Berührung)
Nr. 5: Vision (Sehkraft)
Nr. 6: Kinetik (Bewegungen)
Nr. 7: Emotional

Nr. 8: Linguistik (Sprache)

Der Therapeut wird mit jeder dieser Wahrnehmungen in genau der aufgeführten Reihenfolge arbeiten. Diese acht Kategorien werden nacheinander verwendet, so dass der Therapeut den Patienten anleiten muss, diese Abfolge in der richtigen Reihenfolge einzuhalten. Die Sitzung endet, wenn die letzte Kategorie geprüft wurde. Die Überprüfung von Geruch, Geschmack und Klang zu Beginn der Sitzung ermöglicht es dem Patienten, die Erinnerung direkt und ohne persönliche Veränderung wieder zu erleben, er bewertet sie nicht, sondern erlebt sie neu. Die Überprüfung der Emotionen und der Sprache findet am Ende der Sitzung statt, da diese Wahrnehmungen wahrscheinlich vom Ego bewertet und verändert werden. Der Therapeut sollte nach Möglichkeit vermeiden, die verschiedenen Kategorien von Erinnerungswahrnehmungen zu vermischen. Bei der Analyse von Kategorie 3, der Erinnerung an Geräusche, wäre es beispielsweise nicht sinnvoll, den Patienten zu ermutigen, sich auf den Inhalt eines gehörten Gesprächs zu konzentrieren, da dieser später in Kategorie 8 (Sprache) analysiert wird. In Kategorie 3 führt der Therapeut den Patienten in die reine Wahrnehmung des auditiven Gedächtnisses. Der Therapeut fragt zum Beispiel, ob das Gespräch laut oder leise war, und vergleicht es mit anderen Hörwahrnehmungen. Mit dem Fokus auf taktile Wahrnehmungen (Kategorie 4) einer episodischen Erinnerung kann der Therapeut Fragen stellen wie: *„Ist das heiß oder kalt?* Zu diesen Wahrnehmungen gehören: Temperatur, Druck/Gewicht, Unbehagen/Komfort, Nässe und Trockenheit auf der Haut, Sättigung/Hunger...

In Kategorie 5 wird das visuelle Gedächtnis überprüft, wobei es um Farben, Formen, Muster, Helligkeit und Dunkelheit geht. Er bezieht sich auch auf die visuelle Wahrnehmung von Bewegungen, z. B. eines Balls, der durch die Luft fliegt, oder von Bewegungen in einer Menschenmenge. Diese Art der visuellen Bewegungswahrnehmung muss jedoch von den Bewegungen unterschieden werden, die durch den eigenen Körper erfahren werden, d. h. von den Bewegungen, die der Kategorie 6 zuzuordnen sind, die die Wahrnehmung von physischen (kinetischen) Bewegungen umfasst, die im Gedächtnis gespeichert sind, und zwar sowohl von den eigenen Bewegungen als auch von den Bewegungen von Objekten, die die Person direkt betreffen. In einem Auto zum Beispiel hat man das Gefühl, dass der Körper den Bewegungen des Fahrzeugs in Kurven sowie beim Beschleunigen und Bremsen folgt. Wenn es sich um eine Erinnerung an einen Spaziergang auf der Straße handelt, ist es nur die Bewegung des Körpers, solange er nicht mit etwas in Berührung kommt. Bei einem Fußballspiel, bei dem es viel Körperkontakt gibt, gibt es sowohl die eigenen Bewegungen als auch die der anderen, die ihn stören und beeinflussen. Daher kann es zu einer gewissen Verwechslung der Wahrnehmungen zwischen den Kategorien 5 und 6 kommen. Persönliche Bewegungen fallen unter Kategorie 6, aber eine Bewegung wie der Flug eines Vogels fällt unter Kategorie 5. Eine Möglichkeit, mit dieser Verwirrung umzugehen, besteht darin, die Bewegungswahrnehmungen in Kategorie 5 (visuell) zuletzt zu behandeln und dieser Logik dann mit Kategorie 6 zu folgen. Kategorie 7, Emotionen, umfasst sowohl die Wahrnehmung der Emotionen anderer als auch die subjektive

Wahrnehmung der eigenen Emotionen. Der Patient kann seine eigenen subjektiven emotionalen Reaktionen kennen, aber er kann die subjektiven Erfahrungen anderer nicht wirklich kennen. Um zu vermeiden, dass der Patient darüber spekuliert, was die anderen wirklich gefühlt haben, sollte sich die Erinnerung und Wahrnehmung der Emotionen anderer Menschen auf die Beschreibung ihrer äußeren Ausdrucksformen wie Gesichtsausdruck, Tonfall und Körpersprache beschränken. Anhand dieser körperlichen Indikatoren kann der Patient grundlegende emotionale Reaktionen wie Wut, Ekel, Angst, Freude, Traurigkeit, Langeweile, Gleichgültigkeit und Überraschung erkennen. Der Patient sollte sich nicht darauf konzentrieren, was in den anderen vorgeht, sondern nur auf deren Emotionen, die sich in Gesicht, Körper und Tonfall zeigen. In dieser Kategorie 7 sollte die Wahrnehmung der Emotionen anderer durch den Patienten also objektiv sein, während die Wahrnehmung der eigenen Emotionen subjektiv ist. Die eigenen subjektiven emotionalen Reaktionen des Patienten können in der Tat komplexer sein. Der Patient muss die Möglichkeit haben, seine eigenen emotionalen Reaktionen auf die von ihm gewählte Erinnerung zu beschreiben. Die subjektiven Emotionen des Patienten können z. B. mit Melancholie, Optimismus, Verwirrung, Konflikt, Euphorie, Wut usw. beschrieben werden, während die Beschreibung der Emotionen anderer Menschen viel einfacher und objektiver ist: z. B. *„Er sah wütend aus, weil sein Gesicht rot war"*, oder *„Sein Gesicht drückte ein Gefühl des Ekels aus"*. Kategorie 8, die letzte, befasst sich mit den Wahrnehmungen im Zusammenhang mit der Sprache und der Bedeutung, die sie hat. In dieser eher intellektuellen Phase wird der Patient angeleitet, sich auf alle Gespräche zu konzentrieren, die in diesem episodischen Gedächtnis stattgefunden haben. Der Patient wird sich auch auf alle schriftlichen Dinge konzentrieren, die er in dieser Episode gelesen hat, sowie auf die Bedeutung visueller Symbole wie ein Straßenschild oder ein Kreuz auf einem Kirchturm.

Im Allgemeinen muss ein für diese Art von Arbeit ausgewähltes episodisches Gedächtnis ein positives Gedächtnis sein. Der Patient kann also freiwillig eine „glückliche" Erfahrung in seinen Zeitplan einbauen, um sie später in einer M.E.A.-Sitzung zu nutzen. Sie können zum Beispiel planen, zu einem Fußballspiel zu gehen, um dieses episodische Gedächtnis ein paar Tage später in der Therapie zu überprüfen. Jüngere Erinnerungen, die leicht abrufbar sind, sind eine gute Wahl, aber auch alte Erinnerungen, die ebenfalls leicht abrufbar sind, funktionieren auf dieselbe Weise. Es ist am besten, mit Sitzungen zu beginnen, die sich mit jüngsten Erinnerungen befassen; sobald der Patient sich mit dem Prozess wohlfühlt, können ältere Erinnerungen genutzt werden.

In einer Sitzung können Sie ein Gedächtnis aus der letzten Woche und in der nächsten Sitzung ein episodisches Gedächtnis von vor zwei Jahren überprüfen. Der M.E.A.-Prozess kann auf jede Erinnerung angewandt werden, die der Patient vernünftigerweise abrufen kann. Je öfter dieser Prozess angewandt wird, desto mehr nimmt die Fähigkeit des Patienten zu, episodische Erinnerungen abzurufen. Mit etwas Übung kann der Patient sogar auf Erinnerungen aus seiner frühen Kindheit zurückgreifen.

Einige unabdingbare Regeln: Es ist wichtig, dass der Patient in den Wochen oder Monaten vor den M.E.A.-Sitzungen keine Drogen oder Alkohol konsumiert hat. Es ist auch wichtig, dass er/sie vor einer Sitzung keine koffeinhaltigen Getränke zu sich nimmt. Er/sie muss gut geschlafen haben, um voll leistungsfähig zu sein. Alle verarbeiteten Erinnerungen müssen positiv sein, ohne Bewusstseinsverlust, ohne Schmerzen und ohne negative Gefühle.

Der Fabian-Prozess ermöglicht es also, die negative Ladung verdrängter oder versteckter Erinnerungen indirekt zu beseitigen. Die M.E.A. wirkt wie ein Katalysator, die Gefühle, die in den verdrängten traumatischen Erinnerungen enthalten sind, kommen auf unterschiedliche Weise an die Oberfläche, durch Träume, Zeichnungen, Flashbacks von traumatischen Erinnerungen usw. Bei dieser Art von Therapie werden die aufkommenden negativen Erinnerungen nicht vertieft, sondern es wird einfach zugelassen, dass sie auftauchen. Es ist die Konzentration auf das gegenwärtige Leben, die es einem ermöglicht, sich nicht mit ihnen zu beschäftigen.

c/ Übungen zur Extraversion

Die Übungen zur Extrovertiertheit helfen dem Patienten, sich von den schmerzhaften Erinnerungen an die Vergangenheit zu lösen, die möglicherweise auftauchen. Da traumatische Erinnerungen zu einem völligen Zusammenbruch des Patienten führen können, bestehen diese Übungen darin, den Patienten in den gegenwärtigen Moment zurückzubringen, um ihn zu stabilisieren. Beim Üben von M.E.A. sollte der Therapeut den Patienten immer dazu bringen, sich auf positive Erinnerungen zu konzentrieren. Wenn jedoch eine negative Erinnerung auftaucht oder der Patient ohne ersichtlichen Grund wütend wird, sollte der Therapeut extrovertierte Techniken anwenden, um den Patienten wieder in den gegenwärtigen Moment zu bringen. Das Grundprinzip besteht darin, dass jede unangemessene negative Emotion aus einer zeitlichen Verschiebung resultiert, d.h. ein Ereignis in der Vergangenheit des Patienten hat ihn/sie wütend gemacht, und nun kann diese Wut in unangemessener Weise vor dem Therapeuten hochkommen. In einem solchen Fall müssen sich sowohl der Patient als auch der Therapeut auf den gegenwärtigen Moment und die gegenwärtige Umgebung konzentrieren. Der Therapeut kann den Patienten bitten, ihm das aktuelle Datum zu nennen, auf ein Blatt Papier zu schreiben, wo er sich gerade befindet, und den Raum zu beschreiben, indem er ihn vollständig durchläuft. Dann kann sich der Patient im Raum bewegen, Dinge anfassen, benennen, die Beschaffenheit fühlen usw. Dies kann auch bei einem Spaziergang im Freien geschehen. Wie bereits beschrieben, nutzen diese Techniken der Verankerung im gegenwärtigen Moment die verschiedenen Wahrnehmungen wie Sehen, Hören, Tasten usw. Spaziergänge, Sport, Gartenarbeit usw. sind Aktivitäten, die dem Patienten helfen, seine Aufmerksamkeit auf das „Hier und Jetzt" zu richten. Es handelt sich um eine Haltung und einen Lebensstil, den man sich aneignen sollte, d. h. der Patient sollte sich bemühen, sozial extrovertiert zu sein: Er sollte ein Gefühl der Sicherheit in seinen sozialen Beziehungen entwickeln, was ihm helfen wird, sich nicht „allein in seiner Ecke" auf seine

Vergangenheit in negativer Weise zu konzentrieren. Extrovertiertheit ist mehr als eine therapeutische Technik, sie ist eine globale Einstellung, die den Zugang zu einem ausgeglichenen Leben erleichtert.

Während der M.E.A.-Sitzungen führt der Therapeut den Patienten durch einen Rückblick auf episodische Erinnerungen in einen tiefen Zustand der Introversion (Eintauchen in die Vergangenheit), aber wenn dieser Prozess abgeschlossen ist, ist es wichtig, dass der Therapeut den Patienten wieder in einen Zustand der Extraversion bringt: zurück in den gegenwärtigen Moment.

Der Patient sollte sich in der Fabian-Therapie nicht an den traumatischen Erinnerungen festhalten, die während des Prozesses auftauchen können. Obwohl dies ein Zeichen dafür ist, dass dissoziierte Erinnerungen hochkommen, sollte der Patient in diesem Fall verstehen, dass es am besten ist, sich während der gesamten Therapie von diesen Erinnerungen fernzuhalten. Wenn sie ein Bedürfnis nach emotionaler Entspannung haben, können sie ihr kathartisches Tagebuch benutzen, um diese negativen Gefühle loszulassen. Nach dieser kathartischen Befreiung sollte der Patient in den gegenwärtigen Moment zurückkehren.

Nach Kerth Barker heilt die Fabian-Therapie das gesamte Gedächtnisfeld durch all die therapeutischen Übungen, die darauf abzielen, die bewussten Erinnerungen intensiv zu bearbeiten und zu stimulieren. Dieses „Gedächtnisfeld" hat zwei Aspekte: die bewussten oder unbewussten Erinnerungen und die mentalen Mechanismen, die auf sie zugreifen. Die Fabian-Therapie stellt durch einen indirekten Prozess die Fähigkeit des Geistes wieder her, auf diese traumatischen Erinnerungen zuzugreifen und gleichzeitig die negativen „Kapseln" zu entladen.

d/ Semantische Destimulationsmethode

Der Begriff „Semantik" bezieht sich hier auf die Bedeutung der in der MK-Programmierung verwendeten Wörter und Symbole. Worte und Symbole (grafisch oder gestisch), die das Opfer unbewusst zu einer Handlung oder zur Unterdrückung einer Handlung drängen. Daher wird das Opfer durch die Stimulation von Befehlswörtern oder Symbolen versklavt. Um das Opfer semantisch zu deprogrammieren, muss die Kraft dieser Auslöser reduziert werden. All diese implantierten Befehle enthalten systematisch eine negative emotionale Ladung.

Nehmen wir eine Frau mit MK-Monarch-Programmierung, die einen implantierten Befehl erhalten hat, der zum Beispiel besagt: „Du wirst von jedem sexuell bedient, wenn dein Besitzer es dir sagt". Die Worte dieses Befehls enthalten eine negative emotionale Ladung, die durch das Trauma hervorgerufen wurde, und die Unfähigkeit, mit dieser negativen Ladung umzugehen, zwingt das Opfer, dieser Programmierung unbewusst zu gehorchen. Die Schlüsselwörter in dieser Befehlsformel sind „sexuell", „Eigentümer" und „Befehl". Die Technik der semantischen Destimulation zielt darauf ab, dieses negative Implantat allmählich zu entladen.

Der Therapeut erstellt drei Wortlisten, die jeweils eines der Schlüsselwörter enthalten, z. B.: *Engel, Boot, Mantel, Vermieter, Veranda, Baum, Wasserfall.* Der Therapeut bittet dann den Patienten, die Liste durchzugehen und jedes Wort mit Hilfe eines Wörterbuchs zu definieren. Dann wird der Patient aufgefordert, Sätze mit jedem der Wörter auf der Liste zu bilden. Der Therapeut schenkt den Schlüsselbefehlswörtern keine besondere Aufmerksamkeit, sie werden genauso behandelt wie neutrale Wörter, die keine Reaktion hervorrufen. Auf diese Weise kann der Prozess das Gedächtnis beeinflussen und die negativen Emotionen der traumatischen Erinnerung, die eines dieser Kontrollwörter enthält, auf subtile Weise entladen. Der semantische Gedächtnisabruf ist die Fähigkeit, Wörter zu verstehen und zu verwenden, um zu kommunizieren. In gewissem Sinne entführt der MK-Programmierungsprozess die Erinnerungsfunktion des semantischen Gedächtnisses, um sie zur Kontrolle des Opfers zu nutzen. Wenn man den Patienten jedoch auffordert, an seinem Wortschatz zu arbeiten, wird er allmählich die volle Kontrolle über seine semantische Erinnerungsfähigkeit zurückgewinnen. Es geht darum, diese Funktion bei den Patienten zu stärken. Dadurch wird sich die Art und Weise ändern, wie er mit der im Speicherfeld enthaltenen Sprache umgeht. Ein Prinzip der Fabian-Therapie ist, dass man die Kraft der dissoziierten Erinnerungen verringert, indem man die Erinnerungsfähigkeit des Geistes verbessert. Indem Sie einfach mit dem Wortschatz arbeiten und den Patienten auffordern, Sätze mit Wörtern zu bilden, die mit einem Wörterbuch definiert wurden, verringern Sie die Wirkung der implantierten Befehle.

e/ Typische Therapiesitzung

In einer typischen Fabian-Therapiesitzung sitzt der Patient dem Therapeuten gegenüber, wobei jeder einen Stift und ein Notizbuch vor sich liegen hat, um sich Notizen zu machen. Hypnose oder veränderte Bewusstseinszustände sind nicht erforderlich. Der Therapeut beginnt damit, den Patienten zu fragen, ob ihn etwas stört, das die Konzentration während der Sitzung beeinträchtigen könnte. Der Patient kann, wenn er möchte, sein Tagebuch mitbringen, um den Therapeuten über den Inhalt zu informieren. Die erste Übung wird die oben beschriebene semantische Destimulationsübung sein. Wenn der Patient Sätze mit den Wortlisten bildet, greift der Therapeut nicht ein, sondern hört zu. Nach Abschluss dieses Protokolls kann eine zehnminütige Pause eingelegt werden, bevor mit der episodischen Gedächtnisanalyse, der E.M.A., begonnen wird, die den Kern der Sitzung bildet und dreißig bis fünfundvierzig Minuten dauern wird. Am Ende der Sitzung muss der Therapeut den Patienten wieder in die Gegenwart zurückholen, seine Aufmerksamkeit muss sich auf *das Hier und Jetzt richten.* Im Anschluss an die Sitzung kann ein Spaziergang im Freien unternommen werden, um die nächste Sitzung zu planen. Die Häufigkeit der Sitzungen hängt von der emotionalen Verfassung des Patienten ab. Im Allgemeinen können die Sitzungen einmal pro Woche stattfinden. Dies kann in Abständen von einem Monat geschehen, aber auch täglich, wenn der Patient es für notwendig hält. Diese Sitzungen dienen dazu, den Patienten emotional zu stabilisieren und ihn in der Gegenwart zu verankern, während er gleichzeitig traumatische Erinnerungen loswerden kann.

f/ Fortgeschrittene E.M.A.-Technik

Die oben beschriebene M.E.A.-Technik ist das klassische Protokoll, das relativ leicht zu verstehen und anzuwenden ist. Aber es gibt auch fortgeschrittenere Techniken, einschließlich eines Schemas für eine viel tiefere M.E.A.-Arbeit.

Bei dieser Methode wird ein Kreis verwendet, der in acht gleiche Abschnitte unterteilt ist, die ein Tortendiagramm bilden, wobei die Strahlen von acht konzentrischen Kreisen geschnitten werden, die dieses Tortendiagramm in gleiche Abschnitte unterteilen. Die acht Speichen stehen für die acht oben genannten Kategorien: olfaktorisch, gustatorisch, auditiv, taktil, visuell, kinetisch, emotional und linguistisch. Jeder der konzentrischen Kreise steht für einen Lebensabschnitt des Patienten: Der mittlere Kreis repräsentiert die unbewussten Erinnerungen an die vorgeburtliche Zeit und die Geburt, die anderen konzentrischen Kreise symbolisieren die Entwicklung von der frühen Kindheit über die Adoleszenz, das junge Erwachsenenalter usw. bis hin zum letzten äußeren Kreis, der die jüngsten Lebenserfahrungen darstellt.

Dieses Muster soll dem Therapeuten helfen, den Fokus des Patienten auf verschiedene Bereiche seines großen Gedächtnisfeldes zu lenken. Der Patient sollte während einer solchen Sitzung ruhig, tief entspannt und frei von inneren Konflikten sein. Ziel ist es, den Patienten nach dem Zufallsprinzip zu verschiedenen Bereichen des Kreismusters zu führen. Der Therapeut kann den Patienten zum Beispiel auffordern, sich an eine kürzliche glückliche Erinnerung zu erinnern, indem er ihn bittet, sich in eine einzige Wahrnehmung der Erinnerung in einer der acht Kategorien zu vertiefen, wie zum Beispiel die Erinnerung an einen Geruch. Der Therapeut führt den Patienten dann zu einer Erinnerung in einer anderen Zeitzone, indem er eine andere Wahrnehmungskategorie wählt, z. B. Sehen oder Sprache.

In einer klassischen M.E.A.-Sitzung wird die Erinnerung an eine einzelne episodische Erinnerung mit den acht damit verbundenen Wahrnehmungen intensiv untersucht. Diese fortgeschrittene M.E.A.-Technik hingegen analysiert nicht intensiv alle Wahrnehmungen einer Episode, sondern jongliert von Episode zu Episode und wählt jedes Mal nur eine Wahrnehmungskategorie der Erinnerung aus. Der Patient könnte sich beispielsweise an den Geruch einer Blume erinnern, als er vor einer Woche im Garten arbeitete, dann an den Geschmack von Maiskolben von einem Picknick vor 10 Jahren, an das Gefühl von kaltem Regen nach einem heißen Wandertag vor sechs Monaten und so weiter. Dieses Protokoll sollte etwa 20 Minuten dauern. Es ist notwendig, bereits viel klassische E.M.A. praktiziert zu haben, um diese Übung durchführen zu können, die manchmal Zugang zu völlig vergessenen Erinnerungen aus der frühen Kindheit (nicht traumatisch) oder sogar zu vorgeburtlichen Erinnerungen ermöglichen kann.

8 - DAS INNERE SCHLOSS (TERESA VON AVILA)

Zum Abschluss dieses Kapitels folgen einige Auszüge aus dem Meisterwerk von Teresa von Avila, *„Das innere Schloss"* oder *„Das Buch der Wohnstätten"*. Es ist ein Schloss, das metaphorisch für die menschliche Seele steht, die verschiedene Ebenen durchlaufen muss, um zur Vollkommenheit zu gelangen. So wie der Programmierer-Henker dunkle Schlösser und Kerker in die innere Welt der MK-Sklaven einbaut, um die Alten gefangen zu halten, gibt es hier ein inneres Schloss, das den Menschen allmählich zur göttlichen Vereinigung mit seinem Schöpfer führt. Vielleicht können die Überlebenden dieses Schloss in ihre innere Welt einbauen?

Heute wurde mir angeboten, was die Grundlage dieses Schreibens sein wird: unsere Seele als ein Schloss zu betrachten, das vollständig aus einem einzigen Diamanten oder einem sehr klaren Kristall besteht. Denken wir daran, dass die Burg viele Wohnungen hat, einige oben, einige unten, einige an den Seiten; und in der Mitte, in der Mitte von allen, ist die Hauptburg, in der sich die geheimsten Dinge zwischen Gott und der Seele abspielen. Ich glaube, Sie werden Trost darin finden, in diesem inneren Schloss zu schwelgen. Sie können ihn zu jeder Stunde betreten und umhergehen. Das Tor zu diesem Schloss ist das Gebet. Du darfst dir diese Wohnungen nicht wie eine Kette hintereinander vorstellen, sondern musst deinen Blick auf die Mitte richten. Die Seele soll sich also in die Hände Gottes begeben, ohne sich um ihren Fortschritt zu kümmern.

Bevor ich fortfahre, möchte ich Sie bitten, sich vorzustellen, wie es ist, dieses glänzende und schöne Schloss zu sehen. Diese orientalische Perle, dieser Baum des Lebens, gepflanzt in die lebendigen Wasser des Lebens. Dieses Wasser fließt in jedes Haus und in jeden Strom. Es ist wahr, dass du nicht alle Schlösser aus eigener Kraft betreten kannst, so groß sie dir auch erscheinen mögen, es sei denn, der Herr des Schlosses selbst bringt dich dorthin. Er ist ein Freund der Demut. Und Demut bedeutet, in der Wahrheit zu wandeln. Denn Selbsterkenntnis ist so notwendig, dass man nichts Besseres tun kann (als sich selbst zu kennen).

Obwohl ich nur von sieben Häusern spreche, gibt es in jedem von ihnen viele, unten, oben, an den Seiten mit schönen Gärten, Brunnen, Labyrinthen... Du wirst dich in das Lob des großen Gottes hineinziehen lassen wollen, der dieses Schloss nach seinem Bild und Gleichnis geschaffen hat. Ich sehe nichts, was sich mit der großen Schönheit einer Seele und ihrer enormen Kapazität vergleichen ließe. Und er selbst sagt, dass er uns nach seinem Bild und Gleichnis geschaffen hat (Gen 1,26). Wenn das so ist, und es ist eine Tatsache, dann haben wir keinen Grund, uns über die Schönheit dieses Schlosses zu wundern. Richtet eure Augen auf den Gekreuzigten, und alles wird euch leicht erscheinen. Er wird es nicht versäumen, uns früher oder später aufzurufen, ihm näher zu kommen. (Auszüge) „Das innere Schloss" - Die heilige Teresa von Avila

- Es gibt viele Wohnungen im Haus meines Vaters - Johannes 14:2

KAPITEL 9

GEDANKENKONTROLLE IN DER UNTERHALTUNGSINDUSTRIE

Ich habe gelernt, dass es direkt unter der Oberfläche eine andere Welt gibt, und dann wieder andere Welten, wenn man tiefer gräbt. Das wusste ich schon als Kind, aber ich konnte den Beweis nicht finden. Es war einfach ein Gefühl. Der blaue Himmel und die Blumen sind gut, aber es gibt auch eine andere Kraft, einen wilden, dekadenten Schmerz, der damit einhergeht. - David Lynch

1 - EINLEITUNG

Die alten Druiden benutzten die heiligen Zweige des *Stechpalmenbaums* zur Herstellung ihrer Zauberstäbe, mit denen sie Kräfte kanalisierten und verstärkten... Der Stechpalmenbaum war ein Symbol des Todes und der Auferstehung, des ewigen Lebens und der Fruchtbarkeit, bis zurück in die Zeit Nimrods und des großen Babylon. Nimrods Babylon wird mit Sklaverei und dem Kult der Weltregierung in Verbindung gebracht (Nimrod wird von den Freimaurern als der erste *„Großmeister"* anerkannt).

Die Oscar-Verleihung (das ultimative Symbol der Hollywood-Kultur) findet jedes Jahr im Dolby Theatre (ehemals Kodak Theatre, bevor der Konzern 2012 in Konkurs ging) am Hollywood Boulevard in Los Angeles statt. Direkt neben dem Theater befindet sich *das Hollywood & Highland Center*, auch *Babylon Courtyard* genannt. Es handelt sich um ein riesiges Einkaufszentrum mit einer Kulisse, die eine exakte Nachbildung des antiken Babylon aus dem Film *„Intolerance"* von 1916 ist. Bei der Besichtigung des Ortes können wir vier monumentale Säulen entdecken, die von auf den Hinterbeinen stehenden Elefanten gekrönt werden und einen gigantischen Bogen mit den Darstellungen zweier merkwürdiger mythischer Gestalten umgeben: Enki, ein sumerischer Gott, und der assyrische Gott Nisroch... Das Dekor ist für einen Hollywood gewidmeten Konsumtempel bestimmt...

Wenn Sie sehen wollen, wie das altbabylonische System heute funktioniert, brauchen Sie nur nach Hollywood zu schauen: The Sacred Wood, eine Anspielung auf das Stechpalmenholz, das die Druiden zur Herstellung ihrer magischen Werkzeuge verwendeten. Heute ist Hollywood der Dreh- und Angelpunkt der weltweiten Film- und Fernsehpropaganda, der Zauberstab, der die Menschen in Illusionen taucht, sie sogar mit seinem Charme verzaubert...

Der Zuschauer, der sich einen Film ansieht, kodiert unbewusst Verhaltensweisen, die er reproduzieren oder zumindest als mögliche

Verhaltensweisen integrieren wird. Hollywood-Drehbücher injizieren Gedanken, Verhaltensweisen und Einstellungen in den Geist des Zuschauers, die so zu Dingen werden, die potenziell in dieser und jener Situation reproduziert werden können, so wie es der Schauspieler getan hat... aber es passiert, dass ein Schauspieler dafür bezahlt wird, Emotionen und Verhaltensweisen zu reproduzieren, die so menschlich werden... selbst wenn sie völlig abweichend und unmenschlich sind... Drehbücher (von Hollywood bis zum Reality-TV) kodieren also Potenziale in die Matrix, es ist eine Form der globalen Programmierung.

Diese Analyse mag als Irrtum erscheinen, denn die Menschen denken, dass ihr kritischer Geist systematisch auf der Hut ist und dass all diese Produktionen sie in keiner Weise beeinflussen, wie sie sagen: *„Es ist nur Kino"*. Aber wie wir im ersten Kapitel gesehen haben, ist Social Engineering ein Schlüssel zur mentalen Kontrolle der Massen, und das Kino spielt eine wichtige Rolle bei der Konditionierung der Massen durch „kulturelle Psychiatrie": die Kunst der Propaganda, die darauf abzielt, systematisch auf das Unterbewusstsein der Massen einzuwirken. Fernsehserien und Reality-TV prägen wie das Kino buchstäblich Verhaltensweisen in die Köpfe junger Menschen ein, die integriert und reproduziert werden sollen. Es handelt sich dabei um reale Lehren, die indirekt über Szenarien in Form von „einfacher Unterhaltung" aufgezwungen werden, sei es auf humorvolle oder völlig schreckliche Weise, und diese beiden Dinge werden heute auf sehr ungesunde Weise miteinander vermischt (immer attraktivere und süchtig machende Produktionen). Die Lebensstile werden also in den Drehbüchern der Unterhaltungsindustrie programmiert, bevor sie im Alltag tatsächlich umgesetzt werden, wobei die Menschen leider das nachahmen, was sie ständig auf ihren großen oder kleinen Bildschirmen konsumieren. Die Zauberer-Kontrolleure beherrschen dies, sie programmieren die Jugend und verschlüsseln ihre Doktrinen in bereits *gekochte* Gehirne, um die Welt von morgen vorzubereiten...

Die Unterhaltungsindustrie scheint in besonderem Maße von Okkultismus und Gedankenkontrolle betroffen zu sein, was wahrscheinlich daran liegt, dass sie von allen Branchen diejenige ist, die sich am stärksten in der Öffentlichkeit exponiert, so dass unweigerlich Risse im Rampenlicht auftauchen und manchmal Symptome von Traumata und Programmierungen offenbaren. Wie wir noch sehen werden, hat die Musik- und Modeindustrie großes Vergnügen daran, der Öffentlichkeit eine immer explizitere MK-Symbolik vor Augen zu führen. Diese Unterhaltungsindustrie spielt eine wesentliche Rolle bei der Bewusstseinskontrolle der Massen, so dass sie selbst perfekt kontrolliert und mit der geistigen Welt verbunden sein muss, um das „luziferische Licht" hier auf Erden zu kanalisieren und zu verbreiten. Künstler, die weltberühmt werden sollen, müssen daher perfekte Medien und Marionetten sein, um dieses „Licht" in die Massen zu bringen. Die traumabasierte mentale Programmierung ist das perfekte Werkzeug dafür. Wir alle sind in unterschiedlichem Maße Opfer von Gedankenkontrolle, aber Prominente aus dem Showbusiness sind es wahrscheinlich am meisten. Ihre Opulenz und ihr degeneriertes Verhalten werden in den Medien angepriesen, damit wir sie um ihren Lebensstil beneiden und ihre Produktionen konsumieren, ohne zu wissen, dass sie, um eine solche Situation zu erreichen, in absoluter physischer, psychischer und geistiger Knechtschaft leben. Die Traumata, die sie erleiden, werden oft durch ihre weltweit verbreitete Kunst ausgedrückt, so dass jeder indirekt traumatisiert werden kann... und sie nennen es *Unterhaltung*...

2 - PÄDOKRIMINALITÄT IM SHOWGESCHÄFT

Kleine Stars, die in das „Hollywood-System" eingeführt werden, erleben oft alle Arten von Traumata und Missbrauch. Heute wird deutlich, dass der sexuelle Missbrauch von Kindern in Hollywood kein Einzelfall ist und dass das gesamte Showbusiness ernsthaft betroffen ist. Es handelt sich um ein weit verbreitetes Phänomen, eine Art „Epidemie", die wie ein Vampirbiss übertragen wird.

Im August 2011 prangerte der ehemalige Kinderdarsteller Corey Feldman, der Held der *Goonies*, in einem Interview in der *ABCNews-Sendung Nightline* an: „*Ich kann Ihnen sagen, dass das größte Problem in Hollywood die Pädophilie war, ist und immer sein wird. Das ist das größte Problem für Kinder in dieser Branche... Es geschieht alles im Stillen, es ist das große Geheimnis (...) Es gibt so viele Leute, die in dieser Branche aufgewachsen sind und schon so lange dabei sind, dass sie glauben, sie stünden über dem Gesetz. Das muss sich ändern, das muss aufhören.* „

Das verrät Feldman auch in seiner 2014 erschienenen Autobiografie mit dem Titel „*Coreyography*". Er sagte, dass er im Alter von 14 Jahren buchstäblich von Pädophilen umgeben war. Erst als er älter war, wurde ihm klar, was diese „*Geier*" wirklich waren und was sie wollten... aber der Schaden war angerichtet...

Im Jahr 2008 enthüllten er und sein Freund Corey Haim in der Reality-Serie *Two Corey*, dass sie gruppenvergewaltigt worden waren. 2011 bestätigte auch Alison Arngrim, die Schauspielerin, die in der Serie „*Little House on the Prairie*" die „blonde Nervensäge" Nellie Oleson spielte, dass die beiden Coreys in den 1980er Jahren missbraucht wurden. Sie sagte gegenüber *FoxNews*: „*Damals hieß es, dass sie unter Drogen gesetzt wurden, um sexuell missbraucht zu werden. Es ist schrecklich, es waren Kinder, die minderjährig waren. Es gibt alle möglichen Geschichten über sie, zum Beispiel, dass sie sexuell missbraucht und mit allen erdenklichen Mitteln verdorben wurden, von Menschen, die sich normalerweise um sie kümmern sollten (...) Es gibt nicht nur eine Person, die schuld ist, ich bin sicher, dass es nicht nur eine Person war, die Corey Haim vergewaltigt hat, und sie waren sicherlich nicht die einzigen, die das durchgemacht haben. Ich bin mir sicher, dass es Dutzende von Personen gab, die von der Situation wussten, aber lieber geschwiegen haben.*"[521]

---

[521] „Recent Charges of Sexual Abuse of Children in Hollywood Just Tip of Iceberg, Experts Say" - Meagan Murphy, FoxNews.com, 05/12/2011.

Auch Alison Arngrim, Mitglied und Sprecherin von *protect.org*, einer Organisation, die Kinder vor körperlichem und sexuellem Missbrauch schützt, gibt zu bedenken, dass all diese Hollywood-Lust Sexualstraftäter gedeihen lässt: „Niemand *will diesen Horror stoppen*", erklärt sie. *„Es ist fast ein freiwilliges Opfer ihrer Kinder, das viele Eltern unwissentlich bringen (...) Ich habe von Opfern aus dem ganzen Land gehört. Sie alle erzählen die gleichen Geschichten, und sie sind alle bedroht... Corey Feldman hat vielleicht ein Wespennest aufgerissen, indem er sich endlich geäußert hat, aber das muss nicht so bleiben.*"[522]

Im Jahr 2010 enthüllte Allison Arngrim in ihrer Autobiografie *„Confessions of a Prairie Bitch"* den sexuellen Missbrauch, den sie selbst als Kind erlitten hat.

Ein weiterer Kinderstar aus einer anderen Zeit bestätigt, dass Hollywood seit langem ein Problem mit Kindesmissbrauch und -belästigung hat. Paul Peterson, Star der Donna Reed Show, einer beliebten Sitcom aus den 1950er und 1960er Jahren, sagte gegenüber *FoxNews*: *„Als ich dieses Interview sah, kamen mir eine ganze Reihe von Namen und Gesichtern aus meiner eigenen Geschichte in den Sinn (...) Einige dieser Leute, die ich sehr gut kenne, sind immer noch da (...) Aus meiner Sicht war Corey sehr mutig. Es wäre wirklich wunderbar, wenn diese Behauptungen durch die verschiedenen Schichten des Schutzes hindurchgehen könnten, um diese Personen tatsächlich zu identifizieren. Diejenigen, die Teil des kinderpornografischen Netzes dieser Welt sind, sind riesig und haben keine Grenzen, genauso wie es keine Altersgrenzen für Kinder gibt.*"[523]

Martin Weiss, ein Hollywood-Casting-Agent, wurde 2011 wegen sexuellen Missbrauchs eines Kindes unter 12 Jahren angeklagt. Das Opfer erzählte den Behörden, dass Weiss ihm anvertraut habe, dass das, was er tue, „in der *Unterhaltungsindustrie üblich sei*".[524]

Ein weiterer Hollywood-Raubtier ist Jason James Murphy, ebenfalls ein Casting-Agent, der wegen der Entführung und Vergewaltigung eines Kindes verhaftet wurde. Murphy hatte unter anderem junge Schauspieler für die Produktionen von *„Bad News Bears"*, *„The School of Rock"*, *„Cheaper by the Dozen II"* und *„Three Stooges"* rekrutiert.

Fernando Rivas, der preisgekrönte Regisseur der beliebten Serie *„Sesamstraße"*, wurde wegen Besitzes und Verbreitung von Kinderpornografie und *sexueller Nötigung eines Kindes* angeklagt...

Im Jahr 2004 wurde der Schauspieler Brian Peck, der in den Filmen *X-Men* und *Living Dead* mitspielte, wegen sexuellen Missbrauchs eines Kindes zu 16 Monaten Gefängnis verurteilt. Er war Trainer für den Kindersender *Nickelodeon*. Der Dokumentarfilm *„An Open Secret"* (Amy Berg, 2015) erzählt die Geschichte von fünf Opfern, die behaupten, vergewaltigt worden zu sein,

---

[522] Ebd.

[523] Ebd.

[524] Ebd.

während sie als Kinder die großen Filmstudios in Hollywood besuchten. In dem Dokumentarfilm erfahren wir, dass Brian Peck zunächst wegen folgender Punkte angeklagt wurde: *unzüchtige Handlungen an einem Kind, Sodomie an einer Person unter 16 Jahren, versuchte Sodomie an einer Person unter 16 Jahren, sexuelle Penetration mit einem Gegenstand, orale Kopulation an einer Person unter 16 Jahren, orale Kopulation unter Betäubung oder Kontrolle durch Substanzen.*

Der eindringliche Dokumentarfilm *„An Open Secret"* enthält auch das Zeugnis von Todd Bridges, dem Willy aus der berühmten Serie *„Arnold und Willy", der im Alter von* 11 Jahren sexuell missbraucht wurde. Sie enthält auch Interviews mit Michael Egan, der den Regisseur der *X-Men-Filme*, Bryan Singer, beschuldigt, ihn vergewaltigt zu haben.

Bill Cosby, bekannt aus der *„Cosby Show"*, wurde von Dutzenden von Frauen des sexuellen Missbrauchs von Minderjährigen beschuldigt. Der Skandal brach 2014 aus, als das ehemalige Supermodel Janice Dickinson öffentlich erklärte, Bill Cosby habe sie 1982 unter Drogen gesetzt und vergewaltigt. Die Schauspielerin Barbara Bowman beschuldigte ihn ebenfalls des sexuellen Missbrauchs, als sie ein Teenager war, ebenso wie die Schauspielerin Andrea Constand. Nach all diesen beunruhigenden Anschuldigungen wurde sogar eine Büste des Schauspielers aus den *Disney's Hollywood Studios* in Florida entfernt...

Die Schauspielerin Mia Farrow und ihre Adoptivtochter Dylan haben öffentlich erklärt, dass Woody Allen Dylan vergewaltigt hat, als sie 7 Jahre alt war. Woody Allen, der 1997 seine Adoptivtochter Soon-Yi heiratete, ist beschuldigt worden, Dylan Allen vergewaltigt zu haben... Die Schauspielerin Susan Sarandon sagte in der Sendung The Daily Best: *„Ich glaube, er hat seine Familie auf schreckliche Weise zerstört und dann seine Hände in Unschuld gewaschen. Er stand schon immer in dem Ruf, junge Mädchen zu mögen, ich meine wirklich junge Mädchen. Und dann war diese Frau Soon-Yi sehr verletzlich. Ich glaube, es war schwer für die Kinder, besonders für Mia. So etwas können Sie nicht tun. Das geht einfach nicht."*

Wir können auch den Fall des Regisseurs Roman Polanski anführen, der beschuldigt wurde (aber nie verurteilt wurde), ein 13-jähriges Mädchen, Samantha Geimer, vergewaltigt zu haben. Eines Tages im März 1977 war sie in Jack Nicholsons Haus in Los Angeles, um mit Polanski zu fotografieren. Er ließ sie Champagner trinken, gab ihr ein Beruhigungsmittel und missbrauchte sie dann. An diesem Abend, auf dem Heimweg, schrieb Samatha in ihr Tagebuch: *„Roman Polanski hat mich heute fotografiert. Er hat mich vergewaltigt, verdammt noch mal!"*[525]

2003 erzählt der obskure Sänger Marilyn Manson in Thierry Ardissons Show *„Tout le monde en parle"*, wie er als Kind im Keller seines Großvaters die Sexualität entdeckte... Er beschreibt, dass sich in diesem Keller weibliche Unterwäsche, Dildos, *die* nach seinen eigenen Worten *„mit Vaseline bestrichen"*

---

[525] *„Polanski-Affäre: Er hat mich vergewaltigt, verdammt noch mal!"* - Doan Bui, Le Nouvel Observateur, 10/2013.

waren, und zoophile Fotos befanden... Marilyn Manson schließt mit der Erklärung über seinen Großvater: *Wissen Sie, als ich ein Kind war, erschien mir mein Großvater monströs... aber als ich erwachsen wurde, erkannte ich, dass mein Großvater... nun, ich bin wie er, also ist er nicht so schlimm.* Warum kam ihm sein Großvater so *ungeheuerlich* vor? Warum ist er danach *so* geworden *wie er?* Marilyn Manson wurde in seiner Kindheit höchstwahrscheinlich rituell missbraucht. In seinem Lied *„Disassociative"* beschreibt er seine dissoziierten Zustände: *„Ich komme da nie wieder raus, ich will nicht nur in Angst schweben wie ein toter Astronaut im All..."* Die traurige Realität der Monarch-Sklaven.

Die Situation der Unterhaltungsindustrie in England ist ebenfalls sehr besorgniserregend. Die Aussage des ehemaligen Kinderstars Ben Fellows ist in der Tat belastend. Als Kind wirkte er in zahlreichen Fernsehshows und -serien mit, und jetzt, als Erwachsener, prangert er an, dass Drogen und Sex, auch mit Minderjährigen, im Showbusiness an der Tagesordnung sind: *„In der Tat war ich bei allen Produktionen, an denen ich beteiligt war, sei es bei der BBC oder anderen Fernsehsendern, und sogar im Theater, auf die eine oder andere Weise eine Zielscheibe. Rückblickend wäre es keine Übertreibung zu sagen, dass das Problem in der Unterhaltungsindustrie sowohl institutionell als auch systemisch ist (...) Nach einem Vorsprechen für einen Coca-Cola-Werbespot kam die Polizei zu meinem Elternhaus. Sie warnten meine Mutter, dass ich unwissentlich ein potenzielles Ziel für einen bekannten (nie aufgelösten) Pädophilenring geworden war. Es stellte sich nämlich heraus, dass dieser bekannte Casting-Direktor Fotos von mir mit freiem Oberkörper gemacht hatte, die dann in einen so genannten Katalog gelangten, der an andere Pädophile in der Firma, aber auch an externe Pädophile weitergegeben wurde."*[526]

Ben Fellows hat lange für die *BBC* gearbeitet, den britischen Fernsehsender, der nach dem Fall Jimmy Savile in den Mittelpunkt eines riesigen Pädophilieskandals geriet. Im Jahr 2013 erklärte Ben Fellows auf einer Pressekonferenz während eines Protestes gegen die *Bilderberg-Gruppe: „Als sie sagten, Jimmy Savile sei der einzige Pädophile bei der BBC... Ich war selbst ein BBC-Kind... und ich kann Ihnen sagen, dass es viele Pädophile bei der BBC gibt! Die BBC Kinder werden von Pädophilen geleitet! Wenn ich zum Vorsprechen ging, baten sie mich, mein Oberteil auszuziehen und so zu tun, als würde ich ein Eis lecken (...) Ich stand unter Drogen, ich war betrunken, und ich glaube nicht, dass es eine Linie Koks in der Toilette war... Es war in einem Milchshake... Sie gaben diese Droge hinein, damit man bei den Shows einen Rausch bekommt... Ich wurde zu Esther Rantzens Haus gebracht, und wir bekamen als Kinder Alkohol und Drogen!! Und sie hat auch Kinder! Wurde sie von der Polizei befragt? Wurde sie befragt?! Nein... Jimmy Savile muss gestorben sein, bevor wir die Akte geöffnet haben..."*

Jimmy Savile, der beliebte britische Fernsehstar, der von der *Königinmutter* zum Ritter geschlagen wurde, ein enger Freund von Margaret Thatcher und ein Freund von Prinz Charles war, wurde nach der Lawine von

---

[526] Jimmy Savile war nicht der Einzige bei der BBC', sagt der Enthüllungsjournalist und ehemalige Kinderdarsteller Ben Fellows - 21stcenturywire.com, 10/2011.

Enthüllungen nach seinem Tod im Jahr 2011 als „Teufel auf Beinen" entlarvt. Savile vergewaltigte Hunderte von Kindern und Jugendlichen, sowohl in seiner Garderobe als auch in den *BBC-Büros* (es gibt über 340 Anklagen gegen ihn). Der *BBC* wird vorgeworfen, die Verbrechen ihrer Star-Moderatorin offensichtlich zu ignorieren. Die Schauspielerin Julie Fernandez zum Beispiel sagt, sie sei im Alter von 14 Jahren von Savile vergewaltigt worden, „in *einem Raum voller Menschen"*, sagt sie...[527]

Im Jahr 2007 wurde bereits eine Klage gegen Savile eingereicht. Der Privatdetektiv Mark Williams-Thomas hat 12 Jahre lang ermittelt und mit mehreren Opfern des 42-jährigen Stars von *Top of the Pops* gesprochen. Seine Untersuchung diente als Grundlage für einen kurzen Dokumentarfilm, der Saviles perverse und kriminelle Handlungen aufdeckte (*„The Other Side of Jimmy Savile"*, 2012). Der Dokumentarfilm wurde von der *BBC* gekauft, die offensichtlich beschloss, ihn nicht auszustrahlen, weil er die BBC-Führungskräfte belastete und auch, weil die *BBC* eine Weihnachtssendung zu Ehren ihres Lieblingsmoderators vorbereitete: Jimmy Savile.

Im Rahmen seiner „Wohltätigkeitsarbeit" hatte Savile sogar freien Zugang zu Schulen, Waisenhäusern und Krankenhäusern. Zu seinen *Jagdgründen gehörten* unter anderem das *Duncroft Boarding School*, das Leeds Hospital und das *Stoke Mandeville* Hospital. Im Jahr 1988 erhielt er sogar eine Stelle als Teamleiter in der psychiatrischen Klinik *Broadmoor, zu der* er die Schlüssel besaß! Außerdem ließ er seinen Freund Alan Franey zum Direktor ernennen.

Saviles Neffe, Guy Marsden, hat ebenfalls ausgesagt. Er erklärte, dass er 1967 13 Jahre alt war, als Savile ihn in die Londoner Villa eines Prominenten der damaligen Zeit mitnahm, *„für das erste einer Reihe von schäbigen gesellschaftlichen Treffen"*. Im Laufe von 18 Monaten wurden Marsden und andere Kinder zu zahlreichen Partys mitgenommen, wo die Jungen, von denen die jüngsten im Teenageralter waren, von Männern vergewaltigt wurden.[528]

Der Fall Savile enthält auch Beweise für rituellen Missbrauch mit Folter und Mord. Dr. Valerie Sinason, Präsidentin des Institute of *Psychotherapy and Disability* in London, erzählte dem *Sunday Express*, dass sie eine Patientin hatte, die 1975 von Savile und anderen im *Stoke Mandeville* Hospital rituell missbraucht wurde, als sie dort Patientin war. Sie sagt, dass sie in einen sehr abgelegenen Bereich des Krankenhauses gebracht wurde und schließlich im Keller in einem mit Kerzen gefüllten Raum landete. Mehrere Erwachsene waren anwesend, darunter Jimmy Savile, der wie die anderen einen Kittel und eine Maske trug. Sie erkannte ihn an seiner markanten Stimme und daran, dass sein blondes Haar aus der Maske hervorlugte. Ihr zufolge war er nicht der Anführer der Gruppe. Sie wurde überfallen, vergewaltigt und verprügelt. Der Therapeut Sinason hatte 1992 einen ersten Kontakt mit diesem Opfer. 1993 meldete sich

---

[527] „Ich wurde von Savile in der Sendung Jim'll Fix It sexuell missbraucht, als ich 14 Jahre alt war", sagt die TV-Schauspielerin" - Daily Mail, Oktober 2012.

[528] „England: BBC-Pädophilenstar Jimmy Savile plagte sogar Waisenhäuser" - DondeVamos 10/2012.

ein zweites Opfer bei ihr und gab an, ihr seien 1980 auf einer Party in einer Londoner Villa sexuelle Gefälligkeiten „geliehen" worden. Sie sagte, der erste Teil des Abends habe mit einer Orgie begonnen, aber dann sei sie in einen anderen Raum geführt worden, wo Savile als eine Art Zeremonienmeister inmitten einer Gruppe von Leuten agierte, die Gewänder und Masken trugen und, wie sie sagte, auf Latein sangen. Das junge Opfer war zu diesem Zeitpunkt bereits erwachsen, litt aber offensichtlich sehr unter dem sexuellen Missbrauch.[529]

Nach den ersten Enthüllungen über den satanischen rituellen Missbrauch im *Stoke Mandeville* Hospital meldete sich ein weiteres Opfer im Alter von 50 Jahren, das damals erst 13 Jahre alt war, beim *Sunday Express* und sagte aus: *„Ich wurde in einen dunklen Keller gebracht und vor drei Männer in einem Kreis gestellt, wobei ein Mann in der Mitte auf einem Thron saß, ein glänzendes Gewand trug und eine Zigarre im Mund hatte. Zwei andere Männer standen zu beiden Seiten von ihm, sie trugen blaue Gewänder und Masken (...) Ich wurde gezwungen, in einem weißen Gewand mit nichts darunter vor diesem Thron zu stehen, während dieser Mann mich beobachtete und mir den Rauch seiner Zigarre ins Gesicht blies, um mich krank zu machen, ich hatte große Angst (...).Dann wurde ich von dem Mann mit der Zigarre, den ich als Jimmy Savile erkannte, zu einem Altar geführt, wo mir mein weißes Kleid ausgezogen und ich daran gefesselt wurde... Savile kletterte dann auf den Altar und vergewaltigte mich. Die anderen Teilnehmer riefen den Namen des Satans und lachten hysterisch und verzweifelt."[530]*

Eine andere junge Frau sagte über die kriminellen Handlungen von Jimmy Savile und seiner Clique aus: „Ich muss niemandem etwas beweisen, aber ich möchte dazu beitragen, die Gewalt und Korruption aufzudecken, die in den westlichen Demokratien auf höchster Ebene gedeihen kann. (...) Ich habe eine offizielle Erklärung abgegeben, die von zwei weiteren Zeugen bestätigt wurde, wonach Savile in den 1980er und 1990er Jahren an Vergewaltigungen und Ritualmorden beteiligt war. Ich weiß das, weil ich ein „Favorit" war. Ich habe viele der Vergewaltigungen miterlebt, ob gefilmt oder nicht. Ich hatte distanzierte Zustände, Persönlichkeiten und Talente, die jeden anzogen. Dieser Zeuge spricht von Zeremonien, die in ganz England stattfanden und bei denen Kinder vergewaltigt, gefoltert und rituell ermordet wurden. Im Alter von 4 Jahren wäre sie auf Savile gestoßen, der die gleichen Rituale bereits mehrfach erlebt hatte. Sie sah ihn dann viele, viele Male...[531]

---

[529] „Jimmy Savile war Teil eines satanischen Rings" - express.co.uk, 01/2013.

[530] „Ich wurde mit 13 von Jimmy Savile in einem satanistischen Ritual vergewaltigt" - express.co.uk, 01/2013.

[531] „England: Über die satanischen Rituale von Jimmy Savile" - Donde Vamos, 06/2013.

3 - EINIGE ZITATE...

a/ Persönlichkeitsstörungen

Als ich ein Kind war, hatte ich kein eigenes „Ich". Als ich aufwuchs, lebte ich durch die Figuren, die ich spielte, während ich mich in verschiedenen Teilen meiner Persönlichkeit verlor. „ - Angelina Jolie - „The Story of the World's Most Seductive Star", Rhona Mercer, 2009, Kap.1

Man kann nie genug Geld ausgeben, um dieses Gefühl des Zerbrochen-Seins, der Verwirrung zu heilen. Winona Ryder

- Roseanne Barr:

2013 hat die Schauspielerin Roseanne Barr (aus der berühmten amerikanischen Serie *„Roseanne"*) in der Sendung von Abby Martin auf dem Sender *Russia Today* nicht um den heißen Brei herumgeredet, um die Situation des Hollywood-Systems darzulegen...

Ich denke, dass die Angst kultiviert wird, es gibt keine Menschen, die mehr Angst haben als diese Hollywood-Leute. Sie fürchten um ihre Karriere, sie fürchten, dass sie nicht mehr an der Spitze der Pyramide stehen, auch wenn sie vielleicht in der Mitte sind... Sie wissen, dass Hollywood ein System ist, das seine Machtstrukturen mit all seiner Kultur des Rassismus und Sexismus beibehält... Sie füttern das ständig und verdienen viel Geld damit. Sie sind den Anweisungen ihrer Herren unterworfen, die alles kontrollieren. Ich habe das Glück, darüber sprechen zu können, aber ich habe das Gefühl, dass ich es im Namen aller tue... Manchmal gehe ich auf Partys in Hollywood und treffe dort Leute, und einige von ihnen, große Berühmtheiten, nehmen mich am Arm und führen mich in eine Ecke und sagen: „Ich möchte Ihnen für alles danken, was Sie sagen..." Das bedeutet mir viel, aber wir haben es eindeutig mit einer Kultur der Angst zu tun. Wissen Sie, es gibt auch eine große Kultur der Gedankenkontrolle, MK-Ultra Gedankenkontrolle herrscht in Hollywood. In Hollywood regiert die mentale Programmierung. „

Deutlicher kann man es nicht sagen! Kurz darauf sagte sie in der gleichen Sendung von Russia Today: Vor einiger Zeit haben wir hier über Gedankenkontrolle, MK-Ultra, gesprochen. Ich habe hier bereits darüber gesprochen, aber was ich nicht gesagt habe, ist, dass diese Art der Gedankenkontrolle so funktioniert, dass die Menschen die wahren Schuldigen nicht anzeigen. Anstatt darauf hinzuweisen, was uns helfen könnte... Sie werden die Schuldigen niemals anprangern..."

Roseanne Barr ist eine der wenigen Personen in Hollywood, die mutig genug sind, das heikelste Thema von allen anzusprechen, nämlich das der monarchähnlichen mentalen Programmierung. In diesem Fernsehinterview mit Abby Martin macht sie deutlich, dass viele Stars sich nicht äußern, weil sie es einfach nicht können, da ihre Persönlichkeiten aufgespalten sind und unter der Kontrolle von Leuten stehen, die ihr Leben von oben bis unten bestimmen.

Roseanne behauptet, selbst ein Opfer gewesen zu sein, und erklärte 1994 öffentlich, dass sie an einer dissoziativen Identitätsstörung leide. Sie erzählte von den Schwierigkeiten, die sie bei den Übergängen zwischen „*jemandem*" und „*niemandem*" hatte, den Namen von zwei ihrer anderen Persönlichkeiten. Ihre anderen Alternativnamen sind *Baby, Cindy, Susan, Joey und Heather.* Der ehemaligen *Sitcom-Queen fällt* es schwer, das, was ihr seit ihrer Kindheit zugefügt wurde, für sich zu behalten. In einem Interview mit dem Magazin *Esquire* sagte sie, dass sie zehn Jahre harte therapeutische Arbeit gebraucht hat, um ihre verschiedenen Persönlichkeiten zu verschmelzen. *Ich hatte lange* Zeit *keine Blackouts mehr, weil ich sie immer hatte* (eine Verbindung - ein Mitbewusstsein - zwischen allen Altern) (...) Es gab *immer einen Konflikt mit den widersprüchlichen Teilen in mir, aber ich habe gelernt, sie dazu zu bringen, aufeinander zu hören. Ich habe gelernt, ihnen klarzumachen, dass sie im selben Team sind und dass wir denselben Körper bewohnen, etwas, das wir vorher nicht wussten (...) Es ist, als würde man in einem Labyrinth leben... aber die anderen kommen nicht miteinander aus, und einige von ihnen haben wirklich seltsame Methoden, sich zu verteidigen...* " [532]

Es ist nicht das erste Mal, dass Roseanne Barr in einem Auftritt in den Mainstream-Medien das MK-Programm öffentlich anprangert. Am 16. August 2001 sagte sie in einem *CNN-Interview* [533]mit dem Journalisten Larry King:

- **Larry King**: Nun, einige Leute glauben, dass es sich bei dem, was Sie hatten oder immer noch haben, um eine schwere psychische Störung handelt.

- **Roseanne Barr**: Ich finde es toll, wie ihr das anpackt...

- **LK**: Andere glauben, dass dies nur ein psychologischer Trend ist...

- **RB**: Ein Trend?

- **LK**: Sie fragen sich, ob diese Störung absichtlich herbeigeführt wurde oder ob sie natürlich entstanden ist.

- **RB**: Nun, ich habe einen Psychologen, der sagt, dass er absichtlich herbeigeführt wurde. Die CIA begann mit dieser Arbeit, nachdem sie einige Nazis in die USA zurückgebracht hatte, um die American Psychiatric Association zu übernehmen.

- **LK**: Was meinen Sie?

- **RB**: Ich sage Ihnen die Wahrheit. Das ist Manipulation ihrerseits, das ist Forschung, um Menschen mit multiplen Persönlichkeiten zu schaffen.

- **LK**: Sie wurden also von den Nazis gefangen genommen?

- **RB**: Gewissermaßen von der Regierung. Ich glaube, die Regierung hat eine Art elektronischen Chip in meinen Kopf implantiert...

(…)

- **LK**: Ich möchte Ihnen eine Passage aus der Zeitschrift Esquire vorlesen, die eine Seite aus Ihrem Tagebuch zitiert. Schreiben Sie Notizen über sich selbst?

- **RB**: Natürlich, ich habe Tausende und Abertausende.

- **LK**: Tausende von Notizbüchern?

---

[532] Roseanne Says Having 7 Personalities Is Tough - ABC News, 16/07/2001.

[533] Larry King Live - Roseanne erzählt ihre Geschichte, CNN, 08/2001.

- **RB**: Ja.

- **LK**: Nun, hier ist ein Auszug: „Das ist mein Leben, meine wahre Geschichte in Hollywood. Es ist die Geschichte einer Frau mit vielen, vielen Facetten: eine Frau, eine junge Dichterin, eine Tänzerin, eine Schauspielerin, eine Sängerin, eine Freiheitskämpferin, eine Kriegerin, eine Botin, eine Performerin, eine Mutter, eine Geliebte, eine Ehefrau, eine Schauspielerin, eine Produzentin, eine Pionierin, ein autistisches Kind, eine Überlebende eines posttraumatischen Schocks, eine bipolare Borderline-Patientin, eine übergewichtige Frau, eine Frau mit Tourette-Syndrom und multipler Persönlichkeitsstörung, ein Opfer der Psychiatrie, eine Zwangsneurotikerin, eine Erinnerungsfälscherin, eine ketzerische Hexe, eine alte Schrulle... wählen Sie aus. Es gibt 300 Diagnosen, die zeigen, dass Ärzte meine einzigen Freunde sind.„

- **RB**: Es stimmt, dass Ärzte meine besten Freunde sind.

(…)

- **LK**: Werden Sie manchmal wütend auf Gott, weil er Ihnen das antut, wenn Ihre multiplen Persönlichkeiten die Oberhand gewinnen?

- **RB**: Nein, denn ich glaube, dass Gott... Ehrlich gesagt glaube ich, dass Gott dir eine multiple Persönlichkeit gibt, wenn es zu viel Stress in deinem Leben gibt, mit dem du nicht umgehen kannst. Es ist ein Geschenk für ein Kind.

- **LK**: Bei extremem Stress kann also etwas anderes die Kontrolle übernehmen?

- **RB**: In der Tat.

- **LK**: Gibt es noch andere Menschen, die diese Erfahrung machen?

- **RB**: Ja.... aber ich meine, es sind nicht wir, die verkorkst sind. Es ist der Ort, an dem wir uns befinden, der aus dem Gleichgewicht geraten ist, also müssen wir uns daran anpassen...

- Joan Baez:

1992 schrieb die berühmte Sängerin Joan Baez ein Lied mit dem Titel „*Play Me Backwards*", in dem sie sich auf satanische Botschaften bezog, die angeblich in einigen Schallplatten verschlüsselt waren. Sie selbst sagt, dass das Thema des Liedes satanischer ritueller Missbrauch ist. Ist es ein autobiografischer Song? Hier sind einige ausdrückliche Verse:

Man muss nicht in die Hölle kommen, um den Fluch des Teufels zu spüren...

Ich sah, wie sie die Kerzen anzündeten, ich hörte, wie sie die Trommel schlugen...

Ein Mann mit einer Maske zieht mir die Kleider aus...

Mama, mir ist kalt und ich kann nirgendwo hinlaufen...

Ich bezahle für den Schutz, ich filtere die Wahrheit aus den Lügen...

Erinnerungen nachspüren, Beweise wiederfinden...

Ich werde vor deinem Altar stehen und alles erzählen, was ich weiß...

Ich bin gekommen, um meine Kindheit in der Kapelle der (geopferten) Baby-Rose einzufordern...

Im Jahr 2004 erzählte Joan Baez bei einem Konzert in Charlottesville ihrem Publikum, dass sie mehrere Persönlichkeiten habe und dass eines ihrer

Alter Egos ein 15-jähriger schwarzer Teenager namens *Alice sei*. Der Journalist Ronald Bailey berichtet, wie verblüfft er war, als er sah, wie sich die reiche und berühmte weiße Folksängerin in einen armen schwarzen Teenager aus Arkansas verwandelte und ihre Meinung zu den aktuellen Präsidentschaftswahlen kundtat. Die Journalistin berichtet, dass ihr Akzent, ihr Dialekt und ihre Haltung genau richtig waren, nur die Hautfarbe von *Alices* Gesicht fehlte. [534]

- Britney Spears:

Im Januar 2008 berichtete TMZ.com über Britney Spears: „Einige Quellen zeichnen ein sehr beunruhigendes Bild von Britney Spears... Man sagt, dass sie manchmal einen britischen Akzent hat... aber es ist mehr als nur ein britischer Akzent, Britney soll mehrere Persönlichkeiten haben, und einige Leute in ihrem Umfeld nennen sie 'das englische Mädchen'. Es wurde berichtet, dass Britney Spears, wenn sie ihre britische Persönlichkeit verliert, keine Ahnung hat, was sie in der Zeit getan hat, als sie diese Persönlichkeit hatte. Aus einer anderen Quelle erfahren wir, dass Brit' eine Reihe anderer Identitäten hat, wie z. B. „das weinende Mädchen", „die Diva", „die Widerspenstige", usw.... „

Britney Spears erklärt: „Wenn ich auf der Bühne stehe, übernimmt diese Person die Führung, sie ist wirklich wild und gewagt. Sie ist eine viel impulsivere Darstellerin als ich. Ihr Name ist „Britannia". Wenn sie in der Nähe ist, habe ich das Gefühl, die Welt zu beherrschen, während ich normalerweise ziemlich schüchtern bin. „

Im Jahr 2008 brach Britney Spears plötzlich zusammen. Sie rasierte sich den Kopf mit einer Schere, und als sie gefragt wurde, warum sie das tat, sagte sie, *sie habe es satt, dass Leute sie anfassen, und sie wolle nicht mehr, dass Dinge in sie hineingesteckt werden...*

War es eine Verschlechterung der Programmierung? Ab einem gewissen Alter neigen die Amnesie-Mauern nämlich dazu, sich aufzulösen, was die Person völlig aus dem Gleichgewicht bringen kann.

Nach dieser Episode wurde sie in die *Promises* Clinic in Malibu eingewiesen, wo sie sich eine 666 auf die Glatze schrieb und rief, dass sie der Antichrist sei, bevor sie versuchte, sich mit einem Laken zu erhängen...

Daraufhin wurde sie unter Vormundschaft gestellt, was bedeutet, dass ihr Vater (und seine „*Verlobte*") nun die volle Kontrolle über ihr Leben, ihre Ernährung, Kleidung, ihr Bankkonto und ihre medizinische *Versorgung* haben. Seit ihrer Einweisung in die Psychiatrie stehen Britney und ihr gesamtes Hab und Gut unter der vollständigen Kontrolle ihrer Herren. Ihr Umfeld beschreibt sie als „*eine Puppe, der man alles sagt, was sie zu tun hat*". In einem Artikel der *Sun aus* dem Jahr 2011 wird Britney als Zombie mit roboterhaftem Verhalten beschrieben, die die Kontrolle über ihre Karriere völlig verloren hat (wahrscheinlich hatte sie nie die Kontrolle). Um es deutlicher zu sagen: Britney ist eine von ihren Meistern/Managern manipulierte Person. Sie ist damit nicht allein, aber es wurde noch offensichtlicher und durchschaubarer, als sie ihre dreißig Jahre erreichte, das Alter, in dem Monarch-Sklaven in der Regel

---

[534] *Joan Baez und ich* - Ronald Bailey, reason.com, 11.04.2004.

Gewaltausbrüche erleben. Im selben Jahr, 2011, erlebten die Stars Nickeloedon und Amanda Bynes die gleiche Art von Verhalten, das sie in psychiatrische Kliniken brachte.

- Amanda Bynes:
Bei der Schauspielerin Amanda Bynes wurde, wie bei Britney Spears, eine bipolare Störung diagnostiziert. Offizielle Diagnosen der Dissoziativen Identitätsstörung sind selten, vor allem bei VIPs. Das liegt daran, dass die dissoziative Identitätsstörung, auf der die MK-Programmierung basiert, nicht erkannt werden soll und auch nicht existieren soll. Wenn eine Persönlichkeitsstörung auftritt und Schaden anrichtet, wird sie als Borderline-Persönlichkeitsstörung *oder* narzisstische Störung diagnostiziert, *wobei die bipolare Störung die häufigste Diagnose bei Prominenten ist*: Catherine Zeta-Jones, Jim Carrey, Tim Burton, Chris Brown, Axl Rose, DMX, Francis Ford Coppola, Linda Hamilton, Mel Gibson, Sinead O'Connor, George Michael, Brooke Shields, Carrie Fisher, Hugh Laurie, Maurice Benard, Jean Claude Van Damme, Ben Stiller, Owen Wilson, Winona Ryder, Rosie O'Donnell, Patty Duke... und viele mehr...

Amanda Bynes wurde 2013 (nicht zum ersten Mal) wegen schwerer psychischer Probleme und laut Ärzten *„schizophrener Tendenzen"*, d. h. einer schweren Persönlichkeitsstörung, in ein Krankenhaus eingewiesen. Die psychiatrische Klinik erklärte, sie sei sich bewusst, dass es eine *„gute Amanda und eine schlechte Amanda"* gebe. Als sie von der bösen Amanda sprach, machte sie gleichzeitig exorzistische Gesten, zog an ihrem Körper und schlug auf sich selbst ein, als wolle sie den Dämon in sich herauslocken. Das Personal versuchte, ihr zu versichern, dass er bei seinen Eltern in Sicherheit sei, aber Amanda wurde hysterisch und schrie über eine Stunde lang: *„Sie werden ihn umbringen! Genauso wie sie versucht haben, mich zu töten!* Sie war so wütend, dass sie körperlich gefesselt werden musste.[535]

Foxnews berichtete während des Krankenhausaufenthaltes, dass „Drogen nichts damit zu tun hatten (Anm. d. Red.: die Tests waren negativ) und dass es sich nur um eine psychische Störung handelte (...) Es waren tiefe Wut und schwerer posttraumatischer Stress, die diese psychotische Episode auslösten."[536]

Das stressige Leben in Hollywood wird die offizielle Erklärung für seinen posttraumatischen Stress sein... und seine *tiefe Wut...*

Im Oktober 2014 wurde Amanda Bynes nach einer Reihe von *Tweets, die* sie veröffentlicht hatte, erneut in eine psychiatrische Klinik eingewiesen. Ihre schockierenden Äußerungen im sozialen Netzwerk *Tweeter* beschreiben deutlich die Symptome einer MK-Sklavin: sexueller Missbrauch von klein auf

---

[535] Ammanda Bynes: 10 Stunden Vernunft, 1 Stunde verrückt - TMZ.com, 2013.

[536] Amanda Bynes leidet unter PTBS-Problemen und will gesund werden - Fox411, 2013.

durch ihren Vater und „*Gehirnwäsche*". Ihre *Tweets* wurden schnell entfernt, aber Screenshots aus dem[537] Internet zeigten:
- Ich muss die Wahrheit über meinen Vater sagen
- Mein Vater hat mich als Kind körperlich und verbal misshandelt.
- Lassen Sie mich also mein eigenes Leben frei von Traurigkeit und Elend leben.
- Ich lasse mich nicht mehr manipulieren, ich lasse mich von niemandem mehr einer Gehirnwäsche unterziehen.
- Ich kann den Klang seiner inzestuösen Stimme nie wieder hören, und ich will einfach nur ehrlich sein.
- Heute werde ich also einen Anwalt aufsuchen, um eine Beschwerde gegen meinen Vater einzureichen.
- Meine Mutter weiß, dass mein Vater seine eigene Tochter vergewaltigt hat, und sie hat nie die Polizei gerufen, während ich ihn hätte verhaften und für den Rest seines perversen Lebens ins Gefängnis bringen können.
Innerhalb weniger Stunden wurden die *Tweets* entfernt, und Bynes wurde erneut in eine psychiatrische Klinik eingewiesen... Dieser Fall erinnert uns an den Versuch eines französischen Models, das wir in der Einleitung zu Kapitel 7 gesehen haben, eine Frau, die ebenfalls in einer psychiatrischen Klinik landete... Wie Britney Spears wurde Amanda Bynes nach dem kalifornischen Gesetz *5150-ed* interniert, was bedeutet, dass eine Person zwangsweise eingewiesen werden kann, in der Regel mit starken antipsychotischen Medikamenten. Geht Bynes den gleichen Weg wie Britney Spears? Eines ist sicher: Der Trend zu „*psychotischen Episoden*" und psychiatrischen Einweisungen ist ungebrochen und wird in der Unterhaltungsindustrie immer wieder aufgegriffen.

- Nicki Minaj:

Im Jahr 2011 sagte Nicki Minaj dem V Magazine: „Ich will mich immer wie 'ich' verhalten, aber 'ich' ändert sich jeden Tag. Ich würde verkümmern und sterben, wenn ich jeden Tag aufwachen und dieselbe Person sein müsste. Ich würde diese Stimmen nicht mehr schweigen lassen, ich würde sie einfach sprechen lassen. „

Nicki Minaj hatte eine sehr schwierige Kindheit, einschließlich ständiger Konflikte zwischen ihrer Mutter und ihrem Vater. Dem *New York* Magazine sagte sie: „ *Um aus dieser Gewalt herauszukommen, habe ich mir vorgestellt, ein anderer Mensch zu sein. Cookie" war meine erste Identität, die mich eine Weile begleitet hat. Dann war es „Harajuku Barbie", dann „Nicki Minaj". „*

Sie nennt auch die Alter-Egos: „Roman Zolanski", „Martha" und „Nicki Teresa".

2010 spricht die Sängerin in einer MTV-Dokumentation mit dem Titel „*My Time Now*" über die Geburt ihres Alter *Roms*:
- Nicki Minaj: Roman ist ein verrückter Junge, der in mir lebt, er sagt Dinge, die ich nie sagen würde. Er wurde erst vor wenigen Monaten geboren.

---

[537] „Amanda Bynes twittert über den Missbrauch durch ihren Vater und den Mikrochip in ihrem Gehirn; jetzt unter unfreiwilliger psychiatrischer Beobachtung" - TheVigilantCitizen.com, 10/2014.

Ich glaube, es war die Wut, die ihn dazu brachte... Er wurde in Wut gezeugt, also beschimpft er alle und droht sogar damit, Leute zu schlagen. Er ist gewalttätig.

- Journalist: Es muss schön sein, ein vergessliches Großmaul zu haben, das man für alles verantwortlich machen kann!

- Nicki Minaj: Er will beschuldigt werden, aber ich will ihn nicht beschuldigen. Ich bitte ihn zu gehen, aber er kann nicht, er ist aus einem bestimmten Grund hier. Die Leute haben ihn herausgeholt, die Leute haben eine Beschwörung für ihn gemacht, und deshalb wird er nicht gehen.

Bei der *Grammy-Verleihung* 2012 war die Abschlussvorstellung eine Nicki Minaj-Show mit dem Exorzismus ihres Alter *Roman*. Zu Beginn der Sendung ist Nicki in einem Beichtstuhl, wo sie wie besessen zu sein scheint. Ihre gesamte Performance ist eine Darstellung eines katholischen Exorzismus, der sie von ihrem inneren Dämon befreien soll: *Roman*... Eine *Performance-Kunst, die* zu einer Art schwarzer Messe für die Öffentlichkeit wird und das dämonische Wesen in ihr verherrlicht. Später sagte sie in der Radioshow von Ryan Seacrest: *„Die Leute um Roman herum sagen, dass er nicht gut genug ist, weil er sich nicht einfügen kann. Seine Mutter und die Menschen um ihn herum haben Angst vor ihm, weil sie so etwas noch nie gesehen haben. Er will beweisen, dass er ein unglaublicher Mensch ist, aber auch, dass er selbstbewusst ist, dass er sich seiner Sache sicher ist. Aber er wird sich nie ändern, er wird nie exorziert werden, selbst wenn er mit Weihwasser besprengt wird, steht er immer wieder auf."*

Es ist möglich, dass Nicki Minaj ihre verschiedenen Persönlichkeiten und ihren inneren Dämon *Roman* nur zu künstlerischen Zwecken erfunden hat, aber es ist interessant zu beobachten, wie diese Kultur der *„multiplen Persönlichkeiten"* der Öffentlichkeit, der säkularen Welt, während einer Bühnenperformance, die Millionen von Menschen erreicht, vermittelt wird... Ihr alter *Roman*, sei er nun fiktiv, ein wirklich dissoziiertes Persönlichkeitsfragment oder eine dämonische Entität, wird dem Publikum als unabhängige und autonome Identität präsentiert, die vom Körper der Sängerin Besitz ergreift und durch einen Exorzismus ausgetrieben werden kann... Auf diese Weise werden dämonische Besessenheit und durch Traumata gespaltene Persönlichkeiten verherrlicht und in Szene gesetzt, mit anderen Worten: eine Kultur des Todes wird in Form von Unterhaltung in die Populärkultur eingeführt.

- Eminem:

Der Rapper Eminem sagt auch, dass eine andere Persönlichkeit in ihm lebt, er nennt sie *Slim Shaddy*, auf seiner Website sagt er: *„Slim Shaddy ist nur der Dämon in meinem Kopf, ich denke, ich sollte nicht darüber nachdenken... "*

In seinem Song 'Low Down Dirty' schreibt er: „Weil meine gespaltene Persönlichkeit eine Identitätskrise hat. Ich bin Dr. Hyde und Mr. Jekyll, respektlos. Ich höre Stimmen in meinem Kopf mit diesem widerhallenden Geflüster. Oder „All diese verdammten Stimmen in meinem Kopf, ich kann es nicht mehr ertragen" in seinem Song „Elevator".

Es besteht kein Zweifel, dass ein bestimmtes Milieu in der Musikindustrie *„multiple Persönlichkeiten"* als *Trend* propagiert... Wird es zur Mode, eine Reihe von Alter-Egos zu haben, von denen eines verrückter ist als das andere? ... So bringen die Hexendoktoren ihre Kultur des MK und des Okkultismus in die säkulare Welt ein: durch ihre Vulgarisierung und Trivialisierung. Die Masse, die applaudiert und nach mehr verlangt, wird auf diese Weise mit etwas höchst Okkultem korrumpiert, das über das Spektakel und den Glitter hinaus einer echten Versklavung des Menschen dient. Wir werden später darauf zurückkommen...

Es ist auch möglich, dass ein Alter eines wirklich gespaltenen und programmierten Subjekts sich selbst amüsieren kann, indem er seinem Publikum mehrere *Persönlichkeiten* präsentiert, indem er mit verschiedenen Namen und Charakteren spielt, während sein wirklicher Wechsel der Persönlichkeiten nicht von ihm selbst, sondern vom Wohlwollen seines Programmierers oder seiner Meister abhängt.

- Christina Aguilera:

Im Jahr 2002 veröffentlichte Christina Aguilera ihr Album *„Stripped"* unter dem Namen ihrer übersexualisierten Alter-Persönlichkeit: *Xtina*. Ebenso wie Janet Jackson, die 2004 ihr heißes Alter *Damita Jo* enthüllte. 2006 veröffentlichte mtv.com einen Artikel mit der Überschrift: *„Christinas neues* Split-Personality-Album *ist reif und* schmutzig". Bei Christina Aguilera ist auch von einer posttraumatischen Belastungsstörung und einer *Borderline-Persönlichkeitsstörung die* Rede.

- Rihanna:

Je nackter ich bin, desto selbstbewusster bin ich", sagte der berühmte Star in einer amerikanischen Fernsehsendung. Die Psychologin Jo Hemmings sagte: *„Rihannas unberechenbares Verhalten könnte darauf hinweisen, dass sie unter einer narzisstischen Persönlichkeitsstörung leidet. Die Symptome sind ein übertriebenes Gefühl der Selbstüberschätzung und ein ständiges Bedürfnis nach Bewunderung, das Rihanna durch das Posten von Halbnacktfotos von sich auf Twitter demonstriert. Wenn sie tatsächlich an dieser Krankheit leidet, könnte sie mit psychologischer Hilfe die Störung, die sie zerstört, erkennen und sich bessern."*[538]

- Miley Cyrus:

Der vielleicht am stärksten übersexualisierte und nuttigste Star der Gegenwart ist Miley Cyrus, die ihre Karriere als Kind in der *Disney* Channel-Serie *Hannah Montana* begann. Cyrus erklärt in der Zeitschrift *Marie Claire*: *„Du bist ein Popstar! Das heißt, du musst blond sein, lange Haare haben und enge, glitzernde Sachen tragen. In dieser Zeit war ich ein zerbrechliches kleines Mädchen, das eine 16-Jährige mit Perücke und viel Make-up spielte (...) Lange Zeit wurde ich jeden Tag dazu gebracht, schön auszusehen, und wenn ich nicht*

---

[538] „Rihanna: elle souffrait de troubles psychologiques" - aufeminin.com, 2012.

am Set war, dachte ich: 'Wer zum Teufel bin ich? Ich wurde so formatiert, dass ich wie jemand aussehe, der ich nicht bin."[539]

Laut Nicole Knepper, einer auf das Verhalten von Teenagern spezialisierten Psychologin und einflussreichen Bloggerin in den USA, leidet Miley Cyrus möglicherweise an einer Persönlichkeitsstörung, was ihr äußerst fragwürdiges Verhalten (Hypersexualität, mangelnde Impulskontrolle, plötzliche Stimmungsschwankungen und Drogenkonsum) erklären würde. Nicole Knepper sagte gegenüber *RadarOnline*: *„Das ist kein normales Verhalten. Auch für die Reichen und Berühmten! (...) Ich sage nicht, dass Miley Cyrus zwangsläufig eine Gemütsstörung hat, ich sage nur, dass jemand, der diese Verhaltensweisen und diese Symptome zeigt, Anlass zur Sorge gibt und man sich nach den Ursachen fragt (...).Jemand, der schnelle Stimmungsschwankungen hat, unter Schlaflosigkeit leidet, regelmäßig Alkohol trinkt, unverschämt über Sex, Drogen und Alkohol redet, das ist alarmierend und das sind Warnzeichen für etwas viel Ernsteres."[540]*

Im Jahr 2014 wurde Miley Cyrus in eine psychiatrische Klinik eingewiesen. Die Medien erklärten, dass der Tod ihres Hundes einige Zeit zuvor sie zutiefst destabilisiert hatte... Zeitgleich mit ihrem Krankenhausaufenthalt wurde ein besonders verrückter psychedelischer Videoclip veröffentlicht, in dem sie als Junkie mit Gehirnwäsche zu sehen ist: *„Blonde SuperFreak Steals the Magic Brain"* (eine offizielle Produktion), in dem sie von der ersten Minute an schreit: *„Where the fuck is my brain!!!"*.

- Mary J. Blige:
Sängerin Mary J. Blige sagt über ihr Alter „Brook": „Ich musste die beiden trennen, denn Mary ist nett und klug, während Brook verrückt und ignorant ist und sich um nichts kümmert... Mary ist ruhig, die Wilde ist Brook."[541]

Mary J. Blige hat in der *Oprah Winfrey* Show öffentlich erklärt, dass sie als Kind sexuell missbraucht wurde und an einer schweren Geisteskrankheit leidet: *„Ich wurde missbraucht und ich habe mich selbst missbraucht... Ich war lebensmüde... Ich war selbstmordgefährdet, bereit, mich umzubringen. Ich hasste mein Image, ich hasste den Klang meiner Stimme, ich hasste mich total."*

- Beyoncé:
Beyonce hat öffentlich eine andere Persönlichkeit gezeigt, die sie „Sacha Fierce" nennt. Hier ist, was sie in verschiedenen Medien dazu sagte: „Wenn ich ein Video von mir auf der Bühne oder im Fernsehen sehe, denke ich: 'Wer ist dieses Mädchen? Das bin ich nicht, das würde ich nie tun." - Beyonce, 2003.

---

[539] „Miley Cyrus: Wie Disney sie zerstörte" - gala.co.uk, 2015.

[540] Miley Cyrus: „Ist ihr fragwürdiges Verhalten auf eine psychische Krankheit zurückzuführen?" - closermag.co.uk, 2013.

[541] Mary J. Blige enthüllt ihr Alter Ego 'Brook' in einem Busta-Video - MTV News, 2006.

„Ich würde Sacha nicht wollen, wenn ich sie hinter der Bühne treffen würde" - Beyonce, Parade Magazine 2006.

„Ich habe jemand anderen, der übernimmt, wenn ich arbeiten muss und wenn ich auf der Bühne bin. Dieses Alter Ego schützt mich und das, was ich wirklich bin."[542]

„Die Rechnung von Sasha Fierce ist beglichen, ich habe sie getötet." Beyonce, *Allure Magazin* 2010

- Laurieann Gibson:

Die Choreografin Laurieann Gibson, bekannt durch ihre Arbeit mit Lady Gaga, begann 2014 eine Gesangskarriere. Sie stellte diese andere Persönlichkeit der Medienszene mit einem einminütigen Mini-Videoclip vor, in dem *Harlee* verletzt und in einem gruseligen, morbiden Keller gefangen gehalten wird, wobei ihre Peiniger zwei Männer sind, die sie vergewaltigen und mit einem Hochdruck-Wasserstrahl bespritzen... Dieses Video, in dem sie nicht singt (seltsam für die Förderung einer Gesangskarriere), trägt den Titel *„Harlee coming soon!* Vielleicht wurde die alte *Harlee* so geboren... in Kellern und Traumata...

- Lady Gaga:

Stefani Joanne Angelina Germanotta, besser bekannt als Lady Gaga, nennt ihre Alter-Persönlichkeiten: *„Jo Calderone"*, *„Mother Monster"* und *„Gypsy Queen"*. Wenn Jo Calderone auftaucht, ist Gaga wie ein Mann gekleidet und verhält sich genau wie ein Macho. Im Jahr 2011 trat Jo Calderone bei den *MTV Video Music Awards* öffentlich auf der Bühne auf und sagte: „Ich bin nicht der Einzige:

Ich bin Jo, Joe Calderone, und man hat mir gesagt, ich sei ein Bastard... Gaga? Die da... Sie hat es gewagt, mich zu verlassen! Sie sagt, dass es bei Männern immer dasselbe ist, auch bei mir. Natürlich bin ich ein Mann, ein echter Mann. Sie sagen, wir sind alle verrückt. Ich gebe zu, dass ich verrückt geworden bin, aber was den Wahnsinn angeht, ist sie so ziemlich die Gaga, nicht wahr? Sie ist eine verdammte Königin des Wahnsinns! Morgens zum Beispiel... Sie steht auf, zieht ihre Absätze an, geht ins Bad, ich höre das Wasser laufen, und als sie nass aus dem Bad kommt, hat sie immer noch ihre Absätze an... Und was ist mit diesen Absätzen? Zuerst fand ich es sexy, aber jetzt bin ich verwirrt... Sie sagte mir, ich sei nicht besser als der letzte. Das ist nicht wahr! ... Ehrlich gesagt finde ich es großartig, ich finde es großartig, dass sie ein verdammter Superstar ist... Ein Star des Liedes, wie man sagt... Aber wie soll ich glänzen?! Es würde mir nichts ausmachen, im Schatten zu stehen, wenn ich den Eindruck hätte, dass sie mir gegenüber aufrichtig ist... Vielleicht ist sie das ja auch... Manchmal denke ich, dass sie so ist, das ist ihr wahres Wesen. Denn wenn sie auf die Bühne geht, setzt sie sich keine Grenzen... Und die Scheinwerfer? All diese großen Lichter folgen ihr auf Schritt und Tritt, sie folgen ihr sogar nach Hause, das versichere ich dir... Ich will auch meinen Anteil... Wenn wir ficken, verdeckt sie ihr Gesicht,

---

[542] Beyonce nimmt 'Fierce'-Alter-Ego an' - news.bbc.co.uk, 2008.

weil sie nicht will, dass ich sie sehe. Das Mädchen ist einfach nicht in der Lage, aufrichtig zu sein, selbst wenn niemand sie ansieht. Ich würde gerne die echte Gaga sehen... Aber Jo, sie sagt mir... Ich bin nicht echt, ich spiele eine Figur. Aber du und ich sind echt..."

Offensichtlich gibt es einen ernsthaften inneren Konflikt zwischen dem Alter *Gaga* und dem Alter *Calderone*... Falls das alles nur ein Schauspiel ist, propagiert es wieder nur eine bestimmte Art der Persönlichkeitsspaltung. Es geht darum, die gespaltene Persönlichkeit in der säkularen Welt zu fördern, indem man sie *cool* und lustig macht. Die Vermittlung der luziferischen Kultur an die breite Öffentlichkeit erfolgt durch eine ganze okkulte Symbolik, aber auch durch die Trivialisierung der multiplen gespaltenen Persönlichkeit. Ziel ist es, die Populärkultur mit luziferischer Subkultur zu kontaminieren, damit das Volk schließlich antichristliche und versklavende Produktionen bejubelt und fordert... Auf Lady Gaga kommen wir später zurück...

- Tila Tequila:

Tila Tequila ist eine amerikanische Sängerin, ein Model und ein Reality-TV-Star. Diese instabile Persönlichkeit hat nicht nur einen *vielschichtigen* Charakter, sie scheint auch nicht allein in ihrem Körper zu sein... 2010 erklärte sie öffentlich, dass sie an einer dissoziativen Identitätsstörung leidet. Eine ihrer Persönlichkeiten nennt sich *„Jane"* und hat angeblich versucht, sie zu töten. Sie schrieb im sozialen Netzwerk *Twitter*: *„Jane war da! Sie hat versucht, mich zu töten! Sie hat meinen Körper mit einem Messer aufgeschlitzt! Ich bin entsetzt, überall ist Blut! In meinem Zimmer ist alles kaputt! Ich bin aufgewacht und hatte überall Blut! Jane hat versucht, mich zu töten! Ich habe ein paar Fotos gemacht, es ist wirklich ekelhaft... Ich habe euch gesagt, dass ich eine multiple Persönlichkeit habe... Ich bin eingeschlafen und aufgewacht mit Messern überall, und alles um mich herum ist kaputt! Bei Menschen mit multipler Persönlichkeit oder bipolarer Störung passiert so ein Scheiß! Jane ging, ich schloss die Türen ab.* „ Später wies Tila Tequila Spekulationen einiger Fans zurück, sie habe sich selbst verletzt oder einen Selbstmordversuch unternommen: *„Ich habe mich nie verletzt! Das habe ich nie getan! Ich sage dir, es war Jane!!...* "[543]

- Mel Gibson:

Viel diskreter als eine Tila Tequila, eine Beyonce oder eine Lady Gaga hat Mel Gibson gestanden, eine weitere Persönlichkeit namens *„Bjorn"* zu haben... Der berühmte Schauspieler sprach 2007 in der BBC-Sendung *„Parkinson"* vor dem Journalisten Michael Parkinson darüber: „Ich habe ein Alter Ego namens Bjorn (...) Bjorn ist ein Wikinger-Typ (...) Es geht zurück auf ein dunkles Zeitalter, irgendwo, wo der Vater kam und mich besuchte, ich weiß, es ist etwas Schlimmes (...) Bjorn ist ein ehemaliger Mörder (...) er ist ein wilder Typ. Er hat so viel Energie (...) Ich möchte nie wieder Björn sein.

---

[543] „Tila Tequila schockiert Fans mit 'multipler Persönlichkeit'" - starpulse.com, 2010.

Mel Gibson, bei dem ebenfalls eine bipolare Störung diagnostiziert wurde, sagt, dass er diese Veränderung *in* seinem Kopf *in den Sand* schieben muss, aber dass manchmal eine Hand auftaucht und er sie wieder herausdrücken muss... Er sagt auch, dass er *Björn* manchmal mitspielen und Rollen spielen lässt, was bei dem Wikingerfilm *Braveheart* Sinn macht. Nach Angaben des Psychiaters Colin Ross hat Mel Gibson seinen Alter *Bjorn* auch der deutschen Nachrichtenagentur *Der Spiegel* verraten.

An dieser Stelle sei darauf hingewiesen, dass Mel Gibson die Hauptrolle in dem MK-Ultra-Film *„Conspiracy"* gespielt hat.

- Joaquin Phoenix:

Joaquin Phoenix wuchs in einer Familie von Schauspielern auf, und seine Eltern waren Mitglieder der Sekte *Children of God*. Er debütierte im Fernsehen und bekam seine erste Filmrolle im Alter von 10 Jahren... Er drehte zahlreiche Filme, darunter *8 Millimeter, Firebomb, Hotel Rwanda, Two Lovers, Gladiator...*

Im Jahr 2000 sagte er in einem Interview mit der australischen Zeitschrift *Juice:*

- Journalist: Wen werden Sie zur Premiere von „Gladiator" mitnehmen?

- Joaquin Phoenix: Ich will ehrlich sein, und ich weiß, dass sich das seltsam anhören wird, aber mein Partner bin im Moment ich selbst. Das kommt davon, wenn man eine multiple Persönlichkeitsstörung hat und übermäßig egozentrisch ist.

- Lindsay Lohan:

Lindsay Lohan, eine berühmte amerikanische Schauspielerin und Sängerin, die immer wieder in der Reha war, sagte in einer Reality-TV-Dokumentation über sie: *„Alles läuft großartig und dann höre ich eine Stimme in meinem Kopf, die sagt, oh oh, es ist Zeit, alles zu sabotieren! („Lindsay"* OWN). Die Schauspielerin hat ernsthafte selbstzerstörerische Tendenzen, sei es durch Narbenbildung, Drogen und Alkohol. Ihr Leben ist ziemlich chaotisch, wie das vieler Prominenter... Ärzte haben bei ihr eine *narzisstische Persönlichkeitsstörung* diagnostiziert, die sich durch eine unverhältnismäßige Egozentrik, mangelndes Einfühlungsvermögen und ein übertriebenes Gefühl der Selbstherrlichkeit auszeichnet. In einem Artikel von Bill Zwecker für die *Chicago Sun-Times* aus dem Jahr 2010 heißt es über Lindsay Lohan, dass „die *Schauspielerin von multiplen Persönlichkeiten geplagt wird, die sich manchmal in 'Diane' oder 'Margot' verwandelt.*

Eine langjährige Mitarbeiterin von Lindsay Lohan sagte der Presse, dass sie glaubt, dass die Schauspielerin an einer multiplen Persönlichkeitsstörung leidet und dass dies einer der Gründe für ihre wiederkehrenden Süchte sein könnte: *„Einige von uns haben sich gefragt, ob Lindsay wegen ihrer wiederkehrenden Stimmungsschwankungen bipolar ist. Aber ich glaube, es geht viel tiefer, denn Lindsay nannte sich manchmal Diane oder Margot."*

- Iggy Pop:

In dem Buch „*Iggy Pop: Open Up and Bleed: The Biography*" erzählt Paul Trynka, dass der Sänger James Newell Osterberg („Iggy Pop" ist sein Alter Ego) 1975 wegen seiner Drogensucht ins Krankenhaus eingeliefert wurde. Er unterzog sich einer Psychotherapie bei Dr. Murray Zucker, der sagte: „*Ich habe immer das Gefühl, dass Iggy es genießt, so sehr mit seinem Gehirn zu spielen, dass er selbst nicht weiß, was herauskommt und was hineingeht. Manchmal scheint er die totale Kontrolle darüber zu haben, indem er mit verschiedenen Charakteren spielt (...) Aber manchmal hat man das Gefühl, dass er keine Kontrolle hat, sondern einfach nur durchläuft. Es ist nicht nur ein Mangel an Disziplin, es ist nicht unbedingt bipolar, es ist Gott weiß was!* "

- Anne Heche:

Die Schauspielerin Anne Heche, Star der amerikanischen Serie *Ally Mac Beal*, hat eine Autobiografie mit dem Titel „*Call Me Crazy*" geschrieben, in der sie über den Inzest ihres Vaters und die unglücklichen psychologischen Folgen berichtet, die sie infolge dieses Traumas erlitt.

Im September 2001 gab sie Barbara Walters von *ABC News* ein Interview[544]:

Ich bin nicht verrückt... aber ich habe ein verrücktes Leben, ich bin in einer verrückten Familie aufgewachsen und ich habe 31 Jahre gebraucht, um diese Verrücktheit aus mir herauszubekommen (...) Ich hatte eine andere Persönlichkeit, ich hatte eine Fantasiewelt. Ich habe diese andere Persönlichkeit „Celestia" genannt. Meine andere Welt wurde 'Vierte Dimension' genannt, und ich dachte, ich sei von einem anderen Planeten. "

Anne Heche spielte von 1988 bis 1992 die Rolle zweier Zwillinge in der Serie *Another World*. Damals, im Alter von 25 Jahren, begannen sich ihre Persönlichkeitsstörungen zu manifestieren und zu Momenten des Wahnsinns zu führen, sagt sie. Celestia, ihre andere Persönlichkeit, glaubte, sie sei die Reinkarnation Gottes, sprach eine andere Sprache und hatte besondere Kräfte...

- Anne Heche: Ich erzählte meiner Mutter nach sieben Jahren Therapie, dass ich von meinem Vater sexuell missbraucht worden war... und sie legte auf (...) In New York hörte ich die Stimme Gottes und ich dachte, ich sei total verrückt. Ich hatte keine Ahnung, was ich tun sollte. Ich existierte in zwei verschiedenen Personen.

- Barbara Walters: Obwohl Sie sich für Jesus oder Celestia hielten, waren Sie sich also bewusst, dass es sich um eine Abweichung handelte?

- AH: Auf jeden Fall, das ist es, was einen verrückt macht, man ist sich dessen absolut bewusst. Einerseits war ich Anne Heche, eine Schauspielerin mit vielen Freunden, und ich dachte, die Leute würden mich für total verrückt halten, wenn ich ihnen davon erzählte... Und gleichzeitig hörte ich Gott zu mir sagen: „Du bist vom Himmel".

- BW: Wie hat sich das manifestiert? Wie viel Kontrolle hatten Sie über die Situation?

---

[544] „Exklusiv: Anne Heche Interview" - 20/20 ABC News - 09/2001.

- AH: Oh, auf so viele verschiedene Arten! Was könnte ich tun? Als ich Celestia war, habe ich eine andere Sprache gesprochen. Ich sprach eine Sprache, die Gott und ich hatten. Ich konnte auch in die Zukunft sehen, ich konnte Menschen heilen...

- BW: Wissen Sie noch, welche Sprache es war?

- AH: Natürlich!

- BW: Können Sie im Moment etwas in dieser Sprache sagen?

- AH: Nun, das Wort Gott zum Beispiel. Es gibt viele Gebete. Das Wort für Gott in meiner Sprache ist „kiness". A'kiness, a'ta fortatuna donna...

- BW: Und es ist eine Sprache, die Sie nie hatten...

- AH: ... Ich weiß nicht, woher es kam, aber ich wusste, was es bedeutet. Ich war in meinem Kopf, und Gott lehrte mich.

- BW: Sie sagen, dass Sie fast sieben Jahre lang ständig unter dem Einfluss von Stimmen und Visionen standen. Sie kämpften mit den Dämonen und schafften es auf unvorstellbare Weise, dies mit Ihrer beruflichen Tätigkeit zu vereinbaren.

- AH: Ja, es ist erstaunlich, diese beiden Dinge zu kombinieren. Ich ging zur Arbeit und kam dann in meine Garderobe zurück, weil ich die Botschaften, die ich von Gott über die Liebe hörte, aufschreiben musste.

- BW: Sie gingen in Ihre Hütte und waren ein anderer Mensch. Du würdest die Tür schließen und dann wärst du ein anderer Mensch, du wärst Jesus?

- AH: Ich war Celestia.

- BW: Celestia ist auch Jesus?

- AH: Nein, Celestia ist, wie ich schon sagte, die Reinkarnation Gottes hier auf Erden.

- BW: Wissen Sie, Anne, es gibt Ärzte und Therapeuten, die dies als eine Form von Geisteskrankheit diagnostizieren, wie Persönlichkeitsspaltung, Schizophrenie oder bipolare Störung. Trifft das auf Sie zu?

- AH: Das glaube ich nicht. Das Interessanteste ist, dass ich jahrelang zu einem Therapeuten gegangen bin... Es ist erstaunlich, was man alles verbergen kann.

- Megan Fox:

Megan Fox, die, wie wir in Kapitel 7 gesehen haben, als Kind von dem Zauberer von Oz regelrecht besessen war, sagte 2009 dem Magazin *Wonderland*: *„Ich könnte so enden wie sie* (in Bezug auf Marilyn Monroe), *weil ich ständig mit dem Gedanken kämpfe, dass ich eine Borderline-Persönlichkeit habe, dass ich Symptome einer leichten Schizophrenie habe. Ich glaube wirklich, dass ich psychische Probleme habe, aber ich konnte noch nicht genau herausfinden, welche das sind. „*

Dem Magazin Rolling Stone sagte sie 2009: „Ich habe viel, worüber ich glücklich sein kann, aber das bedeutet nicht, dass ich nicht zu kämpfen habe, ich bin sehr verletzlich. Ich kann aggressiv, verletzend, herrisch und egoistisch sein, zu sehr. Ich bin gefühlsmäßig unberechenbar, überall. Ich bin ein Kontrollfreak. Meine Laune ist lächerlich schlecht. Ich habe das Haus zerstört. Als Kind hatte sie „Panikattacken, die sich in Gewalt und Wutausbrüchen äußerten. Als wüsste ich nicht, wie ich mich beherrschen oder was ich tun sollte. In dem Interview erfährt man auch, dass sie mit jemandem, der sie berührt, nicht einschlafen kann (Überempfindlichkeit); dass sie „Kokons" und Kissen braucht, um sich sicher zu fühlen; dass sie nicht im Dunkeln schlafen kann; dass sie sich nicht gerne im Spiegel betrachtet; dass sie (wie Angelina Jolie) zugibt, beim Sex Blut zu vergießen, ohne ins Detail zu gehen... Sie gibt zu, dass sie sich selbst verstümmelt und spielt auch auf eine Essstörung sowie ihre Bisexualität an.

- Sia Furler:

Der in Australien geborene internationale Star (dessen Videos „Chandelier" und „Elastic Heart" wegen ihres pädophilen Inhalts für Kontroversen gesorgt haben) hat erklärt, dass sie an einer bipolaren Störung leidet, weil sie als Teenager zu viel Cannabis geraucht hat... Im Jahr 2014 erklärte sie in der berühmten amerikanischen Radiosendung „The Howard Stern Show": „Ich glaube, ich habe als Kind zu viele Joints geraucht, mein Gehirn war noch nicht ausgebildet, ich habe mein Gehirn versaut"... Aber in derselben Sendung erzählte sie auch, dass ihr Vater, Phil B. Colson (auch ein professioneller Musiker), eine doppelte Persönlichkeit hatte: Phil und Stan...
- Sia Furler: Er hatte zwei sehr unterschiedliche Persönlichkeiten, die eine hieß Phil und die andere Stan...
- Journalist: Er hat seine Persönlichkeiten selbst Phil und Stan genannt?
- SF: Ja... Phil war der beste Vater, er war lustig, aber er war auch wortgewandt, präsent und sehr fürsorglich. Wenn Stan hereinkam, dann passierte etwas Beängstigendes (...) Es war beängstigend, wie eine bestimmte Energie, die in den Raum kam. Eine einschüchternde Energie... sie schüchterte jeden ein.
- J: Wie oft haben Sie das schon erlebt?
- SF: Ich weiß es nicht, ich erinnere mich nicht.

Sia nahm immer an, dass ihr Vater an einer dissoziativen Identitätsstörung litt, die jedoch nie diagnostiziert oder behandelt wurde. Sie behauptete, er habe sie nie körperlich misshandelt. Wenn man jedoch mit einem gespaltenen Elternteil aufwächst (sie beschreibt nicht, welche „schrecklichen Dinge" der alte Stan getan hat), ist das Risiko eines schweren Traumas leider hoch... Ihre bipolare Störung wird möglicherweise nicht durch THC (den Wirkstoff in Cannabis) verursacht. Es ist möglich, dass ihre Familie von dieser „transgenerationalen Dissoziation" betroffen ist, die über traumatische Erfahrungen von einer Generation zur nächsten weitergegeben wird, möglicherweise mit einer Programmierung auf die gespaltenen Individuen. Sia hat es nicht zufällig an die Spitze der Musikindustrie geschafft...

- Tyler Perry:

Der berühmte Hollywood-Produzent Tyler Perry hatte eine besonders schwere Kindheit. Im Jahr 2010 beschrieb er in der Oprah Winfrey Show unter Tränen den dissoziativen Prozess, der es ihm ermöglichte, dem Schmerz und dem Schrecken des Traumas zu entkommen: „Ich konnte (in meinen Gedanken) *in den Park gehen, in den mich meine Mutter und meine Tante immer mitnahmen. Ich war also in diesem Park und rannte und spielte, es waren so schöne Tage. Immer, wenn mir jemand etwas Schreckliches und Unerträgliches antat, konnte ich in Gedanken in diesen Park gehen, bis es vorbei war (...) Ich erinnere mich nur daran, dass er* (Anm. d. Red.: sein Vater) *mich hart anfasste, ich wurde so hart gegen einen Zaun geschleudert, dass meine Hände bluteten, und er schlug mich... Ich habe nur versucht, mein Leben zu bewahren... und ich fühlte, wie ich versuchte, an diesen Ort zu gelangen, diesen Park, in meinem Kopf, wo ich es aushalten konnte... Ich versuchte, zu diesem Park zu gelangen, und ich konnte es nicht... Es hat mich so wütend gemacht... Ich habe es immer wieder versucht... Als ich endlich dort ankam und das Gras in meinem Kopf sah... Ich sah mich selbst aus mir herauslaufen... Und ich konnte den kleinen Jungen nicht fangen... Ich konnte den kleinen Jungen nicht fangen, um ihn zu mir zurückzubringen... Ich konnte nicht zu meiner Person zurückkehren... Ich dachte, ich würde sterben, und ich verstand nicht... Ich habe so lange gebraucht, um zu verstehen, was passiert war."*

- Barbara Streisand:

Die berühmte Sängerin und Schauspielerin sagte 1994 dem Ladies Home Journal: „Ich lebe mit einer Menge Angst (...) Ich verändere mich ständig. Also sage ich dem Mann, an dem ich interessiert bin, dass, wenn er gerne Affären mit vielen Frauen hat, ich perfekt für ihn bin!"[545]

- Anna Nicole Smith:

Anna Nicole Smith, die 2007 im Alter von 39 Jahren starb, war ein amerikanisches ehemaliges *Playmate*, Schauspielerin und Sängerin. Im August 2006 wurde Nicole Smith in ihrem Haus gefilmt, eine private Aufnahme, die später als das „Clown-Video" öffentlich bekannt wurde. Die Aufnahme zeigte Anna Nicole Smith in einem erbärmlichen Zustand der Verwahrlosung und mit Clownsschminke.

Dieses Video wurde auf ihrem Grundstück auf sadistische Weise von ihrem Partner oder angeblichen „Meister" Howard K. Stern gefilmt. Das Video wurde kurz nach Annas Tod der Öffentlichkeit zugänglich gemacht. In dem Video ist zu sehen, wie der Star völlig distanziert ist und sich wie ein 4 oder 5 Jahre altes Kind verhält und anhört. In den Massenmedien wurde behauptet, sie habe während dieser Videoaufnahme unter Drogeneinfluss gestanden, was wahrscheinlich der Fall ist, aber Drogen allein können einen solchen Zustand nicht erklären. Es gab eindeutige Symptome eines tiefen psychologischen Traumas.

Als Howard K. Stern sie mit der Kamera in der Hand fragt, ob sie halluzinogene Pilze gegessen hat, kann man sehen, dass sie keine Ahnung hat, was ein „Pilztrip" ist... denn in diesem Moment ist sie ein kleines Mädchen von 4 Jahren, das von solchen Dingen keine Ahnung hat. Als Stern ihr sagt, dass diese Aufnahme eine Menge Geld wert sein wird, antwortet sie: „Warum?

---

[545] „Danke für die Erinnerungen: Die Wahrheit hat mich befreit" - Brice Taylor, 1999, S.200.

Welche Aufnahme? Diese Frau hat ihr ganzes Leben lang vor Kameras und Objektiven gestanden, sie weiß, was ein Videoband ist... aber nicht im Alter von 4 Jahren... Wir sehen in diesem Video, dass sie völlig distanziert ist. Eine Persönlichkeitsstörung, die Howard K. Stern mit großem Vergnügen in einer Videoaufnahme zur Schau stellte, um die arme Frau lächerlich zu machen...

Anna Nicole Smith war zum Zeitpunkt dieses „*Clown-Videos*" mit einer Tochter schwanger, der kleinen Dannielynn Birkhead, die sechs Jahre später die Frühjahr-Sommer-Kollektion 2013 der renommierten Marke *Guess Kids* verkörpern sollte... Ein Kind, das im Network geboren wurde und im Alter von 6 Jahren in die Modewelt eintrat, um in die Fußstapfen seiner Mutter zu treten...

Es liegt auf der Hand, dass Prominente mit der Persönlichkeit spielen, die sie in der Öffentlichkeit zur Schau stellen. Sie machen in der Regel einen Unterschied zwischen ihrer *privaten* und ihrer *öffentlichen* Persona, um sich selbst zu schützen, aber auch um mit ihrem Image zu spielen. Manchmal schaffen sie sich auch eine neue Identität, wenn sie an einem ungewöhnlichen Projekt arbeiten, wie im Fall des Musikers Garth Brooks, der sich ein Alter Ego namens Chris Gaines zulegte, um ein Album in einem völlig anderen Stil zu veröffentlichen. Ein weiteres Beispiel ist Ashlee Simpson, die sich in Vicky Valentine verwandelte, um von der Gitarre zur elektronischen Musik zu wechseln. Man könnte auch David Bowie und seine Alter-Egos *Ziggy Stardust* und *Thin White Duke* erwähnen, aber auch Prince und seine weibliche Form *Camille,* Laurie Anderson und ihre Form *Fenway Bergamot...*

Die Darsteller der Welt haben eindeutig sehr komplexe Persönlichkeiten... und wir stellen fest, dass dies in einigen Fällen weit über das bloße Spielen einer Rolle oder eines Charakters hinauszugehen scheint und eine Grenze zu dem überschritten wird, was eine dissoziative Identitätsstörung infolge eines schweren Traumas zu sein scheint.

Manchmal scheinen Berühmtheiten sogar besessen zu sein und als Medium zu fungieren...

b/ Die Dämonen des Films und der Musik

- Ich weiß, dass ich Dämonen habe, ich weiß nicht, ob ich sie loswerden will, aber ich möchte sie auf eine andere Weise erleben. Vielleicht begegnet man ihnen von Angesicht zu Angesicht. Ich hatte nie wirklich Zeit, zur Therapie zu gehen, nur ein bisschen hier und da... aber nicht genug, um mir zu helfen.
- Natürlich habe ich Dämonen... Manchmal bin ich dreißig verschiedene Personen... Johnny Depp - *Vanity Fair,* 1997 und *US Magazine,* 1999

- Keanu ist ein sehr komplexer Typ mit vielen Dämonen in sich, und ich werde versuchen, das zu nutzen und auszunutzen. Taylor Hackford über den Schauspieler Keanu Reeves - *Movieline,* 2000

- Ich bin ein gequälter Mensch, ich habe viele Dämonen in mir. Mein Schmerz ist so groß wie meine Freude. Madonna - Los Angeles Times, 1991

Whitney Houstons Gesangslehrer, Gary Catona, sagte der Daily Mail, dass sie Dämonen in sich trug ... dass sie viele Menschen in einem war, und die Frage war, welcher von ihnen erscheinen würde ... und wann."[546]

Als die amerikanische Journalistin Diane Sawyer Whitney Houston 2002 fragte, was der „schlimmste Dämon" in ihrem Leben sei, antwortete sie nicht „Kokain", „Drogen" oder „Alkohol"... nein, Witneys Antwort war: *„Der schlimmste Dämon bin ich. Ich bin mein bester Freund oder mein schlimmster Feind."* Eine wenig überraschende Aussage für jemanden mit einer tiefgreifenden Persönlichkeitsstörung. Whitney Houston hat einige besonders beunruhigende Dinge über ihre Beziehung zu Bobby Brown, einem anderen Prominenten, enthüllt... Hier ist ein Ausschnitt aus einem Interview, das Houston 2009 mit Oprah Winfrey gab:

- Whitney Houston: Es gab Zeiten, in denen er alles auf den Kopf stellte, er zerbrach Glasgegenstände im Haus. Wir hatten ein riesiges Bild von uns mit meinem Kind und er schnitt meinen Kopf aus dem Bild heraus... Er machte solche Sachen. Dann dachte ich, dass es wirklich seltsam ist... Meinen Kopf aus einem Bild herauszuschneiden war ein bisschen viel für mich, es war ein Zeichen. Und dann gab es noch andere Dinge... wie zum Beispiel, als er anfing, überall im Schlafzimmer Augen zu malen. Nur Augen... böse Augen, die durch den ganzen Raum schauen.

- Oprah Winfrey: Er hat die Wände bemalt?

- WH: Ja, an den Wänden, auf den Teppichen, auf den Schranktüren. Wenn ich eine Tür öffnete, war da eine Zeichnung, und wenn ich sie schloss, war da eine andere Zeichnung. Augen und Gesichter... Es war wirklich seltsam...

- OW: Was haben Sie dann gemacht?

- WH: Ich habe mir die Dinge angesehen und gedacht: „Herr, was ist hier wirklich los? Ich bekam Angst, weil ich das Gefühl hatte, dass etwas explodieren würde, dass etwas passieren würde..."

Im Jahr 2004 sagte ihr Partner Bobby Brown, selbst Sänger und Schauspieler und sichtlich verstört, in einem Interview mit Jamie Foster für die Zeitschrift *Sister 2 Sister*: „Als ich jünger war, wurde bei mir eine Aufmerksamkeitsdefizitstörung diagnostiziert, ich weiß, dass das dasselbe ist wie eine bipolare Störung (...) Als ich das erste Mal zu Betty Ford kam, fragte ich mich, was mit mir los war. Ich habe vergeblich versucht zu verstehen, warum ich diese extremen Stimmungsschwankungen hatte. Das heißt, in der einen Minute konnte ich glücklich sein und in der nächsten war ich wütend, voller Feuer und Zorn, aber ich wusste nicht, warum. Ich ging zum Arzt, sie sprachen mit mir, machten Gehirntests und diagnostizierten eine bipolare Störung."

---

[546] Wie Whitney ihre umwerfende Stimme wegen ihrer „außerschulischen Aktivitäten" verlor - dailymail.co.uk, Februar 2012.

Die Schauspielerin Angelina Jolie sagte, sie sei „im Alter von vier Jahren im Kindergarten sehr sexualisiert worden (...) Ich habe mir ein Spiel ausgedacht, bei dem ich die Jungen küssen musste... Dann gingen wir weiter und zogen uns aus. Damals war ich in großen Schwierigkeiten!"

Für viele Fachleute aus dem Bereich der frühen Kindheit ist ein hypersexuelles Verhalten eines Kleinkindes ein Zeichen für den Verdacht auf sexuellen Missbrauch. Angelina Jolie, die auch psychisch sehr gestört zu sein scheint, hat zugegeben, alle möglichen Drogen ausprobiert zu haben, aber sie scheint eine besondere Vorliebe für... Blut zu haben. Als sie zum ersten Mal mit Johnny Lee Miller verheiratet war, schrieb sie den Namen ihres Mannes mit seinem Blut auf ein weißes T-Shirt. Als sie mit Billy Bob Thornton verheiratet war, trugen sie beide ein Fläschchen mit dem Blut des anderen um den Hals. Aus ihrer Biografie geht auch hervor, dass sie als Kind von Messern fasziniert war und diese sammelte, und dass sich ihr Unglück als Teenager unter anderem in Skarifikationen äußerte. Eine Biografie verrät: *„Manche Leute gehen einkaufen, ich ritze mich. Als ich anfing, Sex zu haben, war Sex nicht genug für mich, meine Gefühle waren nicht stark genug, etwas wollte herauskommen... Eines Tages, als ich eine noch intensivere Verschmelzung spüren wollte, nahm ich ein Messer und stach auf meinen Freund ein... dann stach er auch auf mich ein. Er war ein wirklich guter Kerl, ein netter Kerl, der nicht der bedrohliche oder gewalttätige Typ war. Wir hatten diesen speziellen Austausch... Wir waren blutverschmiert und ich spürte, wie mein Herz raste."*

In Jolies Biografie ist auch zu lesen, dass Jolie während einer sadomasochistischen Sitzung ihren Partner bat, ihr Kinn aufzuschlitzen, was bis heute eine kleine Narbe hinterlassen hat. Sie sagt: „Ich wollte, dass er mir hilft, und es hat mich frustriert, weil er mir nicht helfen konnte. Die Narbenbildung konnte ihr offensichtlich nicht helfen, sie wäre sogar fast daran gestorben. Insbesondere gab es einen Unfall, bei dem sich Jolie den Hals und den Bauch aufschlitzte und dann ein Kreuz in ihren Arm ritzte. Sie landete in der Notaufnahme und sagte später: „Ich hätte mir fast in die Halsschlagader geschnitten."[547]

Angelina Jolie wurde also ab dem Alter von 4 Jahren sexualisiert und war später „versiert" im Umgang mit blutigen Narben... Einige Therapeuten werden hier eindeutig Anzeichen erkennen, die darauf hindeuten, dass Angelina Jolie in ihrer frühen Kindheit Opfer von sexuellem Missbrauch war. Misshandlungen, die ihre Persönlichkeit gespalten haben könnten, und die folgende Aussage scheinen zu bestätigen, dass sie in ihrer Kindheit dissoziative Zustände durchlebte: *„Als ich ein Kind war, hatte ich kein eigenes „Ich". Als ich heranwuchs, lebte ich in den Rollen, die ich spielte, indem ich mich in verschiedenen Teilen meiner Persönlichkeit verlor."*

Ein weiteres Beispiel ist der Schauspieler David Carradine, der im Alter von 72 Jahren tot in einem Hotelzimmer in Bangkok aufgefunden wurde. Generalleutnant Worapong Siewpreecha sagte, der Schauspieler sei mit *einem*

---

[547] *Angelina Jolie - Die Biografie: Die Geschichte des verführerischsten Stars der Welt* - Rhona Mercer, Kap. 1, 2009.

Seil um den Hals und einem weiteren um sein Geschlechtsteil gefesselt aufgefunden worden, *die beide zusammengebunden waren und an der Garderobe hingen.* Eine sadomasochistische Praxis, bei der dem Gehirn Sauerstoff entzogen wird, um die Wirkung des Orgasmus zu verstärken, ein „Spiel", das sich als tödlich erwies...

In der Unterhaltungsindustrie mangelt es nicht an Beispielen für völlig aus den Fugen geratenes und selbstzerstörerisches Verhalten, eine Welt, in der die Grenzen zwischen Fiktion und Realität, Wahnsinn und Vernunft nicht mehr zu existieren scheinen. Eine Welt, in der Drama und Horror nicht nur in fiktiven Szenarien geschrieben werden, sondern auch im Leben der Schauspieler... Aber ist es möglich, dass einige der größten Stars aus Film und Gesang von dämonischen Wesenheiten besessen oder beeinflusst sind? Dienen sie als Medium für bestimmte geistige Kräfte, die ihre Kreativität oder ihre Bühnenauftritte bewusst oder unbewusst beeinflussen? Ist der „Pakt mit dem Teufel" nur eine Legende?

Der Status des Menschen in diesem materiellen Universum ist vorübergehend und kann, wie wir gesehen haben, von Wesenheiten beeinflusst werden, die mit anderen Dimensionen verbunden sind. Das Alte und das Neue Testament sind voll von Beispielen, in denen Engel unter der Leitung Gottes in menschliche Angelegenheiten eingriffen. Die Bibel spricht aber auch von der unerwünschten und ständigen Anwesenheit von *Dämonen* oder des *Teufels, d. h.* von gefallenen geistigen Wesenheiten, die die Menschen negativ beeinflussen. Die Bibel beschreibt die verschiedenen Dimensionen, in denen sich solche Wesen aufhalten: *„Die Engel, die die Würde ihres Ranges nicht bewahrt haben, sondern ihre Wohnung verlassen haben, hat er in ewigen Ketten in den Tiefen der Finsternis verwahrt und wartet auf den großen Tag des Gerichts."* Judas 1:6

Abgesehen vom biblischen Aspekt können wir heute objektiv und rational nicht leugnen, dass die Unterhaltungsindustrie insgesamt ein Bild von Dekadenz und Unmoral propagiert, das auf Gewalt, Sex, Drogen und übertriebenem Materialismus beruht... Wie ein Spiegel reflektiert unsere westliche Gesellschaft heute den Inhalt dieser Unterhaltungsprogramme, die ständig in den Medien verbreitet werden.

Woher kommt dieser Geist der Dekadenz? Wird sie durch Wesenheiten in unsere Welt eingepflanzt, die bestimmte Menschen als Medium benutzen, um eine Subkultur zu verkörpern und so die Menschheit als Ganzes zu beeinflussen? Sind diese Medien „Agenten" der Gegeninitiation, die (bewusst oder unbewusst) die Schöpfung verunreinigen? In Kapitel 6 haben wir bereits die Anfänge einer Antwort auf diese Fragen gefunden...

2011 trank die Sängerin Ke$ha auf der Bühne des *Future Music Festival* in Sydney das Blut eines (mutmaßlichen) Rinderherzens. Ihre blutige „Performance", bei der sie das Herz über ihren Kopf hob, um das Blut in ihren Mund fließen zu lassen, war ein Beispiel für ihren Song *Cannibal*... Kesha Rose Seber stand über 45 Minuten lang blutverschmiert auf der Bühne vor Tausenden von jubelnden Menschen.[548] Auf dem Cover ihres Albums *Cannibal* ist ihr Gesicht mit einer Träne abgebildet, die es vertikal in zwei Hälften teilt, eine klassische Symbolik in der Unterhaltungsindustrie, die für die Spaltung der Persönlichkeit steht.

2014 übergab sich Lady Gaga auf dem *SXSW-Festival* in Austin, Texas, buchstäblich und bereitwillig auf sich selbst. Während dieser „Schock-Performance" schluckte die Künstlerin Millie Brown eine grünliche Flüssigkeit und steckte sich dann die Finger in den Hals, um den Inhalt ihres Magens auf die halbnackte Gaga zu erbrechen. Alle in einer sexuell eindeutigen Position auf einem mechanischen Pferd....

Die Sängerin Miley Cyrus wird immer provokanter und sexuell perverser. Im November 2015 kam Miley Cyrus während eines Konzerts in Chicago zum Start ihrer neuen Tournee fast nackt auf die Bühne, mit einem riesigen Dildo im Schritt! In diesem Outfit trat sie vor ihren Fans auf, von denen viele minderjährig oder sogar im Vorschulalter waren.

Ziel ist es, dafür zu sorgen, dass all diese abweichenden, perversen und immer wiederkehrenden Praktiken nicht schockierend werden und allmählich Teil unserer Kultur werden... Denken wir daran, dass Lady Gaga der beliebteste Popstar der Welt ist und dass ihre „Auftritte" und Verhaltensweisen Millionen von jungen Menschen beeinflussen. So hat Gaga zum Beispiel Fotoshootings mit echtem rohem rotem Fleisch oder mit implantierten Hörnern auf der Stirn gemacht - Aufnahmen, die in der ganzen Welt verbreitet sind und leider auch bejubelt werden.

Ein Angestellter des Chicos Intercontinental Hotel in London sagte der Zeitung The Sun: „Lady Gaga hat während ihres Aufenthalts in diesem Sommer eine große Menge Blut in ihrer Suite hinterlassen. Der Vorfall wurde dem Hausmeister gemeldet, der gebeten wurde, ein Auge zuzudrücken". Eine andere Quelle sagte: „Jeder im Hotel ist davon überzeugt, dass Lady Gaga ein Blutbad angerichtet hat oder zumindest das ganze Blut für ein Kostüm oder ihren Bühnenauftritt verwendet hat".

Für manche ist das einfach nur zum Lachen... und viele werden in diesen extremen Handlungen nur eine Provokation zu Werbezwecken sehen: um in der *Prominentenpresse* und im Internet für *Aufsehen zu sorgen*. Aber diese Art von völlig gestörten „künstlerischen Darbietungen" nimmt zu und wird immer extremer, genau wie ein Wettlauf mit der Umkehrung moralischer Werte und dem Zusammenbruch einer Zivilisation. *L'ordo ab chao*... Ordnung durch Chaos oder vom Chaos zur Ordnung... Alles ist klar für diejenigen, die noch Augen haben zu sehen. Die Umkehrung der Werte ist im Gange...

- Der Geist sagt aber ausdrücklich, dass in den letzten Tagen einige vom Glauben abfallen und verführerischen Geistern und Lehren der Dämonen anhängen werden. 1 Timotheus 4:1

---

[548] „Ke$ha legt beim Future Music Festival einen blutigen Schocker hin und trinkt Blut aus einem Herzen" - *The Daily Telegraph*, 2011.

- Wehe denen, die Böses gut und Gutes böse nennen, die Finsternis in Licht und Licht in Finsternis verwandeln, die Bitteres in Süßes und Süßes in Bitteres verwandeln! Jesaja 5:20
- Wisse, dass in den letzten Tagen schwierige Zeiten kommen werden. Denn die Menschen werden selbstsüchtig sein, geldgierig, prahlerisch, stolz, Lästerer, aufmüpfig gegen ihre Eltern, undankbar, frevelhaft, gefühllos, unversöhnlich, Verleumder, zügellos, grausam, Feinde des Guten, Verräter, impulsiv, aufgeblasen vor Stolz, die ihr eigenes Vergnügen mehr lieben als Gott. Sie werden die äußere Form der Frömmigkeit bewahren, aber sie werden ihre Kraft verleugnen. Halten Sie sich von solchen Männern fern. 2. Timotheus 3,1-5.

Sind einige der großen Stars des Showbusiness das Medium einer höheren Macht? Die Frage verdient es, gestellt zu werden, und die Erklärungen einiger Künstler scheinen uns in dieser Frage zu erleuchten, wie wir weiter unten sehen werden...

Was ist Medialität? Der Psychologe und Medium Jon Klimo definiert die mediale Trance wie folgt: „Die Übermittlung von Informationen an einen Menschen aus einer Quelle, die auf einer anderen Ebene als der uns bekannten physischen Dimension existiert und die nicht aus dem Geist des Mediums stammt."

Es gibt zwei Formen der Medialität oder des Channelings: absichtliches Channeling und spontanes Channeling. Absichtliches Channeling liegt vor, wenn eine Person freiwillig den Kontakt zu Wesenheiten sucht und von ihnen besessen wird. In solchen Fällen warten die Geister in der Regel auf die Erlaubnis, bevor sie in den Körper eindringen. Beim spontanen Channeling übernehmen die Geister die Kontrolle über den Körper, wenn sie es wünschen, und der Mensch ist ihnen dann ausgeliefert.

Beide Arten des Channeling können viele Formen annehmen. Es kann ein vollständiger oder teilweiser Verlust des Bewusstseins während der Trance sein. Dies kann auch im Schlaf geschehen, wo die Geister den Menschen in seinen Träumen und Albträumen beeinflussen. Eine andere Form der Medialität ist der Automatismus, bei dem das Wesen die Kontrolle über einen Teil des Körpers, in der Regel die Hand, übernimmt, um ihn zum Schreiben oder Malen zu bringen, was als automatisches Schreiben oder Malen bezeichnet wird. In einer medialen Trance kann man schreiben, malen, singen, tanzen, Musik komponieren und sogar Reden und Lehren in Form von Vorträgen halten. Das Medium kann auch Worte hören, die ihm in den Kopf diktiert werden, dies nennt man „Hellhörigkeit", eine paranormale Hörfähigkeit. Unabhängig von der Art und Weise des Channelns und dem erzielten Ergebnis muss man sich darüber im Klaren sein, dass das Medium ohne diese dämonischen Wesenheiten absolut keine Macht hat. [549]

Medium Jon Klimo bestätigt, dass mediale Zustände von externen Entitäten beeinflusst werden: „Wenn Ihr Geist auf Ihr eigenes Gehirn einwirken

[549] *Cult Watch: What You Need to Know about Spiritual Deception* - John Ankerberg, John Weldon, 1991.

kann, dann kann auch etwas Ähnliches nicht-physischer Natur auf Ihr Gehirn einwirken und Sie dazu bringen, Stimmen zu hören oder Visionen zu haben. Ein Wesen kann sprechen oder schreiben, indem es Ihren Körper auf dieselbe Weise kontrolliert, wie Sie ihn normalerweise mit Ihrem Verstand kontrollieren."[550]

„Die Götter kommunizieren nicht direkt mit den Sterblichen, sondern durch Zwischengeister. Der Sterbliche braucht Figuren, um mit den Göttern zu kommunizieren, und so wird der Dämon zur notwendigen Figur... eine Quelle, die zu Opfern, Einweihungen, Beschwörungen, Prophezeiungen, Weissagungen, Zaubersprüchen und heiligen Gedichten führt." Platon[551]

„Genauso inspiriert die Muse die Menschen, weil sie inspiriert und besessen sind... Nicht durch Kunst oder Wissen sagt man, was man sagt, sondern durch Besessenheit." Sokrates[552]

„Haltet euch ständig offen für die Dämonen, die euch ins Ohr flüstern. Der Begriff „Dämon" hat eine alte Bedeutung, die dem „führenden Geist", der „inspirierenden Muse" nahe kommt." Anton Lavey[553]

„Die dritte ist die theatralische Methode, vielleicht die attraktivste von allen; sie wird auf jeden Fall das Temperament des Künstlers ansprechen, denn sie wendet sich an seine Vorstellungskraft durch seinen Sinn für das Ästhetische." Aleister Crowley[554]

Die Bibel lehrt uns, dass das Channeln von Geistern nichts anderes als dämonische Besessenheit ist, auch wenn *New-Age-Medien* es vorziehen, von einer „gegenseitigen Zusammenarbeit" zwischen der Entität und dem *Channel zu* sprechen. Es hat den Anschein, dass viele Künstler in ihrem kreativen Prozess absichtlich oder unabsichtlich Entitäten kanalisieren, sei es beim Drehbuchschreiben, Songschreiben, Schauspielen oder bei Bühnenauftritten.

Wir sollten klarstellen, dass das Interesse des Fürsten dieser Welt und seiner Armee nicht darin besteht, die menschliche Masse spirituell zu erheben, sondern sie vielmehr dazu zu bringen, mit ihm zu fallen... In unserer Zeit wird die Unterhaltungsindustrie mit ihren zahlreichen Medien gegen die spirituelle Gesundheit des Menschen eingesetzt, obwohl sie auch einen Teil der Wahrheit über unsere gegenwärtige Situation vermitteln und enthüllen kann... Die Zweideutigkeit besteht darin, dass diese Industrie auf der einen Seite das Gewissen abtauchen lässt, um es abzulenken und zu entwürdigen, auf der anderen Seite aber auch durch ihren materialistischen, dekadenten und

---

[550] Channeling: Untersuchungen zum Empfang von Informationen aus paranormalen Quellen - Jon Klimo, 1987.

[551] Der Dämon und der Engel: Auf der Suche nach der Quelle der künstlerischen Inspiration Edward Hirsch, 2003.

[552] Actors and Acting - Toby Cole, Helen Krich Chinoy (Hrsg.), Three Rivers Press, 1995.

[553] *Kirche des Satans* - Anton Lavey, S.110.

[554] *Buch 4* - Aleister Crowley, 1980.

krankmachenden Extremismus die Menschen aufrütteln kann und so den Einzelnen dazu bringt, sich selbst zu hinterfragen und sich von ihr zu lösen, um zum Göttlichen zurückzukehren. Darüber hinaus destilliert diese Industrie permanent ein symbolisches okkultes Wissen in ihre Produktionen, ja alles wird denen gezeigt, die noch Augen haben, es zu sehen: *„Redet nicht darüber, zeigt es."*

Ein Gesetz dieses großen Theaters ist es, die Wahrheit trotz des Anscheins von Dunkelheit und Verwirrung durchscheinen zu lassen, damit sich der freie Wille erfüllen kann. Gott lässt es nicht zu, dass der Zugang zur Wahrheit unterdrückt wird, trotz des *Trubels* und des Chaos in der Umgebung, die versuchen, das menschliche Bewusstsein abzulenken und zu kontrollieren. Der Krieg ist spirituell, er besteht darin, das Bewusstsein vom Wissen um Gott abzulenken. Die Bewusstseinskontrolle der Massen ist der *Modus Operandi der* kontrollierenden Zauberer ... aber sie müssen den Zugang zur Wahrheit erlauben, sie haben keine Wahl.

Hier ist eine beeindruckende Reihe von Zitaten, die zeigen, dass dämonische Besessenheit in unserer Welt präsenter denn je ist, vor allem unter den einflussreichen Stars der Film- und Musikindustrie.

(In den Studien von John Livingstone Nevius:) Wang Yung-ngen aus Peking stellte fest, dass Menschen, die keine Fähigkeit zum Singen besaßen, zu talentierten Sängern wurden, wenn sie besessen waren, und dass andere, die keine natürliche Fähigkeit zum Dichten besaßen, leicht Reime verfassen konnten, wenn sie im Besitz eines Wesens waren."[555]

► Kino:

- Rudolph Valentino:
In den 1920er Jahren waren der Schauspieler Rudolph Valentino und seine Frau Natasha beide Anhänger des Okkulten und praktizierten Spiritismus: *„Jeden Abend hielt Natasha eine Séance ab, um die Geisterwelt um Hilfe für ihre Kreativität zu bitten. Mit Stift und Papier in der Hand verfällt sie dann in Trance und beginnt zu schreiben. Die getippte Arbeit wurde am nächsten Tag an den Direktor übergeben."[556]

- Mae West:
In den 1930er Jahren sagte die Schauspielerin Mae West, die als Königin des Sex und sogar als Statue der Libido bekannt war, einmal: „Wenn ich gut bin, bin ich sehr gut, aber wenn ich schlecht bin, bin ich noch besser."

Seine Arbeit hat dazu beigetragen, die biblischen Werte Nordamerikas umzustürzen. Wests Kontakt mit der Geisterwelt führte zu einer erfolgreichen Produktion von Drehbüchern. Drehbücher, die sie in die Filmszene katapultiert

---

[555] „Dämonische Besessenheit: ein medizinisches, historisches, anthropologisches und theologisches Symposium" - John Warwick Montgomery, 1976.

[556] *Madam Valentino* - Michael Morris, Abbeville Press, 1991.

haben. Sie ließ sich von Wesenheiten besetzen und verbrachte ganze Abende mit psychischen Lesungen. Einer ihrer Verwandten, Kenny Kingston, sagte: *„Wenn sie wütend darüber war, dass niemand eine Idee für ein Drehbuch hatte, lief sie in ihrem Zimmer herum und sagte: 'Kräfte, Kräfte, kommt zu mir und helft mir, ein Drehbuch zu schreiben. Sie begann, Stimmen zu hören und Bilder einer Geschichte zu sehen, die sich vor ihr abspielte. Mae rief dann einen Stenographen und diktierte stundenlang, während sie in einem tranceähnlichen Zustand auf ihrem Bett lag, die Dinge so, wie die Geister sie ihr übermittelten."*[557]

- Marilyn Monroe:

Das berühmte Sexsymbol des 20. Jahrhunderts war dafür bekannt, in tiefe Trance zu fallen. Kenny Kingston sagte, sie *„zieht die Geisterwelt zu sich, um sie zu führen."*[558]

Marilyn Monroe selbst sagte: „Jekyll & Hyde... Mehr als zwei, ich bin so viele Menschen. Manchmal schockieren sie mich, ich wünschte, es ginge nur mir so!"[559]

Lloyd Shearer schrieb: „Vor jeder Aufnahme schloss Marilyn ihre Augen und versetzte sich in eine tiefe Trance."[560]

Marilyn Monroe sagte einmal: „Hollywood ist ein Ort, an dem sie dir 50.000 Dollar für einen Kuss und 50 Cent für deine Seele zahlen."

- James Dean:

James Dean war ein weiterer bekannter Anhänger des Okkulten. Er gab öffentlich zu: *„Ich kenne mich ziemlich gut mit satanischen Kräften aus."*[561]

Sein enger Freund Dennis Hopper sagte über ihn: „Er war wie verwandelt, als die Kamera lief. Er würde plötzlich zur Figur werden... Seltsame Dinge würden aus ihm herauskommen."

James Deans Rat an Dennis Hooper über die Arbeit mit der Geisterwelt war einfach: *„Lass dich offen."*

Tatsächlich glaubte James Dean, dass ein anderes Wesen in ihm wohnte, wenn er schauspielerte, und beschrieb es wie folgt: Es war, als ob zwei Menschen in derselben Haut steckten... der eine schob den anderen von hinten... der eine schien über die Oberfläche der Haut zu treiben."

- Peter Sellers

Der britische Schauspieler Peter Sellers, bekannt durch seine Rolle in der Pink-Panther-Serie, sagte: „Es ist ein bisschen so, als wäre man ein Medium, das

---

[557] Kenny Kingston's Guide to Health and Happiness - Kenny Kingston, (Windy Hill), 1984.

[558] *Ich spreche immer noch mit...* - Kenny Kingston, Valerie Porter, Seven Locks Press, 2000.

[559] Göttin: „Das geheime Leben der Marilyn Monroe" - Anthony Summers, 1996.

[560] Ebd.

[561] James Dean, der König der Mutanten: eine Biographie - David Dalton, 2001.

sich öffnet und sagt: Ich möchte, dass eine Figur meinen Körper bewohnt oder ihn übernimmt, damit ich das produzieren kann, was ich produzieren möchte."[562]

Als Sellers gefragt wurde: „Hören Sie seine Stimme so, wie Sie jetzt meine hören? Er sagte: „Ja, absolut, so klar wie jetzt. Eine sehr klare Stimme, als ob jemand sprechen würde, aber hier (er zeigt auf seinen Kopf). Manchmal rufe ich an, um Hilfe zu bekommen, und manchmal läuft es so ab. Es kann jederzeit, wirklich jederzeit, passieren. (...) Ich spiele wie ein Medium, wenn Sie so wollen, ich lasse den Charakter durch mich kommen..."

Peter Evans, der Biograf von Peter Sellers, wird beschreiben, wie „der Dämon begann, seinen Körper zu bewohnen. Alles begann sich in ihm zu verändern. Es war nicht nur sein Gang und die Art, wie er stand, es war nicht nur seine Stimme, sondern auch seine Mimik, seine Augen, seine Gesten... alles war anders."

- Robin Williams:

1999 erzählte der Schauspieler Robin Williams selbst dem Reporter der *US Weekly*, James Kaplan, dass er sich der Besessenheit öffnete, als er auf der Bühne stand: *„Ja! Im wahrsten Sinne des Wortes, es ist wie eine Besessenheit. Plötzlich ist man drin, und wenn man vor einem Publikum spielt, fließt diese Energie in einen hinein... Aber da ist auch noch etwas anderes, es ist Besessenheit, früher wäre man dafür verbrannt worden. Aber irgendetwas gibt dir da drinnen Kraft. Ich meine, ihr seid alle dabei... Es ist wie bei Dr. Jekyll und Mr. Hyde, ihr könnt tatsächlich zu dieser anderen Kraft werden. Vielleicht ist das der Grund, warum ich (im Film) keine bösen Figuren spielen muss, auf der Bühne kann man diese Grenze überschreiten und dann zurückkommen."*

Im selben Artikel fügte James Kaplan hinzu: „Mit einer an dämonische Besessenheit grenzenden Imitations- und Improvisationsgabe konnte Williams sogar an die Kunst seines Idols Jonathan Winters heranreichen, eines Mannes, dessen Genialität ihn ein- oder zweimal an den Rand des Wahnsinns trieb."

Es wurde festgestellt, dass Robin Williams im Jahr 2014 Selbstmord begangen hat.

- Leonardo DiCaprio:

Total Eclipse - Regisseurin Agnieszka Holland sagte über den Schauspieler Leonardo DiCaprio:

„Leo ist wie ein Medium. Er öffnet seinen Körper und seinen Geist, um Botschaften über das Leben eines anderen Menschen zu empfangen."[563]

Der Vater von Leonardo DiCaprio sagte über seinen Sohn: „Ich glaube, Rimbaud war vielleicht ein Medium, vielleicht wurde er von Außerirdischen besucht, und ich glaube, Leo hat diese Fähigkeit auch!"

---

[562] Peter Sellers: Die Maske hinter der Maske - Peter Evans, 1980.

[563] *Leonardo DiCaprio* - Nancy Krulik, 1998.

In ihrem Buch Leonardo DI Caprio: The Modern Day Romeo sagt Grace Catalano: „Aus Leo kann man an einem Tag dreißig Personen hervorgehen sehen."

- Marion Cotillard:

Im Jahr 2014 sagte die Schauspielerin Marion Cotillard, sie fühle sich *vom Geist von Édith Piaf* besessen. In einem Interview mit der britischen Zeitung *The Guardian* sagte die französische Schauspielerin, sie habe sich so in ihre Rolle als Édith Piaf vertieft, dass sie die Stimme der Sängerin hören konnte und sich acht Monate lang von ihrem Geist verfolgt fühlte. Sie sagte, sie habe alles versucht, um es loszuwerden. *Ich habe einen Exorzismus mit Salz und Feuer versucht. Ich bin auch nach Bora Bora gereist, um dem zu entgehen. Ich war in Machu Picchu in Peru und habe an schamanischen Zeremonien teilgenommen, um mich zu reinigen. Schließlich wurde mir klar, warum ich sie nicht gehen lassen konnte. Sie wurde von ihrer Mutter im Stich gelassen. Ihre größte Angst war das Alleinsein.* "[564]

➤ Musik:

Zur Einführung in diesen Abschnitt nehmen wir das Beispiel des Komponisten Giuseppe Tartini, eines italienischen Geigers der Barockzeit, der mehr als 400 Werke schrieb. Sein berühmtestes Werk trägt den Titel *„Devil's Trill Sonata"*. Die Geschichte dieser musikalischen Schöpfung beginnt mit einem Traum... Tartini soll dem französischen Astronomen Jérôme Lalande erzählt haben, dass ihm der Teufel im Traum erschienen sei und ihn gebeten habe, sein Diener zu sein. In seinem Traum soll Tartini am Ende des Unterrichts dem Teufel seine Geige gegeben haben, um sein Können zu testen. Der Teufel begann daraufhin mit einer solchen Virtuosität zu spielen, dass es Tartini den Atem verschlug. Als der Komponist erwachte, nahm er sofort Stift und Papier zur Hand, um die Teufelssonate aufzuschreiben, wobei er verzweifelt versuchte, das im Traum Gehörte wiederzufinden. Obwohl seine Komposition letztendlich sehr erfolgreich war und vom Publikum geliebt wurde, beklagte Tartini, dass sie noch weit von dem entfernt war, was er in seinem Traum gehört hatte. Was er geschrieben hatte, war, in seinen eigenen Worten, *„so minderwertig gegenüber dem, was ich hörte, dass ich, wenn ich anders hätte leben können, meine Geige zerbrochen und die Musik für immer aufgegeben hätte."* [565]

Cyril Scott, der *„Vater der modernen britischen Musik"*, war zu Lebzeiten ein bedeutender Komponist, Dichter und Schriftsteller. Er studierte auch Theosophie und interessierte sich für die Verwendung von Musik im Okkulten. Zwei seiner Bücher, *The Influence of* Music *on History* and *Morals (Der Einfluss der* Musik *auf Geschichte* und *Moral) und* Music: *Its Secret*

---

[564] „Marion Cotillard fühlte sich vom Geist von Edith Piaf besessen" - ici radio-canada.ca, 2014.

[565] „Le Violon: les violonistes et la musique de violon du XVIe au XVIIIe siècle" - Arthur Pougin, 1924, S.106-107.

*Influence Throughout the Ages (*Musik: *Ihr geheimer Einfluss im Laufe der Zeitalter), wurden* durch das Channeling eines seiner theosophischen Geistführer empfangen. Im zweiten Buch sagt Scott, dass er durch den Kontakt mit diesem Geist *ein besonderes Interesse an der Entwicklung der westlichen Musik entwickelt hat.* Scott war überzeugt, dass *die großen Eingeweihten* (der Geisterwelt) *große und wichtige Pläne für die musikalische Zukunft haben.* Wie sieht dieser Plan aus? Es geht darum, Musik als okkultes Medium zu nutzen, durch das veränderte Bewusstseinszustände, bestimmte übersinnliche Fähigkeiten und ein enger Kontakt mit der Geisterwelt entwickelt werden können. Scott erklärt: *„Die Musik der Zukunft soll dazu dienen, die Menschen in engen Kontakt mit den Devas (Geistern) zu bringen, so dass sie in der Lage sind, den wohltuenden Einfluss dieser Wesen zu empfangen, indem sie Konzerte besuchen, in denen eine geeignete Art von Klang als Anrufung verwendet wurde (...) Wissenschaftlich berechnete Musik kann zwei Ziele erreichen: die Anrufung der Devas und die Stimulierung der psychischen Fähigkeiten des Zuhörers, der dann für den Einfluss dieser Geister offen ist."*

Cyril Scott schließt sein Buch mit den Worten seines spirituellen Führers: „Heute, da wir in diese neue Ära eintreten, wollen wir vor allem durch inspirierte Musik den Geist der Vereinigung und Brüderlichkeit einleiten und so die Schwingung dieses Planeten beschleunigen.[566] Wir befinden uns hier inmitten eines neuen Zeitalters...

- Elvis Presley:

In einer der Elvis-Biografien mit dem Titel *„ If I Can Dream: Elvis' Own Story"* schreibt Larry Geller, dass der berühmte Sänger selbst zugab, dass er Hilfe von der Geisterwelt erhielt. Laut Geller, der Elvis' spiritueller Berater war, hatte Presley auf seinen Reisen immer Bücher dabei. Zu seinen Lieblingsbüchern gehörten *„Isis Unveiled"* der Theosophin Helena Blavatsky, *„Autobiography of a Yogi"* von Paramahansa Yogananda, *„The Secret Teaching of All Ages"* des Freimaurers Manly P. Hall, Alice Baileys *„Esoteric Healing",* Levi H. Dowlings *„Aquarian Gospel of Jesus the Christ"* und die sechs Bände von Baird T. Spaldings *„Life and Teachings of the Masters of the Far East".* Spalding. Elvis Presley war also ein früher *New-Ageer,* ein großer Fan der Theosophin Blavatsky, die einst die Zeitschrift *Luzifer* herausgab. Er mochte Blavatskys Buch *„Der Weg der Stille"* so sehr, dass er manchmal sogar Teile daraus auf der Bühne vorlas, und er verwendete es auch als Inspiration für seine eigene Gospelgruppe *„Voice".*[567]

Der Journalist Steve Dunleavy berichtete über einige Aussagen von Elvis' Leibwächter Red West: „Elvis Presley spreizte sein Mikrofon in einer sehr anzüglichen Position... er zitterte in zwanghaften Bewegungen, als ob er vom Geist eines Außerirdischen besessen wäre. Für Red West war Elvis besessen:

---

[566] „Musik und ihr heimlicher Einfluss im Laufe der Jahrhunderte" - Cyril Scott, 2013.

[567] *Elvis* - Albert Goldman, 1981, S.436.

„Er hatte eine Art besondere Kraft, er hatte übersinnliche Kräfte, das hat Elvis mir oft bewiesen.[568]

Sein Biograph Larry Geller sagte auch: „Elvis glaubt, dass er unter der Ägide der Meister arbeitet... und dass sie ihm helfen... In Elvis' Geist wird sein Leben von den Meistern und erleuchteten Wesen göttlich gelenkt, aufgestiegenen Wesenheiten, die vor Äonen lebten. Er glaubte wirklich, dass er auserwählt worden war, ein moderner Christus zu sein."

Elvis selbst gab zu: „Ich habe immer eine unsichtbare Hand hinter mir gespürt. Ich höre dieselbe Stimme und denke, dass es die Stimme meines (verstorbenen) Bruders ist. Das denke ich auch. Ich höre diese Führung, die mein ganzes Leben lenkt. Das ist der Grund, warum ich hier bin und warum ich dies tue. Das ist kein Zufall. (...) Elvis sagte, dass „seine Mission" darin bestand, seinen „Namen und Einfluss" zu nutzen, um die Menschen in die „spirituelle Welt" einzuführen, in der er gebraucht wurde. Er sagte, dass diese 'Stimme' ihn als 'Kanal' benutzte, um Millionen von Menschen durch die 'universelle Sprache der Musik' zu erreichen (...) Eines Tages in der Zukunft werden wir sehen, wie das Werk Gottes reagieren wird, wenn es sieht, dass das 'alte Zeitalter' zu bröckeln beginnt... Ich freue mich auf dieses neue Zeitalter..."[569]

Laut Gary Herman, dem Autor von „Rock and Roll Babylon" (2002), gab Elvis selbst zu, „dass sein Erfolg ein teuflisches Element enthielt".

- Little Richard:

Der berühmte amerikanische Sänger und Rock'n'Roll-Pionier sagte: „Rock'n'Roll verherrlicht Gott nicht. Man kann nicht gleichzeitig aus der Quelle Gottes und aus der Quelle des Teufels trinken. Ich bin einer der Pioniere dieser Musik, einer ihrer Schöpfer. Ich weiß, woraus es besteht, weil ich es gebaut habe."[570]

Richard sagte auch aus: „Ich wurde von einer anderen Macht geleitet und befohlen. Die Macht der Dunkelheit... Eine Macht, von der viele glauben, dass sie nicht existiert. Die Macht des Teufels, Satan (...) Meine wirkliche Meinung über Rock n' Roll, und ich habe in den letzten Jahren viel darüber gesprochen, ist folgende: Ich denke, diese Art von Musik ist dämonisch... Viele der Rhythmen in der heutigen Musik kommen aus dem Voodoo, von Voodoo-Trommeln. Wenn Sie die Musik und ihre Rhythmen studieren, so wie ich es getan habe, werden Sie feststellen, dass dies eine Realität ist. Ich glaube, dass diese Art von Musik die Menschen von Christus wegführt. Es ist ansteckend."[571]

- Jimi Hendrix:

„Ich kann Dinge viel leichter durch Musik erklären. Auf diese Weise hypnotisieren Sie die Menschen... und wenn Sie die Menschen an ihrem

---

[568] „Elvis: Was ist passiert?" - Steve Dunleavy, 1977.

[569] If I Can Dream: Elvis' eigene Geschichte - Larry Geller, 1990.

[570] *The Dallas Morning News*, Little Richard, 10/1978, S.14A.

[571] The Life and Times of Little Richard - Charles White, 2003.

schwächsten Punkt haben, können Sie in ihr Unterbewusstsein predigen, was Sie wollen. LIFE, Oktober 1969

Der Herr weiß es, ich bin ein Voodoo-Kind. Jimi Hendrix - Voodoo Chile, 1968

Jimi Hendrix' Interesse am Spiritualismus führte zu dem Lied „*Voodoo Chile*". Kwasi Dzidzornu alias Rocky Dijon, ein in Ghana geborener Conga-Spieler, dessen Vater ein Voodoo-Priester war und der oft an der Seite von Hendrix spielte, sagte: „*Eines der ersten Dinge, die ich Jimi fragte, war, woher er den Voodoo-Rhythmus hatte... Viele der Rhythmen, die Jimi auf der Gitarre spielte, waren sehr oft die gleichen, die mein Vater bei Voodoo-Zeremonien spielte. Die Art und Weise, wie Jimi zum Rhythmus seiner Musik tanzte, erinnerte mich auch an die zeremoniellen Tänze zu den Rhythmen, die mein Vater für Oxun, den Gott des Donners und der Blitze, spielte. Diese Zeremonie wird „Voodooshi" genannt.*"[572]

Hendrix meint: „Dinge wie Hexerei und Fantasie, die eine Form der Erforschung sind, wurden von der Gesellschaft verboten und als böse abgestempelt. Das liegt daran, dass die Menschen Angst haben, die volle Kraft ihres Verstandes zu entdecken."[573]

Hendrix' Produzent Alan Douglas sagte: „Eines der wichtigsten Dinge an Jimi war, was er glaubte... Er glaubte, er sei von einem Geist besessen, und ich glaube das auch. Damit mussten wir uns ständig auseinandersetzen (...) er hat wirklich daran geglaubt, und er hatte ständig damit zu kämpfen."

Seine Geliebte Fayne Pridgeon sagte über Hendrix: „Er sagte immer, dass ein Teufel oder irgendetwas in ihm steckte, er wusste nicht, warum er sich so verhielt, wie er es tat, und warum er sagte, was er sagte, die Songs und so weiter, es kam einfach aus ihm heraus (...) Er sagte immer: 'Ich weiß nicht, was mit mir los ist. Ich kann ihn wirklich nicht verstehen. Sie wissen, dass er sich immer an den Haaren zog oder vor dem Spiegel stand und schrie. Oh mein Gott! Es war so traurig, als er schrie... Er war vielleicht der erste oder der einzige Mann, den ich weinen sah, und es brach mir das Herz, wenn er so weinte... Ich hatte den Eindruck, dass er sehr gequält war, völlig zerrissen und wirklich von etwas sehr Schlimmem besessen war. Er fragte mich manchmal: „Da du aus Georgien kommst, kennst du sicher jemanden, der Dämonen austreibt."[574]

- Die Beatles:

John Lennon sagte: „Wenn echte Musik zu mir kommt, gibt es nichts zu tun, denn ich bin wie ein Kanal. Ich fühle mich wie ein leerer Tempel, der mit vielen Geistern gefüllt ist, von denen jeder durch mich hindurchgeht, jeder für

---

[572] *Scuse Me While I Kiss The Sky* - David Henderson, S. 251.

[573] *Jimi* - Curtis Knight, Prayer Publishers Inc. New York, 1974.

[574] Aus dem Film „*Jimi Hendrix*", Interview mit Fayne Pridgeon, zitiert in *Heartbeat of the Dragon*, S. 50.

eine kurze Zeit in mir wohnt und mich dann verlässt und durch einen anderen ersetzt wird."[575]

Lennons Frau, Yoko Ono, sagte ebenfalls: „Sie waren Hellseher, sie waren sich nicht über alles bewusst, was sie sagten, aber es kam durch sie."[576]

So beschreibt Paul McCartney, wie er zu einem seiner berühmtesten Songs kam: „Die Musik zu 'Yesterday' erschien mir in einem Traum. Die Melodie war vollständig. Man muss an die Magie glauben. Ich selbst kann nicht einmal Noten lesen oder schreiben."[577]

John Lennon wird etwas ganz Ähnliches sagen: „Es ist erstaunlich, diese Melodie (Anm. d. Red.: der Song 'In My Life') kam mir im Traum in den Sinn. Deshalb gebe ich nicht vor, etwas zu wissen. Ich finde, die Musik ist sehr mystisch."[578]

Der Schlagzeuger der Band, Ringo Starr, sagte über den Song „Rain": „Ich hatte das Gefühl, als würde jemand anderes spielen."

Der Publizist der Beatles, Derek Taylor, sagte in einem Interview mit der Saturday Evening Post: „Es ist unglaublich, absolut unglaublich. Da sind diese vier Jungs aus Liverpool, sie sind hart, sie sind blasphemisch, sie sind vulgär, aber sie haben die Welt erobert. Es ist, als hätten sie eine neue Religion gegründet. Sie sind völlig antichristlich. Ich meine, ich bin es auch, aber sie sind so antichristlich, dass sie sogar mich schockieren, was nicht einfach ist."[579]

Der San Francisco Chronicle vom 13. April 1966 veröffentlichte diese Aussage von John Lennon: „Das Christentum wird verschwinden, es wird kleiner werden, bis es verblasst. Ich möchte nicht darüber streiten. Ich habe Recht und die Zukunft wird es beweisen. Wir sind jetzt beliebter als Jesus Christus. Ich weiß nicht, was zuerst verschwinden wird, der Rock'n'Roll oder das Christentum."

- David Bowie:

Bowie, der ein großer Bewunderer des Satanisten Aleister Crowley war, sagte 1976 dem Magazin Rolling Stone: „'Rock war schon immer die Musik des Teufels (...) Ich denke, Rock'n'Roll ist gefährlich (...) Ich habe das Gefühl, dass wir gerade etwas verkünden, das dunkler ist als wir selbst."

In seinem Lied „Quicksand" singt er: „Ich stehe dem Golden Dawn nahe, gekleidet in Crowleys Outfit (...) Ich bin kein Prophet oder Steinzeitmensch, nur ein Sterblicher mit übermenschlichem Potenzial."

In der Biografie von Angie Bowie (seiner Ex-Frau) heißt es, dass er 1976 sagte: „Mein Hauptinteresse gilt der Kabbala und Crowley. Diese dunkle und ziemlich unheimliche Welt auf der unanständigen Seite des Gehirns."

---

[575] Zeitschrift *People*, 22. August 1988, S. 70.

[576] Die Playboy-Interviews mit John Lennon und Yoko Ono, Berkeley, 1982.

[577] Paul McCartney, Interview mit Larry King Live, CNN Juni 2001.

[578] *The Beatles As Together* - John Lennon, Reader's Digest, 2001.

[579] Saturday Evening Post, 08/1964, S. 25.

1983 sagte David Bowie in einem Interview mit der Zeitschrift Musician: „Ich hatte ein mehr als nur flüchtiges Interesse an Ägyptologie, Mystik und der Kabbala. Damals schien es ganz offensichtlich, dass dies eine Antwort auf das Leben war. Mein ganzes Leben verwandelte sich in diese seltsame nihilistische Fantasiewelt des drohenden Untergangs, der mythologischen Figuren und des zukünftigen Totalitarismus."

- Michael Jackson:

Die weltweite Ikone der Popkultur Michael Jackson sagte: „Ich habe einen geheimen Raum, der von einer Wand versteckt und mit Spiegeln gefüllt ist. Dort spreche ich mit Lee... dort höre ich seine Stimme und spüre seine Gegenwart neben mir. Er ist wie mein Schutzengel. Er hat mir sogar erlaubt, sein Lieblingslied „I'll be seeing you" aufzunehmen.[580]

Michael Jackson erhielt den Spitznamen „Bambi" oder „Peter Pan", weil er nicht erwachsen werden wollte und sich in ein „Märchenland" zurückzog. Ein imaginäres Land, das sich vor allem in der Entwicklung seiner Neverland-Ranch zu einem echten Vergnügungspark zeigt. Dieser Mann litt enorm, wahrscheinlich aufgrund einer sehr traumatischen Kindheit.

Hier ist eine weitere seiner sehr expliziten Aussagen über das Phänomen der Besessenheit: „Wenn ich auf die Bühne gehe, gibt es eine plötzliche Magie, die aus dem Nichts kommt und von mir Besitz ergreift, und wenn der Geist von dir Besitz ergreift, verlierst du die Kontrolle über dich."[581]

In einem Fernsehinterview fragte ihn Oprah Winfrey nach seiner Angewohnheit, beim Tanzen die Hand in den Schritt zu legen, woraufhin Jackson antwortete: „Das ist ein unterschwelliges Phänomen. Es ist die Musik, die mich dazu bringt, es ist nicht geplant, es passiert spontan. Ich werde ein Sklave des Rhythmus."[582]

Jackson sagte auch: „Viele Male, wenn ich tanze, habe ich mich von etwas Heiligem berührt gefühlt. In diesen Momenten spüre ich, wie sich mein Geist erhebt und ich eins werde mit dem Ganzen."[583]

Wie bei den Beatles wurde auch Michael Jackson durch Träume zum Medium: „Ich wache aus dem Schlaf auf und denke: Wow! Wenn ich aus dem Schlaf erwache, sage ich: 'Wow, bring das zu Papier. Es ist alles seltsam, du hörst Worte und hast alles direkt vor Augen. Ich habe das Gefühl, dass irgendwo, an irgendeinem Ort, bereits alles getan wurde und ich nur ein Bote für die Welt bin." Rolling Stone, Februar 1983.

---

[580] Michael Jackson - Psychic News, 14/02/1987.

[581] Teen Beat: Eine Hommage an Michael Jackson, 1984.

[582] The Evening Star - Oprah Winfrey interviewt Michael Jackson, 1993.

[583] Dancing The Dream - Michael Jackson, 1992.

- Jim Morrison:
Der Mitbegründer und Keyboarder der berühmten Band The Doors, Ray Manzarek, sagte: „Jim war authentisch... Er war kein Showman. Er war kein Entertainer, er war ein Schamane. Er war ein besessener Mann. „

In Sibirien, wenn der Schamane bereit ist, in Trance zu gehen, sind alle Dorfbewohner bei ihm und spielen jedes Instrument, das sie können, um ihm zu helfen, in Trance zu gehen... Es ist dasselbe mit den Doors, wenn wir live spielen... Ich denke, es ist unser Zustand mit der Droge, der uns schneller in Trance gehen lässt... Es ist, als ob Jim ein elektrischer Schamane ist und wir die Band sind, die diesen elektrischen Schamanen begleitet und das Tempo hinter ihm hämmert. Manchmal wollen wir nicht in diese Zustände geraten, aber die Musik hämmert weiter und weiter, und nach und nach übernimmt sie die Kontrolle..."[584]

In einem Gedicht schreibt Jim Morrison, dass er dem Geist der Musik nach einer intensiven Energieentladung begegnete, als er eine Erscheinung des Teufels auf einem Kanal in Venedig sah... Ich sah Satan oder Satyr... Ein fleischlicher Schatten meines geheimen Geistes.[585]

Morrison gab zu, dass er trank, um die ständigen Stimmen der Dämonen zum Schweigen zu bringen.

Der Freund und Fotograf der Doors, Franck Lisciandro, sagte: „Jim trinkt, um die unaufhörlichen Stimmen von Dämonen, Geistern und anderen Geistern zu beruhigen, die ihre Freilassung fordern... Er trinkt, weil es Dämonen und Stimmen gibt, die in seinem Kopf schreien, und er hat einen Weg gefunden, sie mit Alkohol zu unterdrücken."[586]

- Carlos Santana:
Santana hat erklärt, dass er einen Geist kanalisiert, um seine Musik zu kreieren. In einem Artikel des *Rolling Stone* Magazins im März 2000 heißt es: *„Metatron ist ein Engel. Santana steht seit 1994 in regelmäßigem Kontakt mit ihm. Carlos sitzt mit dem Gesicht zur Wand, die Kerzen brennen, ein gelber Block liegt neben ihm, bereit für die Mitteilungen, die kommen (...) Es ist ein bisschen so, als würde man Faxe empfangen (...) Man meditiert mit Kerzen und Weihrauch und singt... und plötzlich hört man diese Stimme, die sagt: 'Schreib das...' (...) Metatron will etwas von mir, und ich weiß genau, was es ist. Menschen, die Musik hören, sind mit einer höheren Ebene von sich selbst verbunden. Deshalb macht mir dieses Album so viel Spaß, denn es ist eine persönliche Einladung von mir an die Menschen: Erinnert euch an eure Göttlichkeit (...) Die Energie von Engeln und Dämonen ist die gleiche Energie, es kommt darauf an, wie ihr sie nutzt. Es ist ein Treibstoff (...) Es gibt einen unsichtbaren Radiosender, den Jimi Hendrix und Coltrane aufgenommen haben, und wenn man ihn aufgenommen hat, kann man diese Musik weiterleiten. "*

---

[584] *No One Here Gets Out Alive* - Jerry Hopkins und Daniel Sugerman, 1995, S. 157-60.

[585] Jim Morrisons Suche nach Gott - Michael J. Bollinger, 2012.

[586] Break On Trought: The Life and Death of Jim Morrison - Riordan & Prochnicky, 2006.

Santana sagte auch: „Manchmal mache ich Dinge auf der Gitarre, von denen ich nicht einmal wusste, wie man sie macht. Ich weiß eigentlich gar nicht, wie das geht, es geht einfach durch mich durch. Es ist einer der höchsten Zustände, die jemand erreichen kann."

- John Mc Laughlin:
John Mc Laughlin vom Mahavishnu Orchestra sagte aus: „Eines Abends spielten wir, und plötzlich kam der Geist in mich, und ich spielte... aber ich spielte nicht mehr." - Zirkus, April 1972

Wenn ich den Geist von mir Besitz ergreifen lasse, ist das ein intensives Vergnügen. Meine Aufgabe als Musiker ist es, jedem seine eigene Göttlichkeit bewusst zu machen." - *Newsweek*, März 1972

- Die Rolling Stones:
Keith Richards von den Rolling Stones sagte nicht nur: „*Wir bekommen unsere Songs durch Inspiration wie bei einer* Séance", sondern er erzählte der *Los Angeles Times*, dass sein Song „*Demon*" autobiografisch sei und dass er selbst von vier Dämonen besessen sei. In dem Lied „*Demon*" singt Richards: „*Es ist wie eine Messe. Dämon in mir, Dämon in mir. Er lebt in mir, der Dämon in mir.*"

- Led Zeppelin:
Der berühmte Jimmy Page, der ein gläubiger Anhänger des Satanisten Aleister Crowley war, glaubte, dass er von dämonischen Geistern als Vehikel benutzt wurde. Andere Mitglieder von Led Zeppelin gaben zu, dass sie das „automatische Schreiben" erlebten: „*Er* (Anm. d. Red.: Robert Plant) *sagte oft, dass er spüren konnte, wie sein Stift von einer höheren Instanz geschoben wurde.*"[587]

Robert Plant und Jimmy Page behaupten beide, sie wüssten nicht, wer ihren kultischen/okkulten Song „*Stairway to Heaven*" geschrieben habe. Robert Plant sagte: „*Pagey schrieb die Akkorde und spielte sie für mich. Ich hielt also dieses Stück Papier mit einem Bleistift in der Hand, und aus irgendeinem Grund war ich sehr schlecht gelaunt... Dann fing meine Hand plötzlich an, Wörter zu schreiben... Ich setzte mich dann hin und sah mir diese Wörter an und fiel fast vom Stuhl.*"[588]

- Brian Wilson:
Der Komponist der größten Hits der Beach Boys sagte einmal: „Wir machen Hexerei, wir versuchen, Hexenmusik zu machen."[589]

---

[587] *Hammer of the Gods*, Stephen Davis, 2001, S. 262.

[588] Ebd.

[589] The Dark Stuff: Selected Writings on Rock Music - Nick Kent, 2002.

„Wilson gab offen zu, dass auch er von Stimmen in seinem Kopf gequält wurde. Nick Kent schrieb über ihn: „Diese Stimmen in seinem Kopf sagen nichts Bestimmtes, sie sind ein dunkles, geisterhaftes Flüstern in den tiefen Nischen seines Gehirns."[590]

„Brian Wilson war mit dem satanistischen Verbrecher Charles Manson befreundet, er sagte sogar über ihn: „Der Hexendoktor ist Charley Manson, der ein Freund von mir ist. Er denkt, er sei Gott und der Teufel. Er singt, spielt und schreibt Gedichte, und vielleicht wird er eines Tages ein Künstler für Brother Records sein.„[591]

Der Präsident von *Warner Brothers* Records, Larry Waronker, sagte, er habe mindestens fünf verschiedene Persönlichkeiten getroffen, die den Körper *von* Brian Wilson bewohnten: *„Es gibt hier eine Menge Leute, ich habe fünf verschiedene Persönlichkeiten getroffen."* - *Rolling Stone*, August 1988

- Fleetwood Mac:

Fleetwood-Mac-Sängerin Stevie Nicks, die von der Zeitschrift Rolling Stone als „blonde Priesterin des Okkulten" bezeichnet wurde, sagte einmal: „Es ist erstaunlich, manchmal, wenn wir auf der Bühne stehen, habe ich das Gefühl, dass eine Präsenz hereinkommt, um die Stücke zu bewegen... Wir haben keine Kontrolle darüber und es ist eine magische Sache. - Zirkus, April 1971

- Kurt Cobain:

In seinem Buch Kurt Cobain schreibt Christopher Sandford: „Kurt hatte viele innere Dämonen, viele Schwächen und körperliche Probleme (...) Er war eine schüchterne und gleichzeitig aggressive Persönlichkeit, er kämpfte mit den Dämonen, die ihn plagten und quälten. Im April 1994 beging der heroinabhängige Kurt Cobain Selbstmord, indem er sich in den Kopf schoss und einen Abschiedsbrief an Boddah, seinen imaginären Freund aus Kindertagen, hinterließ... Kurt Cobain wird als Mitglied des berüchtigten Forever 27 Club bezeichnet, einer Gruppe berühmter Musiker, die im Alter von 27 Jahren starben, darunter Brian Jones, Jimi Hendrix, Janis Joplin und Jim Morrison.

- Tori Amos:

Die Sängerin Tori Amos sagte: „Ich glaube, dass Musik aus anderen Dimensionen kommt. Es wäre arrogant zu glauben, dass man Musik allein erschaffen kann, es ist eine Co-Kreation. Ich weiß nicht, mit wem, aber es ist eine Tatsache, dass wir alle Zugang zu diesem Wasserhahn haben (...) Ich empfinde es als eine sehr nette Sache, dass sie kommen und meinen Körper benutzen, um zu übertragen, was sie wollen. Es ist eine Energie, eine Kraft, die zu mir kommt und mich besucht."[592]

---

[590] Ebd.

[591] Ebd.

[592] Zeitschrift *Axcess*, Band 2, Ausgabe 2; S. 49.

„Tori Amos sagte 1996 dem SPIN-Magazin: „Ich möchte Luzifer heiraten (...) Ich sehe Luzifer nicht als eine böse Macht (...) Ich fühle seine Gegenwart und seine Musik. Ich habe das Gefühl, er kommt und setzt sich auf mein Klavier. Sie schrieb sogar ein Lied mit dem Titel „Father Lucifer", das mit den Worten beginnt: „Father Lucifer, you never seemed so sane..."

- D'Angelo

Im Juni 2012 sagte der Sänger D'Angelo dem Magazin GQ: „Wissen Sie, was man über Luzifer sagt, bevor er vertrieben wurde? Jeder Engel hat seine Spezialität, die gepriesen wird. Man sagt, er kann alle Instrumente mit nur einem Finger spielen und dann ist die Musik einfach großartig. Er war außergewöhnlich schön, Luzifer, der Engel, der er war. Doch dann kam er in die Hölle. Luzifer war furchterregend. Es sind Kräfte am Werk, und ich glaube nicht, dass viele dieser Scheißer, die heute Musik machen, von diesen Dingen wissen. Es ist tief, ich habe es gespürt, ich habe gespürt, dass äußere Kräfte auf mich einwirken. Es ist ein sehr mächtiges psychologisches Werkzeug, mit dem wir arbeiten. Ich habe schon sehr früh gelernt, dass das, was wir im Chor singen, genauso wichtig ist wie die Arbeit des Predigers. Singen ist ein Dienst an sich. Die Bühne ist unsere Kanzel, wir können die ganze Energie nutzen, ebenso wie Musik, Licht, Farben und Ton. Aber man muss vorsichtig sein..."

2014 gab D'Angelo auf dem *Red Bull Music Academy Festival* in New York Nelson Georges ein Interview, in dem er sagte, dass es der *„Geist"* ist, der ihn im künstlerischen Prozess antreibt. Der Sänger sagt, dass er *sich einer höheren Macht hingibt und zu einem Medium wird, durch das dieser „Geist" wirkt*. Die Frage ist nur, um welche Art von Geist es sich handelt...

- Nicki Minaj:

Wenn ich Rap schreibe, denkt mein Gehirn nicht, es denkt überhaupt nicht. Man muss einfach loslassen, ohne nachzudenken, und es passiert einfach". Diese Aussage kann in der Tat lächelnd sein, wenn sie von der Tussi Nicki Minaj kommt...

2010 sagte Nicki Minaj in der *MTV-Dokumentation „My Time Now"*, nachdem sie nach einem Konzert die Bühne verlassen hatte, auf die Frage, wie es ihr gehe: *„Ich weiß es nicht einmal! Ich war die ganze Zeit wie in Trance!"*

- Beyoncé:

Im Jahr 2004 veröffentlichte das Magazin *Rolling Stone* einen Artikel mit dem Titel: *„Beyonce: eine besessene Frau - Beyonce wird von einem Geist beherrscht, der so mächtig ist, dass er sogar einen Namen hat: Sasha! „.* Wie wir bereits in diesem Kapitel gesehen haben, ist es ihre andere Persönlichkeit namens *Sasha Fierce*, die *in ihr* lebt.

Beyoncé spricht auch über ihre tranceartigen Zustände, wenn sie auf der Bühne steht. In einem Interview mit der Zeitschrift *Marie Claire* im Jahr 2008 beschrieb sie, was wie eine dissoziative Trance während Konzerten aussieht: *„Ich habe außerkörperliche Erfahrungen. Wenn ich mir das Bein verletze oder* stürze, spüre ich nichts. Ich befinde mich in einem besonderen Zustand, ich achte nicht einmal mehr auf meinen Körper oder mein Gesicht. "

2013 sagte Beyoncé zu Amy Wallace vom Magazin GQ: „Es ist wie ein Blackout. Wenn ich auf der Bühne stehe, weiß ich nicht, was vor sich geht: Ich bin ganz woanders. Der Artikel schließt mit einem Zitat des Stars: „Ich bin viel mächtiger, als mein Verstand verarbeiten oder gar verstehen kann. "

In einem Interview mit BET TV im Jahr 2010 sagte Beyoncé: „Sasha ist mein Alter Ego. Wenn Leute mich treffen und mit mir reden, erwarten sie normalerweise Sasha zu sehen, aber ich bin eigentlich viel zurückhaltender als sie, das ist nicht so. In den Umkleidekabinen bin ich nicht mehr da, weil es Sasha ist, die dort auftaucht, sie kann bestimmte Dinge tun, die mir normalerweise peinlich wären, auch wenn ich versuche, mich so zu verhalten, es funktioniert nicht, von alleine funktioniert es nicht. Ich erinnere mich auch daran, dass ich, kurz bevor ich auf die Bühne ging, meine Hände in den Himmel hob und es war, als ob etwas in mir vorging, und da wusste ich, dass ich einen BET Award gewinnen würde. "

- Ke$ha:

Ke$ha hat erklärt, dass sie mehrere übernatürliche Erfahrungen gemacht hat, die ihr Album *Warrior* beeinflusst haben. In einem Interview mit Ryan Seacrest verriet sie, dass sie *„Sex mit einem Geist"* (Inkubus: ein männlicher Dämon, der einen Körper annehmen soll, um *eine* schlafende Frau sexuell zu missbrauchen) *hatte* und sagte, dass diese sexuelle Beziehung ihre neueste Single *„Supernatural"* inspirierte: *„Es ist ein Song über übernatürliche Erfahrungen... aber erotisch. Ich hatte einige Erfahrungen mit dem Übernatürlichen... Ich weiß nicht, wie er hieß, aber es war ein Geist! Ich bin da sehr offen. "*

- Lady Gaga:

Lady Gaga hat von ihrer Mutter gelernt, dass seltsame Träume und Albträume geheime Rituale sein können... Gaga hat enthüllt, dass ihre Albträume ihre Musik, Videos und Auftritte inspirieren. Im Jahr 2010 erzählte sie dem Magazin *Rolling Stone* von einem beängstigenden Traum, den sie immer wieder hat: *„Dieser Geist zerrt mich in einen Raum, und da ist ein junges blondes Mädchen, dessen Arme und Beine mit Seilen auseinandergerissen werden... Ich sehe nie, wie sie zerstückelt wird, aber ich sehe sie stöhnen. Dann sagt der Geist zu mir: „ Wenn du willst, dass ich aufhöre, ihr wehzutun, und wenn du willst, dass deine Familie in Sicherheit ist, musst du dir die Pulsadern aufschneiden. Ich glaube, er muss ein krankes Schneidewerkzeug haben. Und da ist dieser Honig... Er möchte, dass ich diesen Honig zu einer Creme vermische und sie dann auf die Wunde und den Verband auftrage. Als ich aus diesem Traum erwache, öffne ich die Augen und um mich herum ist nichts mehr wie vorher... Und meine Mutter sagte zu mir: „Ist das nicht ein Ritual der Illuminaten?*

Gaga erzählte, dass sie sich an ihren Freund und spirituellen Berater, den berühmten Deepak Chopra, wandte, um einen Traum zu deuten, in dem sie ein menschliches Herz isst...

- Das ist erschreckend! Der Teufel will mich holen... Deepak, ich bin ein gutes Mädchen!
- Du bist sehr kreativ, meine Gaga. Sie sollten das in einen Videoclip packen...
- Ich nehme an, er lehrt mich auf seine Weise, meinen Wahnsinn zu respektieren und zu ehren. Das ist ein Teil von mir (...) Ich habe morbide Träume, aber ich stelle sie zur Schau. Ein großer Teil meiner Arbeit ist ein Exorzismus für die Fans, aber auch für mich."[593]

Die junge Sängerin Gaga erzählte der Zeitschrift *Vanity Fair*, dass sie glaubt, der Geist ihrer verstorbenen Tante sei in ihr... Sie glaubt, der Geist ihrer Tante Joanne sei in den Bauch ihrer Mutter „übertragen" worden, sagte sie: *„Als ich geboren wurde, war es fast so, als ob ich ihre unvollendeten Aufgaben weiterführen würde. Sie war eine Dichterin und ein reines Herz, ein schöner Mensch. Sie starb als Jungfrau (...) Und einer meiner Führer sagte mir, er könne fühlen, dass ich zwei Herzen in meiner Brust habe, und das denke ich auch."*[594]

2011 erklärte Gaga gegenüber dem Magazin *Bazaar*, dass sie ihren Song „Born This Way" nicht selbst geschrieben habe, sondern dass der verstorbene britische Modedesigner Alexander McQueen den Text von den Toten weitergegeben habe. Tatsächlich waren Lady Gaga und McQueen, der 2010 Selbstmord beging, eng befreundet: *„Es ist alles geplant, kurz nach seinem Tod habe ich 'Born This Way' geschrieben. Ich glaube, er ist im Himmel und zieht die modischen Fäden, ist der Puppenspieler und plant alles."*... Sagt Gaga...

In einem Artikel der *Herald Sun aus* dem Jahr 2010 wurde berichtet, dass Lady Gaga glaubt, von einem Geist namens „Ryan" heimgesucht zu werden, der sie auf ihren Tourneen rund um die Welt verfolgt. Sie sagt, die ständige Anwesenheit mache ihr Angst. Ein Mitglied ihres Teams sagte der Zeitung *Daily Star*: *„Sie erzählt uns schon seit Monaten, dass es einen Geist namens 'Ryan' gibt, der mit ihr durch die Welt reist (...) Er hat nichts besonders Gewalttätiges oder Unheimliches getan, aber sie hat Angst vor seiner Anwesenheit. Sie ist sehr spirituell und ein Mensch, der mit der geistigen Welt im Einklang steht, aber das geht selbst für sie ein bisschen zu weit."*

Gaga hat sogar einen Hellseher kontaktiert und eine Séance abgehalten, um mit dem Wesen zu kommunizieren und ihm zu sagen, dass es verschwinden soll. Lady Gaga scheint von der Geisterwelt besessen zu sein. Mit 24 Jahren hat sie bereits Zehntausende von Dollar für „Geisterjäger" ausgegeben, darunter ein Gerät, das elektromagnetische Felder misst, um Geister aufzuspüren... [595]

- Zum Schluss:

Es ist eindeutig, dass viele Prominente emotionale, psychologische und geistige Wracks sind, die ein chaotisches, krankhaftes und destruktives Leben führen oder geführt haben. Viele der größten Stars der Welt sterben vor ihrer

---

[593] The Broken Heart and Violent Fantasies of Lady Gaga - Neil Strauss, Rolling Stone, 2010.

[594] „Lady GaGa: Meine Tante lebt in mir" - digitalspy.co.uk, 2010.

[595] „Lady Gaga hält eine Séance ab, um einen Geist loszuwerden" - Herald Sun, 11/2010.

Zeit und unter ähnlichen Umständen (die offizielle Art des Todes ist in solchen Fällen manchmal nur bedingt zu verstehen), hier einige Beispiele:

- Whitney Houston: „Überdosis
- Heath Ledger: „Überdosis
- Phillip Seymour Hoffman: „Überdosis
- Jim Morrison: „Überdosis
- David Carradine: „Erstickung
- Michael Jackson: „Überdosis
- Robin Williams: „Erstickung
- Cory Monteith: „Überdosis
- Kurt Cobain: „Eine Kugel im Kopf
- Jimi Hendrix: „Überdosis".
- Janis Joplin: „Überdosis
- Marilyn Monroe: „Überdosis
- Anna Nicole Smtih: „Überdosis
- Amy Winehouse: „Überdosis".
- Brittany Murphy: „Überdosis
- usw...

Essstörungen, Zwangsstörungen, bipolare und *Borderline-Störungen*, histrionische (narzisstische) Persönlichkeitsstörungen, Depressionen und dissoziative Identitätsstörungen bilden die traurige Palette der psychischen Erkrankungen von Prominenten der Unterhaltungsindustrie. Was haben sie alle gemeinsam, dass sie so sehr leiden? Was ist die Ursache für dieses Unbehagen?

Der französische Psychotherapeut und Sexualwissenschaftler Patrick Dupuis bringt vielleicht Licht in diese Frage mit dem, was er die *„anfängliche Gewalt"* nennt, d.h. die Quelle, die Perversität, Gewalt und Selbstzerstörung hervorbringt: *„Ohne Wind gibt es keinen Sturm, ohne Kindheitstraumata gibt es keine Depression, keine Phobien, keine Perversionen. Kein natürliches Antriebssystem ist in der Lage, von sich aus Gewalt zu erzeugen, ohne einem gewalttätigen Zwang (Missbrauch, Zwang, Kontrolle, Druck) durch die Umwelt ausgesetzt zu sein... Der Homo sapiens hat weder einen Zerstörungsinstinkt noch einen Todestrieb, genauso wenig wie jedes andere Tier auf der Erde. Er hat nur einen Konstruktionstrieb, der sich unter der Einwirkung eines traumatischen Schocks in sein Gegenteil verkehren kann. Der psychische Apparat, den ich als Aufbautrieb (des Selbst und der Welt) bezeichne, kann sich unter der Einwirkung schwerer Umweltstörungen, die wir als kindliche Traumata bezeichnen, in sein Gegenteil (in einen Zerstörungstrieb) verwandeln. Der Begriff Perversion beschreibt diesen Prozess der Umkehrung, der ein dynamischer Prozess ist (und keine natürliche Eigenschaft der Perversität), aber meistens verbinden wir das gewalttätige oder perverse Verhalten nicht mit der Gewalt, die es hervorgebracht hat, und das liegt am Fehlen einer gültigen Theoretisierung des Prozesses und auch am Gesetz des Schweigens, das immer noch auf dieser Art von versteckter Gewalt lastet. "*[596]

---

[596] *„La violence initiale"* - Patrick Dupuis, mondesfrancophones.com, 2010.

Das Chaos und die Unruhe, die in der Unterhaltungsindustrie allgegenwärtig sind, haben ihre Wurzeln zwangsläufig in einer traumatischen Vergangenheit, aber auch in einer engen Beziehung zum Okkulten und zur Geisterwelt.

Sind Kindheitstraumata der Preis für den Zugang zu schöpferischem Genie, zu bestimmten übersinnlichen Kräften, zur Fähigkeit, sich durch Dissoziation und Besessenheit leicht der Geisterwelt zu öffnen, und schließlich zum Ruhm? Ein Kind, das von Geburt an dem Satan geweiht ist, das wiederholt traumatischen rituellen Missbrauch erlebt hat, wird trotz seiner selbst eng mit Dämonen verbunden... Es wird zwischen der Welt der Menschen und der Welt der Geister in dissoziativen Zuständen, veränderten Bewusstseinszuständen, die durch Drogen, Alkohol, Musik, aber auch Gewalt gegen sich selbst oder andere verursacht werden, navigieren...

Seine gespaltene Persönlichkeit und seine MK-Programmierung werden seine Fähigkeit, Inspirationen aus dem *Jenseits"* *zu* kanalisieren, um hier auf der Erde als Brückenmedium zu dienen, nur noch verstärken und so die Agenda für die Errichtung der luziferischen Herrschaft vorantreiben. Ein Mensch, der von Geburt an Luzifer/Satan geweiht ist, der durch ein Trauma dissoziiert und gespalten ist, der für dämonische Besessenheit weit offen ist (was nicht notwendigerweise bedeutet, dass *er an der Decke läuft und Nägel spuckt*), wird als menschlicher Sklave dazu dienen, die luziferische Kultur auf diese Erde zu übertragen, und zwar mit dem besten Werkzeug: der Unterhaltungsindustrie... Dies geschieht, ohne dem inneren Chaos, der Selbstzerstörung und der endgültigen Opferung des Sklaven zu entgehen. Der Fürst dieser Welt braucht Agenten/Sklaven vor Ort, um die Menschheit als Ganzes wirksam zu beeinflussen, um die Doktrin - die luziferische Subkultur - zu vermitteln, und dafür ist die Unterhaltungsindustrie die Propaganda-Plattform schlechthin.

c/ Der Pakt mit dem Teufel?

Mehrere Prominente haben öffentlich erklärt, dass sie *ihre Seele* für Ruhm und Reichtum buchstäblich *an den Teufel verkauft haben...* All dies kann natürlich zu einem Lächeln führen, da die säkulare Welt heutzutage solchen Ideen gegenüber völlig verschlossen ist.

Joseph Niezgodas Buch „*The Lennon Prophecy, A New Examination of the Death Clues of the Beatles"* (Die Lennon-Prophezeiung, eine neue Untersuchung der Hinweise auf den Tod der Beatles) hat ein Puzzle zusammengesetzt, um zu beweisen, dass John Lennon im Austausch für Ruhm und Reichtum einen Pakt mit Satan geschlossen hat. Joseph Niezgoda, ein Beatles-Fan der ersten Generation, der jedes Buch gelesen hat, das jemals über die berühmte Rockband geschrieben wurde, hat nicht nur seine Liebe zur Musik entdeckt, sondern auch zum Satan...

Niezgoda leitet sein Buch mit dem berühmten Zitat ein, das Lennon Mitte der 1960er Jahre seinem Freund Tony Sheridan sagte: „*Ich habe meine Seele dem Teufel verkauft"*. Dann beschreibt er, wie diese Gruppe von Musikern, bestehend aus jungen Engländern, zu Weltruhm gelangte...

Niezgoda nennt den 27. Dezember 1960 als Datum für den Beginn des Paktes. An diesem Abend spielten die Beatles im *Town Hall Ball Room* in Litherland, England. Zu dieser Zeit war Lennon nur ein zwanzigjähriger Rocksänger in einer mittelmäßigen Band, die mit vielen anderen Bands vergleichbar war. Aber an diesem Abend lösten die Beatles eine unglaubliche Reaktion des Publikums aus, die ganz anders war als sonst: Während sie spielten, sprang das Publikum unerwartet auf die Bühne und alle Mädchen wurden hysterisch. Dies war zuvor noch nie geschehen, sollte aber später zu einem systematischen Verhalten werden. Und so war über Nacht die *Beatlemania* geboren. Für die vier jungen Musiker und Sänger war dieser Abend ein Wendepunkt in ihrer Karriere. War der Pakt zur Wintersonnenwende ein paar Tage zuvor geschlossen worden? War der Pakt ein paar Tage zuvor zur Wintersonnenwende geschlossen worden, um die Menge auf die völlig überzogene Reaktion am 27. Dezember vorzubereiten? Ein Datum, das als „Jahrestag der *Beatlemania*" *in* Erinnerung bleibt.

Niezgoda stellt auch fest, dass dieses Konzert den Beginn von John Lennons offen antichristlichem Verhalten markiert. In mehreren Lennon-Biografien wird von zahlreichen öffentlichen Schändungen berichtet, die offensichtlich keinen anderen Zweck hatten als Jesus Christus zu lästern.

Zwanzig Jahre später, am 9. Dezember 1980, schoss Mark David Chapman fünfmal mit einem Revolver auf John Lennon vor dem berühmten Dakota Building in New York, wo er und seine Frau Yoko Ono eine Wohnung hatten (im selben Stockwerk, in dem Roman Polanskis Okkultfilm *Rosemary's Baby* gedreht wurde). Lennon starb kurz nach dem Anschlag. Mark Chapman behauptete später, er sei von einer *„Stimme in seinem Kopf"* angewiesen worden, Lennon zu töten, die darauf bestand: *„Tu es, tu es, tu es..."*. Fünf Jahre später bat Chapman im Gefängnis darum, von einem Priester exorziert zu werden, und behauptete später, er sei von fünf oder sechs Dämonen befreit worden.

Ein großer Teil von Niezgodas Buch beschäftigt sich mit den „Hinweisen", die die Beatles selbst auf den Plattencovern und in ihrer Musik hinterlassen haben. Hinweise, die zum Okkulten führen. Um seine These zu untermauern, untersuchte Niezgoda Hexerei, Mystik, Numerologie, Anagramme usw. Er behauptet, dass sich Hinweise auf Lennons Tod in den Plattencovern von *Rubber Soul, Yesterday and Today, A Collection of Beatles Oldies, Sgt. Pepper's Lonely Hearts Club Band, Yellow Submarine, Magical Mystery Tour,* aber auch in Lennons Soloalben wie *Imagine* und *Walls and Bridges finden.*

Das Cover des Beatles-Albums „*Yesterday and Today*" aus dem Jahr 1966 verrät nichts über den Tod von John Lennon, aber es zeigt ausdrücklich, dass die Band mit dem Satanismus zu tun hatte. Auf dem Cover, das den Titel „*The Butcher's Cover*" trägt, sind die Beatles in weißen Metzgerkitteln zu sehen, mit großen Stücken rohen Fleisches auf dem Schoß und einer enthaupteten Baby-Attrappe... Dieses sehr gruselige Foto bezieht sich eindeutig auf Kinderopfer in satanischen Ritualen. Es handelt sich nicht um ein avantgardistisches Kunstwerk oder einen schlechten Scherz, wie manche Beatles-Fans behaupten.

Niezgoda berichtet auch über einige Liedtexte, die die mysteriöse Vorhersage von John Lennons Tod sowie seine Verbindung zu Satan enthüllen. Seine Lieder wurden ihm oft in seinen Träumen übermittelt, vor allem die erfolgreichsten. In einem seiner letzten Lieder, *„Help me to help myself"*, scheint er zu erkennen, dass seine Zeit gekommen war. Das Lied beginnt mit den Worten: *„Nun, ich habe so sehr versucht, am Leben zu bleiben, aber der Engel der Zerstörung bedrängt mich von überall her. Aber ich weiß in meinem Herzen, dass wir nie wirklich gegangen sind..."*. Am Ende des Liedes kann man Lennon flüstern hören: *„Ich sehe, ich sehe.* Wie Niezgoda betont, gibt es in seinem Buch nichts, was nicht bereits öffentlich bekannt ist. Alles, was er getan hat, ist, die Teile zusammenzufügen, um das Thema des Okkulten zu enthüllen und die große Wahrscheinlichkeit, dass die Beatles bei ihrem Aufstieg zum Ruhm übernatürliche Hilfe erhielten.[597]

Im Dezember 2004 gab der berühmte Bob Dylan Ed Bradley ein Interview für die Fernsehsendung *60 Minutes* (*CBS*), hier einige Auszüge:

- **Bradley**: Warum machen Sie weiter? Warum sind Sie noch hier?

- **Dylan**: Es ist eine Frage des Schicksals, ich habe vor langer Zeit ein gutes Geschäft mit ihr gemacht... und... ich komme zum Ende.

- **Bradley**: Um welchen Fall handelt es sich?

- **Dylan**: Um dahin zu kommen, wo ich jetzt bin.

- **Bradley**: Darf ich Sie fragen, mit wem Sie dieses „gute Geschäft" gemacht haben?

- **Dylan**: (lacht) Mit... Sie wissen schon, dem Oberbefehlshaber.

- **Bradley**: ... von diesem Land?

- **Dylan**: Von dieser Erde und der Welt, die wir nicht sehen können.

Wenn Bob Dylan hier vom *Oberbefehlshaber* spricht, bezieht er sich auf Luzifer, den Oberbefehlshaber der gefallenen Engel (Dämonen), den Fürsten dieser Welt. Ein aufmunterndes Interview, in dem er auch erklärt:

- **Bradley**: Haben Sie jemals auf Ihre Produktionen zurückgeblickt und gesagt: „Wow, das überrascht mich!"

- **Dylan**: Früher habe ich das gemacht, aber jetzt nicht mehr. Ich weiß nicht, wie ich dazu gekommen bin, diese Lieder zu schreiben.

- **Bradley**: Was meinen Sie damit?

- **Dylan**: All diese frühen Songs wurden wie von Zauberhand geschrieben... Dunkelheit in der Mittagszeit, Schatten, selbst der silberne Löffel, eine handgefertigte Klinge, der Luftballon des Kindes" Nun, versuchen Sie mal, sich hinzusetzen und so etwas zu schreiben, da steckt eine Magie drin... und es ist nicht die Art von Magie wie bei Siegfried und Roy, verstehen Sie? Es ist eine andere Art von durchdringender Magie. Und wissen Sie, ich habe es getan, eine Zeit lang.

Der berühmte Rapper Kanye West sagte auf der Bühne: „Ich habe meine Seele an den Teufel verkauft, ich weiß, es ist ein mieses Geschäft, aber es kommt mit ein paar Überraschungen wie ein Happy Meal.

---

[597] „John Lennons Pakt mit Satan" - Margaret C. Galitzin / Die Lennon-Prophezeiung - Joseph Niezgoda.

Katy Perry witzelte in einem Interview: *„Ich wollte die Amy Grant der Musik sein. Aber es hat nicht funktioniert, also... habe ich meine Seele dem Teufel verkauft."* .... Sie ist heute ein weltbekannter Star, wobei sich ein Clip direkt auf die MK-Programmierung bezieht, dazu später mehr.

Roger Morneau, der Autor von *A Trip Into the Supernatural*, verbrachte mehrere Jahre in einer kanadischen Sekte, die sich mit Spiritismus und Dämonenanbetung beschäftigte. 1995 berichtete Morneau in einem Videointerview mit Dan und Karen Houghton vom *Hart Research Center* von den Worten eines berühmten Jazzmusikers, mit dem er auf einer Party speiste:

Wenn ich Macht haben will, gehe ich direkt zu ihrer Quelle. Was glauben Sie, wie ich so berühmt geworden bin? Ich sagte: „Sie müssen Glück haben. Er sagte: „So etwas wie Glück gibt es nicht. Entweder gibt es irgendwo eine Macht, die für dich arbeitet, oder du kommst in dieser Welt nicht voran..." Dann sprachen wir über Geisteranbetung (...) Er sagte mir, dass die sogenannten Geister der Toten Dämonen sind. Sie sind gefallene Engel, schöne Wesen (...) Wir beten Geister an. Wir beten Luzifer und alle seine Engel an. Sie sind alle so schön wie damals, als sie aus dem Himmel vertrieben wurden (...) Wir befinden uns also in einem Krieg, Gut gegen Böse. Wir sind die Bösen, aber wir sind gar nicht so schlecht. Ich sehe diesen Fall als die Kräfte des Guten und des Bösen, eine Person glaubt an Gott, die andere an Luzifer, es ist wie in der Politik."

Der ehemalige Pornostar Shelley Lubben sagte im 700 Club aus (Out of Pornography and Into the Light - CBN): „Sobald die Kamera lief, war es, als ob Satan zu mir kam... Ich konnte fast sehen, wie der Teufel zu mir sagte: 'Siehst du, Shelley, jetzt werden dich alle lieben, ich werde dich berühmt machen'. Der Produzent war erstaunt: „Wo haben Sie dieses Mädchen gefunden? Ich wurde sofort vom Amateur zum Profi und drehte Filme für Erwachsene mit Pornostars. Es zerstörte mich, ich hatte meine Weiblichkeit verloren, ich hatte meine ganze Persönlichkeit im Porno verloren.

Über ihren ersten Drehtag im Jahr 1992 sagt sie: „Als ich reinkam, hatte ich das Gefühl, dass eine dunkle, satanische Präsenz in mich eindrang. Es war erschreckend, dunkel und hatte nichts mit Prostitution zu tun. Ich wusste, dass ich mich in Satans Territorium befand. Es war wie die letzte Grenze des Satans. Ich dachte: „Oh, mein Gott, ich kann nicht glauben, dass ich das tue. Shelley zog es durch und ihre Karriere nahm Fahrt auf, Ruhm und Geld wurden bald zur Besessenheit...

4 - MARILYN MONROE: HOLLYWOODS ERSTE BEWUSSTSEINSKONTROLLIERTE SKLAVIN

Marilyn Monroe ist vielleicht die ikonischste Figur der amerikanischen Kultur und das bekannteste Sexsymbol aller Zeiten. Hinter Marilyns fotogenem Lächeln verbarg sich jedoch eine zerbrechliche Person, die von mächtigen „Meistern" ausgebeutet und einer Gedankenkontrolle unterworfen wurde.

Marilyn Monroe ist das ultimative Sexsymbol und verkörpert alles, wofür Hollywood steht: Glamour und Glitzer. Ihre ikonische, schwül-blonde

Persönlichkeit hat die Filmindustrie für immer revolutioniert, und noch heute hat diese Ikone großen Einfluss auf die Popkultur.

Während Marilyn für alles Glamouröse in Hollywood steht, repräsentiert die verstörende Geschichte ihres Privatlebens auch die dunkle Seite Hollywoods... Marilyn wurde von hochrangigen „Psychologen" manipuliert, die jeden Aspekt ihres Lebens kontrollierten und ihre Seele stahlen. Ihr Tod im Alter von nur 36 Jahren ist einer der ersten *„Prominenten-Todesfälle"* der Popkultur. Obwohl viele Fakten auf einen Mord hindeuten, wird sein Tod immer noch als *„wahrscheinlicher Selbstmord"* eingestuft.

Während viele Biographen erklären, dass Marilyns Unglück ausschließlich auf „psychologische Probleme" zurückzuführen ist, offenbart die Zusammenstellung der Fakten ihres Lebens in Verbindung mit dem Wissen um die dunkle Seite Hollywoods etwas noch Dunkleres: Marilyn Monroe war eine der ersten Berühmtheiten, die der Gedankenkontrolle der Monarchs unterworfen wurde. Durch Traumata und ein psychologisches Programm wurde Marilyn nach und nach zu einer hochrangigen Marionette der amerikanischen Elite, sie wurde sogar JFKs präsidiales Modell.

Als sich Monroes Programmierung verschlechterte und sie zu sinken begann, wurde sie angeblich *„aus dem Freiheitszug geworfen"*, ein Begriff für Sklaven, die entsorgt werden, wenn sie ihren Herren nicht mehr nützlich sind (und aufgrund der Enthüllungen, die sie machen könnten, potenziell gefährlich).

Marilyn, deren richtiger Name Norma Jeane war, wurde im Alter von 11 Jahren zum Mündel des Staates erklärt. Ihren Vater hat sie nie kennen gelernt, und ihre Mutter war psychisch sehr labil. Das kleine Mädchen wurde daher in zahlreichen Pflegefamilien, Waisenhäusern und anderen Heimen untergebracht. Sie wurde in einer Reihe von Pflegefamilien, Waisenhäusern und anderen Heimen untergebracht, wo sie misshandelt und sexuell missbraucht wurde. Diese instabile und traumatische Jugend machte sie zu einer idealen Kandidatin für Gedankenkontrolle, einschließlich Beta-Programmierung (sexuelle Sklaverei). Diese Kinder, die keine Familie mehr haben, sind leichte Beute, sie sind nicht identifizierbaren Erwachsenen ausgeliefert und daher Zielscheibe für das Netz.

Norma Jeane begann ihre Karriere als Stripperin in Los Angeles, wo sie einen gewissen Anton LaVey kennenlernte (der später die Kirche des Satans gründete). Laut Fritz Springmeier war LaVey selbst ein MK-Programmierer und die junge Norma Jeane wurde eine seiner Sexsklavinnen, ebenso wie Jayne Mansfield (Schauspielerin und Sängerin). Mansfield und Monroe hatten vieles gemeinsam: Sie waren beide „üppige Blondinen", das Modell von Frauen, denen die Sexualisierung Hollywoods zugeschrieben wird; sie arbeiteten beide (als *Playmates*) für das Magazin *Playboy*; sie hatten beide eine „Affäre" mit dem Satanisten Anton LaVey; sie hatten beide eine „Affäre" mit Robert F. Kennedy und JFK (die Affäre spielte eigentlich die Rolle von „Präsidentenmodellen"); beide starben in ihren Dreißigern.

Die körperliche Verwandlung von Norma Jeane in die ikonische Marilyn Monroe begann, als sie der Modelagentur *Blue Book* beitrat. Sie unterzog sich einer Schönheitsoperation, änderte ihre Haarfarbe und änderte schließlich ihren Namen... Eine radikale Veränderung, die es ihr ermöglichte, zahlreiche

Filmrollen zu übernehmen. Im Jahr 1956 änderte sie offiziell und legal ihren Namen von Norma Jeane in die zukünftige Weltikone Marilyn Monroe. Ein starker symbolischer Akt, der im Sinne der Bewusstseinskontrolle die Unterdrückung ihrer ursprünglichen Persönlichkeit darstellt, um ihrer anderen Persönlichkeit die volle Existenz zu ermöglichen. Von diesem Moment an war *Marilyn* nur noch das, was ihre Kontrolleure von ihr erwarteten.

Wie ihre Biographen berichten, hatte Marilyn wenig oder gar keine persönliche Freiheit. Ihre Meister isolierten sie, um sie besser kontrollieren zu können und zu vermeiden, dass Außenstehende ihr helfen, zu erkennen, dass sie manipuliert wurde. Die einzigen Menschen, zu denen sie Kontakt hatte, waren ihre Psychiater und ihre Lehrer. Der Beweis dafür, dass diese Personen die einzigen Menschen in Marilyns Leben waren, ist, dass sie fast ihr gesamtes Vermögen geerbt haben. Monroe konsultierte fast täglich Psychiater, waren das Konditionierungs- und Programmierungssitzungen? Sicher ist, dass es ihr mit zunehmender Häufigkeit dieser Sitzungen immer schlechter ging.

Im Jahr 1955 schrieb sie während eines Aufenthalts im *Waldford Astoria Hotel* in New York ein Gedicht mit dem Titel „The Surgeon Story". Darin beschreibt sie, wie sie von Lee Strasberg (ihrem „Mentor") und Margaret Hohenberg (ihrer Psychiaterin) unter Drogen gesetzt und *„aufgeschnitten"* *wurde* (magische Operation?). Dieser Bericht wird in der Regel als einfache Erinnerung an einen Alptraum von Marilyn beschrieben, aber einige Forscher behaupten, dass es sich in Wirklichkeit um die Beschreibung einer Gedankenkontrollsitzung handelt. Sie beschreibt, dass die Operation sie nicht beunruhigt hat, weil sie darauf vorbereitet war, befand sie sich in einem Zustand der Dissoziation und Trance? Sie erwähnt auch, dass sie *nur* „weiß" sehen konnte, *was* sich auf die sensorische Isolierung beziehen könnte (eine Methode, die in MK-Ultra verwendet wird). Nach dem „Öffnen" fanden die Ärzte in ihr nur „feines Sägemehl, wie es aus einer Stoffpuppe kommt". Marilyn sieht sich selbst als eine leere Puppe, typisch für eine MK-Sklavin, die den Kontakt zu ihrer ursprünglichen Persönlichkeit verloren hat. Dies ist der Text mit dem Titel „Die Geschichte des Chirurgen":

Strasberg - er ist der beste und kompetenteste Chirurg, um mich aufzuschneiden, wogegen ich nichts einzuwenden habe, da Dr. H. mich darauf vorbereitet hat - sie gab mir eine Narkose und sie ist auch diejenige, die meinen Fall diagnostiziert hat und damit einverstanden ist, was getan werden muss - eine Operation -, um mich ins Leben zurückzuholen und mich von dieser schrecklichen Krankheit zu heilen oder was auch immer es ist (...). nachdem er mir eine Narkose gegeben hat, um mich medizinisch zu entlasten, öffnet Strasberg mich - und nachdem sich alles im Raum WEISS färbt, ich kann tatsächlich niemanden sehen, nur weiße Gegenstände - öffnen sie mich - Strasberg und die Hohenberg-Tussi - und da ist absolut nichts drin - Strasberg ist zutiefst enttäuscht, aber noch mehr intellektuell erstaunt, dass er einen solchen Fehler machen konnte. Er dachte, er würde viel mehr finden, als er jemals zu finden gehofft hatte... und stattdessen war da absolut nichts - keine empfindungsfähige menschliche Kreatur - das einzige, was herauskam, war sehr feines Sägemehl - wie man es in Raggedy Ann (Stoffpuppen) Puppen findet -

und das Sägemehl ergoss sich auf den Boden und den Tisch, Dr. H. Sie ist verblüfft, weil sie plötzlich feststellt, dass sie mit einer neuen Situation konfrontiert ist, in der der Patient... aus der extremen Leere heraus existiert. Strasberg sieht ihre Träume und Hoffnungen für den Operationssaal auf der Strecke bleiben. Dr. H. muss seine Träume und Hoffnungen auf eine dauerhafte psychiatrische Behandlung aufgeben - Arthur ist enttäuscht - Verlassen.[598]

Marilyn Monroe soll zwei Schwangerschaften gehabt haben, die mit Fehlgeburten endeten. Während ihre Biographen behaupten, dass es sich um Fehlgeburten handelte, sagen andere Quellen, dass sie tatsächlich eingeleitet wurden. Lena Pepitone, Marilyn Monroes Dienstmädchen, Näherin und Vertraute, schrieb ein Buch, in dem sie berichtet, dass der Star sagte: *„Nimm mir nicht mein Baby. Sie haben ihn mir weggenommen... und ich werde ihn nie wieder sehen"*. Das Buch enthüllt, dass Marilyn keine Fehlgeburt hatte, sondern dass *man* ihr das Baby wegnahm, eine gängige Praxis bei MK-Ultra und im Satanismus.

Auf dem Höhepunkt ihrer Karriere wurde Monroe mit US-Präsident John F. Kennedy liiert. Einige Historiker haben diese Beziehung als bloßen „Seitensprung" beschrieben, aber wahrscheinlich wurde sie als „Präsidentenpuppe" benutzt - eine Sklavin zum „Vergnügen" von Präsidenten und anderen Prominenten.

Adam Gorightly schreibt in seinem Buch An Interpretation of Kubrick's Eyes Wide Shut: „Diese Präsidentenpuppen wurden von Künstlern und Politikern als Sexspielzeug benutzt: gedankengesteuerte Marionetten, die darauf programmiert waren, auf Geheiß ihres manipulativen Meisters verschiedene perverse Handlungen auszuführen. Es wird angenommen, dass Marilyn Monroe die erste Sexsklavin der Monarchen war, die den Status einer „Berühmtheit" erlangte."

Die letzten Monate von Marilyn Monroes Leben waren durch widersprüchliches Verhalten und mehrere „intime" Beziehungen zu einflussreichen Personen gekennzeichnet. Als Beta-Sklavin wurde sie auch von Leuten aus der Branche sexuell benutzt. In June Dimaggios Buch „*Marilyn, Joe & Me*" beschreibt die Autorin, wie sie gezwungen war, sich in den Dienst alter Männer zu stellen und sich völlig von der Realität zu distanzieren (ein wichtiger Aspekt der MK-Programmierung), um abstoßende Handlungen ausführen zu können: *„Marilyn konnte sich keine Emotionen leisten, als sie mit faltigen alten Männern schlafen musste, um in diesem Geschäft zu überleben. Sie musste sich selbst schützen, indem sie in dieser Zeit ihre Gefühle praktisch „abschaltete" - als würde sie eine Rolle spielen, um dem Schrecken der Situation zu entkommen. Als diese reichen, hochrangigen Tycoons ihren Körper und ihre Seele besaßen, konnte sie nicht allein leben. Damals, so erzählte sie mir, kam sie erschöpft von Fotoshootings nach Hause und mächtige alte Männer riefen sie an, was ihr eine Gänsehaut bescherte. Nach einigen der schrecklichen Sexsessions blieb sie über eine Stunde unter der Dusche. Sie wollte die schreckliche Erfahrung, die sie gerade durchgemacht hatte, wegspülen."*

---

[598] Übersetzung von *Eyael* von pensinemutine.eklablog.com.

1962 begann Marilyn mit den Dreharbeiten zu *Something's Got to* Give, war aber psychisch so labil, dass sie schließlich gefeuert und von *20th Century Fox* auf eine halbe Million Dollar Entschädigung verklagt wurde. In seinem Buch *Goddess: The Secret Lives of Marilyn Monroe (Die Göttin: Das geheime Leben der Marilyn Monroe)* berichtet Anthony Summers, dass der Produzent des Films, Henry Weinstein, sagte, Marilyns Verhalten während der Dreharbeiten sei erschreckend gewesen: *„Nur sehr wenige Menschen leben in Angst. Wir alle erleben Angst, Traurigkeit und Liebeskummer, aber das war purer Tierschreck.*

Es war ihr Psychiater Ralph Greenson, der sie am 5. August 1962 tot in ihrem Zimmer fand. Zwar wurde ihr Tod als *„wahrscheinlicher Selbstmord"* durch Barbituratvergiftung eingestuft, doch bleibt dies eine der umstrittensten Theorien aller Zeiten, da es in der Tat zahlreiche Beweise gibt, die die Mordtheorie stützen. Es wurden so viele Beweise vernichtet, dass es schwierig ist, nicht an eine Vertuschung zu glauben. Jack Clemmons, der erste LAPD-Beamte, der den Ort ihres Todes untersuchte, schrieb einen Bericht, in dem er eindeutig einen Mord vermutete. Zum Zeitpunkt ihres Todes waren drei Personen im Haus von Marilyn Monroe anwesend: ihre Haushälterin Eunice Murray, ihr Psychiater Dr. Ralph Greenson und ihr Hausarzt Dr. Hyman Engelberg. Die Untersuchung von Monroes Tod ergab, dass Dr. Greenson mehr als eine Stunde, nachdem Dr. Engelberg ihn für tot erklärt hatte, die Polizei anrief. Das Verhalten der drei am Tatort anwesenden Personen wurde als „inkohärent" beschrieben. Dies erinnert sehr an die Umstände des Todes von Michael Jackson, dessen Leben in vielerlei Hinsicht mit dem von Marilyn Monroe verglichen werden kann, insbesondere durch die Tatsache, dass es ihre Entourage war, die ihr Leben von A bis Z verwaltete... wie kostbare Puppen der Unterhaltungsindustrie (dasselbe gilt für Britney Spears und viele andere...).

Marilyn Monroe wurde schnell zu einer herausragenden globalen Ikone, die die sexy und glamouröse Seite Hollywoods repräsentierte, aber sie wurde auch in der berüchtigten Welt von MK-Ultra zum Symbol der Beta-Programmierung. Heute sind mehr denn je junge Stars, die in der Unterhaltungsindustrie aufgewachsen sind, in ihre Fußstapfen getreten (als ob alles für sie geplant wäre). Diese jungen Frauen werden von „Trainern" manipuliert und zu Ruhm und Reichtum geführt. Frauen, die in der Regel schon in jungen Jahren psychisch kontrolliert wurden, was später zu psychotischen Ausbrüchen und manchmal sogar zu einem mysteriösen frühen Tod führt. Systematisch werden diese Berühmtheiten zu einem bestimmten Zeitpunkt ihrer Karriere so inszeniert, dass sie das Bild von Marilyn Monroe verkörpern, als sei es ein krankes Bedürfnis der Drahtzieher, die Sklaverei von MK symbolisch zu enthüllen. Es gibt eine Fülle von Videos oder Fotos mit großen Stars, die das mythische Bild von Marilyn Monroe verkörpern. Es gibt zu viele von ihnen, als dass es ein Zufall sein könnte, und in einigen Fällen ist die Ähnlichkeit nicht nur ästhetisch, so ähnlich sind die tragischen Schicksale...[599]

5 - CANDY JONES: „DER MANDSCHURISCHE KANDIDAT"

Der Fall Candy Jones ist einer der am besten dokumentierten Fälle von Gedankenkontrolle in der Modeindustrie. Wie kam es dazu, dass ein berühmtes amerikanisches Model den Gedankenkontrollexperimenten der CIA unterworfen wurde? Im Jahr 2001 schrieb der Journalist Colin Bennett einen Artikel für die Zeitschrift[600] *Fortean Times*, in dem er die ganze Angelegenheit aufdeckte:

Allen war sie als das berühmteste amerikanische Model der 1940er Jahre bekannt. Aber sie führte ein geheimes Leben als Mandschurenkandidatin, die während des Kalten Krieges für den Geheimdienst arbeitete. Colin Bennett analysierte diesen Fall von multipler Persönlichkeit und hypnotischer Gedankenkontrolle.

Am 31. Dezember 1972 heiratete der berühmte 61-jährige Radiomoderator Long John Nebel in einer luxuriösen New Yorker Wohnung von befreundeten Anwälten Candy Jones, 47, ein international bekanntes Model. Die Gäste dieser fröhlichen Veranstaltung hätten sicherlich viel zu erzählen.

John Nebel war der Arthur William „Art" Bell der damaligen Zeit, und seine nächtliche Radioshow hatte ein Millionenpublikum, aber an diesem Abend war sein Kopf nicht im Watergate oder in Vietnam... Er hatte gerade eine Frau geheiratet, deren Gesicht 1943 innerhalb eines Monats auf der Titelseite von elf der größten Zeitschriften des Landes gewesen war. Während der Pazifikoffensive im Zweiten Weltkrieg schmückten Bilder von Candy Jones im gepunkteten Badeanzug die Innenräume von Schiffen, Panzern und Schützengräben.

Es war eine sehr schnelle Ehe, die auf der Grundlage von Liebe auf den ersten Blick arrangiert wurde, so dass Nebel seine Frau nicht gut kannte. Während des Empfangs bemerkte er für einen kurzen Moment, dass sie ihren ganzen Überschwang und ihren natürlichen Charme verloren hatte. Ihre Stimme klang wie die einer anderen Frau, und ihre sonst so fließende Körperhaltung wurde starr. Der Abend wurde in einem chinesischen Restaurant namens „Ho Ho" fortgesetzt, wo Nebel erneut die Verwandlung bemerkte; es war, als ob sie sich in dem Dekor, den Spiegeln und den chinesischen Kerzen unwohl fühlte. Als es Zeit war, ins Bett zu gehen, sprach Candy wieder mit dieser seltsamen Stimme, die Nebel schon früher am Abend gehört hatte. Was noch beunruhigender war, war die Tatsache, dass diese seltsame Candy-Persönlichkeit eine völlig andere Einstellung zu ihm hatte. Sie schien grausam, spöttisch und kalt. Als Nebel sie aufforderte, dies zu erklären, war Candy

---

[599] „The Hidden Life of Marilyn Monroe, The Original Hollywood Mind Control Slave" - Vigilantcitizen.com - „The Hidden Life of Marilyn Monroe, Hollywood's First Mind Control Slave" - BistroBarBlog.

[600] *Manchurian Candy* - Colin Bennet, *Fortean Times* 148, 07/2001.

überrascht; tatsächlich hatte sie das Auftauchen einer anderen Stimme oder Persönlichkeit nicht bemerkt. Einige Wochen nach ihrer Heirat vertraute sie Nebel schließlich an, dass sie eine Zeit lang für das FBI gearbeitet hatte, und fügte geheimnisvoll hinzu, dass sie die Stadt vielleicht wieder verlassen müsse, ohne eine Erklärung abzugeben. Nebel fragte sich dann, ob es einen Zusammenhang zwischen Candys anderer Persönlichkeit und diesen seltsamen Reisen gab, die sie angeblich für das FBI unternommen hatte.

Candy Jones, deren richtiger Name Jessica Wilcox ist, wurde 1925 in Atlantic City, New Jersey, geboren. Sie wuchs zu einer schönen jungen blonden Frau von 1,93 m heran. Ihr typisch amerikanisches Eiskönigginnengesicht, wie das von Grace Kelly, Jayne Mansfield und Marilyn Monroe, war zu dieser Zeit sehr in Mode. Obwohl sie in einem eher wohlhabenden Umfeld aufwuchs, wurde sie von ihrem manisch-depressiven (bipolaren) Vater und ihrer Mutter misshandelt. Ihr Vater, der von ihrer Mutter getrennt war, zerquetschte ihr einmal die Finger an einer Muskatnussreibe. Ihre Mutter schlug ihre Beine so sehr, dass Candy dicke Strümpfe tragen musste, um die Spuren zu verbergen. Sie durfte nicht mit anderen Kindern zusammen sein und wurde von ihrer Mutter oft in ein dunkles Zimmer gesperrt. In diesem dunklen Raum entwickelte die kleine Candy in ihrer Panik eine Reihe von Phantasiegestalten, die ihr Gesellschaft leisteten. In der Dunkelheit ihres Gefängnisses stellte sie sich diese Figuren vor, die in den wenigen Reflexionen eines großen Wandspiegels erschienen. Der Name einer ihrer magischen Freundinnen war Arlene, die später eine entscheidende Rolle in Candys Leben spielen sollte. Im Gegensatz zu den anderen Figuren in dieser Fantasiewelt ist Arlene nicht verschwunden, als Candy erwachsen wurde. Sie wuchs und reifte mit ihr, genau wie eine zweite Persönlichkeit. Arlenes Persönlichkeit war eine Art Spiegelbild von Candy. Sie hatte Züge von Candy. Sie war ein sehr guter Mensch, aber sie war kein guter Mensch. Sie hatte Züge von Candys Mutter: Sie war hart, rücksichtslos, sarkastisch und grausam, mit einer kleinen, piepsigen Stimme, die sich von Candys Stimme stark unterschied.

Diese Stimme hörte Nebel zum ersten Mal an ihrem Hochzeitstag. Wenn sie sie selbst war, war Candy die liebevollste, charmanteste und geselligste aller Frauen. Wenn sie aber Arlene war, konnte sie gefährlich bösartig werden und eines Nachts sogar versuchen, ihren neuen Ehemann auf militärische und professionelle Weise zu erwürgen. Nebel erkannte bald und schloss daraus, nicht ohne Grund, dass der Geist seiner neuen Frau sehr gestört war. Candy schien sich vor allem zu fürchten, was mit Chinesen zu tun hatte. Sie hatte auch große Angst vor Ärzten, Psychiatern und Zahnärzten sowie vor Drogen im Allgemeinen. Drogen waren das, wovor Candy am meisten Angst hatte. Wann immer sie davon hörte, erklärte Candys „Beschützerin" Arlene vehement, dass solche Dinge niemals in „ihren" Körper gelangen dürften.

Nebel entdeckte, dass Candys Persönlichkeitsveränderungen eine lange Vorgeschichte hatten, und seine Nachforschungen führten ihn direkt zum Kern einer Organisation, von der ihm viele seiner Zuhörer seit Jahren erzählt hatten: Die Central Intelligence Agency (CIA) der Vereinigten Staaten von Amerika. Nebel ging daraufhin ein großes Risiko ein, da er sich seit vielen Jahren als

Amateur mit Hypnose beschäftigt hatte, und beschloss, Candy in eine leichte Trance zu versetzen, ihr einige Fragen zu stellen und die Antworten aufzuzeichnen. Dies war der Beginn einer der erstaunlichsten Geschichten unserer Zeit, wie sie in Donald Bains Buch „The Control of Candy Jones" erzählt wird.

1945 erkrankte Candy während einer Reise zu US-Militärstützpunkten auf den Philippinen und wurde in das Golfkrankenhaus in Leyte eingeliefert. Dort lernte sie einen Dr. Gilbert Jensen kennen (dies ist ein von Donald Bain aus rechtlichen Gründen gewähltes Pseudonym). Bain sagte, Nebel habe ihm anvertraut, dass er sehr wohl wisse, wer dieser Arzt sei, und dass er schon oft daran gedacht habe, ihn zu töten). Dieser junge Arzt verschrieb ihm daraufhin Vitaminspritzen, die ihm wahrscheinlich das Leben oder zumindest sein Aussehen retteten. Jensen hinterließ ihr seine Visitenkarte und sagte ihr, dass er hoffe, mit ihr in Kontakt zu bleiben. Einige Jahre nach diesem Ereignis trifft sie Dr. Jensen wieder - mit katastrophalen Folgen...

1946 heiratete sie den Modekönig Harry Conover, der später wegen Betrugs inhaftiert wurde, ohne viel Gefühl. Die Ehe wurde 1959 geschieden, wobei sie das Sorgerecht für ihre drei Söhne und eine Modelagentur in New York erhielt. 1960 besuchte ein alter Bekannter von Candy, ein pensionierter Armeegeneral, sie in der Agentur, um sie um einen kleinen Gefallen zu bitten. Er wollte, dass sie dem FBI erlaubt, ihre Agentur als Postfach zu nutzen. Sie stimmte zu und bot ihm sogar an, die Post zuzustellen, wenn er auf Geschäftsreise war. Damals betrachtete sie dieses Arrangement als nicht mehr und nicht weniger als eine patriotische Aktivität. Sie hatte keine Ahnung, was auf sie zukommen würde.

Einer der ersten Aufträge dieses Generals (Name unbekannt) bestand darin, auf einer seiner Reisen einen Brief an einen Mann in San Francisco zu überbringen. Dieser Mann war Dr. Gilbert Jensen, an den sie sich nur vage erinnerte. Am 16. November 1960 aß sie mit diesem Mann zu Abend, ein Tag, der ihr Leben für immer prägen sollte. Jensen verriet ihr, dass er jetzt für die CIA arbeite und ein Büro in Oakland habe. Er sagte Candy, dass sie, wenn sie wolle, mehr in geheime Geheimdienstangelegenheiten involviert werden könne und dass dies für sie lukrativ sein könne. Da ihre drei Söhne öffentliche Schulen besuchen, ging Candy das Geld aus und sie nahm das Angebot an.

Als Erstes hat Jensen Candy hypnotisiert. Dabei entdeckte er die andere Persönlichkeit „Arlene". Anschließend stärkte er diese Persönlichkeit durch den Einsatz hypnotischer Techniken und intravenöser Injektionen von experimentellen Drogen. Es gelang ihm, Arlene in Candys Kopf zu einer führenden Persönlichkeit zu machen, so dass er sie (mit Arlenes Stimme und Verhalten) auf verschiedene Missionen schicken konnte, sowohl national als auch international. Die Verwandlung von Candy in Arlene war radikal: Neben der Veränderung der Persönlichkeit, der Stimme und des Verhaltens trug sie eine Perücke und ein spezielles Make-up. Jensen wollte den „perfekten Boten" schaffen, der selbst unter Folter nichts über die zu übermittelnde Botschaft verraten konnte, weder woher sie kam noch wer sie abgeschickt hatte.

Diese Operation war umfangreich und sehr gut organisiert. Candy reiste als Arlene, der virtuelle Zombie, zu Ausbildungslagern, Militärbasen und geheimen medizinischen Einrichtungen in den Vereinigten Staaten. Sie wurde in allen Bereichen des verdeckten Einsatzes ausgebildet, einschließlich des Umgangs mit Sprengstoff, Nahkampf, improvisierten Waffen, Tarnung und Kommunikation. Arlene hat gelernt, mit bloßen Händen zu töten, wurde darauf konditioniert, Schmerzen zu widerstehen, und darauf trainiert, sich Verhörtechniken zu widersetzen. Jensen, der sehr stolz auf ihre Arbeit war, beförderte sie innerhalb der Armee mehrfach als „narkohypnotischen" Erfolg, als die perfekte Kriegerin. Ein wichtiger Punkt für Jensen war der Nachweis, dass die Konditionierung so tiefgreifend war, dass Arlene sich sogar auf Befehl umbringen konnte. Um Ihnen eine Vorstellung von den moralischen Werten der Leute zu geben, die an dieser Art von Programm beteiligt sind, hat Jensen einmal eine brennende Kerze in Candys Vagina gesteckt, ohne dass sie mit Angst oder Schmerzen reagierte. Er tat dies vor 24 Ärzten in einem Auditorium im CIA-Hauptquartier in Langley, Virginia.

Candy wurde als Arlene mindestens zweimal auf eine Testmission nach Taiwan geschickt, um Umschläge zuzustellen. Dort wurde sie mit elektrischen Schlagstöcken gefoltert, um zu sehen, ob sie brechen würde, was sie nicht tat. Perverse Sexualität scheint ein wichtiges Element in diesem mentalen Programmierungsplan gewesen zu sein. Sie wurde oft nackt auf eine Bahre gelegt, hypnotisiert und an verschiedenen Körperteilen gefoltert. Sie wurde zwangsweise „Gestapo-ähnlichen" Verhören unterzogen und von Frauen gegen ihren Willen sexuell missbraucht. Der sexuelle Missbrauch wurde unter Hypnose von Jensen selbst durchgeführt.

Das alles war natürlich nicht Teil des so genannten Kampfes gegen den Kommunismus. Es war eher ein Beispiel für das, was Churchill als „perverse Wissenschaft" bezeichnete, die in einem Nachrichtendienst tätig ist. Die Hypnose und die Techniken der mentalen Programmierung, die bei Candy Jones angewandt wurden, stammten aus der taktischen und strategischen Forschung der Amerikaner in Vietnam, ebenso wie die Sättigung durch unnötige Bombardierungen, der Einsatz von Entlaubungsmitteln usw. Die Amerikaner hätten besser daran getan, mehr von ihrem Wissen und ihrer Erfahrung weiterzugeben, als sie es in der Vergangenheit getan haben. Die Amerikaner wären besser beraten gewesen, den Vietnamesen kostenlos japanische Fernsehgeräte zu geben, um sie einzuschläfern, das wäre der einfachste Ausweg gewesen. Aber vielleicht geht es hier um etwas viel Schlimmeres als eine gescheiterte Waffe aus dem Kalten Krieg. Waffen, die gegen die Kommunisten versagten, aber versagten sie auch, als sie sich gegen den amerikanischen Staat selbst richteten? Mark Chapman, Shiran-Shiran, John Hinckley, James Earl Ray und Lee Harvey Oswald sind der Beweis dafür, dass in Amerika noch andere „Dr. Jensensens" am Werk waren.

Jensen wusste, dass er ein großes Risiko einging. Er konnte nicht sicher sein, dass Arlene nicht irgendwann unerwartet in Candys Alltag auftauchen würde. Trotz seiner Vorsichtsmaßnahmen ist dies natürlich geschehen, und ohne diese Vorsichtsmaßnahmen wäre nichts davon an die Öffentlichkeit gelangt.

Candy hatte keine Ahnung, dass sie außer ihren Besuchen bei Jensen und ihren Postzustellungen noch etwas anderes unternommen hatte. Das war alles, was sie wusste, alles andere war völlige Amnesie. Sobald ihre Reise und ihr Auftrag beendet waren, wurde sie von Jensen aus ihrer Trance gerissen und kehrte wieder in ihr tägliches Leben zurück.

Wir kennen diese Geschichte von den Tonbändern der Hypnosesitzungen, in denen Nebel Candy befragte. Als Candy diese Bänder vorgespielt wurden, konnte sie nicht glauben, dass sie die von Arlene beschriebenen Dinge erlebt hatte. Aus den vielen Tonbändern, die über mehrere Jahre hinweg aufgenommen wurden, hat Donald Bain (der Autor von „The Control of Candy Jones") die vier komplexen Charaktere von Arlene, Nebel, Jensen und Candy gekonnt herausgearbeitet. Arlene ist eine Abstraktion in Candys Kopf, Nebel eine reale Figur und Jensen eine Figur, die im Verborgenen bleibt. Dieses Drama wurde durch die Anhäufung von Beweisen verstärkt, die zeigten, dass Jensen tatsächlich existierte und wahrscheinlich an der Art von Aktivitäten beteiligt war, die Candy/Arlene beschrieben hatte. Mitte der 1970er Jahre erkrankte Nebel an Krebs, und da ihn Candys Geschichte und der Verdacht, dass sie Jensen während ihrer Ehe noch einige Male heimlich gesehen hatte, aufregten, dachte er intensiv über Rache nach. Er sagte Bain, dass er Jensen umbringen wolle, aber Bain konnte ihm das ausreden.

Wie Cathy O'Briens Einzelstück „America in Trance-Formation" und Annie McKennas „Paperclip Dolls" ist auch Bains Buch eine brillante Inszenierung. Ohne Rücksicht auf den üblichen kommerziellen Rahmen hat er einen enormen Zeitaufwand betrieben, um die gesamte Geschichte von Candy Jones aus Hunderten von Tonbändern zu extrahieren. Die Arbeit erstreckte sich über mehrere Jahre, aber Jensens eigene Stimme fehlte, so dass die Informationen über ihn aus den aufgezeichneten Dialogen rekonstruiert werden mussten. Obwohl er nur eine schemenhafte Gestalt war, war Nebel überzeugt, dass es genügend äußere Anzeichen dafür gab, dass er viel realer war als Arlene.

Das schwierigste Problem bestand darin, die vielen Barrieren zu beseitigen, die Jensen wie Zementschichten in Candys Kopf gelegt hatte. Nebel versuchte oft, sich während der Hypnosesitzungen als Jensen auszugeben; Arlene bemerkte diese Taktik jedoch immer und ließ sie wissen. Arlene mochte Jensen, während Candy ihn überhaupt nicht leiden konnte. Nebel gab auch vor, Arlenes Alter zu sein. Candy fühlte sich viel wohler, wenn sie auf diese Weise über sich selbst sprach, und sie gab eine Menge Informationen über die Aktivitäten dieses Dr. Jensen preis.

Donald Bain vermutet, dass Candy als Arlene viele weitere experimentelle Aufträge für Jensen ausführte, die nie entdeckt wurden. Er ging auch zu Candys Agentur, um mit Hilfe des Geschäftsführers die Anwesenheitslisten für die 1960er Jahre zu überprüfen. Über einen Zeitraum von 10 Jahren wurde festgestellt, dass Candy häufig unter dem Vorwand von „Geschäftsreisen" abwesend war, für die kein Unternehmen angegeben wurde. Fragmente dieser Reisen tauchten unter Hypnose auf, bei einer Gelegenheit sagte sie, sie müsse ein Gewehr für Jensen abliefern.

(...) Doch was Nebel vor seinem Tod am meisten beunruhigte, waren die Versuche der CIA und von Jensen, mit Candy Kontakt aufzunehmen. Seine Abenteuer fanden offenbar zwischen 1960 und 1971 statt, aber Bain sagte, er könne nicht ganz sicher sein, dass sie nicht weitergingen. Der mutige Nebel starb kurz nach der Veröffentlichung von Bains Buch an Krebs. Er starb, ohne alle Antworten auf das geheime Leben seiner Frau gefunden zu haben. Für kurze Zeit konnte er sich trösten, denn er hatte begonnen, den versteckten Kontrolleuren Amerikas die Maske vom Gesicht zu reißen. Ähnlich wie andere glamouröse Persönlichkeiten ist auch Candy Jones unwissentlich in das Geheimnis der elitären Macht eingetreten, die ihr ständig verwehrt wird. Wenn Jayne Mansfield den Kräften des Konsums und Marilyn Monroe den Intrigen des Staates zum Opfer fiel, so war Candy Jones mit Sicherheit eines der Opfer des amerikanischen Geheimdienstes und der medizinischen und psychiatrischen Einrichtungen. Beides führte in den 1950er und 1960er Jahren zu einer Wiederbelebung des militärisch-industriellen Komplexes in den USA.[601]

Selbst im Erwachsenenalter bleiben diese Frauen von Format wie Candy Jones Märchenkinder, genau wie die jungen Vorbilder Jon Benet Ramsey und Sylvia Plath. Candy wurde wahrscheinlich nicht nur ausgewählt, weil sie als leicht hypnotisierbar galt, sondern auch, weil sie eine der ersten Medienpuppen war, eine Art Prototyp. Amerika war schon immer weltweit führend in Sachen Bewusstseinskontrolle und illusorische Träume, vom Fernsehen bis zu Puppenhausmöbeln. Wie Puppen werden die Menschen zu Automaten, und alle Arten von Experimenten und tiefgreifenden gesellschaftlichen Veränderungen machen diesen Semi-Transit des Geistes zu einem natürlichen Zustand.

Möglicherweise war Jensen an den frühen Experimenten im Rahmen des MK-Ultra-Programms beteiligt. Candy Jones' erster Ehemann hatte sie bereits zu einer „Superpuppe" gemacht, ein perfektes Motiv für Jensen. Bain kommt zu dem Schluss, dass Jensen für den Nachrichtendienst tätig war, dass er aber auch ein viel komplexeres Projekt gehabt haben könnte. Während Candy die unschuldige Fantasie zwischen der Welt von Jules Verne und George Adamski repräsentiert, steht Jensen für die dunkle Seite der Wissenschaft. Dies ist die dunkle Welt von Auschwitz, die, wie wir wissen, von einer Gemeinschaft von Wissenschaftlern, Ärzten und Industriellen geleitet wurde.

Wie Marilyn Monroe könnte auch Candy Jones ein Opfer der frühen Forschung des US-Militärs an den so genannten „nicht-tödlichen Waffen" gewesen sein. Vielleicht ist die Vorstellung von „Big Brother", wie die der Bergarbeiter, endgültig zu etwas Archaischem und Überholtem geworden, und vielleicht hatte Orwell Unrecht und Huxley Recht. Unbegrenztes Vergnügen auf billige Weise, ohne Schmerz und Leid, ist die ultimative Waffe, um den Willen des Volkes zu brechen, ohne dass ein Tropfen Blut vergossen wird.

(...) John Nebel muss sich gewundert haben, als sein Leben mit Candy Jones eine bestimmte Wendung nahm. Viele Jahre lang hatte der New Yorker Radiomoderator viele Hörer gehört, die ihn anriefen, um ihm von den Dingen zu

---

[601] The Mind Manipulators - Alan Scheflin und Edward Opton, 1978 / Operation Mind-Control - Walter Bowart, 1978.

erzählen, die Candy jetzt beschrieb, wenn sie in Trance war... Sobald Nebel Arlenes Stimme hörte, betrat er die Welt der amerikanischen Trance. Eine Welt, in der Eintrittswunden zu Austrittswunden werden und in der Jack Rubys letzte Stunden als freier Mann so rätselhaft bleiben wie die letzten Telefongespräche von Marilyn Monroe ... oder Candy Jones' geheimnisvolle Reisen.

6 - DIE SYMBOLIK DES MK-MONARCHEN IN DER MUSIKINDUSTRIE

Zeichen und Symbole regieren die Welt, nicht Gesetze und Worte - Konfuzius

Die Musikindustrie spielt eine wichtige Rolle, sie ist ein mächtiges Instrument zur Indoktrination der Massen, und es geht um viel mehr als nur um Geld... Die Musik, die den Menschen angeboten/aufgedrängt wird, ist ein ebenso mächtiges Kontrollinstrument wie das Schulsystem oder die täglichen Fernsehnachrichten. Diese Art des Social Engineering formt und prägt die Einstellungen und Werte einer ganzen Jugend. Daher das Interesse, Millionen von Dollar auszugeben, um ständig neue Weltstars zu fördern, die von Millionen junger Menschen vergöttert werden. So wie die Kinder satanisch-luziferischer Kulte von klein auf programmiert werden, so wird auch die Jugend der Welt einer systematischen geistigen Kontrolle unterzogen. Obwohl sie viel weniger direkt und zwanghaft ist als der rituelle Missbrauch, ist sie nicht weniger wirksam bei der Konditionierung der Psyche.

Viele der Clips, die auf der Videoplattform *YouTube* millionenfach angesehen werden, sind in Wirklichkeit nur symbolische Darstellungen des auf Traumata basierenden mentalen Programmierprozesses von Monarch. Diese Inszenierungen verweisen symbolisch auf einen psychologischen Prozess, nämlich die Spaltung der Persönlichkeit, das Endziel von MK-Monarch. Dieselben Symbole werden von der luziferischen Elite systematisch verwendet, um ihre dekadente und gefallene *Kultur* unter den Laien zu fördern. Sie tun dies, indem sie die Symbolik der Gedankenkontrolle in hochkarätige Produktionen einfließen lassen, sei es in der Luxusindustrie, in Mode- und Musikproduktionen mit Clips, die mehrere Linsen enthalten. Die Vorstellung von multiplen Persönlichkeiten und „verrückten Alter-Egos" wird zu einer *coolen* Sache und verbreitet sich unter den glitzernden Idolen. Ziel ist die Schaffung einer hegemonialen und unausweichlichen *MK-Kultur* mit einer Ästhetik und Symbolen, die heute in den Medien allgegenwärtig sind, verpackt in attraktive und süchtig machende Unterhaltung. Unbewusst assoziiert die jüngere Generation daher diesen vulgarisierten und vereinfachten Okkultismus mit etwas Positivem, mit einer Mode, mit einem Modell, dem man folgen kann. Luziferische Symbole wie das Dreieck und das Einauge tauchen immer häufiger in der säkularen Welt auf. Wir bejubeln, reklamieren und konsumieren diese dämonischen Suggestionen, und so validieren wir unbewusst eine ganze luziferische Kultur als etwas, das gut für uns ist. Wir mögen unsere Musik, wir mögen unsere Fernsehsendungen, unsere Zeichentrickfilme und unsere Videospiele, wir mögen Inhalte, die sehr oft eindeutig einen luziferischen Charakter haben. Folglich entscheidet sich unser freier Wille bewusst dafür, die Suppe des Teufels zu essen, weil sie so süß ist...

Im März 2014 wurden in einer *BBC-Werbung* für *„Match of the Day"* (ein Fußballspiel) mehrere Dreiecke mit einem Auge in der Mitte eingeblendet. Die Blitze dauerten nur den Bruchteil einer Sekunde und konnten sich im Gedächtnis der Betrachter einprägen. Welchen Sinn hatten solche zufällig auftauchenden freimaurerischen Symbole in einer Werbung für Fußballspiele? Aber was kann man schon von einem Fernsehsender erwarten, der jahrelang eine Person wie Jimmy Savile geschützt hat? Ein Monster, das Hunderte von Kindern vergewaltigt hat...

MTV fügt auch gerne systematisch okkulte freimaurerische Symbolik in seine Werbung ein. Die *MTV-Gruppe* hat ihre Studios in Toronto in einer ehemaligen Freimaurerloge eingerichtet.

Die *iHeartRadio Ultimate Pool Party* in Miami Beach ist eine dieser großen Veranstaltungen, die dazu dienen, das Unterbewusstsein der Jugend mit einer bestimmten Symbolik zu durchdringen. Im Juni 2013 wurden während des Konzerts von Ke$ha auf der Riesenleinwand eine Stunde lang Blitze und Serien von hypnotischen Bildern mit Dreiecken, Augen, Pentagrammen und anderen typischen freimaurerischen und luziferischen Symbolen gezeigt.

Modefotos und Titelseiten von Zeitschriften sind voll von der Symbolik des einäugigen Luzifers, so wie sie auch zunehmend auf der Kleidung unserer großen Einzelhändler zu sehen ist.

Ein weiteres Beispiel ist der Videoclip *„Where Are U Now"* von Justin Bieber, der aus einer Vielzahl von Zeichnungen besteht, die das Bild des jungen Sängers widerspiegeln, wobei jede Zeichnung nur für den Bruchteil einer Sekunde auf dem Bildschirm erscheint. Es stellt sich heraus, dass in diesen Hunderten von Abbildungen, die auf Bieber geblitzt wurden, viele umgedrehte Kreuze in der Mitte seiner Stirn zu finden sind, oder freimaurerische Pyramiden mit einem einzigen Auge, 666er, Bilder, die im gesamten Clip wiederkehren. Es mag eine ungesunde Ironie sein, aber was auch immer man sagen mag, dies ist ein Clip, der unterschwellig luziferische Symbolik aufblitzen lässt, ein Clip, der millionenfach angesehen wird und diese Bilder direkt in die Köpfe der jungen Menschen einprägt. Kurz gesagt, wie viele Menschen bereits erkannt haben, sind all diese *„Winke"* nichts anderes als die Imprägnierung des weltweiten luziferischen Kults in die populäre und weltliche Kultur. Es geht hier nicht darum, die Geometrie und das gleichseitige Dreieck zu verteufeln, denn diese Menschen haben nichts erfunden, sondern greifen nur Codes und Symbole auf, indem sie sie sich aneignen.

Unser Geist ist die Zitadelle, in der der Geist Gottes für die Ewigkeit mit uns arbeiten will, aber Satan versucht, sich diese Zitadelle zu eigen zu machen, um sie zu seinem Thron zu machen... Angesichts dieser verderblichen und korrumpierenden Industrie, der perfekten Plattform, über die Satan die Massen erreichen kann, um sie aufzuwiegeln, zu manipulieren und zu verdrehen, muss eine Entscheidung getroffen werden; zitieren wir hier Alexandre Dumas: *„Gott fischt mit der Angel nach Seelen, Satan fischt mit dem Netz nach ihnen.*

Die Musikindustrie ist sich der Tatsache bewusst, dass sie eine beeinflussbare Jugend mit immer extremeren Inhalten füttern will. Da die Öffentlichkeit immer unsensibler für die Dinge wird, die vor sich gehen, werden die Clips immer expliziter, indem sie das Thema der traumabasierten Gedankenkontrolle offen darlegen, und das ohne jegliche Zensur, obwohl es sich wahrscheinlich um die abscheulichste Praxis der Welt handelt. Die Welt der Monarch-Sklaven wird in einigen Clips, in denen Gewalt, Folter, sexueller Missbrauch und Erniedrigung, ganz zu schweigen von Drogen, als etwas *Cooles* und Trendiges dargestellt werden, deutlich sichtbar... Das ist wieder Social Engineering, globale Gedankenkontrolle.

Was könnte geeigneter sein als das Format „Musikvideo" und die große künstlerische Freiheit, die es erlaubt, der massiven Verbreitung von okkultem Wissen freien Lauf zu lassen, das kaum durch Symbolik verborgen ist und in einer Schleife auf Fernsehkanälen und im Internet 24 Stunden am Tag ausgestrahlt wird? Die gleichen Codes werden unermüdlich in diese Produktionen eingespeist... Das ist kein Zufall, eine Geschichte wird uns auf verschleierte Weise erzählt, wenn wir noch Augen haben, um sie zu sehen... Eines der verborgensten Dinge in dieser Welt ist also ein Wissen, das paradoxerweise am meisten verbreitet wird, und zwar täglich unter der Nase von Millionen von Menschen, die sich überhaupt nicht bewusst sind, was ihnen auf mehr oder weniger direkte Weise übermittelt wird. Dies ist wahrscheinlich eine Form von Arroganz oder schwarzem Humor, oder auch eine Art, die Menschheit unbewusst diese unwürdigen Praktiken als etwas Positives zu bewerten. Die Tatsache, dass der Monarch-Gedankenkontrollprozess in einigen der größten Medienproduktionen der Welt (Musik, Film, Mode) symbolisch verschlüsselt ist, ist ein ernsthaftes Indiz dafür, dass es sich um eine nicht marginale Praxis handelt, die systematisch in den höchsten Sphären unserer Gesellschaft angewandt wird. Aber es ist auch eine Art, ein okkultes Wissen in diesem großen Theater massiv zu verbreiten, wo schließlich alles am helllichten Tag gezeigt wird... Es gibt Gesetze, die über den Gesetzen dieser Welt stehen und die die „namenlose Religion" unbedingt respektieren muss.

Musikvideos und sogar einige Filme sind daher ein ideales Mittel, um visuell und symbolisch etwas zu zeigen, das viel tiefer geht als ein einfacher drei- oder vierminütiger Song. Nach dem okkulten Glauben des luziferischen Ordens kann das *höhere Selbst* nur durch Mythos, Symbolik oder Musik kommuniziert werden, um das Unbewusste wirksam zu durchdringen. Diese Hermetik durchdringt systematisch die großen Film- und Musikproduktionen: *„reden, ohne zu reden, zeigen, ohne zu zeigen und verstecken, ohne zu verstecken"*, eine sehr subtile Kunst, die die Unterhaltungsindustrie eifrig betreibt. All diese MK-Symbolik wird in der säkularen Welt massiv verbreitet, damit die Menschen *sehen, ohne zu sehen, und hören, ohne zu verstehen.* Die Zauberer-Kontrolleure halten sich für Götter und verbreiten ihr „Licht" auf mehr oder weniger verschlüsselte Weise mit Unterhaltungsproduktionen, die doppelte Bedeutungen und eindeutige Symbole enthalten und eine okkulte Doktrin vermitteln, die schließlich Millionen von Laien vor Augen geführt wird. Diese indirekte Offenlegung ermöglicht es ihnen, die Massen zu kompromittieren, so dass wir nicht sagen können: *„Mein Gott, das haben wir nicht gewusst".* Auf diese Weise respektieren sie irgendwie das Gesetz des freien Willens und die Fähigkeit, eine eigene Entscheidung zu treffen, wenn sie eindeutig die abscheulichsten Dinge aufdecken.

Im Falle der institutionellen Pädokriminalität macht die Akzeptanz der systematischen Lügen und damit das Überlassen der kleinen Opfer ihrem Schicksal, während die Beweise immer offenkundiger werden, die Menschen moralisch zu Komplizen dieser Verbrechen, indem sie nicht reagieren und es geschehen lassen... Das permanente Social Engineering und die Verleugnung der Korruption und der Gräueltaten der herrschenden Elite, die heute offensichtlicher denn je sind, sind zwei Schlüsselpunkte, auf denen dieses prekäre Gleichgewicht beruht. Ein Gleichgewicht, das sicherstellt, dass die öffentliche Meinung nicht völlig umkippt, während sie gleichzeitig kompromittiert wird... denn es ist klar, dass heute alles enthüllt und offengelegt wird für diejenigen, die sich auf die Suche nach sich selbst machen, indem sie sich von den Programmen des Social Engineering emanzipieren.

Aber zurück zur Musikindustrie und ihren Verbindungen zum MK-Monarchen. In der Einleitung des Videos „Mary The Night" hält Lady Gaga einen Monolog, der die Situation eines Opfers unter geistiger Kontrolle sehr deutlich beschreibt. Sie erklärt „künstlerisch" die Traumata, die sie durchgemacht hat, um ein *Superstar* zu werden. Der Clip zeigt Lady Gaga auf einer Trage liegend, die von zwei Krankenschwestern geschoben wird, und beschreibt, wie sie ihre traurige Realität wahrnimmt: *„Wenn ich auf mein Leben zurückblicke, ist es nicht so, dass ich die Dinge nicht genau so sehen möchte, wie sie passiert sind, ich ziehe es nur vor, mich auf poetische Weise an sie zu erinnern. Und um ehrlich zu sein, ist die Lüge viel ehrlicher, denn ich habe sie erfunden. Die Psychiatrie lehrt uns, dass ein Trauma wahrscheinlich der ultimative Killer ist. Erinnerungen werden nicht wie Atome und Teilchen in der Quantenphysik recycelt. Sie können für immer verloren sein. Meine Vergangenheit ist ein unvollendetes Gemälde, und wie der Maler muss ich all die hässlichen Löcher ausfüllen, um die Leinwand zu verschönern. Es ist nicht so, dass ich unehrlich bin, ich hasse nur die Realität..."*

In einigen der Big-Budget-Clips findet sich immer wieder dieselbe Symbolik, z. B. wird der Künstler als zerbrochene Puppe, Schaufensterpuppe, Automat oder Fadenpuppe dargestellt, und der Schauplatz stellt die „innere Welt" des Sklaven dar. Der Prozess der Dissoziation und Abspaltung wird oft durch den Durchgang durch einen Spiegel oder das Zerbrechen des Spiegels dargestellt, was bedeutet, dass es keinen Weg zurück gibt oder dass die Programmierung gebrochen ist; der Regenbogen hat die gleiche Symbolik wie der Durchgang durch den Spiegel. Das luziferische Einzelauge oder das „alles sehende Auge" ist sehr verbreitet, ebenso wie Grafiken, die die Dualität darstellen, wie das schwarz-weiße Schachbrett... und natürlich finden wir den Monarchfalter immer wieder in diesen Produktionen, als eine Signatur. Pentagramme und Ziegenköpfe, Masken, Pyramiden sind ebenfalls klassische

Symbole, die diese luziferische Subkultur imprägnieren... Nicht darüber reden, es zeigen... und so die profane Populärkultur imprägnieren, um sie indirekt zu korrumpieren.

Hier sind einige Beispiele für besonders explizite Produktionen, und ich lade den Leser ein, diese Clips selbst im Internet zu entdecken, wo es auch viel detailliertere Analysen ihres symbolischen Inhalts gibt. Es liegt auf der Hand, dass eine symbolische Interpretation sehr subjektiv erscheinen kann, aber eine gewisse Kenntnis der MK-Prozesse erlaubt es uns, eindeutige Indikatoren zu identifizieren, umso mehr, wenn wir dieselben Codes, dieselbe symbolische Bildsprache finden, die systematisch in vielen Big-Budget-Produktionen verwendet werden.

- Beginnen wir mit dem Video zu Laura Branigans Song *„Self Control"* aus dem Jahr 1984, dem Vorläufer der Videos mit Gedankenkontrollsymbolik. Auf den ersten Blick erzählt der Song, der ein internationaler *Hit wurde, die* Geschichte eines Mädchens, das die Nachtclubszene liebt. Aber es ist das Video, das den wichtigen Aspekt des Liedes offenbart. Es zeigt die Sängerin, die von einem maskierten Mann verfolgt wird. All das kombiniert mit Symbolik macht diese Inszenierung zu einem Tribut an die okkulte Elite, zu einer Feier ihrer sadistischsten Praxis: der Gedankenkontrolle durch Monarchen. Im Jahr 1984, als dieser Clip veröffentlicht wurde, begann die Musikindustrie gerade, das Videoformat als Werbemittel zu nutzen, und der Clip *„Self Control"* war eine Revolution in der Unterhaltungsindustrie. Dieses Video stellt nicht das Nachtleben des durchschnittlichen Partygängers dar, sondern zeigt uns deutlich eine Frau, die ihren Willen und ihre Willensfreiheit in den Händen eines gesichtslosen Meisters verliert. Der Refrain fasst es perfekt zusammen:

Sie nehmen mein „Ich".
Du übernimmst die Kontrolle über mich
Du lässt mich nur für die Nacht leben
Bevor der Morgen anbricht, wird die Messe gelesen
Sie nehmen mein „Ich".
Du übernimmst die Kontrolle über mich

In diesem Clip ist die Welt der Nacht eine Metapher für Dissoziation. Die ersten Bilder zeigen uns eine Puppe mit braunem Haar, die Laura Branigan symbolisiert. Dann sehen wir, wie sie sich für ihren Abend fertig macht, mit seltsamen Gestalten um sie herum, die aus dem Nichts aufzutauchen scheinen: Als sie sich mit der Hand durch die Haare fährt, zeigt das nächste Bild eine Person neben ihr, die sich mit der Hand durch die Haare fährt. Der Clip hier stellt dar, was in Lauras Kopf vor sich geht, und zeigt ihre wechselnden Persönlichkeiten. Die nächste Szene zeigt die junge Frau zu Beginn ihres Abends, sie steht auf der Straße vor einem Schaufenster, in dem zwei Schaufensterpuppen waagerecht in der Luft schweben, eine hervorragende Art, eine dissoziierte MK-Sklavin darzustellen. Dann erscheint ein maskierter Mann auf dem Rücksitz eines Luxuswagens, ihr Meister, die okkulte Elite. In der nächsten Szene tanzt Laura in einer Diskothek, als der maskierte Mann wieder auftaucht, wobei im Hintergrund mehrere Masken aneinandergereiht sind, was symbolisiert, dass die Programmierer und Sklavenhalter selbst eine dissoziierte Persönlichkeit haben. Seltsamerweise beschließt Laura, der seltsamen und beunruhigenden Gestalt zu folgen. Sie folgt ihm, weil sie keine Kontrolle mehr über sich selbst hat. Der Text der zweiten Strophe beschreibt perfekt den Zustand eines MK-Sklaven, der seinem Herrn ausgeliefert ist, wenn er sich in einem Zustand der Dissoziation befindet, hier symbolisiert durch die „Welt bei Nacht":

Während der Nacht, keine Kontrolle

Durch die Wand dringt etwas

in Weiß gekleidet, während du die Straße meiner Seele entlanggehst

Eine Nacht ohne Gefahr, ich lebe im Wald meiner Seele

Ich weiß, die Nacht ist nicht, wie sie scheint

Ich muss an etwas glauben

So rede ich mir ein, dass diese Nacht niemals enden wird

Laura kann sich dem Willen des maskierten Mannes nicht widersetzen, der sie schließlich zu einer Orgie mitnimmt - ein Teil des Clips, der an die berühmte Szene aus dem Film *Eye Wide Shut* erinnert, in der maskierte Personen in einem Schloss Sex haben. In dieser Szene wird Laura symbolisch in die unterirdische, okkulte Welt der Elite entführt, wo sie als Sexsklavin benutzt wird. Tatsächlich sehen wir, wie der maskierte Mann die junge Frau, die sich in einem veränderten Bewusstseinszustand zu befinden scheint, entkleidet, um sie auf die „*Party*" zu entlassen. Diese Szene zeigt deutlich, wie eine Frau als Sexsklavin in einer elitären Orgie benutzt wird.

Zu Hause stellt Laura fest, dass sie nirgendwo sicher ist, nicht einmal in ihrem Schlafzimmer, wo sie von maskierten Personen missbraucht wird. In dieser letzten Szene ist der „gesichtslose" Mann auch im Schlafzimmer anwesend und missbraucht Laura. Der Clip endet mit einem sehr symbolträchtigen Bild: einer Nahaufnahme der Puppe, mit der der Clip eingeleitet wurde. Aber hier ist ihr Kleid zerrissen, ihr Haar ist durcheinander und eines ihrer Augen ist geschlossen, eine Anspielung auf Luzifer.

Diese Produktion, die ganz zu Beginn des Musikvideozeitalters veröffentlicht wurde, enthielt bereits alle Merkmale und Codes eines Clips, der die MK repräsentiert. Dreißig Jahre später sind die gleichen Szenarien, Codes und Symboliken immer noch präsent. Heute sehen wir mehr denn je junge Sternchen, die in Musikvideos über ihre Gedankenkontrolle singen und das MK-System der „namenlosen Religion" feiern.[602]

- Der Clip „*Wide Awake*" von Katy Perry beginnt damit, dass Katy in ihrer Garderobe sitzt, in einen Spiegel starrt und ihre Perücke abnimmt: eine Darstellung des Wechsels des Alters. Diese erste einleitende Szene symbolisiert die Dissoziation, die sie in eine Fantasiewelt führt, die nichts anderes ist als ihre innere Welt... Von diesem Moment an wechselt der Clip in eine andere Realität, in der der Star in seiner inneren Welt umherwandert, die durch ein dunkles Labyrinth voller Sackgassen und Fallen dargestellt wird. Sie scheint in ihrem

---

[602] „Self Control" von Laura Branigan: Ein gruseliges 80er-Jahre-Video über Gedankenkontrolle" - vigilantcitizen.com, 2015.

eigenen Kopf nicht zu wissen, welchen Weg sie einschlagen soll, und tappt in die verschiedenen Fallen, die ihr der Programmierer stellt. Katy erkennt, dass sie nicht aus dem Labyrinth herauskommt ohne das wichtigste Element, das ihr genommen wurde, als sie programmiert wurde, nämlich ihre wahre Natur, das, was sie wirklich ist. Dann taucht ein kleines Mädchen auf, das ihr entgegenkommt und ihr die Möglichkeit gibt, sich wieder mit ihrer ursprünglichen Persönlichkeit zu verbinden. Sie wird dann ihre Führerin sein, um den Weg in die Freiheit zu finden. Die nächste Szene zeigt Katy und das kleine Mädchen Hand in Hand in einem Flur voller Spiegel, wobei das kleine Mädchen nicht in den Spiegeln erscheint, was bedeutet, dass sie nicht real ist, sondern nur ein Teil von Katys Psyche. In dieser Szene sehen wir, dass Katys Kleid komplett mit Schmetterlingen bedeckt ist... die in einer Wolke davonfliegen werden, wenn Katy schließlich einen der Spiegel zerbricht, um dieser inneren Welt, dieser Programmierung zu entkommen.

Die nächste Szene ist ein völliger Gegensatz zur Fantasiewelt des Labyrinths, wir sind raus aus Katys Kopf und zurück in der traurigen Realität: Katy erscheint völlig zerstört in einem Rollstuhl in einer scheinbar psychiatrischen Klinik, immer noch mit dem kleinen Mädchen an ihrer Seite und einem letzten Schmetterling, der über ihr flattert. Zwei Männer mit Ziegenköpfen stehen vor den Türen des Krankenhauses Wache, und es ist das kleine Mädchen, das sie verschwinden lässt, indem es mit dem Fuß auf den Boden stampft, um Katy aus diesem psychiatrischen Universum zu befreien.

Am Ende des Clips sehen wir dasselbe kleine Mädchen, das Katy einen Monarch-Schmetterling überreicht, und wir erfahren, dass das kleine Mädchen Katheryn heißt (Katy Perrys echter Name, ihre ursprüngliche Persönlichkeit). Zurück in ihrer Garderobe, bemerkt Katy dann, als sie ihre Hand öffnet, dass sie einen Schmetterling bekommen hat, den sie entkommen lässt, und dieser Schmetterling führt uns von der Garderobe zur Bühne für ein neues Konzert... mit anderen Worten, die Schleife ist komplett und der Clip bringt uns zurück zum Ausgangspunkt. Katy, die sich anscheinend auf die Suche nach ihren „Dämonen" gemacht hat, ist zurück in ihrer „sexy Popstar"-Rolle, ein reines Produkt der Musikindustrie. Die „Monarch"-Clips stehen oft für diese Vorstellung einer Endlosschleife.

- Kerlis „*Walking On Air*"-Clip ist ebenfalls sehr explizit und zeigt den Programmierprozess durch die Symbolik des kleinen Mädchens, das sich in eine Puppe verwandelt, die von Fäden gehalten wird, wie eine Marionette. Am Anfang des Clips sehen wir eine seltsame Gestalt, die Kerli ein Geschenk bringt, eine Puppe, die ihr ähnlich ist. Eine Puppe, die Kerli mit in ein Haus nimmt, das symbolisch für ihre innere Welt steht. Wir können sehen, dass Kerli und diese Puppe (ein Alter) in diesem Haus ständig von einem großen Auge beobachtet werden, das sie durch einen Fernsehbildschirm beobachtet. Die Tatsache, dass sie von einem Fernsehbildschirm beobachtet werden, anstatt von ihnen selbst beobachtet zu werden, steht stellvertretend für die systematischen Umkehrungen, die bei der Gedankenkontrolle praktiziert werden. Die Programmierer tun alles, damit sich das Kind ständig beobachtet und kontrolliert fühlt. In diesem Clip sind die Umkehrungen allgegenwärtig: Schnee kommt aus einem Regenschirm, der Ofen friert das Hähnchen ein, während der Kühlschrank zum Kochen benutzt wird. In einer anderen Szene wird die Umkehrung der Werte von Lust und Schmerz symbolisch dargestellt, wenn Kerli auf einem Bett mit einer Matratze aus großen Steinen liegt. Die Verwechslung von Schmerz und Lust ist Teil der MK-Programmierung. Auf diesem Kieselbett lässt Kerli Tränen fließen (die ihren Schmerz symbolisieren), die sich in... Schmetterlinge verwandeln. Dann sehen wir, dass die seltsame Figur vom Anfang des Clips, wahrscheinlich der Programmierer, auf der „anderen Seite" eines Spiegels erscheint, der neben dem Bett aus Steinen steht, und ihm durch Zeichen befiehlt, durch den Spiegel zu gehen, um sich ihm anzuschließen... Der Durchgang durch den Spiegel wird die Endgültigkeit der Transformation sein. In der nächsten Szene sehen wir die Puppe Kerli, die erwachsen geworden ist und von einer riesigen Puppe, die den Monarchfalter am Schulterriemen trägt, manipuliert wird. In der Schlussszene schneidet die Riesenpuppe die Fäden der Kerli-Puppe mit einem Meißel durch und sperrt sie in eine Kiste. Dann sehen wir, wie die junge Kerli zu Hause aufwacht und sich über die Schnüre wundert, die an ihren Handgelenken hängen... Dann entdecken wir, dass Kerli tatsächlich in dieser Kiste eingesperrt ist, die von der riesigen Puppe in den Händen gehalten wird, immer mit dieser Vorstellung einer Endlosschleife, einer Art Mise en abyme oder Fraktal.

- Der Clip „*Fjogur Piano*" von Sigur Ros ist schwer zu verstehen, weil es unmöglich ist, eine kohärente Erzählung daraus zu extrahieren, wie die meisten dieser „Monarch"-Clips, die auf den ersten Blick hermetisch und geheimnisvoll wirken. Es ist der symbolische Gehalt, der ihnen eine wirkliche Bedeutung verleiht. Dieser Clip beschreibt auf bildhafte und symbolische Weise die Endlosschleife des Lebens eines Monarch-Sklaven, mit der Amnesie, der Gewalt und den Drogen, die es begleitet. Der Beginn dieser Produktion zeigt uns einen Mann und eine Frau in einem Bett, die in einem fremden Zimmer aufwachen, sehr verwirrt sind und nicht zu wissen scheinen, was ihnen am Vortag passiert ist. Außerdem sind sie von Monarch-Schmetterlingen umgeben, die sorgfältig auf ihrem Bett arrangiert sind. Der Raum, in dem sie sich befinden, weist an den Wänden Rahmenspuren auf, die, wie wir später sehen werden, von Rahmen stammen, in denen Schmetterlingssammlungen aufbewahrt werden. Das Paar wacht mit allerlei Flecken und blauen Flecken auf dem Körper auf, sie sind verwirrt und scheinen die Ursache nicht zu kennen. Dann betreten zwei obskure Gestalten die Szene und holen sich das „Paar", indem sie ihnen zunächst die Augen verbinden und ihnen Lutscher mit Skorpionen geben, die Psychopharmaka symbolisieren, wobei der Mann und die Frau gierig an diesen Bonbons lutschen, was zeigt, dass sie süchtig danach sind. Dann führen die beiden Kontrolleure das Paar aus dem Raum, indem sie sie einfach anpusten, ohne jeglichen Körperkontakt, was die autarke Gedankenkontrolle symbolisiert, mit der die Sklaven geführt werden, ohne Gewalt anwenden zu müssen. Die nächste Szene zeigt das Paar auf dem Rücksitz eines fiktiven Autos, das von den Kontrolleuren „gefahren" wird und vor einer Kinoleinwand platziert ist, die

Bilder zeigt, die den Eindruck erwecken, dass sie sich tatsächlich bewegen. Diese fiktive Autoszene bezieht sich auf die Dissoziation, d. h. den Prozess, bei dem der Verstand des Subjekts dazu gebracht wird, sich von der Realität abzukoppeln, d. h. ihn an einen anderen Ort zu befördern, ohne dass dieser Ort tatsächlich existiert. Nach dieser seltsamen Eskapade geht es zurück in den Raum... der nun mit Rahmen mit Schmetterlingssammlungen gefüllt ist, und die Frau hält dem Mann wütend einen dieser Rahmen mit einem Schmetterling unter die Nase, als wolle sie ihm etwas zu verstehen geben: *„Sehen Sie, wir sind Monarch-Sklaven".* Plötzlich verschwindet die Frau aus dem Raum und der Mann bleibt allein zurück. Dies ist ein weiteres Indiz dafür, dass es sich wahrscheinlich um eine gespaltene Persönlichkeit handelt und dass die Frau und der Mann in Wirklichkeit ein und dieselbe gespaltene Person sind. Der Mann gerät in Wut und schlägt mit der Faust einen Spiegel ein, der den Versuch symbolisiert, die Programmierung zu brechen, und verwüstet dann den Raum, bis die Frau wieder auftaucht. Dann beginnt er, sie zu schlagen und zu ritzen, so dass sie sich selbst eine Narbe zufügt. Schließlich schläft das Paar ein... und dann sehen wir, wie die beiden dunklen Kontrolleure das Zimmer wieder betreten, um aufzuräumen und alles wieder in Ordnung zu bringen. Der Clip endet mit demselben Bild, mit dem er begonnen hat: Das Paar wacht verwirrt wieder auf, ohne zu wissen, was die Ursache für die Narben ist. Ein weiterer Tag in der Endlosschleife, die das Leben eines Monarch-Sklaven darstellt.

- Das Video *„Prison Sex"* von Tool, dessen Titelsong die Wiederholung sexueller Gewalt durch die Opfer thematisiert, hat eine Symbolik, die mit traumatischen Amnesie-Mauern und der Wiedererlangung von Erinnerungen zu tun hat. Das Video zeigt eine kleine Schaufensterpuppe, die von einem verstörenden Wesen, einer Art schwarzem Gummi-Humanoiden, zerstückelt und gequält wird. Der Clip zeigt die kleine einäugige Schaufensterpuppe, die in einem großen Würfel eingesperrt ist, der aus einer Vielzahl von Schubladen besteht, die seine Erinnerungen repräsentieren und die er durchsucht, um seinen verwahrlosten Zustand zu verstehen. Nach und nach findet er zu den Erinnerungen zurück, die ihm den Zugang zu dem kleinen Jungen ermöglichen, der er einst war. In diesem Animationsclip ist es nicht der Monarchfalter, sondern seine Raupe, die aus einer der Schubladen herauskommt... Auch hier endet der Clip mit dem Begriff der Endlosschleife und des Fraktals: Der aus einer Vielzahl von Schubladen bestehende Würfel, in dem die kleine Schaufensterpuppe eingesperrt ist, ist in Wirklichkeit nur das Innere der Schublade eines anderen, viel größeren Würfels, der wie der erste aus einer Vielzahl von Schubladen besteht, usw...

- Der Clip *„Shatter Me"* der Geigerin Lindsay Stirling ist ebenfalls 100% MK-Monarch. Es stellt den Prozess der Dissoziation und Spaltung der Persönlichkeit durch die Symbolik einer *menschlich-mechanischen* Ballerina dar, die in einer Glaskugel eingeschlossen ist und zu entkommen versucht. Auch hier ist das Bild des zerbrochenen Spiegels und der Spaltung der mechanischen Frau, die buchstäblich in tausend Teile explodiert, symbolisch sehr deutlich. Erst recht, wenn im Clip Monarchfalter herumflattern. In diesen „Monarch"-Clips ist die Doppelzüngigkeit systematisch, das Lied *„Shatter Me"* handelt von der Befreiung von der Angst... Aber seine Symbolik vermittelt genau das Gegenteil: Es zeigt deutlich den Prozess der Unterwerfung eines Sklaven der MK-Programmierung.

- Auch Candy Brookes *„A Study in Duality"-Clip* ist reine implizite MK-Monarch-Propaganda. Ein Clip, der auf den Punkt bringt, was diese ganze Industrie wirklich ist: eine Kombination aus Okkultismus und MK, die darauf abzielt, zu entwürdigen und zu entmenschlichen. Der Clip basiert auf dem Konzept der Dualität mit dem „guten Mädchen" und dem „bösen Mädchen", ein Thema, das für MK-Monarch besonders geeignet ist. Die Inszenierung zeigt eine Frau mit einem Monarchfalter auf dem Mund, ein starkes symbolisches Bild, durchsetzt mit quasi unterschwelligen Andeutungen von Folter, wie z. B. ein Gesicht, das am Mund und an den Augenlidern auseinandergezogen wird; eine deutliche Reminiszenz an die Bildsprache des Films *Clockwork Orange*. Schockierende Bilder, die auf die Folterungen hinweisen, mit denen die für die Gedankenkontrolle erforderlichen dissoziativen Zustände herbeigeführt werden. Warum erscheinen diese Folterbilder nur für einen Bruchteil einer Sekunde in diesem Clip? Warum werden solche unterschwelligen Schrecken durch das Bild einer Frau mit einem Monarchfalter auf dem Mund parallelisiert? Warum wird gerade diese Schmetterlingsart so oft gewählt? Eine andere Szene in diesem Clip zeigt einen maskierten Scharfrichter in einem schwarzen Gewand, der eine offensichtlich roboterhafte Frau in eine Badewanne legt, neben der sich ein intravenöses Transfusionsgerät befindet, was darauf hindeutet, dass etwas Schreckliches passieren wird. Dies ist die Art von völlig gruseliger und entmenschlichender okkulter Symbolik, die über die Unterhaltungsindustrie zunehmend in die Populärkultur eindringt.

- Auch die Clips 'Zombie', 'Mirrors' oder 'Wonderland' von Natalia Kills propagieren eine mit dem MK-Monarchen verbundene Dekadenz. Sie zeigen die *Künstlerin* als eine missbrauchte, gedemütigte und von unsichtbaren Kräften kontrollierte Frau. In dem Clip *„Mirrors"* sieht man sie, wie sie durch einen Spiegel gezwungen wird. In dem Clip *„Zombie"* sehen wir, wie sie in einem scheinbaren Labor an einen Tisch gefesselt wird, wo sie von einem unsichtbaren Peiniger gefoltert wird. Begleitet wird dies von expliziten Bildern, die Schaufensterpuppenköpfe zeigen, die ihr Gesicht bedecken und es ersetzen, und auch zerstückelte Schaufensterpuppen tragen zur düsteren Atmosphäre dieser Produktion bei. Der Clip *„Wonderland"* hebt die Droge hervor, die es erlaubt, *dem weißen Kaninchen in den Kaninchenbau zu folgen...*

- Das Video *„Brick by Boring Brick"* von Paramore erzählt die Geschichte eines kleinen Mädchens, das hinter einer Mauer, die es in seinem Bewusstsein errichtet hat, nach seinem wahren „Ich" sucht. Das Thema des Liedes besagt, dass diese Mauer der Glaube an „Märchen" ist, der durchbrochen werden muss. Das kleine Mädchen wandert mit Monarchfalterflügeln auf dem Rücken in einem Schloss herum, das ihre innere Welt darstellt. In diesem Schloss sehen wir sie in mehreren trügerischen Spiegeln reflektiert. Auch hier gibt es systematische Bezüge zu „Alice im Wunderland".

- Die Clips „Love Me" von Lil' Wayne, „Work B*tch" von Britney Spears und „Change Your Life" von Iggy Azaela verherrlichen ausdrücklich die Beta-Programmierung, d. h. die sexuelle Sklaverei.

- Das Video zu „Price Tag" von Jessie J zeigt die Sängerin als lächerliche Marionette, die von Fäden zusammengehalten wird, oder als Automat an einer Spieluhr.

- Das Video „21st Century Girl" von Willow Smith ist reine babylonische Propaganda, in der der Monarchfalter das Mädchen wie ein Relais begleitet, das von Generation zu Generation weitergegeben wird.

- Das Video „Style" von Taylor Swift stellt auf subtile Weise die dissoziative Identitätsstörung dar, indem es mit zwei Charakteren spielt, die sich gegenseitig spiegeln, immer mit dieser Vorstellung von Spaltung und Bruch.

Diese morbide MK-Subkultur ist nicht nur auf die westliche Welt beschränkt. In Asien verwendet die sehr populäre K-Pop (südkoreanische Pop-Szene) genau dieselben Codes:

- Der Clip „Insane" von A-JAX zeigt uns einen jungen Mann, der sich in einer psychiatrischen Abteilung befindet und sich einer Hypnose unterzieht. Die Symbolik der Dissoziation und der Spaltung ist sehr bedeutsam und wiederholt sich, vor allem wieder durch den Durchgang durch den Spiegel.

- Der Clip 'Hate You' von Ladie's Code ist ebenfalls sehr explizit. Er zeigt zwei junge Mädchen, die völlig entmenschlicht und roboterhaft dargestellt werden, als Puppen oder Marionetten, die an Schnüren gehalten und von einem „Trainer" manipuliert werden.

- Das Video „Waiting" von Andamiro (koreanische Lady Gaga), das unter dem Deckmantel eines Liedes über den Herzschmerz eines Mädchens und eines Jungen in Wirklichkeit die Beziehung zwischen Herr und Sklave Monarch darstellt, offenbart, wie so oft, durch die Symbolik des Videos etwas viel Gewichtigeres als den einfachen Text des Liedes. Auch hier signiert der Schmetterling die Produktion.

- Der Song „The Handler" von Muse aus dem Jahr 2015 ist eine der explizitesten Produktionen über Monarch-Gedankenkontrolle, die je produziert wurde, sowohl in Bezug auf den Text als auch auf die Symbolik des Videos mit seinen offensichtlichen Monarch-Schmetterlingen. Handler ist ein Begriff, der häufig verwendet wird, um denjenigen zu bezeichnen, der den MK-Sklaven manipuliert und leitet, ein Begriff, der schwer ins Französische zu übersetzen ist und der bedeuten würde: Trainer, Manipulator oder Meister, derjenige, der „die *Leine hält*". Hier ist der Text des Liedes, das auf den ersten Blick ein Liebeslied zu sein scheint, dessen Hintergrund sich aber direkt auf die Beziehung zwischen einem MK-Sklaven und seinem Herrn bezieht, die ganze Zweideutigkeit ist da, eine Darstellung des Stockholm-Syndroms:

Du warst mein Unterdrücker
Und ich war programmiert zu gehorchen
Jetzt bist du mein Manipulator
Und ich werde alle deine Forderungen erfüllen
Lass mich in Ruhe, ich muss mich von dir distanzieren
Bewundere meine Trance-Formation
Und du hast die Macht zu tun, was du willst
Mein Verstand war völlig verloren
Und mein Herz eine kalte, gefühllose Maschine
Ich werde nicht mehr zulassen, dass du meine
Gefühle kontrollierst Und ich werde nicht mehr tun, was man mir sagt
Ich habe keine Angst mehr, allein zu gehen
Lass mich gehen, lass mich sein
Ich muss mich aus deinem Griff befreien
Du wirst mich nie wieder besitzen
Es ist interessant, hier auch den
Text des Liedes „*I Get Out!*" von Lauryn Hill wiederzugeben:
Ich steige aus, ich steige aus all deinen Kisten aus,
Ihr könnt mich nicht in diesen Ketten halten, ich gehe raus,
Vater hat mich aus dieser Knechtschaft befreit,
Da ich meinen Zustand kenne, muss ich mich deshalb ändern,
Ihre stinkenden Entschließungen haben nichts mit einer
Lösung zu tun,
aber halte mich von der Freiheit fern und behalte deine
Verunreinigungen bei,
Ich kann Ihre Lügen nicht länger ertragen,
Ich will es nicht mehr versuchen,
Wenn ich sterben sollte, oh Herr,
Deshalb habe ich mich für das Leben entschieden,
Ich will nicht mehr kompromittiert werden,
ich kann nicht mehr schikaniert werden,
Ich werde nicht mehr mitfühlen,
Weil ich jetzt verstehe, dass du mich nur benutzen willst.
Du sprichst von Liebe und betrügst mich
Du hast nie daran gedacht, mich freizulassen
Aber genauso schnell vergessen wir, dass nichts sicher ist
Du dachtest, ich würde dastehen und leiden
Dein Plan, mir Schuldgefühle einzureden,
funktioniert nicht, er unterdrückt mich zu Tode.

Denn jetzt wähle ich das Leben, ich bringe Opfer
Wenn alles weg muss, dann gehen wir
So will ich leben
Keine Kompromisse mehr
Ich sehe dich, bevor du verkleidet bist
Blendung durch diese Gedankenkontrolle
Meine ewige Seele stehlen, mich mit dem Material zärtlich machen
Um mich als Sklaven zu halten, aber ich komme zurecht
Was du siehst, ist das, was du werden wirst
Oh, Sie haben noch nichts gesehen
Es ist mir egal, ob du verärgert bist
Sehen Sie hin und verzerren Sie nicht die Wahrheit
Und Ihre verletzten Gefühle sind nicht entschuldigt
Um mich in dieser Box zu halten, psychologische Sperre
Unterdrückung des wahren Ausdrucks, Zementierung der Unterdrückung
Die Organisation dieses massiven Betrugs
Zwar kann niemand geheilt werden
Ich habe keinen Respekt vor Ihrem System
Ich möchte Ihr System nicht schützen
Wenn du redest, höre ich nicht zu
Mein Vater soll es tun
Lasst mich aus diesen Ketten heraus,
All diese Traditionen töten die Freiheit
Ich habe nur akzeptiert, was Sie gesagt haben.
Mich unter den Toten zu halten
Der einzige Weg zu wissen, ist zu gehen, um zu lernen, zu lernen und zu wachsen
Aber der Glaube wächst nicht so schnell, und jeder glaubte dir.
Während Sie die alleinige Autorität hatten
Nur gefolgt von der Mehrheit
Wer hat Angst vor der Realität
Dieses System ist eine Farce
Sei lieber schlau, um deine Seele zu retten
Und dieser mentalen Kontrolle zu entkommen
Du verbringst dein Leben damit, dich für dieses System des Todes zu opfern
Wo ist die Leidenschaft in dieser Lebensweise?
Sind Sie sicher, dass es Gott ist, dem Sie dienen?
Eingebunden in ein System
Immer weniger gut, obwohl du es verdienst
Wer macht diese Schulen? Wer macht diese Regeln?
Ein tierischer Zustand, oh halte uns wie Sklaven
Oh, komm raus aus diesem sozialen Fegefeuer...

7 - DIE SYMBOLIK DES MK-MONARCHEN
IN DER FILMINDUSTRIE

Einige Filmproduktionen zeigen auch die Symbolik der Gedankenkontrolle der Monarchen. Wie bei den Musikvideos geht es darum, die unterschiedlichen Leseraster zu identifizieren, die in all diesen Produktionen enthalten sind.

Schauen wir uns zunächst den Film „Trouble jeu" (Versteckspiel in V.O.) aus dem Jahr 2005 an. Dieser Film wurde wegen seiner Seltsamkeiten stark negativ kritisiert, er wurde als unlogisch beschrieben und sein Ende als absurd bezeichnet. Es stellt sich heraus, dass dieser Film nicht vollständig verstanden werden kann, ohne das Schlüsselelement zu kennen, auf dem er basiert, nämlich die traumabedingte Gedankenkontrolle: MK-Monarch. Der Film beschreibt auf symbolische und theatralische Weise diesen verabscheuungswürdigen Prozess. Der Monarchfalter taucht auch in dieser Produktion regelmäßig auf, um das traurige Thema zu bestätigen.

Der Film handelt von einem kleinen Mädchen namens Emily, das den Selbstmord ihrer Mutter miterlebt hat und unter schweren traumatischen Symptomen leidet. Ihr Vater David (gespielt von Robert De Niro) beschließt, seiner Tochter zu helfen, indem er die Praxis seines Psychiaters verlässt und zu ihr aufs Land zieht, um sich ganz um sie zu kümmern. Emilys Verhalten wird immer beunruhigender, als sie behauptet, einen neuen Freund namens Charlie zu haben, mit dem sie viel Spaß hat. David glaubt, dass es sich um einen imaginären Freund handelt, den Emily sich ausgedacht hat, um ihr Trauma zu bewältigen. Einige der schrecklichen Dinge, die im Haus geschehen, wie die Katze, die ertrunken in der Badewanne gefunden wird, sind jedoch sehr beunruhigend, vor allem, da Emily behauptet, dass Charlie dafür verantwortlich ist. Charlie wird auch die Freundin des Vaters töten. In einer Szene, in der wir David sehen, wie er das Haus nach einem möglichen Mörder absucht, wird ihm in einem kurzen Moment der Erkenntnis klar, dass er selbst der „berühmte" Charlie ist. Der Film zeigt, dass dieser Charlie in Wirklichkeit eine andere Persönlichkeit von Davids Vater ist, der nichts von seiner Existenz weiß. Es ist diese andere Persönlichkeit, Charlie, die die kleine Emily traumatisiert, manipuliert und schreckliche Verbrechen begeht.

In dieser Produktion geht es um die Beziehung zwischen einem programmierenden Henker und seinem Sklaven, in diesem Fall einem völlig distanzierten Psychiater, der seine eigene Tochter programmiert. Die Programmierer selbst leiden in der Regel an schweren dissoziativen Störungen. Die Schlussszene des Films zeigt uns eine Zeichnung der kleinen Emily, die sich mit zwei Köpfen auf einem Körper darstellt... ein symbolisches Bild, das zeigt, dass sie dissoziiert und multipel ist.

Der Animationsfilm „Coraline" (2009) ist ebenfalls eine Produktion, die symbolisch auf die MK-Monarch-Programmierung verweist. Das kleine Mädchen, das die Stimme von Coraline spricht, ist übrigens Dakota Fanning, die die Rolle des Mädchens in dem oben beschriebenen Film „Trouble Jeu" spielte.

Der Abspann fasst den gesamten Prozess von Anfang an klar zusammen: Wir sehen ominöse Metallhände, die eine alte Puppe in eine neue Puppe verwandeln. Ihr altes Outfit wird komplett weggeschnitten, sie wird buchstäblich von innen nach außen gedreht wie eine Socke, die innere Füllung wird entfernt und durch Sand ersetzt. Sie bekommt neue Haare, neue Augen und neue Kleider werden ihr angenäht. Die Erschaffung dieser neuen Puppe symbolisiert die Erschaffung einer anderen Persönlichkeit.

Coraline ist ein kleines Mädchen, das gerade mit ihren Eltern in ein neues Haus gezogen ist. Sie ist unglücklich und langweilt sich ständig, weil ihre Eltern ihr nicht die Aufmerksamkeit schenken, die sie sich wünscht. Als sie ihr neues Zuhause erkundet, entdeckt sie eine kleine Tür, die zu einer alternativen Version ihrer Realität führt, einem Ort, an dem ihre Eltern lustig sind und ihr viel Aufmerksamkeit schenken. Wir finden hier dasselbe Thema wie in „Der Zauberer von Oz" oder „Alice im Wunderland", d. h. eine Hauptfigur als Kind, das sich in seinem Alltag langweilt und in eine seltsame, wunderbare und magische Welt eintritt. In Coraline geht das kleine Mädchen durch eine Tür, die sie in eine Art Strudel katapultiert, der ihr Zugang zu der „wunderbaren" alternativen Realität verschafft, so wie Alice durch den Spiegel geht: die Symbolik des dissoziativen Prozesses, der Abtrennung von einer bestimmten Realität. In dieser alternativen Realität nennen ihre „anderen Eltern" Coraline „unsere kleine Puppe" und sagen ihr, dass sie, wenn sie akzeptiert, dass sie ihr Knöpfe auf die Augen nähen, bald „die Dinge auf ihre Weise sehen wird" und sie für immer bei ihnen bleiben kann... Knöpfe auf ihre Augen zu nähen bedeutet, dass sie für immer zur Marionette des Programmierer-Henkers wird, der dann, wie der Film sagt, „ihre Seele verschlingt". Aber Coraline lehnt diesen Vorschlag ab und die Illusion der anderen Welt zerbricht... Wir sehen, wie die 'andere Mutter' in einen Wutanfall gerät und sie in ihrem wahren Licht zeigt. Coraline sieht endlich das wahre Gesicht ihrer „anderen Mutter", eine Art skelettartiges Monster mit metallischen Händen, genau die, die die Puppe im Vorspann gemacht haben. Der ganze Film basiert auf dieser bedrohlichen Hand, die den Programmierer darstellt, der das kleine Mädchen manipuliert und seine Psyche mit einer Welt täuscht, die dank des Durchgangs durch die kleine Tür aus dem Nichts erschaffen wurde: der dissoziative Prozess.

Im Jahr 1985 produzierte Disney den Film „Rückkehr nach Oz". Während die meisten Zuschauer eine logische Fortsetzung des berühmten „Zauberers von Oz" von 1930 erwarteten, überraschte dieser Film viele, indem er die kleine Dorothy in einer schäbigen psychiatrischen Klinik zeigt, wo sie auf einer Trage festgeschnallt einer Elektroschocktherapie unterzogen wird... Diese Disney-Produktion zeigt ausdrücklich die Notlage eines kleinen Mädchens, das einer traumabedingten Gedankenkontrolle unterworfen ist

Zu Beginn des Films findet Dorothy einen Schlüssel mit dem Oz-Symbol, einen Schlüssel, der den Schlüssel zu ihrer ursprünglichen Persönlichkeit darstellt. Die nächste Szene zeigt denselben Schlüssel in den Händen eines Psychiaters, zu dem sie für eine Elektroschockbehandlung (wegen Schlafproblemen) gebracht wurde... dieser Psychiater, der nun den Schlüssel besitzt, kann ihr Programmierer werden.

Als Dorothy die Maschine beobachtet, die für die Elektroschocks verwendet werden soll, sieht sie in einem Glasfenster nicht ihr Spiegelbild, sondern das eines anderen kleinen Mädchens, denn diese Maschine ist die *Tür zu ihrer* anderen Persönlichkeit namens Ozma". In der nächsten Szene wird Dorothy auf eine Bahre geschnallt und soll Elektroschocks erhalten, aber genau dann fällt der Strom aus... Der Rest des Films deutet jedoch eindeutig darauf hin, dass Dorothy ein tiefes Trauma erlitten hat, das sie von der Realität abgetrennt hat, denn ab diesem Punkt wechselt der Film in eine imaginäre Welt. Tatsächlich kehrt Dorothy dann in die magische Welt von Oz zurück, eine Welt, die ihre dissoziierte Psyche darstellt und vollständig vom Programmierer (dem Psychiater) manipuliert wird. Es ist ihre andere Persönlichkeit Ozma, die sie auf ihrer Bahre empfängt und sie in das Land Oz bringt...

Dann begibt sie sich auf eine Art Suche durch diese alternative Welt. Eine besonders beunruhigende Szene ist die Begegnung zwischen Dorothy und der Hexe Mombi, die nichts anderes ist als die Oberschwester der Nervenheilanstalt. In dieser Szene sehen wir, wie die Hexe Dorothy in einen Raum voller Frauenköpfe führt, die hinter Glasvitrinen aufgereiht sind und das kleine Mädchen aus den Augenwinkeln beobachten... Dann nimmt die Hexe Mombi ihren eigenen Kopf ab, so als würde sie ein Spielzeug aufschrauben, und ersetzt ihn durch einen der vielen anderen Köpfe, die hinter den Glasvitrinen zu sehen sind. Diese Szene ist reine MK-Monarch-Symbolik, denn die Sammlung von Köpfen steht für die verschiedenen Alter-Persönlichkeiten, die sich herausbilden können.

Das ultimative Ziel der MK-Programmierung ist die Aufspaltung der Grundpersönlichkeit in mehrere Veränderungen, und genau das zeigen uns die letzten Szenen des Films. Wir sehen die kleine Dorothy, immer noch in der Welt von Oz, in ihrer inneren Welt, wie sie sich in einem großen Spiegel betrachtet, der nicht ihr eigenes Bild widerspiegelt, sondern das von Ozma, dem anderen kleinen Mädchen, das ihre andere Persönlichkeit darstellt. Die Szene zeigt, wie Dorothy sich dem Spiegel nähert, die Hand des „Ozma-Reflexionsbildes" ergreift und sie durch den Spiegel zieht, so dass sie „in Fleisch und Blut" vor ihr steht. Der Spiegel, der eine andere Identität widerspiegelt, ist ein starkes Symbol für den MK-Monarchen. Dorothys andere Persönlichkeit, Ozma, geht durch den Spiegel und wird dadurch real. Damit ist Dorothys Programmierung abgeschlossen, ihr programmiertes Alter ist in ihrem gespaltenen Geist präsent, Ozma ist nun Teil von Dorothy...

Die letzte Szene zeigt Dorothy zurück in der realen Welt. Sie entdeckt Ozma wieder, indem sie sich im Spiegel in ihrem Zimmer betrachtet. Dies bestätigt, dass ihre Persönlichkeit gespalten wurde und dass sie nun multipel und programmiert ist.

In dieser Produktion hat Disney eine Vielzahl von Elementen eingebaut, die sie zu einer echten MK-Hymne machen, sogar noch deutlicher als *„Der Zauberer von Oz"*.

In seinem Film *„Death Proof"* (2007) macht Quentin Tarantino eine klare Anspielung auf den MK-Monarchen, ein trauriges Augenzwinkern... Redet nicht darüber, aber zeigt es...

Auf den ersten Blick scheint diese Produktion nicht mehr oder weniger als eine Hommage an alte B-Movies zu sein, aber sie enthält etwas sehr Explizites, das nicht trivial ist.

Doch zunächst müssen wir auf einen Film aus dem Jahr 1977 mit dem Titel *„Un espion de trop"* (*„Telefon"* in V.O.) zurückblicken, in dem es um Personen geht, die unter MK-Ultra-Gedankenkontrolle stehen und durch ein während eines Telefongesprächs vorgetragenes Gedicht ausgelöst werden. Nach dieser Aufforderung, eine vorprogrammierte andere Persönlichkeit hervorzubringen, versetzen sich diese Menschen in einen tranceähnlichen Zustand, um Kamikaze-Missionen auf verschiedene Ziele auszuführen.

Hier ist das Gedicht, das zum Auslösen der programmierten Slaves verwendet wird:

Die Wälder sind bezaubernd, dunkel und tief,

Aber ich muss Versprechen einhalten und habe noch viele Kilometer vor mir, bevor ich schlafen kann,

Denken Sie daran... (Name der anderen Persönlichkeit), wie viele Kilometer Sie noch vor sich haben, bevor Sie schlafen.

In seinem Film *„Death Proof"* hat Quentin Tarantino genau dieses Gedicht verwendet. In einer Szene sehen wir, wie ein Mann sich einer jungen Frau nähert und ihr ein Bier anbietet, während er *„Prost Schmetterling"* sagt, und dann beginnt er, das gleiche MK-Gedicht Wort für Wort zu rezitieren...

Tarantino nimmt genau das Gedicht, das die MK-Sklaven in dem Film *„Telefon"* von 1977 auslöste, und adaptiert es 2007 auf seine Weise. Während das Gedicht in *„Telefon"* als Auslöser für gedankengesteuerte Selbstmordattentäter dient, wird das Gedicht in *„Death Proof"* als Auslöser für die Beta-Programmierung, die sexuelle Versklavung einer jungen Frau, verwendet. Und um zu bestätigen, dass es sich hier um eine Anspielung auf den MK-Monarchen handelt, hat Tarantino das Wort *„Schmetterling"* als Zugangscode zur Alterspersönlichkeit gewählt, wobei dieses Gedicht die Originalität hat, je nach dem Alter, an das es gerichtet ist, zu variieren... *„Denk an 'Schmetterling', Meilen vor dem Schlaf"*...

Die nächste Szene zeigt, wie die junge Frau gezielt einen erotischen Tanz vor dem Mann beginnt, der auf einem Stuhl in der Mitte einer Bar sitzt. Diese Frau, die ihn vorher nicht kannte, gibt sich schließlich in seinen Armen auf...

Hier ist ein Dialogausschnitt aus dem Film *„Telefon"* von 1977, in dem Charles Bronson direkt auf das MK-Ultra-Projekt zur Erschaffung mandschurischer Kandidaten Bezug nimmt:

- Sagen Sie mir, Borzov, wer ist der geheimste Agent der Welt?

- Derjenige, dem es gelingt, ewig geheim zu bleiben?

- Natürlich, aber derjenige, der sie alle übertrifft, ist der ideale Agent, derjenige, der nicht weiß, dass er ein Agent ist.

8 - SUPERATHLETEN UNTER MENTALER KONTROLLE

Die Unterhaltungsindustrie umfasst auch den Spitzensport, und Methoden der Gedankenkontrolle werden auch bei der Ausbildung von *Supersportlern* angewandt... Der Champion ist wie ein Elitesoldat, dessen physische und psychische Stärke in einer Welt, in der *„die Show weitergehen muss"*, in der die Leistungen immer spektakulärer werden müssen, optimal sein muss. Der Spitzensport ist ein echtes Showgeschäft, und die Ergebnisse müssen Jahr für Jahr überragend sein, um die Öffentlichkeit und die Sponsoren zufrieden zu stellen. In diesem Zusammenhang ist es leicht zu verstehen, warum MK auch im Bereich des Sports eingesetzt wird.

In ihrer Autobiografie berichtet Cathy O'Brien, wie eine Person mit multipler Persönlichkeit außergewöhnliche körperliche Fähigkeiten haben kann, insbesondere in Bezug auf Schlaf und Hunger. Der Wechsel von einer Alterspersönlichkeit zu einer anderen wird die Uhr irgendwie „zurücksetzen", d.h. die biologische Uhr wird von einer Alterspersönlichkeit zur anderen unterschiedlich sein, und die Gefühle von Hunger und Müdigkeit werden daher unterschiedlich sein, je nachdem, welche Alterspersönlichkeit die Kontrolle über den Körper hat. Dies ist ein Phänomen, das aufgrund der grundlegenden biologischen Bedürfnisse des physischen Körpers schwer zu verstehen ist, so wie es auch schwer zu verstehen ist, wie eine Person, die sich verändert, die einzige sein kann, die die Wirkung einer Droge spürt.

MK-Sklaven können mit sehr wenig Schlaf oder sehr wenig Nahrung auskommen, was bedeutet, dass ihr Geist, ihr Gehirn, in einem leicht kontrollierbaren, leicht hypnotisierbaren Zustand bleibt. Cathy O'Brien, die das MK-Monarch-Protokoll seit ihrer frühen Kindheit anwendet, beschreibt ebenfalls, dass ihr Trainer sie beim Lauftraining in Trance versetzte, so dass sie weder Zeit noch Entfernung wahrnahm. Die Methoden der Gedankenkontrolle erleichterten es ihr, Schmerzen und Müdigkeit sofort loszuwerden. Dieses Phänomen bewirkt eine außergewöhnliche Ausdauer bei MK-Personen, sei es im Sport oder beim Militär.

Cathy O'Brien behauptet, dass einige amerikanische Baseballspieler durch Schlüsselcodes und andere Auslöser kontrolliert werden. Ihr zufolge standen die Mitglieder des *Dodgers-Teams* unter geistiger Kontrolle und waren darauf konditioniert, je nach den Wetten und Wünschen ihrer Besitzer zu gewinnen oder zu verlieren. Brice Taylor behauptet, dass dieselbe *Dodgers-Mannschaft* (die damals von Tommy Lasorda trainiert wurde) je nach ihren sportlichen Ergebnissen mit Sexsklaven (sowohl Frauen als auch Kinder) belohnt wurde...

Eine wenig bekannte Tatsache ist, dass die berühmte Tennisspielerin Serena Williams mehrere Alter hat, von denen eines „Psycho-Serena" genannt wird, das Alter, das auf dem Tennisplatz präsent ist, die *Supersportlerin*. Es scheint, als ob die Nummer eins der Welt, die Tennisspielerin, eine dissoziative Identitätsstörung entwickelt hat. In dem biografischen Dokumentarfilm *„Venus und Serena"* (2012) zeigt sie ihre verschiedenen Veränderungen vor der Kamera und zählt sie auf: *„Ja, ich habe wirklich verschiedene Persönlichkeiten und* *verschiedene Einstellungen. Da ist Psycho-Serena, sie ist immer auf dem Platz, sie trainiert, sie ist im Spiel, sie ist unglaublich, sie ist eine Supersportlerin. Da ist „Summer", sie hilft mir sehr, zum Beispiel wenn ich einen langen Brief schreiben muss oder für andere Dinge, dann ist es „Summer", die das macht. Und dann ist da noch dieses andere Mädchen, Megan, die ist so geil, dass man mit ihr nicht mithalten kann. Es gibt auch „Taquanda", sie ist eine harte Nuss, sie ist keine Christin (lacht), sie kommt aus dem Ghetto. Sie war 2009 bei den US Open* (Anm. d. Red.: Der Bericht zeigt einen Ausschnitt aus einem Spiel, in dem „Taquanda" einen Balljungen vulgär beleidigt und gewalttätig bedroht). *Bei diesem Spiel war ich zwar nicht dabei, aber ich habe das Feedback bekommen.*"[603]

Diese letzte Aussage - *„Ich war nicht dabei"* - bedeutet, dass sie sich nicht an diese wütende Szene erinnern kann, weil es nicht „sie" war, die dieses US-Open-Match spielte, was zeigt, dass es tatsächlich amnesische Mauern zwischen ihren verschiedenen Lebensaltern gibt. Serena sagt in diesem biografischen Dokumentarfilm deutlich, dass sie mehrere unabhängige Persönlichkeiten hat, so dass sie an einer dissoziativen Identitätsstörung leidet, die bei MK-Sklaven häufig vorkommt.

Während eines Spiels in Wimbledon im Juli 2014 erschien Serena, die von vielen als die beste Tennisspielerin aller Zeiten angesehen wird, völlig desorientiert auf dem Platz und wusste buchstäblich nicht, wie man Tennis spielt oder auch nur einen Ball hält - eine völlig unglaubliche Szene. *Die* Schlagzeilen in den Zeitungen lauteten: *„unglaubliches Unbehagen", „desorientiert und unfähig, einen Ball zu halten", „an der Grenze zur Lächerlichkeit"*... Der US-Tennisverband behauptete, dass die Spielerin *„an einem Virus leidet",* ohne weitere Details zu nennen... aber warum kam sie dann auf den Platz, um sich so zu blamieren? Oder war es der *Psycho-Serena-Alter,* der an diesem Tag nicht da war?

Wussten Sie, dass Tiger Woods, der beste Golfer aller Zeiten, während der Wettkämpfe an Amnesie leidet und sich nicht an seine besten Schläge erinnern kann?

Eldrick Woods ist der Sohn von Earl Woods, einem ehemaligen Colonel und Green Beret der Special Forces in Vietnam. Eldrick erhielt den Spitznamen „Tiger" nach einem vietnamesischen Soldaten, der an der Seite seines Vaters kämpfte. Tiger begann im Alter von zwei Jahren mit dem Golfspiel. Im Jahr 1978 trat er in *der Mike Douglas* Show auf, wo der kleine Mann seinen sauberen Schwung demonstrierte. Tiger Woods war schon in jungen Jahren ein Kinderstar, der von den Medien verehrt wurde und dazu bestimmt war, der Beste zu werden, ähnlich wie der Sänger Michael Jackson. Ein ehemaliger Golfer und Kommentator der *Professional Golfers' Association of America* (PGA) sagte, Woods sei *von seinem Vater programmiert worden.*

In der Tat widersetzt sich sein unglaubliches Golfspiel Logik, Normen und Statistiken. Aber ist dies nur auf die Hypnose zurückzuführen, die bei ihm

---

[603] „Venus und Serena - Entdecken Sie die Wahrheit hinter den Legenden" - Maiken Baird, Michelle Major, 2012.

angewendet wurde? Tigers Vater hat in seiner Armeezeit an psychologischen Operationen und Gedächtniskontrollen bei Soldaten teilgenommen, vor allem in Vietnam. Earl Woods beschloss, die gleichen Techniken bei seinem Sohn anzuwenden, und beauftragte einen Militärpsychiater, Jay Bunza, Tiger wie einen Computer umzuprogrammieren. Bunza arbeitete an einem seltsamen Projekt, um Tiger vor seinen Golfspielen zu hypnotisieren. In Interviews hat Tiger erklärt, dass er bei bestimmten Wettkämpfen ganze Abschnitte komplett vergisst. In dem Dokumentarfilm *Tiger's Prowl: His Life* verrät er: *„Ich habe diese Blackout-Momente, an die ich mich nicht erinnern kann. Ich weiß, dass ich da war, aber ich weiß nicht mehr, wie ich gespielt habe (...) Es ist wie eine Trance, ich lasse mein Unterbewusstsein spielen und weiß nicht, was das Ergebnis sein wird. Es gibt viele Aufnahmen, an die ich mich nicht mehr erinnern kann. Ich erinnere mich nur daran, dass ich mich bereit gemacht habe, den Schläger aus der Tasche genommen habe und so weiter, aber sobald ich den Ball geschlagen habe, erinnere ich mich nicht mehr daran, ihn losgelassen zu haben... Das ist eine sehr seltsame Sache. "*

Jay Bunzas Techniken führten zu außergewöhnlichen Ergebnissen, aber wie ist es möglich, dass Tiger sich nicht an seine schönsten Schläge erinnert?

Im Jahr 2008 offenbarte der ehemalige „Multifunktionssportler" Herschel Walker, dass er an einer dissoziativen Identitätsstörung leidet. Er erklärt dies ausführlich in seinem Buch *„Breaking Free: My Life with Dissociative Identity Disorder".*

Im selben Jahr widmete ihm der amerikanische Sender *ABC News* einen Bericht.[604] Es wurde berichtet, dass Walker eine echte Sportlegende ist: Er spielte in den 1980er Jahren für das Footballteam der Georgia *Bulldogs,* stellte mehrere Weltrekorde in der Leichtathletik auf und gewann 1982 die berühmte Heisman Trophy. Aber Walker behauptet jetzt, dass *er* die berühmte Trophäe damals nicht gewonnen hat. Ein Champion, der 15 Saisons American Football gespielt hat, der sogar Tänzer im *Fort Worth Ballet* war, ein Geschäftsmann, eine öffentliche Person, ein Ehemann, er ist nichts von alledem, sagt er: *„Das sind Persönlichkeiten, die verschiedene Dinge für dich tun können. Im Wettbewerb bin ich ein ganz anderer Mensch. "*

Herschel Walker sagt, dass sein Alter namens *„Warrior"* die Footballspiele auf sich nahm, indem er den ganzen Schmerz, der durch den gewalttätigen Körperkontakt entstehen konnte, auf sich nahm. Der *„Hero"-*Alter ist die öffentliche und mediale Figur, während die Rolle des *„Sentinel"-*Alters darin bestand, seine Freunde und Familie zu beschützen. 1983 heiratete der Sportler Cindy Grossman, heute ist das Paar getrennt und Cindy sagt: *„Am Anfang war es nur ein sehr seltsames Verhalten (...) er konnte das verbergen, weil ich glaube, dass alle Veränderungen in seinem Inneren auf Fußball ausgerichtet waren.* Als seine Karriere und seine Wettkämpfe zu Ende gingen, begann das innere System des Unterbewusstseins ihres Mannes verrückt zu spielen: *„Ich begann, die anderen zu entdecken (...) Ich bemerkte die Veränderungen in seiner Stimme, er wurde manchmal heiser und sagte seltsame*

---

[604] „Herschel Walker: Sag der Welt meine Wahrheit" - Bob Woodruff, ABC News, 2008.

Dinge, als ob er nicht wüsste, wer ich war. Er nannte mich „Miss Lady". Es ist schwer zu erklären, sogar sein Gesicht würde sich verändern. Das erste, was ich dachte, war, dass er den Teufel in sich hat. Ich habe *nicht unbedingt um einen Exorzismus gebeten, ich habe nur versucht, Antworten zu bekommen (...) Ich glaube, er hat eine Menge Alter, aber ich weiß nicht, wie viele, ich kann es nicht sagen, aber ich habe eine Reihe von ihnen getroffen.* "

Nach dem Ende seiner sportlichen Karriere erzählt Walker, wie seine anderen Persönlichkeiten auf anarchische Art und Weise die Kontrolle zu übernehmen begannen. Von diesem Zeitpunkt an entwickelte er eine morbide Faszination für Waffen und den Tod. Er schreibt in seinem Buch: „*Der viszerale Genuss, den ich beim Anblick des Aufpralls und der anschließenden Blutspritzer im Gehirn empfinde, ist wie ein Feuerwerk.* Er war mehrmals kurz davor, mit einer Pistole zu morden, auch gegenüber seiner Frau: „*Er hielt mir die Pistole an den Kopf und sagte: 'Ich puste dir das Gehirn weg. Ich muss damals die Kraft Gottes in mir gehabt haben, denn ich sah ihm in die Augen und sagte: „Nur zu, drück ab, ich weiß, wohin ich gehe, aber weißt du auch, wohin du gehst? Vor mir stand jemand, der sich grundlegend geirrt hatte.* "

Walker hat nie bestritten, seine Frau auf diese Weise bedroht zu haben, aber er sagt, er könne sich nicht daran erinnern. Während einer Therapiesitzung mit seiner Frau sagte sein Therapeut Dr. Jerry Mungadze, dass er eine völlig wütende andere Persönlichkeit auftauchen sah, die buchstäblich jeden im Raum umbringen wollte. Dr. Mungadze berichtet: „*Seine Augen haben sich verändert. Die Augen, die auftauchten, kümmerten sich einen Dreck um mich, und als er sagte, er würde mich töten, glaubte ich ihm bereitwillig... Es war nicht Herschel, es war ein wütender Alter.* Schließlich lenkte Walker an diesem Tag seine Wut ab, indem er ein Loch in die Schranktür schlug, woraufhin eine weitere Person auftauchte, diesmal ein kleiner Junge: „*Er hatte schreckliche Schmerzen, weil er sich gerade die Hand gebrochen hatte.* Auch Herschel erinnert sich nicht an diese Gewaltszene, aber er macht deutlich, dass er mit all diesen Dingen zurechtkommen muss und dass seine Krankheit keine Entschuldigung für Gewalt ist. Nach 8 Jahren Therapie, ohne Medikamente, hat er viel mehr Kontrolle über seine anderen Persönlichkeiten.

KAPITEL 10

PROPAGANDA UND OFFENSIVE UND DEFENSIVE NETZWERKTECHNIKEN

„Verbrechen gegen Kinder gedeihen durch eine Verschwörung des Schweigens und durch Einschüchterung. Wir hoffen, dass Pädophile eines Tages verhaftet und strafrechtlich verfolgt werden. Aber was kann man tun, wenn dieselben Verbrecher das Justizsystem beherrschen? Niederländische Ungerechtigkeit: Wenn Kinderhändler eine Nation regieren.*"* Niederländische Ungerechtigkeit: Wenn Kinderhändler eine Nation regieren, 2012)

„Welch ein Unglück für die Menschen, die im Geheimen handeln und ihre Pläne vor dem Herrn verbergen. Sie bereiten ihre Angelegenheiten im Verborgenen vor. Sie sagen: „Wer kann uns sehen? Wer weiß, was wir tun?" - Jesaja 29:15

„Selig sind, die da hungert und dürstet nach der Gerechtigkeit; denn sie sollen satt werden." - Matthäus 5:6

1 - STROMNETZE

Definieren wir zunächst das Wort „Netz". Der Begriff leitet sich von dem lateinischen Wort *„retis"* (Plural *„retes"*, *„rets"*) ab, das *„Netz"* bedeutet. Der Begriff *„rets"*, *der* meist im Plural verwendet wurde, bezeichnete ein Netz zum Fang von Vögeln, Fischen oder Wild. Im übertragenen Sinne bedeutete es eine List, mit der man sich einer Person oder ihres Geistes bemächtigt. Wissenschaftlich ausgedrückt, handelt es sich um eine Reihe von Punkten, die miteinander kommunizieren.

Der Begriff „Netz" wird derzeit u. a. definiert als
- Ein organisiertes Ganzes, dessen von einem Zentrum abhängige Elemente an verschiedenen Punkten verteilt sind.
- Eine geheime Organisation, deren Mitglieder untereinander in Verbindung stehen.

Netze sind eine Gruppierung von Einheiten (Einzelpersonen, Vereinigungen, verschiedene Organisationen usw.), die miteinander verbunden sind. Netzwerke werden in vielen Bereichen eingesetzt: in der Politik, der Justiz, den Medien, der Religion, der Wissenschaft und der Medizin, in Vereinen, im Sport usw. Ziel dieser Netzwerke ist es, möglichst viele Menschen zusammenzubringen und Brücken von einem Netzwerk zum anderen zu schlagen. Diese Netze können mehr oder weniger offensichtlich und sogar völlig verborgen sein. Diese Arbeitsweise ist an sich nichts Negatives und im Allgemeinen sehr effektiv. Wir leben jedoch in einem Zeitalter, in dem elitäre Netzwerke einfach dazu benutzt werden, eine Masse von Menschen am unteren Ende einer großen Pyramidenhierarchie zu versklaven. Die Verbindungen zwischen diesen verschiedenen Netzwerken wie der Freimaurerei (den verschiedenen luziferischen Logen), den Mafiaorganisationen und bestimmten sektiererischen und religiösen Gemeinschaften stehen an der Spitze dessen, was man als „Metanetzwerk" bezeichnen kann, das unsere heutige Gesellschaft zu strukturieren scheint. Ein Meta-Netzwerk, das organisiert ist, um die Gesellschaft auf allen Ebenen global zu kontrollieren und zu manipulieren, um eine *Neue Weltordnung* zu errichten, die Herrschaft des „zivilisierenden und befreienden Gottes": Luzifer.

Die Freimaurerei ist eine der Organisationen, die das mächtigste und umfangreichste Netzwerk aufgebaut hat. Ihre Mitglieder sind in der Tat auf allen Kontinenten und in allen Bereichen vertreten, auch in den einflussreichsten Kreisen: Politik, Justiz, humanitäre Hilfe, Geheimdienste, Medien, Bildung, Gesundheit, Polizei usw. Die Freimaurerei bildet derzeit eine Art Struktur unserer Gesellschaft, ein Geflecht, das sich über die Banken, die öffentliche Verwaltung (Steuern, Sozialversicherung usw.) bis hin zum nationalen Bildungswesen und zur Justiz (zwei wesentliche Punkte) erstreckt. Er funktioniert wie ein Transmissionsriemen, der bei Bedarf Informationen von einem Abschnitt zum anderen überträgt. Es handelt sich also um ein Netzwerk, das die gesamte Gesellschaft durchzieht, mit vielfältigen Verzweigungen und Spielfiguren, die je nach den anstehenden Fragen bewegt werden können.

Eines der Merkmale dieser Geheimgesellschaften, aber auch der Nachrichtendienste und geheimen Regierungsprojekte, ist die Aufrechterhaltung der Abschottung von Informationen innerhalb des Netzes. Jeder Einzelne im Netz erhält nur das, was er „*wissen sollte*", d. h. er hat nur Zugang zu dem, was er wissen muss, um seine *Arbeit* zu erledigen. Sie sind sich der Globalität des Projekts/der Projekte nicht bewusst und erhalten nur die Informationen, die für ihre Arbeit auf ihrer Ebene unbedingt erforderlich sind. Dieser Begriff der systematischen Informationsaufteilung wird von Mark Phillips folgendermaßen beschrieben:

Tatsächlich ist „need to know" ein Begriff, der offiziell von der CIA und anderen „alphabetischen" Agenturen wie dem FBI, der NSA und der DIA verwendet wird. Im Grunde genommen bedeutet dies, dass Ihnen nur mitgeteilt wird, was Sie „wissen müssen", um Ihren Teil einer Operation auszuführen, ohne dass Sie vollständig wissen, wofür Sie arbeiten. In meinem Fall glaubte ich, dass die Regierung Gedankenkontrolle entwickelt, um die Gesellschaft von Verbrechen und Geisteskrankheiten zu befreien. Niemand hielt es für nötig, mir zu sagen, dass der eigentliche Zweck darin bestand, die Bevölkerung zu kontrollieren, die übermenschlichen Kriegsmaschinen der 'Special Forces' zu schaffen oder sie zur Folterung und Brutalisierung unschuldiger Menschen einzusetzen (...) Ich hatte von all dem keine Ahnung. Ich konzentrierte mich nur auf „meinen Teil" und war begeistert von den Aussichten, und es kam mir nicht einen Moment lang in den Sinn, dass ich zur größten Bedrohung beitragen könnte, der die Menschheit je ausgesetzt war."[605]

Angesichts dieser Netzwerke, insbesondere der freimaurerischen, ist es schwierig, einen Begriff von Gegenmacht zu entwickeln, da die Mitglieder (die *Brüder*) systematisch in jeder Organisation und in jeder so genannten gegnerischen politischen Partei präsent sind... Dabei wissen sie, dass sie alle einen Eid geschworen haben, denselben okkulten Interessen zu dienen (denen von GADLU, dem *Großen Architekten des Universums*) und sich im Falle von Schwierigkeiten systematisch gegenseitig zu decken. Unabhängig von der politischen Partei und der Schwere der Straftaten, derer sie beschuldigt werden, steht der Loyalitätseid gegenüber einem „Bruder" immer an erster Stelle... Man kann also nicht von Unabhängigkeit und Neutralität gegenüber der französischen Justiz sprechen, die heute völlig vom Freimaurernetz infiltriert ist. Die Freimaurer tun sich systematisch gegenseitig einen Gefallen, ein „Logenbruder" kommt immer vor einem Laien. Wir haben es also mit einer Art allgemeinem freimaurerischem Interessenkonflikt zu tun, der für unsere Gesellschaft und das ordnungsgemäße Funktionieren eines echten Rechtssystems, das im Namen des Volkes handeln soll, äußerst schädlich ist. Jeder Richter und jeder Anwalt legt bei seinem Amtsantritt einen Eid ab, allen Bürgern gerechtes Recht zu verschaffen. Die Frage, die sich heute stellt, lautet: Behindert der freimaurerische Eid, diese systematische Solidarität zwischen „Brüdern", nicht die Offenbarung der Wahrheit in vielen Gerichtsverfahren? Es sei darauf hingewiesen, dass in Italien und England die Angehörigen der Rechtsberufe verpflichtet sind, ihre Zugehörigkeit zu einer Freimaurervereinigung zu erklären, was in Frankreich leider nicht der Fall ist.

Mitglieder okkulter Netzwerke können sich auch gegenseitig für verschiedene Interessen manipulieren. Die Technik der „Rückgabe des Aufzugs" ermöglicht es, Personen, denen man einen „Gefallen" getan hat, zu einem günstigen Zeitpunkt zur Rechenschaft zu ziehen. Die kompromittierenden Informationen, die in schweren Dateien enthalten sind, ermöglichen es auch, die Mitglieder des Netzes ständig unter Druck zu setzen und zu erpressen. Die Dateien können sogar echte Fallen enthalten (z. B. Fotos oder Videos, die während einer sexuellen Situation aufgenommen wurden, in die Kinder eingeführt wurden), um die Person ständig zu erpressen und zu kontrollieren. Wie das Sprichwort sagt: „*Sie halten sich alle gegenseitig an den kurzen Haaren*", um nicht zu sagen an den c..... Die Mitglieder des Netzes sind darauf konditioniert, zu gehorchen und zu schweigen, da sie in der Regel alle in schmutzige Geschäfte verwickelt sind. Viele leiden unter dissoziativen Störungen, die mit ihrer frühen Kindheit zusammenhängen und sie dazu veranlassen, verachtenswerte Taten zu begehen, was die Aufzeichnungen, die sie kontrollieren und zum Schweigen bringen sollen, noch verstärkt. Es ist ein Teufelskreis, in dem das Gesetz des Schweigens regiert.

Die Beeinflussung durch diese Netze ist in der Justiz besonders virulent, und das aus gutem Grund... Hubert Delompré, der Betreiber der Website deni-

---

[605] „*Aus Gründen der nationalen Sicherheit*" - Cathy O'Brien & Mark Phillips, 2015, S. 186.

justice.net, prangert zum Beispiel die freimaurerischen Zeichen an, die in bestimmten Briefen, die zwischen Richtern zirkulieren, eingefügt sind. Diese Zeichen (die so genannte Drei-Zeichen-Interpunktion) weisen den Empfänger, der den Brief liest, darauf hin, dass er dem Absatz zwischen zwei dieser Zeichen besondere Aufmerksamkeit widmen soll. Das bedeutet, dass der Inhalt für alle „Brüder" verbindlich ist und dass sie alles tun müssen, um den Erfolg der Botschaft zu gewährleisten, unabhängig davon, ob das Urteil gerechtfertigt ist oder nicht. Dies wird als Einflussnahme bezeichnet, und wenn die Briefe diese Art von Zeichen enthalten, endet das Urteil immer mit einer Verurteilung des Laien. Chantal Arnaud (ardechejustice.fr) spricht in diesen Fällen von „*freimaurerischen Urteilen*", d.h. falsche Informationen und Behauptungen werden von den Richtern selbst aufgestellt, die sich die Freiheit nehmen, alles Mögliche zu schreiben. Ihr zufolge können diese Praktiken, die bestimmte Richter betreffen, wegen Fälschung angeklagt werden, da die Manipulationen so offenkundig sind. Diese Missbräuche gehen sogar so weit, dass bestimmte Dokumente als Beweismittel aus den Akten verschwinden. Die Urteile, die im Namen des Volkes gefällt werden, ohne dass irgendjemand darauf reagieren kann, sind wirklich abwegig, denn all dies geschieht in den Gerichten, oft hinter verschlossenen Türen... und von den Richtern selbst. Die Schwierigkeit bei diesen schändlichen Urteilen besteht darin, dass sie de facto verhängt werden, da die Richterschaft „das Gesetz" verkörpert. Für einen normalen Bürger ist es daher sehr schwierig, sich gegen solche Maßnahmen eines Justizsystems zu wehren, das eine fast unangreifbare, einschüchternde und bedrohliche Dampfwalze aufstellt. Der Begriff, den die Medien im Allgemeinen verwenden, um diese Entgleisungen abzuschwächen, lautet: „*Funktionsstörungen der Justiz*"... Es handelt sich nicht um Funktionsstörungen, sondern vielmehr um eine Organisation, die keinen Raum für den geringsten Fehler lässt...

Die Welt der Justiz ist eine korporatistische Welt, in der Gerichtsschreiber, Gerichtsvollzieher, Anwälte, Richter und Staatsanwälte gemeinsam essen, ausgehen und heiraten... Die gleiche Funktionsweise finden wir in der politischen und journalistischen Welt. So schützt sich jeder selbst, es ist eine Art Kaste über dem Volk. Die Pyramidenstruktur der Gesellschaft ist nicht neu, aber das Problem sind die Einflussnahme und die Interessenkonflikte, die die Gesellschaft plagen, sei es auf juristischer, medialer, politischer oder pharmazeutischer Ebene... Wenn das Justizsystem seine Macht eindeutig missbraucht, ist es an der Zeit, Alarm zu schlagen. Alle Gerichtsentscheidungen werden im Namen des französischen Volkes getroffen, so dass die „*Funktionsstörungen*" und andere „*Fehler*" der Justiz wiederum vom französischen Volk beurteilt werden sollten, um diese Richter, die ihre Macht missbrauchen, zu verurteilen und zu entlassen. Manche Leute nennen dieses System der Korruption: „*Die Republik der Freunde*"; aber sollten wir nicht besser „*Die Republik der Brüder*" sagen?

Das Perverse an diesen Netzen ist das Geheimnis mit einem großen „S", es ist eine parallele Hierarchie, eine unsichtbare Macht. In der France 5-Dokumentation „*Grand-Orient: les frères invisibles de la république*" erklärt der Freimaurer Alain Bauer ohne jede Zurückhaltung vor der Kamera: „*Was am*

Montag in einer Loge studiert wird, wird am Freitag zu einem Gesetzesvorschlag und in der darauffolgenden Woche zu einem Gesetz, der Prozess, auch wenn ich ihn um des Themas willen beschleunige, ist extrem schnell, denn alles ist linear".

Fred Zeller, der von 1971 bis 1973 an der Spitze des Grand Orient de France stand, erklärte: „Der Einfluss der Freimaurerei ist vielleicht noch wichtiger als in der dritten oder vierten Republik, er steht auf einer anderen Ebene. Es gibt keinen Verband, keine Gruppierung oder Vereinigung, in der nicht Freimaurer zu finden sind, und zwar in den bedeutendsten Führungspositionen. (INA.fr-Videoarchiv)

2 - BETRIEB DES NETZES, WENN EIN BESCHÜTZENDES ELTERNTEIL DEN ALARM AUSLÖST

Die zahlreichen Fälle von Pädokriminalität haben dazu beigetragen, herauszufinden, wie das Netz arbeitet, um den Fall systematisch zu vertuschen und schließlich das Kind oder die Kinder, die im Mittelpunkt des Falles stehen, wiederzufinden.

Alles beginnt mit einer Anzeige des schützenden Elternteils (in der Regel der Mutter, die noch volles Vertrauen in das Justizsystem ihres Landes hat), die feststellt, dass ihr Kind oder ihre Kinder vom Vater (oder anderen Familienmitgliedern) sexuell missbraucht werden. Von da an wird diese Familie identifiziert und die erste Beschwerde wird in der Regel ohne weitere Maßnahmen eingereicht, aber in Frankreich führt dies in der Regel zur Unterbringung des Kindes bei der ASE (Aide Sociale à l'Enfance). Der Richter ignoriert die Beweise für den Missbrauch, die der Schutzelternteil in seiner Akte vorlegt, und bringt das Kind in einem Heim unter. Im Bericht des CEDIF-Ausschusses für Kinderschutz heißt es: *„Die Herausnahme von Kindern aus ihren Familien ist in Frankreich zu einem echten sozialen Phänomen geworden. Andererseits zeigen die wenig publik gewordenen Skandale im Zusammenhang mit unfreiwilligen Unterbringungen auch, dass die Sozialdienste durch ungeschickte und manchmal schlecht gemeinte Eingriffe zum Instrument des Unglücks von Kindern werden können. Wie Herr Pierre Naves, Generalinspektor für soziale Angelegenheiten, einräumt, ist die Hälfte der beschlossenen Unterbringungen nicht gerechtfertigt."*

Einige Quellen behaupten, dass die Gemeinden für jedes Kind, das von der ASE betreut wird, mehrere tausend Euro pro Monat aus unseren Steuern erhalten. In Frankreich nimmt die Zahl der missbräuchlichen Vermittlungen ständig zu... aus welchem Grund?

Wie wir in Kapitel 7 gesehen haben, sind Heimkinder ideale Ziele für das Netzwerk, insbesondere solche mit dissoziativen Störungen als Folge von sexuellem Missbrauch. Sie sind Opfer zweiter Klasse, die nicht für Elitepositionen bestimmt sind. Der schützende Elternteil wird ignoriert oder sogar seiner Rechte gegenüber dem Kind beraubt, weil *„psychologische Gutachten",* die von Mitgliedern des Netzwerks erstellt werden, dazu dienen, sein Wort zu entwerten. Wenn der Elternteil darauf besteht, indem er zu heftig wird (vor allem, wenn er sozial isoliert ist), kann er missbräuchlich psychiatrisch interniert werden, so dass seine psychische Gesundheit durch eine chemische Schockbehandlung zerstört wird (siehe den Fall Patricia Poupard). All diese willkürlichen Entscheidungen werden von den Gerichten getroffen, die, wie wir gesehen haben, überlastet sind. Wenn der Täter nicht bereits Teil der „Familie" ist, wird mit ihm eine Vereinbarung getroffen: Als Gegenleistung für seine Immunität muss er sein Kind an das Netzwerk „ausleihen". Dieser gesamte Prozess wird durch die aufeinanderfolgenden Interventionen verschiedener „Blitzableiter" (Sozialdienste, Pseudo-Kinderschutzvereine, korrupte Anwälte usw.) abgedeckt, deren Aufgabe es ist, den Fall so zu kanalisieren, dass er unterdrückt wird und nicht zu einer Bedrohung für das Netzwerk wird (der Begriff „Blitzableiter" wird weiter unten definiert).

Es zeigt sich, dass diese Methoden, das Kind vom schützenden Elternteil zu isolieren und es im Allgemeinen in die Hände des missbrauchenden Elternteils zu geben, dank eines vernetzten Systems, einer gut geölten Maschinerie, deren Mitglieder alle miteinander verbunden sind und genau wissen, welche Maßnahmen in Fällen von pädophilen Straftaten zu ergreifen sind, perfekt funktionieren. Das Verfahren ist in der Tat immer das gleiche, wobei das Ziel darin besteht, zunächst den schützenden Elternteil zu bekommen:
- wird durch die Kosten für endlose Verfahren ruiniert, zur großen Freude der beteiligten Anwälte.
- Isoliert wird er als Verrückter und schlechter Vater angesehen ... und als das Freimaurernetz ins Spiel kommt, gerät er in Situationen, in denen sogar die Verwaltung ihm auf allen Ebenen zu schaden scheint. Es wird eine mehr oder weniger subtile Form von gesellschaftlicher Belästigung eingeführt.

Im Folgenden wird ein allgemeiner Überblick über die Ergebnisse von Kindesmissbrauchsfällen gegeben (aufgrund der systematischen Wiederholung der Protokolle):
- Es wird keine ernsthafte Untersuchung durchgeführt, um die Anschuldigungen des Kindes zu überprüfen (die Beschwerde wird in der Regel abgewiesen).
- Kein Schutz für Opfer und Eltern, die Missbrauch melden.
- Keine angemessene medizinische Untersuchung des Kindes (einschließlich MRT des unteren Trakts oder Anoskopie).
- Das Wort des Kindes wird systematisch verweigert. Die Outreau-Affäre wird heute systematisch genutzt, um zu behaupten, dass man dem Wort der Kinder nicht trauen kann: siehe das Buch des Journalisten Jacques Thomet „Retour à Outreau: contre-enquête sur une manipulation pédocriminelle".
- Keine Statistik über die Vergewaltigung (und das Verschwinden) von Minderjährigen. Dieses Thema scheint sogar so tabuisiert zu sein, dass keine Zahlen über die Zahl der vergewaltigten Kinder, die Zahl der Verurteilungen und die Zahl der abgewiesenen Fälle verfügbar sind.
- Totales Schweigen der Medien zu dem hochsensiblen Thema der Kindesmisshandlungen.

3 - DIE BLITZABLEITERSTRATEGIE

In seinem Buch „*L'affaire Vincent: au cœur du terrorisme d'état*" (2010) beschreibt der französische Aktivist Christian „Stan" Maillaud, ein ehemaliger Gendarmeriebeamter, eine Technik, die er „*Blitzableiterstrategie*" nennt. Es handelt sich um eine Infiltrationsmethode, um sensible Dateien abzurufen und zu kanalisieren, um sie zu verschleiern. Stan Maillaud definiert diese Methoden folgendermaßen:

Die „Blitzableiterstrategie" ist einfach, praktisch unaufhaltsam und wird systematisch in Fällen von pädophiler Kriminalität oder in allen Fällen, die die Ordnung des organisierten Verbrechens (Anm. d. Red.: des Netzes) stören könnten, eingesetzt.

Sie besteht in der Errichtung einer raffinierten Masche, die darauf abzielt, jegliche juristische, kommunikative oder sonstige Interessenvertretung zu behindern, die von Opfern oder Familienangehörigen von Opfern unternommen wird oder unternommen werden könnte. Die betreffenden Maßnahmen müssen dann ebenso wie die öffentliche Aufmerksamkeit und die Debatte in eine Richtung gelenkt werden, die die Interessen der organisierten Kriminalität nicht zutiefst gefährdet. Das bevorzugte Terrain, auf dem das organisierte Verbrechen die Opfer und die Familien der Opfer einsperren will, ist natürlich der in unseren perversen Gesellschaften verbreitete Justizbetrug.

Der „Blitzableiter" ist also meist in Form von juristischen Hilfskräften, aber auch in Form von Vereinigungen zu finden, wobei die Kombination von beidem für die organisierte Kriminalität am effektivsten ist. Bei diesen Vereinigungen oder anderen zivilgesellschaftlichen Organisationen gibt es einerseits solche, die von Anfang an von der organisierten Kriminalität gegründet wurden - wie der berühmte „Child Focus", eine so genannte Vereinigung gegen Pädophilie, die vom belgischen König „selbst" gesponsert wurde - und andererseits solche, deren Ursprung aufrichtig ist, die aber schnell von echten Agenten der organisierten Kriminalität unterwandert werden.

Ziel der Operationen ist es also, sich durch Täuschung auszuzeichnen, um alle Opfer und deren Familien sowie die breite Öffentlichkeit zu täuschen und so viele Opfer wie möglich in ihr Netz zu ziehen, die auf der Suche nach Hilfe sind, die ihnen von der Justiz und der Politik verweigert wird.

Und wenn es um Illusionismus geht, haben Hochstapler nur eine einzige Möglichkeit: Sie beherrschen die Regeln des manipulierten Spielfelds und haben nicht mehr Verstand und moralisches Gespür als die Kriminellen, denen sie dienen und die sie schützen. So kommt es, dass die Betrügereien der Verbände häufig bei Zeremonien oder Wohltätigkeitsveranstaltungen begangen werden, bei denen Champagner - von Rothschild! - Kuchen und Petits Fours verwöhnen ganze Versammlungen gut betuchter Honoratioren, ähnlich wie die Demonstrationen, die Armut und Hunger in der Welt bekämpfen sollen. Da die Subventionen für diese Verbände in Strömen fließen, sind solche pompösen Feierlichkeiten in der dicksten Obszönität und dem Zynismus (...) de rigueur.

Was die Gerichtsvollzieher anbelangt, so ist ihr Beruf unter den heutigen Bedingungen im Grunde genommen ein vollkommener Schwindel, genau wie die Justiz im Allgemeinen. Um nicht zu riskieren, dass ihm die Zulassung entzogen wird, wagt es kein Anwalt, sich eingehend mit den kriminellen Auswüchsen einer Institution auseinanderzusetzen, der er ansonsten unterworfen ist, sondern beschränkt sich darauf, nur die Symptome zu behandeln. Jeder Anwalt ist nur eine Figur des manipulierten Schachbretts und weiß das auch, eine „Meister"-Figur, ohne die er kein Anwalt mehr wäre. Denn ein guter Anwalt ist in unserem realen Kontext der richterlichen und gesellschaftlichen Hochstapelei ein „toter" Anwalt, d.h. ein Anwalt, der bei der Institution in Ungnade gefallen ist und mangels Mandanten nicht lange überleben wird; oder ein Anwalt, dem die Anwaltszulassung entzogen wurde oder der kurz davor steht, oder ein Anwalt, der mutig seinen Hut aufgibt.

Das Gleiche gilt natürlich für jeden Richter, aber hier geht es nur um die Strategie der Blitzableiter, es geht um die unterwürfige Hilfskraft der Justiz, denn abgesehen von der von mir soeben angesprochenen Tatsache der tiefgreifenden Unehrlichkeit eines solchen Berufsstandes im gegenwärtigen Zustand unserer Justiz und unserer Gesellschaft muss man die Neigung von Anwälten fürchten, bereitwillig als Blitzableiter für Ihre Verteidigung zu dienen. Viele sind an diese Art von Manövern gewöhnt, bei denen eine undurchsichtige Verhandlung mit der gegnerischen Partei, mit einem Staatsanwalt oder einem Gerichtspräsidenten hinter Ihrem Rücken den Ausgang Ihres Falls bestimmt. Der leichtgläubige Mandant merkt meist nicht, dass er getäuscht wird, und wird Opfer der Illusionen eines wahren Theaterstücks, in dem sein Rechtsbeistand mit melodramatischen Effekten übertreibt, um ihm vorzugaukeln, dass er seine Sache vehement verteidigt...

4 - DAS „SYNDROM DER FALSCHEN ERINNERUNG" UND SYNDROM DER „ELTERLICHEN ENTFREMDUNG"

Das *Syndrom des falschen Gedächtnisses* ist eine Theorie, die besagt, dass das Gedächtnis durch illusorische Erinnerungen verfälscht oder „kontaminiert" werden kann. Diese von dem ehemaligen lutherischen Pastor Ralph Underwager erfundene Theorie wird in der Regel zur Verteidigung von Eltern verwendet, die des Inzests beschuldigt werden. Viele Therapeuten wurden verklagt, weil sie ihren Patienten falsche Erinnerungen eingepflanzt haben und so zu Tätern und nicht zu Missbrauchstätern wurden. In den meisten Fällen handelt es sich um einen Angriff auf das Wort des erwachsenen Opfers, wenn es sich an sexuellen Missbrauch in der Kindheit erinnert. Dieses *„Syndrom der falschen Erinnerung"* ist keine anerkannte Diagnose, weder von der American Psychiatric Association noch von der WHO (Weltgesundheitsorganisation). Der Begriff „Syndrom" ist völlig unpassend, da diese Theorie keine Reihe von Symptomen beschreibt, die zur Erstellung einer echten Diagnose verwendet werden können. Aber auch heute noch kommen „Experten für falsche Erinnerungen" vor Gericht, um das Wort der Opfer zu diskreditieren. Richard J. Lowenstein (Präsident der *Internationalen Gesellschaft für das Studium der Dissoziation*) erklärte 1992: *„Ich kenne keine Forschung oder klinische*

Beschreibung, die die Existenz eines solchen Symptoms empirisch bestätigen würde. Das Syndrom der falschen Erinnerung ist ein Syndrom ohne Anzeichen und Symptome (die definierenden Merkmale eines Syndroms)".

In einem Interview mit der niederländischen Pädophilenzeitschrift *„Paidika: The Journal of Paedophilia"* zum Thema „Kinderliebe" forderte Dr. Ralph Underwager die Pädophilen eindeutig auf, ihre sexuelle Wahl mit Stolz zu bekräftigen: *„Pädophile verschwenden viel Zeit und Energie damit, ihre Wahl zu verteidigen. Ich glaube nicht, dass ein Pädophiler das tun muss. Pädophile können stolz und mutig für ihre Entscheidung eintreten. Sie können sagen, dass es ihnen darum geht, den besten Weg zur Liebe zu finden. Ich bin auch Theologe und als solcher glaube ich, dass es Gottes Wille ist, dass es zwischen den Menschen Nähe, Intimität und Einheit des Fleisches geben soll. Ein Pädophiler kann sagen: „Diese Nähe ist auch für mich möglich, so wie ich sie gewählt habe. (...) Ich denke, dass Pädophile sagen können, dass die Suche nach Intimität und Liebe ihre Wahl ist. Sie können mutig erklären: „Ich glaube, dass dies tatsächlich Teil des Willens Gottes ist. "[606]*

Ralph Underwager, ehemaliger Direktor des *Instituts für psychologische Therapien* in Minesota (USA), wurde regelmäßig als Zeuge vor Gericht geladen, wo er systematisch die Glaubwürdigkeit von Personen angriff, die Anschuldigungen wegen sexuellen Missbrauchs erhoben. 1993 sagte er in Frankreich in Aix en Provence als Zeuge aus, um die Mitglieder der Sekte *„La Famille"* (ehemalige *Kinder Gottes)* zu verteidigen, gegen die wegen *„schwerer Zuhälterei, freiwilliger Gewalt gegen Minderjährige, Beschlagnahmung und Verführung von Minderjährigen"* ermittelt wurde. Die 22 Mitglieder der Sekte wurden alle freigesprochen, auch dank Underwager.

Ralph Underwager ist der offizielle Gründer der *Stiftung für das Syndrom der falschen Erinnerung.* Diese Stiftung, die keine kompetente wissenschaftliche Einrichtung auf dem Gebiet der Psychiatrie ist, wird regelmäßig um Hilfe in Fällen von Pädophilie gebeten, bei denen es um traumatische Erinnerungen geht, insbesondere im Zusammenhang mit satanischem rituellem Missbrauch. Als Underwager und andere Gründungsmitglieder des *FMSF* selbst der Pädophilie beschuldigt wurden, war Underwager schnell zum Rücktritt gezwungen und wurde durch Pamela Freyd ersetzt, die behauptet, ein Opfer der falschen Anschuldigungen des sexuellen Missbrauchs zu sein, die ihre Tochter Jennifer J. Frey gegen sie und ihren Ehemann erhebt. Ihre Tochter, eine Psychologieprofessorin an der Universität von Oregon, beschuldigte ihre Eltern öffentlich auf einer Konferenz mit dem Titel *„Controversies around Recovered Memories of* Incest *and Ritualistic Abuse".* Eine Konferenz im August 1993 in Ann Arbor, Michigan (USA). Die Mutter wandte sich daraufhin an den Psychiater Harold Lief (Mitglied des *FMSF-Verwaltungsrats),* um die „Störung" ihrer Tochter zu diagnostizieren: Nach Ansicht dieses Psychiaters vergewaltigen heterosexuelle Paare ihre Kinder nicht, und die verdrängten Erinnerungen an sexuellen Missbrauch existieren nicht, also ist der Fall abgeschlossen...

---

[606] Joseph Geraci: Hollida Wakefield und Ralph Underwager - Padaika: Journal of Paedophilia, Vol.3, N°1, 1993.

1995 erklärte Walter Bowart (Autor des *Buches Operation Mind Control*) auf einer Konferenz von Therapeuten, die in der *Society for the Investigation, Treatment and Prevention of Ritual and Cult Abuse* zusammengeschlossen sind, dass die *FMSF, dass* all die Leute, die daran arbeiten, traumatische, dissoziative Erinnerungen als *„falsche Erinnerungen" auszugeben,* eine Schöpfung der CIA waren, die die psychiatrische Gemeinschaft diskreditieren und falsch informieren sollte, und dass sie in erster Linie dazu diente, die Opfer von Experimenten der staatlichen Gedankenkontrolle zum Schweigen zu bringen.

In der französischsprachigen Welt wird diese Theorie des Syndroms der falschen Erinnerung vor allem von Hubert Van Gijseghem und Paul Bensoussan propagiert. Diese *„Experten"* treten in zahlreichen Rechtsfällen auf, um diese Theorie gegenüber Richtern, Polizisten oder Sozialarbeitern zu vertreten. Van Gijseghem verwendet regelmäßig das *„elterliche Entfremdungssyndrom"* (PAS), um Väter zu verteidigen, die des sexuellen Missbrauchs beschuldigt werden... Ein weiteres *„Syndrom"* ohne wissenschaftliche Grundlage, erfunden von dem pädophilen Richard Gardner. Für Gardner gehören sexuelle Handlungen zwischen Erwachsenen und Kindern zum natürlichen Repertoire der menschlichen Sexualität. Er glaubt sogar, dass Pädophilie das Überleben der menschlichen Spezies fördern kann, indem sie *„Fortpflanzungszwecken"* dient. Er sagte: *„Pädophilie wurde von der großen Mehrheit der Menschen während der gesamten Weltgeschichte als Norm angesehen (...) sie ist eine weit verbreitete und akzeptierte Praxis von buchstäblich Milliarden von Menschen".* Gardner geht davon aus, dass Kinder sich spontan sexuell verhalten und sexuelle Begegnungen einleiten können, indem sie den Erwachsenen *„verführen".*[607]

Richard Gardner definiert das Parental Alienation Syndrome (PAS) wie folgt: PAS ist eine kinderspezifische Störung, die fast ausschließlich bei Sorgerechtsstreitigkeiten auftritt und bei der ein Elternteil (meist die Mutter) das Kind dazu bringt, den anderen Elternteil (meist den Vater) zu hassen. Kinder stellen sich in der Regel auf die Seite des Elternteils, der diese Konditionierung vornimmt, und bilden ihre eigene Kabale gegen den Vater.

Dies bedeutet, dass die Mutter für alle Probleme in der Beziehung des Vaters zum Kind verantwortlich gemacht wird, wobei das Ziel darin besteht, diese Probleme zu beheben, indem der Kontakt des Kindes mit dem Vater verstärkt und der Kontakt mit der Mutter reduziert wird. All dies ist offensichtlich durch Gerichtsentscheidungen vorgeschrieben. Dies ist einer der Gründe, warum in Fällen von Kindesmissbrauch der schützende Elternteil, der den Missbrauch anzeigt, von den Gerichten überrannt wird und ihm das Sorgerecht für sein Kind entzogen und das Kind automatisch an den mutmaßlichen Missbraucher übergeben wird.

Sherry Quick, Anwältin und Präsidentin der *American Coalition for Abuse Awareness (ACAA),* berichtet, dass Richter dazu neigen, gerichtlich bestellten Sachverständigen „durchweg zu glauben", wenn sie sagen, dass die Mutter die Anschuldigungen des Kindesmissbrauchs erfunden und dann dem

---

[607] „Wahre und falsche Anschuldigungen des sexuellen Missbrauchs von Kindern" - Richard Gardner, 1992.

Kind eine „Gehirnwäsche" verpasst hat, damit es an den Missbrauch glaubt, um sich an seinem Ex-Mann zu rächen... Wenn die Mutter auf ihren Forderungen beharrt, wird sie als zwanghaft und instabil wahrgenommen und kann sogar in eine psychiatrische Klinik eingewiesen werden, während das Sorgerecht für die Kinder dem Vater übertragen wird...

Zusammenfassend lässt sich sagen, dass die PAS-Theorie von Gardner und ihre verschiedenen Skalen zur Unterscheidung zwischen echten und falschen Berichten über sexuellen Kindesmissbrauch nicht wissenschaftlich fundiert sind und von den meisten Experten für Kindesmissbrauch nicht anerkannt werden. Anstatt seine Theorien einer wissenschaftlichen Bewertung zu unterziehen, veröffentlicht Gardner die meisten seiner Arbeiten in seinem eigenen Verlag oder in nicht-wissenschaftlichen Fachzeitschriften. Da Gardners Theorien auf seinen eigenen klinischen Beobachtungen - und nicht auf wissenschaftlichen Daten - beruhen, müssen sie im Zusammenhang mit seinen atypischen Ansichten über Pädophilie und dem, was er als Klima der Hysterie rund um Fälle von sexuellem Kindesmissbrauch bezeichnet, interpretiert werden. Gardners Theorien beruhen auf seiner Annahme, dass Sex zwischen einem Kind und einem Erwachsenen nicht per se etwas Schlechtes ist, und auf seiner Überzeugung, dass es eine Epidemie falscher Behauptungen über sexuellen Missbrauch gibt, die von rachsüchtigen Ehefrauen bei Sorgerechtsstreitigkeiten aufgestellt werden. Gardner hält trotz einer Fülle von klinischen und experimentellen Beweisen, die das Gegenteil beweisen, an diesen Überzeugungen fest. Damit soll nicht gesagt werden, dass solche Behauptungen immer zutreffen oder dass Eltern niemals versuchen, ihre Kinder in Sorgerechtsstreitigkeiten zu manipulieren. Alle psychologischen Gutachten, von denen die Sicherheit eines Kindes abhängt, müssen jedoch empirisch überprüft werden. Wenn eine Theorie nicht in der Lage ist, sich als Reaktion auf Forschungsergebnisse weiterzuentwickeln und zu verbessern, verlässt sie den Bereich der Wissenschaft und wird zu einer Ideologie oder einem Dogma. In Anbetracht der Schäden, die Kindern und ihren Familien in diesem Bereich entstehen, müssen Juristen und psychosoziale Fachkräfte ihr Wissen ständig hinterfragen, um sicherzustellen, dass Sorgerechtsentscheidungen auf den besten verfügbaren wissenschaftlichen Erkenntnissen und nicht auf unbegründeten Meinungen, Vorurteilen oder Ideologien beruhen.[608]

Zurück zu Hubert Van Gijseghem... Er wurde beim dritten Outreau-Prozess, der im Mai 2015 in Rennes stattfand, als „Experte" geladen. Die Anhörungen waren öffentlich, so dass viele Menschen seiner Intervention beiwohnen und über die Fakten berichten konnten. Dieser Kenner der Theorie der „falschen Erinnerungen" und der SAP („elterliche Entfremdung") erläuterte der Anwältin dann, wie man seiner Meinung nach am besten das Wort des Kindes einholen kann, damit es so zuverlässig wie möglich ist. Er betonte, dass je mehr das Kind *„außerhalb des Rahmens"* befragt wird, desto mehr wird seine

---

[608] *Gibt es eine empirische Grundlage für das Parental Alienation Syndrome? Eine kritische Überprüfung der Theorien und Meinungen von R. Gardner* - Stephanie J. Dallam, RN, MScN, Familienbetreuerin und Rechtsberaterin.

Aussage „*verunreinigt*"... *Seiner Meinung nach* ist eine Aussage, die von Eltern, Erzieherinnen, einem Lehrer, aber auch von Kinderhilfsvereinen oder einem Psychologen eingeholt wird, wertlos und muss unter allen Umständen vermieden werden... Er verbietet auch Orte wie das Haus, das Schlafzimmer oder die Schule, dem Kind zuzuhören, um kein Band der Vertrautheit zu schaffen... Er empfiehlt, das Kind nur auf einem Polizeirevier anzuhören, und zwar in einer einzigen Anhörung, bei der das Kind unter Druck gesetzt werden sollte, die Wahrheit zu sagen: „*Hier muss man die Wahrheit sagen, das Kind muss beeindruckt werden*", so Van Gijseghem, der gleichzeitig empfiehlt, dass die Eltern bei dieser Anhörung nicht anwesend sein sollten.

Er empfiehlt außerdem, dass der schützende Elternteil oder jede andere Person, die eine beunruhigende Aussage (für das Netzwerk) machen könnte, ausgeschlossen werden sollte, da diese automatisch durch die Interaktion des Kindes mit anderen „*kontaminiert*" werden würde. Nach den Aussagen von Van Gijseghem, der sorgfältig darauf achtet, jeden Akteur außerhalb der Institutionen auszuschließen, der die Aussage des Kindes anhören könnte, muss das Kind selbst zur Polizeistation gehen, um einmal von einem Fremden befragt zu werden... Darüber hinaus warnt er davor, Zeichnungen, Spielzeug, Puppen oder Pläne zu verwenden, um das Kind dazu zu bringen, seine traumatischen Erfahrungen auszudrücken, da die „*wissenschaftliche Forschung*" all dies entkräftet.

Während seiner Aussage vor Gericht wird Van Gijseghem immer wieder den Begriff „*wissenschaftliche Forschung gegen den Mann auf der Straße*" verwenden, als den extravaganten Standard des „Experten", der er ist. Aber von welcher wissenschaftlichen Forschung spricht er genau? Das werden wir vor Gericht nicht erfahren. Van Gijseghem wusste nicht, wie er Herrn Forster (Anwalt der Zivilpartei) antworten sollte, als dieser ihn nach dem Titel seiner Doktorarbeit fragte, von der er keine Spur gefunden hatte... Forster konfrontierte ihn auch mit einer ganzen Reihe von widersprüchlichen Studien und Forschungen zu seinen frivolen Theorien über die Sammlung von Kinderwörtern und falschen Erinnerungen. Angesichts dieser Widersprüche hatte Van Gijseghem nichts zu sagen und schwieg, da die Arbeit dieses Mannes in der Tat in Kreisen der Kinderpsychologie sehr umstritten ist.

Van Gijseghem erklärte, dass Eltern, Lehrer und Therapeuten völlig ausgeschlossen werden müssen, um das Wort des Kindes korrekt zu validieren. Er sagte: „*Es besteht die Gefahr, dass das Kind am Ende nur noch Unsinn redet... Das Kind fängt an, Märchen, satanische Rituale, Opfer, Kannibalismus usw. zu erzählen... Mythen, von denen wir nicht wissen, woher sie kommen...*" Van Gijseghem diskreditiert also alles, was mit traumatischem rituellem Missbrauch zu tun hat, und entkräftet diese Zeugenaussagen dadurch, dass das Kind *abrutscht*, weil sein Gedächtnis von den Erwachsenen *kontaminiert wurde*: es handelt sich also um falsche Erinnerungen, der Fall ist abgeschlossen, es hat keinen Sinn, zu ermitteln...

Van Gijseghem stellt auch fest, dass eine wahre Geschichte tendenziell weniger detailliert ist, während eine falsche Geschichte mit der Zeit immer detaillierter wird, aber auch hier geht er nicht auf die Untersuchungen und

Quellen ein, die hinter diesen Behauptungen stehen. Traumatische Erinnerungen können jedoch im Laufe der Zeit in immer größeren sensorischen Details wieder auftauchen, so dass das Zeugnis immer vollständiger wird. Aber er sagt: *„Die verdrängten Erinnerungen sind das Ergebnis einer nicht realisierten Rekonstruktion, die Person füllt die Lücken mit falschen Erinnerungen auf.“*

Wenn es aber „Löcher" gibt, dann deshalb, weil eine traumatische Amnesie vorliegt, und traumatische Amnesie bedeutet, dass Erinnerungen verborgen sind, die weiter in die Vergangenheit zurückreichen können. Es handelt sich um Bruchstücke von Erinnerungen, die wie ein Puzzle zusammengesetzt werden müssen, um sie zu integrieren und in einem chronologischen Rahmen zu verbalisieren: Das ist die Herausforderung der Zeugenaussagen von Überlebenden, die gerade deshalb angegriffen werden, weil sie keine präzise und chronologische Darstellung der Ereignisse geben können. Auf diese Weise werden Überlebende, die an schweren dissoziativen Störungen leiden, leider völlig diskreditiert...

In dieser Art von Fällen ist es üblich, den psychischen Zustand des distanzierten Opfers vorzutragen, um seine Aussage zu diskreditieren. Im Gegenteil, die Diagnose einer dissoziativen Störung sollte ein weiteres Indiz in der Akte sein, das belegt, dass das Opfer tatsächlich ein schweres Trauma erlitten hat, oder im Falle einer dissoziativen Identitätsstörung sogar geistige Kontrolle. Es ist logisch, dass bei schweren dissoziativen Störungen (als Folge eines schweren Traumas) die Untersuchung gründlicher sein sollte, anstatt sie abzutun...

Während des Prozesses gab Van Gijseghem gegenüber dem Gerichtspräsidenten unumwunden zu, dass er weder in den neurobiologischen Wissenschaften noch in der Psychotraumatologie kompetent sei, obwohl gerade diese Forschungsbereiche es uns ermöglichen, die Funktionsweise traumatischer Erinnerungen im Zusammenhang mit dissoziativen Zuständen zu verstehen.

Wir befinden uns heute in einer Situation, in der die Justiz auf den ersten Blick keine Ahnung von der Psychotraumatologie zu haben scheint, und die Richterschaft scheint nicht gewillt zu sein, sich dieses Wissen anzueignen, das jedoch unerlässlich ist, um Fälle von Kindesmissbrauch zu verstehen und richtig zu behandeln. Es hat den Anschein, dass alles, was auch nur im Entferntesten mit dissoziativen Störungen und traumatischen Erinnerungen zu tun hat, in Fällen von sexuellem Kindesmissbrauch nicht berücksichtigt werden sollte. Es wird alles getan, um dieses Forschungsgebiet zu unterdrücken und zu diskreditieren, insbesondere wenn diese Fragen vor einem Strafgericht aufgeworfen werden... Das Letzte, was wir brauchen, ist das Öffnen einer Büchse der Pandora mitten im Gerichtssaal!

Es herrscht also ein Kommunikationskrieg oder vielmehr ein *„Erinnerungskrieg"* in Bezug auf die wissenschaftliche Forschung, die es uns ermöglicht zu verstehen, wie das Gehirn angesichts eines Traumas funktioniert. Infolgedessen wird durch Fehlinformationen und Zurückhaltung von Informationen verhindert, dass diese Studien weit verbreitet und an den medizinischen Fakultäten gelehrt werden, was sich vor Gericht als schwerwiegend erweisen könnte (siehe die Schlussfolgerung in Kapitel 5).

Die Behandlung der Opfer im Hinblick auf ihre Genesung wird also durch all diese institutionellen „Versäumnisse" beeinträchtigt. Die Psychotraumatologin Muriel Salmona sagte zu diesem Thema: *„Das Problem mit den Behörden ist, dass sie einerseits gegen die Gewalt kämpfen und kürzlich Gesetze verabschiedet haben, wie zum Beispiel das Inzestgesetz vom Februar 2010; aber normalerweise hätten diese Gesetze auch die Information und Ausbildung von Ärzten beinhalten müssen, denn die Ärzte sind nicht in all den neuen Forschungen und dem neuen Wissen, das wir haben, ausgebildet. Es sollten auch Betreuungszentren eingerichtet werden, d.h. wir sollten in der Lage sein, die Opfer aufzunehmen, aber es wird nichts getan! Und hier brauchen wir unbedingt einen großen politischen Willen, um uns um die Opfer kümmern zu können. Sich um die Opfer zu kümmern, bedeutet wirklich, Leiden zu vermeiden, die Verschlimmerung von Ungleichheiten zu verhindern, Situationen der Marginalisierung, der Ausgrenzung, der Not zu vermeiden... Und ein wichtiger Punkt: Es bedeutet, die Wiederholung von Gewalt zu vermeiden. Wenn man Opfer von Gewalt war, kann man wieder Opfer von Gewalt werden (...) Aber eine der Möglichkeiten der Selbstbehandlung ist auch die Gewalt gegen andere (...) Gewalt gegen andere ist eine Droge, und in einer ungleichen Gesellschaft kann es Menschen geben, die als fertige Opfer bezeichnet werden, die zur Verfügung stehen, um sie zu benutzen und sich damit zu „betäuben".*[609]

Während des Prozesses Outreau 3 in Rennes erklärte die Psychotherapeutin Hélène Romano auf Europe1: Das ist sehr schade, denn es gibt Empfehlungen zum Hören von Kindern und Jugendlichen, die derzeit mangels Mitteln und Willen kaum oder gar nicht angewandt werden, weil es heißt, dass das Hören von Kindern nicht mehr viel bringt...[610] Der Scheinprozess des ersten Outreau-Prozesses im Jahr 2004 hat wesentlich dazu beigetragen, dass sich in der öffentlichen Meinung die Meinung verfestigt hat, dass Kinder in Bezug auf sexuellen Missbrauch „lügen und Unsinn reden".

5 - KONZENTRATION AUF DAS INTERNET-TOOL (CYBER-POLIZEI)

Es gibt Tausende von pädophilen Websites und Millionen von kinderpornografischen Dateien, die im Internet kursieren. Aus diesem Grund konzentrieren sich Regierungen, Medien und Verbände auf das Internet, weil sie glauben, dass sich dort die gesamte Kinderpornografie befindet. Interpol und fast alle nationalen Polizeibehörden richten Internet-Überwachungseinheiten ein. Öffentliche Kampagnen zielen systematisch darauf ab, das Bewusstsein für Pädophilie im Internet zu schärfen und so die Vorstellung aufrechtzuerhalten, dass das gesamte Problem bekannt ist und dass die Regierungen daher die notwendigen Antworten auf diese Geißel geben. Es besteht kein Zweifel daran,

---

[609] Muriel Salmona - UPP Femmes debout, Runder Tisch zum Thema Gewalt gegen Frauen, 2011.

[610] Hélène Morano, Europe-Midi, Europe 1, 19/05/2015.

dass pädopornografische Inhalte im Internet aufgespürt, entfernt und bestraft werden müssen, aber die Bekämpfung der Pädokriminalität kann nicht nur auf das Internet beschränkt werden...

Der belgische Aktivist Marcel Vervloesem über den Fokus der Regierung auf das Internet, während die realen und nicht die virtuellen Netzwerke ihre Aktivitäten ohne jegliche juristische Bedenken fortsetzen: *„Die Fotos, die im Internet landen, wurden zuvor produziert. Das Kind wurde vergewaltigt, als das Foto aufgenommen wurde, und es ist nicht das Internet, das Kinder vergewaltigt. Die Täter, die Kinder vergewaltigen und dieses Material produzieren, sind die Vergewaltiger und sie sind diejenigen, die ihre Bilder ins Internet stellen. Das ist es, was ich dem Internationalen Kongress immer gesagt habe, ich habe ihnen immer gesagt, dass wir uns nicht mit dem Problem des Internets beschäftigen sollten. Nein, es ist nicht das Internet, das vergewaltigt, es ist nicht das Internet, das foltert, nein, die Kinder, die im Internet erscheinen, sind Opfer dieser Praktiken geworden. Wer sind die Verursacher dieser Praktiken? Das ist das Wichtigste, das Internet ist nicht wichtig. Das habe ich auf dem Kongress in Holland gesagt, vor internationalen Anwälten, ich habe diesen Standpunkt klargestellt und gesagt: „Nein! Das Internet ist das Ende der Kette, davor wird das Kind vergewaltigt, gefoltert oder was auch immer, und danach wird das Foto veröffentlicht, indem es im Internet verbreitet wird, das ist ein weiterer Schritt (...) Wenn man Berichte im Fernsehen sieht, hört man immer: „Wir haben ein pädophiles Netzwerk im Internet aufgedeckt. „... Das ist Blödsinn! "*[611]

Der Kern des Problems sind nämlich die Produzenten dieser Kinderpornografie, die Kinder vergewaltigen, foltern und töten. Wenn die Cyber-Polizei virtuelle Netzwerke im Internet angreift, greift sie die Konsumenten von Bildern und Videos an, nicht den Kern des pädophilen Netzwerks, der nicht virtuell, sondern real ist. Die gefährlichsten Pädophilen, wie z. B. Marc Dutroux, sind in der Regel überhaupt nicht mit dem Internet verbunden.

Darüber hinaus ist das Internet ein globales Netzwerk ohne jegliche Regulierung, ein Eisberg, dessen untergetauchter Teil (das *Dark Web*, in dem Internetnutzer unter völliger Anonymität zirkulieren) die schändlichsten Praktiken der Menschen enthält. Aus technischer Sicht sind die wenigen behördlich gesperrten Standorte also nur ein Tropfen auf den heißen Stein, zehn weitere werden am nächsten Tag aufblühen. Der Kampf gegen pädophile Straftaten ist nicht virtuell, pädophile Netzwerke sind nicht virtuell. Diese Regierungsstrategie, sich auf das Internet zu konzentrieren, ist auch eine Art Blitzableiter für die Polizeikräfte, sich auf das Virtuelle zu konzentrieren und den realen, in Netzwerken organisierten Herstellern von Kinderpornografie das Feld zu überlassen. Wie wir im Kapitel über den rituellen Missbrauch gesehen haben, wird in den Aussagen der Opfer dieser satanistischen Netzwerke sehr oft berichtet, dass die Vergewaltigungen, Folterungen und Morde fotografiert und gefilmt werden. Die Polizei ist jedoch nicht in der Lage, die Quelle all dieser Gräueltaten aufzuspüren. Ihre Aufgabe ist es nicht, das pädophile Netz zu

---

[611] *Die Netze des Grauens* - Stan Maillaud & Janet Seemann, 2010.

zerschlagen, da die im Internet verbreiteten digitalen Inhalte nur das Ende der Kette sind.

6 - „NATIONALE SICHERHEIT"

In den Vereinigten Staaten wurde 1947 der *National Security Act* unterzeichnet, um die Streitkräfte und die Geheimdienste neu zu organisieren. Ihr Hauptzweck war es, militärische Geheimnisse zu schützen und die CIA in einen „geheimen Krieg" gegen die Sowjets zu treiben: den Kalten Krieg. Diese Gesetzgebung war der Beginn der bleiernen Vertuschung, die heute mehr denn je die Vertuschung aller „sensiblen" Regierungsprojekte, wie z. B. Gedankenkontrollprogramme, ermöglicht. Unter dem Schutz dieser „nationalen Sicherheit" wurden Projekte wie Bluebird, Paperclip, Artichoke, MK-Ultra usw. entwickelt. Die gesamte psychotronische Forschung fällt außerdem unter das *nationale Sicherheitsgesetz*, so dass es unmöglich ist, etwas über diese Programme (offiziell) zu veröffentlichen. Mit den verschiedenen Änderungen, die im Laufe der Jahre hinzugefügt wurden, einschließlich der von Reagan im Jahr 1984, ist die US-Regierung nun in der Lage, alles zu verstecken und zu zensieren, was sie will... indem sie sich einfach hinter den beiden Worten „nationale Sicherheit" versteckt, so einfach ist das. Es ist ein echter Deckmantel, hinter dem einige Mitglieder der Regierung die Verbrechen an unschuldigen Zivilisten verbergen. Die Gedankenkontrolle ist sicherlich die schockierendste Praxis, die den Bürgern um jeden Preis verheimlicht werden muss, denn das *Nationale Sicherheitsgesetz* ist zu einem abartigen Machtmissbrauch geworden. Die Geheimhaltung von Informationen bzw. das Zurückhalten von Informationen ist ein hervorragendes Mittel zur Ausübung von Macht. Damit hat diese Regierung einen Freibrief, um die Gesetze des Landes und die Rechte ihrer Bürger zu verletzen.

Das aussagekräftigste Beispiel dafür, wozu das Gesetz über die *nationale Sicherheit* verwendet werden kann, ist der Fall von Cathy O'Brien, Opfer des MK-Monarchen. Dieser Fall zeigt deutlich, wie das System funktioniert, indem es buchstäblich jeden Rechtsweg blockiert, trotz der Menge an Beweisen, die sich angesammelt haben - von denen einige von FBI-Beamten im Fall O'Brien zur Verfügung gestellt wurden - und die logischerweise zu Untersuchungen, Urteilen und Verurteilungen und schließlich zu einer öffentlichen Enthüllung all dieser okkulten Gedankenkontrollaktivitäten durch die Medien führen sollten. Der Lebensgefährte von Cathy O'Brien, Mark Phillips, sagte, dass sein Land nicht in der Lage gewesen sei, das Problem in Bezug auf die Justiz zu lösen, und dass ihm wiederholt gesagt worden sei, *dass er wegen der „nationalen Sicherheit" niemals Recht bekommen könne."*

Diese „nationale Sicherheit" stellt auch in therapeutischer Hinsicht ein Problem dar, da alles Wissen über dissoziative Störungen, MK-Programmierung und Deprogrammierung zensiert und blockiert wird. Bestimmte Kenntnisse und Technologien sind daher für Therapeuten und Opfer unzugänglich. Dieser Machtmissbrauch ermöglicht es auch, das Gesetz in einer bestimmten Weise auszulegen und die Aussagen von Überlebenden zu unterdrücken, immer aus Gründen der „nationalen Sicherheit". Der Zugang zu den Gerichten wird den unglücklichen Opfern auch durch die Gerissenheit der zahlreichen Rechts „experten" erschwert, die alles tun, um sie zu diskreditieren.

Ohne die vielen Entdeckungen, die die Forschung des Verteidigungsministeriums und die von ihm entwickelten Technologien mit sich gebracht haben, befindet sich die psychiatrische Medizin also immer noch in einer Lernphase, was die Erstellung von Protokollen für die Patientenversorgung auf dem neuesten Stand der Technik angeht. Mit anderen Worten: Die Akteure der Psychiatrie werden selbst zur zweiten Gruppe von Opfern der Gedanken- und Informationskontrolle.

Der Berufsstand der Psychiatrie befindet sich in einer Krise und steht an einem klassischen Scheideweg zwischen Misserfolg und Erfolg. Es hat den Anschein, dass der Weg zum Erfolg durch die Anwendung der derzeit verfügbaren Technologien aus Gründen der nationalen Sicherheit versperrt ist.

Als unmittelbare Folge des Umgangs des Verteidigungsministeriums mit der Geheimhaltung psychiatrischer Forschungsergebnisse und der sich daraus ergebenden Praktiken der Zurückhaltung von Informationen auf Bundesebene befinden sich Psychiater in der Defensive gegenüber ihren Patienten, den Gerichten und neuerdings auch gegenüber Interessenverbänden. Diese Gruppen starten Angriffe auf psychiatrische Fachkräfte, um sie zu vernichten. Gut finanzierte Organisationen mit höchst zweifelhaften Zielen, wie die False Memory Foundation (FMF) und die Scientology-Kirche, haben den psychiatrischen Beruf öffentlich angeprangert. *Amerika inmitten der Transformation* - Cathy O'Brien & Mark Phillips, 2012, S.61

Cathy O'Brien beschreibt auch, wie der Jugendrichter, der über den Fall ihrer Tochter - ebenfalls ein Opfer von rituellem Missbrauch und MK-Programmierung - entschied, die Tür zu den Medien und der Öffentlichkeit mit der Begründung der „nationalen Sicherheit" verschloss, während schockierende Verstöße gegen verschiedene Gesetze folgten. Cathy O'Brien schreibt über die Situation ihrer Tochter im Rahmen des *National Act Security* wie folgt *Trotz eines öffentlichen Aufschreis, der sich auf ein breites Spektrum internationaler Rechtsorganisationen erstreckt, sowie zahlreicher Dokumente/Briefe an den/die Gouverneur(en) von Tennessee, von denen ich die meisten in Kopie erhalten habe, muss Kelly immer noch ihr Recht auf ein spezielles Umerziehungsverfahren für die nachweislich von Geburt an durch die von der US-Regierung finanzierte „MK-Ultra"-Operation erlittene Bewusstseinskontrolle gewährt werden. Die Handvoll Krimineller, die an der Spitze unseres Landes, unserer Informationen und in der Folge unseres „kriminellen" Justizsystems stehen, weigern sich, die bekannten - jedoch geheimen - technologischen Gegenmittel für ein Problem bereitzustellen, dessen Existenz sie nicht zugeben wollen. Über 70.000 (freigegebene) Dokumente, verschiedene Beweisstücke, Videos, medizinische Aufzeichnungen, eidesstattliche Erklärungen und andere Aussagen von Regierungsinsidern - und das ist nur ein Teil dessen, was Mark und ich im Laufe der Jahre zusammengetragen haben - belegen die Realität des Missbrauchs durch*

*Bewusstseinskontrolle, den Kelly und ich bei „MK-Ultra" erlitten haben. Es ist daher absolut unentschuldbar, dass diese Vertuschungen weitergehen oder, wie Andy Shookhoff, der einzige an diesem Fall beteiligte „Richter", während einer Anhörung vor dem Jugendgericht in Nashville, Tennessee, erklärte, dass „das Gesetz in diesem Fall **wegen der nationalen Sicherheit** nicht gilt". Nach einem Jahrzehnt mit verschiedenen Erstickungsanfällen wurde Kelly vom Staat Tennessee ohne Behandlung entlassen. Sie wurde in einer sicheren Umgebung untergebracht und wartet nun auf die Rehabilitation, die sie so dringend benötigt.* "[612]*

Mark Phillips sagt, als sie Richter Andy Shookhoff ihre Akte mit allen Beweisen übergaben, sei er aufgestanden und habe gesagt: *„Ich kenne kein Gesetz für Ihren Fall"*. Der Richter sagte dann in öffentlicher Sitzung: *„Die Gesetze sind in diesem Fall aus Gründen der nationalen Sicherheit nicht anwendbar.* Dies war eine ziemlich verblüffende Aussage, die vor dem gesamten Publikum im Gerichtssaal gemacht wurde, darunter Dutzende von Anwälten und viele Bürger und Journalisten... Die Leute wussten also, worum es in dem Fall ging. Für Mark Phillips bedeutete es, dass dieser Richter ihren Fall irgendwie bestätigt und vielleicht sogar ihr Leben gerettet hatte. Dieser Richter erklärte öffentlich, dass die US-Regierung die Verantwortung hat, diesen Fall zu vertuschen und sich nicht dafür rechtfertigen muss... An diesem Punkt wurde Mark Phillips und Cathy O'Brien klar, dass sie niemals vor einem staatlichen oder strafrechtlichen Gericht in den USA Recht bekommen würden. Diese offizielle und öffentliche Erklärung des Richters war jedoch ein großer Schritt nach vorn. (Weitere Informationen zu diesem Fall finden Sie in Anhang 2)

Die Wahrheit ist, dass das Nationale Sicherheitsgesetz eindeutig nicht zur Wahrung militärischer Geheimnisse, sondern zum Schutz schwerster krimineller Handlungen ausgelegt worden ist. Wir würden verfassungskonform handeln, wenn wir dieses Gesetz aufheben und durch die bereits bestehenden Regeln für das Verhalten des Militärs im Hinblick auf die nationale Sicherheit ersetzen würden, Regeln, die die verfassungsmäßigen Rechte der amerikanischen Bürger oder ihrer Verbündeten nicht verletzen.[613]

Laut Mark Phillips unterliegen alle Länder, die einen Friedensvertrag mit den USA geschlossen haben, den Bestimmungen des *National Security Act* von 1947. Das bedeutet, dass das Thema MK-Programmierung in vielen Ländern nach wie vor unter einer dicken Decke der Geheimhaltung liegt...

7 - SEXUELLE SUBVERSION

Dieses Thema würde ein eigenes Buch verdienen, denn es ist so wichtig und es gibt so viel zu sagen. Im Folgenden wird versucht, dieses jüngste Phänomen (das in der Mitte des 20. Jahrhunderts begann) aufzudecken, das

---

[612] *America in the midst of Transformation* - Cathy O'Brien & Mark Phillips, 2012, S.369.

[613] Ebd. S.24.

sowohl die moralischen Werte umkehrt als auch versucht, die Kinder zu verderben, indem es die Gesellschaft mit allen „Launen" der luziferischen Subkultur befruchtet: wo Inzest und Pädophilie ein Erbe sind, das von Generation zu Generation weitergegeben wird...

Diese *Kultur der Pädophilie und der Übersexualisierung* wird allmählich in die Populärkultur übernommen, um sexuelle Beziehungen zwischen Erwachsenen und Kindern akzeptabel und alltäglich zu machen und schließlich zu legalisieren. Wir stellen auch fest, dass die Verurteilungen von Pädokriminellen von Jahr zu Jahr leichter werden, eine Nachlässigkeit der Justiz, die darauf hindeutet, dass diese Straftaten immer weniger schwerwiegend sind? ... Wenn es darum geht, die Würde des Kindes (sein Wort und sein Leiden) zu berücksichtigen, ist dies etwas, das heutzutage völlig in den Hintergrund gedrängt wird, und das aus gutem Grund, denn das Kind wird allmählich zu einer *konsumierbaren Ware* in unserer aus dem Ruder gelaufenen Konsumgesellschaft... Dieses schwere Thema ist in der Tat eine schwer zu schluckende Pille, aber es ist noch Zeit, uns die Augen zu öffnen!

a/ Alfred Kinsey

Alfred Charles Kinsey war ein Professor für Entomologie und Zoologie. Berühmt wurde er durch die Veröffentlichung zweier wichtiger Studien über das Sexualverhalten von Männern und Frauen. Im Jahr 1948 veröffentlichte er *„Sexual Behavior in the Human Male"* und 1953 *„Sexual Behavior in the Human Female"*. Im Jahr 1947 gründete er das *Institut für Sexualforschung an der* Indiana University in Bloomington, das später in *Kinsey-Institut für Sexual-, Geschlechts- und Reproduktionsforschung* umbenannt wurde (heute noch aktiv). In diesem Institut trug Alfred Kinsey Tausende von Daten zusammen, um seinen berüchtigten Bericht über die Sexualität von Erwachsenen, aber auch von Kindern zu verfassen. Nach Angaben des Kinsey-Instituts wurden Hunderte von Kindern und sogar Babys für die Erforschung der Sexualität verwendet.

Das Ziel von Kinseys Studien und derjenigen, die seine „wissenschaftliche Forschung" finanzierten, war die Normalisierung einer Reihe von Verhaltensweisen, die schon immer als gesellschaftlich inakzeptabel galten, wie Ehebruch, Sodomie, Inzest und Pädophilie. Diese Studien zielten auch darauf ab, zu zeigen, dass diese Verhaltensweisen viel weiter verbreitet sind, als die Öffentlichkeit wahrnimmt, und dass sie daher viel akzeptabler sind...

Das Kinsey-Institut ist nicht mehr und nicht weniger als eine sozialtechnische Einrichtung. Alle ihre „Studien" zur Sexualität dienten dazu, die amerikanische Gesellschaft mit Propaganda zu durchdringen, die u. a. von der Rockefeller-Stiftung finanziert wurde. Die Berichte des Kinsey-Instituts (in den 1950er Jahren) bildeten den Ausgangspunkt für die *sexuelle Revolution* (oder sexuelle Befreiung), die sowohl Erwachsene als auch Jugendliche betraf, da sie einen deutlichen Einfluss auf die Sexualerziehungsprogramme in den Schulen hatten. Alfred Kinsey ist einer der Wegbereiter der Frühsexualisierung.

Nach der Veröffentlichung seiner beiden Berichte über die menschliche Sexualität begann Kinsey, durch die Vereinigten Staaten zu reisen und Vorträge an Universitäten und vor Politikern zu halten. Er wurde schnell zur führenden Autorität auf dem Gebiet der Sexualität und wurde als *„der weltweit führende Experte für menschliche Sexualität"* gefeiert. Er setzte sich insbesondere für eine Änderung der Gesetze über Sexualstraftäter und die sexuelle Erziehung von Kindern ein. Das Modell des Strafrechts, das nach 1955 verabschiedet wurde, stützte sich unter anderem auf die Forschungen von Kinsey. Seine Arbeit hatte nicht nur Einfluss auf die Programme zur Sexualerziehung von Kindern, sondern auch auf die amerikanische Gesetzgebung, insbesondere im Hinblick auf den Schutz von Frauen und Kindern, sowie auf ein Überdenken der Inhaftierung von pädokriminellen Straftätern.

Kinsey stellte zum Beispiel fest, dass Kinder von Geburt an zu 100% orgasmisch sind und dass sie von Sex mit Erwachsenen, einschließlich Inzest, profitieren können. Er sprach sich für eine Herabsetzung des Schutzalters aus, wollte aber in Wirklichkeit die „Pädophilie" vollständig legalisieren. So stellt er in seinen Studien fest, dass *„Kinder so früh wie möglich in Sexualkunde unterrichtet werden müssen, da sie von Geburt an sexualisiert sind (...) Sie müssen über heterosexuelle und homosexuelle Masturbation unterrichtet werden"*. Laut Dr. Judith Reisman, der führenden Whistleblowerin zu den gefälschten Kinsey-Berichten, behauptete er auch, dass Sexualstraftäter nur selten einen Missbrauch wiederholen und daher nicht inhaftiert, sondern auf Bewährung entlassen werden sollten.

Hier sind die extremen Ergebnisse von Kinseys Studien in Tabellenform: Ein 4-jähriges Kind soll in 24 Stunden 26 Orgasmen gehabt haben. Dr. Reisman fragt sich zu Recht, wo und unter welchen Umständen Kinsey solche Informationen erhalten haben könnte? In Tabelle 31 gibt Kinsey an, dass die Daten auf Beobachtungen von 317 männlichen Probanden beruhen. Auf Seite 177 des Berichts über das männliche Sexualverhalten schreibt Kinsey dann: *„Der Orgasmus eines 4 Monate alten Mädchens ist in unserem Bericht enthalten..."* Wie könnte jemand so etwas bei einem 4 Monate alten Baby erkennen? Kinsey schreibt auch: *„Bei vorpubertären Jungen und kleinen Mädchen wird der Orgasmus nicht ohne weiteres erkannt, was zum Teil daran liegt, dass es keine Ejakulation gibt."*[614]

Die Frage ist, was dieser Mann einen Orgasmus genannt hat. Auf Seite 161 seines Berichts über das Sexualverhalten des Mannes beschreibt er konkret, was er unter einem Orgasmus bei diesen Kindern versteht: *„Ein allmählicher und manchmal langwieriger Prozess, der zum Orgasmus führt, der mit heftigen Zuckungen des gesamten Körpers, schnellem Atmen, Grunzen oder heftigem Schreien einhergeht, manchmal mit einer Fülle von Tränen (besonders bei kleinen Kindern).* Er gibt auch an, dass es sechs Kategorien von Orgasmen bei Kindern gibt: Schreien, hysterische Schmerzen (vor allem bei jüngeren Kindern), Zuckungen, das Kind schlägt den *„Partner"* (er verwendet das Wort Partner für den Vergewaltiger) usw. Für Kinsey gehörte all dies zum Orgasmus und diente dazu, seine rauchigen Berichte zu verfassen.

---

[614] *Sexual Behavior in the Human Male* - Alfred Kinsey, S.159.

Kinsey war sich darüber im Klaren, dass all diese Daten über Kinder von *„erwachsenen Beobachtern"* geliefert wurden, die von seinen eigenen Teammitgliedern als pädophil bezeichnet wurden. Dr. Bankroft vom Kinsey-Institut sagte, dass Kinsey, dem Beispiel seines Mentors Dr. Dickinson folgend, seine eigenen Raubtiere ausbildete, Männer, die Daten darüber sammelten, was schlicht und einfach sexueller Missbrauch von Kindern, sogar von Babys, ist.

Im Jahr 1990 wurde Dr. Judith Reisman in der *Phil Donahue* Show von Dr. Clarence Tripp, einem engen Mitarbeiter Kinseys, zur Rede gestellt. Er sagte in der Sendung: *„Ich denke, wir sollten jetzt über den Fall der Kinder sprechen, weil viele Dinge durcheinander geraten sind. Wissen Sie, wir sollten nichts überstürzen... Wir wollen es genießen, denn es ist wunderbar! Es ist ein Vergnügen.* Judith Reisman sagte in der Sendung: *„Wissen Sie, was Dr. Gebhard mir gesagt hat? Er schrieb mir einen Brief, den ich jedem zur Verfügung stelle, der ihn haben möchte, in dem er erklärt, dass „orale und manuelle Techniken bei den Kindern angewandt wurden"! Wenn das, was ich sage, falsch ist, verklagt mich!"*

Dieser Brief wurde im März 1981 geschrieben. Darin erklärt Dr. Gebhard, woher die sexuellen Daten über Kinder stammen. In diesem Schreiben gibt er zu, dass viele Pädophile angestellt wurden, um Informationen für die Kinsey-Berichte zu sammeln. Er schreibt: *Da sexuelle Experimente an Säuglingen und Kindern illegal sind, mussten wir andere Quellen finden, einige waren Eltern, andere Schulkrankenschwestern oder Lehrer, oder homosexuelle Männer (...) einer von ihnen war ein Mann, der viele sexuelle Begegnungen mit Männern, Frauen, Kindern und Säuglingen gehabt hatte, und da er wissenschaftlich orientiert war, führte er detaillierte Aufzeichnungen über jede Begegnung (...).Einige dieser Quellen wurden von schriftlichen Beweisen, Fotos und manchmal Filmen begleitet (...) Die angewandten Techniken waren Selbstbefriedigung durch das Kind, Sexszenen zwischen Kindern und manuelle oder orale sexuelle Kontakte zwischen Erwachsenen und Kindern."*

Gebhards Brief widerlegt die pädophilen Theorien von Dr. Bankroft vollständig, stimmt aber vollkommen mit dem überein, was Kinsey in seinem Bericht über männliches Sexualverhalten geschrieben hatte. Geibhard erwähnt in seinem Brief, dass Fotos und Filme direkt an Alfred Kinsey geschickt wurden, was die traurige Entdeckung durch die Direktorin seines Instituts, June Reinisch, erklärt... 1984 erklärte Reinsich in *Newsweek*, dass sie im Institut selbst eine Sammlung von Pädo-Pornographie entdeckt habe, die so ekelhaft sei, dass sie sie nicht mehr ansehen könne.

1998 sagte Gebhard in dem Bericht „Secret History: Kinsey's Paedophiles" (Yorkshire TV): „Es gibt auch eine pädophile Organisation in diesem Land, die mit uns zusammengearbeitet hat, und einige von ihnen, die offensichtlich nicht inhaftiert waren, haben uns Informationen gegeben. Dr. Reisman glaubt, dass es sich bei der pädophilen Organisation, auf die sich Geibhard bezieht, um die spätere NAMBLA handelt (eine amerikanische Vereinigung, die die Liebe zwischen Männern und Jungen propagiert). Bis heute berufen sich pro-pädophile Organisationen wie die NAMBLA systematisch auf die Kinsey-Studien, um ihre Behauptungen zu untermauern und die Pädomanie zu verharmlosen.

Im selben Bericht stellt Dr. Clarence Tripp fest: „Pädophilie gibt es so gut wie gar nicht, und was er (Kinsey) am meisten hasste, war, dass man Worte wie 'Kindesmissbrauch' verwendete. Was ist das? Niemand weiß es (lacht) Kindesmissbrauch? Reden wir davon, ihn an den Ohren zu ziehen oder ihn mit einem Rohr zu schlagen? Oder geht es darum, ihn ein wenig zu kitzeln? Werfen Sie „streicheln" und „angreifen" in denselben Korb? Wie Kinsey sagte: „Mit dieser Art von Paranoia fügt man dem Kind mehr Schaden zu als alle Pädophilen der Welt zusammengenommen."

Nach den Untersuchungen, die über diesen traurigen Menschen angestellt wurden, war er selbst ein kranker Perverser. Alfred Kinseys sadomasochistische Neigungen sind von vielen Biographen dokumentiert worden, so auch von James Jones, der berichtet, dass Kinsey sich einmal mit einem Taschenmesser in einer Badewanne ohne Betäubung beschnitten hat. James Jones berichtet auch, dass *Kinsey*, nachdem die Rockefeller Foundation ihm die Finanzierung bewilligt hatte, „*in den Keller ging, ein Seil an ein Rohr band und das andere Ende um seinen Hodensack, dann auf einen Stuhl kletterte und sprang*". Sein selbstverschuldeter sexueller Missbrauch wurde zum Zeitpunkt seines Todes eindeutig festgestellt. Offiziell starb Kinsey an einem Herzinfarkt, aber es wäre in der Tat peinlich zu sagen, dass der Vater der sexuellen Revolution in der Welt an den Folgen einer Selbstverstümmelung starb.

Abschließend ist zu diesem Hochstapler zu sagen, dass er ein großer Bewunderer des Satanisten Aleister Crowley war. Nach der Veröffentlichung seiner „berühmten" Berichte über die männliche und weibliche Sexualität reiste Kinsey ins Ausland, um die Sexualität in verschiedenen Ländern zu untersuchen. Laut Wardell Pomeroy, Kinseys Co-Autor, war Kinsey auch auf der Suche nach dem Dokument „*A prized item, the diaries of Aleister Crowley*". Pomeroy schreibt, dass Kinsey zwei Wochen, nachdem er nach England gereist war, um das Dokument zu finden, nach Sizilien reiste, um den „Tempel" zu besuchen, den Crowley dort gebaut hatte, die Abtei von Thelema, wo er satanische Rituale durchführte. Kinsey versuchte sogar, Crowleys *Magische Tagebücher* für sein Institut zu erwerben.[615] Es sei darauf hingewiesen, dass Aleister Crowley aus Italien ausgewiesen wurde, weil er der Pädokriminalität beschuldigt wurde, einschließlich der Opferungen.

Alfred Kinsey legitimierte die sexuelle Revolution, er tat dies auf akademische, aber unwissenschaftliche Weise, wobei das eigentliche Motiv nicht die Wissenschaft war, sondern ein gut orchestrierter Plan des Social Engineering, um die Moral eines ganzen Landes zu verändern ... und damit der gesamten westlichen Welt, wobei die USA die einflussreiche Kultur sind, die auf die ganze Welt ausstrahlt. Einer seiner Biographen, Jonathan Gathorne-Hardy, sagte: „*Es ist wirklich interessant, wenn man sich damit beschäftigt, es ist ein wirklich kranker sozialer Plan... Er wollte nicht nur ein bisschen mehr*

---

[615] „Kinsey: Verbrechen und Folgen, die rote Königin und das große Komplott" - Judith Reisman, 1998.

Toleranz gegenüber der Sexualität, es ist etwas viel Monströseres. Es war ein mächtiger sozialer Plan, der von den Menschen, die mit ihm zusammenarbeiteten, perfekt inszeniert wurde. "

b/ Frühsexualisierung

Alfred Kinsey ist der Wegbereiter der Frühsexualisierung, die heute in Form von Sexualerziehung stattfindet, die den Kindern in immer jüngeren Jahren aufgezwungen wird, insbesondere in den Lehrplänen der Schulen.

In einer von der Pädagogischen Hochschule Zentralschweiz (PHZ) herausgegebenen Broschüre mit dem Titel *„Dokument über die Grundlagen der Sexualerziehung"* wird festgestellt, dass Kinseys Arbeit erfolgreich war und in den Lehrplänen der Schulen umgesetzt wird: *„Im Gegensatz zu den eher feindseligen Ansichten über die Sexualität, die in der ersten Hälfte des zwanzigsten Jahrhunderts vorherrschten, basieren die meisten Ansichten über die sexuelle Entwicklung im Laufe des Lebens heute auf wissenschaftlichen Erkenntnissen und stehen der Sexualität positiv gegenüber. Sie erkennen an, dass Kinder und Jugendliche sexuelle Wesen sind (...) Von Kindheit an ist der Mensch ein sexuelles Wesen mit altersspezifischen Bedürfnissen und individuellen Ausdrucksformen. So erleben Säuglinge zum Beispiel zum ersten Mal Vergnügen durch Saugen und Nuckeln. Sexuelle Neugier und sexuelles Experimentieren treten nicht erst in der Pubertät auf, sondern existieren von Kindheit an, bei Jungen und Mädchen, in unterschiedlichen Formen je nach Alter (...).Eine wichtige Aufgabe der Schule ist es, allen Kindern und Jugendlichen die Möglichkeit zu geben, etwas über Sexualität, Geschlechterrollen und Geschlechterbeziehungen zu lernen, indem sie die sozialen Veränderungen oder den gesunden Menschenverstand in der Gesellschaft erklären, damit sie Zugang zu den Werten und Normen unserer Gesellschaft finden können (...) Die Schule ergänzt die Erziehungsaufgaben der Eltern oder Betreuer im Bereich der Sexualerziehung. Sie spielt eine wichtige Rolle bei der Vermittlung von sozialen Normen und Werten."*

Die Sexualerziehung an sich ist kein Problem, aber das Alter, in dem sie in der Schule obligatorisch ist, ist ein echtes Problem. Der allgemeine Trend bei der Sexualerziehung von Kindern geht dahin, dass sie bereits im Kindergarten beginnt. Diese offizielle Schweizer Broschüre, die als Grundlage für die Sexualerziehung in der Schule dienen soll, enthält eine Tabelle mit einer Auflistung der Stufen der psychosexuellen Entwicklung von Kindern. Es wird festgestellt, dass Vierjährige *„orgasmusähnliche Reaktionen"*, *„Freude an Entblößung und Genitalspiel"* und *„erotisches Interesse an den Eltern"* haben. In dem Dokument heißt es, dass ein 5-jähriges Kind *„Rollenspiele wie das Spielen von Sex"* praktiziert. "

So heißt es in der Broschüre über die Sexualpädagogen, die für die „Ausbildung" der Kinder in den Schulen zuständig sind: *„Im Rahmen der Befähigung der Schüler ist die Vermittlung von Themen der sexuellen und reproduktiven Gesundheit und Rechte oder von Kenntnissen über regionale psychosoziale Angebote von größter Bedeutung. Die entsprechenden*

Kompetenzen werden von diesen Fachleuten im Rahmen der Sexualerziehung auf wertvolle und nachhaltige Weise weitergegeben. Sie verfügen über einen fundierten wissenschaftlichen Hintergrund, aktuelles Fachwissen, sexualpädagogische Materialien und bewährte didaktische Konzepte in der altersgerechten Arbeit mit Jugendlichen und Heranwachsenden."

Diese Sexualpädagogen hätten also eine *„solide wissenschaftliche Ausbildung (wertvoll und dauerhaft)"*, die sich auf die Arbeit von Persönlichkeiten wie Alfred Kinsey stützt. Es handelt sich um ein ganzes Programm, das darauf abzielt, grenzwertiges und kriminelles Verhalten als Norm zu akzeptieren und damit die sexuelle Revolution fortzusetzen, deren Fortsetzung die *Gender-Theorie ist.* Die Gender-Theorie besteht darin, den Jüngsten (und Älteren) beizubringen, dass sie weder Jungen noch Mädchen sind, sondern dass sie selbst über ihr Geschlecht entscheiden können... All dies im Namen von *Gleichheit* und *Freiheit*, Begriffe, die den Freimaurerlogen am Herzen liegen, die im Bereich der nationalen Erziehung sehr aktiv sind... In der Tat sind die „spezialisierten Erzieher" im Bereich der Sexualerziehung (die oft aus LGBT-Verbänden - Lesbian, Gay, Bi, Trans - stammen) nur das letzte Glied in der Kette. Diese Programme werden in den Rektoraten und Ministerien organisiert, die Entscheidungen umsetzen, die im Vorfeld in den Freimaurerlogen getroffen wurden, die den republikanischen Staat vollständig kontrollieren.

Daniel Keller, Großmeister des Grand Orient de France, sagte im März 2015 vor einem Senatsausschuss: „Ich danke Ihnen für Ihre Einladung und dafür, dass Sie mich daran erinnern, dass ich einer Obödienz mit über 50.000 Mitgliedern vorstehe. Wie Sie wahrscheinlich wissen, gehören dem Grand Orient de France zahlreiche Akteure aus dem Bildungsbereich an, seien es Lehrerinnen und Lehrer oder alle, die an außerschulischen Aktivitäten beteiligt sind, von der Grundschule bis zur Universität. Wir sind der Ansicht, dass die öffentlichen Schulen die Säule und der Schmelztiegel der Republik sind. Grundregel: Die Konditionierung auf eine bestimmte Ideologie muss in der frühen Kindheit beginnen...

c/ Übersexualisierung

Es gibt auch ein Phänomen, das sich immer mehr ausbreitet, nämlich die Übersexualisierung von Kindern und Heranwachsenden. Die *Frühsexualisierung* zielt darauf ab, sie von klein auf über Sexualität zu „erziehen", während die *Hypersexualisierung* darauf abzielt, sie körperlich begehrenswert zu machen, sie gewissermaßen *„erwachsen" zu machen.*

Sylvie Richard Bessette (Professorin für Sexologie an der Universität von Quebec in Montreal) definiert Hyper-Sexualisierung als*: „Übermäßiger Einsatz von körperbetonten Strategien, um zu verführen".* Das Problem ist, dass Kinder heute in manchen Umgebungen diesen Praktiken ausgesetzt sind, insbesondere bei den „Mini-Miss"-Wettbewerben, bei denen kleine Mädchen so gekleidet und geschminkt werden, dass sie wie „Miniaturfrauen" aussehen. Sie verwenden

Verführungscodes, die nicht ihrem Alter entsprechen (wackeln, zwinkern usw.). Die kleinen Mädchen werden so trotz ihrer selbst zum Objekt der Begierde.

Die Psychoanalytikerin Monique de Kermadec schreibt über die Mini-Miss-Wettbewerbe: „Ihr Image ist durch die Kleidung junger Frauen übermäßig erotisiert. Dies kann in der Pubertät zu Problemen mit dem Selbstbild und manchmal zu Essstörungen wie Magersucht führen. Und dieser Schaden ist noch größer, wenn das Kind sich vor den Augen der Öffentlichkeit in eine Situation der Verführung begibt. Freches Lächeln und andere neckische Augenzwinkern sexualisieren das Verhalten in abnormaler Weise."[616]

Weltweit durchdringt die Hyper-Sexualisierung die gesamte Gesellschaft, insbesondere durch die Unterhaltungsindustrie, die immer nacktere Stars auf die Bühne bringt, die immer explizitere sexuelle Tänze aufführen, die sogar pornografisch sind (Miley Cyrus, Beyoncé usw., MK-Puppen, die genau diese Hyper-Sexualisierung an junge Menschen weitergeben sollen). Die Clips und Bühnenauftritte werden von Millionen kleiner Mädchen gesehen, deren Unterbewusstsein mit all diesen Dingen imprägniert ist. Einer der großen Trends unserer dekadenten Gesellschaft ist die Hyper-Sexualisierung.

In dem kanadischen Dokumentarfilm „Sexy inc, nos enfants sous influence" (2007) erklärt die Sexologin Francine Duquet: „In den letzten fünf oder sechs Jahren haben wir wirklich eine Zäsur erlebt, bei der wir mit mehr sexuellen Botschaften bombardiert werden. Die Kinder nehmen das so hin, als wäre es normal. Außerdem sind Kinder und vor allem Jugendliche in einem Alter, in dem sie der Norm entsprechen wollen. Sie wollen wie ihre Idole sein, sie wollen beliebt sein, und der Gedanke der Beliebtheit ist ein wichtiger Begriff in der Jugendzeit. Heutzutage bedeutet populär zu sein, heiß zu sein. Man muss eine Art sexuelle Energie haben, man muss etwas Sexuelles ausstrahlen. Aber im Alter von 11 oder sogar 14 Jahren ist das alles andere als offensichtlich... Wir sehen also Nachahmung: Ich ziehe mich genauso an, ich tue dasselbe... Es gibt auch dieses ganze Modephänomen, mit Ausnahme der Kindermode, die in gewisser Hinsicht besorgniserregend ist, weil Kleidung erotisiert wird, besonders für kleine Mädchen."

Die Social-Engineering-Programme zielen vor allem auf die Gesellschaft von morgen ab, d. h. auf die Kontrolle des Bewusstseins (und insbesondere des Unterbewusstseins) der Kinder und Jugendlichen von heute. Wir sehen diese Propaganda der Übersexualisierung deutlich, wenn die Medien Kinder ständig dazu ermutigen, sich in kleine Frauen oder Männer zu verwandeln, insbesondere in der Werbung der Mode- oder Kosmetikindustrie. Ein typisches Beispiel ist die kleine Thylane Lena-Rose Blondeau (Tochter der TV-Moderatorin Véronika Loubry und des Fußballers Patrick Blondeau), die 2011 im Alter von 10 Jahren für die Zeitschrift *Vogue* posierte. Schockierende Bilder, die zu einem typischen Beispiel für die Übersexualisierung eines Kindes geworden sind.

Es gibt jetzt sexy tangaähnliche Kleider in Mädchengrößen, die keine Brüste haben, aber für die auch BHs angeboten werden. Es gibt sogar

---

[616] *Ein Druck, der zu schwer ist, um ihn zu ertragen* - actu-match / www.parismatch.com, 14/01/2009.

Hausschuhe mit Absätzen für Babys... Ein neuer Markt hat sich aufgetan, und die Pädophilen genießen ihn...

d/ Propaganda für Pädophilie

Parallel zur frühzeitigen Sexualerziehung und der Übersexualisierung unserer Kinder gibt es eine pro-pädophile Propaganda, die darauf abzielt, in unserer Gesellschaft eine gewisse Verharmlosung und Toleranz gegenüber diesen kriminellen Aktivitäten zu erreichen. Heute haben Pädokriminelle ihre internationalen Tage: den *International Love Boy Day* für „Jungenliebhaber" und den *Alice Day* für „Mädchenliebhaber".

Diese 1998 ins Leben gerufenen internationalen Tage haben eigene Logos und Slogans, unverwechselbare Zeichen und ein besonderes Vokabular, die eine regelrechte „pädophile Kultur" bilden und „wissenschaftliche" Werke wie die von Alfred Kinsey zur Rechtfertigung ihrer schwerwiegenden Abweichungen heranziehen. Sie haben auch ihre eigenen Internetforen, in denen sie sich austauschen. Diese Foren können sehr gemäßigt sein, während einige, insbesondere im *Dark Web*, sehr viel aggressiver sind.

Pädophile Propaganda erscheint auch in Zeitschriften (z. B. *Lolita*) und bestimmten Zeitungen, insbesondere in der Tageszeitung *Libération*, die am 10. April 1979 ein Plädoyer von Gabriel Matzneff und Tony Duvert für „*Minderheiten-Liebesbeziehungen*" veröffentlichte. Dieselbe Zeitung veröffentlichte in den 1970er Jahren eine Petition, in der das Parlament aufgefordert wurde, Artikel des Gesetzes über die sexuelle Volljährigkeit und die Entkriminalisierung von sexuellen Beziehungen zwischen einem Erwachsenen und einem Minderjährigen unter 15 Jahren aufzuheben. Diese Petition wurde von vielen bekannten Persönlichkeiten der damaligen Zeit wie Jack Lang, Simone de Beauvoir, Louis Aragon, Bernard Kouchner, André Glucksmann usw. unterzeichnet.

Im Jahr 1979 bot *Libération* dem Pädokriminellen Jacques Dugé sogar eine ganze Kolumne an, um die Sodomie an Kindern zu verteidigen. Die Kolumne mit dem Titel „*Jacques Dugé s'explique*" war ein offener Brief an den Untersuchungsrichter, der mit der Untersuchung dieses schwerwiegenden Falles betraut war. Dugé wurde tatsächlich wegen Prostitution und sexuellem Missbrauch von Minderjährigen angeklagt. So schrieb der Pädokriminelle damals in einer berühmten überregionalen Tageszeitung: „*Ein Kind, das einen Erwachsenen liebt, weiß sehr gut, dass es noch nicht geben kann, also versteht und akzeptiert es sehr gut, zu empfangen. Es ist ein Akt der Liebe. Das ist eine seiner Arten, zu lieben und zu beweisen, dass er sie liebt. So verhielten sich bei mir die wenigen Jungen, die ich sodomisiert habe. Und dann lassen Sie uns sagen, wie es ist. Er mag es, das männliche Glied der Geliebten in seinem Körper zu spüren, mit ihm durch das Fleisch verbunden zu sein. Das ist eine große Befriedigung. Er hat auch die Genugtuung, von demjenigen, der ihn sodomisiert, befriedigt zu werden, der in ihn eindringt. Auch das bereitet ihm große Freude, denn lieben heißt, sowohl zu geben als auch zu empfangen. Das mag für Laien schwer zu glauben sein, aber es ist die Realität.*" - *Libération, 25,26/01/1979.*

In den 1970er Jahren war diese pädophile Propaganda am virulentesten und nutzte die damals stattfindende sexuelle Revolution (initiiert von Alfred Kinsey). Im Mai 1977 konnte man noch in der *Libération* lesen: Geburt der „Pädophilen-Befreiungsfront".

Es wurde gerade eine neue Gruppe gegründet: FLIP, deren konstituierende Plattform Sie unten lesen können. Wer sind sie? Vor allem die Leser von Libération, die uns nach einem offenen Brief an die Pädophilen in unserer Ausgabe vom 9.2.77 eine Fülle von Briefen schickten, über die wir am 24. März 77 in einer Doppelseite mit dem Titel: Beziehungen zwischen Erwachsenen und Kindern berichteten. Am 2. April 1977 fand in Jussieu ein erstes Treffen mit etwa dreißig Personen statt. Es war ein einfaches Kontakttreffen. Es ist bedauerlich, dass die wichtigsten Bedenken juristischer Natur waren. In der Tat ging es nur um die Repression, Verteidigung und Verfolgung von Pädophilen. Ohne diese harten Realitäten außer Acht zu lassen, kann eine solche Gruppe nur gewinnen, wenn sie ihren Blickwinkel erweitert. Die FLIP (Front de libération des Pédophiles) war geboren. Einige wesentliche Ziele sind bereits in Angriff genommen worden:

- Bekämpfung von kriminellem Unrecht und kritische Reflexion über Familie und Schule, ausgehend von einer politischen Analyse der Sexualität zwischen Minderjährigen und Erwachsenen.
- Sich dem Kampf der Kinder anzuschließen, die ihre Lebensweise ändern wollen, und jeder politischen Gruppe, die auf die Errichtung einer radikal neuen Gesellschaft abzielt, in der Päderastie frei existieren wird.
- Entwicklung einer päderastischen Kultur, die sich in einer neuen Lebensweise und dem Entstehen einer neuen Kunst ausdrückt.
- sich in den Medien zu äußern, die ihr die Möglichkeit geben, und über die Kanäle, die dafür geeignet sind.
- Zeigen Sie Solidarität mit inhaftierten Pädophilen oder Opfern der staatlichen Psychiatrie.

Die „bürgerliche Tyrannei" verwandelt den Kinderliebhaber in ein legendäres Ungeheuer, das strohgedeckte Hütten zertrümmert. Gemeinsam werden wir Ungeheuer und strohgedeckte Hütten zerstören.

Es gibt viele Verbände, die sich dafür einsetzen, das Wort der Pädokriminellen in die Öffentlichkeit zu tragen. Ihre Strategie besteht darin, die Auswirkungen pädophiler Handlungen auf Kinder herunterzuspielen, den Begriff der Minderjährigen und der sexuellen Minderheit zu relativieren, um das gesetzliche Mindestalter herabzusetzen, und schließlich pädophile Aussagen zu bagatellisieren. Zwei der größten Vereinigungen dieser Art sind *NAMBLA* (*North American Man/Boy Love Association*) und *Martijn*, eine 1982 in Hoogeveen gegründete niederländische Vereinigung für die Akzeptanz von sexuellen Beziehungen zwischen Erwachsenen und Kindern. Im Jahr 2012 wurde versucht, den Verein aufzulösen, da das Gericht der Ansicht war, dass der Verein, der eine Website betreibt, ein „*digitales und soziales Netzwerk für Sexualstraftäter*" bietet. Das Berufungsgericht erklärte daraufhin, dass die auf der Website des Vereins veröffentlichten Texte und Bilder legal seien, da sie nie direkt zum Sex mit Kindern aufriefen. Die Vereinigung verstoße jedoch gegen bestimmte Grundsätze des niederländischen Rechts, da sie *„die Gefahren sexueller Kontakte mit kleinen Kindern verharmlose, positiv über solche Kontakte spreche und sie sogar verherrliche".* Im Jahr 2014 beschlossen die Niederlande schließlich, die Aktivitäten des Vereins *Martijn* endgültig zu verbieten. *Der Oberste Gerichtshof (Hoge Raad), die höchste gerichtliche Instanz des Königreichs, befand, dass die Unversehrtheit des Kindes wichtiger sei als der Grundsatz der Meinungsfreiheit. "*[617]

Das Hauptziel der pädophilen Propaganda besteht darin, die Folgen dieser Taten für die Kinder zu verharmlosen. Die Verbände stützen sich daher auf „wissenschaftliche" Arbeiten wie den Bericht von Robert Bauserman über die Auswirkungen des sexuellen Missbrauchs von Kindern. In diesem Bericht wird davon ausgegangen, dass „sexuelle Beziehungen" mit Kindern nicht systematisch schädlich für sie sind. Bauserman wurde als Aktivist bezeichnet, der die Wissenschaft in unangemessener Weise benutzt, um seine Ansichten und Tendenzen zu legitimieren.

Die Pädophilen sind auf dem Vormarsch, während die Rechte der Kinder immer weiter ausgehöhlt werden. Letztlich geht es darum, die Täter zu beschönigen und den Status der Kinder als Opfer zu verleugnen, so dass Inzest und Pädokriminalität schließlich als einfache *„sexuelle Orientierung"* eingestuft werden, genau wie Heterosexualität oder Homosexualität. Das ist es, was für die Gesellschaft von morgen programmiert ist...

Zum Abschluss dieses Kapitels sei noch einmal auf die Sendung *„Ce soir ou jamais"* auf France 3 vom 31. Mai 2011 verwiesen, in der die Anschuldigungen des Politikers Luc Ferry gegen einen ehemaligen pädophilen Minister, der nach seinen Worten *„in Marrakesch abgeworben"* wurde, aufgegriffen wurden... In dieser Sendung gab sich der berühmte Anwalt Thierry Lévy live in einem stürmischen und beschämenden Gespräch mit der italienischen Filmemacherin Cristina Comencini zu erkennen:

- **Thierry Lévy**: Ich spreche von Toleranz im Allgemeinen. Die Toleranz ist etwas, das im Moment völlig verschwindet. Und Sie sprechen von den jüngsten Ereignissen, als ob sie eine Situation befreit hätten, die bis dahin blockiert war. Aber der Sextourismus wird seit mehr als zwanzig Jahren sehr stark, sehr hart und unbarmherzig unterdrückt. (...) Du sprichst zu uns über die Schönheit der Welt und die Schönheit des Sex, aber was machst du konkret, was tust du, wenn du nicht ständig den Stock schwingst, den Stock der Moral. Aber ja, was soll man tun?

- **Cristina Comencini**: Bei Kindern?! Kinder... die Schönheit des Sex bei Kindern?! Ich dachte, dass die Debatte in Italien sehr rückständig ist, aber ich weiß, dass sie in Frankreich viel mehr ist ...

- **TL**: (unterbricht ihren Gesprächspartner)... Bitte! Sex mit Kindern... Das ist ein Thema, das heute nicht mehr diskutiert werden kann. Niemand traut sich mehr, über die Sexualität von Kindern zu sprechen (...) Es gibt eine Art bleierne Decke, die von den blonden Locken (Anm. d. Red.: gemeint ist ihre

---

[617] Kinderrechte oder Meinungsfreiheit - die Niederlande haben gewählt - Jean-Pierre Stroobants, lemonde.fr, 19/04/2014.

Gesprächspartnerin) über die ganze Gesellschaft fällt, die alle Verhaltensweisen verbietet, die ein bisschen anders, ein bisschen abnormal sind....

- **CC**: Ein bisschen anders !!?
- **TL**: Aber natürlich, und dann kommen wir immer wieder auf Pädophilie zurück. Pädophilie ist heute ein völlig verbotenes Thema, man kann kein Wort darüber verlieren, ohne verteufelt zu werden.
- **CC**: Warum nicht darüber reden? Im Gegenteil, ich denke, wir sollten darüber sprechen...
- **TL**: Wirklich?!...
- **CC**: Ja, ich glaube schon...
- **TL**: Und wie sprechen Sie dann darüber?
- **CC**: Ohne zu sagen, dass es.......
- **TL**: (unterbricht ihn wieder) Was sagen, was sagen? Dass alle, die sich zu Kindern hingezogen fühlen, Kriminelle sind? Dass man sie für immer ins Gefängnis steckt?
- **CC**: Sie haben ein sehr autoritäres Redesystem, das dem anderen nicht die Freiheit lässt, sich selbst auszudrücken......

SCHLUSSFOLGERUNG

Erwirb Wahrheit, Weisheit, Unterweisung und Unterscheidungsvermögen und lass sie nicht im Stich - Sprüche 23:23

Nur kleine Geheimnisse müssen geschützt werden. Die größten Geheimnisse bleiben durch den Unglauben der Öffentlichkeit geschützt - Marshall McLuhan

Der Mensch ist Feuer für die Lüge, aber Eis für die Wahrheit - Jean de La Fontaine

Schweigen wird zur Sünde, wenn es den Platz des Protestes einnimmt und einen Mann zum Feigling macht - Abraham Lincoln

Das Thema der traumabedingten Gedankenkontrolle hat im Kern den physischen und psychischen Missbrauch von Kindern zum Inhalt. Das Kind steht im Zentrum des Sturms, der sich von ihm ernährt, es ist die Büchse der Pandora, die derzeit unsere Gesellschaft verwüstet... Reinheit und Unschuld inkarniert im Fadenkreuz der Zauberer-Kontrolleure.

Von Zeit zu Zeit wird ein Fall von Pädophilie ins Licht der Öffentlichkeit gerückt, in der Regel die Zerschlagung eines Cyber-Netzwerks, aber all dies ist der Baum, hinter dem sich der Wald verbirgt...

Warum scheint die französische Justiz Kindervergewaltiger systematisch zu schützen, zum Nachteil der Kinderschützer, die sie anprangern? Warum wird, sobald es einen Fall von Pädokriminalität gibt, die juristische Dampfwalze in Gang gesetzt, um nicht nur den Fall, sondern auch die Menschen zu vernichten? Warum wurde Frankreich in einem UN-Bericht von 2003 zur Ordnung gerufen? Eine Untersuchung, die in Frankreich vom Berichterstatter Juan Miguel Petit durchgeführt und auf der 59. Sitzung der UN-Menschenrechtskommission vorgestellt wurde. In diesem offiziellen Bericht wurde eine *dringende Untersuchung durch eine unabhängige Stelle gefordert, um die Unzulänglichkeiten des Justizsystems in Bezug auf die Opfer sexuellen Missbrauchs von Kindern und diejenigen, die versuchen, sie zu schützen, zu untersuchen (...) Angesichts der Zahl der Fälle, die auf eine ernsthafte Verweigerung von Gerechtigkeit für die Opfer sexuellen Missbrauchs von Kindern und diejenigen, die versuchen, sie zu schützen, hinweisen, wäre es angebracht, dass eine unabhängige Stelle, vorzugsweise die Nationale Beratende Kommission für Menschenrechte, die derzeitige Situation dringend untersucht.*

So heißt es beispielsweise auf Seite 14 des Berichts: „Der Sonderberichterstatter hat auf die enormen Schwierigkeiten hingewiesen, mit denen Einzelpersonen, insbesondere Mütter, konfrontiert sind, die Anzeige gegen Personen erstatten, die sie des Missbrauchs ihrer Kinder verdächtigen, obwohl sie wissen, dass sie wegen falscher Anschuldigungen belangt werden können, was in einigen Fällen zum Verlust des Sorgerechts für ihr(e) Kind(er) führen kann. Einige dieser Mütter nutzen den Rechtsweg so lange, bis sie sich die Kosten für den Rechtsbeistand nicht mehr leisten können. Dann stehen sie vor der Wahl, das Kind weiterhin der Person zu übergeben, von der sie glauben, dass sie es missbraucht, oder mit dem Kind ins Ausland zu flüchten. Es hat sogar den Anschein, dass einige Richter und Anwälte, die sich der Schwächen des Justizsystems bewusst sind, einigen Eltern informell dazu raten, dies zu tun. Diese Eltern setzen sich in Frankreich und oft auch in dem Land, in das sie reisen, einer strafrechtlichen Verfolgung für solche Handlungen aus."

Wie die beiden Beispiele in den französischen Berichten in Kapitel 4 zeigen, mussten viele Mütter buchstäblich aus Frankreich fliehen, weil sie keinen wirklichen Schutz vor dem institutionellen pädokriminellen Netzwerk hatten. Warum werden so viele Mütter schikaniert und verfolgt, ja sogar in psychiatrischen Kliniken eingesperrt, weil sie die Vergewaltigung ihrer Kinder auf natürliche Weise angezeigt haben? Warum bleibt ein so umfangreiches Dossier wie das der Zandvoort-Akten[618] in den Kisten des *Justizministeriums*, ohne dass eine Untersuchung eingeleitet wurde? Warum wurden etwa dreißig wichtige Zeugen im Fall Dutroux tot aufgefunden?[619] Dieser berühmte belgische Fall ist ein Lehrbuchbeispiel dafür, wie ein Fall unterdrückt wird, wenn er auf die „*großen Fische*" des Netzes zurückfällt... Warum wird alles so inszeniert, dass Kinder methodisch als Lügner dastehen? Warum wird alles getan, um das Wort der erwachsenen Überlebenden systematisch zu diskreditieren, z. B. durch das „*Syndrom der falschen Erinnerung*" oder indem man sich auf ihre psychischen Störungen beruft, um ihr Wort zu entkräften? Warum wird der Bereich der Psychotraumatologie von den so genannten öffentlichen Gesundheitseinrichtungen so vernachlässigt? Warum werden die Folgen eines tiefen Traumas, d.h. Dissoziation und traumatische Amnesie, in der öffentlichen Debatte meist verschwiegen und vermieden?

Der *Konsum* und die *Modellierung* von Kindern scheint einer gewissen ahnungslosen Elite vorbehalten zu sein, aber es ist auch eine gut geölte

---

[618] Siehe „*Les réseaux de l'horreur*" - Stan Maillaud, Janet Seeman, Marcel Vervloesem und „*Le livre de la honte*" - Laurence Beneux und Serge Garde, 2001.

[619] *30 tote Zeugen...* - Douglas De Coninck, 2004.

institutionelle Maschinerie, die es ihr erlaubt, ihr Laster in aller Seelenruhe auszuüben; bis wann?

In dem oben zitierten UN-Bericht, in dem dringende Maßnahmen in Bezug auf die Situation in Frankreich gefordert werden, heißt es auch, dass *in mehreren Fällen, die dem Sonderberichterstatter mitgeteilt wurden, berichtet wurde, dass die Personen, die des Missbrauchs beschuldigt wurden, eng mit Mitgliedern der Justiz oder mit Personen in hohen Positionen in der öffentlichen Verwaltung verbunden waren, die in der Lage waren, den Ausgang der Verfahren zu ihrem Nachteil zu beeinflussen, ein Argument, das auch von der Nationalen Abteilung für die Bekämpfung von Straftaten gegen Personen und Eigentum vorgebracht wurde* .... Aber laut den politischen, journalistischen, polizeilichen und gerichtlichen Instanzen gibt es in Frankreich kein Pädophilennetz... Müsste man nicht eher sagen, dass es in *„guten Händen"* ist?...

In Karl Zéros Dokumentarfilm „Le fichier de la honte" (13ème Rue - 2010) erklärt der UN-Berichterstatter Juan Miguel Petit: „Es gibt Beschwerden und konkrete Anzeigen von Müttern, die sagen, dass sie von Gruppen verfolgt werden, die man mit Mafias oder Logen vergleichen kann und die Kinderpornografie organisieren."

Das Schweigen der französischen *Mainstream-Medien* zu all diesen Themen ist beunruhigend! Viele - oft vom Steuerzahler bezahlte - Journalisten, die uns über die Realität unserer Gesellschaft informieren sollen, scheinen sich nun voll und ganz an einem Social-Engineering-Programm zu beteiligen, das darauf abzielt, die Menschen in einer bestimmten, mit einer Matrix vergleichbaren Realität zu halten.

Im April 2005 sagte François Léotard (ehemaliger Verteidigungsminister) gegenüber Journalisten eines großen französischen Radiosenders: *„Ich glaube, dass Sie und Ihre Kollegen, wenn ich das sagen darf, einen Teil der Nachrichten unterschätzen, der völlig unter dem Radar liegt und den Medien völlig unbekannt ist. Derzeit gibt es in Frankreich 35 bis 40.000 Menschen, die jedes Jahr verschwinden... die verschwinden! Es ist faszinierend, dass sich niemand mit diesen Tausenden von Verschwundenen beschäftigt. Es gibt Selbstmorde, die vorgetäuscht sind, Autounfälle, die Attentate sind, es gibt Menschen, die verschwinden und nicht gefunden werden, weil sie ihre Identität ändern wollten... Was ich meine, ist, dass es eine okkulte, verborgene, unterirdische, unterseeische Welt gibt, die im Grunde niemand zu entdecken versucht. "*[620]

Wenn François Léotard von *„Menschen, die gehen und nicht gefunden werden, weil sie ihre Identität ändern wollten"* spricht, können wir wahrscheinlich alle Mütter, die aus Frankreich geflohen sind, um ihre Kinder vor der institutionellen pädokriminellen Verfolgung zu schützen, zu dieser Kategorie zählen. Wie Juan Miguel Petit in seinem Bericht für die UNO treffend feststellte.

Am 2. März 2009 gab Rachida Dati (damalige Justizministerin) eine Pressekonferenz anlässlich des *„Tages des Kindes"*. Als Aude Chaney, die

---

[620] Les Grandes Gueules - RMC, 7/04/2005.

Vertreterin des Vereins *Estelle Mouzin*, den Minister fragte: *„Wie viele ungeklärte Fälle von Verschwinden, wie der von Estelle Mouzin, gibt es in Frankreich?* Rachida Dati schien nicht in der Lage zu sein, eine klare Antwort auf diese einfache und präzise Frage zu geben. Dann wandte sie sich an ihre Berater, aber niemand war in der Lage, eine genaue Zahl auf diese offensichtlich sehr peinliche Frage zu nennen. In dem mit Journalisten und Angehörigen von Opfern besetzten Saal herrschte eine spürbare Verlegenheit. Es ist erstaunlich, dass in einem Land wie Frankreich die Zahl der Kinder, die jedes Jahr verschwinden, ignoriert wird... oder nicht veröffentlicht wird, weil sie zu hoch ist?

Zu diesem beunruhigenden Thema sagt der Journalist Serge Garde: „Frankreich ist ein Land voller Statistiken, in dem wir zum Beispiel wissen, wie viele Lachse jedes Jahr die Loire hinaufschwimmen, aber wir wissen nicht, wie viele Kinder verschwinden."[621]

Im Jahr 2001 hatte Serge Garde bereits einen Parlamentarier gebeten, die gleiche Frage an die damalige Justizministerin Marylise Lebranchu zu stellen, und sie hatte verlegen geantwortet: *„Ich kann Ihnen keine Zahlen nennen, weil... das unmöglich ist."*[622]

Am 20. November 2001 erklärte Marylise Lebranchu vor der Nationalversammlung, dass im Jahr 2000 in Frankreich 800 Kinder verschwunden sind, wobei sie bestätigte, dass es keine Zahlen über das Verschwinden von Minderjährigen gibt.

Die Zahl der verschwundenen Kinder muss noch viel höher sein, wenn man die verschwundenen ausländischen Kinder oder die bei der Geburt nicht gemeldeten Kinder (insbesondere in Netzwerken) berücksichtigt. Von 1000 ausländischen Kindern (im Jahr 2001), die ohne Papiere in Frankreich ankommen, bleiben nur 200 unter sozialer Kontrolle. Die anderen 800 lösen sich in Luft auf.[623]

In der France 3-Dokumentation *„Viols d'enfants: la fin du silence? Ein* Mädchen gab an, dass sie Zeuge der Opferung von *„kleinen Kindern, die ein bisschen arabisch waren, oder so etwas"* geworden sei. Die Überlebende Véronique Liaigre sagte 2001 auf TF1 aus: *„Die Kinder, die geopfert werden, sind nicht deklariert oder sind ausländische Kinder. Vor allem, als ich in Agen war, waren sie kleine Afrikaner, sie waren schwarz. In Jallais habe ich auch welche gesehen, in Nanterre auch, aber es waren weiße Kinder, französische Kinder, aber es waren Kinder, die durch Vergewaltigung geboren wurden. Durch Vergewaltigung geborene Kinder? Ja, die nicht angemeldet worden war. Sie wurden im Haus der Eltern unter abscheulichen Bedingungen geboren. Sie wurden also geopfert, weil sie nicht angemeldet wurden? Das war's..."*

---

[621] *„Les faits Karl Zéro"* - 13ème Rue, 22/05/2009.

[622] „Verschwunden: Was ist mit ihnen geschehen?" - Karl Zéro, 2014.

[623] „Marylise Lebranchu enthüllt eine erschreckende Zahl: 800 Kinder verschwanden im Jahr 2000" - Serge Garde, l'Humanité, 14/12/2001

Eine traumabasierte Programmierung ist wie ein Zugwrack, das sich im Kreis dreht, wie ein Virus oder ein Vampirbiss, der Abscheulichkeiten von Generation zu Generation weitergibt. Sklaven sind so programmiert, dass sie selbst zu Missbrauchern werden, aber auch zu Programmierern. Jeder, der sexuell und psychisch missbraucht wird, wird den Missbrauch nicht automatisch reproduzieren, aber diese menschliche Funktion der Selbstbehandlung durch betäubende und dissoziative Verhaltensweisen wie Gewalt gegen andere wird von einigen Gruppen bis zum Äußersten ausgenutzt, um die Abscheulichkeit von Generation zu Generation fortzusetzen. Gewalt ist eine Droge, im wahrsten Sinne des Wortes, sie erzeugt einen extremen Stress, der die Person dazu bringt, durch eine plötzliche Produktion von Hormonen wie körpereigenem Morphin abzuschalten, um die negative Ladung der eigenen traumatischen Erinnerung zu betäuben. Aber diese dissoziativen Verhaltensweisen laden die traumatische Erinnerung auch wieder auf und machen sie noch explosiver. Diese dissoziativen Verhaltensweisen werden daher für die Täter immer notwendiger, und es entsteht ein regelrechter Teufelskreis, eine Sucht nach Gewalt, Zerstörung und sogar Selbstzerstörung. Diese Menschen, die man als Psychopathen bezeichnen kann, deren Empathie seit ihrer frühen Kindheit auf ein Minimum reduziert ist, nehmen keine Rücksicht auf den Schmerz anderer, es sei denn, es bereitet ihnen Freude...

Macht dies alle Täter zu kranken und unverantwortlichen Opfern, die zerstörerische Muster wiederholen, ohne die Möglichkeit, eine andere Wahl zu treffen? Trotz der enormen Schwierigkeiten (psychologischer, familiärer, netzbedingter Druck) ist eine Entscheidung immer möglich. Dies ist ein heikles Thema, aber an dem Tag, an dem wir uns wirklich damit befassen müssen, werden wir einen großen Schritt getan haben. Das bedeutet, dass die Kriminellen identifiziert und aus dem Verkehr gezogen werden. Es wird auch bedeuten, dass das Netz aufgelöst wird und dass dieser höllische Zug der Gewalt endlich gestoppt wird. Wir können uns also über das Schicksal all dieser Menschen wundern, aber das endgültige Urteil wird sicherlich nicht von der menschlichen Justiz gefällt werden.

Es wäre interessant, die Gehirne einiger unserer „Eliten" zu scannen, um den Zustand ihres Amygdala-Komplexes und ihres Hippocampus zu sehen, Gehirnstrukturen, die mit unseren wissenschaftlichen Werkzeugen tatsächlich beweisen können, dass die Person ein tiefes Trauma erlitten hat. Studien haben ergeben, dass diese Hirnstrukturen bei Menschen, die ein schweres Trauma erlebt haben, einschließlich Menschen mit dissoziativer Identitätsstörung, ein deutlich geringeres Volumen aufweisen. Dieses neurologische Wissen über die Veränderung des Hippocampus- und Amygdala-Volumens im Zusammenhang mit schweren Traumata könnte beispielsweise zur Validierung von Zeugenaussagen von Opfern genutzt werden, die behaupten, schlimmste Gräueltaten erlitten zu haben, aber nicht in der Lage sind, eine kohärente Erzählung zu liefern.

Wie wir gesehen haben, diskreditiert die Justiz systematisch jede beunruhigende Aussage über rituellen Missbrauch, indem sie den „gestörten" Geisteszustand der Zeugin anführt, der daher „unzuverlässig" sei und folglich in der Waagschale unserer *Justiz* kein Gewicht habe... Eine Kernspintomographie des Gehirns könnte jedoch beweisen und bescheinigen, dass tatsächlich ein schweres Trauma auf diese Person eingewirkt hat, weshalb sie sich in einem Zustand befindet, der sie daran hindert, ihre Erfahrungen klar und chronologisch zu erklären. Nach einer solchen medizinischen Untersuchung, die bestätigt, dass tatsächlich ein tiefes Trauma vorlag, das zu schweren dissoziativen Störungen führte, sollten die Aussagen der Person daher genauer untersucht werden, um eine ernsthafte Untersuchung durchzuführen. Stattdessen verlässt sich die *Justiz* auf Pseudo-Experten für „falsche Erinnerungen", die nicht in Psychotraumatologie geschult sind: Der Fall ist damit schnell erledigt...

Es ist eine komplizierte Frage, aber Tatsache ist, dass das Netzwerk versucht, Informationen über wissenschaftliche Fortschritte in der Psychotraumatologie und alle neueren neurologischen Studien über die Auswirkungen von Traumata auf das menschliche Gehirn zurückzuhalten. So können diese Informationen nicht auf offiziellem Wege vor den Strafgerichten vorgetragen werden, um die Opfer wirksam zu verteidigen. Wenn nämlich die medizinischen Universitäten ihre Studenten nicht (oder nur sehr wenig) in den neuesten Entdeckungen der Psychotraumatologie und der dissoziativen Prozesse ausbilden, wird es für einen Anwalt sehr schwierig, jemanden in den Zeugenstand zu rufen, der diese Dinge klar und wissenschaftlich erklären kann... Wenn es darum geht, von den *Gerichten* die Anordnung von Hirnscans zu verlangen, um zu beweisen, dass ein schweres Trauma vorgelegen hat, sind es alle verschlossenen Institutionen, die im Weg stehen. Es ist in der Tat klar, dass MRTs der unteren Stimmen und Anuskopien, die in pädokriminellen Fällen unerlässlich wären, sehr selten durchgeführt werden... ein MRT des Gehirns ist also undenkbar...

Die gesamte Problematik der Anerkennung der Opfer würde es vor allem ermöglichen, sie durch geeignete Therapien wirksam zu betreuen.

Das Phänomen der Dissoziation bei Kindern, das von bestimmten Gruppen bewusst ausgenutzt wird, ist ein okkultes Wissen, der Grundstein für Geheimhaltung und Macht, sei es in der politischen, militärischen, religiösen oder mafiösen Sphäre. Eingeweihte sind sich der Bedeutung bewusst, die diese veränderten Bewusstseinszustände für die mentale Kontrolle eines Menschen haben können. Bei der MK-Programmierung geht es also nicht nur darum, eine Sexsklavin, ein *Superstarlet* oder eine Attentäterin zu erschaffen, sondern sie ist vor allem ein wesentliches Instrument der globalen politischen Kontrolle.

Fritz Springmeier beschreibt das Ausmaß dieser Geißel in unserer modernen Welt, eine Aussage, die auf den ersten Blick erschreckend erscheint, sich aber letztlich als sehr aufschlussreich für das Verständnis einiger Funktionsweisen (und Blockaden) unserer modernen Gesellschaft erweist: „Bei der *Gedankenkontrolle geht es darum, die Gesellschaft von hinten zu infiltrieren und zu kontrollieren. Das muss man integrieren, wenn man eine Institution wie zum Beispiel die Ärztelobby kontrollieren will. Man muss sichere Leute in Schlüsselpositionen einsetzen, denn ein schwaches Glied in der Kette wird immer brechen. Schwache Glieder kann man sich nicht leisten. Wenn man eine so mächtige Lobby wie das medizinische System kontrollieren will, muss man ein sehr breites Spektrum von Dingen wie das Krankenhaussystem, die medizinischen Fakultäten, den Ärzteverband usw. kontrollieren. All dies erfordert MK-Sklaven auf allen Ebenen des Systems, an allen strategischen Punkten. Man darf keine schwachen Glieder haben. Zum Beispiel ein Netz von unabhängigen Ärzten, die alternative Medizin praktizieren; dann muss man das Justizsystem kontrollieren, um diese „unkonventionellen" Ärzte verurteilen zu können. Sie müssen einen riesigen versteckten Apparat einrichten. Wenn man nicht versteht, wie man geistig programmiert wird, kann man nicht verstehen, wie man diese Art von Kontrolle über die Gesellschaft ausüben kann. "[624]*

Wie bereits im Vorwort zitiert, sagte der berühmte Hacker Kevin Mitnick: *„Das schwache Glied in jedem Sicherheitssystem ist der menschliche Faktor.* Um ein System der globalen Vorherrschaft zu sichern, ist es daher unerlässlich, die Köpfe der menschlichen Bauern in strategischen Positionen hinter den demokratischen Fassaden *zu hacken.*

Wir können uns hier an die Aussagen von Dr. Catherine Gould aus dem Jahr 1994 in dem Dokumentarfilm „In Satans Namen" erinnern. Wir können uns hier an die Aussagen von Dr. Catherine Gould aus dem Jahr 1994 in dem Dokumentarfilm „In Satans Namen" erinnern: „Es gibt sicherlich Banker, Psychologen, Medienleute, wir haben auch von Kinderschutzdiensten gehört, aber auch von Polizeibeamten... weil sie ein Interesse daran haben, in all diesen sozioprofessionellen Kreisen präsent zu sein... Als ich mit dieser Arbeit begann, dachte ich, dass sich die Beweggründe für Pädophilie auf Sex und Geld beschränken, aber im Laufe meiner zehnjährigen Forschungsarbeit wurde mir klar, dass die Beweggründe viel finsterer sind... Kinder werden zu Indoktrinationszwecken missbraucht. Ritueller Missbrauch von Kindern ist ein Protokoll für die Formatierung von Menschen für eine Sekte. Es geht um die Formatierung von Kindern, die so missbraucht wurden, dass sie für die Sekte auf allen Ebenen sehr nützlich sind... Ich denke, das Ziel ist es, maximale Kontrolle zu erlangen, sei es in diesem Land oder in einem anderen."

Auch Dr. Lawrence Pazder spricht von systematischer Unterwanderung: „Auf den ersten Blick sehen sie normal aus und führen ein normales Leben. Sie sind in allen Schichten der Gesellschaft präsent, die sie sorgfältig infiltriert haben. Jede Position mit Macht oder Einfluss auf die Gesellschaft muss für sie als Ziel für eine Infiltration in Frage kommen. Die Scharfrichter verfügen über Geld, viele haben tadellose Positionen: Ärzte, Minister, Berufe aller Art."

Um eine solche Unterwanderung von Institutionen und verschiedenen Organisationen zu erreichen, spielt die Freimaurerei - deren Mitglieder meist nichts von der Tätigkeit der hochgradigen Hinterlogen wissen - eine wesentliche Rolle, die heute nicht mehr in Frage gestellt wird. Das freimaurerische Netzwerk praktiziert eine systematische Untergrabung der traditionellen christlichen Werte zugunsten *illuministischer* und *humanistischer* Werte, die Gott durch den Menschen ersetzen; mit anderen Worten, es handelt sich um die luziferische Doktrin, die Gegenoffenbarung oder Gegeninitiation, die von der Hochfreimaurerei, aber auch von anderen initiatorischen Geheimgesellschaften

---

[624] Interview mit Fritz Springmeier von Wayne Morris - *„Survivors of the Illuminati",* 1998.

des Pyramidentyps angewandt wird, die das gesamte große Babylon bilden: „die Religion ohne Namen".

Diese luziferische Doktrin entspricht den vier Lügen, die zur Erbsünde geführt haben, und zielt darauf ab, sie in der modernen Gesellschaft anzuwenden und zu verankern. Im Garten Eden machte die Schlange Adam und Eva vier Versprechen, wenn sie von der verbotenen Frucht kosteten:

- *Eure Augen werden geöffnet werden*": Ihr seid in einer Art intellektueller Blindheit gehalten worden, so dass ihr die Geheimnisse Gottes nicht sehen könnt. Satan sagt, er könne ihnen die Augen für all diese okkulten Dinge öffnen. Danach streben die Gnostiker: *ihre Augen zu öffnen*, um zu entdecken, welche Geheimnisse Gott vor den Menschen verborgen hat.

- *Du sollst nicht sterben*": Dies ist der Übergang vom Geschöpf zum Schöpfer. Wenn das Geschöpf ewig wird, dann wird es zu Gott.

- *Ihr werdet wie Götter werden*": Auch hier werden das Geschöpf und der Schöpfer auf eine Stufe gestellt. All diese Ideen sind mit der Gnosis und der freimaurerischen Doktrin verbunden. Die Gnosis spiegelt sich heute in der *New-Age-Bewegung*, dem neuen Zeitalter, wider, das die Vergöttlichung des Menschen befürwortet, der zu einem so genannten Schöpfer, einem göttlichen Wesen wird: „*Wir sind Götter*".

- *Du sollst entscheiden, was gut und was böse ist*": Auch hier setzt sich das Geschöpf an die Stelle Gottes, und wir sehen die traurigen Folgen in unserer modernen Gesellschaft.

Die „berühmte" verbotene Frucht scheint also mit okkultem Wissen verbunden zu sein, das dem Menschen den Zugang zu bestimmten Dimensionen, zu bestimmten Kräften und die Entwicklung bestimmter Fähigkeiten verspricht. Das ist zum Teil der Inhalt dieses Buches. Wir sehen, dass diese vier Verheißungen Satans dem entsprechen, woran die luziferischen Geheimgesellschaften seit mehreren Jahrhunderten in dieser Welt hart arbeiten, um den Schöpfer hinwegzufegen und sein menschliches Geschöpf in den Mittelpunkt aller Dinge zu stellen, mit dem Versprechen, es zu vergöttlichen. Das globale luziferische Netzwerk arbeitet also daran, seine Dominanz zu etablieren, um seine Philosophie und seinen spirituellen Glauben in der gesamten Menschheit zu verbreiten.

Heute erleben wir, wie diese Doktrin in den Vordergrund tritt und mit der programmierten Degeneration unserer Zivilisation einhergeht, die einer Art apokalyptischem Messianismus folgt. Der Luziferismus wird symbolisch durch zwei mythische Figuren dargestellt: Prometheus oder Luzifer, der in einigen Kreisen als Wohltäter der Menschheit angesehen wird, als „zivilisierender" Gott, der den unwissenden Menschen das Licht (göttliches Wissen) bringt. Luzifer, der Träger des Lichts, würde damit den Menschen die Möglichkeit geben, selbst zum Gott zu werden, aus eigener Kraft. Diese bösartige und trügerische Doktrin durchdringt allmählich die moderne Welt, so dass die Profanen diese Konzepte des gefallenen Lebens und Denkens gegen ihren Willen annehmen. Die Rebellion, die im Himmel von den rebellischen Engeln angezettelt wurde, setzt sich auf der Erde fort, und es wird alles getan, damit sie möglichst viele

Menschen mitreißt. Luzifer wollte sein eigener Gott sein, und so zog er die menschlichen Geschöpfe in seine rebellische Dynamik hinein, indem er den Menschen versprach, selbst den Status eines Gottes zu erlangen.

Luziferianer, Satanisten, Neo-Gnostiker, Kabbalisten, Martinisten, Theosophen aller Couleur - sie alle glauben, dass sie sich geistig weiterentwickeln müssen, um Macht und schließlich Unsterblichkeit zu erlangen und selbst zu Göttern zu werden. Doch dazu bedarf es bestimmter Quellen der „Macht", einer Versammlung zum gefallenen Engel, um „Licht" zu erhalten. Blutrituale (rote Magie), schwarze Magie, Dämonologie, ritueller Kindesmissbrauch und Sexualmagie sind Werkzeuge, um Zugang zu dieser Macht und diesen Öffnungen zu anderen Dimensionen zu erhalten, um *Erleuchtung zu* erlangen... Die hartgesottensten, machthungrigen Okkultisten werden diesen völlig perversen und dämonischen Praktiken verfallen, umso mehr, wenn ihnen versprochen wird, dabei ein Schöpfergott zu werden. Die Protokolle des satanischen rituellen Missbrauchs stehen in direktem Zusammenhang mit Sexualmagie und dissoziativen Trancezuständen, zwei mächtigen Katalysatoren zur Erlangung von Macht und Zugang zu anderen Dimensionen auf der Suche nach Unsterblichkeit. Die gefolterten und vergewaltigten Kinder, die völlig distanziert und offen für andere Dimensionen sind, werden als Brücke zwischen zwei Welten und als Reservoir für dämonische Kräfte missbraucht. Sie dienen als Medium, als Vermittler, die der Zauberer-Entführer mit Sexualmagie einsetzt, um diese spirituelle Lücke, die das Kind in einem Zustand der Dissoziation darstellt, maximal auszunutzen. Es ist ein echter geistiger Raub, eine körperliche, energetische und geistige Vergewaltigung.

Die MK-Programmierung, die auf der *Spaltung der Seele* basiert, symbolisiert perfekt den Höhepunkt des Strebens des luziferischen Menschen, selbst ein kreativer Gott zu werden. Indem er diese Schrecken praktiziert, erschafft er menschliche Puppen, leere Hüllen, Golems, die er nach seinen eigenen Wünschen füllen und programmieren kann. Er manipuliert die innere Welt des Sklaven nach Belieben, genau wie ein kleiner Gott, der einen Robotermenschen manipuliert, indem er in dieser anderen Dimension spielt, die die Raumzeit des inneren Universums seines Opfers ist. Ein Universum, das er so gestaltet, wie er es für richtig hält. Die Erschaffung eines Golems ist das ultimative Ziel der luziferischen Okkultisten, Kabbalisten und Satanisten aller Art. Luzifer ist kein wahrer Schöpfer, er ist nicht der Schöpfer des Himmels oder der Erde, weshalb er sich daran erfreut, in seinen Opfern eine innere Welt mit einem Himmel, einer Erde und einer Hölle zu schaffen, die er selbst erschaffen hat. Er wird diese Welt nach seinen Vorstellungen mit einer Armee von dämonischen Wesenheiten gestalten, die mit dem Programmierer zusammenarbeiten, um das Opfer zu kontrollieren. Auf diese Weise entsteht eine Art satanische Dreifaltigkeit: *der Vater* (der Programmierer), *der Sohn* (das Kind „Monarch") und *der Heilige Geist* (die Dämonen). Eine dunkle Dreifaltigkeit, die die ultimative Beleidigung Gottes darstellt: die Sabotage, Veruntreuung und Ausbeutung seines geliebten Geschöpfes, des Menschen. Die Sabotage des menschlichen Bewusstseins, um ihn von Gott abzuwenden, wird heute sowohl auf MK-Sklaven in der härtesten Form angewandt als auch auf die Menschheit als Ganzes in einer diffuseren, aber ebenso erbärmlichen Form.

Ohne die Instrumente der Bewusstseinskontrolle, die auf der dissoziativen Identitätsstörung, Drogen, Hypnose, Psychotronik usw. beruhen, würden diese okkulten Organisationen mit ihrem Herrschaftsplan scheitern, weil sie nicht in der Lage wären, ihre heimtückischen Taten in einem so großen Umfang geheim zu halten. Die Hexendoktoren haben verstanden, dass diese Methode der Bewusstseinskontrolle durch Trauma und Dissoziation auch auf gesellschaftlicher Ebene anwendbar ist und dass sie notwendig ist, um „leicht und leise" herrschen zu können. Das sagt uns William Sargant, wenn er schreibt, dass *die Methoden religiöser Einweihungen den modernen politischen Techniken der Gehirnwäsche und Gedankenkontrolle oft so ähnlich sind, dass das eine die Mechanismen des anderen erhellt.*

Ordo ab Chao ", die Ordnung wird aus dem Chaos geboren, ist das Motto der Freimaurerei, aber auch das Herzstück der alchemistischen Geheimnisse. Diese Formel kann verwendet werden, um sowohl auf der guten als auch auf der bösen Seite Perfektion zu erreichen. Für die meisten Freimaurer ist es vor allem ein Begriff der persönlichen Entwicklung, eine Arbeit, die darin besteht, das *innere Monster* zu besiegen, das Chaos sät, die dunklen Kräfte des Geistes und des Egos, die bekämpft und überwunden werden müssen, um die göttliche Ordnung wiederherzustellen. In der Alchemie sind die beiden wichtigsten Operationen „*Auflösen"* (Chaos) und „*Koagulieren"* (Ordo). *Auflösung* bedeutet die Zersetzung der Elemente, dann kommt die *Koagulation*, die darin besteht, das aufgelöste Element in einem neuen Zustand, einer neuen Ordnung zu verfestigen. Wir sehen heute, dass diese freimaurerische Formel *Ordo ab Chao*, dieses alchemistische Werk der Zersetzung und Neuzusammensetzung, gewissenhaft in Programmen zur Bewusstseinskontrolle angewandt wird, sei es auf individueller oder kollektiver Ebene. Gegenwärtig wird der *Ordo ab Chao* nicht in einer Dynamik der spirituellen Erhebung angewandt, sondern in einer Dynamik der totalen Kontrolle (obwohl diese Situation paradoxerweise dazu dient, die spirituelle Erhebung der Wenigen zu fördern).

Die mentale Kontrolle der Massen wird durch die Auslösung einer „Dissoziation" (soziales Chaos) erreicht, bei der sich der Einzelne nicht mehr mit sich selbst identifiziert, sondern zur Gesellschaft wird (z. B. die Bewegungen *„Je suis Charlie"* oder *„Je suis Paris"* nach Terroranschlägen). Diese soziale Dissoziation wird durch eine ganze Reihe von Destabilisierungen der Gesellschaft verursacht, die die idealen Bedingungen für die Errichtung einer neuen Ordnung, einer neuen Gesellschaftsstruktur schaffen. Dies ist die „*tabula rasa*"-Theorie von Kurt Lewin, Eric Trist und vielen anderen...

Die Gehirnwäsche eines Individuums besteht in der Auslöschung, der Auflösung seiner ursprünglichen Persönlichkeit, um ein neues internes System zu installieren. Das Gleiche gilt für die Menschen: Zerstörung ihrer Wurzeln, ihrer Werte, ihrer Traditionen, ihres Glaubens, ihrer Familie, sogar ihrer Vorstellung von Mann oder Frau (*Gender-Theorie*), all das, um eine völlig distanzierte/abgekoppelte Masse zu erhalten, ohne Bezugspunkte, infantilisiert und nach Belieben formbar. Das Ziel ist der einfache Aufbau einer *neuen*

Weltordnung. Das Motto, *Chaos* zu schaffen, um eine neue *Ordnung* zu etablieren, wird, wie wir in Kapitel 7 gesehen haben, auf MK-Monarch-Subjekte angewandt, die zwangsläufig den Programmierer brauchen, um nach dem psychischen Chaos, das die Traumata freiwillig in ihnen verursacht haben, wieder funktionieren zu können. Diese Formel, wie ein Fraktal, finden wir im großen Maßstab im gegenwärtigen gesellschaftlichen Chaos wieder: Um nach dem Chaos, das unweigerlich Gestalt annimmt, wieder funktionieren zu können, braucht die Gesellschaft (in einem generalisierten posttraumatischen Stress) die Zauberer-Kontrolleure (die groß angelegten Programmierer), um sich wieder zu etablieren und in einer *Neuen Weltordnung* mit einer luziferischen Weltreligion wieder zu funktionieren. Dieses Projekt ist im Gange, und wie wir gesehen haben, dringen die Codes dieser luziferischen Subkultur allmählich in die säkularen Volksmassen ein, die psychologisch in diese *Neue Weltordnung* kanalisiert werden. Eine neue Ordnung, in der die traditionellen Völker und Kulturen (*die alte Welt*) völlig aufgelöst werden... Dies ist das „babylonische Werk", eine weltweite geistige Programmierung mit dem Transhumanismus als Kern. Der Transhumanismus befürwortet den Einsatz von Wissenschaft und Technologie zur Verbesserung der körperlichen und geistigen Eigenschaften des Menschen und geht sogar so weit, das Alter als Krankheit zu betrachten... Dies ist eine Fortsetzung des Projekts der *„luziferischen Vergöttlichung des Menschen"*... Aber *Wissenschaft ohne Gewissen ist der Ruin der Seele* (François Rabelais).

1736 hielt Andrew Michael Ramsey in der Pariser St.-Thomas-Loge eine berühmte Rede, die als *„Ramsey's Speech"* bekannt wurde. Diese Ansprache offenbarte deutlich den babylonischen Geist des Freimaurerordens, der darauf hinarbeitet, *die Untertanen aller Nationen in einer einzigen Bruderschaft zu vereinen, um ein neues Volk zu schaffen, dessen Zusammenhalt durch die Bande der Tugend und der Wissenschaft gefestigt wird.* Dies geschieht vor unseren Augen, und es ist etwas, das heute sichtbarer und verständlicher ist als je zuvor, trotz des Chaos, das die wirklichen geistigen Probleme verdeckt. Wir werden in diese Matrix hineingeboren und baden in ihr in einem solchen Ausmaß, dass wir sie gar nicht mehr durchschauen können. Es ist also ein echter Kampf zwischen zwei Maßstäben, *„der Kampf der irdischen Stadt gegen die himmlische Stadt"*, zwischen Babylon, der Stadt des Satans, und Jerusalem, der Stadt Jesu Christi, der Welt der Sünde gegen die Welt der Gnade. Es versteht sich von selbst, dass in dieser Situation eine Entscheidung getroffen werden muss.

Professor Jean-Claude Lozac'hmeur schreibt über diese *Neue Weltordnung*:

Die Schriften der bedeutendsten Theoretiker dieser okkultistischen Traditionen (Thomas More, Francis Bacon, Comenius, Guillaume Postel, Campanella) sowie die zeitgenössische Geschichte ermöglichen es uns, die Konturen dieses zukünftigen totalitären Staates zu bestimmen.

Aus diesen Daten wissen wir:

- dass diese Zivilisation (die ursprünglich rein kollektivistisch sein sollte) aller Wahrscheinlichkeit nach eine Synthese aus Kapitalismus und Sozialismus sein wird,

- dass sie sich auf die ganze Welt ausbreiten wird,
- Obwohl sie scheinbar demokratisch ist, wird sie von einem Despoten angeführt, der sowohl „König" als auch „Priester" ist, umgeben von einer privilegierten Nomenklatura,
- dass in diesem rationalisierten Universum die Familie und die Ehe verschwunden sein werden,
- dass Eugenik und Euthanasie praktiziert werden,
- dass die politische und wirtschaftliche Vereinheitlichung durch die Vereinheitlichung der Religionen ergänzt und durch einen einzigen Kult, den der „Naturreligion" namens „Noahs", ersetzt wird.[625]

Die Schaffung von strategisch platzierten, programmierten MK-Bauern in unserer Gesellschaft ist die Voraussetzung für die Anwendung globaler Bewusstseinskontrollstrategien zur Manipulation und Beherrschung der Masse. Heute erkennen immer mehr Menschen, dass unsere Gesellschaft *auf dem Kopf steht,* dass unsere Politiker trotz der Beschönigung durch die Medien eine immer krassere und eklatantere Unlogik (oder unmenschlichere und zerstörerische Logik) an den Tag legen. Das Wort „*Psychopath*" zur Beschreibung unserer Machthaber ist immer häufiger im Munde der Menschen. Es gibt sicherlich schwere psychische Störungen bei unseren Eliten, und ihre Kindheit ist wahrscheinlich ein Faktor. Diese schweren psychiatrischen Störungen verbergen sich hinter einer Persönlichkeit, die im Verborgenen bearbeitet und im Scheinwerferlicht des großen politisch-medialen Theaters gesäubert wurde. In seinem Buch „*Dialogues with Forgotten Voices: Relational Perspectives on Child Abuse Trauma and the Treatment of Severe Dissociative Disorders*" *(Dialoge mit vergessenen* Stimmen: Beziehungsperspektiven *auf Kindesmissbrauchstraumata und die Behandlung schwerer dissoziativer Störungen)* erklärt Harvey Schwartz, dass die Machtsucht das Ergebnis dieser okkulten Subkulturen ist: „*Wer nicht persönlich mit diesen Extremen in Berührung gekommen ist, kann die degenerative Spirale dieser Machtbesessenheit nicht vollständig verstehen. Die Geschichte hat gezeigt, dass, wenn eine Person oder eine Gruppe an die Macht gelangt (Hitler, Idi Amin Dada, Pol Pot, Stalin, um nur einige zu nennen), ein Muster von extravagantem Sadismus, irrationaler mutwilliger Grausamkeit und letztlich zerstörerischer exhibitionistischer Gewalt zu ihrer Explosion und ihrem Zusammenbruch führt. Die Geschichte muss erst noch zeigen, dass dieselbe teuflische Dynamik auch außerhalb von Krieg und Politik in den kriminellen Gruppen am Werk ist, die ihre Macht über Kinder in der ganzen Welt in Form von unvorstellbarem Missbrauch ausüben.*"

Während des rituellen Missbrauchs erhalten die Kinder die Übertragung der „*Initiation*", der „Anfangsgewalt", die sie darauf vorbereitet, als Erwachsene für die „dunkle Seite" zu arbeiten. Da sich das luziferische Projekt über mehrere Jahrhunderte und damit über mehrere Generationen erstreckt, bilden die Konditionierung und vor allem die mentale Programmierung der Kinder der Elite ein unverzichtbares Protokoll. Die Programmierung von

---

[625] „Les origines occultistes de la Franc-maçonnerie" - Jean Claude Lozac'hmeur, 2015, S.184.

Loyalität, Treue und dem Gesetz des Schweigens ist die Grundlage für die Kontrolle dieser Kinder, die dazu bestimmt sind, das luziferische globalistische Projekt fortzuführen. Das Ziel ist eine Gesellschaft, deren Institutionen und verschiedene Ebenen der Kontrolle mit eiserner Faust von Individuen im Dienste ihrer inneren Dämonen verschlossen und gehalten werden... Diese Kinder, die von klein auf dissoziiert und aufgespalten sind, haben ein „neu verdrahtetes" Gehirn, das ihnen bestimmte intellektuelle und kreative Fähigkeiten verleiht, aber auch einen Energiekörper, der völlig offen für die Welt der Geister, für bewusste und unbewusste Medialität ist. Im Luziferismus wird der dissoziative Prozess als ein Zustand der spirituellen Erleuchtung angesehen, der den Zugang zu anderen Dimensionen ermöglicht.

Diesen Kindern wird *Macht, Macht* und *Licht* gegeben, sie werden zu Kanälen, die von gefallenen Engeln benutzt werden, um die luziferische Doktrin auf dieser Erde zu verkörpern und zu etablieren. So ist nach und nach eine Welt entstanden, die indirekt von Wesenheiten regiert wird, die auf einer anderen Ebene existieren. Entitäten, die gut in Fleisch und Blut verkörperte Menschen brauchen, um hier unten in der Materie zu wirken. So wie der Heilige Geist in bestimmte Menschen im Zustand der Gnade eindringt, um sie mit Weisheit, Intelligenz, Kraft, Nächstenliebe, Glaube, Hoffnung... zu inspirieren, so kann auch eine antichristliche, antiinitatorische Kraft in die Menschen eindringen, vor allem in diejenigen, die seit ihrer frühen Kindheit während ihrer „Initiation" durch extreme Traumata ihre *Türen weit geöffnet hatten*. Einige Fragmente ihrer Seelen sind völlig gebunden und versklavt an das gefallene Reich, an den „Fürsten dieser Welt". Dieser Prozess ist nichts anderes als eine Umkehrung der Heiligung. Diese luziferischen Blutlinien, die seit Generationen mit *Händen und Füßen an* Dämonen *gebunden sind*, stellen das Untermenschliche dar, das aus dieser Gegeninitiation resultiert. Traumatischer ritueller Missbrauch, Opfer, Magie, Dämonologie, Dissoziation/Besessenheit/*'Erleuchtung'*, Kontrolle von Seelenfragmenten, aber auch zeremonielle Stätten mit einer besonderen tellurischen Energie, all dieses okkulte Wissen ist das Werkzeug, das die Verbindung mit diesen gefallenen Wesenheiten ermöglicht, die dieser luziferischen menschlichen Hierarchie die Macht bieten, hier auf der Erde eine vorübergehende Herrschaft zu errichten.

Diese Linien, Träger eines besonderen Blutes, das aus einem uralten „Pakt" mit den gefallenen Engeln stammt, erschaffen oder erwecken absichtlich Geheimgesellschaften, Schulen und Sekten durch die Vermittlung bestimmter, speziell vorbereiteter Persönlichkeiten, die man als eine besondere Art von „Besessenen" betrachten könnte, die mit den notwendigen Kräften ausgestattet sind, natürlich immer psychischer Natur, die es ihnen erlauben, für eine bestimmte Zeit, mehr oder weniger lang, aber immer begrenzt, Phänomene hervorzurufen, die das „katalytische" Element darstellen, um das herum diese Gruppierungen entstehen werden." „Blutgedächtnis: Gegeninitiation, Ahnenverehrung." - Alexandre de Dànann.

Die Freimaurerei beruft sich auf geheimnisvolle, der Menschheit fremde „Meister", die durch Medialität bestimmte hohe Eingeweihte inspirieren würden, die mit einer anderen Dimension verbunden sind... Dies mit dem Ziel,

„Orakel" zu erhalten, d.h. Informationen, die es erlauben, in der materiellen Welt „besser" zu handeln. Wie wir bereits gesehen haben, hat sich der Freimaurer Oswald Wirth zu diesem Thema klar geäußert: *„Die Meister - denn so werden sie von den Eingeweihten genannt - hüllen sich in ein undurchdringliches Geheimnis; sie bleiben unsichtbar hinter dem dicken Vorhang, der uns vom Jenseits trennt... Sie arbeiten nur am Reißbrett, das heißt intellektuell, indem sie sich vorstellen, was gebaut werden muss. Dies sind die konstruktiven Intelligenzen der Welt, wirksame Kräfte für die Eingeweihten, die mit den unbekannten Oberen der Tradition in Beziehung treten."*[626] „Die konstruktiven Intelligenzen der Welt"... leiten die hohen Freimaurerlogen an, um die luziferische Neue Weltordnung zu errichten. Heute ist das ganz klar...

Wie wir gesehen haben, werden in einem sich entwickelnden Gehirn wiederholte extreme Traumata, die eine Dissoziation verursachen, die neuronalen Bahnen formen und (unter *„guter Führung")* zu bestimmten körperlichen und intellektuellen Fähigkeiten, aber auch zu außergewöhnlichen psychischen Fähigkeiten führen. Diese gewaltsame *„spirituelle Entriegelung"* öffnet die Tür zur geistigen Welt. Es ist wahrscheinlich, dass in bestimmten elitären Kreisen die Tatsache, *multipel* zu sein, eine in verschiedene Alter gespaltene Persönlichkeit zu haben, als spirituelles Qualitätsmerkmal, als Initiationsmerkmal, *als* Zeichen der *Erleuchtung* angesehen wird, das den Zugangsschlüssel zu anderen Dimensionen gibt. Es ist auch das „Markenzeichen" der luziferischen Hierarchie, die als *„Illuminati"* bekannt ist. Es ist wahrscheinlich, dass einige Eingeweihte (oder sollten wir sagen *„Traumatisierte")* mit multiplen Persönlichkeiten ihre I.D.T. meistern können, indem sie nach Belieben und je nach ihren Bedürfnissen ihre Persönlichkeiten wechseln (siehe den Fall von Louise, die ihren Wechsel von einer Persönlichkeit zur anderen vollkommen beherrschte - Kapitel 5). Die tiefsten Altersgruppen, die mit okkulten Sektenaktivitäten verbunden sind, sind sich des internen Systems vollkommen bewusst und können auftauchen, wenn sie wollen, im Gegensatz zu den Oberflächen-Altersgruppen, die sich des *„Hintergrunds"* überhaupt nicht bewusst sind.

Aber inwieweit kann man von einer Überlegenheit gegenüber dem *gewöhnlichen* Menschen sprechen, wenn die „initiatorischen" Methoden nichts anderes sind als Schmerz, Trauma und schließlich die Versklavung an Dämonen und den Fürsten dieser Welt? Letztlich bleiben diese Infra-Menschen mit Händen und Füßen an die Entitäten gebunden, von denen ihre Kräfte und ihre Macht abhängen. Diese luziferische Sklaverei wird systematisch an einer auserwählten Nachkommenschaft aufrechterhalten, um eine *Neue Weltordnung zu errichten.* All dies geschieht in einem Geisteszustand extremer Überlegenheit gegenüber den profanen, *unerleuchteten* Menschen, die als Vieh betrachtet werden, das „die Bestie" füttert ... und um jeden Preis korrumpiert und zu Fall gebracht werden muss ...

---

[626] *Die Freimaurerei für ihre Anhänger verständlich gemacht*, Band III - Oswald Wirth, 1986, S. 219-130.

Es ist wichtig zu verstehen, dass die von diesen Sekten gefangenen und ausgebeuteten Kinder in mehrere Kategorien fallen. Zum einen gibt es die Nachkommen einflussreicher luziferischer Familien, die ihren Nachwuchs systematisch programmieren; zum anderen gibt es Kinder, die schon in jungen Jahren in diese Kreise hineingebracht werden und auch ohne Blutsverwandtschaft mit der „Familie" dazu bestimmt sind, die Elite von morgen zu bilden. Und schließlich gibt es Kinder, die buchstäblich als Frischfleisch verwendet werden: Kinder, die durch Vergewaltigung geboren und nicht deklariert wurden, entführte Kinder oder ausländische Kinder, die alle dazu bestimmt sind, missbraucht, gequält und schließlich während der Rituale geopfert zu werden. Diese Kinder werden benutzt, um die anderen Kinder des Netzwerks, die als „Auserwählte" gelten, in die schändlichen Praktiken dieser Gruppen „einzuweihen".

Da die Spaltung eines Menschen, d.h. die absichtliche Erzeugung einer dissoziativen Identitätsstörung, nur an sehr kleinen Kindern vorgenommen werden kann, ist es klar, dass sie automatisch zu vorrangigen Zielen für die Aufrechterhaltung von Gegeninitiation und *Aufklärung* werden. Dies ist ein großer Teil der Erklärung für die Existenz von *pädo-satanistischen* Netzwerken. Netze, in denen die Mitglieder ihre eigenen Kinder in den „Initiationsprozess" einbeziehen und dabei auch Kinder „zweiter Klasse" einbeziehen, die sowohl als Frischfleisch als auch als künftige MK-Sklaven für die Schmutzarbeit dienen können. Wie bereits zu Beginn der Schlussfolgerung erwähnt, steht das Kind im Mittelpunkt dieses verheerenden Wirbelsturms...

Es ist höchste Zeit, diese höllische Kette zu entlarven, damit die Menschen wissen, was hinter den Kulissen in dieser Welt vor sich geht. Diese Akten werden systematisch unterdrückt, um nicht die kleinste Lücke in der größten Geheimhaltung der Herrschaft zu öffnen. Da alles zum Stillstand kommen kann, ist es selbstverständlich, dass in diesem großen Theater jeder seinen Beitrag leisten muss, wobei die Vorsehung vielleicht nur auf den richtigen Moment wartet, um einzugreifen.

Trotz des Chaos und der ständigen Vernebelung, die mit allen Mitteln versucht, uns zu blenden, ist es heute viel einfacher, sich einen globalen Überblick über die Welt zu verschaffen, in der wir leben, als noch vor 50 oder sogar vor 20 Jahren. Der Globalismus hat trotz all seiner negativen Folgen das Verdienst, uns die Möglichkeit zu geben, die Welt, in der wir leben, vollständig zu verstehen.

Wenn die luziferische Agenda der *Neuen Weltordnung* voranschreitet, wird sie unweigerlich und unvermeidlich in exponentieller Weise enthüllt. Die Entführung, Korrumpierung und Indoktrination der Gewissen wird somit in dem Maße verstärkt, in dem die Enthüllungen immer offenkundiger werden. Es handelt sich um einen Schneeballeffekt, der paradoxerweise die totale Offenbarung mit immer größerem Obskurantismus verbindet, wobei das Ganze eine Art *Chaos* bildet, das der menschliche Verstand glücklicherweise noch zu durchschauen vermag... wenn er sich die Mühe macht.

Das *Licht* dieser „namenlosen Religion" strahlt nun so stark in unsere Welt, dass sie endlich als das entlarvt wird, was sie wirklich ist. Das Wort *Offenbarung*, das die Zeit, in der wir leben, beschreibt, stammt von dem griechischen Wort *Apokalupsis*, das Offenbarung und Unterweisung bedeutet. In der Tat ist heute „alles klar" für diejenigen, die sich nicht mehr in Verleugnung verstecken, weil sie sich von der virulenten Medienpropaganda lösen und beginnen, sich neu zu informieren. Der Gedanke der Enthüllung, der Offenbarung im Zuge der luziferischen Agenda ist ein Gesetz, dem sie nicht entkommen können: Es ist die große „Entlarvung", die der Apokalypse eigen ist. Diese unausweichliche Entlarvung/Offenbarung geschieht daher auf ihre Gefahr hin, aber sie haben keine andere Wahl, als die Errichtung dieser *luziferischen Neuen Ordnung durchzuführen*. Sie verlassen sich daher derzeit in höchstem Maße auf Social Engineering (Gedankenkontrolle der Massen), um das Bewusstsein (und das Unterbewusstsein) mit allen Mitteln zu korrumpieren und zu kapern, um die Gesellschaft in einer bestimmten Matrix zu halten, einem „bequemen Kokon" (wenn auch offensichtlich zunehmend instabil), der es erlaubt, alles und jedes reibungslos zu infundieren, ohne dass die Menschen darauf reagieren. Aber wir sehen auch eine Verschärfung der *Rechte* und *Freiheiten unter dem* Deckmantel des Kampfes gegen den Terrorismus; ein ideales Mittel, um alle Meinungen zu unterdrücken, die der von den kontrollierten *Mainstream-Medien ständig* aufrechterhaltenen Doxa widersprechen. Die Medien säen diese automatisch akzeptierte „öffentliche Meinung" und schaffen so das Phänomen des *Gruppendrucks*, ein Phänomen, das im ersten Kapitel beschrieben wurde und sich wie folgt zusammenfassen lässt: Die Schafe bewachen die Schafe, und derjenige, der sich von der Herde entfernt, indem er zu kritisch gegenüber dem ist, was man den einzelnen Gedanken nennt, wird in den Augen der anderen Schafe zum schwarzen Schaf. Dieser ständige soziale Druck führt dazu, dass man den Ausschluss aus der Gruppe fürchtet.

Es ist zu beobachten, dass die Massen durch Arbeit, Schulden und die tägliche Routine, zu der sie verpflichtet sind, belastet sind und den Abend vor dem Fernseher verbringen, den sie hauptsächlich - und unbewusst - als Mittel zur Entspannung nutzen. *Panem et circenses* (Brot und Spiele), diese Redewendung aus dem alten Rom ist heute mehr denn je auf unsere Konsumgesellschaft anwendbar. Eine Situation, in der es schwer ist, etwas zu bewegen, weil die Menschen so versklavt sind und ihnen sichtlich der Wille fehlt, sich von der „journalistischen" Suppe und der infantilisierenden und lähmenden Unterhaltung zu emanzipieren, die ihnen zur *Hauptsendezeit ständig serviert* wird. Offensichtlich wird vor allem die Jugend angesprochen.

Die Thematik dieses Buches ist besonders schwierig zu integrieren und zu akzeptieren, da sie ein ganzes Paradigma umstoßen kann. Das Problem eines globalen *Pädo-Satanisten-Netzwerks*, das von der Unschuld der Kinder trinkt, wird bekannt, und die Menschen können diese harte Realität heute leichter verstehen als noch vor 10 Jahren, weil die Enthüllungen exponentiell sind. Ich danke allen Forschern und unabhängigen Ermittlern, die sich an der Aufklärung und Offenlegung dieses schwierigen Themas beteiligt haben oder noch beteiligen, um Informationen um jeden Preis zu verbreiten, wobei viele von ihnen ihre Federn und sogar ihr Leben verloren haben...

Die Aussage der ehemaligen stellvertretenden Staatsanwältin von Bobigny, Martine Bouillon, gegenüber der Journalistin Élise Lucet während einer Fernsehdebatte veranschaulicht diesen Punkt sehr gut: *„Wir haben gerade erst verstanden, dass es Pädophilie gibt, wir können noch nicht verstehen, dass es noch Schlimmeres als Pädophilie gibt, ich würde sagen 'einfach', und die Menschen wehren sich mit all ihrer Kraft, mit all ihrer inneren Kraft."*

Es ist ganz natürlich, dass die Menschen angesichts des absoluten Schreckens, den Pädokriminalität, Satanismus und die massive Korruption ihrer Regierungen darstellen, einen starken Widerstand, ja sogar eine totale Verleugnung zeigen... Aber es ist an der Zeit, klar zu sehen, und wenn wir nicht alles akzeptieren, müssen wir zumindest unsere eigenen Nachforschungen anstellen, um diese Schrecken zu bestätigen oder nicht. Zumal heute alles aufgedeckt wird, ist es nur der weit verbreiteten Korruption der Institutionen und der Medien sowie der freiwilligen oder unfreiwilligen Blindheit der dem Social Engineering unterworfenen Menschen zu verdanken, dass dieses berüchtigte System aufrechterhalten wird.

Je mehr ein Thema von einer wachsenden Zahl von Menschen studiert und verstanden wird, desto zugänglicher und verständlicher wird es für die breite Masse, weil es auf eine bestimmte Weise *„geklärt"* wird. Denn je mehr ein Weg des Verstehens geebnet und vertieft wird, desto mehr weitet er sich aus, um einer wachsenden Zahl von Menschen Zugang zu diesem Wissen zu verschaffen, die es dann viel leichter verstehen können als die ersten Forscher...

Je mehr Informationen zirkulieren, desto mehr Menschen erreichen sie, und desto eher werden sie der Mehrheit geistig zugänglich, die sie dann leichter in ihr Paradigma integrieren kann. Diese Informationen sind natürlich nicht für jeden aus heiterem Himmel verfügbar, aber Themen wie Pädokriminalität, Satanismus, MK-Programmierung usw. werden dem menschlichen Verstand mehr und mehr zugänglich werden, weil einige Menschen bereits die Arbeit geleistet haben, *den Weg zu ebnen,* d.h. die Arbeit des Verstehens und der Integration.

Wir können diesen Prozess vielleicht mit der Theorie des *100. Affen* vergleichen: Wenn genügend Individuen etwas entdeckt und vollständig integriert haben, wird es automatisch für andere Individuen der gleichen Art zugänglicher und verständlicher. Dies erfordert jedoch ein Mindestmaß an Öffnung und Forschung, da der freie Wille immer da ist, um uns die Wahl zu lassen, eine Tür zu öffnen oder zu schließen, aber der Weg des Verstehens wird bereits geebnet und besser befahrbar sein als zuvor... Daher die Entschlossenheit unserer Zauberer-Kontrolleure, das menschliche Bewusstsein in tiefe Furchen zu spalten, damit es seine Aufmerksamkeit nicht auf Themen richtet, die ihre wahren Werkzeuge der Kontrolle offenbaren, die trotz ihrer selbst unausweichlich von Tag zu Tag offensichtlicher werden...

Gleichzeitig brauchen wir die Hilfe der Vorsehung Gottes, um in diesem Kampf voranzukommen, denn die gegnerische Partei wird selbst von mächtigen Kräften übernatürlicher Ordnung unterstützt. Das Netzwerk ist sowohl militärisch (eine streng hierarchische Organisation) als auch spirituell (ein Kult des Fürsten dieser Welt) organisiert, im Gegensatz zu den profanen Völkern, die alles getan haben, um sie abzulenken und vor allem von ihrer Beziehung zu Gott abzuschneiden... Allein, ohne Gottes Hilfe, sind wir diesem dominanten luziferischen Netzwerk nicht gewachsen, das mit gefallenen geistigen Wesenheiten zusammenarbeitet, von denen es seine Anweisungen und seine Macht erhält, daher die Tatsache seiner gegenwärtigen Herrschaft.

Diese göttliche Hilfe, diese Vorsehung, kann von der Anzahl der Menschen abhängen, die sich dieser Dinge bewusst geworden sind oder werden und auf ihrer Ebene handeln, um die stattfindende Sabotage und Korruption des menschlichen Wesens umzukehren.

Die Theorie, dass eine bewusste kritische Masse in der Lage ist, eine Situation zu kippen und freizugeben, die zuvor völlig zementiert und unentwirrbar war, gilt für sehr schwere Themen, Dinge, die so schockierend sind, dass sie für die meisten Menschen im Allgemeinen unvorstellbar und unvorstellbar sind... Aber je mehr diese Dinge von einer wachsenden Zahl von Menschen verstanden und akzeptiert werden, desto mehr wird es eine Chance geben, die Figuren auf dem Schachbrett zu bewegen; dem echten Schachbrett, nicht dem der Gerechtigkeit der Menschen, Freimaurer und Institutionen, das heute völlig manipuliert ist.

Wenn ein ganzes Volk nicht bereit ist, eine harte Realität *zu akzeptieren*, d.h. einer schweren Wahrheit ins Auge zu sehen, die es durch einen Schock verletzen oder, schlimmer noch, in chaotischen Wahnsinn stürzen kann, ist es vom Standpunkt des göttlichen Gesetzes, das die Individuen bewahren soll, logisch, dass sie nur sehr schwer, wenn überhaupt, Zugang zu diesen Informationen haben werden... Wenn die Bewusstseine beginnen zu erwachen und sich von der Matrix (der mentalen Kontrolle der Massen) zu emanzipieren, dann können sie beginnen, Zugang zu Informationen zu erhalten, die mehr oder weniger beunruhigend sind.... aber letztlich lebensrettend.

Mit anderen Worten: Der Himmel wartet darauf, dass die Früchte reifen, bevor er bestimmte Dinge offenbart, wobei er die Evolution des Bewusstseins respektiert; trotz der entgegengesetzten Kräfte, die versuchen, die Massen am Zugang zu Informationen zu hindern, die sie auf eine andere Ebene des Verständnisses der Matrix bringen könnten, in die sie seit ihrer Geburt eingetaucht sind. Je mehr Gewissen sich also von dem emanzipieren, was sie täglich an Informationen erhalten, und sich anderen Informationsquellen zuwenden, desto eher werden sie bereit sein, diese schweren Wahrheiten zu empfangen, die in der Tat sehr schockierend sein können. Trotz des Schreckens sind dies Dinge, die aufgedeckt werden müssen, damit sich so viele Menschen wie möglich mit diesen Themen befassen. Vor allem, wenn es um Kinder geht...

Gegenwärtig ist alles an Informationen für diejenigen verfügbar, die noch die Zeit und den Mut haben, sich von diesem auf globaler mentaler Kontrolle basierenden System zu emanzipieren: Gott lässt nicht zu, dass wir ohne Mittel bleiben, um die Welt, in der wir leben, zu verstehen: das ist ein wesentliches Gesetz.

Der elitäre Satanismus/Luziferismus respektiert gewissenhaft dieses Gesetz (sie haben keine Wahl), das den menschlichen Seelen auf ewig die Möglichkeit gibt, Zugang zur Wahrheit zu erhalten. Sie haben nur die Macht, die Gott ihnen für eine begrenzte Zeit zugestanden hat, und der Krieg, den sie in diesem großen Theater, das unsere Welt ist, führen, richtet sich hauptsächlich gegen das Bewusstsein/Unterbewusstsein. Da sie nicht alles zensieren können, besteht das Ziel darin, das Bewusstsein durch systematische Medienpropaganda zu kanalisieren: Informationskontrolle und Social Engineering sind die wichtigsten Instrumente zur Konditionierung der Menschen. Es stellt sich auch die Frage, ob die psychotronische Technologie in der Lage ist, unsere Gehirne über Skalarwellen oder gepulste Mikrowellen zu kontrollieren, die massiv eingesetzt werden, indem die Bevölkerung buchstäblich mit elektromagnetischen Wellen überflutet wird, die je nach Art der ausgestrahlten Frequenz das Gehirn beeinflussen können. Was die starke Abhängigkeit der Bevölkerung vom *GSM-Netz* (*Global System for Mobile Communications*) *angeht*, so muss man dies nicht mehr beweisen, es reicht, auf die Straße und in die öffentlichen Verkehrsmittel zu gehen, um es zu erkennen...

Die Wahrheit ist für diejenigen da, die ein Minimum suchen und vor allem für diejenigen, die den Himmel um Hilfe bitten. Es ist ein echter geistiger Krieg, und wir haben, trotz des Anscheins, genug Ressourcen, um zu lernen und aus den schlammigen Furchen herauszukommen, die das große Babylon mit seinem Hauptwerkzeug, der mentalen Kontrolle, gelegt hat. Aber Gott wird nicht zulassen, dass wir ohne die Mittel bleiben, die uns zur Wahrheit und zu unserer Rettung führen. Die *Neue Weltordnung* ist trotz ihrer selbst diesem Gesetz unterworfen, so dass sie nicht die Gesamtheit der Dinge zensieren kann, die den menschlichen Seelen den Zugang zur Wahrheit ermöglichen. In diesem großen irdischen Theater spielen sowohl das Gute als auch das Böse eine Rolle in der Entwicklung der menschlichen Seelen, wie Bischof Delassus es mit diesen Worten sehr gut beschreibt: *„Sie wissen nicht oder wollen nicht wahrhaben, dass über ihrem Meister Satan, unendlich weit oben, Gott ist, der allmächtige Gott. Er hat die Welt zu seiner Ehre erschaffen, der unaussprechlichen Ehre, die ihm auf ewig von allen seinen Geschöpfen ohne Ausnahme erwiesen wird, wenn auch auf unterschiedliche Weise, wobei die einen seine Güte und die anderen seine Gerechtigkeit zum Ausdruck bringen. Bis zum Tag der höchsten Vergeltung überlässt er sie ihrem freien Willen, so dass sowohl das Böse als auch das Gute, das Böse und das Gute, dazu dienen, die Ziele seiner unendlichen Weisheit zu erreichen (...) Gott lässt - wir sind leider Zeugen davon - die Irrtümer des Menschen und sogar die Rebellion gegen ihn zu, aber in einem Maß, das nicht übertroffen werden wird; er wartet. Alles wird seinen Zwecken dienen, und wenn die Prüfung beendet ist, wird alles an seinem Platz sein; es wird dann nur noch für die hartnäckigen Schuldigen ein Übel geben."*[627]

---

[627] „La Conjuration Antichrétienne - Le Temple Maçonnique voulant s'élever sur les ruins de l'Église Catholique" / „Die antichristliche Verschwörung - Der Freimaurertempel, der sich auf den

Dieses Buch zielt in erster Linie darauf ab, *die Kinder aus den Kellern zu befreien*, d.h. auf der eigenen Ebene gegen den Pädo-Satanismus zu kämpfen, indem die Bürger über diese Realität informiert werden. Es richtet sich also insbesondere an Therapeuten, Psychiater, Rechtsanwälte, Richter, Polizeibeamte, Journalisten, Politiker und Mitglieder von Kinderschutzverbänden... Kurzum, an alle, die noch ehrlich und integer sind und auf ihrer Ebene möglicherweise etwas bewegen können.

Gleichzeitig, und das ist das Wesentliche, will dieses Buch dem Leser, der dies noch nicht getan hat, bewusst machen, dass es hier auf der Erde wirklich einen geistigen Krieg gibt. Wenn es einen geistigen Krieg gibt, muss Ihre Seele den richtigen Weg finden, nämlich den des Herrn Jesus Christus, der zu unserer Rettung Fleisch und Blut geworden ist und all die Grausamkeiten, die in diesem Buch teilweise beschrieben werden, reformiert. Sein Blutopfer am Kreuz sollte das letzte, das ultimative Opfer sein... Die große, endgültige Reformation des Sohnes Gottes angesichts all dieser Abscheulichkeiten.

Um diesen Generationen zu begegnen, die um jeden Preis die Anbetung des gefallenen Engels aufrechterhalten, der den von Luzifer geheiligten Untermenschen repräsentiert und daher eine übernatürliche Ordnungskraft besitzt, sollten wir uns in Jesus Christus heiligen, um auch unser Leben einer übernatürlichen Kraft des Widerstands zu übergeben, die in einem solchen Kampf unerlässlich ist.

Selbst in diesen scheinbar finsteren Zeiten schenkt Gott uns immer wieder Wissen und Weisheit, um dem babylonischen Greuel entgegenzutreten und ein Gegengewicht zu schaffen.

- Bittet, so wird euch gegeben; sucht, so werdet ihr finden; klopft an, so wird euch aufgetan. Matthäus 7:7

- Alles Verborgene muss ans Licht gebracht werden, alles Geheime muss offenbart werden. Markus 4:22

Trümmern der katholischen Kirche erheben will" - Mgr Henri Delassus, Éd. Saint-Rémi 2008, S.310, 311.

ANHÄNGE

ANHANG 1

„TRAUMA UND DISSOZIATION IN DER FREIMAURERISCHEN MYTHOLOGIE"

Auszüge aus dem Buch „Terror, Trauma und das Auge im Dreieck",
Lynn Brunet - 2007, S. 64 bis 83

Der Tempel Salomos ist oft als Metapher für den menschlichen Körper interpretiert worden. Der Freimaurer-Autor Albert Mackey bestätigt dies, wenn er schreibt: „'Zeremonien des dritten Grades, bei denen ein baufälliges Gebäude metaphorisch für den Verfall und die Gebrechen steht, die mit dem Alter des menschlichen Körpers einhergehen. Die beiden Säulen, Jakin und Boas, stellen den Eingang zum Tempel dar. In der kabbalistischen Literatur entsprechen diese beiden Säulen der rechten und linken Seite des Körpers mit ihrer spiegelnden Wirkung (...) Hier wird die Verbindung zu den linken und rechten Funktionen des menschlichen Gehirns hergestellt, die jeweils die gegenüberliegende Seite des Körpers kontrollieren, man nennt dies Kontrollateralität. Diese beiden Säulen können auch Qualitäten wie Strenge und Milde, das Konzept von Schwarz und Weiß (Anmerkung des Herausgebers: einige Altäre des O.T.O. sind von einer schwarzen und einer weißen Säule umgeben)*, Adam und Eva, männlich und weiblich, usw. darstellen* (Anmerkung des Herausgebers: wie wir in Kapitel 7 gesehen haben, scheinen diese Begriffe der Kontrollateralität und der Aufteilung der beiden Gehirnhälften ein wichtiger Punkt im MK zu sein)*
    Der Tempel Salomos sollte der Bundeslade, die seit der Zeit Moses in einem Zelt untergebracht war, einen dauerhaften Platz bieten (...) Auf einem Plan des Salomonischen Tempels, der in einem freimaurerischen Dokument mit dem Titel „Die zwei Säulen" abgebildet ist, befindet sich die Bundeslade im Allerheiligsten und der Weihrauchaltar daneben.* (Anmerkung der Redaktion: Lynn Brunet zieht eine Parallele zwischen der Bundeslade und dem Thalamus, einer Struktur im Herzen des Gehirns)*
    Das Wort Thalamus leitet sich vom griechischen Wort für „innere Kammer" ab, das im Allgemeinen als Brautgemach verwendet wird. Der Thalamus befindet sich in der Mitte des Gehirns, ist vollständig von der kortikalen Hemisphäre bedeckt und ist das Haupttor, das sensorische Informationen an die Großhirnrinde weiterleitet; die wichtigsten Eingangsströme zur Großhirnrinde müssen den Thalamus passieren. Francis Cricks stellt fest: „Die Idee, dass der Thalamus ein Schlüssel zum Bewusstsein ist, ist nicht neu. Seine Aufgabe ist es, das somatosensorische System sowie die mentale und emotionale Aktivität eines Menschen in Harmonie zu halten. Er bemerkt auch, dass ein großer Teil des Thalamus als „pulvinar" bezeichnet wird, ein Wort, das ursprünglich ein „Kissen" oder „Kopfkissen" bedeutete (...) eine andere Variante bedeutet „heilige Couch" oder „Ehrensitz". Könnte sich diese Wortwahl auf den Gnadenthron der Bundeslade beziehen, die sich im Allerheiligsten befindet? Wenn dem so ist, könnte die Aufstellung des Weihrauchaltars direkt neben dem Allerheiligsten ein symbolischer Hinweis darauf sein, dass der Geruchssinn der einzige Sinn ist, bei dem sich die Nervenbahnen zwischen Gehirn und Körper nicht kreuzen: Die rechte Seite der Nase ist mit der rechten Seite des Gehirns verbunden. Die enge Beziehung zwischen dem*

Geruchssinn und dem Gedächtnis ist bekannt (...) Als Salomo ein „Haus" für die Lade schuf, stellte er die Cherubim so auf, dass ihre Flügel die Seiten der Wände berührten. Aus physiologischer Sicht könnten die Flügel der Cherubim symbolisch für die beiden Seiten der Großhirnrinde stehen, die die Innenseite der Schädelwände berühren und sich in der inneren Kammer, in der das Bewusstsein wohnt, gegenüberstehen. So gesehen könnte der „Thron der Gnade" dann symbolisch für die Fähigkeit des Gehirns stehen, das Chaos zu organisieren, d.h. die kontinuierliche Masse der eingehenden sensorischen Informationen, die vom Thalamus sofort verarbeitet werden (...) Die mittlere Kammer (die das Ende der Einweihung der ersten drei Freimaurergrade markiert: Lehrling, Geselle und Meister) und seine Wendeltreppe sind zwei wichtige freimaurerische Symbole (...) Mackey schreibt, dass die Gefährten, die Arbeiter im Tempel, die Wendeltreppe hinaufsteigen, um die mittlere Kammer zu erreichen. Er interpretiert diese mittlere Kammer als den Ort, an dem die Wahrheit empfangen wird, und die Wendeltreppe als Symbol des geistigen Fortschritts.

Die Forschung über den Thalamus hat gezeigt, dass er eine Reihe von Aktivitätszentren, so genannte „Kerne", enthält. Der Hauptkern wird als „ventraler kaudaler (oder hinterer) Kern" bezeichnet. Der Neurologe Chihiro Ohye schreibt: „Im ventralen kaudalen Kern befindet sich ein Bereich, der als ventraler intermediärer Kern bezeichnet wird und verstreute Zellhaufen enthält. Die elektrische Stimulierung dieses Teils des Kerns löst ein Gefühl der Drehung oder Erhöhung aus, eine Art Aufstieg. (...) Die Psychologin Susan Blackmore erklärt, dass einige halluzinogene Erfahrungen Auswirkungen auf die Gehirnzellen haben können, indem sie eine Vision aus spiralförmigen Streifen erzeugen, die wie ein Tunnel auf dem visuellen Kortex erscheinen können. Aus physiologischer Sicht kann das Symbol der Wendeltreppe daher ein Weg sein, dieses physische Gefühl des Drehens und Aufsteigens mit dieser halluzinatorischen Vision zu illustrieren. Was diesen Ort betrifft, an dem die „Wahrheit" empfangen wird, ist es möglich, dass diese Mittlere Kammer ein vertrauter Ort für diejenigen ist, die Meditation studieren, ein Bereich des Gehirns, der weder rechts noch links ist, ein Zustand vollkommener zentrierter Ruhe, in dem der Einzelne ein Gefühl der Verbindung mit dem Göttlichen spüren kann...) Der innere Raum oder das „Brautgemach", das sich irgendwo im Thalamus befindet, könnte eine andere Art sein, das mystische Konzept der alchemistischen Ehe (oder der chemischen Hochzeit) darzustellen, das als Konzept des Hermaphroditen dargestellt wird, oder, in jungschen Begriffen, ein Zustand, in dem die männlichen und weiblichen Aspekte der Psyche in völliger Harmonie sind (...)

In Bezug auf Traumata kann die Hiram-Legende als ein metaphorischer Text betrachtet werden, der darstellt, was physiologisch passiert, wenn Terror benutzt wird, um die Erfahrung des „inneren Lichts" zu erzeugen. Dieses 'innere Licht' ist das Gefühl des kosmischen Bewusstseins oder der Unsterblichkeit, das durch den langsamen spirituellen Aufstieg erreicht wird, der im zweiten Grad dargestellt wird (...) Die Freimaurerei gehört zur gnostischen Tradition. Die Figur Luzifers, des „Lichtträgers", des Lichts der mystischen Erfahrung, steht im Mittelpunkt dieser Tradition. Die Beziehung zwischen Luzifer und der Psychologie des Traumas wird in einem Theaterstück mit dem Titel „Die Tragödie des Menschen" des Ungarn Imre Madach beleuchtet, das von dem Anthropologen Geza Roheim analysiert wurde. Luzifer, die zentrale Figur des Stücks, wird „der Geist der Verleugnung" genannt. In dem Stück fordert Luzifer Adam auf, in den Weltraum zu fliegen (d.h. sich von der Realität zu distanzieren), um dem Abschaum des irdischen Lebens zu entkommen: „Der Schmerz wird aufhören, wenn wir nachgeben und das letzte Band, das uns an Mutter Erde bindet, verschwindet". Diese menschliche Fähigkeit, Schrecken und intensiven emotionalen oder körperlichen Schmerzen durch Verleugnung und Abgrenzung zu entkommen, könnte von der Freimaurerei ausgenutzt worden sein, um mystische Erfahrungen zu machen. Durch die Beeinflussung der Gehirnprozesse durch physische oder psychische Traumata (Schock,

Terror, Hypnose) kann der Geist eine Störung des Zeitgefühls und ein Gefühl der Zeitlosigkeit erfahren (...)

Der Mythos von Isis und Osiris, der im schottischen Ritus verwendet wird, kann auch eine metaphorische Illustration des traumatischen Prozesses sein. Mackey schreibt: „Osiris wurde von einem Taifun getötet, sein Körper in Stücke geschnitten, seine verstümmelten Überreste in den Nil geworfen und in alle vier Winde verstreut. Seine Frau Isis, die den Tod und die Verstümmelung ihres Mannes betrauerte, suchte mehrere Tage lang nach den Leichenteilen, und nachdem sie sie gefunden hatte, setzte sie die Teile wieder zusammen, um ihm ein würdiges Begräbnis zu geben. Der auf diese Weise wiederhergestellte Osiris wurde zu einer der wichtigsten ägyptischen Gottheiten, und sein Kult wurde mit dem der Isis zu einer fruchtbaren Gottheit für die Befruchtung der Natur vereint" (...) Wenn wir die Charaktere Isis und Osiris in Bezug auf die Gehirnstrukturen interpretieren, repräsentiert Isis die rechte Gehirnhälfte, die intuitiven Eigenschaften, und Osiris die linke Gehirnhälfte, die logischen und sprachlichen Eigenschaften. Durch Trauma verursachte Schäden können zu Problemen bei der Gedächtnisspeicherung in der linken Hemisphäre führen und somit die Fähigkeit der Person beeinträchtigen, über die erlebten Ereignisse zu sprechen, da die Übertragung von Informationen aus der rechten Gehirnhälfte „verstümmelt" oder fragmentiert ist. Für den Einzelnen ist es dann schwierig, die Erinnerungsfragmente zu rekonstruieren, die wie Teile eines Puzzles sind. Diese ägyptischen Götter könnten als Verkörperung dieses Phänomens der Gedächtnisstörungen des fragmentierten Geistes nach einer traumatischen Erfahrung interpretiert werden (...) Hinweise auf Verstümmelungen oder Selbstverstümmelungen bei mythologischen Göttern sind in der magischen und religiösen Literatur des alten Ägypten reichlich vorhanden. Die Selbstverstümmelung durch die Götter ist in der Regel auf emotionalen Stress verschiedener Art zurückzuführen. Budge weist darauf hin, dass in anderen Szenarien zum Thema Tod und Auferstehung im osirischen Mythos von Horus, dem Sohn von Isis und Osiris, Horus die Rolle hat, das Leben in einer Umarmung wiederherzustellen, eine Geste, die an die freimaurerischen „Fünf Punkte der Verbundenheit" erinnert. Horus kam zu Osiris, der sich im Zustand eines Toten befand, und umarmte ihn. Durch diese Umarmung übertrug er auf ihn sein eigenes KA (Doppel) oder einen Teil der Kraft, die in ihm wohnte. Die Umarmung ist in der Tat ein Akt, durch den die Lebensenergie vom Umarmenden auf den Umarmten übertragen wird. Budge merkt an, dass die Umarmung auch metaphorisch als Wiederherstellung von Informationen im Sprachzentrum der linken Gehirnhälfte zum Zwecke der psychischen Heilung nach einem schweren Trauma gesehen werden kann. Alan Watt, der das Thema der Spaltung im Osiris-Mythos und in anderen antiken Mythen untersucht, vertritt die Auffassung, dass die opferbereite Zerstückelung eines göttlichen Wesens ein freiwilliger Prozess ist, der der Selbstaufopferung. Er schreibt: „Es ist logisch, dass dort, wo am Anfang eine Zerstückelung (Dekonstruktion) stattfindet, am Ende eine Rekonstruktion (Anm. d. Red.: Ordo ab Chao oder Dissolve and then Coagulate) *steht. Es ist das kosmische Spiel der Entdeckung des Verborgenen und der Erinnerung an das Zerstreute. Watts Schlussfolgerung steht im Zusammenhang mit einer Vorstellung über das Gedächtnis in geistigen Prozessen und die Rolle der Konzentration bei der Reduzierung zerstreuter Gedanken. Ich würde behaupten, dass dieser Mythos sogar noch angemessener ist, wenn man ihn auf die Natur des traumatischen Gedächtnisses, seine Verdrängung und Erinnerung anwendet (...)* (Anm. d. Red.: der Freimaurer) *Leadbeater schlägt vor, dass die Initiation in ihrer reinsten Form eine Art Verbindung mit dem Göttlichen beinhaltet, und das ist es, was die verschiedenen Freimaurergrade darstellen. Das „Zerreißen in Fragmente" deutet darauf hin, dass die Einweihung ein Verständnis für die Verwendung von Schocks erfordert, um einen bestimmten Bewusstseinszustand zu erzeugen, der, wenn er richtig erzeugt wird, das Gefühl vermitteln kann, „eins mit dem Universum" zu sein. Ein solcher Bewusstseinszustand wird heute in der Medizin als ein*

Beispiel für einen dissoziativen Zustand angesehen. Casavis weist in seiner Analyse des griechischen Ursprungs der Freimaurerei auf die Rolle hin, die die Fragmentierung in den Osirischen Mysterien spielt. Er merkt an, dass die heilige Pflanze dieses Mysterienkults Erica war, abgeleitet vom griechischen Wort „eriko", was „in Stücke brechen" bedeutet. "

Mackey berichtet, dass das für die Freimaurerei relevanteste ägyptische Symbol das „allsehende Auge" ist, das mystisch als Auge Gottes, aber auch als „Symbol der göttlichen Wachsamkeit und Fürsorge für das Universum" interpretiert wird. Die Annahme des gleichseitigen Dreiecks ist ein Symbol der Göttlichkeit, das in verschiedenen Kulturen zu finden ist. Mackey schreibt: „Bei den Ägyptern war der Hase die Hieroglyphe für offene Augen, und weil dieses zerbrechliche Tier seine Sehorgane nie schließen soll, ist es immer auf der Suche nach seinen Feinden. Der Hase wurde dann von den Priestern als Symbol für die geistige Erleuchtung oder das mystische Licht übernommen, das den Neophyten während der Kontemplation der göttlichen Wahrheit im Laufe ihrer Einweihung offenbart wird. Und so war der Hase nach Champollion auch das Symbol von Osiris, einem Hauptgott, was die enge Verbindung zwischen dem Initiationsprozess in ihren heiligen Riten und der Betrachtung der göttlichen Natur zeigt. "

Eine der Folgen eines schweren Traumas ist ein Zustand, der als „Hypervigilanz" bekannt ist. Es handelt sich um einen Zustand ständiger Aufmerksamkeit und erschöpfender Angst, in dem das Opfer wie ein Kaninchen oder ein Hase ständig auf der Suche nach Gefahren ist. Als Osiris wiedererweckt wurde, besaß er das „alles sehende Auge". Wenn die Rekonstruktion von Osiris die Wiedererlangung traumatischer Erinnerungen darstellt, dann kann diese Fähigkeit, „alles zu sehen", als die Fähigkeit, dem Tod oder dem Bösen zu begegnen, übersetzt werden. Diese Vorstellungen von der Konfrontation mit dem Tod, der Idee der Reise und der Wiedergeburt in den freimaurerischen Texten erhalten somit eine gewisse Bedeutung für die zeitgenössischen Theorien über Erinnerung und Trauma.

Aus physiologischer Sicht ist es interessant, dass die Neuronen, die am meisten mit dem Bewusstsein assoziiert zu sein scheinen, als Pyramidenzellen bezeichnet werden. Wir können Parallelen zur Symbolik von Isaac Newtons Entdeckung der Aufteilung des weißen Lichts in die verschiedenen Farben des Regenbogens durch ein dreieckiges Glasprisma ziehen. Das Auge im freimaurerischen Dreieck verkörpert die Newtonsche Physik, indem es eine visuelle Darstellung der Spaltung sein kann, die sich auf die Dissoziation, die Erleuchtung des Bewusstseins bezieht (...)

Hier wird die von Edmund Burke beschriebene Aufklärungsphilosophie der Verbindung von Terror und Erhabenheit relevant. Alle Dinge, die Schrecken verbreiten, so sagt er, „sind eine Quelle des Erhabenen, sie erzeugen das stärkste Gefühl, das der Geist zu empfinden vermag. Vielleicht ist das ein Echo der neurologischen Forschung. Der Ort, an dem all diese Funktionen zu koordinieren scheinen, wird als limbisches System bezeichnet und umfasst den Thalamus, die Amygdala, den Hippocampus und andere Strukturen. Wie Pierre-Marie Lledo sagt: „Wie die Vorhölle in der christlichen Mythologie ist das limbische System der Vermittler zwischen dem neo-mammalischen Gehirn des Himmels und dem reptilischen Gehirn der Hölle. „ (...)

Auf dem Freimaurerschurz des 21. Grades, dem Noachitischen oder Preußischen Grad, ist ein geflügelter Mensch abgebildet, der den Zeigefinger seiner rechten Hand an die Lippen hält und in der linken Hand einen Schlüssel. Diese Darstellung ist als ägyptische Figur des Schweigens bekannt (...) Im freimaurerischen System ist der Turmbau zu Babel ein Bild, das mit Erinnerungen und Vergessen, mit Verwirrung und Sprachverlust verbunden ist. Die Freimaurer sagen: „Wenn man vor dem Turm vorbeigeht, vergisst man alles, was man weiß. " (...) Die geflügelte Figur des Schweigens auf der Freimaurerschürze des 21. Grades könnte auch diesen Prozess der Dissoziation darstellen. Die Unfähigkeit, über das traumatische Erlebnis zu sprechen, wird durch den vor den Mund gehaltenen rechten Zeigefinger dargestellt, wobei die rechte Hand von der linken Gehirnhälfte gesteuert wird, also der Seite des Gehirns, die für die Sprache zuständig ist. Die linke Hand (die den Zugang zur rechten Gehirnhälfte symbolisiert, in der die dissoziierten traumatischen Erinnerungen gespeichert sind) hält den „Schlüssel" für den Zugang zu diesen Erinnerungen (...)

Die Geschichten von der Sintflut und dem Turmbau zu Babel können als weitere Metapher für die Funktionsweise des Gehirns während eines Traumas interpretiert werden. In einem Großteil der Trauma-Literatur wird diese Erfahrung als „Verlassen des Körpers" beschrieben, ein Phänomen, das mit dem Prozess der Dissoziation zusammenhängt. Es stellt sich ein Gefühl des Friedens ein, da sich die Person psychisch von dem Schrecken löst und einen natürlichen Weg zur Flucht findet. Die Flucht der „Seele" aus dem Körper in traumatischen Situationen wird durch die Freilassung der Taube aus der Arche Noah dargestellt und symbolisiert in physiologischer Hinsicht die Opioidwirkung, die im Gehirn freigesetzt wird, wenn der Terror den physischen Körper „überflutet" (...)Nach der Flut (des Schreckens) wird der Regenbogen (die dissoziierte Identität) dann zum Symbol der Hoffnung, weil die Flut des Schreckens vergessen ist und das Individuum überleben kann (...) Das Leben der Individuen wird psychologisch 'geteilt', nachdem sie etwas erlebt haben, das sie hätte töten können. In kabbalistischen Texten wird der Regenbogen auch mit dem Weg des Chamäleons in Verbindung gebracht, dem Tier, das je nach seiner Umgebung die Farbe wechselt. Dies hängt mit dem Phänomen der multiplen Persönlichkeit zusammen, bei dem sich der Einzelne mit unterschiedlichen Persönlichkeiten (Alter oder Fragmente der Persönlichkeit) an verschiedene Situationen anpassen kann. All diese Symbolik gibt Anlass zu der Vermutung, dass die Geschichte von der Arche Noah und der Bundeslade auch Metaphern für Vorgänge im menschlichen Gehirn sein könnten (...)

ANHANG 2

MITSCHRIFT EINES VORTRAGS VON CATHY O'BRIEN UND MARK PHILLIPS: „MIND-CONTROL OUT OF CONTROL 31. OKTOBER 1996

Teil 1: Mark Phillips

Danke an John und danke an das gesamte *Granada-Forum*. Sie alle stehen für das, was ich mir eines Tages für dieses Land, aber auch für die ganze Welt wünsche. Sie haben in der Vergangenheit von vielen Menschen gehört, die Sie über viele Themen aufgeklärt haben. Die heutige Geschichte - die sehr gut zu Halloween passt - ist wahrscheinlich die schlimmste, die Sie je hören werden. Ich habe viel Zeit damit verbracht, mich davon zu überzeugen, dass das unmöglich wahr sein kann. Doch leider zeigt sich, dass es nicht nur um die Geschichte von Cathy O'Brien geht. Es ist erwähnenswert, dass Senator John DeCamp vom Fall Franklin in Nebraska alles, was Sie heute Abend hören werden, bestätigt und unterstützt hat... Darüber hinaus gibt es eine Vielzahl von Informationen, die in den letzten drei Jahren aufgetaucht sind. Informationen, die von Menschen stammen, die direkt mit dem Thema konfrontiert wurden. Nicht nur Therapeuten, sondern auch Generäle und Oberstleutnants aus verschiedenen Bereichen des Militärs sowie Mitglieder des Geheimdienstes, die uns eine

Fülle von Unterlagen zur Verfügung gestellt haben. Dies ist nicht nur zur Unterstützung von Cathy, sondern auch für die Hunderte von anderen, die sich in demselben Fall befinden... Cathy O'Briens Fall ist nicht einzigartig, ich wünschte, er wäre es, denn wenn er es wäre, würde ich heute Abend nicht hier stehen. Das würde ja bedeuten, dass dieses Problem nicht weit verbreitet ist, aber das ist leider nicht der Fall. Was Cathy O'Brien widerfahren ist, passiert überall auf der Welt. Es geschieht in Kindertagesstätten, es geschieht in Familien... und nicht nur in völlig ungebildeten, unkultivierten Wilden aus den Appalachen, die seit Ewigkeiten Inzest praktizieren (lacht)... Es geschieht in einer koordinierten Anstrengung der Geheimdienstgemeinschaft, wiederum auf globaler Ebene.

Meine Rolle bei all dem ist relativ einfach, aber dennoch komplex. Ich werde Ihnen heute Abend eine kleine Präsentation geben... Ich werde mir auch ein paar Minuten Zeit nehmen, um Ihnen einige Informationen über MK-Ultra zu geben (...) Ich kann nicht, wie Cathy, über andere Fälle von Opfern sprechen, außer den offensichtlichen wie Timothy Mc Veight. Aber wir haben diese Zeugenaussage nicht untersucht, wir haben keine Beweise, wir haben nur das Geständnis von Herrn McVeight und einige andere Informationen, die diesen Fall unterstützen.

Wir haben 5 1/2 Jahre lang Vorträge vor Polizeibehörden und Therapeuten gehalten. Das ist es, was uns heute schützt. Wir haben auch so viele Informationen wie möglich von anderen Überlebenden gesammelt, aber auch von den Strafverfolgungsbehörden, oder besser gesagt von kooperativen Menschen: Freidenkern, genau wie Sie. Sie wussten, dass mit dem System etwas nicht stimmte, aber sie verstanden nicht, was es war.

Ich werde Ihnen einige Informationen über mich geben, damit Sie meine Reise mit Cathy verstehen. Aber unser Hauptanliegen, das, worauf wir uns konzentrieren, ist natürlich, diese Informationen an die Menschen in diesem Land und in allen anderen Ländern, die betroffen sind, weiterzugeben. Dies betrifft auch Cathy O'Briens Tochter Kelly, die seit ihrem 8. Lebensjahr in verschiedenen psychiatrischen Einrichtungen untergebracht war, kurz nachdem ich sie gerettet hatte. Sie ist auch heute noch „engagiert". Ich weiß nicht, wie viele von Ihnen sich vorstellen können, wie es ist, ein Kind zu sein, das in einer psychiatrischen Anstalt aufgewachsen ist... Aber ich kann Ihnen versichern, dass es kein schöner Anblick ist, auch wenn Kelly nicht mehr so misshandelt wird, wie sie es vor ihrer Einweisung war...

Gedankenkontrolle ist nichts Neues, sie ist Tausende von Jahren alt. Sie steht im *ägyptischen Totenbuch* unter den Worten: *„Die genaue Formel für traumabedingte Gedankenkontrolle"*. Adolf Hitler war besonders an Gedankenkontrolle interessiert, die er seiner rechten Hand anvertraut hatte: Henrich Himmler. Die Forschung konzentrierte sich insbesondere auf nordeuropäische Familien, die ihre Kinder systematisch von Generation zu Generation sexuell, physisch und psychisch missbrauchen. Diejenigen von uns, die die Bibel lesen und ihre Auslegung der *„Sünden des Vaters"* verstehen, werden verstehen, was die Transgender meinen. Bei diesen Familien handelt es sich um transgenerationale Misshandlungen, die bereits bei der Geburt beginnen und zu schrecklichen sexuellen, physischen und psychischen Misshandlungen durch die Eltern an ihren Kindern oder durch andere Bezugspersonen führen. Adolf Hitler wusste, dass Menschen, die Opfer eines solchen Missbrauchs sind, sehr „empfänglich" für Gedankenkontrolle werden. Außerdem entwickeln sie unglaubliche Fähigkeiten, wie z. B. eine überdurchschnittlich ausgeprägte Sehschärfe. Ich weiß, dass man kein Genie sein muss - verzeihen Sie das Wortspiel - um herauszufinden, wie wir eine Person mit solchen Fähigkeiten einsetzen können... Das nennt man *Special Forces*. Die Personen, die diese „Spezialeinheiten" bilden, werden sehr sorgfältig überwacht.

Gehen wir nun zurück in die Zeit, als ich für das Verteidigungsministerium an einem Projekt namens MK-Ultra arbeitete. Es war genau das Projekt, das Hitler und

Himmler mit diesen missbrauchten Kindern in Mehrgenerationenfamilien begonnen hatten. Damals habe ich nichts von dem gesehen, was mir Cathy O'Brien später berichtete, ich habe keinen Missbrauch gesehen. Was ich im Strafvollzug und in psychiatrischen Kliniken gesehen habe, waren Menschen, die die Chance hatten, ihr Leben und ihren Verstand wiederzubekommen. Für mich waren das positive und fürsorgliche Dinge, und ich glaubte fest daran, dass dieses MK-Ultra-Programm letztendlich die Zahl unserer Gefängnisse und Psychiatrien reduzieren könnte. Das lag daran, dass ich eine echte Rehabilitation ohne Trauma erlebt habe. Ich wurde zur Verschwiegenheit über die Dinge verpflichtet, die ich gesehen habe, über die Ausrüstung, die entwickelt wurde, und ich kann Ihnen versichern, dass ich von 1967 bis 1973, als ich als Unterauftragnehmer des Verteidigungsministeriums an dieser Forschung beteiligt war, einen technologischen Fortschritt von 25 oder 30 Jahren sah, Dinge, die auf diesem Planeten völlig unbekannt waren (...).Ich wurde für diesen Job eingestellt, nachdem ich monatelang psychologische Tests absolviert hatte, um meine Fähigkeit zu prüfen, das Geheimnis zu bewahren; dann erhielt ich vom Verteidigungsministerium eine Genehmigung. Ich wusste von Himmlers Studien unter Adolf Hitler, ich wusste, dass er „sehr ernsthafte" Leute ausbilden wollte, um sie strategisch zu platzieren, damit sie verschiedene Gebiete in dem kontrollieren, was er nannte, und was auch George Bush nennt: die Neue Weltordnung. Sie sehen, Bush war nicht der erste, der von dieser schrecklichen Idee einer totalitären Regierung fantasierte, die die ganze Welt durch Gedankenkontrolle versklavt...

Gedankenkontrolle hat viele Formen. Sie alle hier im Saal sollten nicht in diese riesige Falle der Informationskontrolle und -manipulation tappen, und ich danke dem *Granada-Forum* nochmals dafür, dass wir hier sprechen dürfen, denn wir brauchen Ihre Unterstützung. Dieses Buch (*Transe-Formation of America*) wird kaum im Buchhandel vertrieben, und die wenigen Buchhändler, die es vertreiben, handeln direkt mit uns, um die Vollständigkeit des Inhalts zu wahren und jegliche Zensur zu vermeiden. Ursprünglich wurde dieses Buch mit unseren eigenen Mitteln veröffentlicht.

Heute haben wir eine Chance, denn viele der von Cathy in dem Buch erwähnten Personen sind aus verschiedenen Gründen angeklagt worden; sie stehen unter Anklage, einige sind sogar aus ihren Ländern geflohen oder haben ihre hohen Ämter niedergelegt. Die Korruption, über die wir hier sprechen werden, geht weit über das hinaus, was Sie wissen (...)

Cathy O'Brien ist sicherlich eine bemerkenswerte Person, aber ich kann Ihnen versichern, dass die Prognose für die Genesung von jemandem, der vor dem fünften Lebensjahr extrem missbraucht wurde, bevor das Gehirn vollständig ausgebildet ist, sehr gut ist. Diese Menschen können ein normales, ausgeglichenes Leben führen, auch wenn sie einen Lebensabschnitt mit schrecklichem Missbrauch hinter sich haben. Das ist das, was mich am meisten überrascht hat. Heute gibt es viele Überlebende, die sich in verschiedenen Stadien der Genesung befinden, und Cathy ist die Einzige, die ein Buch geschrieben hat, um Zeugnis abzulegen. All dies wurde validiert, und wir sind nicht eingeschlossen worden. Ich möchte, dass jeder in diesem Raum versteht, dass weder Cathy noch ich selbstmordgefährdet sind. Wir sind gerade aus Arkansas zurückgekommen. Cathy und ich wurden eingeladen, vier Tage mit Ermittlern zu verbringen, weil sie ein Kapitel des Buches gefunden hatten, das sie bestätigen konnten. Ich sagte ihnen: „*Geben Sie das an die Presse weiter!* Aber das sind Leute, die ich als Freunde von Ihnen und mir betrachte... Wenn also CIA-Agenten in diesem Konferenzraum sind, brauchen Sie nicht die Hand zu heben (lacht), aber ich möchte, dass Sie kommen und mich direkt von Angesicht zu Angesicht treffen. Vor allem, wenn Sie versuchen, das, was wir tun, zu untergraben. Denn dieses Projekt, das Adolf Hitler entwickelt hat, haben wir wiederum im Rahmen der Operation Paperclip entwickelt, bei der nach dem Zweiten Weltkrieg nazistische und faschistische Wissenschaftler aus

Europa nach Amerika abgeschoben wurden. Sie haben unsere Universitäten infiltriert, unsere größten Unternehmen, die NASA, ich würde sogar sagen, sie haben die NASA entwickelt... Diese Infiltration erfolgte auf allen Ebenen unserer Gesellschaft mit all diesem m****: Pädo-Pornographie, Blutrituale sowie abscheulicher Glaube an Menschenopfer... alles, was den menschlichen Geist traumatisieren kann.

Ich habe mich an einige Forscher gewandt, die sagen, dass der Satan dahinter steckt... Ich möchte Ihnen sagen, dass auch echte Menschen dahinter stecken! Ich habe für eine Fluggesellschaft gearbeitet, die an dieser Sache beteiligt war. Ich hatte keine Ahnung, warum ich von *Capital International Airways* angeworben wurde. Das lag daran, dass ich in der Lage war, zu schweigen. Die meisten Agenten wissen nicht, für wen sie wirklich arbeiten. Es gibt mehr als 86.000 in diesem Land, teilen Sie diese Zahl durch 50 und Sie werden sehen, womit wir es zu tun haben (durchschnittlich 1.720 Agenten pro Staat). In diesem Land wimmelt es von *Big Brother*... Der KGB (Russland) hatte nie so viele hochrangige Agenten wie wir jetzt in diesem Land. George Orwells Buch „*1984*" war in der Tat eine wahr gewordene düstere Prophezeiung.

Viele Leute sagen: „*Wir müssen diese Neue Weltordnung aufhalten, indem wir sie selbst in die Hand nehmen*", aber sie ist bereits da, wir sind mitten drin. Jetzt wollen wir versuchen zu verstehen, wer die Akteure sind und was ihre Werkzeuge sind!

Die Bewusstseinskontrolle, die auf wiederholten Traumata beruht, um tatsächlich einen völlig roboterhaften Menschen zu schaffen, ist ein solches Werkzeug. *Glücklicherweise* braucht es eine Menge schrecklicher Traumata, um auf diese Ebene der Sklaverei zu gelangen. Dazu sind andere Mittel erforderlich als das Drücken einer Taste oder einer Konsole (Anmerkung der Redaktion: Nichts ist derzeit weniger sicher). Heute gibt es Material, vor dem wir uns nicht schützen können. Das Erstaunliche daran ist, dass diese Geräte für jedermann zugänglich sind. Ich verstehe nicht ganz die Philosophie, die hinter dem Bau solcher Generatoren steht. Es gibt ein Gerät namens MDD1, das mit einem Doppelspulensystem arbeitet, das elektromagnetische Wellen aussendet, die auf unsere Großhirnrinde einwirken und das logische Denken ausschalten. Man konnte nicht einmal seine Scheckbücher kontrollieren, wenn diese Dinger eingeschaltet waren, oder auch nur daran denken, sie auszuschalten... genauso wenig wie Cathy O'Brien daran gedacht hätte, vor ihrer Tortur wegzulaufen. Es handelt sich nicht um das *Syndrom der misshandelten Frau*, es hat nichts mit wirtschaftlicher Abhängigkeit zu tun, sondern mit roboterhafter Gedankenkontrolle, und darüber gibt es tonnenweise Unterlagen. *America in Transformation*" ist Cathys Autobiografie. Ich habe den ersten Teil geschrieben, um in das Thema einzuführen. Was in dem Buch steht, ist das, was sie erlebt hat, und wir können es beweisen. Als es gedruckt wurde, hatten wir mehr als 27.000 Dokumente in 5 Ordnern. Heute haben wir drei Tonnen Papierkram zu diesem Thema! (...)

Ich weiß jetzt, warum die Geheimdienste mich nicht als Offizier haben wollten. Ich weiß jetzt, warum ich mir über bestimmte Dinge nicht im Klaren war... was mir leider jetzt bewusst ist... Weil ich glaube, dass ich bestimmte Dinge verraten habe. Heutzutage gibt es viele Whistleblower (...) Ich kann Ihnen versichern, dass es gegen Gott und gegen das, was ich bin, verstoßen würde, wenn ich hier nicht aufstehe und spreche und Ihnen Cathy O'Brien vorstelle, damit sie ihre Geschichte erzählen kann. (Beifall)

Cathy und ich sind sehr bewegt von der Zahl der Menschen, die dasselbe getan hätten wie wir. Die Leute sagen uns spontan: „*Wir wissen wirklich zu schätzen, was Sie tun*", oder: „*Es ist kaum zu glauben, aber ich werde dies und alle Begleitdokumente lesen.* Bitte tun Sie das! Lesen Sie die Literaturhinweise am Ende des Buches, dort finden Sie einige Bücher, die von Ärzten, Geheimdienstlern und vielen anderen Fachleuten geschrieben wurden und in denen Dinge beschrieben werden, die Cathy erlebt hat.

1977 hat der US-Kongress die Existenz des MK-Ultra-Programms offiziell zugegeben, und das ist auch gut so, denn ich wäre nicht im Geringsten glaubwürdig, wenn es nicht öffentlich gemacht worden wäre. Wäre er nicht freigegeben worden, könnte ich nicht einmal seinen Codenamen hier vor Ihnen nennen.

Im Jahr 1977 befasste sich der Kongress auch mit dem Fall von Dr. Ewen Cameron, dem Gründer der American Psychiatric Association, einer Lobby in Washington, die kontrolliert, was Psychiater mit *unseren Köpfen* machen, wenn wir Störungen haben... Die Psychiatrie ist die jüngste der medizinischen Wissenschaften, und sie ist die primitivste von allen (Beifall). Es gibt vielleicht Psychiater in diesem Raum, diese Therapeuten werden genau wissen, wovon ich spreche, denn die Informationen, die sie von ihrer Lobby erhalten, werden sorgfältig überprüft/gefiltert... Informationen über die Rehabilitation von Opfern von Gedankenkontrolle sind rar. Es bedurfte unglaublicher Anstrengungen einiger integrer Therapeuten, die verklagt wurden, weil sie die Bürgerrechte ihrer Patienten (ärztliche Schweigepflicht) nicht verletzen wollten.

Cathys und meine Situation war ganz anders, denn ich bin weder Arzt noch Psychiater, hatte also keine Approbation und keine Lizenz zum Schutz. Als ich sie am achten Februar 1988 rettete, kannte sie weder ihren Namen noch ihr Alter und wusste nicht einmal, wo sie sich befand... Ich hatte so etwas schon einmal bei Spionen erlebt und dachte sofort, dass Cathy ein Maulwurf war. Sie war gekleidet wie eine Prostituierte, sie ging wie eine Prostituierte, aber sie sprach wie eine Person, die einen christlichen Chor leiten würde... Ein extremer Kontrast, den ich nicht verstehen konnte. Das war so lange, bis ich von einigen Personen, die mit dem Geheimdienst in diesem Land, aber auch im Ausland zu tun haben, genügend Informationen erhielt.

Ich war verzweifelt auf der Suche nach einer geeigneten Behandlung, die dazu führen könnte, dass Cathy O'Brien zum zweiten Mal in ihrem Leben befreit wird... das erste Mal bei ihrer Geburt, und das war es. Cathy O'Brien war ein Opfer des schrecklichsten Missbrauchssystems, das die Menschheit kennt. Es ist die Art von Gedankenkontrolle, die Adolf Hitler glaubte, bei bestimmten Menschen anwenden zu können, um sie in große Machtpositionen zu bringen, indem er ihre Gedanken, Handlungen und Worte durch unsichtbare Fäden steuern ließ. Ich weiß nicht, ob wir heute solche Politiker haben, denn es scheint, dass man sie nicht unter Gedankenkontrolle stellen muss. In der Tat tun sie alles, was die korrupten Mitglieder des Kongresses ihnen auftragen. Ich habe mehrere Kongressabgeordnete gekannt, sie müssen nicht sexuell erpresst werden, sie müssen nicht durch Geld oder Drogen verführt werden... Sie sind einfach korrupt... Sehen Sie, ein Psychopath ist eine sehr soziale Person, sie sind Führer, sie sind Anführer... Leider haben diese Psychopathen kein Gewissen, das heißt, keinen Ausdruck der Seele. Sie nehmen keine Rücksicht auf das Leid anderer, es sei denn, es bereitet ihnen Freude.

MK-Ultra wurde mit vielen Teilprojekten aufgebaut, darunter die Entwicklung des perfekten Soldaten oder des perfekten Spions. Mir wurde gesagt, dass sie unsere nationale Sicherheit mehr schützt, als es ein Soldat oder Diplomat je könnte. Niemand hat mir gesagt, dass sie für den Drogenhandel und die Prostitution eingesetzt werden (Anm. d. Red.: MK-Sklaven). Niemand hat mir gesagt, dass wir sie zur Fortpflanzung benutzen, d. h. dass wir Scheichs und führenden Politikern der Welt Kinder schenken... Niemand hat mir gesagt, dass wir sie zur Geldwäsche benutzen.

Als ich Cathy und ihre Tochter rettete, brauchte ich ein Jahr, um Cathy mental zu erholen, mit viel Hilfe und viel Liebe. Therapeuten können das alles nicht bieten, sie können ihre Patienten nicht lieben, sie können sie nicht vom Telefon, von Zeitungen, vom Fernsehen usw. fernhalten. Die Patienten werden dann oft rückfällig, weil sie sehr beeinflussbar sind. Sie sehen eine Werbung für Brathähnchen und können es sogar riechen... Als ehemaliger Werbefachmann habe ich davon geträumt, solche Werbung produzieren zu können. Ich habe sehr hart daran gearbeitet, dass jemand sagt: *„Das ist eine gute Werbung"*, aber niemand hat jemals gesabbert, als er meine Produktionen gesehen hat. Aber ich habe unterschwellig gearbeitet, ich habe eine Form der

Neurolinguistik benutzt. Diejenigen, die das nicht wissen, sollten sich damit befassen. Tony Robbins ist ein Verfechter der Neurolinguistik, er lehrte sie George Bush und Bill Clinton. Er ist kein schlechter Mensch, Tony Robbins ist ein kluger Geschäftsmann und jeder kluge Geschäftsmann kennt den Wert der Neurolinguistik. Es ist die Sprache des Unbewussten, bei mir ist es das Unterbewusste.

Die Sprache des Unterbewusstseins enthält Codes, Schlüssel und Auslöser. Schlüssel, die dazu dienten, alle Türen in Cathys Kopf zu öffnen, die speziell mit dem erlittenen Missbrauch zu tun hatten. Ich habe dann Informationen wie Bankkontonummern abgerufen. Die Leute, die an MK-Ultra arbeiten, wissen sehr genau, dass Deprogrammierung nichts anderes als Hacken ist... So wie ich einen Computer hacken kann, kann ich auch die Festplatte eines menschlichen Gehirns hacken. Durch diesen *Hacking-Auftrag* habe ich unglaubliche Informationen wie Bankkontonummern erhalten. Anstatt diese Bankkonten zu plündern und mich dann für den Rest meines Lebens im Luxus zu verstecken, habe ich sie dem FBI übergeben. Nicht, weil ich wusste, dass es schmutziges Geld war oder nicht, sondern weil ich meine Haut nicht verlieren wollte. Alles, was in diesem Buch steht, habe ich über einen Zeitraum von drei oder vier Jahren den Behörden zur Verfügung gestellt: allen Bundesländern und den Strafverfolgungsbehörden, die direkt in diesen Fall involviert sind. Ich habe auch die Namen über tausend Agenturen und Einzelpersonen angegeben. Ich wollte, dass dies dem Kongress so präsentiert wird, wie es 1977 war, als die Frau eines kanadischen Kabinettsmitglieds in ein psychiatrisches Krankenhaus in Montreal eingewiesen wurde, in dem Dr. Ewen Cameron praktizierte (Anm. d. Red.: Velma Orlikow, Ehefrau des kanadischen Politikers David Orlikow)... Sie kam als Vegetarierin heraus... Dieses Kabinettsmitglied, an dessen Namen ich mich nicht erinnere, tat alles, was er konnte, um herauszufinden, was mit seiner Frau geschehen war. Sie hatten sie mit Elektroschocks und anderen schrecklichen Folterungen sowie mit Drogen und Hypnose gequält. Leider wurden viele andere Menschen den Experimenten von Dr. Ewen Cameron unterzogen... Einige haben sich gut erholt, und ich stehe mit zwei von ihnen in Kontakt. Diese Leute sind sehr funktionell und einer von ihnen wird in naher Zukunft dasselbe tun wie wir. Ich weiß nicht, wie viele in diesem Land so gut wie Cathy genesen konnten, denn kein Therapeut kann sich sechzehn oder achtzehn Stunden am Tag, sieben Tage die Woche, einem Patienten widmen und dabei dessen Bürgerrechte verletzen, um ihn auf legale Weise da herauszuholen... Können sie ihren Patienten auf legale Weise aus den Fängen ihrer Herren befreien, ihn auf legale Weise aus dieser Sklaverei herausholen und Zugang zu den Verzeichnissen erhalten? In einem dieser Verzeichnisse (dem von Cathy) stand die persönliche Telefonnummer von Bill Clinton. Es war ein Kokain-Deal *über* 20.000 Dollar mit Dick Thornburgh... und die Liste geht weiter!

Das ist eine kleine Gruppe, eine Bande... Wenn man die gesamte Bevölkerung der Vereinigten Staaten nimmt, ist es ein sehr kleiner Bruchteil, es sind diese Banditen, die uns alle kontrollieren... Sie sind eine solche Minderheit, dass man sich fragt, wie sie all das tun können (Anmerkung der Redaktion: in direkter Verbindung mit einer übernatürlichen Macht). Man fragt sich auch, wie Clinton all die Angriffe gegen ihn übersteht. Wie hat George Bush die Angriffe auf ihn überlebt? Nun, das hat er nicht, er ist aus dem Amt geschieden, aber das hat nichts geändert. Wer auch immer ihn ablöste, tat genau das, was Bush wollte, wie die Umsetzung des NAFTA (Nordamerikanisches Freihandelsabkommen) und des Allgemeinen Zoll- und Handelsabkommens (GATT).

Aber das ist ihre Aufgabe, meine Aufgabe und Cathys Aufgabe ist es, vor Bürgerversammlungen wie dieser hier vor Ihnen zu stehen. Wir wollen sicherstellen, dass die Informationen, die Sie erhalten, Sie so sehr herausfordern, dass Sie sie weitergeben, aber auch, dass Sie das Thema studieren und immer wieder darüber sprechen: Das ist alles, was wir wollen. Ich bin fest davon überzeugt, dass die Informationen in diesem Buch die Augen derjenigen erreichen werden, die sehen können. Genauso wie dieses

Video, das hier auf dieser Konferenz gedreht wurde, diejenigen erreichen wird, die die Wahrheit noch hören und sehen können. Damit die Leute aufstehen und fragen, warum Shiran-Shiran denselben Psychiater hatte wie Lee Harvey Oswald oder Timothy McVeight. Dieser Psychiater (Anm. d. Red.: der 1999 verstorbene Louis Jolyon West) ist sehr bekannt, er praktizierte an der *UCLA* (University of California in Los Angeles). Er war auch die erste Person, die mich auf meiner privaten Telefonnummer anrief, einer nicht eingetragenen Nummer und unter falschem Namen! Direkt in den Busch, da oben in Alaska, nachdem ich Cathy und ihre Tochter gerettet hatte.

Ich hatte damals nicht genug Verbindungen, um mich darüber zu informieren, was ich nicht alleine tun sollte; und damals kam es für mich nicht in Frage, so etwas zu hören... Ich litt an einer posttraumatischen Belastungsstörung, weil ich von dem, was Cathy und ihre Tochter Kelly mir erzählten, völlig überwältigt war... Dann zeigte ich diese Informationen Mitgliedern des Geheimdienstes und anderen Bundesagenten, die sie bestätigten, und ich danke ihnen.

Jetzt möchte ich Ihnen Cathy O'Brien vorstellen, die Person, die meine Spiritualität wiederhergestellt hat. Ich war kein schlechter Kerl, aber ich brauchte eine Aufmunterung. Ich bin stolz darauf, dass ich nun schon seit über acht Jahren mit ihr zusammenarbeite.

Teil 2: Cathy O'Brien

Ich möchte jedem Einzelnen von Ihnen dafür danken, dass Sie uns heute Abend hier willkommen heißen, um etwas über ein Instrument zu erfahren, das im Geheimen eingesetzt wird, um das anzukündigen, was Adolf Hitler und George Bush die Neue Weltordnung nennen. Ich spreche von Gedankenkontrolle...

Es hat mir Spaß gemacht, heute Abend mit einigen von Ihnen zu sprechen, mit Menschen, die sagen, dass sie selbst oder ihnen nahestehende Personen der Gedankenkontrolle ausgesetzt waren. Gedankenkontrolle ist in diesem Land und in der ganzen Welt weit verbreitet.

Diese Kriminellen, die unser Land regieren, arbeiten nach der Philosophie „*Geheimwissen = Macht*". Viele Regierungsgeheimnisse und persönliche Reputationen basierten auf der Überzeugung, dass ich nicht deprogrammiert werden konnte, um mich an Dinge zu erinnern, die ich vergessen sollte. Sie haben sich geirrt... Denn so intelligent diese Beamten auch sind, ihre Argumentation wird durch ihre eigene Unmoral behindert. Sie haben keine Weisheit, sie denken nicht tiefgründig und sie berücksichtigen nie die Kraft des menschlichen Geistes. Sie haben nie darüber nachgedacht, was passieren würde, wenn ein wohlwollender Mann wie Mark Phillips ihre Geheimnisse erfährt und sie benutzt, um den Geist wiederherzustellen, anstatt ihn zu kontrollieren.

Ich weiß, dass ich großes Glück hatte, zu überleben, nachdem ich ein Opfer der MK-Ultra-Gedankenkontrolle war, die von der CIA, dem Weißen Haus und dem Pentagon eingesetzt wurde: Trauma-informierte Programmierung.

Jetzt, da ich meine Mittel und schließlich meinen freien Willen wiedererlangt habe, sage ich aus. Ich spreche von allem, was ich erlebt habe, was ich gesehen und gehört habe. All das habe ich fotografisch festgehalten, was hinter den Kulissen dieser versuchten *Neuen Weltordnung geschieht*.

Durch die Aufdeckung ihrer Geheimnisse wird ihre Macht untergraben (Beifall).

Ich spreche auch im Namen der vielen Opfer von Gedankenkontrolle und der Überlebenden, die nicht selbst denken können, um zu sagen, was sie wissen und was sie erlitten haben.

Ich spreche im Namen meiner Tochter Kelly, die jetzt sechzehn Jahre alt ist, eine echte politische Gefangene. Sie befindet sich derzeit im Bundesstaat Tennessee, wo ihr aufgrund des politischen Einflusses ihrer Peiniger eine Begnadigung verweigert wurde. Sie zählt darauf, dass Mark und ich die Botschaft für sie verbreiten. Um Kellys und Ihrer selbst willen haben Mark und ich keine Mühen gescheut, die Fakten und Wahrheiten in unserem Buch festzuhalten, das im Selbstverlag erschienen ist und daher nicht zensiert wurde. Sie werden also Fakten finden, die Sie zu Recht kennen und wissen müssen.

Diese Tatsachen wurden uns lange Zeit unter dem Deckmantel der so genannten *„nationalen Sicherheit"* verschwiegen. Es ist derselbe Vorwand der nationalen Sicherheit, der uns daran gehindert hat, der Gerechtigkeit Genüge zu tun, trotz aller Beweise und Dokumente, die uns vorliegen. Wir haben mehr als 27.000 Dokumente und Beweise: Zeugenaussagen von Regierungsbeamten, medizinische Aufzeichnungen, weit mehr als für jedes Gerichtsverfahren in diesem Land, einschließlich des Kongresses, erforderlich sind. Aber dieser Vorwand der nationalen Sicherheit hat unseren Zugang zur Justiz blockiert. Es ist an der Zeit, dass die Wahrheit triumphiert. Es ist an der Zeit, diese Wahrheiten im Namen der Menschheit ans Licht zu bringen.

Ich möchte damit beginnen, Gedankenkontrolle anhand meiner Erfahrungen zu definieren. Mir ist klar, dass das, was ich erlebt habe, extrem war, aber auch, dass diese absolute roboterhafte Kontrolle, die ich ertragen musste, begrenzter ist als die Art der globalen Gedankenkontrolle, die in der Gesellschaft um sich greift.

Es gibt viele Stufen der Gedankenkontrolle, wie eine Leiter... Auf einer Stufe gibt es die totale Roboterkontrolle und auf einer anderen Stufe gibt es die Gedankenkontrolle wie den Okkultismus, der sich auch in diesem Land ausbreitet, oder das Programm *Global Education 2000*, bei dem die Kinder ihre Freiheit des Denkens und ihre Fähigkeit zum kritischen Denken verlieren. Es gibt so viele verschiedene Ebenen der Gesellschaft, die von Bewusstseinskontrolle betroffen sind, dass es zwingend notwendig ist, all diese Informationen zu verbreiten.

Meine Erfahrungen als Opfer lassen sich sicherlich auf alle Facetten der Gedankenkontrolle und Gedankenmanipulation übertragen (...) Es ist ein Thema, das uns alle angeht, und plötzlich ergibt die ganze *Neue Weltordnung einen* Sinn. Die Aushöhlung der verfassungsmäßigen Werte, die Aushöhlung der Moral dieses Landes, wird plötzlich deutlicher, wenn wir uns dieses Problems der globalen Gedankenkontrolle bewusst werden.

Ich wurde 1957 in Muskegon, Michigan, in eine Familie hineingeboren, in der seit Generationen Inzest praktiziert wurde. Das heißt, mein Vater wurde als Kind sexuell missbraucht, meine Mutter wurde als Kind sexuell missbraucht, und sie haben wiederum mich missbraucht... Mein Vater hat mich sexuell missbraucht, solange ich denken kann. Ich habe ihn oft sagen hören, dass er die Brustwarze meiner Mutter durch seinen Penis ersetzt hat, als ich noch ein Säugling war.

Ich erzähle dir das, damit du verstehst, dass meine Sexualität seit meiner frühen Kindheit verkorkst ist. Es wurde in einen Bereich meines Gehirns eingepflanzt, der sehr stark mit dem Überleben zu tun hat, wie Essen und Trinken... Ich erzähle Ihnen das, damit Sie besser in der Lage sind zu verstehen, was in der Gesellschaft vor sich geht und die Dinge beim Namen zu nennen.

Mark und ich nennen in unserem Buch Namen, nicht damit ich sagen kann, ich war mit so und so im Weißen Haus, ich erwähne nicht den ganzen Glamourteil. Aber so wissen Sie, wer das Problem ist und wo es liegt.

Der sexuelle Missbrauch, dem ich ausgesetzt war, war so schrecklich, dass ich eine dissoziative Identitätsstörung entwickelte, die gewöhnlich als multiple Persönlichkeitsstörung bezeichnet wird. Ich bin froh, dass man den Begriff in dissoziative Identitätsstörung geändert hat, denn er beschreibt viel besser die Abschottung, die auftritt, wenn ein Mensch ein Trauma erlebt, das zu schrecklich ist, um es zu begreifen.

Obwohl ich nicht verstehen konnte, dass das, was mein Vater mir antat, falsch war, waren der Schmerz und die Erstickung durch seinen Missbrauch so unerträglich, dass ich eine dissoziative Identitätsstörung entwickelte. Es war unmöglich zu verstehen, es gab keinen Platz in meinem Kopf, um mit diesem Horror umzugehen. Also habe ich mein Gehirn automatisch abgeschottet, kleine Bereiche durch Amnesie-Barrieren abgetrennt, um die Erinnerungen an den Missbrauch auszublenden, so dass der Rest meines Verstandes weiterhin normal funktionieren konnte, als ob nichts passiert wäre... Wenn ich meinen Vater am Esstisch sah, erinnerte ich mich nicht an den sexuellen Missbrauch. Aber sobald er seine Hose aufknöpfte, wachte ein Teil von mir auf, der Teil meines Gehirns, der wusste, wie man mit diesem schrecklichen Missbrauch umgeht, es war, als ob sich eine neurale Verbindung öffnete, so dass dieser Teil meines Verstandes meinen Vater bei Bedarf immer wieder erleiden konnte... Ich hatte sicherlich eine Menge Erfahrung in diesem „Gehirnfach", das sich mit dem Missbrauch meines Vaters befasste, aber ich hatte nicht die volle Bandbreite der Wahrnehmungen, ich hatte eine sehr begrenzte Wahrnehmung, eine sehr begrenzte Sicht der Dinge. Deshalb bin ich froh, dass wir bei dieser Störung nicht mehr von *Persönlichkeiten* sprechen.

Ich baute in meinem Kopf eine weitere Abteilung auf, um mit dem Missbrauch durch meine Mutter fertig zu werden. Sie wurde vor allem psychisch missbraucht. Sie selbst litt an einer dissoziativen Identitätsstörung, und ich mache sie nicht für ihre Handlungen verantwortlich, so wie ich es für meinen Vater tue, der sich völlig bewusst war, was er tat. Meine Mutter zerstörte trotz ihrer Unfähigkeit, sich zu beherrschen, jeden Rest von Selbstwertgefühl, den ich vielleicht noch hatte. Ihr Missbrauch war so furchtbar, dass ich in meinem Kopf eine weitere Abteilung einrichtete, um die ungesunden Interaktionen mit ihr zu verarbeiten. Ich habe auch ein anderes Fach entwickelt, um mit der Pädo-Pornografie umzugehen, der mein Vater mich ausgesetzt hat. Da er nur die Grundschule besucht hatte, verdiente er seinen Lebensunterhalt mit dem Ausgraben von Regenwürmern für den Fischfang und ergänzte das Familieneinkommen durch die Produktion von Pädopornografie. Produktionen, die er dann über das lokale Mafia-Netzwerk in Michigan vertrieb.

Damals gab es in unserer Regierung eine kriminelle Gruppierung, die Kinder wie mich für die Gedankenkontrolle ins Visier nahm. Der Grund dafür ist die Abschottung des Gedächtnisses, die ihrer Meinung nach ideal für die Wahrung von Staatsgeheimnissen ist. Denn wenn ich mich nicht erinnern konnte, wie sollte ich dann darüber sprechen? Außerdem entwickeln Menschen mit dissoziativer Identitätsstörung hinter diesen amnestischen Barrieren ein fotografisches Gedächtnis. Das Gehirn verfügt nämlich über einen Abwehrmechanismus, der es veranlasst, die mit dem Trauma verbundenen Ereignisse äußerst präzise und detailliert zu speichern. Ein Beispiel: Viele von Ihnen, die alt genug sind, um sich an die Ermordung von John F. Kennedy zu erinnern, werden sich genau daran erinnern, wo sie zu dieser Zeit waren und was sie gerade taten. Es war ein Ereignis, das die ganze Nation traumatisierte, und es zeigt, wie der Verstand die Ereignisse rund um das Trauma fotografisch festhält. Hinter diesen Amnesie-Barrieren hatte ich also ein fotografisches Gedächtnis, das nach Ansicht der Regierung perfekt für die Programmierung war. Ich konnte Botschaften von führenden Persönlichkeiten überbringen und empfangen, in meinem Fall auch von den Drogenbaronen, die an der Finanzierung der schwarzen Kassen der *Neuen Weltordnung* beteiligt sind. Sie waren daran interessiert, mich so zu programmieren, dass ich Botschaften mündlich übermitteln konnte. Als ich diese Botschaften überbrachte, gab ich Wort für Wort genau das wieder, was mir gesagt worden war, wobei ich den Tonfall meiner Peiniger benutzte, ohne bewusst zu verstehen, was ich da sagte. Ich war nur ein Kassettenrekorder, der wie ein Papagei wiederholte, was in meinem Gedächtnis aufgezeichnet worden war.

Ein weiterer Aspekt, der die Regierung interessierte, war, dass meine dissoziative Störung mir jegliches Zeitgefühl nahm. Das lag daran, dass ich in meinem Gehirn von einem Fach zum anderen wechselte, ohne mich an das zu erinnern, was zuvor geschehen war. Ich war daher nicht in der Lage, ein Zeitgefühl zu entwickeln, und der Begriff Zeit war mir völlig fremd. Da ich nicht wusste, was ich vorher tat, hatte ich seltsamerweise kein Konzept für Müdigkeit, und doch tat ich viel zu viel... Eine Person mit einer dissoziativen Identitätsstörung hat eine große körperliche Ausdauer, es ist wie eine übermenschliche Kraft mit der Fähigkeit, unendlich lange weiterzumachen. Menschen mit dieser Störung entwickeln auch eine überdurchschnittlich hohe Sehschärfe. Deshalb sieht man sie oft mit großen Augen, sie nehmen mehr Elemente ihrer Umgebung auf als ein normaler Mensch. Das macht sie zu perfekten Scharfschützen für Kommandoeinsätze oder für die Geheimdienste. Die Regierung war also sehr an der Entwicklung von Gedankenkontrolle interessiert.

Ich war also ein *Auserwählter*, ein Hauptkandidat für Bewusstseinskontrolle, weil ich wiederholt sexuell missbraucht wurde. Meine Sexualität war verherrlicht worden, so dass ich als Sexsklavin benutzt wurde und auch Nachrichten von Regierungsbeamten erhielt. Diese kriminelle Fraktion unserer Regierung, die sich so sehr für Menschen mit dissoziativer Identitätsstörung interessiert, wusste ganz genau, dass jedes Kind, das Kinderpornografie ausgesetzt ist, so schreckliche Traumata erlitten haben muss, dass es zwangsläufig an dieser Störung leidet. Diese kriminelle Gruppe der Regierung widmete sich also diesem Netz für Kinderpornografie, um Kinder wie mich zu identifizieren und für ihre Projekte zu gewinnen. Der Politiker, der mit der lokalen Mafia in Michigan in Verbindung stand, der Politiker, der diesen Pornoring schützte, war Gerald Ford. Das ist derselbe Gerald Ford, der zum Präsidenten der Vereinigten Staaten gewählt wurde... Ich habe ihn nie als Politiker gesehen, sondern nur als einen weiteren Vergewaltiger, denselben Typ wie meinen Vater. Denn auch Gerald Ford hat mich als Kind vergewaltigt, und während der gesamten Zeit stand ich unter Gedankenkontrolle, bis Mark mir und meiner Tochter 1988 zu Hilfe kam.

Gerald Ford ist nicht per se pädophil, er ist das, was ich einen *„sexuellen Experimentator"* nenne. Er wird alles versuchen, in jedem Alter, zu jeder Zeit, an jedem Ort... bis er die Kontrolle übernommen hat. Das liegt daran, dass er nicht nur ein Interesse an Gedankenkontrolle hatte, sondern auch eine Perversion der Macht.

Es war Gerald Ford, der zu uns nach Hause kam, um meinem Vater zu erklären, wie er mich nach den Richtlinien der Regierung erziehen sollte. Mein Vater war dabei erwischt worden, wie er Kinderpornografie per Post verschickt hatte, also wurde er kontaktiert, um ihm mitzuteilen, dass er rechtliche Immunität erlangen würde, wenn er mich für dieses Projekt verkaufen würde... Seit diesem Tag hat mein Vater dank der berühmten „Nationalen Sicherheit" keinen Ärger mehr mit dem Gesetz gehabt.

Mein Vater hielt dies offensichtlich für eine „wunderbare" Idee und überzeugte mich sofort von dem Projekt. Er war der Meinung, dass die Regierung bei Kindesmissbrauch ein Auge zudrückt... so wie ich es auch tue. Mein Vater fuhr fort, seine fünf anderen Kinder für das Projekt zu erziehen, insgesamt sieben. Die anderen warten immer noch auf ihre Freiheit, während wir hier sprechen...

Nachdem mein Vater zugestimmt hatte, mich an das Projekt zu verkaufen, wurde ich regelmäßig nach *Mackimac Island*, Michigan, gebracht. Es ist ein politischer Zufluchtsort, in dem der Gouverneur von Michigan lebt. Es handelt sich um eine Art *Bohemian Grove* (okkulter Club), in dem sich Politiker trafen und über die *Neue Weltordnung* und Bewusstseinskontrolle diskutierten: Bewusstseinskontrolle der Massen, Bewusstseinskontrolle im Schulsystem, wie man das Okkulte als Basis-Trauma nutzen kann, usw.

Einer meiner damaligen sexuellen Peiniger war der kanadische Premierminister, Pierre Trudeau. Pierre Trudeau gehört dem Jesuitenorden an, der heute der bewaffnete Flügel des Vatikans ist. Innerhalb dieser Jesuiten gibt es eine kriminelle Fraktion. Ich sage sicher nicht, dass alle Katholiken schlecht sind, genauso wenig wie alle CIA-Agenten oder alle unsere Politiker schlecht sind. Alles hat seine guten und schlechten Seiten. Aber nichtsdestotrotz vertrat Pierre Trudeau die kriminelle Fraktion der katholischen Jesuiten, die die Bewusstseinskontrolle über die Massen anstrebten, um die Weltkirche in dieser *Neuen Weltordnung* zu werden. Das Geld, das diese Kirche einbrachte, finanzierte die Kontrolleure der *Neuen Weltordnung*.

Ein anderer meiner sexuellen Peiniger war der damalige Senator von Michigan und spätere Kongressabgeordnete Guy Vander Jagt. Es war derselbe Guy Vander Jagt, der an der Spitze des republikanischen Nationalkomitees blieb und George Bush in das Amt des Präsidenten brachte.

Als ich 13 Jahre alt war, wurde ich auf *Mackimac Island* an einen Senator übergeben, der mein Vermieter in diesem Gedankenkontrollprojekt wurde. Dieser US-Senator war Robert C. Byrd.

Senator Byrd ist ein Demokrat aus West Virginia, und Sie werden feststellen, dass ich alle Namen unabhängig von der politischen Partei nenne. Es sind sowohl Demokraten als auch Republikaner, die in diese Dinge verwickelt sind. Es geht nicht um die Parteien, es geht darum, wer für eine *neue Weltordnung* ist und wer nicht...

Senator Byrd war damals im Amt und ist auch heute noch im Amt. Er leitete den Bewilligungsausschuss unseres Senats. Das bedeutet, dass er die finanziellen Fäden unseres Landes in der Hand hatte und entschied, wofür das Geld ausgegeben werden sollte. Hinter den Kulissen weiß ich, dass Senator Byrd das Geld dorthin schickte, wo es den Kontrolleuren der *Neuen Weltordnung* zugute kommen würde.

Mein Vater, der mich zu diesem Projekt überredete, hatte zum Beispiel einen lukrativen Vertrag mit der Armee zur Herstellung von Nockenwellen für Militärfahrzeuge. So ist mein Vater extrem reich geworden... für jemanden, der nie über die Grundschule hinausgekommen ist...

Senator Byrd, der mein Vermieter wurde, entschied dann, wohin ich gehen würde und wann ich gehen würde; welche Operationen ich während der Reagan- und Bush-Administration durchführen würde; und wohin ich für bestimmte MK-Programme gebracht werden würde. Senator Byrd hat mein ganzes Leben geleitet.

Zu dieser Zeit machte ich meine Erstkommunion in der Kirche *St. Francis of Assisi* in Muskegon. Nach dieser Erstkommunion unterzog ich mich auch einem Ritual, das *„Ritus des Schweigens"* genannt wird. Dieses Ritual wurde vom Abgeordneten Vander Jagt und dem Rektor unserer Kirche, Vater Don, durchgeführt... ein okkultes Blutritual. Es war so schrecklich, es war diese Umkehrung der katholischen Messe, die meinen Verstand verwirrte, denn wenn eine Person auf einer unterbewussten Ebene funktioniert, ist sie so traumatisiert, dass das Bewusstsein keinen Platz findet, um mit dem umzugehen, was sie durchmacht. Das Unterbewusstsein hat keine Möglichkeit, zu unterscheiden, zu hinterfragen und zu argumentieren, wie es der normale bewusste Verstand tut. Und diese Umkehrung der katholischen Messe ins Okkulte hat mich völlig durcheinander gebracht. Es war absolut abscheulich... Dieses Blutritual war so schrecklich, dass mein Verstand sofort die mentale Manipulation akzeptierte, der sie mich unterzogen: hypnotische Sprache, neurolinguistisches Programmieren, Gedankenkontrolle... Das veränderte die Funktionsweise meines Gehirns bis heute. Erinnern Sie sich an den Teil meines Gehirns, von dem ich Ihnen erzählt habe, ein Bereich, der ausgelöst wurde, um mit dem ständigen Missbrauch durch meinen Vater fertig zu werden... In diesem Ritual haben sie das geändert, so dass sie nun entscheiden konnten, wann, wo und wie dieses spezielle Fach meines Gehirns geöffnet und angesprochen werden würde. Sie ersetzten den Auslösemechanismus durch hypnotische Codes: Schlüssel und Auslöser, Handzeichen. Es gibt auch bestimmte Töne, die diese neuronalen Verbindungen öffnen und den Zugang zu abgeschotteten Erinnerungen ermöglichen können. Dann haben sie das alles überarbeitet.

Infolge dieses Ritus des *„Schweigens"* wurde es auch in meinem Kopf still... Denn bis dahin hörte ich meine eigene Stimme, die sich mit all den verschiedenen Wahrnehmungen aus den verschiedenen Abteilungen auseinandersetzte, bevor ich eine

Entscheidung über irgendetwas treffen konnte. Ich erinnere mich, dass ich vor diesem Ritual noch meine eigenen Vorstellungen hatte, ich hatte die Hoffnung, dass es einen Ort auf der Welt gibt, an dem die Menschen sich nicht gegenseitig misshandeln. Ich hatte die Hoffnung, dass ich zehn Kinder haben würde, die wenigstens zehn Kinder auf dieser Erde sein würden, die nicht missbraucht wurden... Ich hatte Hoffnung auf diese Dinge, aber mit diesem Ritual verlor ich meine Fähigkeit, frei zu denken. Ich hatte sogar meine Fähigkeit zu hoffen verloren. Ich hatte meinen freien Willen völlig verloren. Dieses Ritual brachte diese Debatte, die ständig in meinem Kopf auftauchte, zum Schweigen, und stattdessen hörte ich nur noch die Stimmen meiner Peiniger, die mich anleiteten und mir sagten, was ich zu tun hatte. Ich konnte diese Anweisungen nur roboterhaft befolgen, um sie auszuführen.

Als ich für die High School bereit war, ordnete Senator Byrd an, dass ich auf das Central Catholic College in Muskegon geschickt wurde. Damals gab es viele Informationen darüber, dass die Katholiken die Auswirkungen von Traumata auf die menschliche Psyche seit langem studiert hatten. Sie haben diese Dinge schon sehr lange untersucht und aufgezeichnet, insbesondere seit der spanischen Inquisition. Diese Informationen stehen im Zusammenhang mit den Nachforschungen über Hitler und Himmler, die die CIA angestellt hatte und mit denen sie Fortschritte machte. Die Querverweise zwischen den Informationen, die sich ergaben, waren sehr wichtig.

Das Muskegon College war ein Ort, an dem diese Informationen gesammelt wurden. In Muskegon wurden die Grundlagen und die Struktur von *Global Education 2000* geschaffen. Es gibt viele verschiedene Bezeichnungen für dieses Programm, das in unserem Schulsystem durchgeführt wird und das die Regierung den Kindern und Jugendlichen strikt aufzwingt. Das *Globale Lernen 2000* soll die Lernfähigkeit unserer jungen Menschen erhöhen, während ihre Fähigkeit zur kritischen Analyse abnimmt. Sie akzeptieren sofort alles, was man ihnen sagt, ohne zu hinterfragen, und schlucken einfach alle Informationen, die sie erhalten.

In der Schule habe ich nur Einsen bekommen, ich war sehr gut darin, weil ich den Unterricht fotografisch festgehalten habe. Auch ich habe mich in der Kapelle dieses Colleges okkulten Ritualen unterzogen, wie viele andere Studenten auch, und ich war bei weitem nicht der Einzige. Damals dachte ich wirklich, dass jeder in diese Art von Missbrauch verwickelt ist. Mein ganzes Umfeld war davon durchdrungen... Dieser Okkultismus, diese Traumata, schufen eine fotografische Aufzeichnung von allem, was ich in der Schule gelernt hatte. Ich war nicht in der Lage, sie kritisch zu analysieren oder sie kreativ zu nutzen, aber alle Daten waren perfekt in meinem Kopf gespeichert.

Als ich auf dem College war, übernahm Gerald Ford das Präsidentenamt. Ich war in dieser Zeit darauf konditioniert worden, zu denken, dass ich *„keinen Platz zur Flucht, keinen Platz zum Verstecken habe"*. Dies ist ein spezifischer Satz, der dazu dient, den Opfern der Gedankenkontrolle einzuprägen, dass es absolut keine Möglichkeit gibt, wegzulaufen und sich zu verstecken: *„Wir haben immer ein Auge auf Sie"*. Natürlich dachte ich das, an wen könnte ich mich wenden? Nicht meine Eltern, nicht meine Kirche, nicht meine Schule, nicht die lokalen Politiker... Ich konnte mich nicht einmal an den Präsidenten der Vereinigten Staaten wenden! Ich fühlte mich wirklich gefangen, und das ist genau das, was sie für die totale Gedankenkontrolle wollen. Seitdem habe ich natürlich etwas ganz anderes entdeckt, und Mark hat mich während meiner Deprogrammierung klugerweise gelehrt, dass ich irgendwo hinlaufen kann: direkt zu ihnen! ... und dass ich mich nicht zu verstecken brauchte. Offensichtlich sind sie diejenigen, die sich verstecken, sie verstecken alle ihre Missbräuche, indem sie die *nationale Sicherheit* als Deckmantel benutzen.

Nach meinem College-Abschluss ordnete Senator Byrd an, dass ich nach Nashville, Tennessee, geschickt werde. Zu dieser Zeit war Nashville stark in die Bewusstseinskontrolle durch die Country-Musikindustrie involviert, vor allem aber durch die Verbreitung von CIA-Kokain innerhalb der Country-Musikgemeinde. Dies war bereits in vollem Gange, und die politische Korruption in Tennessee erreichte den Fieberpegel. Die Country-Musikindustrie bot eine Tarnung für geistig kontrollierte Sklaven wie mich, die im ganzen Land herumgeführt wurden, um große Lieferungen von CIA-Kokain zu verteilen und auszuliefern.

Meiner Erfahrung nach ist das, was die CIA den so genannten *„Krieg gegen die Drogen"* nennt, nichts anderes als die Ausschaltung ihrer Rivalen, um die weltweite Drogenindustrie zu übernehmen (Beifall). Sie führen ihren *„Antidrogenkrieg"* an jeder Straßenecke, und heute sind unsere Straßen zu einem Blutbad geworden.

Die Country-Musikindustrie bot einen Deckmantel für den Kokainhandel, und Senator Byrd wollte, dass ich in dieses Geschäft einsteige. Gleichzeitig hielt sich Byrd für eine Art Künstler und spielte gelegentlich Geige in der *Grand Ole Opry*. Als ich das erste Mal nach Nashville geschickt wurde, spielte er genau an diesem Abend in dieser großen Konzerthalle. An seiner Seite (oder besser gesagt hinter ihm) war ein Musiker namens Wayne Cox... der mir später erzählte, dass das Musizieren an der Seite von Byrd nicht nur eine musikalische Begleitung, sondern auch eine politische war. In der Nacht nach der *Show wurde* ich erneut einem okkulten Ritual unterzogen. Der Okkultismus wird häufig als Grundlage für Traumata zur Gedankenkontrolle verwendet. Wer kann diese Art von Trauma verstehen? Absolut grausame Blutrituale sind eine perfekte Grundlage für das Trauma, das für die Gedankenkontrolle zur Abschottung des Gedächtnisses notwendig ist. Ich war Zeuge einer Szene, in der Wayne Cox einen Obdachlosen am Bahnhof von Nashville ermordete, einem Ort, der zu dieser Zeit verfallen war und mit Obdachlosen besetzt war. Er schoss ihm direkt zwischen die Augen und hackte ihm beide Hände ab. Dies war Cox' *Modus Operandi* für Mord. Nach diesem Blutritual, diesem schrecklichen Trauma, wurde beschlossen, dass Cox mein erster „Master", „Supervisor", in der MK-Ultra Gedankenkontrolle werden sollte. Als mein „Meister" und „Vorgesetzter" würde Wayne Cox die Richtlinien und Anweisungen von Senator Byrd befolgen. Meistens hat er mir noch mehr Traumata zugefügt, genug, um die vielen Abteilungen zu füllen, die Senator Byrd in meinem Gehirn für die MK-Programmierung schaffen wollte. Dies geschah, damit ich während der Reagan/Bush-Regierung verschiedene Operationen durchführen konnte.

Danach habe ich viele okkulte Rituale ertragen. Zu dieser Zeit arbeitete Wayne Cox direkt unter dem Senator von Louisiana, J. Bennett Johnston. Cox nahm mich mit zu seinem Haus in Chatham, Louisiana. Bennett Johnston führte zusammen mit einer Gruppe von Söldnern Gedankenkontrolloperationen durch. Diese Söldner gingen nach Südamerika und zurück, der Waffenhandel war sehr aktiv. Aber was noch wichtiger ist: Wenn die Flugzeuge diese Jungs in Südamerika absetzten, kamen sie mit Kokain zurück, das dann auf unseren Straßen verteilt wurde. Wayne Cox löste die MK-Funktionen dieser Söldner aus, indem er ihnen die abgetrennte Hand eines seiner Opfer zeigte, was sie in das Trauma eines Rituals zurückversetzte, das sie bereits durchlaufen hatten, und sie dazu brachte, auf ein bestimmtes Fach ihres Gehirns zuzugreifen. Er sagte ihnen auch, dass Bennett Johnston wollte, dass sie *„die Hand ausstrecken"*, und gab ihnen dann Anweisungen, die sie genau befolgten. Bennett Johnston war also auch an dieser Sache beteiligt...

1978 kam man überein, dass ich genug Trauma durchgemacht hatte, um einen ersten Test zu machen, dies sollte meine erste Operation sein. Mit dem Flugzeug war eine große Menge Kokain eingetroffen, die ich in den Nachbarstaat Arkansas liefern sollte. Zu dieser Zeit war der Drogenhandel um Bill Clinton in vollem Gange. Zu dieser Zeit war er Gouverneur von Arkansas. Also lieferte ich das Kokain an einen Flughafen im *Ouachita Forest*, den ich inzwischen als Mena Airport identifiziert habe. Ich habe auch Informationen und eine kleine Menge Kokain aus Bennett Johnstons persönlichem Vorrat an Bill Clinton weitergegeben. Ich reichte ihm das Päckchen, und er schnupfte sofort zwei

Linien Koks... es war nicht das erste Mal, dass ich Bill Clinton Kokain nehmen sah. Meine sexuellen Erfahrungen mit Bill Clinton waren sehr begrenzt, auch wenn ich eine Sexsklavin war. Nach meiner Erfahrung ist Bill Clinton bisexuell, eher stark homosexuell orientiert. Ich sah ihn hauptsächlich bei homosexuellen Aktivitäten. Ich hatte viel mehr Erfahrung mit Hilary Clinton. Hilary ist auch bisexuell, mit einer starken homosexuellen Neigung. Sie war es, die auf meine sexuelle Programmierung zugriff, um ihre Perversionen zu befriedigen.

Zu dieser Zeit unterzog mich Bennett Johnston auch anderen Gedankenmanipulationen, die nicht mit dem Okkulten, sondern mit dem Thema Außerirdische zu tun hatten. Diese Typen, die meinen Verstand manipulierten und mich für MK programmierten, echte Kriminelle, die unser Land regierten, gaben vor, Götter, Dämonen, Außerirdische zu sein... Das sollte mir das Gefühl geben, völlig hilflos zu sein, damit ich die Tatsache integrieren konnte, dass sie immer hinter mir standen, um mir zu schaden. Und das hat damals sehr gut funktioniert...

Bennett Johnston sagte mir, er sei ein Außerirdischer. Er erzählte mir, dass er an dem *„Philadelphia-Experiment"* teilgenommen hatte und dass er, als das Schiff verschwand, in einem Raumschiff zurückkam... Dies steht im Einklang mit dem von der NASA häufig verwendeten „Luft-Wasser-Spiegel"-Thema, es ist eine Umkehrung/Umkehrung. Denn auch hier gilt: Das Unterbewusstsein hat keine Fähigkeit zum Denken. Bennett Johnston zeigte mir dann auf der Website von *General Dynamics* ein „streng geheimes" Tarnkappenfahrzeug. Es war ein dreieckiges Ding, das in keinem Lehrbuch stand, über das niemand sprach, das man nicht in den Zeitungen sah, aber da war es, hing in der Luft vor meinen Augen... Es war ein weiteres dieser streng geheimen Militärsysteme. Damals sah es für mich wie ein Raumschiff aus! So etwas hatte ich noch nie gesehen. Alles, was Bennett Johnston gemacht hat, hatte für mich etwas mit Außerirdischen zu tun. Es war also leicht, mich auf die Idee zu bringen, dass alles, was geschah, von Außerirdischen verübt wurde. Ich sage nicht, dass es keine Außerirdischen gibt, das wäre dumm von mir, aber ich sage, dass es sich um Menschen handelt, die tatsächlich behaupten, ETs zu sein. Wenn es tatsächlich einen außerplanetarischen Einfluss gibt, müssen wir mit den Fehlinformationen und der Gedankenkontrolle aufräumen, die unsere Regierung betreibt.

Ich weiß aus zuverlässiger Quelle, dass ihr Plan darin besteht, uns das Gefühl zu geben, machtlos zu sein... unter der so genannten Fremdherrschaft, und dass unser *„Unabhängigkeitstag"* bevorsteht... Also hütet euch davor! Verstehen Sie, dass diese Kriminellen unter dem Deckmantel der „Nationalen Sicherheit" Informationen und Technologien von uns stehlen. Sie sind uns in der Technologie mindestens 25 Jahre voraus! Können Sie sich vorstellen, was sie heute haben? Was hat sich in den letzten 25 Jahren getan? Der Mikrowellenherd, die Computer, aber sie machen immer noch Fortschritte und sind weit voraus. Wenn sie also sagen: *„Das kommt von den Außerirdischen!* indem sie uns eine unglaubliche Technologie vorführen, tappen Sie nicht in die Falle, sich völlig hilflos zu fühlen. Der Aberglaube beginnt dort, wo das Wissen endet, und von diesem Wissen sind wir seit langem isoliert. Die Menschen hatten schon immer unterschiedliche Überzeugungen, und ich bin sicher, dass jeder von Ihnen ein anderes Glaubenssystem hat. Unabhängig von Ihrem Glaubenssystem müssen Sie unbedingt wissen, dass diese Kriminellen Menschen sind, die unter uns sind, um uns zu schaden. Sie müssen für ihr Handeln und ihre Verbrechen gegen die Menschlichkeit zur Rechenschaft gezogen werden. (Beifall)

Im Jahr 1980, als meine Tochter Kelly geboren wurde. Sie kam in dieses MK-Ultra-Programm auf einer viel höher entwickelten technologischen Stufe, als ich es war. Zusätzlich zu dem Trauma wurde sie von Geburt an an NASA-Standorten „Harmonics" (MK-Programmierungssystem) ausgesetzt, bevor ihr Gehirn überhaupt die Möglichkeit hatte, sich zu bilden.

Sobald Kelly geboren war, ordnete Senator Byrd, der wusste, dass ich ausreichend traumatisiert war, an, dass wir beide nach Nashville versetzt wurden, um unter der Reagan-Regierung zu arbeiten. In der Country-Musikbranche wurden wir dann an unseren zweiten „Master", „Supervisor", übergeben, sein Name ist Alex Houston. Alex Houston war ein Bauchredner, Hypnotiseur und Countrymusiker. Er führte hauptsächlich kriminelle Operationen für die CIA durch, um geheime Programme zu finanzieren. Dabei ging es um den Vertrieb großer Mengen von Kokain in den Vereinigten Staaten und Kanada. Zu dieser Zeit arbeitete er daran, mir eine Tarnung zu verschaffen, damit ich für kriminelle Handlungen ins Ausland reisen konnte, nach Kanada, Mexiko und in die Karibik. Mein 'Vorgesetzter' (Houston) brachte mich zu verschiedenen Militär- und NASA-Einrichtungen für die MK-Programmierung, für spezielle Operationen, an denen ich gezwungen war, teilzunehmen (...) Daran waren führende Persönlichkeiten wie der damalige Präsident von Mexiko, De la Madrid, sowie der ehemalige Präsident Salinas beteiligt.

1984 wurde in Lampe, Missouri, ein CIA-Stützpunkt eingerichtet, ein Traumazentrum, das sich speziell mit Nahtoderfahrungen befasst. Diese Seite heißt „Swiss Villa Amphiteater". Sie nutzen die Country-Musik-Industrie, um große Mengen Kokain umzuschlagen und dann weiterzuverteilen. Lampe, Missouri, liegt direkt auf der anderen Seite des Flusses von Arkansas und ist eng mit Bill Clintons Koksgeschäften verbunden, die zu dieser Zeit einen Boom erlebten. Interessant ist auch, dass der Betrieb Lampe der Ort war, an den die Country-Industrie geschickt verlagert wurde, und zwar direkt nach Branson, um in der Nähe von Clintons Betrieb zu sein.

Lampe war auch der Ort, an dem ich George Bush und Bill Clinton sprechen hörte... Aus meiner Sicht schienen sie eindeutig Freunde zu sein, es gab damals keinen politischen Konflikt zwischen ihnen. Das ist alles nur ein Täuschungsmanöver, um die Öffentlichkeit zu täuschen. In der Tat halten sie sich nicht an diese „politischen Konflikte", weil sie genau die gleiche Agenda haben, nämlich die Errichtung dieser Neuen Weltordnung.

Damals hörte ich, wie George Bush zu Bill Clinton sagte, dass, wenn die Amerikaner von den Republikanern, die sie in die Neue Weltordnung führen, enttäuscht sind, Bill Clinton, der Demokrat, in das Amt des Präsidenten eingesetzt werden wird. Das alles wurde 1984 beschlossen! Und das schon lange vorher! Im Jahr 1984 wurden diese Dinge bereits als absolute Tatsache diskutiert. In dieser Diskussion wurden auch die Vorbereitungen für das NAFTA (Nordamerikanisches Freihandelsabkommen) erörtert. Zu der Zeit, als George Bush Präsident wurde, wurde Salinas Präsident von Mexiko, und gemeinsam wollten sie die NAFTA gründen. Dies war der Beginn der Kontrolle für eine neue Weltordnung.

Ich wurde gezwungen, an der Schaffung dieser kriminellen NAFTA mitzuwirken. Die Öffnung der mexikanischen Grenze in Juarez für den freien Handel. Der freie Handel mit Drogen, der freie Handel mit unseren Kindern... Die kriminellen Wurzeln von NAFTA sind absolut entsetzlich... Es ist interessant, dass diese politischen Schritte bereits im Voraus beschlossen werden.

Nachdem ich deprogrammiert war, war ich völlig verblüfft, als ich feststellte, dass die Menschen sich dessen nicht bewusst waren... Es war so offensichtlich für mich... Ich konnte nicht begreifen, dass die Menschen sich der Situation nicht bewusst waren und dass sie auf eine Nebelwand hereingefallen waren, ohne jemals versucht zu haben, herauszufinden, was hinter den Kulissen, hinter dem Schleier, wirklich vor sich ging.

Aber ich kann verstehen, dass ehrliche und aufrichtige Menschen nicht so denken, sie haben keine kriminellen Absichten und ihr Gewissen ist nicht auf so etwas ausgerichtet. So wie diese Typen (elitäre Kriminelle) selbst in ihrem Denken durch ihre Unmoral eingeschränkt sind, sind ehrliche Menschen irgendwie blind für diese Art von extremen kriminellen Aktivitäten... bis ihnen die Augen für die Wahrheit geöffnet werden.

Die Leute, die an diesen kriminellen Aktivitäten beteiligt waren, standen unter dem Befehl von George Bush. Ich gebe nicht vor, alles zu wissen, und ich gebe auch nicht vor, dass George Bush an der Spitze stand, aber er war die höchstrangige Person, die ich zu dieser Zeit kannte (...) Bush senior wurde für sein großes Wissen über den Aufbau der *Neuen Weltordnung* respektiert. Schauen Sie sich seine Vergangenheit an: George Bush begann zunächst bei der UNO, dann wurde er Chef der CIA. Dann führte er unser Land indirekt durch drei Regierungen: die Reagan-Präsidentschaft, seine eigene Präsidentschaft und dann die Clinton-Präsidentschaft. Tatsächlich sind sowohl Reagan als auch Clinton gegenüber Bush Sr. Auch der mexikanische Präsident De la Madrid untersteht Bush Sr. (...) König Fadh von Saudi-Arabien folgte ebenfalls den Anweisungen von George Bush, ebenso wie der kanadische Premierminister Brian Mulroney.

1983 hörte ich zufällig, wie Ronald Reagan und Brian Mulroney über die *Neue Weltordnung* diskutierten. Senator Byrd fungierte sogar als Zuhälter, indem er mich bei einer Cocktailparty im Weißen Haus an Reagan vermittelte.

Ronald Reagan hat uns alle auf wunderbare Weise ausgeräuchert. Für diejenigen unter Ihnen, die nicht glauben wollen, dass er in diese Dinge verwickelt ist: Er hat Ihnen gesagt, dass er ein Schauspieler ist! (lacht) Und er hat sehr gute Arbeit geleistet, über einen langen Zeitraum hinweg. Das war seine Rolle, das war seine Aufgabe.

Ich habe gehört, wie Reagan zu Mulroney sagte, er glaube, dass der einzige Weg zum Weltfrieden in der Kontrolle der Massengedanken liege... Ich weiß aus Erfahrung, dass es unter Gedankenkontrolle keinen Frieden im Kopf gibt. Wie könnte es Weltfrieden geben, wenn die Menschen keinen Frieden in ihren Köpfen hätten?

Die Auswirkungen der Gedankenkontrolle gehen sehr weit. Unter Gedankenkontrolle gibt es keine Freiheit der Gedanken. Ohne die Freiheit der Gedanken gibt es keinen freien Willen. Ohne den von Gott gegebenen freien Willen gibt es keinen Ausdruck der Seele. Was für einen „*Weltfrieden*" können wir ohne freien Willen, ohne Ausdruck der Seele und ohne Spiritualität erreichen?

Gedankenkontrolle in all ihren Formen muss aufgedeckt werden, damit die Menschen ihre Gedankenfreiheit behalten. Damit sie ihren freien Willen und den Ausdruck ihrer Seele, ihrer Spiritualität bewahren. Wenn Menschen eine Seele und eine Spiritualität haben, sind sie in der Lage zu lieben. Das ist Weltfrieden! Keine Gedankenkontrolle! (Beifall)

1988 wurde ich gegen meinen Willen zur Teilnahme an vielen Operationen gezwungen. Dinge, die ich bei klarem Verstand sicher nie getan hätte. Ich nehme an, wenn ein Teil von mir bereit gewesen wäre, diese Dinge zu tun, wäre die Gedankenkontrolle nicht notwendig gewesen. Ich bin entsetzt über das, wozu ich gezwungen wurde, aber ich bin erleichtert, dass diese Informationen an die Öffentlichkeit gelangen, dass die Menschen das Buch von Hand zu Hand weitergeben. So können wir Hand in Hand unser Land zurückerobern. Sie haben das Recht und das Bedürfnis, diese Informationen zu erfahren, und ihre Kontrolle über die Medien wird die Wahrheit nicht unterdrücken. Die Wahrheit wird gebraucht! ... (Beifall)

Im Jahr 1988 rettete Mark mich und meine Tochter Kelly. An Flucht war nicht zu denken, ich konnte nicht daran denken, meine Tochter zu retten, genauso wenig wie ich daran denken konnte, mich selbst zu retten. Und all meine Hoffnungen und Träume als Kind hatten sich mit Sicherheit zerschlagen... Als Mark uns rettete, hatten wir keine Möglichkeit zu hoffen, einen guten Menschen zu treffen, wir wussten nicht einmal, dass es so etwas gibt. Wir waren nicht in der Lage, jemandem außerhalb unseres Umfelds (Netzwerks) zu vertrauen. Ich konnte mir also nicht sagen, dass Mark ein guter Kerl war, aber ich sah seine Einstellung zu seinen Tieren, und obwohl ich nicht in der Lage war, zu denken, zu erkennen, geschah etwas auf einer zusätzlichen Sinnesebene. Wir fühlten damals sehr starke Dinge. Denn wenn man bedenkt, dass wir nur 10% unseres Gehirns nutzen, waren wir in bestimmten Teilen unseres Gehirns aufgespalten, in Bereichen, die sehr empfänglich für verschiedene psychische Ebenen waren, ein bisschen wie der tierische Instinkt. Meine Tochter und ich hatten festgestellt, dass die Tiere Mark liebten. Er hatte drei Waschbären, die er gerettet hatte, und sie liebten ihn sehr, sie legten ihre Pfoten um seinen Hals und er küsste sie... Für uns war es etwas sehr Wichtiges, dies mitzuerleben, da wir bis dahin nur Misshandlungen unserer Tiere kannten. Wir hatten auf einer Ranch gelebt, wir hatten Hunde, Katzen, Pferde, Kühe, Hühner usw., und alles, was Alex Houston mit unseren Tieren machte, war sehr wichtig. Hätten wir uns nicht an den Abscheulichkeiten beteiligt, wäre dies mit unseren Haustieren geschehen, die wir über alles lieben.

Bitte bedenken Sie, dass diejenigen, die Kinder missbrauchen, oft auch Tiere missbrauchen. Wenn Sie sehen, dass jemand ein Tier misshandelt, seien Sie wachsam. Vergewissern Sie sich, dass ihre Kinder in Sicherheit sind. Ich habe noch nie eine Ausnahme von dieser Regel gesehen.

Es war also sehr aufschlussreich für uns zu sehen, dass diese Tiere Mark liebten. Außerdem wurden wir zu der Zeit, als er uns rettete, von der CIA bedroht. Ich war damals 30 Jahre alt und sollte getötet werden, da die meisten MK-Sklaven im Alter von 30 Jahren getötet werden. Ich wurde als „zu alt" für Sex angesehen, also sollte ich unterdrückt werden. Mark hat mich vor dem sicheren Tod bewahrt, und er hat meine Tochter vor einem Schicksal bewahrt, das viel schlimmer ist als der Tod... Er hat sich sogar die Zeit genommen, unsere Tiere zu retten. Er brachte Pferde, Kühe und Hühner in Sicherheit. Dies hatte einen äußerst positiven Einfluss auf Kelly und mich, und wir begannen, ihm von da an zu vertrauen. Mark brachte uns in Sicherheit und Gelassenheit bis nach Alaska. Als wir uns zum ersten Mal in unserem Leben sicher fühlten und zum ersten Mal wirklich geliebt wurden, kamen die Erinnerungen an die Vergangenheit blitzartig zurück. Durch diese Erinnerungsblitze begann ich zu begreifen, was mir und meiner Tochter widerfahren war, insbesondere während der Reagan- und Bush-Regierung.

Als mir das alles bewusst wurde, wurde ich wütend, ich hatte Wut auf das, was meine Tochter durchgemacht hatte, auf all die Qualen, die ihr zugefügt wurden, und auf die Menschheit als Ganzes. Ich wäre von dieser Wut völlig geblendet und gelähmt gewesen, wenn mir nicht Marks Weisheit gesagt hätte, dass die beste Rache eine vollständige Heilung ist. Denn durch diese Heilung, durch die fotografische Aufzeichnung all dieser Ereignisse, konnte ich diese Menschen als das entlarven, was sie wirklich sind! Um ihren Plan zu entlarven, um diese Neue Weltordnung zu entlarven, und auch, um Hilfe für meine Tochter zu bekommen, die im Moment verzweifelt in Not ist...

Von da an begann ich, meine traumatischen Erinnerungen aufzuschreiben. Indem ich sie zu Papier brachte, nutzte ich einen anderen Teil meines Gehirns als die Verbalisierung und umging so die Emotionen. Die Überwindung des Emotionalen ist etwas, das notwendig ist, um Logik zu bringen, um das Unverständliche endlich verständlich zu machen. Dadurch konnte ich verstehen und begreifen, was mit uns geschehen war und was wir mit all diesen Informationen tun konnten.

Kelly hatte nicht so viel Glück wie ich, weil sie eine auf Harmonien basierende Programmierung ertragen musste. Die Traumaerinnerungen und die Deprogrammierung erlaubten ihr nicht, auf alle Teile ihres Gehirns zuzugreifen, wie ich es tat. Diese Art der Programmierung erfordert eine spezielle Ausrüstung, um ihr bei der Erholung und Heilung zu helfen. Sie muss derzeit mit harmonischen Geräten an ihren Nervenbahnen behandelt werden. Ohne dies landete sie im Humana Hospital in Anchorage, Alaska, auf der Intensivstation. Zu diesem Zeitpunkt hatte sie schreckliche Schmerzen und reagierte nur noch auf psychologische Interventionen und nicht mehr auf herkömmliche Medikamente. Kelly leidet jetzt an Atemstillstand... Die Gedankenkontrolle hat sich so weit entwickelt, dass sie das menschliche Gehirn und den Verstand so gut kennt, dass sie nicht nur das Unterbewusstsein programmieren kann, sondern auch in den primitiven Verstand eindringt, also in den Bereich unseres Geistes, in dem grundlegende biologische Reflexe wie Blinzeln, Atmung und Herzschlag gesteuert werden. Sie können daran arbeiten und tödliche Programme einführen. Bei meiner Tochter handelt es sich um ein Atemversagen, was bedeutet, dass sie nicht sprechen kann, wenn sie sich jemals an etwas erinnert, sie wurde nie dazu gezwungen, aber in der Spionagebranche kann das passieren. Durch eine Gehirnwäsche können sie auf die Erinnerungen des gefangenen Spions zugreifen. So müssen Spione heute nicht mehr die alte Zyanidpille mit sich führen, sondern erleiden Atem- oder Herzversagen. Es werden also keine Informationen an den Feind weitergegeben, keine Chance...

Meine Tochter, die genetisch ausgewählt wurde, wurde mit Gedankenkontrolle aufgezogen und ausgebildet, um später in das Spionagegeschäft eingeführt zu werden. Sie hatte also dieses Programm aufgestellt, das dann leider ausgelöst wurde. Da sie medizinische Hilfe benötigte, geriet sie bald in die illegale und unmoralische Haft des Staates Tennessee. Dort befindet sie sich bis heute... Die Verstöße gegen Gesetze und Rechte, die sich in ihrem Fall häuften, sind zahlreich.

Wir hatten einen aufrechten Staatsanwalt, der den Richter darauf hinwies, dass er im Fall meiner Tochter Kelly die Verfassungs- und Menschenrechte verletzt. Als er eine ganze Liste von Gesetzen zitierte, unterbrach ihn der Richter mit den Worten: *„Aber die Gesetze gelten in diesem Fall aus Gründen der nationalen Sicherheit nicht.* Dies wirft einige Fragen auf: Was hat die „nationale Sicherheit" mit der Vergewaltigung und Folterung von Körper und Geist eines Kindes zu tun? Vor allem, wenn sie durch Beweise und Belege bestätigt werden!

Um Kellys willen und um der vielen anderen Überlebenden der Gedankenkontrolle willen müssen wir diesen Schleier der „Nationalen Sicherheit" lüften. Wir müssen dafür sorgen, dass der *National Security Act* von 1947 aufgehoben wird. (Beifall)

Es handelt sich nicht mehr um „nationale Sicherheit", sondern um eine Bedrohung für die Nation, wenn sie dazu benutzt wird, ein solches Verbrechen gegen die Menschheit wie die Gedankenkontrolle zu vertuschen. Wenn sie den so genannten „Krieg gegen Drogen" der CIA oder den Verkauf unseres Landes an die *Neue Weltordnung* vertuscht. Diese „nationale Sicherheit" hat nichts mit der Sicherheit unserer Nation zu tun.

Diese „Nationale Sicherheit" hat die Informationen über die Gedankenkontrolle zu lange vor jedem von Ihnen geheim gehalten. Wir müssen diese Informationen verbreiten. Wir müssen jeden mit Wissen über MK ausstatten, denn Wissen ist unsere einzige Verteidigung gegen Gedankenkontrolle. Wir müssen detaillierte Informationen erhalten, damit wir alle in unseren jeweiligen Bereichen effektiver arbeiten können, damit wir das Land und letztendlich unsere Welt zurückerobern können; um Kellys willen; um all der anderen Opfer und Überlebenden der Gedankenkontrolle willen, und ich weiß, dass es viele sind. Für die Liebe zur Menschheit, wie wir sie kennen. Es ist die Wahrheit, die uns frei macht. Helfen Sie uns, die Nachricht zu verbreiten, danke. (Beifall)

ANHANG 3

SKALA FÜR DISSOZIATIVE ERLEBNISSE (DES) DIE SKALA FÜR DISSOZIATIVE ERLEBNISSE

Die Dissociative Experiences Scale (DES) ist ein selbstverwalteter Fragebogen für Erwachsene. Entwickelt wurde es von Eve Bernstein Carlson und Frank W. Putnam im Jahr 1986. Der DES besteht aus 28 Items, die die Häufigkeit verschiedener dissoziativer Symptome im täglichen Leben des Patienten bewerten. Diese Skala wurde entwickelt, um die Erfahrungen mit psychischer Dissoziation bei Erwachsenen zu messen, und ist das am häufigsten verwendete Instrument zur Untersuchung dissoziativer Störungen in der Psychiatrie. Bewusstseinsveränderungen unter Drogen- oder Alkoholeinfluss sind bei dieser Prüfung nicht zu berücksichtigen.

Das Endergebnis ist der Durchschnitt der Punktzahlen der 28 Items, der dann durch 28 geteilt wird. Daraus ergibt sich eine Punktzahl zwischen 0 und 100. Der durchschnittliche DES-Wert in der Allgemeinbevölkerung liegt zwischen 3,7 und 7,8. Die Ergebnisse für stationäre psychiatrische Patienten reichen von 14,6 bis 17,0. In den Niederlanden hatten 71 Patienten mit dissoziativer Identitätsstörung einen Wert von 49,4. Bei Patienten mit einem DES-Score von 25 oder höher ist die Wahrscheinlichkeit hoch, dass sie an einer dissoziativen Störung leiden.

Neben dem DES gibt es auch das *Multidimensionale Dissoziationsinventar* (MID), das auf demselben Prinzip beruht, aber mehr als 200 Items enthält (im Internet verfügbar). Sowohl die DES als auch die MID liefern keine endgültige Diagnose; nur mit Hilfe einer strukturierten und gründlichen Untersuchung kann eine dissoziative Identitätsstörung erkannt oder ausgeschlossen werden.

Kreise eine Zahl ein, die angibt, wie oft dies bei dir der Fall ist.

1. Manche Menschen erleben während einer Autofahrt oder eines Aufenthalts in einem Auto (oder in der U-Bahn oder im Bus), dass sie sich plötzlich daran erinnern, was während der gesamten oder eines Teils der Fahrt passiert ist.

0% Nie	10%	20%	30%	40%	50%	60%	70%	80%	90%	100% Immer

2. Manchmal merken Menschen, die jemandem zuhören, plötzlich, dass sie das Gesagte (ganz oder teilweise) nicht verstanden haben.

0% Nie	10%	20%	30%	40%	50%	60%	70%	80%	90%	100% Immer

3. Manche Menschen erleben, dass sie an einem Ort sind und keine Ahnung haben, wie sie dorthin gekommen sind.

4

0% Nie	10%	20%	30%	40%	50%	60%	70%	80%	90%	100% Immer

4. Manche Menschen machen die Erfahrung, dass sie Kleidung tragen, an die sie sich nicht erinnern können.

0% Nie	10%	20%	30%	40%	50%	60%	70%	80%	90%	100% Immer

5. Manche Menschen machen die Erfahrung, dass sie neue Gegenstände in ihren Sachen finden, ohne sich daran zu erinnern, dass sie diese gekauft haben.

0% Nie	10%	20%	30%	40%	50%	60%	70%	80%	90%	100% Immer

6. Manche Menschen werden von Personen angesprochen, die sie nicht kennen. Diese Fremden nennen sie bei einem anderen Namen, behaupten aber, sie zu kennen.

0% Nie	10%	20%	30%	40%	50%	60%	70%	80%	90%	100% Immer

7. Manche Menschen haben das Gefühl, neben sich zu stehen oder sich selbst zu sehen, wenn sie etwas tun, und in Wirklichkeit sehen sie sich selbst, als ob sie eine andere Person sehen würden.

0% Nie	10%	20%	30%	40%	50%	60%	70%	80%	90%	100% Immer

8. Manche Menschen erkennen Freunde oder Familienmitglieder nicht wieder.

0% Nie	10%	20%	30%	40%	50%	60%	70%	80%	90%	100% Immer

9. Manche Menschen stellen fest, dass sie keine Erinnerungen an wichtige Ereignisse in ihrem Leben haben (z. B. Hochzeits- oder Abschlussfeiern).

0% Nie	10%	20%	30%	40%	50%	60%	70%	80%	90%	100% Immer

10. Manche Menschen machen die Erfahrung, dass sie der Lüge bezichtigt werden, obwohl sie aufrichtig glauben, dass sie nicht gelogen haben.

0% Nie	10%	20%	30%	40%	50%	60%	70%	80%	90%	100% Immer

11. Manche Menschen machen die Erfahrung, in den Spiegel zu schauen und sich selbst nicht wiederzuerkennen.

0% Nie	10%	20%	30%	40%	50%	60%	70%	80%	90%	100% Immer

12. Manche Menschen erleben andere Menschen, Gegenstände und die Welt um sie herum als unwirklich.

0% Nie	10%	20%	30%	40%	50%	60%	70%	80%	90%	100% Immer

13. Manche Menschen haben manchmal das Gefühl, dass ihr Körper nicht zu ihnen gehört.

0% Nie	10%	20%	30%	40%	50%	60%	70%	80%	90%	100% Immer

14. Manche Menschen machen die Erfahrung, dass sie sich manchmal so intensiv an ein vergangenes Ereignis erinnern, dass es ihnen vorkommt, als würden sie das Ereignis noch einmal erleben.

0% Nie	10%	20%	30%	40%	50%	60%	70%	80%	90%	100% Immer

15. Manche Menschen sind sich nicht sicher, ob die Dinge, an die sie sich erinnern, wirklich passiert sind oder ob sie sie nur geträumt haben.

0% Nie	10%	20%	30%	40%	50%	60%	70%	80%	90%	100% Immer

16. Manche Menschen erleben, dass sie sich an einem vertrauten Ort befinden und ihn dennoch als fremd und ungewöhnlich empfinden.

0% Nie	10%	20%	30%	40%	50%	60%	70%	80%	90%	100% Immer

17. Manche Menschen sind beim Fernsehen oder in einem Film so sehr in die Geschichte vertieft, dass sie andere Ereignisse um sich herum gar nicht wahrnehmen.

0% Nie	10%	20%	30%	40%	50%	60%	70%	80%	90%	100% Immer

18. Manche Menschen stellen fest, dass sie manchmal so sehr in einen imaginären Gedanken oder Tagtraum verwickelt werden, dass sie das Gefühl haben, er würde tatsächlich mit ihnen geschehen.

0% Nie	10%	20%	30%	40%	50%	60%	70%	80%	90%	100% Immer

19. Manchen Menschen gelingt es, den Schmerz zu ignorieren.

0% Nie	10%	20%	30%	40%	50%	60%	70%	80%	90%	100% Immer

20. Manche Menschen starren einfach ins Leere, denken an nichts und bemerken nicht, wie die Zeit vergeht.

0% Nie	10%	20%	30%	40%	50%	60%	70%	80%	90%	100% Immer

21. Manchmal stellen Menschen fest, dass sie, wenn sie allein sind, laut miteinander reden.

0% Nie	10%	20%	30%	40%	50%	60%	70%	80%	90%	100% Immer

22. Manche Menschen reagieren in vergleichbaren Situationen so unterschiedlich, dass sie fast das Gefühl haben, zwei verschiedene Menschen zu sein.

0% Nie	10%	20%	30%	40%	50%	60%	70%	80%	90%	100% Immer

23. Manche Menschen stellen fest, dass sie in bestimmten Situationen mit überraschender Spontaneität und Leichtigkeit Dinge tun können, zu denen sie normalerweise nicht in der Lage sind (z. B. Sport, Arbeit, soziale Situationen, Kunst...).

0% Nie	10%	20%	30%	40%	50%	60%	70%	80%	90%	100% Immer

24. Manche Menschen stellen fest, dass sie manchmal nicht bestimmen können, ob eine Erinnerung etwas Konkretes ist, das sie getan haben, oder ob es nur der Gedanke ist, dass sie diese Sache tun wollten (z. B. Verwirrung darüber, ob sie tatsächlich einen Brief abgeschickt haben oder ob sie nur daran gedacht haben, ihn abzuschicken).

0% Nie	10%	20%	30%	40%	50%	60%	70%	80%	90%	100% Immer

25. Manche Menschen können sich nicht daran erinnern, etwas getan zu haben, obwohl sie Beweise dafür finden, dass sie es getan haben.

0% Nie	10%	20%	30%	40%	50%	60%	70%	80%	90%	100% Immer

26. Manche Menschen finden in ihren Habseligkeiten Schriften, Zeichnungen oder Notizen, die sie gemacht haben müssen, an die sie sich aber nicht mehr erinnern können.

0% Nie	10%	20%	30%	40%	50%	60%	70%	80%	90%	100% Immer

27. Manche Menschen hören Stimmen in ihrem Kopf, die ihnen sagen, dass sie etwas tun sollen, oder die Dinge kommentieren, die sie tun.

0% Nie	10%	20%	30%	40%	50%	60%	70%	80%	90%	100% Immer

28. Manche Menschen haben manchmal das Gefühl, die Welt durch einen Nebel zu sehen, so dass Menschen und Gegenstände weit entfernt oder undeutlich erscheinen.

0% Nie	10%	20%	30%	40%	50%	60%	70%	80%	90%	100% Immer

ANHANG 4

Das Gemälde „*Sieben Ebenen*", das vom alten *Schlüssel* (Kim Noble) geschaffen wurde

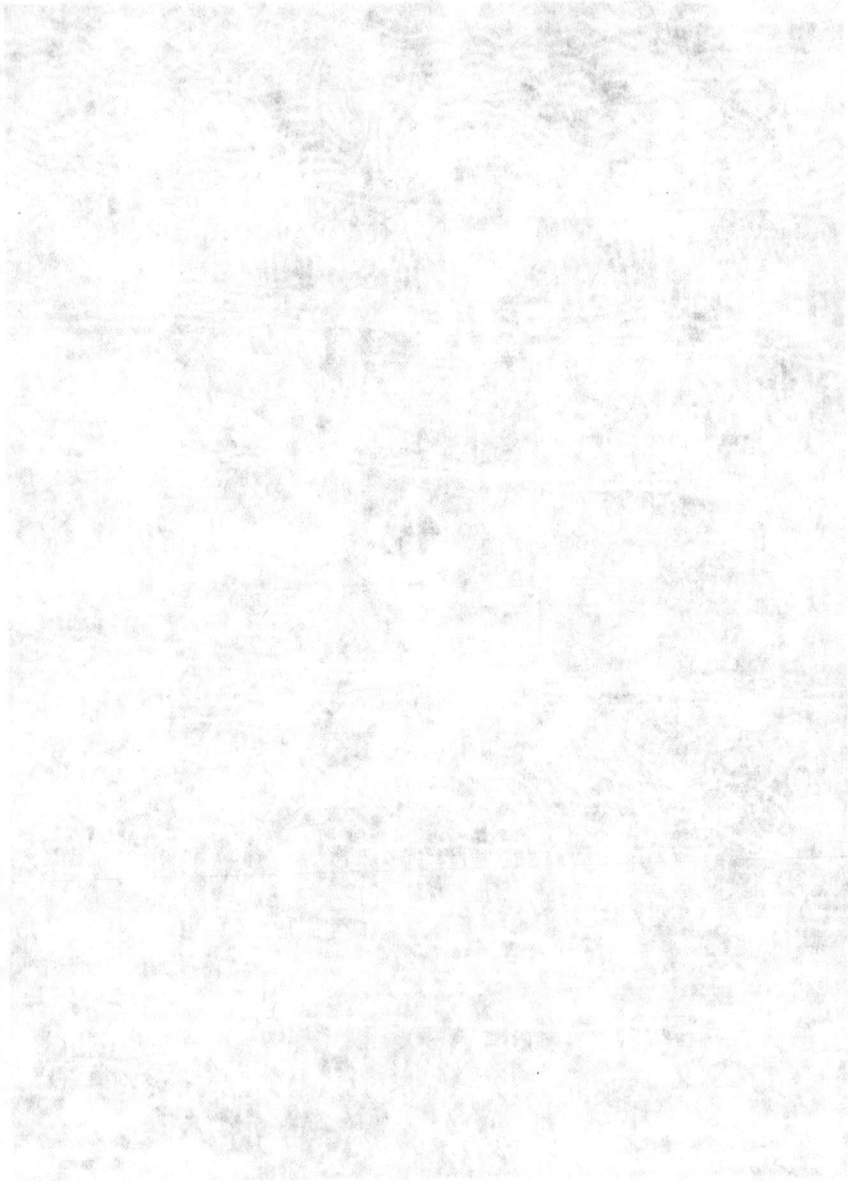

BEREITS ERSCHIENEN

www.ingramcontent.com/pod-product-compliance
Lightning Source LLC
Chambersburg PA
CBHW060947280326
41935CB00009B/648